W0274678

Ungeschminkt

Kosmetik nach Lernfeldern

Band A

von

Angelika Kaluza
Alexandra Lea Weinberg
Dr. Dr. Steffen Bassus
PD Dr. Hans-Michael Ockenfels

westermann

Mit der Gesamtreihe **„Ungeschminkt – Kosmetik nach Lernfeldern"** wird Ihnen auf insgesamt 1 200 Seiten, aufgeteilt in drei Bände, praktikable Kosmetik präsentiert. Aber es wird auch über kosmetische Spezialbehandlungen und neue Kosmetiktrends gesprochen, die Lust auf das (Dazu-)Lernen und Ausprobieren machen sollen. Die Gesamtreihe ist zur Verwendung in der Berufsschule und Berufsfachschule vorgesehen.

Mit diesem Band „Grundlagen der Kosmetik und BWL" erhalten Sie:

- Ausgewählt wichtige dermatologische Grundlagen zur Beurteilung der Haut (Teil des LF 2).
- Einen Pfeiler der „Schönheit von innen", die Ernährungslehre (Teil des LF 10) – in diesem Bereich liegen wichtige Beratungs- und Behandlungsfelder der Kosmetik der Zukunft.
- Ein naturwissenschaftliches Grundlagen-Lexikon hilft Ihnen dabei, die nötigen Grundlagen zu erarbeiten, die für das Verständnis der Kosmetik wichtig sind.
- Eine Menge Information über die Kosmetikausbildung und die geltenden Gesetze rund um diesen außergewöhnlichen, spannenden und wunderschönen Beruf (LF 1).
- Eine Vielzahl von betriebswirtschaftlichen Anregungen zu Warenhaltung, Kostenkalkulation, Präsentation und Verkauf (LF 5 und 9).

Auch bereits ausgebildete Kosmetiker können in diesem Band Anregungen zur Auffrischung ihrer Kenntnisse finden.

Extrakt

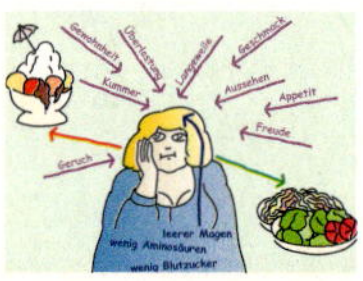

Fotos und Grafiken werden Ihnen helfen mit unseren Lerninhalten auch optisch Kontakt zu halten.

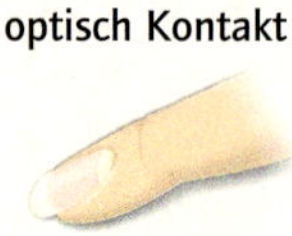

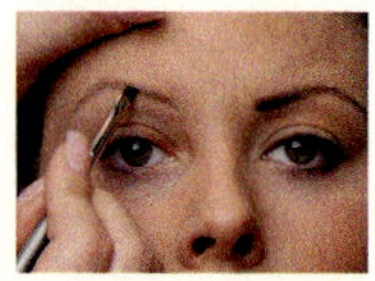

Denkanstöße, Tipps und Extrakte stellen inhaltlich den eher praktischen Teil dar, und außerdem weisen sie auf eventuell vermeidbare Fehler hin, die wir bereits „hinter uns" haben.

Texte, Merksätze und Aufgabenblöcke stellen den theoretischen Teil des Lehrstoffes dar.

Exkurse ermöglichen Ihnen den Blick „über den Tellerrand" – hin zu spezialisierten oder verwandten Fachgebieten und Disziplinen.

Integrität

Fremdsprachliche und andere wichtige Begriffe finden Sie auf der Buchseite am Rand gedruckt zum schnelleren (Wieder-)Finden.

Lassen Sie sich von uns für die Kosmetik begeistern!
In dieses Buch haben wir viel Arbeit investiert – davon sollen Sie profitieren. Niemand ist unfehlbar – um das Buch weiter verbessern zu können, freuen wir uns auf Ihre konstruktive Kritik.

Viel Spaß wünscht Ihnen
Ihr Autorenteam Kosmetik

2. Auflage, 2008
Druck 2, Herstellungsjahr 2009

www.westermann.de
Lektorat: Birgit Bassus, Rödermark
Satz: PER Medien+Marketing GmbH, Braunschweig
Druck und Bindung:
westermann druck GmbH, Braunschweig
ISBN 3-8045-**5840**-2

Teil des Lernfeld 2

Lernfeld 5

Beurteilen der Haut (Dermatologie)

2

(Teil des LF 2)

Mit einer Gesamtfläche von 1,5 bis 2 m^2 – in Abhängigkeit von Größe und Gewicht des jeweiligen Menschen – überzieht die Haut unseren gesamten Körper. Sie ist damit unser größtes, in sich abgeschlossenes, selbstständiges Organ.

Die Haut stellt die äußere Begrenzung des Menschen zu seiner Umwelt dar, ist sozusagen unsere „Hülle nach draußen". Diese Hülle ist jedoch nicht nur eine bloße Begrenzung, die den Körper zusammenhält. Die Haut ist vielmehr ein sehr kompliziertes, komplexes Gebilde, welches in ständiger Verbindung mit dem Körper eine Vielzahl von Funktionen ausübt.

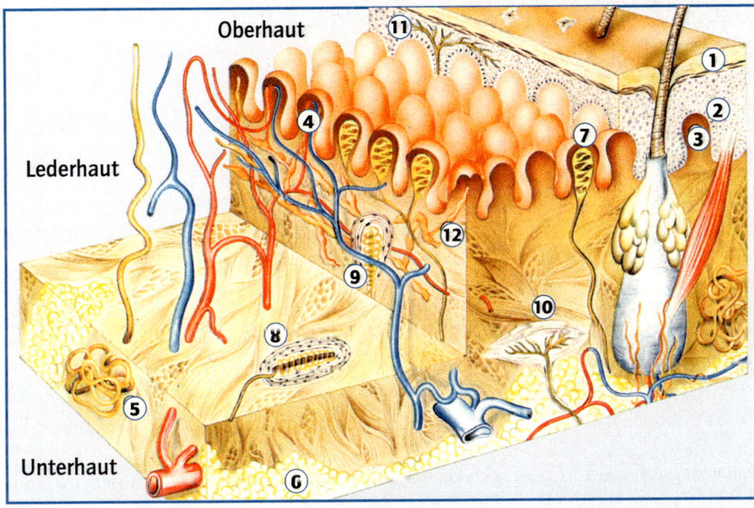

Als unser größtes Sinnesorgan nimmt sie Temperatur und Schmerz wahr, kann zwischen spitz und stumpf unterscheiden, greift regulierend in das Temperatursystem des Körpers ein und erfüllt Aufgaben des Immunsystems mit Hilfe von Abwehrzellen und durch den Aufbau einer ersten Barriere gegen Krankheitserreger. Die beschriebenen Mechanismen setzen allerdings eine intakte Haut voraus.

Beurteilen der Haut

1. Anatomie und Physiologie der Haut
2. Hauttypen und Hautzustände
3. Veränderungen der Haut
4. Entzündliche und nicht entzündliche Veränderungen der Haut (Hauterkrankungen)
5. Hygiene
Anhang: Wann sollten Sie Ihre Kunden lieber zum Hautarzt schicken?

1 Anatomie und Physiologie der Haut

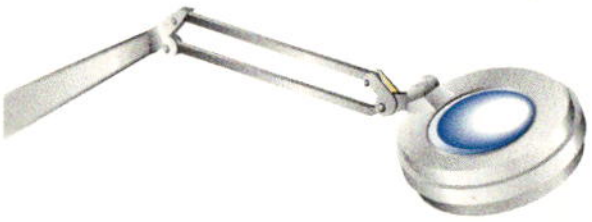

Jana hat sich am Strand von Fuerteventura ein Henna-Tattoo auf den Arm malen lassen. Ganz stolz zeigt sie es nach der Rückkehr ihrer Freundin Ulrike, die Kosmetikerin ist. „Man hat mir versprochen, dass es drei Monate halten wird", erzählt sie, „glaubst Du, das stimmt?" „Also da haben sie Dich etwas angeflunkert", klärt Ulrike sie auf. „Bei einem Henna-Tattoo wird nur die Oberhaut eingefärbt. Und da diese sich in vier Wochen komplett erneuern kann, ist ein Henna-Tattoo nach längstens dieser Zeit weg. Zudem gibt es schwere Allergien." – „Oh je, da muss ich in Zukunft besser auf meine Haut aufpassen!"

Integrität

Die Haut wird in drei Hautschichten untergliedert. Dabei greifen die Funktionen jeder Hautschicht ineinander über und sind mit den anderen Hautschichten so eng verknüpft, dass nur eine in allen Hautschichten intakte Haut alle Wahrnehmungs-, Sinnes- und Abwehrfunktionen als selbstständiges Körperorgan ausüben kann. Die *Integrität* (lat., Unbescholtenheit, Unverletzlichkeit) der Haut ist somit für ihre volle Funktionsfähigkeit lebensnotwendig.

Es werden im Folgenden zunächst die so genannten anatomischen Strukturen und auch die Biologie der Hautanhangsgebilde beschrieben:

Epidermis
Korium, Kutis oder Dermis
Subkutis

Unsere drei Hautschichten sind von außen nach innen folgendermaßen gegliedert: Oberhaut *(Epidermis)*, Lederhaut *(Korium, Kutis* oder *Dermis)* und das Unterhautgewebe *(Subkutis)*.

1.1 Die Oberhaut *(Epidermis)*

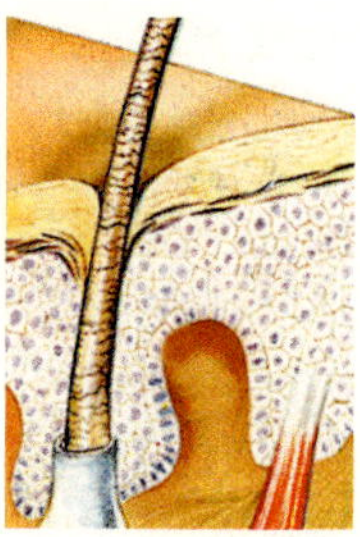

Die Epidermis stellt die vorderste Barriere gegen chemische und physikalische Einflüsse der Umwelt dar. Sie ist je nach Körperareal und Beanspruchung zwischen 0,1 und 0,4 mm dick. Sie ist mehr oder weniger stark verhornt. So findet sich z. B. an Händen und Füßen eine dicke Hornschicht, während z. B. im Bereich der Augenregion die Epidermis (und die gesamte Haut) sehr dünn ist.

Keratin

Die Epidermis selbst ist wiederum aus vier Schichten aufgebaut. Die Ursache hierzu liegt in ihrer Hauptfunktion, der Produktion und Ausbildung einer funktionsfähigen **Hornzellschicht** an der Oberfläche. Die Verhornung wird auch Keratinisierung (*Keratin* = Hornsubstanz) genannt. Keratine selbst sind Proteine, von denen über 30 verschiedene inzwischen bekannt sind.

Verhornung = Keratinisierung

proliferiert

Die **Verhornung** ist ein hochkomplexer Vorgang, bei welchem sich die Epidermis fortlaufend selbst erneuert. Man nennt sie deshalb auch Proliferationsgewebe, d. h. ein Gewebe, welches sich ständig durch die Neubildung von Zellen erneuert (lat., *proliferiert*).

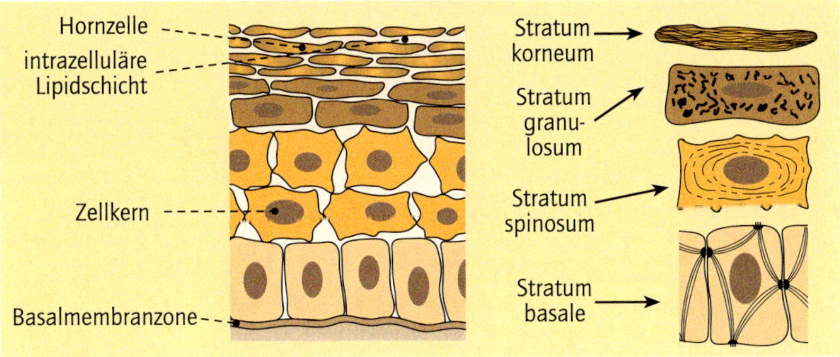

Abb. 1.1:
Aufbau der Epidermis

Stratum basale

In der unteren Zellschicht der Epidermis, dem so genannten ***Stratum basale*** (lat., Keimschicht, Basalzellschicht) liegen die **Keratinozyten** als aktive Hautzellen (Keimzellen, Basalzellen) vor, die jeden Tag aufs Neue durch ZELLTEILUNG (→ Grundlagen-Lexikon) Keratinozyten bilden. Die Hauptaufgabe der Keimschicht ist die Substanzergänzung durch ständige Zellvermehrung und damit die Hautzellregeneration. Die Stabilität des einzelnen Keratinozyten wird in den unteren Epidermisschichten durch **Tonofibrillen** gewährleistet. Sie befinden sich als „gitterartige Verstrebungen" innerhalb der Zelle und stabilisieren die Zellmembran. Diese Verstrebungen münden im Bereich der Zellmembran in so genannte **Desmosomen.** Desmosomen verbinden die Keratinozyten untereinander und sorgen so für die mechanische Stabilität der unteren Zellschichten der Epidermis.

Keimzellschicht = Zellteilung

Stratum spinosum

Stachelzellschicht = Zellzwischenräume

synthetisieren

Auf dem Weg des Keratinozyten zur oberen Hornschicht verändert er sein Aussehen. Das ***Stratum spinosum*** (lat., Stachelzellschicht) erhielt aufgrund der „stachelähnlich" gebildeten Verbindungen der Zellen untereinander (Zytoplasmafortsatze) seinen Namen. In dieser Hautschicht beginnt das mehrschichtige Gewebe Zellzwischenräume zu bilden und Fettbestandteile zu *synthetisieren* (lat., aufzubauen).

Stratum granulosum

Körnerzellschicht = Vorstufe des Keratins

In den Zellen entsteht eine **Vorstufe des Keratins**, die mikroskopisch sichtbar ist und dieser nächsten Oberhautschicht den Namen ***Stratum granulosum*** (lat., Körnerzellenschicht) einbrachten. Die Keratinozyten-Zellen geben mehr und mehr Substanz an den Zellzwischenraum ab und es werden weiter Fettbestandteile zur Befestigung der Zellen untereinander synthetisiert. Durch den Substanzverlust flachen die Zellen ab.

Stratum korneum

Hornschicht = Hornplättchen (Ziegelsteinmauer)

Lipide

Die nun kernlosen, ehemaligen Keratinozyten sind nach oben bis ins ***Stratum korneum*** (lat., Hornschicht) gelangt, wo sie als so genannte **Korneozyten** ausgereift sind. In der Hornschicht sind die Korneozyten starr und unbeweglich und fast vollständig nur mit der Hornsubstanz, den verschiedenen Keratinen, angefüllt. Sie liegen geschichtet wie die Steine in einer Mauer übereinander. Diese „Zellen" haben ihre Kerne „verloren" und sind nur noch aneinander haftende „Hornplättchen", die von hauteigenen *Lipiden* (Fetten) umgeben sind. Da der Zusammenhalt über die Lipide jedoch in den obersten Zellschichten des *Stratum korneums* nachlässt, können sich die oberen Hautschichten „ablösen". Die Korneozyten werden als Hautschuppen unsichtbar nach und nach abgestoßen.

2

Dyskeratose
Hyperkeratose

Der Weg der Keratinozyten vom *Stratum basale* bis zur Abschilferung als Korneozyt dauert 4 Wochen.

Kommt es zu Fehlern während dieses Verhornungsvorgangs (***Dyskeratose*** = gestörte Verhornung), z. B. zu einer übermäßig beschleunigten Verhornung (***Hyperkeratose***), so kann es zur Entstehung von Hautkrankheiten wie z. B. der Schuppenflechte (*Psoriasis* → Kapitel 4.6.2) kommen. Hier dauert der Verhornungsprozess nur 4 – 5 Tage.

90 % der Epidermis wird von den Keratinozyten ausgefüllt. Es kommen aber auch andere Zellen in der Oberhaut vor, welche etwa 10 % der gesamten Epidermis-Zellpopulation ausmachen. Diese sind die melaninbildenden Melanozyten, die Merkel-Zellen sowie die Langerhans-Zellen.

Melanozyten bilden und speichern Melanin

Die **Melanozyten** finden sich in der Keimschicht der Epidermis und der Haarwurzel (Haare und Haarwachstum → Kapitel 1.4.1). Die Melanozyten bilden und speichern das **Hautpigment Melanin**, welches rot-gelbe und braun-schwarze Farbe haben kann. Sie geben das Melanin über lange Zellausläufer, welche bis in die höheren Epidermis-Zelllagen reichen können, an benachbarte Keratinozyten ab. Durchschnittlich versorgt ein Melanozyt 36 Keratinozyten. Das von den Melanozyten produzierte Melanin bewirkt den körpereigenen Lichtschutz (→ Kapitel 1.5.2).

Die funktionelle Einheit aus Melanozyt und Keratinozyten wird epidermale Melanineinheit genannt. Sie ist für die Ausbildung des körpereigenen Lichtschutzes (d. h. Bräunung und Lichtschwiele) verantwortlich.

vegetativ

Die **Merkel-Zellen** sind Sinneszellen und gehören zum „Nervensystem" der Haut. Sie liegen einzeln oder gruppiert in der Keimschicht der Epidermis und der äußeren Haarwurzelscheide. Die Merkel-Zellen können Druck- und Schmerzempfindung aufnehmen und über Reizleitungs-Kopplung an das NERVENSYSTEM (→ Grundlagen-Lexikon) weiterleiten. Sie sind sehr wichtig für die *vegetative* Versorgung (willensunabhängige Steuerung) von Drüsen (z. B. Talgdrüsen, Schweißdrüsen), Haarbalgmuskeln und Gefäßen.

Wo könnten zahlreiche Merkel-Zellen besonders sinnvoll sein?

Die **Langerhans-Zellen** übernehmen Funktionen der körpereigenen Abwehr, d. h. des IMMUNSYSTEMS (→ Grundlagen-Lexikon und → Kapitel 1.5.3). Sie entstammen ursprünglich dem Knochenmark und kommen in den epidermalen Schichten oberhalb der Keimschicht und auch in den äußeren Wurzelscheiden des Haarfollikels vor.

Langerhans-Zelle = Abwehrzelle der Haut

Die Langerhans-Zellen haben keine festen Verbindungen zu den Keratinozyten und Melanozyten, aber Fortsätze, die in deren Zellzwischenräume reichen. Bei allergischen Reaktionen, insbesondere bei Kontaktallergien, spielen die Langerhans-Zellen eine zentrale Rolle (→ Kapitel 4.5).

In der Epidermis kommen somit zwar Nervenzellausläufer und einzelne Immunzellen vor, jedoch keine Gefäße. Die Versorgung der Epidermis erfolgt durch **Diffusion** (im weiteren Sinne somit durch freie Durchströmung von ZELLEN und ZELLMEMBRANEN → Grundlagen-Lexikon) von der darunter liegenden gefäßreichen Dermis. Auch können im Fall von Entzündungen jederzeit verschiedene Zellen aus der Reihe der weißen Blutkörperchen (z. B. Lymphozyten, Granulozyten,

584012

so genannte „Entzündungszellen" aus den Blutgefäßen der darunter liegenden Dermis einfach austreten und durch die **Basalmembran** in die Epidermis wandern.

Basalmembran = Verbindungsglied von Epidermis und Dermis

Die Basalmembran stellt mittels bindegewebiger Schleifen **(Bindegewebspapillen)** das Verbindungsglied zwischen Epidermis und Dermis dar. Dermis und Epidermis sind somit auf dreidimensionale Weise eng miteinander verzapft.

Die Epidermis ist die Hautschicht der meisten kosmetischen Behandlungen und auch das per Gesetz zugelassene Behandlungsfeld. Zwar gibt es kosmetische Behandlungsmethoden, die Einfluss auf tiefer gelegene Zellschichten haben (z. B. kosmetische Massagen → Bände B und C, LF 6), jedoch sind alle methodischen Eingriffe sowie das Eindringen von Wirkstoffen bis zur Basalschicht und über diese hinaus, nicht mehr als kosmetisch zu bezeichnen. Sie fallen dann unter die ärztliche oder andere heilberufliche Therapie, und Präparate solcher Art sind gesetzlich als Arzneimittel zuzulassen (→ LF 1, Kapitel 1.4).

1.2 Die Lederhaut *(Dermis/Kutis/Korium)*

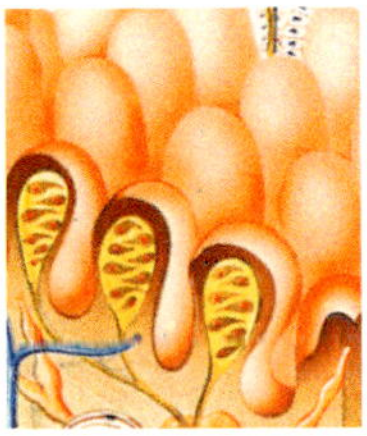

Die Lederhaut ist das unter der Epidermis gelegene Bindegewebe, welches sich in die Tiefe bis zum subkutanen Fettgewebe erstreckt. Die Dicke der Dermis kann zwischen 0,3 und 2,3 mm betragen. Dies ist abhängig von Körperregion bzw. Beanspruchung.

Die Lederhaut wird insgesamt noch einmal in zwei Schichten unterteilt:

Stratum papillare

Papillarschicht = Verzapfung von Epidermis und Dermis

Das **Stratum papillare** (Papillarschicht) ist locker aus bindegewebsartigen (meist kollagenen) Fasern gewebt, es führt Blut- und Lymphgefäße und Nerven. Nach oben ist es durch die **Basalmembran** mit der Epidermis verbunden. Durch die dreidimensionale „Verzapfung" der Gewebe – und der damit einhergehenden starken Oberflächenvergrößerung – kann die Papillarschicht ihre Hauptaufgaben gut erfüllen: Sie ernährt die Epidermis, speziell die Keimschicht, und transportiert Stoffwechselprodukte ab.

Stratum reticulare

Retikularschicht = Bindegewebsfasern und Grundsubstanz

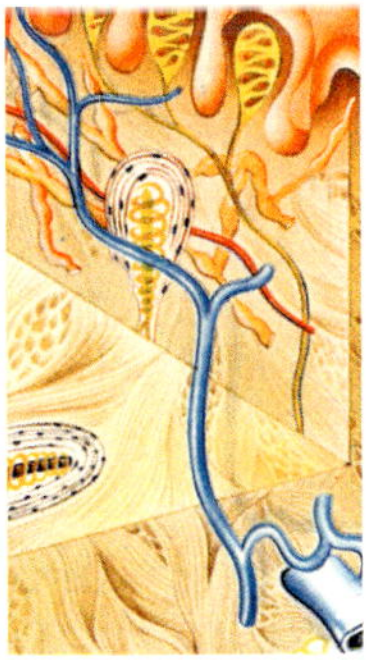

Darunter liegt das **Stratum reticulare**, die Hauptgewebeschicht der Dermis, welche kräftigere Fasern, weniger Nerven und Blutgefäße, aber Schweißdrüsen und Haarfollikel enthält. Die Hauptbestandteile dieser Schicht sind Zellen und Bindegewebsfasern, die sich in einer **gelartigen Grundsubstanz** befinden. Mengenmäßig überwiegen in der Dermis die Kollagenfasern, das Hauptstrukturprotein des Bindegewebes. Im gesamten Körper gibt es verschiedene Bindegewebsformen. Dermis, Knochen und Knorpel bestehen aus biochemisch unterschiedlich aufgebauten Kollagenen. Bekannt sind derzeit mindestens sieben Kollagenarten.

Die Lederhaut setzt sich aus den folgenden Zell- und Funktionseinheiten zusammen:

Dermale Zellen

Dermale Zellen = Hautaufbau und Abwehr

Die am häufigsten vorkommenden Zellen sind die **Fibroblasten**. Diese stellen Kollagene und Elastin (s. u.) als Gerüstproteine der Dermis her.

Die **Histiozyten** wanderten ursprünglich als Monozyten (Vorläuferzellen) über die Blutbahn aus dem Knochenmark in die Dermis ein. Sie sind abwehraktiv und neh-

Makrophagen

men als „Fresszellen" ***(Makrophagen)*** abgestorbene Gewebezellen und Zell-Abbaustoffe wie Melanin, Fette und Proteine auf.

Mastzellen finden sich in der ganzen Dermis verstreut. Sie sind besonders wichtig, weil sie Botenstoffe wie Histamin (an der Auslösung des Juckreizes bei Hautreaktionen beteiligt → Kapitel 4.5.1) produzieren und einlagern.

2

Dermale Fasern

In der Dermis wird der Haut die Festigkeit (Kollagen) und die Elastizität (Elastin) gegeben.

Kollagenfasern

In der Dermis herrscht zu 85 – 90 % eine **Kollagen**-Art, das Kollagen-1, vor. Es wird ausschließlich von den dermalen Fibroblasten gebildet. Das **Netzwerk der Kollagenfasern** verläuft hauptsächlich parallel zur Hautoberfläche. Die Kollagenfasern bedingen die mechanische Stabilität der Dermis und werden im Gegensatz zu den Zellen der Epidermis nur sehr langsam wieder abgebaut und erneuert.

subepidermal

Elastikaplexus

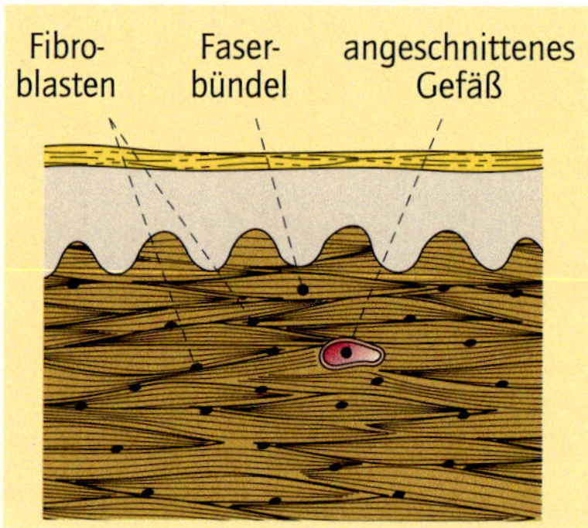

Abb. 1.2:
Dermale Fasern

Elastische Fasern sind im gesamten Korium verteilt und bilden *subepidermal* (unter der Oberhaut) ein feines Netz, den **Elastikaplexus** (lat. *plexus* = Geflecht) und in der tieferen Dermis **gewellt verlaufende Bänder**, welche z. T. die kollagenen Fasern umgeben. Die **elastischen Fasern** bedingen die Festigkeit und Elastizität der Dermis. Sie bestehen aus dem Protein **Elastin** und fibrillären (faserartigen) Strukturen.

Dermale Fasern
= Hautelastizität

Dieser Aufbau sorgt dafür, dass die Haut nach Dehnung wieder in ihre ursprüngliche Form zurückkehren kann. Bei lang anhaltender, dauerhafter Dehnung allerdings können die Fasern strukturell beschädigt werden und sich dann nicht mehr zusammenziehen. Hautdehnungsstreifen (z. B. nach radikalen Gewichtsreduktionskuren → LF 10, Kapitel 11.2) oder auch „Schwangerschaftsstreifen" können die Folge sein.

Weshalb gibt es so viele Kollagen- und/oder Elastin-haltige Hautcremes?

intrinsisch

extrinsisch

Die Elastizität der Haut lässt im Verlauf des „Hautalterns" (→ Kapitel 3.5) nach: Über die Verminderung der Produktion von Kollagen- und Elastinfasern sowie teilweise mangelhafter Vernetzung *intrinsisch* (von selbst, von innen heraus) und die teilweise Zerstörung/Umwandlung von elastischen Fasern durch Lichtschäden, *extrinsisch* (von außen). Die Bedeutung der Kollagen- und Elastinfasern für jugendlich straffe Haut ist daher wohlbekannt.

Dermale Matrix
= Hautspannung

Kollagene und elastine Fasern bilden eine Art Gerüstproteinnetz **(dermale Matrix)** in der Dermis. Die Maschen dieses Netzes werden hauptsächlich von einem stark **wasserbindenden Gel** ausgefüllt. Aufgebaut ist das Gel hauptsächlich aus Glykosaminoglykanen (z. B. Hyaluronsäure), Protein- und Zuckermolekülen, welche eben die spezielle Eigenschaft haben über ein Vielfaches ihres Gewichts Wasser binden zu können. Die Bindung des Wassers im Kollagennetzwerk ist für die **Hautspannung (Turgor** → Kapitel 2.3) verantwortlich. Im Rahmen der intrinsischen Hautalterung nimmt aber die Fähigkeit zur Wasserspeicherung im Gewebe ab. Es kommt zunehmend zum Schlafferwerden der Haut und zur **Faltenbildung**.

2

Blutgefäßnetz

Im Gegensatz zur Epidermis enthält die Dermis ein ausgedehntes Netz von Blutgefäßen und Nerven. Es besteht ein oberflächlicher **Gefäßplexus unter den Bindegewebspapillen** in der Verbindungszone zur Epidermis und ein **tiefer Plexus parallel** dazu an der Grenze **zur Subkutis**. Beide Systeme stehen über senkrechte Verbindungsgefäße in Kontakt.

Kleine Hautverletzungen bluten erst, wenn die Dermis verletzt wurde.

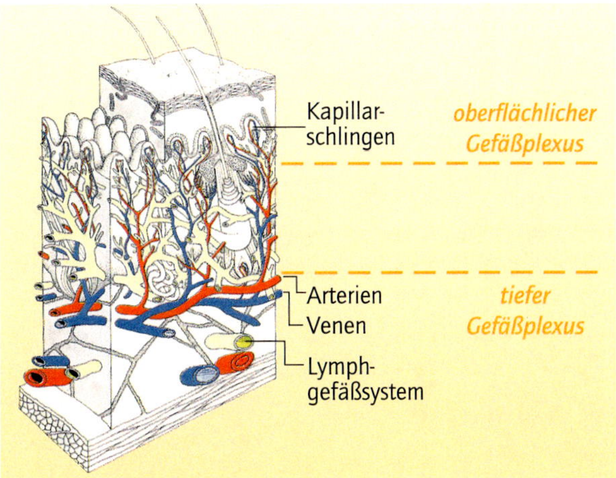

Abb. 1.3: Blutgefäßnetz der Dermis

Der Gefäßplexus ist notwendig zur *metabolischen* (den Stoffwechsel betreffenden) Versorgung der Haut über die Arterien (Nährstoffzufuhr und Sauerstoffversorgung) und auch zur Temperatur- und Blutdruckregelung des Körpers (KÖRPERTEMPERATUR → Grundlagen-Lexikon).

metabolisch

Hautgefäßsysteme = Durchblutung, Versorgung, Temperaturregelung

Der Abtransport der Stoffwechselprodukte erfolgt über die Venen oder über das separat funktionierende **Lymphgefäßsystem** (→ Grundlagen-Lexikon, LYMPHE). Die Gewebsflüssigkeit der Lederhaut und der Subkutis wird über kleine Lymphbahnen zunächst zu Sammelstellen, so genannten Knotenpunkten, und dann weiter zu größeren Lymphbahnen geschickt. Den Abtransport von venösem Blut, als auch von Gewebswasser *(Lymphe)*, kann man sich vorstellen wie ein funktionierendes Fluss-/Kanalsystem: Von dem kleinen Bach mit Aufnahme von vielen anderen kleinen Bächen letztlich zu einem mittelgroßen und großem Fluss/Strom.

Lymphe

Die ersten Knotenpunkte in der Haut **(Hautlymphknoten)** sind bedeutsam sowohl für die Abwehr von bakteriellen und viralen Erkrankungen, für die Ausbildung von Kontaktallergien, als auch für die Ausbreitung von tumorösen Hauterkrankungen (Metastasierung in ersten Hautlymphknoten).

Hautlymphknoten = Abwehr, Allergie, Tumorausbreitung

- Im Falle einer **Infektion** wird der erste organisierte Kontakt zwischen Abwehrzellen des „weißen Blutsystems" (hier in den Hautlymphknoten) und dem eingedrungenen Erreger durchgeführt (→ Kapitel 4.2).
- Im Falle einer **Kontaktallergie** wird das Allergen durch die oben beschriebenen Langerhans-Zellen hier im Hautlymphknoten den T-Lymphozyten gezeigt und so eventuell eine allergische Reaktion eingeleitet (→ Kapitel 4.5).
- Im Falle eines wie in → Kapitel 4.9.3 beschriebenen bösartigen **Hauttumors** wie dem malignen Melanom wird eine Metastasierung über die Lymphbahnen in die ersten Lymphknoten weitergeleitet.

2

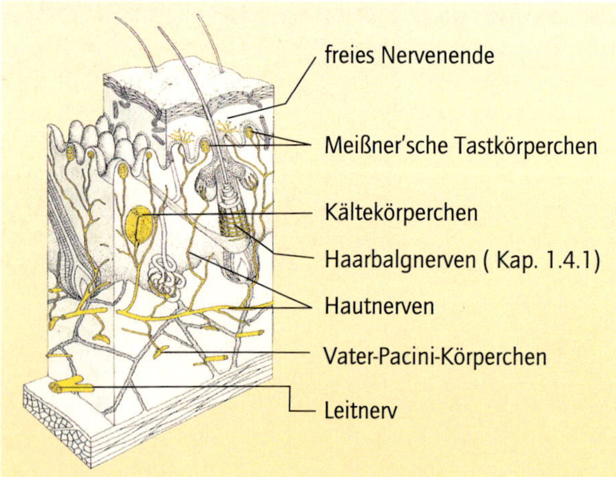

Abb. 1.4: Nerven der Dermis

Nerven der Dermis

In der Haut kommen **vegetative und sensible Nerven** mit ihren Endigungen (Rezeptoren) vor. Die vegetativen Teile des NERVENSYSTEMS (➔ Grundlagen-Lexikon), regeln die Funktion von Talg- und Schweißdrüsen und haben Einfluss auf die Erweiterung und Verengung der Blutgefäße der Haut und damit auf die Regulation der Hautdurchblutung. Das vegetative Nervensystem ist über den Weg der Schaltzentrale Gehirn auch für psychische Einflüsse empfänglich. Hautrötungen und Schweißausbrüche, aber auch „Wohlgefühl", können so in Gang gesetzt werden.

Hautnerven = Tastsinn, Schmerz-, Kälte-, Wärmeempfinden

In der Dermis treten besondere Nervenzellendigungen vermehrt an Handinnenflächen und Fußsohlen als so genannte **Meißner'sche Tastkörperchen** (Berührungs-Rezeptoren) und als die auf Druck reagierenden **Vater-Pacini-Körperchen** auf. Hierdurch besteht der einzigartige TASTSINN, so dass wir spitz von stumpf unterscheiden können (➔ Grundlagen-Lexikon).

Weiterhin treten hier Rezeptoren für die Empfindung von Kälte und Wärme auf **(Kältekörperchen und Wärmekörperchen)**. Diese haben eine wichtige Funktion in der Regulierung der Temperatur (➔ Band C, LF 11, Kapitel 2.1).

Durch die Dermis verlaufende Hautnerven, deren freie Nervenendigungen in der Keimschicht der Epidermis enden, vermitteln die Empfindungen, z. B. für Schmerz und Juckreiz.

Welche Begriffe fallen Ihnen zur Reiz-Wahrnehmung der Haut ein?
Welche davon können Sie nur mit/auf der Haut empfinden?

In der Dermis befinden sich außerdem die funktionellen Einheiten der Hautanhangsgebilde, oder Hautorgane (➔ Kapitel 1.4).

1.3 Das Unterhautfettgewebe *(Subkutis)*

Die Subkutis liegt unter der Lederhaut und besteht hauptsächlich aus **Fettgewebe**, welches in ein **lockeres, maschenartiges Bindegewebe** eingebettet ist. Die Subkutis verfügt über ein eher weitmaschiges Gefäßsystem zur Blutversorgung. Ihre Hauptaufgaben sind der Schutz der Organe – wie ein Polster – gegen Druck und Stoß, aber auch gegen Kälte und Hitze.

Unterhaut = Schutz und Speichergewebe

Die Stoffwechselfunktionen der Subkutis für den Körper sind:
Sie speichert Fette in Form von Triglyzeriden und liefert Fettsäuren bei Energiebedarf (➔ LF 10, Kapitel 4.5).

Die Menge der Fettzellen bestimmt unsere Körperformen. Die Dicke der Subkutis hängt mit der Lokalisation am Körper (z. B. an Ohren und unter den Augen ist sie gar nicht vorhanden), mit dem Geschlecht (Anteil und „Verteilung" des Fettgewebes ist bei Männern und Frauen unterschiedlich) und mit unserem Ernährungszustand zusammen.

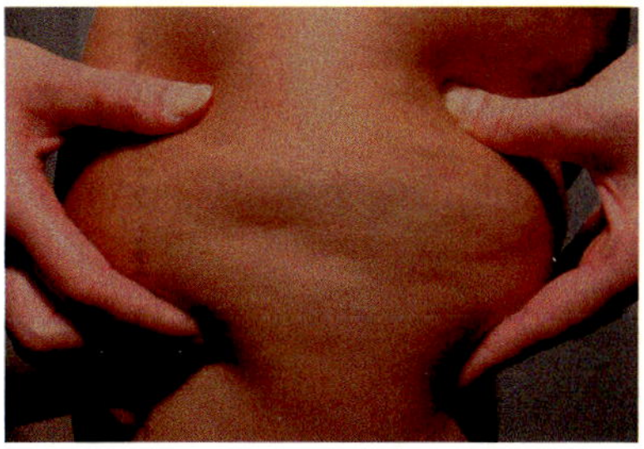

Abb. 1.5: Cellulite

Ein unstimmiges Verhältnis von Fettzellen und Bindegewebe kann zur **Cellulite** führen. Als Cellulite wird eine – vor allen Dingen bei jüngeren Frauen, und vor allem im Oberschenkel- und Gesäßbereich – auftretende Veränderung des subkutanen Fettgewebes beschrieben. Beim Zusammenschieben der Haut entsteht das Bild einer „verschrumpelten Orange". Ursächlich liegt eine veranlagungsbedingte, geschlechtsspezifische Form der Anhäufung von zu vielen Fettzellen vor, welche sich mit dem Alter und bei Überernährung weiterhin verstärkt.

Cellulite ≠ Cellulitis

Eine *„Cellulitis"* hingegen existiert nicht. Es handelt sich hierbei um eine besonders von Laien gebrauchte Fehlbezeichnung dieser Fettansammlung. (Die Endsilbe *-is* suggeriert einen zusätzlich entzündlichen Vorgang, wobei sämtliche Untersuchungen gezeigt haben, dass es sich lediglich um eine Fettvermehrung, nicht aber um entzündliche Vorgänge im Gewebe handelt.)

Ebenfalls nicht richtig ist, dass es sich hierbei um eine „Bindegewebsschwäche" handelt. Es besteht lediglich ein Missverhältnis zwischen stabilisierenden Bindegewebsfasern und der Größe der Fett*lobuli* (lat., Fettläppchen → Band C, LF 11, Kapitel 4).

1.4 Die Hautanhangsgebilde und ihre Biologie

Unsere **Haare und Nägel sowie die Schweiß- und Talgdrüsen** werden Hautanhangsgebilde genannt, weil sie eng mit der Funktion der Haut verbunden sind. Sie ragen teilweise als „Anhänge" aus der Haut heraus.

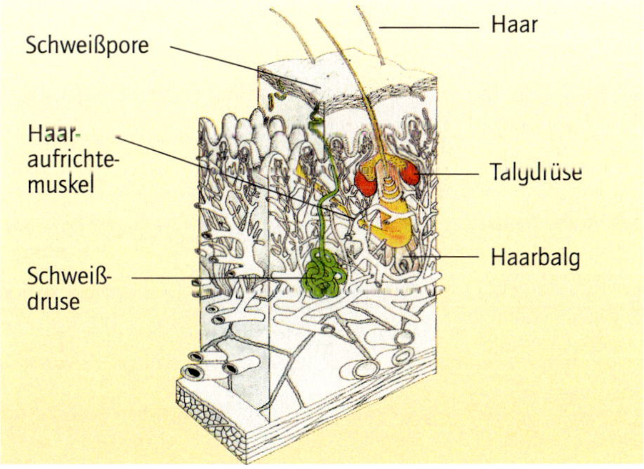

Abb. 1.6: Hautanhangsgebilde

1.4.1 Die Haare

Die Behaarung des Menschen hat heutzutage keine wesentliche biologische Funktion mehr zu erfüllen. Allerdings schützt sie am Kopf gegen Sonnenstrahlen und hat zudem eine große Bedeutung für das Aussehen.

Die Haarfarbe ergibt sich aus dem chemischen Aufbau des Hautpigments Melanin, seiner Menge, der Größe und Form der Melaninansammlung sowie ihrer Verteilung im Haarschaft. Diese Parameter, welche genetisch bedingt sind, führen zu den bekannten **Naturhaarfarben** von tiefschwarz nach hellblond. Störungen, die sich als veränderte Haarfarbe, Haardichte oder Haarstruktur äußern, geben nicht selten Anlass zum Arztbesuch. Diese Form der Haarerkrankungen werden in → Kapitel 4.7.2 dargestellt.

Die gesamte Körperoberfläche mit Ausnahme der Hand- und Fußinnenflächen ist behaart. Diese Haut wird als **Felderhaut** bezeichnet, da beim genauen Betrachten ein feldartiges Hautrelief zu erkennen ist. Die haarfreien Hautareale werden als **Leistenhaut** bezeichnet. Hier sind die dermalen Papillen (→ *Stratum papillare*) linear angeordnet, wodurch z. B. der Fingerabdruck entsteht.

2

Bei der Behaarung lassen sich drei Haartypen unterscheiden:

3 verschiedene Haartypen

- Bei der Geburt ist bereits das **Lanugohaar** ausgebildet. Es ist pigmentlos, sehr dünn und kurz. Es wird rasch nach der Geburt durch das Vellushaar ersetzt.
- Das **Vellushaar** ist pigmentarm, d. h. in der Regel blond oder grau, es wird nur wenige Zentimeter lang und es kommt gruppiert vor. Es ist, wenn man das Haar mikroskopisch untersucht, marklos. Die feine Körperbehaarung, die z. B. bei Frauen im Bereich des Bauches oder der Wangen sichtbar ist, ist eine Vellushaar-Behaarung.
- Das **Langhaar (Terminalhaar)** enthält ein Mark und ist ein dickes, kräftiges Haar. Es kommt am Kopf, in den Achseln, der Genitalregion und Augenbrauen und Wimpern vor sowie, je nach Rasse oder hormonellem Status, auch am übrigen Körper.

Medulla

Kortex

Kutikula

Nur beim Terminalhaar finden sich im so genannten **Mark *(Medulla)*** Lufteinschlüsse, welche dem Haar eine höhere mechanische Belastbarkeit und eine bessere Wärmeisolation geben. Die **Rinde *(Kortex)*** ist die Tragemauer der Haarsubstanz. Sie besteht aus kompakten, flachen **Hornzellen *(Korneozyten)***, die vollständig mit Keratin gefüllt sind. Das an der Haaroberfläche dachziegelartig angeordnete **Oberhäutchen *(Kutikula)*** bildet den Abschluss des Haares nach außen. Es ist die Schutzschicht, die das Haar gegenüber der Umwelt schützt und dem Haar den natürlichen Glanz verleiht. Das freie Ende der dachziegelartig angeordneten Oberhäutchenzellen zeigt nach oben. Hierdurch wird zum einen eine feste Verankerung des Haares in der Wurzelscheide erzielt und zum anderen werden Talg und mögliche Krankheitserreger „wie mit Schaufeln" an die Oberfläche transportiert.

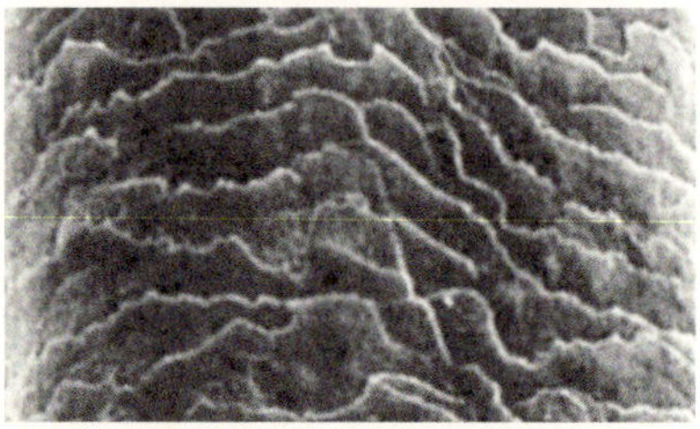

Abb. 1.7: Elektronenmikroskopisches Bild der Haaroberfläche

Die **Haarwurzel** ist eine Einstülpung der Epidermis, welche in der Dermis das Haar einbettet, es mit Nährstoffen versorgt und für das **Haarwachstum** verantwortlich ist. Die Auftreibung des untersten Teils der Haarwurzel sieht wie eine Zwiebel aus, sodass er Haarzwiebel oder **„Haarbulbus"** genannt wird. In den epidermalen Haarbulbus stülpt sich die dermale Haarpapille ein. Hier ist der eigentliche Ort der **Haarproduktion** durch die Zellteilung von Keratinozyten. Bei

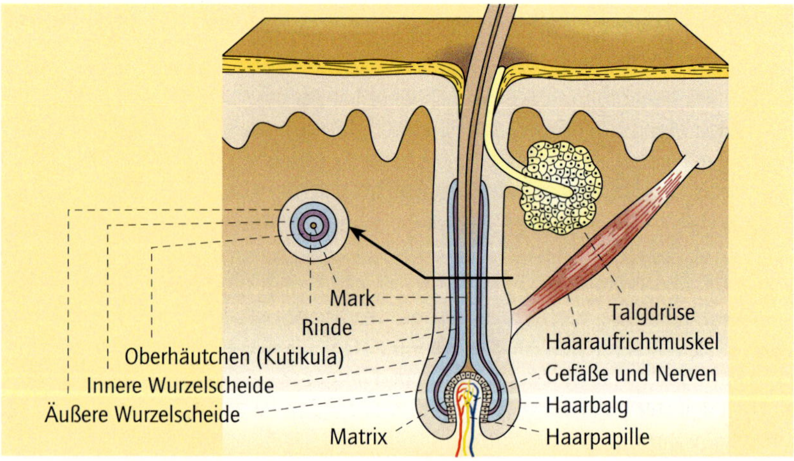

Abb. 1.8: Aufbau eines Haares

der Haarwurzel kann eine äußere und innere Haarwurzelscheide unterschieden werden. Sie funktioniert wie ein Trichter, durch welchen die noch unfertig verhornten Haarzellen durchgedrückt werden und somit dem Haar Durchmesser und Form geben.

Haaraufbau = Haarbalg, Haarwurzel, Haarschaft

Um den Haarfollikel liegt ein dichtes Netz von Nervenfasern (→ Abb. 1.4), die für die Aufnahme von Sinnesreizen (Lageveränderung des Haares z. B. bei Berührung) verantwortlich sind. In den Haarfollikel münden außerdem eine oder mehrere Talgdrüsen sowie auch ggf. ein oder mehrere Schweißdrüsen.

2

Ferner gehört zu jedem Haar (mit Ausnahme der „Borstenhaare" Wimpern und Augenbrauen) ein Muskel, der durch sein Zusammenziehen die Haare aufzurichten vermag. Dieser Muskel, der von dem vegetativen Nervensystem gesteuert wird, heißt **Haaraufrichtemuskel** (lat. *Musculus arrector pili*), Haarbalgmuskel oder auch „Gänsehautmuskel". Das Aufrichten der Haare kennen wir noch aus der Tierwelt, z. B. wenn sich bei einem Hund bei einem beginnenden Kampf die oberen Nackenhaare sträuben. Bei uns hat dies jedoch nur belustigenden Effekt.

Musculus arrector pili

Passend zu dem komplizierten Aufbau des Haares ist auch dessen Wachstum, denn es ist einem strengen Zyklus unterworfen: Nach einer **Wachstumsphase** ***(Anagen)***, die je nach Lokalisation des Haarfollikels zwischen 2 Monaten und 6 Jahren dauert, folgt eine **Übergangsphase** ***(Katagen)*** von ca. 6 Wochen, die in eine **Ruhephase** ***(Telogen)*** von bis zu 6 Monaten mündet. Nach der Ruhephase fällt das Haar aus und der Wachstumszyklus beginnt erneut.

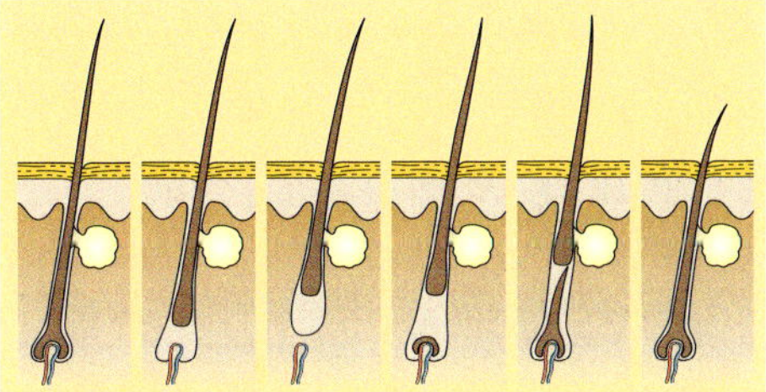

Abb. 1.9: Haarwachstumsphasen

- Ca. 80 % aller Haare befinden sich ständig in der *Anagen-*/Wachstumsphase. Nur 1 % der Haare befinden sich in der Übergangsphase und die übrigen 15 – 20 % in der Ruhephase.
- Ein Haarverlust von täglich bis 100 Kopfhaaren ist normal.
- Ein gesundes Haar wächst ca. einen cm pro Monat, sodass ein 60 cm langes Haar ca. fünf Jahre alt ist.

Die Körperbehaarung weist im Gegensatz zur Kopfbehaarung andere Wachstumsphasen auf. Die Scham- und Achselhaare haben z. B. eine verkürzte Wachstumsphase von nur 6 Monaten und können deshalb nicht so lang werden wie die Kopfhaare (→ Band C, LF 11, Kapitel 3.7.2).

Haarausfall und Haaraufbau stehen im ständigen Wechsel, sodass die Erneuerung unserer Körperhaare uns nicht auffällt. Dies liegt daran, dass jedes Haar einen eigenen *Anagen-* und *Telogen*rhythmus hat und somit an jedem Tag völlig verschiedene Haare ausfallen und auch verschiedene Haare nachwachsen. Die einzige Ausnahme ist die „Neugeborenenglatze". Hier fallen aufgrund der Umstellung von Anagen- in Telogenphase beim Neugeborenen nach ca. drei Monaten eine Menge Haare zunächst auf einmal aus, um dann aber mit unterschiedlichem „Beginn" wieder nachzuwachsen.

Und wie alt ist Ihr Kopfhaar?

2

1.4.2 Das Nagelorgan

Ähnlich wie die Haare besteht der Nagel ebenfalls aus kernlosen Korneozyten, die jedoch zu einer durchscheinenden, leicht gebogenen Platte von dicht gepacktem **Keratin** zusammengepresst sind. Der Nagel schützt die Fingerkuppe, ist Widerlager bei der Tastfunktion und ermöglicht den Pinzettengriff, d. h. Daumen und Zeigefinger oder 3. bzw. 4. Finger nehmen einen Gegenstand wie eine Pinzette auf.

Nagelmatrix

Die **Nagelplatte** liegt auf dem **Nagelbett**. Dieses Nagelbett ist blutgefäßreich und versorgt die zwischen der Nagelplatte und dem Nagelbett liegende **Nagelkeimschicht *(Nagelmatrix)***. Dieser Bildungsort der Nagelplatte liegt am hinteren Ende des Nagels und ist größtenteils von normaler Haut bedeckt. Ein Teil davon kann unter der Nagelplatte als halbmondförmige, durchscheinende *Lunula* erkannt werden.

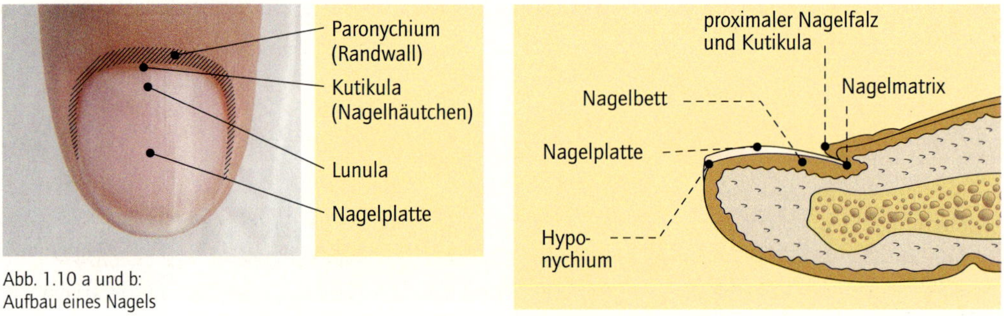

Abb. 1.10 a und b:
Aufbau eines Nagels

Paronychium
Hyponychium

Der größere Teil der Nagelmatrix liegt somit nicht sichtbar unter dem hinteren **Nagelfalz.** Seitlich wird die Nagelplatte ebenfalls durch Nagelfälze begrenzt. Die Hauterhebung um den Nagel **(Randwall)** wird *Paronychium* genannt. Der Hautbereich unter dem freien Nagelrand wird als *Hyponychium* bezeichnet.

- Das Nagelwachstum ist sehr unterschiedlich und kann 0,5 bis 1,2 mm pro Woche betragen, wobei die Wachstumsgeschwindigkeit im Alter abnimmt.
- Fußnägel wachsen nur halb so schnell wie Fingernägel.
- Je länger ein Finger ist, umso schneller wächst der Nagel.
- Im Durchschnitt dauert die vollständige Erneuerung eines Nagels sechs bis zwölf Monate.

Der Nagel und das Wissen um seine anatomischen und funktionellen Strukturen ist Basiswissen für Ihre Maniküre- und Pedikürebehandlung (→ Band C, LF 4 und 8).

1.4.3 Talgdrüsen und Schweißdrüsen

Die Talgdrüsen

Talgdrüse = Sebum (Hauttalg)

Talgdrüsen sind mit Ausnahme von wenigen freien Talgdrüsen in Mund- und Genitalregion an den Follikelapparat des Haares gebunden (→ Abb. 1.6).

Sie sitzen seitlich am Haarfollikel, sodass sie mit ihm einen gemeinsamen Ausführungsgang haben.

Talg = Fettanteil des Hydrolipid-Films

Die Aufgabe der Talgdrüse ist die Produktion von **Talg (Sebum)**, einem Gemisch aus verschiedenen Fetten und Fettsäuren, Wachsestern und Triglyceriden. Der

Talg bildet mit dem von der Epidermis gebildeten Hornschichtfett den Lipidfilm der Haut (den Fettanteil des Hydrolipid-Films). Die Sekretion ist ***holokrin***, d. h. die nachwachsenden Drüsenzellen zerfallen und geben so ihren öligen Inhalt frei.

holokrin

Die Dichte der Talgdrüsen ist je nach Körperregion sehr unterschiedlich. Die größte Konzentration findet sich in den **seborrhoischen Arealen** wie Kopfhaut, Brust und Gesicht, wobei im Gesicht vor allem die T-Zone (Stirn, Nase, Kinn) eine hohe Dichte an Talgdrüsen aufweist.

Sebum = Talg
+
rhei = fließen

2

Die **Regulation** der Talgproduktion geschieht durch HORMONE (→ Grundlagen-Lexikon). So lässt der mit der Pubertät steigende Androgenspiegel die Talgdrüse wachsen und die Talgproduktion rapide ansteigen. Aber auch andere Hormone wie manche Hypophysenhormone können einen steigenden oder wie Östrogene, einen hemmenden Einfluss auf die Talgproduktion haben. Nahrungsmittel spielen für die Menge der Talgproduktion eine untergeordnete, für dessen Zusammensetzung aber eine Rolle (→ LF 10, Kapitel 16.1).

Die Schweißdrüsen

Der Mensch besitzt zwei Arten von Schweißdrüsen, die apokrine Schweißdrüse, die auch Duftdrüse genannt wird, und die ekkrine Schweißdrüse.

Die **ekkrine Schweißdrüse** ist in erster Linie für die **Temperaturregulation** zuständig. Um diese Aufgabe wahrzunehmen, hat sie einen eigenen Ausführungsgang, der an der Hautoberfläche als Pore mündet.

Ekkrine Schweißdrüse = Thermoregulation

Der ekkrine Schweiß besteht überwiegend aus Wasser, in dem Eiweiße und Fettsäuren gelöst sind. Im Normalfall werden zwischen 0,5 und 1 Liter Schweiß pro Tag ausgeschieden. Der so auf die Hautoberfläche gelangte Schweiß verdunstet auf der Haut und entzieht dem Körper damit Wärme. So kann sich der Körper selbst kühlen.

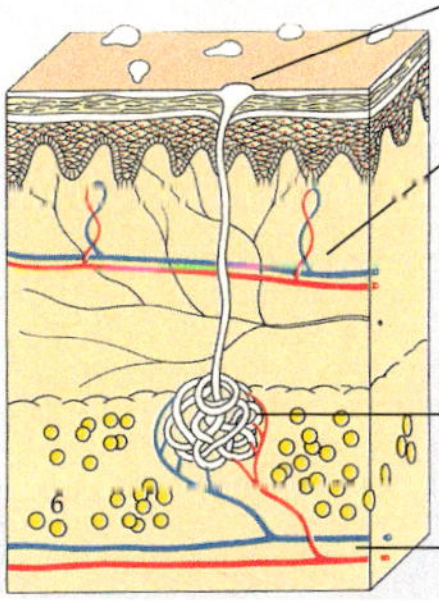

Abb. 1.11: Eine Schweißdrüse

Der Schweiß wird in einem „Rohrknäuel" an der Dermis-Subkutisgrenze erzeugt und im Bedarfsfall durch Muskelbewegung durch einen in der Dermis geraden, dann aber in der Epidermis korkenzieherartig gewundenen Ausführungsgang nach oben befördert (hier nicht grafisch dargestellt). Der Ausführungsgang ist unabhängig vom Haarfollikel und mündet frei auf der Haut.

Ekkrine Schweißdrüsen kommen an der gesamten Körperoberfläche vor. Besonders zahlreich sind sie entwicklungsgeschichtlich in der Mittelinie des Körperstammes (Brustbein- und Wirbelsäulenregion gelten als **vordere und hintere Schweißlinie**) und an den Handflächen und Fußsohlen.

Neben der Kühlfunktion bildet der Schweiß auch die wässrige Phase des Fett-Wasser-Films (Hydrolipid-Film, früher „Säureschutzmantel" → Kapitel 1.5.2) der Hautoberfläche und bewahrt somit die Haut vor Austrocknung. Da Schweiß eine leichte Säure ist, senkt er den pH-Wert der Haut und schafft damit ein für die meisten Mikroorganismen unattraktives Milieu. Schweiß selbst ist geruchlos. Erst durch bakterielle Zersetzung bilden sich Substanzen, die den typischen Schweißgeruch ausmachen.

Schweiß = wässriger Anteil des Hydrolipid-Films

Apokrine Schweißdrüse = Duftdrüse

Die **apokrine Schweißdrüse** oder auch **„Duftdrüse"** genannt, dient nicht der Temperaturregulation. Sie kommt nur in den Achseln und der Genitoanalregion vor und produziert, wie der Name sagt, Duftstoffe.

Ähnlich wie bei der ekkrinen Schweißdrüse erfolgt die Produktion des Sekrets in einem geknäulten Endstück, allerdings mündet hier der Ausführungsgang nicht direkt auf der Haut, sondern endet wie bei der Talgdrüse im Ausführungsgang eines Haarfollikels.

Ekkrine und apokrine Schweißdrüsen sind zusammen für die **Ausbildung des individuellen Körpergeruchs** verantwortlich und Ursachen dafür, ob man jemanden „gut riechen kann".

1.5 Die Physiologie der Haut

Für das Verständnis von **Interaktionen zwischen Kosmetika und dem Organ Haut** ist das genaue Studium der **Hornschicht** unverzichtbar.

1.5.1 Barriere- und Stoffwechselfunktionen

Ceramide

In der Epidermis werden Fette gebildet, die mit den Keratinozyten auf ihrem Weg zur Hornschicht wie diese eine Umwandlung erfahren und die Struktur einnehmen, die letztlich zu einer ziegelsteinartigen Verklebung von Hornzellen führt („Ziegelsteinmauer"). 45 % der **Barrierelipide** (Barrierefette) im Bereich des *Stratum basale* bestehen aus Phospholipiden, die restlichen 55 % sind eine Mischung aus freien Fettsäuren, Triglyzeriden und Ceramiden. Die Konzentrationen der unterschiedlichen Fette verändern sich:

Der hohe Gehalt an Ceramiden ist ein wichtiger Parameter für die epidermale Barrierefunktion.

Die markantesten Unterschiede der Lipidzusammensetzung in der Hornschicht gegenüber der Basalzellschicht sind der Reichtum an Ceramiden und der Mangel an Phospholipiden.

interzellulär

transzellulär

Fettlösliche Substanzen **(lipophil)** sind in der Lage, die epidermale Barriere *interzellulär*, also zwischen den Zellen, zu durchdringen. Sie ziehen gut in die Haut ein, während wasserlösliche Substanzen **(hydrophil)**, wie Elektrolyte, Zucker und Aminosäuren, praktisch nicht (oder nur schwer) durch die Haut aufgenommen werden. Für diese polaren Substanzen ist der *transzelluläre* Weg möglich, d. h. sie durchwandern per Diffusion die Zellen. Daher verwendet man für hydrophile Wirk- und Pflegestoffe als Hilfsmittel in Kosmetika lipophile „Einschleusungs-Beschleuniger" (diese sind bekannt unter dem Namen Liposomen), oder entwickelte verschiedene, apparative Stoffeinschleusungsverfahren (→ Band B, LF 7, Kapitel 3.5).

Penetration
Permeation
Resorption

Mit der Tiefe des Eindringens kann zwischen *Penetration*, *Permeation* und *Resorption* unterschieden werden:

- Bei der **Penetration** (lat., eindringen) wird die Hornschicht überwunden und die Zellschichten des Stratum spinosum erreicht.
- **Permeation** (lat., durchdringen, durchlassen) drückt das Erreichen der Dermis aus.
- Von **Resorption** (lat., aufnehmen) wird gesprochen, wenn es zu einer Aufnahme durch die Blut- oder Lymphgefäße in der Dermis kommt.

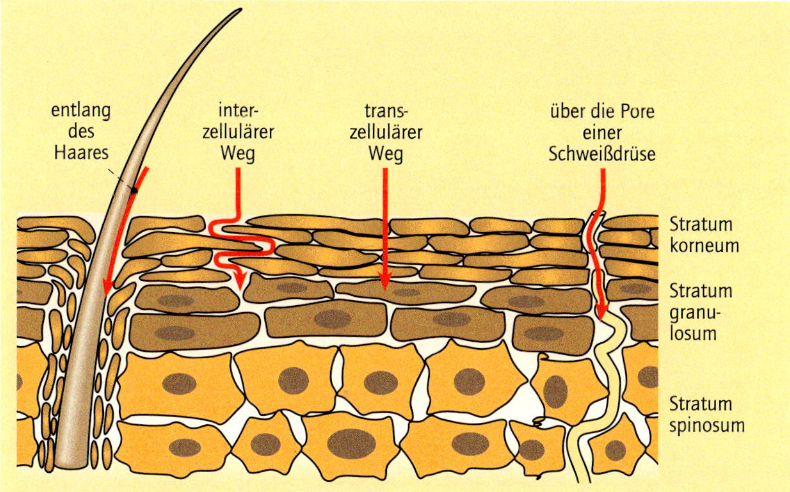

Abb. 1.12: Eindringen von Stoffen in die Haut (Penetration)

Die allermeisten Substanzen wählen für die **Penetration** den lipophilen, interzellulären (zwischen den Zellen-) Weg durch das *Stratum korneum*. Hydrophile Substanzen schleusen sich bevorzugt entlang des Haares oder über den Ausführungsgang einer Schweißdrüse ein.

Die Vorgänge der Permeation und Resorption liegen im Normalfall außerhalb des kosmetischen Wirkbereichs.

Unter Mitwirkung ihrer „Barriereschicht" erfüllt die Haut durch Stoffausscheidung, Stoffaufnahme und Stoffspeicherung eine Menge von Stoffwechselfunktionen:

Stoffausscheidung

Durch die Haut ausgeschieden werden Schweiß und Stoffwechselschlacken (so genannte *Transpiration* von Kochsalz, organischen Säuren und Harnstoff) sowie Talg durch die Haarfollikel und Wasser (*Perspiration* durch transzelluläre Diffusion). Ferner werden bis zu 5 % der täglich aufgenommenen Mengen an Kohlendioxid (CO_2) durch „Hautatmung" ausgeschieden.

Transpiration
Perspiration

Stoffaufnahme

Wie oben bereits beschrieben, werden verschiedene Substanzen durch die Haut aufgenommen, wobei fettlösliche *(lipophile)* Substanzen besser als wasserlösliche *(hydrophile)* Substanzen aufgenommen werden. Ein Trick der Aufnahme von hydrophilen Substanzen wurde bereits beschrieben: Sie werden in Liposomen verpackt und können so leichter aufgenommen werden. Bei der bereits angesprochenen Atmung wird nicht nur CO_2 über die Haut ausgeschieden, sondern es wird auch bis zu 1 % der täglich benötigten Sauerstoffmenge direkt durch die „Hautatmung" aufgenommen.

Hautatmung

Stoffspeicherung

Die Subkutis speichert Fette in Form von Triglyzeriden und liefert Fettsäuren bei Energiebedarf (s. o.). Aber auch lipophile Umweltgifte oder Drogen werden in dermale und subkutane Hautstrukturen eingelagert und lassen sich dann z. B. im Haar nachweisen.

2

1.5.2 Schutzaufgaben

Die Haut erfüllt eine Reihe von **Schutzaufgaben.** Hierzu zählen der Schutz vor:

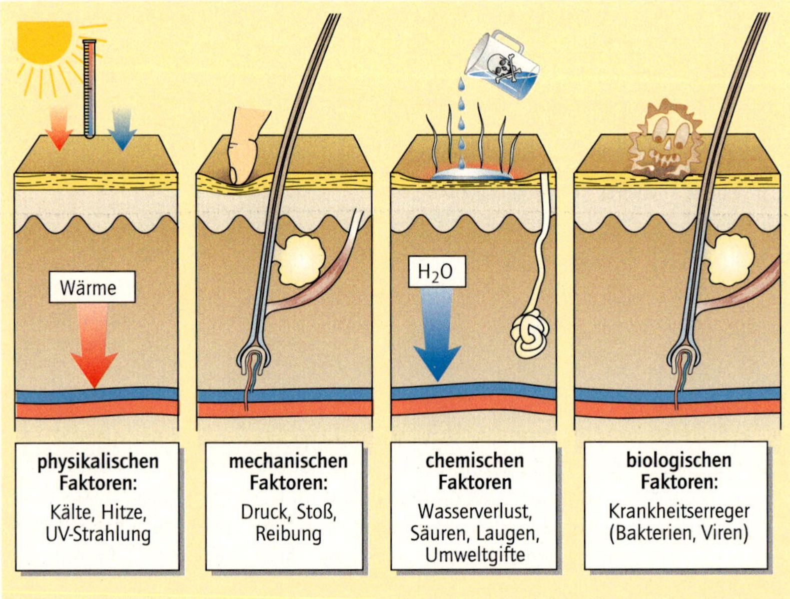

Abb. 1.13: Schutzaufgaben der Haut

Die Thermoregulation: Schutz vor Hitze und Kälte

Die Haut ist das Organ der Temperaturregulation des Körpers, wobei es zwei unterschiedliche Systeme gibt:

- Der Körper kann durch **Schweißabsonderung** und der daraus resultierenden Verdunstungskälte dem Körper Wärme entziehen und ihn hierdurch abkühlen.
- Als Zweites besteht die Möglichkeit die **Durchblutung der Haut** zu steigern oder zu drosseln. Bei Kälte wird die Durchblutung der Haut verringert (Blutgefäße werden eng gestellt) und hierdurch Wärme im Körperinneren eingeschlossen. Hierdurch kann die Körpertemperatur konstant gehalten werden. Bei drohender Überhitzung wird hingegen die Haut stärker durchblutet (Gefäßweitstellung) und Wärme geht verloren. Entsprechende Rezeptoren leiten das Signal kalt/heiß an das Nervensystem weiter.

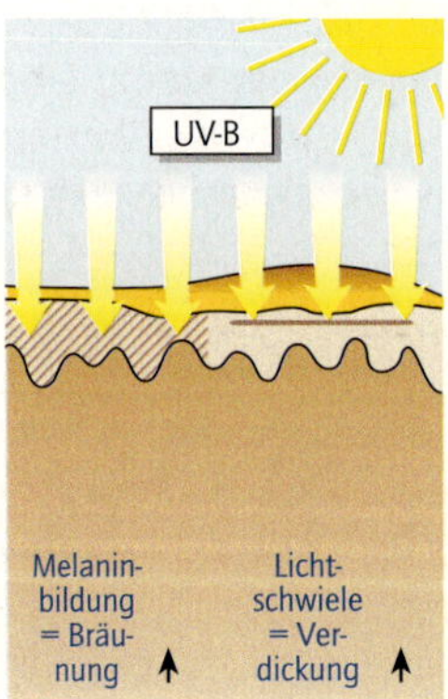

Abb. 1.14: UV-Schutz-Mechanismen der Haut

Schutz vor UV-Strahlung

UV-Licht als Teil des Sonnenlichtes ist trotz des positiven Images (Bräune, gesundes Aussehen) ein schädigender Faktor, der nicht nur die Haut frühzeitig altern lässt, sondern auch durch Schädigung der Zellkerne Hautkrebs verursachen kann.

Um dies zu verhindern, schützt sich die Haut mit mehreren Mechanismen:

- Der effektivste Schutz ist die Ausbildung einer **Lichtschwiele**. Unter einer Lichtschwiele versteht man eine durch UV-Licht induzierte Verdickung der Hornschicht. Hierdurch kann die schädigende UV-Strahlung, die nur eine begrenzte Eindringtiefe hat, nicht zu den empfindlichen Strukturen im Stratum basale und der Dermis vordringen.

- Ein zweiter Mechanismus ist die **Sofortpigmentierung (direkte Pigmentierung)**. Sie entsteht durch die Umwandlung von farblosen Pigmentvorstufen des Melanin in dunkles Pigment.
- Der dritte Mechanismus ist die Steigerung der Pigmentproduktion in den Melanozyten **(Spätpigmentierung oder indirekte Pigmentierung)**.

Weitere Ausführungen zu UV-Strahlung und Haut in → Kapitel 2.2.

Schutz vor mechanischen Faktoren

Die Haut bietet einen exzellenten Schutz vor mechanischen Belastungen. Die „papilläre Verzahnung" der Epidermis mit der Dermis sowie die Verbindung aus elastischen und kollagenen Fasern mit dem weichen Unterbau durch das subkutane Fettgewebe können große Energiemengen aufnehmen, ohne dass eine Verletzung der Gewebe oder von inneren Organen auftritt.

Schutz vor chemischen Faktoren

eine intakte Epidermis schützt vor Wasserverlust

Die Epidermis mit ihrer Hornschichtbarriere trennt das Äußere, die Umwelt, vom Inneren, dem Körper. Ist die Hornschicht der Epidermis kaputt, wird ein Mensch bis zu 20 Liter Wasser am Tag verlieren. Verbrennungsopfer verlieren so Flüssigkeit und Eiweiß über die offenen, verbrannten Hautstellen. Dieser Vorgang ist so gravierend, dass bei einem Defekt der Hautoberfläche von über 50 % nur noch eine geringe Überlebenschance besteht.

Für den Schutz des Organismus vor Austrocknung sind nach der heutigen Auffassung das Stratum korneum und die mit ihm verbundene epidermale Barrierefunktion von übergeordneter Bedeutung.

Eine starke Beeinträchtigung der epidermalen Barrierestruktur wird durch häufiges Waschen mit Wasser, ggf. auch unter Hinzuziehung waschaktiver Substanzen, wie TENSIDEN (→ Grundlagen-Lexikon), herbeigeführt:

Wenn die Hornschichtfette und die wasserbindenden Substanzen ausgewaschen werden, steigt die Wasserabdampfung **(transepidermaler Wasserverlust, TEWL)** in der Haut extrem an. Die Folge ist die Austrocknung der Haut mit Einrissen.

Hydrolipid-Film = transepidermale Wasserabgabe + Aminosäuren (pH-Wert, Pufferkapazität) + Fette (Horn und Talg); bei Entfettung: Wasserverlust!

Viele Handekzeme (→ Kapitel 4.6) sind nur durch diese Verletzung der epidermalen Barrierefunktion durch zu häufiges Waschen zustande gekommen.

Die Hornschicht und die darunter liegenden Schichten Epidermis, Dermis und Subkutis verhindern jedoch nicht nur einen Austritt von körpereigenem Wasser/Material/Gewebe nach außen, sondern sie verhindern insbesondere das Eindringen von körperfremden chemischen Substanzen nach innen.

pH-Wert der Haut ~ 5,6

Pufferfunktion der Haut = pH-Wert-Schwankungen abfangen

Der **Haut-pH-Wert** liegt um 5,6, also leicht im sauren Bereich. Der Hydrolipid-Film (früher „Säureschutzmantel") setzt sich aus Aminosäuren (Milchsäuren) im Schweiß und Fettsäuren im Talg zusammen. Hierdurch ist diese Schicht in der Lage, die schädigende Einwirkung von Säuren oder Laugen zunächst abzufangen (abzupuffern). Erst bei starkem Aussetzen der Haut mit Säuren (z. B. pH < 2) oder Laugen (z. B. pH > 10) und einer längeren Einwirkung kommt es zur **Hautverätzung**, einem Absterben von Hautzellen *(Nekrose)*, und einer schlecht heilenden Wunde.

Bei Aufbringen von toxischen (giftigen) Substanzen auf die Haut, z. B. Säuren oder Laugen, ist schnelles, mindestens 10-minütiges (!) Abspülen mit normalem Wasser notwendig.

Schutz vor biologischen Faktoren

Die Haut kann sich aktiv und passiv vor Krankheitserregern wie Bakterien, Viren, Pilzen und Parasiten schützen. Sie ist damit die erste **Infektionsschutzbarriere** (→ Kapitel 5.2). Zu den passiven Schutzmaßnahmen gehören:

Haut = erste Infektionsschutzbarriere

- Die ständige Erneuerung der Haut. Hierdurch werden Krankheitserreger, die auf der Haut sitzen, einfach mit den Hautschuppen abgeschilfert.
- Der leicht saure pH-Wert der Haut bietet den Krankheitskeimen keinen guten Nährboden. Das saure Milieu ist ein Hemmfaktor für das Wachstum bzw. die Vermehrung vieler Krankheitserreger.
- Der leicht saure pH-Wert begünstigt eine Besiedlung der Haut mit nicht schädlichen *(physiologischen)* Keimen. Bei einer intakten Haut bleibt so kein Platz mehr für die Krankheitskeime, sie können verdrängt werden.
- Durch die feste Verzahnung der Hautzellen ist die Haut für Mikroorganismen nur schlecht durchdringbar.

physiologisch

Neben diesen so genannten passiven Schutzmaßnahmen, gibt es auch aktive Schutzmaßnahmen: Das Immunsystem der Haut.

1.5.3 Außenposten des Immunsystems

Integrität

Die Körperabwehr sorgt für die Bewahrung der *Integrität*, d. h. sie ist verantwortlich für die Zerstörung und den Abtransport von körperfremdem Material und sorgt für die Gesunderhaltung der Haut.

Zu körperfremdem Material zählen aber nicht nur Krankheitserreger wie Bakterien, Pilze, Viren und Parasiten, sondern auch erkrankte körpereigene Zellen, wie z. B. eine von Viren befallene Hautzelle oder eine durch MUTATION (→ Grundlagen-Lexikon) entartete Zelle (Krebszelle).

Zellen des Immunsystems der Haut

Die Lymphozyten

Lymphozyten gehören zu den spezifischen Abwehrzellen, d. h. jeder Lymphozyt kann genau eine bestimmte Oberflächenstruktur einer fremden Zelle erkennen und zerstören. Bevor die Lymphozyten in Aktion treten, müssen sie von anderen Zellen aktiviert werden. Es existieren zwei Hauptklassen von Lymphozyten, die B- und T-Lymphozyten:

B-Lymphozyten

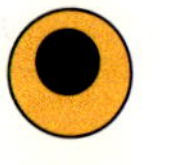

Ihre Aufgabe ist die Produktion von Antikörpern. Im Falle einer Aktivierung wandeln sich B-Lymphozyten in aktive Plasmazellen und produzieren in großen Mengen Antikörper. B-Lymphozyten sind normal in geringer Zahl in der Dermis zu finden.

T-Lymphozyten

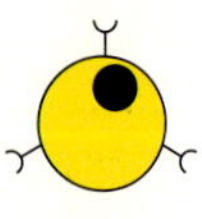

Sie können unterschiedliche Aufgaben haben. Als zytotoxische (griech. *zyto* = Zelle, *toxisch* = giftig) Zellen können sie andere Zellen zerstören oder als T-Helfer-Zelle die Abwehrzellen koordinieren. (Die Aufgaben der T-Zellen werden genauer → in Kapitel 4.5.2 erklärt.) T-Lymphozyten sind wenig in der Dermis zu finden.

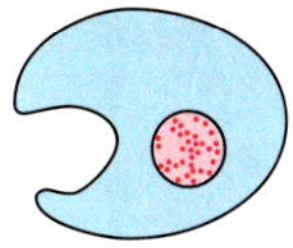

Mononukleäre Phagozyten

Zu dieser unspezifischen Abwehr gehören **Monozyten** und **Makrophagen**. Sie sind Zellen mit einem großen Kern *(mononuklear)* und versuchen Eindringlinge, aber auch Schmutz, zu „fressen". Bei einer Farbeinbringung (z. B. Tätowierung, Permanent Make-up → Band B, Exkurs in LF 12, Kapitel 4.4) müssen die Farbpartikel so groß sein, dass sie von den Fresszellen nicht aufgenommen *(phagozytiert)* und abtransportiert werden können. Die Zellen „durchstreifen" das Gewebe auf der Suche nach „Eindringlingen".

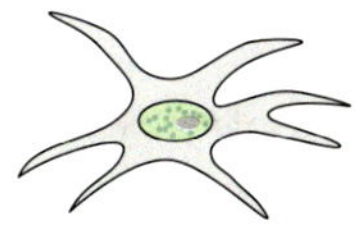

Antigenpräsentierende Zellen

Ihre Aufgabe ist es, eingedrungene Krankheitserreger (griech. *Antigen* = körperfremder Eiweißstoff, der die Bildung von Abwehrkörpern bewirkt) aufzunehmen, sie in kleine Stücke zu zerlegen und diese kleinen Stücke dann den Lymphozyten zu präsentieren. Während Lymphozyten überall im menschlichen Organismus anzutreffen sind, gehören einige Abwehrzellen, insbesondere die antigenpräsentierende „Langerhans-Zelle" ausschließlich dem Immunsystem der Haut an. Die in der Epidermis „wartende" hautspezifische Immunzelle aktiviert ruhende T-Zellen und leitet somit eine primäre, T-Lymphozyten-abhängige, spezifische Immunantwort ein. Die Langerhans-Zelle spielt dadurch eine wichtige Rolle bei Kontaktallergien, Hauttransplantatabstoßungen und anderen immunologischen Prozessen der Haut.

Antigen

Nach Kontakt mit entsprechendem *Antigen* verlässt die Langerhans-Zelle die Epidermis und gelangt über den Lymphstrom in einen Lymphknoten. Auf diesem Weg durchläuft sie einen Reifungsprozess, der zur Präsentation des Antigens („antigenpräsentierende Zelle") auf der Zelloberfläche führt. Die ausgewanderten Zellen werden durch eine entsprechende Anzahl neuer Langerhans-Zellen aus dem Knochenmark ersetzt. Im Lymphknoten aktivieren die so gereiften Langerhans-Zellen T-Helfer-Zellen, die ihrerseits passende *antigenspezifische Rezeptoren* auf ihrer Oberfläche besitzen. Sie leiten die Reaktion des systemischen Immunsystems ein.

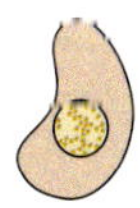

Granulozyten

Granulozyten gehören ebenfalls zur unspezifischen zellulären Abwehr. Sie sind kurzlebig und in erster Linie bei bakteriellen Infekten aktiv. Sie befinden sich normalerweise innerhalb der Blutgefäße und wandern erst bei einem Infekt in das Hautgewebe ein.

Die Mononukleären Phagozyten und die Granulozyten gehören der unspezifischen zellulären Abwehr an, Lymphozyten und Antigenpräsentierende Zellen zählen zur spezifischen Körperabwehr. Die Antigenpräsentierenden Zellen der Haut stellen die erste Linie der spezifischen Körperabwehr dar.

Einflüsse auf das Zelluläre Immunsystem der Haut haben:

- UV-Bestrahlung,
- Fotochemotherapie,
- *immunsuppressive* Medikamente (z. B. Kortison).

Immunsuppression

Nach intensiver Sonnenexposition kann beobachtet werden, dass die Immunantwort der Haut reduziert ist. Langerhans-Zellen ziehen ihre Fortsätze ein und sind nicht mehr in der Lage, eingedrungene Antigene den T-Zellen zu präsentieren. Bestrahlt man z. B. die Haut von Mäusen mit Sonnenlicht, so lässt sich keine Kontaktallergie mehr auslösen.

Starke Sonnenbestrahlung führt somit nicht nur zu einer lokalen Hemmung des Immunsystems der Haut, sondern sogar zu einer systemischen *Immunsuppression*.

Das nicht zelluläre Immunsystem

Von Immunzellen und anderen Zellen werden lösliche Proteine produziert, die an der Immunantwort beteiligt sind: Antikörper, Komplement und Zytokine.

Antikörper

Antikörper sind Proteine, die von B-Lymphozyten gebildet werden. Sie haben spezifische Bindungsstellen, mit denen sie sich wie Kletten an der Oberfläche von Krankheitserregern festheften können. Hierdurch wird der Krankheitserreger in seiner Aktivität gehindert und andere Immunzellen auf die „Verbindung" aufmerksam gemacht.

Das Komplementsystem

Das Komplementsystem besteht aus mehreren Serumfaktoren, die in der Lage sind, Zellen abzutöten, indem sie die Zellwand durchlöchern. Die Aktivierung des Systems kann entweder durch Antikörper oder durch *Lipopolysaccheride*, die nur in Zellwänden von Bakterien zu finden sind, erfolgen.

Zytokine

Zytokine sind Immunbotenstoffe, mit denen Immunprozesse gesteuert werden. Sie werden von den Immunzellen (Lymphozyten, Antigenpräsentierende Zellen, Mononukleäre Phagozyten und Granulozyten) ausgeschüttet, um die Immunantwort koordinieren zu können.

Zytokine, die z. B. durch Hautzellen freigesetzt werden können, beeinflussen die Aktivität der Langerhans-Zellen in der Epidermis. Das heißt, nicht zum Immunsystem gehörende Zellen können Immunbotenstoffe bilden und so eine Immunantwort auslösen. Die Hautzelle kann durch die Freisetzung dieser Botenstoffe eine Entzündung in Gang setzen.

Deshalb ist bei jeder Manipulation (an) der Haut größte Vorsicht angebracht, da jedes Zerstören von Hautzellen und die dadurch resultierende Freisetzung von Immunbotenstoffen zu einer Entzündung der Haut führen kann.

A Fragen Übungen Aufgaben

1. *Zeichnen Sie einen Querschnitt durch die Haut und beschriften Sie diesen.*
2. *Welche Zeit benötigt eine Hautzelle, bis sie von der Keimschicht in die obere Hornschicht gewandert ist und welche Umbauprozesse erfährt sie dabei?*
3. *Was ist eine epidermale Melanineinheit?*
4. *Wozu werden Langerhans-Zellen in der Haut gebraucht?*
5. *Was wird als "Cellulitis" bezeichnet und weshalb ist dieser Begriff irreführend?*
6. *Zeichnen Sie ein Terminalhaar und beschriften Sie es. Beschreiben Sie den Aufbau anhand der erstellten Grafik.*
7. *Beschreiben Sie den Aufbau eines Nagels in Ihren eigenen Worten.*
8. *Welche Arten von Schweißdrüsen gibt es?*
9. *Beschreiben Sie die Entstehung des Hydrolipid-Films der Haut.*
10. *Erklären Sie den Unterschied zwischen lipophilen und hydrophilen Substanzen. Welche Bedeutung hat dies für die Aufnahme der Substanzen in die Haut?*
11. *Nennen und erklären Sie die verschiedenen Schutzaufgaben der Haut.*
12. *Mit welchen Methoden kann der Körper sich vor UV-Strahlung schützen?*
13. *Benennen Sie die fünf wichtigsten Zellen des Hautimmunsystems und beschreiben Sie deren Aufgaben.*

2 Hauttypen und Hautzustände

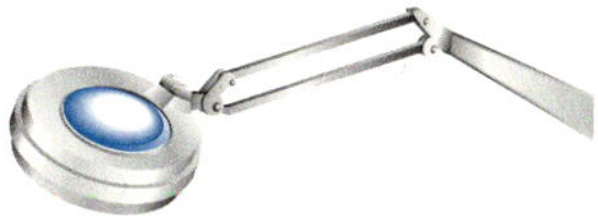

Mareike möchte in den Urlaub fliegen – das Ziel Lanzarote steht schon fest. Da sie schnell einen Sonnenbrand bekommt, möchte sie noch eine Sonnenschutzcreme kaufen. Als sie dann aber im Laden vor dem Regal mit den vielen Cremetuben steht, erschlägt sie das Angebot. Und mit Grauen denkt Sie zurück an letztes Jahr, als sie trotz Sonnencreme einen Sonnenbrand- und zusätzlich noch Aknepusteln entwickelt hatte. Da die Verkäuferin nicht wirklich kompetent erscheint, geht Mareike zu Ihrer Kosmetikerin Sandra und fragt diese um Rat. Und Sandra sagt: „Ja, liebe Mareike, bei Sonnenschutzmitteln musst Du auf zwei wichtige Dinge achten: den Fettgehalt und den Lichtschutzfaktor. Diese müssen auf Deine Haut abgestimmt sein."

Hauttypen und Hautzustände werden häufig verwechselt oder aber als Bezeichnung für ein und dieselbe Sache verwendet.

Dermatologisch orientiert sich der **Hauttyp** an der Farbe der Haut und der Empfindlichkeit der Haut auf Sonnenbestrahlung.

Der **Hautzustand** hingegen beschreibt den Fett- und Feuchtigkeitsgehalt der Haut. Es werden drei anlagebedingte Grundtypen unterschieden: Normale Haut, trockene Haut und fettige Haut. Diese und auch weitere Hautzustände werden im kosmetischen Sprachgebrauch auch als **Hauttypen** bezeichnet.

Im Folgenden werden zunächst die drei Grundtypen beschrieben.

2.1 Kosmetische Hauttypen (Hautzustände)

Normale Haut (ca. 20 % der Bevölkerung)

Normale Haut ist (wie die Kinderhaut vor dem Einsetzen der Pubertät) der Idealzustand, bei dem ausreichend Fett (also Talg und Barriere-Lipide) und Feuchtigkeit (Wasser und Schweiß) sowie ein intakter „Säureschutzmantel" (→ Kapitel 1.5.2) vorhanden ist.

Die Haut ist frei von Pickeln oder Mitessern und neigt nicht zu Rötungen. Die Haut ist somit vor Austrocknung, Krankheitserregern und Umweltschadstoffen gut geschützt und braucht nur wenig Pflege.

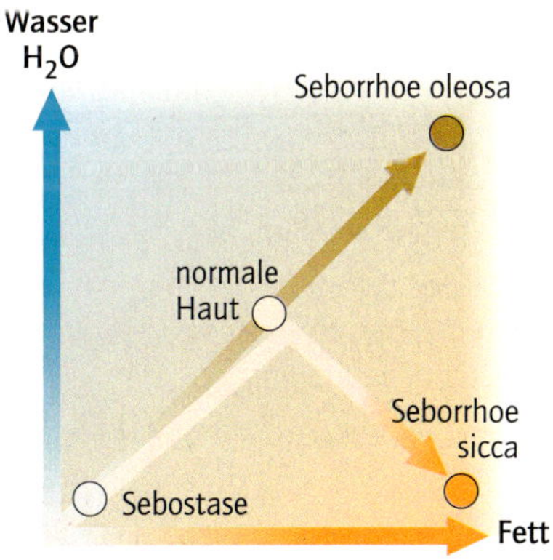

Abb. 2.1: Kosmetische Hauttypen

Als Pflegeprodukt sollten hier nur wasserreiche Cremes (O/W-Emulsion → Band B, LF 7, Kapitel 2.5.5) mit einem niedrigen Lipidgehalt eingesetzt werden, da bei zu fetthaltigen Präparaten akneartige Hautveränderungen hervorgerufen werden können.

Trockene Haut (ca. 14 % der Bevölkerung)

Der trockenen Haut mangelt es an Fett und/oder an Feuchtigkeit, wobei der Feuchtigkeitsmangel in den meisten Fällen eine direkte Folge des Fettmangels ist.

Es lassen sich demnach für die trockene Haut drei „Zustände" unterscheiden:

Trockene Haut aufgrund einer

Hydratation

- unzureichenden Talgsekretion **(Sebostase)**, Verminderung der Oberflächenlipide
- fehlenden *Hydratation* (Durchfeuchtung, d. h. Wassermangel)
- Kombination aus beidem (also Wasser- und Fettmangel)

Zu den **äußeren Einflüssen als Ursachen** für eine trockene Haut zählen klimatische Faktoren (z. B. Kälte) und chemische Substanzen. Die Haut wird rissig und spröde und es kommt zu Schuppenbildung. Auf Grund der Weitstellung von Blutgefäßen und der Einwanderung von Entzündungszellen neigt sie zu roten Flecken und es fehlt ihr aufgrund verminderter Talgproduktion der Glanz. Die Haut kann ihre physiologischen Funktionen nicht mehr erfüllen.

Trockene Haut bedarf einer **besonders intensiven Pflege** (→ Band B, LF 7, Kapitel 2.5.3 und 2.5.4). Sie muss häufig mit fetthaltigen Cremes oder Salben eingecremt werden. Besonders Harnstoff- oder Milchsäurehaltige Cremes wirken sich hier günstig aus, da sie die Wasserspeicherung (Wasserbindungsfähigkeit) in der Haut begünstigen und stabilisieren. Ein wichtiger Faktor ist die richtige **Reinigung** der Haut. Die trockene Haut sollte nicht mit alkalischer Seife (also Hautreinigungsmitteln mit einem pH-Wert > 7), sondern mit einem neutralen Waschsyndet (also einem Hautreinigungsmittel mit einem hautneutralen pH-Wert) gereinigt werden. Das Wasser sollte nicht zu heiß sein, da heißes Wasser mehr Fett löst als kaltes. Und natürlich sollte die Reinigung nicht zu oft erfolgen.

Zur Pflege braucht trockene Haut kein Wasser sondern Fett!!

(Die Beschreibung von Seifen und anderen Hautreinigungsmitteln erfolgt in → Band B, LF 3 und 7.)

Fettige Haut (ca. 12 % der Bevölkerung)

Während es der trockenen Haut an Fett mangelt, produzieren bei der fettigen Haut die Talgdrüsen zu viel Fett ***(Seborrhoe)***. Ursache hierfür kann das fehlende Nachlassen der Talgproduktion nach der Pubertät sein. Die Folge ist eine ölig glänzende, meist untergründig blasse und großporige Haut, die zu Pickeln und Mitessern neigt und eine verdickte Hornschicht.

Die fettige Haut kann bzgl. ihres Ausprägungsgrades nochmals unterteilt werden:

Seborrhoe oleosa

Seborrhoe oleosa ist gekennzeichnet durch einen hohen Wasser- und Fettgehalt. Hierdurch bekommt diese Haut einen fettig glänzenden Charakter, als ob sie „mit Öl eingerieben" wurde.

Seborrhoe sicca

Bei der ***Seborrhoe sicca*** ist zu viel Fett vorhanden, aber es „herrscht Wassermangel" in der Haut. Die Haut zeigt eine gelbliche Schuppung.

keratolytisch

antiseptisch

Die Pflege der fettigen Haut zielt in besonderer Weise auf eine Verminderung des Talgs, eine Hemmung des Keimwachstums auf der Hautoberfläche und auf eine *keratolytische* (Verhornung-auflösende) Wirkung. Da bei diesem Hautzustand Hautunreinheiten häufiger vorkommen, muss die Pflege der Behandlung bzw. der Verhinderung von Hautunreinheiten dienen. Besonderen Wert sollte hierbei auf die Hautreinigung mit *antiseptischen* (griech., Krankheitskeim-vernichtenden) Zusätzen gelegt werden. Für die Tagespflege eignen sich leichte EMULSIONEN (→ Grundlagen-Lexikon), die durch Peelings und Ampullen-Präparate mit reinigender und fettemulgierender Wirkung ergänzt werden können. (Spezielle Hautreinigungspräparate → Band B, LF 3.)

Für die kosmetische Behandlung von Bedeutung sind neben der normalen Haut, der trockenen Haut und der fettigen Haut auch als ergänzende Hautzustände die Mischhaut und die empfindliche Haut zu nennen:

Mischhaut (ca. 23 % der Bevölkerung)

Bei der Mischhaut sind trockene und fettige Hautareale vorhanden, was generell nicht krankhaft ist, da die Verteilung von Talgdrüsen im Gesicht ungleichmäßig ist. Bei dieser Haut zeigt die so genannte **T-Zone,** bestehend aus Stirn, Nase und Kinn, die Folgen einer Talgdrüsenüberfunktion mit fettiger, glänzender und großporiger Haut, während die Wangenregion zu trockener, spröder Haut neigt. Die Ursache für diesen Hauttyp/Hautzustand ist genetisch bedingt.

Bei einem Kunden können sowohl fettige als auch trockene Hautzustandsareale vorliegen.

Die Pflege der Mischhaut sollte so in den Bereichen der fettreicheren T-Zone mit Spezialprodukten für den fetten Hauttyp behandelt werden, während die übrigen Partien mit einer der trockenen Haut entsprechenden Hautpflege zu behandeln sind (→ Band B, LF 7, Kapitel 2.5.2).

Empfindliche Haut (ca. 31 % der Bevölkerung)

Der Begriff „empfindliche Haut" wird für fast jeden Hautzustand, der nicht den Normalzustand widerspiegelt, verwendet.

Korrekterweise spricht man jedoch bei der empfindlichen Haut von einer **anlagebedingten oder erworbenen erhöhten Reaktionsbereitschaft der Haut** oder einzelner Regionen der Haut auf äußerliche oder innere Einwirkungen (äußerlich = *exogen*; innere = *endogen*). Diese Definition stellt klar, dass kein bestimmter kosmetischer Hauttyp hinter einer empfindlichen Haut steckt, sondern unterschiedliche Faktoren einen Hautzustand herbeiführen.

exogen
endogen

Die Empfindlichkeit kann sich in sichtbar/messbar krankhaften Veränderungen an der Haut (wie z. B. Schuppung) oder in subjektiven Missempfindungen (wie Trockenheits- und Spannungsgefühle) äußern.

Endogene Faktoren der empfindlichen Haut:

- Störung der Talgproduktion (zu wenig = *Sebostase*, zu viel = *Seborrhoe*), übermäßige Schweißneigung
- Atopie (Veranlagung zu **Neurodermitis** → Kapitel 4.6.1)
- Überempfindlichkeit (Ausbildung von Kontaktallergien, Lichtunverträglichkeit usw.; → Kapitel 4.5.2)
- Altersextreme (Kleinkind oder hohes Lebensalter)
- Lokalisation (häufig sind „Schweißstellen" wie Achsel- oder Leistenregion, oder das Gesicht betroffen)

Zusätzlich zu diesen *endogenen* Faktoren kann der Zustand der empfindlichen Haut durch ***exogene* Faktoren** geprägt werden: **Pflegefehler**, also die Verwendung von falschen Produkten sowie klimatische Einflüsse. Das Klima kann den jeweiligen Hautzustand über die Beeinflussung des Wasserhaushaltes verändern. Bei hoher Außentemperatur ist der absolute Wassergehalt der die Haut umgebenen Luft höher als bei kaltem Wetter. Infolgedessen ist im Sommer die Austrocknung der Haut durch das Umgebungsklima geringer, zumal eine zusätzliche Wasserabgabe durch Schwitzen eine Austrocknung eher vermindert.

2

Kaltes, trockenes Wetter führt zu einer geringen Luftfeuchtigkeit, diese führt zu einer Austrocknung der Haut (→ Band B, LF 7, Kapitel 2).

Ferner wird bei z.B. düsterer **Stimmungslage** der eigene Hautzstand kritischer betrachtet und häufig problematischer empfunden. Minimale Einwirkung von innen oder außen können dann das Gleichgewicht der bislang normalen, gesunden Haut „zum Kippen" bringen und die Haut des empfindlich Veranlagten sehr leicht zu Spannungsgefühlen oder Rötungen bewegen.

(Die Einflüsse von Ernährungsgewohnheiten, Lebensstil, Genussmittelkonsum, usw. auf die Haut können Sie in verschiedenen Kapiteln des → LF 10, die Pflege der einzelnen kosmetischen Hauttypen in → Band B, LF 7, Kapitel 2.5 nachlesen.)

Für die richtige Einschätzung des Hautzustandes und die Bewertung der Verträglichkeit eines Kosmetikums sollten Sie die endogenen Faktoren nicht unterschätzen. Erfragen Sie diese daher vor einer Behandlung möglichst genau.

2.2 Dermatologische Hauttypen

Dermatologisch wird der Hauttyp nach dem äußeren Erscheinungsbild der Farbe der Haut von hell bis dunkel, d. h. nach der Pigmentierung beschrieben.

Normale Pigmentierung

Der Pigmentteil der Haut wird überwiegend durch den Melaningehalt bestimmt.

Durch Melaninbildung kann sich die Haut wirkungsvoll vor den schädlichen Folgen der Ultraviolett-Bestrahlung schützen. Träger der Melaninproduktion in der Haut sind die Melanozyten, die zwischen den basalen Zellen der Epidermis liegen. Jeder Melanozyt ist in der Lage, Melanin an ca. 36 Keratinozyten abzugeben, mit denen er als „funktionelle epidermale Melanineinheit" zusammengefasst wird (→ Kapitel 1).

Die Zahl der Melanozyten pro Flächeneinheit schwankt beachtlich, insbesondere an verschiedenen Körperregionen. Gesicht und Genitalbereich zeigen die höchste Dichte an Melanozyten (ca. 1 200/mm^2).

Das **Hautpigment Melanin** kann rot-gelbe oder braun-schwarze Farbe haben. Interessanterweise haben schwarz Pigmentierte keine höhere Zahl an Melanozyten, sondern es zeigt sich hier nur eine höhere Aktivität und eine höhere Dichte der ausgeschiedenen Pigmente (Melanin).

Sonnenbräunung

Die bekannte Färbung und Vermehrung des Melaninpigments nach Sonnenbestrahlung entwickelt sich im Wesentlichen aus zwei Vorgängen:

a) **Die Sofortpigmentierung (direkte Pigmentierung)**

Dieser Vorgang beginnt sofort mit der Bestrahlung der Haut durch langwelliges, ultraviolettes Licht (UVA). Die Sofortpigmentierung wird durch die Umwandlung von bereits in der Haut liegenden Melaninvorstufen in reifes Melanin bewirkt. Es entsteht eine kurzfristige Bräunung, die nur wenige Stunden anhält.

584032

b) Spätpigmentierung (indirekte Pigmentierung)

Durch das UV-Licht in seiner Gesamtheit wird eine Steigerung der Melaninsynthese in den Melanozyten angeregt, die das Hautpigment an die Hornschicht abgeben. Die Bräunung ist erst nach einigen Tagen zu sehen und hält ca. vier Wochen (nämlich so lange, bis die Hornzellen abgestoßen sind).

Die Fähigkeit zur Bräunung wird in fünf verschiedene Hauttypen unterteilt, wobei der Hauttyp 1 nie bräunt und immer einen Sonnenbrand bekommt und der Hauttyp 5 bereits braun oder schwarz ist und nie einen Sonnenbrand bekommt.

Der dermatologische Hauttyp nach dem äußeren Erscheinungsbild der Farbe der Haut wird modifiziert nach Fitzpatrick beschrieben:

Die Tabelle zeigt die fünf Hauttypen von der kaum pigmentierten (keltischer Typ, Hauttyp 1) und somit ungeschützten Haut, bis hin zur Haut mit einer dichten Ansammlung von Pigmenten (afrikanischer Typ, Hauttyp 5) und deren Reaktionen auf Sonnenbaden.

Tab. 2.2: Dermatologische Hauttypen nach Sonnenempfindlichkeit

Hauttyp 1
keltischer Typ mit roten Haaren, grünen Augen, Sommersprossen und sehr heller Haut, sehr wenig Pigmente, stets Sonnenbrand, keine Bräunung

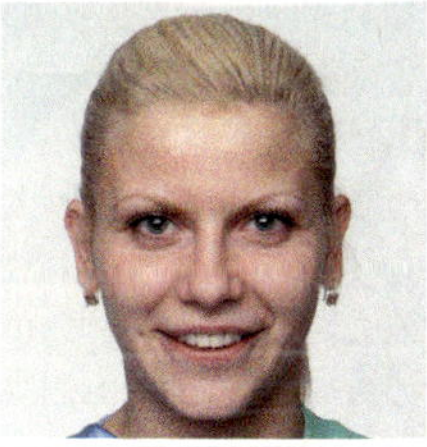

Hauttyp 2
Mitteleuropäer mit blondem bis schwarzem Haar, teilweise Sommersprossen und helle bis beige Haut, wenig Pigmente, meistens Sonnenbrand, wenig bis normale Bräunung

Hauttyp 3
Südländischer Typ mit dunklem Haar, olivfarbener Haut, moderate Pigmentierung, manchmal Sonnenbrand, schnelle Bräunung

Hauttyp 4
Arabischer Typ mit dunkelbraun-schwarzem Haar und bräunlicher Haut, starke Pigmentierung, kaum Sonnenbrand und immer Bräunung

Hauttyp 5
Afrikanischer Typ mit braunen Augen und schwarzem Haar und sehr dunkler, schwarzer Haut, maximale Pigmentierung, nie Sonnenbrand, Bräunung unverändert

2.3 Kosmetische Hautbeurteilung

Die Erstellung einer **korrekten Hautdiagnose** ist Voraussetzung und Grundlage einer jeden kosmetischen Behandlung. Es stehen zwar heutzutage einige apparative Methoden zur Hautbeurteilung zur Verfügung (➔ Band B, LF 2, Kapitel 2.3), das wichtigste jedoch ist die genaue **Betrachtung (Inspektion)** der Haut. Hierzu sind Kenntnisse der in den folgenden Kapiteln 3 und 4 beschriebenen Veränderungen der Haut genauso wichtig wie Ihre nach und nach wachsende Beobachtungsgabe und Erfahrung.

Hinzu kommt dann noch das **fachkundige Anfassen der Haut** und das Befragen der Kundin/des Kunden nach bestehenden Allergien, nach den bisherigen Erfahrungen mit Kosmetikprodukten und mit der eigenen Hautbeschaffenheit sowie der Reaktion der Haut auf Wärme, Kälte und äußere Einflüsse.

Anschauen, Berühren und Tasten sind die besten Werkzeuge zur Beurteilung des Hauttyps und des Hautzustandes.

Das Vorgehen bei einer kosmetischen Hautbeurteilung ist hier nur kurz und in ➔ Band B zusammen mit der Anamneseerhebung noch ausführlicher dargestellt.

Das äußere Erscheinungsbild der Haut wird von verschiedenen Faktoren bestimmt. Diese sind die Hautfarbe, das Hautrelief, Empfindlichkeitsreaktionen, Feuchtigkeit und Hautspannung (Elastizität) sowie der Fettgehalt.

Hautfarbe

Durch das bloße Anschauen der Haut wird zunächst die Hautfarbe bestimmt. Die Hautfarbe richtet sich zum einen nach dem **Hauttyp** (Typ 1–5 nach Fitzpatrick, s. o.), nach der **Eigenfarbe** der Haut (Farbe der Pigmente, Grundton und Einlagerung von Farbstoffen in die Haut, wie z. B. die Einlagerung von Beta-Karotin) und wird auch durch die **Durchblutung** bestimmt (starke Durchblutung rötere Haut, schwache Durchblutung blassere Haut).

Ein Kunde mit dermatologischem Hauttyp 2 oder 3 kann z. B. gerötete Bezirke bei verstärkter Durchblutung, z. B. auf Grund einer Herz-Kreislauf-Erkrankung und Bluthochdruck, aufweisen. Die Hautfarbe erscheint dann rötlich. Die normale, gesunde Durchblutung der Haut sorgt dagegen für ein gesundes, rosiges Aussehen.

Ein müdes, fahles oder blasses Aussehen der Haut kann Hinweis auf einen Blut- oder Mineralienmangel sein.

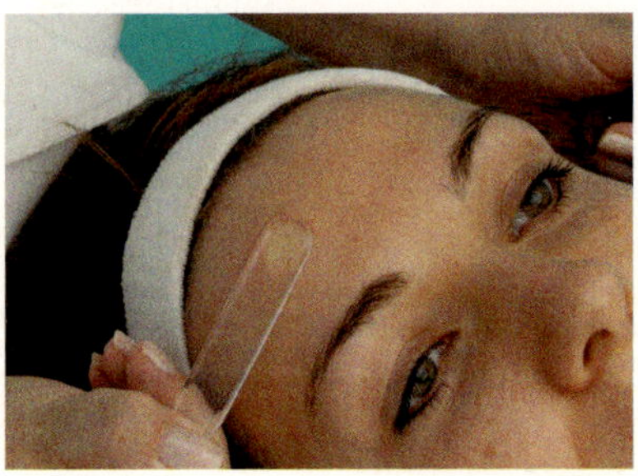

Abb. 2.3: Diaskopie

Um den Grundton der Haut, also gelb, rosa, fahl oder rot, zu bestimmen, führen Sie die **Diaskopie** durch. Dabei wird das Blut durch (Plexi-)Glasspateldruck aus den Kapillaren gedrückt, und die Eigenfarbe der Haut wird sichtbar.

Hautrelief

Durch genaues Anschauen (oder unter Zuhilfenahme einer Lupe) wird das Hautrelief untersucht. Es ist das **Oberflächenprofil der Haut,** das seine Gestalt durch unterschiedliche Faktoren enthält:

- Die **Faltenbildung,** die nach Entstehungsursache unterschieden wird (mimische Gesichtsfalten – durch dauerhaftes Zusammenziehen von Gesichtsmuskeln; *elastotische* Falten – durch allgemeinen Alterungsprozess und chronische UV-Belastung).
- Die **Porigkeit,** die nach Größe und Dichte Rückschlüsse auf den aktuellen Hautzustand ermöglicht (kleine, feine Poren = normale Haut, vergrößerte Poren = fettige Haut).
- Die **Abschilferung der Hornschicht.** Bei einer gesunden Haut mit vollständiger Ausreifung der Hautzellen kommt es durch kleinste Schüppchen zu einer unsichtbaren Ablösung und die Hautoberfläche ist glatt. Bei einer gestörten Ausreifung wird die Hautoberfläche rau und es kommt zu sichtbarer Schuppenbildung.

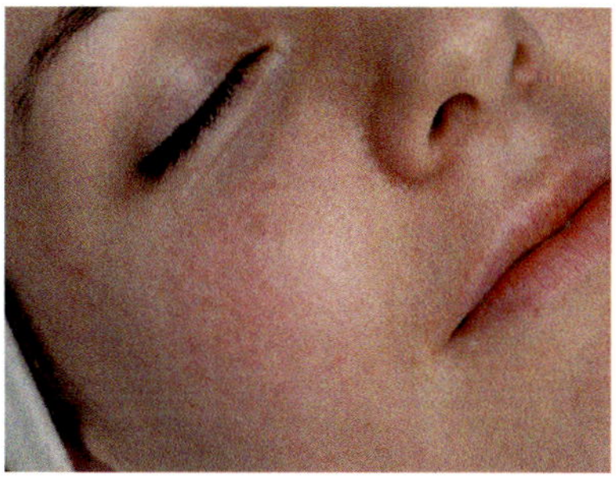

Abb. 2.4: Hautreliefbeurteilung

Empfindlichkeit

Die Empfindlichkeit der Haut wird mit der **Hautschrift *(Dermografismus)*** geprüft. Dazu wird mit einem Spatel eine mechanische Reizung (zumeist der Stirnhaut) durchgeführt und anschließend die Rötung bestimmt.

Eine **Rötung** entsteht durch die reflektorische (unbewusste, vom vegetativen NERVENSYSTEM (→ Grundlagen-Lexikon) gesteuerte) Gefäßerweiterung und entspricht einer gesteigerten Durchblutung der irritierten Stelle.

Die normale Haut zeigt eine Rötung, die überempfindliche Haut eine Erhebung, d. h. der Strich ist tastbar, und die sehr trockene Haut eines Kunden mit Ekzem- oder Neurodermitisneigung (→ Kapitel 4.6) zeigt nur einen weißen Strich. Dabei ist bei dem letztgenannten Kunden die Haut nicht unempfindlich, sondern der **weiße Dermografismus** zeigt die erhöhte Empfindlichkeit der trockenen Haut, während der rote Dermografismus den Normalzustand darstellt.

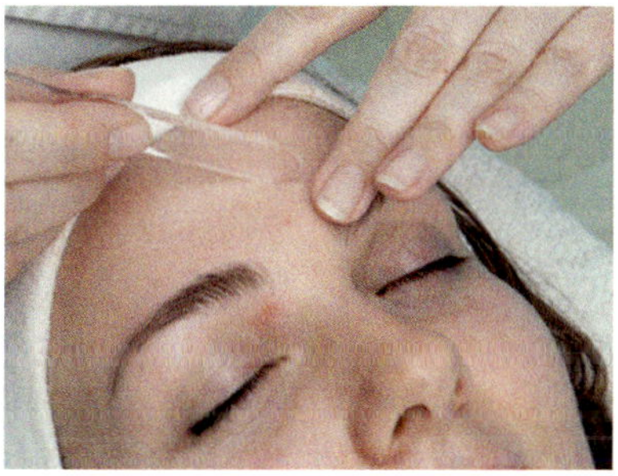

Abb. 2.5: Dermografie

Kratzen auf der Haut = Rötung = Normalzustand

Feuchtigkeit und Hautspannung (Elastizität)

Der Feuchtigkeitsgehalt der Hornschicht kann mithilfe einer Lupe anhand der Schuppung abgeschätzt werden. Hier sind bei trockener Haut viele kleine Schüppchen zu sehen.

Der Feuchtigkeitsgehalt der tiefen Hautschichten lässt sich nur zusammen mit der Elastizität testen. Hierzu hebt man eine Hautfalte (zumeist über dem Jochbeinbogen und mit Daumen- und Zeigefinger oder mit Zeige- und Mittelfinger) ab und beurteilt die Zeit bis zur Rückkehr in die ursprüngliche Position.

Ist die Haut nur minder elastisch und es besteht ein Wassermangel, bleibt diese Falte wesentlich länger sichtbar. Im umgekehrten Fall einer Überwässerung (z. B. Wassereinlage-

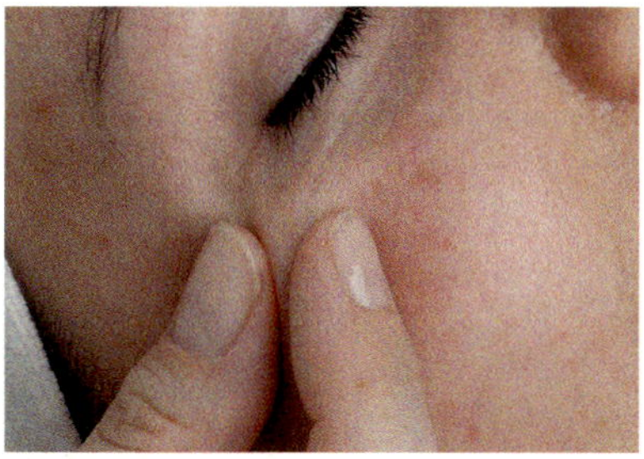

Abb. 2.6: Turgortest

2

rung bei Medikamentendauereinnahme, Kortison → HORMONE, Grundlagen-Lexikon) ist es manchmal kaum möglich, genügend Haut zu einer Falte abzuheben. Dieser Test wird auch **Hautturgortest** genannt.

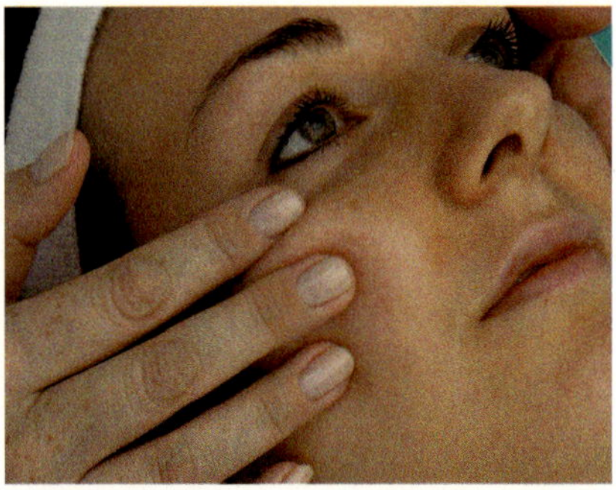

Abb. 2.7: Tonustest

Der **Hauttonustest** dagegen, gibt Aufschluss über die Hautspannung, genauer über die Grundspannung der Hautmuskulatur. Bei diesem Test wird die Haut über dem Jochbeinbogen nach oben zu einer Hautwulst zusammengeschoben, d. h. der Mittelfinger verschiebt die Haut in Richtung Zeigefinger nach oben.

Ist die Haut mit zunehmendem Alter schlaffer, bleibt die aufgeworfene Hautwulst länger stehen und schnellt nicht gleich in ihren vorherigen Zustand zurück.

Fettgehalt

Seborrhoea oleosa = starker Glanz, Seborrhoea sicca = kleienförmige Schuppung

Der Fettgehalt der Haut kann schon optisch anhand der glänzenden Oberfläche eingeschätzt werden. Neben einer Vergrößerung der Talgausführungsgänge in der T-Zone kommt es zu einem fettigen Glanz, der auch vom Feuchtigkeitsgrad abhängig ist. Während es bei einer Seborrhoea oleosa durch viel Feuchtigkeit zu einem starken Glanz kommt, zeigt sich bei der *Seborrhoea sicca* eher eine kleienförmige, fettige Schuppung.

Der Test zur Bestimmung des Fettgehaltes der Haut wird **Sebumetrie** genannt. Er wird mittels Teintpapier oder eines Objektträgers ausgeführt und ist in → Band B, LF 2, Kapitel 2.2.5 beschrieben.

Fragen Übungen Aufgaben **A**

1. *Was versteht man unter dem Hauttyp (dermatologisch, kosmetisch)?*
2. *Nennen Sie fünf Hautzustände.*
3. *Welche Hautzustände verbergen sich hinter dem Begriff der fettigen Haut und wie kommen sie zustande?*
4. *Was braucht trockene Haut nötiger: Fett oder Wasser? Bitte begründen Sie Ihre Antwort.*
5. *Beschreiben und unterscheiden Sie die 5 Hauttypen nach Fitzpatrick.*
6. *Was sind die beiden besten Hilfen der Kosmetikerin zur Beurteilung des Hautzustandes?*
7. *Welche Faktoren des Hautzustandes können damit überprüft werden?*
8. *Beschreiben Sie die unterschiedlichen Tests in Ihren eigenen Worten.*

3 Veränderungen der Haut

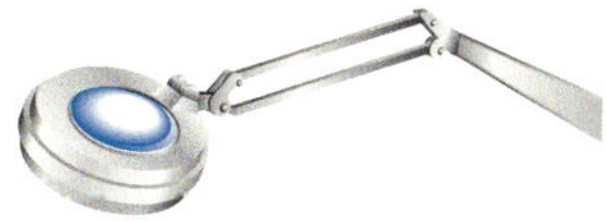

Lena kann sich heute wieder nicht leiden. Immer wenn sie in den Spiegel sieht, möchte sie am liebsten davonrennen: Ihre Gesichtshaut ist von unschönen Flecken, Pusteln und Knötchen überzogen. Alles hat sie schon probiert, nichts hat geholfen. Lenas Mutter kommt ins Bad und versucht sie zu trösten: „Ach, Lena, so wie das Leben in seiner Gesamtheit einem ständigen Wandel unterzogen ist, so ändert sich auch das Erscheinungsbild Deiner Haut. Das heilt doch ganz schnell wieder ab. Du wirst sehen, in ein paar Jahren wärst Du froh, wenn Deine Haut Pickel zeigen würde, die kommen und gehen und keine Veränderungen, die für immer bleiben ..."

Einflüsse, die zu einer Änderung führen, sind neben dem normalen Alterungsprozess und erlebten Hautverletzungen, auch Umweltfaktoren wie Sonnenlicht oder ein trockenes Klima. Neben diesen inneren und äußeren Faktoren können aber auch krankhafte Prozesse zu einer Veränderung des Hautbilds führen.

3.1 Die Effloreszenzenlehre

Um Veränderungen der Haut exakt beschreiben zu können, hat sich in der Kosmetik durch die Dermatologie ein spezielles Vokabular etabliert. Veränderungen der Haut werden Effloreszenzen genannt (lat. *efflorescere* = erblühen).

efflorescere

Effloreszenzen = Hautblüten

Hierbei wird traditionell zwischen primären Effloreszenzen, die direkt aus gesunder Haut „erblühen" und sekundären Effloreszenzen, die aus den primären Effloreszenzen hervorgehen, unterschieden.

Während eine Herpesblase somit eine primäre Effloreszenz darstellt, ist die sich entwickelnde Kruste das Ergebnis aus Blasendicke und Austritt von Flüssigkeit und somit sekundärer Natur.

Fleck (Makula)

Dieser Begriff steht für eine umschriebene, nicht tastbare Farbveränderung der Haut. Diese kann z. B. durch eine Pigmentstörung entstehen (das sind z. B. Altersflecken).

Das Bleichen, Peelen oder Abdecken eines Flecks sollte erst durchgeführt werden, wenn die Diagnose und Gutartigkeit des Flecks feststeht.

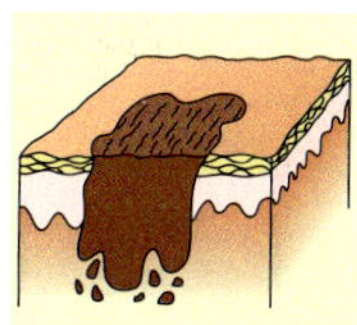

Quaddel (Urtika)

Dieser Begriff steht für eine teigige Schwellung, verursacht durch eine Wasseransammlung in der Dermis. Man kann eine solche Hautveränderung nach einem Mückenstich oder nach dem Kontakt mit Brennnesseln sehen. Da es sich um eine Wasseransammlung zwischen den Zellen der Dermis handelt, kann sie weder durch Ausdrücken, noch durch Anritzen positiv manipuliert werden.

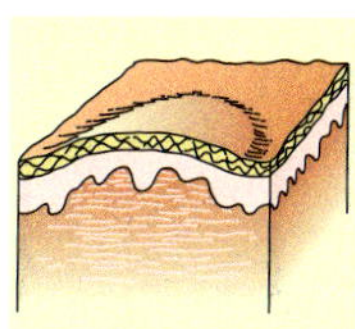

Knötchen (Papel)

Dieser Begriff steht für eine umschriebene Substanzvermehrung der Haut, die nicht größer als 0,5 cm ist. Der Ursprung der Läsion kann sowohl dermal als auch epidermal sein. An diesen darf die Kosmetikerin nicht manupulieren, da man sie ebenfalls nicht ausdrücken kann.

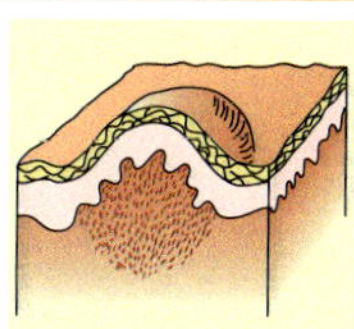

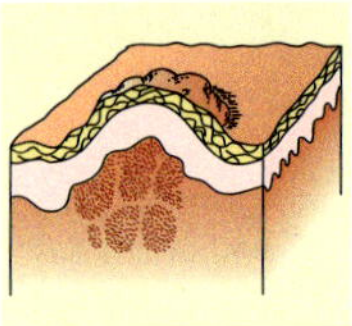

Knoten (Nodus)

Dieser Begriff ist dem der Papel gleich, nur ist ein Knoten größer (> 0,5 cm). Er kann sich z. B. aus einer Entzündung innerhalb des Haarfollikels entwickeln.

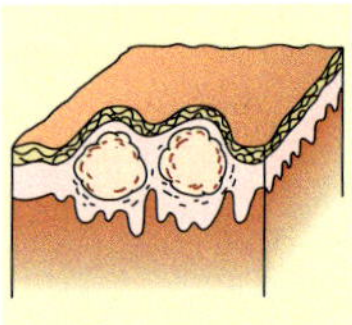

Bläschen (Vesicula)

Dieser Begriff steht für einen kleinen (< 0,5 cm) mit Flüssigkeit gefüllten Hohlraum. Die Lage dieses Hohlraums kann in verschiedenen „Hautschicht-Tiefen" lokalisiert sein:

subkorneal	direkt unter der Hornschicht, z. B. Blase durch neue Schuhe
intraepidermal	in der Epidermis, z. B. Herpes-simplex-Bläschen
subepidermal	zwischen Dermis und Epidermis, z. B. bei Verbrennung 2. Grades

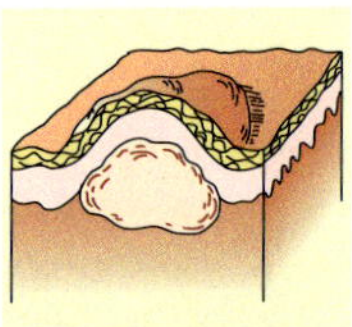

Blase (Bulla)

Dieser Begriff ist gleich der Vesicula, nur größer (> 0,5 cm).

Blasen sollten nicht eröffnet werden, da nur solange die Blasendecke intakt ist keine Bakterien von außen eindringen können (sterile Blase)!

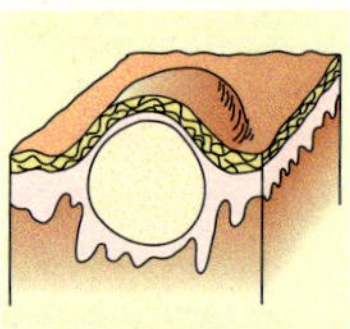

Eiterblase (Pustel)

Dieser Begriff steht für einen mit Eiter gefüllten Hohlraum. Die häufigste Form der Pustel ist die *subepidermale*. Sie erscheint auf der Hautoberfläche als Wölbung mit Rötung und darf von der Kosmetikern nicht eröffnet werden. Die Abbildung links zeigt eine *intraepidermale* Pustel. Diese Form sowie *follikelständige* Pusteln können, insbesondere bei der kosmetischen Ausreinigung oder bei der Aknetherapie, eröffnet und entleert werden (→ Band B, LF 3, Kapitel 5).

Sekundäre Effloreszenzen

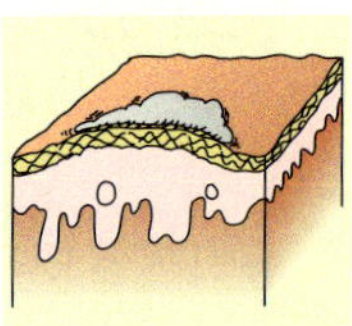

Schuppe (Squama)

Schuppen sind große Verbände aneinander haftender, abgestorbener Hornzellen. Dies sieht man bei ausgeprägten Entzündungen, aber auch im Stadium der Abheilung, so z. B. nach einem Sonnenbrand. Die tägliche Ablösung kleinster Hautschüppchen hingegen ist für das Auge unsichtbar (lat. *desquamatio insensibilis*).

Kosmetisch können Schuppen von der Hautoberfläche durch Aufweichen, Abreiben, Abwaschen usw. entfernt werden.

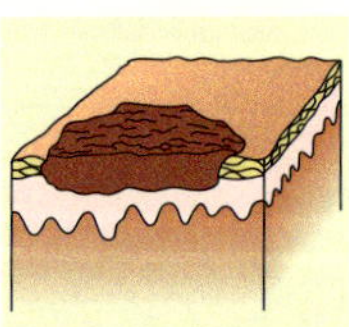

Kruste (Crusta)

Als Kruste bezeichnet man die Auflagerung von getrocknetem Sekret wie Blut oder Gewebsflüssigkeit nach z. B. Wundverschluss (Wundschorf). Beispielhaft ist hier eine abheilende Schürfwunde zu nennen. Die Kruste sollte möglichst in Ruhe gelassen und nicht abgerieben oder entfernt werden. Dies könnte u. U. zu unschöner Vernarbung (s. u.) führen.

Mitesser (Komedo)

Dieser Begriff steht entweder für den geschlossenen *Komedo*, eine halbkugelartige, weißliche *Effloreszenz*, oder für den offenen *Komedo* mit seinem weit offen stehenden Ausführungsgang des Haarfollikels und dem typischen schwarzen Köpfchen (→ Band B, LF 3, Kapitel 5.2).

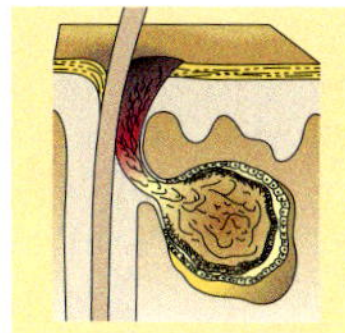

oberflächlicher Hautdefekt (Erosion)

Als Erosion bezeichnet man einen Hautdefekt, der auf die Epidermis begrenzt ist. Es treten dabei keine Blutungen auf, es entsteht keine Narbe. Beispiel ist hierfür eine leichte Hautabschürfung.

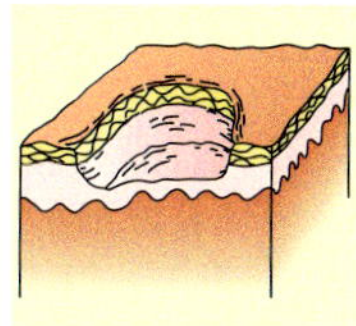

tiefer Hautdefekt, Geschwür (Ulkus)

Als Ulkus wird ein Hautdefekt bezeichnet, der bis in die tiefe Dermis oder darüber hinaus reicht. Nach Abheilung bleibt obligat eine Narbe zurück.

Ein Beispiel für einen tiefen Hautdefekt ist auch das *Ulcus cruris*, ein schlecht heilendes Unterschenkelgeschwür, welches einer ärztlichen Behandlung bedarf.

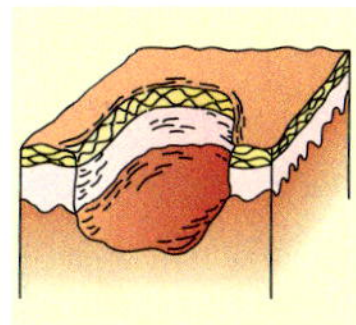

Riss (Rhagade)

Als Rhagade oder auch „Schrunde" bezeichnet man einen tiefen, schmerzhaften Einriss, der bis in die Dermis reicht. Ursache ist eine Verhornungsstörung. Eine kosmetische Behandlung sollte hier nur mit ärztlicher Absprache erfolgen (→ Band C, LF 8, Kapitel 3.3).

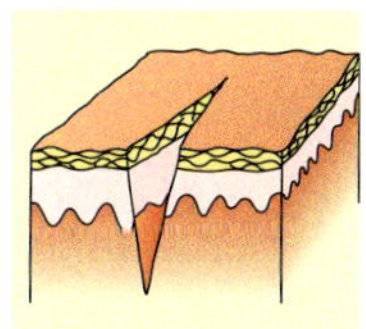

Narbe (Ciatrix)

Als Narbe bezeichnet man einen funktionell ungenügenden Gewebeersatz oder eine Defektheilung, die nach einem tieferen Hautdefekt entsteht. Eine narbige Abheilung kann unterschiedliche Ausprägungen hervorbringen (→ Kapitel 3.2).

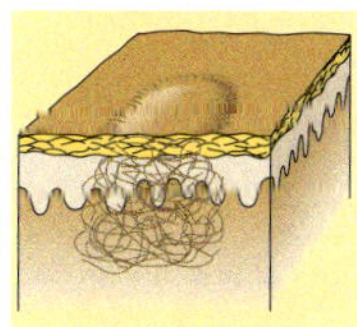

Schwiele (Tylosis)

Bei einer mechanischen Überbeanspruchung, z. B. an den Händen bei der Arbeit mit einer Schaufel oder an den Füßen bei schlecht sitzendem Schuhwerk, kann eine umschriebene Verdickung der Epidermis entstehen. Definitionsgemäß wird die dabei vermehrte Verhornung ***Hyperkeratose*** und die Hautverdickung ***Akanthose*** genannt.

Eine Schwiele darf von der qualifizierten Kosmetikerin z. B. im Rahmen einer Hand- oder Fußbehandlung mit entsprechendem Gerät abgetragen werden (→ Band C, LF 8).

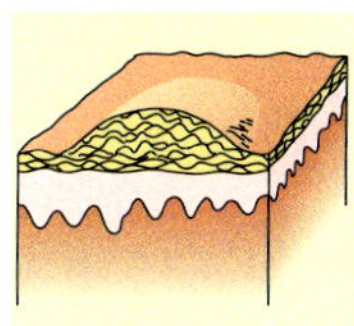

Grundsätzlich ist eine primäre Effloreszenz, wie z. B. ein brauner Altersfleck im Gesicht bei einer Kundin lediglich eine Hautveränderung. Ein Fleck kann aber auch ein neu entstandener, noch nicht tastbarer schwarzer Hautkrebs sein, und damit eine Hauterkrankung (→ Kapitel 4.9.3).

Wichtig ist das Gespräch mit Ihren Kunden über Hautveränderungen. Fragen Sie: „Wie lange haben Sie das denn schon?" Empfehlen Sie Ihren Kunden neu aufgetretene, über einen Zeitraum von sechs Wochen bestehende und sich nicht selbst zurückbildende Effloreszenzen (Hautveränderungen) einem Dermatologen zu zeigen.

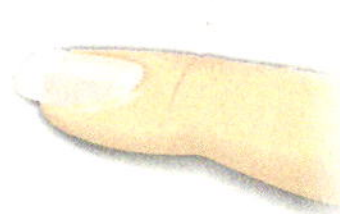

Neben der klassischen Effloreszenzenlehre gibt es noch weitere wichtige Begriffe, mit denen die Haut bzw. Hautveränderungen beschrieben werden können:

Tab. 3.1: Weitere Hautveränderungen

2

Abschürfung *(Exkoriation)*	*Exkoriation* bezeichnet einen Hautdefekt, der durch Kratzen zustande kommt. Hierbei treten punktförmige Blutungen auf, es kommt zu Krustenbildung und es kann zur Narbenbildung kommen.
Aphthe	Ein flacher *Ulkus* der Schleimhäute.
Atherom	Das sind Haarbalgzysten, die in der Dermis liegen und müssen operativ entfernt werden.
Atrophie	Die *Atrophie* bezeichnet einen Gewebeschwund und Ausdünnung der Haut. Dieser Gewebeschwund kann sowohl einzelne Gewebeschichten als auch die gesamte Haut betreffen.
Enanthem	Ein schubweises Auftreten von gleichartigen entzündlichen Hautveränderungen an Schleimhäuten.
Erythem	Entzündlich bedingte Hautrötung infolge einer verstärkten Durchblutung.
Exanthem	Ein Hautausschlag auf verschiedenen Körperarealen.
Fistel	Eine Fistel leitet sich von lat. *Fistula* = Pfeife, Röhre ab und bezeichnet eine nicht natürlich vorbestehende röhren- oder gangartige Verbindung zwischen inneren Hohlorganen und anderen Organen oder der Körperoberfläche. Bei Hautfisteln spricht man von äußeren Fisteln, wie sie z. B. bei Akne auftreten können. Hier kommt es nach entsprechenden Entzündungen zu gangartigen Verbindungen in und unter der Haut, z. B. zwischen verschiedenen Haarausführungsgängen.
Hyperpigmentierung	Zu viel Pigment (→ Kapitel 4.8.1).
Hypopigmentierung	Zu wenig Pigment (→ Kapitel 4.8.3).
Petechien	Kleine flohstichartige Einblutungen in die Haut.
Plaque	Ein Papelbeet.
Sklerose	Die *Sklerose* ist eine Vermehrung des Bindegewebes in der Dermis. Hierdurch verhärtet sich die Haut und die Elastizität geht verloren (→ Kapitel 4.6.5).
Teleangiektasie	*Teleangiektasien* sind kleine sichtbare Gefäßerweiterungen, die bevorzugt im Gesicht, aber auch an jeder anderen Körperstelle auftreten können (→ Kapitel 3.5.2 und 4.1.2).
Zyste	Ein Epithel-ausgekleideter Hohlraum, der von einer richtigen Wand umgeben ist. Die häufigsten *Zysten* sind die **Milien**, stecknadelkopfgroße, weißliche, kugelige, Erhebungen. Sie finden sich insbesondere im Gesicht, vor allem im Wangen- und Schläfenbereich. Der gut gemeinte Versuch, diese weißen Kügelchen auszudrücken, führt nicht zum Erfolg, da diese geschlossen sind und keinen Verbindungsgang zur Hautoberfläche haben.

3.2 Wundheilung und Narbenbildung

Hautveränderungen zeigen sich auch als Resultate der Wundheilung nach einer Verletzung.

Die **Heilung der Haut** bei Verletzung spielt sich im wesentlichen in der Dermis, mit Beeinflussung der dermalen Fasern und der dermalen Matrix ab. Je nach der Tiefe der Verletzung entsteht eine Narbe.

Erosion

Ist die Verletzung oberflächlich, d. h. fast **auf die Epidermis begrenzt** (genannt ***Erosion***), heilt die Wunde narbenfrei ab, denn Keratinozyten verschließen die Wunde.

Ist ein **deutlicher Gewebsdefekt bis in die Dermis** vorhanden, muss sich neues Gewebe bilden, das am Ende die Wunde mit einer dauerhaften Narbe verschließt. Die **Gewebeneubildung** bis hin zur Ausbildung der Narbe verläuft in verschiedenen Schritten:

Vaskularisation

Schon sehr bald, etwa drei Tage nach Entstehung der Wunde, beginnen sich neue Blutgefäße zu bilden. Dabei werden vom Wundgewebe Substanzen abgesondert, welche eine Gefäßneubildung anregen. Dieser Vorgang wird ***Vaskularisation*** genannt. Gleichzeitig mit der Gefäßneubildung muss aber auch neues Bindegewebe entstehen. Dieses neue Gewebe, das unter anderem aus Kollagenfasern besteht, beginnt von den Rändern der Wunde her langsam nach innen zu wachsen. Die Kollagenfasern sind wichtig für die Festigkeit des neuen Gewebes. In gesundem Gewebe, richten sich die Kollagenfasern nach den Hauptzugrichtungen aus. Im neu geschaffenen, narbigen Gewebe fehlt ihnen jedoch die Orientierung, wodurch es zu einem, histologisch betrachtet, dichten „Gewirre und Gewühl" von Fasern kommt und der Außenansicht auf die Haut eine andere, zum Teil weißliche Farbe gibt. Das ist der Grund dafür, dass Narbengewebe und gesundes Gewebe anders aussehen. Bleibt die Narbe völlig weiß, fehlen in der Narbe die für die Hautfarbe verantwortlichen Melanozyten (➔ Kapitel 1.1).

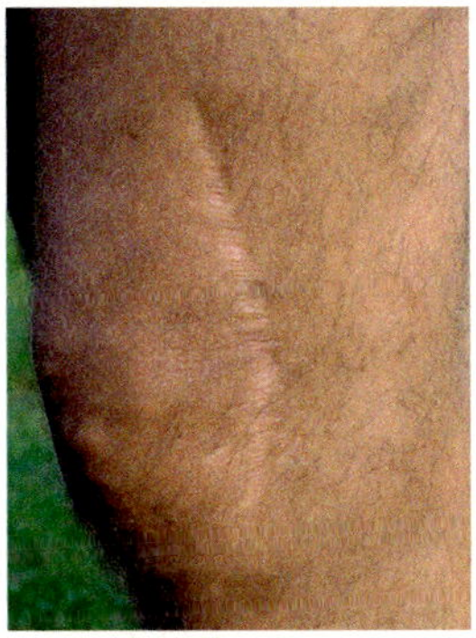

Abb. 3.2: Narbe

Kelloid

Kommt es zu einem überschießenden Wachstum von kollagenen und elastischen Fasern, „wuchert" eine Narbe nach oben. Man spricht dann von überschießender Narbenbildung oder ***Kelloid.*** Therapiemöglichkeiten sind hier das Einbringen von Kortisonlösungen in die überschießende Narbe (zum Stoppen der weiteren Kollagenbildung) oder die Zerstörung von Kollagenfasern durch Vereisung.

Ein kosmetischer Behandlungsversuch ist hier zu unterlassen, da jede mechanische Manipulation (z. B. Peeling, Mikrodermabrasion usw., aber auch eine Massage) eher zu einer Vergrößerung des Kelloides führt.

kontraktive Narbe

Neben der überschießenden Narbenbildung gibt es auch eine **kontraktive Narbe.** Hier kommt es durch Verkürzung der dermalen Fasern zu Verziehungen der Hautoberfläche. Es können Gelenke in ihrer Funktion eingeschränkt werden.

Ice-pike-Narbe

Eine weitere Narbenform ist die (engl.) ***Ice-pike*-Narbe,** eine eispickelartige Vernarbung, die nach Abheilung einer Akneerkrankung (➔ Kapitel 4.1) im Gesicht auftreten kann.

3.3 Einwirkung von UV-Licht auf die Haut

Sonnenbrand = Schädigung der Haut durch UV-Strahlung

Neben den schon erwähnten akuten Reaktionen wie Bräunung und Lichtschwiele gibt es noch weitere Auswirkungen: Bei einer akuten Belastung der Haut mit UV-Licht kann es zu einer akuten **Lichtdermatose**, einem **Sonnenbrand** kommen. Hierunter wird die Schädigung der Haut durch UV-Strahlung verstanden. Je nach Grad der Schädigung wird in Hautrötung (Grad 1), Blasenbildung (Grad 2) und Gewebezerstörung (Grad 3) unterschieden.

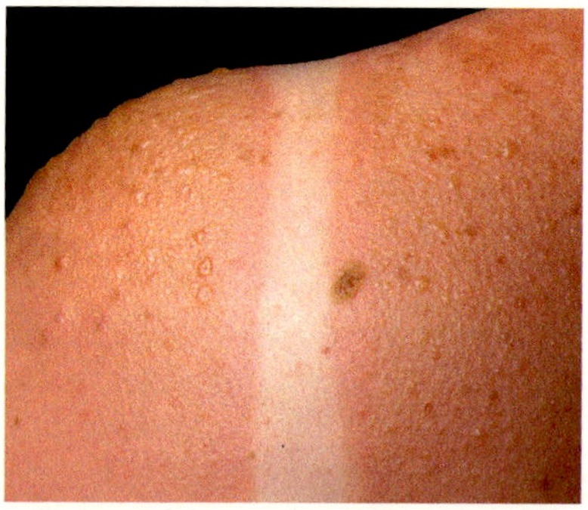

Abb. 3.3: Sonnenbrand (Grad 2)

Nekrose

Durch den Schaden entsteht in der Dermis eine Entzündung, wodurch es zu einer verstärkten Hautdurchblutung kommt (***Erythem***). Ist die Schädigung stärker, kommt es zum Austritt von Flüssigkeit aus den Blutgefäßen und zur Bildung von **Blasen** in der Epidermis. Bei weiterer Schädigung kommt es zum Absterben (lat. ***Nekrose***) von epidermalen und dermalen Gewebestrukturen.

Verbrennung = Schädigung der Haut durch Wärmestrahlung

Die Schädigung der Haut durch Wärmestrahlung (ELEKTROMAGNETISCHE STRAHLUNG → Grundlagen-Lexikon) läuft nach denselben Mechanismen ab und wird ebenfalls in drei Grade unterteilt. Es ist dann aber eine **Verbrennung.**

Bei einer chronischen Belastung der Haut mit UV-Licht kann es zu einer vorzeitigen Hautalterung (**Lichtalterung** → Kapitel 3.5.2) oder zu Hautkrebs kommen (→ Kapitel 4.9). UV-Strahlen unterscheiden sich in ihrer biologischen Wirkung in Abhängigkeit von der Wellenlänge. Das kurzwellige UV-B-Licht im Wellenbereich zwischen 290 und 320 nm ist energiereich und hat nur eine geringe Eindringtiefe. Es verursacht den Sonnenbrand und bei chronischer Belastung einen Hautkrebs. Die langwelligeren UV-A Strahlen zwischen 320 und 400 nm sind energieärmer. Aus diesem Grund werden sie von Solarienbetreibern als nicht oder weniger schädlich angepriesen.

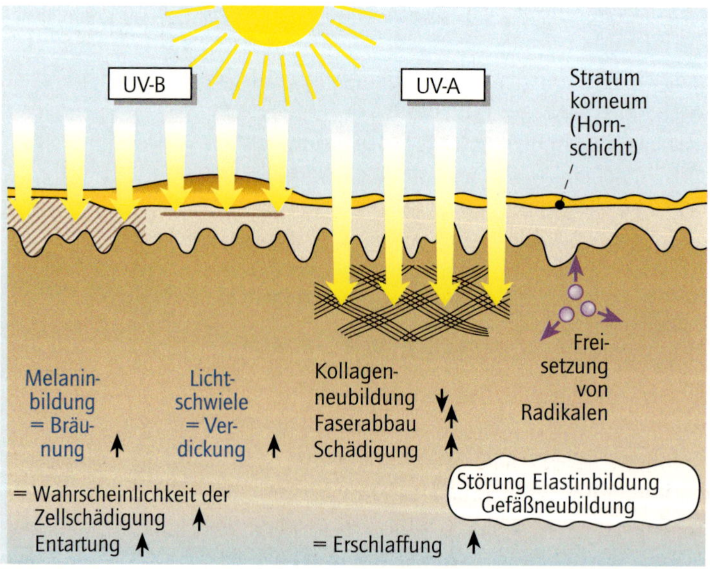

Das ist aber nur die halbe Wahrheit, denn UV-A Strahlen können tiefer in die Haut eindringen. Auch wenn sie ein niedrigeres Hautkrebsrisiko und ein geringeres Potenzial für einen Sonnenbrand haben, so schädigen sie die Kollagenfasern in der Dermis nachhaltig – die Hauptursache für eine frühzeitige Faltenbildung.

Abb. 3.4: Einwirkung von UV-Licht auf die Haut

584042

UV-Licht schädigt dermale Fasern

Die extrazelluläre Dermis besteht zu 85 % – 90 % aus Kollagen. UV-Licht kann sowohl die Bildung von neuem Kollagen hemmen, als auch Stoffe anregen, kollagene Fasern abzubauen. Diese Enzyme zerschneiden die Fasern. Zurück bleiben funktionslose Fragmente.

Bei den elastischen Fasern kommt es ebenfalls zu einer Störung der Neubildung als auch zu einer direkten Schädigung.

Weiterer Angriffspunkt ist eine gestörte Gefäßneubildung.

Nach Empfehlung der Deutschen Dermatologischen Gesellschaft sowie dem Bundesamt für Strahlenschutz in Braunschweig sollten nicht mehr als 50 kontrollierte Sonnenbäder (ohne Sonnenbrand) pro Jahr auf die Haut einwirken! (→ Band C, LF 11, Kapitel 1.2.2)

3.4 Hormone und Haut

Das Hormonsystem beeinflusst den Zustand von Haut, Haaren und Nägeln. Es ist über seine „Botenstoffe", den Hormonen, im ganzen Körper „unterwegs".
Hormone bewirken eine Steuerung von Stoffwechselvorgängen im Körper und nehmen Einfluss auf das Erscheinungsbild der Haut.

Abb. 3.5: Hormonsysteme des Körpers

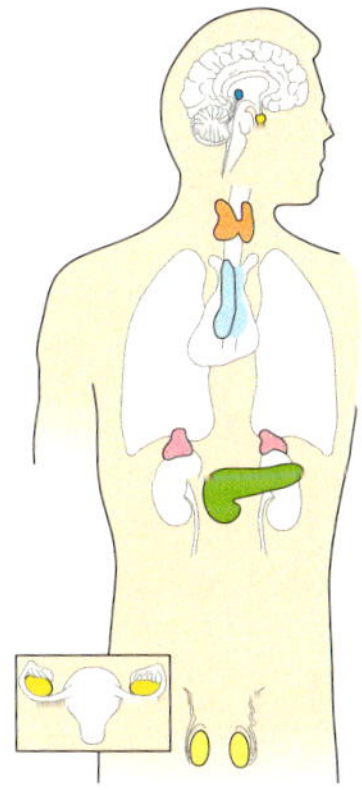

Hormone werden von verschiedenen Hormondrüsen produziert. Ein übergeordnetes Zentrum, die **Hirnanhangdrüse *(Hypophyse)***, koordiniert die Aktivität der Hormone und auch die der Drüsen. Die wichtigsten Hormondrüsen sind die Hirnanhangdrüse selbst, die Zirbeldrüse, die Schilddrüse, die Nebenniere, die Thymusdrüse, die Bauchspeicheldrüse und insbesondere die Geschlechtsdrüsen (Eierstöcke und Hoden). Die Hormone werden von diesen Drüsen an das Blut abgegeben und gelangen so zu den Zellen, deren Aktivität sie beeinflussen (HORMONE → Grundlagen-Lexikon). Die Hormone der Bauchspeicheldrüse (Insulin und sein Gegenspieler Glukagon → LF 10, Kapitel 3.6) sowie der Schilddrüse und Thymusdrüse (Thyroxin bzw. Thymosin) haben auf die Haut nur **indirekte Wirkungen** in ihren Funktionen als Stoffwechsel- und Immunregulatoren. Aus diesem Grund werden im Folgenden die für die Haut wichtigsten Hormone in ihrer Funktion beschrieben.

Östrogene sind die wichtigsten Hormone der Frau. Sie werden in den *Ovarien* (Eierstöcken) gebildet und bewirken das Wachstum der Brust, der Schambehaarung, Veränderung des Körperbaus und der Fettverteilung, Regulation des weiblichen Zyklus und psychisches Befinden. Auch schützen sie die Blutgefäße vor *Arteriosklerose* (Arterienverkalkung).

Östrogene wirken aufbauend

Auf die Haut wirken Östrogene aufbauend, d. h. sie erhöhen die Zellteilungsrate und stimulieren die Differenzierung der Hautzellen. So haben sie einen positiven Einfluss auf das Erscheinungsbild der Haut. Ein Östrogenüberschuss kann aber auch negative Folgen wie Pigmentfleckenbildung, Bildung von *Teleangiektasien*, Wassereinlagerungen ins Gewebe und häufigere Pilzinfektionen zur Folge haben.

Testosteron steigert Talgfluss und Haarwuchs

Testosteron ist das zentrale Hormon des Mannes. Es wird in den Leydig-Zellen des Hodens synthetisiert und bewirkt eine Zunahme von Knochen- und Muskelmasse, den typisch männlichen Körperbau, Stimmbruch, Behaarung, Erhöhung der Talgproduktion und der Verhornungsrate sowie geistige, körperliche und sexuelle Aktivität.

Melatonin ist ein Radikalenfänger

Melatonin wird ausschließlich in der Nacht von der Zirbeldrüse *(Glandula pinealis)* produziert. Von den vielen Behauptungen, die über dieses Hormon existieren, ist das wenigste sicher belegt. Für die Haut hingegen konnte gezeigt werden, dass Melatonin ein wirkungsvoller Radikalenfänger ist, also negative Abbauprodukte z. B. nach Sonnenbaden auffängt. (Freie Radikale → LF 10, Kapitel 8.2).

2

STH baut die Haut auf

Doping

Das **somatotrope Hormon (STH, Somatotropin** oder engl. *human growth hormone, HGH*) wird im Hypophysenvorderlappen gebildet. Es bewirkt eine Bereitstellung von Leistungsreserven. So kommt es zum Fettab- und Muskelaufbau, weshalb es in der Tiermast und missbräuchlich auch zum *Doping* im Sport eingesetzt wird. Das STH erreicht sein Maximum um das 20. Lebensjahr und nimmt in jeder Lebensdekade um ca. 14 % ab. Das beeinflusst auch die Haut.

3.5 Hautalterung

intrinsisch = von innen

Als normale Alterung wird im Allgemeinen die Veränderung des Körpers im Laufe des Lebens angesehen. Hierbei scheinen die Zellen einem festgelegten Programm zu folgen, den man auch als „biologische Uhr" bezeichnen kann. Diese chronologische oder genetische Zellalterung wird intrinsische Alterung genannt.

extrinsisch = von außen

Neben dieser vom Körper vorgegebenen Alterung kommt es durch von außen einwirkende schädliche Faktoren zu einer zusätzlichen vorzeitigen Alterung. Dieser Vorgang ist die extrinsische Alterung.

3.5.1 Innere (intrinsische) Hautalterung

Die *intrinsische* Hautalterung findet gleichmäßig am gesamten Hautorgan statt. Da sie aber an den meisten Körperstellen von der *extrinsischen* Hautalterung überlagert ist, findet man sie isoliert oft nur an der Gesäß- und Steißregion.

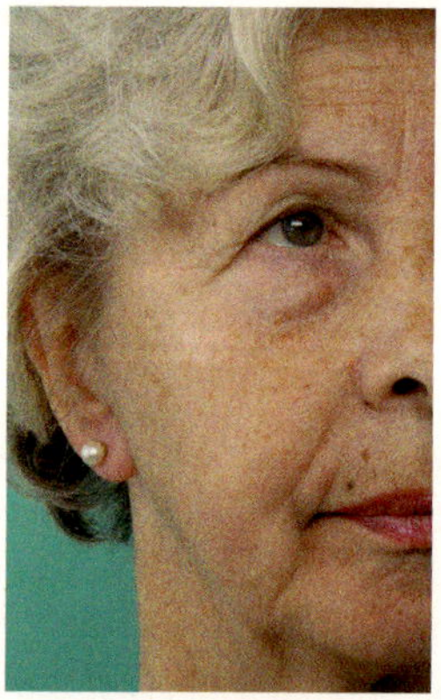

Abb. 3.6: Altershaut

Athropie

Bei reiner intrinsischer Hautalterung ist die Haut zigarettenpapierartig ausgedünnt *(atrophisch)*, woraus eine feine Knitterfaltenbildung resultiert. Durch die reduzierte Talg- und Schweißdrüsendichte zeigt sich ein sehr trockenes Hautbild. Neben Epidermis und Dermis ist auch das subkutane Fettgewebe reduziert. Die Haut ist bei erhaltener Elastizität erschlafft. Aufgrund einer erhöhten Anfälligkeit für Bagatelltraumen (wie z. B. ein kleiner Stoß) finden sich oft Minimalverletzungen, Einblutungen und schlecht heilende Wunden.

Verantwortlich dafür ist die sich verändernde Hormonlage. Eine gesunde, ausgeglichene Ernährung, das Einhalten des Idealgewichts, Reduktion von Genussmitteln und die Ausübung von sportlichen Aktivitäten bis ins hohe Alter verhindern hier zu einem Teil die ausgeprägte Hautalterung.

Die typischen Zeichen der Hautalterung sind: Verdünnung (Atrophie) der Epidermis, Erschlaffungszustand der Haut, Falten, Lipidmangel, evtl. gelbliche Verfärbung, unregelmäßigere Pigmentierungen, dünnere, graue Haare.

Im Detail stellen sich an Haut und Hautanhangsgebilden folgende charakteristische Veränderungen ein:

A Epidermis

Die Lebensspanne der Hautzellen halbiert sich bei einem über 50-jährigen Menschen. Dadurch wird die Haut dünner, durchsichtiger und verletzlicher. Die Reifungszeit der Keratinozyten, d. h. die Zeitspanne, die der Keratinozyt vom Weg des *Stratum basale* bis hin zur Hornschicht benötigt, hat sich inzwischen verdoppelt. Eine *Atrophie* der Epidermis, die im Gesicht und auf dem Handrücken deutlicher ist als am restlichen Körper, hat sich eingestellt.

Die Wasserbindungskapazität im Stratum korneum ist im Alter reduziert, obwohl die Dicke der Hornschicht in etwa gleich bleibt. Es findet sich zwar in der Altershaut der gleiche Wassergehalt wie bei jüngerer Haut, jedoch ist die Altershaut nicht in der Lage das Wasser so gut innerhalb der Hornschicht zu binden, sodass Stresssituationen wie Klimawechsel oder häufige Bäder eine verstärkte Austrocknung der Altershaut bedingen.

Die Altershaut benötigt mehr Fett als die junge Haut.

B Pigmentsystem

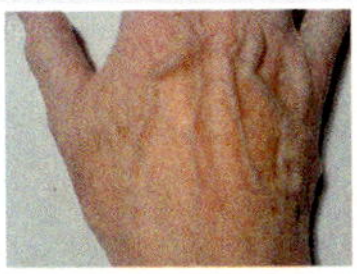

An den unbekleideten Körperstellen treten bei über 50 % der über 45-Jährigen Altersflecken *(Lentigo senilis)* auf. Die Abbildung zeigt typische Altersflecken des Handrückens. Verursacht werden sie durch eine zu hohe Dichte von Melanozyten (→ Kapitel 4.8.1).

Abb. 3.7: Altersflecken

C Dermis

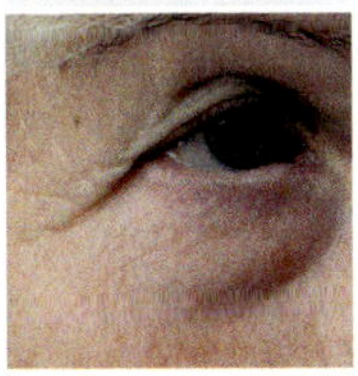

Im Alter verliert die Haut an Elastizität, verursacht durch strukturelle Veränderungen der Kollagenbündel und der elastischen Fasern in der Dermis. Weder Kollagenbündel noch elastische Fasern können die Haut straff in Form halten, sodass „Altersfalten", oder *elastotische* Falten, entstehen (Im Gegensatz dazu werden mimische Falten durch dauerhaftes Zusammenziehen von Muskeln verursacht → Kapitel 3.5.3).

Abb. 3.8: Altersfalten

D Talg- und Schweißdrüsen

Die Talgsekretion fällt ab dem 40. Lebensjahr bei Männern etwa um 23 % und bei Frauen um etwa 30 % ab. Die apokrinen Schweißdrüsen schrumpfen und produzieren weniger Geruchsstoffe.

E Haarfollikel

Die Dichte der Haarfollikel nimmt im Alter deutlich ab. Auch die Funktion der Haarfollikel lange Haare zu bilden, wird zunehmend vermindert. Da jedoch die Wachstumsrate nicht abnimmt, kann dieses Phänomen nur durch eine verkürzte *Anagenphase* erklärt werden. In der Altershaut sind häufiger Haare in der *Telogenphase*.

Das Haar wird mit zunehmendem Alter dünner. Die Dichte der Barthaare nimmt mit dem 60. Lebensjahr ab, die der Brusthaare ab dem 50., der Achsel- und Schamhaare ab dem 30. Lebensjahr. Der Rückgang der letztgenannten Haare ist bei Frauen stärker als bei Männern.

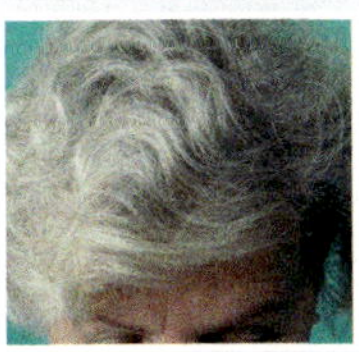

Eine vermehrte Behaarung tritt bei Männern an den Augenbrauen und im äußeren Gehörkanal auf. Bei Frauen tritt sie als Ausdruck der im Nachfolgenden besprochenen hormonellen Veränderungen im Bartbereich auf.

Die Kopf- und Körperhaare ergrauen etwa ab dem 50. Lebensjahr (→ Kapitel 4.7.2).

Abb. 3.9: graues Haar

Östrogene
Zwischen dem 35. und 45. Lebensjahr nimmt die Produktion der Geschlechtshormone der Frau langsam ab. Zuerst das *Progesteron* mit der daraus resultierenden Verkürzung der Regelblutung, danach das *Östrogen* mit einer Verlängerung und dem schließlichen Ausbleiben der Regel. Die Menopause ist im Mittel um das 52. Lebensjahr. In dieser Zeit leiden 80 % der Frauen unter Hitzewallungen, Schwitzen, Stimmungsschwankungen und Depressionen.

Die Folgen des *Östrogen*abfalls für die Haut sind: Eine deutliche Abnahme der Hautdicke, gesteigerter Haarverlust, Verminderung von Elastizität, *Vaskularisation* und Kollagensynthese. Etwa 30 % des Kollagens gehen in den ersten Jahren nach der Menopause verloren.

Testosteron

Androgene

Bei Männern kommt es im Alter zu einem *Testosteron*abfall. Die Verhornungsrate der Epidermis nimmt dadurch ab, eine Verdünnung der Haut ist die Folge. Bei Frauen hingegen kommt es zu einer relativen Zunahme an männlichen Hormonen *(Androgenen)*, sodass hier der „Vermännlichungseffekt" mit z. B. der Ausbildung von Barthaaren einsetzt.

Melatonin
Der im Alter abfallende *Melatonin*spiegel geht mit einer erhöhten Radikalenbelastung der Haut einher. Hierdurch kann das Erbgut von Hautzellen geschädigt werden und die Wahrscheinlichkeit, dass diese Zellen „entarten" können, steigt. Gut- oder bösartige Gewebsneubildungen können dann in Folge auftreten.

Somatotropin (STH)
Nach dem 60. Lebensjahr wird die Produktion des Wachstumshormons weitgehend eingestellt. Das hat auf die Haut ebenfalls einen abbauenden Effekt, der aber nicht so stark ausgeprägt ist wie z. B. der Wegfall des *Östrogens* bei der Frau.

Zusammenfassend lässt sich sagen, dass die abfallenden Hormonspiegel eine eigenständige Säule der Alterung und im Speziellen den Hauptfaktor der *intrinsischen* Hautalterung darstellen.

Substitutionstherapie

Verlockend ist hierbei der Gedanke, die reduzierten Hormonspiegel durch Medikamente zu erhöhen. Dies kann z. T. sinnvoll sein; da hierbei aber auch gravierende Nebenwirkungen auftreten können, sollte eine *Substitutionstherapie* (Hormonersatztherapie) nur unter der Kontrolle eines erfahrenen Arztes erfolgen.

Androgene können Haarausfall und Akne verursachen. Und wie bei jeder Hormontherapie kann auch ein erhöhtes Krebsrisiko nicht ausgeschlossen werden.

Die Ausbildung von braunen Flecken von Kundinnen, die zu Pigmentstörungen neigen, sind bekannte Nebenwirkungen der Anwendung von östrogenhaltigen Cremes.

Hormoncreme = kein Kosmetikum

Anti-Aging

Derzeit ist es nicht erlaubt, Kosmetikprodukten Hormone zuzusetzen, denn sie können durch die Haut dringen und über das Blut in den Körper aufgenommen werden. Nur Ärzte dürfen Hormoncremes verschreiben, sie werden in der Apotheke speziell gemischt und müssen selbst bezahlt werden: Östrogene gegen Falten, Androgene gegen Cellulite und auch Melatonin, bei dem aber ein *Anti-Aging*-Effekt (engl., gegen das Altern → Kapitel 3.5.3) bisher noch nicht wissenschaftlich nachgewiesen werden konnte.

3.5.2 Äußere (extrinsische) Hautalterung

Licht

Der Hauptfaktor der *extrinsischen* Hautalterung ist das ultraviolette Licht. Häufig ist eine **lederartige Verdickung der Haut** (Lichtschwielenbildung) mit grobem Faltenrelief und gelblichem Teint bei reduzierter Elastizität zu sehen. UV-Licht hat einen solch dominierenden Einfluss, dass z. T. die *extrinsische* Hautalterung mit der **Lichtalterung** gleichgesetzt wird. Nebenfaktoren sind das Rauchen oder **Umweltnoxen**, wie z. B. Ozon.

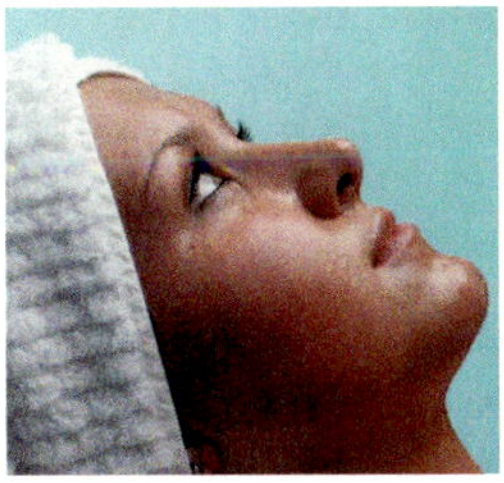

Abb. 3.10: Haut und UV-Licht

Ozon

Ozon führt in der Haut zur Freisetzung von freien Radikalen, Substanzen, welche sowohl die elastischen Fasern der Haut schädigen, als auch die Produktion der kollagenabbauenden Enzyme *(Kollagenasen)* anregen, sodass Elastizität und Straffheit der Haut weiterhin abnehmen. Hiergegen wirken ANTIOXIDANZIEN, die mit der Nahrung aufgenommen oder in Kosmetika eingesetzt, die Bildung von freien Radikalen vermindern (→ LF 10, Kapitel 8.3 und → Grundlagen-Lexikon).

Rauchen

Die Substanz Nikotin bewirkt eine Mangeldurchblutung von *peripheren* Körperbereichen (also Händen, Füßen und auch der Haut) durch die Engstellung der Blutgefäße. Bei Rauchern ist sowohl der Erneuerungsprozess der Haut gestört, als auch die nachwachsende Kollagenproduktion um bis zu 50 % gegenüber Nichtrauchern reduziert. Das Resultat dieser Formen der *extrinsischen* Hautalterung ist zum einen die Verdünnung (*Atrophie* der Epidermis und Dermis) und die ausgedehnte Bildung von *Teleangiektasien* (durch die Haut schimmernde, kleinste Äderchen), oft als „Couperose" im Gesicht sichtbar.

Abb. 3.11: Zigarette und Tabakrauch

Couperose

Der Volksmund spricht bei *Couperose* auch von „geplatzten Äderchen". Tatsächlich handelt es sich jedoch um feinste Äderchen an der Oberfläche der Haut, die dauerhaft geweitet sind. *Couperose* tritt nicht nur anlagebedingt, sondern auch bei der *Rosazea* im Frühstadium auf (→ Kapitel 4.1.2). Wer zu *Couperose* neigt, soll neben Rauchen auch Kaffee, Alkohol und heftige Temperaturwechsel meiden, weil hierdurch die Gesichtsdurchblutung verstärkt angeregt wird. Bei kalten Außentemperaturen sollte vor dem Gang ins Freie eine gut schützende Gesichtscreme aufgetragen werden. Auch Saunabesuche sowie verstärktes Sonnenbaden sind problematisch bei zu *Couperose* neigender Haut.

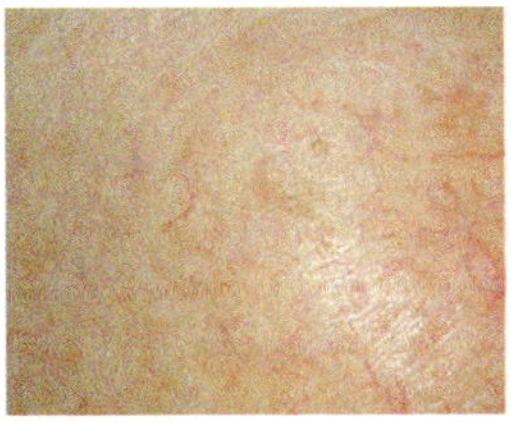

Abb. 3.12: Teleangiektasien der Wangenhaut

2

Weitere Zeichen *extrinsischer* Hautalterung durch das Rauchen sind Komedonen und Zysten der Gesichtshaut sowie eine verstärkte Pigmentierung.

Zusätzlich können sich noch die Hautmuskeln dauerhaft zusammenziehen, etwa bei dauerndem Blinzeln der Augenlider bei blendendem Licht oder z. B. beim Saugen an einer Zigarette. Die **mimische Faltenbildung** nimmt hier ihren Ausgang. Paradebeispiel hierfür ist die tabaksbeutelartige Fältelung im Oberlippenbereich zu nennen, welche im Alter von unter 40 Jahren fast ausschließlich bei weiblichen, rauchenden Solariumsbesucherinnen zu sehen ist.

Unter mimischer Faltenbildung wird generell die Ausbildung von Falten in Folge der Mimik verstanden. Sie bilden sich zwischen den Zug- bzw. Ausdehnungsrichtungen der entsprechenden Hautmuskeln des Gesichtes (auch → Band B, LF 2, Kapitel 2.2.4) und können, einmal sichtbar, durch Kosmetika nicht wieder geglättet werden.

Häufig verstärkt das Zusammenspiel zwischen mimischer Faltenbildung, extrinsischem Umweltaltern und intrinsischen Faktoren die Hautalterung.

3.5.3 „Anti-Aging"

Dermatologie und Kosmetik beschäftigen sich seit vielen Jahren mit dem Thema Hautalterung und *Anti-Aging*-Lösungen, die den Alterungsprozess verzögern oder aufhalten.

Repertoire

In den 1990er Jahren wurde das dermatologische *Anti-Aging-Repertoire* (franz., Register), das sich bis dahin auf die **plastische Chirurgie** konzentrierte, im Wesentlichen durch Lasertherapie (→ Band C, LF 11, Kapitel 1.4), chemische Peelings, topische (auf die Haut aufgetragene) Applikationen von Sexualhormonen und Kollagenunterspritzungen ergänzt.

Synergie

Retinol „schützt" kollagene Fasern

Durch die *Synergie* (franz., Zusammenspiel und gegenseitiges Ergänzen) zwischen kosmetischer und dermatologischer Forschung sind jetzt neue Pflegekonzepte entwickelt worden, die die Spannungskraft und Elastizität der Haut erhöhen und Zeichen der Hautalterung entgegenwirken können:

Kombinationen aus ***Retinol*** **(Vitamin A)** und ***Ascorbinsäure*** **(Vitamin C)** und intensive Feuchtigkeitsspender unterstützen die hauteigene Zellaktivität und Zellerneuerung und schützen vor hautschädigenden freien Radikalen, eine der Hauptursachen der vorzeitigen Hautalterung. Besonders *Bodylotions* spenden der Haut intensive Feuchtigkeit und verbessern ihre Elastizität. Retinol steigert die Synthese des für die Hautelastizität verantwortlichen Kollagens und hemmt die Aktivität der kollagenabbauenden Enzyme. Langfristig und täglich angewendet, soll die Haut spürbar straffer und elastischer werden.

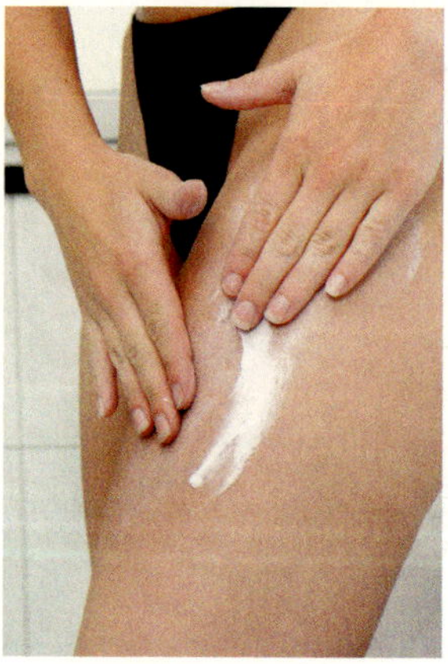

Abb. 3.13: Eincremen der Haut

Und was können Sie sonst tun?

Viel.

Eine ausgewogene Ernährung mit Vitaminen und Mineralstoffen und ausreichend Bewegung/Sport, z. B. Ausdauersportarten wie Walking, Jogging, Schwimmen, Radfahren (optimal 3-mal pro Woche) betrieben, und Sie fühlen sich besser in Ihrer Haut.

Abb. 3.14: Bewegung

Und Wenig.

Stressreduktion, Stressbewältigungsmethoden und gezielter Stressausgleich sollten zu Ihren Strategien gehören, denn oft bewahrheitet sich der alte Spruch: „Die Haut ist das Spiegelbild der Seele".

Abb. 3.15: Entspannung

Allein andauernder Stress (mit dem Ausdruck von gerunzelter Stirn und hängenden Mundwinkeln) unterstützt noch die, hier mimisch bedingte Hautalterung. Hormone und Botenstoffe, welche sowieso durch eine nachlassende Produktion im Alter gekennzeichnet sind, konnen bei Stresssituationen ebenfalls noch negativ beeinflusst werden. Bei Rücksprache mit dem Gynäkologen können zumindestens Frauen eine Regelung ihres Hormonhaushaltes anstreben und diesen Alterungsprozessen gegebenenfalls positiv entgegenwirken. Hierbei sind aber die Nebenwirkungen einer solchen, nicht unumstrittenen Hormongabe gegen die Vorteile abzuwägen.

Letztlich gehört doch die Hautalterung, wie das Altern des Menschen selbst zum Leben dazu und kann, wenn es denn in einem naturlichen Maße ist, auch mit Würde hingenommen werden.

A Fragen Übungen Aufgaben

1. *Nennen Sie zwei primäre und zwei sekundäre Effloreszenzbegriffe.*
2. *Welche Effloreszenz kann eine Kosmetikerin beeinflussen, eine Urtika und/oder eine Milie?*
3. *Wo finden sich häufig Teleangiektasien und was ist das?*
4. *Was ist innere (intrinsische) Hautalterung?*
5. *Was braucht die Altershaut mehr als die junge Haut?*
6. *Nennen Sie drei negative extrinsische Alterungsfaktoren der Haut.*
7. *Wie wirkt UV-Licht auf die Haut?*
8. *Wodurch wird eine tabaksbeutelartige Fältelung im Oberlippenbereich ausgelöst?*
9. *Was wissen Sie über Anti-Aging?*

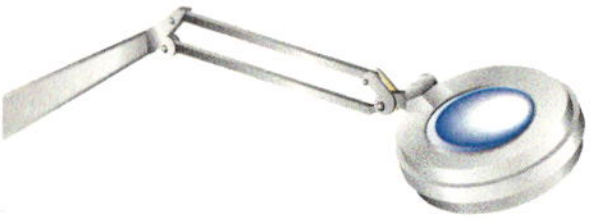

4 Entzündliche und nicht entzündliche Veränderungen der Haut (Hauterkrankungen)

Tanja kommt nach vier Wochen Gran Canaria zurück nach Deutschland und hat einen Termin bei Barbara, ihrer Kosmetikerin. „Sie sehen ja toll aus", meint Barbara, „braun wie immer." „Ja", meint Tanja, „es war ein toller Urlaub, und da ich ja das ganze Jahr unters Solarium gehe, hatte ich auch keine Probleme mit der Sonne. Nur in letzter Zeit habe ich Probleme mit so rauen Stellen an den Ohren und auf der Nase. Können Sie mir da nicht eine gute Creme empfehlen?" „Ich kann Ihnen jede Menge gute Cremes und Salben empfehlen", meint Barbara. „Allerdings sieht das eher nach einem chronischen Lichtschaden, einer so genannten aktinischen Keratose aus. Die sollten Sie einmal einem Hautarzt zeigen." „Wegen dem bisschen raue Haut gleich zum Hautarzt?", fragt Tanja entrüstet, „wieso denn das?" „Weil sich daraus eine bösartige Hautveränderung entwickeln kann", entgegnet Barbara, „und außerdem, sicher ist sicher."

Für den Außenstehenden ist oft die veränderte oder erkrankte Haut nur rot und „ekelig", wobei jede Form der Rötung, der Bläschenbildung oder der Schuppung gleich erscheint. Dem geübten Auge hingegen fällt gerade durch die Art der Schuppung und die Ausbreitung der Rötung der Unterschied zwischen verschiedenen Hauterkrankungen auf und unterscheidet durch das glasige Spiegeln der Oberfläche eine gutartige Alterswarze von einem bösartigen Tumor.

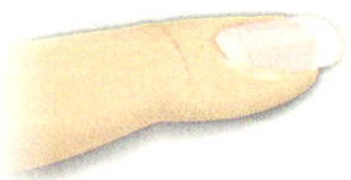

Das folgende Kapitel kann bei der Vielfalt der dermatologischen Diagnosen und Erkrankungsformen nur eine Übersicht über die einzelnen Erkrankungen geben. Schicken Sie Ihren Kunden lieber einmal mehr zum geübten Auge des dermatologischen Facharztes und vertrauen Sie nicht nur auf das Erkennen von Krankheiten durch Sie selbst.

4.1 Erkrankungen mit Gesichtsbeteiligung

4.1.1 Akne

Die Akne ist eine **entzündliche Erkrankung der Talgdrüsen und deren Ausführungsgänge**. Sie zählt zu den häufigsten Hautkrankheiten. Sie beginnt zumeist in der Pubertät und endet im Laufe des 3. Lebensjahrzehnts. Jungen erkranken häufiger und schwerer als Mädchen. Nahezu jeder Mensch war oder ist von der Erkrankung, wenn auch in unterschiedlicher Ausprägung, betroffen. Bevorzugte Lokalisationen sind die talgdrüsenreichen Areale wie Gesicht oder Rücken, Dekolletee und die Oberarme.

Wie entsteht die Akne?

In der Pubertät kommt es durch die Zunahme der männlichen Geschlechtshormone (Androgene) bei Mädchen und Jungen zu einer vermehrten Produktion von Hautfett durch die Talgdrüse. Das vermehrt produzierte Talgdrüsenfett kann durch eine gleichzeitig vermehrte Verhornung des Talgdrüsenausführungsgangs nicht mehr an die Oberfläche abfließen. Durch die Kombination kommt es nun zum Komedo oder Mitesser. Er kann als weißer Komedo (geschlossen) oder als schwarzer Komedo (offen) in Erscheinung treten. Die Farbe der Mitesser entsteht durch die Einwirkung von Licht und Bakterien. Durch eine Besiedlung mit Bakterien (*Propionibacterium acnes* oder *Staphylococcus epidermidis*) kann sich der Komedo entzünden. Im weiteren Verlauf kommt es dadurch häufig zu Pusteln oder Papeln. Der aufgestaute Talg, der im Entzündungsprozess nicht abfließen kann, gelangt in das umgebende Gewebe der Talgdrüse. Jetzt löst er eine Entzündungsreaktion des Körpers aus. Je nach Stärke der Entzündung in den Talgdrüsen und deren Ausführungsgänge können große eitrige Knoten in der Haut entstehen, welche durch Zusammenfließen zu *Abszessen*, *Karbunkeln* (→ Kapitel 4.2), Knoten, *Zysten* und Narben führen können (→ *Acne conglobata* als schwerste Form der Akne).

Hauptformen der Akne

Die Einteilung beruht auf dem unterschiedlichen Auftreten der verschiedenen Akne-Effloreszenzen (→ Kapitel 3).

Acne comedonica

Die *Acne comedonica* ist gekennzeichnet durch das überwiegende Auftreten von offenen und geschlossenen Komedonen im Gesicht und hier vor allem auf Stirn und Nase. Die entzündliche Komponente tritt hier in den Hintergrund.

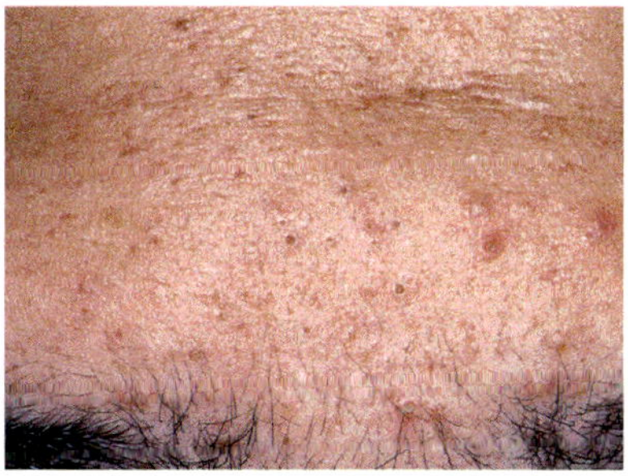

Abb. 4.1. Akne comedonica der Stirn

Abb. 4.2: Akne papulopustulosa

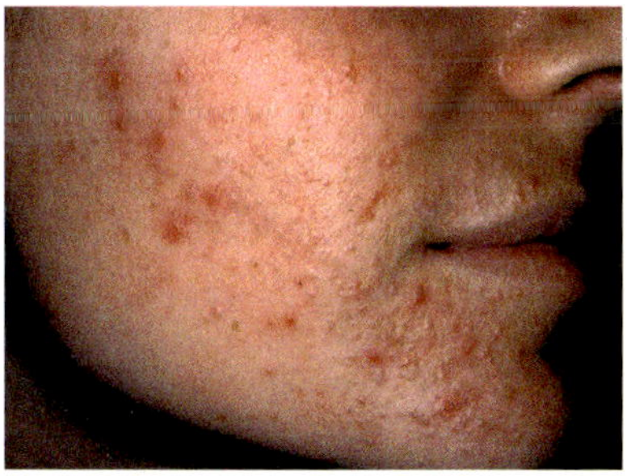

Acne papulopustulosa

Außer den Komedonen sind hier *Papeln* und *Pusteln* als sekundäre, entzündliche *Effloreszenzen* entstanden. In schweren Fällen sind außer Gesicht auch Hals, Dekolletee und Rücken betroffen. Bei tiefgreifenden Entzündungen können Narben und Knoten entstehen.

Acne conglobata

Die schwerste Form der Akne-Erkrankung, es kommt zu Knoten, *Zysten*, Narben und Fistelkomedonen (fuchsbauartige Riesenmitesser mit vielen Ausführungsgängen), die als *tertiäre*, nicht mehr entzündliche Akne-*Effloreszenzen* bezeichnet werden.

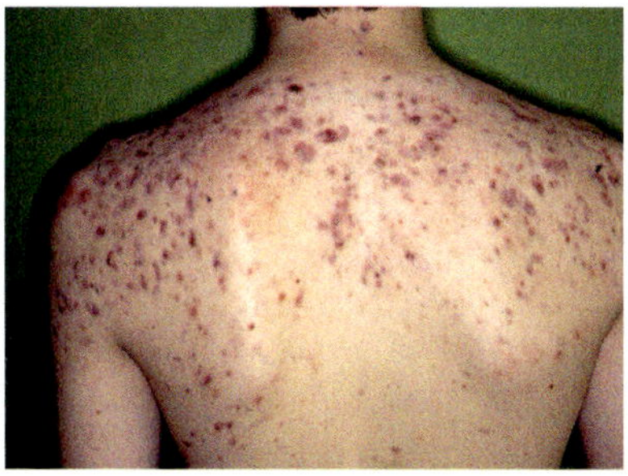

Abb. 4.3: Akne conglobata

2

Welche in Medien angepriesene antibakterielle Waschlotion verwenden Sie?

Gerade bei den offenen Komedonen sollten Kosmetiker aufklären, dass es sich nicht um Schmutz handelt, sondern, dass lediglich der weißliche Horn-lipid-Pfropf durch Luftsauerstoffzufuhr oxidiert ist. Permantes Waschen hat somit keinen positiven Einfluss auf die Komedonenentwicklung bzw. deren Verfärbung.

Sonderformen der Akne

Acne excoriée des jeunes filles

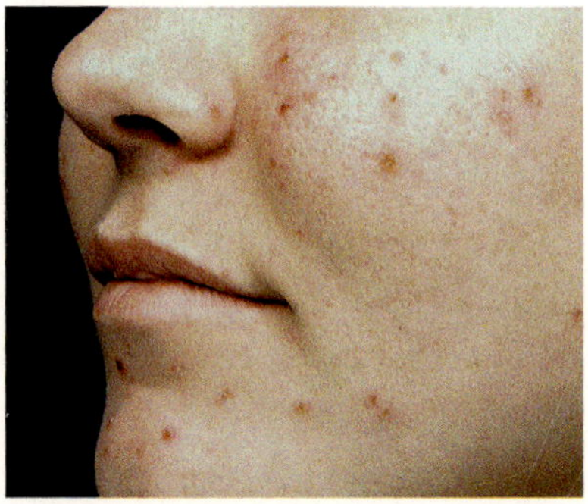

Abb. 4.4: Akne excoriée des jeunes filles mit Entzündungen und Narben

Die des Französisch Mächtigen unter uns erkennen, dass es sich hier um die Form einer Manipulation bei Akne handelt, die überwiegend bei jungen Mädchen/jungen Frauen vorgefunden wird: Bei einer eigentlich nur diskreten Akne kommt es durch das zwanghafte mechanische Aufkratzen und Ausdrücken der Komedonen und Pusteln zu entstellenden Entzündungen der Haut und zu einer „Kratzakne".

Acne neonatorum

Aufgrund der mütterlichen Hormone (Androgenen) kommt es beim Neugeborenen zu einer vorübergehenden Akne, die nicht behandlungsbedürftig ist. Sie tritt in den ersten Lebenswochen auf und heilt selbstständig und ohne Folgen ab.

Acne venenata (berufsbedingte Akne)

komedogen

Durch den Kontakt mit stark *komedogen* wirkenden Substanzen, wie Teer, Pech, Öl oder andere Chemikalien (wie z. B. Jod oder Brom) kommt es zu den Akne-typischen Effloreszenzen.

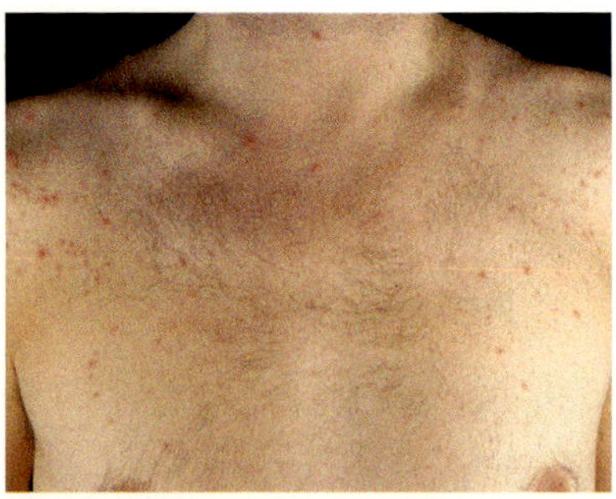

Abb. 4.5: So genannte Mallorca-Akne

Mallorca-Akne

Es handelt sich um die Sonderform einer „Sonnenallergie" (➜ Kapitel 4.6.4). Sie tritt insbesonders durch UV-A Licht im Frühjahr und Sommer (beim Sonnenbaden) und oftmals in Kombination mit öligen Lichtschutzmitteln in talgreichen Hautarealen auf. Das Ausbrechen der Akne meist im Urlaub brachte ihr den Namen ein.

Medikamenten- und Kosmetikakne

Die Einnahme von Medikamenten (Vitamin B, *Androgene*, Lithium u. v. m.) sowie die falsche Anwendung von Kosmetika (z. B. zu fetthaltige Cremes) können zu einem Ausbrechen der Akne führen. Diese ist im Aussehen der Mallorca-Akne ähnlich, da kleine, erhabene *Papeln*, aber keine *Komedonen* auftreten.

Formen der Akne-Therapie

Die Aknetherapie stellt eine Domäne der **Zusammenarbeit zwischen Dermatologen und Kosmetikern** dar. Historisch waren bis vor wenigen Jahren Kosmetikerinnen an Hautkliniken angestellt, um hier neben einer medikamentösen Therapie durch den Dermatologen die Versorgung von Akne-Patienten und die Ausreinigung der **Akne-*Effloreszenzen*** in direkter Zusammenarbeit mit dem Dermatologen durchzuführen.

Die Angriffspunkte für die Behandlung der von Akne-Effloreszenzen befallenen Hautareale entwickeln sich aus der Entstehung der Akne selbst:

- die übermäßige Verhornung *(Hyperkeratose)* des Ausführungsganges des Haarfollikels
- die bakterielle Besiedelung
- die übermäßige Talgproduktion

übermäßige Verhornung	bakterielle Besiedelung	übermäßige Talgproduktion
• Peelings • Schälkuren • Vitamin-A-Säure-Einnahme (Achtung: teratogen!)	• Ozonbedampfung • kosmetische Ausreinigung • entzündungshemmende Präparate, z. B. Masken • Antibiotika-Einnahme (Achtung: residente Flora → Kapitel 4.2 und Darmflora werden geschädigt) • Lichttherapie (UV-B)	• fettaufnehmende Präparate, z. B. Masken • Vitamin-A-Säure-Einnahme (Achtung: teratogen!) • antiandrogene Hormontherapie (Achtung: nur Frauen!) • Ernährungstherapie (Achtung: nicht eindeutig bewiesen!)

Tab. 4.6: Lokale und systemische Aknetherapien

Lokale Therapie

Allein durch gut hautverträgliche Produkte, die zum einen Fett aufnehmen, zum anderen einen leichten Peeleffekt haben, kann eine Verstopfung des ausführenden Haarfollikels reduziert werden. Ebenfalls hilfreich ist eine Reduktion von Komedonen und Pusteln, welche sehr schön durch kosmetische Ausreinigung nach vorheriger Bedampfungs-Behandlung und anschließender entzündungshemmender Kräutermaske (auch Heilerdemaske → Band B, LF 3, Kapitel 4.1.1) erfolgen kann. Eine solche Behandlung bei der in einer Klinik tätigen oder sehr erfahrenen Kosmetikerin kann für alle 14 Tage empfohlen werden.

Neben medizinischen Schälprodukten, die die oberen Hautschichten angreifen, kann auch mit tiefen Peelings versucht werden einer Verstopfung des Ausführungsganges des Haarfollikels entgegenzuwirken. Bewährt haben sich hier Fruchtsäuren *(AHAs)*, welche jedoch in höheren Konzentrationen angewendet (also in Konzentrationen über 30 % Fruchtsäureanteil) nur in Zusammenarbeit mit bzw. in die Hände eines erfahrenen Dermatologen gehören. Der Fruchtsäuregehalt kann dann bis auf 70 % gesteigert werden. Bei unsachgemäßer Handhabung, z. B. wenn sich das Fruchtsäure-Peeling (bei zu langer Einwirkzeit oder zu hoher Wahl der Fruchtsäure-Konzentration) bis ins Stratum papillare „einbrennt", können sehr große Verletzungen der Haut mit Narbenbildung auftreten (auch → Band B, LF 3, Kapitel 4.4.1).

Regelmäßige (14-tägige) kosmetische und dermatologische Fruchtsäure-Peelings sind jedoch sehr gut bei der Behandlung der leichten und mittelschweren Akne und können sowohl weiterer *Komedonen*entstehung als auch Pustelbildung vorbeugen und vorhandene Effloreszenzen nachhaltig reduzieren.

follikuläre Hyperkeratose

Des Weiteren können auch verschiedene *Derivate* (Abkömmlinge der Vitamin-A-Säure) zur Reduktion der *follikulären Hyperkeratose* bei der Akne eingesetzt werden.

Angriffspunkte für eine Lokalbehandlung der Akne sind die *Hyperkeratose* des Talgdrüsenausgangs, die bakterielle Besiedlung sowie die übermäßige Talgproduktion.

Die innerhalb der Akne-Therapie durchgeführte Ausreinigung, die so genannte „Akne-Toilette", ist das Betätigungsfeld der Kosmetik (→ Band B, LF 3, Kapitel 5.3).

Systemische Therapie

Die systemische Akne-Therapie geht den Weg über den Körper, d. h. hier wird die gesamte Haut beeinflusst bzw. behandelt und nicht nur die von Akne-*Effloreszenzen* befallenen Hautareale. Hier gibt es ebenfalls 3 mögliche Therapieansätze:

- Zum einen der Einsatz von ANTIBIOTIKA (→ Grundlagen-Lexikon) zur *Reduktion* (Verminderung) der bakteriellen Besiedlung. Hierbei werden natürlich auch alle anderen bakteriellen Besiedlungen des Körpers in Mitleidenschaft gezogen (z. B. auch eine gesunde Hautflora → Kapitel 1.5.2 und eine gesunde Darmflora → LF 10, Exkurs in Kapitel 10.2).
- Die zweite Möglichkeit ist die Behandlung mit systemischer Vitamin-A-Säure, dem wohl stärksten einzunehmenden Medikament gegen die Akne. Neben der *follikulären Hyperkeratose* wird hierbei auch die übermäßige Talgproduktion drastisch reduziert. Gesunde Haut wird trocken und schuppig. Da dieses Medikament fruchtschädigend (lat. *teratogen*) ist, kann diese Behandlung bei Frauen nur unter strikter Verhütung (lat. *Kontrazeption*) durchgeführt werden.

teratogen
Kontrazeption

- Die dritte Möglichkeit der systemischen Akne-Therapie besteht in einer *antiandrogenen* Hormontherapie, die aber nur für Frauen geeignet ist. Hier wird durch die Gabe der „Pille" und der darin enthaltenen *Antiandrogene* oder *Östrogene* (→ Kapitel 3.4) die hormonelle Talgdrüsenaktivierung gebremst.

Die Rolle der Kosmetik bei dieser Therapieform ist ebenfalls die begleitende Durchführung der Akne-Aufreinigung, da es bis zum Wirkungseintritt der systemischen Therapie unterschiedlich lange dauern kann oder sie manchmal nicht die erwünschte Wirkung zeigt.

Bei erfolgreicher Aknetherapie arbeiten Hautärzte und Kosmetikerinnen Hand in Hand.

Weiterführende Therapie

Von manchen Akne-Patienten wird die Besserung der Akne in den Sommermonaten, die Verschlechterung der Akne in den Wintermonaten angegeben.

Da Licht bei vielen entzündlichen Hauterkrankungen therapeutisch eingesetzt wird und entzündungshemmend wirkt , kann sich sowohl ein „Solariumbesuch" (kombinierte UV-A/UV-B-Bestrahlung) als auch eine direkte Therapie in einer dermatologischen Bestrahlungskabine positiv auf den Akne-Zustand auswirken (→ Band C, LF 11, Kapitel 1.2).

Es gilt jedoch, dass immer auch die Risiken einer solchen Bestrahlung (vorzeitige Hautalterung, Entstehung von Hautkrebs) in Abwägung mit dem Nutzenprofil vorgenommen werden sollten.

In speziellen dermatologischen Zentren ist es möglich, von Akne befallene Hautareale (z. B. Wangen oder Dekolletee) gezielt mit einem UV-B-Laser zu bestrahlen (→ Band C, LF 11, Kapitel 1.4). Die Standorte dieser Zentren finden sich unter www.psorilas.com.

Generell kann die kosmetische Weiterbehandlung der im Abheilen begriffenen Akne-Erkrankung durch erfahrene Kosmetiker erfolgen (→ Band B, LF 7, Kapitel 4).

Diätetische Maßnahmen werden → in LF 10, Kapitel 16.1 besprochen. Es gilt generell, dass der Betroffene sich selbst beobachten sollte und Nahrungs- oder Genussmittel (z. B. Schokolade), die aus seiner Sicht negativ auf den Hautzustand wirken, reduziert zu sich nehmen sollte. Hierüber kann die Kosmetikerin die betroffenen Kunden informieren. Ein generelles Verbot bestimmter Nahrungsmittel ist jedoch, insbesondere bei der Akne-Therapie, bislang nicht wissenschaftlich nachgewiesen worden.

4.1.2 Rosazea

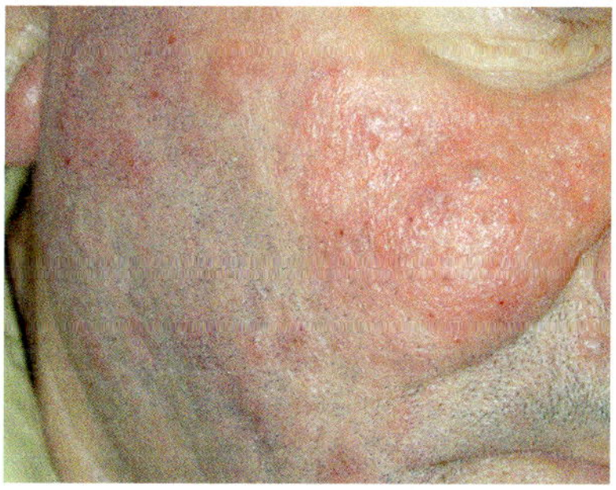

Abb. 4.7: Rosazea

Die ***Rosazea*** ist eine relativ häufig vorkommende Entzündung der Gesichtshaut mit chronisch-schubartigem Verlauf. Sie tritt zumeist im mittleren Erwachsenenalter auf, wobei Frauen und Männer gleich häufig betroffen sind.

Je nach Schweregrad zeigt sich zunächst nur eine anhaltende Rötung der Gesichtshaut, es kann aber auch im Verlauf zu erweiterten Gefäßen *(Teleangiektasien)* und zum Auftreten von Knötchen und Pusteln kommen. Als schwerste Erscheinungsform der Rosazea ist das *Rhinophym* (Knollennase) bekannt.

Rhinophym

Die eigentliche Ursache der *Rosazea* ist nicht bekannt. Sie ist eine Erkrankung der Talgdrüsen, der Gefäße und des Bindegewebes und wird auch die **Akne des Alters** genannt, obwohl im Gegensatz zur Akne bei der *Rosazea* keine *Komedonen* auftreten.

Wie wird die Rosazea behandelt?

Die dermatologische Behandlung der *Rosazea* entspricht in vielen Punkten der Akne-Therapie:

So führen bei leichteren Formen der *Rosazea* antibiotische Cremes mit den Wirkstoffen Metronidazol oder Erythromyzin zur Abheilung, obwohl der genaue Wirkungsmechanismus hier nicht bekannt ist.

Die bei der *Rosazea* auftretenden erweiterten Gefäße lassen sich mittels elektrischer Nadel oder mittels moderner Lasertechnik wie Farbstoff- oder Argonlaser dauerhaft veröden (→ Band C, LF 11, Kapitel 1.4).

Sonnenschutzmittel mit hohem Lichtschutzfaktor können sich auf die Erkrankung positiv auswirken, da sie lichterzeugte Gefäßneubildung verhindern.

Nur in sehr ausgeprägten Fällen ist eine systemische Therapie der *Rosazea* mit Antibiotika wie *Tetrazyklin* oder Vitamin-A-Säure wie *Isotretinoin* nötig.

Die Kosmetik kann bei *Rosazea* mit kühlenden, beruhigenden, abschwellenden Anwendungen die Haut beruhigen und damit einer Verschlechterung des Hautbildes entgegenwirken (→ Band B, LF 7, Kapitel 2.6).

4.1.3 Periorale Dermatitis

Bei der *perioralen Dermatitis* handelt es sich um eine chronische Erkrankung, bei welcher es *perioral* (um den Mund) zum Auftreten von *Erythemen*, Papeln und Pusteln kommt. Die Erkrankung kann sich auf das gesamte Gesicht ausbreiten, wobei sie aber hauptsächlich im unteren Gesichtsdrittel in Erscheinung tritt. Hierin unterscheidet sie sich von der *Rosazea*, die hauptsächlich im mittleren und oberen Gesichtsbereich lokalisiert ist. Bei der *perioralen Dermatitis* zeigt sich eine dünne, erscheinungsfreie Linie um die Lippenregion (→ Abb. 4.9).

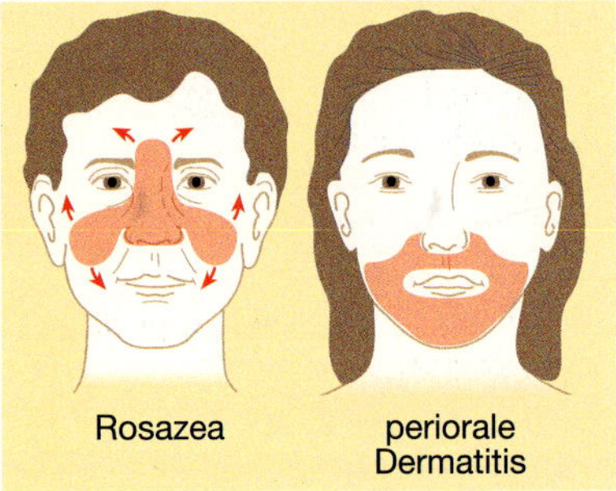

Abb. 4.8: Verteilungsmuster

Die Erkrankung wird auch „Stewardessen-Krankheit" genannt, welches die Häufung dieser Erkrankung bei jungen, wohlgepflegten Frauen widerspiegelt. Als mögliche Auslöser gelten eine fettige Haut, der zu häufige Gebrauch von Kosmetika wie Feuchtigkeitscremes, sowie eine vorausgegangene Therapie mit kortisonhaltigen Salben.

Bei Anwendung letzterer findet sich folgendes Phänomen: Die Rötungen und die Pusteln gehen binnen kurzer Zeit zurück, der Hautzustand bleibt für ca. 2 Tage gebessert und im weiteren Verlauf kommt es zu einem Rückfall (lat. *Rezidiv*), sodass erneut kortisonhaltige Cremes aufgetragen werden. Es entwickelt sich eine Kortisongewöhnung, wobei es nach Absetzen immer wieder zu einem Neuaufflammen der Hauterkrankung kommt und sich ein so schweres Krankheitsbild entwickelt, dass gelegentlich sogar eine stationäre dermatologische Behandlung unter dem Bild einer „Kortison-Entzugsdermatitis" notwendig wird.

Abb. 4.9: Periorale Dermatitis

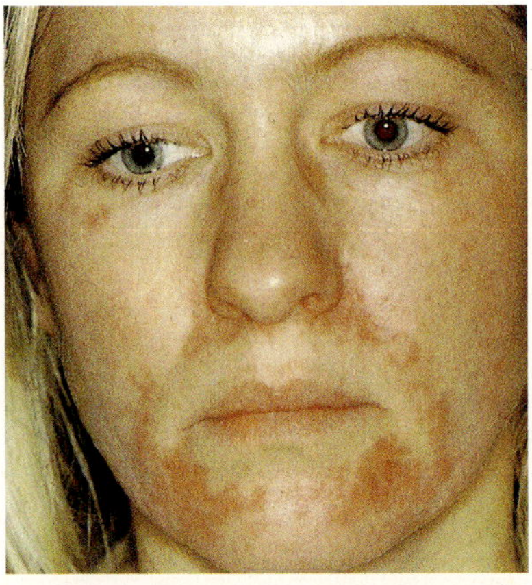

Die Therapie der *perioralen Dermatitis* besteht aus einer so genannten Nulltherapie, d. h. dem Nichtanwenden von jeglichen Salben und Cremes. Hierunter kommt es anfänglich zu einer massiven Verschlechterung des Hautzustandes, bevor es nach 2–3 Wochen zu einer Abheilung kommt.

***Rosazea* und *periorale Dermatitis* niemals mit kortisonhaltigen Cremes behandeln.**

Für die Kosmetikerin bedeutet dies, dass, solange die Entzündungen um den Mundbereich andauern, besser auf eine Kosmetikbehandlung verzichtet werden soll. Erst nach Abklingen der letzten Symptome (meist nach einigen Wochen) bleibt dann eine in der Regel strapazierte, ausgetrocknete Haut zurück, die dann in der Kosmetikbehandlung stabilisiert werden kann (→ Band B, LF 7, Kapitel 2.6).
In schweren Fällen kann eine innerliche Therapie mit ANTIBIOTIKA (→ Grundlagen-Lexikon) wie *Doxycyclin* oder *Minocyclin* angewandt werden.

4.2 Bakterielle Erkrankungen/ Mischinfektionen der Gesichtshaut

Im Gegensatz zu der Akne, bei der auch bestimmte Bakterien in den Talgdrüsenausführungsgängen die typische Entzündung mit hervorrufen, können sich Kosmetikerinnen bei rein bakteriellen Erkrankungen mit Krankheitserregern direkt infizieren. Insbesondere die Hautinfektionen mit so genannten Eitererregern sind in der Regel ansteckend. Hinzu kommt die Gefahr der Ausbreitung beim Kunden („Schmierinfektion" → Kapitel 5.2), wenn bei bestehenden Infektionserkrankungen eine Behandlung der Gesichtshaut, z. B. mit Schälmitteln, durchgeführt wird.

Daher kann hier nur gelten:
Keine kosmetischen Behandlungen bei der Gefahr von Schmierinfektionen durchführen!

Eine Besiedlung der oberen Hautschicht bzw. Schleimhaut mit verschiedenen Bakterien ist normal *(physiologisch)*. Der „Schutzmantel" der Haut bietet vor allem den grampositiven Kokken (*streptococcus epidermidis*; BAKTERIEN → Grundlagen-Lexikon) oder dem „Aknebakterium" → Kapitel 4.1.1) günstige Lebensbedingungen. Diese Besiedlung wird **residente Flora** genannt. Zwischen den verschiedenen Keimarten besteht beim Hautgesunden ein Gleichgewicht.

physiologisch

residente Hautflora = Besiedlung mit physiologischen Keimen

Bakterien weisen eine eigene Zellhülle auf und können sich auch selbst teilen. Die Keimdichte oder Keimzahl hängt vom Wassergehalt des jeweiligen Hautareals ab: An Stellen mit hohem Wassergehalt (z. B. Achseln, Leiste) finden sich mehr Bakterien als an trockenen Hautstellen.

Eine Schwächung der *physiologischen* Flora, z. B. durch Waschtenside, begünstigt ein Wachstum von *pathogenen* (krankmachenden) Keimen, da nun die sonst konkurrierenden, nicht pathogenen Keime fehlen.

pathogen

Je nach Ausstattung der Bakterien mit verschiedenen Eiweißstoffen, welche in der Lage sind menschliche Zellen zu zerstören, und je nach der bestehenden Abwehrlage des Organismus, können verschiedene Erkrankungen entstehen.

Unter den im Folgenden beschriebenen ***Pyodermien*** versteht man die bakterielle Infektion der Haut mit Eiterkokken (*Staphylokokken* und *Streptokokken*).

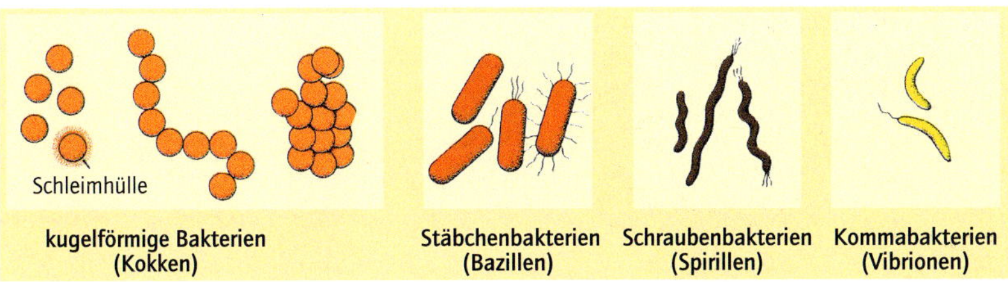

Abb. 4.10: Bakterienformen

Übersicht über *Pyodermien*

Erreger	*Staphylococcus aureus*	*Streptokokken*
Leitenzyme[1]	Koagulase, Hämolysine	Streptokinase, Hyaluronidase
Ausbreitung	Vertikal (entlang der Follikel und Schweißdrüsen)	Horizontal (entlang der Lymphbahnen)

Betroffene Hautschichten und Erkrankungen

Epidermis	*Impetigo contagiosa* (großblasige Form)	*Impetigo contagiosa* (kleinblasige Form)
Obere Dermis	Follikulitis	Ekthyma
Tiefe Dermis	Furunkel, Karbunkel, Phlegmone	Erysipel

Die wichtigsten bzw. häufigsten *Pyodermien* im Einzelnen:

Follikulitis

Infundibulum

Eine oberflächliche, an das *Infundibulum* (lat. Ausführungsgang des Haarfollikels) gebundene Entzündung mit Pusteln und *Erythem* (➔ Kapitel 3.1).

Häufige Lokalisationen: Dekolletee, Rücken, Gesäß, Bart, behaarte Kopfhaut. **Auslöser:** *Staphylokokken*, die den Ausführungsgang des Haares als Eindringpforte benutzen.

Ekthyma

Ähnlich wie bei der *Follikulitis* besteht eine oberflächliche Entzündung, bei der jedoch die Epidermis bis in die obere Dermis zerstört wird, es bleibt ein ausgestanztes, entzündliches „Loch", das *Ekthyma*, welches durch *Streptokokken* ausgelöst wird.

Furunkel

Ebenfalls an den Haarfollikel gebundene, jedoch tiefer gelegene (dermale bis subkutane) Entzündung; beginnt zumeist als rasch wachsender, schmerzhafter, roter Knoten, der nach ein paar Tagen einschmilzt und narbig abheilen kann. Eine *Furunkulose* ist ein immer wiederkehrendes Auftreten von Furunkeln, und sie sollte medizinisch (internistisch) abgeklärt werden (z. B. auf das Bestehen einer Immunschwäche, von Diabetes usw.). **Auslöser**: *Staphylokokken*.

Karbunkel

Ein Karbunkel entsteht aus mehreren zusammengeflossenen Furunkeln.

Ein Karbunkel braucht gelegentlich, eine *Erysipel* und eine *Phlegmone* immer, eine Antibiotika-Therapie.

Phlegmone

Breitet sich, von einem Furunkel oder Karbunkel ausgehend, die Entzündung in das Gewebe weiter fort, können handtellergroße oder noch größere Entzündungen der Haut entstehen. Eine *Phlegmone* geht mit einem reduzierten Allgemeinzustand, mit Fieber, Schüttelfrost und richtigen Krankheitsgefühlen einher und kann bei Fortschreiten sogar bis in die tiefe Muskulatur zerstörend einwirken.

---

1 Die Mechanismen der Krankheitserregungswege dieser Bakterien werden **Leitenzyme** genannt, da sie für die Gruppe der Bakterien eine Zuordnungsfunktion wahrnehmen, und somit eine Einteilung der Bakterien in die verschiedenen Gruppen und Untergruppen ermöglichen.

2

Impetigo contagiosa

Oberflächliche, mit honig-gelben Krusten einhergehende Infektion mit *Streptokokken* oder *Staphylokokken*, die überwiegend bei kleinen Kindern vorkommt und hoch infektiös ist. Selten können hierbei schwerwiegende Komplikationen wie Nieren- oder Herzklappenentzündung auftreten.

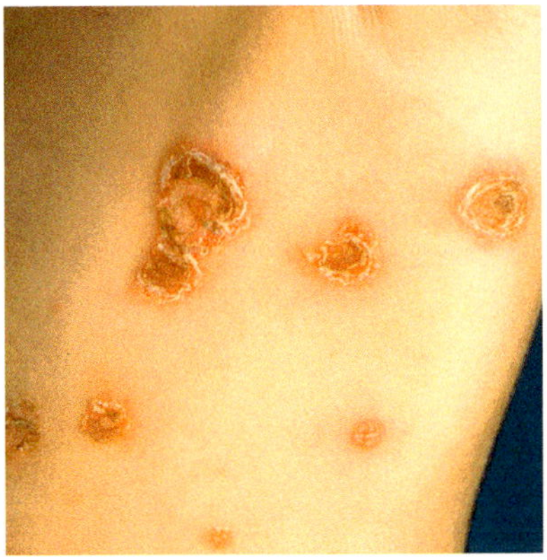

Abb. 4.11: Impetigo contagiosa

Erysipel (Wundrose)

Eine akute Entzündung der Dermis durch *Streptokokken*, welche sich flächig ausbreitet. Es zeigt sich eine scharf begrenzte Rötung, die auf Druck nicht oder nur kaum schmerzt. Lokalisationen sind häufig am Unterschenkel und im Gesichtsbereich. Die *Erysipel* benötigt zum Ausbruch eine Eintrittspforte, wie z. B. eine *Follikulitis* oder mechanische Einrisse der Haut. Auch hier sind Komplikationen, in Form von Nierenentzündung oder Lymphödem, bekannt.

Borreliose

Borrelien

Nach dem Biss einer infizierten Zecke können *Borrelien* (eine schraubenförmige, flexible und aktiv bewegliche Bakterienart) auf den Menschen übertragen werden.

Erythema chronicum migrans

Diese Infektion zeigt sich nach ca. 2 Wochen als so genannte Wanderröte (lat. *Erythema chronicum migrans*), d. h. als ein in der Mitte abgeblasstes Erythem, das nach außen wandert. Da nicht jede Zecke infiziert ist und nicht jeder Biss einer infizierten Zecke zu einer Übertragung führt, liegt die Gefahr, nach einem Zeckenbiss an einer Borreliose zu erkranken, zwischen 2 – 4 %, je nach Gebiet.

Die Erkrankung muss antibiotisch behandelt werden, da sonst schwerwiegende Komplikationen wie Herzerkrankungen, Lähmungen und *Arthrose* (Gelenkerkrankung) drohen.

> **Nicht verwechselt werden darf die Erkrankung mit dem FSME-Virus, das eine Hirnhautentzündung verursacht und ebenfalls durch Zeckenbiss in bestimmten Gebieten übertragen werden kann!**

Pseudomonas aeruginosa

Grünverfärbung des Nagels

Bei *Pseumonaden* handelt es sich um wasserliebende Keime, die schwere Allgemeininfektionen verursachen. Als leichte Form können sie das Nagelbett infizieren, wodurch eine Grünverfärbung des Nagels eintritt (→ Band C, LF 4, Kapitel 2.3). Eine Behandlung sollte durch den Arzt erfolgen.

Superinfektion

Unter einer Superinfektion versteht man, wenn es nach einer primären Schädigung der Epidermis, z. B. durch das *Herpes simplex*-Virus (HSV-Virus → Kapitel 4.3.1), zusätzlich noch zu einer sekundären Besiedlung mit Bakterien kommt, z. B. zusätzlich noch zu einer *Impetigo contagiosa*. Man spricht in diesem besonderen Fall von einer **Mischinfektion** (da VIRUS- und dann BAKTERIENbefall → Grundlagen-Lexikon).

2

Seltene bakterielle Infektionen

Des Weiteren gibt es seltene Hautinfektionen, die von Tieren übertragen werden. Hierzu zählt der Schweinerotlauf, der Hautmilzbrand oder der Pferderotz. Diese Erkrankungen finden sich ausschließlich bei Menschen, die intensiven Tierkontakt haben (z. B. Metzger, Landwirte) und lassen sich im Regelfall gut mit Antibiotika therapieren. Meistens bestehen diese Infektionskrankheiten nicht im Gesicht, sondern an den Händen, die Kosmetikerin sollte an den Dermatologen verweisen.

Neben den beschriebenen bakteriellen Hauterkrankungen und Mischinfektionen der Gesichtshaut soll die Kosmetikerin auch auf eitrige oder chronische **Bindehautentzündung** achten. Diese können durch die verschiedensten Erreger (Bakterien, Viren, Clamydien, Pilze, Parasiten, usw.) ausgelöst werden, begleitend zu Hauterkrankungen wie *Rosazea* sein, oder aber auch anatomische oder physiologische Ursachen haben. Je nach vorliegendem Erreger können Sie sich selbst infizieren, sodass hier mit dem Kunden das Gespräch gesucht werden sollte, und eventuell an dem entsprechenden Tag hier keine Behandlung durchzuführen ist.

4.3 Virale Erkrankungen der Haut

Im Gegensatz zu Bakterien, welche eine eigene Zellhülle aufweisen und sich auch selbst teilen können, handelt es sich bei Viren nur um Eiweißstoffe, die in Zellen eindringen können und fremde Zellen, so genannte Wirtszellen, für ihre Vermehrung brauchen (auch ➔ Grundlagen-Lexikon).

Sowohl bei den viralen als auch bei den zuvor besprochenen bakteriellen Erkrankungen, sind kosmetisch unterstützende Behandlungen nicht möglich.

Lediglich bei entstandener Narbenbildung kann die Kosmetikerin dann in Zusammenarbeit mit dem Dermatologen nach Abheilung der Erkrankung unterstützend eingreifen.

4.3.1 Herpes simplex- und Zosterinfektionen

Herpes simplex

HSV-Virus

Der *Herpes simplex* ist eine durch das HSV-Virus (Herpes simplex-Virus) verursachte, bläschenbildende Infektionskrankheit, die in erster Linie das Gesicht betrifft. Es zeigen sich gruppiert stehende Bläschen mit Juckreiz und Brennen auf geröteter Haut. Die Bläschen finden sich zumeist an den Lippen, aber auch das gesamte restliche Gesicht kann Ort der Erkrankung sein. Nach der ersten Infektion, die zumeist im Kindesalter erfolgt, kommt es zu einer Abheilung. Ein Teil der Viren überlebt jedoch in den sensiblen Hautnerven (➔ Kapitel 1.2), um von dort eine *Reinfektion* (Wiederinfektion) auslösen zu können.

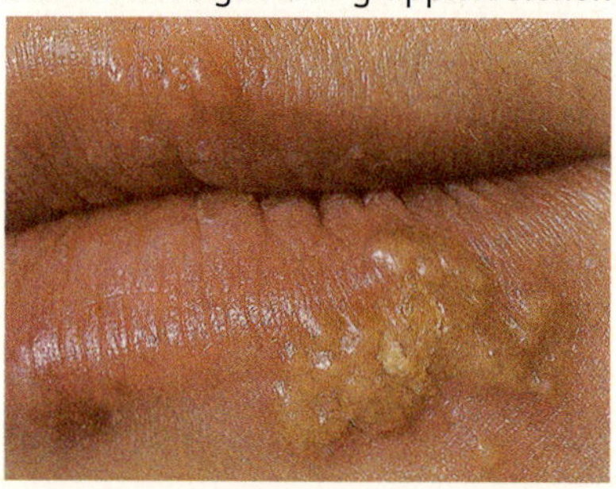

Abb. 4.12: Herpes simplex Infektion, Lippenherpes

Ursachen einer *Reinfektion* können sein: Extremes UV-Licht (Gletscherbrand), Fieber (Fieberbläschen), Unfallschock oder Infektionsgeschehen.

Es darf keine kosmetische Behandlung (z. B. Abschälung, Hautschädigung) bei frischer Herpesinfektion im Gesicht durchgeführt werden, da sonst die Ausbreitung der Viruserkrankung über das Gesicht möglich ist.

Zosterinfektionen

Varizellen

Ganz ähnlich verhält es sich mit den *Varizellen* (lat., Windpocken). Auch hier erfolgt der Erstkontakt zumeist in der Kindheit, worauf das Kind an Windpocken erkrankt. Nach Abheilung der Erkrankung bleiben aber auch hier Viren in den sensiblen Nervenbahnen im Rückenmark (➔ Grundlagen-Lexikon, NERVENSYSTEM) erhalten.

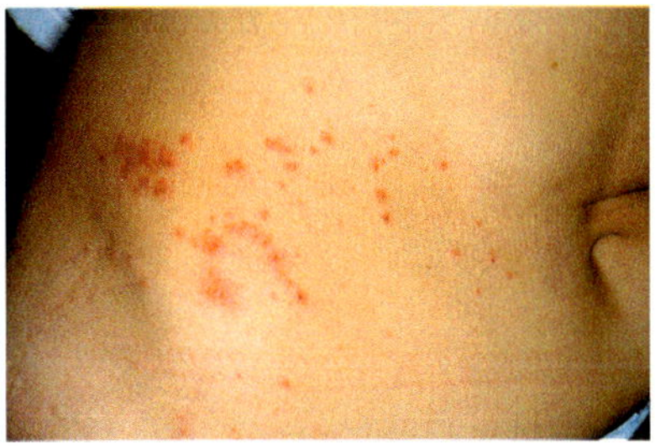

Abb. 4.13: Herpes zoster, ca. 5 Tage nach Ausbruch der Erkrankung.

Durch Absinken der Abwehrlage im Alter kann es nun zu einer Reaktivierung des Virus kommen, wodurch ein Hautsegment, das von den betroffenen Nerven *innerviert* (also nervlich „versorgt", angeregt) wird, durch das Virus befallen wird. Es kommt zum *Zoster* (lat. Gürtelrose).

Zoster = Gürtelrose

Es finden sich auch bei dieser Erkrankung Bläschen, die aber streng auf ein Hautsegment begrenzt, also streng lokalisiert sind. Als Komplikation kann hierbei die so genannte *postzosterische Neuralgie* auftreten; hierunter versteht man brennende, einschießende Schmerzen, die im betroffenen Hautareal auch nach Abheilung der Erkrankung über Monate bestehen bleiben können.

4.3.2 Viruswarzen und Dellwarzen

Viruswarzen

HPV-Viren

Unter Viruswarzen versteht man die Infektion der Epidermis mit HPV-Viren (engl. *human papilloma virus*, Papilloma-Virus des Menschen). Hierdurch entstehen gutartige Hautwucherungen, die unterschiedliches Aussehen haben können:

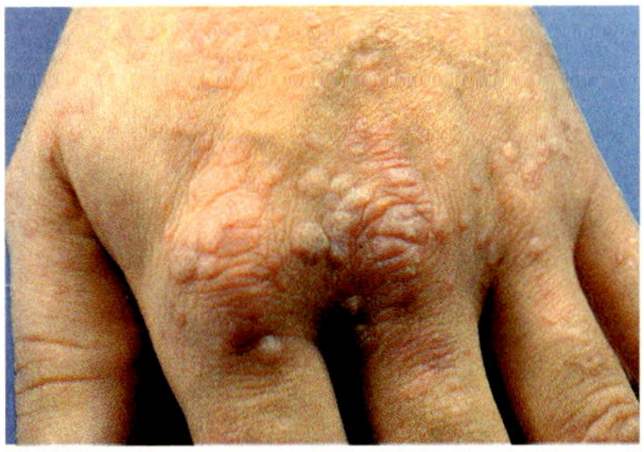

Abb. 4.14: Handwarzen

- Man unterscheidet hierbei die vulgären Warzen, die als halbkugelige Papeln der Epidermis aufsitzen und vorwiegend an Händen und Füßen vorkommen.
- An Gesicht und Handrücken finden sich meist plane Warzen, die von weicher und bräunlicher Färbung sind.

Die dermatologische Behandlung von Warzen zielt zumeist auf die Zerstörung der vom Virus befallenen Epidermalzellen. Mögliche Anwendungen sind medizinische Warzenmittel, wie z. B. salicylsäurehaltige Pflaster, die Kryotherapie, bei der es zur lokalen Erfrierung der Warze kommt, aber auch verschiedene Säuren, Methoden der Chirurgie und Laserchirurgie finden Anwendung.

50 % der Warzen, insbesondere die, welche bei Kindern auftreten, können sich im Laufe der Zeit selbst zurückbilden. Daher haben sich auch so viele Volksweisheiten über Jahrhunderte bewahrt, wie z. B. das Auftragen von saurer Milch auf Warzen nachts bei Vollmond auf dem Friedhof u. Ä.

Kosmetikkabinen zur Warzenbehandlung oder aber der Einsatz von so genannten Softlasern („billige Diapointer", Anmerkung des Autors) wurden schon in verschiedenen Kosmetikstudios beim Einsatz an Viruswarzen beobachtet. Aber auch hier gilt der obige Satz.

50 % der Warzen bilden sich spontan zurück.

Probleme bereiten Warzen der Fußsohle beim Laufen (→ Band C, LF 8, Kapitel 3.3.2) oder aber die Ausbreitung von kleinen Warzen im Gesicht, welche über einen längeren Zeitraum bestehen, sich nicht selbst zurückbilden und sich auch von so genannten medizinischen Warzenmitteln nicht beeinflussen lassen.

Für die Entfernung solcher Warzen eignen sich derzeit am besten zwei Lasersysteme: Durch das Veröden der zuführenden Blutgefäße mittels gepulstem Farbstofflaser, können 80 – 90 % der Warzen binnen 4 – 6 Therapiesitzungen zur Abheilung gebracht werden. Alternativ kann die Warze mit einem CO_2-Laser (LASER → Grundlagen-Lexikon oder → Band C, LF 11, Kapitel 1.4) ausgeschnitten werden. Hierbei ist jedoch eine längerwierige Wundversorgung des ausgeschnittenen Areals notwendig.

Dellwarzen

Dellwarzen sind eine weltweit verbreitete Virusinfektion, die hauptsächlich bei Kindern auftritt.

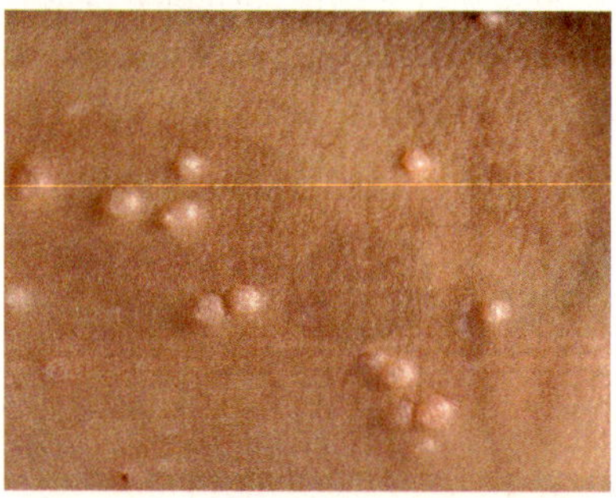

Abb. 4.15: Dellwarzen

Die Dellwarze selbst ist eine ca. 5 mm messende kleine Papel mit einem zentralen Krater, der mit weißlichem, talgartigem Brei gefüllt ist.

Die Erkrankung heilt von alleine ab; da sie aber mehrere Monate bis Jahre andauern kann, erfolgt überlicherweise ein therapeutisches „Abkratzen" der Warzen durch den Dermatologen mit einem scharfen Löffel.

4.4 Infektionen durch Pilzerkrankungen

Pilzerkrankungen müssen wegen ihrer Häufigkeit geradezu als Volkskrankheit angesehen werden. Ihre systematische Einteilung ist bis heute nicht restlos abgeschlossen. Grob kann man die medizinisch relevanten Pilze der Haut und Hautanhangsgebilde drei Gruppen zuordnen: *Dermatophyten* (Fadenpilze), Hefe- und Schimmelpilze.

-mykose

Tinea

Die Hautpilzerkrankung wird nach dem befallenen Organ unter Anhängung der griechischen Endung *-mykose* benannt (z. B. Nagelmykose). Eine weitere Benennungsmöglichkeit besteht durch die lateinische Bezeichnung für Hautpilz, *Tinea* – unter Benennung der befallenen Region (z. B. *Tinea pedis* – Fußpilz, *Tinea barbae* – Bartpilz).

Erkrankungen durch Dermatophyten (Fadenpilze)

Fadenpilze sind aus einzelnen Zellen aufgebaut, die Pilzfäden *(Hyphen)* ausbilden. Diese ordnen sich zu einem Pilzgeflecht *(Myzel)* an. Sie ernähren sich als Schmarotzer von der Hornschicht, d. h. sie ernähren sich von zerstörten Hornzellen. Dementsprechend können sie Haut, Haare und Nägel befallen. Je nach *Virulenz* (ein Fachausdruck für die Aggressivität) des Erregers, Abwehrlage des Organismus und Ort der Infektion können oberflächliche oder tiefe, stark oder schwach entzündete Pilzinfektionen auftreten.

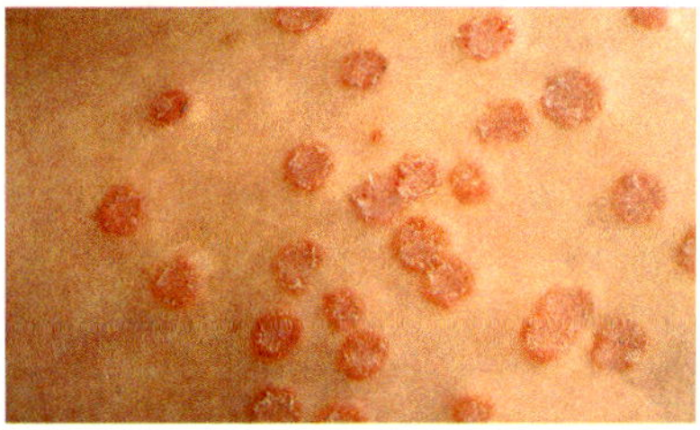

Abb. 4.16: Tinea corporis

Virulenz

Typische Erkrankungen, die durch *Dermatophyten* hervorgerufen werden, sind:

Fußpilz *(Tinea pedis)*, Pilzerkrankung des Körpers *(Tinea corporis)*, Pilzerkrankung des behaarten Kopfes und des Bartbereichs *(Tinea capitis, Tinea barbae)* und die Nagelmykose (*Onychomykose* → Band C, LF 4 und 8).

Erkrankungen durch Hefepilze

Candida albicans

Malassezia furfur

Als fast ständige „Begleiter" des Menschen sind die beiden Hefepilzarten *Candida albicans* (lat., weißer Hefepilz) und der *Malassezia furfur* zu nennen. Letzterer ist für die verstärkte Schuppenbildung der Kopfhaut (lat. *Pityriasis simplex*) verantwortlich. Daher enthalten gängige Schuppenshampoos Anti-Pilzmittel (→ Band B, LF 7, Anhang B.1).

Kommt es durch besondere Umstände (z. B. Stress, Antibiotika-Einnahme, Hormonänderung) zu einer Verschiebung/Beeinflussung der natürlichen Hautflora, so können die ansonsten harmlosen Hefepilze bestimmte Erkrankungen hervorrufen. Zu nennen sind hier für die Candida-Arten: *Vaginalmykose* (Pilzinfektion der Scheide), *Soor*, z. B. der Speiserohre, *Candida intertrigo* (Hefepilzinfektion in den schweißreichen Hautfalten wie z. B. in den Leisten).

Bei massiv gestörter Immunabwehr (wie z. B. bei AIDS oder unter Chemotherapie) kann auch ein Befall der inneren Organe erfolgen.

Pityriasis versicolor

Malassezia furfur ist auch der Erreger der Kleienflechte (lat. *Pityriasis versicolor*). Diese harmlose Erkrankung zeigt sich in den seborrhoischen Arealen der vorderen und hinteren Schweißrinne als kleine, schuppende Herde, die je nach Bräunungszustand der Haut als braune oder weiße Flecken auftreten. Dieser Pilz stört die Pigmentierung der Haut, indem er die Hornschicht besiedelt und nach Sonnenbestrahlung die befallene Haut weiß hinterlässt. Im Winter, wenn die Haut blasser wird, erscheinen diese Hautpartien dann dunkler.

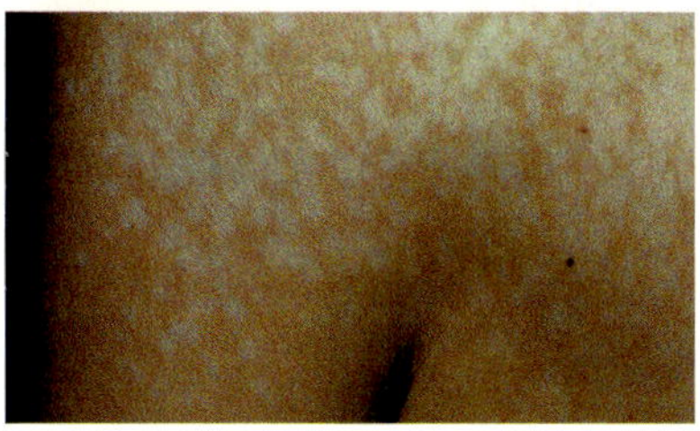

Abb. 4.17: Pityriasis versicolor. Als oberflächliche Mykose

Erkrankungen durch Schimmelpilze

Aspergillus- und Penicillinumarten

Hier sind in erster Linie *Aspergillus- und Penicillinumarten* zu nennen. Sie können eine Nagelmykose verursachen (→ Band C, LF 4 und 8), Infektionen der Gehörgänge, der Nasennebenhöhlen und der inneren Organe. Insgesamt sind Schimmelpilzinfektionen aber eher selten. Infektionsquellen sind z. B. Schimmelpilzsporen in der Gartenerde.

2

Diagnostik und Therapie von Pilzerkrankungen

Pilzinfektionen zeigen in der Regel typische Bilder: gerötete Stellen mit schuppendem Randsaum. Zur weiteren Absicherung können ein mikroskopisches Präparat und eine Pilzkultur angelegt werden. Das Ergebnis kann bei letzterem auf Grund langsamen Wachstums bis zu 8 Wochen auf sich warten lassen.

Woodlight

Eine weitere Diagnosemöglichkeit ist die Bestrahlung mit *Woodlight* (UV-Lichtlampe → Band B, LF 2, Kapitel 2.3). Bei manchen Pilzerkrankungen beginnen die infizierten Areale zu leuchten.

Rezidiv

Bei leichten Formen der Pilzerkrankungen ist es möglich, rein äußerlich mit einer *antimykotischen* Salbe zu behandeln. Wichtig ist hierbei, dass die Behandlung ausreichend lange erfolgt, je nach Präparat bis zu 2 Wochen nach dem Abklingen der krankhaften Erscheinung, da es sonst zum *Rezidiv* (Rückfall, Wiederbefall) kommen kann.

Bei Verdacht auf Pilzerkrankungen den Kunden zum Hautarzt schicken: Er ist infektiös!

Bei schweren Pilzerkrankungen wird man den Patienten systemisch mit Tabletten behandeln. Zu bemerken ist hierbei, dass die Therapie viele Nebenwirkungen hat und die Blutwerte des Patienten engmaschig kontrolliert werden müssen.

4.5 Allergische Reaktionen

Allergische Erkrankungen (Allergien) sind in den letzten Jahrzehnten zu einer Volkskrankheit geworden und gehören zu den häufigsten Erkrankungen des Menschen überhaupt. In den industrialisierten Ländern leidet heute mehr als ein Viertel der Bevölkerung unter allergischen Symptomen.

Das Vorkommen von verschiedenen allergischen Erkrankungen in unserer Bevölkerung in % ist in der Tabelle angegeben.

Allergische Reaktion in Pollenflugzeit (= Heuschnupfen)	10 – 20 %
Ganzjährige allergische Beschwerden	10 – 15 %
Atopische Dermatitis (= Neurodermitis)	10 – 12 %
Allergisches Asthma bronchiale	5 – 10 %
Kontaktallergie	2 – 3 %

Allergene können über die Haut, die Schleimhaut der Atemwege und des Verdauungstraktes, über die Augenbindehäute oder über die Abwehrzellen im Hals-Nasen-Rachenraum (z. B. die Mandeln) Kontakt zum Immunsystem des Körpers bekommen.

Allergen = Allergie auslösende Substanz

Je nach der Form des *Allergens* wird es in den meisten Fällen früher oder später zur Ausbildung einer Allergie kommen. Man unterscheidet heute allerdings **vier verschiedene Allergieformen**, wobei die für die Kosmetik wichtigsten **zwei Reaktionstypen** hier beschrieben werden:

- Bei einer **Typ-I-Allergie** (Allergie vom Soforttyp) treten verschiedene Hautreaktionen auf, welche die Behandlung eines Kunden unmöglich machen oder erschweren.
- Bei einer **Typ-IV-Allergie** (Kontaktallergie, Allergie vom verzögerten Typ) hingegen können Kontaktreaktionen auf ein kosmetisches Produkt auftreten.

Im letzteren Fall muss die Kosmetikerin den Kunden über Produktbestandteile (Kosmetika-Inhaltstoffe und INCI-Deklaration → Band B, LF 7) beraten können und auch in der Lage sein, einen evtl. vorhandenen Allergiepass (→ Abb. 4.23) mit aufgeführten *Allergenen* zu lesen. So oder durch die genaue Befragung des Kunden kann sie feststellen, ob bestehende Allergene, z. B. Duftstoffe, in den angewendeten oder anzuwendenden Kosmetikprodukten enthalten sind.

4.5.1 Allergie vom Soforttyp

Rhinitis allergica = Heuschnupfen

Bei einer Allergie vom Soforttyp reagieren Haut oder Schleimhäute des Kunden sofort auf einen von außen einwirkenden Stoff. Es kommt entweder zu einem Tränen der Augen, zu einer Schwellung von Schleimhäuten oder zu einer Bildung von Quaddeln (Nesseln) auf der Haut.

Die vier gängigsten Soforttyp-Allergien sind:

- der allergische Schnupfen (lat. *Rhinitis allergica*) oder Heuschnupfen
- das allergische Asthma
- die Nesselsucht *(Urtikaria)*
- die Arzneimittelallergie

Bei allen Formen der allergischen Reaktionen ist es zunächst notwendig, dass sich der Körper gegen ein Allergen ***sensibilisiert***. Es handelt sich dabei um eine erworbene Änderung der Reaktionsbereitschaft des Immunsystems gegenüber bestimmten Stoffen, die in der Regel bei gesunden Kontrollpersonen keine Reaktion auslösen. Der Körper erkennt eine Substanz nicht nur als körperfremd, sondern er aktiviert seine Abwehrzellen gegen diese harmlosen fremden Substanzen, z. B. gegen einen Birkenpollen.

Abb. 4.18 Ablauf einer allergischen Reaktion

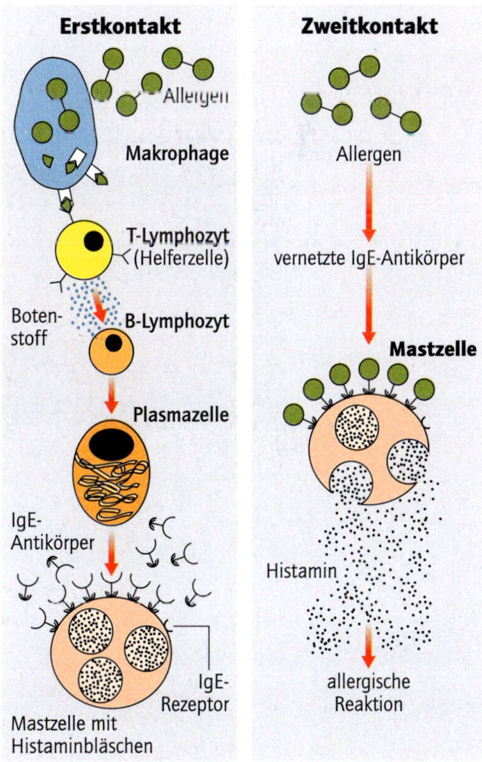

Im Falle eines solchen Birkenpollens erfolgt der Erstkontakt über die Schleimhäute. Der Pollen durchdringt die Schleimhautbarriere und wird von bestimmten Zellen, die Allergene „huckepack" transportieren (die bereits in → Kapitel 1.5.3 besprochenen **Langerhans-Zellen**, in → Abb. 4.18 als Makrophage bezeichnet), zum Lymphsystem gebracht. Hier wird das Allergen zunächst einer Abwehrzelle des Immunsystems (einem **T-Lymphozyt**) präsentiert, welche dann eine weitere Abwehrzelle des Immunsystems (einen **B-Lymphozyt**) aktiviert und diesen veranlasst, sich zu vermehren und als Plasmazellen **Antikörper** zu bilden. Bis hier ist dies ein normaler Vorgang, wie er z. B. auch bei einer Virusinfektion mit Grippeviren stattfindet. Für allergische Reaktionen ist es die **Sensibilisierungsphase**.

2

Kommt es zu einem Neukontakt mit der gleichen Art Birkenpollen (dem *Allergen*) über die Schleimhäute, können diese Pollen von nun bereits bekannten und gebildeten Antikörpern eingefangen werden. Dabei passen die Antikörper zu den Birkenpollen wie ein Schlüssel zu seinem Schloss und es folgt eine Freisetzung von **Entzündungsstoffen,** wie z. B. Histamin aus den Abwehrzellen (**Mastzellen** bzw. **Granulozyten**).

Ein *parasitärer* Eindringling würde durch die nun ablaufende Entzündungsreaktion zerstört. In dem Fall des Birkenpollens jedoch ist die Reaktion völlig unnütz und es entsteht durch die Entzündungsfaktoren das Bild des „Heuschnupfens": Die Schleimhäute, die mit dem *Allergen* in Kontakt sind, schwellen an; die Nase läuft, die Augen tränen und schlimmer, es kann die Atmung über die Entstehung eines *Asthma bronchiale* negativ beeinflusst werden. Im schlimmsten Fall kann es über ein Zuschwellen der Schleimhäute zu Erstickungsanfällen kommen.

Bei einer „Allergie vom Soforttyp" tritt die Reaktion ca. 20 – 30 Minuten nach Allergenkontakt auf.

Die häufigsten *Allergene* und allergischen Reaktionsformen vom Soforttyp sind:

Baum- und Gräserpollen	Saisonaler Heuschnupfen
Hausstaubmilben und Hausstaubschimmelpilze sowie Tierhaare	Ganzjahresschnupfen
Eiweiß, Milch, Obst, Nüsse	Nahrungsmittelallergien

allergische LMU = allergische Lebensmittelunverträglichkeit

Besteht eine allergische Reaktionsbereitschaft zu einem Nahrungsmittel, z. B. auf Haselnüsse, kann es nach 15 – 20 Minuten sowohl zu einer Schwellung der Schleimhäute mit Erstickungsgefahr als auch zur Ausbildung von Quaddeln (oder Nesseln) am gesamten Körper kommen (→ LF 10, Kapitel 16.2).

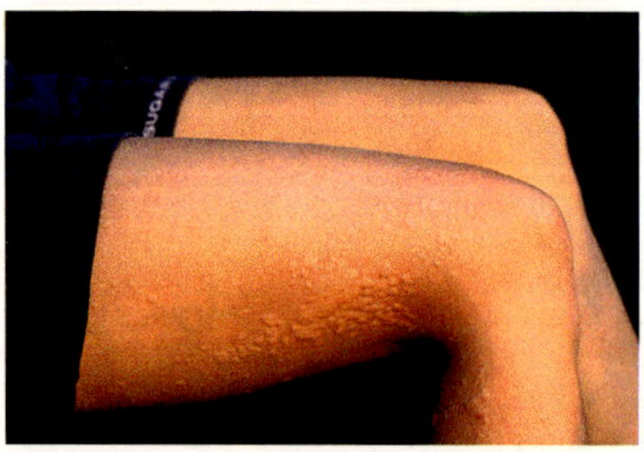

Histamin

Bei den **Quaddeln** handelt es sich um juckende, plattenartige Hautschwellungen, wie wir sie nach dem Kontakt mit Brennnesseln am eigenen Leibe kennen. Ursächlich hierfür ist die Freisetzung eines entzündlichen Botenstoffes, des *Histamins*, nach oder bei *Allergen*kontakt mit den vorhandenen Antikörpern. *Histamin* wird aus bestimmten Zellen, u. a. aus Mastzellen, freigesetzt. Die **Nesselsucht (akute Urtikaria)** stellt den häufigsten dermatologischen Notfall dar. Bei ca. 25 % der Bevölkerung tritt eine Nesselsucht mindestens einmal im Leben auf.

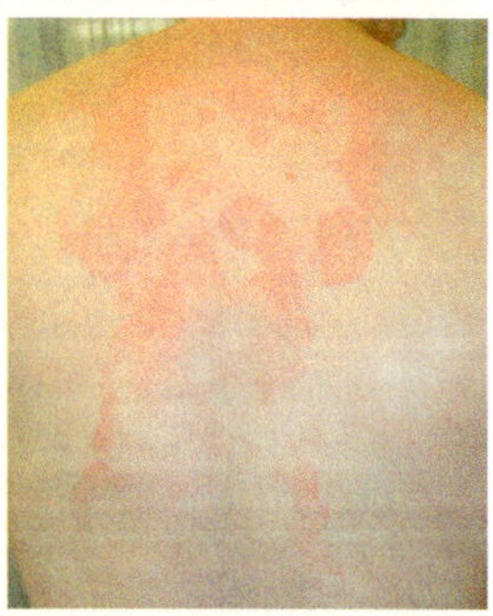

Abb. 4.19 a und b: Quaddeln und Nesselsucht

4.5.2 Allergie vom verzögerten Typ: Kontaktekzem

Im Gegensatz zur Soforttyp-Allergie handelt es sich bei einer Kontaktallergie um eine verzögerte Reaktion, welche ca. 24–48 Stunden nach lokalem Kontakt mit einem Allergen auftritt.

Dabei wird zwischen einer *akuten* (einmaligen) und einer *chronischen* (langandauernden) Kontaktallergie unterschieden.

A Akute Kontaktallergie

Die *akute* Kontaktallergie tritt in der Regel nach einem intensiven Kontakt zu einem starken *Allergen* nach entsprechender Sensibilisierung des Patienten auf.

Dabei läuft die **Sensibilisierung** auf ein *Allergen* ähnlich wie bei der Allergie vom Soforttyp ab, jedoch endet die Sensibilisierungsphase bei der T-Abwehrzelle. Es werden keine Antikörper gebildet, sondern die T-Abwehrzelle entwickelt ein „Gedächtnis" gegen das *Allergen*, indem sie Gedächtniszellen produziert. Dieses Gedächtnis befähigt sie, in der Zukunft direkt selbst mit dem *Allergen* in Kontakt zu treten und nicht über die Bildung von Antikörpern. Beim Neukontakt wird die Langerhans-Zelle direkt in der Haut das *Allergen* der T-Zelle präsentieren, sodass dann die typische Entzündungsreaktion ablaufen kann.

Die akute Kontaktallergie zeigt einen typischen zeitlichen Verlauf von Hautveränderungen: Zu Beginn weisen die Kontaktstellen Rötung, Nässen und Wassereinlagerung *(Ödem)* auf, anschließend entstehen Bläschen *(Vesikel)* oder Blasen *(Bullae)*. Nach Platzen der *Vesikel* entstehen gerötete, nässende Flächen, die allmählich mit gelblich-rötlichen Krusten bedeckt werden. Im Rahmen der Hauterneuerung kommt es zur Schuppung und letztlich nach kompletter Abheilung zu einer Rötung. Das führende Symptom ist ein massiver Juckreiz bei normalerweise ungestörtem Allgemeinbefinden.

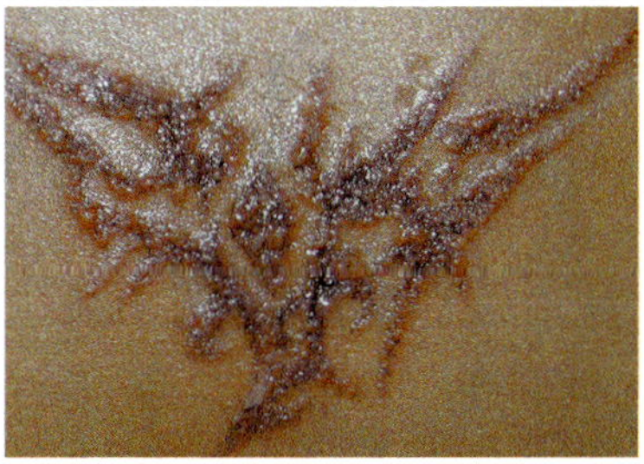

Abb. 4.20: Akute Kontaktallergie auf Henna

Kontaktallergie = Spätreaktion = Ekzem nach 24 – 48 Stunden

Über 90 % der Kontaktallergien werden durch zerstörte oder geschädigte Hautbarrieren ermöglicht. Allergene dringen ungehindert ein.

B Chronische Kontaktallergie

Das chronische allergische Kontaktekzem entsteht vor allem bei längerer oder wiederholter Einwirkungsdauer eines nicht identifizierten bzw. vermeidbaren *Allergens*. Dies ist auch bereits bei geringer Allergenmenge, bei einer schlechten Durchdringung der Epidermisbarriere (z. B. bei stark verhornter Hautregion), oder auch bei einem niedrigen Sensibilisierungsgrad des Patienten möglich.

Beim chronischen Kontaktekzem findet sich ein eher gleichzeitiges Bestehen von Rötung, Bläschen, Einrissen, Krusten, Schuppen und entzündlicher Hautverdickung.

Kennen Sie Menschen mit Nickelallergie? Tragen Sie diesen Modeschmuck?

Typische Beispiele für eine chronische Kontaktallergie sind:

- ein Ekzem der Hände auf Kaliumdichromat bei einem Maurer oder Fliesenleger oder aber
- die Reaktion mit rötlichen Einrissen im Bereich der Fingerendglieder bei chronisch allergischer Kontaktdermatitis auf *Acrylate* in künstlichen Fingernägeln.

2

Die fünf häufigsten Kontaktallergene in Deutschland (letzter Stand 04/2004):

Allergen	Anteil Epikutantests (%) alle Altersgruppen, n = 9000 Personen
1. **Nickelsulfat** (Modeschmuck, z. B. auch Piercings, Gürtelschnallen)	17,0 %
2. **Duftstoffmix** (Parfüms und Körperkosmetik, Raumbeduftung)	12,6 %
3. **Perubalsam** (Cremegrundlage)	9,8 %
4. **Thiomersal** (Konservierungsmittel)	7,3 %
5. **Kobaltchlorid** (Modeschmuck, z. B. Piercings)	5,3 %

Tab. 4.21: „Hitliste" der Kontaktallergien

Epikutantest

Der Hautarzt ist in der Lage, mittels des ***Epikutantests*** (Pflastertest) festzustellen, gegen welches Allergen der Kunde/die Kundin sensibilisiert ist. Hierbei werden unterschiedliche Testsubstanzen mittels Pflaster auf den Rücken geklebt. Bei einer positiven Reaktion entsteht ein kleines Ekzem, wie es auch auf der Haut bei echtem Allergenkontakt (z. B. auf Händen oder an der Augenregion) entstehen würde.

Ständig neue Produkte (u. a. Kosmetika) auf dem Markt führen auch zu einem Wandel der Allergene und der Häufigkeit der Allergieausbildung gegen bestimmte Stoffe. Die **Deutsche Kontaktallergiegruppe** (DKG) ist ein Zusammenschluss von Hautärzten und Kliniken, welche bundesweit die Daten über Allergien und allergieauslösende Stoffe sammeln. So kann eine „Hitliste" der häufigsten Allergene erstellt und die Testsysteme auf diese Allergene abgestimmt werden (➔ Tab. 4.2.1).

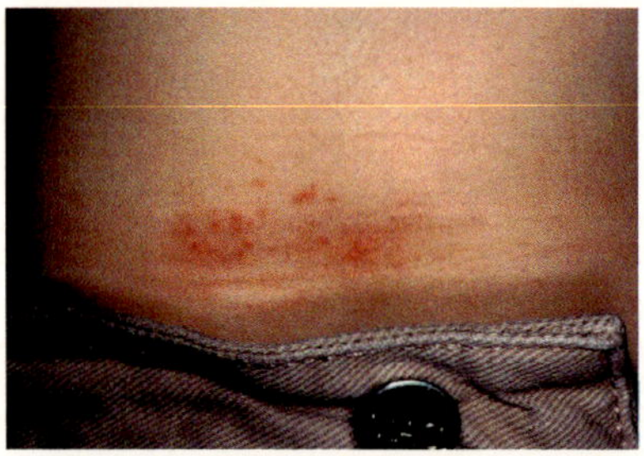

Abb. 4.22: Kontaktekzem am Bauch (Nickelallergie)

Ferner sollten die eigenen Produkte eines Kunden, auf die er evtl. kontaktallergisch reagieren könnte, bei einer Testung mitgetestet werden.

So „erwischt" man evtl. ein seltenes Allergen, was in den deutsch-europäischen Standardtestungen (noch) nicht enthalten ist. Im Falle der Überführung eines eigenen Produktes des Patienten wird der Hautarzt nun mit der Firma in Kontakt treten und um eine **Zusendung der Inhaltsstoffliste** bitten bzw. um Zusendung der gesamten Inhaltsstoffe zu Testzwecken. Wird dann ein Allergen identifiziert, z. B. ein seltener Duftstoff, wird dem Patienten durch den Hautarzt ein Allergiepass ausgehändigt.

Die Kosmetikerin ist dann gefordert, für ihre Behandlungen Produkte auszuwählen, die diesen Inhaltsstoff nicht enthalten.

Kosmetische Präparate, die als **„hypoallergen"** (*hypo* = wenig) bezeichnet werden, können trotzdem Inhaltsstoffe enthalten, welche in der Lage sind, eine Allergie auszulösen.

Die Bezeichnung „hypoallergen", als auch die Bezeichnungen **„klinisch getestet"** oder **„dermatologisch getestet"** findet man insbesondere häufig bei Produkten, welche werbemäßig hervorgehoben werden sollen. Dieser Aufdruck sagt **nichts**

über die Verträglichkeit der Produkte aus und die erwähnten Tests (klinische und/oder dermatologische) sind für alle Kosmetika gesetzlich vorgeschrieben.

Außerdem besteht bei den Hinweisen „klinisch getestet"/„dermatologisch getestet" auch die Möglichkeit, dass der Test negativ, d. h. schlecht im Ergebnis ausgefallen war. Die reine Tatsache „...getestet" sagt somit überhaupt nichts über das Ergebnis aus!

„klinisch getestet", „dermatologisch getestet" = nur getestet!

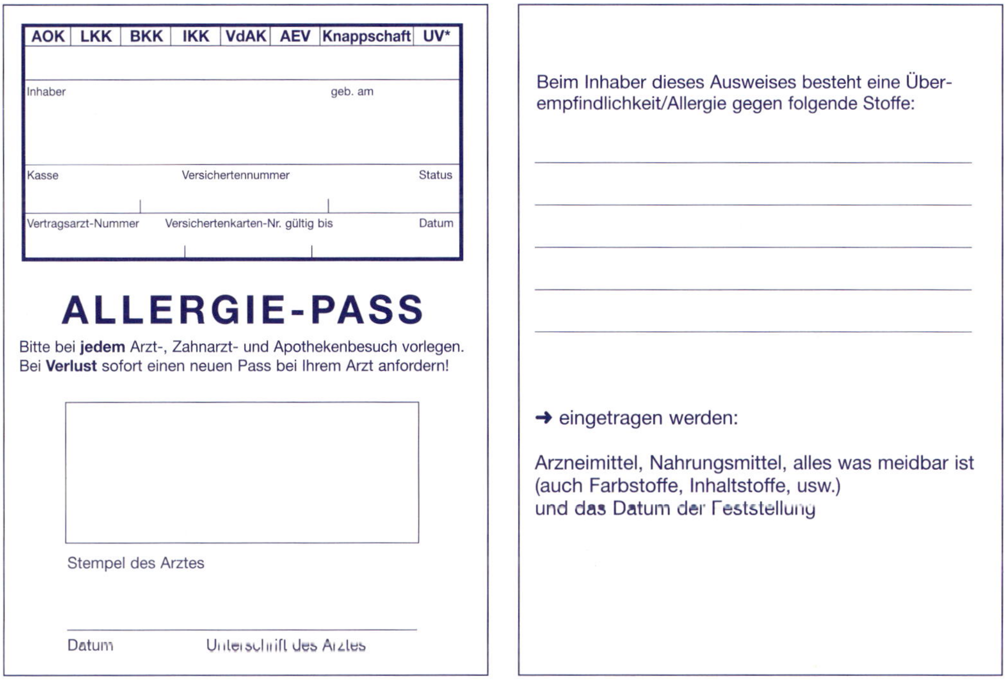

AOK | LKK | BKK | IKK | VdAK | AEV | Knappschaft | UV*

Inhaber geb. am

Kasse Versichertennummer Status

Vertragsarzt-Nummer Versichertenkarten-Nr. gültig bis Datum

ALLERGIE-PASS

Bitte bei **jedem** Arzt-, Zahnarzt- und Apothekenbesuch vorlegen.
Bei **Verlust** sofort einen neuen Pass bei Ihrem Arzt anfordern!

Stempel des Arztes

Datum Unterschrift des Arztes

Beim Inhaber dieses Ausweises besteht eine Überempfindlichkeit/Allergie gegen folgende Stoffe:

➜ eingetragen werden:

Arzneimittel, Nahrungsmittel, alles was meidbar ist (auch Farbstoffe, Inhaltstoffe, usw.)
und das Datum der Feststellung

Abb. 4.23: Muster Allergiepass

Sind Sie sich bei einer Kundin unsicher, ob diese ein Produkt vertragen wird oder nicht, können Sie nach Absprache eine kleine Menge des Produktes am Hals oder hinter den Ohren auftragen. Eine kontaktallergische Reaktion würde sich dann nach 48 Stunden einstellen. Berücksichtigen Sie dies bei Ihrer Terminplanung!

Neben den Duftstoffen verzeichnen im Moment die „Natur- oder Ökosubstanzen" eine Zunahme in der Ausbildung von allergischen Reaktionen. Auch bei **Naturstoffen** muss man sich bewusst sein, dass pflanzliche Inhaltsstoffe sehr gut in der Lage sind, als Allergene zu wirken und allergische Reaktionen auszulösen:

auch Naturstoffe haben Allergiepotenzial

In den dermatologischen Standardblock zur Diagnostik kontaktallergischer Erkrankungen wurden inzwischen die „Naturallergene" Propolis und Arnika aufgenommen. In Untersuchungen zeigten sich ebenfalls deutlich positive Reaktionen auf Teebaumöl, sodass dieser Naturstoff vielleicht bald auch zu den 30 am häufigsten zu testenden Allergenen in Deutschland gehören wird. Auch Pflanzenstoffe enthalten, wie chemisch hergestellte Stoffe, Oberflächenstrukturen, auf die körpereigene Zellen reagieren können und es ist mitentscheidend, ob ein Stoff leicht die Schutzbarriere der Haut durchdringen kann oder nicht.

Jeder Stoff, auch jeder Naturstoff ist in der Lage, eine Kontaktallergie auszulösen.

fototoxische Lichtdermatose

Berloque-Dermatitis

Eine Besonderheit stellt die so genannte **Fotoallergie** (→ Kapitel 4.6.4) dar. In einigen Zellen können Stoffe, ebenfalls Naturstoffe, erst allergologisch relevant werden, wenn sie nach dem Auftragen durch Sonnenlicht in Abbauprodukte gespalten werden und dann erst eine allergene Wirkung entfalten ***(fototoxische Lichtdermatose)***. Man kennt diese Reaktion insbesondere von Duftstoffen, die ohne Sonnenlicht bei einem Kunden keine Reaktion verursachen. Als Beispiel kann hier die ***Berloque-Dermatitis,*** die nach dem Auftragen von Parfum und anschließender Sonneneinwirkung entstehen kann, genannt werden. Nach 24 oder 48 Stunden kommt es zu der typischen Ekzembildung, die durch das ablaufende Parfum eine Art „Flammenmuster" besitzt.

Tab. 4.24: Häufige Lokalisationen und Auslöser von Kontaktallergien

Hautregion/Organ	Allergen/Allergenträger
Kopfhaut	Shampoos, Haarspangen, Färbemittel
Gesicht, *Periorbitalregion* (Augenlider)	Kosmetika, Arzneistoffe (Augentropfen), Kontaktlinsenpflegemittel, *aerogen* übertragene Pflanzenteile, Nagellack, Duftstoffe, Sonnenschutzmittel
Ohren	Ohrringe, Brillengestelle, Arzneistoffe (Ohrentropfen)
Mundschleimhaut	Nahrungs-, Mund- und Zahnpflegemittel, Zahnprothesenmaterialien, Kaugummi
Stamm, Extremitäten	Kosmetika, Hautpflegemittel, Kleidung, Metallverschlüsse, Schmuck, Lokaltherapeutika (speziell bei *Ulcera crurum*)
Hände, Füße	Schuhe und Handschuhe (Gummihilfsstoffe, Latex, Chromat, Farbstoffe), Hautschutzmittel, Kosmetika, Ringe, Antiperspiranzien, Lokaltherapeutika (z. B. *Antimykotika*)
Genital- und Perianalregion	Kondome (Gummihilfsstoffe, Latex, spermizide Substanzen), Intimwaschlotionen, feuchtes Toilettenpapier

Manchmal ist es sehr einfach, aufgrund der Erzählung und Beschreibung der Kundin auf eine allergische Reaktion zu schließen. Die Kundin hat z. B. ein Produkt zwei- oder dreimal angewendet und immer wieder treten Rötungen, z. B. im Dekolletee-Bereich oder an der Kopfhaut auf. Hier empfiehlt sich der einfache Rat durch die Kosmetikerin, das Produkt zu meiden und die Hautpflege umzustellen (→ Band B, LF 7, Kapitel 2.4.4).

In vielen Fällen jedoch ist es unklar oder die Erzählung der Kundin geht dahin, dass sie denkt, eine kontaktallergische Reaktion zu haben, dabei besteht in Wirklichkeit im Gesicht eine *Neurodermitis* (→ Kapitel 4.6.1). In diesem Fall sollte die Kosmetikerin der Kundin eine gründliche allergologische Diagnostik bei einem Hautarzt empfehlen.

Allergologisch besonders qualifizierte Hautärzte weisen neben dem Facharzt für Haut- und Geschlechtskrankheiten die Zusatzbezeichnung „Allergologie" auf.

4.6 Entzündliche Hauterkrankungen

Alle Erkrankungen, die wie das allergische Kontaktekzem mit einer Rötung der Haut einhergehen, und bei welchen man mikroskopisch Entzündungszellen in der Epidermis oder Dermis nachweisen kann (verschiedene Entzündungszellen aus der Reihe der weißen Blutkörperchen, insbesondere T-Lymphozyten, eosinophile und neutrophile Granulozyten ➜ Kapitel 1.5.3, werden in die Gruppe der so genannten entzündlichen Hauterkrankungen eingeteilt. Die beiden häufigsten **entzündlichen Hauterkrankungen** sind das atopische Ekzem *(Neurodermitis)* und die *Psoriasis vulgaris*.

10 % der westeuropäischen Bevölkerung leiden an Neurodermitis und 3 % an Psoriasis (Schuppenflechte)!

4.6.1 Atopisches Ekzem (Neurodermitis)

Das atopische Ekzem ist eines der häufigsten Krankheiten. Der Begriff stammt aus dem Griechischen (*atopos* = anders). Ursächlich für das atopische Ekzem ist eine ganze Reihe von Ursachen, die in ➜ Abb. 4.25 zusammengefasst sind:

atopos

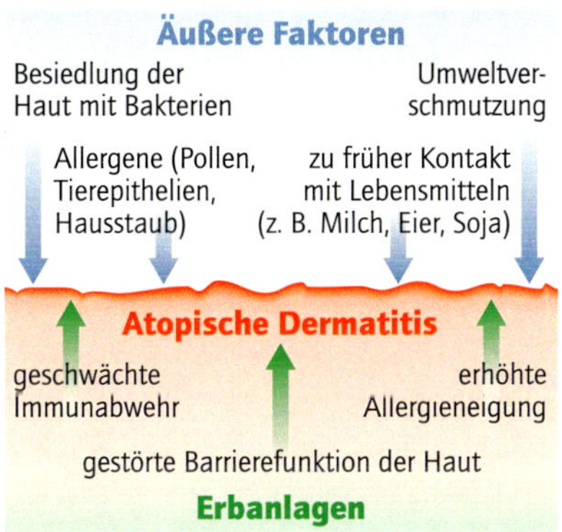

Abb. 4.25: Ursachen für das atopische Ekzem

Die Veranlagung zur Ausbildung eines atopischen Ekzems ist genetisch festgelegt, die äußeren Faktoren wie Allergieentwicklung, z. B. gegen Nahrungsmittel, bestimmen dann die Schwere der Ausprägung.

Bei einer Vielzahl von Atopikern tritt die Erkrankung bereits mit dem Säuglingsalter ab dem 3. Monat auf. Die Kinder entwickeln zunächst am behaarten Kopf begrenzte Rötungen mit Papeln, die häufig aufgekratzt werden.

Das atopische Ekzem geht mit starkem Juckreiz und deutlichen Kratzspuren einher.

Im weiteren Leben kommen unscharf begrenzte Rötungen mit leichter Schuppung, Papeln sowie Kratzeffekte mit Verkrustungen und Blutaustritten nach Kratzen an folgenden typischen Stellen hinzu: große Gelenkbeugen (Ellenbeugen, Handgelenke, Kniekehlen), Nacken, seitliches Gesicht, Lidregion, Fußrücken und Hände. Im Gesicht und am Hals entstehen sehr häufig, insbesondere nach emotionalem Stress, entzündliche, gerötete Stellen ohne Schuppung und Vergröberung der Haut (neue, entzündete Haut), daher auch der alte Name *„neuro dermitis"*, oder die Verwendung des Begriffes ***Atopische Dermatitis.***

neuro dermitis

Im Folgenden führt dann ein chronisches Ekzem, das durch Kratzen erhalten wird, zu einer Vergröberung der Felderhaut ***(Lichenifikation)***, welche insbesondere in der Augenlidregion und an den Hand- und Ellenbeugen beobachtet werden kann.

Lichenifikation = Vergröberung der Haut

Ein atopisches Ekzem kann mit schwersten aufgekratzten Stellen am ganzen Körper einhergehen. Häufiger sind aber die schwachen, chronisch schubweise ablaufenden Fälle des Erwachsenen: Rötung und Juckreiz mit leichter Schwellung tritt

2

in Schüben am Hals und um die Augen auf, trockene Stellen mit Ablösen der obersten Hautschichten bestehen hingegen an den Fingerkuppen. Die Lippen weisen eine vermehrte Fältelung und Juckreiz auf. Das häufige Lippenlecken führt über zunehmende Austrocknung zum Lippenekzem.

Die häufigsten Stellen für ein atopisches Ekzem sind Lidregion, Hals und Dekolletee, Ellenbeugen, Handgelenksbeugen und Kniekehlen.

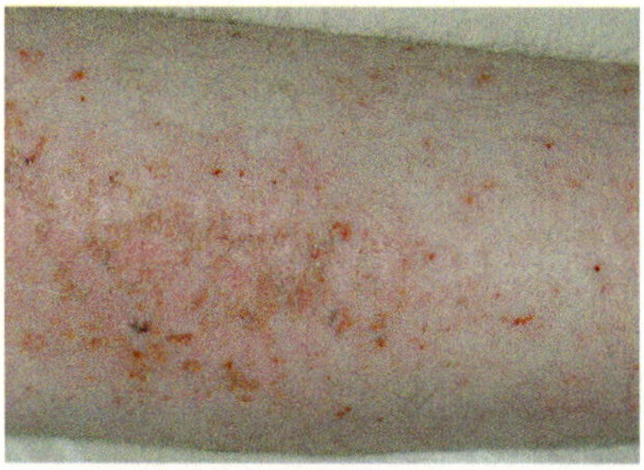

Abb. 4.26: Atopisches Ekzem

Menschen mit atopischem Ekzem entwickeln häufiger Typ-I-Allergien mit Heuschnupfen und/oder allergischem Asthma. Die drei Erkrankungen werden im **Atopie-Syndrom** zusammengefasst.

Die in → Abbildung 4.25 aufgezeigten Faktoren können den Verlauf eines atopischen Ekzems negativ beeinflussen:

Besteht bei einem Patienten mit atopischem Ekzem eine Typ-I-Allergie gegen Hausstaubmilben, Tierhaare oder Nahrungsmittel, so können diese bei Kontakt einen Ekzemschub auslösen.

Der Verzicht auf z. B. unverträgliche Nahrungsmittel allein ist jedoch keine Lösung. Vielmehr muss in einem **kontrollierten Auslassversuch** (d. h. ein- oder mehrere verdächtige Nahrungsmittel meiden) geklärt werden, ob tatsächlich ein Erkrankungsschub ausgelöst wird.

Atopie-Syndrom
=
Atopisches Ekzem
+
Heuschnupfen
+/–
allergisches
Asthma

„... Besonders schlimm für die Entwicklung von Kindern oder die allgemeine Lebensqualität sind solche Berufsgruppen, die durch Auspendeln und andere betrügerische Analysen Nahrungsmittelallergien zu diagnostizieren glauben und Müttern eintrichtern, ihr Kind dürfe dies oder das nicht essen.

Nicht zu vergessen sind für uns die Fälle von Kindern, die aufgrund solcher Vorfälle jahrelang Schokolade zu essen verboten bekamen, obwohl überhaupt keine Allergie gegen Milch oder Kakao oder Nüsse bestand und die Mütter zu uns kamen mit der Aussage, das Vermeiden hätte auch keinen Erfolg gehabt. ...“

(Zitat Autor)

Der Hautfacharzt und Allergologe empfiehlt das Meiden von Stoffen erst nach nachgewiesener Allergie.

Das Wissen um die folgenden einfachen Kriterien kann Sie als Kosmetiker auf das Bestehen einer Atopie hinweisen:

- In der Familie bestehen Allergien, wie z. B. Heuschnupfen.
- Die Haut juckt, insbesondere im Winter sowie nach dem Duschen.
- Die Haut ist trocken und schuppt im Bereich der Beugen oder im Augenlider-/Halsbereich.
- Das Gesicht weist einen tiefen Haaransatz auf, doppelte Unterlidfalten und trockene Lippen.
- Es gibt vermehrte und vertiefte Furchungen der Handlinien.
- Es wird weniger Talg und Schweiß gebildet.

In der Regel ist somit die Haut eines Neurodermitikers auf Grund verminderter Talg- und Lipidproduktion trocken, sodass die Kosmetikerin bei ihrer Behandlung fettreiche (so genannte rückfettende = der Haut das Fett zurückgebende) Produkte einsetzen sollte. Da die Haut vermehrt reizbar ist, sollten sowohl austrocknende als auch säurehaltige Präparate, wie z. B. Fruchtsäuren, eher gemieden werden (→ Band B, LF 7, Kapitel 2.6).

4.6.2 Psoriasis

Psoriasis (Schuppenflechte) ist eine Verhornungsstörung der Haut mit chronischem Verlauf. Besonders charakteristisch ist die Ausbildung von rötlichen *Plaques* (lat., Beläge) mit dicker weißlich-silbriger Schuppung, z. B. an den „Außenseiten" der großen Gelenke, wie Ellenbogen und Knie.

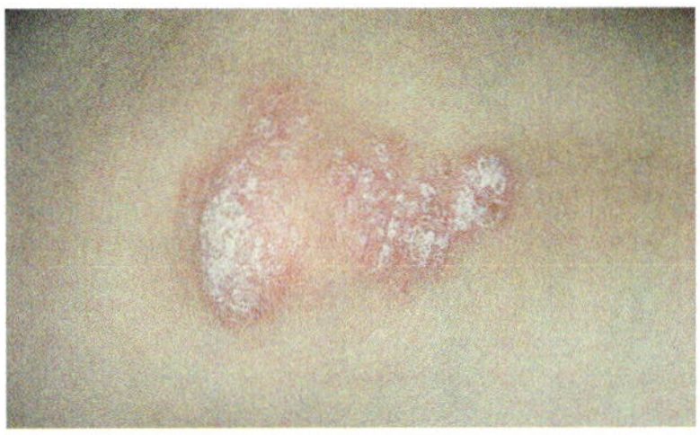

Abb. 4.27: Psoriasis vulgaris

Psoriasis

Plaques

Bei der Psoriasis sind die Hautveränderungen streckseitig und bei der Neurodermitis beugeseitig.

Schuppenflechte befällt ca. 3 % der Bevölkerung. Dabei wird, wie bei anderen Hauterkrankungen auch, die Neigung eine Schuppenflechte zu entwickeln, vererbt. Äußere Faktoren und Umweltfaktoren sowie Stress, bakterielle Erkrankungen und anderes sind für die Schwere und den Ausprägungsgrad der Erkrankung mit verantwortlich. Schuppenflechte wird insbesondere hervorgerufen durch:

- bakterielle Infektionen mit *Streptokokken* (Halsinfektionen)
- blutdrucksenkende Medikamente (Beta-Blocker)
- Alkoholkonsum
- Stress und emotionale Aufregung
- Verletzungen der Haut (unspezifische Hautschädigung)

Ein Ausbruch von Schuppenflechtstellen an beschädigter Haut, z. B. im Narbenbereich nach einer Operation, wird auch **Köbner-Phänomen** genannt.

Köbner-Phänomen

Das Köbner-Phänomen ist nicht spezifisch für Schuppenflechte, sondern kommt auch bei anderen Hauterkrankungen, z. B. bei der Knötchenflechte (lat. *Lichen ruber*) vor.

Es werden verschiedene Formen der Schuppenflechte unterschieden, die Ihnen als Kosmetiker während Ihrer Kundenkontakte und Behandlungen „begegnen" können:

Psoriasis vulgaris

Die allgemeine, *vulgare* (lat., gewöhnliche) Form der Psoriasis ***(Psoriasis vulgaris)*** kann sich auf den ganzen Körper verteilen. Aus dem Zusammenfließen von einzelnen Herden können langsam große Herde entstehen, die über 20 – 30 cm^2 im Durchmesser einnehmen. Typisch ist die silbrig-weiße (asbestartige) Schuppung und die häufigsten Stellen sind die Streckseiten (also die „Außenseiten") der

Psoriasis capitis

großen Gelenke. Aber auch die Regionen um das Steißbein, um den Nabel und an der Kopfhaut (dann ***Psoriasis capitis***, Schuppenflechte des Kopfes, genannt) sind typische Lokalisationen.

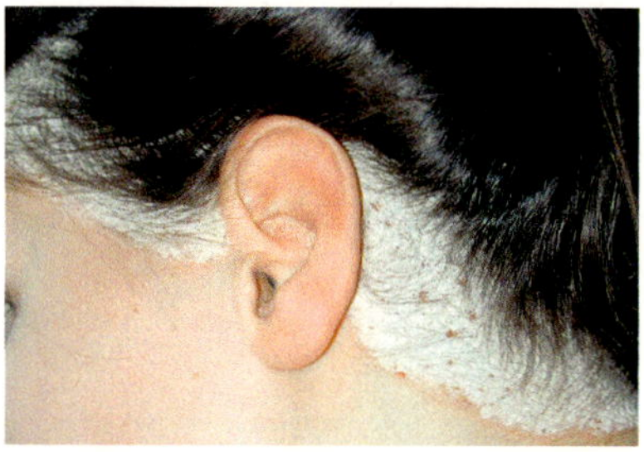

Abb. 4.28: Psoriasis capitis

Wenn ein Kunde mit Schuppenflechte sich auszieht oder sich den Kopf kratzt, rieseln unendlich viele Schuppen auf den Boden.

Psoriasis palmoplantaris

Als weitere Formen der Psoriasis ist insbesondere der Psoriasisbefall an Händen und Füßen ***(Psoriasis palmoplantaris)*** für die Kosmetikerin interessant, bei welchem sich zwei verschiedene, erwähnenswerte Formen finden:

A Die vulgäre Form der Psoriasis an Händen und Füßen mit Verhornungsstörung und Rötung sowie den typischen **psoriatischen Nagelveränderungen** (→ Kapitel 4.7.1):

Bei den Nagelveränderungen findet sich eine Verfärbung des Nagels mit einzelnen gelblichen Einschlüssen, die an Ölflecken erinnern. Deswegen heißt es auch **psoriatischer Ölfleck.** Es finden sich kleine Grübchen im Bereich des Nagels, wie wenn hier mit einer Stecknadel in den Nagel hereingestochen wäre. Hier spricht man von **Tüpfelnägeln.** (Achtung bis zu 3 – 5 Grübchen pro Nagel sind noch normal).

Es kommt im weiteren Verlauf zu einem **Krümelnagel,** d. h. zu einem Zerfall der Nägel, die wie abgekaut aussehen. Diese Nagelverstümmelung wird *Onychodystrophie* genannt, der komplette Verlust des Nagels hingegen *Onycholysis* (→ auch Band C, LF 4 und 8).

B **Psoriasis pustulosa**

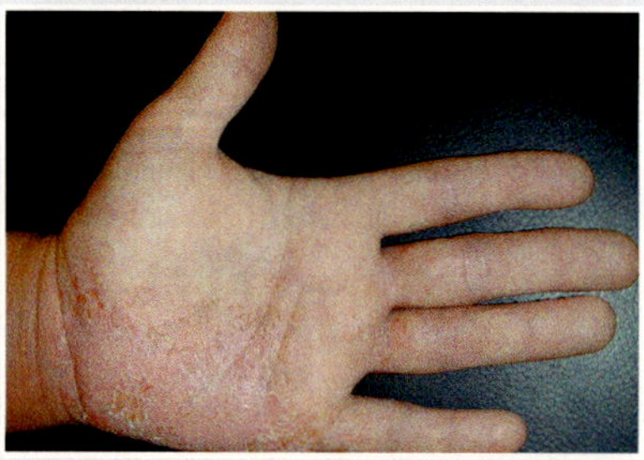

Abb. 4.29: Psoriasis pustulosa

Acrodermatitis suppurativa continua Hallopeau

Es kommt hierbei zum Befall von Handteller und Fußsohlen mit zahlreichen Eiterblasen *(Pusteln)*. Insbesondere können bei der Psoriasis pustulosa nur 1 oder 2 Finger befallen werden, häufig auch nur die Fingerkuppen. In diesem Fall spricht man von einer *Acrodermatitis suppurativa continua Hallopeau* (lat., oberflächige Endgliederentzündung).

Dermatologisch therapeutisch wird in erster Linie versucht, die Psoriasis mit Licht zu behandeln und auf Kortisonpräparate zu verzichten. Bei einer **UV-Bestrahlung** werden die entzündlichen Zellen, welche die Rötung der Haut verursachen, direkt gehemmt bzw. durch das Licht regelrecht zerstört (→ Band C, LF 11, Kapitel 1.2). Patienten, die z. B. 4 Wochen am Toten Meer in Kur sind, können eine Abheilung oder ein erkrankungsfreies Intervall von bis zu über einem Jahr erzielen.

Die Durchführung von Meersalz-Peelings oder -Masken sowie die Verwendung von meersalzhaltigen Badezusätzen hat für die Patienten nur lindernden Effekt. Insbesondere wird nach einem solchen Bad die sehr störende Schuppung reduziert, es finden sich jedoch keinerlei positive Auswirkungen auf eine Reduktion des Entzündungszustandes oder der Schwere und Ausprägung der Psoriasis.

Entscheidend, auch für die Therapie am Toten Meer, ist laut Deutschem Medizinischen Zentrum (www.dmz-klinik.de) die Kombination aus Sole (Totem-Meer-Salz) und Licht (→ Band C, LF 11, Kapitel 1.2). Inzwischen ist man in der Lage, Licht mittels Laser gezielt auf die Haut aufzutragen. Standorte solcher Spezialzentren für dermatologische Lasermedizin bei Psoriasis (psorilas®-Therapie) finden Sie unter www.psorilas.com.

Therapie
=
Licht
+
Salz

Ernährungsphysiologische Ansätze zum Essverhalten bei Psoriasis finden Sie in → LF 10, Kapitel 16.3. Förderlich ist erwiesenermaßen die Einschränkung von Genussmitteln wie Alkohol und Tabak.

Hoher Alkoholkonsum verschlechtert eine Psoriasis, Zigarettenkonsum verschlechtert eine Psoriasis pustulosa.

4.6.3 Seborrhoisches Ekzem

Das *seborrhoische Ekzem* tritt überwiegend in den talgdrüsenreichen Arealen, also am behaarten Kopf, hinter den Ohren, Gesicht und der vorderen und hinteren Schweißrinne am Körperstamm auf. Weiterhin trifft man es häufig zusätzlich an Hautbereichen, in denen Hautfalten auf Hautfalten dicht anliegen wie unter dem Busen.

Neben der **gelblichen Schuppung** der Kopfhaut findet man vor allem im Gesicht (im Bereich der Nasenflügel) immer wiederkehrende, gelbliche Schuppung auf geröteter Haut.

Alles, was Hautsekrete (Talg, Schweiß) auf der Haut „zurückhält" (wie z. B. Woll-, Perlon- oder Nylonunterwäsche, soweit nicht atmungsaktiv) fördert die Entstehung dieses Ekzems. Hier kann die Kosmetikerin aufklären, beraten, behandeln und so auf die Talgproduktion, insbesondere im Gesicht, regulierend einwirken.

Typisch für das *seborrhoische Ekzem* ist ein zweigipfeliger Altersverlauf: Unter dem Einfluss einer kurzfristigen Androgenbildung beim Neugeborenen sind die Talgdrüsen die ersten 2–3 Monate aktiv, bleiben dann inaktiv und werden erst durch die Androgene in der Pubertät wieder angeworfen.

Kinder von 3 Monaten bis ungefähr 12 – 14 Jahren haben kein *seborrhoisches Ekzem*.

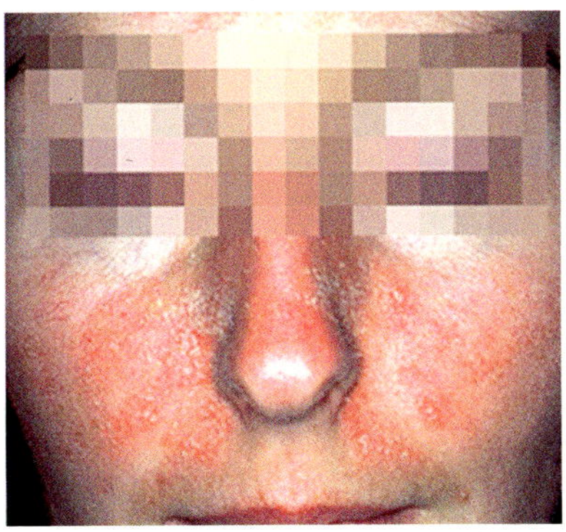

Abb. 4.30: Seborrhoisches Ekzem

2

4.6.4 Fototoxisches Ekzem

Manche Substanzen zeigen eine *toxische* oder *allergisierende* Reaktion erst in Verbindung mit Licht. So sollte man z. B. tunlichst vermeiden, bei Sonneneinstrahlung im Garten eine Herkulesstaude (genannt „Bärenklau") zu beseitigen. Nach Kontakt der milchigen Flüssigkeit mit der Haut und entsprechender Lichteinwirkung kommt es zu schweren blasenförmigen Hautreaktionen, wie sie sonst nur bei Verbrennungen gesehen werden. Ein dann entstandenes **fototoxisches Ekzem** ist im Volksmund, insbesondere nach dem tragischen Tod von Frau Hannelore Kohl, als **„Fotoallergie"** bekannt.

fototoxisches Ekzem

Findet eine Reaktion bei allen Menschen statt, so handelt es sich um eine fototoxische Reaktion. Bildet der Stoff zuerst eine entsprechende Allergie bei einem Individuum aus, spricht man von fotoallergischer Reaktion.

Auch bei der so genannten **„Sonnenallergie"** handelt es sich nicht um eine Allergie, sondern um eine Lichtunverträglichkeitsreaktion ***(polymorphe Lichtdermatose)*** (→ Mallorca-Akne, Kapitel 4.1.1). Die ersten Sonnenstrahlen im Frühjahr bewirken Quaddeln, Rötungen oder Juckreiz im Bereich der mit Sonnenlicht bestrahlten Haut. In der Regel gewöhnen sich die Patienten/Kunden im Laufe des Sommers besser an die UV-Strahlung.

polymorphe Lichtdermatose

„Sonnenallergie" ist keine Allergie

Es können in diesen Fällen nur ein striktes Meiden der Sonne und stark wirksame Sonnenschutzmethoden und/oder Lichtschutzfaktoren empfohlen werden.

4.6.5 Autoimmun- und Bindegewebserkrankungen

Bei einer Autoimmunkrankheit wenden sich entweder Immunzellen oder aber Antikörper des Menschen gegen körpereigene Strukturen.

Normalerweise dienen Antikörper und Abwehrzellen dazu, Feinde, die „von außen" in den Körper eingedrungen sind, abzufangen. Es gibt jedoch eine Reihe von Erkrankungen, in denen Antikörper gegen eigene Zellstrukturen gebildet werden oder aber weiße Blutkörperchen (T-Zellen) auf körpereigene Strukturen reagieren und daraufhin Entzündungsfaktoren freisetzen.

Die Kosmetik kann hier wenig tun. Sie kann lediglich über Massagen die Erhaltung der Geschmeidigkeit, z. B. der Gesichtshaut, fördern.

Die häufigsten Autoimmunerkrankungen der Haut sind **Lupus erythematodes, Sklerodermie** und blasenbildende Hautablösungen.

Lupus erythematodes

Der ***Lupus erythematodes*** **(Wolfsflechte)** ist eine Autoimmunerkrankung, die sowohl die Haut als auch die inneren Organe befallen kann.
An der Haut findet sich eine schmetterlingsförmige Rötung im Gesicht sowie rötliche, schuppende Flecken am Körper. Im Gegensatz zu der Schuppenflechte ist die Schuppung hier jedoch fest anhaftend und zeigt im Fall des Abkratzens oder der Entnahme einzelne Hornpfröpfe auf ihrer Rückseite, sodass es wie ein „Reißzwecke" aussieht.
Patienten mit Lupus erythematodes reagieren auf Licht mit einem Ausbruch ihrer Erkrankung, sodass neben anderen therapeutischen Maßnahmen auch ein **dringender Lichtschutz** betrieben werden muss.

Bei der ***Sklerodermie*** kommt es zu einer Verhärtung *(Sklerose)* des Hautbindegewebes und in fortgeschrittenem Stadium zu einer *Sklerose* von inneren Organen wie der Speiseröhre. Antikörper sind hier gegen die kollagenen Fasern gerichtet und es kommt über eine Mehrproduktion von verschiedenen Kollagentypen im betroffenen Gewebe zu einer extremen Verhärtung.

Sklerodermie

- ***Circumscriptae* (umschriebene) *Sklerodermie.*** Bei dieser Form der Sklerodermie der Haut wird eine Verhärtung der Haut ohne interne (also weitere innerkörperliche) Beteiligung an verschiedenen Stellen beobachtet. Es finden sich einzelne verhärtete Platten, welche ein elfenbeinweißes Zentrum und einen violett-rötlichen Randsaum (engl. *lilac ring*) aufweisen.

  Es sind meist einzelne Herde am Körper, die 5 – 20 cm groß sind. Sonderformen sind bandförmige Ausbreitungen dieser *Sklerodermie*, welche insbesondere an den unteren Extremitäten, als aber auch im Bereich der Kopfhaut auftreten.

lilac ring

- Eine weitere *Sklerose* kann ausschließlich an den Fingern bestehen, dann spricht man von einer **Akrosklerose**. Die Finger sind im Fingerkuppenbereich weißlich, das Bindegewebe schrumpft und die Fingerendglieder sind häufig regelrecht zugespitzt. Bei diesen Patienten findet man häufig auch ein so genanntes *Raynaud-Syndrom*, was häufig der eigentlichen Sklerose jahrelang vorhergehen kann. Beim *Raynaud-Syndrom* berichten die Patienten über die Weißfärbung der Finger bei Kälte und anschließend beim Betreten eines warmen Raumes über eine massive Blaufärbung, wobei die Finger eine Zeit lang auch unbeweglich bleiben. In dieser letzten Phase, bei zu starkem Bluteinschuss, bleiben die Finger eine Zeit lang rot.

Weißfärbung der Finger

- Die vollständige Form der *Sklerodermie* ist die ***progressive systemische Sklerose***, bei der es neben einer Verhärtung von Hautbindegewebe auch zur Verhärtung von Bindegewebe in zahlreichen Organen, wie Lunge, Magen-Darm-Trakt und Niere kommt.

  Bei einer progressiv-systemischen Sklerose findet sich auch eine Hautbeteiligung in Form einer *Akrosklerose* und im Gesichtsbereich mit starrer Mimik, tabakbeutelartiger Verziehung der Lippen und Verhärtung des Lippenbändchens. Bei der letztgenannten Form besteht ein regelrecht maskenhafter Gesichtsausdruck mit reduzierter Mimik.

starre Mimik und Akrosklerose

Bei den **blasenbildenden Hautablösungen,** welche nach dem 65. Lebensjahr auftreten, bildet der Körper in unnatürlicher Weise Antikörper gegen Bestandteile der Basalmembran.

- Beim ***Pemphigus vulgaris*** werden diese Antikörper gegen bestimmte Haftungsstrukturen der Hautzellen (*Desmosomen* in den Keratinozyten) gebildet. Man muss sich vorstellen, dass sowohl die einzelnen Keratinozyten durch bestimmte Halteproteine miteinander in einem Verband zusammengehalten werden und aber auch gleichzeitig durch bestimmte Halteproteine über die Basalmembran an der nächst darunter liegenden Hautschicht (Lederhaut) gehalten werden. Beim *Pemphigus* findet man große und z. T. schlaffe Blasen, die Blasendecke ist extrem dünn, da hier die Schicht der Hautablösung oberhalb der Basalmembran liegt.

Hautablösung oberhalb der Basalmembran

- Beim ***bullösen Pemphigoid*** hingegen ist die Blasendecke gespannt, da nicht nur die gesamte Epidermis, sondern auch die Basalmembran die Decke der Hautablösung darstellt und somit die Blase wesentlich stabiler ist. Es finden sich am Körper überwiegend kleine, pralle Blasen. Beim *Pemphigus vulgaris* ist häufig die Mundschleimhaut und die Kopfhaut befallen, beim *bullösen Pemphigoid* hingegen ist ein Schleimhautbefall seltener.

Aufgrund der großflächigen Blasenbildung kann ein *Pemphigus vulgaris* mit großer Hautablösung unbehandelt tödlich verlaufen, ein *bullöses Pemphigoid* verläuft hier hingegen harmloser. Beim *bullösen Pemphigoid* jedoch findet man bei dem Patienten häufig andere, schwerwiegende Erkrankungen, wie eine gleichzeitige Tumorgrunderkrankung, d. h. einen „Krebs", in anderen Organen.

4.7 Spezifische Erkrankungen der Hautanhangsgebilde

4.7.1 Nägel

Das Nagelorgan ist bei vielen Erkrankungen der Haut mitbetroffen.

Psoriasis

So kann sich z. B. eine **Schuppenflechte** *(Psoriasis)* auf das Nagelorgan ausbreiten, dann kommt es zur Nagelverdichtung und -verdickung *(Onychodystrophie)*, punktförmiger Auflösung des Nagels (Tüpfelung und Ansammlung von gelblichem Hornmaterial unter dem Nagel **(Ölfleck)** und im Weiteren zur Ablösung der Nagelplatte *(Onycholysis)*.

Onycholysis

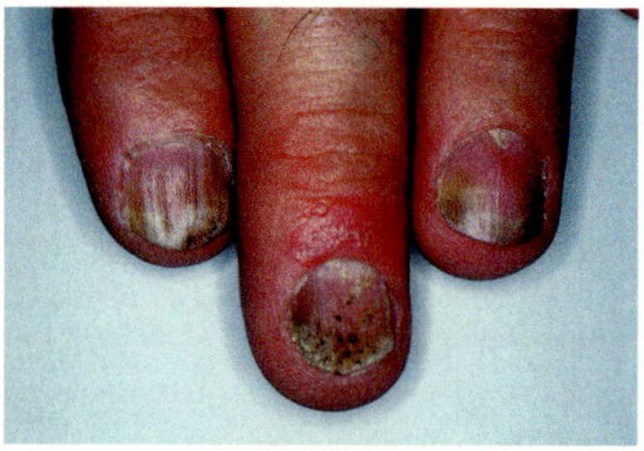

Abb. 4.31: „Tüpfel"- und „Ölflecknägel" bei Psoriasis vulgaris

Aber auch bei der *Neurodermitis* oder vielen anderen Hauterkrankungen ist eine Beteiligung des Nagels möglich.

Daneben gibt es aber auch Erkrankungen, bei denen nur ein Nagel betroffen ist. Hierzu zählen auch die bakteriellen Infektionskrankheiten. Bei akuten Infektionen des Nagelorgans handelt es sich zumeist um *Staphylokokken*, die eine ***Paronychie*** (Infektion des Nagelwalls) verursachen. Bei Druck auf den Nagel entleert sich am Rand Eiter. Bei Befall mit dem Erreger *Pseudomonas* färbt sich der Nagel grün. In beiden Fällen sind oftmals systemische (also Medikamenteneinnahme, oral) oder Medikamenten-Verarbreichung per Infusion (intravenöse Antibiotika-Gaben) oder die Nagelentfernung notwendig.

Paronychie

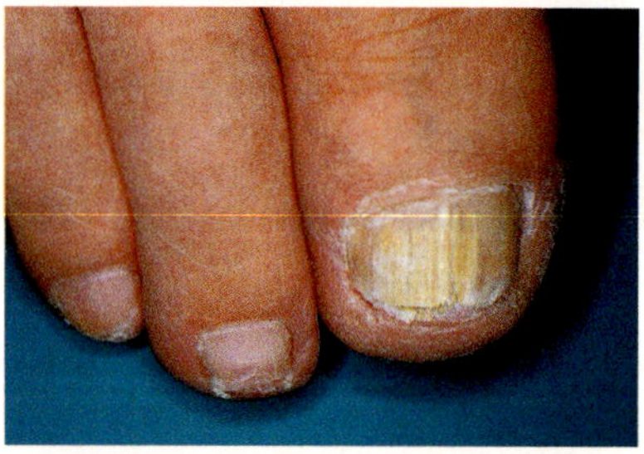

Abb. 4.32: Onychomykose des Zehennagels

Onychomykose

Neben Bakterien kann das Nagelorgan auch von Pilzen befallen werden ***(Onychomykose)***. Der Nagel ist gelb und verdickt. Betroffen sind meist die Zehennägel, die vom Nagelrand her befallen werden (→ auch Band C, LF 8, Kapitel 4.2). Bei Befall von mehreren Zehen und auch Fingernägeln sollte eine systemische Therapie mit Anti-Pilzmitteln durchgeführt werden, da eine Lokaltherapie (also ein Bestreichen der befallenen Haut- und Nagelareale) hier nicht mehr zum Erfolg führt.

Bei allen bakteriellen und mykotischen Nagelerkrankungen sollten Kosmetiker grundsätzlich keine Behandlung vornehmen, sondern den Kunden zum Arzt schicken.
Außerdem bergen diese Erkrankungen die Gefahr der Ausbreitung. Daher muss sich der Kosmetiker selbst und seinen Kunden mit geeigneten hygienischen Mitteln schützen.

Diese Maßnahmen sind allgemein in → Kapitel 5, und detailliert für die speziellen Nagelbehandlungen → in Band C dieses Lehrwerkes in den LF 4, Maniküre, und LF 8, Pediküre, beschrieben.

Nagelanomalie

Von den krankhaften Nagelveränderungen sind **Nagelanomalien** zu unterscheiden: Bei einer Nagelanomalie handelt es sich um ein Fehlwachstum des Nagels, z. B. kann der Nagel wie ein Uhrglas vorgewölbt sein oder aber mehrere Längsrillen vom hinteren Nagelbett bis oben zum Ende des Nagels aufweisen.

Hier können Sie als Kosmetiker verschönern, also z. B. Nägel in Form bringen und „abdecken", um die Nagelanomalien dekorativ verschwinden zu lassen (→ Band C, LF 4 Maniküre, und LF 8 Pediküre). Sie können Kunden aber auch zu einer „Therapie von innen", sprich zu anderen Ernährungsgewohnheiten raten, um zumindest einige der Nagelanomalien zu mindern (→ LF 10, Tabellen in Kapitel 6.2 und 7.5).

4.7.2 Haare

Bei Haarerkrankungen kann man grundsätzlich zwischen Haarverlust und übermäßigem Haarwachstum unterscheiden. Zwischen echten, krankhaften Formen dieser beiden Fälle und subjektiven (von einer Person so empfundenen) Missempfindungsstörungen ist manchmal schwer zu unterscheiden und es ist das „sensible Händchen" der Kosmetikerin und/oder des Arztes gefragt.

Beispiel

So stellen sich z.B. in einer dermatologischen Sprechstunde häufig Frauen mit einer wahren Haarpracht vor und erzählen todernst und leidend, dass sie seit 1 ½ Jahren unter massivem Haarausfall leiden und nur noch halb so viel Haare auf dem Kopf haben wie früher. Dies ist häufig auch mit dem besten Willen nicht nachzuvollziehen.

Anders klagen jüngere Patienten über einen verstärkten Haarbewuchs, z. B. im Bereich der Oberlippe, der Wangen oder der Bauchregion. Hier ist dahingehend aufzuklären, ob es sich tatsächlich um eine übermäßige Behaarung (Hirsutismus) handelt oder aber um eine *genetische Disposition* (erbliche Veranlagung) bei entsprechend südländischem Hauttyp.

genetische Disposition

Da wir zum Glück nicht monoform, sondern alle verschieden sind, ist auch die unterschiedliche Körperbehaarung **ein Teil der individuellen Merkmale**. Es wird durch die Werbung derzeit eine Welle zur Ablehnung der Körperbehaarung, insbesondere bei Männern, erzeugt. Während früher die Frauen fast ohnmächtig wurden beim Anblick von Sean Connery als James Bond mit muskulösem, behaartem Oberkörper, gilt heute der „Davidoff-Mann", mit blankem Oberkörper als ideal.

Dabei muss über alle Modeerscheinungen hinaus auch behutsam darüber aufgeklärt werden, dass z. B. die Durchführung von Haarentfernungen z. T. sehr schmerzhaft und nur teilweise von Dauer oder (z. B. bei Laserepilationsmaßnahmen) sehr teuer sein kann. Sie führen zu einer unwiederbringlichen Zerstörung des Haarfollikels und stellen somit einen Dauerzustand dar (→ auch Band C, LF 11, Kapitel 3).

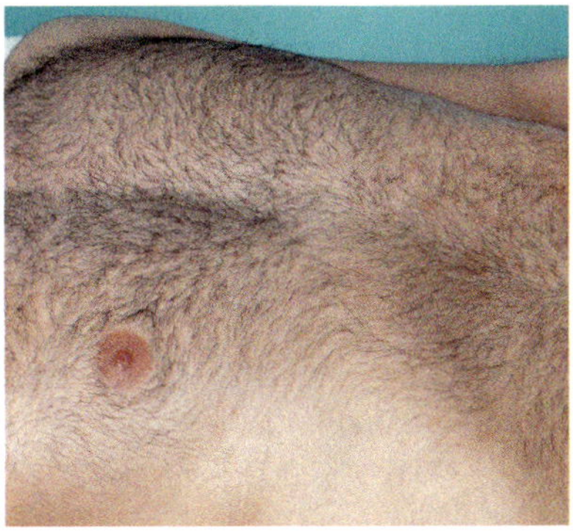

Abb. 4.33: Brustbehaarung beim Mann

Haarausfall bis 100 Haare täglich

Haarausfall

Ein Haarausfall von bis zu 100 Haaren täglich ist normal und entspricht dem Anteil der Haare, die nach einem ca. dreimonatigen Verweilen in der Telogenphase (15 %) schließlich ausfallen. Beim Duschen/Haare waschen können sogar bis zu 150/200 Haare ausfallen. Die verschiedenen Formen der Haarausfälle sind in folgender Tabelle festgehalten.

Hormonelle Formen des Haarausfalls

- 4 – 8 Wochen nach der Geburt. Therapie: keine.
- Bei Frauen 4 – 8 Monate nach der Entbindung. Therapie: keine.
- ***Androgenetischer* Haarausfall** bei Männern und Frauen. Therapie mit hormonellen als auch speziellen Haarwassern als auch Systemtherapie möglich.
- **Vorübergehender, diffuser Haarausfall.** Hier bei einseitiger Ernährung, Mangelsyndromen, Schilddrüsenerkrankung, Medikamenteneinnahme, Vergiftungen, vorübergehender Ausfall von Haaren möglich. Therapie liegt in der Behandlung der Grunderkrankung.
- **Mechanisch bedingter Haarausfall** *(Trichotillomanie)* durch Rupfen und Zupfen der Haare. Therapie: Behandlung der psychischen Grunderkrankung.

Alopecia areata

- Genetisch bedingte Erkrankung mit kreisrundem Haarausfall (spontane Rückbildung > 50 % der Fälle). Therapie: dermatologische Tinkturen und Systemtherapie.

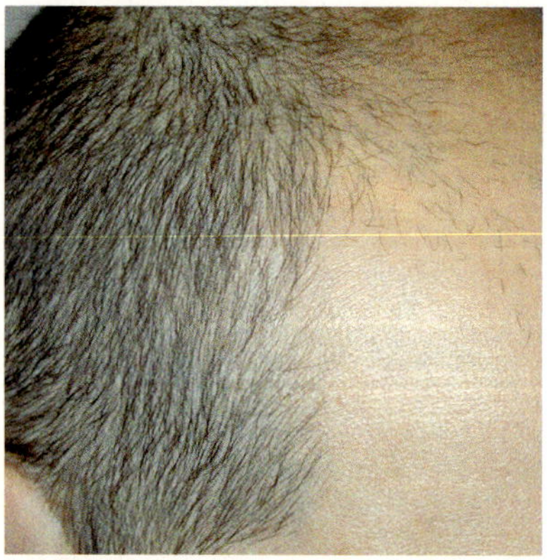

Abb. 4.34: Androgenetischer Haarausfall beim Mann

Hormoneller Haarausfall findet sich, wie in der Tabelle aufgeführt, bei Neugeborenen und bei Frauen nach der Entbindung, wobei dies nur ein vorübergehender Zustand und daher keine weitere Therapie notwendig ist.

Schwieriger und bei einem größeren Prozentsatz auftretend, ist der so genannte ***androgenetisch* bedingte Haarausfall,** d. h. sowohl bei Männern als auch bei Frauen kommt es in der Regel jenseits des 40. Lebensjahres zu einem vermehrten Haarausfall.

Androgene

Bei Männern zeigt sich der Haarausfall in den typischen, uns bekannten Regionen, den „Geheimratsecken", später Tonsur und Haarkranzlichtung bis zur Glatzenbildung. Bei Frauen bleibt im Stirnbereich ein schmaler Haarkranz erhalten, dafür lichten sich die Haare im Zentralkopf- und Tonsurbereich. Ursächlich ist ein verstärktes Ansprechen der Haarfollikel auf *Androgene*, die einen verkürzten Haarzyklus auslösen und im weiteren Verlauf zu einer völligen Rückbildung des Haarfollikels führen. Bei manchen Männern kommt es aufgrund genetischer Einflüsse bereits in der Pubertät zum Haarausfall, sodass bei jungen Männern schon eine völlige Kahlköpfigkeit entstehen kann.

Glatzköpfige Männer haben nicht mehr Androgene, sondern ein verstärktes Ansprechen des Haarfollikels auf Androgene.

584080

Therapeutisch kann hier der Dermatologe inzwischen einiges aufhalten, nicht jedoch verhindern: Mittels spezieller Haarwässer, die Haarwachstum anregen (z. B. ein von einem Blutdruck regulierenden Herzmittel gewonnenes Haarwasser, Wirkstoff *Minoxidil* oder die systemische Gabe des Enzymhemmers *Finasterit*) kann ein Ausfallen unterdrückt werden. Bei Frauen kann ein Östrogen oder antiandrogenhaltiges Haarwasser gegeben werden.

Jede Therapie bei einem *androgenetisch* bedingten Haarausfall stellt eine Dauertherapie dar. Bei Absetzen der Therapie schreitet die Erkrankung fort.

Neben dem androgenetischen Haarausfall und einem diffusen Haarausfall, der bei Minderfunktion der Schilddrüse, Zinkmangel, Eisenmangel, Einnahme von verschiedenen Medikamenten usw. plötzlich auftreten kann und nach Beseitigung der Grunderkrankung wieder verschwindet, ist die ***Alopecia areata***, der kreisrunde Haarausfall sicherlich die häufigste Form des Haarausfalls.

Alopecia areata

Er wird häufig vom Friseur oder aber, wenn es zu großen, runden Stellen kommt, vom Patienten/Kunden selbst bemerkt. Typisch ist ein kreisrundes, haarloses Areal. Es handelt sich um eine Autoimmunerkrankung, bei der sich T-Zellen gegen die eigenen Haarfollikel wenden. 90 % der *Alopecia areata* ist selbst limitierend, d. h. die Erkrankung bildet sich spontan zurück. In seltenen, schlimmen Fällen kann es zu einem vollständigen Verlust der gesamten Kopfhaare, und auch der gesamten Körperhaare *(Alopecia totalis)* kommen.

Allen diesen Formen des Haarausfalls ist gemeinsam, dass es sich um nicht vernarbende Alopezien handelt. Bei **nicht vernarbenden *Alopezien*** sieht die Kopfhaut normal aus und der Haarfollikelausführungsgang ist intakt.

nicht vernarbende *Alopezien* = Haarfollikel ist intakt

Bei **vernarbenden *Alopezien*** handelt es sich dagegen um destruktive (zerstörende) Entzündungsprozesse, wobei der Haarfollikel für immer verloren geht und ein Nachwachsen der Haare somit nicht mehr möglich ist. Die Ursachen vernarben der Alopezien können z. B. Autoimmunerkrankungen wie der oben beschriebene *Lupus erythematodes* sein.

Übermäßiges Haarwachstum

Neben den Formen des Haarverlustes gibt es auch das übermäßige Haarwachstum.

übermäßige Behaarung = Hirsutismus

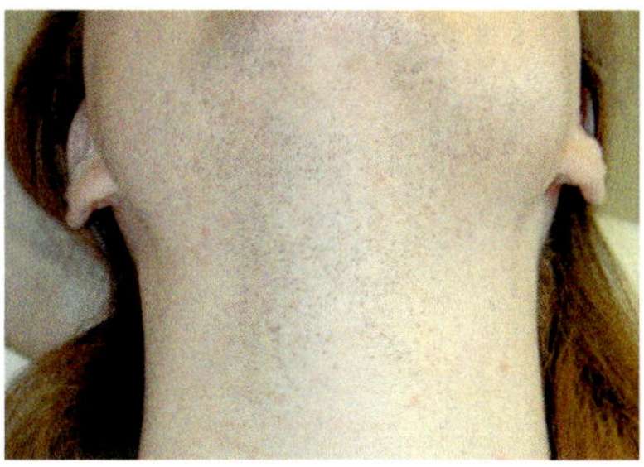

Abb. 4.35: Frau mit Bart, Hirsutismus

Ursachen hierfür sind im Hormonzyklus zu finden. Entweder ist die gesamte Hormonlage des Körpers gestört, wodurch das „Zuviel an Haaren" nur ein Anzeigen für die gestörte Gesamtlage ist, oder die Hormonlage des Körpers ist nicht krankhaft verändert, jedoch der einzelne Haarfollikel reagiert zu empfindlich auf die vorhandenen Hormone.

Wir kennen das **übermäßige Haarwachstum** insbesondere bei älteren Frauen jenseits der Menopause, wobei hier durch ein übermäßiges Vorkommen an Androgenen die Sekundärbehaarung im Bereich der Barthaare, aber auch der Brusthaare zunimmt.

2

Es gibt viele kosmetische Methoden, diese Haare zu entfernen, auch hier sind Dauerhaftigkeit, Verträglichkeit (beim Einsatz von chemischen Haarentfernungsmitteln) und Kosten gegeneinander abzuwägen.

Haarentfernungsmethoden sind grundsätzlich in → Band C, LF 11, Kapitel 3 detailliert aufgeführt. Hier soll nur eine Methode zur dauerhaften Haarbeseitigung für „Damenbärte" genannt werden:

Beispiel

Sind diese Haare schwarz, können sie sehr gut mit einem langgepulsten Alexandrit-Laser in 4 – 6 Sitzungen zu 70 % dauerhaft eliminiert (entfernt) werden. Dabei tastet sich der im Alexandritlaser erzeugte Lichtpuls von einer Wellenlänge 755 nm entlang des pigmentierten Haarschafts bis zur Haarwurzel, wo die Laserenergie freigesetzt wird und zu einer Zerstörung der Haarwurzel führt.
Laserzentren, die eine besonders gute Erfahrung im Umgang mit Enthaarungen aufweisen, sind in der Deutschen Dermatologischen Lasergemeinschaft zusammengefasst und im Internet unter www.ddl.de auffindbar.

Veränderungen der Haarfarbe

Haarfarbe = Menge, Größe, Form, Verteilung des Melanins im Haarschaft

Die Haarfarbe eines jeden Menschen ergibt sich aus dem chemischen Aufbau des Pigmentfarbstoffs Melanin, seiner Menge, der Größe und Form der Melaninansammlung sowie ihrer Verteilung im Haarschaft. Diese Parameter, welche genetisch bedingt sind, führen zu den bekannten Naturhaarfarben von tiefschwarz nach hellblond. Jeder der Faktoren wird durch mehrere Gene beeinflusst.

Der Schwund der Pigmentfarbe mit zunehmendem Alter (**Ergrauen** → Kapitel 3.5.1) ist genetisch festgelegt. In der Haarwurzel kommt es durch eine Abnahme der Aktivität wie auch der Anzahl der Melanozyten zu einer Reduktion des Haarpigments. In die Haarschäfte wird somit weniger Pigment eingelagert, das Haar wird gräulich, später weißlich. Nur bei wenigen Menschen behalten die Haare bis ins hohe Alter ihre ursprüngliche Farbe.

Kosmetisch kann dieser Vorgang nicht aufgehalten, nur kaschiert werden. Daher finden Sie Kosmetika zum dekorativen Farbverändern der Haare in → Band B, Anhang C des LF 7 beschrieben.

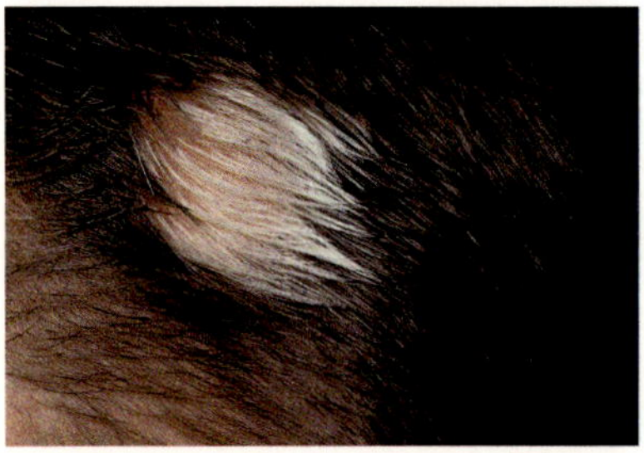

Abb. 4.36: Poliose

Ein umschriebenes, d. h. kleinfleckiges, Auftreten eines weißen oder ergrauten Flecks auf der Kopfhaut wird als Poliose bezeichnet. Eine **Poliose** im Rahmen einer Depigmentierungs-Erkrankung kann verschiedentlich therapiert werden (→ Kapitel 4.8.3).

4.7.3 Drüsen: Hyperhidrosis

Unter der **Hyperhidrosis** versteht man eine vermehrte Schweißabgabe, die zu einer gravierenden Beeinträchtigung des Lebens führen kann.

Hyperhidrosis = vermehrte Schweißabgabe

Das Zuviel an Schwitzen kann nahezu jedes Körperareal betreffen, besonders häufig sind die Achselregion und die Handflächen und Fußsohlen davon betroffen. Dies kann so weit gehen, dass bis zu drei T-Shirts pro Tag durchgeschwitzt werden oder kein Papier mehr angefasst werden kann, ohne dass hierbei Schweißflecken hinterlassen werden.

Die Ursachen der Erkrankung sind bisher noch nicht genau geklärt, eine mögliche Ursache liegt in der Übererregung der sympathischen Nervenfasern (→ Grundlagen-Lexikon, NERVENSYSTEM), die die nervale Steuerung der Schweißdrüsen darstellt.

Mögliche Behandlungsmethoden

A Aluminiumsalze
Diese in Form von Deo oder Salbe angewandte Behandlungsoption führt zu einer Verstopfung der Schweißausführungsgänge und hierdurch zu vermindertem Schweißfluss. Diese Form der Behandlung eignet sich nur bei leichter Form von Hyperhidrose, da es bei zu hoher Konzentration oder zu häufiger Anwendung zu Reizungen der Haut kommen kann.

B Leitungswasser-Iontophorese
Bei der Leitungswasser-Iontophorese werden Elektrobäder mit Gleichstrom durchgeführt. Diese Behandlungsmethode vermindert nach ca. 10–15 Sitzungen den Schweißfluss deutlich. Diese Form der Anwendung eignet sich besonders für Hände und Füße. (Iontophorese → Band B, LF 7, Kapitel 3.5)

C Botulinumtoxin
Bei dieser Form der Behandlung wird Botulinumtoxin (ein Nervengift) in die betroffenen Areale eingespritzt. Hierdurch kommt es zu einer Unterbrechung der Nervenstimulation der Schweißdrüse durch die Sympathikusfasern (→ Grundlagen-Lexikon, NERVENSYSTEM). So kann ein nahezu vollständiges Ausbleiben des Schwitzens in der behandelten Region erzielt werden.

Nachteile dieser Methode ist die *Reversibilität*, d. h. nach ca. sechs Monaten geht der Effekt wieder verloren und muss wiederholt werden. Ein weiterer Nachteil ist eine mögliche Muskellähmung im Bereich der Hände.

D Chirurgische Behandlung
Bei der chirurgischen Behandlung erfolgt ein „Absaugen" der Schweißdrüsen ähnlich einer *Liposuktion* (Fettabsaugung). Die Absaugung erfolgt in diesem Fall nur sehr oberflächlich. Die Reduktion des Schwitzens beträgt ca. 60 % und ist in der Regel dauerhaft.

Fällt der Kosmetikerin ein übermäßiges Schwitzen eines Kunden auf, so sollte sie ihn ruhig auf die Möglichkeiten von verschiedenen Behandlungsmethoden ansprechen. Häufig wird dieses Thema vom Kunden aus Scham nicht angesprochen, obwohl heutzutage effektive Behandlungsmöglichkeiten existieren.

4.8 Pigmentstörungen

Pigmentstörungen gehören sicherlich zu den häufigsten Veränderungen der Haut, die die Kosmetikerin sehen wird. Pigmentstörungen können entweder ein Zuviel anPigment sein (braune Flecken) oder aber, wie bei der Weißfleckenkrankheit, ein Zuwenig an Pigment, d. h. eine Nichtbräunung oder sogar die Kombination von beidem nebeneinander.

Pigmentstörungen gehören zu den häufigsten Hautveränderungen überhaupt.

4.8.1 Hyperpigmentierung

Die Ansammlung von „zu viel Pigment" an einzelnen Stellen wird Hyperpigmentierung genannt.

a) **Sommersprossen *(Epheliden)*** sind die wohl bekanntesten dieser Pigmentveränderungen. Es zeigen sich, insbesondere bei Menschen mit heller Haut und rötlichem-braunem Haar, also dem Hauttyp 1, gelbliche bis bräunliche Pigmentflecke über dem Nasenrücken und den Wangen sowie an Ober- und Unterarmen. Sie treten nur an den Hautstellen auf, an denen wirklich auch Sonnenlicht einwirkt und, im Gegensatz zu den Altersflecken (!), bilden sie sich in den Wintermonaten deutlich zurück und blassen ab.

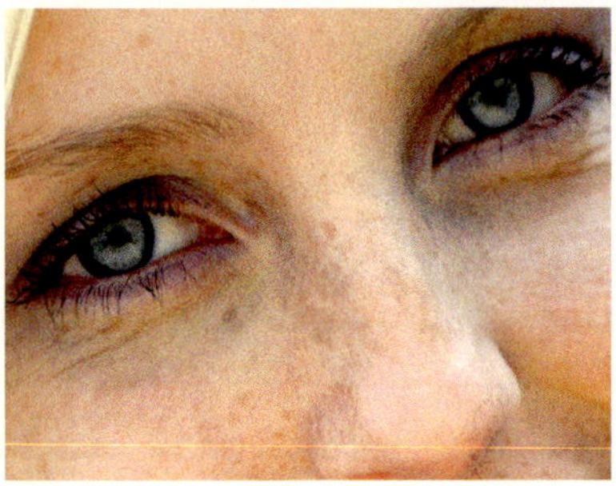

Abb. 4.37: Sommersprossen

Da es sich um eine genetisch bedingte Veranlagung handelt, gibt es keine ursächliche Therapie. Es besteht jedoch die Möglichkeit, der Pigmentbildung vorzubeugen oder vorhandenes Pigment aufzuhellen. Dies geschieht durch die Anwendung verschiedener, lokal aufzutragender Wirkstoffe (→ Band B, Anhang C des LF 7). Mit einer dekorativen kosmetischen Behandlung in Form von „Abdeckung" (franz. *Camouflage* → Band B, LF 12, Kapitel 1.2.4 und 4.1) können Sommersprossen kurzzeitig zum Verschwinden gebracht werden. Längerfristig hilft nur das Meiden von UV-Licht.

b) **Melasma (Chloasma)**

Melasma bzw. Chloasma nennt man flächige Hyperpigmentierungen, welche zumeist symmetrisch an Stirn, Schläfen und Wangen von Mädchen oder Frauen auftreten. Die Ursachen hierfür sind vielfältig, am häufigsten sind hormonelle Ursachen ausschlaggebend; so tritt das *Melasma gravidarum* (= Chloasma) in oder nach der Schwangerschaft auf. Ebenfalls findet man bei 10 – 20 % der Patientinnen, welche regelmäßig Hormone zur Verhütung einnehmen, eine mehr oder minder starke Ausprägung von Melasma.

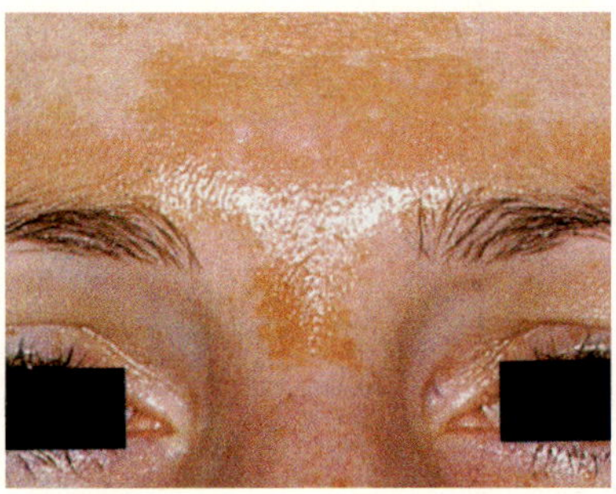

Abb. 4.38: Chloasma

Durch Sonneneinstrahlung kommt die dunkelbraune Farbe stärker zum Ausdruck. Neben der Vermeidung von direkter Sonnenbestrahlung und der Verwendung von Lichtschutz-Kosmetika mit hohem Faktor (auch im UV-A-Bereich → Band B, Anhang A des LF 7) ist der Versuch einer Depigmentierung mit hydrochinonhaltigen Präparaten, Fruchtsäurepeelings oder aber auch mit einer Zerstörung des Melaninpigments mittels Rubinlaser möglich (→ Band C, LF 11, Kapitel 1.4.1).

Es ist jedoch darauf zu achten, dass jede Manipulation an der Haut wiederum zu einer verstärkten Bräunung führen kann (siehe unten, postinflammatorische Hyperpigmentierung).

c) Alterspigmentierung

Lentigo senilis

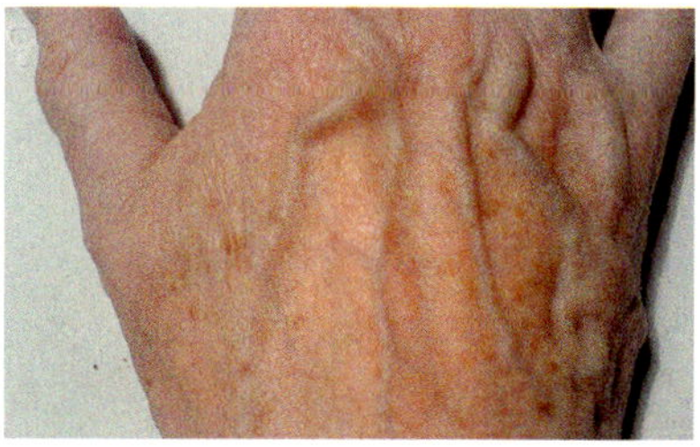

Abb. 4.39: Altersflecken

Neben dem Chloasma wird die Kosmetikerin sicherlich Altersflecken (lat. ***Lentigo senilis***) sehen, welche in den lichtexponierten (dem Licht ausgesetzten) Arealen der Stirn, Wangen und den Handrücken ab dem 4. Lebensjahrzehnt mehr oder weniger stark auftreten. Im Gegensatz zu Sommersprossen überwiegt hier ein bräunlich-dunkelbrauner Farbton bei den Flecken von wenigen Millimetern bis einigen Zentimetern Durchmesser. Sie können auch bei jüngeren Menschen nach Sonnenbränden, insbesondere häufig im Schulter- und Rückenbereich auftreten.

Altersflecken werden durch eine zu hohe Dichte/Vermehrung von Melanozyten hervorgerufen.
Beim Chloasma und bei Sommersprossen ist die Melanozytenzahl normal, aber die Melaninbildung deutlich gesteigert.

Für die Kosmetikerin ist hier eine Abdeckung mit *Camouflage* gut möglich. Des Weiteren bietet sich die Entfernung der Altersflecken mit dem gepulsten Rubinlaser beim Dermatologen an.

4.8.2 Sekundäre Hyperpigmentierung

Pigmentvermehrung infolge einer Hautreizung

Darunter ist eine Pigmentvermehrung zu verstehen, die als Folge einer Hautreizung entsteht.

Entweder ist die Zahl der Melanozyten in dem betreffenden Areal und/oder die Bildung von Melaninpigment vermehrt, dann entsteht mehr **braunes Melanin.** Oder es kommt durch entzündliche Veränderungen in der Haut zum Untergang von melaninhaltigen Keratinozyten und die Aufnahme dieses Melaninpigments in ortsständige Entzündungszellen der Haut. Diese Entzündungszellen (Makrophagen) speichern daraufhin das freigewordene Pigment und es entsteht ein **bräunlich-rötlicher Farbton.**

Die Ursache für sekundäre Hyperpigmentierungen sind:

a) Mechanische Hyperpigmentierung

Typisch sind Hyperpigmentierungen in Bereichen nach mechanischen Reizen wie Gürteldruck, Büstenhalterdruck oder Hosenträgern sowie Hyperpigmentierungen im Bereich chronischer Reibungen (Achselhöhlen, Hals, Leisten), besonders bei übergewichtigen Personen. Auch bei juckenden *Dermatosen* (wie der *atopischen Dermatitis*) kann ständige mechanische Belastung der Haut durch Kratzen zu einer Hyperpigmentierung führen.

2

b) ***Postinflammatorische Hyperpigmentierung***

Diese zweite Form der Hyperpigmentierung ist sicherlich genauso häufig wie die erste. Bei verschiedenen Formen von Entzündung, aber auch von Verbrennung oder Verätzung, können Melanozyten durch die entzündlichen *(inflammatorischen)* Vorgänge so stark angeregt werden, dass sie sich entweder in ihrer Zahl vermehren oder aber einfach nur zu viel Melaninpigment bilden. Es zeigt sich das Bild von fleckförmigen Hyperpigmentierungen, die häufig genau die Größe der vorangegangenen Hautentzündung widerspiegeln (z. B. braune Verfärbung nach Verbrennung nur auf dem verbrannten Areal).

post = nach

4.8.3 Hypopigmentierungen

Hypo-pigmentierung = zu wenig/ kein Pigment

Hypo- oder Depigmentierungen entstehen aufgrund eines Verlusts der normalen Melaninpigmentierung der Haut. Die betreffenden Hautareale erscheinen gegenüber der normalen Umgebung aufgehellt oder weiß.

Oft bilden sich Depigmentierungen zurück, so z. B. im Fall der ***postinflammatorischen Depigmentierung***: Diese fleckförmige, zeitweilige, d. h. sich zurückbildende Depigmentierung kann nach vielen entzündlichen Hauterkrankungen auftreten. Neben den zuvor genannten postinflammatorischen Hyperpigmentierungen, welche sich durch eine Vermehrung von Melaninpigment nach entzündlichen Hauterkrankungen darstellen, kann nach entzündlichen Hauterkrankungen die Pigmentbildung zeitweilig unterbunden werden. So können weißliche Flecken auf der Haut sichtbar werden, die gelegentlich auch noch leicht schuppen.

Insbesondere bei Menschen dunkelhäutiger Kulturen fallen häufiger depigmentierte Areale auf. Diese weißen Stellen werden auch „Leukoderme" genannt, welche sich wieder zurückbilden, wenn die auslösende Hauterkrankung komplett zur Abheilung gekommen ist.

Vitiligo (Weißfleckenkrankheit)

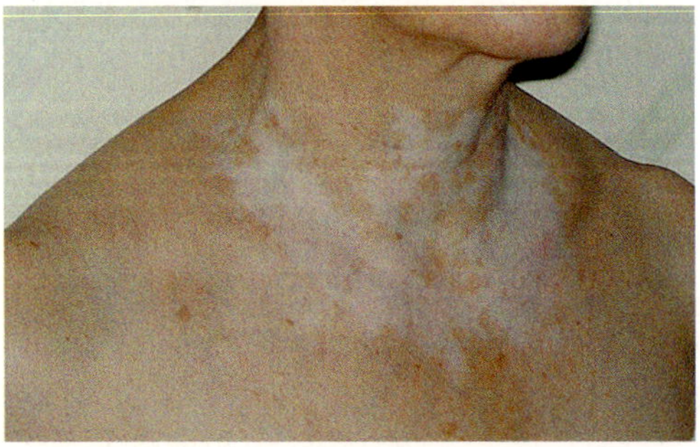

Abb. 4.40: Vitiligo (unter UV-Lampe)

Die häufigste und auch bekannteste Form des Pigmentverlustes ist die Weißfleckenkrankheit.

Sie kann in jedem Alter auftreten, beginnt aber meist bei jüngeren Menschen zwischen dem 10. und dem 30. Lebensjahr. Man findet zunächst weiße Flecken, die oft eine symmetrische Verteilung aufweisen, z. B. an beiden Handrücken. Besonders bei gebräunter Haut treten sie durch den Kontrast zur umliegenden Haut stark hervor und sind dann kosmetisch sehr störend.

Das Verhalten der Haarpigmentierung in diesen Bereichen ist völlig unterschiedlich: Die Haare können in den Bezirken von *Vitiligo* entweder normal pigmentiert wachsen oder ebenfalls pigmentfrei werden. Am Kopf können Herde von *Vitiligo* in Form von Stellen weißer Haare auffallen (→ ***Poliose***, Kapitel 4.7.2). *Vitiligo* ist harmlos, und der Verlauf bei jedem einzelnen Betroffenen ist von Fall zu Fall verschieden. In vielen Fällen findet man eine Spontanrückbildung.

Da die Haarfollikel eine Einstülpung der Epidermis sind, gibt es im Bereich der Haarfollikel häufig noch gesunde Melanozyten. Diese können durch einen „Sonnenreiz" dazu angeregt werden, sich zu vermehren und ebenfalls im weiteren Verlauf die Ränder eines Haarfollikels wieder bedecken, und auch darüber hinaus wachsen. Aus dieser Beobachtung heraus ist die leichte, aber regelmäßige Bestrahlung mit langwelligem UV-B-Licht (308 nm) am günstigsten bei der kleinfleckigen Form von *Vitiligo* (einsehbar auch unter www.psorilas.com).

Die Rückbildung von Vitiligoherden entsteht aus den Haarfollikeln.

Mit einem Excimer-Laser aufgetragen, ist dies die derzeit effektivste Behandlungsmaßnahme. Dennoch muss festgehalten werden, dass zufriedenstellende Therapien mit einem garantiert guten Ergebnis bislang nicht bestehen und auch das Ansprechen jedes Betroffenen auf eine Lichttherapie sehr individuell ist.

Die Kosmetikerin kann hier durch das Anpassen einer geeigneten *Camouflage* die weißen Herde abdecken (→ Band B, LF 12, Kapitel 1.2.4).

4.9 Gutartige und bösartige Hauttumore

Im folgenden Kapitel soll eine Übersicht über die verschiedenen tumorösen (gutartig als auch bösartig knotenartigen) Hautveränderungen gegeben werden und der Kosmetikerin der Blick dafür geschärft werden, Kunden mit kleinen rötlichen, oder kleinen schuppenden Hautveränderungen zum Dermatologen zu schicken (→ Anhang).

4.9.1 Pigmentmale und gutartige Tumore

Im Laufe des Lebens entwickeln Menschen verschiedene Pigmentmale, aber auch über die normale Hautoberfläche herausragende Knoten/Tumore. Diese fallen dem Einzelnen häufig aufgrund einer langsamen Entwicklung nicht auf. Erst durch das beherzte Auffordern von Außenstehenden (Kosmetikerin, Friseur, Sportkamerad oder Nachbar) führen sie zur Begutachtung beim Dermatologen.

Zu den häufigsten gutartigen Veränderungen im Gesicht/Kopfbereich gehören:

- ***Pigmentnävi*** **(Leberflecken/Muttermale),**
- **Alterswarzen *(seborrhoische Keratose)*,**
- ***Fibrome*** **und**
- **Schweißdrüsenhyperplasien *(Syringome)*.**

Pigmentnävi bestehen aus Nävuszellen. Nävuszellen sind besondere Zellen, welche Pigment bilden können und dann als schwarze oder braune Flecken (Leberflecken/Muttermale) oder als hautfarbene Papel auftreten: Im Laufe des Alters können Nävuszellen die Fähigkeit zur Pigmentbildung immer mehr verlieren. Dabei vermehren sie sich, und aus einem zunächst flachen Fleck entsteht eine halbkugelige oder erbsengroße, kleine Papel.

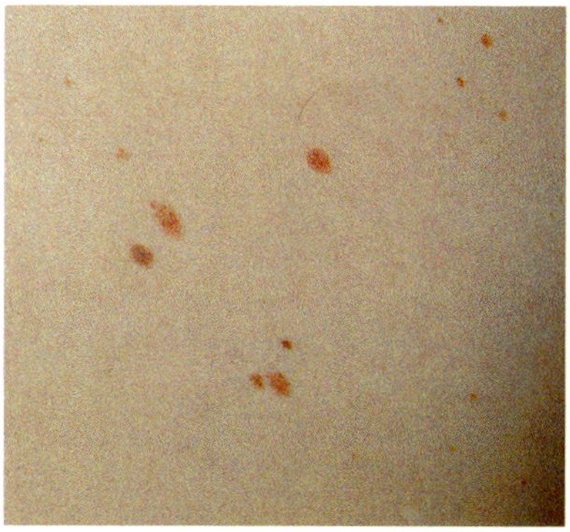

Abb. 4.41: Leberflecken

Bei älteren Damen und entsprechendem Haarwachstum werden sie auch gerne als „Hexenwarzen" bezeichnet. Diese sind, insbesondere im Gesicht, lasermedizinisch sehr schön und im Regelfall narbenfrei, zu entfernen.

Da der schwarze Hautkrebs von einem im Hautniveau liegenden Leberfleck ausgeht, sollte dieser regelmäßig dermatologisch kontrolliert werden. Falls ein Leberfleck unter einer Nagelplatte erscheint und dieser Vorgang nicht mit einer Prellung (Blutung) einhergeht, so sollte dieser Fleck ebenfalls vom Dermatologen überprüft werden.

Bestehen am Körper mehr als 100 Muttermale/Leberflecken, hat man ein über 10-fach erhöhtes Risiko, schwarzen Hautkrebs zu entwickeln als andere Personen mit wenigen Leberflecken.

Die häufigste gutartige Neubildung der Epidermis ist die **Alterswarze *(seborrhoische Keratose)*.** Zu Beginn handelt es sich um scharf begrenzte, hautfarbene oder leicht gelbliche, in verschiedenen Ausführungen auch leicht weißliche, flach erhabene, unscheinbare Neubildungen. Die seborrhoischen Warzen werden dann größer, bis daumennagelgroß und mehr, und scheinen zerklüftet und erhalten einen bräunlichen oder schmutzig schwarzgrauen Farbton. Seborrhoische Keratosen können mittels eines scharfen Löffels abgetragen oder, was kosmetisch häufig besser ist, mit einem Erbium-Yag-Laser abgetragen werden.

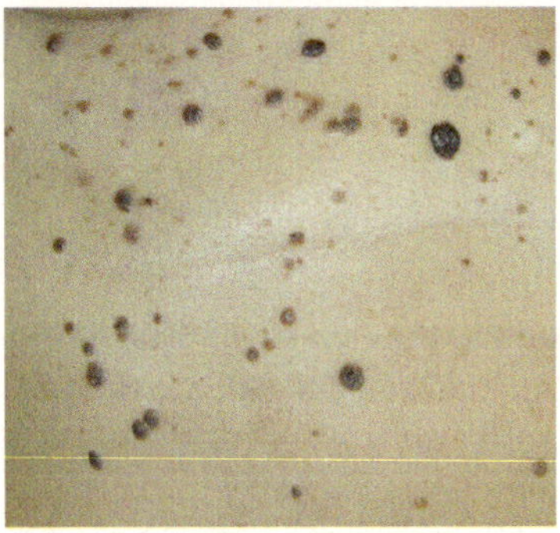

Abb. 4.42: Seb. Keratose (Alterswarzen)

Für den Nicht-Dermatologen kann es manchmal schwierig sein, hier bei dunkelbraunen oder schwarzen Flecken die Unterscheidung zu einem malignen Melanom vorzunehmen.

Im Zweifelsfall bei braunen oder schwarzen Hautveränderungen immer den Kunden zum Hautarzt schicken.

Bei ***Fibromen*** handelt es sich um weiche, aus dem Hautniveau hervortretende Anhängsel. Sie kommen besonders häufig an Hals, Achseln und Leistenregion vor. Es ist eine harmlose Geschwulst, die, falls sie als störend empfunden wird, vom Dermatologen mittels einer sterilen Schere entfernt werden kann.

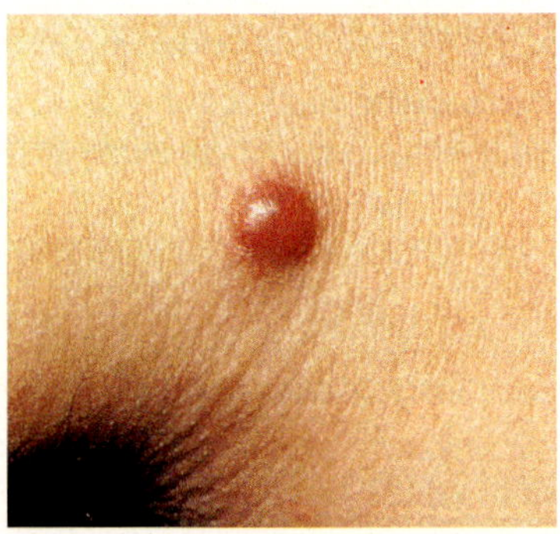

Abb. 4.43: Hartes Fibrom

Vergrößern sich die Talgdrüsen, welche um einen Haarfollikelausführungsgang angeordnet sind, sieht man eine so genannte **Talgdrüsenvergrößerung (Talgdrüsen*hyperplasie*)**, welche gelblich-weißlich aussieht und in der Mitte eine kleine Einziehung, den Haarfollikelausführungsgang, aufweist.

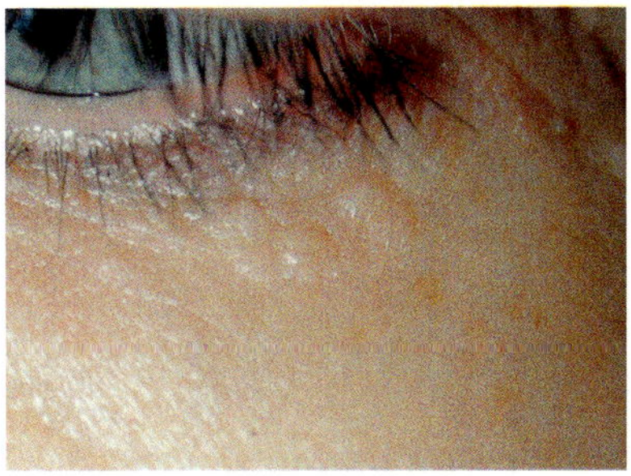

Abb. 4.44: Syringome

Ähnlich aussehend, nur ohne die beschriebene zentrale „Delle", finden sich bei einer Vermehrung von Schweißdrüsenzellen die so genannten **Schweißdrüsenhyperplasien *(Syringome)***. Syringome kommen besonders häufig an den Augenlidern, besonders an den Unterlidern vor, wo sie als hautfarbene oder etwas hellere, erhabene, bis zu 4 oder 5 mm große Knötchen auftreten. Im Gegensatz zu Milien kann hier nicht angeritzt werden, sondern es ist, genau wie bei den Talgdrüsenhyperplasien, nur die dermatologische Abtragung mit einem Erbium-Yag-Laser möglich.

4.9.2 Präkanzerosen und „weißer Hautkrebs"

Präkanzerose = Krebsvorstufe

Die Definition einer *Präkanzerose* **(Krebsvorstufe)** besteht seit 1896 und definiert eine Erkrankung, die sich nicht mehr von alleine zurückbilden kann und die irgendwann einmal die **Kriterien der Bösartigkeit** aufweist:

- ungebremste Zellteilung
- Wachstum in die Tiefe mit Zerstörung von Gewebe und Organstrukturen
- gegebenenfalls Absiedlung in andere Organe *(Metastasierung)*

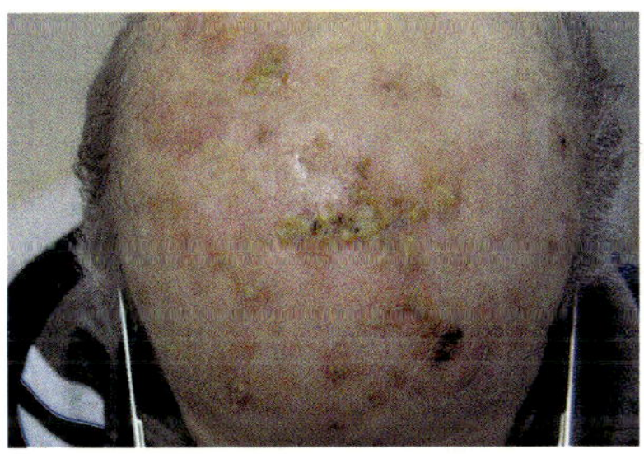

Abb. 4.45: Multiple aktinische Keratose, in der Mitte in Plattenepithelkarzinom übergegangen

An der Haut, und dies wird auch die Kosmetikerin sehen, ist die häufigste Präkanzerose die ***aktinische Keratose***. Es handelt sich um Veränderungen in chronisch der Sonne ausgesetzten Hautarealen, die besonders bei hellhäutigen und wenig pigmentierten Menschen über 45 Jahren auftreten. Seit über 20 Jahren wächst die Zahl der *aktinischen Keratosen* in der Bevölkerung dramatisch, wahrscheinlich aufgrund der wiederholten Urlaubsreisen in geografische Breiten mit höherer Ultraviolettstrahlung und den zunehmenden Gewohnheiten von Solarium-Missbrauch.

Dabei finden sich aktinische Keratosen an Hautarealen wie Stirn und Glatze bei Männern, Nasenrücken, Ohrmuscheln, Wangen, Unterlippe und Handrücken bei Männern und Frauen.

histologisch = feingewebliche Untersuchung mit dem Mikroskop

Diese *aktinischen Keratosen* können in ein ***spinozelluläres Karzinom* (Plattenepithelkarzinom)** übergehen. Auch das *spinozelluläre Karzinom* geht von den Epidermiszellen, den Keratinozyten, aus. Nur histologisch kann man unterscheiden, ob es sich um eine *aktinische Keratose* handelt oder aber bereits um ein *spinozelluläres Karzinom*. Das Letztgenannte zeigt Wachstum in die Tiefe, also von der Oberhaut in die Lederhaut und tiefer und es hat die Fähigkeit, über die Lymphwege zu metastasieren (sich auszubreiten und Metastasen, weitere Zellherde im Körper, zu bilden).

Basaliom = semimaligner Tumor

2

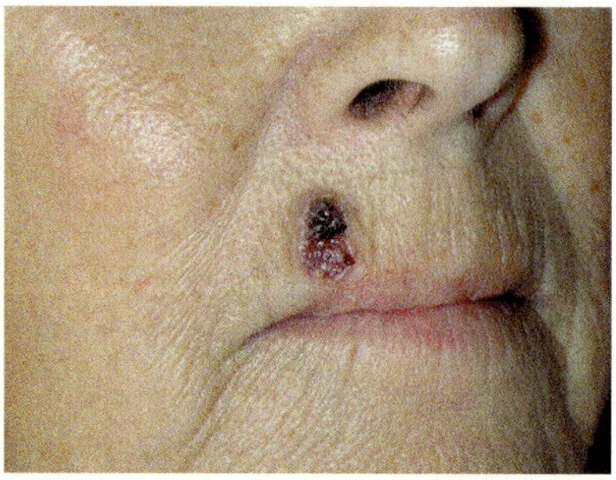

Abb. 4.46: Basaliom

Genauso häufig wie das Plattenepithelkarzinom ist das ***Basaliom***. *Basaliome* nehmen ihren Ausgang von ganz bestimmten Zellen im Bereich der Basalmembran und der Haarfollikel. Sie sind in der Lage, am Ort ihres Auftretens infiltrierend, d. h. zerstörend in die Umgebung einzuwachsen. Im Gegensatz zum Plattenepithelkarzinom können sie nicht metastasieren (streuen) und werden deshalb auch als *semimaligne* (halbbösartige) Tumore bezeichnet.

Auch hier findet sich überwiegender Befall in dem Bereich der sonnenexponierten Areale, d. h., dass ca. 80 % der *Basaliome* im Gesicht entstehen.

Basaliome können unterschiedliches Aussehen haben. Häufig sind sie rötlich mit einem perlschnurartigen Randsaum. Aber auch kugelartige oder ulzerierende Formen gibt es.

Therapeutisch sind für *Basaliom* und *Spinaliom*, als auch für die *aktinischen Keratosen*, die heutzutage zum **„weißen Hautkrebs"** zusammengefasst werden, verschiedene chirurgische wie auch moderne licht- und laserchirurgische Verfahren möglich.

Nicht jeder Hautkrebs ist braun!

4.9.3 Malignes Melanom

Der gefährlichste Hautkrebs ist sicherlich das *maligne Melanom*, das auch **„schwarzer Hautkrebs"** genannt wird.

Auffällig sind schwarze, unregelmäßig pigmentierte Flecken im Hautniveau. Für den Laien ist die Unterscheidung zwischen einem Pigmentmal (Leberfleck) und einem beginnenden *malignen Melanom* sicherlich schwierig. Oft hilft hier nur eine Probe*exzision* (Probenentnahme) mit histologischer Aufbereitung. Hierunter versteht man die feingewebliche Untersuchung des entfernten Gewebes unter dem Mikroskop.

Exzision

Hilfreich zur Beurteilung von pigmentierten *Hautläsionen* kann die so genannte **ABCD-Regel** sein, wobei sie nur bei entsprechender (dermatologischer) Erfahrung auch zu einer erfolgreichen Anwendung führt:

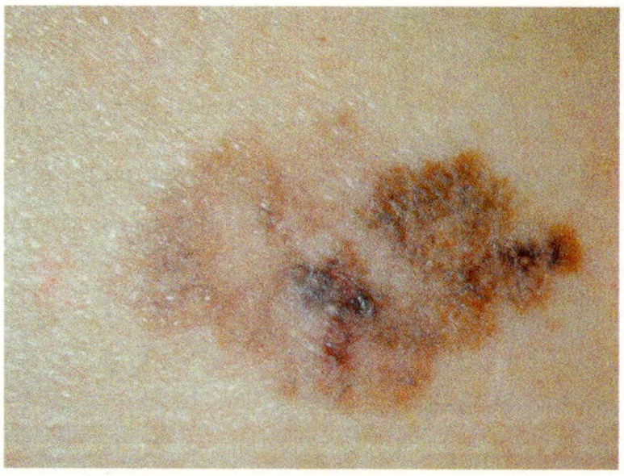

Abb. 4.47: Malignes Melanom I

A steht für die Asymmetrie einer Hautveränderung
B für die Begrenzung
C für die Farbe (engl. *colour*) und
D für den Durchmesser

Das *maligne Melanon* äußert sich asymmetrisch in seiner Form, ist unscharf begrenzt (z. B. ausfransend oder „zackig"), schwarz und groß oder wachsend.

Harmlose Pigmentmale sind dagegen in der Regel sehr symmetrisch, d.h. kreisrund, grenzen sich scharf gegen die umgebende Haut ab, sind von der Farbe gleichmäßig (pigmentiert), und sind klein, d. h. ihre Größe beträgt maximale 1 cm^2.

Der schwarze Hautkrebs kann sehr schnell *metastasieren* und sich so in den gesamten Körper ausbreiten.

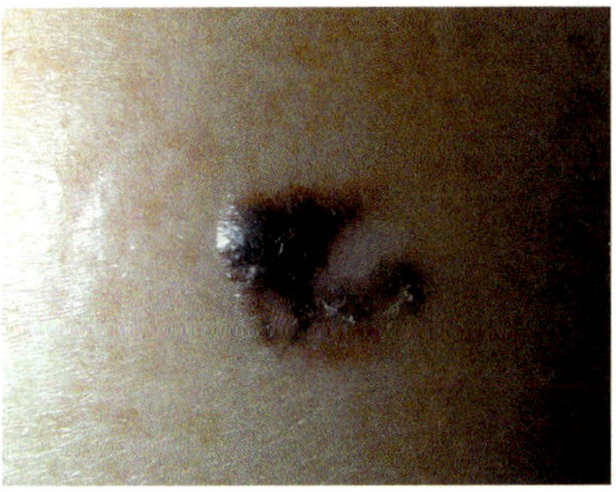

Abb. 4.48: Malignes Melanom II

Je nach Beschaffenheit wird ein oberflächlich spreitendes *Melanom* von einem knotigen, ***nodulären Melanom*** und von einem flächig wachsenden (häufig im Gesichtsbereich) ***Lentigomaligna-Melanom*** unterschieden.

Die Häufigkeit des Auftretens von Neuerkrankungen und die bevorzugten Hautstellen der drei wichtigsten Hauttumore sind in der folgenden Tabelle dargestellt.

Tab. 4.49	*Malignes Melanom*	*Basaliom*	*Plattenepithelkarzinom*
Neuerkrankungen auf 100 000 Einwohner/Jahr	10–12	100	20
Risikofaktoren	Sonnenbrände insbesondere in der Kindheit, viele Pigmentmale und familiäre Häufung	UV-Strahlung	UV-Strahlung, *aktinische Präkanzerosen*
Lokalisationen	Beliebig, Männer häufig oberer Rücken, Frauen häufig Wangen *(Lentigo maligna)*	Am häufigsten zwischen Oberlippe und Haaransatz	Unbehaarte Kopfhaut, Ohren, Unterlippe, Handrücken
Wachstums-Verhalten	Schnelles Wachstum	Langsames Wachstum	Entstehung aus *aktinischen Keratosen*, starke Verhornung, langsames Wachstum
Metastasen-Bildung	Häufig	Keine	10 % der Fälle ab einer bestimmten Tumorgröße
Behandlung	Operation, Immun- oder Chemotherapie bei *Metastasierung*	Operation	Operation

Auf keinen Fall sollten Sie als Kosmetiker an einer Hautveränderung manipulieren (Ausdrücken, Ausreinigen, Abschälen oder Ähnliches), die Sie nicht sicher einschätzen können. Bei bösartigen Hautveränderungen kann diese Manipulation sogar die Metastasenbildung unterstützen!

Fragen
Übungen
Aufgaben

A

2

1. Benennen und erklären Sie die drei Hauptformen der Akne.
2. Welche drei Hauptursachen liegen der Akne zu Grunde?
3. Nennen Sie verschiedene Behandlungsmöglichkeiten und erklären Sie, bei welcher Ursache diese ansetzen.
4. Welche Gemeinsamkeiten und Unterschiede gibt es zwischen Akne und Rosazea?
5. Zeichnen Sie ein Gesicht und schraffieren Sie die bevorzugten Areale für eine Rosazea und eine periorale Dermatitis mit unterschiedlichen Farben.
6. Welche Erkrankungen werden durch Streptokokken, und welche durch Staphylokokken ausgelöst?
7. Welche Gemeinsamkeiten und Unterschiede gibt es zwischen einer Herpes simplex und einer Herpes zoster Infektion?
8. Was sind vulgäre Warzen und welcher Erreger verursacht sie? Welche Behandlungsmöglichkeiten gibt es?
9. Welche drei großen Erregergruppen von Pilzinfektionen gibt es? Nennen Sie jeweils ein Beispiel für eine Infektion.
10. Welches sind die fünf häufigsten Verursacher einer Kontaktallergie in Deutschland? In welchen Dingen/Stoffen sind diese Allergene zu finden?
11. Erklären Sie den Ablauf einer Typ I - und Typ IV- Allergie und nennen Sie jeweils zwei typische Allergene.
12. Beschreiben Sie das Aussehen einer typischen „Neurodermitis" und einer Schuppenflechte unter Verwendung der Effloreszenzenlehre.
13. Welche Faktoren können eine Schuppenflechte verschlimmern?
14. Welche Ursache kann hinter einem Haarausfall stecken? Welcher Haarverlust ist noch normal?
15. Welche Formen des „weißen Hautkrebs" gibt es und wie werden Sie behandelt?
16. Wie lautet die ABCD-Regel zur Beurteilung von pigmentierten Hautläsionen und wie kann sie Ihnen nützlich sein?
17. Weshalb ist der „schwarze Hautkrebs" besonders gefährlich?

584092

5 Hygiene

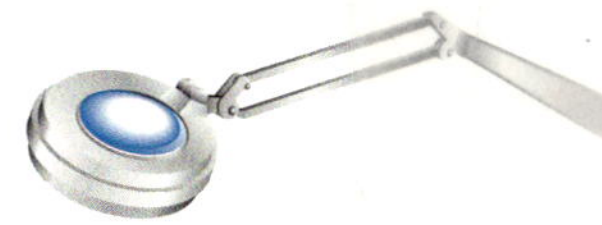

Sonja möchte bei einer Kundin eine Ausreinigung machen. Da bemerkt sie, dass die Schutzhandschuhe ausgegangen sind. Um die Kundin nicht zu verärgern, beginnt sie die Behandlung ohne Schutzhandschuhe. „Sind Sie wahnsinning," fährt die Kundin Sonja an. „Wo sind Ihre Schutzhandschuhe?" „Die sind leider alle", meint Sonja ganz unschuldig, „wir haben da zurzeit Probleme mit der Lieferfirma." „Da ich an Hepatitis C leide, sollten wir die Behandlung heute lieber ausfallen lassen, denn ich möchte nicht daran schuld sein, wenn Sie in 10 Jahren an einer chronischen Leberentzündung sterben." „Das hätte ich nicht für möglich gehalten", antwortet Sonja nachdenklich, „dass eine junge und gut aussehende Frau wie Sie daran leidet."

Der Begriff Hygiene stammt von der Göttin Hygieia ab, die in der griechischen und römischen Götterwelt als die Göttin der Gesundheit verehrt wurde. Während Asklepios, der Gott der Heilkunst, für die Heilung von Krankheiten zuständig war, oblag Hygieia die Erhaltung der Gesundheit. Nicht nur in der Antike standen Heilkunst und Gesunderhaltung in einer engen Beziehung zueinander.

Abb. 5.1: Hygieia

In der modernen Zeit wurde die Definition der Hygiene wieder aufgegriffen und beschreibt somit die **Lehre der Vorbeugung und der Vermeidung von Krankheiten**.

(Weitere Teilgebiete und Arbeitsbereiche der HYGIENE → Grundlagen-Lexikon.)

5.1 Kleine Hygiene-Geschichte

Auch wenn der Begriff Hygiene aus dem griechischen Altertum stammt, hat sich die moderne Hygiene erst in den letzten 150 Jahren entwickelt.

Measmen

Noch im Mittelalter galten als Hauptursache für Krankheiten die *Measmen* (schlechte Ausdünstungen). Die damals gängigen Behandlungsmethoden waren Räucherungen, das Versprühen von geruchsintensiven Essenzen sowie das Aufträufeln von Essig, saurem Wein oder von Ölen.

Erste Veränderungen in der Neuzeit wurden durch **Ignaz Semmelweiß (1818–1865)** eingeführt. Er untersuchte in Wien die Wochenbettsterblichkeit und stellte fest, dass in einer Gebärklinik mit Obduktionstätigkeit die Sterblichkeit der Frauen 18 % betrug. In Kliniken ohne Obduktionstätigkeit betrug hingegen die Sterblichkeit nur 2–3 %. Unter der Annahme, es würde „Leichengift" übertragen, führte Semmelweiß die **Waschung der Hände** mit Chlorkalk-Lösung ein und konnte so die Wochenbettsterblichkeit in allen Wiener Gebärkliniken auf 1–2 % senken.

Weitere Erkenntnisse stammen von dem englischen Arzt **Josef Ph. Lister (1827 – 1912)**. Lister war der Meinung, Infektionen würden durch „in der Luft schwebende Keime" verursacht. Um dies zu verhindern, benutzte er karbolgetränkte Verbände (Karbol = frühere Bezeichnung für Phenol) **zur antiseptischen Wundbehandlung** (lat. *anti* = gegen, griech. *sepsis* = „Blutvergiftung") und versprühte Phenol. Durch diese hygienischen Maßnahmen konnte er die Sterblichkeitsrate nach z. B. Unterschenkelamputation von 46 % auf 15 % senken.

anti
sepsis

2

In der gleichen Zeit lebte auch **Louis Pasteur (1822 – 1895)**. Er machte 1858 die Entdeckung, dass der Gärungsprozess kein chemischer, sondern ein biologischer Vorgang ist. Er zeigte, dass durch Erhitzen der Gärungsvorgang zu unterbrechen ist und Kuhmilch hierdurch länger haltbar wird. Diesen Vorgang kennen wir noch heute als die so genannte **Pasteurisierung**. Er entdeckte 1880 die Strepto-, Pneumo- und Staphylokokken-Bakterien und führte 1885 die Schutzimpfung gegen Tollwut ein.

Der wichtigste deutsche Arzt, der sich in der Erforschung der Hygiene verdient gemacht hat, ist **Robert Koch (1843 – 1910)**. Ihm gelang der **Nachweis von Erregern**, wie Gonokokken, Tuberkelbakterien, des Choleraerregers, der Meningokokken sowie der Erreger der Pest und der Syphilis. Außerdem entwickelte er Methoden zur Züchtung und Färbung von Bakterien. Auch der Milzbranderreger sowie dessen Sporenbildung konnten von Robert Koch erstmalig beschrieben werden.

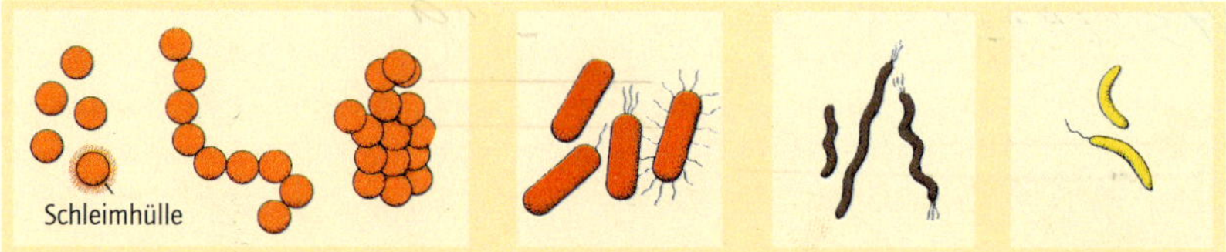

Abb. 5.2: Bakterienformen

Der nächste Meilenstein in der Hygiene war 1929 die **Entdeckung des Penicillins** durch **Sir Alexander Flemming (1881 – 1955)**. Nachdem er 1929 die *antibiotische* (lat., gegen das Leben, also abtötende) Wirkung des Penicillins in Schimmelpilzkulturen entdeckt hatte, wurde Penicillin 1939 als erstes *Antibiotikum* in die Heilkunde eingeführt.

Seit diesem Zeitpunkt gab es immer wieder neue und weiterentwickelte Antibiotika. Durch ihren massiven Gebrauch stieg wiederum auch die Anzahl der resistenten Keime an.

Staphylococcus aureus

Einen besonderen Problemkeim stellt seit 1990 der so genannte multiresistente *Staphylococcus aureus* dar. Er ist gegenüber sämtlichen Antibiotika resistent, mit Ausnahme des Antibiotikums *Vancomycin*.

5.2 Hygiene und Kosmetik

Zur Vermeidung von Infektionen ist die Einhaltung der Hygiene die Basis einer jeden kosmetischen Behandlung.

Unter Infektion versteht man die Aufnahme und nachfolgende Entwicklung oder Vermehrung eines Krankheitserregers im menschlichen Organismus.

Man unterscheidet zwischen einer **direkten Infektion**, bei der die Übertragung der Krankheitserreger von Mensch zu Mensch geschieht, und der **indirekten Infektion**, bei der es bei der Übertragung des Krankheitserregers eines Zwischenmediums (z. B. Instrumente) bedarf.

Auch können Infektionen nach der Art der Keimübertragung unterschieden werden. Möglich sind:

- **Kontaktinfektion:** Übertragung durch Kontakt, z. B. Berühren mit den Händen bei bestehender Handverletzung, Arbeiten mit unsauberen Instrumenten.
- **Tröpfcheninfektion:** Infektion durch Versprühen erregerhaltigen Speichels durch Husten, Niesen oder Sprechen.
- **Schmierinfektion:** Kontaktinfektion durch Verschmieren von erregerhaltigem Material, z. B. bei unsachgemäßer kosmetischer Ausreinigung (→ Band B, LF 3, Kapitel 5.2).
- **Anflugkeime:** Der Begriff ist irreführend, denn Anflugkeime sind hautfremde Keime, denen es gelingt, sich von außen in unsere bestehende hauteigene Keimflora einzunisten. Die Keime gelangen jedoch im Regelfall nicht „im Flug" auf die Haut, sondern, wie unter Kontakt-, Tröpfchen- und Schmierinfektion beschrieben, in der Regel über diese, direkten Kontakte.

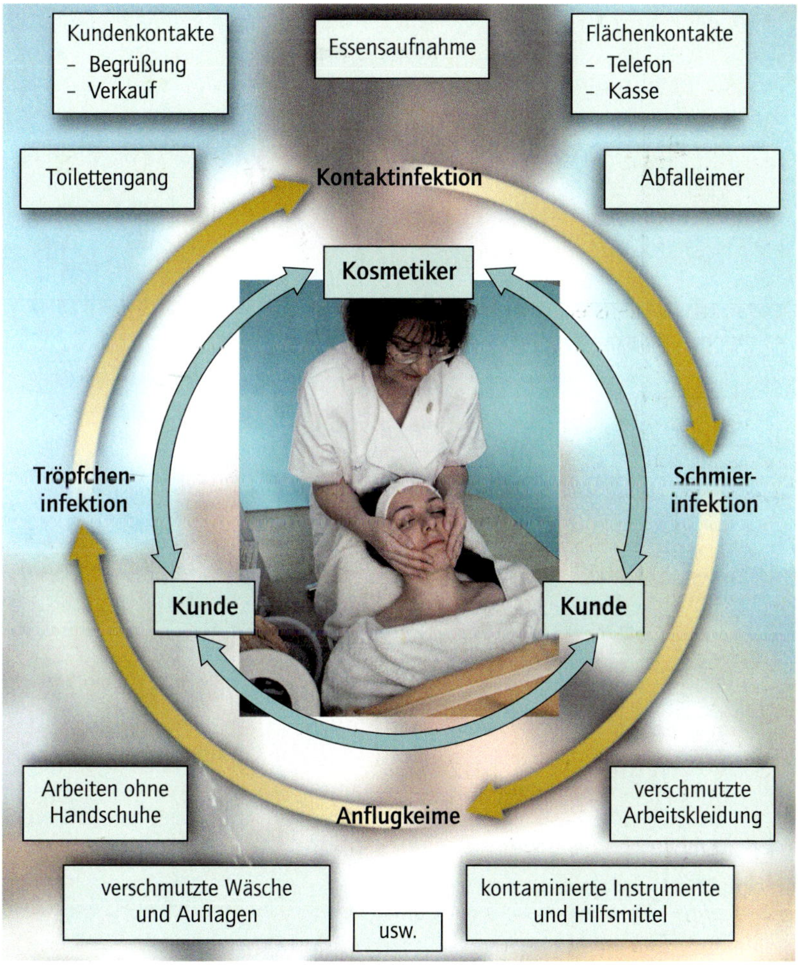

Abb. 5.3: Ansteckungsquellen im Kosmetikinstitut

Neben der Möglichkeit, Keime auf einen Kunden zu übertragen, besteht auch das Risiko der Übertragung von Keimen von Kunde zu Kunde oder vom Kunden auf den Behandler. Im schlimmsten Fall kann hierbei eine nicht heilbare Infektionskrankheit übertragen werden.

Die größte Gefahr geht von den Viruserkrankungen (→ Grundlagen-Lexikon VIREN) wie der Hepatitis B und C aus. Beide Viren verursachen eine Leberentzün-

HIV
AIDS

dung, die zu einem tödlichen Leberversagen führen kann. Das HI-Virus (engl. *human immunodeficiency virus),* verursacht die Immunschwächekrankheit AIDS, engl. *acquired immune deficiency syndrome).*

Während vor der Hepatitis B eine Impfung sicheren Schutz bietet, kann vor der Hepatitis C und der HIV-Infektion nur die konsequente Einhaltung der Hygienevorschriften schützen, d. h. regelmäßige, konsequente Keimreduktion und direkten Kontakt zu Körperflüssigkeiten vermeiden.

Da bei kosmetischen Behandlungen oftmals die Schutzbarriere der Haut durchbrochen oder geschwächt wird, ist auf besonders sorgfältiges, hygienisches Arbeiten zu achten.

Hygieneplan

Zur Einhaltung der Hygiene muss in jedem Institut ein **Hygieneplan** ausgearbeitet und befolgt werden. In diesem ist aufgeführt, welche hygienischen Maßnahmen von wem, wann und womit durchzuführen sind. (Ein Beispiel für einen Hygieneplan zeigt → die Tabelle 5.10 am Ende des Lernfeldes.)

Alle in der Kosmetik angewandten Hygienemaßnahmen richten sich darauf aus, krankheitserregende Keime auf der Hautoberfläche zu vermindern, ohne die natürliche **Infektionsschutzbarriere der Haut** zu zerstören (→ Kapitel 1.5.1).

Dies ist insbesondere wichtig, wenn bei der kosmetischen Tätigkeit Hautverletzungen bewusst herbeigeführt werden (z. B. beim Eröffnen einer Milie → Band B, LF 3, Kapitel 5.2.2).

Aus kosmetischer Sicht stellt sich nicht die Frage „Warum Hygienemaßnahmen?", sondern immer „Welche Hygienemaßnahmen?"

5.3 Desinfektion und Sterilisation

Sterilisationsverfahren finden aufgrund ihrer hohen Temperaturbereiche für Instrumente und Geräte Anwendung. Flächen, als auch die Haut, können lediglich desinfiziert werden.

Um eine Infektionen zu vermeiden, müssen mögliche Krankheitserreger abgetötet, und falls dies nicht möglich ist, die Krankheitserreger weitmöglichst geschwächt werden.

Während unter der **Sterilisation** die Abtötung oder Entfernung aller lebensfähigen Formen von Mikroorganismen verstanden wird, ist die **Desinfektion** eine Keimreduktion bzw. eine irreversible (nicht umkehrbare) Keimschädigung eines erheblichen Teils der Mikropopulation, d. h. von Krankheitserregern, wie Bakterien, Viren und Pilzen) mit speziellen Mitteln.

Desinfektion = Keimreduktion

Desinfektionsmaßnahmen umfassen sowohl die eigene Person (z. B. per Händedesinfektion, Verhaltensweisen zur eigenen Körperhygiene und nach dem Toilettengang) als auch die zu behandelnde Person (Hautdesinfektion des Kunden). Außerdem die zur Behandlung verwendeten Geräte und Instrumente, alle Flächen und Oberflächen, Textilien und Wäsche, Räumlichkeiten des Instituts und alle entstehenden Abfälle.

Abb. 5.4: Hände-Desinfektionsmittel (Spender)

Desinfektionsmittel müssen abtötend (griech. und lat. *-zid*) wirken. Dabei sind die häufigsten auf den Desinfektionsmitteln angegebenen Begriffe:

viruzid	**wirkt gegen Viren**
***bakterizid* oder antibakteriell**	**wirkt gegen Bakterien**
fungizid* oder *antimykotisch	**wirkt gegen Pilze**

Desinfektionsmittel, die zur **Anwendung am menschlichen Körper** bestimmt sind, unterliegen dem Arzneimittelgesetz (AMG) und müssen durch das Bundesinstitut für Arzneimittel und Medizinprodukte (BfArM) zugelassen werden.

Desinfektionsmittel für **Geräte und Instrumente** unterliegen dem Medizinproduktegesetz und müssen das **CE-Zeichen** tragen. Alle anderen Präparate, z. B. für die Flächen- und Wäschedesinfektion unterliegen dem Biozidgesetz und somit der Bundesanstalt für Arbeitsschutz und Arbeitsmedizin.

In Deutschland gibt es zwei Listen mit empfohlenen Desinfektionsmitteln und -verfahren:

- Die erste Liste wird von dem **Verbund für Angewandte Hygiene** (VAH, www.vah-online.de) herausgegeben und umfasst die für die alltägliche Arbeit empfohlenen Maßnahmen und zugelassenen Mittel zur Infektionsprophylaxe.
- Die zweite Liste wird vom **Robert-Koch-Institut** (ehemaliges Bundesgesundheitsamt) veröffentlicht und umfasst Maßnahmen, die im Fall des § 10a des Bundesseuchengesetzes, also dem Auftreten einer übertragbaren Erkrankung, angewandt werden müssen. Die wiederum hierfür zugelassenen Präparate und Verfahren werden auch vom Robert-Koch-Institut, der bundesweit verantwortlichen Behörde für Infektionsschutzmaßnahmen (z. B. im Internet unter www.rki.de), veröffentlicht.

Desinfektionsverfahren

Bei der Desinfektion werden physikalische und chemische Verfahren unterschieden (auch → Grundlagen-Lexikon).

Physikalische Verfahren

Bei den physikalischen Verfahren werden zwei wichtige Methoden eingesetzt, die thermische Desinfektion und die UV-Desinfektion.

Bei der **thermischen Desinfektion** erfolgt die Inaktivierung der Mikroorganismen durch Zufuhr von Wärme. Dies kann durch Auskochen bei 93 °C (3 min. für die Resistenzstufe AB) oder durch das Einwirken von strömendem Dampf bei 100 °C (10 min. für die Resistenzstufe ABC) sein.

Durch **UV-Licht** kann ebenfalls eine Desinfektion erfolgen. Es wird hierzu UV-C Licht der Wellenlänge 253,7 nm benutzt, das sehr energiereich ist. Für eine ausreichende Desinfektion muss eine Mindestenergie von 25 mWs/cm^2 (bedeutet Energiemenge auf einer bestimmten Fläche) auf das Desinfektionsgut aufgebracht werden.

Da die Haut hohe Temperaturen oder eine so energiereiche Strahlung nicht bzw. nicht gut verträgt, werden zur Hautdesinfektion chemische Desinfektionsverfahren eingesetzt.

2

Chemische Verfahren

Abb. 5.5: Seifenreste gut abspülen!

Bei den angewandten chemischen Desinfektionsverfahren gibt es mehrere mögliche Störfaktoren. Die drei am häufigsten vorkommenden Störfaktoren sind:

- Mikroorganismen, die von einer **Luftblase eingeschlossen** sind,
- die Anwesenheit von Eiweißstoffen (**Eiweißfehler** genannt) oder
- die Anwesenheit von Seifenresten (**Seifenfehler** genannt).

Diese Fehler können auftreten, wenn z. B. ein Gefäß mit der Öffnung nach unten ins Desinfektionsbad eingetaucht wird (Prinzip der Taucherglocke) oder Instrumente massiv mit Blut verschmutzt sind (Eiweißfehler). Falls vor der hygienischen Händedesinfektion (s. u.) eine Waschung mit Seife erfolgt, können nicht vollständig abgespülte Seifenreste ebenfalls die Desinfektion stören (Seifenfehler).

Das Spektrum der chemischen Desinfektionswirkstoffe ist breit, es werden im Folgenden nur die Wichtigsten benannt.

- **Alkohole**

  Es werden Ethanol, 2-Propanol und 1-Propanol eingesetzt. Die Einwirkzeit beträgt 10 – 60 Sekunden. Alkohole wirken am stärksten in wässriger Lösung von 60 – 80 Vol. %. Da Alkoholdämpfe explosiv sind, muss der Einsatz auf kleine Flächen beschränkt bleiben. Alkohole können die Haut irritieren. Deshalb sind in vielen Präparaten zur Händedesinfektion schon rückfettende Substanzen enthalten. Da diese aber oftmals nicht ausreichend sind, sollten zusätzlich hautpflegende Cremes angewandt werden.

- **Aldehyde**

  Zu den Aldehyden zählen Formaldehyd, Glutaraldehyd und Glyoxal. Das Wichtigste hiervon ist Formaldehyd, welches seit Jahrzehnten mit großem Erfolg zur Desinfektion angewandt wird. In die Diskussion kam die Substanz allerdings, seit sie als potenziell kanzerogen (krebserregend) eingestuft wurde. Da die Substanz auch stark schleimhautreizend ist, wird sie schon bei sehr niedrigen Konzentrationen wahrgenommen, sodass bei korrekter Anwendung kein Risiko besteht.

- **Jodabspaltende Verbindungen**

  Das chemische Element Jod weist ein breites Wirkspektrum gegen Mikroorganismen auf (→ Grundlagen-Lexikon). Da aber das in der Vergangenheit eingesetzte anorganische Jod oft zu allergischen Reaktionen führte, wird heute nur noch organisch gebundenes Jod in Form des organischen Komplexes *Polyvinylpyrolidon* (PVP) verwendet.

- **Peroxidverbindungen**

  Peroxidverbindungen wirken durch die Freisetzung von Sauerstoff. Hierzu gehören Persäure, Wasserstoffperoxid und Ozon als Desinfektionsmittel. Peroxid wird wegen der Überlegenheit anderer chemischer Desinfektionsmittel heute immer seltener eingesetzt.

Sterilisationsverfahren

Unter Sterilisation versteht man die Abtötung oder Entfernung aller lebensfähigen Formen von Mikroorganismen. Es werden physikalische und chemische Verfahren unterschieden. Die **physikalische Sterilisation** beinhaltet den Einsatz von Wärme oder ionischer Strahlung. Die **Chemische Sterilisation** erfolgt unter Einsatz von Gasen.

Sterilisation = frei von Keimen

2

Thermische Sterilisation mit Heißluft

Hierbei wirkt Heißluft von 180 °C auf das Sterilisationsgut ein. Die Einwirkzeit beträgt 30 min. und verringert sich bei 200 °C auf 10 min. Da mit einer trockenen Hitze gearbeitet wird, darf das Sterilisationsgut nicht feucht sein. Die Sterilisation wird mithilfe von verschiedenen Sterilisationsgeräten durchgeführt. Dies sind im Fachhandel zu beziehende spezielle Grätetypen, die nach DIN 58946 oder DIN 58947 zugelassen sein müssen. Nur so kann eine vollständige Sterilisation gewährleistet werden.

Sterilisationsgeräte nach DIN 58946 und DIN 58947

Thermische Sterilisation mit Wasserdampf

Autoklavieren

Dieses Verfahren, auch *Autoklavieren* genannt, arbeitet mit gesättigtem (luftfreien) und gespanntem (unter Überdruck stehendem) Wasserdampf. Da Keime sehr viel empfindlicher gegen feuchte Hitze sind, reichen hier schon geringere Temperaturen aus. Die Einwirkzeiten betragen 20 min. bei 120,6 °C und 1 atü (Atmosphärenüberdruck, 1,961 bar) oder 5 min. bei 144,0 °C und 3 atü (3,923 bar; DRUCK → Grundlagen-Lexikon).

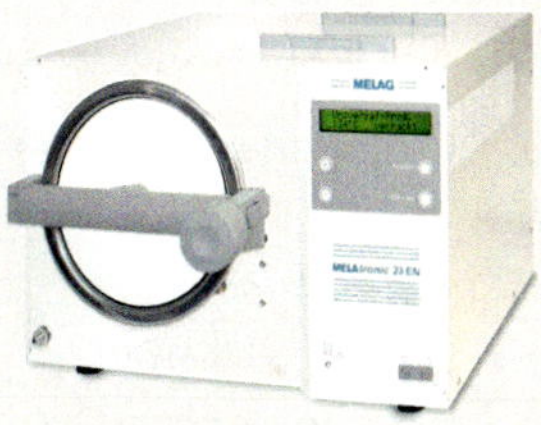

Abb. 5.6: Autoklav

Strahlensterilisation

Das Strahlensterilisationsverfahren beruht auf der Einwirkung von **ionisierenden (radioaktiven) Strahlen** (→ Grundlagen-Lexikon). Als Strahlenquelle wird meist ^{60}Co (Kobalt-60) verwendet, da die hierbei hauptsächlich entstehende Gamma-Strahlung die Materie gut durchdringen kann. Mögliche Krankheitserreger werden durch die ionisierende Strahlung zerstört. Da es sich hierbei um radioaktive Strahlen handelt, müssen Strahlenschutzmaßnahmen eingehalten werden.

Chemische Sterilisation

Bei der chemischen Sterilisation erfolgt das Abtöten der Keime durch *biozide* (Leben tötende) Gase wie *Ethylenoxid* oder *Formaldehyd.* Da hierbei keine Hitze entsteht, können auch *thermolabile* (wärmeempfindliche) Stoffe wie z. B. Latexhandschuhe sterilisiert werden.

Für die erfolgte **Sterilisation sind Checklisten zu führen**, die aus Normen, den Empfehlungen des Robert-Koch-Institutes (RKI) und behördlichen Anforderungen entstanden sind. Um nachzuweisen, ob der von Ihnen verwendete Sterilisator im Rahmen der vorgegebenen Parameter arbeitet, werden die Folgenden geprüft und müssen auch protokolliert und aufbewahrt werden:

1. **Sichtprüfung** – die technische Unversehrtheit des Autoklaven wird beurteilt und ein Vakuumtest nach Herstellerangaben und ein Dampfdurchdringungstest (mit Testmittel von Seiten des Herstellers) durchgeführt.
2. **Chargenfreigabe** – sie beurteilt und dokumentiert den Erfolg der Sterilisation, z. B. mittels Indikatoren (Farbumschlag). Die schriftliche Chargendokumentation beendet die Chargenfreigabe und initiiert damit die
3. **Freigabe des Sterilguts.**

2

5.4 Hygieneverordnung

Die berufs- oder gewerbemäßig ausgeübte Tätigkeit am Menschen (Körperpflegeberufe, wie z. B. die Tätigkeiten im Friseurhandwerk oder der Kosmetik) unterliegt der Hygieneverordnung in der jeweiligen Fassung für ein Bundesland.

Die Hygieneverordnung regelt, wann welche Mittel und Verfahren zur Desinfektion oder Sterilisation anzuwenden sind.

Der Behandlungsraum

Im Behandlungsraum müssen einwandfreie hygienische Bedingungen herrschen. Das heißt, der Boden muss glatt und fugenarm sein und ist täglich einmal feucht zu wischen. Die Arbeits- und Ablageflächen müssen ebenfalls glatt und leicht zu reinigen sein und sind nach dem Benutzen zu reinigen und zu desinfizieren. Des Weiteren muss ein Handwaschbecken mit Flüssigseife, Händedesinfektionsmittel und Einmalhandtuchspender mit Abfallbehälter vorhanden sein. Das Gleiche gilt für die Toilette, die ebenfalls vorhanden sein muss. Die Instrumentenaufbereitung (also Desinfektion und Sterilisation) sollte separiert vom Behandlungsraum erfolgen.

Die Reinigung und Desinfektion der Hände

Hände stehen bei der Übertragung von Krankheitserregern an vorderster Stelle. Deshalb ist die Händehygiene eine der wichtigsten Maßnahmen zur Verhütung von Infektionen.

Die Arbeitsstelle ist stets mit sauberen Händen und Fingernägeln zu betreten.

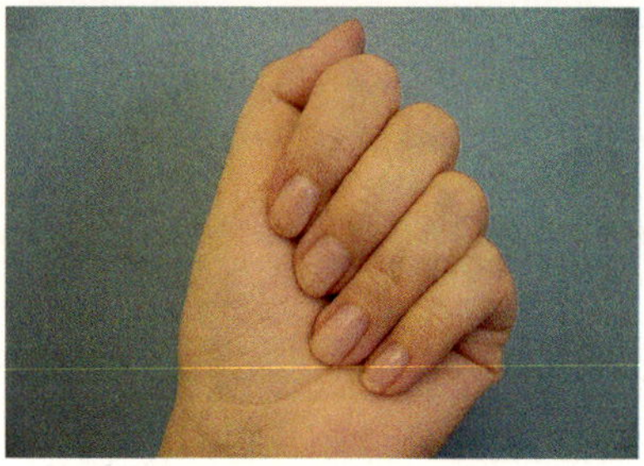

Abb. 5.7: kurz geschnittene saubere Fingernägel

Schmutzige Hände und Fingernägel (z. B. nach Gartenarbeit) sind bereits zu Hause zu säubern.

Voraussetzungen für eine effektive Händehygiene sind kurz geschnittene, mit den Fingerkuppen abschließende Fingernägel, deren Oberfläche nicht rissig sein darf (z. B. durch abgeplatzten oder gerissenen Nagellack).

Hautläsionen (Hautverletzungen) an den Händen sind aus Gründen der Infektionsübertragung an Andere und des Schutzes der eigenen Person sicher abzudecken (z. B. mit wasserdichtem Pflaster oder Verband).

Schmuck wie Ringe, Armreifen oder Armbanduhren sind vor Aufnahme der Tätigkeit abzulegen, da sie bei der Reinigung und Desinfektion der Hände stören und Keime übertragen können.

Händereinigung: Vor einer Tätigkeit, die zu einer Verletzung der Haut oder Schleimhaut führen kann, sind die Hände mit Flüssigseife aus einem Spender zu waschen, da Stückseife als potenzielles Keimreservoir im medizinisch-kosmetischen Bereich nicht mehr verwendet werden darf.

Bei den Hautreinigungsmitteln zur Händewaschung sollte auf ein möglichst geringes Irritations- und Allergiepotenzial geachtet werden. Dies betrifft insbesondere die Tensidqualität, einen schwach sauren pH-Wert (TENSIDE und PH-WERT → Grundlagen-Lexikon) und die Bevorzugung duftstofffreier Produkte. Das Abtrocknen der Hände muss mit Einmalhandtüchern erfolgen.

transiente Hautflora = „Anflugkeime“

Anschließend ist eine **Händedesinfektion** mit einem zugelassenen Desinfektionsmittel durchzuführen. Durch diese sollen mögliche Krankheitserreger auf den Händen **(transiente Flora)** soweit reduziert werden, dass deren Weiterverbreitung verhindert wird. Unter der transienten Flora werden „Anflugkeime“ (also auf die Haut gelangte Keime) verstanden, die eigentlich nicht zur normalen Keimbesiedlung der Haut gehören.

Die normalen Hautkeime nennt man die **residente Hautflora**. Diese muss aber nur bei der chirurgischen Händedesinfektion reduziert werden.

Zur Händedesinfektion wird so viel Desinfektionsmittel (ohne Zugabe von Wasser vor oder während des Verfahrens!) in die Hände eingerieben, dass sie vollständig damit benetzt sind und während der gesamten Einwirkzeit, die je nach Herstellerangaben zwischen 30 und 60 Sekunden betragen kann, feucht bleiben.

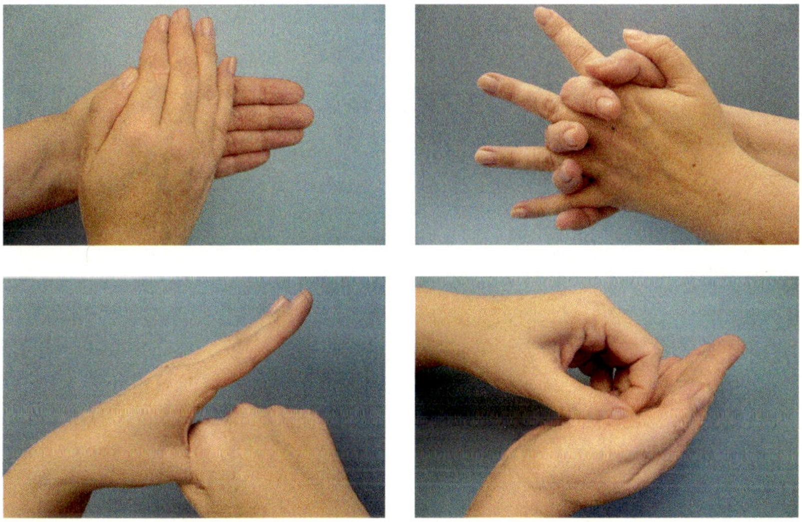

Abb. 5.8 a–d: Händedesinfektion

In der richtigen Reihenfolge werden so Handflächen und Fingerzwischenbereiche, Handrücken und Fingerzwischenbereiche, Daumen und Fingerspitzen nacheinander sorgfältig desinfiziert.

Erst waschen, dann desinfizieren oder umgekehrt?

Die hygienische Händedesinfektion führt zu einer deutlich höheren Keimzahlreduktion als die Händereinigung durch Waschen und bietet damit eine größere Sicherheit.

Nach dem Ende jeder Behandlung sind die Hände hygienisch zu reinigen.

Hier gilt: Vor der Arbeit am Kunden erst waschen, dann desinfizieren; nach der Arbeit am Kunden erst desinfizieren, dann waschen. Hierdurch lässt sich eine Weitergabe von Keimen am besten verhindern.

2

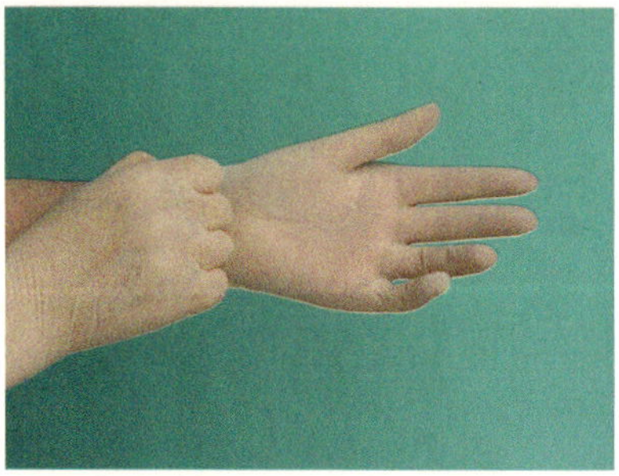

Abb. 5.9: Hände mit Schutzhandschuhen

Hautschutz: Da das Reinigen und Desinfizieren die Haut stark belastet, müssen regelmäßig Hautschutzpräparate mit pflegenden Zusatzstoffen angewandt werden (→ Band B, LF 7). Das Tragen von flüssigkeitsdichten **Schutzhandschuhen** ist bei allen Tätigkeiten erforderlich, bei der die Hautbarriere verletzt wird, bei der mit Blut- oder Sekretkontakt zu rechnen ist, bei Kontakt mit Chemikalien (z. B. Färbemittel, Flächen- oder Instrumentendesinfektionsmittel) sowie bei Verletzungen oder Hauterkrankungen an den Händen des Personals. Latexhandschuhe dürfen wegen des hohen Allergierisikos nur ungepudert verwendet werden.

Haut- und Schleimhautdesinfektion beim Kunden

Vor Tätigkeiten, bei denen es zu beabsichtigten oder unbeabsichtigten Verletzungen der Haut kommen kann (z. B. Ausreinigen der Gesichtshaut, Maniküre oder Fußpflege), ist die zu behandelnde Haut zu desinfizieren.

Hierfür eignet sich ein alkoholisches Hautdesinfektionsmittel am besten. Bei der Anwendung ist die Haut vollständig zu benetzen und die vom Hersteller angegebene Mindesteinwirkzeit ist einzuhalten.

Flächen und Oberflächen

Bei der Desinfektion von Flächen werden bevorzugt Aldehyde eingesetzt. Die mechanische Scheuer- und Wischdesinfektion ist dem Versprühen vorzuziehen, da hierbei auch Schmutzreste, die zu einem Eiweißfehler (s. o.) führen könnten, entfernt werden.

Instrumentenaufbereitung

Instrumente, mit denen eine Behandlung am Kunden durchgeführt wird, gelten nach dem Gebrauch als mit Keimen verschmutzt *(kontaminiert)*. Sie müssen grundsätzlich nach dem Gebrauch **sofort** desinfiziert werden.

Am gebräuchlichsten ist hier das Einlegen des Instrumentariums in ein Tauchbad mit Desinfektionsmittel. Erst **danach** darf die Reinigung der Instrumente erfolgen.

Halten Sie ein desinfizierendes Tauchbad immer im Institut „zum Einsatz" bereit. Es gibt hierfür spezielle Desinfektionswannen mit Einwurfschlitz. Die Einwirk- und Standzeit der Lösung ist vom Hersteller vorgeschrieben. So muss z. B. bei Gigasept® AF das Instrument eine Stunde in der Desinfektionslösung liegen. Auch die mögliche Standzeit der Lösung ist vorgeschrieben und beträgt hier 7 Tage. Mit Geräten, die bestimmungsgemäß zu Hautverletzungen führen (Beispiel: Milienmesser), muss anschließend eine Sterilisation erfolgen.

Textilien/Wäsche

Bei jeder Kundin ist saubere und frische Wäsche, d. h. Handtücher, Haarbänder, Behandlungsstuhlüberzüge usw. zu benutzen. Bei der Aufbereitung ist hier das Kochen über 30 Minuten (90°-Wäsche mit Vorwaschgang) ausreichend.

Ebenfalls müssen Sie bei sich selbst auf saubere Arbeitskleidung achten. Verunreinigte Kleidung ist sofort zu wechseln.

Abfall

Spitze oder scharfe Gegenstände dürfen, in stich- und bruchfest verpackten Einwegbehältnissen (z. B. Plastikkanister), mit dem Hausmüll entsorgt werden.

Mit Blut oder Körpersekret verunreinigte Wattepads oder Kosmetiktücher müssen vom Restmüll getrennt gesammelt werden, da hiervon eine erhöhte Infektionsgefahr ausgeht. Sicher verpackt dürfen sie mit dem Hausmüll entsorgt werden.

Der Abfallbehälter selbst sollte einen Deckel haben, der mit einem Fußpedal zu öffnen ist und auch nur so geöffnet werden sollte.

Sie sind als Kosmetiker dazu verpflichtet, die Hygieneverordnung einzuhalten. Es sollte möglichst keine „Umgehung" der vorgeschriebenen Maßnahmen geben. Mit Nachlässigkeit und Unwissenheit gefährden Sie nicht nur Ihre Kunden, sondern auch sich selbst!

Fragen
Übungen
Aufgaben

1. *Wie definiert sich der Begriff Hygiene?*
2. *Nennen Sie „Meilensteine" in der Hygieneentwicklung der vergangenen 150 Jahre.*
3. *Definieren Sie den Begriff „Infektion", erklären Sie direkte und indirekte Infektion und nennen Sie Infektionsarten. Wo können Ihnen alle diese Begrifflichkeiten bei Ihrer kosmetischen Arbeit begegnen?*
4. *Was ist der Unterschied zwischen Sterilisation und Desinfektion und was würde bei einer Hautsterilisation passieren?*
5. *Erklären Sie die Bedeutung von Eiweißfehlern und Seifenfehlern bei der chemischen Desinfektion. Welcher Störfaktor kommt ebenfalls am häufigsten vor?*
6. *Welche Bereiche der Hygieneverordnung regeln die unter Kapitel 5.4 dargestellten Absätze?*
7. *Warum sollten Sie Ihre Hände nach einer Behandlung immer zuerst desinfizieren? Was könnte passieren, wenn Sie Ihre Hände nach einer Behandlung zuerst waschen?*
8. *Was sind hygienisch einwandfreie Hilfsmittel zum Händewaschen und warum?*
9. *Nennen Sie die hygienischen und kosmetischen Methoden des Handschutzes.*
10. *Für was ist ein Hygieneplan gut und was regelt er?*
11. *Untersuchung – Einhaltung der Hygiene im Betrieb:*
    a) *Besorgen Sie sich eine für Ihr Bundesland gültige Hygieneverordnung beim Gesundheitsamt.*
    b) *Bereiten Sie eine „Checkliste" (eine Tabelle, die für jede Zeile mit einem „Häkchen" versehen und/oder kommentiert werden kann) vor, indem sie überprüfen, ob alle der in Kapitel 5.4 genannten Hygienemaßnahmen in der Verordnung vorkommen.*
    c) *Begehen Sie dann Ihren Ausbildungsbetrieb; beobachten, fragen und dokumentieren Sie, wie diese Anforderungen praktisch umgesetzt werden.*
    d) *Werten Sie Ihre Beobachtung aus und stellen Sie diese der Klasse vor.*
    e) *Werten Sie die Ergebnisse zur Umsetzung der Hygieneverordnung in den Ausbildungsbetrieben in Ihrer Klasse aus.*

Tab. 5.10: Muster-Hygieneplan

Bereich	R/D[1]	Häufigkeit	Wer	Womit	Wie[2]	Anwendung
Hände waschen	R	• zu Dienstbeginn • nach dem Essen • bei Verschmutzung • nach Toilettenbenutzung • vor Behandlung der Kunden, bei denen eine Händedesinfektion notwendig ist	Personal	Flüssigseife aus Spendern	gebrauchsfertig	Hände waschen, mit Einwegtuch abtrocknen
Hände desinfizieren	D	• vor Eingriffen, bei denen Haut bestimmungsgemäß verletzt wird • nach Ablegen der Schutzhandschuhe bei o. g. Eingriffen • nach Verunreinigung mit infektiösem Material (Blut) • nach Stich- oder Schnittverletzungen	Personal	alkoholisches Händedesinfektionsmittel	entsprechend VAH[3]-Liste oder Herstellerangaben	ausreichende Menge, mind. 3–5 ml auf der trockenen Haut gut verreiben, während der Einwirkzeit feucht halten
Handpflege		nach dem Hände waschen	Personal	Handcreme aus Tuben oder Spendern		auf trockenen Händen gut verreiben, großflächig auf Eingriffsstelle
Hautdesinfektion	D	bei hautdurchtrennenden Eingriffen Polyvinylpyrolidon →	Kunde	Hautdesinfektionsmittel (Alkohol o. PVP-Alkohol-Lösung)	entsprechend VAH[3]-Liste oder Herstellerangaben	sprühen - wischen - sprühen oder: mit Tupfern mehrmals satt auftragen und verreiben (ca. 1 min.)
Instrumentendesinfektion • hitzestabiles Instrumentarium	D	nach jeder Benutzung an einem Kunden und nach Bedarf	Personal	Reinigungs-, Desinfektionsautomat oder manuelle Aufbereitung	entsprechend Herstellerangaben	bei Utensilien mit Verletzungsgefahr immer erst desinfizieren, dann reinigen, ggf. abspülen, trocknen, verpacken und ggf. anschließend sterilisieren
• hitzelabiles Instrumentarium	D	nach jeder Benutzung an einem Kunden und nach Bedarf	Personal	Instrumentendesinfektionsmittel	entsprechend VAH[3]-Liste oder Herstellerangaben	erst desinfizieren, dann reinigen, ggf. abspülen, trocknen, verpacken
Ablagefläche für Instrumente und Materialien	D	vor jedem neuen Kunden bei Verunreinigung	Personal	gelistetes Flächendesinfektionsmittel (auch als alkoholisches Pumpspray oder Desinfektionstücher)	entsprechend Herstellerangaben	gebrauchsfertige Lösung mit Lappen satt auf der Fläche verteilen oder satt versprühen – wischen – sprühen
Fußböden allgemein	R	täglich und bei Bedarf		umweltschonender Fußbodenreiniger	nach Herstellerangaben	feucht wischen
	D	anlassbezogen, z. B. bei Verunreinigung mit Blut	Personal	gelistetes Flächendesinfektionsmittel	entsprechend VAH[3]-Liste oder Herstellerangaben	sichtbaren Schmutz mit Zellstoff entfernen, dann wischdesinfizieren
Fußboden im Behandlungsraum	D	täglich; speziell bei Tattoo, Piercing, Fußpflege		gelistetes Flächendesinfektionsmittel		wischdesinfizieren
Waschbecken, Toiletten	R	täglich	Personal	Reinigungslösung		gründlich reinigen
	D	anlassbezogen; z. B. nach Blutkontamination oder Verunreinigung mit Fäkalien und anderen Körperflüssigkeiten	Personal	gelistetes Flächendesinfektionsmittel	nach Herstellerangaben	Verunreinigung mit Zellstoff entfernen, dann nachwischen
Waschschüsseln	D	nach Kundenbenutzung	Personal	gelistetes Flächendesinfektionsmittel	nach Herstellerangaben	wischdesinfizieren
Wäsche	R	nach Gebrauch	Personal	handelsübliche Waschmittel	in Waschmaschine	30 Min. bei 90 °C
Müll	R	täglich	Personal	Hausmüll	ggf. sicher verpackt	Treteimer und Mülltüten; spitze Gegenstände in bruch- und stichsicheren Behältern entsorgen

1 R/D = Reinigung/Desinfektion 2 Konzentration, Zubereitung, Einwirkzeit 3 Verband für Angewandte Hygiene

VAH !

Anhang: Wann sollten Sie Ihre Kunden lieber zum Hautarzt schicken?

Es gibt zwei entscheidende Gründe, warum Sie als Kosmetiker einen Kunden zum Hautarzt schicken:

- Entweder kommt der Kunde mit einer Hautveränderung zur Behandlung, welche Sie als Kosmetiker so **nicht behandeln können,**
- oder Ihnen fallen am Anfang oder während der Behandlung eines Kunden eine oder mehrere Hautveränderungen als **Nebenbefunde** auf, die sie gerne einer Abklärung empfehlen möchten.

Beispiel 1: Der Kunde kommt mit nicht zu behandelnden Hauterkrankungen oder falschen Vorstellungen.

Wenn der Kunde nicht mit klassischen kosmetischen Problemen oder Fragestellungen, sondern z. B. mit einem ausgeprägten Ekzem oder einer Psoriasis im Gesicht oder an den Händen zu Ihnen kommt, empfiehlt sich die Aufklärung des Kunden, dass hier von kosmetischer Seite nur unterstützend mittherapiert werden kann, die medizinische Therapie jedoch zunächst im Vordergrund zu stehen hat.

Generell ist eine unterstützende kosmetische Pflege bei den meisten Hauterkrankungen zusätzlich durchführbar. Es wird dem Kunden bzw. dem Patienten dann auch im Rahmen der Kosmetik ein so genanntes Wohlfühlempfinden vermittelt, welches er bei einem Arztbesuch und dem damit verbundenen kurzminütigen Aufenthalt in der Praxis nicht erfahren hat.

Eine gute Zusammenarbeit zwischen Hautarzt und Kosmetikerin ist eine der Garanten für eine zufriedene Kundschaft.

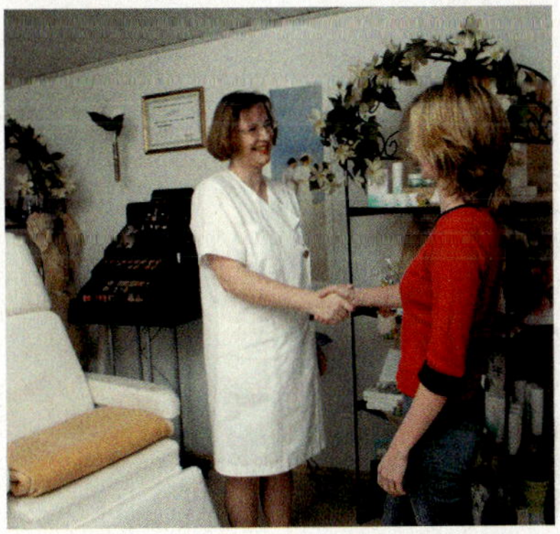

Beispiel 2: Der Kunde wünscht die Entfernung von Hautunregelmäßigkeiten, Muttermalen, schwarzen Flecken und Ähnlichem.

Diese Hautveränderungen können nur innerhalb eines, wenn auch z. T. minimalen, chirurgischen Eingriffes durchgeführt werden. Auch hier sollten Sie als Kosmetiker den Kunden an den Hautarzt verweisen, da Sie keine rechtlichen Befugnisse zur Ausübung ärztlicher Heilkunde haben.

Bitte bedenken Sie: Schwierigkeiten treten immer erst bei Nichtgelingen oder Komplikationen nach einer Behandlung auf (z. B. bei Entwicklung einer bakteriellen Entzündung/Phlegmone nach Ausdrücken von Milien im Gesicht, usw.). Dies kann zivilrechtlich als Körperverletzung geahndet werden.

Daher sollten Sie begleitend zur Ausübung Ihres Berufes eine Betriebs- oder Berufshaftpflichtversicherung abgeschlossen haben.
Aus deren Haftungsrahmen (Gültigkeitsbereich zur Abdeckung von Behandlungsfehlern) oder im Gespräch mit Ihrem Versicherungsvertreter, können Sie Ihren Kompetenzbereich als Kosmetiker „abstecken" (→ LF 1, Kapitel 1.3).

Schwierigkeiten und Komplikationen bis hin zur zivilrechtlichen Ahndung können auch nach dem Einbringen jeglichen synthetischen „Füllungsmaterials", wie z. B. Kollagen- oder Hylaronsäure, für Lippenauffüllungen oder Faltenunterspritzungen, folgen, wenn Sie diese Behandlungen durchführen.

Beschränken Sie sich auf Ihr Können und Ihre Fähigkeiten als Kosmetiker, denn Ihr Arbeitsfeld ist wahrscheinlich groß und vielfältig genug.

Beispiel 3: Irgendetwas ist neu.

Treten bei einem Kunden im Laufe von Behandlungen Hautveränderungen auf, die er vorher nicht hatte oder verschlechtert sich der Hautzustand unter der Behandlung, dann ist auch hier die Vorstellung beim Hautarzt empfehlenswert.

Bei neu aufgetretenen Veränderungen gilt: Hautveränderungen, die länger als 6 Wochen bestehen und sich nicht selbst zurückbilden, sind zunächst verdächtig und sollten einem Hautarzt gezeigt werden.

Dabei wird auch bei neu aufgetretenen schwärzlichen Verfärbungen im Gesichtsbereich oder an den Handrücken der Kunde zu 95 % eher eine Alterswarze oder einen Altersfleck entwickelt haben und nur in wenigen Fällen ein bösartiges, malignes Melanom. Trotzdem sollte zum Wohl des Kunden hier die Abklärung, und auch dann gegebenenfalls die Entwarnung durch einen Hautspezialisten vorgenommen werden.

Das Vertrauen des Kunden zu Ihnen als Kosmetiker steigt, wenn Sie „verdächtige" Flecken oder Hautveränderungen entdecken und hier um eine Abklärung bitten. Viele Patienten mit Kopftumoren im Bereich der Haare werden uns Dermatologen von Friseuren geschickt. Diese Patienten sind dann ihren Friseuren „mit dem genauen und gründlichen Blick" auch in weiterer Zukunft sehr gewogen.

Besteht mit einem Hautarzt eine gute Zusammenarbeit, z. B. über Jahre, können oft kleine Hautveränderungen bei Kunden, die wirklich nur einen kurzen Blick benötigen, auf dem so genannten „kleinen Dienstweg" geklärt werden:

Der kosmetische Kunde wird kurz vorbeigeschickt, in die normale Sprechzeit eingeschoben und mit einem Blick wird sofort begutachtet, ob es sich bei der Hautveränderung um eine gutartige oder eventuell bösartige Veränderung handelt oder ob ein frisch aufgetretenes Ekzem usw. vorliegt.

Im Fall einer solchen Zusammenarbeit können Sie sich sicher sein, dass Ihr Kunde wirklich hoch zufrieden und andererseits auch bestens versorgt ist.

Ernährungslehre für Kosmetiker/Kosmetikerinnen

(Teil des LF 10)

Natürliche Schönheit ist Ausdruck von Gesundheit und Harmonie zwischen Körper und Seele. Eine gesunde Hautfunktion, schöne Haare und kräftige Nägel sind nur möglich, wenn die für ihren Stoffwechsel erforderlichen Nährstoffe verfügbar sind. Falsche Ernährung, also ein Mangel oder ein Überangebot von Nährstoffen, können zu Veränderungen an Haut, Haaren und Nägeln führen.

Nur wenn alle Körperfunktionen ausgeglichen arbeiten, ist ein frisches, strahlendes Aussehen möglich. Die „Kosmetik von innen" – also eine gesunde Ernährung – hat einen großen Anteil an unserem Hautbild. Dies ist umso wichtiger, als die Belastungen für die Haut durch Umweltschadstoffe, Genussmittel und Fehlernährung immer größer werden. Andererseits ist auch ein stabiler psychischer Zustand wichtig – körperliche und seelische Probleme sieht man der Haut schnell an, während Ausgeglichenheit ein attraktives Erscheinungsbild fördert.

Gutes Aussehen fängt beim Essen an. – Die Ernährungslehre als Teil des LF 10 des KMK-Rahmenlehrplanes „Unterstützen kosmetischer Spezialbehandlungen durch gesundheitsfördernde Maßnahmen" wird in diesem Grundlagenband behandelt.

Unterstützen kosmetischer Spezialbehandlungen durch gesundheitsfördernde Maßnahmen

1. Allgemeine Grundlagen der Ernährungslehre
2. Vollwertige Ernährung
3. Kohlenhydrate (Zucker)
4. Lipide (Fette)
5. Proteine (Eiweiße)
6. Vitamine
7. Wasser und Mineralstoffe
8. Sekundäre Pflanzenstoffe und Antioxidanzien
9. Genussmittel
10. Anti-Aging durch Ernährung?
11. Übergewicht
12. Essstörungen
13. Ernährungsempfehlungen bei Stoffwechselerkrankungen und Hypertonie
14. Störung des Säuren-Basen-Gleichgewichts
15. Lebensmittelunverträglichkeiten (LM-Hypersensitivität)
16. Ernährungsempfehlungen bei Akne und weiteren Hautveränderungen
Anhang Lebensmittelrecht

1 Allgemeine Grundlagen der Ernährungslehre

„Hallo Lisa, wie geht es dir?" – „Puh – wir müssen so viel für unsere Ausbildung lernen, warum jetzt auch noch ein neues Fach: Ernährung! Da kenn ich mich doch aus, schließlich esse ich ja täglich!" – „Wenn du schon so gut Bescheid weißt, dann möchte ich mal wissen, warum du so stumpfe Haare und so brüchige Nägel hast!" – „Wow, das hat gesessen. Du meinst also, hier kann ich doch noch was dazulernen?"

1.1 Ernährungsgewohnheiten und Ernährungsfehler

Gewohnheiten rund ums Essen und Trinken werden in der Kindheit erlernt und oft lebenslang beibehalten. Sie werden durch Erziehung, soziales Umfeld und kulturelle Einflüsse geprägt (→ Abb. 1.1).

Wodurch zeichnet sich Ihr eigenes Ernährungsverhalten besonders aus?

Ernährungsverhalten ist immer mehr als die bloße Versorgung des Körpers mit Nährstoffen, es ist Teil unserer Identität, Persönlichkeit und kulturellen Zugehörigkeit.

Erziehung

Ernährungsverhalten ist überwiegend ein erlerntes Verhalten. Fehler in der Erziehung können zu beständigen Störungen im Umgang mit Essen und Trinken führen. Werden Kinder mit Süßigkeiten getröstet oder belohnt, so werden diese Gewohnheiten oft lebenslang, also auch im Erwachsenenalter, beibehalten – meist entwickelt sich hieraus als Folge Übergewicht (→ Kapitel 11).

Soziales Umfeld

Neben der Familie prägen Schule, Arbeitsplatz, Freunde und Vorbilder unsere Ernährungsgewohnheiten. Der soziale Status und das verfügbare Einkommen bestimmen ebenso die Auswahl der Nahrungsmittel mit. Auch Werbung steuert die Kaufentscheidungen vieler Verbraucher.

Abb. 1.1: Ernährungsgewohnheiten sind kulturell geprägt.

Kulturelle Einflüsse

Traditionelle, kulturelle und religiöse Faktoren bestimmen die Zusammensetzung der Nahrung ebenso maßgeblich mit, z. B. die Gans zu Weihnachten, *Croissants* zum Frühstück oder der Verzicht auf Schweinefleisch.

In unserer Bevölkerung führen manche Ernährungsgewohnheiten zu einer Vielzahl von Ernährungsfehlern. Folgende Fehler werden häufig gemacht:

- Wir essen zu viel, zu schnell und zu energiereich.
- Wir essen das Falsche und zu einseitig.
- Wir essen zu fett, vor allem zu viel tierische Fette.
- Unsere Nahrung enthält zu viel Zucker und zu wenig Ballaststoffe.
- Wir essen zu salzig.
- Wir trinken zu viel Alkohol und andere energiereiche Getränke.

Die Ernährungsgewohnheiten weichen bei vielen Menschen deutlich von den Empfehlungen der Deutschen Gesellschaft für Ernährung e.V. (DGE) ab (→ Kapitel 2). Dieses Verhalten kann nach jahrelangem Bestehen von Ernährungsfehlern zu ernährungsabhängigen Erkrankungen führen.

Überlegen Sie mögliche Folgen, die durch jahrelange Fehlernährung entstehen können.

1.2 Regulation von Hunger, Appetit und Sättigung

Manchen Menschen fällt es schwer zu unterscheiden, ob sie Hunger oder nur Appetit verspüren. **Hunger** ist ein unangenehmes Körpersignal, das einen Bedarf von Nährstoffen (Proteine, Fette, Kohlenhydrate) anzeigt. **Appetit** macht uns Lust auf ganz bestimmte Nahrungsmittel, unabhängig davon, ob eine Mangelsituation vorliegt.

Hunger wird von inneren Signalen ausgelöst, es sind wenig frei verfügbare Nährstoffe im Blut, der Magen ist leer, es wird auf Glykogenspeicher und Fettdepots zurückgegriffen.

sensorische Faktoren

Appetit wird von äußeren Reizen stark beeinflusst. Hierzu zählen *sensorische Faktoren* (*sensorisch* lat., die Sinnesorgane betreffend) wie Geruch, Geschmack und das Aussehen von Speisen sowie Stress, Überbelastung, Kummer oder Langeweile (→ Abb. 1.2).

Die Signale Hunger oder Appetit können wir meist noch sehr gut wahrnehmen, schwieriger wird es mit dem Gefühl der **Sättigung**.

Die Energie- und Nahrungsaufnahme des Körpers wird im Gehirn gesteuert. Hier werden Hunger und Sättigung durch komplizierte, noch nicht vollständig geklärte Mechanismen reguliert und angepasst. Man weiß jedoch, dass eine Sättigung erst etwa **15–20 Minuten** nach Beginn einer Mahlzeit eintritt. Deshalb ist es wichtig, langsam zu essen und gründlich zu kauen.

Sättigung nach 15–20 Minuten

Auch die **Magendehnung** spielt eine Rolle! Deshalb sättigen Kohlenhydrate mit reichlich Ballaststoffen (→ Kapitel 3.2) wie Vollkornprodukte besser, als die gleiche Energiemenge in Form von fettreichen Lebensmitteln. Fette Speisen

10

enthalten nämlich in einer kleinen Menge Nahrung sehr viel Energie, der Magen wird aber weniger gedehnt als bei der gleichen Menge Energie in Form von Kohlenhydraten oder Proteinen!

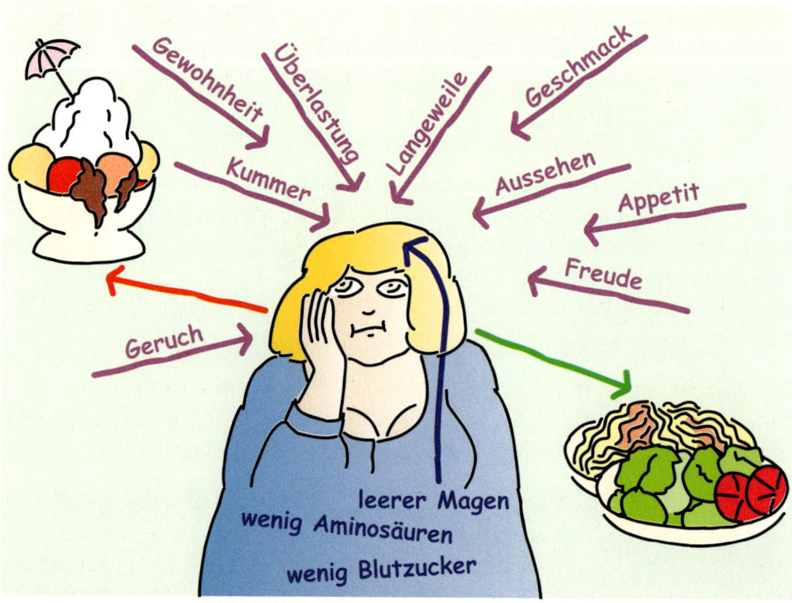

Abb. 1.2: Wann entsteht Hunger, wann Appetit?

Letztlich ist die Regulation von Hunger, Appetit und Sättigung ein kompliziertes Zusammenspiel zwischen Nährstoffgehalt des Blutes, sensorischen Signalen sowie Reizen durch Hormone und Nerven an das Gehirn.

Über diesen kurzfristigen Sättigungsmechanismus hinaus gibt es noch Mechanismen, die die Energievorräte der Muskeln und der Fettdepots „messen", an das zentrale Nervensystem melden und so eine langfristige Steuerung von Hunger und Sättigung ermöglichen.

Hunger entsteht durch innere Signale, während Appetit durch äußere Reize ausgelöst wird.

1.3 Lebensmittelqualität

Wir lassen uns bei der Auswahl von Nahrungsmitteln von verschiedenen Aspekten beeinflussen. Die Nahrungsmittel können je nach Sichtweise (Erzeuger, Verarbeiter, Händler, Verbraucher) anders bewertet werden und von unterschiedlicher Qualität sein. Lebensmittelqualität ist die Summe aller bewertbaren Eigenschaften und Merkmale eines Lebensmittels. Bewertungskriterien kommen aus der Sichtweise des **einzelnen Menschen**, der **Gesellschaft** und der **Umwelt**.

Lebensmittelqualität

Umwelt	einzelner Mensch	Gesellschaft
ökologischer Wert	Genusswert	soziokultureller Wert
	Gesundheitswert	ökonomischer Wert
		politischer Wert

Abb. 1.3: Kriterien der Lebensmittelqualität

Mit dem **ökologischen Wert** werden Kriterien zum Anbau und zur Erzeugung, aber auch Be- und Verarbeitung sowie Vermarktung der Lebensmittel berücksichtigt.

Der **Genusswert** beinhaltet alle Eigenschaften, die mit den Sinnen wahrgenommen werden können (Aussehen, Geruch, Geschmack, Konsistenz).

Der **Gesundheitswert** wird u. a. nach dem Gehalt an Nährstoffen (Vitamine, Mineralstoffe, ...) positiv oder negativ durch den Nachweis von Schadstoffen (Schwermetalle, Rückstände von Pflanzenschutzmitteln, ...) beurteilt.

Der **gesellschaftliche Wert** von Lebensmitteln ist durch Konsumgewohnheiten und soziokulturelle Aspekte geprägt. Hierzu gehört das Erlebnis beim Verzehr von Speisen (Ambiente, Grillen, Fondue). Weiter zählen hierzu die küchentechnische Eignung (frische Lebensmittel, Tiefkühlkost, Fertiggerichte), der **ökonomische Wert** (Preis) und **politische Aspekte,** z. B. Im- und Export von Lebens- und Futtermitteln.

Abb. 1.4: Bio- oder „Zuchtapfel"?

Was beeinflusst Sie beim Einkaufen Ihrer Nahrungsmittel?

Lebensmittelqualität hängt also ganz **individuell mit der Betrachtungsweise** jedes Konsumenten zusammen. Handels- und Güteklassen legen zwar Mindestanforderungen z. B. an Obst und Gemüse fest, sagen aber dennoch nichts über die „inneren" Werte wie Vitamin- oder Mineralstoffgehalt aus (→ Abb. 1.4).

Am wichtigsten ist die Frage, wie kommen wir von der Qualität des einzelnen Lebensmittels zu einer vernünftigen Qualität unserer Ernährung insgesamt?

EXKURS: Was ist Gentechnik?

Erarbeiten Sie auch die Begriffe GENETIK und NUKLEINSÄUREN im → Grundlagen-Lexikon.

Mithilfe von Gentechnik können Erbmerkmale (die Erbsubstanz, Gene) von einem Lebewesen auf ein anderes übertragen werden. Einzelne vorteilhafte Eigenschaften können in einen Organismus eingebaut werden oder unerwünschte Eigenschaften werden entfernt. Gene können artübergreifend kombiniert werden. So werden Gene von Wildpflanzen oder Bakterien in Kulturpflanzen eingefügt, z. B. um Letztere widerstandsfähiger gegenüber Krankheiten zu machen. Organismen, die gentechnisch verändert wurden, nennt man **transgene Organismen.**

Anwendungsmöglichkeiten der Gentechnik

Durch Übertragung von Genen können unterschiedliche Merkmale der Pflanzen (oder Tiere) verändert werden:

- Bessere Zusammensetzung der Nährstoffe (z. B. veränderte Fettsäurenzusammensetzung von Ölpflanzen)
- Bessere produktionstechnische Eigenschaften (z. B. gentechnisch veränderte Bakterien- und Hefekulturen helfen beim Brauen, Backen, der Herstellung von Käse; sie produzieren Aromen, Enzyme, Vitamine usw.)
- Erhöhen der Widerstandsfähigkeit von Pflanzen gegen Krankheiten und Schädlingsbefall
- Stärkung der pflanzeneigenen Nährstoffversorgung und damit Verminderung des Düngemittelsverbrauchs
- Hormone/Medikamente können gentechnisch von Mikroorganismen erzeugt werden (z. B. Insulin für Diabetiker).

Beispiele aus der Praxis (transgener Soja und transgener Mais)

- Gentechnisch veränderte Sojapflanzen sind gegen Pflanzenschutzmittel unempfindlich.
- Ein zusätzliches Bakterien-Protein in Mais wirkt tödlich auf eine bestimmte Insektenlarvenart, die sonst einen Teil der geplanten Maisernte auffrisst. So lassen sich die Erträge steigern und Pflanzenschutzmittel einsparen.

Gibt es auch Nachteile bei der Anwendung von Gentechnik?

Kritiker der Gentechnik befürchten beim großtechnischen Einsatz gentechnisch veränderter Nutzpflanzen nachteilige Wirkungen im ökologischen Gleichgewicht.

Auch die unkontrollierte Übertragung der veränderten Gene auf andere Organismen wird diskutiert.

Da es noch keine Langzeituntersuchungen gibt, sind gesundheitliche Risiken für die Verbraucher derzeit nicht abzuschätzen.

1.4 Grundbestandteile der Nahrung

Lebensmittel sind nach dem Lebensmittelrecht (→ Anhang) alle Stoffe, die gegessen, getrunken oder gekaut werden können, soweit es nicht Arzneimittel sind. Sie werden nach ihrer Bedeutung für die menschliche Ernährung eingeteilt in Nahrungsmittel und Genussmittel.

Nahrungsmittel sind tierischer oder pflanzlicher Herkunft und werden roh oder verarbeitet gegessen.

Genussmittel (→ Kapitel 9) dienen nicht der menschlichen Ernährung, sondern sie üben eine anregende Wirkung aus, hierzu zählt z. B. Alkohol.

Die Nahrungsmittel lassen sich einteilen nach ihren Inhaltsstoffen: den **Nährstoffen** und ihrem Gehalt an **bioaktiven Substanzen** (Ballaststoffe und sekundäre Pflanzenstoffe). Die Nährstoffe Kohlenhydrate, Proteine und Fette liefern Energie, während Vitamine, Mineralstoffe und Wasser zwar lebensnotwendig sind, aber keine Energie liefern.

Als **Baustoffe** für den Körper dienen Proteine, Mineralstoffe, Wasser und Lipide. Außerdem liefern Lipide und Kohlenhydrate **Brennstoffe**, also Energie für Bewegung und Wärme. Vitamine und Mineralstoffe sind **Schutz- und Reglerstoffe**, die Körpervorgänge im Stoffwechsel regeln.

Unter **bioaktiven Substanzen** versteht man alle übrigen Pflanzeninhaltsstoffe, die nicht Nährstoffe sind. Hierzu zählen die **Ballaststoffe** (→ Kapitel 3.2), sie sind für den Menschen unverdaulich. Ballaststoffe fördern die Verdauung und tragen durch ihr Quellvermögen zur Sättigung bei. Ebenso dazu gehören **sekundäre Pflanzenstoffe** (→ Kapitel 8), sie sind Farb-, Duft- und Geschmacksstoffe, die nur in geringen Mengen in Pflanzen vorkommen; sie besitzen ganz unterschiedliche gesundheitliche Wirkungen (appetitanregend, verdauungsfördernd, antioxidativ, ...).

Abb. 1.5: Aufgaben der Nahrungsbestandteile

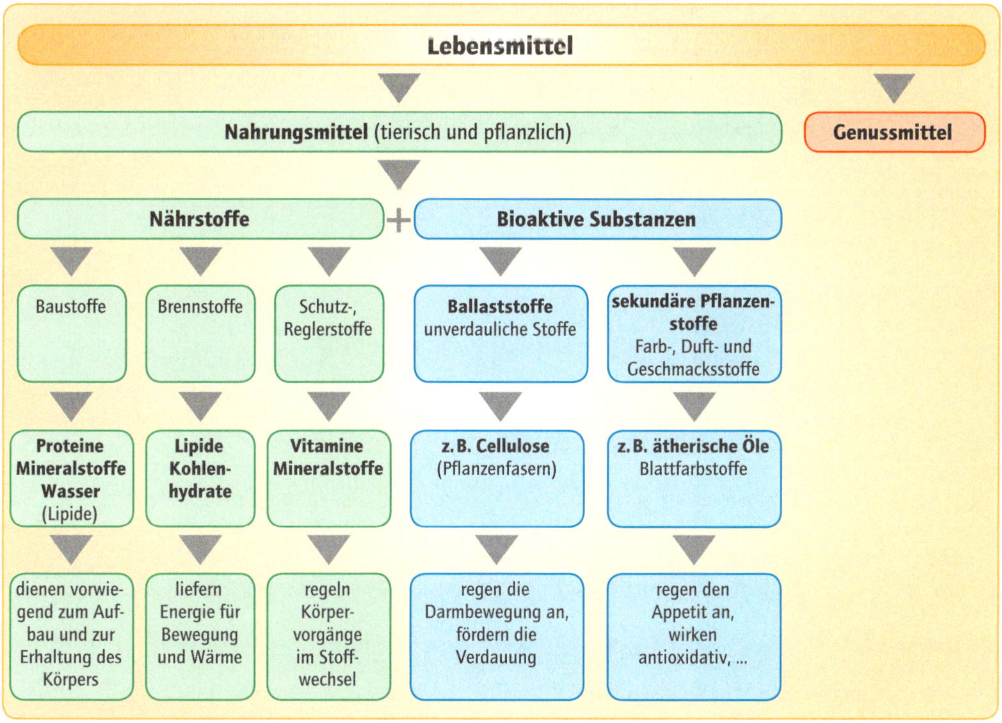

Für den Erhalt und die Funktion des Körpers werden nicht bestimmte Nahrungsmittel, sondern die darin enthaltenen Nährstoffe und bioaktiven Substanzen gebraucht.

Alle Nährstoffe und viele bioaktive Substanzen besitzen ganz spezifische Aufgaben im Körper. Kein einzelnes Nahrungsmittel liefert alle Nährstoffe in bedarfsgerechter Menge. Dies bedeutet, dass für eine gute Deckung des Nährstoffbedarfs eine gemischte Kost (→ Kapitel 2) benötigt wird.

Welche Bedeutung haben die verschiedenen Nahrungsbestandteile für den menschlichen Organismus? Überlegen Sie Lebensmittel-Beispiele.

Die Nährstoffe Kohlenhydrate, Protein (Eiweiß) und Lipide (Fette) werden im STOFFWECHSEL (→ Grundlagen-Lexikon) abgebaut, dabei wird Energie frei. Um diesen **Energiegehalt der Nährstoffe** anzugeben, wird die internationale Einheit **Joule** (kJ = Kilojoule) verwendet, die alte Bezeichnung **Kalorien** (kcal) ist zum Teil immer noch im Gebrauch.

Dabei entsprechen **1 kcal ~ 4,2 kJ** (große Zahlen werden in Megajoule ausgedrückt: 1 000 kJ = 1 MJ).

Kohlenhydrate und Protein liefern die gleiche Energiemenge. Fette hingegen lassen dem Körper mehr als doppelt so viel Energie zukommen.

Achtung, auch das Genussmittel Alkohol liefert mit 7 kcal pro Gramm deutlich mehr Energie!

Energiegehalt der Nährstoffe:		**Keine Energie liefern:**
1 g Kohlenhydrate	liefert 17 kJ oder 4 kcal	Wasser
1 g Eiweiß	liefert 17 kJ oder 4 kcal	Vitamine
1 g Fett	liefert 38 kJ oder 9 kcal	Mineralstoffe
1 g Alkohol	liefert 29 kJ oder 7 kcal	Ballaststoffe

1.5 Energiebedarf des Menschen

Ähnlich wie ein Motor kann der Körper ohne Energiezufuhr nicht arbeiten. Aus den Nährstoffen bezieht er die Energie für alle Körpervorgänge wie z. B. Muskel- und Herztätigkeit oder Atmung.

Zur Ermittlung des täglichen Gesamtenergiebedarfs unterscheidet man verschiedene Komponenten:

Grundumsatz + Leistungsumsatz = Gesamtenergiebedarf

Der **Grundumsatz** ist die Energiemenge, die für die **Grundfunktionen in Ruhe** und nüchtern (12 Stunden nach der letzten Nahrungsaufnahme) benötigt wird. Hierzu zählen die Aufrechterhaltung der Körpertemperatur und der Grundstoffwechsel (Herztätigkeit, Atmung usw.). Der Körper benötigt also auch Energie im Schlaf.

Faktoren, die den Grundumsatz beeinflussen, sind Körpergröße und Gewicht, Alter, Geschlecht (wegen dem größeren Muskelanteil haben Männer einen etwa 10 % höheren Energieverbrauch), Körperbau, Hormone, Fieber, Medikamente, Klima.

Der Grundumsatz beträgt etwa 4,2 kJ oder 1 kcal pro kg Körpergewicht in 24 Stunden. Ungefähr zwei Drittel des gesamten Energieverbrauchs sind für den Grundumsatz notwendig.

Als **Leistungsumsatz** wird die Energie bezeichnet, die über den Grundumsatz hinaus für körperliche Aktivität, also Muskelarbeit benötigt wird.

Arbeitsumsatz + Freizeitumsatz = Leistungsumsatz

Die körperliche Aktivität (Leistungsumsatz) ergibt sich aus der beruflichen Tätigkeit (Arbeitsumsatz) und dem Freizeitverhalten (Freizeitumsatz) eines Menschen. Sie ist messbar und wird international üblich als PAL (*Physical Activity Level* = Wert für körperliche Arbeit) bezeichnet. Je nach Intensität der körperlichen Arbeit gilt ein anderer PAL-Wert (→ Tab. 1.8), er ist ein Mehrfaches des Grundumsatzes.

PAL-Wert

Über Grund- und Leistungsumsatz hinaus wird noch Energie benötigt für Verdauungsarbeit, Stress, intensive geistige Arbeit sowie erhöhten Bedarf in Wachstumsphasen (Kinder, Jugendliche, Schwangerschaft und Stillzeit).

Bei den Berechnungen des Energiebedarfs wird von dem angestrebten Normalgewicht ausgegangen. Bei normalgewichtigen Menschen entspricht die Energiezufuhr dem Energiebedarf.

Dieses **Normalgewicht** wird heute mit Hilfe des *Body-Mass-Index* (BMI, Körper-Massen-Index) bestimmt und beurteilt.

Die früher verwendete **Formel nach Broca** (Körperlänge in cm minus 100) ist zwar leicht zu berechnen, sie findet aber kaum noch Anwendung, da sie zu ungenaue Werte liefert. Auch der BMI ergibt für sehr muskulöse Menschen eher zu hohe BMI-Werte, obwohl sie nicht übergewichtig sind. Dies liegt darin begründet, dass Muskelmasse schwerer ist als Fett.

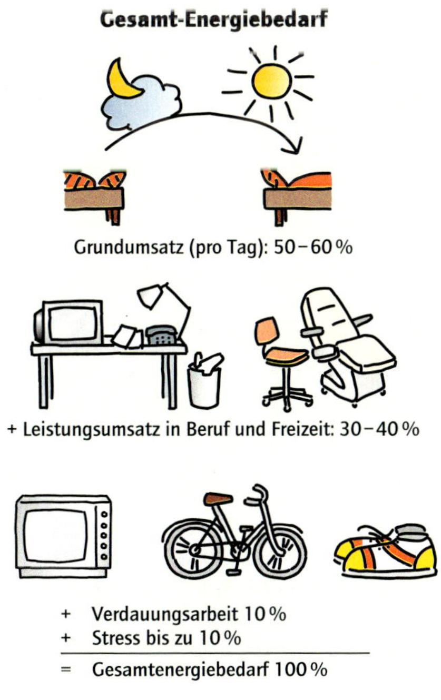

Abb. 1.6: Der Energiebedarf des Menschen

$$\text{Body-Mass-Index (BMI)} = \frac{\text{Körpergewicht in kg}}{(\text{Körperlänge in m})^2}$$

- Stimmt am besten mit der durch direkte Messung ermittelten Fettgewebsmasse überein,
- wird ergänzend durch den Taillenumfang beurteilt (→ Kapitel 11.1).

Nomogramm

- mithilfe eines *Nomogramms* (→ Abb. 1.7) lässt sich der BMI bei bekanntem Körpergewicht und Körperlänge leicht ermitteln. Bei dem hier abgebildeten legt man ein Lineal an Gewicht und Größe an und liest den BMI ab. Dann wird der BMI bewertet.

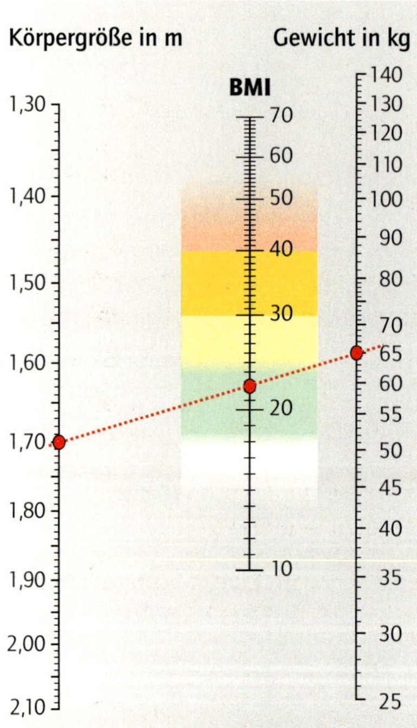

Schlank = Gesund?

Bewertung des BMI ...	... bei Männern und Frauen
krankhaftes Übergewicht	≥ 40
schweres Übergewicht	30-39,9
leichtes bis mittleres Übergewicht	25-29,9
Normalgewicht	18,5-24,9
Untergewicht	< 18,5

Abb. 1.7: Nomogramm zur Ermittlung des BMI

Folgende Tabelle 1.8 zeigt die Richtwerte für die Energiezufuhr pro kg Körpergewicht pro Tag für einen BMI im Normalbereich und für leichte körperliche Aktivität sowie den Energieverbrauch pro Tag für unterschiedliche körperliche Aktivität (PAL-Werte). Tabelle 1.9 enthält Beispiele für den Energieverbrauch von verschiedenen körperlichen Tätigkeiten.

Mithilfe von einem Nomogramm kann der BMI schnell bestimmt und damit das Körpergewicht gut beurteilt werden. Richtwerte für den Energiebedarf sind abhängig von Alter, Gewicht, Geschlecht und körperlicher Aktivität.

Tab. 1.8: Richtwerte für die durchschnittliche Energiezufuhr je nach körperlicher Aktivität in kJ/MJ bzw. kcal pro kg Körpergewicht bzw. pro Tag

Alter/Frauen	geringe körperliche Aktivität PAL-Wert 1,45[1]		leichte körperliche Aktivität PAL-Wert 1,6[2]		mittlere körperliche Aktivität PAL-Wert 1,8[3]		hohe körperliche Aktivität PAL-Wert 2,0[4]	
	kJ/kg	kcal/kg	MJ/Tag	kcal/Tag	MJ/Tag	kcal/Tag	MJ/Tag	kcal/Tag
19 bis unter 25 Jahre	138	33	9,3	2200	10,4	2600	11,6	2800
25 bis unter 51 Jahre	138	33	9,0	2100	10,1	2400	11,2	2700
51 bis unter 65 Jahre	133	32	8,5	2000	9,5	2300	10,6	2500

Alter/Männer	geringe körperliche Aktivität PAL-Wert 1,45[1]		leichte körperliche Aktivität PAL-Wert 1,6[2]		mittlere körperliche Aktivität PAL-Wert 1,8[3]		hohe körperliche Aktivität PAL-Wert 2,0[4]	
	kJ/kg	kcal/kg	MJ/Tag	kcal/Tag	MJ/Tag	kcal/Tag	MJ/Tag	kcal/Tag
19 bis unter 25 Jahre	146	35	12,2	2900	13,7	3300	15,2	3600
25 bis unter 51 Jahre	142	34	11,7	2800	13,1	3100	14,6	3500
51 bis unter 65 Jahre	134	32	10,6	2500	11,9	2800	13,2	3200

1 ausschließlich sitzende Tätigkeit mit wenig oder keiner anstrengenden Freizeitaktivität, z. B. Büroangestellte, Feinmechaniker
2 sitzende Tätigkeit, zeitweilig auch gehende und stehende Tätigkeit, z. B. Kosmetikerinnen, Laboranten, Studierende, Fließbandarbeiter
3 überwiegend gehende und stehende Arbeit, z. B. Hausfrauen, Verkäufer, Kellner, Mechaniker, Handwerker
4 körperlich anstrengende berufliche Arbeit, z. B. Bauarbeiter, Landwirte, Wald-, Bergarbeiter, Sportler
für sportliche Betätigung oder anstrengende Freizeitaktivitäten (30 – 60 Minuten, 4 – 5mal/Woche) können pro Tag 0,3 PAL-Einheiten (ca. 400 kcal für Frauen, ca. 500 kcal für Männer) zugelegt werden.

Tab. 1.9. Durchschnittlicher Energieverbrauch bei unterschiedlichen Tätigkeiten (bei einem Körpergewicht von 65 kg)

Gesamtenergieverbrauch Tätigkeiten	kJ	kcal	Deckung des Energieverbrauchs durch Lebensmittel
60 min Aerobic (intensiv)	2230	540	0,7 l Sekt, trocken
60 min Fernsehen	335	80	150 ml Colagetränk
30 min Gymnastik (intensiv)	1550	370	70 g Vollmilchschokolade
60 min Gymnastik (locker)	900	215	60 g Fruchtgummis
60 min Inlineskaten	1900	455	150 g Bratwurst
30 min Joggen 12 km/h	1550	370	100 g Streuselkuchen
30 min Krafttraining	750	180	0,5 l Bier
60 min Putzen im Haushalt	1045	250	100 g TK-Baguettes Salami
60 min Radfahren 16 km/h	1170	280	Magnum-Eis
20 min Schwimmen (entspannt)	270	65	10 g Erdnüsse
60 min Spazieren gehen	990	236	50 g Marzipan
30 min Tanzen (mittlere Intensität)	630	150	0,2 l Weißwein
60 min Walking 6 km/h	1715	410	200 g Apfelstrudel
60 min Yoga	775	185	1 Croissant (45 g)

Um zu gewährleisten, dass die Nährstoffe über den Tag gleichmäßig verteilt im Blut vorliegen, sollte die Tagesenergiezufuhr auf **3 – 5 Mahlzeiten** verteilt werden (→ Abb. 1.10).

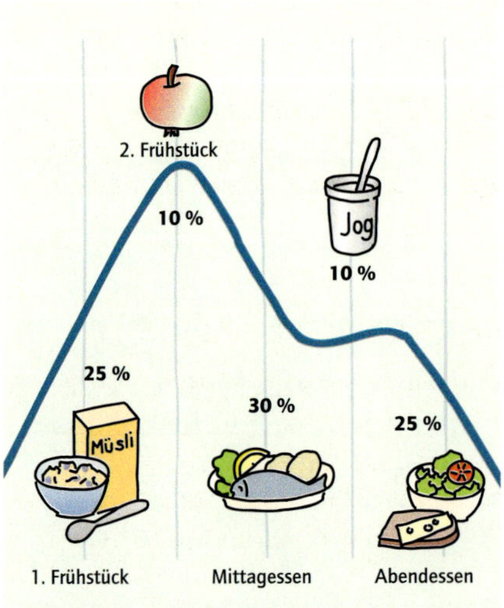

Abb. 1.10: Leistungskurve und Mahlzeitenverteilung

Große Mahlzeiten sind zu vermeiden, denn sie belasten die Verdauungsorgane und machen müde. Mehrere kleine Mahlzeiten gewährleisten einen ausgeglichenen Blutglukosespiegel (→ Kapitel 3.7) – damit bleiben körperliche und geistige Leistungsfähigkeit erhalten. Nachts arbeiten die Verdauungsorgane auf „Sparflamme", deshalb sind größere Mahlzeiten spätabends schwer verdaulich und können den Schlaf stören.

Für Menschen, die ihre Essensportionen nur schlecht begrenzen können und zu Übergewicht neigen, ist es besser, nur drei Hauptmahlzeiten aufzunehmen. Sie haben sonst eine zu hohe Energieaufnahme, wenn sie zusätzlich noch üppige Zwischenmahlzeiten essen.

Die Tagesenergiemenge sollte auf 3–5 Mahlzeiten verteilt werden. Vorteile sind gleichmäßige Nährstoffverteilung und entlastete Verdauungsorgane. Beginnen Sie längere Kundenbehandlungen usw. nicht mit leerem Magen!

Fragen Übungen Aufgaben **A**

1. *Nennen Sie Nährstoffe, die wir hauptsächlich essen, um unserem Körper Energie zu liefern.*
2. *Welche Nährstoffe werden vorwiegend zum Aufbau des Körpers benötigt?*
3. *Welche allgemeinen Aufgaben haben Vitamine und Mineralstoffe?*
4. *Erklären Sie den Satz: „Fett macht fett".*
5. *Bestimmen Sie Ihren Energiebedarf unter Berücksichtigung Ihrer körperlichen Aktivität mithilfe von → Tab. 1.8.*
   (Energiebedarfs- bzw. BMI-Berechnung ist auch im Internet möglich z. B. unter: www.ernaehrung.de > Berechnungstools oder www.was-wir-essen.de > Service > BMI-Berechnung).
6. *Woran merken Sie, ob Sie zu viel oder zu wenig Energie aufnehmen, ohne dass Sie täglich Ihre Energiezufuhr berechnen?*
7. *Warum ist es sinnvoll, die Tagesenergiemenge auf 3 – 5 Mahlzeiten zu verteilen?*

2 Vollwertige Ernährung

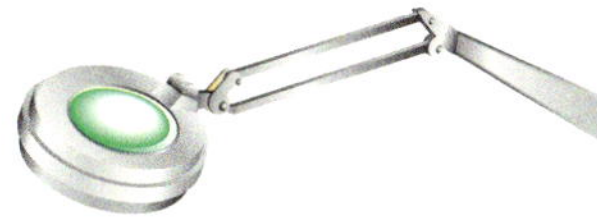

„Hallo Nelli, sag mal – wir haben ja jetzt auch das Fach „Ernährungslehre". „Wer bestimmt da eigentlich was richtig ist und welche Ernährung weniger gesund ist?" –
„Lisa, hast du noch nie was von der DGE gehört? Das ist ein unabhängiger Verein, der sich seit vielen Jahren um die vollwertige Ernährung kümmert. Die sammeln Forschungsergebnisse, werten sie aus und leiten zur richtigen Ernährung an."

2.1 10 Regeln zum vollwertigen essen und trinken

Als vollwertig gilt eine Ernährung im Sinne der Deutschen Gesellschaft für Ernährung (DGE) dann, wenn sie die für den menschlichen Organismus notwendigen Nährstoffe in ausreichender Menge und im richtigen Verhältnis enthält. Lebensmittel und Getränke werden sorgfältig und bewusst gesund ausgewählt, schonend zubereitet und möglichst wenig behandelt verzehrt. Nach heutigen Erkenntnissen bietet eine vollwertige Ernährung die besten Voraussetzungen für die optimale körperliche und geistige Leistungsfähigkeit und trägt damit entscheidend zum Wohlbefinden bei. Wer sich an die folgenden 10 Regeln der DGE zum vollwertigen essen und trinken hält, fördert Gesundheit, Leistung und Wohlbefinden.

DGE = Deutsche Gesellschaft für Ernährung

10 Regeln zum vollwertig essen und trinken verändert nach DGE

1 Vielseitig essen, aber nicht zu viel!
Das schmeckt und versorgt den Körper mit allen wichtigen Nährstoffen.

2 Reichlich Getreideprodukte und Kartoffeln
Brot, Nudeln, Reis, Getreideflocken, am besten aus Vollkorn, und Kartoffeln enthalten kaum Fett, aber reichlich Vitamine, Mineralstoffe und Ballaststoffe, (wichtig für eine geregelte Verdauung).

3 Gemüse, Salat und Obst – nimm „5" am Tag
Genießen Sie fünfmal am Tag frisches Obst, Gemüse und Salat, also zu Haupt- und Zwischenmahlzeiten. Damit sind Sie ausreichend mit Vitaminen, Mineralstoffen, Ballaststoffen, sekundären Pflanzenstoffen versorgt.

4 Täglich Milch- und Milchprodukte
ein- bis zweimal Fisch/Woche;
Fleisch, Wurst und Eier in Maßen. Milchprodukte liefern Calcium (für Knochen), Seefisch liefert Jod (für Schilddrüse), Selen und hochwertige Fettsäuren; Fleisch liefert Eisen (für Blutbildung) und Vitamine. Bevorzugen Sie fettarme Fleisch- und Wurstsorten sowie fettarme Milchprodukte.

5 Wenig Fett und fettreiche Lebensmittel
Fett liefert lebensnotwendige Fettsäuren und fettlösliche Vitamine. Zu viel gesättigte Fettsäuren fördern Übergewicht und Herz-Kreislauf-Krankheiten. 70 – 90 g Fett/Öl, möglichst pflanzlicher Herkunft, reichen vollkommen aus. Vorsicht! Beachten Sie versteckte Fette in Frittiertem, Wurst, Milchprodukten, Süßigkeiten und Gebäck.

5 am Tag
OBST & GEMÜSE

10

6 Zucker und Salz in Maßen
Würzen Sie mit Kräutern und Gewürzen und wenig Jodsalz (Salz kann Bluthochdruck fördern). Genießen Sie Zucker und damit hergestellte Speisen in Maßen (fördert Karies und Übergewicht).

7 Reichlich Flüssigkeit
Trinken Sie mindestens $1\,^1/_2$ Liter Flüssigkeit am Tag. Geeignete Getränke sind Mineralwasser, ungezuckerte Kräuter- und Früchtetees, verdünnte Säfte. Alkoholische Getränke, Cola und Limonaden sollten Ausnahmen bleiben.

8 Schmackhaft und schonend zubereiten
Garen Sie die Lebensmittel soweit es geht kurz, mit wenig Wasser und wenig Fett – das erhält Geschmack und Nährstoffe.

9 Nehmen Sie sich Zeit und genießen Sie das Essen
Bewusstes Essen hilft richtig zu Essen. Also nicht nebenbei, beim Fernsehen, Computer spielen usw. essen.

10 Achten Sie auf Ihr Gewicht und bleiben Sie in Bewegung
Ausgewogene Ernährung und viel körperliche Bewegung fördern Wohlbefinden und Gesundheit.

2.2 Praktische Umsetzung der Vollwertigen Ernährung

Eine Umstellung auf eine vollwertige Ernährung sollte langsam Schritt für Schritt vorgenommen werden. Dann fällt es auch leichter, lieb gewordene Gewohnheiten zu verlassen und eventuelle Unverträglichkeiten (Blähungen durch Ballaststoffe) treten weniger auf.

Die **Ernährungspyramide** stellt dar, welchen Anteil die Nahrungsmittelgruppen

- Getreide und Kartoffeln
- Obst
- Gemüse und Hülsenfrüchte
- Milch, -produkte
- Fleisch, Wurst, Eier, Fisch
- Fette und Öle
- Süßigkeiten
- Getränke

in einer vollwertigen Ernährung haben. Hier wird deutlich, dass **Getreide, Kartoffeln, Gemüse und Obst die Basis** unserer Ernährung sein sollten.

Süßigkeiten (Pyramidenspitze) sind dagegen eher für den gelegentlichen Genuss in kleinen Mengen vorgesehen.

Abb. 2.1: Ernährungspyramide

Es gilt: Wählen Sie **reichlich pflanzliche Nahrungsmittel und energiearme Getränke, ausreichend tierische Produkte sowie wenig Fett und fettreiche Nahrungsmittel.** Dabei gibt es keine **„gesunde"**, **„ungesunde"** oder gar **„verbotene"** Lebensmittel, sondern es kommt auf **die Menge, Auswahl und Kombination an.**

Zur Umsetzung der Regeln aus der Ernährungspyramide helfen folgende **Verzehrsempfehlungen:**

Nahrungsmittelgruppe	Verzehrsempfehlung für Erwachsene
1. Getreide, Getreideprodukte und Kartoffeln	Täglich 5–7 Scheiben Brot (ca. 250–350 g, einen Teil auch als Getreideflocken), davon 2 Scheiben Vollkornbrot. Eine Portion Reis oder Nudeln (roh ca. 75–90 g, gekocht 220–270 g) oder eine Portion Kartoffeln (ca. 250–300 g = 4–5 mittelgroße).
2. Gemüse und Hülsenfrüchte	Täglich 400 g Gemüse (gegart, roh und als Blattsalat)
3. Obst	Täglich 2 Portionen frisches Obst (250–300 g)
4. Milch und Milchprodukte	Täglich $^1/_4$ l fettarme Milch und 3 Scheiben Käse (je 30 g)
5. Fisch, Fleisch und Eier	Wöchentlich mind. 1–2 Portionen Seefisch, pro Woche insgesamt etwa 300–600 g Fleisch und Wurst, wöchentlich bis zu 3 Eiern
6. Fette und Öle (Butter, Pflanzenmargarine oder -öle)	Täglich höchstens 40 g Streich- oder Kochfett, z. B. 1–2 Esslöffel Butter oder Margarine und 2 Esslöffel hochwertiges Pflanzenöl
7. Getränke	Täglich 1,5 l Flüssigkeit (z. B. Mineralwasser, ungesüßte Kräuter- und Früchtetees, Gemüsesäfte, verdünnte Obstsäfte, in Maßen Kaffee und schwarzen Tee)

Tab. 2.2: Praktische Umsetzung der Verzehrsempfehlungen nach DGE

Abbildung 2.3 zeigt den Anteil der Nährstoffe an der Energiezufuhr, wie er für eine vollwertige Ernährung von der DGE empfohlen wird.

- Außerdem täglich mindestens $1^1/_2$ l Flüssigkeit (geeignete Getränke → Kapitel 7.3) aufnehmen.
- Vollwertige Ernährung liefert reichlich Vitamine, Mineralien, sekundäre Pflanzenstoffe und Ballaststoffe aus natürlichen Quellen.

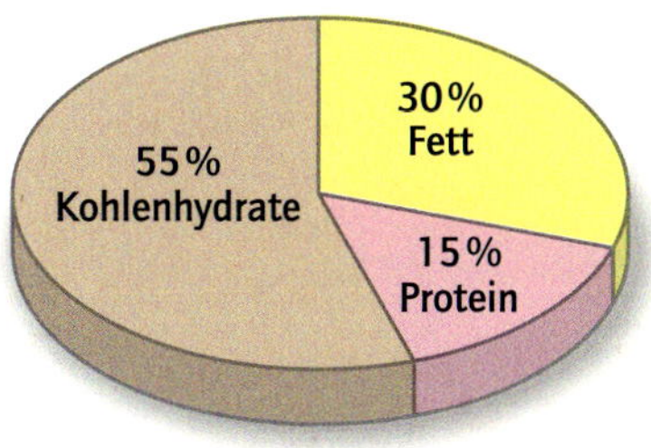

Abb. 2.3: Anteil der Nährstoffe an der Energiezufuhr SOLL in %

Vollwertige Ernährung bedeutet vielseitige Lebensmittelauswahl mit Getreide (überwiegend als Vollkorn), Kartoffeln, reichlich Obst, Gemüse und Salat („5 am Tag") als Basis, ergänzt durch fettarme tierische Lebensmittel und kleine Mengen an hochwertigem Fett/Öl.

2.3 Alternative Ernährung und Vegetarische Ernährung

Die DGE bietet mit ihren „10 Regeln für eine vollwertige Ernährung" eine wissenschaftlich fundierte Empfehlung für eine optimale Ernährung. Fehlernährung ist in unserer Bevölkerung dennoch weit verbreitet. Von selbst ernannten Experten, den Medien und der Werbung werden immer wieder unterschiedliche Empfehlungen für eine veränderte Ernährungsweise ausgesprochen.

Manche dieser Kostformen stellen eine echte Alternative dar, andere sind jedoch weniger empfehlenswert oder gefährden mit falschen Heilungsversprechen gar die Gesundheit.

In diesem Kapitel werden die Grundzüge vegetarischer Ernährung erläutert. (Die häufig auch zum Abnehmen empfohlene Trennkost-Diät wird in ➜ Kapitel 11.1, Tab. 11.6 kurz erläutert.)

Was verstehen Sie unter alternativer Ernährung?

Unter **„alternativer Ernährung"** versteht man eine Ernährung, die **„anders"**, möglicherweise sogar „außerhalb der Norm" ist. Unterschiedliche Gründe führen dazu, dass Menschen Alternativen zur üblichen Ernährung suchen. Hierbei spielen **gesundheitliche** Aspekte (Schutz vor Übersäuerung, „Entschlackung", Stärkung des Immunsystems), **religiös-ethische** Überlegungen (Töten von Tieren, artgerechte Tierhaltung) sowie **kosmetische** Gründe (Gewichtsreduktion, Verbesserung des Hautbildes usw.) eine Rolle.

„Veredelungs-verlust"
=
Verlust von Nahrungsenergie

Auch **ökonomisch-ökologische** Aspekte sind für viele Menschen wichtig. Hierunter fällt das Welternährungsproblem und der **„Veredelungsverlust"** durch Fleischproduktion aus pflanzlicher Nahrung: Bei der Umwandlung von Getreide als pflanzliches Futtermittel zu dem tierischen Produkt Fleisch geht ein großer Teil der Nahrungsenergie verloren. Die Erzeugung tierischer Lebensmittel benötigt im Durchschnitt siebenmal so viel Energie wie die Erzeugung pflanzlicher Lebensmittel.

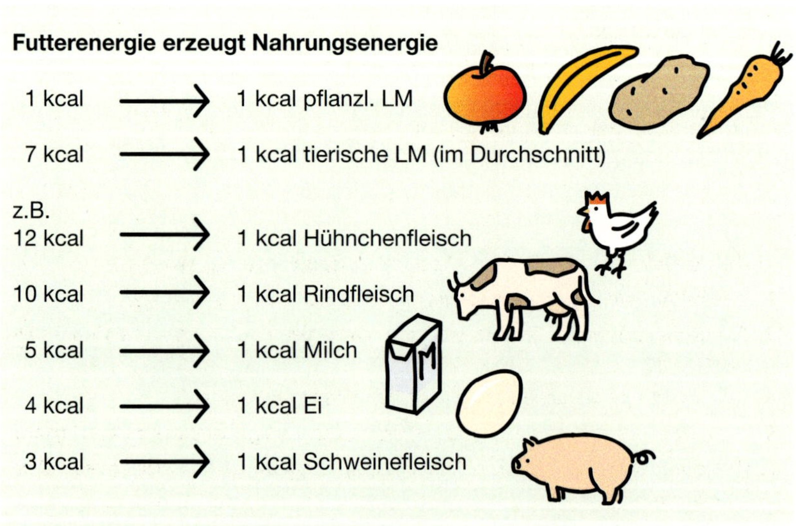

Abb. 2.4: Energiemenge, die zur Erzeugung pflanzliche und tierische Lebensmittel benötigt wird.

Eine streng vegetarische Ernährung mit rein pflanzlicher Kost wird **vegane Kost** genannt. Bei dieser Ernährungsform ist mit verschiedenen Mangelerscheinungen, vor allem an Proteinen, Vitaminen und Mineralien zu rechnen!

Die ***Lakto-vegetabile* Kost** besteht aus pflanzlicher Nahrung, ergänzt durch Milch und Milchprodukte.

Die ***Ovo-Lakto-vegetabile* Kost** ist eine Ernährung mit pflanzlicher Nahrung, ergänzt durch Milch, Milchprodukte und Ei, sie wird im Allgemeinen **vegetarische Ernährung** genannt. Diese Ernährungsform ist für Erwachsene bei guter Zusammenstellung als Dauerkostform geeignet. Zur Proteinbedarfsdeckung sollten verschiedene Proteinquellen miteinander kombiniert werden (Hülsenfrüchte, Getreide, Milch, Milchprodukte und Eier). Zur ausreichenden Versorgung mit Vitamin B_{12} tragen Sauerkraut, milchsauer vergorenes Gemüse und Sprossen bei.

Ovo = Ei
Lakto = Milch

Für Kinder im Wachstum ist eine völlig fisch- und fleischfreie Ernährung nicht zu empfehlen, da für das Wachstum wichtige Nährstoffe wie Eisen, Jod und Zink nicht in ausreichender Menge aufgenommen werden!

Allen drei Grundformen gemeinsam ist die Bevorzugung von **Frischkost.** Meist werden Produkte aus dem **ökologischen Anbau** (artgerechte Tierhaltung, Verzicht auf chemische Schädlingsbekämpfungsmittel und Mineralstoffdünger, kein Verfüttern von Tierarzneimittel usw.) bevorzugt.

Über eine Vielzahl anderer alternativer Ernährungsformen informiert Sie weiterführende Fachliteratur.

Vorteile einer Ovo-Lakto-vegetabilen Ernährung:

- wenig tierische Fette
- wenig Cholesterin
- wenig Purine (➔ Kapitel 5.3)
- ballaststoffreich
- reich an sekundären Pflanzenstoffen

A Fragen Übungen Aufgaben

1. ***Welche Nahrungsmittel sollten die Basis unserer Ernährung sein?***
2. ***Welche Vorteile hat es, fünfmal am Tag Obst und Gemüse zu essen?***
3. ***Diskutieren Sie in der Gruppe, wie eine vollwertige Ernährung in die Praxis umzusetzen ist.***
4. ***Sind Süßigkeiten in einer vollwertigen Ernährung verboten?***
5. ***Überprüfen Sie Ihr eigenes Ernährungsverhalten bezüglich seiner Vollwertigkeit!***
6. ***Worin unterscheiden sich die vollwertige Ernährung und die Ovo-Lakto-vegetabile Ernährung?***

3 Kohlenhydrate (Zucker)

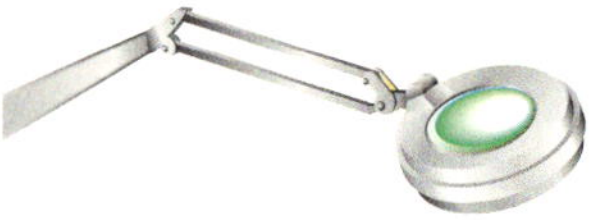

Lisa stört Nelli im Unterricht ständig durch Fragen, weil sie etwas nicht „mitbekommen" hat. In der Pause entschuldigt sich Lisa: „Sorry, ich kapiere heute irgendwie gar nichts. Müde bin ich auch, obwohl ich lange geschlafen habe. Deshalb hatte ich nicht einmal Zeit zum Frühstücken. Und konzentrieren kann ich mich heute Morgen überhaupt nicht!" – Nelli: „Kein Wunder, dein Gehirn hat ja auch kaum Nährstoffe für seine Höchstarbeit! Hier, Du kannst eines von meinen Broten essen."

10

Kohlenhydrate = Energie und Ballaststoffe

Die Kohlenhydrate oder *Saccharide* (= Zucker) machen mengenmäßig den größten Anteil an unserer Energieaufnahme aus. Sie liefern **Energie** für Gehirnzellen, Nervengewebe, Muskelbewegung und Wärmeerzeugung sowie **Ballaststoffe** für eine geregelte Darmtätigkeit.

Welche Nahrungsmittel sind gute Kohlenhydratlieferanten?

3.1 Aufbau und Aufgaben der Kohlenhydrate

Fotosynthese

Kohlenhydrate werden in Pflanzen aus Kohlendioxid und Wasser unter der Mithilfe von Sonnenlicht gebildet (➜ Grundlagen-Lexikon FOTOSYNTHESE). **Bausteine** der Kohlenhydrate sind die Elemente Kohlenstoff, Wasserstoff und Sauerstoff, die eine Ringstruktur bilden und einzeln oder zu mehreren verbunden vorkommen.

Die **Einteilung** der Kohlenhydrate kann nach der Anzahl der Gesamtzuckermoleküle erfolgen:

- ein Zuckermolekül – **Ein**fachzucker/**Mono**saccharide
- zwei Zuckermoleküle – **Zwei**fachzucker/**Di**saccharide
- hunderte und mehr Zucker – **Viel**fachzucker/**Poly**saccharide.

Resorption = Aufnahme

Die Art der Zuckermoleküle in den Lebensmitteln spielt eine wichtige Rolle für deren Bedeutung in der Ernährung. Tabelle 3.1 stellt die Kohlenhydrate, ihr Vorkommen in Lebensmitteln und ihre Eigenschaften wie z. B. die Resorptionsgeschwindigkeit dar.

Das am meisten verzehrte Kohlenhydrat in unserer Nahrung ist Stärke aus Getreide und Kartoffeln. Ein weiteres häufig verwendetes Kohlenhydrat ist die Saccharose (der Haushaltszucker). Sie ist von geringerem ernährungsphysiologischem Wert, da Saccharose anders als Obst oder Getreide nur Energie, aber kaum Mineralien oder Vitamine enthält. Man spricht hier deshalb auch von „leeren Kalorien".

Tab. 3.1 Übersicht Kohlenhydratarten

Kohlenhydrate	Name	Vorkommen	Eigenschaften
Monosaccharide (Einfachzucker) 	**Glukose/** Traubenzucker	Obst, Obstsäfte, Honig	schmecken süß; leicht löslich
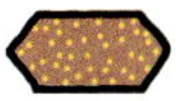	**Fruktose/** Fruchtzucker	Obst, Obstsäfte, Diabetikerkost	**kein Aufspalten notwendig**
	**Galaktose/** Schleimzucker	Milch	**sehr schnelle Resorption ins Blut**
Disaccharide (Zweifachzucker) 	**Saccharose/** Haushaltszucker (Glukose + Fruktose)	Zuckerrohr Zuckerrübe Süßigkeiten	schmecken schwach süß bis süß
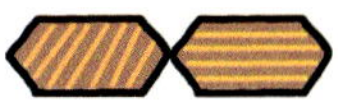	**Laktose/**Milchzucker (Glukose + Galaktose)	Milch Süßigkeiten	sind gut löslich; **schnelle Aufspaltung in Monosaccharide**
	**Maltose/**Malzzucker (Glukose + Glukose)	Bier Süßigkeiten	**schnelle Resorption ins Blut**
Polysaccharide (Vielfachzucker) 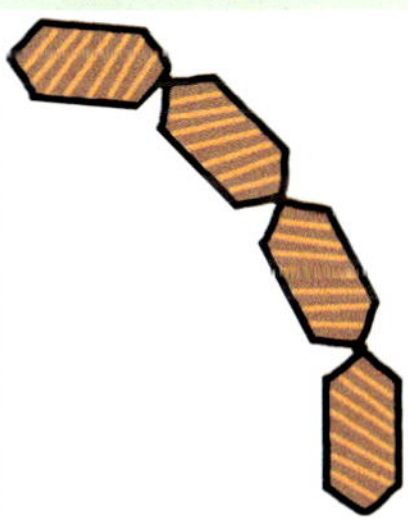	**Stärke** (lange Glukoseketten; pflanzliche Speicherform der Glukose)	Getreide, Kartoffeln, Hülsenfrüchte, Gemüse	schmecken nicht süß; **langsame Aufspaltung in Monosaccharide**
	Glykogen (lange Glukoseketten; tierische Speicherform der Glukose)	Muskelfleisch	**langsame Resorption ins Blut**
Ballaststoffe (nicht aufspaltbare Vielfachzucker) nicht lösliche Fasern	Zellulose, Lignin, ... (pflanzliche Fasern und Zellwände)	Vollgetreide Obst Gemüse Hülsenfrüchte	kein Abbau durch menschliche Verdauungsenzyme, daher **unverdaulich**; erhöhen das Stuhlvolumen
wasserlösliche Quellstoffe	Pektin, Agar-Agar, Guar, Carrageen, Oligofruktose, ...		binden Giftstoffe

Aufgaben der Kohlenhydrate

Kohlenhydrate erfüllen unterschiedliche Aufgaben im Körper:

- Sie liefern **Energie**. Glukose wird von allen Körperzellen zu Wasser und Kohlendioxid abgebaut, dabei wird Energie frei. Insbesondere Gehirnzellen, Nervengewebe und rote Blutkörperchen können nur aus Glukose Energie gewinnen (Mindestbedarf pro Tag etwa 50 g).

Glykogen = Speicherform von Glukose

- Sie bilden eine **kurzfristige Energiereserve**. Kohlenhydrate können als ***Glykogen*** in Muskulatur und Leber gespeichert werden.
- Kohlenhydrate sind **Bestandteil** von Knochen, Knorpeln und **Bindegewebe** (z. B. als Hyaluronsäure, Glykosaminoglykane).

- Kohlenhydrate sind in *Mucinen* (Schleimstoffen) enthalten, sie sind z. B. „Gleitmittel" für den Transport der Nahrung durch den Verdauungstrakt.
- Die nicht aufspaltbaren **Ballaststoffe** sättigen, fördern eine **geregelte Verdauung** und verhindern Verstopfung (siehe unten).
- Kohlenhydrate halten den WASSER- UND ELEKTROLYTHAUSHALT aufrecht (→ Grundlagen-Lexikon).

Wie viel Portionen Obst, Gemüse und Salat essen Sie pro Tag?
Bevorzugen Sie in Ihrer Ernährung Misch-, Weiß- oder Vollkornbrot?

3.2 Ballaststoffe und ihre Bedeutung

physiologisch = den normalen Lebensvorgängen, der Gesundheit entsprechend

Ballaststoffe bestehen zwar aus Glukoseketten, können jedoch von den menschlichen Verdauungsenzymen **nicht aufgespalten** werden. Sie werden zum Teil von Bakterien im Darm abgebaut. Ballaststoffe liefern daher kaum Energie für uns Menschen, sind aber wichtige Energiequelle für die physiologische Darmflora (→ Exkurs in Kapitel 10.2). Zu den Ballaststoffen zählen u. a. die wasserunlöslichen pflanzlichen Fasern wie Zellulose sowie wasserlösliche Quellstoffe, z. B. Pektine aus Früchten. Pektine bilden Gele, sie finden daher als Geliermittel Verwendung (z. B. bei der Herstellung von Konfitüren). Im Körper binden sie im Verdauungstrakt Wasser sowie **Cholesterin** (→ Kapitel 4.6).

Zellulose = Gerüstfaser in Pflanzen

Ballaststoffe sollten reichlich in unserer Nahrung vorhanden sein, sie „belasten" den Körper nicht, sondern besitzen viele **positive Eigenschaften:**

„Gut gekaut ist halb verdaut"

- Ballaststoffreiche Nahrung erfordert ein **intensives Kauen**, dies erhöht die Speichelabsonderung und verlängert die Mahlzeitendauer bei gleichzeitig geringerer Energiezufuhr.
- Ballaststoffe binden Wasser und quellen auf, daher ist die Verweildauer im Magen länger und das **Sättigungsgefühl** hält länger an.
- Ballaststoffe binden Gallensäuren und Cholesterin, daher wirken sie **cholesterinspiegelsenkend** (→ Kapitel 4.6).
- Durch ihr Quellvermögen binden Ballaststoffe auch Giftstoffe.
- Ballaststoffe führen zu einer Erhöhung des Stuhlvolumens und damit zu einer **geregelten Verdauung**.

Resorption = Aufnahme

- Ballaststoffe verzögern die Glukoseresorption ins Blut und bewirken so einen **langsamen Anstieg des Blut-Glukose-Spiegels.** Dies verursacht wiederum eine längere Sättigung.
- Eine ballaststoffreiche Ernährung kann **Darmkrebs vorbeugen.**
- Erwachsene sollten **täglich mindestens 30 g Ballaststoffe** über Vollkornprodukte, Hülsenfrüchte, Gemüse, Obst usw. aufnehmen.

EXKURS: Das Getreidekorn

Die **Bedeutung von Vollkorngetreide** für die Deckung des Ballaststoff-, Mineralstoff- und Vitaminbedarfs wird deutlich bei der Betrachtung eines Getreidekorns im Querschnitt. Unser übliches Weißmehl wird nur aus dem Mehlkörper hergestellt. Vollkornmehl und -produkte dagegen enthalten auch den **wertvollen Keimling** und die **Randschichten.**

Die Randschichten sind reich an:
- Ballaststoffen
- Mineralstoffen
- Vitaminen
- Proteinen

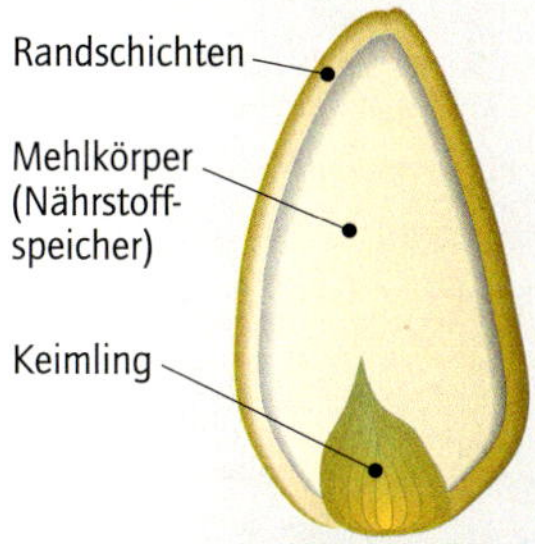

Der Mehlkörper ist reich an:
- Stärke
- Klebereiweiß

Der Keimling ist reich an:
- hochwertigem Fett
- Vitaminen
- Mineralstoffen
- Proteinen

Mit dem aus dem Mehlkörper hergestellten Weißmehl essen wir überwiegend Stärke und Klebereiweiß. Der weitaus größte Teil an Mineralien, Ballaststoffen und Vitaminen wird mit Weizenkeimen und Weizenkleie entfernt!

3.3 Empfehlungen für die tägliche Kohlenhydratzufuhr

Von der Gesamtenergiemenge, die wir pro Tag zu uns nehmen, sollte der Anteil an Kohlenhydraten **mehr als die Hälfte** betragen.

Mindestens 50 % der Gesamtenergie als Kohlenhydrate

Der überwiegende Teil der Kohlenhydrate, nämlich **zwei Drittel** des Bedarfs, sollte durch ***komplexe Kohlenhydrate*** gedeckt werden. Geeignete Nahrungsmittel sind Vollkornprodukte (Vollkornbrot, -nudeln, -reis, ...), Kartoffeln, Gemüse und Hülsenfrüchte. Neben Stärke enthalten diese Nahrungsmittel reichlich **Ballaststoffe, Vitamine, Mineralien** und **sekundäre Pflanzenstoffe** (→ Kapitel 8).

Komplexe Kohlenhydrate sind reich an Ballaststoffen, Vitaminen und Mineralstoffen.

Ein Drittel des Kohlenhydratbedarfs kann durch **Mono- und Disaccharide** gedeckt werden. Ideal ist Obst, aber auch Zucker in kleinen Mengen (10 Energieprozent, also ca. 50 g pro Tag) ist vertretbar. Größere Mengen an Haushaltszucker sind **„leere Kalorien"**, das heißt, sie liefern fast nur Energie und kaum wichtige Nährstoffe (Vitamine, Mineralstoffe, ...). Außerdem hat Zucker einen geringen Sättigungswert, macht hungrig und durstig und fördert bei mangelnder Zahnhygiene Karies, wirkt also *kariogen*.

Zucker = „leere Kalorien"

kariogen

Pro Tag werden **fünf Portionen Obst, Gemüse und Salat** empfohlen oder insgesamt etwa **600 g,** wobei eine der fünf Portionen durch ein Glas Frucht- oder Gemüsesaft ersetzt werden kann (→ Kapitel 2). Je vielfältiger kombiniert wird, desto sicherer wird der

eine Portion = eine Hand voll

Abb. 3.2: Kohlenhydratreiche Lebensmittel

Bedarf an allen notwendigen Nährstoffen und sekundären Pflanzenstoffen gedeckt. Ideal ist frisches oder tiefgekühltes Obst und Gemüse.

Konserven sind wegen der hohen Erhitzung beim Sterilisieren und dem damit verbundenen Vitaminverlust weniger zu empfehlen. Der Gehalt an Vitaminen nimmt stark ab, Aussehen und Geschmack leiden, außerdem sind Gemüsekonserven häufig stark gesalzen.

Mit zwei Scheiben Vollkornbrot und reichlich Obst und Gemüse kann auch der erforderliche Ballaststoffanteil von 30 g/Tag erreicht werden.

	Ballaststoffe
100 g Vollkornbrot	8 g
100 g Weißbrot enthält	3 g
1 Portion Vollkornnudeln 50 g (roh)	4 g
Haferflocken (50 g)	3 g

	Ballaststoffe
Brokkoli 200g	4 g
Apfel 150 g	3 g
Birne 150g	4 g
Karotten 100g	3 g

Beurteilen Sie anhand von Abbildung 3.3 den bei uns (für weibliche Personen) üblichen Verzehr von Kohlenhydraten:

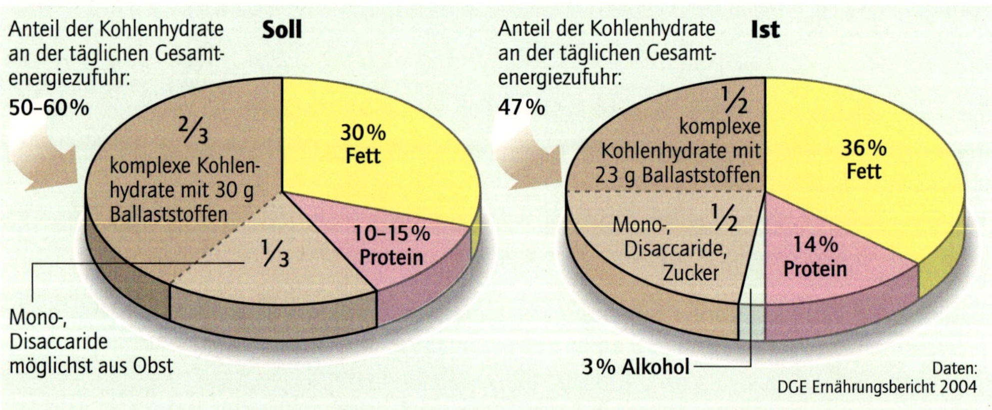

Abb. 3.3: Beurteilung IST-SOLL Kohlenhydrat-Verzehr

Die Empfehlungen können Sie unter Beachtung folgender Punkte erreichen:

- Mehr als die Hälfte der Gesamtenergie pro Tag durch Kohlenhydrate aufnehmen.
- 2/3 des Bedarf decken durch komplexe Kohlenhydrate → Vorteil: reich an Vitaminen, Mineralstoffen, Ballaststoffen und sekundären Pflanzenstoffen.
- Mono- und Disaccharide in Form von Obst essen.
- Mit Zucker sparsam umgehen!

3.4 Verdauung im Überblick

Verdauung ist die **Zerlegung** von in der Nahrung enthaltenen Nährstoffen **in** ihre **löslichen Bausteine**. Sie findet in den verschiedenen Abschnitten des Verdauungstraktes (➔ Abb. 3.4) statt.

Bei der Verdauung wird die von uns verzehrte Nahrung von ENZYMEN (➔ Grundlagen-Lexikon) aufgespaltet, nur so können die darin enthaltenen kleinsten Nährstoffeinheiten (Glukose, Fettsäuren, Aminosäuren usw.) verwertet werden.

Enzyme = Stoffe, die chemische Reaktionen beschleunigen

Im **Mund** wird die Nahrung beim Kauen mechanisch zerkleinert und mit Speichel aus den Speicheldrüsen vermischt. Der Speichel enthält Schleimstoffe *(Mucine)*, die den Speisebrei gleitfähig machen.

Mucine

Durch die **Speiseröhre** gelangt der Speisebrei in den **Magen**, hier wird der Speisebrei gesammelt. Durch die wellenförmige Muskelbewegung *(Peristaltik)* der Magenwand wird der Speisebrei mit Verdauungssäften durchmischt. Der Magen ist mit einer schützenden Magenschleimhaut ausgekleidet, um eine Selbstverdauung zu verhindern. Die im Magensaft enthaltene **Salzsäure** hat u. a. die Aufgabe Mikroorganismen abzutöten, Proteine zu *denaturieren* (d. h. Entfalten der Proteinstruktur) und das Protein verdauende Enzym Pepsin zu aktivieren.

Peristaltik

denaturieren

Die **Verweildauer** der Speisen im Magen hängt von ihrer Zusammensetzung und insbesondere von dem Fettgehalt ab. Leicht verdauliche Speisen (z. B. Milch, Reis) bleiben nur etwa 1 – 2 Stunden im Magen, während schwer verdauliche Speisen (z. B. Gänsebraten, Ölsardinen) auch 5 – 8 Stunden im Magen verweilen können. Außerdem verlassen flüssige Speisen den Magen schneller als feste.

Der Speisebrei wird portionsweise an den ersten Teil des Dünndarms – den **Zwölffingerdarm** – abgegeben, hier münden die Ausführungsgänge von Gallenblase und Bauchspeicheldrüse.

Die Gallenflüssigkeit **emulgiert** die Fette, so können Fett verdauende Enzyme besser wirken. Der **Bauchspeichel** enthält zusätzlich Protein, Fett und Kohlenhydrat spaltende Enzyme und neutralisiert den sauren Magensaft.

Im **Dünndarm** werden von der Darmschleimhaut Enzyme zur Verdauung sowie schützende Schleimstoffe abgegeben.

Der Dünndarm erreicht durch seinen speziellen Aufbau mit Falten und **Darmzotten** (➔ Abb. 3.5) eine enorm große Oberfläche, etwa entsprechend der Größe eines Tennisplatzes. Diese Vergrößerung der Oberfläche ist eine wichtige Voraussetzung für den ausreichenden Kontakt zwischen den abgebauten Nährstoffen und der Dünndarmschleimhaut.

Die kleinsten Bausteine der Nährstoffe werden durch die Darmzotten in die BLUT- und LYMPHGEFÄSSE (➔ Grundlagen-Lexikon) resorbiert. Nährstoffverdauung (Aufspaltung) und Resorption (Aufnahme) sind bis zum Ende des Dünndarms weitgehend abgeschlossen.

Hauptaufgabe des **Dickdarms** ist das **Eindicken des Speisebreis**. Durch das Entziehen von Wasser (allein etwa 8 Liter

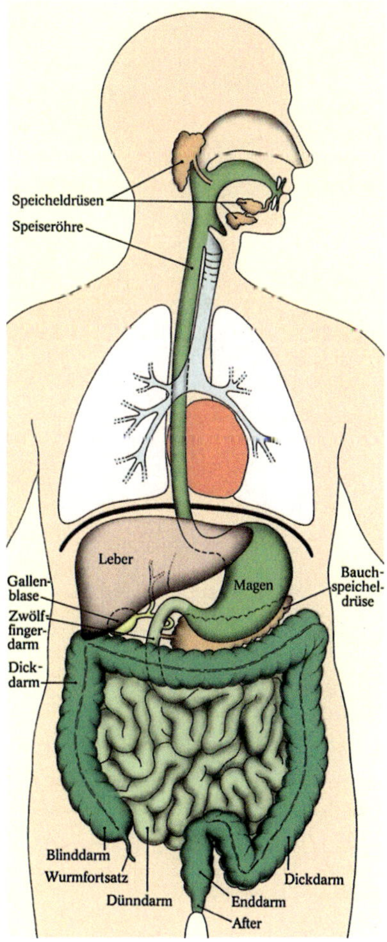

Abb. 3.4 Verdauungsorgane des Menschen

Verdauungssäfte pro Tag) entsteht der eingedickte **Kot** oder **Stuhl.** Wasserlösliche Ballaststoffe binden jedoch auch noch Wasser, machen damit den Stuhl weicher und erhöhen die Stuhlmenge. Die Ausscheidung erfolgt über den **After**.

Abb. 3.5: Darmrohr mit Darmfalten und Darmzotten

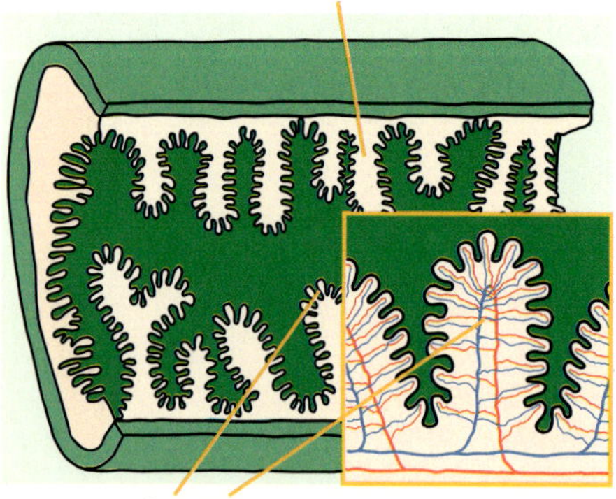

Der Dickdarm bildet keine Verdauungsenzyme, in ihm leben Milliarden von Dickdarmbakterien, die einen Teil der unverdaulichen Ballaststoffe und kleine Mengen nicht verdauter Proteine und Kohlenhydrate als Nahrung nutzen. Dabei entstehende Stoffe fördern die Verdauung, können aber auch zu Blähungen führen. Die ernährungsabhängige **Bakterienflora** (→ Kapitel 10.2) ist auch für die Bildung kleiner Mengen an **Vitaminen** (Vitamin K, Biotin → Kapitel 6) von Bedeutung. Es werden Wasser, Vitamine und Mineralstoffe, die im Dünndarm nicht vollständig resorbiert wurden oder durch die Tätigkeit der Bakterien entstehen, ins Blut resorbiert.

10

Der ausgeschiedene Stuhl besteht zu etwa 2/3 aus Wasser, der Rest ist unverdaute Nahrung, Schleim, abgestoßene Schleimhautzellen und große Mengen an Bakterien. Fehlen der Nahrung die notwendigen Ballaststoffe, so führt dies zu Darmträgheit und **Verstopfung** (→ Exkurs in Kapitel 16.1).

3.5 Verdauung und Resorption von Stärke

Das Enzym Amylase aus Mundspeicheldrüsen und Bauchspeicheldrüse spaltet Stärke. Enzyme der Dünndarmwand spalten Disaccaride in Monosaccaride.

Amylase = Kohlenhydrate spaltendes Enzym

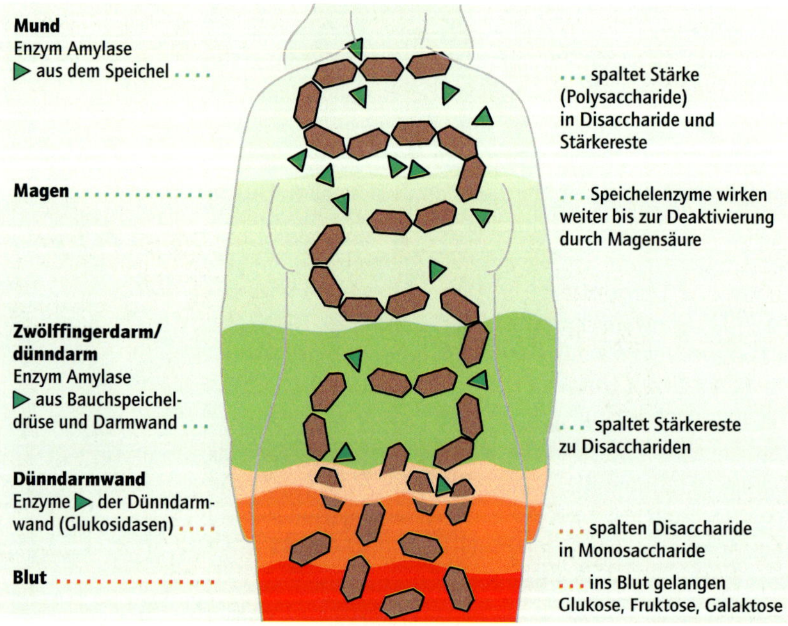

Abb. 3.6: Verdauung und Resorption von Stärke

3.6 Kohlenhydratstoffwechsel

Nach einer kohlenhydratreichen Mahlzeit strömen Monosaccharide, überwiegend Glukose in das Blut, zur Leber und zu allen Körperzellen.

Hormone: *Insulin* (Pankreas) senkt BGS ↓

Das Hormon ***Insulin*** aus der Bauchspeicheldrüse beschleunigt die Aufnahme von Glukose in die Zellen und **senkt** damit den **Blut-Glukose-Spiegel (BGS),** umgangssprachlich auch Blut**zucker**spiegel genannt. Glukose wird in den Körperzellen zu Wasser und Kohlendioxid oxidiert, dabei entsteht Energie (→ Grundlagen-Lexikon GLYKOLYSE, Endabbau der Kohlenhydrate im Zitratzyklus).

Überschüssige Glukose, die nicht gleich benötigt wird, kann in der Leber und den Muskelzellen zu ***Glykogen*** umgewandelt und kurzfristig gespeichert werden (bis ca. 400 g).

Glykogen

10

Ein weiterer Überschuss von Glukose wird in der Leber zu Fettsäuren und dem dreiwertigen Alkohol Glyzerin umgewandelt. Die daraus gebildeten Triglyzeride/Fette gelangen mit dem Blut an Transportproteine (Lipoproteine) gebunden in das Fettgewebe des Körpers und werden dort gespeichert (→ Kapitel 4.5).

Die Rückbildung von Kohlenhydraten aus Fetten ist nicht möglich. Kohlenhydrate können bei einem Mangel nur aus bestimmten Aminosäuren, Laktat und Glyzerin gebildet werden. Lesen Sie hierzu auch den → Exkurs in Kapitel 11.2.

Die **Leber** ist Hauptstoffwechselorgan für Kohlenhydrat-, Fett- und Proteinstoffwechsel. Hier findet die Bildung von Proteinen des Blutes (z. B. Albumine, Globuline, Blutgerinnungsstoffe) statt und sie ist Speicherorgan für Glykogen, Fettsäuren, fettlösliche Vitamine und Mineralstoffe. Die Leber dient der Entgiftung von körperfremden Stoffen (z. B. Medikamenten) und bildet Gallensäuren, die in der Gallenblase gesammelt werden.

Glukoneogenese = Aufbau von Glukose in Leber und Nieren)

Sinkt der Blut-Glukose-Spiegel einige Stunden nach der Nahrungsaufnahme, so wird Fett aus dem Fettgewebe zur Energiegewinnung bereitgestellt. Außerdem aktiviert das **Hormon *Glukagon*** das in der Leber gespeicherte Glykogen und wandelt es zurück in Glukose.

Glukagon (Leber) steigert BGS ↑

Auch in Muskeln wird Glykogen gespeichert. Es dient dort der Energiegewinnung.

Glykogen ist die Speicherform der Kohlenhydrate in der Leber.

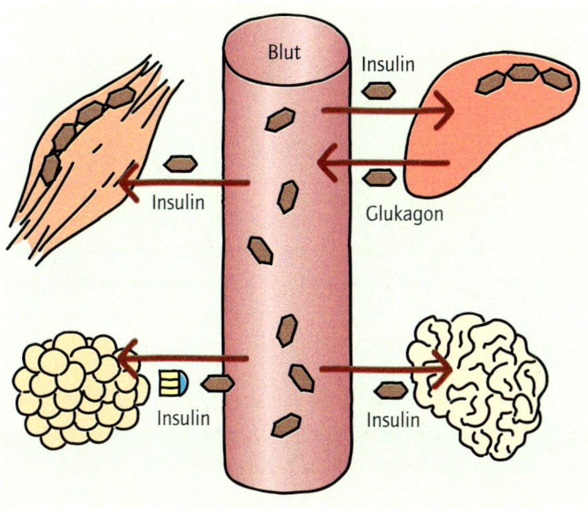

Zucker können im Körper in Fett umgewandelt werden, das im Fettgewebe gespeichert wird.

Im Gehirn dient Glukose der Energiegewinnung.

Abb. 3.7: Kohlenhydratstoffwechsel vereinfacht dargestellt

Die **Leber kann** als einziges Organ den **Blutglukosespiegel wieder erhöhen**, damit das zentrale Nervensystem mit Glukose versorgt werden kann. Sobald wieder genügend Kohlenhydrate aus der Nahrung zur Verfügung stehen, wird dann bevorzugt Glukose zur Energiegewinnung herangezogen. Es gibt also eine enge Vernetzung von Kohlenhydrat- und Fettstoffwechsel (→ Exkurs in Kapitel 11.2).

glykämischer Index = Blutglukoseantwort

glykämischen Index

Enthält unsere Nahrung reichlich komplexe Kohlenhydrate, so dauert das langsame Einströmen von Glukose in das Blut nach der Mahlzeit eine längere Zeit an. Bewirkt ein Lebensmittel einen **langsamen Anstieg des Blutglukosespiegels**, so besitzt es einen niedrigen *glykämischen Index*. **Nahrungsmittel mit einem niedrigen glykämischen Index** wie Vollkornprodukte, Gemüse, Hülsenfrüchte und Obst sind also zu **bevorzugen**. Sie sorgen für einen gleichmäßigen Blutglukosespiegel, bewirken, dass alle Zellen über längere Zeit mit Nährstoffen versorgt sind und Hunger tritt nicht so schnell auf.

Bei mäßiger Ausdauerbelastung (Walken, leichtes Joggen usw.) von mindestens einer halben Stunde wird zur Schonung der Glykogenreserven bevorzugt Fett zur Energiegewinnung verbrannt. Dieser Effekt hält auch noch nach der körperlichen Aktivität einige Zeit lang an!

3.7 Süßungsmittel

Süßende Zutaten für die Nahrungszubereitung lassen sich folgendermaßen einteilen:

- Als **Zucker** werden Mono- und Disaccharide wie z. B. Traubenzucker *(Glukose)*, Haushaltszucker *(Saccharose)*, Milchzucker *(Laktose)* bezeichnet; auch hinter den Namen Kristallzucker, Dextrose, Glukosesirup, brauner Zucker usw. verbergen sich Zucker. Außerdem gehören in diese Kategorie auch Honig und Fruchtsirupe.
- Zu den **Zuckeraustauschstoffen** (Zuckeralkoholen) gehören *Sorbit*, *Isomalt*, *Xylit* und einige mehr (→ Tab. 3.8). Ihr Vorteil ist, dass sie keinen oder nur einen **geringen Einfluss auf** den **Blutglukosespiegel** und die Insulinausschüttung haben (wichtig für Diabetiker → Kapitel 13.1).

  Fruktose zählt aufgrund seiner ernährungsphysiologischen Eigenschaften zwar zu den Zuckern, kann aber ohne Insulin in die Körperzellen aufgenommen werden und ist deshalb für die Diabetikerernährung als Zuckeraustauschstoff geeignet.

Acceptable Daily Intake = höchste duldbare Tagesdosis für den Menschen

- **Süßstoffe** wie *Saccharin*, *Cyclamat*, *Acesulfam*, *Aspartam* besitzen eine **vielfache Süßkraft** im Vergleich zu Zucker, enthalten aber **keine/kaum Energie** (nur Aspartam wird wie Protein verstoffwechselt) und wirken auch nicht kariesfördernd. Bei der Einhaltung der ADI-Werte gelten sie als gesundheitlich unbedenklich. Der ADI-Wert wird pro Kilogramm Körpergewicht (KG) angegeben und beträgt z. B. für Aspartam 40 mg/kg/KG.

Beispiel

Für einen Erwachsenen mit einem Körpergewicht von 70 kg gilt für *Aspartam* der ADI-Wert von 2800 mg (40 mg x 70 = 2800 mg), dies entspricht der Süßkraft einer Menge von 560 g Zucker. Üblicherweise werden Süßstoffe nicht in solch großen Mengen verzehrt, schon gar nicht täglich und lebenslang!

Süßstoffe machen **nicht automatisch schlank**, sondern können **helfen**, eine bewusste, **kalorienreduzierte Ernährung zu unterstützen**. Vorraussetzung ist natürlich, dass insgesamt mithilfe der Süßstoffe Energie eingespart wird, also auch eine ansonsten zucker- und fettarme Ernährung durchgeführt wird. ➔ Tabelle 3.8 zeigt häufig verwendete Süßungsmittel im Überblick.

Süßstoffe sparen Energie

„Machen Süßstoffe dick?“
Zu dieser Frage führt der Umstand, dass Übergewichtige trotz Verwendung von Süßstoffen nur mäßige Erfolge bei der Gewichtsreduktion verzeichnen. Hintergrund ist die Theorie, dass allein über den Geschmackseindruck „süß“ im Mund, bereits eine Insulinausschüttung mit einer entsprechenden Blutglukosespiegelsenkung erreicht wird. Infolgedessen ergibt sich ein gesteigerter Appetit bzw. sogar „Heißhunger“. Untersuchungen hierzu zeigen, dass weder die Insulinsekretion ins Blut, noch die Blutglukosekonzentration durch Süßstoffe verändert wird

„... Antwort: Eine gewichtssteigernde Wirkung von Süßstoffen ist wissenschaftlich bislang nicht belegt. Im Gegenteil: Süßstoffe können im Rahmen von Gewichtsreduktionsprogrammen sinnvolle Hilfsmittel zur Reduktion der Energieaufnahme darstellen. Sie ermöglichen die Erhaltung des Süßgeschmacks zuckerfreier, energiereduzierter Lebensmittel – insbesondere von Getränken. ...“

Quelle: www.dge.de, DGEInfo 04/2007 – Beratungspraxis, Artikel Süßstoffe in der Ernährung vom 02.05.2007

Neue Studien belegen, dass Süßstoffe keine Insulinausschüttung bewirken, den Blutglukosespiegel nicht beeinflussen und auch keinen Hunger auslösen!

Tab. 3.8: Süßungsmittel im Überblick

Wirkung	Zuckerarten	Zuckeraustauschstoffe	Süßstoffe
	Saccharose Glukose, Dextrose Fruktose Laktose	Sorbit, Isomalt Xylit, Mannit Maltit, Lactit	Acesulfam Aspartam Cyclamat Saccharin ...
Süßkraft	Fruktose stärker als Saccharose, Laktose gering	meist geringer als Zucker	30 – 2000-mal süßer als Zucker
Einsatz	Gebäck, Süßwaren, Getränke, Obsterzeugnisse, Fleischerzeugnisse, ...	zuckerfreie Backwaren, Süßwaren, Desserts, Kaugummi	Getränke, zuckerfreie Süßwaren, Desserts, Kaugummi, energiereduzierte Lebensmittel
Kariogenität	kariogen	zahnschonend	zahnschonend
Verdauung	Laktose wirkt abführend Fruktose wirkt blähend	Durchfall möglich	werden resorbiert, aber nicht verstoffwechselt, sondern mit dem Harn ausgeschieden
Wirkung auf BGS	mittlere bis hohe glykämische Wirkung	langsame/keine glykämische Wirkung, für Diabetiker geeignet	keine glykämische Wirkung
Energie	4 kcal/g	2,4 kcal/g und weniger	keine (1 g Aspartam liefert 4 kcal)[1]

1 1 g Aspartam entspricht der Süßkraft von 200 g Zucker

3.8 Bedeutung der Kohlenhydrate für die Haut

Glykosaminoglykane = wasserbindende Baustoffe für Bindegewebe

10

Kohlenhydrate sind wichtige **Baustoffe** für das **Bindegewebe:**

Glykosaminoglykane (früher Mucopolysaccharide) sind Polysaccharide, deren Grundeinheit aus einem Disaccharid sowie einer Aminogruppe $-NH_2$ besteht. Die **Hyaluronsäure** ist ein wichtiger Vertreter aus dieser Gruppe. Zwischen den **kollagenen** Fasern der Lederhaut befindet sich als „Kitt" die so genannte Grundsubstanz. Die **Grundsubstanz** besteht im Wesentlichen aus Wasser und wasserbindenden, polysaccharidhaltigen Stoffen (Hyaluronsäure, Glykoproteine, z. B. auch Kollagen).

Die Aufgabe der Glykosaminoglykane ist, zwischen den kollagenen und elastischen Fasern in der Grundsubstanz der Lederhaut **Wasser zu binden** und wasserlösliche Stoffe zwischen den Zellen **weiterzuleiten**. Sie bilden ein **Gel**, das die Haut **weich**, **glatt** und **elastisch unterpolstert** (→ LF 2, Kapitel 1.2).

- Bei der Kohlenhydratverdauung entsteht überwiegend Glukose.
- Insulin schleust Glukose in die Zellen und senkt den Blut-Glukose-Spiegel.
- Ballaststoffe wirken sättigend und verdauungsregulierend.
- Überschüssige Glukose wird erst in Form von Glykogen in Leber und Muskeln, darüber hinaus als Fette im Fettgewebe abgelagert.
- Süßstoffe können helfen die Energiezufuhr zu senken.
- In der Haut haben Kohlenhydrate wasserbindende Aufgaben, damit wird die Haut weich, glatt und elastisch.

Fragen Übungen Aufgaben **A**

1. *Nennen Sie die wichtigsten Aufgaben der Kohlenhydrate für den Körper.*
2. *In welcher Form werden die Kohlenhydrate in das Blut aufgenommen?*
3. *Warum wird eine Ernährung mit reichlich Ballaststoffen empfohlen?*
4. *Welche Art von Kohlenhydraten sind eher zu meiden und warum?*
5. *Lisa möchte abnehmen. Sollte sie Zucker, Zuckeraustauschstoffe oder Süßstoffe verwenden? Bitte begründen Sie die Antwort.*
6. *Wie viel Obst, Gemüse und Salat sollte ein Erwachsener in einer vollwertigen Ernährung pro Tag verzehren? Diskutieren Sie in der Gruppe geeignete Möglichkeiten, um die Empfehlungen der DGE im Alltag umzusetzen.*
7. *Schildern Sie Verdauung und Resorption der Kohlenhydrate (→ Abb. 3.6) in Ihren eigenen Worten.*
8. *Welche Hormone spielen für den Kohlenhydratstoffwechsel eine wichtige Rolle?*
9. *Warum schmeckt Brot süß, wenn man es lange kaut?*
10. *Welche Bedeutung haben die Kohlenhydrate für die Haut?*
11. *Wie verstehen Sie anhand der Abbildung den „Teufelskreislauf Zucker"?*

Abb.: „Teufelskreislauf Zucker"

4 Lipide (Fette)

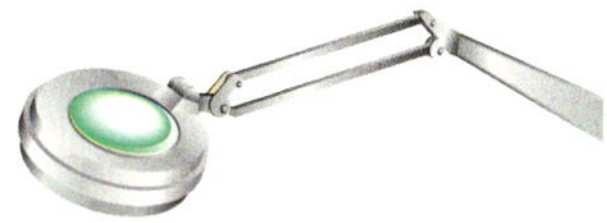

Nelli und Lisa wollen nach dem Unterricht etwas zu Essen kaufen. Lisa strebt dem nahen Kiosk mit Imbiss zu. Nelli zu Lisa: „Kein Wunder, dass du zugenommen hast, iss doch nicht so viel fette Pommes! Und die Pickel werden so auch nicht weniger!" – „Die schmecken aber so gut!" – „Na klar, Fett ist ja auch ein Geschmacksträger Leider liefert Fett doppelt so viel Energie im Vergleich zu anderen Nährstoffen!" – „Wie bitte?"

Wie viel Energie liefert ein Gramm Fett?

Fette sind ein wichtiger Bestandteil unserer Ernährung. Sie liefern als **Brennstoff** Energie für Bewegung und Wärme, wir benötigen sie als wichtige **Baustoffe** für alle Körperzellen.

4.1 Aufbau der Fette

Einfache Fette bestehen aus **drei Fettsäuren,** die an den dreiwertigen Alkohol **Glyzerin** gebunden sind, sie heißen daher **Triglyzeride.** Die Elemente sind Kohlenstoff (C), Wasserstoff (H) und Sauerstoff (O). Unsere Nahrungsfette bestehen fast ausschließlich aus gemischten Triglyzeriden, d. h. sie enthalten gesättigte, einfach oder mehrfach ungesättigte Fettsäuren (siehe unten unter Punkt C). Diese Unterschiede in der chemischen Struktur bewirken ihr physikalisches (z. B. Schmelzpunkt) und biochemisches Verhalten (z. B. Einfluss auf Cholesterinkonzentration im Blut). Es gibt einfache und zusammengesetzte Fette. Letztere enthalten zusätzlich weitere Komponenten wie Protein, Phosphat oder Kohlenhydrate usw. (→ Grundlagen-Lexikon LIPIDE).

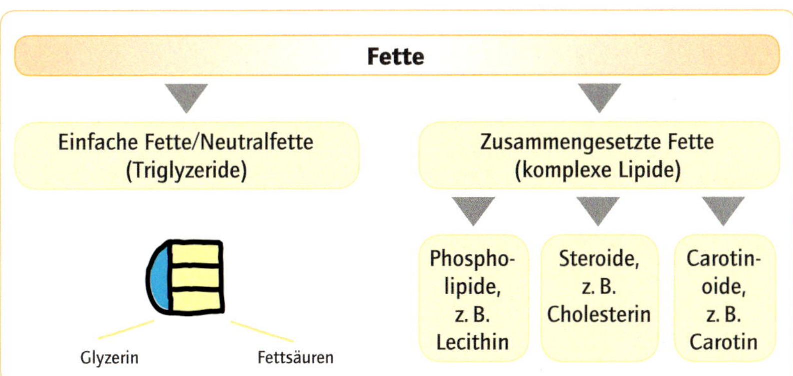

Abb. 4.1: Einfache und zusammengesetzte Fette

Der Aufbau der verschiedenen Fettsäuren der Triglyzeride ist für die Eigenschaften der Fette und deren Bedeutung für die Ernährung sehr entscheidend.

flüssige Fette = Öle

Nennen Sie fettreiche Nahrungsmittel, ordnen Sie diese pflanzlichen oder tierischen Quellen zu.

Fette und Öle können nach verschiedenen Unterscheidungsmerkmalen eingeteilt werden:

Abb. 4.2:
Lebensmittel mit hohem und sehr hohem Fettgehalt

A Nach der **Herkunft.** Sie können pflanzlicher oder tierischer Herkunft sein.

B Nach der **Kettenlänge** (Anzahl der C-Atome) ihrer Fettsäuren. Die Fettsäuren können verschiedene Längen und unterschiedlichen chemischen Aufbau haben. Kurzkettige Fettsäuren (z. B. Buttersäure) sowie mittelkettige Fettsäuren sind gut mit Wasser vermischbar. Langkettige Fettsäuren sind nicht mit Wasser mischbar, also wasserunlöslich; sie machen den überwiegenden Teil der Fettsäuren aus.

C Nach dem **Sättigungsgrad der C-Atome** mit Wasserstoff.

- Bei **gesättigten Fettsäuren (GFS)** sind alle C-Atome mit H-Atomen abgesättigt. Gesättigte Fettsäuren kommen außer in Kokosfett eher in tierischen Fetten vor, sind gut haltbar und daher auch zum Braten, Frittieren usw. geeignet. Ein Zuviel an gesättigten Fettsäuren erhöht den Cholesterinspiegel im Blut und fördert das Risiko für die Entstehung von Herz-Kreislauf-Erkrankungen!

- Bei **einfach ungesättigten Fettsäuren (EUFS)** sind zwei Kohlenstoffatome durch **eine** Doppelbindung verbunden, sie sind **nicht gesättigt**, da zwei Wasserstoffatome fehlen. Typischer Vertreter ist die Ölsäure, Hauptbestandteil von Oliven- und Rapsöl. Diese Öle sind relativ hitzestabil und zum Kurzbraten und Kochen geeignet. EUFS können im Austausch gegen gesättigte Fettsäuren den Cholesterinspiegel senken! Als freie Fettsäure ist die Ölsäure auch im **Hautfett, dem Sebum** (→ LF 2, Kapitel 1.5.1) enthalten.

Essenzielle Fettsäuren:
- Linolsäure
- Linolensäure
- Omega-3-Fettsäuren

- Die **mehrfach ungesättigten Fettsäuren (MUFS)** enthalten zwei und mehr **Doppelbindungen**. Aufgrund der fehlenden Wasserstoffatome sind sie sehr reaktionsfähig, daher auch instabiler und können leichter verderben bzw. oxidiert werden. Öle reich an mehrfach ungesättigten Fettsäuren werden vor allem für die „kalte" Zubereitung, z. B. für Salate empfohlen, können aber auch zum Dünsten verwendet werden. Zu diesen MUFS zählen die **Linolsäure** (z. B. in Distel-, Sonnenblumen-, Sojaöl) und **Linolensäure** (z. B. in Raps-, Sojaöl, Walnüsse). Der Körper benötigt diese Fettsäuren, kann sie jedoch nicht selbst herstellen. Man nennt sie auch **essenzielle Fettsäuren**. Auch die in Fischölen von Kaltwasserfischen (Hering, Makrele, Tunfisch, Lachs) enthaltenen und entzündungshemmenden **Omega-3-Fettsäuren** gehören in diese Gruppe der MUFS. Die mehrfach ungesättigte Arachidonsäure ist ausschließlich in tierischen Fetten enthalten und wirkt entzündungsfördernd!

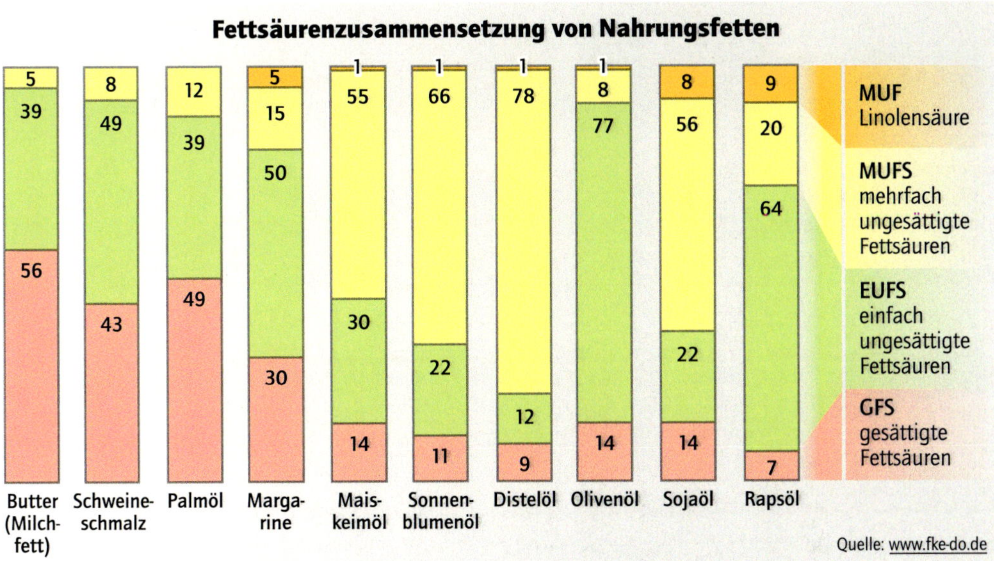

Abb. 4.3: erweitert nach: Souci/Fachmann/Kraut, Die Zusammensetzung der Lebensmittel

10

4.2 Aufgaben von Fetten und essenziellen Fettsäuren

Fette erfüllen sehr vielfältige Aufgaben im Körper:

- Fette **liefern als Brennstoff Energie** und bilden im Fettgewebe eine **Energiereserve**. Achtung! Zu große Fettdepots belasten Herz und Kreislauf.
- Sie liefern **essenzielle Fettsäuren** als **Baustoff für Zellmembrane** und hormonähnliche Stoffe (siehe unten).
- Fette ermöglichen die **Resorption** von **fettlöslichen Vitaminen** vom Darm ins Blut und transportieren sie im Körper.
- Sie bilden einen **Kälteschutz** im Unterhautfettgewebe.
- Sie **schützen** Organe vor Stößen.
- Sie verbessern als **Träger von Geschmacks- und Aromastoffen** den Geschmack von Speisen (→ Exkurs in diesem Kapitel und → Grundlagen-Lexikon ZUNGE).
- Cholesterin ist Baustoff für die Bildung von **Vitamin D** in der Haut unter Lichteinfluss.
- In den Talgdrüsen der Haut werden Triglyceride und freie Fettsäuren gebildet, sie sind somit **Bestandteil der Hautoberflächenlipide**.

Lipide/Fette sind Energielieferanten und Baustoff

Die **essenziellen Fettsäuren** erfüllen weitere, lebenswichtige Aufgaben im Körper:

- Linol- und Linolensäure sind wichtige **Baustoffe von Zellmembranen** und Nervenzellen. Sie sorgen für die **Barrierefunktion der Epidermis** (→ LF 2, Kapitel 1.5.1), Feuchtigkeit wird bewahrt und das Eindringen von schädlichen Substanzen verhindert.
- Als Baustoffe der Zellmembrane sind sie auch am Aufbau der **Keratinozyten**, dem wichtigsten Zelltyp in der Epidermis (→ LF 2, Kapitel 1.1), beteiligt.
- Die Omega-3-Fettsäure Eicosapentaensäure (EPA) aus Fischölen ist unter anderem **Baustoff** für **Gewebshormone**. Diese wirken entzündungshemmend, stärken das

essenzielle Fettsäuren sind Baustoffe für Zellwände

essenzielle Fettsäuren wirken cholesterinsenkend und entzündungshemmend

Immunsystem und senken den **BLUTDRUCK** (→ Grundlagen-Lexikon). EPA kann in geringem Umfang vom Körper selbst aus Linolensäure hergestellt werden.

Ein hoher Nahrungsanteil an Omega-3-Fettsäuren und Linolensäure wirkt hemmend auf die körpereigene Bildung von Arachidonsäure.
Eine Nahrung reich an Fleisch- und Fleischwaren führt zu einer Anreicherung von Arachidonsäure in den Körperzellen und damit zu einem Anstieg entzündungsfördernder Stoffe, den Eicosanoiden.

- Essenzielle Fettsäuren **senken** den **Cholesterinspiegel** und beugen damit *Arteriosklerose* (Gefäßverkalkung) vor.

Ein Mangel an essenziellen Fettsäuren bewirkt schwere Stoffwechselstörungen mit Wachstumsverzögerung, trockene, schuppende Ekzeme, Juckreiz, Wundheilungsstörungen.

EXKURS: Geschmackssinn

Auf der Zunge liegen viele **Sinneszellen** für die **Wahrnehmung von Geschmack.** Diese Geschmacksrezeptoren befinden sich in warzenartigen Erhebungen, den Papillen. Der typische Gesamteindruck von Speisen oder Getränken entwickelt sich jedoch erst durch die **gleichzeitige Reizung der Geschmacks- und der Geruchssinnesorgane.** Die wichtige Bedeutung des Geruchssinnes (→ Grundlagen-Lexikon NASE und → Band C, LF 10, Exkurs in Kapitel 4.3) für eine vielfältige Geschmackswahrnehmung wird deutlich bei einem Schnupfen, wenn man mit verstopfter Nase kaum noch etwas schmecken kann. Seit langem sind die **vier Hauptgeschmacksrichtungen süß, sauer, salzig und bitter** bekannt. Geschmacksvorlieben sind teilweise angeboren (süß), werden aber auch durch Umwelteinflüsse und Erfahrung erlernt. Warum es uns schmeckt, ist noch nicht endgültig erforscht, klar ist jedoch:

Geschmackszonen der Zunge:

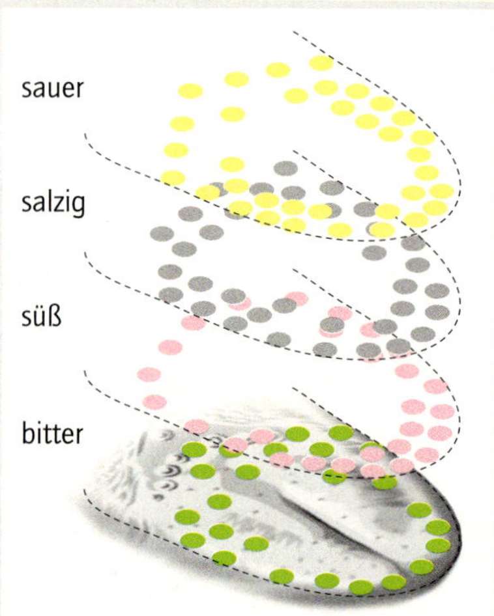

- Süß signalisiert kohlenhydratreiche Nahrung wie reifes Obst und Beeren und sichert die Energieversorgung.
- Sauer bedeutet oft unreif oder verdorben.
- Salziges gibt Hinweise auf lebenswichtige Mineralien.
- Bittere Nahrungsmittel könnten giftig sein!

Neu entdeckt wurde die **Geschmacksrichtung *umami*** (im Japanischen „Fleischgeschmack", herzhaft), sie half unseren Vorvätern vermutlich proteinreiche Nahrung (Fleisch, Fisch, Pilze, Getreide) zu finden. Diese Geschmacksrichtung wird heute vor allem durch den in Würzmitteln vorhandenen Geschmacksverstärker Glutamat angesprochen.

Bis vor kurzem wurden den einzelnen Geschmacksrichtungen bestimmte Zungenbereiche zugeordnet. Heute ist sicher, dass sie relativ gleichmäßig auf der ganzen Zunge wahrnehmbar sind. Lediglich Bitterstoffe werden am Zungengrund besonders intensiv empfunden.

Die z. B. durch Chili hervorgerufene Empfindung „scharf" ist keine Geschmacksrichtung, sondern ein Schmerzsignal des Gesichtsnervs *Nervus trigenimus* (→ Band B, LF 6, Kapitel 2.3), der auch im Mund- und Nasenbereich verläuft.

5840138

4.3 Empfehlung für die tägliche Fettzufuhr

Die tägliche Fettzufuhr setzt sich zusammen aus **Streichfett**, wie Butter oder Margarine, daneben Fetten oder Ölen zur **Speisenzubereitung** (zum Braten, Salatzubereitung) und unsichtbaren, **„versteckten" Fetten** (aus Wurst, frittierten Speisen, Käse, Gebäck, Süßigkeiten usw.).

Die wünschenswerte Zufuhr für Fette nach den Empfehlungen der DGE liegt bei **maximal 30 % der Gesamtenergie.** Dies entspricht einer Fettmenge von ungefähr 70 – 90 Gramm Fett pro Tag. Hierin sind neben Streich- und Zubereitungsfett auch die versteckten Fette bereits enthalten. Da Letztere den größten Anteil an unserem täglichen Fettverzehr ausmachen, bleiben für Zubereitungsfett und Streichfett demnach nur jeweils 20 g (etwa zwei Esslöffel Öl und ein leicht gehäufter Esslöffel Butter oder Margarine) übrig. Der Anteil an Nahrungscholesterin (→ Kapitel 4.6) sollte maximal 300 mg pro Tag betragen. Dies entspricht bereits dem Gehalt von einem Eigelb!

max. 30 % der Gesamtenergie als Fett!

Die Abbildung 4.4 zeigt, dass der Anteil der verschiedenen Fettsäuren zu etwa gleichen Teilen in unserer Nahrung enthalten sein sollte. Die gesättigten und die mehrfach ungesättigten Fettsäuren sollten höchstens ein Drittel, die einfach ungesättigten Fettsäuren können gut ein Drittel der Gesamtfettmenge ausmachen.

Fett-Zufuhrempfehlungen:

- Ca. 70–90 g Fett/Tag (für Frauen gilt der niedrigere Wert)
- 30 % der Gesamtenergie für Fette
- davon als Öl gut 1/3 EUFS aus Raps- oder Olivenöl
- bis zu 1/3 MUFS als hochwertige Margarine, Raps-, Sonnenblumenöl und mit fettem Seefisch
- max. 1/3 GFS mit Fleisch, Wurst, Milchprodukten, Gebäck usw.
- max. 300 mg Cholesterin pro Tag
- mind. 1–2 Seefischmahlzeiten pro Woche

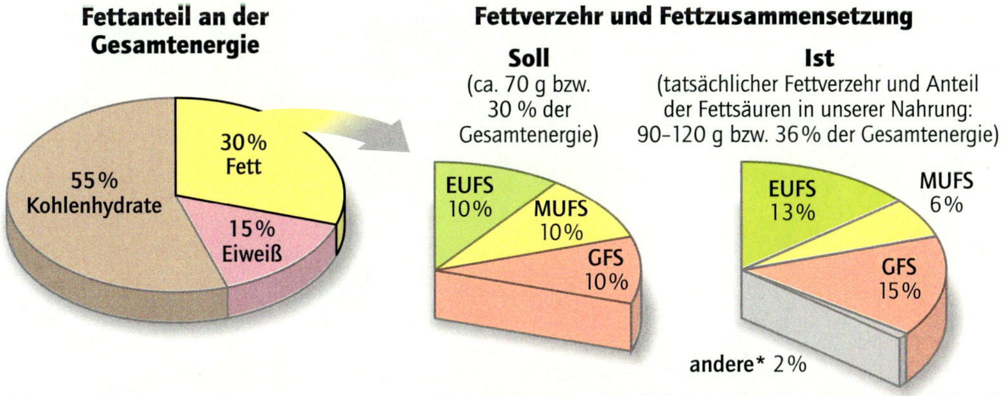

Abb. 4.4: Wünschenswerter Fettverzehr und Fettsäurenzusammensetzung nach DGE Ernährungsbericht 2004

MUFS mehrfach ungesättigte Fettsäuren
EUFS einfach ungesättigte Fettsäuren
GFS gesättigte Fettsäuren

Ist-Werte: für weibliche Personen

* Z. B. Trans-Fettsäuren. Das sind ungesättigte Fettsäuren mit „verdrehtem" (*trans* = quer, hinüber) Molekülaufbau, die u. a. bei der chemischen Fetthärtung entstehen. Sie sind enthalten in einfacher Margarine, hoch erhitzten Fetten/Ölen (z. B. Pommes Frites, Chips), Milchfett (Butter, Käse), Nuss-Nougat-Cremes. Trans-Fettsäuren erhöhen den Cholesterinspiegel, damit sind sie an der Entstehung von arteriosklerotischen Gefäßveränderungen beteiligt.

Der tatsächliche Fettverbrauch in unserer Bevölkerung liegt mit einem Anteil von 36 % der Gesamtenergie und 90 – 120 g Fett pro Tag deutlich über den Empfehlungen. Dies liegt vor allem daran, dass mit fettem Fleisch, Wurst, Käse sowie Gebäck und Süßigkeiten reichlich versteckte gesättigte Fette verzehrt werden.

Überlegen Sie mögliche gesundheitliche Folgen, die aus dieser Fehlernährung resultieren können.

Zu viel Fett führt zu Übergewicht. Ziehen Sie pflanzliche Fette den tierischen vor, denn sie enthalten kein Cholesterin, dafür essenzielle Fettsäuren.

4.4 Verdauung und Resorption von Fetten

Emulgieren = feines Verteilen zweier nicht mischbarer Flüssigkeiten ineinander

Lipoproteine = Transportmittel für Fette im Blut

Fettreiche Speisen verbleiben längere Zeit im Magen, fettarme verlassen ihn schneller. Im Zwölffingerdarm **emulgiert** die Gallensäure die Fette, damit kann das Enzym **Lipase** die Triglyceride besser in **Glyzerin und Fettsäuren** aufspalten.

Kurz- und mittelkettige Fettsäuren können direkt durch die Darmwand in das Blut *resorbiert* (aufgenommen) werden. Langkettige Fettsäuren werden in der Dünndarmwand wieder mit Glyzerin zu Triglyceriden aufgebaut. Dann werden sie mit **Protein** (→ Kapitel 5) und Cholesterin ummantelt. Hierdurch wasserlöslich werden sie als Lipoprotein erst in die LYMPHE (→ Grundlagen-Lexikon) und dann in das Blut *resorbiert*.

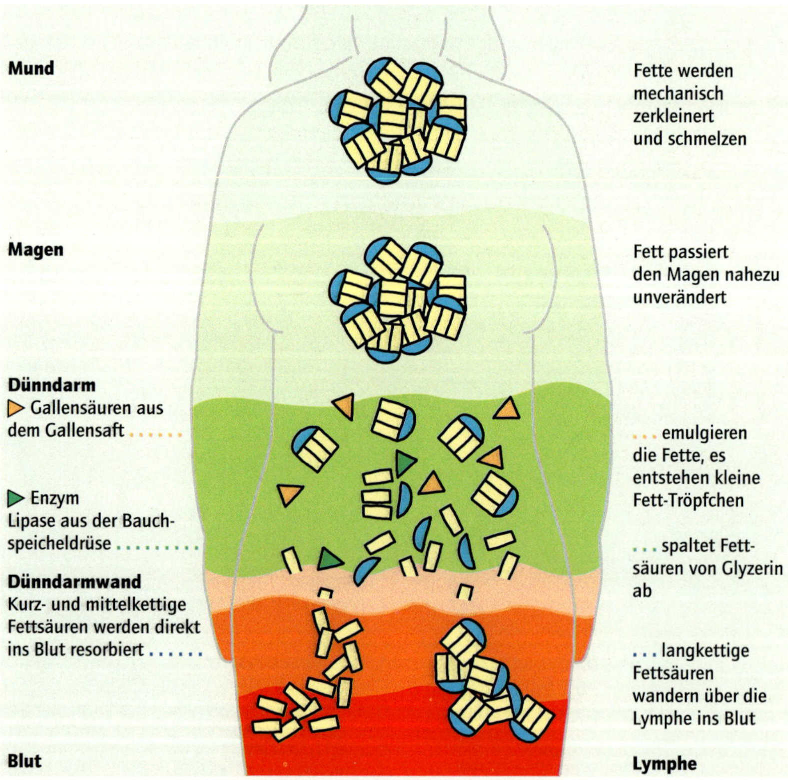

Abb. 4.5: Verdauung und Resorption von Fetten

4.5 Fettstoffwechsel

Um Fette in Blut und Lymphe löslich zu machen, werden sie an **Lipoproteine** (Verbindungen von Fetten und Proteinen) gebunden. Mithilfe der Lipoproteine gelangen die Fette in die Leber und in alle Körperzellen. Hier stehen sie als **Energiequelle** vor allem **für die Muskelarbeit** zu Verfügung. Fett, das nicht gleich benötigt wird, wandert in die **Fettdepots** und wird dort als **Energiereserve** gespeichert. Bei einem Überangebot von Kohlenhydraten, Alkohol und auch Proteinen werden hieraus in der Leber Triglyceride hergestellt, es findet Fettsäuresynthese statt. Diese Triglyceride werden dann ebenfalls im Fettgewebe gespeichert. Das Hormon **Insulin** unterstützt die Einlagerung von Fetten ins Fettgewebe.

Fettsäuresynthese = Fettaufbau

Kommt es mangels Nahrungszufuhr oder bei längerer sportlicher Aktivität zu einem Nährstoffmangel im Blut, können nun aus dem Fettdepot durch die Hormone **Adrenalin** und **Glukagon** (→ Grundlagen-Lexikon HORMONE) wieder Triglyceride freigesetzt werden. Die Fettsäuren werden dann zur **Energiegewinnung** von allen Körperzellen (außer Gehirn, Nieren, roten Blutkörperchen) verbrannt. Das Glyzerin wird zur Leber transportiert und mündet hier in den KOHLENHYDRATSTOFFWECHSEL ein (→ Kapitel 3.6 und → Grundlagen-Lexikon).

Fettaufbau und Fettabbau in den *Lipozyten* (Fettzellen) sollte im Gleichgewicht sein, sonst kommt es zu Gewichtszunahme bzw. Gewichtsabnahme.

Lipozyten

Zellmembranlipide (Phospholipide, s. u.) können nicht gespeichert werden, sie werden ständig auf- bzw. abgebaut. Die Baustoffe hierzu, vor allem essenzielle Fettsäuren, müssen täglich mit der Nahrung zugeführt werden.

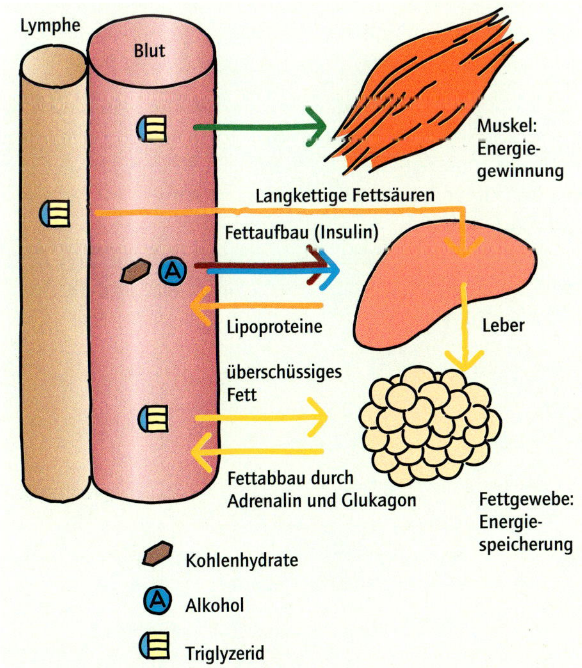

Abb. 4.6: Fettstoffwechsel, stark vereinfacht

4.6 Bedeutung komplexer Lipide für die Haut

Unter **komplexen Lipiden** werden **zusammengesetzte Fette mit Nichtfettanteil** verstanden, sie enthalten neben Fettsäuren z. B. Phosphor oder Kohlenhydrate. Darüber hinaus gibt es fettähnliche Stoffe wie Steroide und Carotinoide.

Phospholipide = Zellmembran-Lipide

Phospholipide (Phosphor enthaltende Lipide) sind am Aufbau aller Zellmembranen, somit auch am Aufbau der **Keratinozyten**, dem wichtigsten Zelltyp der Epidermis, beteiligt.

Zur Gruppe der Phospholipide gehört das **Lecithin**, es kann vom Körper selbst hergestellt werden. Aufgrund seiner **polaren Molekülstruktur** (ein fettfreundlicher und ein wasserfreundlicher Anteil) wirkt es in Nahrungsmitteln und in Kosmetika als EMULGATOR (→ Grundlagen-Lexikon) und ist Bestandteil jeder Zellmembran und des Nervengewebes. Lecithin kommt in unserer Nahrung in Pflanzenölen, Eigelb und in tierischen Geweben reichlich vor. In Hautpflegemitteln entwickelt Lecithin eine günstige Wirkung bei trockener Haut, dies liegt an seiner Wasserbindungsfähigkeit (→ Band B, LF 7).

Pflanzliche Fette enthalten kein Cholesterin

Das Steroid (→ Grundlagen-Lexikon HORMONE) **Cholesterin** wird im Körper in der Leber und im Dünndarm gebildet. Wir nehmen es außerdem mit tierischen Nahrungsmitteln wie Fleisch, -waren, Butter, Eiern, Innereien und Schalentieren (Muscheln, Krabben) auf. **Pflanzliche Fette** enthalten **kein Cholesterin** (außer cholesterinähnlichen, aber gesundheitlich vorteilhaften Phytosterinen → Kapitel 8). Unser Körper benötigt Cholesterin als **Baustoff für Hormone** und **Zellmembrane**, für die Herstellung von Vitamin D in der Haut sowie für die Bildung von **Gallensäuren** zur Fettverdauung. Cholesterin ist also unerlässlich für Zellwachstum und Zellfunktion! Die hierfür erforderliche Menge kann der Organismus selbst herstellen, daher ist eine zu hohe Cholesterinaufnahme mit der Nahrung nicht empfehlenswert, sie **fördert *Arteriosklerose*** („Gefäßverkalkung").

Carotinoide = farbige Lipide

Carotinoide sind farbige Lipide, von denen ca. 500 verschiedene Arten in Pflanzen und Tieren vorkommen. Die für den Menschen wichtigsten Vertreter sind die weit verbreiteten Carotine aus roten, gelben und grünen Früchten und Gemüsen sowie Lykopin, welches in großen Mengen in Tomaten enthalten ist. Carotin ist eine **Vorstufe von Vitamin A** (→ Kapitel 6), also ein Provitamin, das vom Körper in Vitamin A umgewandelt werden kann. Carotin und Lycopin sind wichtige **Antioxidanzien** (→ Kapitel 8.3). Besonders Carotin wirkt als **Haut- und Schleimhautschutz,** z. B. vor lichtbedingter Hautalterung (→ LF 2, Kapitel 3.3 und 3.5.3).

Wichtige komplexe Lipide für die Haut:

Phospholipide z. B. Lecithin:	**Steroide** z. B. Cholesterin:	**Carotinoide** Carotin, Lycopin usw.:
Bestandteil jeder Zellmembran	Vitamin-D-Synthese	Haut- und Schleimhautschutz
Emulgator in Nahrungsmitteln und Kosmetika	Baustoff für Zellmembrane und Hormone	Provitamin A
	Gallensäuren	Antioxidanz
	zu viel ist schädlich	

Abb. 4.7: Übersicht komplexe Lipide

Im Folgenden wird die **Bedeutung der Fette insbesondere für die Haut** zusammengefasst:

- Fette liefern **Energie** für alle Zellen im Körper, so auch für Haut, Haarzwiebel und Nagelplatte.
- **Essenzielle Fettsäuren, Lecithin** und **Cholesterin** sind **Baustoffe** für Zellmembrane.
- Essenzielle Fettsäuren sind an der **Bildung von Glycosaminoglykanen** beteiligt. Diese sind wichtig für die **Feuchtigkeitsbindung.**
- Werden mit der Nahrung zu **viel tierische Fette** (Arachidonsäure) aufgenommen, so **können** diese **Entzündungen** der Haut **fördern** (→ Kapitel 16)!
- Bei einer Ernährung (reich an gesättigten Fettsäuren und) mit geringem Anteil an essenziellen Fettsäuren kommt es zu einem **Mangel von Linol- und Linolensäure.** Hierdurch verschlechtert sich der Zustand der Zellen und folgende Symptome können sich entwickeln: ekzemartige Effloreszenzen, Haarausfall, Juckreiz, übermäßiger Wasserverlust über die Haut, Störung der Wundheilung.
- Ein Fehlen von essenziellen Fettsäuren ist Mitursache von entzündlichen Hauterkrankungen (→ Kapitel 16).

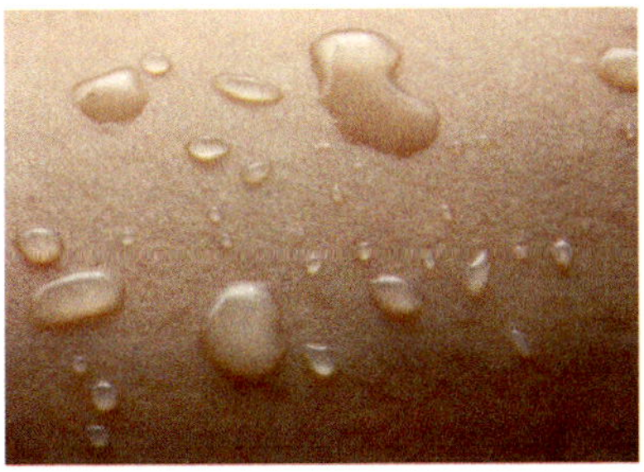

Abb. 4.8: Lipide sind wichtig für die Hautbarriere

Bedeutung der Fette für die Haut:

- liefern Energie
- Baustoff der Zellmembran
- Hormonbildung
- Carotin schützt vor UV-Strahlung
- Barrierefunktion der Haut
- bewahren Hautfeuchtigkeit

A Fragen Übungen Aufgaben

1. *Warum sollten pflanzliche Fette den tierischen vorgezogen werden?*
2. *Was versteht man unter versteckten Fetten? Nennen Sie Beispiele.*
3. *Diskutieren Sie in der Gruppe wirksame Tricks, um Fett einzusparen.*
4. *Schildern Sie Verdauung und Resorption der Fette (→ Abb. 4.5) mit Ihren eigenen Worten.*
5. *Warum erzeugt eine fettreiche Ernährung eher Übergewicht als eine kohlenhydratreiche Nahrung?*
6. *Warum sind essenzielle Fettsäuren so wichtig für ein gesundes Hautbild?*
7. *Wie kann der Bedarf an essenziellen Fettsäuren in unserer täglichen Ernährung gedeckt werden?*
8. *Diskutieren Sie in der Gruppe, welche Fette/Öle geeignet sind:*
   – zum Braten – als Brotaufstrich – zur Salatzubereitung.

5 Proteine (Eiweiße)

Lisa und Nelli treffen sich am Wochenende, um gemeinsam zu lernen. Als sie Hunger bekommen, bereitet Lisa mit Wasser und einem Pulver ein Getränk. Nelli: „Lisa, was mixt du denn da?" – Lisa: „Das ist ein Protein-Shake. Das geht schnell und soll helfen Fett in Muskeln umzuwandeln!" – Nelli: „Glaubst du, das geht so einfach? Für Muskelaufbau braucht man doch Sport und Krafttraining. Natürlich auch Protein, aber das ist ausreichend in unserer normalen Ernährung enthalten!"

Proteine kommen in allen tierischen und pflanzlichen Zellen vor. In jeder Zelle gibt es über 4000 Proteine, die unterschiedliche Aufgaben erfüllen.

Welche Nahrungsmittel liefern besonders viele Proteine?

5.1 Aufbau der Proteine

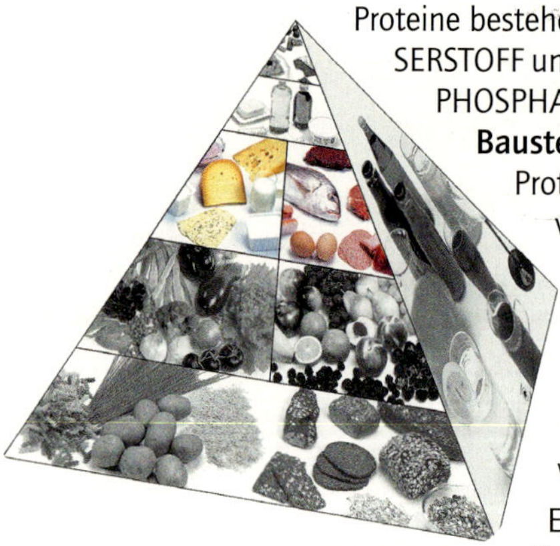

Proteine bestehen aus den Elementen KOHLENSTOFF, SAUERSTOFF, WASSERSTOFF und STICKSTOFF, teilweise enthalten sie auch SCHWEFEL und PHOSPHAT (chem. Elemente → Grundlagen-Lexikon). Die **kleinsten Bausteine** der Proteine sind die **20 verschiedenen Aminosäuren**. Proteine sind also Moleküle, die aus dem Zusammenschluss vieler Aminosäuren bestehen. Dabei bestimmen die Anzahl und die Abfolge der einzelnen Aminosäuren die **Struktur** und damit die **Eigenschaften** des Proteins. Auf diese Weise können aus nur 20 verschiedenen Aminosäuren eine Vielzahl unterschiedlicher Proteine gebildet werden (ähnlich wie aus 26 Buchstaben des Alphabets unendlich viele Wörter, Sätze und Texte gebildet werden können).

Etwa die Hälfte der Aminosäuren können nicht im menschlichen Organismus aufgebaut werden, es sind **essenzielle Aminosäuren.** Da sie **unentbehrlich** sind, müssen sie mit der Nahrung aufgenommen werden.

essenzielle Aminosäuren = unentbehrliche Aminosäuren

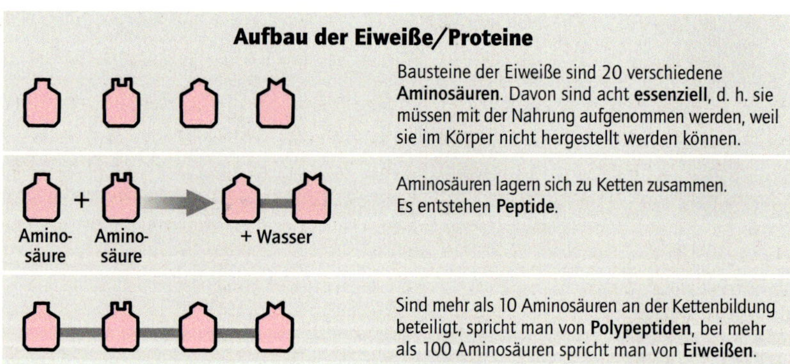

Abb.: 5.1 Aufbau der Proteine

5840144

Unser Proteinbedarf ist ein Bedarf an essenziellen Aminosäuren, die für den Aufbau von körpereigenem Protein benötigt werden.

Einteilung der Proteine

Proteine werden eingeteilt in einfache Proteine und in zusammengesetzte Proteine.

Globuläre Proteine sind stark gefaltete, kugelförmige meist gut wasserlösliche einfache Proteine, die eine Vielzahl von Aufgaben im Köper übernehmen (z. B. Enzyme, Transport- und Speicherproteine).

Fibrilläre Proteine sind lange, fadenförmige, meist schlecht wasserlösliche einfache Proteine. Sie bilden im Köper zugfeste Strukturen für Sehnen und Muskeln aus.

Viele Proteine sind **zusammengesetzte Proteine,** sie enthalten auch einen Nichtproteinanteil:

Bezeichnung des Proteins	Nichtproteinanteil	Beispiel
Glykoprotein	Kohlenhydrat	Kollagen, Amylase, Immunglobuline
Lipoproteine	Lipid	Blutfette
Chromoproteine	METALL, FARBSTOFF	HÄMOGLOBIN, Ferritin
Nukleoproteine	NUKLEINSÄUREN	Purine, DNA, RNA
Phosphoproteine	PHOSPHAT	ZELLMEMBRANE

Tab. 5.2: Übersicht zusammengesetzte Proteine

Einige der hier verwendeten Begriffe finden Sie zur weiteren Erklärung im → Grundlagen-Lexikon.

5.2 Aufgaben der Proteine

Etwa 20 % der Körpermasse (bezogen auf das Normalgewicht) besteht aus Proteinen. Ungefähr die Hälfte von diesem Proteinbestand des Körpers verteilt sich auf die Muskeln, ein Viertel auf das Bindegewebe und das andere Viertel auf die inneren Organe (Herz, Leber, Nieren usw.) und das Blut.

Die globulären Proteine werden benötigt für:

- **Aufbau** von **Zellen und Gewebe**,
- Aufbau von **Enzymen**, um chemische Reaktionen im Stoffwechsel zu ermöglichen,
- Aufbau von **Hormonen,** um Stoffwechselabläufe zu regulieren,
- Bildung von **Transportproteinen** als Trägerstoff für den Transport von Nährstoffen und Stoffwechselabfällen in den Körperflüssigkeiten, z. B. Lipoproteine transportieren Fette, *Hämoglobin* (roter Blutfarbstoff) transportiert Sauerstoff, *Albumin* transportiert Vitamine und Mineralien,
- Bildung von **Antikörpern** für die Abwehrkraft des Körpers,
- **Speicherproteine** für Eisen usw.,
- Träger der **Erbinformationen** im Zellkern (DNA; RNA).

Hämoglobin
Albumin

Die **fibrillären Proteine** werden benötigt für:

- **Kollagene** im Bindegewebe (Lederhaut, Knorpel, Knochen, Bandscheiben),
- **Elastin** in elastischen Geweben (z.B. Haut, Arterien),
- **Keratine** in Haaren, Nägeln und der Hornschicht der Epidermis,
- *Aktin, Myosin* **Bewegungsproteine** in Muskeln (*Aktin, Myosin* → Grundlagen-Lexikon MUSKEL),
- *Fibrinogen* **Gerinnungsproteine** des Blutes (*Fibrinogen*).

10

5.3 Proteinqualität

Die Qualität eines Nahrungsproteins hängt von der Verdaulichkeit und der Art und Menge der im Protein enthaltenen essenziellen Aminosäuren ab. Ist ein Nahrungsprotein **reich an essenziellen Aminosäuren,** so kann es gut in Körperprotein umgebaut werden, es hat eine hohe **biologische Wertigkeit** (hohe Proteinqualität). Tierisches Protein hat in der Regel eine höhere biologische Wertigkeit als pflanzliches Protein, liefert aber gleichzeitig mehr Fett, Cholesterin und *Purine* (→ unten). Durch die Kombination verschiedener Proteinquellen ist auch mit einer vegetarischen Ernährung der Proteinbedarf von Erwachsenen zu decken.

Purine

Lebensmittel mit hoher biologischer Wertigkeit sind Ei, Milch, Rindfleisch, Fisch, Soja, Kartoffeln, Bohnen und Getreide.

Die Qualität des Nahrungsproteins wird danach beurteilt, wie gut es in menschliches Protein umgebaut werden kann.

Abb. 5.3: Proteinreiche Lebensmittel

Purine sind Bausteine von Zellkernen, sie sind reichlich enthalten in der Haut von Geflügel und Fisch, in Innereien, Fleisch, Wurstwaren und Hülsenfrüchten. Purine werden zu Harnsäure abgebaut und über die **NIEREN** ausgeschieden (→ Grundlagen-Lexikon). Bei einem Überangebot von Purinen sind die Nieren jedoch mit der Ausscheidung überfordert und Harnsäure reichert sich insbesondere in den Gelenken an, dies führt zum Erscheinungsbild der **Gicht** (→ Kapitel 13.3).

Überlegen Sie, welche proteinreiche Nahrungsmittel Sie bevorzugt verwenden. Welche Rolle spielen Fleisch, Wurst und Eier in Ihrer Ernährung?

5.4 Empfehlungen für die Proteinbedarfsdeckung

Die DGE empfiehlt für Erwachsene eine tägliche Proteinzufuhr von **0,8 g Protein pro Kilogramm Körpergewicht.** Schwangere und Stillende erhalten eine Zulage von 10 g bzw. 15 g pro Tag.

Es wird empfohlen, **10 % bis höchstens 15 % der Gesamtenergiezufuhr** durch Proteine aufzunehmen.

Hierbei sollten **zwei Drittel aus pflanzlichen Quellen** stammen:

- Geeignete Lebensmittel sind Vollkornprodukte, Soja, Hülsenfrüchte, Kartoffeln, Gemüse, Pilze usw.
- **Ein Drittel** kann durch **tierische Produkte** gedeckt werden:
  Geeignet sind Seefisch, der gleichzeitig auch Jod liefert, sowie fettarme Milchprodukte, die Kalzium liefern, während Fleisch gleichzeitig die Aufnahme von Fett, Cholesterin und Purinen erhöht. Zudem sollte uns die *ökologisch* aufwändige Produktion von Fleisch, mit hohen **Veredelungsverlusten** (→ Kapitel 2.3) den eigenen Fleischverzehr überdenken lassen.

ökologisch

Der Proteinbedarf des Organismus ist im Grunde ein Bedarf an essenziellen Aminosäuren für den Aufbau von Körperproteinen.

Bei unseren derzeitigen Ernährungsgewohnheiten werden im Durchschnitt zu viele proteinreiche Nahrungsmittel gegessen. Bei entsprechender Veranlagung kann als Folge **Gicht** (→ Kapitel 13.3) entstehen. Die Wahl von vorwiegend fettreichen Proteinträgern kann Übergewicht fördern. Andererseits muss der tägliche Proteinbedarf gedeckt werden, extreme Reduktionsdiäten oder eine schlecht zusammengestellte rein vegetarische Kost können sonst zum Abbau von Körperprotein führen.

Proteine sind in unseren Lebensmitteln weit verbreitet, Tabelle 5.4 zeigt den **Proteingehalt einiger Lebensmittel.**

Lebensmittel 100 g	Proteingehalt in g	Lebensmittel 100 g	Proteingehalt in g
Schnitzel, mager	21	Bohnen/Erbsen trocken	21
Rinderhackfleisch	20	Mandeln	19
Seelachsfilet	18	Vollkornweizen	12
Hühnerei (Stück 57 g)	13 (7)	Weißmehl	10
Bratwurst, Schwein	10	Vollmilchschokolade	9
Vollmilchjogurt	5	Champignons	3
Milch, fettarm 1,5 %	4	Kartoffeln	2

Tab. 5.4: Proteingehalt ausgewählter Lebensmittel

Ein **dauerhafter Mangel** an Proteinen führt an der Haut zu verzögerter Wundheilung und unzureichender Kollagenbildung, am gesamten Körper zu erhöhter Infektanfälligkeit, *Ödemen* (Wassereinlagerung im Gewebe), Muskelschwäche u. a. m.

Ödeme

Proteinbedarf = 0,8 g Protein pro kg Körpergewicht
oder 10–15 % des Gesamtenergiebedarfs,
davon 2/3 pflanzliches Protein, 1/3 tierisches Protein

Vorteil: weniger Fett, Cholesterin und Purine

Decken Sie Ihren Proteinbedarf überwiegend durch pflanzliche Lebensmittel, fettarme Milchprodukte und 1–2 Portionen Seefisch sowie gelegentlich kleine Mengen magerem Fleisch. So nehmen Sie **weniger Fett, Cholesterin** und **Purine** zu sich!

5.5 Verdauung und Resorption von Proteinen

Trypsin, Chymotrypsin = proteinspaltende Enzyme

Die Proteinverdauung beginnt im Magen durch das Denaturieren der Proteine durch Magensalzsäure und die Wirkung des Enzyms Pepsin. Die Enzyme Trypsin und Chymotrypsin aus der Bauchspeicheldrüse spalten im Dünndarm die Proteine zu Aminosäuren auf.

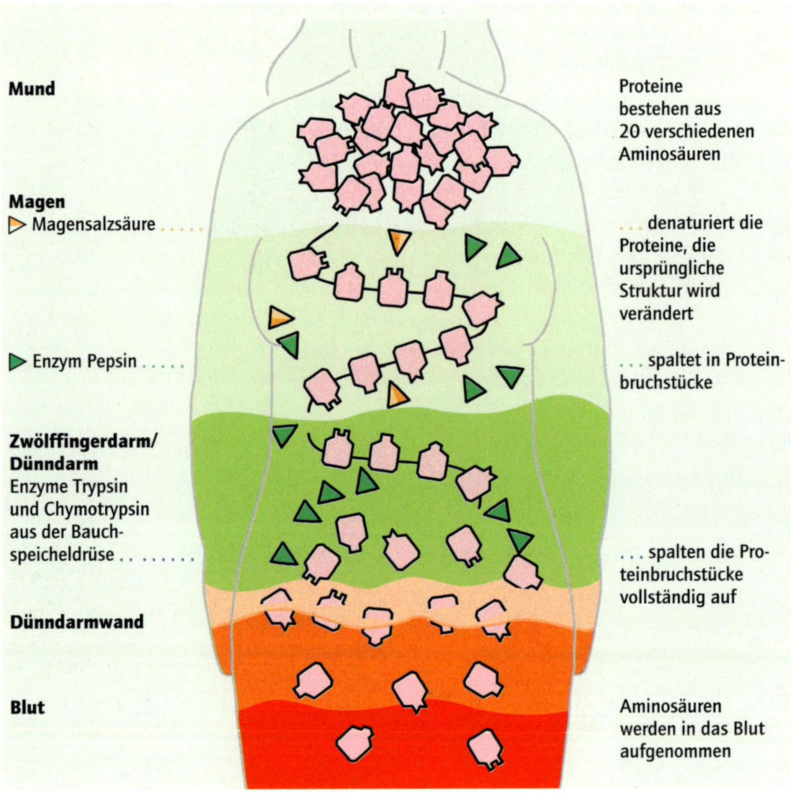

Abb. 5.5: Verdauung und Resorption von Proteinen

5.6 Proteinstoffwechsel

Im Magen-Darm-Trakt werden die Proteine durch **Verdauungsenzyme** in **Aminosäuren** aufgespalten. Tierische Proteine werden leichter resorbiert, da bei pflanzlichen Proteinen die unverdaulichen Zellwände die Verdauung behindern. Mit dem Blut gelangen die Aminosäuren zur **Leber** und zu den **Nieren**, den **Hauptorganen für den Proteinstoffwechsel.** In allen Körperzellen findet eine **ständige Erneuerung von Körperprotein** statt: Es werden Gewebeproteine, Enzyme, Hormone usw. auf- und abgebaut. Kinder und Schwangere benötigen zusätzlich Proteine für das Wachstum.

Bei der Erneuerung von Körperprotein geht ein kleiner Teil des „alten Proteins verloren" und kann nicht mehr zum Aufbau von neuem Körperprotein verwendet werden. Diese Aminosäuren werden in Leber und Nieren zu **Wasser**, Kohlendioxid und Ammoniak abgebaut, dabei wird **Energie** frei. Ammoniak wird sofort zu **Harnstoff** umgebaut und mit dem Urin ausgeschieden (→ Grundlagen-Lexikon NIERE). Bei hoher Proteinaufnahme werden überschüssige Aminosäuren auch zur

Energiegewinnung abgebaut. Dabei fällt entsprechend Harnstoff an, der über die Niere ausgeschieden werden muss!

Wird mit der Nahrung kein oder zu wenig Protein aufgenommen, so können zwar die nichtessenziellen Aminosäuren aus Produkten des Kohlenhydrat- und Fettstoffwechsels aufgebaut werden. Die **essenziellen Aminosäuren** dagegen müssen **mit** der **Nahrung aufgenommen** werden, sonst kommt es zum Abbau von Körperprotein. Damit werden vor allem Bindegewebe und Muskulatur geschwächt (➔ Exkurs in Kapitel 11.2).

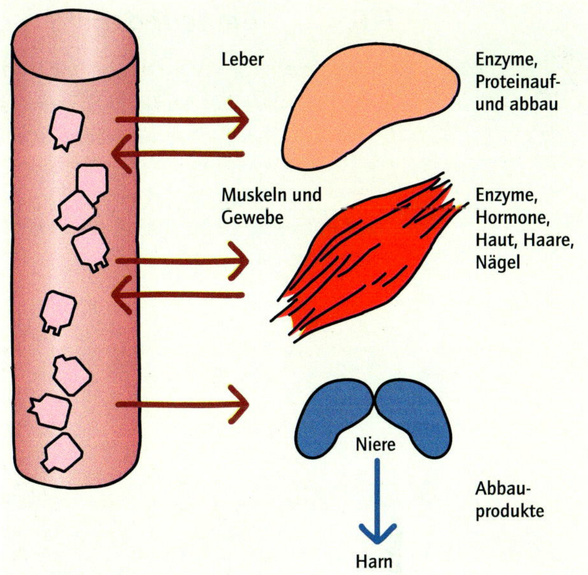

Abb. 5.6: Proteinstoffwechsel stark vereinfacht

5.7 Bedeutung der Proteine für die Haut

Für den **Aufbau** der **Hautschichten** und das Wachstum von **Haaren** und **Nägeln** muss der Körper aus Aminosäuren **Kollagen, Elastin** und **Keratin** aufbauen. Diese Proteine gehen dem Körper z. B. durch das Ablösen von Hornschuppen und Haaren verloren. Ebenso benötigt das Bindegewebe Proteine für seine **Regeneration.** Auch zur Bildung von **Abwehrstoffen** des Immunsystems gegen eindringende Keime oder Allergie verursachende Stoffe werden Proteine in der Haut benötigt.

Ein längere Zeit andauernder **Proteinmangel** führt zu **trockener, dünner Haut, schlaffem Bindegewebe, brüchigen Nägeln und stumpfem, splissigem Haar.**

Eine **überreichliche Proteinzufuhr** kann andererseits bei entsprechender Veranlagung Pickel und Akne fördern, da sie eine Übersäuerung des Körpers begünstigt (➔ Kapitel 14).

A Fragen Übungen Aufgaben

1. *Nennen Sie Aufgaben der Proteine für unseren Körper!*
2. *Berechnen Sie Ihren täglichen Proteinbedarf!*
3. *Welche Bedeutung hat eine schlechte Proteinbedarfsdeckung für die Haut?*
4. *Diskutieren Sie in der Gruppe, mit welchen Nahrungsmitteln der Proteinbedarf sinnvoll gedeckt werden kann.*
5. *Warum sollten wir unseren eher hohen Verzehr von proteinreichen tierischen Lebensmitteln einschränken?*
6. *Kann der Körper alle Aminosäuren selbst herstellen?*
7. *Beschreiben Sie Verdauung und Resorption von Proteinen (➔ Abb. 5.5) mit Ihren eigenen Worten.*

6 Vitamine

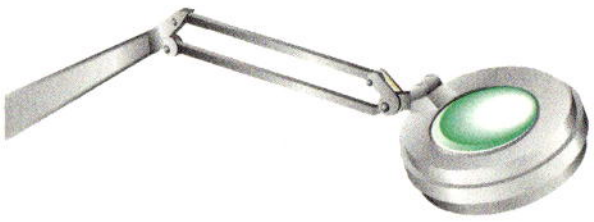

Nelli: „Hallo Lisa, geht es dir nicht gut, du bist so blass?" – Lisa: „Da hast du Recht, ich fühle mich schon seit Tagen müde und schlapp, außerdem bin ich letzte Zeit dauernd erkältet!" – Nelli: „Sag mal, kann es sein, dass dir Vitamine fehlen? Probier es doch mal mit mehr Obst, frischem Gemüse und mehr Vollkornbrot, dann geht es dir bestimmt bald wieder besser!"

Skorbut

Avitaminose = völliges Fehlen eines Vitamins

Die Entdeckung der Vitamine geht in das Ende des 15. Jahrhunderts zurück. Bereits damals beobachtete man bei Seefahrern das Auftreten einer lebensbedrohlichen Erkrankung, die man mit der einseitigen Ernährung der Seeleute in Verbindung brachte: *Skorbut*, eine *Avitaminose*, die mit Zahnfleischbluten und Zahnausfall begann, später stellten sich Blutungen unter der Haut und in den inneren Organen ein. Infektionskrankheiten konnte der geschwächte Körper dann nicht mehr widerstehen. Die Ursache von Skorbut war ein Mangel an Vitamin C, weil die damaligen Seefahrer auf ihren monatelangen Seereisen weder Obst noch Gemüse zur Verfügung hatten. Erst 1928 wurde das für die Krankheit Skorbut verantwortliche Vitamin C entdeckt, man nannte es Ascorbinsäure, die Anti-Skorbut-Säure.

Vitamine = essenzielle Nährstoffe

Provitamin (*pro* lat. = vor) = Vorstufe eines Vitamins

Der Begriff Vitamin (*vita* lat. = das Leben, *amin* lat.= stickstoffhaltige Verbindung) wurde 1912 von dem Chemiker K. Funk gewählt, weil man zunächst glaubte, dass es sich bei Vitaminen um stickstoffhaltige Verbindungen handele. Heute weiß man, dass Vitamine komplexe organische Verbindungen mit unterschiedlichem chemischem Aufbau sind. Allen Vitaminen gemeinsam ist ihre Wirkung bereits in sehr kleiner Menge. Ihr Bedarf liegt außer bei Vitamin C unter 20 mg, zum Teil sogar im Bereich von wenigen tausendstel Milligramm (1 Milligramm mg = 1000 Mikrogramm µg). Der Körper kann **Vitamine** nicht selbst herstellen, daher müssen sie als ***essenzielle*** **Nährstoffe** täglich mit der Nahrung zugeführt werden.

Provitamin

Manche Vitamine können aus Vitamin-Vorstufen, den *Provitaminen* (z. B. *Beta-Carotin, Cholesterin*) im Körper gebildet werden.

Coenzym

Coenzym = Hilfsstoff für die Enzymwirkung

Vitamine werden für viele Stoffwechselvorgänge benötigt, sie werden auch **Schutz- und Reglerstoffe** genannt. Einige sind als *Coenzyme* am Stoffwechsel von Kohlenhydraten, Fetten und Proteinen in allen Körperzellen beteiligt, andere üben **spezifische Funktionen** als Antioxidanzien oder z. B. bei der Sehfunktion des Auges aus (Vitamin A als Bestandteil des lichtempfindlichen Sehpurpur).

Vitamine erhalten die körperliche und geistige Leistungsfähigkeit, sorgen für die „Schönheit von innen", stärken die Abwehrkräfte und stabilisieren die Funktionen des Nervensystems.

Sie kommen in pflanzlichen und in tierischen Lebensmitteln vor. Bei mangelnder Zufuhr kann es zu schweren Erkrankungen kommen, aber auch eine leichte Unterversorgung kann zu oft unspezifischen Mangelanzeichen führen.

Einteilung der Vitamine

Grundsätzlich unterscheidet man **fettlösliche, speicherbare** (→ Tab. 6.1) und **wasserlösliche, nicht speicherbare Vitamine** (→ Tab. 6.2). Die Tabellen zeigen den Bedarf, geeignete Lebensmittel zur Bedarfsdeckung, die Funktionen der Vitamine im Körper, Anzeichen von *Hypovitaminosen* und *Hypervitaminosen*. *Avitaminosen*, d. h. das völlige Fehlen eines Vitamins wie z. B. bei Skorbut oder Pellagra, kommen aber bei uns praktisch nicht vor. Lediglich in Entwicklungsländern leiden Menschen wegen unzureichender Qualität und Menge ihrer Nahrung an schwerem Vitaminmangel.

Hypovitaminose = durch Vitaminmangel entstandene Krankheitsanzeichen

Hypervitaminosen = Erkrankung durch Überdosierung von meist synthetischen Vitaminen

Einige Vitamine werden als Wirkstoffe in Pflegeprodukte eingearbeitet. Dies betrifft vor allem die Vitamine A, E, C sowie *Pantothensäure*. Diese Vitamine können auch von außen in die Haut eindringen und direkt in der Haut ihre Wirkung entfalten. Hierzu mehr Informationen innerhalb → Band B, LF 7.

6.1 Ursachen für Versorgungsprobleme

Untersuchungen zur **Vitaminversorgung** der Bevölkerung zeigen, dass die Versorgung mit Vitaminen – mit **Ausnahme von Vitamin D, Folat und Vitamin E – im Mittel ausreichend** ist. Die Vitaminzufuhr weist allerdings eine große Streuung auf und nicht alle Personen erreichen tatsächlich die empfohlenen Werte. **Häufige Ursachen** für eine **ungenügende Vitamin- und Mineralstoffversorgung** sind, neben falscher Ernährung, die unsachgemäße Behandlung der Lebensmittel oder ein erhöhter Bedarf in bestimmten Situationen (Wachstum, Schwangerschaft, Stillzeit, Krankheit).

Einseitige Lebensmittelauswahl, häufiger Verzehr von Fastfood, langfristige Medikamenteneinnahme, Verdauungsstörungen oder eine sehr niedrige Energiezufuhr (ständiges Diät halten unter 1200 kcal) können zu Versorgungsproblemen führen.

Mit einer abwechslungsreichen vollwertigen Ernährung mit reichlich Obst, Gemüse und Vollkornprodukten, ergänzt durch Milch und kleinen Mengen von magerem Fleisch und Fisch, werden die notwendigen Vitamine und Mineralien für alle Körperfunktionen mit der natürlichen Nahrung aufgenommen.

Vitamine und Mineralstoffe sollten täglich mit einer gemischten Kost aufgenommen werden. Gelingt dies nicht in der notwendigen Menge, kann es zu sichtbaren Auswirkungen kommen, z. B. trockener Haut, Haare und Nägel wachsen langsamer und werden brüchig.

Wohlbefinden, eine schöne Haut, kräftige Haare und Nägel können auch Ausdruck eines guten Ernährungszustandes sein.

Dämpfen = garen in heißem Dampf

Dünsten = garen in wenig Wasser oder Fett

Vitaminverluste entstehen bei unsachgemäßer Lagerung, Zubereitung oder Konservierung von Lebensmitteln. Dabei können **Enzyme** oder Umweltbedingungen wie **Licht** (empfindlich sind Vitamin A, K, B_2, B_6, C), **Sauerstoff** (empfindlich sind Vitamin A, D, E, C), **Hitze** (empfindlich sind B-Vitamine, Vitamin C) und **Wasser** (alle B-Vitamine, Vitamin C und Mineralstoffe sind empfindlich, da wasserlöslich) zu einer **Verringerung des Vitamingehalts** führen. Vitaminverluste lassen sich bei frischen Lebensmitteln durch kurze Lagerungszeiten sowie eine schonende Zubereitung durch Dämpfen oder Dünsten vermindern.

10

Genussmittel (→ Kapitel 9) wie Nikotin und Alkohol können die Ausscheidung von Vitaminen und **Mineralstoffen** (→ Kapitel 7.5) erhöhen oder sie erhöhen den Bedarf an bestimmten Vitaminen/Mineralstoffen, die zur Entgiftung dieser Genussmittel notwendig sind. So kann es auch trotz einer ansonsten vernünftigen Ernährung zu einer Unterversorgung kommen.

Unterversorgung oder Verluste an Vitaminen (Mineralstoffen) entstehen durch:

Falsche Ernährung
- einseitige Lebensmittelauswahl
- sehr niedrige Energiezufuhr

unsachgemäße Behandlung der Lebensmittel
- Überlagern
- Wässern
- langes Garen in reichlich Wasser
- Warmhalten

erhöhten Bedarf
- im Wachstum
- bei Sportlern
- in Schwangerschaft und Stillzeit
- durch Rauchen, Alkohol oder Medikamente
- während Erkrankungen (z. B. Fieber)
- Störung von Verdauung, Resorption und Verwertung.

Überlegen Sie Maßnahmen zum vitaminschonenden Lagern, Vorbereiten und Garen von Lebensmitteln.

fettlösliche Vitamine = speicherbar, außer Vitamin K

6.2 Unterscheidung in fettlösliche und wasserlösliche Vitamine

Zu den **fettlöslichen** Vitaminen gehören die **Vitamine A, D, E, K (Beta-Carotin** gehört zu den sekundären Pflanzenstoffen, zur Gruppe der Carotinoide, wird aber trotzdem als **Provitamin** in der → Tab. 6.1, speicherbare Vitamine geführt). Sie sind in fettreichen Lebensmitteln enthalten und werden am besten zusammen mit Fett aus dem Darm resorbiert.

Länger andauernde Erkrankungen oder Medikamenteneinnahme, die die Fettverdauung stören, führen zu einer Unterversorgung mit diesen Vitaminen. Außer Vitamin K können die fettlöslichen Vitamine in der Leber und im Fettgewebe gespeichert werden. Aus diesen Speichern kann eine zeitlich begrenzte Unterversorgung überbrückt werden.

Zu hohe Vitamindosen können schwere Nebenwirkungen erzeugen.
Tabelle 6.1 zeigt den Bedarf, das Vorkommen, die Funktionen im Körper (und speziell für Haut, Haare und Nägel H-H-N) sowie Hypo- und Hypervitaminosen der fettlöslichen Vitamine.

Zu den **wasserlöslichen Vitaminen** (→ Tab. 6.2) gehören die Gruppe der **B-Vitamine** und **Vitamin C.**

Wasserlösliche Vitamine = nicht speicherbar außer Vitamin B_{12}

Zu der Gruppe der B-Vitamine zählen die Vitamine **B_1, B_2, B_6** und **B_{12}**, außerdem **Biotin** (laienhaft Vitamin H genannt), **Folat** (synthetisch: Folsäure), **Niacin** (B_3), sowie ***Pantothensäure***. Mit Ausnahme von Vitamin B_{12} können alle wasserlöslichen Vitamine nicht gespeichert werden.

Die B-Vitamine übernehmen als ***Coenzyme*** **Aufgaben im Stoffwechsel** der Nährstoffe (Kohlenhydrate, Proteine und Fette), bei der Energiegewinnung und beim **Wachstum**. Sie fördern die Funktion von **Gehirn, Nerven** und Muskeln sowie die Produktion roter **Blutkörperchen**. Für gesunde Haut, schöne Haare und kräftige Nägel ist insbesondere auch eine gute Versorgung mit B-Vitaminen notwendig. Dies zeigt sich an den vielfältigen Veränderungen an Haut, Haaren und Nägeln in einer Mangelsituation. Überdosierungen haben weniger Nebenwirkungen, da die wasserlöslichen Vitamine schneller ausgeschieden werden. Dermatologische Erkrankungen (Mundwinkelrhagaden, Hyperkeratosen, Erytheme, Nagelveränderungen usw.) werden vornehmlich bei einem Mangel der Vitamine B_2, B_6 und B_{12} beschrieben. Häufig besteht keine isolierte Unterversorgung, sondern es fehlen mehrere Vitamine in Kombination.

Coenzyme = Hilfsstoffe für die Enzymwirkung

10

Das **Coenzym Q10** (oder Ubiquinon 10), in der Laienpresse auch als „Vitamin Q10" bezeichnet, ist allerdings nur ein *Vitaminoid* (vitaminähnlicher Stoff). Coenzym Q10 kommt in unseren Lebensmitteln weit verbreitet vor. Besonders reich daran sind Muskelfleisch, Leber, Fisch, Eier und viele pflanzliche Lebensmittel. Der menschliche Körper kann diese Substanz außerdem aus Aminosäuren selbst herstellen. Bei Gesunden geht man daher von einer guten Bedarfsdeckung aus.

Coenzym Q10 hat **wichtige Aufgaben im Energiestoffwechsel**, besitzt **antioxidative Eigenschaften** und regt die Zellerneuerung an. Eine Unterversorgung an Coenzym Q10 kann durch altersbedingt verringerte Eigenproduktion, durch körperliche Anstrengung, Stress, erhöhten Alkohol- und Nikotinkonsum sowie Krankheiten entstehen. Ob eine Ergänzung der Nahrung mit Coenzym Q10, vor allem im höheren Lebensalter, Vorteile bietet wird derzeit diskutiert und bedarf weiterer Untersuchung.

Mehr Informationen zu Nährstoffen für das Immunsystem und über die eventuelle Notwendigkeit von Nahrungsergänzungsmitteln finden Sie in → Kapitel 10.3.

Tabelle 6.1: Fettlösliche Vitamine (H-H-N = Haut, Haare, Nägel)

Vitamin/ Tagesbedarf	Vorkommen in Lebensmitteln	Funktionen im Körper	Hypovitaminose	Hypervitaminose
Vitamin A (Retinol) 0,8 – 1,0 mg Retinol-Äquivalente Schwangere 1,1 mg Stillende 1,5 mg	Ei, Butter, Fisch, Milchprodukte, Leber oder Margarine, Palmöl, Soja-, Rapsöl	Regelt **Wachstum** und Entwicklung von Knochen, Zähnen, Zellmembranen; **Haut**- und **Schleimhautschutz**; stärkt Immunsystem, wichtig für die **Sehkraft**. H-H-N: Fördert die Zellregeneration in der Oberhaut und damit den Erhalt der Hautbarriere, regt Kollagenbildung an (Steigerung der Hautelastizität), beugt Faltenbildung vor, mildert Pigmentflecken, fördert die Wundheilung, fördert Verdickung der Epidermis und Verdünnung der Hornschicht (reguliert Verhornung), schützt nachhaltig vor Hauttrockenheit.	Kritisch bei Kindern mit häufigen Infekten und alten Menschen: Nachtblindheit, Erblindung; erhöhte Infektanfälligkeit der Atemwege, Wachstumsstörungen. H-H-N: Austrocknung und Schuppung von Haut und Schleimhäuten *(Xerosis)*, Verdickung der Hornschicht *(Hyperkeratose)*, vorzeitige Faltenbildung, Störung der Schweißdrüsenfunktion; brüchige Nägel mit Längs- und Querfurchen, brüchige Haare, Schuppenbildung, Haarausfall, frühzeitiges Ergrauen der Haare.	Durch Medikamente: Kopfschmerzen, Benommenheit, Erbrechen, Schwindel; Missbildungen beim Embryo, deshalb sollten Frauen mit Kinderwunsch den Verzehr von Leber einschränken.
Provitamin A **Beta-Carotin** (β-Carotin) Schätzwert 2 – 4 mg (6 mg ≈ 1 mg Retinol)	In pflanzlichen Lebensmitteln: Karotten, Paprika, Spinat (alle rote, gelbe, grüne Früchte und Gemüse)	***Provitamin A*** (Vorstufe zu Vitamin A), **Antioxidanz**, verhindert unerwünschte Oxidationen, senkt Risiko für Krebsentstehung und Herz-Kreislauf-Erkrankungen. H-H-N: Schützt vor freien Radikalen und damit vor UV-Strahlung und Sonnenbrand, insbesondere in Kombination mit Vit. E und Vit. C (kein Sonnenschutz-Ersatz!); mindert lichtbedingte Hautalterung, vorbeugend gegen polymorphe Lichtdermatose, (Einnahme einige Wochen vor der Sonnenexposition); optischer Pigmentausgleich bei *Vitiligo* (Weißfleckenkrankheit)	Bei ausreichender Vitamin A-Zufuhr nicht bekannt. H-H-N: Sehr hellhäutige Menschen sollten auf eine ausreichende Versorgung achten, da hinter einer Überempfindlichkeit der Haut gegen Sonnenlicht eine schlechte Beta-Carotin-Versorgung vermutet wird.	Unbedenkliche Gelbfärbung der Haut. Eine Überdosis Vitamin A durch Beta-Carotin ist ausgeschlossen. **Raucher** sollten auf eine Nahrungsergänzung mit Beta-Carotin verzichten, ein hoher Verzehr carotinreicher Obst- und Gemüsesorten ist jedoch empfehlenswert.

Vitamin/ Tagesbedarf	Vorkommen in Lebensmitteln	Funktionen im Körper	Hypovitaminose	Hypervitaminose
Vitamin D (Calciferol) 5 µg ältere Menschen 10 µg Vit. D-Prophylaxe im Säuglingsalter	Eier, Butter, Milch, Milchprodukte, Hering, Lachs, Aal, Pilze	Erhöhung der **Kalciumaufnahme** aus dem Darm und **Einbau in die Knochen**, Regulation des Kalzium-Phosphat-Haushaltes; hilft bei Zellreifung, steuert Immunsystem mit. Kann aus dem Provitamin Cholesterin unter Sonneneinstrahlung in der Haut gebildet werden (20 Min. täglich auf Gesicht, Hände und Unterarme reicht). H-H-N: Beeinflusst Zellwachstum und Differenzierung von Epithelzellen der Haut; erfolgreiche Anwendung bei Psoriasis (= Schuppenflechte); regt Haar- und Nagelwachstum an.	Häufig bei älteren Menschen! Bei Kindern ***Rachitis*** (Knochenverbiegung); bei Erwachsenen ***Osteomalazie*** (= erhöhte Weichheit der Knochen, Knochenverbiegung), **Osteoporose** (= erhöhte Knochenbrüchigkeit) nach den Wechseljahren, Muskelschwäche, Infektanfälligkeit. H-H-N: Störung im Haarzyklus, vermindertes Nagelwachstum.	Anhebung der Kalciumkonzentration im Blut, dadurch häufiges Wasserlassen und Durst, Übelkeit und Erbrechen, Nierensteine; H-H-N: Akneartige Hauterscheinungen.
Vitamin E (Tocopherole) 12 - 15 mg - Äquivalent 13 mg Schwangere 17 mg Stillende	pflanzliche Öle, Sonnenblumenkerne, Mandeln, Haselnüsse	**Antioxidanz**, **Zellschutz**, Vorbeugung von Herzinfarkt, Schlaganfall; hemmt Entzündungen, stabilisiert Immunsystem. H-H-N: Schutz vor vorzeitiger Hautalterung, verlängert Zelllebensdauer, beugt UV-Schäden vor, verbessert Hautfeuchtigkeit, wirkt entzündungshemmend und juckreizlindernd, fördert Wundheilung, lindert Herpesbläschen und verkürzt deren Ausheilzeit; fördert Haarwuchs, Verringerung der Lichtschädigung am Haarkeratin.	Bei chronischem Stress, Alkoholmissbrauch: Sehschwäche, Müdigkeit, Muskelschwäche, Entzündungen im Verdauungstrakt, erhöhtes Kresbsrisiko. H-H-N: Altersflecken, schlecht heilende Wunden, Veränderungen im kollagenen Bindegewebe.	Auch bei hohen Dosen nebenwirkungsarm.
Vitamin K Schwangere 65 - 80 µg Stillende 60 µg	Milch, Fleisch, Eier, Getreide, grünem Gemüse (Kohl, Spinat)	**Bildung von Blutgerinnungsfaktoren,** Synthese von Proteinen, Knochenmineralisation.	Mangel durch längere Antibiotikabehandlung (verminderte Eigensynthese durch Darmflora): **Blutgerinnungsstörungen**, *Hämatome* (Bluterguss), *Purpur* (Hautblutungen).	keine

Tabelle 6.2: Wasserlösliche Vitamine (H-H-N: Haut, Haare, Nägel)

Vitamin/ Tagesbedarf	Vorkommen in Lebensmitteln	Funktionen im Körper	Hypovitaminose	Hypervitaminose
Vitamin B_1 (Thiamin) 1–1,3 mg Schwangere 1,2 mg Stillende 1,4 mg	Schweinefleisch, Vollkornprodukte, Haferflocken, Hülsenfrüchte, Kartoffeln	Steuerfunktionen im **Energie**- und **Kohlenhydratstoffwechsel**, wichtig für **Funktion** von **Nervengewebe** und **Muskeln**. Je mehr Energie benötigt wird, desto mehr Vitamin B_1 muss die Nahrung enthalten (z. B. Leistungssportler).	Müdigkeit, Appetitmangel, allgemeine Reizbarkeit, Konzentrationsschwäche, Depressionen, Wadenkrämpfe, Herzbeschwerden. Nervenentzündungen, Ödeme, Missempfindungen. Avitaminose: Beri-Beri-Krankheit (Lähmungen, Muskelschwund).	Häufig durch hoch dosierte Vitamin B_1-Präparate über längere Zeit: Kopfschmerzen, Magenbeschwerden, Hautreaktionen, Verschlechterung von Akne, Nervosität, Schwäche.
Vitamin B_2 (Riboflavin) 1,2 - 1,4 mg Schwangere 1,5 mg Stillende 1,6 mg	Milchprodukte, Vollkornprodukte, Fleisch, Fisch, Ei	**Enzymbestandteil im Kohlenhydratstoffwechsel,** beteilligt am **Aufbau von Fettsäuren und mit Vit. B_6 am Proteinstoffwechsel,** schützt die Ummantelung der Nervenbahnen. **H-H-N:** Über Protein- und Fettstoffwechsel am Aufbau der Hautzellen und deren Regeneration beteiligt.	Einseitige Ernährung oder Einnahme von Hormen (Pille): verminderte Leistungsfähigkeit, Müdigkeit. **H-H-N:** Raue und rissige Mundwinkel *(Mundwinkelrhagaden)*, Entzündungen der Mundschleimhaut, Reizung der Haut im Augenbereich; follikuäre, *lichenoide Hyperkeratosen* in den *Nasoabialfalten*, schuppige, *seborrhoische Erytheme* (Rötung); Nagelbrüchigkeit, Nagelhautentzündung.	Unbedenkliche Dunkelfärbung des Urins.
Vitamin B_6 (Pyridoxin) 1,2–1,5 mg Schwangere 1,9 mg Stillende 1,9 mg Steigt mit zunehmender Proteinaufnahme und bei Einnahme der Pille	Weit verbreitet: Lachs, Makrele, Fleisch, Vollkornprodukte, Hülsenfrüchte, Kohl, Feldsalat, Kartoffeln	Enzymbestandteil **Proteinstoffwechsel, Blutbildung**, stärkt das Immunsystem, beeinflusst das Nervensystem. Therapeutische Anwendung bei: Prämenstruellem Syndrom PMS (= körperliche und psychische Veränderungen in den Tagen vor der Menstruation, z. B. Unterleibs-, Brustschmerzen). Bedarf steigt mit zunehmender Proteinaufnahme und bei Einnahme der „Pille".	Alkoholmissbrauch, „Pille" u.a. Medikamente: Müdigkeit, Konzentrationsschwäche, Gereiztheit, Gleichgewichtsstörungen, Muskelkrämpfe, erhöhte Infektanfälligkeit; Unterversorgung wird in Zusammenhang gebracht mit PMS, Blutarmut, Wachstumsstörungen, Nervenschädigung. **H-H-N:** Juckende, brennende schuppende Erytheme im Nasen-Augen-Mundbereich, verstärkt Hautunreinheiten, Akne, Haarausfall.	Sehr selten, über 100 mg Tag Funktionsstörungen des Nervensystems, Taubheitsgefühl in Händen und Füßen.

Vitamin/ Tagesbedarf	Vorkommen in Lebensmitteln	Funktionen im Körper	Hypovitaminose	Hypervitaminose
Vitamin B_{12} (Cobalamin) Enthält Kobalt 3 µg Schwangere 3,5 µg Stillende 4 µg	Nur in tierischen Lebensmitteln: Fleisch, Fisch, Eier, Milch, Sauerkraut	**Bildung der roten Blutkörperchen** (Hämoglobin), wandelt Folat in seine aktive Form um, fördert Heranreifen neuer Zellen und Aufbau der Erbsubstanz. Wird zusammen mit dem in der Magenschleimhaut gebildeten Intrinsic-Faktor im Dünndarm resorbiert. Therapeutische Anwendung: Wirkt unterstützend bei Herpes-Zoster-Schmerz (Gürtelrose).	Selten, vegetarischer/veganer Ernährung oder chronischer Magenschleimhautentzündung: Störung der Zellbildung im Knochenmark, Blutarmut *(Anämie)*, Schädigung des Nervensystems. **H-H-N:** entzündliche Hauterkrankung mit ausgeprägter Schuppung, Blässe, *Glossitis* (Zungenentzündung)	Sehr selten allergische Reaktionen, Akne, Verschlechterung von Schuppenflechte
Biotin (laienhaft Vitamin H genannt) 30 - 60 µg	Milch, Eier, Hülsenfrüchte, Reis, Hefe, Vollkornprodukte, Nüsse, Gemüse.	Schlüsselenzym im **Stoffwechsel von Proteinen, Fetten und Kohlenhydraten,** Zellentwicklung, Wachstum. **H-H-N:** wichtig für Bildung von Keratin in Epidermis, Haaren und Nägeln.	Bei andauerndem Alkoholmissbrauch oder künstlicher Ernährung: Anorexie (Magersucht), Übelkeit, Depression, Fortpflanzungsstörungen. **H-H-N:** fahle, trockene Haut; schuppende Entzündungen der Haut und Mundschleimhaut; spröde, brüchige Fingernägel; spröde, glanzlose Haare, Haarausfall	Nicht bekannt. Biotin und Vitamin B_1 fördern das Wachstum von Akne-Bakterien – bei Akne: Vorsicht mit Vitamin-B-Präparaten!
Folat (Folsäure) 400 µg Schwangere 600–800 µg Stillende 600 µg	grüne Blattgemüse, Salate, Weizenkeime, Soja, Orangen, Vollkornprodukte	Zellteilung, **Zellneubildung und Gewebeaufbau,** damit an Wachstums- und Entwicklungsprozessen im Körper beteiligt, zusammen mit Vitamin B_{12} an **Blutbildung** beteiligt; schützt vor Herz-Kreislauf-Krankheiten	Relativ häufig bei einseitiger Ernährung: Anämie, Verringerung der roten und weißen Blutkörperchen, Blässe, Müdigkeit, Schlafstörungen, Schleimhautveränderungen im Mund und Magen-Darm-Trakt; Risiko von Neuralrohrdefekt (schwere Missbildung des Fötus). **HHN:** brüchige Nägel, schmutzig braune Pigmentierung	Unbedenklichkeitsgrenze 1000 µg als Nahrungsergänzung

Tabelle 6.2: Wasserlösliche Vitamine (Fortsetzung; H-H-N: Haut, Haare, Nägel)

Vitamin/ Tagesbedarf	Vorkommen in Lebensmitteln	Funktionen im Körper	Hypovitaminose	Hypervitaminose
Niacin (Nicotinsäure, Nicotonsäureamid) 13 - 16 mg Schwangere 15 mg Stillende 17 mg	mageres Fleisch, Fisch, Milch, Eier, Pilze, Kartoffeln, pflanzliches Niacin ist schlechter resorbierbar!	**Enzymbestandteil beim Auf- und Abbau von Kohlenhydraten, Proteinen, Fetten,** beteiligt an Reizweiterleitung; wirkt in hohen Dosen cholesterinsenkend. **H-H-N:** Reguliert Feuchtigkeitshaushalt und Verhornung der obersten Hautschichten, hilft bei Kollagen- und Pigmentbildung.	Ausfälle im Nervensystem, Schwindel, Kopfschmerzen, Nervosität, Vergesslichkeit, Magen-Darm-Trakt-Beschwerden. **H-H-N:** Bei schwerem Mangel auch von Tryptophan und Vitamin B_6 entsteht die Avitaminose **„Pellagra"** (*pelle agra* = rauhe Haut), besonders an den Handrücken und im Gesicht, Haut färbt sich dunkelbraun und schuppt.	Nicht durch Lebensmittel möglich! Hohe Niacin-Dosen erweitern die Gefäße und führen zu einem Hitzegefühl *(Flush)*.
Pantothensäure 6 mg	Weit verbreitet: Fleisch, Fisch, Milch, Vollkornprodukte, Hülsenfrüchte	**Enzymbestandteil im Stoffwechsel von Kohlenhydraten, Fetten und Proteinen,** beteiligt an Bildung von Cholesterin, Blut, Hormonen. **H-H-N:** Fördert Haarwachstum und Pigmentierung der Haare, regt Zellteilung an, fördert Feuchtigkeitsbindung und **Wundheilung,** wirkt entzündungshemmend, lindert Hautreizungen, vermindert Brüchigkeit von Nägeln.	Selten! Experimentell herbeigeführter Mangel verursacht Kopfschmerzen, Müdigkeit, Schwäche, Schlaflosigkeit, Übelkeit, Durchfall, Erbrechen, Funktionsstörungen des Nervensystems, brennende Fußsohlen. **H-H-N:** Schlechte Wundheilung, vorzeitiges Ergrauen der Haare, Hyperkeratosen, Pigmentstörungen, Erythembildung.	keine
Vitamin C 100 mg Schwangere 110 mg Stillende 150 mg	Zitrusfrüchte, rote und gelbe Paprika, Schwarze Johannisbeeren, Kiwi, Erdbeeren, Brokkoli, Spinat, Kartoffeln	**Antioxidanz**, regeneriert verbrauchtes Vitamin E, fördert Aufnahme von Eisen aus dem Darm, unterstützt **Immunsystem** (bei guter Versorgung verläuft eine Erkältung weniger schwer und sie ist schneller vorbei); wichtig für Hormonbildung, beteiligt an Entgiftungsreaktionen. **H-H-N:** Fördert zusammen mit Zink den Aufbau von Kollagen, hält die Haut straff, beugt Fältchen und Cellulite vor; verbessert die Wundheilung. Therapeutische Anwendung bei Rosazea.	Rauchen erhöht Bedarf um die Hälfte! Müdigkeit, Schwäche, verminderte Infektabwehr, **verschlechterte Wundheilung**, Gelenk- und Gliederschmerzen, Zahnfleischschwellungen, Reizbarkeit. Avitaminose **Skorbut:** Kapillarschädigung, Zahnausfall, Muskelschmerzen, Rheumatismus. **H-H-N: Störung** des **Bindegewebsaufbaus** mit Haut- und Schleimhautblutung, **follikuläre Hyperkeratose**, schmutzig grau-gelbe Haut.	Keine, bei sehr hohen Einzeldosen kann Durchfall auftreten; Risiko für Bildung von Nierensteinen kann erhöht sein.

A Fragen Übungen Aufgaben

10

1. *Liefern Vitamine dem Körper Energie?*
2. *Wie wird zurzeit die Vitaminbedarfsdeckung der Bevölkerung eingeschätzt?*
3. *Welche Personengruppen sind möglicherweise schlechter versorgt und warum?*
4. *Wie können Vitaminverluste in unserer Nahrung entstehen? Wie kann man sie vermeiden/reduzieren?*
5. *Nennen Sie die fettlöslichen Vitamine.*
6. *Welche Hauptaufgaben haben Vitamin A und die Gruppe der Carotine?*
7. *Nennen Sie die Hauptaufgabe von Vitamin E.*
8. *Wozu benötigt der Körper Vitamin D?*
9. *Welche Aufgabe hat Vitamin K?*
10. *Welche Vitamine gehören zu den wasserlöslichen Vitaminen?*
11. *Warum sollten wasserlösliche Vitamine möglichst täglich aufgenommen werden?*
12. *Nennen Sie die allgemeinen Aufgaben der B-Vitamine.*
13. *Welche Vitamine haben auch eine Bedeutung für die Haut (an den Hypovitaminosen zu erkennen) und worin liegt sie?*
14. *Welche Aufgaben hat Vitamin C im Körper?*

---

15. *Üben einer Beratungssituation*

    Eine Kundin weist nach ihrem Urlaub eine stark sonnengeschädigte Haut auf und bittet Sie um Rat. Eine geeignete Pflege haben Sie bereits geklärt.

    a) *Was empfehlen Sie Ihrer Kundin vorbeugend für den nächsten Urlaub?*
    b) *Welche Fragen müssen Sie stellen, um eine gute Beratung vornehmen zu können?*
    c) *Wie kann die Haut von „innen" vorbeugend gegen Sonnenschäden geschützt werden?*
    d) *Was empfehlen Sie Ihrer Kundin zusätzlich?*
    e) *Üben Sie die Situation in Zweiergesprächen.*

7 Wasser und Mineralstoffe

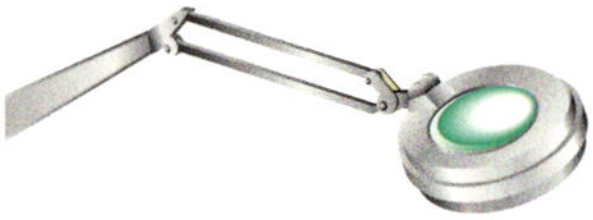

Lisa: „Hallo Nelli, du hast dich ja beim Joggen total ausgepowert!" – Nelli: „Das stimmt, aber es hat gut getan. – Warte, ich bin gleich wieder fit. Ich trinke erst einmal eine riesige Saftschorle, das gleicht den Wasser- und Mineralienverlust schnell wieder aus. – Rufe doch schon einmal die Jungs an und sage Bescheid, dass wir uns wie geplant treffen. – Ich gehe schnell duschen, dann können wir losziehen!"

7.1 Wasserhaushalt

Der Wasseranteil des Körpers ändert sich mit zunehmendem Alter:

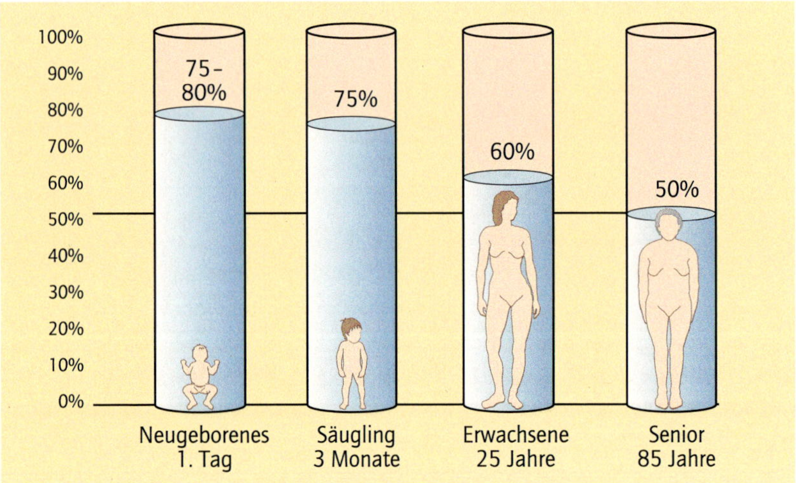

Abb. 7.1: Gesamtkörperwasser in % des Körpergewichts

Ohne Wasser kein Leben

Für den Menschen ist Wasser zusammen mit Sauerstoff und Licht die wichtigste Lebensgrundlage. Ohne feste Nahrung können Menschen bis zu 40 Tagen überleben, aber ohne Wasser höchstens vier Tage. Der Wasseranteil am Körpergewicht beträgt beim Erwachsenen etwa 60 % (→ Abb. 7.1), wobei Muskelmasse mehr Wasser enthält als Fettgewebe, entsprechend haben Männer einen höheren Wasseranteil im Körper.

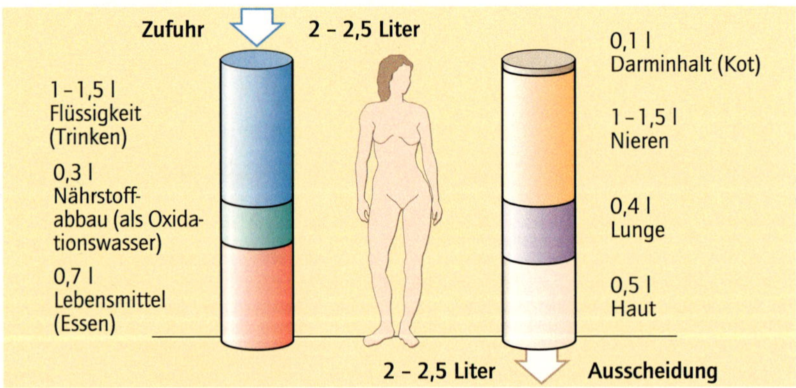

Abb. 7.2: Wasserhaushalt im Gleichgewicht

7.2 Aufgaben des Wassers

Wasser spielt im menschlichen Körper für verschiedene Aufgaben eine wichtige Rolle, so als:

- **Baustoff** für Zellen und Gefäße. Wasser stabilisiert die Zellen und sorgt mit den gelösten Mineralstoffen für den richtigen Druck in den Zellen. Eine Hautzelle hat dann den richtigen Wassergehalt, wenn sie aussieht wie eine „pralle Traube". Eine ausgetrocknete Zelle erinnert eher an eine „Rosine", dies sieht man der Haut auch an!
- **Lösungs- und Transportmittel** für organische und anorganische Stoffe im Blutkreislauf, der Lymphflüssigkeit und in den Zellen. Es befördert Nähr- und Wirkstoffe zu allen Körperzellen und transportiert Abfallstoffe ab.
- **Temperaturregulator:** Der Körper versucht seine Temperatur gleichmäßig bei etwa 37 °C zu halten. Bei Überhitzung wird Wärme durch *Transpiration* (Schwitzen) abgegeben, auf diese Weise entsteht Verdunstungskälte und die Körpertemperatur reguliert sich wieder.

Transpiration

- **Quellmittel** für die Ballaststoffe; Wasser trägt durch Aufquellen der Ballaststoffe zu einer geregelten Verdauung bei.
- **Hauptbestandteil** von Blut, Lymphflüssigkeit, Verdauungssäften, Tränen, sorgt für Befeuchtung von Lungen, Atemwegen und Schleimhäuten.
- **Reaktionspartner** bei enzymatischen Prozessen, z. B. bei der Nährstoffaufspaltung.

Die Verteilung und Bewegung von Wasser im Körper stellt Abbildung 7.3 dar. Die Literangaben beziehen sich hierbei auf ein Gesamtkörpergewicht von 60 kg, entsprechend sind bei diesem Körpergewicht 36 l Wasser vorhanden.

Die Regulierung des Wasserhaushalts lesen Sie bitte im → Gundlagen-Lexikon unter WASSER- UND ELEKTROLYTHAUSHALT nach.

Überlegen Sie, in welcher Form Menschen Flüssigkeit aufnehmen und wie Flüssigkeit ausgeschieden wird.

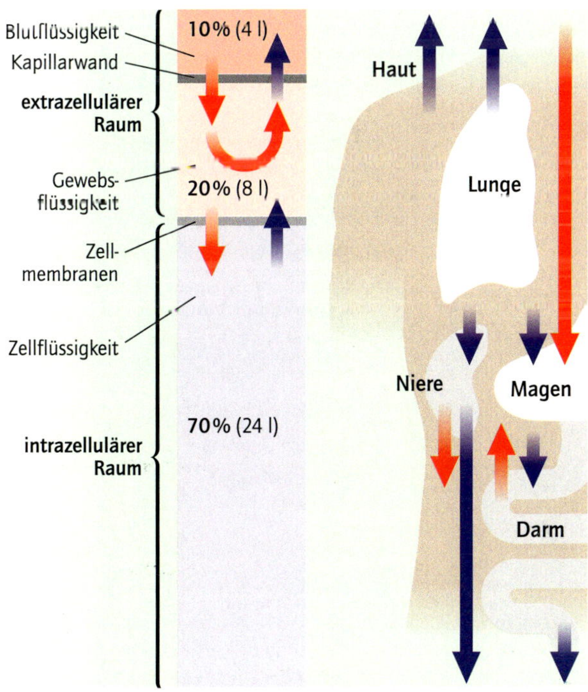

Abb. 7.3:
Verteilung und Bewegung des Wassers im Körper

7.3 Flüssigkeitsbedarfsdeckung

Überlegen Sie, wie häufig Sie welche Menge an Flüssigkeit trinken. Welche Getränke sind das?

10

Bei der Flüssigkeitsbedarfsdeckung unterscheidet man den **Wasserbedarf** des Körpers und die **Trinkmenge**.

Oxidationswasser

Der Wasserbedarf ist die insgesamt dem Körper zu Verfügung stehende Flüssigkeitsmenge aus Getränken, fester Nahrung (Obst, Gemüse) und *Oxidationswasser* (Wasser, das beim Nährstoffabbau entsteht).
Er liegt damit deutlich über der Trinkmenge.

Mindesttrinkmenge = 1,5 l/Tag

Die durch Haut und Lunge abgegebene durchschnittliche Wassermenge und die Mindestharnmenge von 0,5 l erfordert eine tägliche **Mindesttrinkmenge** von etwa **1,5 l.**

Ein gesunder Erwachsener sollte täglich 2 – 2,5 l Flüssigkeit aufnehmen. Insbesondere Kinder, ältere Menschen, oft aber auch Frauen generell haben ein weniger gut ausgeprägtes Durstgefühl, trotzdem bleibt der Flüssigkeitsbedarf gleich. Hier kann es helfen, wenn man sich bereits morgens die über den Tag zu trinkende Menge bereitstellt.

Verschiedene **Faktoren** können den **Flüssigkeitsbedarf steigern:**

- Heißes Klima fördert Flüssigkeitsverlust über vermehrtes Schwitzen.
- Körperliche Anstrengung (körperlich schwere Arbeit, Sport) erzeugt ebenso vermehrte Schweißbildung.
- Kochsalzreiche oder proteinreiche Nahrung benötigt einen höheren Wasserbedarf für die Ausscheidung von Natrium und die bei proteinreicher Nahrung reichlich anfallende Harnsäure.
- Erkrankungen wie Fieber, Erbrechen, Durchfall sind durch hohen Wasserverlust gekennzeichnet.

Tab. 7.4: Getränke zum Durst löschen

Geeignet:	In Maßen geeignet:	Weniger geeignet:
Energiearme Getränke: (gut durstlöschend, zuckerfrei) Mineral-, Trinkwasser, ungezuckerte Kräuter- und Früchtetees. Mineralstoff- und vitaminreiche Getränke: Saftschorlen, Gemüsesäfte, Buttermilch.	Schwarzer und grüner Tee sowie Kaffee zählen wegen ihrer wasserausscheidenden Wirkung nicht mit bei Flüssigkeitszufuhr (→ Kapitel 9). Lightgetränke, alkoholfreies Bier; Wein und Bier sind gelegentlich in kleinen Mengen erlaubt.	Fruchtsaftgetränke, Limonaden, Cola-Getränke, (zuckerreich, außerdem kaum Vitamine/Mineralien, Gefahr von Karies und Übergewicht); Iso-Getränke sind reich an Zucker und Kochsalz!

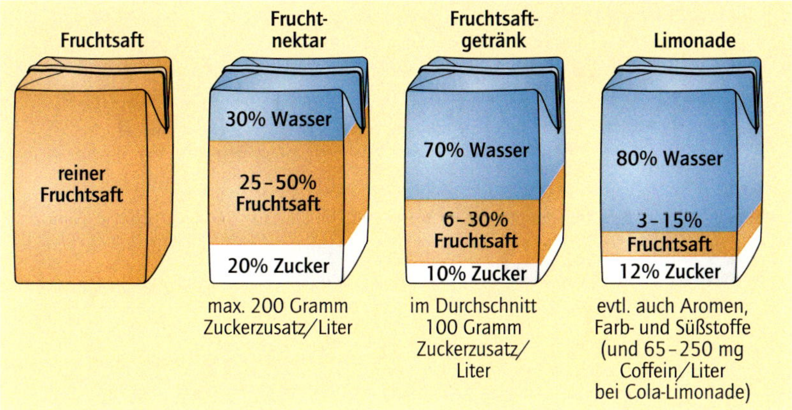

Abb. 7.5: Fruchtsaftanteile in verschiedenen Getränken.

Goldene Regel sollte sein: Trinke bereits, bevor du Durst verspürst! – Mindestens 1,5 l pro Tag.

Bevorzugen Sie dabei Mineral- oder Leitungswasser, ungezuckerte Kräuter-, Früchtetees und Saftschorlen oder Gemüsesäfte.

7.4 Folgen zu geringer Flüssigkeitszufuhr

Durst ist ein Spätsignal. Verspürt man Durst, so leidet der Körper bereits unter einem Flüssigkeitsmangel. Anzeichen zu geringer Flüssigkeitszufuhr sind neben starkem Durst Austrocknung von Haut und Schleimhäuten, verminderte Speichelproduktion und konzentrierter, dunkel gefärbter Harn.

Häufige Ursache von trockener Haut ist eine zu geringe Trinkmenge.

Durch einen Mangel an Flüssigkeit wird das **Stoffwechselgeschehen** in den Geweben **verschlechtert**. Die **Fließfähigkeit** des **Blutes nimmt ab**, vor allem in den Kapillaren. Hierdurch verschlechtert sich die **Versorgung** des Gewebes **mit Sauerstoff und Nährstoffen.** Auch die **Haut** wird **schlechter durchblutet**, ist **blass und trocken.** Die **Thrombosegefahr steigt**, der **Abtransport von „Abfallstoffen"** aus den Zellen wird verschlechtert und die **Leistungsfähigkeit der Muskulatur** und des Gehirns **(Konzentrationsmangel)** lässt nach. Außerdem **sinkt** der **Blutdruck** und es können **Kopfschmerzen** auftreten, die sich nach reichlicher Flüssigkeitszufuhr rasch bessern (WASSER- UND ELEKTROLYTHAUSHALT, STOFFWECHSEL und THROMBOSE → Grundlagen-Lexikon).

Thrombose = „Verstopfung" eines Blutgefäßes

Testen Sie, wie gut Ihre Haut/die Haut Ihrer Kundin mit Wasser versorgt ist! Zupfen Sie am Handrücken etwas Haut mit Daumen und Zeigefinger nach oben. Dann lassen Sie die Hautfalte los. Bei ausgeglichenem Flüssigkeitshaushalt bildet sich die Falte spontan zurück. Bleibt die Falte einige Sekunden „stehen" fehlt Flüssigkeit.

Übrigens: Untersuchungen ergaben, dass Schüler nach einer Durstphase neue Lerninhalte nicht mehr so gut aufnahmen. Das Kurzzeitgedächtnis arbeitete schlechter und Informationen konnten, im Vergleich zu einer gut mit Flüssigkeit versorgten Kontrollgruppe, weniger gut verarbeitet werden.

Trinkpause!

7.5 Mineralstoffe

Mineralstoffe sind **essenzielle,** anorganische Nahrungsbestandteile, die im Körper wichtige Aufgaben als **Baustoffe** sowie als **Schutz- und Reglerstoffe** zu erfüllen haben. Mineralstoffe unterliegen einem ständigen Stoffwechsel, es werden täglich bis zu 20 g ausgeschieden, durch die Nahrung müssen sie wieder ersetzt werden. Die Mineralstoffe lassen sich entsprechend ihres Vorkommens im Körper einteilen in *Mengen- und Spurenelemente,* wobei der Körper insgesamt etwa **3–4 kg Mengenelemente** und nur etwa **10 g Spurenelemente** enthält.

Mineralstoffe = Mengenelemente + Spurenelemente

Der Tagesbedarf der Mineralstoffe liegt bei wenigen Gramm (g). Der Bedarf der Spurenelemente wird in Milligramm (mg), also tausendstel Gramm oder Mikrogramm (µg), also tausendstel Milligramm pro Tag angegeben.

Allgemeine Aufgaben der Mineralstoffe

- Mineralstoffe geben als **Baustoff** Knochen und Zähnen Stabilität (Kalzium, Phosphat, Fluorid).
- Sie **beeinflussen Blutdruck und Wasserhaushalt**, außerdem den **osmotischen** Druck (➔ Grundlagen-Lexikon OSMOSE und PUFFERSYSTEME, z. B. Natrium, Chlorid, Kalium).
- Mineralstoffe sind an der **Reizleitung** von **Nerven** und **Muskeln** beteiligt (z. B. Natrium und Kalium als Gegenspieler).
- Als **Bestandteil** von **Enzymen** (z. B. die Spurenelemente Eisen, Kupfer, Mangan, Molybdän, Zink) und anderen biologisch wirksamen **organischen Verbindungen** (z. B. Jod im Schilddrüsenhormon, Eisen im Hämoglobin) sind sie an der Regulation des Stoffwechsels beteiligt.
- Sie beeinflussen die Durchlässigkeit der Zellmembran.

Abb. 7.6: Mineralstoffreiche Lebensmittel

Zwischen **Mineralstoffen** und **Vitaminen** (➔ Kapitel 6) gibt es **Wechselwirkungen:** z. B. begünstigt Vitamin C die Aufnahme von Eisen, Vitamin D regelt den Einbau von Kalzium und Phosphat in die Knochen. Aus diesem Grund ist es sinnvoll, Vitamine und Mineralstoffe zusammen durch eine abwechslungsreiche vollwertige Ernährung aufzunehmen. Die Ursachen für Versorgungsprobleme mit Mineralstoffen und damit für Mineralstoffmangel, sind denen für Vitaminmangel sehr ähnlich (➔ Kapitel 6.1).

Mineralstoffe werden anders als Vitamine nicht durch Licht, Hitze oder Sauerstoff zerstört.

Aber: Durch übermäßig langes Kochen oder Waschen in viel Wasser werden Mineralstoffe ausgelaugt und gehen verloren, z. B. wenn Kochflüssigkeit abgeschüttet wird.

In Tab. 7.7 sind die Mengenelemente mit ihrem geschätzten Bedarf, dem Vorkommen in Lebensmitteln, ihrer Funktion im Körper sowie Mangelanzeichen aufgeführt. Tab. 7.8 zeigt dies für die Spurenelemente auf. Die ➔ Tabellen folgen nach den Aufgaben.

Mineralstoffe sind essenzielle Schutz- und Reglerstoffe. Sie werden als Baustoff, für Hormone und als Enzymbestandteile benötigt. Eine abwechslungsreiche vollwertige Ernährung kann den Bedarf an Mengen- und Spurenelementen decken!

Viele Mineralstoffe werden auch im → Grundlagen-Lexikon erklärt.

Fragen Übungen Aufgaben

1. *Schildern Sie die Aufgaben von Wasser für den Körper.*
2. *Wie viel sollten Erwachsene mindestens täglich trinken?*
3. *Welche Faktoren können den Flüssigkeitsbedarf steigern?*
4. *Nennen Sie geeignete Getränke zum Durst löschen.*
5. *Schildern Sie Folgen von zu geringer Flüssigkeitszufuhr.*
6. *Schildern Sie drei allgemeine Aufgaben von Mineralstoffen.*
7. *Warum unterteilt man Mineralstoffe in Mengen- und Spurenelemente, worin liegt der Unterschied?*
8. *Nennen Sie drei Hauptaufgaben von Kalium sowie zwei Mangelerscheinungen.*
9. *Nennen Sie drei Hauptaufgaben von Kalzium sowie zwei Mangelerscheinungen.*
10. *Nennen Sie zwei Hauptaufgaben von Schwefel sowie zwei Mangelerscheinungen.*
11. *Nennen Sie zwei Hauptaufgaben von Eisen sowie zwei Mangelerscheinungen.*
12. *Nennen Sie zwei Hauptaufgaben von Zink sowie zwei Mangelerscheinungen.*
13. *Nennen Sie zwei Hauptaufgaben von Selen sowie zwei Mangelerscheinungen.*
14. *Wie können Sie eine mögliche Jod-Unterversorgung bei Ihrer Kundin während der Gesichtsbehandlung feststellen?*

15. ***Üben einer Beratungssituation***

    Ihre etwa 30-jährige Kundin klagt über sehr trockene Haut mit starkem Spannungsgefühl. Heute freut sie sich besonders auf die Gesichtsmassage, sie erhofft sich davon auch eine Besserung ihrer Kopfschmerzen.

    Sie haben die Pflege bereits geklärt und finden hier keinen Ansatz, Veränderungen vornehmen zu müssen.

    a) *An welche weiteren möglichen Ursachen für eine trockene Haut müssen Sie denken?*
    b) *Der Hinweis, dass die Kundin im Moment unter Kopfschmerzen leidet ist ein wichtiger Anhaltspunkt für Ihre Beratung. Woran müssen Sie hierbei sofort denken bzw. welche einfache Maßnahme kann bei Kopfschmerzen oft sehr gut helfen?*
    c) *Welche Fragen können Sie stellen, um weitere Ursachen für eine trockene Haut herauszufinden? (Bevorzugen Sie wo immer möglich „W-Fragen"; wo nötig, Fragen begründen.)*
    d) *Üben Sie diese Beratungssituation in Zweiergruppen (oder zu dritt mit „Beobachter").*

Tab. 7.7: Mineralstoffe - Mengenelemente

Schätzwert Tagesbedarf	Vorkommen in Lebensmitteln	Funktionen im Körper	Entstehung und Symptome von Mangelerscheinungen	Überversorgung
Chlorid 830 mg	Speisesalz	Beteiligt an Regulation des osmotischen Drucks; Salzsäurebildung im Magen; Säuren-Basen-Haushalt.	Selten durch anhaltendes Erbrechen: *Alkalose* (= Störung im Säuren-Basen-Haushalt mit Anstieg des pH-Wertes).	*Azidose* (= Übersäuerung des Blutes).
Kalium 2000 mg	Kartoffeln, Getreide, Hülsenfrüchte, Bananen, Aprikosen, Nüsse, Pilze	Zentrale Stellung im Zellstoffwechsel: reguliert mit Natrium den Wasserhaushalt, wichtig für **osmotischen Druck** und **Blutdruckregulation**; Gegenspieler zu Natrium, senkt den Blutdruck; wichtig für **Reizübertragung** von Muskeln und Nerven; **aktiviert Enzyme**; wirkt *diuretisch* (= entwässernd).	Entstehen durch starken Durchfall, Erbrechen, Abführmittel und Diuretika (Entwässerungsmittel): Muskelschwäche, Darmlähmung, Funktionsstörung des Herzens.	Störungen der Herzfunktion (Herzrhythmusstörungen).
Kalzium 1000 mg Jugendliche 1200 mg	Milch und Milchprodukte, grüne Gemüse	**Baustoff** für Knochen und Zähne; **stabilisiert Zellmembrane** und deren Funktion; zusammen mit Magnesium wichtig für **Reizübertragung** an Nerven, Muskeln und in der Zelle; fördert die **Blutgerinnung**. Hilft bei allergischen Hautausschlägen, Insektenstichen. Tee und Kaffee verschlechtern Kalzium-Resorption.	*Rachitis* bei Kindern, *Osteoporose* bei Erwachsenen (= Entkalkung der Knochen); Muskelschwäche, Krämpfe, **verzögerte Blutgerinnung, verminderte Nagelfestigkeit**. Körperliche Aktivität mindert altersbedingten Knochenabbau.	Erhöhtes Harnsteinrisiko.
Magnesium 300–400 mg	Getreide, Milch, Fleisch, Fisch, Kartoffeln, Gemüse, Soja, Beerenobst, Bananen	**Aktiviert Enzyme;** wichtig für **Membran*permeabilität*** (Durchlässsigkeit) und Membranstabilität; beteiligt an Erregungsübertragung von Muskeln und Nerven; wirkt als *Antagonist* (Gegenspieler) zu Kalzium; beteiligt an der Synthese von Proteinen und Nukleinsäuren; wichtig für Knochenfestigkeit und **Nagelfestigkeit**; wirkt gegen Stress.	bei Erkrankungen des Magen-Darm-Traktes und durch Medikamente (z. B. Diuretika), Alkohol; Stress, Leistungssport und Hitzearbeit erhöhen den Bedarf: Muskelkrämpfe, Rhythmusstörungen des Herzens, Neigung zu Muskelkrämpfen, Erbrechen, **verminderte Nagelfestigkeit.**	Mengen von 3–5 g Magnesium verursachen Durchfall.

Schätzwert Tagesbedarf	Vorkommen in Lebensmitteln	Funktionen im Körper	Entstehung und Symptome von Mangelerscheinungen	Überversorgung
Natrium 550 mg oder 6 g NaCl (Speisesalz inkl. Gehalt in Lebensmitteln)	Speisesalz, Brot, Fleisch und Fleischwaren, Käse, Fertiggerichte	Reguliert mit Kalium den Wasserhaushalt, wichtig für **osmotischen Druck, Blutdruckregulation**; Säuren-Basen-Gleichgewicht; Funktion der **Zellwände**; beteiligt an **Reizleitung** von Muskeln und Nerven; **aktiviert Enzyme**; wichtig für die Aufnahme von Glukose ins Blut. 8 g Natrium binden etwa 1 l Wasser!	Meist liegt eine Natrium-Überversorgung vor. Mangel durch starkes Schwitzen, Durchfall, Erbrechen, nässende Hauterkrankungen: Absinken des Blutdrucks, allgemeiner Schwäche; Muskelkrämpfe.	Entwicklung von *Hypertonie* (= Bluthochdruck) möglich, Ödembildung, d. h. übermäßige Wassereinlagerung in den Geweben.
Phosphat 700 mg – 900 mg	Fleisch, -waren, Fisch, Eier, Cola-Getränke, Milch	Knochenaufbau, Energiespeicherung, Baustein von Nukleinsäuren.	Mangel wegen hoher Aufnahme nicht bekannt.	Durch Genuss von Cola-Getränken (insbesondere bei Kindern), evtl. erhöhte Knochenabbauprozesse.
Schwefel Bedarf nicht bekannt	Eier, Fleisch, Zwiebel, Knoblauch; geschwefeltes Trockenobst	Notwendig zum **Aufbau von Proteinen**, Bestandteil von Enzymen, wichtig für Entgiftungsfunktion des Körpers, stärkt **Bindegewebe, Haut, Haare, Fingernägel.**	**Trockene, rissige Haut, Dermatitis, Haarausfall, brüchige Fingernägel.**	

Tab. 7.8: Mineralstoffe - Spurenelemente

Schätzwert Tagesbedarf	Vorkommen in Lebensmitteln	Funktionen im Körper	Entstehung und Symptome von Mangelerscheinungen	Überversorgung
Chrom 30 - 100 µg	Fleisch, Ei, Haferflocken, Pilze, Kakao	Wichtig für den Kohlenhydratstoffwechsel und die Wirkung von Insulin (Hormon, das Glukose in die Zellen transportiert).	Gestörte Glukosetoleranz (Reaktion des Körpers auf die Zufuhr von Glukose ist verlangsamt).	
Eisen 10-15 mg Schwangere 30 mg Stillende 20 mg	Fleisch, -waren, Eigelb, Gemüse, Hirse, Eisen aus pflanzlicher Nahrung wird schlechter aufgenommen!	An **Sauerstofftransport** und **Sauerstoffspeicherung** beteiligt; **Bestandteil von Enzymen;** Bereitstellung von Energie. Vitamin C verbessert die Eisenaufnahme aus dem Darm.Kaffee, Schwarztee und oxalsäurereiches Gemüse (Spinat, Rhabarber) senken die Aufnahme.	Häufigste Mangelerscheinung, besonders bei Frauen und Vegetariern: Erschöpfung, Störung des Immunsystems, **Rhagaden der Mundwinkel, schuppige Haare, brüchige Nägel, Hautatrophie, *Koilonychie*** (= „Löffelnägel", d. h. muldenförmige Eindellung und erhöhte Brüchigkeit. Auch bei Durchblutungsstörungen oder Vitamin B_2-, B_6- und Niacinmangel möglich.).	Bei Einnahme von Eisenpräparaten sind Oberbauchschmerzen und Verstopfung möglich.
Fluorid 3,1 - 3,8 mg	Seefisch, schwarzer Tee, Mineralwasser	**Baustoff** für **Zähne** und Knochen, neben Zahnhygiene wichtig zur Vorbeugung von Karies.	Bei ungenügender Zahnhygiene Entwicklung von **Karies**; Säuglinge und Kleinkinder erhalten vorbeugend Vitamin D und Fluorid.	Nicht über die natürliche Ernährung möglich.
Jod 200 µg Schwangere 230 µg Stillende 260 µg	Seefisch, es sollte generell jodiertes Speisesalz verwendet werden!	Bestandteil der **Schilddrüsenhormone**, sie regulieren den Grundumsatz; wichtig für Wärmehaushalt, Wachstum und Organentwicklung.	**Reduzierter Grundumsatz,** dadurch Gewichtszunahme, Verstopfung, Frieren, Teilnahmslosigkeit, **trockene, rauen oft gelblich gefärbte Haut, glanzlose und struppige Haare,** Vergrößerung der Schilddrüse, **Struma** (= Kropfbildung). Schwere Unterversorgung führt beim Ungeborenen zu Entwicklungsstörungen.	Schilddrüsenüberfunktion, Jodverbindungen können allergische Reaktionen auslösen: Erythem, Urtikaria, Jodakne.

Schätzwert Tagesbedarf	Vorkommen in Lebensmitteln	Funktionen im Körper	Entstehung und Symptome von Mangelerscheinungen	Überversorgung
Kupfer 1 - 1,5 mg	Getreide, Fisch, Nüsse, Kakao, Kaffee, Tee, Gemüse	Bestandteil von **Enzymen**, beteiligt am Eisenstoffwechsel, beteiligt am **Aufbau von Kollagen- und Elastin, wichtiges Enzym bei der Pigmentierung von Haut und Haaren.**	Selten: Anämie, Knochenschwäche, **Störung des kollagenen Bindegewebsaufbaus, pigmentarmer „Spindelhaarwuchs".**	Extrem selten.
Mangan 2 - 5 mg	Tee, grüne Gemüse, Haferflocken	Aktiviert zahlreiche **Enzyme**, Knochenfestigkeit.	Selten!	Extrem selten.
Nickel 20 - 30 µg	Nüsse, Kakao, Soja, Linsen, Leber, schwarzer Tee, Muscheln	Funktionen sind noch fraglich, Zellkerne enthalten jedoch Nickel und werden möglicherweise durch Nickel stabilisiert.	Gehalt an roten Blutkörperchen sinkt, Aktivität zahlreicher Enzyme sinkt	**Nickelallergie ist möglich.**
Selen 30 - 70 µg	Fleisch, Fisch, Ei, Linsen, Spargel	**Antioxidanz beugt damit Zellschäden vor,** wirkt synergistisch mit Vitamin E; wichtig für Hormone des Schilddrüsenstoffwechsels.	**Schuppige Haut, seborrhoische Dermatitis, Nagelveränderungen, geringe Pigmentierung** von Haut, Haaren; Zwergwuchs, Erkrankung des Herzmuskels.	Keine toxischen Effekte bei Mengen bis 400 µg/Tag.
Silizium Bedarf nicht bekannt	Getreide	**Bindegewebe,** Knochenstabilität.	Wachstumsverzögerung, schnellere **Alterungsprozesse** von Gelenken, Arterien, **Bindegewebe; Ekzeme.**	
Zink 7-10 mg Stillende 11 mg	Fleisch, Ei, Milch, Käse, Vollkornprodukte	**Aktiviert Enzyme** des Protein-, Kohlenhydrat- und Fettstoffwechsels; beteiligt an Hormonbildung, der Insulinspeicherung und am **Immunsystem; zusammen mit Vitamin C beteiligt am Aufbau des Bindegewebes** und der Wundheilung; wirkt **antioxidativ** und **antiviral**, z. B. bei Lippenherpes; Zink kann unreine Haut und Akne in der Heilung begünstigen	Minderwuchs, Störung des Geschmacks- und Geruchssinnes, psychische Störungen, geschwächtes Immunsystem, **Dermatitis, schorfbedeckte Effloreszenzen, Haarausfall, Wundheilungsstörungen, Nagelveränderungen.**	Zu hohe Zinkgaben können zu Eisen- und Kupfermangel führen, Magen-Darm-Beschwerden und Kreislaufstörungen treten auf.

8 Sekundäre Pflanzenstoffe und Antioxidanzien

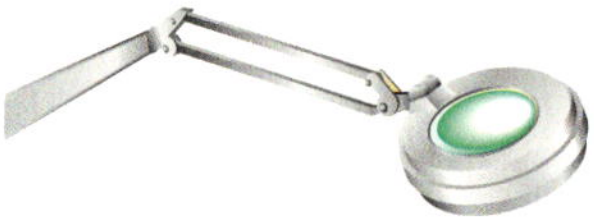

„Hallo Lisa, bist du krank oder warum nimmst du diese Tabletten?" – „Nein, Nelli, du weißt doch, dass ich nicht so gerne Obst und Gemüse esse, also nehme ich Vitamine und Mineralien als Tabletten ein, das ist auch viel bequemer." – „Lisa, das ist doch aber kein vollständiger Ersatz für Obst und Gemüse, denn da sind doch noch viel mehr gesundheitsförderliche Stoffe enthalten: die sekundären Pflanzenstoffe!"

8.1 Sekundäre Pflanzenstoffe

Sekundäre Pflanzenstoffe besitzen gesundheitsfördernde Wirkungen.

Sekundäre Pflanzenstoffe sind Verbindungen die, neben den Hauptnährstoffen (Kohlenhydrate, Proteine und Fette), in kleinen Mengen in Pflanzen gebildet werden und dort wichtige Aufgaben erfüllen. Sie sind **Farb- und Geschmacksstoffe in pflanzlichen Lebensmitteln, Wachstumsregulatoren oder Schutzstoffe** vor Schädlingen und Krankheiten. Sie sind für den menschlichen Körper nicht lebensnotwendig, üben aber einen **gesundheitsfördernden** Einfluss aus.

Aufgrund ihrer sehr unterschiedlichen chemischen Strukturen lassen sich die etwa 10 000 bekannten sekundären Pflanzenstoffe unserer Nahrung in Gruppen einteilen, einige davon sind in → Tab. 8.1 dargestellt.

Tab. 8.1: Sekundäre Pflanzenstoffe und ihre Wirkung

Sekundäre Pflanzenstoffe	Gemeinsames Merkmal	Vorkommen	Wirkung im Körper
Carotinoide 	Geben Obst und Gemüse ihre typische Farbe: gelbe, orange oder rote Farbstoffe.	Karotten, Tomaten, Paprika, Aprikosen, Orangen, Melonen, Pfirsiche, Grüngemüse	Stärken die Immunabwehr, wirken antioxidativ, schützen damit vor Herz-Kreislauf-Erkrankungen und vermindern das Krebsrisiko, schützen vor lichtbedingter Hautalterung.
Glucosinolate 	Aromastoffe	Geben Senf, Meerrettich, Kresse, Kohlrabi und Kohl ihren typischen Geschmack.	Krebsvorbeugend, antimikrobiell, cholesterinsenkend.
Monoterpene 	Ätherische Öle	Kräuter und Gewürze (z. B. Pfefferminze, Kümmel, Anis, Fenchel, Koriander, Basilikum), Zitrusfrüchte	Krebsvorbeugend, entzündungshemmend, entgiftend, schützen damit vor Verdauungsstörungen und Infektionen durch Viren, Bakterien und Pilze.

Tab. 8.1: Sekundäre Pflanzenstoffe und ihre Wirkung (Fortsetzung)

Phytohormone 	Ähneln von Aufbau und Wirkung körpereigenen Botenstoffen, die eine hormonähnliche Wirkung erzeugen (z. B. Phytoöstrogene).	Hülsenfrüchte, insbesondere Soja, Vollkornprodukte und Leinsamen, Kürbiskerne	Antioxidativ, krebsvorbeugend (schützen vor hormonbezogenen Krebsarten Brust-, Gebärmutter-, Prostatakrebs); phytohormonreiche Nahrung kann Wechseljahrbeschwerden mildern und Osteoporose günstig beeinflussen.
Phytosterine 	Ähneln von Aufbau und Struktur dem Cholesterin, wirken aber entgegengesetzt.	Getreidekeime, Sojabohnen, Nüsse, Sonnenblumenkerne, Sesam und daraus gewonnene Öle; kalt gepresste Öle enthalten deutlich mehr Phytosterine!	Senken Cholesterinspiegel, verringern Dickdarmkrebsrisiko.
Polyphenole (Flavonoide und Phenolsäuren) 	Gerbsäuren, Farb- und Aromastoffe in fast allen Pflanzen; oft direkt unter der Schale.	Trauben, Beeren, Walnüsse, schwarzer und grüner Tee (➜ Kapitel 9.2), Kirschen, Äpfel, Zitrusfrüchte, Kohlgemüse, Zwiebeln, Tomaten, Getreide	Antioxidativ, antimikrobiell, schützen vor Entzündungen, verstärken die Wirkung von Vitamin C und stärken das Immunsystem, hemmen die Blutgerinnung, senken erhöhten Blutdruck und beugen Krebs vor.
Protease-Inhibitoren 		Hülsenfrüchte und Getreide	Antioxidativ, krebsvorbeugend, beeinflussen den Blutglukosespiegel positiv.
Saponine 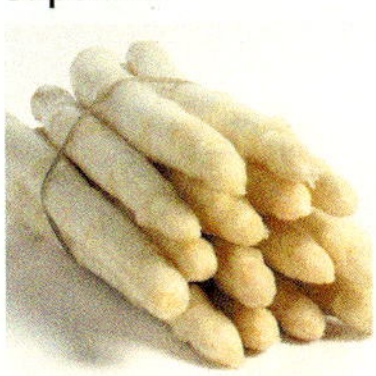	Bitterstoffe	Hülsenfrüchte (Einweichwasser mit verwenden!), Spargel, Spinat, rote Beete, kalt gepresstes Maiskeim-, Sonnenblumenöl	Antimikrobiell, entzündungshemmend, fördern das Immunsystem, senken Cholesterin, schützen vor Dickdarmkrebs.
Sulfide 	Aromastoffe in Zwiebelgewächsen	Zwiebel, Knoblauch, Lauch, Schnittlauch (am besten roh), Brokkoli, Grünkohl	Entzündungshemmend, antimikrobiell, senken den Cholesterinspiegel, antioxidativ, senken Risiko für Krebs und Herz-Kreislauf-Erkrankungen, verdauungsfördernd.

phyto griech. = Pflanze

8.2 Bedeutung der sekundären Pflanzenstoffe

Freie Radikale = schädliche Sauerstoffverbindungen

Lebensmittel reich an sekundären Pflanzenstoffen besitzen **krankheitsvorbeugende** und lebensverlängernde Eigenschaften. Allein die **antioxidative** Wirkung vieler sekundärer Pflanzenstoffe beeinflusst unzählige Krankheiten, deren Entstehung und Entwicklung mit *„freien Radikalen"* zusammenhängen.

Außerdem haben sie Einfluss auf biochemische Vorgänge z. B. bei der Entwicklung von bösartigen Tumoren. Sekundäre Pflanzenstoffe können diese sogar blockieren und wirken darüber hinaus **entgiftend.** Sie **unterstützen den Körper in der Krankheitsabwehr,** können aber ungesunde, krebs- und krankheitsfördernde Lebensführung wie Rauchen, hohen Alkoholkonsum, Stress, wenig Bewegung usw. nicht ausgleichen.

Da sekundäre Pflanzenstoffe teilweise hitzeempfindlich sind, empfiehlt es sich, **Gemüse öfter frisch und roh zu essen** oder es sollte **kurz und schonend gegart** werden. Manche sekundäre Pflanzenstoffe sind wiederum durch Kochen besser verfügbar (z. B. Carotinoide in Tomatenmark usw.). Die **sekundären Pflanzenstoffe** liegen überwiegend in den **Randschichten** der Pflanzen vor. Deshalb sollten Äpfel nicht geschält, Tomaten nicht gehäutet und von Kopfsalat die äußeren Blätter mit verwendet werden. Karotten enthalten 85 % ihrer Polyphenole in einer dünnen äußeren Schicht. Der Gehalt an sekundären Pflanzenstoffen in Obst und Gemüse usw. ist auch von der Sonneneinstrahlung und vom Reifezustand abhängig. Die höchsten Gehalte weisen Freilandware und reif geerntetes Obst und Gemüse auf.

Sekundäre Pflanzenstoffe als Nahrungsergänzungsmittel (→ Kapitel 10.3) eingenommen können die gleiche Wirkung nicht erreichen und sind grundsätzlich kein Ersatz für eine „vernünftige" Ernährung.

Die beste Schutzwirkung bietet eine abwechslungsreiche vollwertige Ernährung mit einem hohen Anteil an Obst und Gemüse usw.

Sekundäre Pflanzenstoffe wirken allgemein gesundheitsfördernd:

- krebsvorbeugend
- cholesterinspiegelsenkend
- blutdruckregulierend
- antioxidativ
- antimikrobiell
- blutglukoseregulierend
- entzündungshemmend
- gerinnungshemmend
- immunmodulierend usw.

5 am Tag
OBST & GEMÜSE

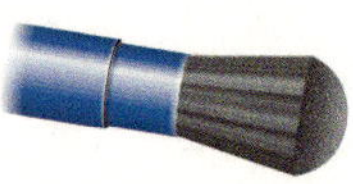

Iss insgesamt mehr Obst und Gemüse der Saison, auch roh oder schonend gedünstet („5 am Tag")!

8.3 Antioxidanzien

Antioxidanzien sind Stoffe, die freie Radikale abfangen und unschädlich machen können. Diese Fähigkeit wird auch als ***antioxidative* Wirkung** bezeichnet.

antioxidative Wirkung

Freie Radikale sind kurzlebige, aggressive sauerstoffhaltige Verbindungen. Sie sind sehr reaktionsfreudig und können schädliche Kettenreaktionen auslösen. Sie entstehen im Körper bei ganz normalen Stoffwechselvorgängen. Der Körper besitzt jedoch ausreichende Abwehrmechanismen, um sie zu neutralisieren. Entstehen freie Radikale im Übermaß, z. B. durch Umweltbelastung, Rauchen, UV-Strahlung, hohe Ozonwerte, starke körperliche Belastung usw., so kommt es zu **oxidativem Stress** (→ Grundlagen-Lexikon ANTIOXIDANZIEN).

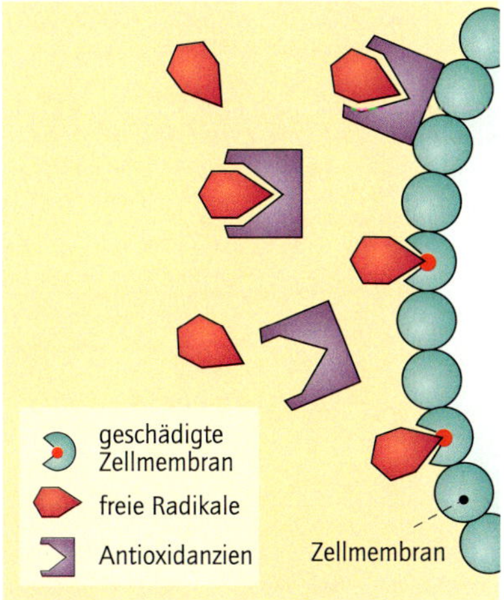

Abb. 8.2: Antioxidanzien fangen freie Radikale ab, damit diese gar nicht erst in die Zelle eindringen können.

Freie Radikale schädigen vor allem ungesättigte Fettsäuren in Zellmembranen, aber auch Enzyme und Zellkerne.

Hierdurch steigt das Risiko für die Entwicklung von Herz-Kreislauf-Erkrankungen oder Krebs. Freie Radikale tragen auch zu einer vorzeitigen Hautalterung durch Schäden an der Zellmembran bei, verstärkte **Falten**bildung und **„Altersflecken"** (→ LF 2, Kapitel 3.5.1) sind die Folge.

Die **wichtigsten Antioxidanzien** aus unserer Nahrung sind die **Vitamine C** und **E**, **Beta-Carotin**, die Spurenelemente **Selen** und **Zink**, **Coenzym Q10** sowie eine ganze Anzahl weiterer **sekundärer Pflanzenstoffe** (Polyphenole, Phytohormone).

Antioxidanzien sind Schutzstoffe, die Oxidation durch freie Radikale verhindern können. Sie schützen vor Membran-, Enzym- und Zellkernschäden und vermindern damit u. a. das Krebsrisiko.

A Fragen Übungen Aufgaben

1. *Welche Aufgaben haben sekundäre Pflanzenstoffe in den Pflanzen?*
2. *Welche allgemeine Bedeutung haben sekundäre Pflanzenstoffe für unseren Körper?*
3. *Nennen Sie sechs Wirkungsweisen der sekundären Pflanzenstoffe auf den menschlichen Körper.*
4. *Was sind Antioxidanzien?*
5. *Wovor können Antioxidanzien unseren Körper schützen?*
6. *Wie können wir mit der Nahrung ausreichend sekundäre Pflanzenstoffe und Antioxidanzien aufnehmen?*

9 Genussmittel

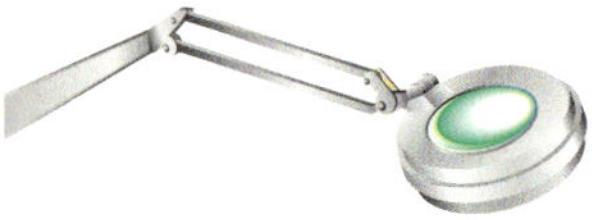

Lisa und Nelli gehen von einer Party nach Hause. Es hat ihnen prima gefallen. Lisa: „Puh – meine Klamotten riechen jetzt aber nach Rauch!" – Nelli: „Ja, die Luft war wirklich zum Schneiden." – Lisa: „Schade, dass der süße Blonde so betrunken war. Ich hätte gerne einmal mit ihm getanzt. – Du zählen Genussmittel eigentlich zu den Drogen?" – Nelli: „Das nicht, aber manche, wie Alkohol oder Nikotin, können süchtig machen!"

Was bedeutet für Sie der Begriff „Genussmittel"?

Genussmittel wirken anregend

Genussmittel sind meist **pflanzlicher Herkunft** und **üben** eine **anregende Wirkung** aus. Zu den Genussmitteln zählen Kaffee, Tee, Mate, Kakao, alkoholische Getränke, Tabak, Gewürze und Kräuter. Sie **enthalten** meist wenige oder **keine lebensnotwendigen Nährstoffe,** sondern **regen** sofort oder nach einiger Zeit das **Nervensystem** und die **Verdauungstätigkeit** an. In geringen Mengen bewirken Genussmittel eine **allgemeine Leistungssteigerung.** In größeren Mengen können Genussmittel wegen ihres Gehalts an Koffein, Nikotin oder Alkohol die **Gesundheit schädigen.** Bei regelmäßiger Aufnahme können manche Genussmittel auch zu einem **Suchtmittel** werden.

9.1 Kaffee und koffeinhaltige Erfrischungsgetränke

Kaffee wirkt schnell für kurze Zeit

Die wirksamste Substanz in Kaffee ist das **Koffein.** Eine Tasse Kaffee enthält 50–150 mg Koffein, das nach etwa 30 Minuten sein Wirkungsmaximum entfaltet. Koffein wirkt **anregend,** indem es das Hormon Adrenalin ausschüttet, Adrenalin bewirkt eine:

- kurzfristige Leistungssteigerung
- Aktivierung des zentralen Nervensystems
- Steigerung der Herztätigkeit
- Erhöhung des Blutdrucks
- Steigerung der Darmtätigkeit
- vermehrte Harnausscheidung.

Kaffee entzieht dem Körper Wasser

Bei regelmäßigem Kaffeegenuss tritt ein gewisser Gewöhnungseffekt ein, sodass die Adrenalinausschüttung geringer ausfällt. Durch seine Harn ausscheidende Wirkung entzieht Kaffee dem Körper Wasser. Menschen, die nur eine insgesamt geringe Trinkmenge (< 1 1/2 l/Tag) aufweisen, sollten Kaffee nicht bei der Flüssigkeitsberechnung mitberücksichtigen! Wird dann nicht zusätzlich zu jeder Tasse Kaffe ein Glas Wasser getrunken, so hat Kaffee eine **austrocknende Wirkung auf die Haut.** Zudem kann die vermehrte Blutzirkulation zu Erweiterung der Kapillaren führen und damit **Couperose** (→ LF 2, Kapitel 3.5.3) fördern.

2–4 Tassen Kaffee am Tag bewirken in der Regel keine Gesundheitsschäden. Lediglich ein geringer Anstieg des Cholesterinspiegels, durch den Genuss von ungefiltertem Kaffee, konnte festgestellt werden. Wegen seines Gehalts an *Chlo-*

rogensäure (Gerbsäure) wirkt Kaffee reizend auf die Magenschleimhäute und ist deshalb bei empfindlichem Magen, aber auch bei Herzrhythmusstörungen und Bluthochdruck einzuschränken. Auch entkoffeinierter Kaffee kann den Blutdruck steigern, insbesondere bei Personen, die nicht regelmäßig Kaffee trinken. Vermutlich gibt es in Kaffee noch andere blutdrucksteigernde Inhaltsstoffe außer Koffein, die erst noch genauer erforscht werden.

Gerbsäure

Entgegen der weit verbreiteten Meinung kann Koffein nicht den Blutalkoholspiegel senken. Inhaltsstoffe von Kaffee behindern die Aufnahme von Vitaminen und Mineralstoffen (z. B. Vitamin C, Eisen) und wirkend säuernd auf den Organismus.

Koffeinhaltige Erfrischungsgetränke wie z. B. Cola-Getränke enthalten Wasser, Zucker, Kohlensäure, den Farbstoff Zuckercouleur, Säuerungsmittel (z. B. Phosphorsäure), Aroma und Koffein (bis zu 320 mg/l). Hauptnährstoff ist Zucker (bei Cola: 22 g Zucker/0,2l, ca. 360 kJ oder 95 kcal), somit liefern Cola-Getränke und „Energydrinks" überwiegend „leere Kalorien". Durch seinen Gehalt an Phosphorsäure wirkt ein hoher Cola-Konsum nachteilig auf die Knochendichte (→ Kapitel 7.5 und 14.1).

Koffein regt Gehirn, Atmung, Kreislauf und Verdauung an; es erhöht Konzentration und Leistungsfähigkeit, aber es kann dem Körper Wasser entziehen!

9.2 Tee

Schwarzer und **grüner Tee** stammen beide vom selben Strauch, grüner Tee ist lediglich nicht *fermentiert*, d. h., es wird keine Oxidation der Enzyme mit dem Zellsaft durch Rollen der Teeblätter hervorgerufen, daher bleibt die grüne Farbe erhalten. Aufgrund des Gehalts an **Koffein** wirken schwarzer und grüner Tee **anregend,** sie stimulieren den Stoffwechsel und steigern das allgemeine Wohlbefinden. Der Gehalt an Koffein liegt mit etwa 50 – 100 mg etwas niedriger. Das Koffein (früher genannt **Thein**) ist im Tee an Gerbsäuren gebunden. Hierdurch entfaltet sich die Wirkung von Koffein milder und langsamer, hält dafür aber länger an. **Gerbstoffe wirken beruhigend auf Magen und Darm,** besonders wenn der Tee länger zieht (5 – 20 Minuten; positiver Effekt bei Durchfall!).

Tee wirkt leicht anregend über längere Zeit

fermentiert

Neben Koffein findet sich in schwarzem und grünem Tee eine Vielzahl an sekundären Pflanzenstoffen (z. B. Polyphenole → Kapitel 8.1). Sie wirken antioxidativ und damit zellschützend sowie entzündungs- und reizhemmend (Umschläge mit kaltem Schwarztee bei Sonnenbrand). Tee enthält u. a. die Mineralstoffe (→ Kapitel 7.2) Fluor, Kalium, Kalzium, Magnesium und Eisen und insbesondere grüner Tee enthält nennenswerte Mengen an Vitamin C (→ Tab. 6.3).

Wegen einiger Fälle mit hoher Pestizidbelastung (hohe Belastung durch giftige Pflanzenschutzmittel) von Tee wird umwelt- und gesundheitsbewussten Teetrinkern empfohlen auf Kontrollgarantien der Teehändler zu achten oder Ökoprodukte vorzuziehen.

Kräutertee enthält kein Koffein (außer Mate-Tee), aber kleine Mengen an Mineralstoffen und wirkt je nach Sorte unterschiedlich:

Tab. 9.1:
Wirkung von Kräutertee

Teesorte	Wirkungsweise
Pfefferminztee	belebt die Magentätigkeit, wirkt krampflösend bei Verdauungsbeschwerden und Blähungen, lindert als Dampfbad Erkältungsbeschwerden
Kamillentee	entkrampfend, wundheilungsfördernd, entzündungshemmend, beruhigend bei Magen-Darm-Verstimmungen und bei entzündlichen Erkrankungen der oberen Luftwege; äußerlich bei Haut- und Schleimhautentzündungen
Fencheltee	beruhigt Magen und Darm sowohl bei Krämpfen, Übelkeit als auch bei Blähungen und Bauchschmerzen
Lindenblütentee	schweißtreibend, fördert die Heilung bei Erkältung und Grippe
Brennnesseltee	entwässernd, entschlackend, unterstützend bei rheumatischen Beschwerden
Rotbuschtee (Rooibostee)	stammt von einem ginsterähnlichen Strauch, enthält reichlich Eisen, Kalzium, Kalium, Kupfer, Vitamin E und C, wirkt entzündungshemmend auf die Schleimhäute des Verdauungstraktes, koffeinfrei
Matetee	regt durch seinen Koffeingehalt mild den Kreislauf an, wirkt harntreibend, verdauungsfördernd, mindert das Hungergefühl

9.3 Kakao

Das Genussmittel Kakao nehmen wir z. B. als Bestandteil der Lebensmittel Schokolade oder als kakaohaltige Getränke auf. Kakao wirkt durch seinen Inhaltsstoff *Theobromin*, ähnlich wie Koffein, **leicht anregend** und **stressabbauend**. Außerdem enthält Kakaobutter die Aminosäure *Tryptophan*, die im

Serotonin

Gehirn in den „glücklichmachenden" Botenstoff *Serotonin* umgewandelt wird. Theoretisch geschieht dies nicht nur nach dem Verzehr von Schokolade, sondern auch nach dem Verzehr von Bananen, ihnen fehlt jedoch das spezielle süß-cremige Gefühl im Mund. Der Haupteinfluss der **stimmungssteigernden Wirkung** beruht wohl mehr auf **erlernten Verhaltensmustern:** Kinder werden bei Schmerz, Verlust, Angst usw. oft mit kakaohaltiger Schokolade getröstet und essen diese dann auch später gerne zum Trost, zur Belohnung oder aus Langeweile. Der stimmungsaufhellende Effekt des Serotonins nach dem Genuss von Schokolade ist nicht stark genug, um eine Sucht auszulösen! Diese ist eher durch den „Teufelskreislauf Zucker" (➔ Aufgaben Kapitel 3) zu erklären. Kakao enthält außerdem Nickel, ein essenzielles Spurenelement (➔ Kapitel 7.8), das jedoch auch eine Nickelallergie (➔ LF 2, Kapitel 4.5.2) auslösen kann.

Darüber hinaus enthält Kakao sekundäre Pflanzenstoffe (z. B. Polyphenole), die sich günstig auf Infektabwehr sowie auf Herz und Kreislauf auswirken. Dunkle Schokoladensorten enthalten mehr davon, leider auch mehr Nickel und sie liefern ebenso wie Milchschokolade reichlich Energie (pro 100-g-Tafel gut 500 Kalorien).

9.4 Alkohol

Alkohol entfaltet unterschiedliche Wirkungen im Organismus. Bereits beim Trinken wird er durch die Schleimhäute von Mund und Magen in das Blut aufgenommen, dies gilt insbesondere, wenn Alkohol auf leeren Magen getrunken wird. Auch kohlensäurehaltige Getränke wie Sekt und warme, zuckerhaltige Getränke wie Glühwein zeigen schnell Wirkung. Alkohol wirkt sich ungünstig auf die Resorption zahlreicher Nährstoffe aus dem Darm aus und steigert die Ausscheidung von Wasser und Mineralien mit dem Harn.

Welche Auswirkungen von Alkohol kennen Sie?

Geringe Alkoholmengen wirken anregend auf Kreislauf und Verdauung, der Blutdruck steigt, man fühlt sich „lockerer". Darüber hinaus regt Alkohol den Appetit an, selbst wenn man bereits satt ist. Auch aufgrund seines hohen Energiegehalts führt übermäßiger Alkoholgenuss zu Gewichtszunahme. Die DGE gibt eine Alkoholmenge von 20 g (ca. $^{1}/_{2}$ l Bier oder $^{1}/_{4}$ l Wein oder 3 Gläser Schnaps à 2 cl) pro Tag für Männer und 10 g pro Tag für Frauen als gesundheitlich verträglich an, wobei die Zufuhr nicht täglich erfolgen sollte! In größerer Menge entwickelt Alkohol nachteilige Effekte auf den Organismus, besonders wenn Alkohol regelmäßig genossen wird, kann er süchtig machen!

• Löst innere Anspannung, Hemmungen und Ängste, • beeinflusst *arteriosklerotische* Gefäßveränderungen positiv (blutverdünnend, antioxidativ), schützt vor Herzinfarkt • kann Kreislaufschwäche vorübergehend beseitigen (wirkt blutdrucksteigernd).	Positive Effekte von kleinen Mengen Alkohol
• Gewichtzunahme möglich, • Schädigung von Leber, Bauchspeicheldrüse und Magen- und Darmschleimhaut, • Nachlassen von Konzentration und Gedächtnis, Schädigung von Nerven und Gehirn, • Erhöhung der **Blutfettwerte** (→ Kapitel 13.2), • verstärkte Ausscheidung von Wasser und Mineralien (dies ergibt den „Nachdurst"), • Auslösung eines **Gichtanfalls** möglich (→ Kapitel 13.3), • erhöhter Bedarf an Vitaminen (speziell B-Vitamine und Antioxidanzien), • Alkohol kann bei regelmäßigem Genuss zu einem **Suchtmittel** werden!	Negative Auswirkungen von übermäßiger Alkoholaufnahme
• Bei übermäßigem Konsum verstärkte Wasserausscheidung über die Nieren und austrocknender Effekt auf die Haut, • Verschiebung von Blut vom Körperzentrum in die *Peripherie* (Randgebiete, Haut, Arme, Beine) und infolgedessen Rötung und Erwärmung der Haut *(Flush)*, es entsteht auch die Gefahr einer Unterkühlung, • Alkohol kann *Couperose* und *Psoriasis* fördern (→ Kapitel 16), • durch chronischen Alkoholkonsum wird weniger Lezithin gebildet, dadurch ergeben sich Störungen der *Permeabilität* (Durchlässigkeit) und Funktion von Zellmembranen und bei der Kollagensynthese, • bei chronischem Alkoholkonsum kommt es durch eine Unterversorgung mit Vitaminen und Mineralien und zu Auswirkungen an der Haut: *Dermatitis* auf Grund von *Hypovitaminosen* → Tab. 6.1 f, → Tab. 7.7 f).	Auswirkungen von Alkohol auf die Haut ***Flush*** ***Permeabilität***

9.5 Tabak

Nikotin ist ein starkes Nervengift, das schnell abhängig macht!

Nikotin lässt die Haut schneller altern

10

Tabak enthält neben einer Vielzahl von Schadstoffen **Nikotin** und Kohlenstoffmonoxid. Nikotin wird über die Schleimhäute der Atemwege und des Magens aufgenommen. Im Körper wirkt Nikotin **anregend auf das zentrale Nervensystem, erhöht Puls** und **Blutdruck, verengt** die **Blutgefäße** und **macht süchtig.** Es wird die **Durchblutung** und durch Kohlenstoffmonoxid (CO) die Sauerstoffversorgung **verschlechtert**, damit nimmt auch die Regenerationsfähigkeit der Haut ab. Darüber hinaus wird bei Frauen die Hormonproduktion gestört. Ein früherer Beginn der Wechseljahre und **raschere Alterung der Haut** sind die Folge (→ LF 2, Kapitel 3.5).

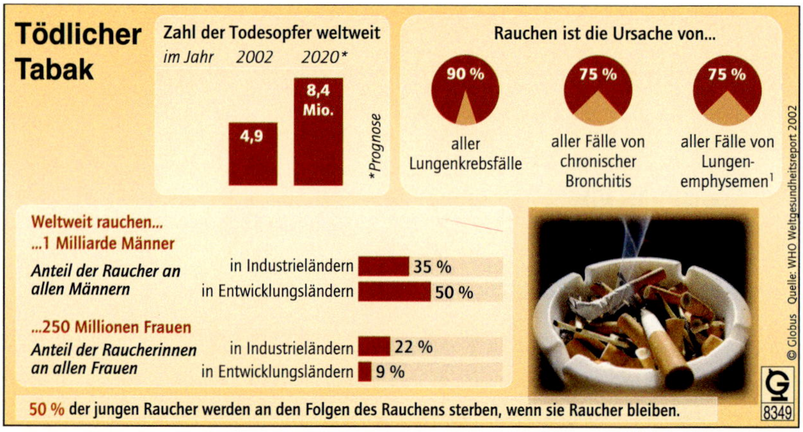

1 Lungenemphysem = Lungenblähung, die Alveolen zerstört und Druckerhöhung im Lungenkreislauf – und damit Herzschädigung bewirkt; Symptome sind: Chronische Atemnot, Husten und Auswurf sowie Zyanose (blau-rote Verfärbung von Haut und Schleimhäuten durch Abnahme des Blutsauerstoffgehaltes)

Durch das Inhalieren von Tabakrauch wird im Körper eine **große Menge freier Radikale** (→ Kapitel 8.2) frei. Freie Radikale im Übermaß beschleunigen die Zellalterung, da sie Kollagen- und Elastingehalt der Haut mindern. Die Hautalterung wird zusätzlich verstärkt.

Rauchen **erhöht den Bedarf an antioxidativen Stoffen** wie den Vitaminen A, E, C, Beta-Carotin, dem Spurenelement Selen und den sekundären Pflanzenstoffen. Mit einer natürlichen Ernährung ist dieser erhöhte Bedarf nicht zu decken!

Es gilt als erwiesen, dass Rauchen die Gesundheit gefährdet: *Arteriosklerose*, Herzerkrankungen, Magen- und Darmstörungen treten gehäuft auf. Auch das Passivrauchen erhöht das Lungenkrebsrisiko um bis zu 50 %.

Nikotinkonsum führt durch vermehrt entstehende freie Radikale und gestörte Hormonproduktion zu frühzeitiger Hautalterung. Außerdem fördert Rauchen unreine Haut.

9.6 Gewürze und Kräuter

Welche Wirkung von Gewürzen kennen Sie?

Gewürze sind Pflanzenteile, die aufgrund ihres Gehalts an Geschmacks- und Geruchsstoffen als würzende oder geschmackgebende Zutaten verwendet werden, außerdem enthalten sie auch Vitamine und Mineralien (z. B. Zimt, Paprikapulver, Pfeffer, ...).

Kräuter wie Petersilie, Schnittlauch, Kerbel, Basilikum usw. sollten bevorzugt frisch verwendet werden, dann enthalten sie am meisten Vitamin C, sie werden aber auch getrocknet oder tiefgefroren verarbeitet.

Eine gut gewürzte, appetitlich duftende Mahlzeit **regt Verdauungsenzyme an,** die Nahrung wird leichter verwertet. Als typische Verdauungshilfen gelten Anis, Fenchel, Kümmel und Pfefferminze. Auch **scharfe Gewürze** wie Chili, Curry, Paprika, und Ingwer beschleunigen die Verdauung.

Sie **steigern** außerdem die **Herztätigkeit, fördern** die **Durchblutung** und **regen** die **Schweiß- und Talgdrüsen an.** Sie können zu vorübergehender Hautrötung führen, Mitauslöser von Couperose sein oder auch Pickel fördern.

Außerdem können Gewürze und Kräuter Allergien hervorrufen.

1. *Was verstehen Sie unter Genussmitteln? Nennen Sie Beispiele.*
2. *Nennen Sie vier Wirkungen von Kaffee auf den Organismus.*
3. *Wie unterscheidet sich die Wirkung von Koffein aus Kaffee und aus schwarzem oder grünem Tee?*
4. *Wie viel Energie liefert ein Gramm Alkohol?*
5. *Nennen Sie je drei positive und negative Auswirkungen von Alkohol auf den Organismus.*
6. *Wie wirkt Alkoholkonsum auf die Haut?*
7. *Welche Wirkung besitzt Nikotin auf die Haut?*
8. *Welche Auswirkungen können scharfe Gewürze auf die Haut bewirken?*

A Fragen Übungen Aufgaben

10 Anti-Aging durch Ernährung?

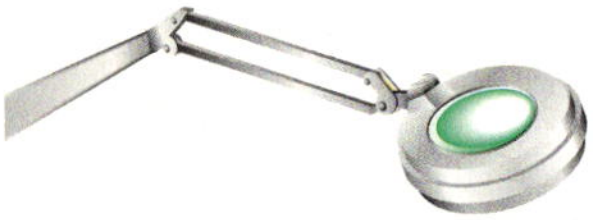

Lisa: „Mensch Nelli, war das eben deine ältere Schwester oder deine Mutter?" – Nelli: „Bist du verrückt, natürlich meine Mutter! Aber stimmt, sie hat sich eigentlich ganz gut gehalten". – Lisa: „Gut gehalten? Die sieht klasse aus: kaum Falten, sportlich, und wirkt so jugendlich." Nelli: „Na ja, du hast Recht, wenn ich mir so manch andere Mutter anschaue. Aber sie tut ja auch was dafür und vor allem in der Birne ist sie jung geblieben!"

Antiagingmaßnahmen zielen darauf ab, das **biologische Alter herabzusenken,** man will die negativen Begleiterscheinungen des Älterwerdens mildern und vielleicht sogar verzögern. Der Körper soll bis ins hohe Alter fit und schön bleiben, die Anfälligkeit für Erkrankungen soll reduziert und die geistige Leistungsfähigkeit bewahrt werden. Nur mit **Ernährungsmaßnahmen** ist dies nicht zu erreichen, aber sie **wirken unterstützend.**

Bis ins Alter fit durch vollwertige Ernährung, Sport, „Gehirnjogging" und Kontaktfreude

Das Älterwerden kann nicht völlig verhindert werden. Aber wir können unsere Einstellung dazu ändern, den Alterungsprozess akzeptieren und ihn mit vernünftiger Ernährungs- und Lebensweise begleiten. Zusätzlich tragen regelmäßige körperliche Aktivität, „Gehirnjogging" (Gedächtnisübungen), das Pflegen sozialer Kontakte sowie eine positive Lebenseinstellung dazu bei, bis ins hohe Alter fit und leistungsfähig zu bleiben.

Was tun Sie dafür, jung zu bleiben?

10.1 Ernährungsmaßnahmen mit „Anti-Aging-Effekt"

Anti-Aging = gegen das Altern

- **Vollwertige Ernährung.** Eine gesunde und ausgewogene Ernährung mit reichlich Vitaminen, Mineralien und sekundären Pflanzenstoffen vermindert die alterungsfördernden oxidativen Prozesse durch freie Radikale. Bereits ein fehlendes Vitamin oder Mineral kann den ganzen Körper ins Ungleichgewicht bringen. Man wird nicht gleich krank, aber Nervosität, Infektanfälligkeit oder Hautveränderungen usw. können erste Symptome sein. Eine **reichliche Trinkmenge** verbessert die Durchblutung (auch der Haut und des Gehirns) und fördert die Entgiftung.
- Ein großer Nahrungsanteil an basischen Lebensmitteln (z. B. Gemüse, Obst, Milch) begünstigt eine gute Durchblutung und Nährstoffversorgung von Haut, Haaren und Nägeln. Damit wird auch die Zellregeneration positiv beeinflusst.

- Eventuell Maßnahmen zur gezielten **„Entschlackung"** des Körpers ergreifen (→ Kapitel 14).
- **Geringer Genussmittelkonsum.** Alkoholkonsum einschränken; Rauchen vermeiden, da Nikotin den Bedarf an Antioxidanzien stark erhöht, Arteriosklerose beschleunigt und die Faltenbildung fördert.
- Positiv wirkt sich der Verzehr von Lebensmitteln aus, die **reichlich Phytohormone** (*phyto* griech. = Pflanze, d. h. in Pflanzen gebildete Hormone (→ Tab. 8.1) enthalten, z. B. Hülsenfrüchte, besonders Soja, Weizenkeime, Haferflocken, Leinsamen, Kürbiskerne, Brokkoli, Süßkartoffeln, grüner Tee. Asiatinnen essen häufig Sojaprodukte, aufgrund der darin enthaltenen Phytohormone sind bei ihnen **Wechseljahrbeschwerden** unbekannt!
- **„Dinner cancelling"** heißt die neueste Zauberformel der Verjüngungsforscher, d. h., möglichst an zwei Tagen in der Woche sollte nach 17 Uhr nichts mehr gegessen werden. Spätes Essen verhindert, dass Wachstumshormone (HGH = *human growth hormone* engl.; auch = *Somatotropin* griech.), eine der wichtigsten Substanzen bei der Altersverzögerung, ausgeschüttet werden. Auch das „Jugendhormon" *Melatonin* (griech., Hormon der Zirbeldrüse → Grundlagen-Lexikon HORMONE) wird vermehrt produziert, wenn der Körper nachts nicht mit Verdauungsprozessen beschäftigt ist. Melatonin wirkt schlaffördernd, eine direkte Anti-Alterungs-Wirkung konnte aber nicht festgestellt werden. Zu wenig Schlaf lässt einen jedoch sehr schnell „alt aussehen". Abendliches „Fasten" soll außerdem zusätzlich die körpereigenen Abwehrkräfte anregen!

human growth hormone, HGH
Somatotropin
Melatonin

- Die Chance auf „gesundes Altern" ist übrigens bei Normalgewichtigen deutlich besser (Folgen von Übergewicht → Kapitel 11.1).
- Regelmäßige **körperliche Bewegung** an frischer Luft verbessert Sauerstoffversorgung, Durchblutung, Stoffwechsel, Beweglichkeit, Koordination, Leistungsfähigkeit und Ausdauer und erhöht damit die Lebensqualität. Zudem fördert sportliche Aktivität u. a. die Produktion von Wachstumshormonen, baut Stress ab und beugt altersbedingtem Knochenabbau vor. Geeignete Ausdauersportarten sind Schwimmen, Wandern, Walken, leichtes Joggen, Radfahren, Skilanglauf usw. Zusätzliches dosiertes Muskeltraining und Gymnastik fördern Kraft und Koordination.
  Ein Anti-Aging-Trainingsmix sollte wenigstens drei Einheiten von mindestens 30 Minuten pro Woche umfassen und ist den individuellen körperlichen Fähigkeiten anzupassen (→ Band C, LF 10).

Bewegung hält fit

Abb. 10.1 a und b: Bewegung hält fit

10

10.2 So stärken Sie Ihre Abwehrkraft

Bakterien, Viren oder zellschädigende Einflüsse wie z. B. Rauchen, Stress, Umweltbelastungen schwächen die Immunabwehr.

Besonders wichtig im Abwehrsystem und in der Vorbeugung von Krebs und Arterienverkalkung sind die **Vitamine A, C, E** und **Beta-Carotin** sowie die **Spurenelemente Zink und Selen.** Vitamin A schützt die Schleimhäute, Vitamin C aktiviert die weißen Blutkörperchen, diese sind zuständig für die Vernichtung von Krankheitserregern. Vitamin E, Beta-Carotin und Selen schützen die Zelle vor Schädigung durch freie Radikale und aggressive Sauerstoffmoleküle.

Unterstützt werden die Vitamine bei dieser Arbeit durch die **sekundären Pflanzenstoffe.** Sie hemmen Krebs erregende Substanzen, aktivieren Enzyme des Entgiftungssystems und helfen Giftstoffe auszuscheiden (z. B. Senföl in Kohlgemüse, Gerbstoffe in Randschichten von Obst und Gemüse). Zink steigert die Immunabwehr und kann alleine eine Vielzahl an Viren bekämpfen.

Abb. 10.2: Gesunde Lebensmittel

Abwechslungsreiche Ernährung mit reichlich Obst, Gemüse („5 am Tag"), Hülsenfrüchten und Vollkornprodukten, gemäß der vollwertigen Ernährung, **liefert alle Vitamine** und **Mineralstoffe,** die für den Stoffwechsel und zum Abbau von Schadstoffen benötigt werden. **Essenzielle Fettsäuren** aus Seefisch oder Raps-, Leinöl und Vitamin A beugen der Haut- und Schleimhautaustrocknung vor (→ Kapitel 4.2).

Bioaktive Substanzen (Ballaststoffe und sekundäre Pflanzenstoffe) unterstützen u. a. eine gesunde Darmfunktion, sie ist für ein aktives Immunsystem ebenfalls wichtig (→ Exkurs der nächsten Seiten).

Mit zunehmendem Alter sinkt der Energiebedarf, der Bedarf an **Vitaminen und Mineralien** ändert sich allerdings kaum. Eine Unterversorgung, besonders an Vitamin D, E, C, B_1, B_2, B_6, B_{12}, Niacin und Folat sowie den Mineralien Eisen, Zink, Magnesium, Kalzium und Selen, findet man daher bei älteren Menschen häufig. Eine bedarfsgerechte Versorgung wird mit zunehmendem Alter immer schwieriger, da die gleiche Menge an Vitaminen usw. bei insgesamt geringerer Energieaufnahme zugeführt werden muss. Daher sollte bei älteren Menschen eventuell eine Nahrungsergänzung erwogen werden (→ Kapitel 10.3)!

Bei älteren Menschen lässt das Durstempfinden nach, dennoch ist eine ausreichende Flüssigkeitszufuhr unbedingt notwendig. Eine **Trinkmenge** von mindestens $1\,^1/_2$, besser 2 Litern/Tag begünstigt eine schnellere Ausscheidung von unschädlich gemachten Stoffen über die Niere (bei warmem Wetter oder bei sportlicher Aktivität auch deutlich mehr trinken!). Bitte Trinkempfehlungen in → Kapitel 7 berücksichtigen!

EXKURS: Eine gesunde Darmflora für ein aktives Immunsystem

Kaum ein anderes Organ beeinflusst Gesundheit und Wohlbefinden sowie Aussehen von Haut und Haar so unmittelbar, wie der Darm!

Im Magen-Darm-Trakt befindet sich neben Blut- und Lymphgefäßen ein Netz von Nerven. Dieses Eingeweide-Nervensystem gehört zum willentlich kaum beeinflussbaren VEGETATIVEN NERVENSYSTEM (→ Grundlagen-Lexikon). Es steht über Nervenfasern in regem **Informationsaustausch zum zentralen Nervensystem (ZNS).** Wir spüren es, wenn Nervosität, Anspannung, Sorgen und Stress zu Irritationen im Verdauungstrakt führen (Verstopfung, Durchfall, Magenschmerzen z. B. vor einer Prüfung).

enterisches Nervensystem

10

Die wichtigsten Eintrittspforten für Krankheitserreger und Allergene in den Körper sind die Haut sowie die äußeren und inneren Schleimhäute (Mund, Nase, Auge, Atemwege, Darm).

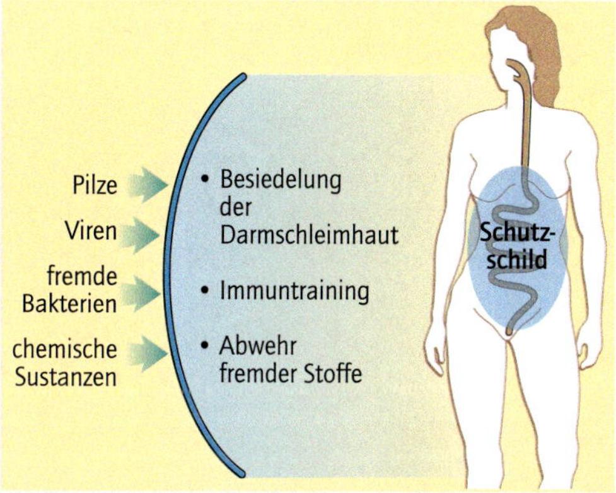

Abb.: „Schutzschild" Darm

Wichtigster Bestandteil der körpereigenen Abwehr ist die **Darmflora** mit ihren über 400 Bakterienarten. Diese *physiologischen* (griech., den normalen Lebensvorgängen, der Gesundheit entsprechend) Darmbakterien bilden, wie ein Rasenteppich, eine **organische Schutzbarriere** auf der Darmschleimhaut und verhindern so, dass andere *pathogene* (griech., krankmachende) Keime oder Pilze die Darmwand besiedeln oder gar durchdringen.

Durch äußere Einflüsse, z. B. Infektionen, Antibiotika, einseitige und ballaststoffarme Ernährung, kann das Gleichgewicht der physiologischen Darmflora gestört werden. Hierdurch können dann z. B. Durchfall, erhöhte Infektanfälligkeit oder Allergien und Hauterkrankungen gefördert werden.

In der Darmwand befinden sich **Immunzellen,** die durch die Darmflora „trainiert" werden. Diese Immunzellen stehen über das Blut mit dem ganzen Körper in Kontakt. Sie können bewirken, dass z. B. an den Schleimhäuten der Atemwege Antikörper abgegeben und dort eindringende Keime bekämpft werden (→ Grundlagen-Lexikon IMMUNSYSTEM).

Die Darmflora stimuliert durch die Bildung von organischen Säuren aus dem bakteriellen Abbau der Ballaststoffe die *Darmperistaltik* (Muskelbewegung des Darms), baut Giftstoffe ab und entlastet damit die Leber. Außerdem trägt sie in geringem Umfang zur Versorgung mit einigen Vitaminen (z. B. Vitamin K, Biotin) bei. Die Darmflora ist sozusagen ein „Schutzschild".

Darmperistaltik

Um Gesundheit und Wohlbefinden zu unterstützen, werden von der Industrie eine Vielzahl von Produkten hergestellt, hierzu gehören auch die „probiotischen Lebensmittel", vor allem in Form von Milchprodukten (probiotische Joghurts, Quark, probiotische Drinks, ...).

Probiotika

Probiotika sind bestimmte **lebende Mikoorganismen** (Laktobazillen, Bifidobakterien, ...), die in ausreichender Menge und aktiver Form in den Darm gelangen. Diese Mikroorganismen überstehen den Verdauungstrakt unbeschadet und entfalten im Darm ihre positiven Wirkungen.

Probiotischen **Lebensmitteln** werden u. a. folgende **gesundheitlichen Wirkungen** zugeschrieben:

- immunstärkend,
- selektiv antimikrobiell (wirken gegen ausgewählte Viren, Bakterien usw.),
- antikarzinogen (krebsvorbeugend),
- cholesterinsenkend.

Prebiotika

Probiotische Lebensmittel werden mit nicht verdaulichen Ballaststoffen (z. B. Oligofruktose, einer Kohlenhydratart) angereichert, sie heißen ***Prebiotika***. *Prebiotika* stimulieren das Wachstum und die Aktivität der probiotischen Bakterienkulturen, während der Lagerung der *probiotischen* Lebensmittel, und im Darm selbst. Damit unterstützen sie die Wirkung der *Probiotika*.

Abb. 10.3:
Gesunder Schlaf

Der **Lebensstil** beeinflusst die Arbeit des **Immunsystems** maßgeblich mit:

- **Ausreichender und tiefer Schlaf** ist wichtig, da entgiftende Enzyme besonders im Schlaf arbeiten.
- Das **Immunsystem regeneriert** sich nachts, da Wachstumshormone dann neue Abwehrzellen bilden.
- **Hauptentgiftungsort** des Körpers ist die Leber. Je weniger sie durch unnötige Medikamente, Alkohol u. a. Genussmittel belastet wird, desto besser kann sie arbeiten (besonders nachts, da sie im Liegen besser durchblutet ist).
- **Nikotinkonsum vermeiden.** Zigarettenrauch enthält Krebs erregende Stoffe, die auch für „Mitraucher" gefährlich sind.
- Regelmäßige **körperliche Bewegung** an frischer Luft fördert die Aktivität des Immunsystems und macht Schleimhäute widerstandsfähiger.

Wie „intensiv" möchten Sie leben oder wie alt möchten Sie werden?
Ist das Ihrer Meinung nach ein Gegensatz?

Vollwertige Ernährung und ein ausgeglichener Lebensstil stärken die Abwehrkräfte. Eine intakte Darmflora fördert ein aktives Immunsystem und bewirkt damit eine bessere Abwehrlage des ganzen Organismus. Regelmäßiger Verzehr von probiotischen Lebensmitteln kann die Darmgesundheit fördern und stärkt damit Immunsystem und Wohlbefinden.

10.3 Brauchen wir Nahrungsergänzungsmittel?

Supplemente

Nahrungsergänzungsmittel *(Supplemente)* enthalten Bestandteile der Nahrung (z. B. Vitamine, Mineralstoffe, essenzielle Fettsäuren, sekundäre Pflanzenstoffe usw.) und sollen diese ergänzen, wenn sie aus bestimmten Gründen (z. B. erhöhter Bedarf, mangelnde Zufuhr) nicht ausreichend vorhanden sind.

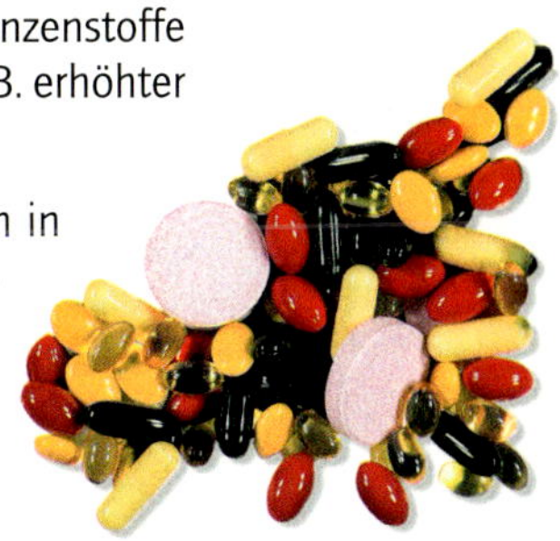

Über die Notwendigkeit einer regelmäßigen Einnahme von Vitaminen in Form von Multivitaminpräparaten usw. bestehen unterschiedliche Ansichten.

Laut DGE können mit einer **vollwertigen Ernährung alle notwendigen Nährstoffe in ausreichender Form** aufgenommen werden, sodass solche meist teuren Nahrungsergänzungsprodukte nicht notwendig sind.

10

> ***Wie kann es zu einer mangelnden Nährstoffversorgung kommen? Welche Personengruppen sind hier besonders betroffen?***

In besonderen Situationen (Schwangerschaft, Stillzeit, Leistungssport, Verdauungsstörungen, Erkrankungen, starke Raucher, ältere Menschen, ...) kann es jedoch sinnvoll oder gar notwendig sein, gezielt **bestimmte Vitamine** oder Multivitamin-Mineralstoff-Präparate zusätzlich einzunehmen.

Sekundäre Pflanzenstoffe als Nahrungsergänzungsmittel eingenommen können nicht die gleiche Wirkung wie frisches Obst und Gemüse erreichen. Sie enthalten nur einige der ca. 10 000 Pflanzeninhaltsstoffe und es fehlen ihnen die für eine gesunde Darmfunktion so wichtigen Ballaststoffe. Außerdem ist nicht genau bekannt, welche sekundären Pflanzenstoffe im Einzelnen und in welcher Menge vorbeugend wirken und wie sie sich gegenseitig in ihrer Wirkung verstärken. Die isolierte Zufuhr wird daher von der DGE zz. nicht empfohlen, da eine gesundheitliche Wirksamkeit in dieser Darreichungsform zu wenig nachgewiesen ist.

Multivitaminpräparate können eine gesunde Ernährung nicht ersetzen!

Zahlreiche Wirkstoffe werden erst durch das Zusammenspiel mit anderen Nahrungsinhaltsstoffen für den Körper gut verwertbar (z. B. fettlösliche Vitamine und Karotin durch kleine Mengen Fett in der Nahrung).

Nahrungsergänzungsmittel auf der Basis von Vitaminen, Mineralstoffen oder sekundären Pflanzenstoffen können grundsätzlich keine vollwertige Ernährung ersetzen. Schlechte Ernährungs- und Lebensgewohnheiten sollten nicht dauerhaft durch Nahrungsergänzungsmittel ausgeglichen werden.

A Fragen Übungen Aufgaben

1. ***Welche Bedeutung hat die Ernährung für die Vorbeugung von Alterungsprozessen?***
2. ***Welche weiteren Maßnahmen ermöglichen einen Anti-Aging-Effekt?***
3. ***Diskutieren Sie in der Gruppe, ob wir mit Vitaminen/Mineralstoffen/sekundären Pflanzenstoffen angereicherte Lebensmittel oder Nahrungsergänzungsmittel in jedem Fall benötigen. Wenn ja, wer könnte sie brauchen?***
4. ***Welche Bedeutung hat eine gesunde Darmflora für das Immunsystem?***

11 Übergewicht

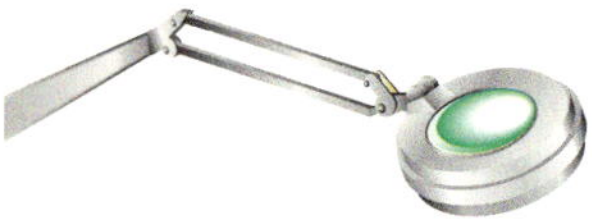

Lisa: „Mensch Nelli, meine neue Jeans passt kaum noch, ich muss unbedingt abnehmen. Aber diese Kalorienzählerei macht mich fertig!" – Nelli: „Lass doch das dumme Kalorien zählen. Du musst zum „Fett-Detektiv" werden: Spar an fetten Lebensmitteln und nasche etwas weniger, dann kannst du Kalorien oder Joule zählen vergessen und nimmst trotzdem ab!" – Lisa: „Glaubst du wirklich, das hilft? Stimmt. Ich erinnere mich, wir haben ja gelernt, dass Fett doppelt so viel Energie liefert wie die anderen Nährstoffe."

10

Übergewicht = BMI 25 < 30
Adipositas = BMI > 30

Body-Mass-Index

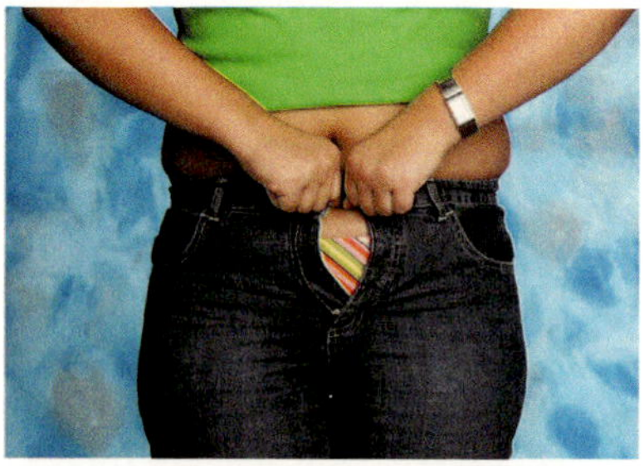

Übergewicht ist die Zunahme des Körpergewichts durch eine über das Normalmaß hinausgehende Vermehrung des Körperfettanteils, nämlich ab BMI von 25 – 29.9 (BMI, *Body-Mass-Index* → Kapitel 1.5).

Grundsätzlich kann sich **Übergewicht nur entwickeln,** wenn über längere Zeit die tägliche Aufnahme an Energie den Energieverbrauch übersteigt – also bei einer **positiven Energiebilanz.** Übergewicht alleine ist noch nicht krankhaft, aber es ist der wichtigste und am weitesten verbreitete ernährungsabhängige **Risikofaktor für Folgekrankheiten!**

Adipositas

Ab einem **BMI** von **30** und mehr spricht man von ***Adipositas*** bzw. extremem Übergewicht/Fettsucht. Der Unterschied zwischen Übergewicht und Adipositas liegt also in dem Ausmaß des Übergewichts (Zahlenwert des BMI).

In Deutschland sind zwei Drittel aller Männer und die Hälfte der Frauen übergewichtig, jeder fünfte ist *adipös* (fettleibig). Nur noch ein Drittel der 18- bis 79-Jährigen weisen ein gesundheitlich wünschenswertes Gewicht auf (Normalgewicht). Zudem nimmt der Anteil der Übergewichtigen, auch der übergewichtigen Kinder, stetig zu. Unter Jugendlichen sind 18 Prozent der Jungen und 16 Prozent der Mädchen übergewichtig oder fettleibig.

Verschiedenste Faktoren können das Zustandekommen eines Energieüberschusses begünstigen.

11.1 Ursachen, Formen und Folgen von Übergewicht

Ursachen von Übergewicht

Heute gilt als gesichert, dass **genetische Faktoren** eine wichtige Rolle bei der Entstehung des Übergewichts spielen. Sind ein oder beide Elternteile übergewichtig, so ist es besonders notwendig, auf das Gewicht zu achten, um nicht ebenfalls übergewichtig zu werden.

Übergewicht tritt daher meist **familiär gehäuft** auf.

Das soziale Umfeld und die finanzielle Familiensituation bestimmt das Ernährungsverhalten maßgeblich mit. Bei „knapper Kasse" werden günstigere, meist kalorienreiche Nahrungsmittel und Fertiggerichte oft bevorzugt.

Ein wesentlicher Faktor für das Auftreten von Übergewicht und Adipositas sind die im Vergleich zu früher veränderten Lebensbedingungen und **Bewegungsmangel.** Die Ernährungsgewohnheiten sind nicht an den heute geringeren Energieverbrauch angepasst worden.

Abb.11.1: Häufiger Ernährungsfehler: Süßigkeiten als Trost

Ein großer Teil der Übergewichtigen leidet unter **Störungen im Essverhalten.** Sie erreichen auch bei energiereichen Speisen erst spät das Gefühl der Sättigung. Fehlprogrammierung bereits in der Kindheit durch Grundsätze wie „der Teller muss leer gegessen werden", häufiges Trösten mit Nahrungsmitteln (Süßigkeiten) statt Zuwendung oder immer gleiche Ess-Uhrzeiten (beim Kleinkind) usw., führen dazu, dass die Nahrungsaufnahme mehr durch anerzogene Verhaltensmuster als durch Hunger und Sättigung bestimmt wird.

So kann es im Erwachsenenalter dazu kommen, dass bei Gefühlen wie Angst, Stress, Wut, Enttäuschung, Einsamkeit oder Langeweile aus einem erlernten Verhaltensmuster heraus gegessen wird, obwohl gar kein Hunger besteht.

Überlegen Sie Sprichworte, die ein gestörtes Hunger-Sättigungs-Empfinden verursachen oder begünstigen können.

Übergewichtige mit gestörtem Hunger-Sättigungs-Empfinden essen häufiger und hastiger. Schnelles Essen erhöht die Gefahr, unkontrolliert viel zu essen. Betroffenen fällt es schwer, der Werbung und dem heutzutage überreichlichen Nahrungsangebot zu widerstehen. Nebenbeschäftigungen wie fernsehen oder Zeitung lesen während dem Essen, lassen einen den Überblick über verzehrte Nahrung und Getränke verlieren, zudem kann man „nebenbei" nicht bewusst genießen.

Überprüfen Sie Ihr eigenes Verhalten in Bezug auf Hunger und Sättigung selbstkritisch!

Mit zunehmendem **Alter** nimmt der Kalorienverbrauch des Körpers ab. Ab dem 40. Lebensjahr reduziert sich der Energiebedarf um ca. 5 % – und das alle zehn Jahre! Schränken ältere Menschen nicht entsprechend ihre Energiezufuhr ein, so nehmen sie unweigerlich zu.

Nur in sehr wenigen Fällen sind **Erkrankungen** (z. B. Unterfunktion der Schilddrüse) oder regelmäßige Medikamenteneinnahme (z. B. Mittel gegen Depressionen oder Diabetes mellitus, Cortison, die „Pille" usw.) Ursache von Übergewicht.

Es gibt verschiedenste Ursachen für Übergewicht, wobei sich Erbanlagen und Alter nicht beeinflussen lassen, wohl aber übermäßige Nahrungszufuhr, falsches Essverhalten, Bewegungsmangel oder falsch bewältigte Stress- und Gemütslagen.

Adipositas

Aus Übergewicht kann sich durch **ständig erhöhte Energieaufnahme** ***Adipositas*** **(Fettsucht) entwickeln.** Betroffene sind in ihrer körperlichen Belastbarkeit stark

Abb. 11.2: „Verlockende" Nahrungsmittel

eingeschränkt und leiden demzufolge oft an einem Bewegungsmangel, der wiederum das Übergewicht verstärkt.

Bei der Entstehung von Adipositas liegt das Hauptproblem in der **verlernten Wahrnehmung von Hunger und Sättigung** sowie in **psychischen Problemen,** auf die mit Nahrungsaufnahme reagiert wird.

Adipositas ist ein extremes Übergewicht (BM > 30), das aufgrund ständig erhöhter Energieaufnahme und zu wenig Bewegung entsteht. Die Regulation von Hunger und Sättigungsgefühl ist gestört.

Formen von Übergewicht

Welche gesundheitlichen Risiken mit einem zu hohen Körpergewicht verbunden sind, hängt nicht allein vom Ausmaß des Übergewichts ab. Auch die Körperregion, in welcher sich das Fett festsetzt, spielt eine wichtige Rolle für die Risikoeinschätzung.

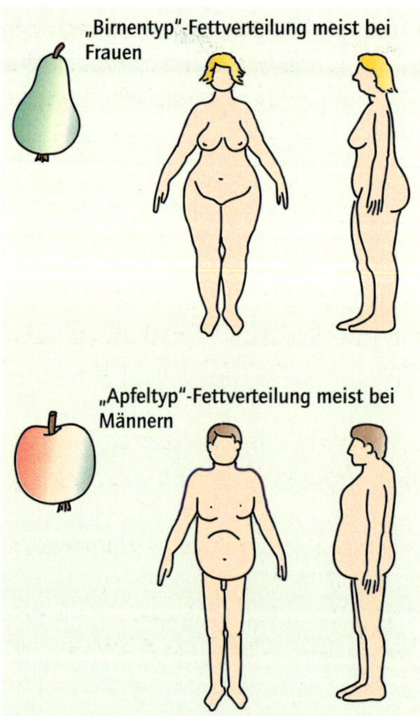

Abb. 11.3: Formen der Fettverteilung

Die vor allem bei Frauen typischen **Fettpolster an Hüften und Oberschenkeln** (Körperbau ähnelt einer „Birne") kann der Körper bei mäßigem Übergewicht verkraften. Eine **Gewichtsreduktion** an diesen Stellen ist oft recht **mühsam**. Die Fettzellen in diesen Bereichen besitzen mehr Insulinrezeptoren. Da das Hormon Insulin die Einlagerung von Fetten fördert, können die Fettreserven nicht so leicht mobilisiert werden. Hier helfen nur konsequente fettreduzierte Ernährung und reichlich Ausdauerbelastung sowie gezielte Gymnastik (→ Band C, LF 11, Kapitel 3.2.5).

Zusätzlich unterstützend wirken entsprechende kosmetische Spezialbehandlungen (Wickel/*Wrapping*, Thalasso-Behandlungen usw. → Band C, LF 11, Kapitel 2.5).

Die eher bei Männern auftretenden **Fettdepots am Bauch,** auch *abdominale* Fettverteilung genannt (*abdominal* lat., zum Bauch gehörend), bergen dagegen ein erhöhtes **Risiko** für **Herz-Kreislauf-Erkrankungen, Arteriosklerose, Diabetes mellitus** und **Fettstoffwechselstörungen**. Dieser *androgene* (*andro* griech., Wortteil mit der Bedeutung Mann) Körperbau ähnelt einem „Apfel".

Ein einfaches Maß zur Beurteilung der Fettverteilung ist die Schätzung der eingelagerten Fettmasse durch Messung des Taillenumfanges. Bei einem Taillenumfang von > 88 cm bei Frauen bzw. > 102 cm bei Männern liegt ein erhöhter Fettanteil im Bauchraum vor. Damit ist das Risiko für die bereits erwähnten Erkrankungen deutlich erhöht (→ Tab. 11.4).

Risiko	Taillenumfang (cm) Frauen	Männer
erhöht	>80	>94
deutlich erhöht	>88	>102

Tab. 11.4: Taillenumfang zur Beurteilung des Risikos für Folgekrankheiten

Bei extrem erhöhter Körperfettmasse (Adipositas) spielt die Verteilung des Körperfetts jedoch keine Rolle mehr, hier ist die Gesundheit in jedem Fall ernsthaft gefährdet.

Folgen von Übergewicht

Welche Folgen hat Übergewicht auf Gesundheit und Wohlbefinden?

Neben der Einlagerung von Fett treten bei Übergewichtigen verschiedene Symptome und Erkrankungen häufiger auf als bei Normalgewichtigen. Körperliche Gesundheitsstörungen treten umso häufiger auf, je länger das Übergewicht besteht und je ausgeprägter es ist. Mit steigendem Übergewicht nimmt auch die Gefahr einer verkürzten Lebenserwartung zu.

Mögliche Folgen von Übergewicht sind:

- **Gelenkerkrankungen** durch ständige Überlastung der Gelenke,
- **Bluthochdruck** tritt bei Übergewichtigen gehäuft auf (→ Kapitel 13.4),
- **erhöhte Blutfettwerte, Arteriosklerose und Herz-Kreislauf-Erkrankungen** durch fett- und zuckerreiche Nahrung sowie Alkohol (→ Kapitel 13.2 und 13.4),
- **Diabetes mellitus Typ 2** (→ Kapitel 13.1),
- **erhöhtes Krebsrisiko** für Dickdarm-, Brust-, Eierstock- und Prostatakrebs,
- Bewegungseinschränkung, vermindertes Selbstwertgefühl, soziale Ausgrenzung, Depressionen usw.
- Mögliche **Auswirkungen auf die Haut:** vermehrte Schweißbildung, eventuell fette Haut, Neigung zu Pickeln und Hautrötung (→ Kapitel 14),
- bei ***Adipositas*** zusätzlich Elastizitätsverlust, Dehnungsstreifen, Wundreiben in den Körperfalten evtl. mit gehäuften Hautinfektionen (z. B. durch Pilze, Bakterien) und Durchblutungsstörungen der Haut.

11.2 Ernährungsempfehlungen bei Übergewicht

Die Reduktion von Übergewicht gliedert sich in zwei Phasen, einmal die eigentliche **Gewichtsabnahme** und anschließend die Phase einer **langfristigen Gewichtsstabilisierung.** Oft ist diese zweite Phase der Gewichtserhaltung schwieriger als das eigentliche Abnehmen, denn nun darf man nicht wieder in alte Ernährungsfehler zurückfallen, sondern muss ein **neues Ernährungs-, Bewegungs- und Verhaltensprogramm** dauerhaft in seinen Lebensalltag integrieren.

Zum Verständnis, warum Abnehmen so schwer ist, soll im Folgenden der Hungerstoffwechsel, also die Körperreaktionen bei starker Nahrungseinschränkung oder völligem Nahrungsentzug, erläutert werden.

10

EXKURS: Hungerstoffwechsel

Ein gesunder, normalgewichtiger Mensch kann mehrwöchige Fastenperioden (→ Kapitel 14.3) überstehen. Um dabei die Aufrechterhaltung der Organfunktionen zu gewährleisten, verfügt der Körper über ein wirkungsvolles **Energiesparprogramm** und stellt seinen Stoffwechsel um. Während des ersten Tages ohne Nahrungszufuhr gewinnt der Körper zunächst noch aus Glukose und seiner Speicherform Glykogen Energie. Die Kohlenhydratreserven sind jedoch bald erschöpft, worauf der Blutzuckerspiegel und der Insulinspiegel sinken. Dies ist das Signal für die **zunehmende Energiegewinnung aus Depotfett.** Die Muskulatur verbrennt nun vermehrt Fett zur Energiegewinnung.

Das Gehirn, Nervengewebe, Erythrozyten und Nierenmark benötigen weiterhin Glukose, diese muss aus dem Abbau von Körperprotein zu Verfügung gestellt werden (und Glyzerin aus dem Fettstoffwechsel). Bei einer Gewichtsabnahme von 1 kg oder mehr pro Woche besteht diese Gewichtsreduktion etwa zur Hälfte aus abgebautem Körperprotein. Dabei werden Bindegewebe und Muskulatur abgebaut.

Ein Proteinverlust von mehr als 30–40 % ist allerdings mit dem Leben nicht mehr vereinbar. Der Hauptgewichtsverlust in den ersten Tagen einer Diät beruht auf dem **Abbau von Körperprotein zur Glukoseproduktion** und dem dabei ausgeschiedenen Wasser.

Der Körper geht mit seinen Reserven sehr sparsam um und **reduziert** nun seinen **Energieverbrauch – der Grundumsatz** sinkt! Nach etwa zwei Wochen stellt sich der Stoffwechsel weiter um, auch das Nervensystem „lernt“ seinen Energiebedarf zu einem Teil aus Fettabbauprodukten (Ketonkörpern) zu decken. Hierdurch wird der Abbau von Körperprotein stark verringert und es wird vorzugsweise Fett zur Energiegewinnung abgebaut.

Wird nach dem Fasten wieder gegessen wie vorher, so nimmt der Körper schnell wieder an Gewicht zu, denn

1. durch das Fasten ist der Grundumsatz und damit der Energieverbrauch reduziert.
2. durch den Proteinabbau ist Muskelmasse und damit aktives, Energie verbrauchendes Gewebe reduziert, so wird nach der Diät auch weniger Energie benötigt als vorher.
3. die Fettzellen versuchen, wieder ihre alte „Füllmenge“ zu erreichen und sind verstärkt auf Fett speichern „programmiert“ (→ Kapitel 1.2). Diese schnelle Gewichtszunahme nach dem Fasten oder nach stark kalorienreduzierten Diäten, häufig sogar über das alte Gewicht hinaus, nennt man **„Jo-Jo-Effekt“** oder Schaukelgewicht.

Abb. Jo-Jo-Effekt oder Schaukelgewicht

Empfehlenswerte Ernährungsmaßnahmen zur Gewichtsreduktion

Langfristig am erfolgreichsten sind mäßig energiereduzierte Ernährungsformen, wobei die tatsächlich erforderliche Energiezufuhr von Alter, Geschlecht und Ausgangsgewicht abhängt.

Um eine langfristige Gewichtsabnahme zu erzielen, sollte die tägliche Energieaufnahme den Energieverbrauch um **etwa ein Drittel unterschreiten** (z. B. bei 70 kg statt 10,1 MJ oder 2400 kcal nur noch 6,7 MJ oder 1600 kcal pro Tag). Dieses Energiedefizit soll vor allem durch die **Reduktion von Nahrungsfetten** erreicht werden. Damit ist eine Senkung des Ausgangsgewichts von 5 – 10 % innerhalb von 6 Monaten möglich (also von 70 kg auf 63 kg). Eine mäßige Gewichtsreduktion von „nur" 1 – 2 kg pro Monat hilft auch dem so genannten Jo-Jo-Effekt (→ Exkurs) vorzubeugen, da die Fettzellen sehr langsam entleert werden.

Werden Sie zum „Fett-Detektiv"

Eine mäßig energiereduzierte Mischkost entspricht der vollwertigen Ernährung (→ Kapitel 2), wobei fettreiche Speisen und Zubereitungen gemieden werden – also **Fett sparen, statt Kalorien zählen!** Zusätzlich sollte Zucker reduziert und Alkohol eingeschränkt werden, da er viel Energie liefert und den Appetit anregt.

- Die Energiezufuhr sollte den Verbrauch um ca. ein Drittel unterschreiten.
- Fett und Zucker sparen statt Joule/Kalorien zählen.
- Gemüse und Salat, fettarm zubereitet, dürfen Sie nahezu unbegrenzt essen.
- Getreideprodukte (vorzugsweise aus Vollkorn), Kartoffeln, Reis, Nudeln, Obst, fettarme Milch und Milchprodukte in kleinen bis mittleren Portionen verzehren.
- Besonders sparsam folgende Lebensmittel verwenden: fettes Fleisch und fette Wurst, Eier, Fette, Öle, Süßigkeiten, Backwaren, Alkohol, kalorienreiche Getränke.
- Essen Sie bewusst und mit Genuss!

Weniger geeignete Diäten zur Gewichtsreduktion

Weniger geeignete und völlig ungeeignete Diäten sind in → Tab. 11.6 dargestellt. Ihnen gemeinsam ist, dass sie keine Ernährungsumstellung im Sinne einer vollwertigen Ernährung beinhalten. Da **keine langfristige Veränderung des Ernährungsverhaltens** erfolgt, wird nach Beendigung der Diät wieder „normal" gegessen und man nimmt wieder an Gewicht zu, oft sogar über das ursprüngliche Ausgangsgewicht hinaus (Jo-Jo-Effekt)!

Abb. 11.5
Teufelskreis Blitzdiät

Tab. 11.6: Weniger geeignete Diäten zur Gewichtsreduktion

Diät/Prinzip	Beurteilung
Drastisch kalorienreduzierte Diäten: 1,3–3,3 MJ oder 300–800 Kalorien/Tag; Deckung des Grundbedarfs an Hauptnährstoffen, jedoch nicht an Vitaminen und Mineralien, mindestens 2 Liter/Tag trinken.	Weniger zu empfehlen, da der Grundumsatz reduziert wird! Um den Jo-Jo-Effekt auszuschließen, muss am Ende der Diät die Energiezufuhr langsam gesteigert werden (840 kJ oder 200 kcal pro Tag mehr, wöchentlich steigern!). Über längere Zeit durchgeführt ist mit negativen Auswirkungen auf Bindegewebe, Haut, Haare und Nägel zu rechnen.
Fasten: totaler Nahrungsverzicht, nur Getränke (Wasser, Tee, Obst-, Gemüsesäfte) sind erlaubt	Nicht geeignet zur Gewichtsreduktion, da der Grundumsatz gesenkt wird. Gefahr von Nährstoffmangel, Abbau von Körperprotein, Gichtanfall u. a. Gesundheitsschäden möglich. Kein Lerneffekt für das Ernährungsverhalten nach dem Fasten! Wird wieder normal gegessen, nimmt man schnell wieder zu!
Trennkost (ähnlich: *Fit for Life*): Protein- und kohlenhydrathaltige Lebensmittel werden getrennt gegessen, da sie nach Ansicht des Erfinders Hay nicht gleichzeitig verdaut werden können. Die Ernährung soll zu 80 % aus Basenbildnern (Obst, Gemüse, Salat) bestehen und zu etwa 20 % aus Säurebildnern (Fleisch, Fisch, Käse, Kohlenhydrate, Öle). Neutrale Lebensmittel wie Quark, gesäuerte und geräucherte Lebensmittel können jeweils dazu kombiniert werden.	Ernährungsphysiologisch nicht zu begründende Diät. Die Einteilung der Lebensmittel ist teilweise nicht nachvollziehbar (Quark, geräucherter Schinken/Fisch gelten als neutral, sind aber proteinreich und dürfen mit Kohlenhydraten kombiniert werden!). Abnehmerfolge stellen sich nur ein, wenn auch tatsächlich weniger Energie aufgenommen wird, nicht allein durch die Trennung der Nährstoffe. Wertvolle Nahrungsmittel wie Hülsenfrüchte werden abgelehnt. Gerade die Kombination von kohlenhydratreichen mit proteinhaltigen Speisen erhöht die biologische Wertigkeit der Nahrungsproteine. Der Getreideanteil ist häufig zu gering, ebenso die Versorgung mit Kalzium, Jod und Eisen. Positiv ist der hohe Obst- und Gemüseverzehr. Diät wird nicht lange durchgehalten, da sie allen üblichen Ernährungsgewohnheiten widerspricht.
Formula-Diäten: Nährstoffe (ca. 1,3 – 1,7 MJ oder 300 – 400 kcal pro Tag) werden in Form von industriell vorgefertigtem Pulver/Granulat aufgenommen. Grundbedarf an Nährstoffen wird gesichert, keine Nahrungszubereitung notwendig, 2 – 3 kg Gewichtsverlust pro Woche. Nur bei BMI über 30 zu empfehlen.	Geeignet als Start zu einer Gewichtsreduktion für einige Tage. Da schnell Gewicht reduziert wird, ergibt sich eine gute Motivation und ein völliger Schnitt zu bisherigen Essgewohnheiten. Nachteile sind begrenzte Geschmacksauswahl, Abhängigkeit von kommerziellen Produkten. Formula-Diäten können eine dauerhafte Umstellung der Ernährung und des Essverhaltens nicht ersetzen!
Protein-, fettreiche Diäten/Ätkins-Diät: Protein- und fettreiche Lebensmittel wie Fleisch, Käse, Wurst sind erlaubt, Kohlenhydrate werden gemieden.	Es fehlen Vitamine, Mineralstoffe, Ballaststoffe aus pflanzlicher Nahrung. Herz-Kreislauf-Erkrankungen werden durch zu viel Fett und Cholesterin gefördert, die Nieren sind mit der Ausscheidung der Proteinabbauprodukte überlastet und es kann Gicht entstehen. Fördert nicht die Entwicklung einer gesunden, vollwertigen Ernährung.
Appetitzügler: Medikamente, die den Appetit bremsen sollen.	Wirken aufputschend, häufige Nebenwirkungen auf das Herz-Kreislauf-System mit Blutdruckerhöhung usw., daher nicht geeignet.
Abführmittel/Entwässerungsmittel (Diuretika): Medikamente, welche die Ausscheidung fördern und den Körper entwässern.	Es wird die Darmpassage beschleunigt sowie Wasser und Mineralien ausgeschwemmt. Auf Dauer ist das gefährlich! Kein Einfluss auf die Fettdepots, zur Gewichtsreduktion völlig ungeeignet!

11.3 Unterstützende Maßnahmen zur Gewichtsreduktion

Abnehmen beginnt im Kopf!

Die Einhaltung von neuen Ernährungs- und Bewegungsempfehlungen wird durch den Einsatz von Techniken der **Verhaltenstherapie** wirkungsvoll unterstützt. Besonders bei langfristiger Gewichtsreduzierung ist es sinnvoll zu lernen, den Essvorgang von emotionalen Auslösern (Stress, Ärger, ...) abzukoppeln.

Die wichtigsten Schritte beinhalten:

- Das eigene Ess- und Trinkverhalten beobachten, z. B. mit einem Ernährungstagebuch, um die Auslöser für übermäßiges Essen zu erkennen.
- Die Auslöser kontrollieren lernen. Maßnahmen zur Stressbewältigung einüben (→ Band C, LF 10, Kapitel 4).
- Vermeiden von „nebenbei essen" oder Nebentätigkeiten beim Essen.
- Vernünftige neue Essgewohnheiten einüben (z. B. Verhalten im Restaurant, bei Einladungen).
- Das neue Essverhalten „stabilisieren" und verstärken (z. B. Belohnung bei Abnehmerfolg mit Kino, Theater, neuer Jeans usw.).

10

Ein falsches Essverhalten ist oft ganz wesentlich mitverantwortlich dafür, dass Übergewicht entsteht. Um dieses ändern zu können, ist eine ehrliche „Bestandsaufnahme" unumgänglich. Nur so können Selbstkontrolle und neue Essgewohnheiten eingeübt werden.

Vermehrte **körperliche Aktivität** kann die Gewichtsabnahme und die Gewichtsstabilisierung nach dem Abnehmen durch den erhöhten Energieverbrauch unterstützen. Deshalb sollte die körperliche Aktivität im Alltag gesteigert werden, indem man kurze Wege öfter zu Fuß geht, statt mit dem Auto zu fahren, oder Treppen steigt, statt den Fahrstuhl zu benutzen. Auf diese Weise können täglich bis zu 840 kJ oder 200 kcal mehr verbraucht werden.

Energieverbrauch durch Sport steigern!

Um **messbar das Gewicht zu reduzieren,** wird ein **zusätzlicher Energieverbrauch von 10,6 MJ oder 2500 kcal pro Woche** empfohlen! Dies entspricht etwa fünf Stunden zusätzlicher körperlicher Bewegung pro Woche. Ausdauersportarten wie Walken, leichtes Joggen, Radfahren, Schwimmen usw. fördern den Energieverbrauch, führen zu einem positiven Körpergefühl und sind auch von Ungeübten zu bewältigen (→ Band C, LF 10, Kapitel 3).

Abb. 11.7: Step-Aerobic

Körperliche Bewegung erhöht den Energieverbrauch bei gleichzeitiger Vermehrung der Muskelmasse. Deshalb hilft mehr Bewegung beim Abnehmen. Die Stärke der Belastung hängt von Ausgangsgewicht, Alter und Fitness ab.

Zur **Gewichtsstabilisierung nach der Gewichtsreduktion** sollte ein **zusätzlicher Energieverbrauch von mindestens 6,2 MJ oder 1500 kcal pro Woche** mit etwa 2 – 3 Stunden zusätzlicher Bewegung erfolgen. Die Kombination von Ausdauer- und mildem Krafttraining verhindert den Muskelabbau während der Diät und kann den Muskelaufbau gezielt fördern. Muskeln besitzen im Vergleich zu Fettgewebe einen intensiveren Stoffwechsel und verbrauchen daher deutlich mehr Energie. Auch nach der sportlichen Aktivität hält die erhöhte Fettverbrennung noch einige Stunden an („Nachbrenneffekt"), wenn nicht gleich Kohlenhydrate in Form von Limonade usw. zugeführt werden. Wichtig ist Ausdauerbewegung und nicht schweißtreibender Sport bis zur Erschöpfung. Der **Puls pro Minute sollte bei Untrainierten einen Wert von 180 minus Lebensalter nicht überschreiten.** Mit zunehmender Verbesserung der Kondition kann die Trainingsintensität jedoch gesteigert werden, um den Energieverbrauch zu erhöhen und eventuell die Trainingszeiten verkürzen zu können.

EXKURS: „Fatburner"

Sensationelle Abnehm-Erfolge durch „Fatburner"!

Fatburner kurbeln die Fettverbrennung an und erleichtern das Abnehmen…

Die Werbung verspricht, dass es mit bestimmten Lebensmitteln oder Lebensmittelinhaltsstoffen oder entsprechenden Nahrungsergänzungsmitteln möglich ist, leichter abzunehmen.

So werden Vitamine, Mineralstoffe, Ballaststoffe, Enzyme oder Stoffe, die die Fettresorption (Fettaufnahme) hemmen - oder die Fettverbrennung anregen sollen (wie z. B. Karnitin) als Hilfsmittel zum Abnehmen angepriesen.

Die als „fatburner" (engl. „Fettverbrenner") oder „Fettkiller" propagierte Substanz **Karnitin** (Carnitin, abgeleitet von *carne* lat. = Fleisch) transportiert langkettige Fettsäuren zur Energiegewinnung in die ZELLEN (→ Grundlagen-Lexikon). Der Körper kann die, für die Energiegewinnung aus Fetten notwendige Menge L-Karnitin (wirksamste Form) selbst aus bestimmten Aminosäuren herstellen oder nimmt sie vor allem über Fleisch mit der Nahrung auf. Nach heutiger Erkenntnis und entgegen aller Werbeaussagen der Industrie ist eine zusätzliche Zufuhr von Karnitin als Nahrungsergänzungsmittel daher nicht notwendig.

Abb.: Energie-Drink

Es stimmt, dass für normale Stoffwechselfunktionen bei der Energiegewinnung Vitamine und Mineralien (z. B. Enzymbestandteile) benötigt werden. Einzelne hohe Dosen an Vitaminen usw. führen allerdings nicht zu einer verstärkten Fettverbrennung und alleine dadurch zu einer Gewichtsreduktion! Dies ist nur durch Einschränkung der Energiezufuhr und Steigerung der körperlichen Aktivität möglich.

Die Verwendung von Medikamenten, welche die Fettresorption aus dem Darm hemmen, kann zwar zu einer Gewichtsreduktion beitragen, birgt aber auch nachteilige Wirkungen (wie Blähungen, Fettstuhl usw.). Enthält die dann aufgenommene Nahrung wenig Fett, sondern wird zu viel Energie vor allem über Zucker und Weißmehlprodukte aufgenommen, so sind diese Fettresorptionshemmer wirkungslos. Außerdem kann es in Folge zu einem Mangel an fettlöslichen Vitaminen kommen.

11.4 Abnehmen „ohne Hautschäden"

Erfolgt eine Gewichtsreduktion langsam mit mäßig energiereduzierter Diät und unterstützt durch gesteigerte körperliche Aktivität, so wird auch das Unterhautfettgewebe langsam abgebaut. Die Haut kann sich daran besser anpassen und es entstehen nur wenige Falten, die z. B. mit Massagen und entsprechender Kosmetik gemildert werden können. Streng energiereduzierte Diäten (unter 5 MJ oder 1200 kcal/Tag) können zu einer **Unterversorgung mit wichtigen Nährstoffen** (Vitamin A, Vitamin C, Vitamine der B-Gruppe, Mineralien Eisen und Zink sowie Protein u. a. m.) führen.

Wird zudem eine extrem kohlenhydratarme Diät durchgeführt, so kommt es zum Abbau von Körperprotein, um daraus Glukose für das Nervensystem herzustellen (→ Exkurs in Kapitel 11.2). Hierbei wird zuerst auch das **Bindegewebe angegriffen** und geschädigt, es macht ca. ein Viertel der Proteinreserven aus.

Fehlende Nährstoffe führen dann zusätzlich dazu, dass Haut, Haare und Nägel schlecht versorgt sind und nur mangelhaft aufgebaut werden können. Die Folge ist schlaffe, welke Haut, splissige Haare und spröde, brüchige Fingernägel (→ Kapitel 12.1).

Abnehmen und die Schönheit von Haut, Haaren und Nägel erhalten gelingt am besten mit einer mäßig energiereduzierten, vollwertigen Ernährung.

5 am Tag
OBST & GEMÜSE

Ein gutes Hautbild bleibt während einer Gewichtsreduktion erhalten, wenn Sie Fett, Zucker und Alkohol einsparen. Täglich reichlich Obst, Gemüse, Vollkornprodukte und Milchprodukte, ergänzt durch mageres Fleisch bzw. Fisch und unterstützt durch körperliche Aktivität, am besten an der frischen Luft, helfen Ihnen dabei das Körpergewicht zu normalisieren.

11.5 Ernährungsempfehlungen bei Cellulite

Insbesondere Übergewichtige, allerdings auch viele Normalgewichtige leiden unter Cellulite. Sie entsteht durch eine Kombination von schwachem Bindegewebe und einer Anhäufung von Fettzellen, die sich durch die Oberhaut drücken. Frauen sind besonders betroffen, da sie dehnbares, elastisches und locker vernetztes Bindegewebe besitzen. Außerdem liegt ihr Fettanteil des Körpers genetisch bedingt höher als bei Männern (→ Band C, LF 11, Kapitel 4).

Abb. 11.8: Cellulite

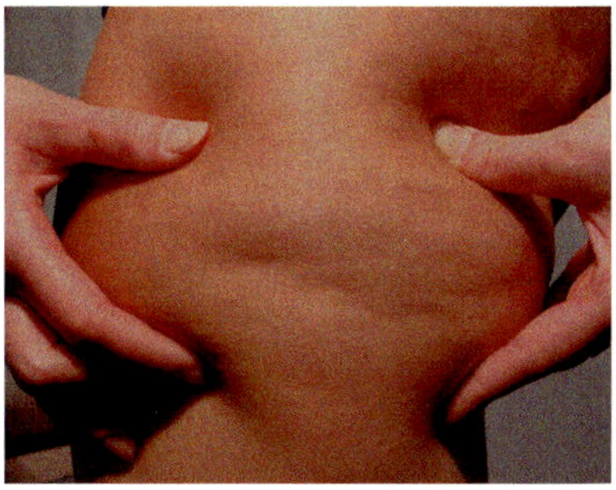

Fettreiche Ernährung und wenig trainierte Muskulatur führen dazu, dass sich Dellen (große Fettzellen) an der Hautoberfläche abzeichnen. Gleichzeitig drücken die Fettzellen auf Blut- und Lymphgefäße nach „unten". Dadurch staut sich Gewebeflüssigkeit, Schlackenstoffe werden nicht mehr abtransportiert und lagern sich zwischen den Fettzellen ein.

Ernährungsempfehlungen bei Cellulite

- **Fett langsam abbauen,** radikale Hungerkuren stressen Bindegewebe zusätzlich!
- Stattdessen besser: **fettarme Ernährung,** damit sich Fettzellen langsam verkleinern können.
- **Salzarm essen,** da Salz Wasser im Gewebe speichert.

- **Reichlich** Mineralwasser/Tee **trinken,** damit „Schlacken" ausgespült werden können.
- **Kaffee** u. a. säurebildende Lebensmittel **meiden** (→ Kapitel 14).
- **Nikotin meiden,** es schädigt das Bindegewebe und unterstützt auch bei schlanken Frauen die Bildung von Cellulite.
- Magere, proteinreiche Nahrungsmittel fördern Kollagen- und Muskelaufbau.
- **Viel Obst und Gemüse** liefern Vitamine, Mineralstoffe und bioaktive Substanzen und unterstützen den Stoffwechsel.

Die besten „Cellulite-Killer" sind:

- **Vitamin C** ist beteiligt an Energiegewinnung im Muskel und festigt das Bindegewebe (also reichlich Zitrusfrüchte, rote und gelbe Paprika, Brokkoli, Petersilie, ... essen).
- **Zink** verknüpft mit Vitamin C Eiweißbausteine zu Kollagen- und Elastinfasern im Bindegewebe (in Vollgetreide).
- **Jod** kurbelt den Zellstoffwechsel an (in Seefisch; sparsam mit Jodsalz würzen).
- **Eisen** liefert Sauerstoff für die Fettverbrennung (grünes Gemüse; rotes, mageres Fleisch, ...).
- **Magnesium** ist Enzymaktivator im Energiestoffwechsel (grünes Gemüse, Bananen, Nüsse).
- **Silizium** stärkt das Bindegewebe (in Vollgetreide).

Weitere **unterstützende Maßnahmen** sind:

- Regelmäßige körperliche Bewegung und gezielter Muskelaufbau in den Problemzonen lassen Fett schmelzen und verbessern die Durchblutung (→ Band C, LF 10, Kapitel 3).
- Wärme- und Kälteanwendungen (→ Band C, LF 11, Kapitel 2.1) regen die Durchblutung an, regelmäßige Saunabesuche fördern die „Entschlackung".
- Kosmetische Cellulitebehandlungen und Massagen verbessern das Hautbild (→ Band C, LF 11, Kapitel 4).

Es gibt keine Lebensmittel oder Nahrungsbestandteile, die gezielt als „Fatburner" eingesetzt werden können, um abzunehmen. – Glauben Sie hier auch nicht den noch so raffiniertesten Werbeversprechungen!
Gewichtsreduktion gelingt durch Senken der Energiezufuhr und Erhöhen des Energieverbrauchs. Diese Maßnahmen helfen auch bei Cellulite.

Fragen
Übungen
Aufgaben

1. *Wodurch kann Übergewicht entstehen, welche Faktoren begünstigen das Auftreten von Übergewicht?*
2. *Welche gesundheitlichen Risiken können aus lange Zeit bestehendem Übergewicht resultieren?*
3. *Wie unterscheiden sich Übergewicht und Adipositas?*
4. *Geben Sie langfristig wirkungsvolle Empfehlungen für die Reduktion von Übergewicht.*
5. *Welche Verhaltensmaßnahmen helfen die Entstehung von Cellulite zu vermeiden bzw. das Ausmaß zu verbessern?*

12 Essstörungen

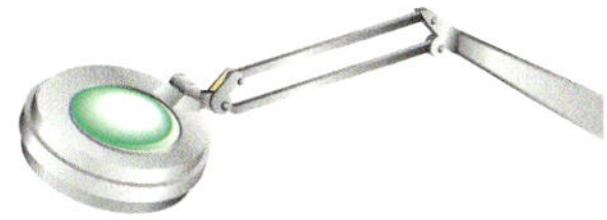

Nelli: „Mensch Lisa, du wolltest doch nur abnehmen, damit du in deine neue Jeans reinpasst. Jetzt schlottert sie ja schon an dir. Du wirst doch wohl nicht magersüchtig?" – Lisa: „Keine Angst. Gestern zum Beispiel hab ich ganz viel gegessen. Mir war schon richtig schlecht. Na, dann habe ich halt erbrochen. Das ging ganz einfach. Aber danach hab ich mich ganz mies gefühlt." – Nelli: „Meine Güte, Lisa, da mach ich mir ja richtig Sorgen um dich. Weißt du, dass so was in einer echt krankhaften Essstörung enden kann?"

Eine ständige Unzufriedenheit mit dem eigenen Körper kann zu regelmäßigen Diätversuchen oder eingeschränktem Essen führen. **Häufige Diäten und eingeschränktes Essverhalten können jedoch der Einstieg in Essstörungen sein!** So können wiederholte Diäten eine beständige Beschäftigung mit dem Essen verstärken, der Umgang mit Nahrung und Körpergewicht wird immer zwanghafter. Kontrolle von Gewicht und Nahrungsaufnahme werden wichtiger als Freude, Genuss, Spaß haben oder etwas zu unternehmen.

Unter dem Begriff Essstörungen werden unterschiedliche Krankheitsbilder verstanden: Magersucht (Anorexie), Ess-Brech-Sucht (Bulimie), Adipositas (→ Kapitel 11), Nacht-Ess-Syndrom, sowie deren Mischformen.

Diese Krankheitsgruppen unterscheiden sich hinsichtlich ihres äußeren Erscheinungsbildes erheblich. Allen Personen mit Essstörungen ist jedoch gemeinsam, dass sie ihre Nahrungsaufnahme nicht mehr selbst steuern können und keine natürliche Kontrolle über ihr Essverhalten haben. Aus dem lebensnotwendigen Bedürfnis „Essen" entsteht ein seelisch-körperliches Problem mit erheblichen körperlichen, psychischen und oft sozialen Folgen. Häufig überschneiden sich die Krankheitssymptome und es sind Wechsel von einem zum anderen Krankheitsbild möglich. Die Behandlung von Essstörungen erfordert in der Regel eine psychotherapeutische Betreuung. Die Häufigkeit von Essstörungen wird auf 10–15 % der Bevölkerung geschätzt.

Ziel einer Prävention von Essstörungen ist, das Selbstwertgefühl zu stärken, das extreme gesellschaftliche Schlankheitsideal zu hinterfragen und ein Bewusstsein für ein normales Körpergewicht zu vermitteln.

12.1 Magersucht (Anorexie)

Die Magersucht ist eine Störung des individuellen Essverhaltens, Auslöser sind oft **seelische Probleme.** Meistens **beginnt** die Magersucht in der **Pubertät.** Selbstbild und **Körperempfinden** sind so **gestört,** dass Magersüchtige sich als zu dick empfinden (→ Abb. 12.1). Das niedrige „Traum"-Gewicht wird durch asketische Lebensweise, **eiserne Selbstbeherrschung** und Disziplin herbeigeführt und aufrechterhalten und liegt **unter** einem **BMI von 17,5** (BMI → Kapitel 1.5).

Anorexia nervosa = griech., ohne Appetit sein

Überlegen Sie mögliche Ursachen für die Entstehung von Anorexie.

Das **Krankheitsbild der Anorexie** ist gekennzeichnet durch:

Abb. 12.1: Verzerrte Körperwahrnehmung bei Anorexie

- hochgradige **Abneigung gegen Nahrungsaufnahme.**
- intensive **Furcht vor Gewichtszunahme** trotz bereits bestehendem Untergewicht (25 – 50 % unter Normalgewicht).
- übermäßigen Einfluss von Körpergewicht oder Figur auf die Bewertung der eigenen Person. Körpergewicht und Gewichtskontrolle rücken in den Mittelpunkt des gesamten Fühlens, Denkens und Handelns.
- Das eigene **Körperbild ist stark gestört,** eine **Krankheitseinsicht fehlt,** selbst stark Untergewichtige halten sich für zu dick!
- Die körperliche und geistige Leistungsfähigkeit bleibt oft lange erhalten, auffällig ist auch eine **gesteigerte körperliche Aktivität,** trotz außerordentlichem Gewichtsverlust. Ab einem BMI von 14,5 und weniger wird der Stoffwechsel im Gehirn beeinträchtigt, Denkstörungen Halluzinationen und Ohnmachtsanfälle sind die Folge.
- Die **Kontrolle** über das Gewicht **gibt Sicherheit,** das Körpergewicht wird zur Quelle für das Selbstwertgefühl!
- Magersüchtige „funktionieren" und haben einen Hang zum **Perfektionismus.**
- **Doch: auffallend schlanke Menschen sind nicht automatisch magersüchtig!**

Magersucht hat viele gesundheitliche Folgen

Magersüchtige sind trotz der Unterernährung und des Untergewichts häufig erstaunlich „gesund". Dies ist auf die enorme Anpassungsfähigkeit ihres Grundumsatzes (→ Kapitel 1.5) zurückzuführen. Dennoch können gravierende Schäden im Zusammenhang mit Anorexie auftreten:

- Verlust von Fettgewebe und Skelettmuskulatur (bis zu 50 % des Ausgangsgewichts), auch der Herzmuskel wird abgebaut! Bei 15 % der Betroffenen führt dies zum Tod.
- niedrige Pulsfrequenz, Schwindel, Ohnmachtsanfälle,
- Mineralstoffverlust (K-, Mg-, Na-Mangel führt zu EKG-Veränderungen, Herzrhythmusstörungen, Nierenschädigung),
- Anämie (Blutarmut),
- Anfälligkeit für Entzündungen,
- Osteoporose („Erweichen" der Knochen) mit erhöhter Knochenbrüchigkeit,
- Absenken der Körpertemperatur mit ständigem Frieren,
- Zyklusstörungen, Ausbleiben der Regel (*Amenorrhö*),
- Depression, abnehmende Leistungsfähigkeit und Konzentration usw.

Amenorrhö

Anorexie ist gekennzeichnet durch bewusst herbeigeführte extreme Abmagerung mit starken Auswirkungen auf die Gesundheit. Trotzdem fühlen sich Betroffene als zu dick.

Auswirkungen auf die Haut sind:

- atrophe, trockene, schuppige Haut, trockene Lippen,
- Pigmentverschiebung der Haut (dunkle Flecken vor allem im Gesicht),
- *Petechien* (Hautblutungen),
- herabgesetzter Hautturgor,
- fettarme und faltige Haut durch schwaches Bindegewebe und schlechte Nährstoffversorgung,
- vermindertes Unterhautfettgewebe, blau-rot verfärbte Extremitäten durch ständiges Frieren,
- Haare sind glanzlos, dünner, spröde und brüchig,
- Lanugobehaarung (→ LF 2, Kapitel 1.4.1),
- brüchige Finger- und Zehennägel,
- Hungerödeme durch Proteinmangel (Schwellung von Augenlidern, Gesicht, Händen, Bauch),
- verzögerte Wundheilung.

Petechien

Grundlage einer erfolgreichen Therapie stellt zunächst die **Einsicht der Betroffenen** dar. Ohne diese ist die Prognose äußerst ungünstig und der Therapieerfolg eher unwahrscheinlich. Da Magersucht immer psychische Ursachen hat, ist eine Psychotherapie die wichtigste Behandlungsform, sie erfolgt üblicherweise langfristig und ambulant oder stationär. Oberstes Ziel ist die Normalisierung des Körpergewichts mit verhaltenstherapeutischer Unterstützung. Im Weiteren wird die verzerrte Körperwahrnehmung therapiert und das Selbstwertgefühl gestärkt.

In der Ernährungstherapie wird zu Beginn eine leicht verdauliche, energiereiche Kost angestrebt und ein „normaler" Umgang mit Nahrungsmitteln erlernt.

Mehr Informationen auch zu den Mischformen von Essstörungen gibt es z. B. bei der Bundeszentrale für gesundheitliche Aufklärung (BZgA); kostenlose Informationsbroschüren und Adressen → Anhang.

12.2 Ess-Brech-Sucht (Bulimie)

5 % der 12–35-Jährigen erkranken an Bulimie!

Vom äußeren Erscheinungsbild der Figur sind Betroffene unauffällig und oft schlank. Ihr Essverhalten in der Öffentlichkeit ist eher kontrolliert und nach außen hin funktioniert alles perfekt. Die Bulimie ist meist eine **heimliche Essstörung**.

Ihr geht oft eine **lange Periode gezügelten Essverhaltens** und **immer wiederkehrender Diäten** voraus (latente Esssucht, d. h. versteckte Esssucht mit dauernder Gewichtskontrolle). Etwa die Hälfte der bulimischen Frauen war früher einmal magersüchtig. Es entstehen auch Mischformen von Anorexie und Bulimie.

Kennzeichnend für Bulimie sind **Heißhungeranfälle mit anschließenden gewichtsregulierenden Maßnahmen** wie selbst herbeigeführtes Erbrechen, Diäten, Missbrauch von Abführmitteln (lat. *Laxantien*), Appetitzüglern und Entwässerungsmitteln (lat. *Diuretika*) oder exzessiver Sport.

Abb. 12.2: Wahllose Nahrungsaufnahme bei Bulimie

Charakteristisch ist der Kontrollverlust während der Essattacken, bei denen im Verborgenen bis zu 40 MJ (ca. 9 000 Kalorien) innerhalb einer „Mahlzeit" verschlungen werden. Dabei wird die Nahrung kaum gekaut, wenig auf das Geschmacksempfinden geachtet und ein Sättigungsgefühl nicht bemerkt.

Im Gegensatz zur Magersucht wird die **Bedrohung** durch die Krankheit **wahrgenommen** und der Zustand bewusst und als quälend empfunden.

Betroffen sind schätzungsweise 5 % der 12- bis 35jährigen Frauen mit zunehmender Tendenz.

Die **Ursachen** für die Entstehung der Bulimie sind komplex, es spielen sowohl biologische, soziokulturelle, psychische und familiäre Faktoren eine Rolle.

Bei langer Zeit unbehandelter Bulimie kann es zu schweren körperlichen und psychischen **Folgeerkrankungen** kommen:

- „Hamsterbacken" durch Schwellungen der Speicheldrüsen (tastbar bei Massagen, nicht verwechseln mit geschwollenen Lymphdrüsen!),
- Haarausfall, brüchige Nägel, trockene Haut,
- Zahnschmelzschädigung durch zu viel Magensäure (Erbrechen),
- Störungen im Magen-Darm-Trakt (Durchfall, Verstopfung, ...),
- Elektrolytstörungen durch Erbrechen und Missbrauch von Abführmitteln,
- Vitamin- und Mineralstoffmangel,
- Herzrhythmusstörungen, Kreislaufprobleme,
- Ödeme,
- Hautreizung, Hornhaut oder Narben an Fingern und Händen durch Bissverletzungen,
- Depressionen, Schuldgefühle, geringes Selbstwertgefühl, akute Selbstmordgedanken.

Die langfristig erfolgreiche Behandlung von Essstörungen, insbesondere von Anorexie und Bulimie, gehört in die Hände von Spezialisten und kann i. d. R. nicht durch Selbstbehandlung erfolgen, wenn auch der Wille zur Mitarbeit unbedingte Vorraussetzung für ein Gelingen ist. Für eine langfristig erfolgreiche Therapie ist ebenfalls eine verhaltenstherapeutische Begleitung zu empfehlen.

Von Bulimie Betroffene leiden unter wiederkehrenden Heißhungeranfällen mit anschließendem gewichtsregulierenden Maßnahmen.

Fragen
Übungen
Aufgaben

1. *Aus welchen Verhaltensweisen kann sich eine Essstörung entwickeln?*
2. *Welche wesentlichen Unterschiede in der Verhaltensweise gibt es bei den Essstörungen Anorexie und Bulimie?*
3. *Welche Folgen für Haut, Haare und Nägel entstehen durch Anorexie?*
4. *Welche Symptome, die auf Bulimie hinweisen könnten, können Sie bei einer Kosmetikbehandlung bemerken?*
5. *Informieren Sie sich über weitere Essstörungen und ihre Mischformen im Internet (Adressen → Anhang zum Lernfeld).*

13 Ernährungsempfehlungen bei Stoffwechselerkrankungen und Hypertonie

Lisa: „Sag mal, Nelli, hast du schon gelesen, dass wir im Unterricht auch noch über Stoffwechselkrankheiten sprechen werden? Was ist denn das schon wieder und warum brauchen wir so was als angehende Kosmetikerinnen?"
– Nelli: „Es ist doch total interessant zu wissen, wieso manche Menschen zum Diabetiker werden und dass dies auch Auswirkungen auf die Haut hat. Auch Fettstoffwechselstörungen können an der Haut sichtbar sein."

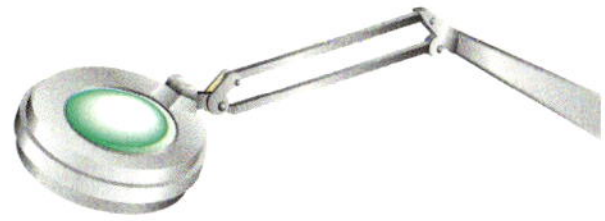

13.1 Diabetes mellitus

Diabetes mellitus (Zuckerkrankheit) ist gekennzeichnet durch eine **chronische Erhöhung des Blutglukosespiegels BGS,** verbunden mit dem Risiko für schwere Begleit- und Folgeerkrankungen. Unterschieden wird der insulinpflichtige Typ 1, früher Jugenddiabetes, und der nicht insulinpflichtige Typ 2, früher Altersdiabetes genannt.

Bei Typ 1 kann aufgrund von einem **Mangel** an dem **Hormon Insulin** oder bei Typ 2 aufgrund einer **Insulin-Resistenz** (siehe unten) Glukose nicht ausreichend in die Körperzellen eingeschleust werden. Die Glukose „staut" sich im Blut und erhöht den Blutglukosespiegel, die Energiegewinnung muss überwiegend aus Fetten und Proteinen erfolgen.

Hierdurch steht Protein nicht in ausreichendem Maß für die Bildung von Körperprotein zu Verfügung, als Folge entsteht eine erhöhte Infektanfälligkeit und körperliche Schwäche. Der fehlgeleitete Fettstoffwechsel erhöht das Risiko für die Entstehung von Arteriosklerose, Herzinfarkt und Schlaganfall.

Diabetes mellitus Typ 1 – insulinpflichtiger Diabetes

Die Bauchspeicheldrüse kann kein Insulin mehr bilden, deshalb muss Insulin entsprechend der verzehrten Kohlenhydratmenge gespritzt werden. Dazu sind gute Kenntnisse der Kohlenhydratgehalte der Nahrungsmittel notwendig, die in entsprechenden Diabetiker-Schulungen erworben werden. Nach Anleitung ermöglichen Blutzuckerselbstkontrollen die individuelle Insulinanpassung an die geplante bzw. verzehrte Nahrung (Kohlenhydrat-Austausch-Tabellen helfen dabei).

Diabetes Typ 1 = absoluter Insulinmangel

Diabetes mellitus Typ 2 – nicht insulinpflichtiger Diabetes

Etwa 90 % aller Diabetiker leiden an Diabetes Typ 2, der vor allem bei Übergewichtigen im mittleren und höheren Lebensalter auftritt, aber auch zunehmend bei übergewichtigen Jugendlichen vorkommt. Bei Übergewichtigen ist die Wirkung des Hormons Insulin gestört, die Zellen (vor allem Muskelzellen) reagieren nicht mehr so gut auf Insulin (haben eine Insulin-Resistenz entwickelt) und es muss mehr Insulin produziert werden, um den Blutglukosespiegel zu senken. Diesen Mehrbedarf kann die Bauchspeicheldrüse jedoch nicht mehr liefern, daher bleibt der Blutglukosespiegel dauerhaft (leicht) erhöht.

Diese Form des Diabetes bleibt oft über Jahre unerkannt, so dass sich bis zur Diagnose der Erkrankung bereits Folgeschäden entwickelt haben.

Diabetes Typ 2 = relativer Insulinmangel

Hohe Blutglukosewerte schädigen Blutgefäße und Nerven.

Bei lange Zeit bestehenden hohen Blutglukosewerten ist das **Risiko** für die Entstehung von Arteriosklerose, Herzinfarkt, Schlaganfall, Augenerkrankungen, Nieren- und Nervenerkrankungen stark erhöht, da hohe Blutglukosespiegel sowohl Blutgefäße als auch Nerven schädigen. Außerdem kommt es bei Diabetikern zu erhöhter Infektneigung.

Die **infolge** des **gestörten Gewebestoffwechsels entstehenden Hautveränderungen** bei Diabetes mellitus sind:

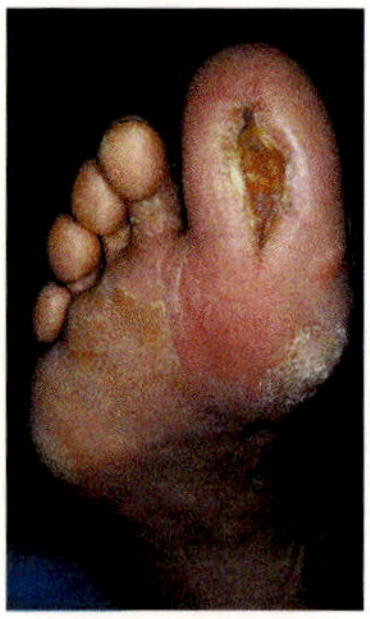

Abb. 13.1: Diabetische Hautveränderung am Fuß

- eitrige Hautentzündungen,
- schlecht heilenden Wunden,
- Pilzinfektionen,
- Ekzeme,
- Gesichtsröte,
- lästiges Hautjucken auch ohne sichtbare Hautveränderung,
- diabetische Gangrän (Brand) und Nekrose (Absterben von Gewebe),
- Geschwüre in belasteten Fußregionen.

Aufgrund dieser zahlreichen Erkrankungen der Haut sollten Kosmetiker ein Grundwissen zu dem Krankheitsbild Diabetes mellitus besitzen und Besonderheiten bei der Behandlung von Diabetikern, insbesondere bei der Fußpflege von (noch

Erste Maßnahme zur Behandlung des Typ 2-Diabetikers sollte die Reduktion von Übergewicht sein. Häufig normalisiert sich der Blutglukosespiegel nach einer Gewichtsreduktion von einigen Kilogramm und es sind dann oftmals keine weiteren Medikamente erforderlich!

Die **Diabetes-Ernährung** entspricht heute einer abwechslungsreichen vollwertigen Ernährung unter Beachtung folgender Aspekte:

- **Gewichtsreduktion bei Übergewicht** mit mäßig energiereduzierter vollwertiger Ernährung.
- 3 – 4 kleinere Mahlzeiten über den Tag verteilen, bei Normal- oder Untergewicht auch häufiger.
- **Nährstoffrelation:**

	Protein	10 – 20 % der Gesamtenergie,
	Fett	25 – 30 % der Gesamtenergie (GFS < 10 %, MUFS ≤ 10 %),
	Kohlenhydrate	45 – 55 % der Gesamtenergie

- **Kohlenhydrate** mit geringer blutglukosesteigernder Wirkung bevorzugen (Lebensmittel mit niedrigem glykämischen Index: Vollkornprodukte, Gemüse, Vollreis, Hülsenfrüchte, ... → Kapitel 3.6). Größere Mengen leicht verdaulicher Kohlenhydrate (Stärke, Weißmehlprodukte, Trauben, reife Bananen usw.) vermeiden.
- Mäßige Aufnahme von Zucker (max. 10 % der Gesamtenergie über den Tag verteilt) innerhalb von Mahlzeiten ist möglich. Zum Süßen kalorienfreien Süßstoff vorziehen. Haushaltszucker (Getränke!) meiden (Verwendung nur bei Unterzuckerung).
- **Spezielle Diabetiker-Produkte** sowie energiehaltige Zuckeraustauschstoffe werden heute nicht mehr empfohlen (außer z. B. Diabetiker-Konfitüre). Diabetiker-Schokolade usw. wegen des hohen Fett- und Energieanteils meiden.

- Da Diabetes häufig mit einer **Störung des Fettstoffwechsels** verbunden ist, sollte max. 30 % der täglichen Energie als Fett aufgenommen werden, dabei sind gesättigte Fette und Cholesterin stark einzuschränken (also tierische Fette, Eier, frittierte Speisen, Butter, Innereien, fette Milchprodukte, ...). Pflanzliche Fette mit einfach und mehrfach ungesättigten Fettsäuren sind zu bevorzugen (Raps-, Sonnenblumenöl usw. für Salatzubereitung/mildes Braten, hochwertige Margarine als Brotaufstrich).
- Mindestens 1- bis 2-mal pro Woche Seefisch (Lachs, Hering, Makrele, Tunfisch usw. liefern Omega-3-Fettsäuren).

- **Proteinzufuhr** auf 0,8 – 1 g/kg Körpergewicht begrenzen, mehr Protein kann die Nieren schädigen!
- **Alkohol** auf 1 – 2 Glas Wein/Tag einschränken und nur innerhalb einer Mahlzeit verzehren (Unterzuckerungsgefahr)! Süße Cocktails und Liköre sind extrem ungeeignet!

- **Nikotin** wegen der gefäßschädigenden Wirkung meiden.
- Mäßige Ausdauerbelastung verbessert die Insulinwirkung und hilft den Blutglukosespiegel zu senken. Außerdem erleichtert regelmäßige körperliche Aktivität die Gewichtsreduktion und verbessert Blutdruck und Blutfettwerte.

10

Tab. 13.2: Lebensmittelauswahl bei Diabetes

wichtige Kohlenhydratlieferanten	frisches Gemüse, Hülsenfrüchte, Obst, Vollkorngetreideprodukte, Vollkornnudeln, Kartoffeln, Vollreis
günstige Fettlieferanten	Rapsöl, Olivenöl, Nussöl, Avocado, Nüsse, Seefisch
günstige Proteinquellen	Seefisch, Geflügel, mageres Fleisch, fettarme Milch, Getreideprodukte, Kartoffeln, Hülsenfrüchte, Nüsse
einzuschränkende Nahrungs- und Genussmittel	Kuchen, Kekse, Weißmehlprodukte, stark zuckerhaltige Speisen und Getränke, Süßigkeiten, Liköre, süße Weine usw.

Die Diabetesdiät entspricht einer vollwertigen, eventuell energiereduzierten Ernährung, wobei leicht resorbierbare Zucker und Weißmehl/Stärke begrenzt und tierische Fette reduziert verwendet bzw. durch pflanzliche ersetzt werden. Gut eingestellte Diabetiker haben auch nach 20 Jahren keine Komplikationen!

Schwangerschaftsdiabetes (Gestationsdiabetes)

Info

Eine Sonderform des Diabetes ist der Schwangerschaftsdiabetes. Diese Stoffwechselstörung kann in der zweiten Schwangerschaftshälfte auftreten und verschwindet oft nach der Geburt wieder. Da Fehlbildungen des Ungeborenen und Geburtskomplikationen ungewollte Folgen sein können, muss mit entsprechender Ernährung, Bewegung und manchmal auch mit dem Spritzen von Insulin behandelt werden. Ein erhöhtes Risiko besteht bei übergewichtigen Frauen, oder wenn ein Diabetes mellitus im engeren Familienkreis besteht. Zur Früherkennung sollten Schwangere, die zu diesem Personenkreis gehören, entsprechende Vorsorgeuntersuchungen nutzen. Mehr Informationen unter:

www.gestations-diabetes.de oder www.diabetes.uni-duesseldorf.de.

10

13.2 Fettstoffwechselstörungen (Hyperlipidämien)

Fettstoffwechselstörungen, medizinisch Hyperlipidämien genannt, zeichnen sich aus durch **erhöhte Lipid-, Triglyzerid-** und **Cholesterinwerte im Blut** (→ Kapitel 4). Hyperlipidämie stellt einen wesentlichen Risikofaktor für die Entstehung von **Arteriosklerose, Herzinfarkt** und **Schlaganfall** dar. Die Konzentration der Blutfettwerte ist in hohem Maße von der Ernährung und von dem Ausmaß des Übergewichts abhängig, kann aber auch erblich veranlagt sein.

Auswirkungen von hohen Blutfettwerten auf die Haut:

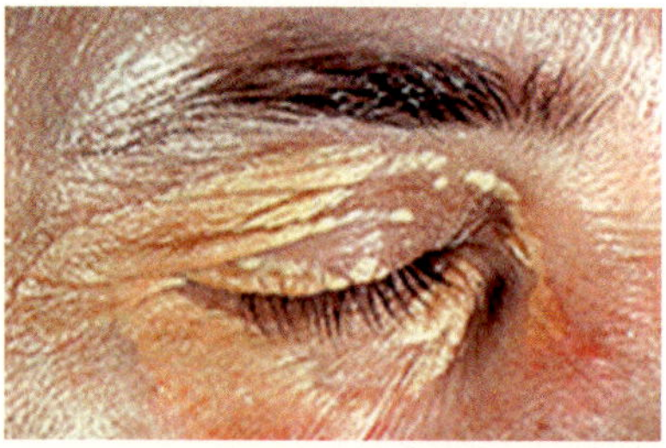

Abb. 13.2: Ausgeprägte Xanthelasmen

- Gesteigerte Hautfettproduktion möglich,
- **Xanthome** (knotige Fetteinlagerungen in Bindegewebszellen der Haut),
- **Xanthelasmen** (hellgelbe Platten im Bereich der Augenlider durch Cholesterinablagerungen in Speicherzellen). In jungem Alter fast immer Folge einer Hyperlipidämie, bilden sich bei der Behandlung der Fettstoffwechselstörung nur geringfügig zurück; bei älteren Menschen auch unabhängig von Hyperlipidämien (harmlos).

Ernährungsempfehlungen bei Fettstoffwechselstörungen (lipidsenkende Ernährung):

- **Übergewicht** mit **mäßig energiereduzierter Diät** normalisieren.
- **Fettmenge insgesamt einschränken**, d. h. Gesamtfettaufnahme 25 – 35 % der Gesamtenergie, im unteren Bereich für Übergewichtige, bis zu 35 % bei körperlich aktiven Menschen.
- **Fettqualität verbessern,** d. h.gesättigte Fette (v. a. versteckte Fette) und gehärtete Fette (u. a. Gebäck, Frittiertes, Kartoffelknabberzeug) meiden oder durch Raps- und Olivenöl ersetzen.
- **Ballaststoffanteil** der Nahrung **erhöhen,** Ballaststoffe binden Cholesterin und fördern seine Ausscheidung (→ Kapitel 3.3). Gleichzeitig liefern Obst, Gemüse, Hülsenfrüchte usw. reichlich Antioxidanzien.
- **Alkohol einschränken** (kleine Mengen wirken sich günstig auf Fettstoffwechsel und Blutgerinnung aus und wirken Arteriosklerose vorbeugend).
- Im Weiteren ungefilterten Kaffee meiden, da dieser die Cholesterinwerte erhöhen kann.
- Eine lipidsenkende Ernährung kann den Blutfettspiegel um ca. 5 – 20 % senken!
- Auch Stressabbaumaßnahmen und regelmäßige körperliche Bewegung tragen zur Normalisierung der Blutfettwerte bei. Stress erhöht die Blutfettwerte, da Adrenalin freigesetzt wird und dieses wiederum Fette aus dem Fettgewebe aktiviert. Ausdauerbelastung erhöht den Verbrauch von Fetten im Blut, wirkt also Blutfette senkend und lässt Stresshormone im Blut sinken!

13.3 Gicht (Hyperurikämie)

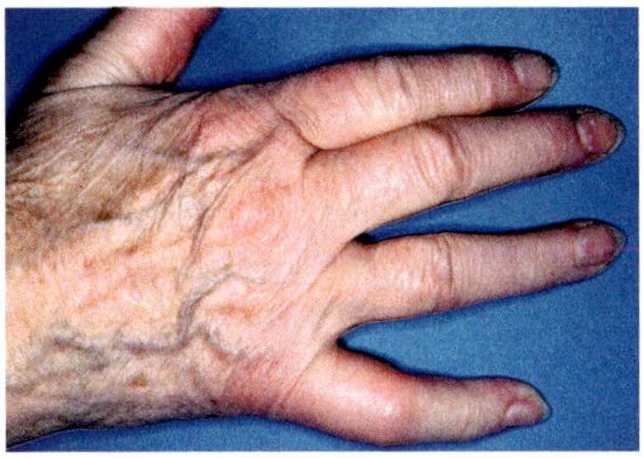

Abb. 13.3: Verdicktes Gelenk bei Gichtanfall

Gicht ist die **Folge** von **lange Zeit andauernden hohen Harnsäurewerten** *(Hyperurikämie)* im Blut. Die Harnsäure entsteht beim Abbau von Purinen, das sind Bausteine der Zellkerne und Nukleinsäuren, die im Körper aufgebaut bzw. mit der Nahrung aufgenommen werden (→ Kapitel 5.3 und Grundlagen-Lexikon NUKLEINSÄUREN). Überschüssige **Harnsäure kristallisiert** unter der Haut und vor allem **in** den **Gelenken** und deren Umgebung **aus** und verursacht dort heftige **Schmerzen.** Betroffen sind häufig das Großzehengrundgelenk, oft auch Sprung- oder Fußwurzelgelenk oder Finger- und Handgelenk. Sowohl bei der Fußpflege als auch bei der Maniküre fallen von akuter Gicht betroffene Gelenke hochrot, heiß, oft teigig geschwollen und sehr druckschmerzhaft auf.

Ernährungsempfehlungen bei erhöhten Harnsäurewerten/Gicht:

Übergewicht begünstigt die Entstehung von Gicht, es wird eine mäßig **energiereduzierte Ernährung** empfohlen (kein Fasten!), wobei besonders purin-/harnsäurereiche Lebensmittel gemieden werden sollten:

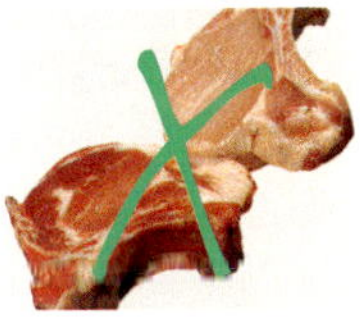

- **Verzicht auf Innereien, Hering, Krustentiere sowie Haut von Geflügel und Fisch.**
- Starke **Einschränkung** von **Fleisch- und Wurstwaren** sowie **Hülsenfrüchten** und Bäckerhefe.
- Starke **Einschränkung** von **Alkohol,** da dieser den Aufbau von Harnsäure fördert und die Ausscheidung vermindert!
- **Reichliche Flüssigkeitszufuhr** von mindestens zwei Litern beugt der Bildung von Nierensteinen vor.
- Obst, Gemüse, Salate können reichlich gegessen werden.
- Als Proteinquelle sind Milch und Milchprodukte (sowie Eier) zu bevorzugen.

Bei Gicht empfiehlt sich eine Ovo-lakto-vegetabile Ernährung, mit eingeschränktem Verzehr von Hülsenfrüchten und reichlicher Flüssigkeitszufuhr.

13. 4 Bluthochdruck (Hypertonie)

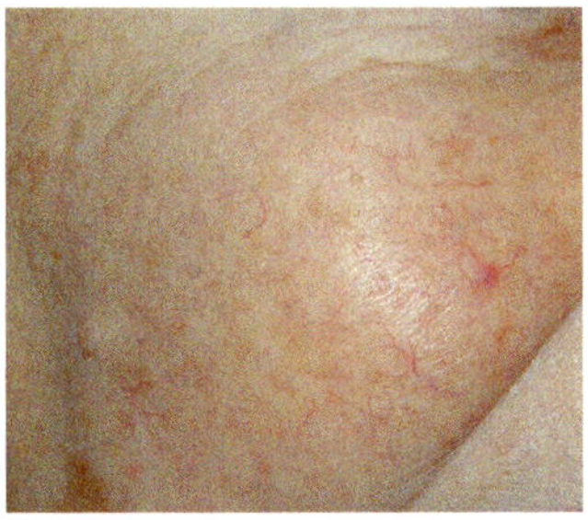

Abb. 13.4: Teleangiektasien der Wangenhaut

Erhöhte Blutdruckwerte gelten als Risikofaktor für Herz-Kreislauf-Erkrankungen. *Hypertonie* tritt vermehrt auf bei Übergewichtigen und bei Menschen mit erhöhtem Kochsalzverzehr. Regelmäßiger Konsum größerer Alkoholmengen wirkt ebenfalls blutdrucksteigernd.

Kunden und Kundinnen mit *Hypertonie* weisen häufig eine dauerhafte **Rötung der Gesichtshaut** und ***Couperose*** oder erweiterte Äderchen ***(Teleangiektasien)*** auf, allerdings können diese Symptome auch durch blutdrucksenkende Medikamente verursacht werden. (Alle Hauterkrankungen → LF 2).

Ernährungsempfehlungen bei Hypertonie:

- Bei Übergewicht **Gewichtsreduktion** durch mäßig energiereduzierte vollwertige Ernährung.
- Verzehr von **Kochsalz** auf 6 Gramm pro Tag beschränken, indem Fertiggerichte, *Fastfood*, gepökelte Fleisch- und Wurstwaren, natriumhaltige Würzmittel usw. eingeschränkt werden. Würzen Sie lieber mit Knoblauch, Zwiebel, Ingwer, Zitronensaft, Gewürzen und Kräutern.
- **Natriumarme Mineralwässer** unter 200 mg Na/l bevorzugen.
- **Alkoholgenuss reduzieren,** da Alkohol den Blutdruck steigert.
- **Kaliumreiche Ernährung** durch reichlich Gemüse und Obst (Kalium ist Gegenspieler zu Natrium und schwemmt dieses aus).
- Lakritze meiden, da ein Inhaltsstoff *(Glycyrrhizin)* den Blutdruck erhöhen kann.
- Bohnenkaffee erhöht den Blutdruck leicht, bei Personen, die nicht regelmäßig Kaffee trinken, ist die Wirkung etwas stärker. Eine mögliche Einschränkung oder Verzicht auf Kaffeegenuss sollte individuell entschieden werden.
- Neben Ernährungsmaßnahmen empfehlen sich Maßnahmen zum **Abbau von Stress** und leichte **körperliche Ausdauerbelastung** zur Blutdrucksenkung (Schwimmen, Radfahren, Walken usw. → Band C, LF 10). Beides baut blutdrucksteigernde Stresshormone ab. Hierdurch können eventuell blutdrucksenkende Medikamente eingespart werden (weniger Nebenwirkungen; aber Achtung, nur nach Absprache mit dem Arzt!).

Als Schutz vor Herz-Kreislauf-Erkrankungen wird allgemein eine mediterrane Ernährung (*mediterran* lat. = zum Mittelmeerraum gehörend) empfohlen: Reichlich Obst, Gemüse, Fisch, Olivenöl und wenig tierische, gesättigte Fette. Diese Lebensmittel liefern reichlich antioxidative Vitamine (Vitamin C und E, Beta-Carotin) und sekundäre Pflanzenstoffe.

Fragen
Übungen
Aufgaben

1. *Warum sollte ein übergewichtiger Diabetiker sein Gewicht reduzieren?*
2. *Warum werden bei Diabetes Lebensmittel mit geringem glykämischen Index empfohlen?*
3. *Warum ist eine ballaststoffreiche Ernährung für Diabetiker günstig?*
4. *Warum empfiehlt sich für Diabetiker als Brotaufstrich Diät-Margarine?*
5. *Welche Veränderungen können an der Haut als Folge eines schlecht behandelten Diabetes entstehen?*
6. *Welche Auswirkungen können erhöhte Blutfettwerte auf die Haut haben?*
7. *Welche Lebensmittel sind bei hohen Blutfettwerten eher zu meiden?*
8. *Welche Lebensmittel sollten bei hohen Blutfettwerten bevorzugt werden?*
9. *Wie sollte die Ernährung bei Gicht umgestellt werden?*
10. *Welche Symptome deuten auf einen akuten Gichtanfall hin?*
11. *Welche Ernährungsmaßnahmen können helfen einen hohen Blutdruck zu senken?*

14 Störung des Säuren-Basen-Gleichgewichts

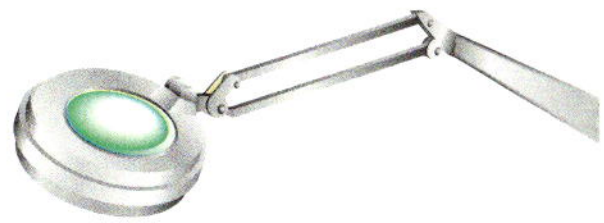

Nelli: „Hey Lisa, was hast du denn heute zu essen dabei? So viel Obst und Gemüse, das habe ich bei dir ja noch nie gesehen!" – Lisa: „Ja, da wunderst du dich. Aber nachdem ich jetzt so schön abgenommen habe, will ich noch mehr für mich tun. Viel Obst und Gemüse hilft nämlich den Körper zu entschlacken!" – Nelli: „Lisa, hast du etwa freiwillig schon das nächste Kapitel im Lehrbuch gelesen?"

Bitte erarbeiten Sie vor diesem Kapitel die Begriffe PH-WERT, SÄUREN UND BASEN sowie PUFFER im → Grundlagen-Lexikon!

Damit alle Stoffwechselprozesse des Körpers geregelt ablaufen können und die Gesundheit erhalten bleibt, ist der Stoffwechsel auf ein funktionierendes Säuren-Basen-Gleichgewicht angewiesen. Um dieses zu ermöglichen, besitzt der gesunde Körper eine Reihe von Regulationsmechanismen, mit deren Hilfe in den jeweiligen Geweben der geeignete pH-Wert erhalten bleibt.

Durch welche Regulationsmechanismen kann der Körper seinen pH-Wert aufrechterhalten?

Die **Pufferkapazität des Blutes** wurde bislang als „fast unerschöpflich" angesehen. Neuere Untersuchungen weisen darauf hin, dass auch eine leichte Störung des Säuren-Basen-Haushaltes über längere Zeit zu einer negativen Beeinflussung von Regenerations-, Stoffwechsel- und Wachstumsprozessen beitragen kann.

Das Aufrechterhalten des richtigen pH-Wertes wird erschwert u. a. durch einseitige Ernährung, durch Stress, Genussmittelmissbrauch und verschiedene chronische Erkrankungen (z. B. Diabetes mellitus). Mit dem veränderten pH-Wert selbst oder durch das stetige Ausbeuten der Gegensteuerungsmechanismen gehen verschiedene Krankheiten einher. Einige davon sind in der folgenden Tabelle aufgeführt.

Tab. 14.1 Erkrankungen, die mit Übersäuerung des Körpers einhergehen können

Übersäuerung bewirkt:	Erkrankungen
Entmineralisierung von Knochen	*Osteoporose*, Gelenkverschleiß, *Rheuma*
Säureablagerung im Gewebe	Elastizitätsverlust der Haut, Akne, Ekzeme, Muskelverhärtungen, Kopfschmerzen, Reizdarm, chronische Müdigkeit, Gicht, Steinbildung
Gestörtes Immunsystem	Abwehrschwäche, Allergien, Entzündungen

14.1 Übersäuerung des Körpers: Ursachen, Folgen

Bei den unterschiedlichsten, normalen **Stoffwechselvorgängen** des Körpers (z. B. Energiegewinnung aus den Nährstoffen) entstehen Säuren. Außerdem werden Säuren **mit Lebensmitteln zugeführt** und sie entstehen als **Gärungssäuren** bei unvollständiger Verdauung der Nährstoffe. Ein Überschuss von Säuren wird auch *renale* Säurelast (lat. *renal*, die Niere betreffend) oder fälschlicherweise **„Schlacken"** genannt.

Eine Übersäuerung des Körpers hat nicht unbedingt etwas zu tun mit der Aufnahme von sauer schmeckenden Nahrungsmitteln oder Getränken, sondern damit, wie diese im Körper verstoffwechselt werden.

Demnach kann eine Übersäuerung des Körpers entstehen durch:

- zu proteinreiche Nahrung (fördert Säurebildung z. B. Harnsäure),
- zu hohe Energiezufuhr (es fallen vermehrt Säuren an),
- zu viel Cola-Getränke (Phosphorsäure), helles Bier, Zigaretten, Medikamentenrückstände, Schwermetalle,
- zu wenig Obst und Gemüse (mind. 600 g/Tag), Mineralstoffe fehlen, um Basenvorräte aufzufüllen
- zu wenig Flüssigkeitszufuhr zum Ausschwemmen der Stoffwechselendprodukte,
- Bewegungsmangel (mangelnde Durchblutung) oder exzessiver Sport (Milchsäure entsteht vermehrt),
- Krankheiten (der Nieren, Lunge, Leber), Stress, aber auch Ärger, Zorn und allgemein häufige negative Gedanken.

Insbesondere im Blut wird der pH-Wert in sehr engem Bereich konstant gehalten, obwohl es die verschiedenen Säuren zu den unterschiedlichen Ausscheidungsorganen (Lunge, Niere, Leber, Haut, Schleimhäute) transportieren muss.

Im Bindegewebe abgelagerte Säuren stören den Gewebestoffwechsel

Um dies zu bewerkstelligen, werden **übermäßig anfallende Säuren in das Bindegewebe** (bzw. die Grundsubstanz), in Muskeln und Gelenke **verschoben.** Dort lagern die Säuren in „Warteposition". Ist der akute Ansturm von Säuren vorbei, werden die noch wartenden „Abfallstoffe" aus dem Bindegewebe usw. mitgenommen.

Dies setzt jedoch voraus, dass die Flut von Säuren tatsächlich irgendwann nachlässt, sonst werden sie dauerhaft im Bindegewebe deponiert und **behindern dort den Stoffaustausch zwischen den Geweben:** Der Abtransport von Abfallstoffen aus den Zellen und der Transport ankommender Nährstoffe zu den Zellen ist gestört! Damit ist auch eine gute Nährstoffversorgung der Haut, des Haarbalges und der Nägel nicht mehr gewährleistet!

In seinem Bestreben, die Säurelast aus dem Bindegewebe zu entsorgen, sucht der Körper nach Pufferreserven. Diese findet er in dem Mineralstoff Phosphat (→ Grundlagen-Lexikon), der in die Knochen eingelagert ist. Gleichzeitig mit Phosphat wird jedoch auch Kalzium aus den Knochen herausgelöst!

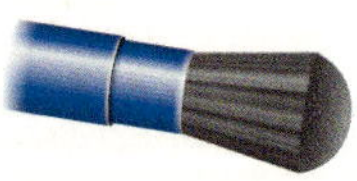

Eine ständige Übersäuerung kann also letztlich zu Knochenerweichung *(Osteoporose)* führen.

Folgen einer Übersäuerung

Unser Körper reagiert auf eine dauerhafte Überlastung durch Säuren mit verschiedenen Symptomen. Erste Anzeichen einer Übersäuerung können z. B. Müdigkeit, Kopfschmerzen, unreine Haut, Pilzinfektionen, Muskelverhärtungen und -verspannungen und ein geschwächtes Immunsystem sein. Aber auch ernsthafte Erkrankungen der Knochen und Gelenke *(Osteoporose, Arthrose, Rheuma)*, Harnsäuresteine, Gicht, Migräne, Allergien und Bluthochdruck werden mit einer Übersäuerung des Körpers in Verbindung gebracht.

Mit einer chronischen Übersäuerung des Körpers können folgende Hauterscheinungen einhergehen:

Übersäuerung des Unterhautgewebes führt zunächst zum **Aufquellen** der Haut (Verdünnung der Säuren durch Wasseranlagerung), es folgen **gesteigerte Durchblutung** (rote Wangen, vergrößerte Äderchen) und gesteigerte **Talgdrüsensekretion** (fördert z. B. Hautunreinheiten).

Bei dauerhafter Übersäuerung läuft die **Zellregeneration** stark **verlangsamt** ab, die elastischen Fasern verlieren ihre Elastizität, die eingelagerten Säuren verlängern die Transportstrecke zwischen Blutgefäß und Zelle. Folge ist eine **fahle, übermäßig faltige** und **schlaffe, trockene Haut.** Abfallstoffe der Fettoxidation *(Lipofuszine)* können sich als **Pigmentflecken** („Altersflecken") äußern (→ LF 2, Kapitel 3.5). An der Kopfhaut zeigt sich verstärkter **Haarausfall.**

Auch im Unterhautfettgewebe, besonders an Oberschenkeln und Po werden Säuren deponiert. Sie bewirken dort eine Gelbildung und damit eine veränderte Konsistenz des Unterhautgewebes. Zusammen mit Übergewicht (Fettzellen sind hier besonders groß) und Hormonschwankungen entsteht auf diese Art **Cellulite.**

Abb. 14.2: „Orangenhaut"

Als **säurebedingte Hautleiden** werden vor allem **Akne, Rosazea** (→ Kapitel 16) und eitrige Hautentzündungen genannt. Sie sind verursacht durch eine übermäßige Verhornung und durch geschwächte Immunabwehr im übersäuerten Gewebe. *Hyperkeratosen* werden häufig beobachtet, eventuell sind sie ein Schutz vor einer zu hohen Säurewirkung. Die gesteigerte Ausscheidung von Säuren über die Haut beeinträchtigt die Funktion der äußersten Hautschicht, sodass die **Abwehr geschwächt** wird und sich chronische Hautentzündungen und Hautpilzerkrankungen bilden können.

Hyperkeratosen

14.2 Wiederherstellung der Säuren-Basen-Balance

Bei einer **„Entschlackung"** bzw. Entsäuerung des Körpers geht es stets darum, die auslösenden Faktoren der Übersäuerung zu beseitigen und den Säure-Basen-Haushalt wieder zu normalisieren. Dies erfolgt über eine Umstellung der Ernährung, Maßnahmen zur Ausscheidung von Säuren über die Nieren, die Lunge, die Haut und den Darm sowie durch die Entspannung von Körper, Geist und Seele:

Abb. 14.3: Wasser

- Einschränken von säurebildenden Nahrungsmitteln, sie sollten deutlich weniger als die Hälfte der Nahrungszufuhr ausmachen. Viele Autoren empfehlen, nur ein Fünftel der Nahrung durch säurereiche Lebensmittel zu decken (→ Tab. 14.5). Achtung: Zur Einteilung der Lebensmittel finden sich in der Literatur widersprüchliche Angaben!
- Langsames Essen und gründliches Kauen erleichtert eine vollständige Verdauung der Nährstoffe und verhindert die Entstehung von Gärungssäuren im Darm.
- Einschränkung von oder Verzicht auf Bier, Cola-Getränke und Nikotin.

detoxification engl. = Entgiftung

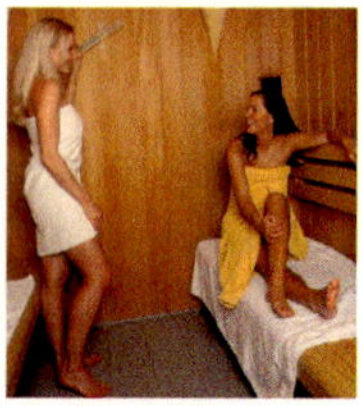

Abb. 14.4: In der Sauna

- Reichliche Flüssigkeitszufuhr (2,0 Liter und mehr) „löst" Säuren und schwemmt sie über die Nieren aus. Als besonders „entschlackend" wirken so genannte Basentees oder Tee aus Löwenzahn, Brennnessel, Lindenblüten, Ingwer usw.
- Eventuell Entlastungstage mit basenbildender, säurearmer Nahrung, z. B. Kartoffeltag, Reistag oder Obsttag einmal pro Woche.
- Durchblutungssteigerung durch mehr körperliche Bewegung und gesteigerte Atmung (Ausdauersportarten wie Walken, Joggen, Schwimmen, ...).
- Ausscheidung über die Haut steigern (Schwitzen durch Bewegung, Sauna, kosmetische Detox-Programme, Lymphdrainagen, Thalasso-Behandlungen).
- Entspannung der Muskulatur erleichtert auch den Abtransport von Ablagerungen aus dem Gewebe. Entschlacken heißt auch loslassen können, sich entspannen (→ Band C, LF 10, Kapitel 4).
- Spezielle Präparate zur Entsäuerung des Körpers sind nicht erforderlich, dieser Effekt ist auch durch Mineralwasser mit reichlich *Hydrogencarbonat* (≥ 1500 mg/l) zu erreichen.

Beachten Sie jedoch, dass Maßnahmen zur „Entgiftung" und Entsäuerung des Körpers, vor allem zu Beginn einer Ernährungsumstellung, vermehrt zu Hautunreinheiten und fettiger Haut führen können, denn dann werden besonders viele Säuren auch über die Haut ausgeschieden.

Tab. 14.5: Säuren-Basen-Wirkung von Lebensmitteln im Körper

Ein Säuren-Basen-Gleichgewicht des Körpers wird erreicht durch eine vollwertige Ernährung, unterstützt durch geringen Genussmittelkonsum und ausgeglichene Lebensweise mit angemessener körperlicher Aktivität.

Die Theorie über ein gestörtes Säuren-Basen-Gleichgewicht als Ursache für eine Vielzahl von Erkrankungen wird vor allem von der Alternativen Medizin gestützt. Die klassische Schulmedizin steht dem Thema Übersäuerung des Körpers eher kritisch gegenüber.

1 Kombination aus basischen und säurebindenden Nahrungsmitteln: Lebensmitteltabelle unter www.saeure-basen-forum.de

14.3 Was unterscheidet das Entsäuern vom Fasten?

Eine **Entsäuerungs-Diät** hat zum Ziel, durch geeignete basenreiche Nahrungsmittel, Getränke und entsprechende zusätzliche Maßnahmen das natürliche Säuren-Basen-Gleichgewicht des Körpers wiederherzustellen und zu erhalten. Dabei wird eine dem Normalgewicht angepasste Energiezufuhr und die Versorgung mit allen notwendigen Nährstoffen angestrebt. Eine Entsäuerung erfolgt am besten mit einer vegetarischen Ernährung. Diese kann zur Gewichtsreduktion auch leicht energiereduziert sein.

Im Gegensatz dazu wird beim **Fasten oder Heilfasten keine feste Nahrung** aufgenommen, lediglich flüssige Nahrung in Form von Gemüse-, Fruchtsäften, Gemüsebrühe, Kräutertee usw. ist erlaubt (Saft-Fasten, Tee-Fasten, Buchinger-Heilfasten). Andere Arten des Fastens erlauben Buttermilch, Molke oder Proteinkonzentrate, um den Verlust größerer Mengen an Körperprotein zu verhindern. Beim Fasten ohne Proteinergänzung kommt es zum Abbau von Körperprotein, hierbei wird zuerst das Bindegewebe, aber auch die Muskulatur geschwächt.

Entsäuern ≠ Fasten

Im Unterschied zum Fasten fehlt dem Heilfasten der religiöse Hintergrund. Ziel des Heilfastens ist nicht ausschließlich eine Darmreinigung und die Reduktion von Übergewicht. Beim Heilfasten handelt es sich um ein **therapeutisches und ideelles Gesamtkonzept,** es dient der Selbsterfahrung und liefert Ansatzpunkte für eine Veränderung des Lebensstils, z. B. als Beginn einer umfassenden Ernährungsumstellung.

Wegen des umfangreichen Eingriffs in den Stoffwechsel sollten nur gesunde Menschen und auch diese nur mit Rücksprache und unter Anleitung eines Arztes fasten (→ Exkurs in Kapitel 11.2).

A Fragen Übungen Aufgaben

1. *Wie entstehen Säuren in unserem Körper? Wo können sie sich besonders anreichern?*
2. *Welche Symptome kann eine übermäßige Anhäufung von Säuren (insbesondere an der Haut) verursachen ?*
3. *Wie kann ein „Verschlacken" bzw. Übersäuern des Körpers verhindert werden bzw. wie können übermäßig angefallene Säuren abgebaut werden?*
4. *Was unterscheidet eine Entsäuerungs-Diät von einer Fasten-Diät? Welche Maßnahme können Sie am ehesten empfehlen, wenn Sie an das Erreichen/die Erhaltung eines guten Hautbildes denken? Bitte begründen Sie Ihre Empfehlung.*

5. *Üben einer Beratungssituation: Ihre etwa 42-jährige, vollschlanke Kundin bittet Sie um Rat, was sie gegen ihre fettige Haut (mit vereinzelt Pickel/Rötungen) tun kann. Die Hautpflege ist bereits geklärt.*
   a) *Gibt es Ernährungsfaktoren, die die Entstehung einer fettigen Haut (bzw. Pickel, Rötungen) begünstigen? Wenn ja, welche?*
   b) *Formulieren Sie Fragen, um herauszufinden, ob Ernährungsfaktoren Mitauslöser für den jetzigen Hautzustand sein können.*
   c) *Üben Sie das Beratungsgespräch in Zweiergruppen.*

15 Lebensmittelunverträglichkeiten (LM-Hypersensitivität)

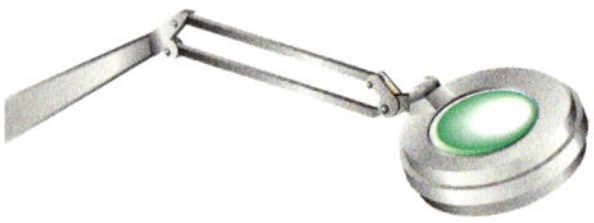

Nelli: „Mensch Lisa, was ist mit deiner Lippe, die ist ja ganz geschwollen!" – Lisa: „Ja, und mein Hals juckt auch furchtbar, seit ich diese Haselnüsse gegessen habe." – Nelli: „Du bist bestimmt allergisch dagegen. Hast du im Frühjahr nicht auch Heuschnupfen?" – Lisa: „Ja, ich bin allergisch gegen Birkenpollen. Aber das spielt doch jetzt im Herbst keine Rolle." – Nelli: „Na klar, das ist eine klassische Kreuzallergie. Du bist allergisch gegen die Pollen der früh blühenden Birke und nun vermutlich auch gegen Früchte von früh blühenden Pflanzen – wie z. B. Haselnüsse!"

Unter Lebensmittelunverträglichkeit (LMU) werden alle unerwünschten und unerwarteten Reaktionen nach dem Verzehr von Lebensmitteln verstanden.

Die **Symptome** einer LMU treten am **Verdauungstrakt** (Bauchschmerzen, Erbrechen, Durchfall), an den **Atemwegen** (Schnupfen, Asthma), am **Auge** (Bindehautentzündung) oder an der **Haut** (Juckreiz, Urtikaria/Nesselsucht, Ödeme/Schwellungen, Atopisches Ekzem, allergische Kontaktdermatitis, Exantheme) auf. Sie können gleich (Sofortreaktion) oder verzögert erscheinen (Spätreaktion) (→ LF 2, Kapitel 4).

Es werden allergische und nicht-allergische Lebensmittelunverträglichkeiten unterschieden.

15.1 Allergische Lebensmittelunverträglichkeiten

allos griech. = anders; *ergon* = Wirkung; Allergie = krankmachende Überempfindlichkeit gegen körperfremde Stoffe

Die allergische LMU umfasst nur solche Körperreaktionen, bei denen das Immunsystem durch Bildung spezifischer Antikörper beteiligt ist.

Grundsätzlich kann jedes proteinhaltige Lebensmittel eine Allergie auslösen.

Häufige Allergieauslöser sind Tabelle 15.1 zu entnehmen.

Tierische Lebensmittel	Pflanzliche Lebensmittel
Fisch	Nüsse, Samen (Wal-, Haselnüsse, Sesam)
Schalentiere	Stein-, Kernobst (Äpfel, Kirschen, Aprikosen, Pfirsiche)
Hühnerei	Zitrusfrüchte
Kuhmilch	Sellerie, Fenchel, Tomaten
Innereien	Hülsenfrüchte (Soja, Erdnuss)
	Gewürze, Kräuter (Beifuß, Petersilie, Kerbel)

Tab. 15.1 Häufige Allergieauslöser

Strukturelle Ähnlichkeiten unter den pflanzlichen Lebensmittelallergenen führen häufig zu immunologischen **Kreuzreaktionen.** Insbesondere Pollenallergiker tragen ein erhöhtes Risiko eine Allergie auf Obst, Gemüse und Gewürze zu entwickeln. Zum Beispiel sind Menschen mit einer Birkenpollenallergie häufig gegen zahlreiche Früchte früh blühender Pflanzen (z. B. Äpfel, Kiwi, Nüsse), Gemüse (Sellerie, Möhren, Fenchel) und Gewürze (u. a. Kamille) sensibilisiert.

Voraussetzung für die Behandlung einer Lebensmittelallergie ist in jedem Fall eine eindeutige Diagnosestellung durch den Arzt (Haut-, Bluttest beim Allergologen) und die Beratung durch die allergologisch geschulte Ernährungsberaterin. Den sicheren Nachweis für eine Nahrungsmittelallergie erbringen nur diagnostische Diäten mit anschließender Provokation (unter ärztlicher Aufsicht!).

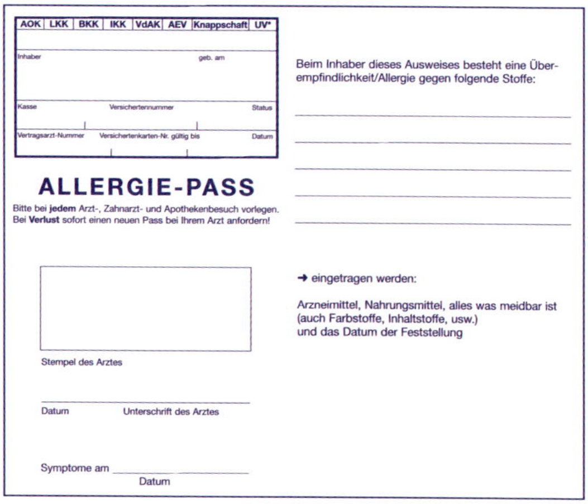
AOK | LKK | BKK | IKK | VdAK | AEV | Knappschaft | UV*

Inhaber geb. am

Kasse Versichertennummer Status

Vertragsarzt-Nummer Versichertenkarten-Nr. gültig bis Datum

ALLERGIE-PASS

Bitte bei **jedem** Arzt-, Zahnarzt- und Apothekenbesuch vorlegen.
Bei **Verlust** sofort einen neuen Pass bei Ihrem Arzt anfordern!

Stempel des Arztes

Datum Unterschrift des Arztes

Symptome am ______ Datum

Beim Inhaber dieses Ausweises besteht eine Überempfindlichkeit/Allergie gegen folgende Stoffe:

→ eingetragen werden:

Arzneimittel, Nahrungsmittel, alles was meidbar ist (auch Farbstoffe, Inhaltstoffe, usw.) und das Datum der Feststellung

Abb. 15.2: Allergikerpass (→ LF 2, Kapitel 4.5.2)

Ist ein Lebensmittel eindeutig als Allergieauslöser identifiziert, so muss es konsequent gemieden werden. Dabei gilt es eine abwechslungsreiche vollwertige Nahrung beizubehalten, um eine gute Nährstoffversorgung sicherzustellen.

Wenn man auf den Verzehr allergieauslösender Lebensmittel über einen Zeitraum von 2–3 Jahren verzichtet, besteht (besonders im Kindesalter) eine Chance, diese Lebensmittel später wieder zu vertragen.

Bei Lebensmitteln wie Obst und einigen Gemüsesorten genügt es, das betreffende Lebensmittel zu garen. So werden Apfelmus oder Möhrengemüse meist gut vertragen, nicht aber die rohen Lebensmittel.

Abb. 15.3 Vielfältige Auswirkungen von Lebensmittelunverträglichkeiten

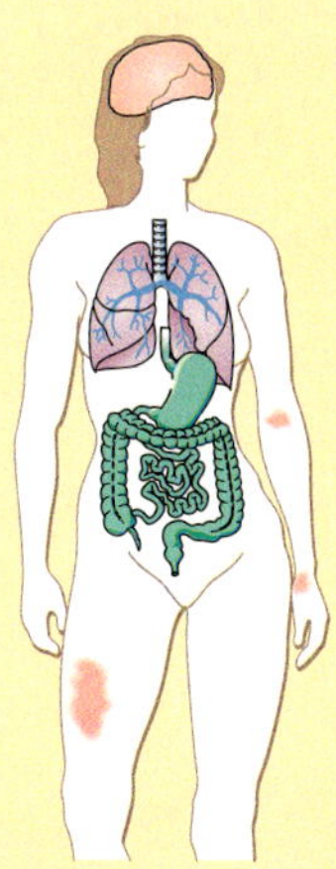

Art der LMU	Auftreten	Auslöser
Nickelallergie	Ohrläppchen, Handgelenk, Finger	Modeschmuck, nickelhaltige Lebensmittel
Migräne	Kopf	Schokolade, Zitrusfrüchte, Weizenmehl, Würstchen, Käse, Fisch, Rotwein
Ödem	Lippen und Kehle	Nüsse, Kernobst, Schalentiere
Ödem	Finger, Gesicht	Eier, Beeren, Nüsse, Käse,Fisch
Erbrechen	Magenbereich	Schalentiere
Asthma	Lunge	Eier, Meeresfrüchte, Beeren, Nüsse, Käse, Konservierungsstoffe
Urtikaria, Nesselsucht	gesamte Haut	Erdbeeren, Eier, Nüsse, Kuhmilch, Käse
Neurodermitis	Armbeugen, Kniekehlen, Gesicht	Zusatzstoffe
Bauchschmerz, Durchfall	Bauch	Schalentiere, Weizengluten

EXKURS: Allergie-Prävention

Eine *Prävention* (lat., Vorbeugen) zur Ausbildung von Allergien bezieht sich heute vor allem auf „Risikokinder", also Neugeborene, in deren Familie bereits eine allergische Erkrankung aufgetreten ist. Das Konzept der Allergie-Prävention beruht darauf, alle Allergierisikofaktoren in der Umwelt des Kindes auszuschließen oder zu minimieren.

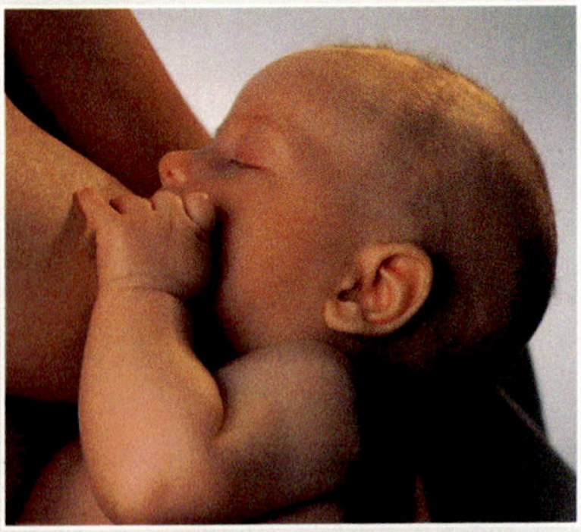

- Während der **Schwangerschaft** sollte **nicht geraucht** und Kontakt mit **Haustieren** gemieden werden.
- **Ausschließliches Stillen** während der **ersten 5 – 6 Lebensmonate** des Säuglings unterstützt dessen Immunsystem.
- **Späte Einführung von Beikost,** dann neue Lebensmittel einzeln mit wöchentlichem Abstand auf Verträglichkeit testen. Industriell hergestellte Babynahrung sollte nicht mehr als drei Einzelkomponenten enthalten.
- **Lebensmittel** mit **hohem allergenen Potenzial im ersten Lebensjahr ganz weglassen:**
  Soja, Nüsse, Fisch, Ei, Zitrusfrüchte, ev. Kuhmilch (Kalziumzufuhr anders sichern).
- Kann nicht gestillt werden sowie zur Herstellung von Beikost (Getreidebrei) wird **hypoallergene Säuglingsnahrung** verwendet (durch Vorbehandlung werden die Proteinmoleküle der Kuhmilch verkleinert, dadurch sinkt das allergene Potenzial).
- Unterstützende Präventionsmaßnahmen sind eine nikotinfreie Umgebung, das Meiden von frühem Kontakt zu Tierhaaren (Haustier, Schaffell, Federbett) und Hausstaubmilben und Schimmelpilze in der Wohnung reduzieren.

15.2 Nicht-allergische Lebensmittelunverträglichkeiten

Bei einer nicht allergischen Lebensmittelunverträglichkeit fehlt die Immunreaktion des Organismus. Die Symptome ähneln jedoch einer echten Allergie, daher auch der Name **Pseudoallergie**.

Auslöser für pseudoallergische Reaktionen können natürlicherweise in Lebensmitteln vorkommende **Inhaltsstoffe** (z. B. Salicylate in Obst und Gemüse; biogene Amine wie Serotonin, ein Abbauprodukt von Aminosäuren z. B. in reifen Bananen) und **Lebensmittelzusatzstoffe** sein (Konservierungsstoffe, künstliche Farbstoffe, glutamathaltige Geschmacksverstärker).

+

!

Während bei einer Lebensmittelallergie bereits geringste Mengen des Auslösers zu Symptomen führen können, kommt es bei Pseudoallergien meist erst beim Verzehr **größerer Mengen bzw. bestimmter Kombinationen von Nahrungsmitteln** (z. B. Rotwein, reifer Käse, Tunfisch) zu einer Reaktion.

Nicht-allergische LMU oder Pseudoallergien besitzen die gleichen Symptome wie eine Lebensmittelallergie, es fehlt aber die Immunreaktion des Organismus.

15.3 Maßnahmen bei Lebensmittelallergien und Pseudoallergien

Grundsätzlich sollten bei LMU folgende fördernde „Faktoren" eingeschränkt werden:

- **scharfe Gewürze** wie Paprika und Pfeffer (fördern die Resorption),
- **Alkohol** (steigert Durchlässigkeit der Magen-Darm-Schleimhaut),
- **Kaffee** (wirkt durchblutungsfördernd),
- **Salicylate** in Schmerztabletten begünstigen die Aufnahme von großen Molekülen,
- **physikalische Einflüsse** wie Kälte (kalte Getränke), Wärme (Sauna), starke Anstrengung (Sport) irritieren Haut und Schleimhäute,
- **psychische Faktoren und Stress** wirken verstärkend, besonders abends, da dann die Anspannung am größten ist (→ Band C, LF 10),
- eine **pathogene** Verschiebung der **Darmflora** schwächt das Immunsystem (→ Exkurs in Kapitel 10.2).

Saure und scharfe Speisen können Juckreiz verstärken

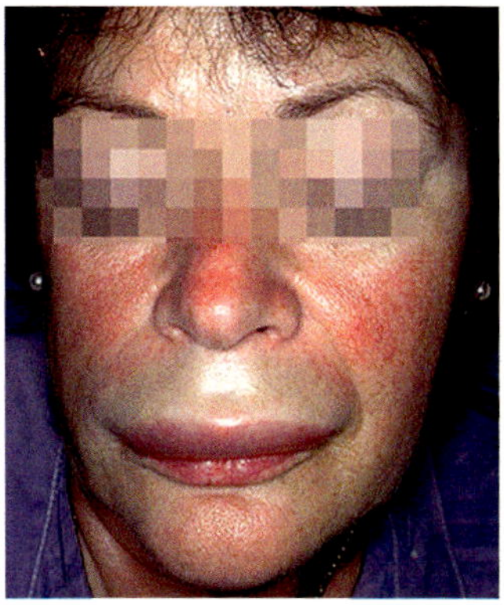

Abb. 15.3: Quinke-Ödem

Weitere Maßnahmen bei Lebensmittelallergien und Pseudoallergien:

- Führen Sie ein Ernährungstagebuch, um ernährungsbedingte Auslöser zu finden
- Meiden Sie die sicheren Auslöser, aber vermeiden Sie Fehlernährung!
- Eventuelle Kreuzallergien beachten.
- Beim Einkauf auf Inhalts- und Zusatzstoffe (Packungsaufdruck) achten.
- Versteckte Auslöser (Allergene, Zusatzstoffe in Fertiggerichten) meiden.
- Erhitzen macht viele Allergene unschädlich (z. B. Apfelmus, H-Milch).

Beachten Sie, dass Präventionsmaßnahmen das Risiko für eine allergische Erkrankung in den ersten drei Lebensjahren um die Hälfte senken können, dies gilt insbesondere für die Ausbildung eines atopischen Ekzems (→ LF 2, Kapitel 4.6).

A Fragen Übungen Aufgaben

1. *Was ist eine Lebensmittelunverträglichkeit (LMU)? Welche Arten der LMU sind Ihnen bekannt?*
2. *Was ist eine Allergie und wie können sich Allergien bemerkbar machen, wo treten sie häufig auf?*
3. *Nennen Sie häufige Allergieauslöser.*
4. *Warum tritt bei einem Erwachsenen mit Birkenpollenallergie häufig auch eine allergische Reaktion beim Verzehr von Äpfeln oder Nüssen auf?*
5. *Welche Lebensmittelinhaltsstoffe sind mögliche Auslöser einer Nicht-allergischen LMU?*
6. *Gibt es allgemein gültige Ernährungsempfehlungen für Menschen mit LMU? Welche Maßnahmen können Sie als Kosmetiker Allergikern und Menschen mit „pseudoallergischen Reaktionen" empfehlen?*
7. *Bei welcher Personengruppe sollten vorbeugende Maßnahmen ergriffen werden, um eine Entwicklung von Allergien zu verhindern? Welche sind das?*

16 Ernährungsempfehlungen bei Akne und weiteren Hautveränderungen

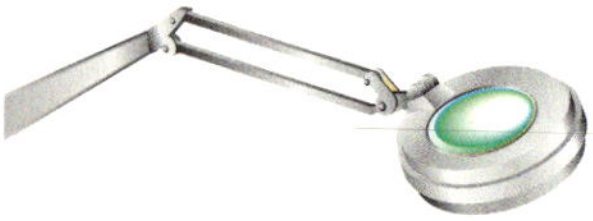

Nelli: „Hallo Lisa, stell dir vor, ich habe die freie Stelle als Kosmetikerin beim Hautarzt bekommen!" – Lisa: „Herzlichen Glückwunsch! Da gab es doch bestimmt ganz viele Bewerberinnen!" – Nelli: „Ja, schon, aber das Bewerbungsgespräch lief prima. Ich habe ihn nicht nur mit meinen guten Noten in der kosmetischen Praxis beeindruckt, sondern auch damit, dass wir so viel in Ernährungslehre lernen. Bei manchen Hauterkrankungen ist das total wichtig."

10

16.1 Ernährungseinflüsse bei unreiner Haut und Akne

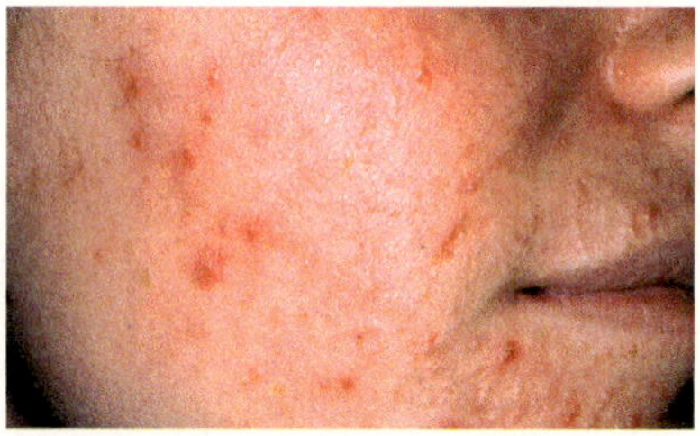

Abb. 16.1: Akne

Ob bestimmte Lebensmittel und Inhaltsstoffe der Nahrung mit auslösende Faktoren für die Entstehung von Akne sind, wird widersprüchlich beurteilt. Wissenschaftlich ist nicht belegt, dass bestimmte Lebensmittel generell bei allen Betroffenen Akne auslösen oder verschlimmern können.

Fettreiche und zuckerreiche Nahrung kann die Hautfettproduktion steigern.

Es ist jedoch bekannt, dass eine deutliche Reduktion der Energiezufuhr die Sebumausscheidung der Talgdrüsen sowohl bei Übergewichtigen wie auch bei Normalgewichtigen stark reduzieren kann. Auch die Zusammensetzung der Hautoberflächenlipide ändert sich in Abhängigkeit von der Kalorienzufuhr: Bei normaler Kohlenhydratmenge (Stärke) und gleichzeitig niedrigem Fettgehalt der Nahrung sinkt der Triglyzeridanteil in den Hautlipiden. Bei Zufuhr von Haushaltszucker als Kohlenhydratquelle steigt der Triglyzeridanteil in den Hautlipiden deutlich an.

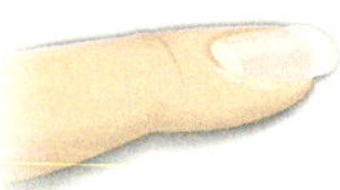

Die praktische Erfahrung zeigt, dass individuell unterschiedlich immer wieder bestimmte Lebensmittel als Hautunreinheiten und Akne verstärkend beschrieben werden. Daher lohnt es sich, sowohl bei unreiner Haut als auch bei Akne den Ernährungseinfluss auszutesten (Ernährungstagebuch führen!). Erst danach sollten eventuell auslösend oder verstärkend wirkende Lebensmittel gemieden werden.

Folgende Lebensmittel werden am häufigsten für die Entstehung und das Ausmaß von Akne mitverantwortlich gemacht:

- Schweinefleisch
- Schweineschmalz
- Wurst
- fetter Käse
- Vollmilch
- Nüsse
- Margarine
- Speisefette
- frittierte Nahrungsmittel
- gebratene Nahrungsmittel
- Schokolade, Süßigkeiten
- süßes Gebäck
- scharfe Gewürze
- Kaffee
- alkoholische Getränke

Reichlich Obst, Gemüse, Vollkornprodukte und Seefisch liefert ausreichend **entzündungshemmende Nährstoffe** (z. B. Omega-3-Fettsäuren, Vitamin E und C, Zink, B-Vitamine, bioaktive Substanzen) und **Ballaststoffe.** Diese Nährstoffe aus natürlicher Quelle können helfen ein gutes Hautbild zu erhalten und unreiner Haut vorzubeugen.

Hoch dosierte **Vitamin-B-Präparate** können eine bestehende Akne verschlimmern! Nehmen Sie solche Präparate nur nach Absprache mit Ihrem Arzt ein! Vorsicht auch mit vitaminisierten Säften.

Rauchen und **wenig Schlaf** wirken sich ebenso negativ auf die Haut aus. Auch der Einfluss von **Stress** und psychischer Anspannung kann den Verlauf von Akne verstärken.

Bei Akne empfiehlt die DGE eine **vollwertige Ernährung zur Unterstützung** eines gesunden Hautbildes.

Es gibt keine allgemein gültige „Akne-Diät"!
Im Einzelfall kann das Weglassen bestimmter Nahrungsmittel Akne günstig beeinflussen. Eine vollwertige Ernährung und eine gesunde Lebensweise können unreiner Haut vorbeugen und verbessern häufig den Verlauf von Akne.

Eine fachgerechte Pflege der Haut trägt zusätzlich zu einer Verbesserung des Hautbildes bei, sie wird in → Band B, in den Lernfeldern 3 und 7 beschrieben.

EXKURS: Verdauungsprobleme als Ursache für unreine Haut?

Verstopfung, also kein Stuhlgang für 2-3 Tage ist besonders bei Frauen ein häufiges Problem. Folgen von längerer Zeit bestehender Verstopfung sind zum Teil quälende Bauchschmerzen, mühsamer Stuhlgang oder Hämorrhoidenbildung usw.

Verstopfung kann unreine Haut fördern, da Giftstoffe aus dem Dickdarm wieder in die Blutbahn resorbiert und über die Haut ausgeschieden werden. **Ursachen** von Verstopfung können sein: ballaststoffarme Nahrung, viel Zucker und Weißmehl, zu geringe Trinkmenge oder zu wenig körperliche Bewegung. Auch manche Medikamente fördern Verstopfung (z. B. Beruhigungsmittel). Ebenso können seelische Probleme zu Verstopfung führen (etwas staut sich in der Seele).

Abhilfe schaffen:

- **Ballaststoffreiche Kost** wie Obst, Gemüse, Vollkornprodukte, Hülsenfrüchte usw.
- Generell ist eine **ausreichende Trinkmenge** von mindestens 2 Litern wichtig. Bei der Verwendung von Weizen- oder Haferkleie (z. B. Jogurt) sollte zusätzlich pro Esslöffel Kleie ein Glas Wasser getrunken werden!
- Weiter helfen auch: Ein Glas lauwarmes Wasser morgens auf nüchternen Magen, eingeweichte Backpflaumen, Sauerkraut- oder Pflaumensaft, Vitamin C-reiche Früchte, Floh-Samen (Wegerichgewächs, macht Stuhl weich, Reformhaus/Apotheke) in Jogurt einrühren, täglich **probiotische** Milchprodukte (→ Exkurs in Kapitel 10.2) usw.
- Regelmäßige Bewegung wie Laufen, Schwimmen, Wandern regt den Darm an. Gezielte Gymnastik stärkt die Bauchmuskulatur. Auch Massagen und Bauchatmung bringen den Darm in Schwung (→ Band C, LF 10).

Achtung! Abführmittel bewirken die Ausscheidung von Kalium. Dieses Mineral wird jedoch für die Muskelarbeit des Darms dringend benötigt. Regelmäßig eingenommen lassen Abführmittel den Darm erschlaffen. Bei ständiger Verwendung von Abführmitteln (auch pflanzlich „deklarierte" sind auf Dauer schädlich!) sollten diese langsam reduziert und zusätzlich oben angeführte Maßnahmen eingeführt werden.

16.2 Urtikaria (Nesselsucht)

Die häufigsten **Auslöser von Urtikaria** (→ LF 2, Kapitel 4.5.1) sind **Arzneimittel,** verschiedene **Nahrungsmittel, Lebensmittelzusatzstoffe, Insektenstiche,** Hautkontakt mit bestimmten Stoffen usw.

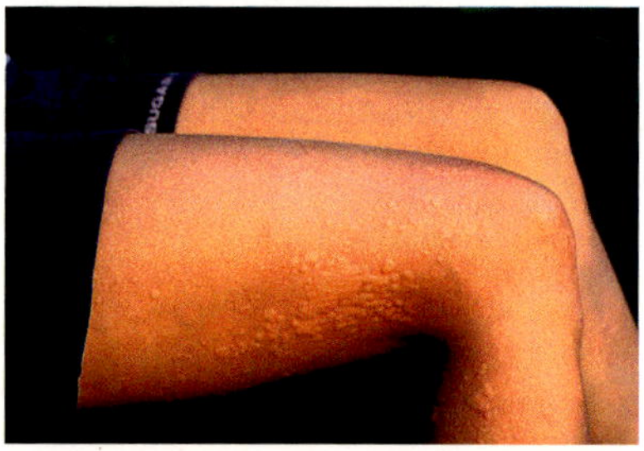

Abb. 16.2: Quaddeln bei Urtikaria

Allgemeine Verhaltensregeln und grobe diätetische Empfehlungen bei chronischer Urtikaria sind in Tabelle 16.3 zusammengestellt. Auch bei Urtikaria gilt der Grundsatz: Nicht jedes in der Tabelle genannte Lebensmittel löst bei jedem Betroffenen prinzipiell Urtikaria aus. Betroffene müssen also individuell „ihre eigenen Auslöser" finden.

Tab. 16.3 Prävention von Urtikaria

Allgemein	• übermäßige Wärme, Kälte, starke körperliche Anstrengung vermeiden • Kaffeegenuss reduzieren • auf Alkohol und nicht lebensnotwendige Medikamente verzichten (speziell entzündungshemmende Schmerzmittel, z. B. Aspirin, Ibuprofen) • empfohlen: milde (keine scharfen Gewürze), frische Kost ohne Lebensmittelzusatzstoffe
Vorsicht bei	• Lebensmittelfarbstoffen • Aromen • Konservierungsstoffen • Antioxidanzien • Geschmacksverstärkern (z. B. Glutamat) • Fisch (Tunfisch, Makrele), Schalentieren, Eier, Erdbeeren, Schweinefleisch • Käse, Rotwein, Hefeextrakten • Ananas, Kiwi, Tomaten • Curry, Oregano, Gewürze in großen Mengen
Erlaubt	• Kartoffeln, Reis, Mehl, Nudeln, Brot • frisches Gemüse und Tiefkühlgemüse • Mineralwasser, schwarzer Tee, Pfefferminztee • Kekse ohne Füllung • Bienenhonig, Zucker, Traubenzucker • und andere mehr, je nach Verträglichkeit

Auslösende Ernährungsfaktoren für Urtikaria können Arzneimittel, verschiedene Nahrungsmittel und Lebensmittelzusatzstoffe sein. Bereits das Meiden von Lebensmittelzusatzstoffen durch weitgehenden Verzicht auf Fertiggerichte vermindert das Risiko für Urtikaria erheblich.

16.3 Psoriasis (Schuppenflechte)

Erfahrungsgemäß kann bei Psoriasis (➔ LF 2, Kapitel 4.6.2) eine ausgewogene Ernährung den Hautzustand verbessern.

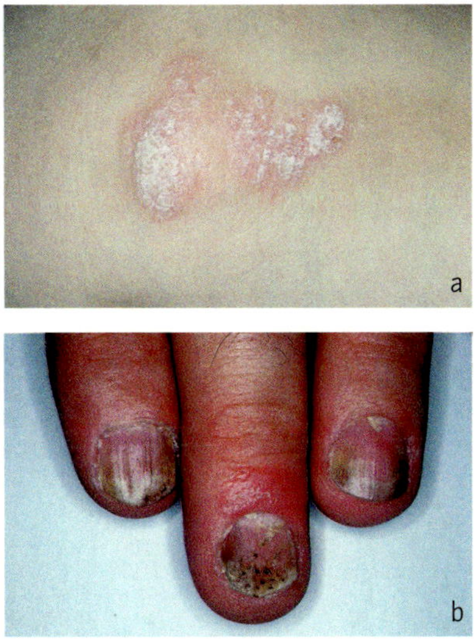

Abb. 16.4 a und b: Haut und Nägel eines Psoriasis-Patienten

Auch Übergewicht stellt einen erheblichen Risikofaktor dar, eine Gewichtsreduktion verbessert meist das Hautbild.

Der Verlauf der Erkrankung kann durch eine ganze Reihe von Nahrungsmitteln ungünstig beeinflusst werden. Auch hier gilt wieder, dass jeder selbst herausfinden muss, ob Lebensmittel für die „eigene Psoriasis" verstärkend wirken und welche das sind.

Der **Hautzustand verschlechtert sich** oft, aber **keinesfalls generell,** durch folgende Nahrungs- und Genussmittel:

- Nüsse, Zitrusfrüchte,
- Gewürze (Muskat, Pfeffer, Gewürznelken, Senf, Paprika usw.),
- **tierische Fette** aus Fleisch, Wurst, Ei, Sahne, Butter, fetter Käse,
  (Die Fettsäure Arachidonsäure ist in psoriatrischer Haut um ein Vielfaches erhöht, damit ist das Ausgangssubstrat für die Bildung entzündungsfördernder Stoffe reichlich vorhanden.)
- Schweinefleisch (kann Hormone enthalten, die den Verlauf der Psoriasis ungünstig beeinflussen),
- **Alkohol** verschlechtert den Hautzustand oft deutlich,
- Nikotinkonsum.

Saure und scharfe Speisen können Juckreiz verstärken!

Tierische Fette fördern Entzündungsreaktionen!

Günstig dagegen sind **Vitamin D-reiche Nahrungsmittel,** wie Fisch, Pilze und fettarme Milchprodukte.

Auch günstig auf die Entzündungsreaktionen wirkt sich eine an sich **fettarme Nahrung,** die jedoch reich an **Omega-3-Fettsäuren** ist (Makrelen, Lachs, Hering usw.) aus. Eindeutig positive Ergebnisse erzielt eine Kombinationsbehandlung von Fischöl in Kapselform als Nahrungsergänzung (mit Vitamin E) und UV-Bestrahlung (➔ LF 2, Kapitel 4.6.2).

Omega-3-Fettsäuren und Vitamin E wirken entzündungshemmend.

Ausgedehnte, chronische Psoriasis geht mit Mangelerscheinungen durch Protein-, Eisen-, Magnesium- und Zinkverluste einher. Ein Ausgleich durch geeignete Ernährungsmaßnahmen oder entsprechende Nahrungsergänzung muss hier geschaffen werden.

Als einer der häufigsten Auslöser für erneute Psoriasis-Schübe wird von Betroffenen **„Stress"** genannt. Hier helfen Entspannungs- und Konzentrationsübungen für mehr innere Ruhe ➔ Band C, LF 10. Auch eine entsprechende Hautpflege hilft das Hautbild zu verbessern.

Unter einer vollwertigen Ernährung mit wenig/kein Alkohol und Nikotin und reichlich Seefisch, aber sparsam an tierischen Fetten und unter Berücksichtigung eventueller Nahrungsmittelunverträglichkeiten bessert sich das Hautbild bei Psoriasis in vielen Fällen.

16.4 Rosazea

Äußere Einflüsse, die zu einer vermehrten Durchblutung des Gesichts führen (z. B. Sonnenbäder, Sauna usw.) haben einen Einfluss auf das Entstehen und der Verlauf von Rosazea (→ LF 2, Kapitel 4.1.2). Neben den bereits in dem Lernfeld der Dermatologie beschriebenen Verhaltensweisen sollten folgende Lebensmittel als verstärkende Faktoren gemieden werden:

- Alkohol, scharf gewürzte Speisen, heiße Speisen und Getränke, Kaffee, Nikotin

Rosazea wird allgemein mit Magen-Darm-Störungen in Verbindung gebracht, aber auch mit dem Genussmittel Alkohol.

Bei einer Fehlbesiedlung des Darms mit Bakterien und Hefen entstehen nicht nur Gärungssäuren aus unvollständig verdauter Nahrung, sondern es werden im Darm auch Alkohole gebildet. So kann es trotz alkoholfreier Ernährung zur Resorption von Alkoholen in die Blutbahn kommen.

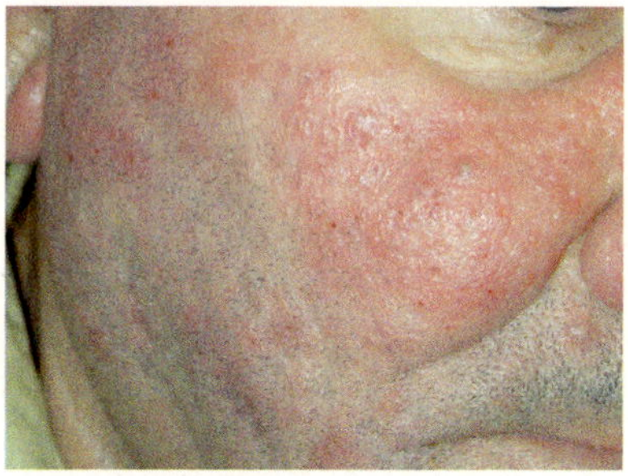

Abb. 16.5: Rosazea

Aufregung, Ärger und Stress treiben verstärkt die „Zornesröte" ins Gesicht. Hilfreich ist deshalb auch bei Rosazea das regelmäßige Einflechten von Entspannungsmethoden in den Alltag (→ Band C, LF 10, Kapitel 4). Auch entsprechende Pflegemaßnahmen können helfen, die Ausprägungen der Rosazea zu mildern (→ Band B, LF 7, Kapitel 2.6).

Das Voranschreiten der Rosazea kann diätetisch eventuell mit einer „Entschlackungskur" begrenzt werden. Manchmal ist auch eine „Darmsanierung" anzuraten (hierzu lesen Sie bitte entsprechende Fachliteratur).

Bei Rosazea alle durchblutungsfördernden Nahrungsmittel und Verhaltensweisen meiden!

Fragen Übungen Aufgaben

1. Nennen Sie Nahrungsmittel, die Akne verstärken können.

2. Nennen Sie mögliche, ernährungsabhängige Mitauslöser für Urtikaria.

3. Welche Ernährungsfaktoren können das Hautbild bei Psoriasis günstig beeinflussen?

4. Welche verstärkenden Ernährungsfaktoren sollten bei Rosazea gemieden werden?

5. Üben einer Beratungssituation

Eine vollschlanke, ca. 16-jährige Kundin ist erstmalig wegen ihrer Akne bei Ihnen in der Behandlung und bittet Sie um Rat für die häusliche Pflege, aber auch, ob sie darüber hinaus noch mehr für ein besseres Hautbild tun kann.

a) Stellen Sie Fragen zusammen, mit deren Hilfe Sie mögliche verstärkende Ursachen der Akne herausfinden können.

b) Welche Ernährungsempfehlungen können Sie Ihrer Kundin geben?

c) Üben Sie ein solches Beratungsgespräch in Zweiergruppen (oder zu dritt mit „Beobachter").

5840220

Anhang: Lebensmittelrecht

Das LFGB (Lebensmittel-, Bedarfsgegenstände- und Futtermittelgesetzbuch) ist das „Dach" des Lebensmittelrechtes. Es regelt den Umgang mit Lebensmitteln auf allen Produktions-, Verarbeitungs- und Vertriebsstufen. Darüber hinaus beinhaltet es aber auch den Umgang mit Tabakerzeugnissen und kosmetischen Mitteln (→ Band B, LF 7). Damit **schützt** es die **Verbraucher** vor gesundheitlichen Schäden, wirtschaftlicher Übervorteilung und Täuschung.

Lebensmittel sind Stoffe, die dazu bestimmt sind, von Menschen verzehrt zu werden. Ausgenommen sind Stoffe, die zu anderen Zwecken als zur Ernährung oder zum Genuss verzehrt werden. Hiermit sind Lebensmittel deutlich von Arzneimitteln, Tabakerzeugnissen und Futtermitteln abgegrenzt.

Zusatzstoffe sind erlaubt, um die **Beschaffenheit** oder die **Eigenschaften von Lebensmitteln zu verbessern**, jedoch muss deren Verwendung gekennzeichnet werden.

Zusatzstoffe werden eingesetzt zu **technologischen Zwecken**, z. B. Konservierungsstoffe zur Verbesserung der Haltbarkeit oder Emulgatoren zur Veränderung der Konsistenz. Weiter werden sie verwendet zu sensorischen Zwecken, also zur Verbesserung von Geschmack, Farbe und Aussehen z. B. durch Farbstoffe oder Süßstoffe. Voraussetzung für die Verwendung ist, dass die Zusatzstoffe *toxikologisch* unbedenklich sind (d. h., keine gesundheitsschädlichen Auswirkungen haben) und technisch/technologisch oder *diätetisch* notwendig sind (*Diät* = krankheitsbedingte Ernährungsweise, *diätetisch* = eine Diät betreffend).

toxikologisch
diätetisch

Tabelle: Klassen von Zusatzstoffen, deren Funktion und Beispiele

Klassenname*	Funktion	Beispiel
Farbstoffe	geben Lebensmitteln Farbe	Carotin in Käse, Margarine
Konservierungsstoffe	schützen Lebensmittel vor Verderb durch Mikroorganismen	Sorbinsäure in kalorienreduzierter Konfitüre, Benzoesäure in Feinkostsalaten
Antioxidationsmittel	schützen Lebensmittel vor Verderb durch Sauerstoff	Ascorbinsäure (Vitamin C) in Fertiggerichten, alpha-Tocopherol (Vitamin E) in getrockneten Lebensmitteln
Emulgatoren	ermöglichen das Herstellen von Emulsionen	Lecithin und Monodiglyceride in Margarine oder Kochwürsten, z. B. Leberwurst
Säuerungsmittel, Säureregulatoren	regulieren den pH-Wert, unterstützen dadurch die mikrobiologische Stabilität und beeinflussen den Geschmack	Zitronensäure in Fertiggerichten, Milchsäure, Weinsäure in Fruchtbonbons
Verdickungsmittel, Geliermittel	bewirken das Verdicken von Flüssigkeiten	Guarkernmehl in Fertiggerichten, Konserven, Soßen
Vitamine	verbessern den ernährungsphysiologischen Wert eines Lebensmittels	Carotin und Vitamin D in Margarine, vitaminangereicherte Getränke

* gesetzlich festgelegte Bezeichnung, die die Funktion beschreibt

Den Zusatzstoffen gleichgestellt sind die **Süßungsmittel** (Süßstoffe, Zuckeraustauschstoffe → Kapitel 3.8), die **Vitamine A und D** sowie einige **Spurenelemente.** Nicht alle Zusatzstoffe müssen auf der Zutatenliste angegeben werden (z. B. technische Hilfsstoffe, die zur Herstellung verwendet wurden jedoch wieder entfernt werden oder nun nicht mehr vorhanden sind).

Aromen gelten rechtlich nicht als Zusatzstoff und tragen keine E-Nummern. In der Zutatenliste ist lediglich die Angabe „Aroma", eine Bezeichnung oder eine Beschreibung des Aromas vorgeschrieben. Der Zusatz „natürlich" zur Angabe „Aroma" ist nur dann zulässig, wenn es sich um Extrakte aus natürlichen Rohstoffen handelt (z. B. Dillextrakt, Kräuterextrakt, Extrakte von sonstigen Obst- oder Gemüsesorten). Oder die Aromen müssen aus Ausgangsstoffen pflanzlicher oder tierischer Herkunft gewonnen worden sein (z. B. Erdbeeraroma aus Holzspänen) und die gleiche Molekülstruktur besitzen (früher naturidentisch).

Werden künstliche Aromen eingesetzt, so ist die chemische Bezeichnung anzugeben (z. B. Äthylvanillin).

Geschmacksverstärker, die zur Verstärkung von Aromen eingesetzt werden, gelten als Zusatzstoffe und werden wie diese deklariert. Sie sind z. B. unter www.zusatzstoffe-online.de nachzulesen.

Kennzeichnung von Lebensmitteln

§

Die LMKV (Lebensmittelkennzeichnungsverordnung) regelt die **Kenntlichmachung** von Lebensmitteln. Sie schreibt vor, dass z. B. Zusatzstoffe auf der Verpackung oder bei loser Ware auf einem Schild neben dem Lebensmittel kenntlich gemacht werden müssen. Der Verbraucher kann Lebensmittel anhand der Zutatenliste vergleichen und daraus Informationen entnehmen. Diese sind vor allem wertvoll für Verbraucher, die bestimmte Zutaten nicht vertragen (Allergiker, Diabetiker) oder nicht wünschen.

Auch bei **zusammengesetzten Zutaten,** die weniger als 25 % des Enderzeugnisses ausmachen (z. B. Fruchtzubereitung im Jogurt, Salami auf Pizza), müssen neuerdings die einzelnen Bestandteile aufgeführt werden. Ausnahme hierbei sind zusammengesetzte Zutaten, die weniger als 2 % des Enderzeugnisses ausmachen (z. B. Kräuter).

Zum Schutz der Verbraucher werden wichtige Lebensmittelallergene auch dann im Zutatenverzeichnis aufgeführt, wenn sie im Lebensmittel nur in Spuren vorkommen. Dazu gehören glutenhaltiges Getreide wie Weizen, Krebstiere, Eier, Fisch, Milch, Nüsse, Erdnüsse, Soja, Sellerie, Senf, Sesam und Sulfit.

Eine neue **Kennzeichnungsregelung zum Thema Gentechnik** sorgt für mehr Transparenz: Alle Lebens- und Futtermittel, auch Zusatzstoffe und Aromen, die **gentechnisch veränderte Organismen** (GVO) **enthalten, aus solchen bestehen oder hergestellt werden,** müssen gekennzeichnet werden – auch wenn keine gentechnisch veränderten Bestandteile mehr im Produkt enthalten sind (z. B. Aromen aus gv-Sojaprotein, Lecithin aus gv-Soja).

Nicht unter die Kennzeichnungspflicht fallen Lebens- und Futtermittel, die nicht aus einem gentechnisch veränderten Organismus stammen, sondern **mithilfe von einem GVO hergestellt** wurden, z. B. Zusatzstoffe, Enzyme oder Aromen, die mithilfe gentechnische veränderter Mikroorganismen produziert wurden. Hierzu zählen auch Lebensmittel wie Fleisch, Milch oder Eier von Tieren, die gentechnisch veränderte Futtermittel erhalten haben (→ Exkurs in Kapitel 1.3).

Folgende Angaben sind nach der **Lebensmittel-Kennzeichnungsverordnung für Fertigpackungen** einheitlich und europaweit vorgeschrieben:

1 Die **Verkehrsbezeichnung** gibt an, um welche Art von Lebensmittel es sich handelt, z. B. Heringsfilet in Tomatensoße (siehe unten).

2 Im **Verzeichnis der Zutaten** müssen alle Zutaten (Inhalts- und Zusatzstoffe) in absteigender Reihenfolge ihrer Gewichtsanteile genannt werden. Wird eine qualitätsbestimmende Zutat hervorgehoben, so ist sie mit ihrem prozentualen Anteil in der Rezeptur anzugegeben (z. B. 60 % Heringsfilet und 5 % Tomatenwürfel). Zusatzstoffe können in der europäischen Union auch mit einer dreistelligen Zahl, der E-Nummer bezeichnet werden, sie sind dann aber für den Verbraucher nicht direkt nachvollziehbar, sondern müssen in entsprechenden Listen nachgelesen werden (z. B. www.zusatzstoffe-online.de).

3 Das **Mindesthaltbarkeitsdatum** gibt an, wie lange ein Lebensmittel seine charakteristischen Eigenschaften bei ungeöffneter Packung behält. Sind dazu entsprechende Lagerbedingungen, z. B. Kühlung erforderlich, so ist dies anzugeben. Das Mindesthaltbarkeitsdatum ist also kein Verfallsdatum! Bei leicht verderblicher Ware, z. B. abgepackten Geflügelteilen, ist ein Verbrauchsdatum anzugeben.

4 Die Angabe des **Herstellers** oder des Abfüllers und dessen Anschrift ermöglichen dem Verbraucher, bei Fragen oder Beanstandungen Kontakt aufzunehmen.

5 Außerdem muss die **Menge** einer Ware nach Gewicht, Volumen, Füllmenge, Stückzahl oder nach Ergiebigkeit aufgeführt werden.

Heringsfilets in Tomaten-Cocktail ----- 1

Zutaten: Heringsfilet (60 %), Wasser, Tomatenmark, pflanzliches Öl, Tomatenwürfel (5 %), Zucker, Salz, Branntweinessig, Verdickungsmittel (Guarkernmehl, Johannisbrotkernmehl, Natriumalginat), Weizenmehl, Säuerungsmittel Apfelsäure, Aroma, Milcheiweiß. ----- 2

Mindestens haltbar bis 31.12.2009 ----- 3

Inhalt: 200 g Fischeinwaage 120 g ----- 4

R & G Feinkost · 55128 Mainz ----- 5

Für viele Lebens- oder Genussmittel gibt es jedoch Ausnahmeregelungen, sodass einer vollkommenen Aufklärung der Verbraucher Grenzen gesetzt sind.

Problematisch ist dies nach wie vor im Hinblick auf die allergene/pseudoallergene Wirkung bestimmter Lebensmittelinhaltsstoffe. In der aktuellen Gesetzgebung wird jedoch durch die Verschärfung der Deklarations- und Nachweispflicht angestrebt diesem Aspekt nach heutigem Kenntnisstand mehr Rechnung zu tragen als bisher.

Nicht unerwähnt bleiben sollte, dass die gesundheitliche Gefährdung durch Fehlernährung wesentlich höher einzustufen ist als die, durch den Verzehr von Zusatzstoffen usw. zu Schaden zu kommen!

Das LFGB enthält Rechtsverordnungen zum Schutz des Verbrauchers.

Es bietet Schutz vor gesundheitlichen Schäden, Schutz vor Täuschung, es regelt die Verwendung von Zusatzstoffen und die Pflichten der Hersteller (Herstellung, Kennzeichnung und Verkauf).

Anhang: Internetadressen Lebensmittel und Gesundheit

Allgemein	
www.dge.de	Deutsche Gesellschaft für Ernährung e. V.
www.aid.de	Infodienst Verbraucherschutz, Ernährung, Landwirtschaft e.V.
www.was-wir-essen.de	Verbraucherseite des aid-Infodienstes
www.5amtag.de	5 am Tag die Gesundheitskampagne
www.talking-food.de	*Talking-Food* Wissen was auf den Tisch kommt
www.ernaehrung.de	DEBInet = Deutsches Ernährungsberatungs- und Informationsnetz
Aktuelle Informationen zu Wasser und Mineralstoffen	
www.mineralwasser.com	IDM = Informationszentrale Deutsches Mineralwasser
www.vitalstoffleitlfaden.de	Infos zu Vitaminen und Mineralstoffen, Novartis Deutschland
Übergewicht und Stoffwechselstörungen	
www.adipositas-gesellschaft.de	Adipositas-Gesellschaft
www.medizinfo.de	Das MedizInfo Gesundheitsportal
www.diabetikerbund.de	Deutscher Diabetiker Bund
Essstörungen	
www.bzga-essstoerungen.de	Bundeszentrale für gesundheitliche Aufklärung, informiert Betroffene, Angehörige, Fachleute und allgemein Interessierte
www.anorexia.de	Beratungs- und Informationsserver zu Essstörungen mit Online-Beratung, Online-Vermittlung zu Therapieplätzen, Foren und Chat, Infos und Forschungseinrichtungen
www.anad.de	Beratungsstelle für *Anorexia nervosa* und damit verbundene Erkrankungen
www.bundesverband-essstoerungen.de	Verband der Einrichtungen im Bereich Essstörungen
www.magersucht.de	Infos zu Magersucht von gemeinnützigem Verein, Austauschplattform für Betroffene
Allergien und Hauterkrankungen	
www.daab.de	Deutscher-Allegie und Asthma-Bund DAAB e.V. Patientenverband, umfassende Informationen über alle Allergieformen, aktuelle Meldungen, Kontaktadressen, Verbandstermine, Zeitschrift „Allergie konkret"
www.dha-allergie.de	Deutsche Haut- und Allergiehilfe mit Infos zu Allergien, *Neurodermitis*, *Psoriasis*
www.allergieforum.de	Infos zu Pollen-, Nahrungsmittel-, Tier- und Latexallergie
www.psoriasis-bund.de	Deutscher Psoriasis Bund e. V.
www.urticaria.net	*Urticaria network e.V.*, Infos zu Formen, Ursachen und Behandlungen
Informationen zu Verbraucherschutz und Lebensmittelsicherheit	
www.bll.de	Bund für Lebensmittelrecht und Lebensmittelkunde
www.transgen.de	Transparenz für Gentechnik bei Lebensmitteln
www.biosicherheit.de	Projektverbund Kommunikationsmanagement in der biologischen Sicherheitsforschung
www.zusatzstoffe-online.de	Die Verbraucherinitiative e. V.

Einleitung

Chemie, Physik, Biologie und Physiologie in der Kosmetik

Biologie ist die Wissenschaft von den lebenden Organismen. Die Biologie beschäftigt sich mit der Erforschung der Anatomie, Physiologie und dem Verhalten von Menschen und Tieren sowie mit dem Aufbau und der Funktion von Pflanzen und Mikroorganismen. Die Biologie als Naturwissenschaft hat parallel mit den Fortschritten in der Physik und Chemie in den letzten Jahrzehnten unser Selbstbild als Mensch und das Bild über unsere Stellung in der Natur stark verändert.

Die grundlegenden Begriffe der Biologie, Chemie und Physik für die Kosmetik werden in Form eines lexikonartigen Nachschlagewerkes zur Verfügung gestellt.

Der Schwerpunkt des Kapitels Biologie ist die Darstellung der Anatomie und Physiologie des menschlichen Körpers, dessen Verstehen eine ganzheitliche kosmetische Behandlung erst ermöglicht.

Dieses Grundlagen-Lexikon erhebt nicht den Anspruch der Vollständigkeit. Wichtige Begriffe der Naturwissenschaften, die für das Verständnis der Kosmetik nur eine untergeordnete Bedeutung haben, werden nicht erläutert. Daher stellt es keinen Ersatz für vollständige Lehrbücher in den einzelnen Naturwissenschaften dar.

Nur bei Ausnahmen wurde der alphabetische Aufbau des Lexikons verlassen, um ein besseres Erarbeiten der Überbegriffe zu gewährleisten. So wurden den Überbegriffen NERVENSYSTEM, PERIODENSYSTEM DER ELEMENTE, SKELETT-SYSTEM und ZELLE jeweils alle zugehörigen chemischen, anatomischen oder physiologischen Strukturen untergeordnet.

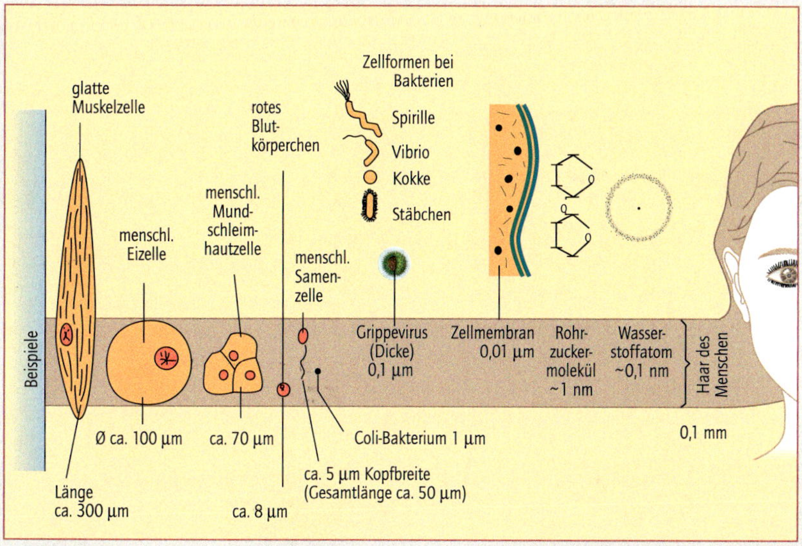

Abb.: Biologische Größenverhältnisse

ABSORPTION

Absorption („Verschluckung") bedeutet in der Biologie die Aufnahme von Stoffen durch Haut und Schleimhaut. In der Physik bedeutet der Begriff eine Abschwächung von **WELLE**nstrahlung (z. B. **LICHT**) beim Durchgang durch Materie (z. B. Glas oder Flüssigkeiten). Kosmetische Sonnenschutzmittel enthalten Partikel, die einen Teil des Sonnenlichtes absorbieren und so die **ZELLEN** der Haut vor Schädigung schützen. Die Strahlungsenergie wird dabei in **WÄRME**, chemische **ENERGIE** oder Licht anderer Wellenlänge umgewandelt.

ADSORPTION

Adsorption („Anhaftung") bedeutet in der Physik die Bindung von Gasen oder Flüssigkeiten an die Oberfläche von festen Stoffen. An festen Stoffen, die als Pulver vorliegen oder eine poröse Oberfläche haben, ist die ADSORPTION besonders stark. Die Haut hat mit ihren Poren eine große „innere Oberfläche" und hierdurch ein großes Adsorptionspotenzial.

AGGREGATZUSTAND

L

Der Aggregatzustand beschreibt die Zustandsform eines Stoffes, die von **DRUCK** und **TEMPERATUR** abhängig ist. Dabei werden drei Formen unterschieden, in denen Materie auftreten kann: fest, flüssig und gasförmig. **Feste Materie** zeichnet sich durch einen hohen Widerstand gegen Kräfte aus, die Formänderungen bewirken können. Dieser Widerstand beruht auf den starken Anziehungskräften zwischen den **ATOM**en, **MOLEKÜLen** oder **ION**en des Festkörpers. In einer **Flüssigkeit** besteht nur ein geringer Widerstand gegen Kräfte, die Formänderungen verursachen, weil sich die Moleküle relativ frei bewegen können. Die Flüssigkeiten weisen aber ausreichend hohe molekulare Anziehungskräfte auf, um einer Änderung des Volumens einen hohen Widerstand entgegenzusetzen. Im **Gaszustand** sind die Teilchen weit voneinander entfernt und bewegen sich weitgehend unabhängig; daher besteht hier nur ein geringer Widerstand gegen Form- und Volumenänderungen. Diejenige **TEMPERATUR**, bei der eine Substanz vom festen in den flüssigen Zustand übergeht, nennt man ihren **Schmelzpunkt**, den Übergang vom flüssigen zum festen Zustand nennt man **Gefrierpunkt** (**WASSER** 0 °C) und Flüssigkeiten gehen am **Siedepunkt** (Wasser 100 °C) in Gas oder Dampf über Bedampfungsgerät (➜ Band B, LF 3, Kapitel 5.1). Geht ein Gas, z. B. durch Abkühlung, wieder in den flüssigen Aggregatzustand über, nennt man dies **Kondensieren.** Manche Stoffe gehen direkt vom festen in den gasförmigen Zustand über. Dies nennt man **Sublimation** und kommt z. B. beim **KOHLENDIOXID** oder **SCHWEFEL** vor.

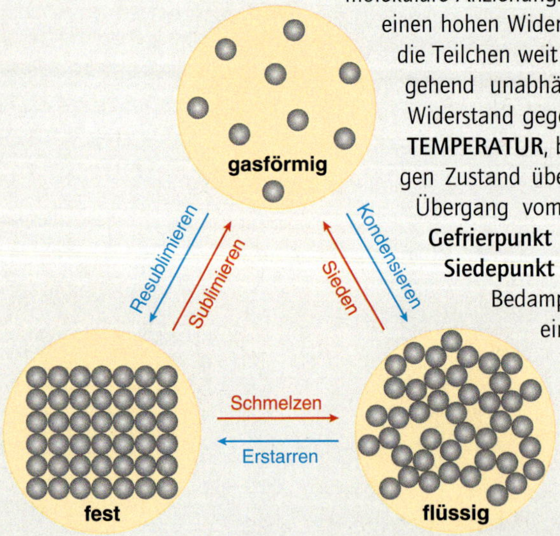

Abb.: Modellvorstellung zu den Aggregatzuständen

Die Abbildung zeigt die Übergänge von Stoffen in die verschiedenen Aggregatzustände fest, flüssig und gasförmig. Der Begriff Aggregatzustand ist vom Begriff **Phase** zu unterscheiden. So nehmen zwei nicht mischbare Flüssigkeiten, wie beispielsweise Öl und Wasser, zwar denselben Aggregatzustand ein (flüssig), sie bilden jedoch zwei unterschiedliche Phasen (Ölphase und Wasserphase).

ALKOHOLE und ESTER

Alkohole sind organische Verbindungen, die als funktionelle Gruppe mindestens eine Hydroxylgruppe (-OH) gebunden an ein Kohlenstoffatom bzw. einen Alkyl-Rest (**KOHLENSTOFF**) aufweisen. Ist der Alkyl-Rest kurz, sind Alkohole **hydrophil** (wasserliebend), ist er lang, hat der Alkohol eher **hydrophobe** (wasserabweisende) Eigenschaften und ist schlecht wasserlöslich. Alkohole können ein, zwei, drei oder mehrere Hydroxylgruppen enthalten und werden dann als **ein-, zwei-, drei- oder mehrwertig** bezeichnet. Bei den höherwertigen Alkoholen sitzen innerhalb eines Kohlen**WASSERSTOFF**moleküls die Hydroxylgruppen an verschiedenen C-Atomen wie z. B. bei Glyzerin.

zweiwertig
Ethandiol
(Glykol)

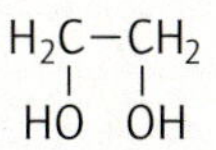

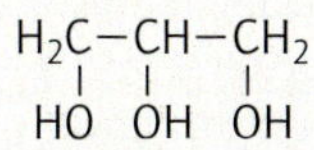

dreiwertig
Propantriol
(Glyzerin)

Zudem gibt es noch die Einteilung in **primäre, sekundäre** und **tertiäre** Alkohole. Mit dieser wird beschrieben, wie viel weitere Kohlenstoffatome an das Kohlenstoffatom der Hydroxylgruppe gebunden sind.

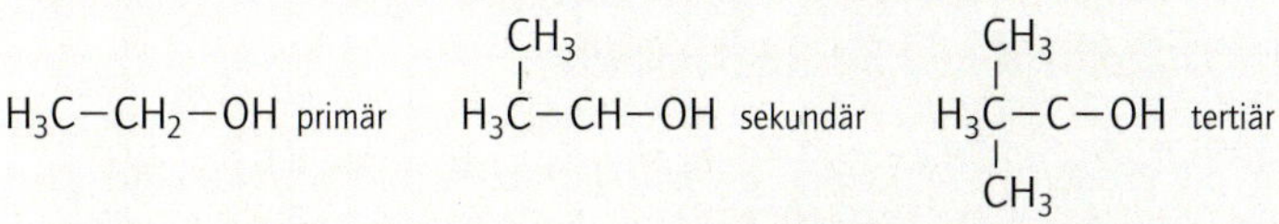

Umgangssprachlich wird der Begriff „Alkohol" hauptsächlich für Ethanol verwendet, der in Getränken, Nahrungsmitteln und in Kosmetika vorkommt. Die chemischen Namen der Alkohole leiten sich von dem Kohlenwasserstoffmolekül ab, welches dem entsprechenden Alkohol zugrunde liegt. An dessen Namen wird die Endung -ol angefügt. So entstammt der Name des Ethanols C_2H_5-OH von dem Kohlenwasserstoff Ethan C_2H_6 und der des Methanols CH_3-OH von Methan CH_4.

Die chemische Gruppe der Alkohole geht mehrere charakteristische Bindungen ein. Bei der Reaktion mit **CARBONSÄUREN** (z. B. Essigsäure) entsteht unter Abspaltung von **WASSER** ein **Ester**.

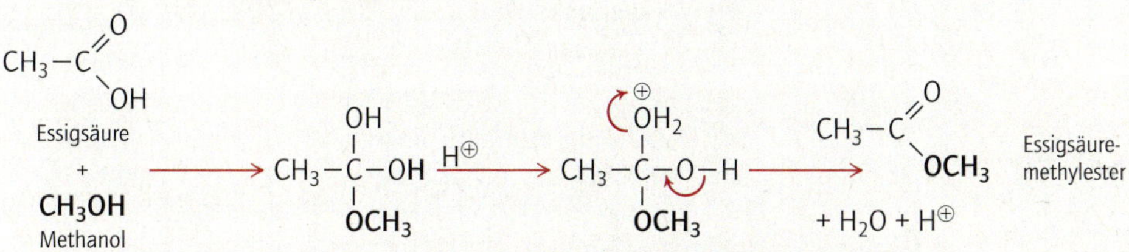

Zu den kosmetisch bedeutenden **hydrophilen** Alkoholen mit einer OH-Gruppe gehören **Ethanol** und **Propanol.** Ethanol ist der am häufigsten verwendete **ALKOHOL**. Er wird in niedrigen Konzentrationen als **LÖSUNGSMITTEL** und in hohen Konzentrationen (>70 %) als **DESINFEKTION**smittel verwendet. Zu den kosmetisch bedeutenden **hydrophoben Alkoholen** gehören **Myristinalkohol** (14 C-Atome) und **Cetylalkohol** (16 C-Atome). Beide gehören zur langkettigen Gruppe der **primären Fettalkohole** (8 – 22 C-Atome) und sind bei Raumtemperatur wachsartig. Sie werden Kosmetika als Konsistenzgeber hinzugefügt. Ein kosmetisch wichtiger **sekundärer**

Alkohol ist das **Cholesterin**, das eine oft verwendete Cremegrundlage darstellt. Cholesterin wird auch von der Haut selbst produziert und ausgeschieden und ist Bestandteil des Hauttalgs mit pflegender Wirkung. Der **dreiwertige** Alkohol **Glyzerin** ist sehr hydrophil und ist in der Lage, Wasser zu binden. Er erhöht niedrig konzentriert in Cremes das Wasserbindevermögen und die Geschmeidigkeit der Haut.

VERGÄLLUNG VON ALKOHOL

Auf zum Verzehr geeigneten Ethanol erhebt der Staat die Brandweinsteuer. Da diese sehr hoch ist, werden alle Produkte in denen Ethanol als Lösungsmittel verwendet wird (z. B. auch in der Kosmetik) durch Zusatzstoffe ungenießbar gemacht. Man spricht hier von Vergällung des Alkohols. Übliche **Vergällungsmittel** sind Methanol, Benzol, Aceton oder Ethylchlorid. In der Kosmetik werden Parfüm, Eau de Toilette, Rasierwasser usw. häufig mit dem Stoff Diethylphthalat vergällt. Zurzeit wird strittig diskutiert, ob Diethylphthalat weiterhin in Kosmetika verwendet werden soll. Es gibt Hinweise, dass Diethylphthalat nach Aufnahme über die Haut eine schädigende Wirkung auf Leber, Nieren und Fortpflanzungsorgane haben könnte.

L

ALLERGIE → DERMATOLOGIE (LF 2)

ALUMINIUMSALZE UND ALUMINIUMSILIKATE

Wichtige Aluminiumverbindungen sind die Tonerde (Al_2O_3) und die Verbindungen mit Siliziumoxiden, auch Feldspatverbindungen genannt: Natronfeldspat ($Na[AlSi_3O_8]$) und Kalkfeldspat ($Ca[AlSi_3O_8]$). **Aluminiumhydroxid** bildet mit **WASSER** eine gelartige Masse und wird in der Kosmetik für Puder und Gesichtsmasken sowie zur Stabilisierung von **EMULSIONEN** verwendet. **Aluminium-Chlorhydrat** ist ein Basisgrundstoff für Antischweißmittel (Deodorant). **Aluminium-Silikat (Kaolin)** ist ein rein weißes Pudermaterial mit hoher Gleitfähigkeit, das bis zu 130 % Wasser speichern kann. Es wird in Gesichtspuder, Gesichtspackungen und im Fußpuder verwendet. Zudem wird es als Emulsionsstabilisator verwendet.

AMINOSÄUREN → PROTEINE

ANORGANISCHE CHEMIE

Die anorganische Chemie ist ein Teilgebiet der Chemie und beschäftigt sich mit den Substanzeigenschaften von **ELEMENTEN** und deren chemischer Verbindungen und Reaktionen. Ausgenommen sind hierbei die **KOHLENSTOFF**verbindungen bzw. Verbindungen, die vorwiegend in lebenden Organismen aufgebaut werden, die der **ORGANISCHEN CHEMIE** zugeordnet werden. Die Trennung der Chemie in diese zwei Teilgebiete hat historische Ursprünge und ist heute so nicht mehr eindeutig einzuhalten. Es gibt zahlreiche Kohlenstoffverbindungen, die ursprünglich in lebenden Organismen entdeckt wurden, mittlerweile aber auch im Reagenzglas hergestellt werden können (z. B. **LIPIDE**, **KOHLENHYDRATE** und **PROTEINE**).

ANTIBIOTIKA → BAKTERIEN

ANTIOXIDANZIEN und FREIE RADIKALE

Antioxidanzien fangen im Körper **FREIE RADIKALE** ab. Freie Radikale sind aggressive Sauerstoffmoleküle, die z. B. in **MITOCHONDRIEN** bei der Zellatmung gebildet werden oder durch starke UV-Strahlung entstehen. Freie Radikale bewirken schädliche **OXIDATION**sprozesse in den **ZELLEN** und fördern die Entwicklung von Zellalterung,

Hautalterung und Krebserkrankungen (Hautkrebs → LF 2, Kapitel 4.9). Die freien Radikale können zwar durch die körpereigenen **ENZYME** Superoxid-Dismutase, Glutathion-Peroxidase und Katalase unschädlich gemacht werden, jedoch ist die Kapazität dieser Enzyme begrenzt und reicht vor allem in Stresssituationen nicht aus. Zu den mit der Nahrung zuführbahren Antioxidanzien (→ LF 10, Kapitel 8.3) gehören die Vitamine A, C und E, Spurenelemente (Selen) und sekundäre Pflanzenstoffe (Karotinoide), die auch in Kosmetika eingearbeitet werden (→ Band B, LF 7, Kapitel 1.5.3).

ARBEIT

Als Arbeit bezeichnet man das Produkt aus einer Kraft, die auf einen Körper einwirkt, und der Ortsveränderung des Körpers in Richtung der angewendeten **KRAFT** (Kraft · Weg = Newton · Meter; Nm). Während Arbeit auf einen Körper einwirkt, wird **ENERGIE** auf den Körper übertragen. Wenn z. B. ein Körper vom Boden aufgehoben und auf einen Tisch gelegt wird, wird mechanische Arbeit aufgewendet, um die nach unten wirkende **SCHWERKRAFT** zu überwinden. Die Energie, die dabei dem Körper in Form von Arbeit zuteil wurde, vergrößert seine Lageenergie (potenzielle Energie). Damit kann Arbeit als Übertragung von Energie bezeichnet werden. Der physikalische Begriff Arbeit steht allerdings nicht nur im Zusammenhang mit rein mechanischen Vorgängen. So gibt es beispielsweise auch elektrische Arbeit (siehe **ELEKTRIZITÄT**). Die Einheit der Arbeit und der Energie im Internationalen Einheitensystem ist das **Joule** (J, oder Newtonmeter, Nm; früher wurde die Energie auch in **Kalorie** (cal) angegeben: 4,19 J = 1 cal). Die Geschwindigkeit, mit der Arbeit verrichtet wird, wird als **LEISTUNG** bezeichnet mit der Einheit Joule pro Sekunde oder **Watt**.

ARTERIEN UND VENEN → BLUTGEFÄSSE

ATEMORGANE UND ATMUNG

Atmung ist der physiologische Vorgang, durch den Lebewesen **SAUERSTOFF** (O_2) aus der Umgebung aufnehmen und **KOHLENDIOXID** (CO_2) abgeben. Die Lunge gibt den aufgenommenen Sauerstoff an das von der rechten Herzkammer kommende **BLUT** ab (**HERZ**). Das sauerstoffreiche Blut wird zur linken Herzkammer geleitet und von dort zu den Körperzellen gepumpt. Die Körperzellen wiederum verbrauchen den Sauerstoff und reichern das Blut mit Kohlendioxid an. Über den BLUTKREISLAUF **(HERZ-KREISLAUF-SYSTEM)** gelangt das Kohlendioxid in die **Lunge**, von welcher es durch die Atmung wieder nach außen abgegeben wird. Transportiert werden O_2 und CO_2 im Blut von dem eisenhaltigen Atempigment **Hämoglobin**, das in hoher Konzentration in den roten Blutkörperchen vorliegt. Die wichtigste Eigenschaft des Hämoglobins ist seine gute Bindungsfähigkeit für Sauerstoff.

ANATOMIE DER ATEMORGANE

Der Atemtrakt unterteilt sich in den oberen Respirationstrakt mit **NASE**nraum und Rachenraum und in den unteren Respirationstrakt mit Kehlkopf, Luftröhre, Bronchien und den beiden Lungenflügeln. Nach außen ist die Lunge vom **Lungenfell** begrenzt, das mit dem **Rippenfell** über einen flüssigkeitsgefüllten Zwischenraum verbunden ist. Über das Rippenfell sind die Lungenflügel mit dem Brustkorb verbunden. Hierdurch können die Bewegungen von Brustkorb und Zwerchfell beim Atmen direkt auf die Lunge übertragen werden.

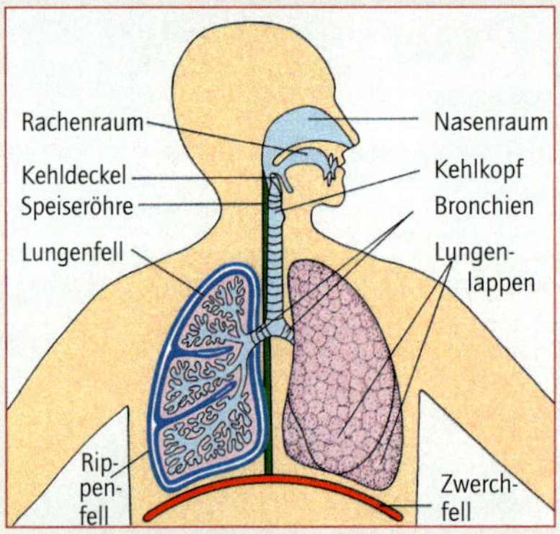

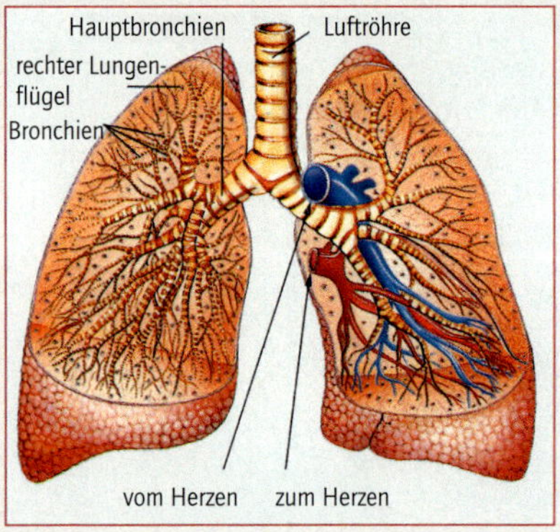

Abb.: Atemwege und Aufbau der Lunge

Die **Nase** hat zum einen die Aufgabe, die eingeatmete Luft grob zu reinigen, anzuwärmen und zu befeuchten, und zum anderen ist die Nase das Riechorgan des Menschen. Bei Schnupfen hat die Nase zudem noch die Funktion, **VIREN** aus der Nase abzutransportieren. Durch den Kontakt mit Viren wird die Nase zur übermäßigen Produktion von Nasensekret angeregt, mit dem gleichzeitig die Viren aus dem Körper transportiert werden. An die Nase schließt sich der **Rachen** an. Der Rachen ist ein **MUSKEL**schlauch, in dem sich Luft- und Speiseweg kreuzen. Der **Kehlkopf** reguliert, dass die in den Rachen eingetretene Nahrung in die Speiseröhre und die eingeatmete Luft in die Luftröhre gelangt (beim Schluckvorgang verschließt der Kehlkopfdeckel die Luftröhre). Zudem befinden sich im Kehlkopf die Stimmbänder, die für die Erzeugung der Sprache zuständig sind. Nach der Passage des Kehlkopfs gelangt die Luft in die Luftröhre. Die **Luftröhre** ist ein Muskelschlauch von ca. 15 Zentimeter Länge, der zur Stabilisierung von Knorpelspangen umgeben ist. Die Luftröhre teilt sich auf der Höhe des 5. Brustwirbels in die zwei **Hauptbronchien**, die in den rechten bzw. in den linken Lungenflügel führen. Dort verzweigen sich die **Bronchien** immer weiter bis zu den kleinsten Verästelungen, den **Bronchiolen**. Diese öffnen sich traubenförmig um die **Lungenbläschen (Alveolen)**, dem Ort des Austausches von Sauerstoff und Kohlendioxid. Sowohl die Luftröhre als auch die Bronchien und Bronchiolen sind mit einem so genannten **Flimmerepithel (EPITHELGEWEBE)** ausgekleidet. Durch die Bewegung der Flimmerhärchen wird der Schleim mitsamt darauf klebender Partikel in Richtung Rachenhöhle transportiert. Dort kann er verschluckt oder aber nach außen abgegeben werden.

ATEMMECHANIK

Am Einatmen sind das Zwerchfell und der Brustkorb beteiligt. Das **Zwerchfell** ist eine Muskelplatte, welche die Brusthöhle von der Bauchhöhle trennt. Die Lungenflügel liegen dem Zwerchfell auf. Das Zwerchfell ist im entspannten Zustand (bei der Ausatmung) nach oben gewölbt. Bei der Einatmung spannt sich die Zwerchfellmuskulatur an; dies hat zur Folge, dass die Wölbung des Zwerchfells sich abflacht und die Lungenbasis über die Rippenfell-Lungenfell-Verbindung mit nach unten zieht. Dadurch dehnt sich die Lunge aus und kann Luft aufnehmen („ansaugen"). Bei der Ausatmung entspannt sich das Zwerchfell wieder und geht in seine gewölbte Ausgangsposition zurück. Aufgrund ihrer Elastizität zieht sich die Lunge wieder zusammen und die Luft kann entweichen (wird „ausgestoßen"). Die Zwerchfellatmung wird auch **Bauchatmung** genannt.

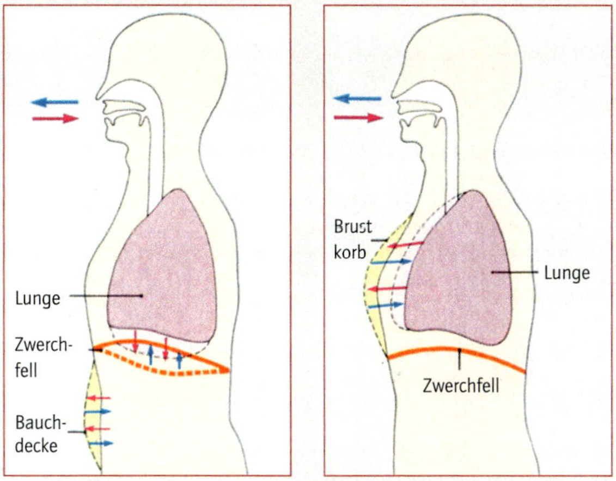

Abb.: Atemmechanik – Bauchatmung und Brustatmung

Auch der Brustkorb und seine **MUSKULATUR** sind an der Atmung beteiligt, vor allem bei körperlicher Anstrengung. Die **Rippen** können durch die äußere Zwischenrippenmuskulatur angehoben werden, sodass sich das Volumen des Brustkorbs vergrößert. Die Lunge ist über das Brustfell mit dem Brustkorb verbunden und dehnt sich dementsprechend mit aus (**Brustatmung**). Hierdurch kann ein größeres Volumen Luft eingeatmet werden, als durch die Bauchatmung alleine.

STEUERUNG DER ATMUNG

Die Atmung wird über das **Zentralnervensystem** (ZNS, **NERVENSYSTEM**) gesteuert. Das **Atemzentrum** sitzt am verlängerten oberen Ende des Rückenmarks in der so genannten ***Medulla oblongata***. Die Atemmuskeln, Zwerchfell und Zwischenrippenmuskulatur sind über Hals- und Brustmark mit dem ZNS verbunden. Das Atemzentrum sendet Nervenimpulse, um die Einatmung einzuleiten. Diese gelangen zur Atemmuskulatur und bewirken dort eine Kontraktion (Zusammenziehen) der Muskulatur. Dabei senkt sich das Zwerchfell und der Brustkorb wird angehoben. Dehnungsrezeptoren in der Lunge begrenzen die Weitung des Brustkorbs, indem sie Nervenimpulse an das Atemzentrum senden, die dessen Aktivität hemmen.

Weitere Kontrollmechanismen der Atmung befinden sich im Blut. Über so genannte Chemorezeptoren kann dem Atemzentrum gemeldet werden, wenn zu wenig Sauerstoff im Blut ist. Daraufhin erhöht das Atemzentrum das Atemvolumen. Nach dem gleichen Prinzip wird das Atemvolumen erhöht, wenn die CO_2-Konzentration im Blut erhöht ist. Zudem wird die Aktivität des Atemzentrums vom **PH-WERT** des Blutes beeinflusst.

ATMUNGSKETTE

So wird die Folge von enzymatisch gesteuerten Redoxreaktionen **(OXIDATION UND REDUKTION)** in den Mitochondrien **(ZELLORGANELLEN)** lebender **ZELLEN**, die dem Energiegewinn unter Sauerstoffverbrauch dient, genannt. Die Atmungskette ist die einzige biologisch verwirklichte Methode, **ENERGIE** aus Nährstoffen für die Zelle bzw. den Organismus in größerem Umfang nutzbar zu machen. Während des Ablaufes der Atmungskette wird stufenweise an verschiedene **MOLEKÜLE** gebundener **WASSERSTOFF** oxidiert und es entsteht als Reaktionsprodukt Wasser. Die bei dieser Reaktion **(Knallgasreaktion)** frei werdende Energie wird zum Aufbau von **Adenosintriphosphat (ATP)**, einem Energiespeicherstoff der Zellen, verwendet. Die Atmungskette ist an der Innenmembran der Mitochondrien lokalisiert.

ATOM, ATOMMODELLE

Ursprünglich wurde der Begriff Atom in der antiken griechischen Philosophie für die kleinste, nicht mehr teilbare Einheit eines Stoffes vergeben. Erst 2 000 Jahre später entwickelte der britische Chemiker John Dalton (1766–1844) die Atomtheorie weiter. Auch er ging noch davon aus, dass Materie sich aus unteilbaren Atomen zusammensetzt. Er fand heraus, dass alle Atome eines **ELEMENTS** hinsichtlich ihrer Masse und ihrem chemischen Verhalten gleich sind.

Durch die Erforschung der Radioaktivität und die Entdeckung der Elementarteilchen wurde offensichtlich, dass auch Atome aus mehreren Teilen aufgebaut sind. Grundlegend für alle weiteren Atommodelle und modernen Anschauungen auf dem Gebiet des Atomaufbaus waren die Arbeiten von Max Planck (1900). Planck zeigte, dass **ENERGIE** und Ladung aus einer kleinsten, unteilbaren Elementarladung bestehen. Die Einzelbausteine des Atoms tragen je eine solche Elementarladung: Die **Protonen** tragen eine positive elektrische Elementarladung und die **Elektronen** eine negative elektrische Elementarladung. Zudem zählen die elektrisch neutralen **Neutronen** zu den Grundbausteinen des Atoms.

L

1911 gelang es Sir Rutherford, experimentell nachzuweisen, wie ein Atom aufgebaut ist. Er stellte historisch gesehen eines der ersten Atommodelle auf, das auch nach ihm benannt wurde: „Rutherford Modell". In seinem Modell besteht das Atom aus einem Kern, der positiv geladene Protonen und ungeladene Neutronen beinhaltet und fast die gesamte Masse des Atoms ausmacht, und einer Hülle, welche die negativ geladenen Elektronen enthält und zur Atommasse praktisch nichts beiträgt. Die Elektronen umkreisen hierbei, ungeordnet, den Atomkern.

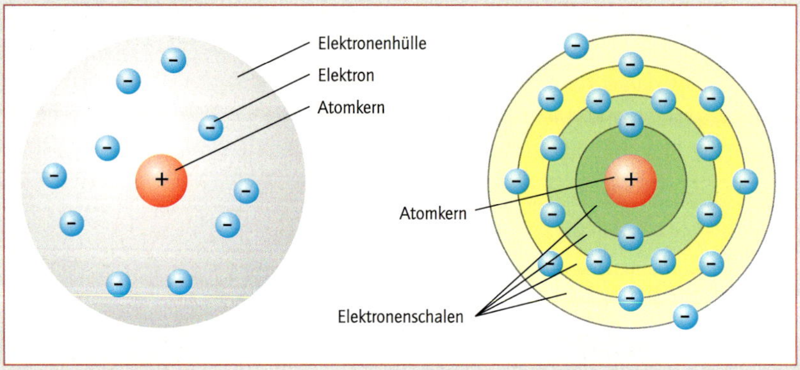

Abb.: Atommodelle Rutherford

Abb.: Bohr'sches Atommodell

Ein weiteres wegweisendes Atommodell stammt von Nils Bohr (1913). Er erweiterte das Rutherford Modell aufgrund von Ergebnissen, die zeigten, dass die Elektronen sich auf Kreisbahnen von ganz bestimmten Radien (Schalen, „Quanten") um den Kern bewegen. Ein Elektron kann von einer Kreisbahn auf die nächste „springen", sich aber nicht dazwischen aufhalten. Soll ein Elektron auf eine weiter außen liegende Schale springen bzw. gehoben werden, so muss ihm Energie zugeführt werden. Fällt ein Elektron auf eine dem Kern nähere Kreisbahn herab, wird Energie in Form von **LICHT** einer bestimmten Wellenlänge freigesetzt.

Mithilfe des **Bohr'schen Modells** kann man die Elektronen eines Atoms bestimmten Elektronenschalen zuordnen (**„Elektronenkonfiguration"**), wobei die Verteilung der Elektronen auf die Schalen die chemischen Eigenschaften des Elementes bestimmen. So kann eine Vorhersage über das Verhalten gegenüber anderen Atomen getroffen werden (**PERIODENSYSTEM DER ELEMENTE**).

Dieses Modell wurde noch weiterentwickelt (z. B. Sommerfeld: Haupt- und Nebenquantenzahlen; Heisenberg: Orbitale; Pauli: Spin), wobei die wesentlich komplizierteren Atommodelle für ein Verständnis der Chemie in der Kosmetik nicht benötigt und deshalb hier nicht besprochen werden.

AUGE (SEHSINN)

Das Auge ist das **Sehorgan** des Menschen. Über die Augen nehmen wir den größten Teil unserer Sinneseindrücke wahr. Die Augen sind, zusammen mit dem Gehör **(OHR)**, unsere wichtigsten Sinnesorgane. Der eigentliche Sehvorgang läuft aber nicht in den Augen ab, sondern im Gehirn. Das Auge hat die Aufgabe, das einfallende **LICHT** in ein Muster von Nervenimpulsen **(NERVENZELLE UND REIZLEITUNG)** umzuwandeln, die dann an das Gehirn weitergeleitet werden. Der lichtempfindliche Stoff des Auges ist das **Rhodopsin.** Es ist eine Verbindung aus dem Eiweiß Opsin und dem Kohlenwasserstoff Retinal. Retinal ist die oxidierte Form des mit der Nahrung aufgenommenen **Vitamin A**. Bei Lichteinfall löst sich Retinal vom Opsin. Hierdurch wird Opsin zu einem sehr aktiven Enzym, das eine Reihe chemischer Reaktionen ermöglicht, die in der Folge Nervenimpulse auslösen.

Das gesamte Auge, oft auch **Augapfel** genannt, ist eine kugelförmige Struktur mit einem Durchmesser von etwa 2,5 Zentimetern und einer deutlichen Ausbuchtung auf der Vorderseite. Die äußere Hülle besteht aus drei Gewebeschichten: Ganz außen liegt die schützende **Lederhaut** (Sklera). Auf der Vorderseite geht sie in die vorgewölbte, durchsichtige **Hornhaut** (Cornea) über. Die mittlere Schicht ist die **Aderhaut** (Choroidea), die von vielen Blutgefäßen durchzogen ist. Sie setzt sich in der **Regenbogenhaut** (Iris) fort, die sich auf der Vorderseite des Auges befindet. Die innerste Schicht schließlich ist die lichtempfindliche **Netzhaut** (Retina), die sich auf der Rückseite des Auges befindet.

Durch die Hornhaut gelangt das Licht ins Innere des Auges. Es durchquert die vordere, mit Kammerwasser gefüllte Augenkammer, bevor es auf die transparente Linse trifft. Die **Linse** ist über Bänder mit einem Ringmuskel umgeben, dem **Ziliarmuskel**, der sich um die ganze Linse herum zieht und zusammen mit dem umgebenden **GEWEBE** den Ziliarkörper bildet. Der Ziliarmuskel kann die Linse flacher oder kugelförmiger machen und so ihre Brennweite (**LICHT**) verändern. Die farbige Regenbogenhaut (Iris), die zwischen Hornhaut und Linse liegt, hat in der Mitte eine runde Öffnung, die **Pupille**; ihre Größe wird von einem Muskel am Rand der Iris gesteuert. Durch Zusammenziehen oder Entspannen verkleinert oder vergrößert der Irismuskel die Pupille und kann so die Menge des Lichteinfalls regulieren. Hinter der Linse befindet sich die große hintere Augenkammer. Sie ist mit dem **Glaskörper** gefüllt, einer durchsichtigen, geleeartigen Substanz. Der **DRUCK** des Glaskörpers sorgt dafür, dass der Augapfel straff und fest bleibt. Die **Netzhaut** ist eine kompliziert gebaute Schicht, die im Wesentlichen aus Nervenzellen besteht. An ihrer vorderen Oberfläche liegen lichtempfindliche Sinneszellen und dahinter befindet sich eine **Pigmentzellschicht**. Die Sinneszellen sehen aus wie Stäbchen bzw. Zapfen, die wie die Streichhölzer in einer Schachtel dicht zusammengepackt sind. Die **Zapfen**

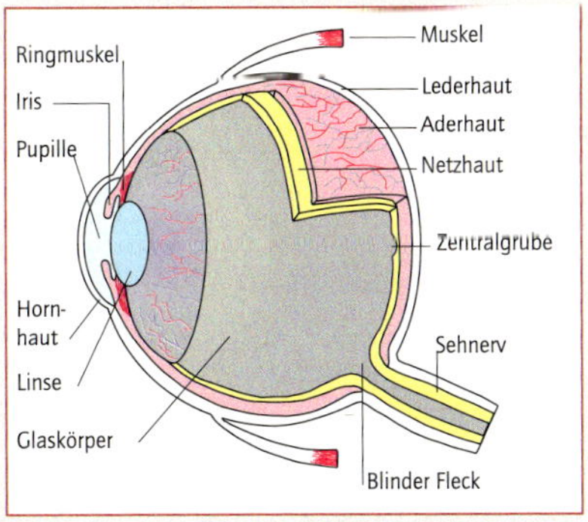

Abb.: Aufbau des Auges

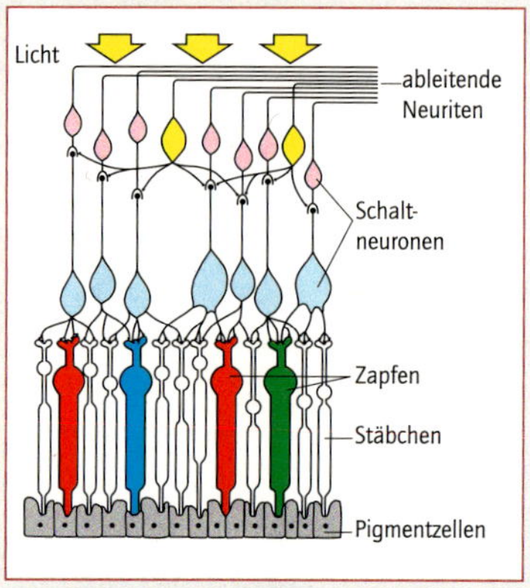

Abb.: Aufbau der Netzhaut

ermöglichen das Farbensehen, während die **Stäbchen** lediglich Hell-Dunkel-Unterschiede erkennen lassen. Genau gegenüber der Pupille liegt der gelbe Fleck bzw. die **Zentralgrube**, der Ort des schärfsten Sehens. Die Nervenimpulse, von Stäbchen und Zapfen kommend, werden an so genannte „Schaltneuronen" weitergeleitet, deren Nervenfasern sich im Sehnerv vereinigen. Dieser leitet die Impulse zum Gehirn weiter. Der Sehnerv mündet etwas unterhalb und seitlich von der Zentralgrube in die Netzhaut; hier gibt es einen kleinen runden Bereich ohne lichtempfindliche Zellen, der **Blinde Fleck**. Dem Blutkreislauf in der Netzhaut dienen jeweils eine zentrale Arterie und eine Vene **(BLUTGEFÄSSE)**, die im Sehnerv liegen. Die im Gehirn ankommenden Nervenimpulse werden „verrechnet". Das bedeutet, einem bestimmten Impulsmuster wird ein (bekannter) Gegenstand, eine Farbe usw. zugeordnet.

L

AUSSCHEIDUNGSORGANE → NIERE

AZIDOSE → SÄURE-BASEN-HAUSHALT

BAKTERIEN

Bakterien sind einzellige, kleine Lebewesen, die sich durch Teilung vermehren. Sie besitzen keinen Zellkern und gehören deshalb zur Gruppe der **Prokaryonten (ZELLE)**. Im Gegensatz zu **VIREN** sind sie für Wachstum und Vermehrung nicht auf einen Wirtsorganismus angewiesen.

Bakterien sind winzig, ihre durchschnittliche Größe liegt zwischen 1–10 Mikrometern (tausendstel Millimeter). Bakterien können ganz verschieden geformt sein. Häufige Formen sind die Kugelform **(Kokken)**, die gleichmäßige Stäbchenform **(Bazillen)**, die Schraubenform **(Spirillen)** oder die Komma-Stäbchenform **(Vibrionen)**. Weiterhin werden Bakterien nach ihrer Zellwandstruktur, nach unterschiedlicher Färbbarkeit **(Gramfärbung)** oder nach ihrer Fähigkeit in An- oder Abwesenheit von Luft zu leben **(aerob, anaerob)** eingeteilt. Zudem lassen sich Bakterien hinsichtlich ihrer Lebensweise in drei Hauptgruppen unterscheiden: **Saprophyten**, die auf totem tierischen oder pflanzlichen Material leben, und **Symbionten**, die lebende Organismen besiedeln. Die dritte Gruppe, die **Parasiten**, können die Pflanzen oder Tiere, die sie besiedeln, zerstören.

Der Aufbau der Bakterien ist ähnlich dem der Prokaryonten (**ZELLE**): einer äußeren Zellwand liegt innen die Zellmembran auf, die zahlreiche Einstülpungen aufweist. Im Inneren befindet sich das **ZYTOPLASMA** (Zellplasma), unter anderem mit zahlreichen Bläschen, die Reservestoffe speichern. Die Erbsubstanz der Bakterienzelle liegt frei im Zytoplasma in Form eines kreisförmigen DNA-Doppelstranges vor (**NUKLEINSÄUREN**). Viele Bakterien besitzen auch kleinere kreisrunde DNA-Abschnitte, so genannte Plasmide, die ebenfalls Erbinformation enthalten, welche allerdings für die Fortpflanzung nicht wesentlich sind. Bakterienzellen vermehren sich durch **ZELLTEILUNG**.

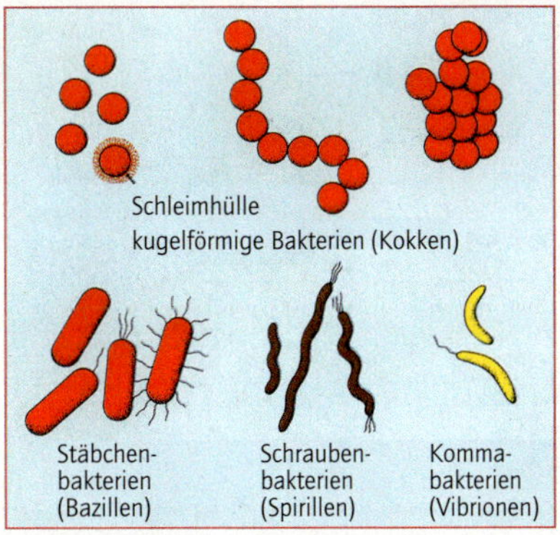

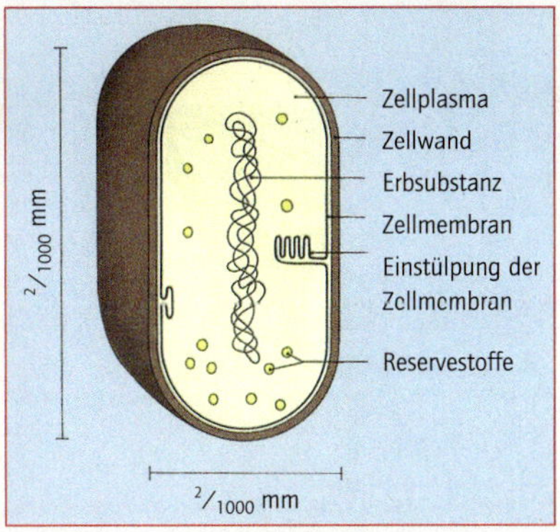

Abb.: Bakterienformen, Aufbau eines Bakteriums

Unter günstigen Bedingungen, z. B. bei einer Zellteilung alle 30 Minuten, kann nach 15 Stunden aus einem einzigen Bakterium eine Nachkommenschaft von etwa einer Milliarde entstehen. Eine solche Kolonie ist dann mit bloßem **AUGE** wahrzunehmen. Bakterien versorgen sich auf unterschiedlichste Art mit **ENERGIE** und Nährstoffen und finden sich in nahezu jeder Umwelt: in Luft, Boden, **WASSER**, Eis und in über 100 °C heißen Quellen.

BAKTERIEN und MENSCH

Als Bewohner der Haut und der Schleimhäute (z. B. Dickdarm oder Scheide) dienen Bakterien als Verdauungshilfe und Gewebsschutz. Bei den Hautbakterien (Hautflora) unterscheidet man die zufällig anwesende Anflugflora **(transiente Hautflora)** von der dauerbesiedelnden Standortflora. Man findet auf der Haut Vertreter vieler Bakteriengattungen wie z. B. Streptokokken und Staphylokokken **(residente Hautflora)**.

Neben diesen auch **Normalflora** genannten nicht krankheitserregenden Bakterien (die auf oder im Menschen leben), gibt es ungefähr 200 Bakterienarten, die **pathogen** (krankheitserregend) für den Menschen sind. Die Pathogenität der einzelnen Arten ist sehr unterschiedlich und hängt sowohl von der **Virulenz** (der schädlichen Aktivität) der einzelnen Art als auch vom Gesundheitszustand des Menschen ab.

Viele Erkrankungen werden durch Infektionen mit Bakterien verursacht, z. B. Tetanus, Tuberkulose, Syphilis, Typhus, Diphtherie und einige Formen der Lungenentzündung sowie auch Bindehautentzündungen, Akne und weitere bakterielle Hauterkrankungen (➔ LF 2, Kapitel 4).

Verschiedene Mikroorganismen, darunter bestimmte **PILZE** und einige Bakterien, bilden chemische Stoffe, die für spezifische andere Bakterien giftig sind. Solche Substanzen, z. B. Penicillin und Streptomycin, nennt man **Antibiotika**. Sie töten Bakterien entweder ab oder verhindern ihre Vermehrung.

BASEN ➔ SÄUREN

BEWEGUNGSAPPARAT

Das Stützgerüst des menschlichen Körpers besteht aus **KNOCHEN**, Knorpeln und **GELENKEN**, die in ihrer Gesamtheit als **SKELETT** bezeichnet werden. Die Knochen sind über Gelenke miteinander verbunden und können über das Zusammenwirken von Sehnen, Bändern und **MUSKELN** bewegt werden. Alle genannten Strukturen werden deshalb unter dem Begriff Bewegungsapparat zusammengefasst.

BINDE- und STÜTZGEWEBE

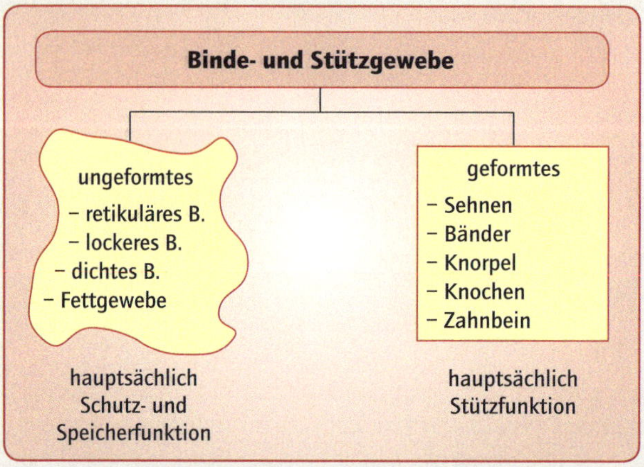

Abb.: Übersicht Binde- und Stützgewebe

L

Zum Binde- und Stützgewebe gehören verschiedene Gewebsformen mit speziellen Eigenschaften, z. B. Knorpel- und **Knochengewebe** mit Stützfunktion oder Fettgewebe mit Schutz- und Speicherfunktion. Charakteristisches Kennzeichen des Bindegewebes ist eine große Menge an **Grundsubstanz,** die als Interzellularsubstanz zwischen den Zellen liegt und je nach Bindegewebstyp flüssig, halbfest oder fest sein kann. Die Grundsubstanz besteht aus **PROTEINEN**, **KOHLENHYDRAT**verbindungen und verschiedenen Fasern.

Das Bindegewebe wird in zwei große Gruppen unterteilt, in geformtes und ungeformtes Bindegewebe. Zum **ungeformten Bindegewebe** zählt u. a. retikuläres, lockeres und dichtes Bindegewebe sowie Fettgewebe. Sehnen, Bänder, Knorpel, Knochen und Zahnbein bestehen dagegen **aus geformtem Binde- und Stützgewebe.**

Das geformte, straffe Bindegewebe der **Sehnen** besteht aus Bindegewebszellen, wenig Interzellularsubstanz und vielen reißfesten Kollagenfasern. Das **Knorpelgewebe** gehört zum Stützgerüst des Körpers. Es ist äußerst druckfest und trotzdem elastisch. Je nach Knorpeltyp (hyaliner Knorpel: Gelenkflächen; Faserknorpel: Bandscheiben und elastischer Knorpel: Ohrmuschel) unterscheidet sich die Zusammensetzung aus fester Grundsubstanz, Knorpelzellen und kollagenen Fasern.

Das **KNOCHEN**gewebe besteht aus Knochenzellen, kollagenen Fasern und Mineralsalzen (**KALZIUM, MAGNESIUM,** Phosphat). Knochengewebe hat durch die Einlagerung der Kalksalze eine große Festigkeit und ist sehr widerstandsfähig gegen **DRUCK**, Biegung und Dehnung. Die Knochen bilden das Grundgerüst des Körpers **(SKELETT),** an dem die Skelettmuskeln ansetzen.

Das ungeformte, **lockere Bindegewebe** besteht aus wenigen Fasern und einer großen Menge Grundsubstanz. Es dient dazu, die Organe des Brust- und Bauchraums zu stützen und **WASSER** zu speichern. Es enthält viele Abwehrzellen und erfüllt so wichtige Aufgaben bei Abwehr- und Regenerationsvorgängen. Das **retikuläre Bindegewebe** ist Bestandteil der lymphatischen Organe und des Knochenmarks. Es setzt sich zusammen aus sternförmigen Retikulumzellen und verzweigten retikulären Fasern. Die meisten Bindegewebe enthalten **ZELLEN**, welche an die Speicherung von Fett angepasst sind. Das **Fettgewebe** entsteht aus retikulärem Bindegewebe, in dessen Zellen sich Fetttropfen eingelagert haben (z. B. in der Subkutis). In den Zellen findet die Speicherung und der **STOFFWECHSEL** von Fett statt. Die Zellen werden einzeln als Fettzellen oder Lipozyten (früher auch Adipozyten) bezeichnet.

BLUT

Das Blut zirkuliert in den **BLUTGEFÄSSEN** (Arterien und Venen). Das Blutvolumen des Menschen beträgt je nach Alter, Körpergröße und Gewicht ca. 5 – 6 Liter (ca. 8 % des Körpergewichtes). Hauptfunktion des Blutes ist der Transport lebenswichtiger Stoffe an alle Stellen des Körpers. Blut besteht aus **Blutplasma** und **Blutzellen**.

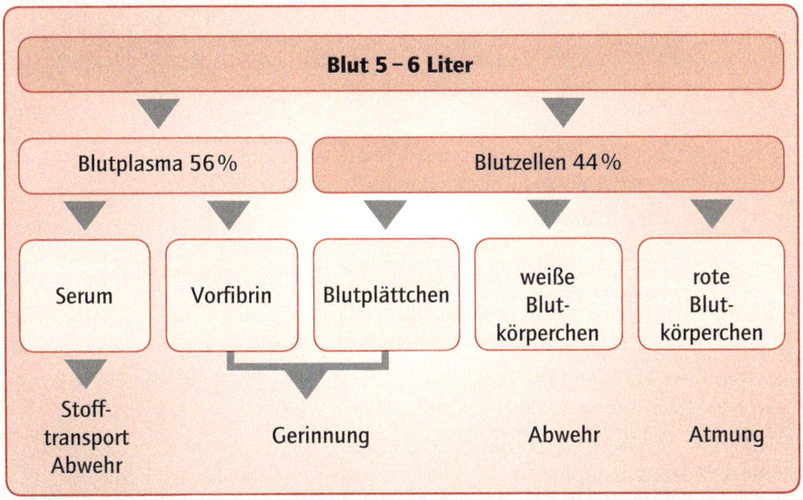

Abb.: Bestandteile und Aufgaben des Blutes

Das Blutplasma besteht zu 90 Prozent aus **WASSER**. Der Rest sind Proteine, die z. B. der Infektabwehr (Immunglobuline, Antikörper) oder der Blutgerinnung (Thrombin, Vorfibrin) dienen, Ionen und andere kleinmolekulare Stoffe. Im Plasma gelöst befinden sich die drei großen Gruppen von Blutzellen (Blutkörperchen): **rote Blutkörperchen (Erythrozyten)**, **weiße Blutkörperchen (Leukozyten)** und die **Blutplättchen (Thrombozyten)**. Ein Kubikmillimeter menschliches Blut enthält ungefähr fünf Millionen Erythrozyten, 15 Tausend Leukozyten und zwischen 150 Tausend und 400 Tausend Thrombozyten.

Das Blut erfüllt viele wichtige Funktionen für den Gesamtorganismus: Es versorgt den Körper mit Sauerstoff und Nährstoffen, bringt **HORMONE** zu den Zielzellen, transportiert die beim Zell**STOFFWECHSEL** anfallenden Abfallstoffe sowie **KOHLENDIOXID** (CO_2) wieder ab, ist entscheidend an der Abwehr von Krankheitserregern beteiligt und sorgt für den Wundverschluss.

Für den Transport des Sauerstoffs sind die **Erythrozyten** zuständig, die keinen Zellkern besitzen. Ihre rote Farbe, die auch das gesamte Blut rot erscheinen lässt, verdanken sie dem **Hämoglobin**, einem eisenhaltigen Protein. Hämoglobin bindet in der Lunge (**ATMUNG**) Sauerstoff, gibt ihn in den **KAPILLAREN** an die Zellen ab und nimmt dafür CO_2 auf. In den Lungen wird Kohlendioxid wieder gegen Sauerstoff ausgetauscht.

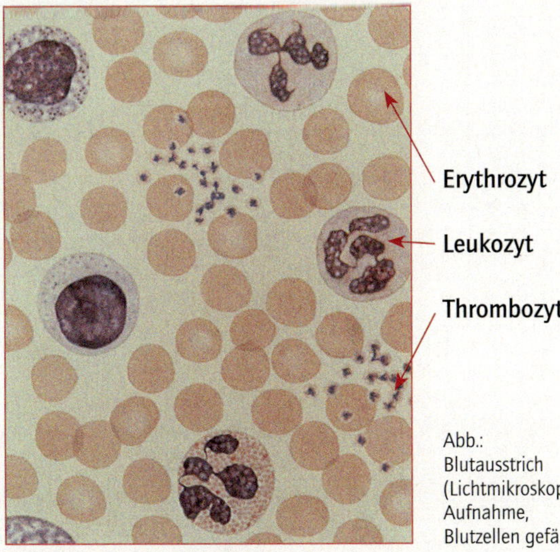

Abb.: Blutausstrich (Lichtmikroskop-Aufnahme, Blutzellen gefärbt)

Die **Leukozyten** (weiße Blutkörperchen) spielen eine große Rolle bei der Infektabwehr. Nach Aussehen und Funktion werden Leukozyten in Lymphozyten, Granulozyten und Monozyten unterteilt **(IMMUNSYSTEM)**. Die **Zellen des Immunsystems** leiten sich von so genannten Stammzellen des Knochenmarks ab. Aus den Stammzellen entstehen die drei Hauptkategorien der Immunzellen.

Die **Thrombozyten** sind kleine, runde Körper ohne Zellkern, ihr Durchmesser ist ein Drittel so groß wie der von Erythrozyten. Bei Verletzungen verstopfen sie die beschädigte Stelle wie ein Korken und verhindern hierdurch übermäßigen Blutverlust. Zudem setzen sie Substanzen frei, welche die **Blutgerinnung** aktivieren und die Wundheilung beschleunigen. Während des Blutgerinnungsprozesses werden Gerinnungsproteine im Blut in eine aktive Form überführt und können dann weitere Gerinnungsproteine aktivieren. Am Ende der „Aktivierungskaskade" steht das Protein Thrombin, welches lösliches Fibrinogen in klebriges Fibrin überführt. Fibrin verklebt die Thrombozyten untereinander und mit der Gefäßwand und sorgt hierdurch für einen stabilen **Wundverschluss**.

L

Blutzellen haben eine begrenzte Lebensdauer, z. B. Erythrozyten ca. 120 Tage. Danach gehen sie zugrunde und werden von der **MILZ** abgebaut. Erythrozyten und Thrombozyten werden ständig im **roten Knochenmark (KNOCHEN)** nachgebildet, Lymphozyten im roten Knochenmark und in den übrigen Lymphgeweben wie Lymphknoten oder Thymus **(LYMPHE, LYMPHGEFÄSSE)**.

Weiterhin trägt das Blut dazu bei, dass die **KÖRPERTEMPERATUR** konstant bleibt und es sorgt nicht zuletzt durch seine **PUFFERSYSTEME** dafür, dass der **SÄURE-BASEN-HAUSHALT** bzw. der **PH-WERT** keinen größeren Schwankungen unterliegt.

BLUTDRUCK

Der Blutdruck ist der **DRUCK**, den das **BLUT** im Kreislauf **(HERZ)** auf die Wände der **Arterien (BLUTGEFÄSSE)** ausübt, nachdem es vom Herz in das Blutgefäßsystem gepumpt wird. Bei einem gesunden Menschen bleibt der Blutdruck innerhalb eines gewissen Schwankungsbereichs konstant. Die komplizierten Mechanismen, welche Herztätigkeit und Gefäßtonus (Eng- und Weitstellung von Gefäßen) regeln, werden von Zentren in Gehirn, Rückenmark und sympathischem **NERVENSYSTEM** gesteuert.

Der Blutdruck wird in Form zweier Werte gemessen: Der obere Wert, **Systole** genannt, entspricht dem Druck des Blutes in dem Augenblick, wenn das Herz seinen Inhalt in den Kreislauf entleert. Zum Zeitpunkt des unteren Wertes, der **Diastole**, ist das Herz entspannt und bereit zur Aufnahme neuen Blutes. Der Blutdruck wird in der Einheit „Millimeter Quecksilbersäule" (mm Hg) gemessen. Gewöhnlich werden beide Blutdruckwerte angegeben, z. B. als 140/80 (sprich „140 zu 80"), wobei der erste Wert dem Blutdruck in der Systole und der zweite Wert dem Blutdruck in der Diastole entspricht. Der Blutdruck gesunder Menschen beträgt bei Säuglingen etwa 80/45, bei 30-Jährigen ungefähr 120/80 und mit über 40 Jahren um die 140/85.

BLUTGEFÄSSE

Die Blutgefäße sind dafür zuständig, die Körperzellen mit sauerstoff- und nährstoffreichem Blut zu versorgen bzw. Abbauprodukte der Zellen und **KOHLENDIOXID** (CO_2) über das Blut abzutransportieren. Mit dem Herz bilden die Blutgefäße das **HERZ-KREISLAUF-SYSTEM.** Die Blutgefäße, die das Blut vom Herzen zu den **GEWEBEN** und Organen transportieren, werden **Arterien** genannt. Die Blutgefäße, die das Blut zum Herzen transportieren, werden **Venen** genannt.

Arterien sind aus drei Schichten aufgebaut. Die Innenhaut **(Intima)**, besteht aus dem Gefäßendothel, einem **EPITHELGEWEBE**, welches einer elastischen Membran aus feinen Bindegewebsfasern aufliegt. Die mittlere Schicht **(Media)**, wird aus glatten **MUSKEL**zellen und Fasern aus elastischem **BINDEGEWEBE** gebildet. Die Außenhaut **(Adventitia)**, besteht aus Kollagen und elastischem Bindegewebe.

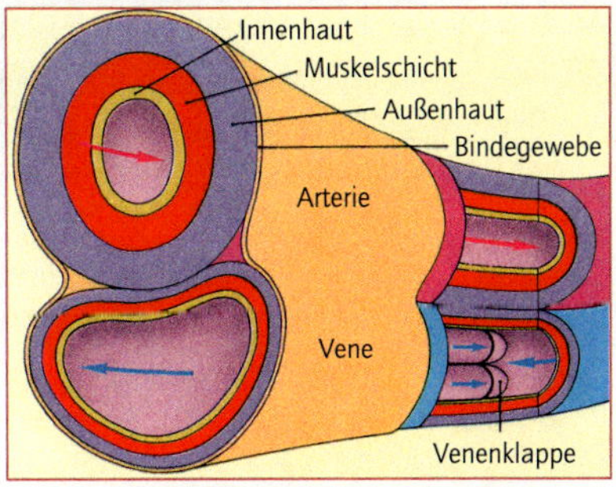

Die Wand der Venen besteht wie die der Arterien aus drei Schichten, ist aber etwas dünner. Die innere Schicht der Venenwand bildet zudem taschenförmige **Venenklappen**, die den Rückfluss des Blutes hemmen. Venenklappen sind baggerschaufelartige Intimafalten, die in das Gefäß hineinragen. Das Blut der Venen wird über **DRUCK** aus den benachbarten Arterien und vom Skelett**MUSKEL** zum Herzen gepumpt (siehe Abbildung). Sind die Venen erweitert, geschlängelt und in ihrer Form verändert, spricht man von **Krampfadern (Varizen)**. Ursache hierfür ist eine Schwäche der Venenwand und des Bindegewebes, die zur Dehnung des Gefäßes und nachfolgend zur Schlussunfähigkeit der Venenklappen führt. Normalerweise gestatten die Venenklappen, z. B. der Beinvenen, nur einen Blutfluss in Richtung des rechten Herzens. Schließen die Klappen aufgrund von Krampfadern nicht mehr richtig, kann das Blut zurückströmen (Richtung Fuß) und dehnt die Venen dabei immer mehr. Hierdurch kommt es zu einer zunehmenden Vergrößerung der Krampfadern. In den Venen befindet sich etwa zwei Drittel des gesamten Blutvolumens, deshalb nennt man sie auch Kapazitätsgefäße.

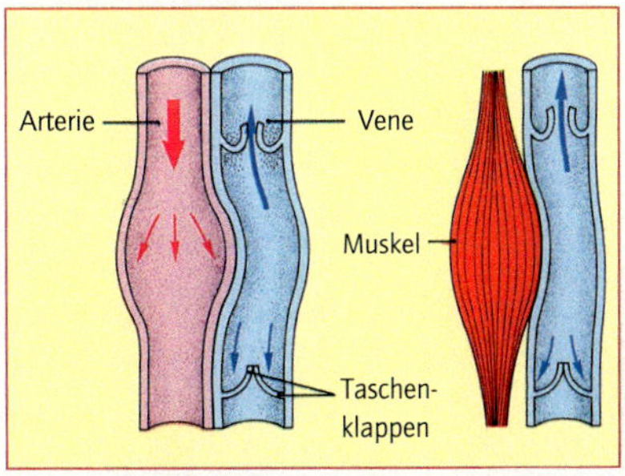

Abb.:
Aufbau von Arterien und Venen;
Transport des Blutes in den Gefäßen

BLUTKREISLAUF → HERZ-KREISLAUF-SYSTEM

CARBONSÄURE

Carbonsäuren sind **MOLEKÜLE** mit einer oder mehreren **Carboxylgruppen** (-COOH). Je nach Anzahl an Carbonsäuren pro Molekül bezeichnet man die Säuren als Mono-, Di- oder Tricarbonsäuren usw. Zu den Vertretern der Monocarbonsäuren zählen Ameisensäure (HCOOH) und Essigsäure (H_3C-COOH). Dicarbonsäuren sind z. B. Oxalsäure (HOOC-COOH) und Malonsäure (HOOC-CH_2-COOH).

Carbonsäuren können aus gesättigten sowie ungesättigten (enthalten im Molekül eine Doppelbindung zwischen zwei Kohlenstoffatomen) langen Ketten von Kohlenstoffatomen aufgebaut sein. Weil die höheren Vertreter häufig in Fetten vorkommen, bezeichnet man diese auch als **Fettsäuren**. Eine typische **gesättigte Fettsäure** ist beispielsweise Palmitinsäure (H_3C-$(CH_2)_{14}$-COOH), eine typische einfach **ungesättigte Fettsäure** ist Ölsäure (H_3C-$(CH_2)_7$-CH=CH-$(CH_2)_7$-COOH). Gesättigte Fettsäuren findet man im Hydrolipid-Mantel der Haut und häufig als Inhaltstoff in kosmetischen Produkten. Ungesättigte Fettsäuren sind chemisch instabil und müssen, wenn sie in kosmetischen Produkten verwendet werden, durch **ANTIOXIDANZIEN** vor **OXIDATION** geschützt werden.

Wichtige Derivate (Abkömmlinge) der Carbonsäuren sind u. a. die **ESTER (ALKOHOLE).**

In der Kosmetik hat eine besondere Gruppe von Carbonsäuren größere Bedeutung, die **Alpha-Hydroxy-Carbonsäuren**, auch als **AHA** *(alpha-hydroxy acid)* oder **Fruchtsäure** bezeichnet. Apfelsäure, Glykolsäure, Milchsäure, Weinsäure und Zitronensäure sind Fruchtsäuren. Sie weisen am C-Atom, welches direkt neben dem C-Atom der Carboxylgruppe liegt, einen Hydroxylrest (-OH) auf. Fruchtsäuren haben hautschälende Wirkung (➜ Band B, LF 3, Kapitel 4.4).

CHEMISCHE BINDUNG

Die Triebfeder, eine chemische Verbindung einzugehen, besteht hauptsächlich darin, eine energetisch günstigere, stabilere Elektronenverteilung in den Elektronenschalen zu erreichen. Diese ist z. B. dann erreicht, wenn die äußerste Elektronenschale acht Elektronen besitzt (EDELGASE, **PERIODENSYSTEM DER ELEMENTE**). Das Bestreben vieler Atome diese **EDELGASKONFIGURATION** zu erreichen, wird auch als Oktettprinzip bezeichnet (Oktett = von lateinisch *octo:* acht). Chemische Verbindungen, also der **Zusammentritt von zwei oder mehreren Atomen zu einem MOLEKÜL**, werden immer so vollzogen, dass dabei alle Verbindungspartner einen chemisch stabileren Zustand erreichen können. Dafür gibt es hauptsachlich zwei Wege: Entweder findet ein Elektronenübergang von einem Verbindungspartner zum anderen statt (IONENBINDUNG) oder die beiden an der Bindung beteiligten Atome bilden gemeinsame Paare (ELEKTRONENPAARBINDUNG). Zudem gibt es noch die METALLISCHE BINDUNG, die eine Sonderform der Ionenbindung darstellt und die WASSERSTOFFBRÜCKEN-BINDUNG.

IONENBINDUNG

Wenn zwei Atome eine Ionenbindung bilden, so findet immer ein Elektronenübergang zwischen den Verbindungspartnern statt. Dies geschieht so, dass beide an der Bindung beteiligten Atome eine günstige Elektronenkonfiguration, z. B. die der EDELGASE, erreichen. Da bei dieser Verbindungsbildung der eine Partner Elektronen an den anderen abgibt, entstehen zwei unterschiedlich geladene **ION**en. Damit sich ein Elektron vom Kern entfernen kann, muss **ENERGIE** in Form von **WÄRME** oder **LICHT** zugeführt werden. Erreicht die zugeführte Energie eine bestimmte Höhe, können einzelne Elektronen eines Atoms in höhere Schalen gehoben werden. Bei weiterer Energiezufuhr kann sich das Elektron so weit vom Kern entfernen, dass es selbstständig

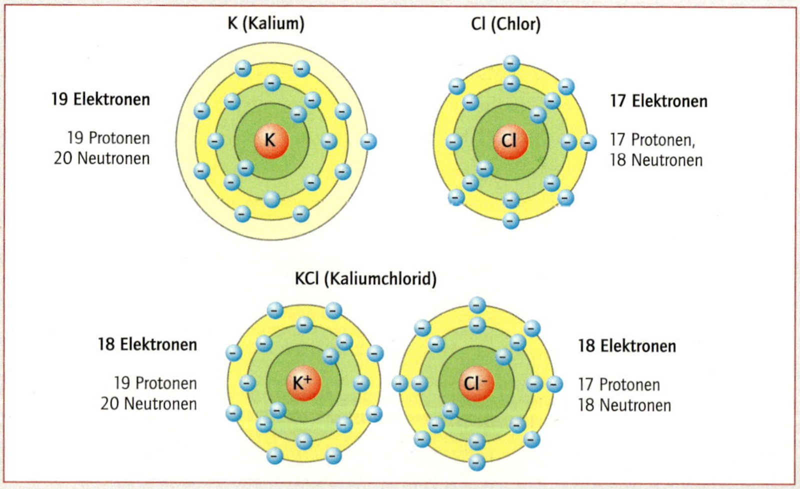

Abb.: Ionenbindung

wird und nicht mehr zum Atom gehört. Nun besitzt das Atom ein Elektron (eine negative Ladung) weniger als vorher. Da bei diesem Vorgang die Zahl der Protonen im Kern und damit die Zahl der positiven Ladungen gleich geblieben ist, trägt das Atom nach außen hin eine positive Ladung und wird als Ion bezeichnet **(Ionisierung)**. Die Energiemenge, die für diesen Vorgang benötigt wird, ist die Ionisierungsenergie.

Die Ionenbindung entsteht durch die Wirkung elektrostatischer Kräfte zwischen den unterschiedlich aufgeladenen Ionen. Sie tritt häufig bei Verbindungen zwischen **METALLEN** und ausgesprochenen **NICHTMETALLEN** (z. B. Halogene) auf, z. B. bei **SALZEN**. In dieser Weise entsteht z. B. Kaliumchlorid (KCl). In dieser Verbindung ist das **KALIUM** einfach positiv geladen und bindet ein Chloratom, das ein Elektron übernommen hat, also negativ geladen ist.

Zudem können sich beim Zusammenführen von Säuren und Basen **Ionengitter** bilden, indem jedes geladene Ion mehrere entgegengesetzt geladene Ionen über elektrostatische Anziehungskräfte bindet **(SALZE)**.

ELEKTRONENPAARBINDUNG (KOVALENTE BINDUNG, ATOMBINDUNG)

Eine kovalente Bindung findet bei der chemischen Verbindung zweier **NICHTMETALLE (METALLE)** statt. Hierbei haben beide Atome eine gewisse Neigung, ihre Elektronen zu behalten, obwohl sie durch Abgabe von ein oder zwei Elektronen die **EDELGASKONFIGURATION** erreichen könnten. Im Gegensatz zur Ionenbindung findet kein Elektronenübergang statt. Vielmehr trägt jedes Atom ein Elektron zur Bindung bei. Eine kovalente Bindung besteht damit aus einem Elektronenpaar, welches sich beide Atome teilen. Bei dieser Verbindungsbildung überlappen sich die äußeren Schalen der beiden Atome. Je nachdem, ob das gemeinsame Elektronenpaar in der Mitte zwischen zwei Atomen liegt oder mehr von einem angezogen wird, können kovalente Bindungen polar oder nichtpolar sein. Im Falle des **WASSERSTOFF**moleküls (H_2) liegt eine nichtpolare Bindung vor, das Elektronenpaar gehört beiden Atomen zu gleichen Teilen. Im Gegensatz dazu liegt beim Chlorwasserstoffmolekül (HCl) eine polare Atombindung vor. Hier gehört das Bindungselektronenpaar bevorzugt dem Chloratom – angedeutet durch die größere Ladungswolke auf seiner Seite. Durch die Verschiebung des gemeinsamen Elektronenpaars in Richtung auf das Chloratom ist die Verteilung der negativen Ladungen, der Elektronen, über das Molekül asymmetrisch geworden, es ist Polarisierung aufgetreten. Im Grenzfall geht eine polare Elektronenpaarbindung in eine Ionenbindung über.

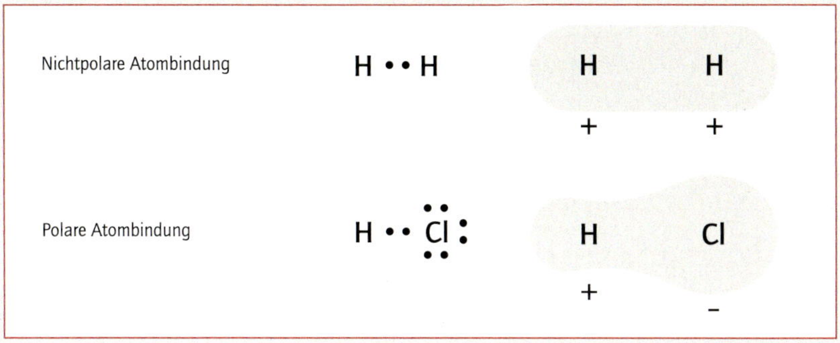

Abb.: Elektronenpaarbindung

Es können neben den Einfach- auch Doppel- und Dreifachbindungen gebildet werden. Hierbei teilen sich die Bindungspartner mehrere Elektronenpaare. So müssen z. B. die beiden Stickstoffatome im N_2-Molekül drei gemeinsame Elektronenpaare bilden, damit jedes die Elektronenkonfiguration von Neon erreicht.

METALLISCHE BINDUNG

Die äußeren Elektronen von **METALLEN** sind aufgrund des Elektronenschalenaufbaus nur relativ lose an den Atomkern gebunden und sind bei Ausbildung einer metallischen Bindung, die zur Bildung eines **Metallkristalls** führt, frei beweglich. Die positiven Metallionen besetzen feste Gitterstellen im Kristall mit regelmäßigen Abständen zwischen den einzelnen Ionen. Die negative Wolke frei beweglicher Elektronen hält (über elektrostatische Kräfte) den Kristall aus positiv geladenen Ionen zusammen. Im Unterschied zur Ionenbindung können bei der metallischen Bindung die Elektronen nicht einem Atom bzw. Ion zugeordnet werden. Diese delokalisierte Bindungsart findet man nicht nur bei reinen Metallen, sondern auch bei **Legierungen** (= metallische Bindung von zwei verschiedenen Elementen, z. B. Bronze setzt sich zusammen aus Kupfer und Zinn, Messing setzt sich zusammen aus Kupfer und Zink). Durch die freie Beweglichkeit der Elektronen ergeben sich für Metalle eine hohe elektrische Leitfähigkeit sowie relativ einfache Verform- und Schmiedbarkeit.

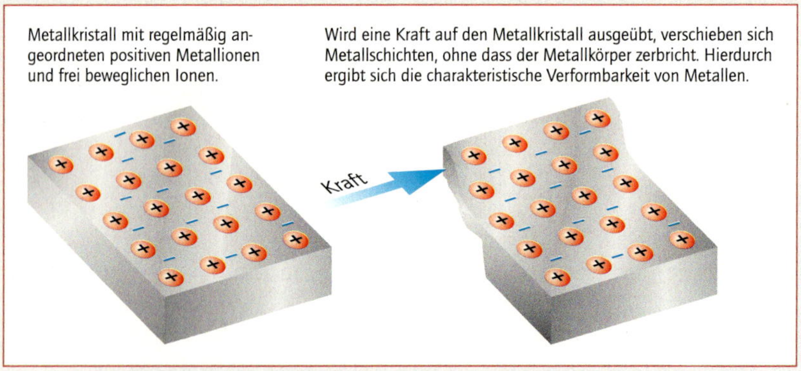

Abb.: Metallische Bindung und Verformbarkeit von Metallen

WASSERSTOFFBRÜCKENBINDUNG

Jedes **WASSERSTOFF**atom im **WASSER**molekül hat die Fähigkeit, außer dem daran gebundenen Sauerstoffatom über elektrostatische Kräfte noch ein weiteres O-Atom anzulagern. Das Wasserstoffatom bildet somit eine Brücke zwischen den Sauerstoffatomen zweier Wassermoleküle, wobei die eine Bindung eine polarisierte ELEKTRONENPAARBINDUNG ist, die andere, zusätzliche, jedoch nur auf elektrostatischer Anziehung beruht. Jedes Wassermolekül kann an maximal vier Wasserstoffbrücken beteiligt sein, wobei zwei der brückenbildenden Wasserstoffatome zum betrachteten Molekül, die zwei anderen zu weiteren Wassermolekülen gehören. Diese Möglichkeit wird bei sehr tiefen **TEMPERATUREN** im Eis realisiert, in dem sich dementsprechend eine Gitterstruktur bildet.

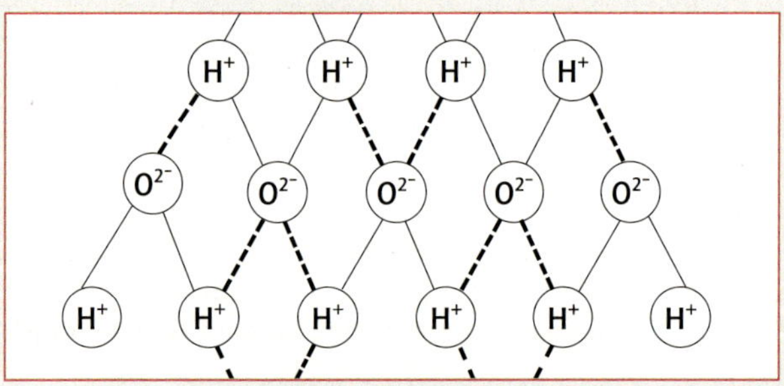

Abb.: Wasserstoffbrückenbindung

Beim Übergang in den flüssigen Zustand bricht diese Gitterstruktur mehr und mehr auf. Im Durchschnitt sind im flüssigen **WASSER** noch etwas mehr als zwei Wasserstoffbrücken je H_2O-Molekül vorhanden. Wasserdampf schließlich besteht vorwiegend aus einzelnen H_2O-Molekülen.

CHLOR

Symbol Cl, gehört zur Hauptgruppe VII des **PERIODENSYSTEMS DER ELEMENTE**. Das Halogen Chlor ist ein reaktionsfreudiges, gelbgrün (griechisch *chloros*) gefärbtes, gasförmiges Element mit der Ordnungszahl 17. Chlor kann durch Aufnahme von einem Elektron die **EDELGASKONFIGURATION** (EDELGASE) von Argon erreichen. Chlorgas hat einen stechenden Geruch und ist in höheren Konzentrationen sehr giftig: Luft mit einem Chlorgehalt von 0,5 bis 1 Prozent führt bei Säugetieren und beim Menschen rasch zum Tod, weil die Atemwege und Lungenbläschen verätzt werden. In der Atmosphäre gibt es leicht flüchtige Chlorverbindungen, wie etwa die **Fluorchlorkohlenwasserstoffe**, die maßgeblich an der Bildung des Ozonloches in der Atmosphäre beteiligt sind. Chlor wirkt keimtötend und wird zur **DESINFEKTION** von Wasser verwendet (Trinkwasser; Schwimmbäder). Als Chlorid spielt es im lebenden Organismus eine große Rolle bei der Regulation des **Elektrolytkreislaufs** und für die neuromuskuläre Erregbarkeit **(MUSKEL, NERVENSYSTEM)**.

DARM → Ernährungslehre (LF 10)

DESINFEKTION

Desinfizieren heißt, ein Objekt so zu behandeln, dass die Keimzahl in einem Maße reduziert wird, dass von dort keine **INFEKTION** mehr ausgehen kann. Dies bedeutet, dass vor allem die krank machenden *(pathogenen)* Erreger deutlich reduziert werden. Desinfektionsverfahren orientieren sich an der Überlebensfähigkeit *(Resistenz)* der Erreger, sodass je nach Desinfektionsgut die passende Methode ausgewählt werden muss. Man unterscheidet chemische und physikalische Desinfektionsverfahren. Zu den physikalischen Desinfektionsverfahren gehören Abflammen, **FILTRATION,** Auskochen, strömender Dampf und Pasteurisieren. Zu den chemischen Desinfektionsmitteln zählt man **ALKOHOLE**, Aldehyde, Phenole, Oxidanzien und Halogene. Diese Substanzen werden eingesetzt zur Hände- und Hautdesinfektion, Instrumentendesinfektion, Flächendesinfektion und Wäschedesinfektion. (→ LF 2, Kapitel 5). Durch die Desinfektionsmittel wird entweder die Zellmembran der **BAKTERIEN** zerstört oder **PROTEINE** so geschädigt, dass Bakterien keinen **STOFFWECHSEL** mehr durchführen und sich nicht mehr vermehren können.

DESTILLATION

Die Destillation ist ein in der (organischen) Chemie häufig eingesetztes Verfahren, um Stoffgemische zu trennen. Bei der Destillation wird ein Gemisch an Flüssigkeiten erhitzt. Der entstehende Dampf ist ein Gemisch aus Stoffen, welche sich in der Reihe ihrer **Siedepunkte** verflüchtigen. Im Dampf ist demnach zu Beginn des Erhitzens zunächst vor allem der Stoff mit der niedrigsten Siedetemperatur. Der Dampf wird in einem so genannten Kondensator wieder abgekühlt und verflüssigt. In der kondensierten Lösung findet sich zunächst hauptsächlich der Stoff, der zuerst in die Dampfphase übergetreten ist. Über weiteres Erhitzen können temperaturabhängig die anderen gelösten Stoffe nach und nach in die Gasphase überführt werden. Durch getrenntes Auffangen der kondensierten Lösungen entsprechend ihrer Verdampfungstemperatur (Fraktionen) ist eine Auftrennung des Stoffgemisches möglich. Mit diesem Verfahren können z. B. Alkohole angereichert („gebrannt") oder ätherische Öle destilliert werden. Es wird jeweils die Fraktion, bzw. das Destillat verwendet, welches die höchste Konzentration des gewünschten Stoffes enthält. Durch wiederholte Destillation des Destillats kann die Konzentration eines Stoffes weiter erhöht werden. Hierdurch können Naturstoffe z. B. für Kosmetika gewonnen werden.

Bei dem Verfahren der „trockenen Destillation" handelt es sich streng genommen um eine so genannte *Pyrolyse* (thermische Spaltung chemischer Verbindungen): Nach der thermischen Zersetzung der Ausgangsprodukte werden über eine anschließende Destillation die gewünschten Produkte gewonnen. Die **Trockendestillation** wird deshalb auch Zersetzungsdestillation genannt. Um eine Verbrennung zu verhindern und eine Verschwelung zu fördern, geschieht dies meist unter Sauerstoffausschluss *(anaerob)*. Die Methode wird eingesetzt, um z. B. aus Birkenrinde Birkenteer oder aus Kiefernnadeln Kiefernnadelöl zu gewinnen. Daher ist das Verfahren für die Kosmetik im Zusammenhang mit der Herstellung von Ätherischen Ölen (➜ Band B, Anhang H.2 zu LF 7) zu nennen.

DICHTE

Als Dichte wird in der Physik das Verhältnis der Masse (entspricht dem Gewicht in Kilogramm) eines Körpers zu seinem Volumen (m^3) bezeichnet. Die physikalische Einheit ist Kilogramm pro Kubikmeter (kg/m^3). Je größer die Dichte eines Körpers ist, desto mehr Atome befinden sich im gleichen Raumvolumen. Dementsprechend ist die Dichte von z. B. Festkörpern oder Flüssigkeiten größer als die von Gasen.

DIFFUSION

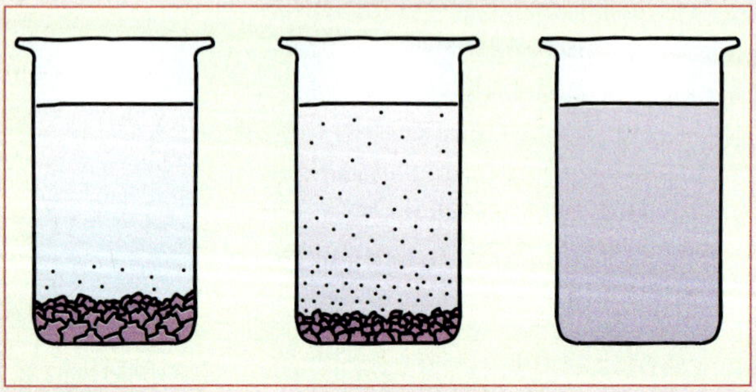

Abb.: Diffusion

Unter Diffusion versteht man die gleichmäßige Verteilung von **MOLEKÜLEN** oder **IONEN** in einem Medium (z. B. **WASSER** oder Luft), entlang eines Konzentrationsgefälles. Das heißt, die Teilchen wandern vom Ort der höheren Konzentration hin zu Orten niedrigerer Konzentration, bis im gesamten Medium eine gleichmäßige Konzentration der Teilchen vorliegt. **SAUERSTOFF** gelangt z. B. durch Diffusion von den roten Blutkörperchen **(BLUT)** über das Interzellulargewebe zu den Sauerstoffverbrauchenden **ZELLEN**. Ein weiteres Beispiel ist die **Penetration** von Cremes oder Salben in die Epidermis (➜ LF 2, Kapitel 1.5.1).

DISSOZIATION

Als Dissoziation bezeichnet man den Zerfall einer Verbindung in **IONEN**. Für **SALZE** z. B. gibt es zwei Formen der Dissoziation. Zum einen die elektrolytische **(ELEKTROLYSE)** und zum anderen die Dissoziation in **WÄSSRIGER LÖSUNG**. Zudem wird der Begriff oft in Verbindung mit der **SÄURE-BASEN**-Thematik verwendet. Jede Verbindung, die bei der Dissoziation in wässriger Lösung H^+-Ionen abgibt ist eine Säure, eine die OH^--Ionen abgibt eine Base.

DISPERSION ➜ STOFFGEMISCHE

DRUCK

Der Druck ist eine physikalische Größe und entspricht der **KRAFT** pro Flächeneinheit (Newton/m^2). Ein Charakteristikum von Gasen und Flüssigkeiten ist, dass sie auf die sie umgebende Gefäße allseitig die gleiche Kraft bzw. den gleichen Druck ausüben. Nach dem Internationalen Einheitensystem hat der Druck die Einheit Pascal (Einheitenzeichen: Pa). Für viele praktische Zwecke wird allerdings noch heute die abgeleitete Einheit bar (Einheitenzeichen: bar) oder in der Manuellen Lymphdrainage für die Kosmetik die alte definierte Maßeinheit Torr (Einheitenzeichen: Torr → Band B, LF 6, Kapitel 5.2 und → Band C, LF 11, Kapitel 5) verwendet. Der „normale" Luftdruck beträgt etwa 1 bar, das entspricht etwa 100 000 Pa.

UNTERDRUCK

Als Unterdruck wird der in einem Volumen herrschende Druck bezeichnet, wenn das umgebende Medium einen höheren Druck besitzt. In aktuellen Normen wird der Unterdruck als relativer Druckwert zum Luftdruck verwendet. Korrekterweise ist Unterdruck ein „niedrigerer" Druck, als der in der Umgebung herrschende. Verformbare Körper werden sich in dem Bestreben, den Druckunterschied auszugleichen in Richtung des niedrigeren Drucks ausdehnen. Diesen Sachverhalt macht man sich z. B. in kosmetischen Anwendungen zu Nutze, wenn Haut und Bindegewebe sich kurzzeitig in Richtung eines lokal begrenzt angelegten Unterdrucks ausdehnen (apparative Ausreinigung → Band B, LF 3, Kapitel 5.4). Bei apparative Massagen → Band B und C, LF 6, Kapitel 6.1, zur Stoffeinschleusung in die Haut → Band B, LF 7, Kapitel 3.5 und zur kosmetischen Behandlung von Cellulite → Band C, LF 11, Kapitel 4.3.3 nutzt man den Unterdruck zu einer Durchblutungsanregung und zu einer verbesserten Versorgung des Gewebes mit Nährstoffen und Abtransport von Schlackenstoffen.

EDELGASE → PERIODENSYSTEM DER ELEMENTE

EDELGASKONFIGURATION

Als Edelgaskonfiguration wird die Anordnung der Elektronen auf den Elektronenschalen **(ATOMMODELLE)** die hinsichtlich der Außenelektronen einem Edelgas entspricht bezeichnet **(PERIODENSYSTEM DER ELEMENTE).** Außer bei Helium (zwei Elektronen auf der äußeren Schale) ist dies der Fall, wenn in der äußeren Schale acht Elektronen vorhanden sind. Die Edelgaskonfiguration ist energetisch sehr günstig, wodurch Atome, die diese erreicht haben, sehr reaktionsträge sind.

EIWEISSE → PROTEINE

ELEKTRISCHER STROM

Die Bausteine der Materie (Atome) besitzen elektrische Ladungen. Die negative Ladung des Elektrons und die positive Ladung des Protons sind die kleinsten existierenden Ladungen und werden deshalb auch als Elementarladungen bezeichnet. Die Summe der positiven und negativen Ladungen bleibt insgesamt immer konstant. Entfernt man (durch Energiezufuhr) Elektronen aus einem Atom, bleiben positiv geladene **IONEN** zurück; fügt man Elektronen hinzu, erhält man negative Ionen. Man kann einzelne Ladungen also nicht erzeugen, sondern nur trennen. Zwischen den getrennten Ladungen wirkt

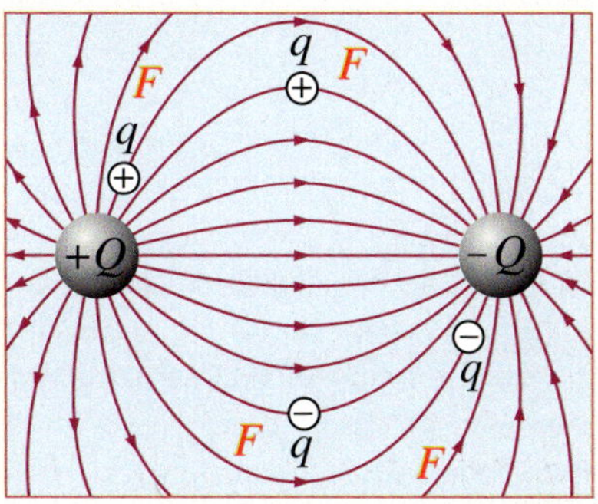

Abb.:
Elektrische Feldlinien

eine **KRAFT**, mit der sich die Ladungen anziehen, sie wird **Coulomb-Kraft** genannt. Jedes elektrisch geladene Teilchen ist von einem Kraftfeld umgeben. Dieses Feld kann durch Kraftlinien (Feldlinien) dargestellt werden, welche die Richtung anzeigen, in der die (Coulomb-)Kraft wirkt.

Die physikalische Bezeichnung für die Kraft, die zwischen getrennten Ladungen wirkt, ist die **elektrische Spannung**, ihre physikalische Einheit ist das **Volt (V)**. Die Höhe der **Spannung** ergibt sich aus der **ARBEIT** (Joule, J), die man aufbringen musste die Ladungen zu trennen, geteilt durch die Größe der **Ladung** (Ampere mal Sekunden, As):

Spannung (V) = Arbeit (J)/Ladung (As)

Die elektrische Spannung an einer Steckdose beträgt 220 V.
Um die Spannung aufrechtzuerhalten, benötigt man eine Spannungsquelle (Stromquelle), die zwischen den zwei Enden eines Leiters eine Spannung durch stetige Ladungstrennung erzeugt. Die gerichtete Bewegung der Elektronen im elektrischen Leiter vom negativen zum positiven Pol stellt einen **Strom von Ladungsträgern** dar, daher der Name „elektrischer Strom". Seine Intensität wird als **Stromstärke** angegeben. Die Stromstärke entspricht der Ladungsmenge (Coulomb, C), die pro Zeiteinheit (Sekunde, s) transportiert wird. Die Einheit ist das **Ampere (A)**.

Elektrische Stromstärke (A) = Ladungsmenge (C)/Sekunde (s)

Es gibt an, welche **Ladungsmenge pro Sekunde** im Falle eines konstanten **GLEICHSTROMS** durch einen elektrischen Leiter fließt. Vergleichen kann man dies mit dem Fließen von **WASSER** durch einen Schlauch. Gleichstrom fließt ständig in die gleiche Richtung, während **Wechselstrom** ständig seine Richtung ändert. Spannung und Stromstärke können beim Wechselstrom durch einen **Transformator** auf fast jeden gewünschten Wert gebracht werden. Zu beachten ist, dass es beim Einschalten von elektrischen Geräten zu Stromspitzen kommen kann (**„Einschaltstromstoß"**).

Elektrischer Strom fließt, wenn

- eine Stromquelle eine Ladungstrennung zwischen zwei unterschiedlich geladenen Polen (und damit Energie) erzeugt,
- Elektronen in einem elektrischen Leiter zum Ausgleich der unterschiedlichen Ladungen fließen und
- dies in einem geschlossenen Stromkreis erfolgt.

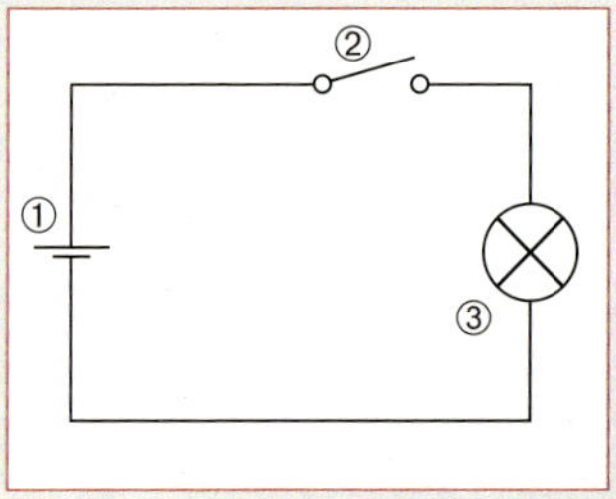

Abb.: Einfache Schaltskizze

Die Abbildung der Schaltskizze eines Stromkreises soll dies verdeutlichen: Die Stromquelle ① liefert die Energie (in der Praxis eine Batterie oder die Steckdose). Bei geschlossenem Schalter ② leuchtet die Lampe ③, die hier einen Verbraucher darstellt (in der Praxis z. B. ein elektrisches Gerät). Es entsteht ein Kurzschluss, wenn ein Stromkreis ohne Verbraucher geschlossen wird.

Der **Umgang mit elektrischen Geräten und elektrischem Strom** erfordert Sorgfalt und Konsequenz. Bereits bei einem Stromschlag mit der Stärke 10 mA kann es zu Lähmungserscheinungen, Muskelkrämpfen, Herzrhythmusstörungen bis hin zu Kammerflimmern, Übelkeit und Kreislaufversagen kommen. Außerdem sind bei direktem Kontakt mit der Stromquelle starke Hautverbrennungen und Verätzungen die Folge.

Eine Stromstärke ab 50 mA oder Stromspannungen über 65 Volt können für den Menschen tödlich sein. Daher sollten bestimmte Verhaltensregeln im Umgang mit elektrischen Geräten gelten:

- sicherheitstechnisch geprüfte Geräte verwenden (➜ Abb. Stromgerätezeichen)
- Hinweisschilder an den Geräten und Bedienungsanleitung beachten
- regelmäßige Überprüfung der Leitungen auf Schadhaftigkeit, sofortiger Ersatz schadhafter Leitungen
- vor Reinigung, Wartung oder Transport den Stecker ziehen, dabei den Stecker selbst anfassen und nicht an der Schnur aus der Steckdose ziehen
- Geräte, Kabel und Stecker niemals mit nassen Händen anfassen
- defekte Geräte fachmännisch reparieren lassen
- defekte Sicherungen austauschen

Annerkannte Prüfzeichen:

① Technischer Überwachungs-Verein (TÜV) und Geprüfte elektrische und mechanische Sicherheit (GS)
② Verband deutscher Elektrotechniker (VDE)
③ Zeichen für Schutzisolierung
④ Funkschutzzeichen

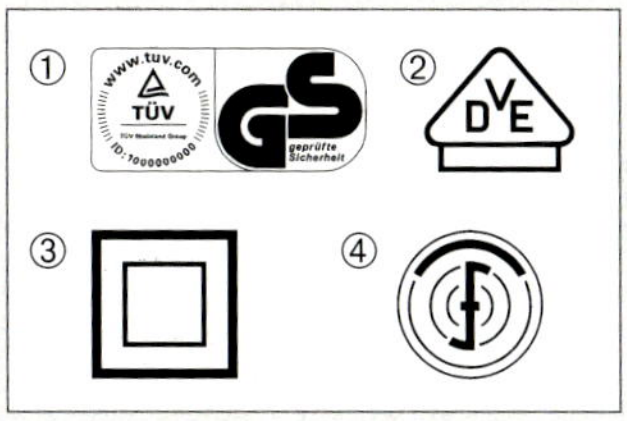

Abb.: Stromgerätezeichen

Weitere Tipps zum Umgang mit Strom ➜ Band B, LF 2, Exkurs in Kapitel 2.3.

Legt man an den Enden eines elektrischen Leiters eine Spannung an, so fließt Strom. Nimmt man zum besseren Verständnis wieder das Beispiel Wasser, könnte je nach Dicke des Wasserschlauches, das Wasser schneller oder langsamer in dem Schlauch fließen. Das Verhältnis von Spannung zu Stromstärke nennt man den **Widerstand** des elektrischen Leiters. Seine Einheit ist das Ohm (Ω). Ein dünner Schlauch würde einem großen Widerstand entsprechen, ein dicker Schlauch einem geringen Widerstand.

Widerstand (Ω) = Spannung (V)/Stromstärke (A)

Der Widerstand hängt von drei Faktoren ab: von der Beschaffenheit des elektrischen Leiters, von dessen Querschnitt und Länge. Gute elektrische Leiter sind z. B. Metalle (speziell Kupfer) und wässrige Lösungen von Salzen, Säuren und Basen **(ELEKTROLYTE)**. Nichtleiter oder Isolatoren sind z. B. Gummi, Glas und Porzellan.

Wenn ein elektrischer Strom durch einen Draht fließt, können zwei wichtige Wirkungen beobachtet werden: Die **TEMPERATUR** des Drahtes steigt und ein Magnet oder eine Kompassnadel in der Nähe des Drahtes werden abgelenkt. Während des Stromflusses stoßen die Elektronen mit den Atomen des Leiters zusammen und verlieren **ENERGIE**, die in Form von **WÄRME** frei wird. Zudem erzeugen elektrische Ströme ein **Magnetfeld**, dessen Stärke von der Stromstärke und dem Abstand zum elektrischen Leiter abhängig ist.

Ähnlich wie fließendes Wasser z. B. ein Wasserrad antreiben kann, kann fließender Strom **ARBEIT** verrichten bzw. eine Leistung erbringen (**LEISTUNG** = Arbeit pro Zeiteinheit oder auch **Stromverbrauch**). Die Einheit der elektrischen Leistung ist das **Watt (W)** bzw. **Kilowatt (kW)**, sie ergibt sich aus der Stromstärke und der Spannung.

Elektrische Leistung (W) = Stromstärke (A) x Spannung (V)

Für das Beispiel Wasser würde das bedeuten, dass die Leistung, die von fließendem Wasser erbracht werden kann, von der Menge des fließenden Wassers und z. B. der Höhendifferenz, die es überwindet (entspricht der Spannung), abhängig ist.

GLEICHSTROM

Gleichstrom wird auch galvanischer Strom genannt. Es handelt sich dabei um Strom mit gleichbleibender Intensität (Stromstärke) und Richtung. Bei **konstantem Gleichstrom** ist der Stromfluss ununterbrochen und die Stromquelle liefert eine konstante Spannung. Die Elektronen fließen immer vom Minuspol zum Pluspol.

Kosmetische Anwendungen sind z. B. die Iontophorese (➜ Band B, LF 7, Kapitel 3.5, denn die angelegte Spannung lässt Wirkstoffe als **ELEKTROLYTE** im elektrischen Feld wandern, hier in die Haut) und die **Thermophorese**. Auch sie dient der effizienteren Wirkstoffeinschleusung in die Haut, indem sie als Wärmebehandlung zusätzlich die Durchblutung der Haut fördert.

REIZSTROM

L

Bei nicht konstantem oder „zerhacktem“, stoßweisem Gleichstrom spricht man von **Impulsstrom**. Dabei gibt die **FREQUENZ** (Einheit Hertz, Hz) die Häufigkeit der Impulse pro Zeiteinheit (Basiseinheit: Sekunde, s) an. Es werden drei Frequenzbereiche unterschieden: **Niederfrequenzbereich** (0 – 1000 Hz), **Mittelfrequenzbereich** (1000 – 300 000 Hz oder 1 – 300 Kilohertz, kH) und **Hochfrequenzbereich** (> 300 kH). Dieser Strom kann auch zu Heilzwecken **(„Elektrotherapie“)** eingesetzt werden. Der so genannte **Reizstrom** wird in Form von Einzelimpulsen oder Impulsserien zur Auslösung von Einzelkontraktionen oder anhaltenden (tetanischen) Kontraktionen der **SKELETT**muskulatur eingesetzt. In Abhängigkeit von der Wirkungsweise wird durch einen elektrischen Reiz entweder der **MUSKEL** direkt oder über einen Nerv zur Muskelkontraktion angeregt. Hierdurch werden die Muskeln trainiert. Bei der Nervenstimulation werden periphere Nerven mittels elektrischer Impulse durch anbringen von kleinen Metallplättchen auf der Haut „erregt“. Das heißt, es werden Aktionspotenziale an **NERVENZELLEN**, als s. g. transkutane (durch die Haut) elektrische Nervenstimulation, ausgelöst, die dann die Kontraktion des Muskels auslösen. Die medizinische Behandlung wird mit elektrischen Strömen im Niederfrequenzbereich durchgeführt. Kosmetische Anwendungsbeispiele sind apparative Massagen mit oder ohne Muskelstimulation zur Festigung und Straffung und die apparative Lymphmassage im Mittelfrequenzbereich (➜ Band B, LF 6, Kapitel 6.4 und ➜ Band C, LF 11, Kapitel 4.3.3), die Desinfektion nach der kosmetischen Ausreinigung mit dem Hochfrequenzstab (➜ Band B, LF 3, Kapitel 5.3.4) und apparativen Körpermassagen bei schlecht durchbluteter Haut, zur Anregung des Lymphflusses und gegen Cellulite (➜ Band C, LF 6, Kapitel 6.4 und LF 11, Kapitel 4.3.3).

ELEKTROLYTE

Beim Auflösen von **SÄUREN, BASEN** oder **SALZEN** in **WASSER** erhält man Lösungen, die durch die Freisetzung von H^+- und OH^--Ionen bzw. die Freisetzung von Ionen aus Ionengittern den **ELEKTRISCHEN STROM** leiten können. Ein Elektrolyt ist demnach ein Stoff, der einer Lösung eine bessere elektrische Leitfähigkeit verleiht, als das reine **LÖSUNGSMITTEL** besitzt. Lösungen mit Elektrolyten werden auch in der Kosmetik verwendet. Bei Anwendung der Iontophorese (➜ Band B, LF 7, Kapitel 3.5) werden elektrisch geladene, in wässrigen oder kolloidalen Lösungen gelöste Wirkstoffe durch Anlegen eines Gleichstroms bzw. eines elektrischen Feldes an die betreffende Körperregion beschleunigt in die Haut transportiert. Die Beweglichkeit und Eindringtiefe des ionisierten Wirkstoffs hängt dabei von Größe und Ladung des jeweiligen Ions ab. Ein großes Ion ist unbeweglicher als ein kleines und benötigt daher eine größere „elektrische Kraft zur Wanderung". Kleine, bewegliche Ionen können etwas tiefer in die Haut eindringen.

Im menschlichen Körper sind Elektrolyte für fast alle Stoffwechselvorgänge unentbehrlich.

ELEKTROLYSE

Unter Elektrolyse versteht man die Zersetzung einer Verbindung durch **ELEKTRISCHEN STROM**. Sie kann nur bei Verbindungen angewendet werden, die aus **IONEN** aufgebaut sind, denn für die Durchführung der Elektrolyse benötigt man bewegliche Ladungsträger (sonst kann der Strom nicht fließen). In metallischen Bindungen **(CHEMISCHE BINDUNGEN)** geht das gut, denn es sind frei bewegliche Elektronen vorhanden. Bei Ionenverbindungen hingegen sitzen die positiven und negativen Ionen an ganz bestimmten Stellen des Gitters fest. Aus diesem Grund leitet Kochsalz den elektrischen Strom nicht.

Soll eine Ionenverbindung elektrolysiert werden, so muss zunächst dafür gesorgt werden, dass die zur Verfügung stehenden Ladungsträger, die Ionen, frei beweglich sind. Um dies zu erreichen, kann die zu elektrolysierende Substanz geschmolzen oder gelöst werden. Die **Schmelzelektrolyse** wird dann angewendet, wenn aus einem Metallsalz das reine **METALL** gewonnen werden soll. Da hier bei hohen **TEMPERATUREN** gearbeitet werden muss, erfordert die Schmelzelektrolyse einen viel größeren Aufwand als die bei Zimmertemperatur durchführbare **Elektrolyse einer WÄSSRIGEN LÖSUNG**.

Nach Anlegen des **ELEKTRISCHEN STROMES** wandern die Kationen (z. B. Cu^{2+}) zur **negativ geladenen Kathode** und die Anionen (z. B. Cl^-) zur **positiv geladenen Anode**.

An den Elektroden bilden sich durch Elektronenübergänge die ungeladenen Atome der Ionen:

$$Cu^{2+} + 2Cl^- \rightarrow Cu + Cl_2$$

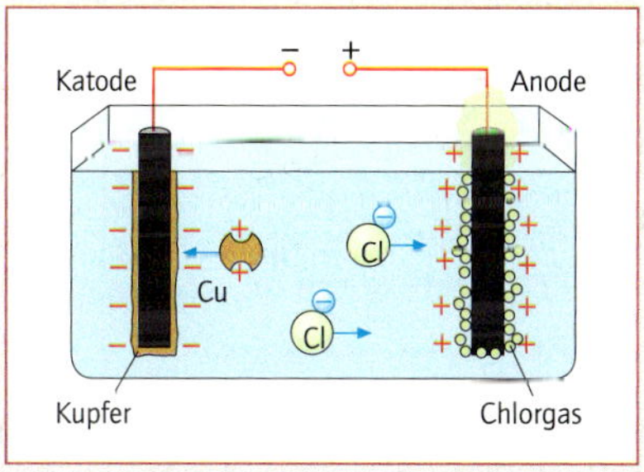

Abb.: Elektrolyse

Bei dieser Schmelzelektrolyse entsteht an der Kathode **Kupfer**-Metall (Cu) und an der Anode **CHLOR**gas (Cl_2).

Bei der Elektrolyse einer wässrigen Kochsalzlösung entspricht der Verlauf zunächst dem einer Schmelzelektrolyse, d. h. die Ionen wandern zur Elektrode der gegensätzlichen Ladung. An der Anode entsteht dabei wieder (wie bei der Schmelzelektrolyse) Chlorgas:

$$2Cl^- \rightarrow Cl_2 + 2e^-$$

Da sich Wasser an die Ionen bindet (Hydrathülle) und die Ladungen zum großen Teil neutralisiert, werden die Anziehungskräfte zwischen Elektroden und Ionen in der Lösung immer geringer. Die Ionen gelangen zuletzt vor allem durch **DIFFUSION** zu den Elektroden, wobei auch hier die Anionen an der Anode und die Kationen an der Kathode entladen werden können.

Die Reaktion an der Kathode verläuft wegen der Hydrathülle folgendermaßen:

$$2Na^+ + 2H_2O + 2e^- \rightarrow H_{2Gas} + 2Na^+ + 2OH^-$$

Der Verlauf der **Elektrolyse einer wässrigen Kochsalzlösung** wird also nach der folgenden Gleichung wiedergegeben:

$$2NaCl + 2H_2O \rightarrow 2NaOH + H_{2Gas} + Cl_{2Gas}$$

Im Vergleich dazu noch einmal die **Schmelzelektrolyse**:

$$2NaCl \rightarrow 2Na_{Metall} + Cl_{2Gas}$$

Die Elektrolyse in wässriger oder kolloidaler Lösung ist die Methode der Iontophorese (➔ Band B, LF 7, Kapitel 3.5). Hier gibt es eine bewegliche oder bei Körperbehandlungen fest fixierbare Arbeitselektrode **(Kathode, Minuspol)** und eine am Körper zu fixierende Gegenelektrode **(Anode, Pluspol)**, die dazu dient, den Stromkreis zu schließen.

L

ELEKTROMAGNETISCHE STRAHLUNG

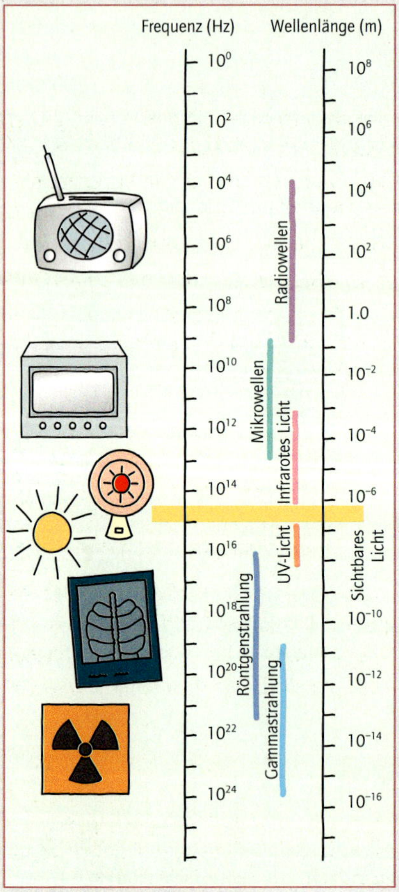

Abb.: Elektromagnetische Strahlung

Elektromagnetische Strahlung besteht im Prinzip aus **WELLEN**, die durch Schwingung oder Beschleunigung elektrischer Ladungen entstehen. Sie hat, wie ihr Name ausdrückt, eine elektrische und eine magnetische Komponente. Das Spektrum der elektromagnetischen Strahlung erstreckt sich von Wellen mit extrem hoher **FREQUENZ** und entsprechend kleiner Wellenlänge bis zu extrem niedriger Frequenz und großer Wellenlänge. Das sichtbare **LICHT** stellt nur einen sehr kleinen Teil aus dem Spektrum der elektromagnetischen Strahlung dar. Das gesamte elektromagnetische Spektrum besteht, nach abnehmender Frequenz geordnet, aus **Gammastrahlung, Röntgenstrahlung, Ultraviolettstrahlung, sichtbarem Licht, Infrarotstrahlung** (**WÄRME**strahlung), **Mikrowellen** und **Radiowellen** (Langwellen, Mittelwellen, Kurzwellen und Ultrakurzwellen). Im Gegensatz zu **SCHALL**wellen sind elektromagnetische Wellen bei ihrer Ausbreitung nicht auf Materie als Medium angewiesen. Daher können Licht-, Radio- und andere elektromagnetische Wellen auch den Weltraum durchqueren und gelangen auf diesem Weg von den Sternen wie der Sonne zur Erde.

ELEKTRONEGATIVITÄT

Die Elektronegativität eines Atoms charakterisiert sein Bestreben, ein fremdes Elektron (negativ geladenes Teilchen) in seine Elektronenschalen aufzunehmen um einen stabileren Zustand zu erreichen. Hierdurch wird das Atom zu einem negativ geladenen **ION**. Die Halogene (VII. Hauptgruppe) zählen im **PERIODENSYSTEM DER ELEMENTE** zu den elektronegativsten, wobei ihre Elektronegativität vom **FLUOR** bis zum Astat (also von oben nach unten) abnimmt. In der äußersten Elektronenschale der Halogene befinden sich sieben Elektronen. Um die stabile **EDELGASKONFIGURATION** zu erreichen, benötigen sie praktisch nur ein zusätzliches Elektron (**CHEMISCHE BINDUNGEN**: IONENBINDUNG).

ELEMENTE UND ELEMENTSYMBOLE

Ein Element ist ein Stoff, der mit chemischen Mitteln nicht mehr zerlegt werden kann (Boyle, 1661). Für die Darstellung im **PERIODENSYSTEM DER ELEMENTE** und in chemischen Gleichungen wurde jedem Element ein Symbol und eine Ordnungszahl zugeordnet (z. B. das chemische Element **WASSERSTOFF** hat die Ordnungszahl 1 und das Symbol H). Ein solches Element besteht aus unter sich gleichen Atomen und seiner **ISOTOPE**.

ELEKTROLYTHAUSHALT → SÄURE-BASEN-HAUSHALT

EMULSION, EMULGATOR

Emulsionen sind Systeme aus zwei praktisch nicht mischbaren Flüssigkeiten **(LÖSUNGSMITTEL)**. Emulsionen entstehen, wenn sich eine (oder mehrere) Flüssigkeit(en) in einer anderen Flüssigkeit als winzige Tröpfchen fein verteilt. In den meisten Fällen handelt es sich bei den nicht mischbaren Komponenten um **WÄSSRIGE LÖSUNGEN** und Öle, in der Kosmetik entsprechend um Cremes, Lotionen, usw.

Besteht die Emulsion aus Öltröpfchen, die im **WASSER** verteilt sind, wird sie als O/W-Emulsion **(Öl-in-Wasser-Emulsion)** bezeichnet, im gegenteiligen Fall als W/O-Emulsion **(Wasser-in-Öl-Emulsion)**. Ein Beispiel für eine natürlich vorkommende O/W-Emulsion ist die Milch, während Butter eine W/O-Emulsion ist.

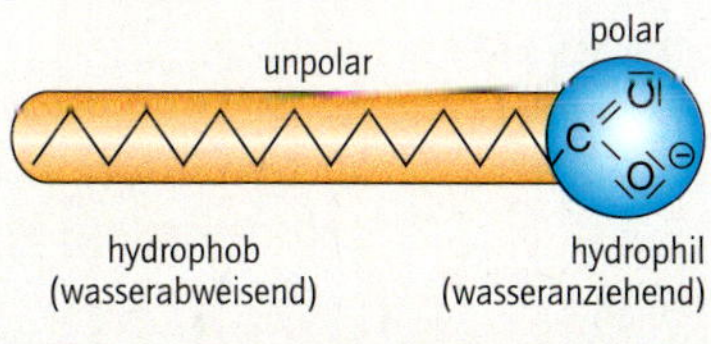

Abb.: Chemischer Aufbau eines Emulgators

Emulsionen sind oft nicht sehr stabil, weil die kleinen Tröpfchen die Neigung haben sich zu größeren Tropfen zusammenzulagern **(OBERFLÄCHENSPANNUNG)**. Deshalb werden zur Stabilisierung von Emulsionen so genannte **Emulgatoren** wie z. B. Lecithin hinzugegeben. Emulgatoren sind grenzflächenaktive Stoffe **(TENSIDE)**, die eine polare, wasserlösliche **(hydrophile)** und eine unpolare, fettlösliche, wasserabweisende **(hydrophobe)** Seite besitzen. Sie bewirken, dass die Neigung der kleinen Tröpfchen, sich wieder zu größeren Tropfen zusammenzulagern, verringert wird und stabilisieren hierdurch die Emulsion.

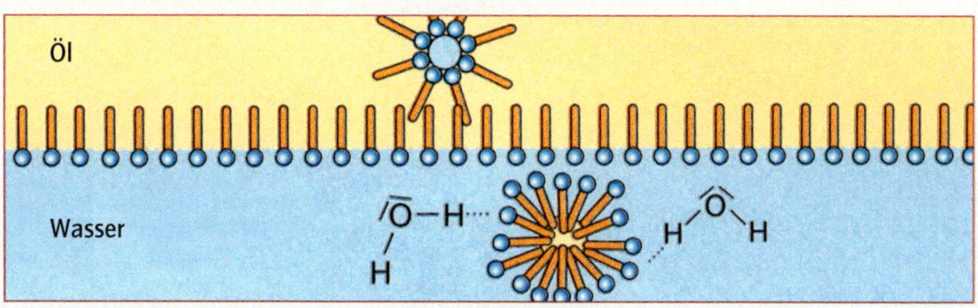

Abb.: Emulsion von Fetttröpfchen in Wasser (unten), bzw. Wassertröpfchen in Öl (oben) durch TENSID stabilisiert

ENERGIE

Energie ist die Fähigkeit eines Systems, **ARBEIT** zu verrichten. Energie existiert in verschiedenen Formen, z. B. als mechanische, elektromagnetische, chemische und elektrische Energie sowie Strahlungs- und Kernenergie. Im Prinzip können alle Energieformen durch geeignete Prozesse ineinander umgewandelt werden. Die Einheit der Energie ist das **Joule** (J, auch Newtonmeter, Nm genannt; früher wurde die Energie auch in **Kalorie** cal angegeben: 4,19 J = 1 cal).

Mechanische Energie wird in Verbindung mit Bewegung **kinetische Energie** oder Bewegungsenergie genannt. Sie wird z. B. beim Abbremsen einer Bewegung als **WÄRME** freigesetzt. Zudem gibt es noch die **potenzielle Energie** oder Lageenergie. Zum Beispiel besitzt das an einer Schnur hängende Gewicht aufgrund seiner Position über dem Boden eine potenzielle Energie und kann wegen der **SCHWERKRAFT** beim Herunterfallen **ARBEIT** verrichten.

Die elektrische Energie **(ELEKTRISCHER STROM)** kann als potenzielle Energie durch Trennung elektrischer (sich anziehender) Ladungen in einem Kondensator oder in einer Batterie gespeichert werden. Sie kann dann in Strom, **WÄRME** oder in **ARBEIT** umgewandelt werden, die beispielsweise ein elektrisches Gerät verrichtet.

L

ENTZÜNDUNG

Unter dem Begriff Entzündung werden die vielfältigen Reaktionen des Körpers auf Gewebsschädigung oder **INFEKTION** zusammengefasst. An einer Gewebsverletzung oder Gewebszerstörung werden zahlreiche Substanzen vom Körper selbst freigesetzt, welche die Entzündungszeichen hervorrufen. Eine entscheidende Rolle spielen hierbei **Botenstoffe (Mediatoren)** wie **Histamin, Prostaglandin** oder **Zytokine**. Diese und weitere Stoffe bewirken eine verstärkte Durchblutung der verletzten Stelle, was zu einer Erwärmung und zu sichtbarer **Rötung** des betroffenen Bereichs führt. Zudem werden die kleinen Blutgefäße durchlässiger. Hierdurch können Plasma und Immunzellen **(BLUT, IMMUNSYSTEM)** aus den Blutgefäßen austreten und an den Ort der Entzündung gelangen, wodurch es zudem zu einer **Schwellung** kommt. Die weißen Blutkörperchen bauen das zerstörte **GEWEBE** ab, machen Krankheitserreger unschädlich und alarmieren die **Makrophagen.** Diese Riesenfresszellen nehmen Fremdstoffe, totes Gewebe und Krankheitserreger auf und verdauen sie. Dabei können auch die **Makrophagen** zugrunde gehen. Abgestorbene Makrophagen, zerfallenes Gewebe und Flüssigkeitsabsonderungen bilden den so genannten **Eiter**. Wenn die Entzündungsauslöser beseitigt sind, beginnt der **Wundheilungsprozess** (➜ LF 2, Kapitel 3.2).

ENZYME und COENZYME

Enzyme sind **PROTEINE,** die chemische Reaktionen im Körper in Gang setzen und beschleunigen. Enzyme sind einerseits in der Lage, Bindungen zwischen **MOLEKÜLEN** zu spalten, um **ENERGIE** freizusetzen, andererseits sind sie am Aufbau neuer Moleküle beteiligt, indem sie die Bindungen zwischen Molekülen erleichtern bzw. ermöglichen. Generell erhöhen Enzyme die Geschwindigkeit biochemischer Reaktionen, indem sie die für die Reaktion notwendige Energie senken **(Biokatalysator).** Hierdurch können biochemische Reaktionen, z. B. die Spaltung des Substrates Laktose (Milchzucker) in Glukose (Traubenzucker) und Galaktose, in großer Geschwindigkeit bei Körpertemperatur stattfinden oder die oberste Hautschicht mithilfe eines Enzymhaltigen Peelings schneller abgelöst werden.

Enzyme sind **substratspezifisch**, d. h., sie wirken nur an der Umsetzung von bestimmten chemischen Molekülen oder Molekülgruppen mit. So gibt es Enzyme, die nur ein bestimmtes Kohlenhydrat zu einer bestimmten Aminosäure umsetzen (z. B. das Enzym

Glutamat-Pyruvat-Transaminase setzt Pyruvat zu Alanin um) aber auch Enzyme, die alle Mitglieder einer Molekülgruppe spalten können (z. B. spaltet Trypsin Proteine zu Oligopeptiden bei der Verdauung). Um das Substrat erkennen zu können, hat jedes Enzym ein aktives Zentrum, das so ausgebildet ist, dass nur das Substrat daran binden kann **(Schlüssel-Schloss-Prinzip)**. Das gebundene Substrat wird nach Ablauf der biochemischen Reaktion wieder freigesetzt, sodass weitere Reaktionen stattfinden können.

Viele Enzyme können nur mithilfe einer zusätzlichen Substanz **(Coenzym)** wirksam werden. Häufig erfüllen Vitamine und Metallionen die Funktion des Coenzyms.

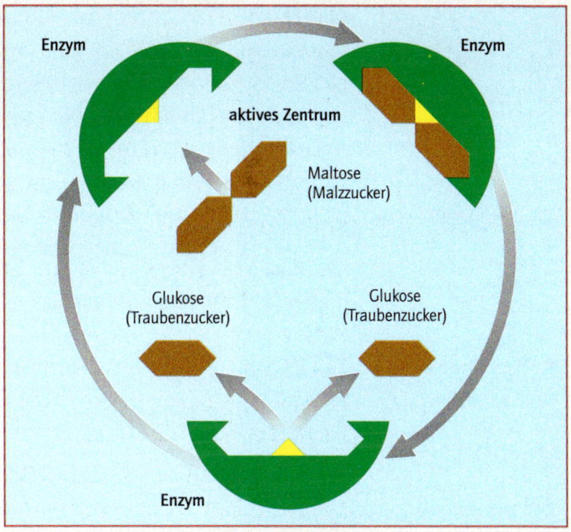

Abb.: Enzymfunktion am Beispiel des Enzyms Maltase

EPITHELGEWEBE

Epithelien bedecken mit wenigen Ausnahmen alle Oberflächen, Höhlen und Röhren des Körpers (daher der deutsche Name **Deckgewebe**). Zu ihren vielfältigen Aufgaben gehören Resorption, Sekretion und Schutz, wobei alle diese Funktionen von einer epithelialen Oberfläche wahrgenommen werden können. Sowohl vom Aufbau als auch der Funktion gibt es sehr verschiedene Arten von Epithelgeweben. Allen gemeinsam ist, dass sie eine so genannte **Basalmembran** aufweisen, die sie von dem darunter gelegenen Gewebe abgrenzt. Ferner ist Epithel **frei von Blutgefäßen**, es wird durch **DIFFUSION** ernährt.

Funktion	Beispiele
Oberflächenepithel (Schutzepithel)	Hornzellschicht (Epidermis) Flimmerepithel in den Atemwegen
Drüsenepithel	Talgdrüse Schweißdrüse
Sinnesepithel	Netzhaut (Retina) Geschmacksknospen auf der Zunge

Aufgrund seiner Funktionen werden Oberflächenepithel, Drüsenepithel und Sinnesepithel unterschieden. Das **Oberflächenepithel** ist zunächst ein Schutzepithel, ist aber auch zur Resorption und Sekretion (z. B. Haut und Magen-Darm-Trakt) fähig. Unter **Drüsengewebe** werden alle Epithelzellen, die ein Sekret bilden und absondern, zusammengefasst. Zum **Sinnesepithel** gehören spezialisierte Zellen, die bei den einzelnen **SINNESORGANEN** besprochen werden.

ESTER → ALKOHOLE

EXTRAKTION

Extraktion ist ein Trennverfahren, dem die unterschiedliche Löslichkeit von Flüssigkeiten und Feststoffen in verschiedenartigen Lösungsmitteln zu Grunde liegt. Durch Verwendung eines entsprechenden Lösungsmittels können einzelne Stoffe eines Stoffgemisches abgetrennt werden. Die Extraktion wird immer dann angewendet, wenn die

DESTILLATION aus technischen Gründen nicht angewandt werden kann. Z. B. müssen oft hitzeempfindliche Substanzen wie Antibiotika **(BAKTERIEN)** oder Naturstoffe extrahiert werden. Praktisch werden bei der Extraktion Gemisch und Lösungsmittel intensiv durchmischt. Der zu extrahierende Stoff löst sich hierbei aus dem Gemisch und befindet sich danach vorwiegend im Lösungsmittel. Wichtig für die Extraktion ist nun, dass Lösungsmittel (mit abzutrennendem Stoff) und Gemisch nicht mischbar sind. Das Lösungsmittel wird vom Gemisch abgetrennt und der betreffende Stoff liegt im Lösungsmittel in konzentrierter Form vor.

FARBSTOFFE ➜ PIGMENTE

FETTE ➜ LIPIDE

FILTRATION

L

Die Filtration gehört zu den mechanischen Trennverfahren. Je nach Porengröße des Filters werden hierbei Stoffe verschiedener Größe im Filterkuchen zurückgehalten. Das durchtretende Gas oder die durchtretende Flüssigkeit wird als Filtrat bezeichnet. Als Filter können verschiedene Materialien dienen (z. B. Papier), die je nach Porengröße für das entsprechende Stoffgemisch ausgewählt werden. Bei der einfachen Filtration sorgt die Schwerkraft für den Durchtritt des Filtrates. Die Filtrationsgeschwindigkeit kann durch eine größere Druckdifferenz, z. B. durch anlegen eines Vakuums hinter dem Filter („**Vakuumfiltration**"), gesteigert werden. Zudem besteht die Möglichkeit der **Druckfiltration,** bei der das aufzutrennende Gemisch mittels einer Pumpe beschleunigt durch den Filter gepresst wird. Manche **SUSPENSIONEN** lassen sich nur schwer Filtrieren weil der Filter verstopft. Hier kann durch so genannte Filtrierhilfsmittel (z. B. Aktivkohle) eine bessere Auftrennung erreicht werden. Das Wirkprinzip basiert auf der **ADSORPTION** der abzutrennenden Teilchen an der Oberfläche des Filtrierhilfsmittels bevor die Suspension durch den Filter läuft.

FLUOR

Symbol F, gehört zur Hauptgruppe VII des **PERIODENSYSTEMS DER ELEMENTE**. Das HALOGEN Fluor ist ein sehr reaktionsfreudiges (u. a. stark ätzendes), extrem giftiges und gasförmiges Element mit der Ordnungszahl 9. Fluor kann durch Aufnahme von einem Elektron die **EDELGASKONFIGURATION (CHEMISCHE BINDUNG)** von Neon erreichen. Fluor ist das elektronegativste **(ELEKTRONEGATIVITÄT)** nichtmetallische Element und zersetzt nahezu alle Verbindungen.

Fluor kommt in der Natur nicht elementar vor, sondern in Form von wasserlöslichen Fluoriden, z. B. im Meerwasser und Mineralwasser oder als synthetischen Zusatzstoff in Zahnpasta. **KNOCHEN** und **Zähne** enthalten Fluorverbindungen, die ihnen eine große Festigkeit und Stabilität verleihen (Spurenelement ➜ LF 10, Kapitel 7.5). Die **Fluorchlorkohlenwasserstoffe (FCKW)** sind geruchlose und ungiftige Flüssigkeiten oder Gase. Sie werden als Kältemittel in Kühlschränken und Klimaanlagen verwendet und dienten lange Zeit als Treibmittel in Spraydosen (Haarspray, Deospray). Seit einigen Jahren ist bekannt, dass sie die Ozonschicht der Erdatmosphäre zerstören **(Ozonloch)**.

FLÜSSIGKEITSRÄUME IM KÖRPER

Am Körpergewicht ist Wasser je nach Alter und Geschlecht mit 45 % (alte Menschen) – 75 % (Säugling) beteiligt. Der durchschnittliche Wassergehalt eines Erwachsenen beträgt 60 %. Hiervon befinden sich ca. $^2/_3$ (entspricht 35 % des Körpergewichtes) im **Intrazellularraum**, also in dem von Zellmembranen umschlossenen

Raum, und ca. 1/3 im **Extrazellularraum**. Dieser setzt sich zusammen aus Zwischenzellraum (Interzellularflüssigkeit und **LYMPHE**), Plasmaraum (Blutgefäße) und dem Transzellularraum (z. B. Liquor, Gelenkflüssigkeit).

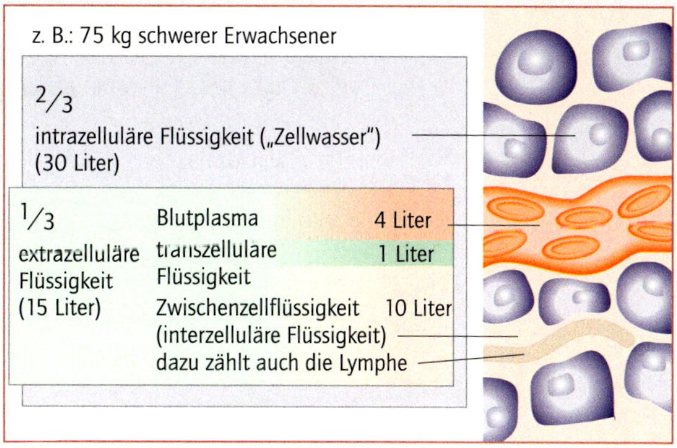

Abb.: Flüssigkeitsräume

FOTOMETRIE

Mit Fotometrie werden Messverfahren im Wellenlängenbereich des sichtbaren Lichtes bezeichnet, die u. a. zur Bestimmung der Konzentration einer Substanz verwendet werden. Hierbei wird Licht auf ein lichtdurchlässiges Material gestrahlt, in bzw. auf dem sich die zu untersuchende Substanz befindet. Gemessen wird, wie viel Licht einer bestimmten Wellenlänge absorbiert wird bzw. wie viel Licht Material und Substanz durchdringen kann. Das Prinzip der Fotometrie kommt in der Kosmetik in Geräten zur Bestimmung des Fettgehaltes der Haut (Sebumetrie) zur Anwendung. Der Grad der Lichtdurchlässigkeit einer auf die Haut aufgelegten Milchglasscheibe gibt Aufschluss darüber (➜ Band B, LF 2, Kapitel 2.3).

FOTOSYNTHESE

In der Fotosynthese wird von chlorophyllhaltigen Organismen (grüne Pflanzen und einige **BAKTERIEN**), aus den anorganischen **MOLEKÜLEN WASSER** (H_2O) und **KOHLENDIOXID** (CO_2) durch Umwandlung von **LICHT**energie in chemische **ENERGIE** das **KOHLENHYDRAT** Glukose synthetisiert. Die Fotosynthese ist damit einer der wichtigsten physiologischen Prozesse überhaupt. **Durch sie werden organische, energiereiche Verbindungen und Sauerstoff erzeugt** und damit die Existenz von Lebewesen auf der Erde überhaupt erst möglich. Eine verallgemeinerte chemische Gleichung für die Fotosynthese lautet:

$$6\ CO_2 + 12\ H_2O \rightarrow \text{Sonnenlicht} + \text{Chlorophyll} \rightarrow C_6H_{12}O_6\ \text{(Traubenzucker)} + 6\ O_2 + 6\ H_2O.$$

Die Fotosynthese findet innerhalb der **ZELLEN** in bestimmten Organellen, den CHLOROPLASTEN, statt. Durch die **ABSORPTION** von **LICHT** werden Elektronen auf höhere Energieniveaus angehoben. Anschließend wird die dadurch gebundene Lichtenergie in Form des angeregten Elektrons zum zentralen Molekül, dem Reaktionszentrum, weitergeleitet. Die bei der Elektronenübertragung frei werdende **ENERGIE** wird zur Bildung von **Adenosintriphosphat (ATP)** verwendet. Mit der Bildung und Speicherung von ATP wurde die Lichtenergie in chemische Energie umgewandelt, die von der Pflanze/dem Bakterium für den **STOFFWECHSEL** genutzt werden kann. Dieser Reaktionsschritt der Fotosynthese ist lichtabhängig.

Abb.: Fotosynthese (Schema)

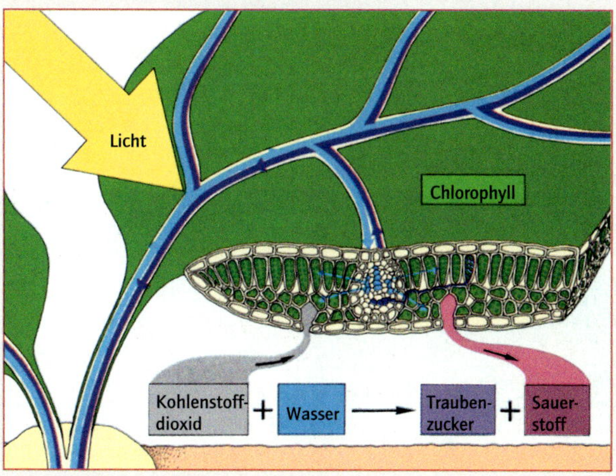

Bei der **lichtunabhängigen Reaktion** (Dunkelreaktion, unabhängig von Sonnenlicht) wird die als ATP gespeicherte Energie genutzt, um aus Kohlendioxid und Wasser organische **KOHLENSTOFF**verbindungen wie z. B. **Glukose** herzustellen.

FREIE RADIKALE

Freie Radikale sind reaktionsfreudige, kurzlebige Molekükle, die über eines oder mehrere ungepaarte Elektronen verfügen. Freie Radikale werden in den meisten Körperzellen als Nebenprodukte des **STOFFWECHSELS** und durch zu starke Sonneneinstrahlung, z. B. in den Hautzellen gebildet. Die wichtigsten freien Radikale sind Sauerstoffradikale. Innerhalb der Zellen führen freie Radikale zur **OXIDATION** von Biomolekülen (z. B. von **LIPIDEN**) und können Zelltod oder Zellschäden verursachen **(oxidativer Stress)**.

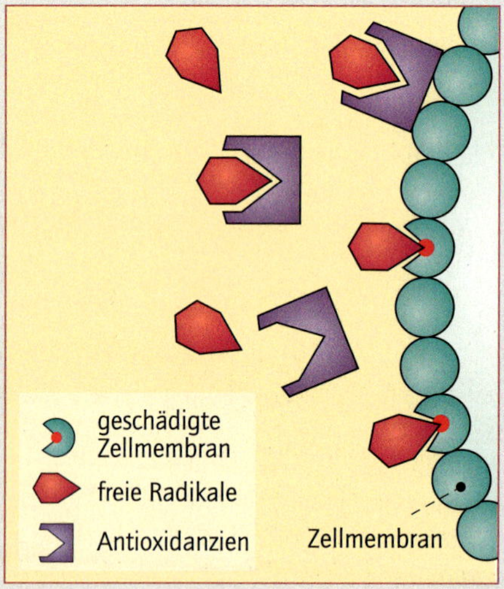

Abb.: Freie Radikale

Verschiedene Mechanismen schützen die Zellen gegen die schädigende Wirkung freier Radikale. So gibt es **ENZYME**, die freie Radikale unschädlich machen. Andere freie Radikale werden von **PROTEINEN** oder anderen **MOLEKÜLEN** gebunden und in ihrer Reaktionsfähigkeit eingeschränkt. Diese Enzyme, Proteine und andere Moleküle werden **ANTIOXIDANZIEN** genannt (➜ LF 10, Kapitel 8.3). Seit einigen Jahren wird der Zusammenhang zwischen freien Radikalen und der Entstehung von **MUTATIONEN** diskutiert. Unsere Erbsubstanz DNA **(NUKLEINSÄUREN)** ist besonders anfällig für Oxidationen durch freie Radikale, was zu einer erhöhten Mutationsrate führen kann. Mutationen sind eine der Ursachen bei der Entstehung von Krebs (Hautkrebs ➜ LF 2, Kapitel 4). Freie Radikale werden auch mit Erkrankungen wie Arteriosklerose, Leber- und **NIEREN**schäden, Lungenerkrankungen, Diabetes mellitus und Alterungsprozessen in Zusammenhang gebracht.

FREQUENZ

Frequenz (Einheit Hertz, Hz) ist die Maßeinheit für die Häufigkeit, mit der ein Ereignis sich in einer Sekunde wiederholt (1 Hz = 1/s). Das heißt ein Ereignis, das regelmäßig zehnmal pro Sekunde eintritt, hat eine Frequenz von zehn Hertz. Diese Maßeinheit wurde nach dem deutschen Physiker Heinrich Hertz (1857–1894) benannt.

Hörbare Töne **(SCHALL)** sind praktisch Luftdruckschwingungen im Bereich 20 Hertz (sehr tief) bis 20 000 Hertz (sehr hoch, **ULTRASCHALL**). Bei sichtbarem **LICHT** handelt es sich um Schwingungen des elektromagnetischen Feldes **(ELEKTROMAGNETISCHE STRAHLUNG)** mit Frequenzen zwischen $3{,}8 \cdot 10^{14}$ Hertz (rot) und $7{,}7 \cdot 10^{14}$ Hertz (violett). In Deutschland schwankt die Spannung des Wechselstromes mit einer Frequenz von 50 Hertz, d. h., der Strom ändert 50-mal pro Sekunde seine Fließrichtung **(ELEKTRISCHER STROM)**. Für **Impulströme** bei der REIZSTROMbehandlung **(ELEKTRISCHER STROM)** werden die unterschiedlichen Frequenzbereiche (Niederfrequenzbereich 0–1000 Hz, Mittelfrequenzbereich 1000–300 000 Hz und Hochfrequenzbereich >300 000 Hz) für verschiedene Behandlungsmethoden eingesetzt.

GALLE, GALLENFLÜSSIGKEIT

Die Galle ist ein Sekret, das kontinuierlich von der Leber produziert wird. Sie besteht größtenteils aus **WASSER, ELEKTROLYTEN, Gallensäuren**, Farbstoffen (v. a. **Bilirubin**), Schleim und Cholesterin und schmeckt sehr bitter. Pro Tag werden etwa 0,5 – 1,0 Liter gelbe Galle **(Lebergalle)** gebildet, die in der **Gallenblase** gespeichert wird. In der Gallenblase wird die gelbe Galle eingedickt und es entsteht die gelbgrüne Galle **(Blasengalle)**, deren Konzentration an Gallensäuren dabei um das Zehnfache steigt. Die Blasengalle wird vor allem nach fettreichen Mahlzeiten über den Gallengang in den Zwölffingerdarm abgegeben und hilft dort die aufgenommenen Fette zu verdauen (➜ LF 10, Kapitel 4.4).

GELENKE

Gelenke verbinden die **KNOCHEN** miteinander und ermöglichen Bewegungen des menschlichen Körpers. Man unterscheidet die Gelenke nach ihrer Beweglichkeit. Freie bzw. echte Gelenke **(Diarthrosen)** sind sehr beweglich (z. B. Kniegelenk). Die beweglichen Gelenke sind von einer Schicht Faserknorpel umgeben, der in Bänder übergeht. Die Gelenkflächen der Knochen (Gelenkkopf und Gelenkpfanne) sind von elastischem Knorpel umhüllt und befinden sich in einem Milieu aus Gelenkschmiere.

Umgeben und umschlossen ist das Gelenk von einer bindegewebigen Gelenkkapsel, die mit dem Knochen verwachsen ist. Sie ist verstärkt durch Bänder und erhöht die Stabilität des Gelenkes.

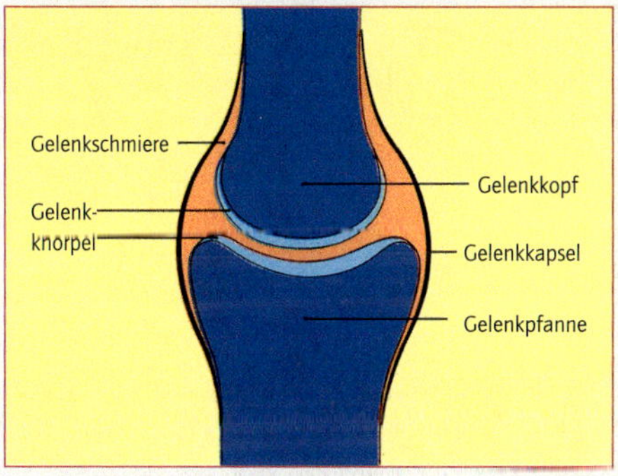

Abb.: Aufbau eines Gelenkes (Schema)

Schwach bewegliche Gelenke **(Symphysen)** befinden sich z. B. zwischen den beiden vorderen Beckenknochen. Die schwach beweglichen Gelenke werden durch elastischen Knorpel zusammengehalten. Zudem gibt es noch die unbeweglichen bzw. falschen Gelenke **(Synarthrosen)**, z. B. zwischen den Schädelknochen. Die unbeweglichen Gelenke werden durch starken Faserknorpel stabilisiert bzw. verwachsen miteinander und geben dem **SKELETT** festen Halt.

Die beweglichen Gelenke werden nach Art der Beweglichkeit in verschiedene Typen unterteilt. So sind Hüft- und Schultergelenk **Kugelgelenke**, die in alle Richtungen frei beweglich sind. Ellenbogen-, Knie- und Fingergelenke sind **Scharniergelenke**, die nur in einer Ebene bewegt werden können. Das Halswirbelgelenk (erster und zweiter Halswirbel) ist ein **Drehgelenk**, bei dem ein Zapfen in einen Knochenring fasst.

Als **Eigelenk** werden Gelenke mit unterschiedlich gekrümmten Gelenkflächen bezeichnet, z. B. zwischen Unterarm und Handwurzel (Radiokarpalgelenk). Beim **Sattelgelenk** erfolgt die Bewegung um zwei senkrecht zueinander stehende Achsen, z. B. zwischen Handwurzel und Mittelhandknochen (Gelenk zwischen *Carpus* und *Metacarpale I* ➜ Band C, LF 4, Kapitel 2.1).

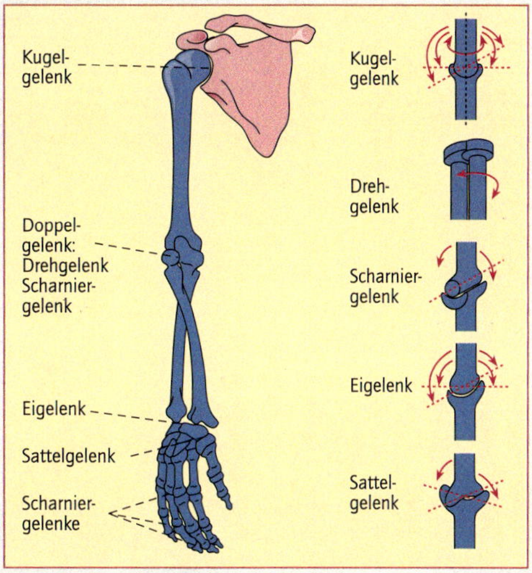

Abb.: Gelenktypen

GENETIK

Die Genetik ist die Wissenschaft von der Vererbung, also der Weitergabe von Merkmalen von einer Generation auf die nächste. Die genetische Information ist beim Menschen auf **46 Chromosomen** verteilt **(NUKLEINSÄUREN, ZELLTEILUNG)**. Jede Körperzelle enthält die vollständige genetische Information des Organismus bzw. des Menschen (alle 46 Chromosomen), die in ihrer Gesamtheit als **Genom** bezeichnet wird. Das Genom enthält die Information für den Aufbau aller Proteine des Organismus **(PROTEINSYNTHESE)**. Der Abschnitt eines Chromosoms, der die Information für den Zusammenbau eines **PROTEINS** enthält, wird als **Gen** bezeichnet. Die einzelnen Zellen eines Organismus produzieren jeweils nur die Proteine, die sie für ihre Funktion benötigen. Alle anderen Gene werden nicht „abgelesen", und so auch nicht für die Synthese von Proteinen verwendet. Hierdurch weisen verschiedene Zelltypen (z. B. Leberzelle, **MUSKEL**zelle, Hautzelle usw.) unterschiedliche Zusammensetzungen von Proteinen auf.

GERUCHSSINN → NASE

GESCHMACKSSINN → ZUNGE → Ernährungslehre (LF 10)

GEWEBE

Zellverbände mit gleichartigen **ZELLEN** bilden Gewebe aus. Unterschieden werden vier Arten von Geweben: **EPITHELGEWEBE** begrenzen den Körper nach außen und Körperhöhlen nach innen, **BINDE- und STÜTZGEWEBE** geben dem Körper seine Form und stützen ihn, **MUSKELGEWEBE** ist zur Längenveränderung fähig und Vorraussetzung für Bewegung und **NERVENGEWEBE** ist für Empfang, Weiterleitung und Verarbeitung von (Sinnes-)Reizen zuständig.

Das „Arbeitsfeld" der Kosmetik, **die Haut**, besteht aus vielen Gewebeschichten. Die drei Haupthautschichten sind von außen nach innen: die Oberhaut (***Epidermis***, ein spezialisiertes, verhornendes Epithelgewebe), die Lederhaut (***Dermis*** oder *Kutis*, eine Bindegewebsschicht, in die spezialisierte, dermale Zellen, kollagene und elastine Fasern sowie Blutgefäße, Nervenendigungen und Hautanhangsgebilde, wie Talg- und Schweißdrüsen, Haare und Nägel, eingebettet sind) und das Unterhautfettgewebe (***Subkutis***, eine Fettzellschicht, eingebettet in lockeres, maschenartiges Bindegewebe) unterschieden wird (→ LF 2, Kapitel 1). Unter den drei Hautschichten befinden sich verschiedene Muskel- und Bindegewebeschichten.

Gewebearten

Epithelgewebe	Binde- und Stützgewebe	Muskelgewebe	Nervengewebe
– Oberflächenepithel – Drüsenepithel – Sinnesepithel	– geformtes Binde- und Stützgewebe – ungeformtes Binde- und Stützgewebe	– glatte Muskulatur – quer gestreifte Muskulatur – Herzmuskulatur	– Nervenzellen (Neuronen) – Stützzellen (Glia-Zellen)

GLEICHGEWICHTSINN → OHR

GLEICHSTROM → ELEKTRISCHER STROM

GLYKOLYSE

Alle **ZELLEN** des menschlichen Körpers sind in der Lage, über den Abbau von Glukose in der Glykolyse **ENERGIE** zu gewinnen. Die Glykolyse kann sowohl mit als auch ohne Sauerstoff ablaufen. Sauerstoffunabhängig **(anaerob)** findet der Abbau der Glukose zu Laktat in den Erythrozyten (rote Blutkörperchen), im **NIEREN**mark und z. T. in der **SKELETTMUSKULATUR** statt. Sauerstoffabhängig **(aerob)** wird Glukose im Zentral**NERVENSYSTEM**, im Herz- und Skelettmuskel und in vielen anderen Organen abgebaut.

Das Prinzip der Glykolyse besteht darin, ein Molekül mit sechs **KOHLENSTOFF**atomen (z. B. **Glukose**) in zwei kleinere **MOLEKÜLE** mit je drei Kohlenstoffatomen **(Pyruvat)** zu spalten und die dabei frei werdende Energie durch Bildung des Moleküls Adenosin-Tri-Phosphat **(ATP)** chemisch zu speichern. Das entstandene Pyruvat wird zu Acetyl-Coenzym A oxidiert und zur weiteren Energiegewinnung der **ZELLE** in den **ZITRONENSÄUREZYKLUS** eingeschleust oder zur Energiespeicherung zum Aufbau von Fettsäuren verwendet.

GLYKOPROTEIN → KOHLENHYDRATE

GRAVITATION (SCHWERKRAFT)

Die Gravitation ist ein physikalischer Begriff für die gegenseitige Anziehung von Massen. Die Bezeichnung **Schwerkraft** wird manchmal gleichbedeutend verwendet, bezieht sich aber nur auf die Gravitationskraft zwischen der Erde und Körpern auf ihr oder in ihrer Nähe. Die Gravitationskraft ist vereinfacht die **KRAFT**, mit der ein schwerer Körper einen leichteren Körper anzieht. Im Fall der Erde ist das die Kraft, die dafür sorgt, dass alle Gegenstände nach „unten fallen", also vom schweren Körper Erde angezogen werden. Die **Anziehungskraft** nimmt mit größer werdendem Abstand zwischen den zwei Körpern ab. Die Gravitationskraft kann mit dem Begriff des **physikalischen Feldes** beschrieben werden. Ein Feld ist ein Raum, in dem von einem Punkt ausgehend, über Feldlinien anschaulich darstellbar, Kräfte auf alle Objekte innerhalb des Feldes wirken, die mit Entfernung zum Ausgangspunkt abnehmen.

HALBMETALLE → ÜBERGANGSMETALLE

HÄMOGLOBIN → BLUT

HARNSTOFFZYKLUS

Die Eiweißstoffe **(PROTEINE)** der Nahrung werden in Magen und Dünndarm durch **ENZYME**, die Proteasen, in Aminosäuren gespalten. Die Körperzellen bilden daraus entweder körpereigenes Eiweiß oder sie spalten die Aminosäuren weiter. Beim Aminosäureabbau entsteht aus der abgespaltenen Aminogruppe in den MITOCHONDRIEN **(ZELLORGANELLEN)** der Leber **Ammoniak (NH_3)**. Es ist ein starkes Zellgift und muss aus dem Körper entfernt werden. Hierzu wird Ammoniak zunächst mit **KOHLENDIOXID** (CO_2) zu Carbamylphosphat umgebaut, welches in den so genannten **Harnstoffzyklus** eingebracht und dort über mehrere Schritte zu **Harnstoff** umgebaut wird. Der wasserlösliche Harnstoff kann dann mit dem Urin ausgeschieden werden (**NIERE**).

HARN → NIERE

HERTZ → FREQUENZ

HERZ-KREISLAUF-SYSTEM

Zum Herz-Kreislauf-System gehören das Herz und die **BLUTGEFÄSSE**. Das Herz ist mit seiner Pumpaktivität für die Aufrechterhaltung des BLUTKREISLAUFES zuständig. Über das Blutgefäßsystem werden die **ZELLEN** des menschlichen Organismus mit Sauerstoff und Nährstoffen versorgt und **KOHLENDIOXID** und Giftstoffe/**STOFFWECHSEL**-endprodukte von den Zellen an das Blut abgegeben.

ANATOMIE DES HERZENS

Das Herz ist ein Hohlmuskel, der etwa die Größe einer Faust und ein Gewicht von 300 – 500 g besitzt. Zwei Drittel des Herzens liegen in der linken Brustkorbhälfte, ein Drittel ragt in die rechte Brustkorbhälfte hinein. Am oberen Teil des Herzens befinden sich die großen Blutgefäße, die das sauerstoffarme Blut zum Herzen bringen bzw. in den Lungenkreislauf leiten, von dort zum Herz zurückführen und das sauerstoffreiche Blut an den BLUTKREISLAUF weiterleiten. Das Herz ist durch die **Herzscheidewand (Septum)** in eine rechte und eine linke Herzhälfte unterteilt. Jede dieser beiden Hälften besteht wiederum aus zwei durch Klappen getrennte Hohlräume: aus einem **Vorhof (Atrium)** und einer **Herzkammer (Ventrikel).**

L

Abb.: Bau des Herzens (Aufsicht)

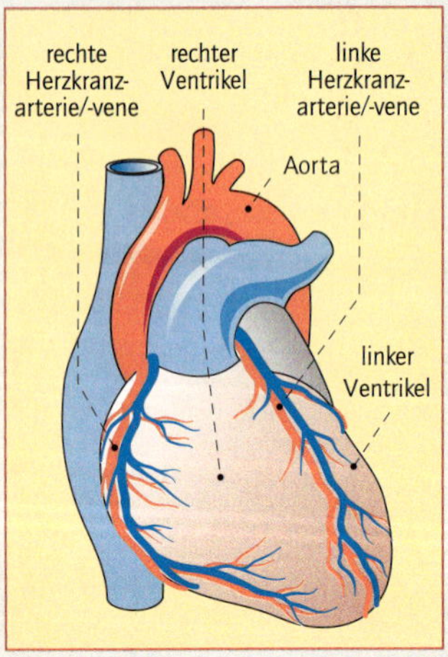

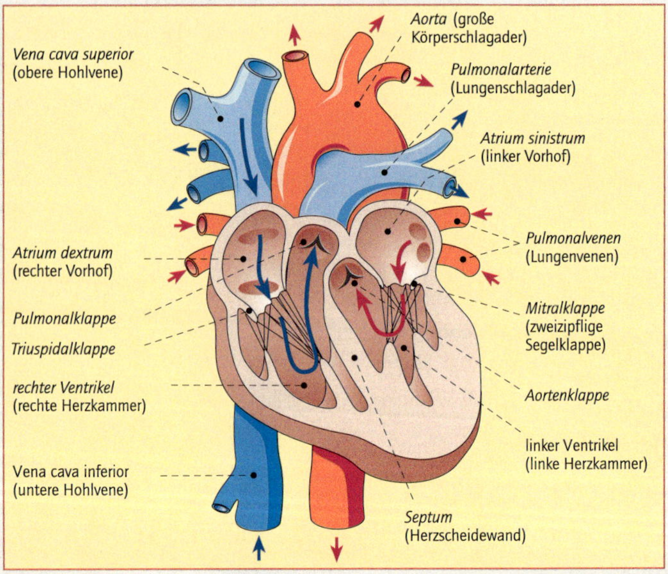

Abb.: Bau des Herzens (Längsschnitt)

BLUTKREISLAUF

Das Blutgefäßsystem wird in **Lungenkreislauf** und **Körperkreislauf** untergliedert. Im Körperkreislauf mündet das sauerstoffarme, kohlendioxidhaltige und dunkelrot gefärbte Blut der unteren Hohlvenen in den rechten Vorhof des Herzens. Die obere Hohlvene erhält ihre Zuflüsse aus den Venen **(BLUTGEFÄSSE)** des Kopfes und Halses sowie den Venen der Arme und des Brustraums. In den Venenwinkel, der sich am Zusammenfluss der Arm- und Halsvenen ergibt, münden die großen **Lymphgefäße (LYMPHE)**. Die untere Hohlvene erhält ihre Zuflüsse aus den Venen des Bauch- und Beckenraums sowie den Beinvenen. Das aus der unteren und oberen Hohlvene zum rechten Vorhof geleitete Blut wird von dort durch die **Trikuspidalklappe** (Herzklappe) in die rechte Kammer gepumpt. Die Trikuspidalklappe wird erst bei Kontraktion des Vorhofes geöffnet und durch Kontraktion der Kammer wieder geschlossen. Hierdurch wird gewährleistet, dass das Blut nach Kontraktion der rechten Kammer in den **Lungenkreislauf** gepumpt wird und nicht zurück in den Vorhof fließt. Der Lungenkreislauf wird durch die Pulmonalklappe vom rechten Ventrikel getrennt. Sie öffnet sich erst, wenn durch Kontraktion der Kammer der Blutdruck dort größer wird als der Blutdruck des Pulmonalkreislaufes und verhindert nach Ende der Kammerkontraktion den Rückfluss des Blutes in die Kammer. In der Lunge wird das Blut vom **KOHLENDIOXID** (CO_2) befreit und mit **SAUERSTOFF** (O_2) beladen. Das sauerstoffreiche, kohlendioxidarme und hellrot gefärbte Blut gelangt von der Lunge über die **Lungenvenen (die als einzige Venen im Körper sauerstoffreiches Blut führen)** in den linken Vorhof. Durch Kontraktion des linken Vorhofs öffnet sich die zwischen Vorhof und Kammer befindliche Bikuspidalklappe (auch Mitralklappe) und das Blut fließt in die linke Kammer. Die Bikuspidalklappe verhindert bei Kammerkontraktion ein Zurückfließen des Blutes in den Vorhof, wodurch der Blutdruck in der Kammer ansteigt. Übersteigt der Blutdruck in der Kammer den Blutdruck in der **Aorta** (Körperarterie oder Hauptschlagader, größte Arterie des Körpers), öffnet sich die Aortenklappe und das Blut kann aus der linken Kammer in den Körperkreislauf gepumpt werden. Die Aortenklappe verhindert nach Ende der Kammerkontraktion ein Zurückfließen des Blutes aus der Aorta.

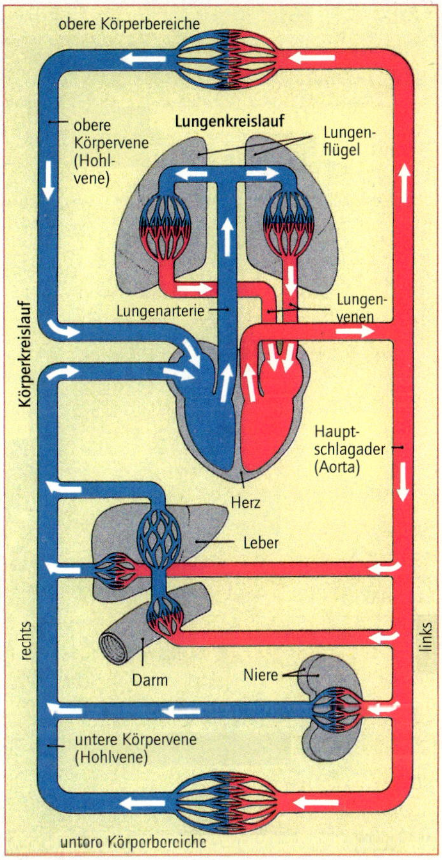

Abb.: Blutkreislauf des Menschen

HERZZYKLUS

Bei genauer Betrachtung des Ablaufes der Herzaktion ergibt sich ein Zweitakt-Rhythmus, der sich in eine kurze **Systole** (Herzmuskelkontraktion, Dauer 0,15 Sekunden) und eine länger dauernde **Diastole** (Herzmuskelentspannung, Dauer 0,7 Sekunden) aufteilt. Das Grundprinzip besteht darin, dass sich durch Muskelkontraktionen in der Systole der (Blut-)**DRUCK** im jeweiligen Hohlraum (Vorhof oder Kammer) erhöht, hierdurch ein Ventil (Herzklappe) geöffnet wird und das Blut abfließen kann. Nach Ende der Kontraktion folgt eine Erschlaffung der Muskulatur, bei welcher die Herzklappen durch ihre Ventilfunktion ein Rückfluss des Blutes verhindern. Der Ablauf von Kontraktion und Entspannung der Vorhöfe und Kammern ist nicht gleichzeitig, sondern zeitversetzt. Deshalb wird der Herzzyklus in einen Vorhof- und einen Kammerzyklus unterteilt.

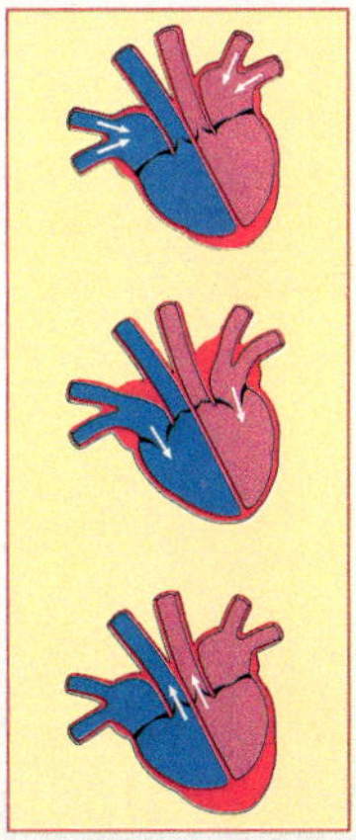

Abb.: Arbeitsphasen des Herzens

ERREGUNGSLEITUNG AM HERZEN

Die Herzmuskulatur benötigt zur Kontraktion **keinen** äußeren Nervenimpuls vom **ZentralNERVENSYSTEM (ZNS).** Die Erregung wird von den Herzzellen selbst erzeugt und weitergeleitet („Autonomie des Herzens"). Der Impuls, der zur Kontraktion der Kammer führt, geht vom **Sinusknoten**, dem Schrittmacher des Herzens aus. Er befindet sich am rechten Vorhof und sendet beim Gesunden in Ruhe ca. 70 Impulse pro Minute aus (fühlbar als Puls oder Herzschläge). Von dort gelangt der Impuls über den **Atrio-Ventrikular-Knoten (AV-Knoten)** zu dem **His-Bündel** am Septum. Die Erregung wird vom AV-Knoten etwas verzögert zum His-Bündel weitergeleitet, damit die Kontraktionen der Herzvorhöfe vor denen der Kammern erfolgen können. Das His-Bündel verzweigt sich in zwei Schenkel, die in die **Purkinje-Fasern** übergehen, deren Erregung dann die Kammerkontraktion bewirkt. AV-Knoten, His-Bündel und Purkinje-Fasern können jeweils selbst Impulse bilden, wodurch bei Ausfall eines vorgeschalteten Erregungszentrums die Herztätigkeit mit niedrigerer **FREQUENZ** aufrechterhalten werden kann.

L

HERZFREQUENZ UND HERZSCHLAGVOLUMEN

Die Herzfrequenz des Erwachsenen beträgt in Ruhe etwa 70 Schläge pro Minute. Bei jeder Kontraktion werden von jeder Herzkammer ca. 70 Milliliter Blut in Lungen- und Körperkreislauf gepresst, wodurch sich bei 70 Herzschlägen ein **Herzminutenvolumen** (Blutdurchflussmenge pro Minute) von ungefähr fünf Litern in Ruhe ergibt. Bei körperlicher und psychischer Belastung benötigen die Zellen des Körpers mehr Sauerstoff als im Ruhezustand. Der Körper reagiert darauf, indem er das Herzminutenvolumen erhöht. Es wird sowohl die Herzfrequenz als auch das Auswurfvolumen **(Herzschlagvolumen)** erhöht. Gesteuert wird die Erhöhung der Herzleistung hauptsächlich durch das VEGETATIVE **NERVENSYSTEM**, durch **Sympathikus** und **Parasympathikus** (Vagusnerv). Eine erhöhte Aktivität des Sympathikus führt zu einer Erhöhung der Herzleistung, wohingegen der Parasympathikus die Herzleistung hemmt. Bei starker körperlicher Aktivität wird die Herzleistung gegenüber in Ruhe um ein Vielfaches gesteigert. So liegt bei einem trainierten Ausdauersportler die maximale Herzfrequenz bei ca. 180 Schlägen pro Minute und das Schlagvolumen bei etwa 190 Millilitern, was einem Herzminutenvolumen von ungefähr 35 Litern Blut entspricht, also etwa das 7-fache des Ruhezustandes (!).

HÖRSINN → OHR

HORMONE, HORMONSYSTEM

Hormone sind körpereigene Wirkstoffe, die schon in geringen Mengen den **STOFFWECHSEL**, das Wachstum und die Fortpflanzung von Lebewesen beeinflussen. Hormone werden meist von spezialisierten **ZELLEN** gebildet und in das Blut abgegeben (Ausnahme: **Gewebshormone** wie Bradykinin, Histamin, Serotonin). Während ihres Transports im Blut sind Hormone an spezielle Transportproteine *(Carrier)* gebunden. Diese schützen sie vor vorzeitigem Abbau im Blut sowie vor zu rascher Bindung an den Rezeptor, die „Anbindungsstelle", des Zielorgans. Nach Bindung an ihren Rezeptor wirken Hormone auf drei verschiedene Arten: Erstens regulieren sie die Durchlässigkeit *(Permeabilität)* der äußeren und inneren Zellmembranen **(ZELLE).** Das Hormon Insulin z. B. erhöht die Permeabilität der Zellmembranen der **SKELETT**muskulatur. Dadurch können die **MUSKELN** Glukose schneller aufnehmen. Zweitens beeinflussen Hormone die Wirkung von **ENZYMEN** in den Zellen. Das Nebennierenhormon Adrenalin z. B. bewirkt in Leber- und Muskelzellen den Abbau von Glykogen in Sechsfachzucker durch Aktivierung des membrangebundenen Enzyms Adenylat-Zyklase.

Drittens beeinflussen Hormone die **PROTEINSYNTHESE** im Ziel**GEWEBE**. Hormone werden nach Bedarf aus inaktiven Vorstufen gebildet und entweder nach einem speziellen Rhythmus oder kontinuierlich freigesetzt. In beiden Fällen unterliegt die Freisetzung Kontroll- und Regelmechanismen, entweder von übergeordneten Zentren oder dadurch, dass die Hormone selbst ihre eigene Produktion hemmen oder fördern (**Rückkopplung** oder engl. *feedback*). Der Abbau von Hormonen erfolgt vor allem in der Leber. Die verschiedenen Hormone werden nach ihrem Bildungsort (Drüse) und ihrer Wirkung unterschieden.

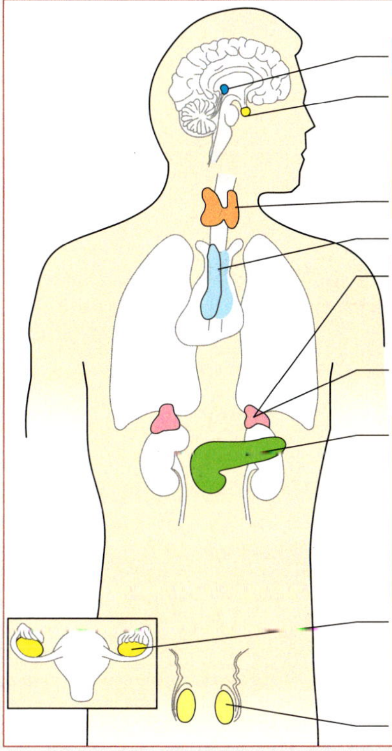

Drüsen	Hormone	Wirkungen
Zirbeldrüse	Melatonin	steuert Schlaf-Wach-Rhythmus
Hypophyse (Hirnanhangdrüse)	Wachstumshormon	fördert Längenwachstum
	Gonadotropine	steuern Keimdrüsentätigkeit
Schilddrüse	Jodhormone	steigern Stoffwechseltätigkeit
Thymusdrüse	Thymosin	fördert Abwehr gegen Infektionen
Nebennierenrinde	Androgene	bewirken Vermännlichung, die bei Mädchen durch Östrogene verdeckt wird
Nebennierenmark	Adrenalin	erhöht Herzschlag, verengt Blutgefäße, aktiviert Glycogenabbau
Bauchspeicheldrüse	Insulin	fördert Aufnahme von Zucker in die Muskelzellen, steigert Glykogenabbau in der Leber
	Glukagon	fördert Abbau von Glykogen in der Leber, erhöht den Blutzuckerspiegel
Eierstock (Ovarium)	Östrogene	bewirken Verweiblichung
	Gestagene	steuern zusammen mit Östrogenen die Vorgänge des weiblichen Zyklus
Hoden	Androgene	bewirken Vermännlichung

Abb.: Wichtige Hormondrüsen; freigesetzte Hormone und deren Wirkung im Körper

STEROIDHORMONE, SEXUALHORMONE

Die Keimdrüsen produzieren unter dem Einfluss der Hypophyse Hormone, welche die sexuelle Entwicklung und verschiedene Fortpflanzungsprozesse kontrollieren. So regulieren die Hormone des Hodens **Androgene** (z. B. Testosteron), die Entwicklung der Spermien sowie das äußere männliche Erscheinungsbild. Die Hormone der Eierstöcke werden hauptsächlich in den Follikeln gebildet und heißen **Östrogene**. Die wichtigsten unter ihnen, Östradiol und Östron, wirken im Zusammenspiel mit den Hormonen der **HYPOPHYSE** bei der Kontrolle des weiblichen Zyklus. Während des Zyklus wird unmittelbar nach der Ovulation (Eisprung) vom Follikelgewebe der Gelbkörper (Corpus luteum) gebildet. Dieser produziert das Hormon Progesteron, welches seinerseits das Wachstum der Uterusschleimhaut (Gebärmutterschleimhaut) anregt. Ist das Ei befruchtet, so kann es sich in der Uterusschleimhaut festsetzen. Liegt keine Befruchtung vor, so bildet sich der Gelbkörper zurück, die Progesteronkonzentration nimmt ab und die Uterusschleimhaut wird mit der **Menstruation (Regelblutung)** abgestoßen. Progesteron wird auch während der Schwangerschaft in großen Mengen von der *Plazenta* (Mutterkuchen) produziert. Im Zusammenwirken mit Östrogenen bewirkt es die Bildung der Milchdrüsen und signalisiert gleichzeitig dem **HYPOTHALAMUS**, dass die Bildung von Prolaktin (ein die Milchbildung förderndes Hormon) in der Hypophyse unterbunden werden soll. Heute werden verschiedene progesteronähnliche Hormonkomponenten in Pillen (Antibabypillen) verwendet, die der Empfängnisverhütung dienen.

HYGIENE

Die Hygiene oder **Gesundheitslehre** beschäftigt sich mit der Erhaltung und Förderung der Gesundheit. Die Hygiene erforscht die Wechselwirkungen zwischen dem Menschen und seiner Umwelt und erarbeitet auf dieser Basis Maßnahmen als Voraussetzung für die Verhütung von Krankheiten.

Die Hygiene lässt sich somit definieren als **Maßnahmen zur Gesunderhaltung des Individuums**, aber auch **der menschlichen Gesellschaft**, zur **Verhütung körperlicher Erkrankungen**, **Vermeidung seelischer und sozialer Störungen**. Sie hat zum Ziel das Individuum und die menschliche Gesellschaft widerstandsfähig gegen die Entstehung körperlicher, geistiger und seelischer Erkrankungen zu machen. Die Hygiene lässt sich aufgrund der verschiedensten Aufgabengebiete in drei Teilgebiete aufteilen: Umwelthygiene, Sozialhygiene und Psychohygiene. Die **Umwelthygiene** beinhaltet die Beziehung zwischen Gesundheit und Umwelt einschließlich der Verbreitung von infektiösen und nicht infektiösen Krankheiten und die Krankenhaushygiene bzw. Arbeitshygiene. Die **Sozialhygiene** beschäftigt sich mit der Wechselwirkung zwischen Gesundheit und sozialem Umfeld. Die **Psychohygiene** umfasst Maßnahmen zur Verhütung von psychischen und psychosomatischen Erkrankungen. Die Rolle der Hygiene und spezielle Hygienemaßnahmen für den Bereich der Kosmetik finden Sie in ➜ LF 2, Kapitel 5 beschrieben.

L

HYDROLIPID-MANTEL ➜ SÄURESCHUTZMANTEL

HYPOPHYSE

Die Hypophyse (Hirnanhangsdrüse) ist ein etwa kirschgroßes Gebilde an der Basis des Gehirns, das durch Ausschüttung von **HORMONEN** eine zentrale Stellung bei der Steuerung vieler Organfunktionen wahrnimmt. Über den Hypophysenstiel ist sie mit dem **HYPOTHALAMUS** verbunden. Die Hypophyse besteht aus zwei Abschnitten, dem Hypophysenvorderlappen und dem Hypophysenhinterlappen, die sich in Aufbau und Funktion unterscheiden. Im **Hypophysenhinterlappen** werden Hormone des Hypothalamus gespeichert und bei Bedarf ausgeschüttet. Zu den wichtigsten Hormonen gehören hierbei das Geburtswehen auslösende Oxytozin und das ADH (antidiuretische Hormon), welches die Wasserausscheidung über die **NIERE** reduziert. Im **Hypophysenvorderlappen** befindet sich Drüsen**GEWEBE**, das selbst Hormone bildet. Zu den wichtigsten Hormonen des Hypophysenvorderlappens gehört hier das Wachstumshormon Somatotropin, das Schilddrüsen stimulierende Hormon Thyrotropin und Hormone, welche die Funktion von Hoden und Eierstöcken beeinflussen. Die Ausschüttung dieser Hormone wird von Hormonen des Hypothalamus reguliert.

HYPOTHALAMUS

Der Hypothalamus ist ein Abschnitt des Gehirns, der körperliche und emotionale Vorgänge steuert und ein Bindeglied zwischen **NERVENSYSTEM** und **HORMONSYSTEM** darstellt. Er ist das oberste Zentrum des Hormonsystems und besitzt die Kontrolle der Freisetzung von **HORMONEN** aus der **HYPOPHYSE**, mit der er über den Hypophysenstiel direkt verbunden ist. Der Hypothalamus wird von verschiedenen Hirnzentren gesteuert/beeinflusst und reguliert über Nervenzellsignale und Hormone zahlreiche lebenswichtige Funktionen (Zustandsgrößen) des Körpers, z. B. **KÖRPERTEMPERATUR, WASSER- UND ELEKTROLYTHAUSHALT,** Nahrungsaufnahme, Schlaf-Wach-Rhythmus und verschiedene Kreislauffunktionen.

IMMUNSYSTEM

Zu den Organen des Immunsystems gehören Thymusdrüse, **MILZ**, Knochenmark, Lymphknoten, Mandeln sowie lymphatische **GEWEBE** im Darm, im Harntrakt und in den Atemwegen. **Thymus und Knochenmark** werden primäre lymphatische Organe genannt, da in ihnen aus undifferenzierten Immunzellen spezialisierte Abwehrzellen heranreifen. Die anderen Bestandteile des Immunsystems werden als sekundäre lymphatische Organe bezeichnet. In ihnen werden die fertigen Immunzellen gespeichert, um bei einer **INFEKTION** gegen die jeweiligen Fremdstoffe bzw. Antigene (s. u.) aktiviert zu werden.

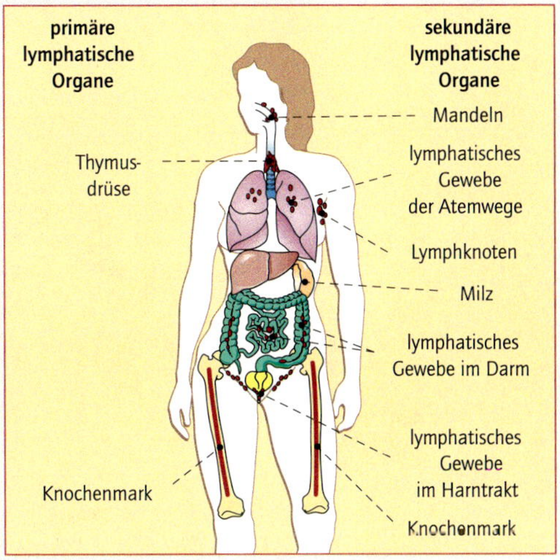

Das Immunsystem hat die Aufgabe, Krankheitserreger oder allgemein Fremdkörper, die in den Körper eingedrungen sind, unschädlich zu machen. Jeder Fremdkörper, der vom Immunsystem als solcher erkannt wird, heißt **Antigen**. Zudem muss das Immunsystem dafür sorgen, dass die Reste abgestorbener **ZELLEN** oder Fremdkörper aus dem Körper entfernt werden. Weiterhin ist es dafür zuständig, Tumorzellen und von Mikroorganismen befallene Zellen aufzuspüren und zu zerstören. Zur Bewältigung dieser Aufgaben stehen dem Immunsystem mehrere Abwehrsysteme zur Verfügung: Man unterscheidet zwischen der **humoralen** (Antikörper und **ENZYME**) und der **zellulären Abwehr**.

Die **Zellen des Immunsystems** leiten sich von so genannten Stammzellen des Knochenmarks ab. Aus den Stammzellen entstehen die drei Hauptkategorien der Immun zellen, die **Granulozyten**, die **Monozyten/Makrophagen** und die **Lymphozyten**, die alle zusammen auch als **Leukozyten** (weiße Blutkörperchen) bezeichnet werden **(BLUT)**.

Granulozyten „fressen" **BAKTERIEN,** sind bei Abwehr von Wurmerkrankungen und bei der Entwicklung von Allergien aktiv und an **ENTZÜNDUNG**sprozessen beteiligt. **Monozyten/Makrophagen** beseitigen Fremdstoffe hauptsächlich bei chronischen Infektionen indem sie diese in die Zelle aufnehmen und verdauen („Riesenfresszellen"). Sie finden die Antigene besonders schnell, wenn diese durch Antikörper oder andere Proteine des Immunsystems markiert sind.

Lymphozyten produzieren Antikörper gegen körperfremde Stoffe **(Antigene)** und vernichten Krankheitserreger und kranke **ZELLEN**. Bei den Lymphozyten unterscheidet man zwei Arten: B-Lymphozyten und T-Lymphozyten. T-Lymphozyten vermitteln die **Zellimmunität**. Sie greifen Antigene direkt an und vernichten sie. Gleichzeitig können sie die allgemeine Immunantwort verstärken oder schwächen, indem sie andere Komponenten des Immunsystems beeinflussen, z. B. durch die Freisetzung von Botenstoffen **(Zytokine** siehe unten). T-Lymphozyten machen etwa 70 Prozent aller Lymphozyten aus. Sie haben ebenso wie die B-Lymphozyten ein biochemisches „Gedächtnis" und werden deshalb auch als T- und B-Gedächtniszellen bezeichnet. Die **Gedächtniszellen** können Antigene wieder erkennen, denen sie einmal ausgesetzt waren. Das beschleunigt und verstärkt die Abwehrreaktion bei einer erneuten Infektion, meist können mildere Krankheitsverläufe beobachtet werden.

T-Lymphozyt

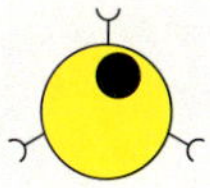

B-Lymphozyt

B-Lymphozyten vermitteln die **humorale** oder **Serumimmunität**. Sie und ihre Nachfolgerzellen, die Plasmazellen, produzieren in erster Linie die Immunglobuline **(Antikörper)**, aber auch Zytokine und Proteine des Komplementsystems. Die Plasmazellen produzieren für jedes Antigen einen spezifischen Antikörper, der an die Oberfläche des Antigens bindet. So markierte Fremdkörper werden von Granulozyten, Makrophagen und T-Zellen beschleunigt als Antigen erkannt und unschädlich gemacht. Tatsächlich werden vom Immunsystem tausende verschiedener Antikörper gebildet. **Zytokine** sind wasserlösliche Proteine und haben verschiedene Wirkungen. Zum einen regulieren und stimulieren sie das Immunsystem, zum anderen hemmen sie das Wachstum von Bakterien und Krebszellen. Die **Proteine des Komplementsystems** wirken untereinander und gemeinsam mit Antikörpern. Sobald ein Antikörper an ein Antigen gekoppelt ist bzw. ein Fremdkörper vom Komplementsystem selbst als Antigen erkannt wird, binden die Komplementproteine an diesen Komplex. Die Proteine des Komplementsystems können dann selbst den Fremdkörper unschädlich machen und fördern zudem die Aufnahme und Zerstörung des Fremdkörpers durch Makrophagen.

IMPFUNG

Als Impfung bezeichnet man Maßnahmen, welche die Immunisierung gegen Infektionskrankheiten zum Ziel haben. Man unterscheidet **passive und aktive Impfung**. Bei einer aktiven Impfung werden abgeschwächte Erreger oder ihre Giftstoffe (so genannte *Toxine*) in den Körper eingebracht. Diese sind soweit abgeschwächt, dass sie keine Krankheit mehr auslösen können, den Körper jedoch zur Bildung von Abwehrstoffen anregen und so eine spezifische Immunität gegen die entsprechende Infektionskrankheit bewirken. Dieser Schutz hält meist nur einige Jahre an, deshalb müssen die meisten Impfungen regelmäßig aufgefrischt werden. Bei einer passiven Impfung hingegen wird mit Impfserum geimpft, welches die spezifischen Antikörper gegen den betreffenden Krankheitserreger oder dessen *Toxin* bereits in hoher Konzentration enthält.

Wegen des ausgeprägten Kundenkontaktes haben Kosmetiker/innen ein erhöhtes Risiko sich über Tröpfchen- oder Schmierinfektionen mit Viren oder Bakterien zu infizieren. Zur Vorsorge sollten folgende Impfungen regelmäßig aufgefrischt werden: Poliomyelitis, Diphtherie, Influenza (Grippe), Hepatitis B (hygienische Vorsichtsmassnahmen zur Vermeidung von Virusinfektionen ➜ LF 2, Kapitel 5.2).

Über die aktuellen Impfempfehlungen der „Ständigen Impfkommission" (STIKO) kann man sich auf der Internetseite des Robert-Koch-Instituts informieren: www.rki.de unter > Infektionsschutz > Impfen.

INFEKTION, INFEKTIONSBARRIEREN

Als Infektion bezeichnet man den Befall des Organismus oder einzelner Körperteile mit Krankheitserregern wie Parasiten (Würmer, Protozoen, Insekten), Pilzen, **BAKTERIEN, VIREN** oder die Aufnahme von Giftstoffen (Toxinen), die diese Erreger produzieren.

Erreger können auf mehreren Wegen in den Körper gelangen: Am häufigsten sind Infektionen über die Atem- und Harnwege sowie über den Verdauungstrakt. Zudem sind Ansteckungen durch die Haut (insbesondere bei Verletzungen), über die Schleimhäute andere Körperöffnungen oder über die Bindehaut der **AUGEN** nicht selten. Die Schwere einer Infektion ist abhängig von der Menge/Anzahl und der Gefährlichkeit des Erregers sowie von der Abwehrkraft des befallenen Organismus gegen den Erreger (Viren, Bakterien). Gesunde Menschen sind gegen leichtere Infektionen geschützt, sodass oft keine besondere Behandlung erforderlich ist. In schweren Fällen setzt man zur Therapie **Antibiotika** ein, dies sind Medikamente, die **BAKTERIEN** abtöten oder deren Wachstum hemmen.

Neben dem Menschen selbst kommen Nahrungsmittel, **WASSER** und Tiere als Infektionsquelle infrage. Die meisten Krankheitserreger werden über die so genannte **Schmierinfektion** übertragen, das heißt durch Berührung infizierter Personen (Kosmetik: die Behandlung von z. B. Patienten mit Herpesbläschen wird üblicherweise abgelehnt). Bei der **Tröpfcheninfektion** werden die Erreger von Mensch zu Mensch über die Luft übertragen, z. B. beim Niesen oder Husten. Einen Schutz gegen Infektionen bieten zum einen die natürlichen Abwehrsysteme **(IMMUNSYSTEM)** des Körpers sowie eine konsequente **HYGIENE**. Einen großen Schutz vor dem Eindringen von Krankheitserregern in den Organismus bieten bereits Haut und Schleimhäute (äußere Barrieren des Körpers). Sie produzieren Flüssigkeiten und Stoffe (z. B. Säuren in Schweiß und das Enzym Lysozym im Speichel), die Mikroorganismen unschädlich machen. Auch unschädliche Bakterien, die auf der Haut, in den Atemwegen oder im Verdauungstrakt leben, tragen dazu bei, Krankheitserreger abzuwehren **(transiente Hautflora, physiologische Darmflora ➜** LF 2, Kapitel 5.4, **BAKTERIEN und MENSCH** und ➜ LF 10, Kapitel 10.2).

Abb.: Infektionsbarrieren

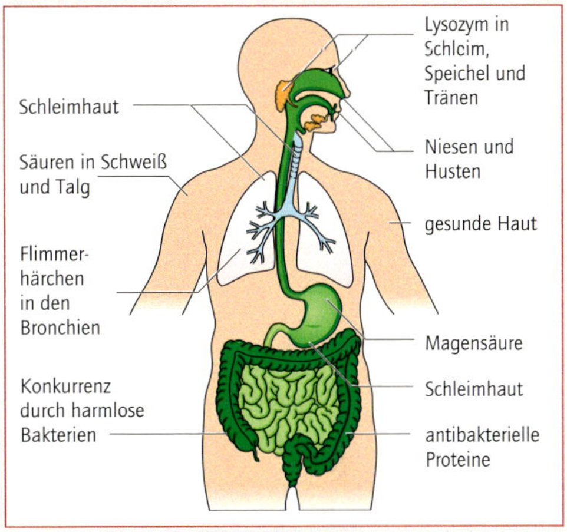

ISCHIASSYNDROM ➜ NERVENSYSTEM

ION

Als Ionen werden **ATOME** oder **MOLEKÜLE** bezeichnet, welche nach Abgabe oder Aufnahme von Elektronen elektrisch geladen sind. Positiv geladene **Kationen** bilden sich durch Abgabe von Elektronen, negativ geladene **Anionen** durch Aufnahme von Elektronen. Im elektrischen Feld wandern die Kationen zur negativen Elektrode (Kathode) und die Anionen zur positiv geladenen Elektrode (Anode). Die Eigenschaften der Ionen werden für viele Vorgänge, z. B. kosmetisch für die Wirkstoffeinschleusung in die Haut (Iontophorese ➜ Band B, LF 7, Kapitel 3.5) genutzt.

JOD

Symbol I, gehört zur Hauptgruppe VII des **PERIODENSYSTEMS DER ELEMENTE** mit der Ordnungszahl 53. Jod ist ein essenzielles (= lebensnotwendiges) **Spurenelement** und findet sich in bestimmten **HORMONEN** der Schilddrüse (z. B. in L-Thyroxin), die u. a. das Wachstum und einige **STOFFWECHSEL**funktionen steuern. Als Folge von Jodmangel kann es zu Wachstumsstörungen oder auch Kropfbildung kommen. In Gegenden mit zu geringem natürlichem Jodvorkommen kann dem Körper eine ausreichende Jodmenge mithilfe von so genanntem jodierten Speisesalz zugeführt werden. Alkoholische Lösungen von Jod dienen als **DESINFEKTION**smittel (Jodtinktur). Radioisotope des Jods wie z. B. Jod 131 und Jod 123 werden in der Medizin für bildgebende Verfahren (z. B. Knochenszintigrafie) verwendet.

KALIUM

Symbol K, gehört zur Hauptgruppe I des **PERIODENSYSTEMS DER ELEMENTE**. Das ALKALIMETALL Kalium ist ein reaktionsfreudiges, extrem weiches metallisches Element mit der Ordnungszahl 19. Es kann durch Abgabe eines Elektrons die **EDELGASKONFIGURATION** von Argon (Hauptgruppe VIII) erreichen. Im lebenden Organismus spielt Kalium eine große Rolle bei der Regulation des **Elektrolytkreislaufs** und für die neuromuskuläre Erregbarkeit **(MUSKEL, NERVENSYSTEM)**.

Kaliumcarbonat (K_2CO_3) wurde ursprünglich als Pottasche bezeichnet. Man gewann es durch Auslaugen von Holzaschen. Es wird bei der Erzeugung von Glas und Schmierseife verwendet (➔ Band B, Anhang E.1 in LF 7)

KALZIUM

Symbol Ca, gehört zur Hauptgruppe II des **PERIODENSYSTEMS DER ELEMENTE**. Das ERDALKALIMETALL ist ein reaktives, silberweißes metallisches Element mit der Ordnungszahl 20. Kalzium kann durch Abgabe von zwei Elektronen die **EDELGASKONFIGURATION** von Argon erreichen und ist, wie die meisten **METALLE**, ein guter elektrischer Leiter. Kalzium und Kalziumcarbonat spielt eine wichtige Rolle für den menschlichen Organismus. Kalzium ist als Kalziumphosphat entscheidend an Aufbau und Festigkeit bzw. Härte von **KNOCHEN** und Zähnen beteiligt. Ein hormonell- oder ernährungsbedingter Kalziummangel führt zur Osteoporose (Knochenerweichung). Zudem wird über die Regulation des Kalziumspiegels die Übertragung von Nervenimpulsen **(NERVENZELLE UND REIZLEITUNG)**, die **MUSKEL**kontraktion und die **Blutgerinnung (BLUT)** reguliert.

KAPILLARE

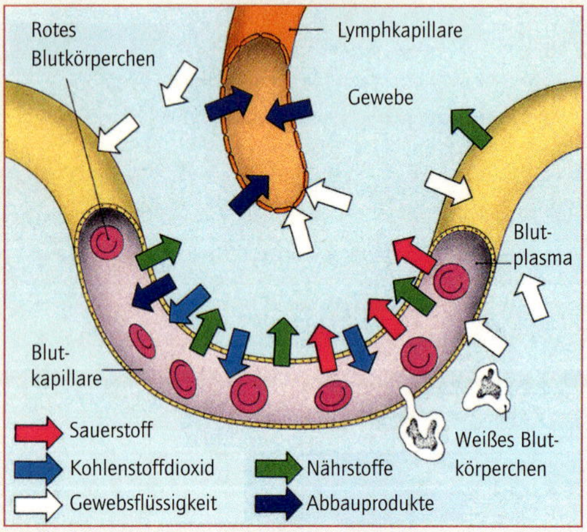

Abb.: Stoffaustausch im Bereich der Kapillaren

Blutkapillare sind sehr kleine, muskelfreie Blutgefäße mit einem Durchmesser von 5 – 15 µm und einer Länge von 0,5 – 1 Millimeter. Sie verbinden die kleinen **BLUTGEFÄSSE**, Arterien (Arteriolen) und Venen (Venolen). Im Bereich der Blutkapillaren erfolgt der Austausch von **KOHLEN(STOFF)DIOXID** (CO_2) und **SAUERSTOFF** (O_2), **ELEKTROLYTEN**, Gewebsflüssigkeit, Nährstoffen und Abbauprodukten zwischen Blut und den **GEWEBEN** und Organen. Im Gegensatz zum dreischichtigen Aufbau der anderen Blutgefässe besteht die Wand der Blutkapillare nur aus einer Basalmembran (Grundhäutchen), welcher innen das **Endothel** aufsitzt. Das aus den arteriellen Kapillaren ausgeschiedene Plasma wird in die Venösen- und Lymphkapillaren wieder aufgenommen.

KNOCHEN

Das Knochengewebe gehört zum stützenden **BINDEGEWEBE**, auch Stützgewebe genannt. Das Knochengewebe schützt innere Organe (z. B. der Brustkorb Lunge und **HERZ** und der Schädel das Gehirn), sowie essenzielles, also lebenswichtiges Gewebe (z. B. Rückenmark und Knochenmark) und dient als Widerlager für die Muskulatur. Darüber hinaus spielt Knochengewebe eine wichtige Rolle bei der Aufrechterhaltung des Kalziumspiegels im Körper.

Das Knochengewebe besteht aus Knochenzellen und der von ihnen ausgeschiedenen Substanz, der so genannten Knochenmatrix. Die Knochenmatrix besteht aus kollagenen Bindegewebsfasern, Mineralstoffen (vor allem Kalzium und Phosphat) und **WASSER**. Die Härte des Knochens wird hauptsächlich durch die Menge an **KALZIUM**phosphat und Kalziumkarbonat bestimmt, seine Elastizität durch Kollagenfasern und Gelatine. Es gibt verschiedene Typen von Knochen, die sich nach Form und/oder Aufbau unterscheiden lassen: **Röhrenknochen** bestehen aus zwei verdickten Enden **(Epiphysen)** und einem dazwischen liegenden längeren Knochenschaft **(Diaphyse)**. Bei noch nicht ausgewachsenen Menschen (Kinder und Jugendliche) befindet sich zwischen Epiphyse und Diaphyse die Längenwachstumszone (Metaphyse).

Die beiden Knochenenden bilden **Gelenkköpfe** die mit **Gelenkknorpel** überzogen sind. Der Knorpel ist eine Art Schutzschicht über dem Knochen und ermöglicht eine reibungsfreie Beweglichkeit zweier Knochen eines **GELENKES** gegeneinander. Der Röhrenknochen besteht außen aus einer sehr festen Knochenrinde **(Kortikalis)**, einer sie umschließenden **Knochenhaut** und im Inneren aus einem schwammartigen Hohlraumsystem mit zarten Knochenbälkchen **(Spongiosa)**. Im Inneren des Hohlraumsystems befindet sich das Knochenmark. Es besteht aus dem **gelben Knochenmark**, das zur Fettspeicherung dient, sowie dem **roten Knochenmark**, in welchem rote und weiße Blutkörperchen sowie die Blutplättchen gebildet werden.

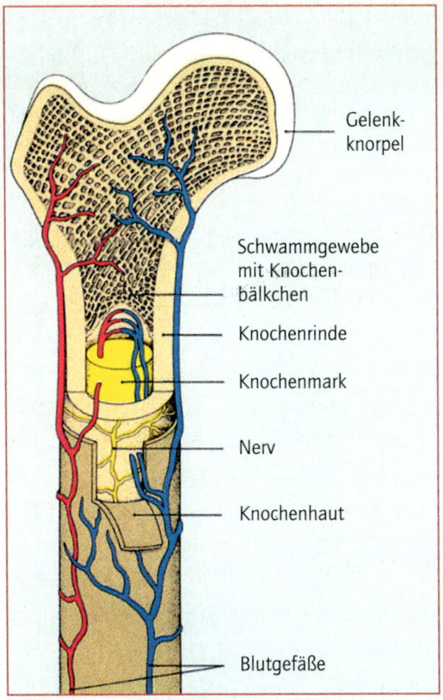

Abb.:
Aufbau eines Röhrenknochens

Neben den Röhrenknochen bestehen auch die **platten Knochen,** wie z. B. die Schädelknochen, aus Kortikalis und Spongiosa. Sie unterscheiden sich von den Röhrenknochen durch ihre Form und den Aufbau. Ihr Aufbau zeigt zwei kompakte Kortikalisschichten und, im Gegensatz zu den Röhrenknochen, nur eine dünne Spongiosa in der Mitte.

Sehnen aus Bindegewebe befestigen **MUSKELN** am Knochen und ermöglichen die Kraftübertragung einer Muskelkontraktion auf eine Bewegung. **Bänder** sind sehr zugstabile Bindegewebsverstrebungen, die Knochen miteinander verbinden. Da auf Bänder und Sehnen bei entsprechenden Bewegungen große Kräfte wirken können, besitzen Knochen oft Ansatzstellen für diese in Form von Knochenvorsprüngen und Knochenleisten.

KNOCHENSTOFFWECHSEL

Der Knochen unterliegt einem ständigen Ab- und Aufbau. Dieser Umbau wird durch verschiedene Faktoren gesteuert: Mineralien aus dem Blut, insbesondere **KALZIUM** und **PHOSPHOR**, **HORMONEN** sowie spezialisierten Knochenzellen, den knochenabbauenden **Osteoklasten** sowie den knochenaufbauenden **Osteoblasten**. Dabei fördert die mechanische Beanspruchung des Knochengerüstes durch körperliche Bewegung und statische Belastung den Knochenaufbau. Ab einem bestimmten Lebensalter überwiegt der Knochenabbau, was zu einer erhöhten Brüchigkeit der Knochen und zu einer Verringerung der Körpergröße führt. Diesen Knochenschwund bezeichnet man als altersbedingte **Osteoporose**. Besonders häufig betroffen sind Frauen in den Wechseljahren. Eine Ursache hierfür ist die verminderte Östrogenproduktion in dieser Lebensphase (denn Östrogen fördert den Einbau von Kalziumcarbonat in den Knochen).

KÖRPERTEMPERATUR

Der Mensch gehört zu den gleichwarmen Lebewesen, deren Kern**TEMPERATUR** auch bei wechselnder Umgebungstemperatur konstant gehalten wird. Dies betrifft jedoch nur die Körperhöhlen (z. B. Brusthöhle mit **HERZ** und **LUNGE** oder Bauchhöhle mit **VERDAUUNG**sorganen), deren so genannte Kerntemperatur bei 37 °C liegt. Gliedmaßen und Haut (Körperschale) verhalten sich eher wechselwarm, das heißt, ihre Temperatur kann in Abhängigkeit von der Umgebungstemperatur höher oder niedriger sein als die Kerntemperatur. Eine Konstanthaltung der Kerntemperatur ist nur möglich, indem Wärmeproduktion und Wärmeaufnahme mit der Wärmeabgabe im Gleichgewicht gehalten werden.

Reguliert wird die Körpertemperatur durch den zum Zwischenhirn gehörenden **HYPOTHALAMUS**. Dieser enthält Informationen über die bestehende Körpertemperatur von Thermorezeptoren im Körperkern und in der Körperschale von Hautthermorezeptoren (➜ LF 2, Kapitel 1.2). Entspricht der Istwert nicht dem vom Hypothalamus festgelegten Sollwert, leitet der Hypothalamus über **NERVEN** und **HORMONE** Mechanismen zur Abgabe oder zur Bildung von **WÄRME** ein, je nachdem ob die Körpertemperatur zu hoch oder zu niedrig ist. Zur Senkung der Körpertemperatur kann der Körper die Blutgefäße an der Hautoberfläche erweitern, vermehrt Schweiß produzieren, die **MUSKEL**aktivität reduzieren oder die **STOFFWECHSEL**aktivität senken. Zur Erhöhung der Körpertemperatur wird die Hautdurchblutung reduziert (Blutgefäße werden eng gestellt), die Schweißabsonderung vermindert, die Muskelspannung erhöht (z. B. durch Zittern) und die Stoffwechselaktivität erhöht. **BAKTERIEN** und Immunzellen können Substanzen produzieren, welche die Körpertemperatur erhöhen. Diese Pyrogene bewirken, dass der Hypothalamus den Sollwert der Temperatur erhöht und somit entsteht **Fieber.**

KOHLENDIOXID

Kohlendioxid ist ein farbloses, geruchloses und nicht brennbares Gas. Kohlendioxidmoleküle bestehen aus einem Atom **KOHLENSTOFF** und zwei Atomen **SAUERSTOFF** (CO_2). Kohlendioxid kommt in der Natur sowohl in freiem als auch in gebundenem Zustand vor. In freier Form ist Kohlendioxid zu 0,03 Volumenprozent an der Luft beteiligt. In gebundener Form findet sich Kohlendioxid vor allem in Calciumcarbonat ($CaCO_3$; z. B. Kalkstein, Kreide) und in **MAGNESIUM**carbonat ($MgCO_3$).

Kohlendioxid wird von grünen Pflanzen in der **FOTOSYNTHESE** zum Aufbau von **KOHLENHYDRATEN** verwendet. Im Organismus wird Kohlendioxid für wichtige **STOFFWECHSEL**reaktionen benötigt. Das Vorhandensein von Kohlendioxid im Blut stimuliert die **ATMUNG**. Aus diesem Grund wird bei der künstlichen Beatmung dem Sauerstoff oder der normalen Luft in niedriger Konzentration Kohlendioxid zugesetzt. In größeren Mengen ist Kohlendioxid aber giftig.

KOHLENHYDRATE

Monosaccharide
(Einfachzucker)

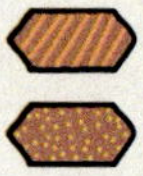

Disaccharide
(Zweifachzucker)

Polysaccharide
(Vielfachzucker, o. Abb.)

Kohlenhydrate im Allgemeinen und Glukose im Speziellen sind die zentralen **ENERGIE**träger des menschlichen **STOFFWECHSELS** und decken ca. 2/3 des Energiebedarfs, wobei Gehirn und Erythrozyten (rote Blutkörperchen) absolut glukoseabhängig sind. Die Glukosekonzentration im Plasma (Blutzuckerspiegel) wird einerseits durch den Verbrauch und andererseits durch Aufnahme und Freisetzung bzw. Bildung von Glukose bestimmt. Neben ihrer Bedeutung im Energie- und Nährstoffwechsel werden die Kohlenhydrate im Organismus als Bausteine für Glykosaminoglykane, Proteoglykane und Glykoproteine benötigt. **Glykosaminoglykane** bestehen aus Disaccharideinheiten, die zu unverzweigten Makro**MOLEKÜLEN** miteinander verbunden sind. Zu dieser Molekülgruppe gehört z. B. die **Hyaluronsäure**, die eine nicht unwichtige Rolle für Bindegewebe, Haut und Knorpel als Grundsubstanz spielt (➜ LF 10, Kapitel 3.8 und ➜ Band B, Glossar und LF 7). **Proteoglykane** sind Verbindungen aus Glykosaminoglykanen und Proteinen. Der Polysaccharidanteil beträgt ca. 90 %, der Proteinanteil ca. 10 %. Proteoglykane besitzen ein hohes Wasserbindungsvermögen. **Glykoproteine** bestehen zum größten Teil aus Proteinen und zu einem kleinen Teil aus Kohlenhydraten. Die Glykoproteine spielen als Erkennungs**MOLEKÜLE** (körpereigene oder körperfremde **ZELLEN**) auf der äußeren Zellmembran eine Rolle für das **IMMUNSYSTEM**. Weiteres zu Kohlenhydraten ➜ LF 10, Kapitel 3.

KOHLENHYDRATSTOFFWECHSEL

Der *Pankreas* (Bauchspeicheldrüse) spielt die Hauptrolle im Kohlenhydratstoffwechsel. Dort werden in verschiedenen Zelltypen die **HORMONE Glukagon und Insulin** gebildet. Die Hormone werden ins Blut abgegeben und gelangen über die **Pfortader** in hoher Konzentration in die **Leber.** Die Funktionen der Pankreashormone sind: 1. für die Speicherung der aufgenommenen Nahrung in Form von Glykogen und Fett zu sorgen (Insulin), 2. die Energiereserven während der Hungerphase oder bei Arbeit und Stresssituationen wieder zu mobilisieren (Glukagon) und 3. den Blutzuckerspiegel möglichst konstant zu halten (Glukagon und Insulin).

Nach der Nahrungsaufnahme steigt der Blutglukosespiegel. Dies ist der Hauptreiz für die **Insulinausschüttung** aus dem Pankreas. **Insulin** wirkt Blutglukose senkend, wachstumsfördernd (anabol) und fördert die Speicherung von Fett und Glukose, letztere vor allem in der Leber. Hier bewirkt Insulin zudem eine Aktivierung der **GLYKOLYSE** und der Glykogenbildung. Alles zusammen bewirkt eine Absenkung des erhöhten Blutzuckerspiegels. Etwa 2/3 der nach der Nahrungsaufnahme im Darm aufgenommenen Glukose werden so zunächst zwischengespeichert und können zwischen den Mahlzeiten durch Glukagon wieder mobilisiert werden. Damit steht besonders dem stark glukoseabhängigen Nerven**GEWEBE** ein von der Nahrungsaufnahme relativ unabhängiges Glukoseangebot zur Verfügung. Bei übermäßiger Kohlenhydratzufuhr werden die Glykogenspeicherkapazitäten überfordert, sodass die Leber dann Glukose zu Fettsäuren umwandelt, die nach Transport ins Fettgewebe (z. B. Subkutis) in Form von Triglyzeriden gespeichert werden. Der Gegenspieler des Insulins ist das Glukagon. Die **Glukagonausschüttung** wird durch niedrige Blutzuckerspiegel (Fasten, lang anhaltende körperliche Arbeit) gefördert und durch hohe Blutzuckerspiegel gehemmt. Glukagon sorgt dafür, dass der Blutzuckerspiegel auch zwischen den Mahlzeiten und bei hohem Glukoseverbrauch hoch gehalten wird, um die Energieversorgung sicherzustellen.

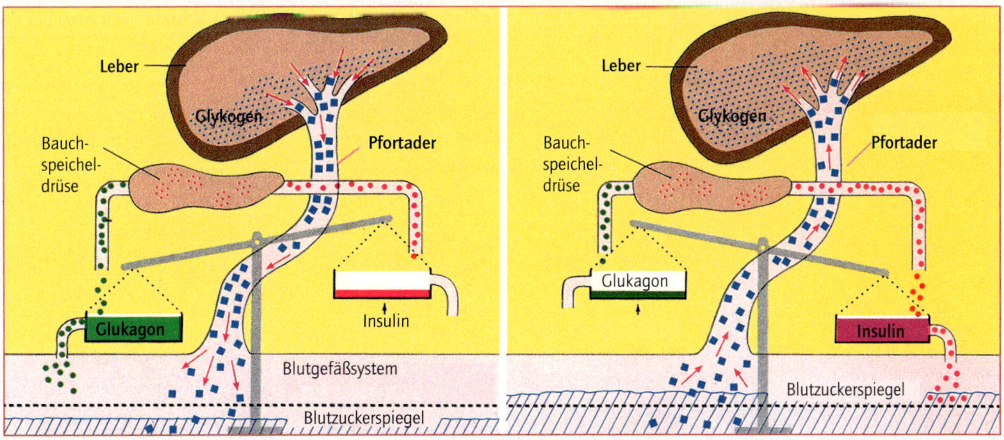

Abb.: Regulierung des Blutzuckerspiegels durch Glukagon und Insulin (Schema)

Glukagon bewirkt eine Erhöhung der Glykogenolyse (Zuckerfreisetzung) in der Leber und eine vermehrte Glukoneogenese (Zuckerneubildung) aus Laktat, Aminosäuren und Glyzerin. Ähnlich dem Glukagon wirkt das Stresshormon Adrenalin. **Adrenalin** wird aus der Neben**NIERE** ausgeschüttet, wenn der Organismus körperlich oder psychisch besonders gefordert wird (z. B. auch bei Angst) und bereitet den Körper für eine Reaktion auf die Situation vor. Adrenalin hemmt die Insulinausschüttung, fördert die Glykogen- und Fettfreisetzung und bewirkt so einen Anstieg von Glukose und freien Fettsäuren im Blut. Zudem steigen unter Wirkung von Adrenalin Blutdruck und Herzfrequenz. Das **Wachstumshormon Somatostatin** wird wie Insulin bei Erhöhung des Blutzuckerspiegels freigesetzt und hemmt die Freisetzung von Insulin. Hierdurch wird eine überschießende Insulinfreisetzung nach Mahlzeiten verhindert. Zudem hemmt Somatostatin die Glukagonausschüttung. Ein weiteres Hormon, das den Kohlenhydratstoffwechsel beeinflusst, ist das **Cortisol,** das ebenso wie Adrenalin in der Nebenniere produziert wird und auch als Antagonist (Gegenspieler) des Insulins wirkt: Erhöhung der Konzentration von Glukose und freien Fettsäuren im Blut.

KOHLENSTOFF, KOHLENWASSERSTOFFE

Symbol C, gehört zur Hauptgruppe IV des **PERIODENSYSTEMS DER ELEMENTE** und hat die Ordnungszahl 6. Kohlenstoff ist für alle lebenden Organismen von essenzieller (lebenswichtiger) Bedeutung und findet zudem in der Industrie breite Verwendung. Die große Vielfalt der Kohlenstoffverbindungen beruht auf der Fähigkeit des Kohlenstoffs, **MOLEKÜLE** sehr unterschiedlicher Größe und Zusammensetzung zu bilden. Kohlenstoff kann mit weiteren Kohlenstoffatomen Ketten und Ringe bilden, wobei die C-C-Bindung, genauso wie die Bindung zu **WASSERSTOFF** (C-H), sehr stabil ist und das Grundgerüst der organischen Chemie darstellt („Kohlenwasserstoff-Chemie"). Kohlenstoffketten werden auch **aliphatische** Verbindungen genannt (gr. *aleiphar* = Salbe) und kommen vor allem in Fetten **(LIPIDE)** vor. Als **aromatische** Verbindungen werden ringförmige Kohlenstoffverbindungen bezeichnet. Alle Kohlenwasserstoffe sind in **WASSER** schlecht löslich. Die geradkettigen, unverzweigten Kohlenwasserstoffe werden **Alkane** genannt. Zu ihnen gehören z. B. Methan (CH_4), Ethan (C_2H_6) und Propan (C_3H_8).

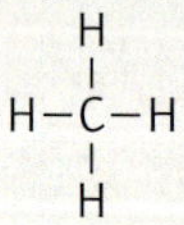
Methan

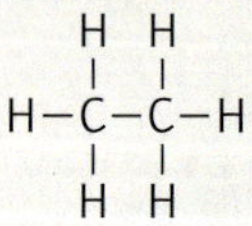
Ethan

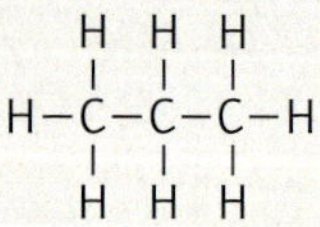
Propan

In kosmetischen Produkten findet man hauptsächlich längerkettige Alkane, z. B. **Vaselinöle** (bis 18 C-Atome, dickflüssig), **Hartparaffine** (bis 51 C-Atome, wachsartig) die zur Herstellung von Cremes, Hautschutzpräparaten oder Lippenstiften verwendet werden. Kohlenwasserstoffe sind für die Verwendung in Kosmetika besonders geeignet, weil sie sehr reaktionsträge sind und deshalb nicht mit der Haut reagieren und sehr lange haltbar sind.

Verzweigte langkettige Kohlenwasserstoffe heißen **Isoparaffine**. Bei ihnen kommen C-Atome in der Mitte des Moleküls vor, die nicht zwei H-Atome, sondern ein oder zwei weitere C-Atome gebunden haben. Zu den Isoparaffinen gehört das im Hauttalg vorkommende **Squalen**, aus dem im weiteren Stoffwechsel **Cholesterin** hergestellt werden kann. Isoparaffine bilden netzartige Gerüste und werden u. a. zur Herstellung von Gelen verwendet.

Entfernt man von Alkanen ein Wasserstoffatom, so wird der verbleibende Molekülrest **Alkylgruppe** genannt. Die Alkylreste werden wie das Alkan bezeichnet, jedoch wird die Endung -an durch die Endung –yl ersetzt: z. B. Methan (CH_4) – Methyl-Rest (CH_3-) oder Ethan (C_2H_6) – Ethyl-Rest (C_2H_5-). An den Alkylresten können sich reaktions-

5840272

freudige Molekülteile binden wie z. B. **ALKOHOLE** oder **CARBONSÄUREN,** welche die chemischen Eigenschaften des gesamten Moleküls bestimmen.

Bei der Reaktion von Kohlenstoff mit **SAUERSTOFF** können sich **KOHLENMONOXID** (CO) und **KOHLENDIOXID** (CO_2) bilden, die Oxide des Kohlenstoffs. Auch mit den meisten nichtmetallischen **ELEMENTEN** geht Kohlenstoff Verbindungen ein, z. B. Tetrachlormethan (CCl_4) oder Cyanwasserstoff HCN. In der Natur kommt Kohlenstoff als Diamant und Grafit in elementarer Form vor. Beim Diamant, dem härtesten bekannten Material, ist jedes Kohlenstoffatom in einem dreidimensionalen Gitter von vier anderen Atomen umgeben.

Am vorher dargestellten globalen Kohlenstoffkreislauf lässt sich erkennen, wie wichtig das Element Kohlenstoff für das Gleichgewicht auf der Erde ist. **Kohlendioxid** (CO_2), als wichtiger Bestandteil der Atmosphäre, wird von den Pflanzen zur **FOTOSYNTHESE** und damit zum Aufbau lebender Materie verwendet. Dieser Vorgang ist wiederum die einzige Möglichkeit, das bei der **ATMUNG** oder Verbrennung anfallende CO_2 aus der Atmosphäre zu „entfernen". Steigt der CO_2-Gehalt in der Atmosphäre, steigt über den so genannten **Treibhauseffekt** die Temperatur auf der Erde an.

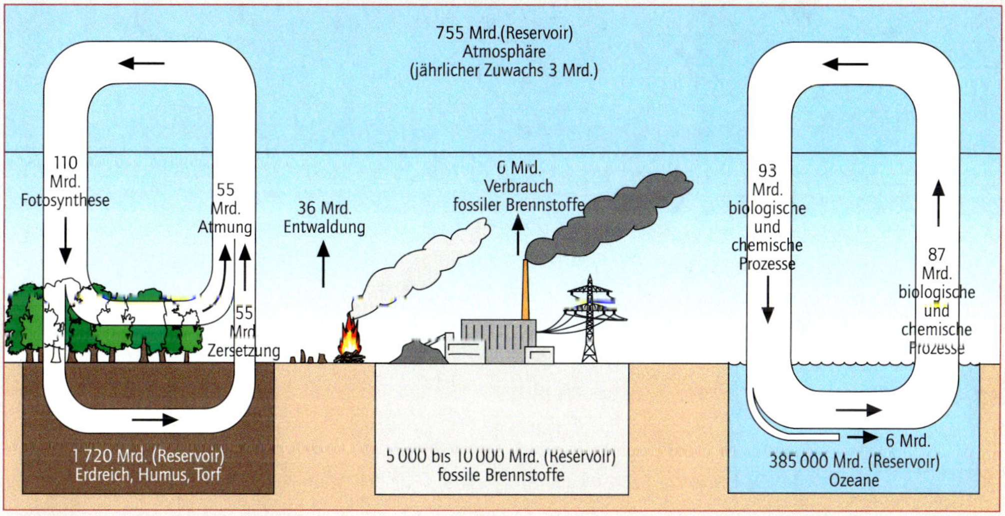

Abb.: Globaler Kreislauf des Kohlenstoffs

KOHLENSTOFFMONOXID

Kohlenstoffmonoxid (CO, Kurzname Kohlenmonoxid) ist ein Kohlenstoffoxid, das bei der Verbrennung von **KOHLENSTOFF** entsteht, wenn nicht genügend Sauerstoff zur Verfügung steht. Es ist ein farb- und geruchloses Gas und befindet sich zu ca. 1 % in der Atemluft. Eine Erhöhung seiner Konzentration in der Atemluft, z. B. durch Autoabgase in geschlossenen Räumen, ist lebensbedrohlich, da Kohlenstoffmonoxid besser an den roten Blutfarbstoff Hämoglobin bindet als Sauerstoff und dessen Aufnahme durch die roten Blutkörperchen **(BLUT)** in der Lunge **(ATMUNG)** verhindert.

KOLLOID

Das Kolloid ist eine Verteilung von mikroskopisch nicht mehr erkennbaren Teilchen einer bestimmten Größe in einer Flüssigkeit. Die Teilchen einer kolloidalen Lösung sind kleiner als in einer **Suspension**, aber größer als in einer echten Lösung. Die Einteilung der Kolloide richtet sich nach der Beschaffenheit der Teilchen. **Sole** (Feststoff dispergiert in Flüssigkeit), **EMULSION** (Flüssigkeit in Flüssigkeit) und **Schäume** (Gas in Flüssigkeit) werden unterschieden.

KONSERVIERUNG

Unter Konservierung wird das Haltbarmachen von organischen Stoffen wie Nahrungs- und Genussmittel, Kosmetika oder Arzneistoffen durch Wachstumshemmung oder Abtötung aller unerwünschten Keime verstanden. **Konservierungsmittel** wie Ameisensäure und Benzoesäure, erfüllen diese Aufgabe in Form einer chemischen Konservierung. Zudem gibt es auch eine physikalische Konservierung durch **WÄRME** (Pasteurisieren, z. B. Milch), Strahlung (z. B. Kräuter), Wasserentzug (Pökeln, z. B. Fleisch und Fisch) und Kühlung (einfrieren).

Weiteres zur Konservierung finden Sie in ➜ Band B, LF 7, Kapitel 1.3, oder in ➜ LF 10, Anhang: Lebensmittelrecht.

L

KRAFT

In der Physik ist die Kraft die alleinige Ursache für die Änderung des Bewegungszustandes (Beschleunigung, Abbremsung und/oder Richtungsänderung) oder für die Änderung der äußeren Form (Deformation) eines Körpers. Die physikalische Einheit für Kraft ist Newton (N). Kraft kann über verschiedene Wirkungen übertragen werden: **DRUCK**, Zug, Stoß, **SCHWERKRAFT**, elektrische Anziehung bzw. Abstoßung usw.

Auf einen Körper wirkt z. B. eine Kraft, wenn er von einem anderen Gegenstand gezogen oder angestoßen wird. Eine Kraft kann auch aufgrund eines **Feldes** auf einen Körper wirken. Ein hochgeworfener Ball fällt auf den Erdboden zurück. Die Ursache hierfür ist das Feld der Schwerkraft, in dem sich der Ball befindet **(GRAVITATION)**. Zwischen elektrischen Ladungen befindet sich ein elektrisches Feld **(ELEKTRISCHER STROM)**.

Oft wirken auf einen Körper verschiedene Kräfte gleichzeitig ein. Hat die daraus resultierende Kraft den Betrag null, wird der Körper weder beschleunigt noch verzögert und behält die Richtung seiner Bewegung bei oder bleibt in Ruhe. Wenn beispielsweise einen Einkaufswagen bewegt wird, wirken auf ihn zwei entgegengerichtete Kräfte: die eine Kraft wird durch Schieben verursacht, die andere entsteht durch Reibung. Sind beide Kräfte gleich groß, ist die resultierende Kraft null und der Wagen hat eine konstante Geschwindigkeit bzw. bleibt stehen.

LASER

Die Abkürzung Laser steht für den englischen Ausdruck *„light amplification by stimulated emission of radiation"*, also Lichtverstärkung durch stimulierte Strahlungsfreisetzung. Das Grundprinzip von Lasern hat folgenden physikalischen Hintergrund: Atome und Moleküle können in verschiedenen Energiezuständen vorkommen. Befindet sich z. B. ein Atom in einem energetisch angeregten Zustand (auf einem höheren Energieniveau), so kann es die gespeicherte Energie beim Übergang in einen energetisch niedrigeren Zustand als Photonen abgeben (spontane Emission). Jedes dieser Photonen ist seinerseits in der Lage andere Atome zur Aussendung weiterer Photonen anzuregen (stimulierte Emission). Die Photonenaktivierung wird durch einen so genannten ***Resonator*** (mehrere Spiegel im Inneren des Lasers, die die durch spontane und stimulierte Emission freigesetzten Photonen reflektieren, im Innern des Lasers, die die durch spontane und stimulierte Emission freigesetzten Photonen reflektieren, was zur Aktivierung weiterer Atome führt) verstärkt (auch ➜ Band C, LF 11, Kapitel 1.4). Das Besondere bei der Lasertechnik ist, dass alle Photonen die gleichen physikalischen Eigenschaften, z. B. dieselbe Wellenlänge und Ausbreitungsrichtung, wie die ersten Photonen, aufweisen. Die *Reflektivität* eines der Spiegel (Auskopplungsspiegel) ist etwas verringert, dort tritt ein Bruchteil des Lichts aus und bildet den externen Laserstrahl.

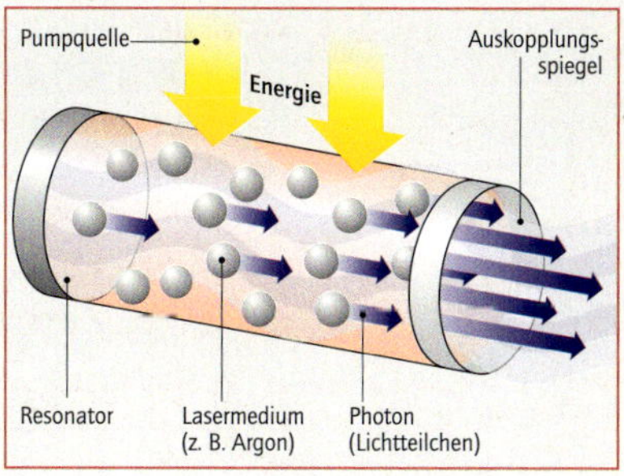

Abb.: Schematischer Aufbau eines Lasers

LAUGEN ➜ BASEN

LAUTSTÄRKE

Der allgemein bei Sinnesempfindungen auftretende Unterschied zwischen der objektiven Reizstärke, welche die Stärke des Reizes im physikalischen Maß darstellt, und der subjektiven Empfindungsstärke, die durch die **SINNESORGANE** wahrgenommen wird, erfordert beim Hörvorgang zwischen **SCHALL**intensität (Schalldruck in Pascal) und Lautstärke zu unterscheiden. D. h. **SCHALLWELLEN** gleichen **DRUCKES** werden als unterschiedlich laut empfunden. Die Einheit der Lautstärke ist das Phon. Phon ist keine physikalische Maßeinheit, sondern der Versuch, Schalldruck und Schallempfindung allgemein gültig für das menschliche **OHR** als Lautstärke zu beschreiben. Die **Hörschwelle** wird danach als 0 Phon bezeichnet. Eine Unterhaltung hat etwa die Lautstärke 40 Phon, ein Presslufthammer 90 Phon und die Schmerzgrenze liegt bei etwa 130 Phon.

LEISTUNG

Mit Leistung bezeichnet man in der Physik die pro Zeiteinheit verrichtete **ARBEIT**: Newtonmeter (Nm)/Sekunde (s). Wer z. B. 100 Meter in 15 und in 30 Sekunden zurücklegt, hat in beiden Fällen dieselbe Arbeit verrichtet, hat seinen Körper mit einer bestimmten **KRAFT** 100 Meter weit bewegt. Die erbrachte Leistung ist jedoch bei 15 Sekunden zwei mal so groß, weil nur halb so lange gebraucht wurde. Der Begriff der Leistung wird nicht nur für mechanische Bewegungsvorgänge, sondern u. a. auch für **ELEKTRISCHEN STROM** angewandt.

LICHT

Licht ist im physikalischen Sinn eine Form der **ELEKTROMAGNETISCHEN STRAHLUNG** (von Röntgenstrahlung bis Radiowellen). Licht besteht aus extrem schnellen Schwingungen in einem bestimmten **WELLEN**längen- und **FREQUENZ**bereich. Der Frequenzbereich reicht von etwa $4 \cdot 10^{14}$ Schwingungen pro Sekunde für rotes Licht bis etwa $7{,}5 \cdot 10^{14}$ Schwingungen pro Sekunde für blaues Licht. Die Wellenlängen für das **sichtbare Licht** reichen von ungefähr 400 Nanometern (nm, Violett) bis zu 750 nm (Rot). Weißes Licht besteht aus allen Wellenlängen, farbiges Licht jeweils nur aus der farbgebenden Wellenlänge. Höhere Frequenzen, denen kürzere Wellenlängen entsprechen, umfassen die ultraviolette Strahlung (UVA- und UVB-Strahlung) und noch höhere Frequenzen findet man bei der Röntgenstrahlung. Niedrigere Frequenzen (also größere Wellenlängen) werden als infrarote Strahlung bezeichnet. Noch kleinere Frequenzen und sehr große Wellenlängen sind charakteristisch für Radiowellen. Im Folgenden wird nur Licht, das mit dem bloßen **AUGE** wahrgenommen werden kann, besprochen.

Experimente zu Beginn des zwanzigsten Jahrhunderts (vor allem von Max Planck und Albert Einstein) zeigten, dass Licht neben seinen Welleneigenschaften auch die Eigenschaft von Teilchen besitzt (Wellen-Teilchen-Dualismus). Es konnte gezeigt werden, dass Licht immer nur in ganz bestimmten Portionen, den Photonen, aufgefangen **(ABSORPTION)** oder abgestrahlt (Emission) wird, den so genannten Quanten oder Photonen, was mit dem Aufbau des Atoms erklärt wurde **(ATOMMODELLE)**.

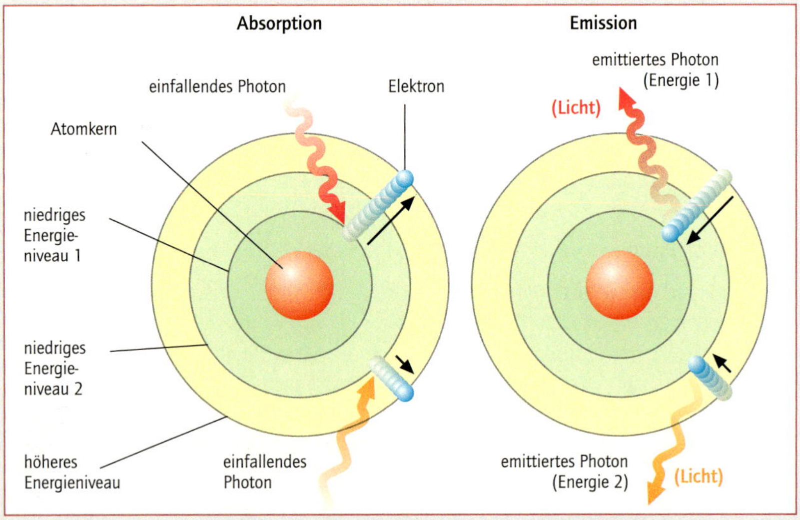

Abb.:
Entstehung von Licht

L

Trifft ein Photon auf ein Atom kann es Elektronen – wie auf der linken Seite der Abbildung angedeutet – von einer inneren Elektronenschale (niedriges Energieniveau) auf eine weiter außen liegende Schale (höheres Energieniveau) anheben. Das Atom befindet sich dann in einem so genannten angeregten Zustand. Umgekehrt vermag ein angeregtes Atom wieder in seinen Ausgangszustand zurückzukehren. Hierbei „fällt" das Elektron wieder auf das niedrigere Energieniveau unter Ausstrahlung von Photonen (sichtbares Licht) zurück (siehe Emission auf Abbildung).

FARBENTSTEHUNG

Licht wird von einer Quelle in Form von Strahlen (Wellen bzw. Photonen) abgegeben und breitet sich nach allen Richtungen gleichermaßen weiter aus, wobei die Leuchtstärke pro Flächeneinheit mit der Entfernung abnimmt. Wenn Licht auf einen Körper trifft, wird es entweder absorbiert („verschluckt") oder reflektiert („zurückgeworfen"). Einige **FREQUENZEN** werden stärker reflektiert als andere, was den Körpern ihre charakteristische Farbe verleiht. Weiße Oberflächen reflektieren alle Wellenlängen des Lichtes gleichermaßen, schwarze Oberflächen absorbieren das Licht fast vollständig, farbige Gegenstände absorbieren alle Wellenlängen bis auf jene, in deren Farbe wir sie sehen können. Zum Beispiel absorbiert ein roter Gegenstand alle Wellenlängen außer den roten Wellenlängen, die reflektiert werden. Die Grundlagen der Farbentstehung sind wichtig für die kosmetische Farbberatung (➜ Band B, LF 12, Kapitel 3) und die kosmetische Anwendung von Farblicht (➜ Band C, LF 11, Kapitel 1).

LICHTBRECHUNG, PRISMA

Beim Durchgang von Licht durch ein Prisma, also einen transparenten Körper mit flachen, glatten Oberflächen, wird das Licht abgelenkt (gebrochen), d. h. der austretende Strahl verlässt das Prisma unter einem bestimmten Winkel gegenüber dem einfallenden Strahl. Die verschiedenen Wellenlängen des weißen Lichtes werden dabei unterschiedlich stark gebrochen. Hierdurch wird das weiße Licht in die verschiedenen Wellenlängen des Lichtes, die in einem einfallenden Strahl enthalten sind, aufgefächert. Das Ergebnis ist ein **Spektrum** (➜ Abbildung).

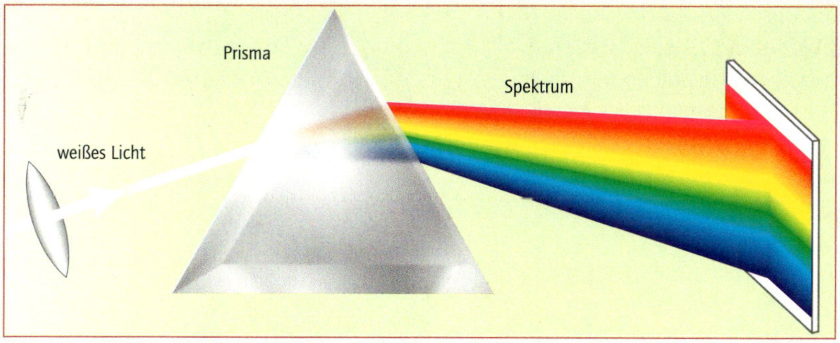

Abb.: Spektrum des weißen Lichtes

Wird das Spektrum verschiedener Wellenlängen über eine Sammellinse wieder vereint, entsteht (wieder) weißes Licht.

Abb.: Bündelung der Spektralfarben

LICHTBRECHUNG, LINSEN

Beim Durchtritt von Licht durch Linsen wird dieses in Abhängigkeit von deren Form unterschiedlich gebrochen oder abgelenkt. Dieser Vorgang wird beim Auge, für den Fotoapparat und für die Lupe genutzt. Vereinfacht unterscheidet man **konvexe Linsen**, die das einfallende Licht bündeln oder sammeln und **konkave Linsen**, die das einfallende Licht streuen.

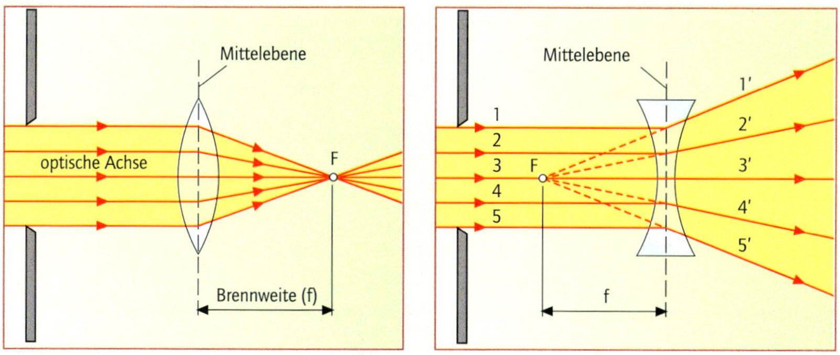

Abb.: Sammellinse (Konvexlinse) und Streulinse (konkave Linse)

Die Strecke von der Mitte der Linse bis zu dem Punkt, an dem parallel einfallende Lichtstrahlen gebündelt werden **(Brennpunkt F)**, heißt Brennweite. Diese ist abhängig von der Krümmung und der Dicke der Linse. Im menschlichen **AUGE** können Krümmung und Dicke der Linse durch Muskelkontraktion des Ziliarmuskels geändert werden. Hierdurch kann die Brennweite für unterschiedlich weit entfernte Objekte eingestellt werden, sodass eine scharfe Abbildung immer auf der Netzhaut entsteht. Ist die Brechkraft der Augenlinse zu groß oder zu klein, entsteht das Bild nicht mehr auf der Netzhaut, sondern vor oder hinter ihr. In diesem Fall leidet der Mensch unter **Kurz- bzw. Weitsichtigkeit**. Durch eine davor geschaltete Linse in Form einer **Brille** kann der Sehfehler korrigiert werden.

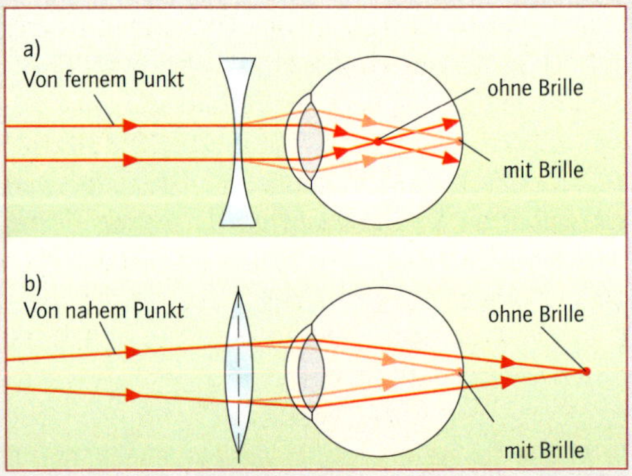

Abb.: Schema Kurzsichtigkeit (a) und Weitsichtigkeit (b)

LIPIDE (FETTE)

Lipide sind eine chemisch sehr unterschiedlich aufgebaute Stoffklasse. Das gemeinsame Merkmal der Lipide ist ihre Eigenschaft, besonders viele ***lipophile*** (d. h., fettliebende und damit wasserabweisende) lange **KOHLENSTOFF**-Ketten zu besitzen. Demzufolge lösen sich Lipide gut in organischen **LÖSUNGSMITTELN** wie Benzol und schlecht in **WASSER** und anderen polaren Lösungsmitteln.

In der Kosmetik gehören Fette mit Wasser und **ALKOHOLEN** zu den Grundbausteinen der meisten Produkte (➜ Band B, LF 7).

Grundsätzlich werden Lipide in zwei Hauptgruppen unterteilt, die einfachen Lipide und die komplexen Lipide. Zu den **einfachen Lipiden** gehören Fette, Öle und Wachse. **Fette** sind Glyzerin-Dreifach***ESTER*** höherer Fettsäuren (lange Kette, z. B. **CARBONSÄURE**). **Öle** sind grundsätzlich wie Fette aufgebaut, jedoch ist ein höherer Anteil der dem Glyzerin anhängenden Fettsäuren mehrfach ungesättigt (z. B. Linolsäure, Linolensäure und Arachidonsäure). **Wachse** sind Ester zwischen einer Fettsäure und einem einwertigen **ALKOHOL.**

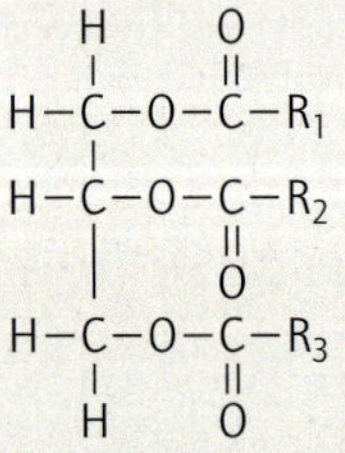

R_x = langkettiger Fettsäurerest, wenn aus mehrfach ungesättigten Fettsäuren = ein Öl

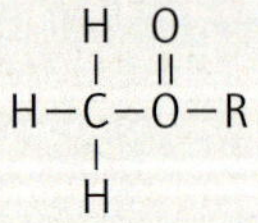

Glyzerin(tri)ester = Triglyzerid = ein Fett

Ester aus einwertigem Alkohol = ein Wachs

Komplexe Lipide sind Fettsäureester von Alkoholen (z. B. Glyzerin), die zusätzlich noch andere organische Verbindungen enthalten wie z. B. Phosphatreste (Phospholipide) und Zuckerreste (Glykolipide).

Die **Fettsäuresynthese** findet im Organismus im **ZYTOPLASMA** der **ZELLEN** statt. Ein Komplex aus mehreren **ENZYMEN** ist dafür zuständig. Er ist in fast allen Zellen nachweisbar. Es werden vorwiegend Fettsäuren mit geradzahligen Kettenlängen aufgebaut, so die aus 16 C-Atomen bestehende Palmitinsäure und die aus 18 C-Atomen bestehende Stearinsäure.

Fette sind für den Körper **Baustoff** und **Speicherstoff.** Sie sind Bestandteil von Zellmembranen. In Form von Triglyzeriden werden sie im Zytoplasma von Fettzellen abgelagert. Daher sind Fette für den Organismus essenziell und müssen mit der Nahrung aufgenommen werden (➜ LF 10, Kapitel 4). Der **Fettabbau** zur Energiegewinnung beginnt mit der Spaltung der Fettmoleküle in Glyzerin und Fettsäuren. Das Glyzerinmolekül wird aktiviert und in die **GLYKOLYSE** eingeschleust. Die Energie aus dieser Reaktion wird chemisch gespeichert (ATP). Als **ß-OXIDATION von Fettsäuren** wird ein mehrstufiger Abbauvorgang bezeichnet. Dieser Abbau der Fettsäuren findet in den **MITOCHONDRIEN** statt. Jede Fettsäure wird dabei, unter Bildung energiereicher Moleküle, letztlich in einzelne Moleküle mit je zwei Kohlenstoffatomen, in das Acetyl-Coenzym A gespalten. Dieses wird in den **ZITRONENSÄUREZYKLUS** eingeschleust. Insgesamt hat Fett, bezogen auf gleiche Gewichtsmengen, mehr als den doppelten **ENERGIE**gehalt wie z. B. Zucker (Glukose).

LÖSUNGSMITTEL

Als Lösungsmittel werden Flüssigkeiten bezeichnet, die in der Lage sind gasförmige, flüssige oder auch feste Substanzen zu lösen bzw. sich mit ihnen zu mischen. Bei diesem Vorgang werden weder das Lösungsmittel noch der gelöste Stoff chemisch verändert. Anorganische Lösungsmittel sind z. B. **WASSER**, Säuren und Laugen. Wichtige organische Lösungsmittel sind **ALKOHOLE**, Ethylenglykol, Glycerin, Ether und **ESTER.**

L

LUNGE ➜ ATEMORGANE UND ATMUNG

LYMPHE, LYMPHGEFÄSSE

In den arteriellen **KAPILLAREN** ist der **BLUTDRUCK** relativ hoch. Deshalb wird hier Blutplasma durch enge Poren der Kapillarwände hindurch in die **Zellzwischenräume** gepresst. Blutzellen und große Eiweißmoleküle werden wie von einem Sieb zurückgehalten, während kleinere **MOLEKÜLE** und Ionen hindurchbefördert werden. Diese **Gewebsflüssigkeit** in den Zellzwischenräumen, die von den Kapillaren freigesetzt wird, nennt man **Lymphe**. Ein Teil der Lymphe kehrt über die venösen Kapillaren, in denen der Blutdruck niedriger ist als in den Arterien, wieder ins Blut zurück.

Ein weiterer Teil der Lymphe wird in Lymphgefäßen gesammelt und abgeleitet. Das **Lymphgefäßsystem** ist somit ein Drainage-System zum Abtransport überschüssiger Gewebsflüssigkeit. Das Hauptlymphgefäß mündet in die obere Hohlvene **(HERZ)** und leitet so die Lymphe ins **BLUT**. Von den etwa 23 Litern Flüssigkeit, die aus dem arteriellen Kapillarsystem pro Tag mit Sauerstoff und Nährstoffen vom Blut zu den Körpergeweben transportiert werden, kehren nur 20 Liter mit **KOHLENDIOXID** und Zellabfällen beladen in das venöse Kapillarsystem zurück. Die übrigen drei Liter gelangen in die Gefäße des Lymphsystems. Ist der Lymphabfluss gestört, sammelt sich Flüssigkeit im Gewebe und es bilden sich **Ödeme** („Wasser im Gewebe"). Ödeme entstehen auch bei venöser Insuffizienz, d. h., wenn das venöse Kapillarsystem weniger aufnimmt und dann das Lymphsystem „überfordert" ist.

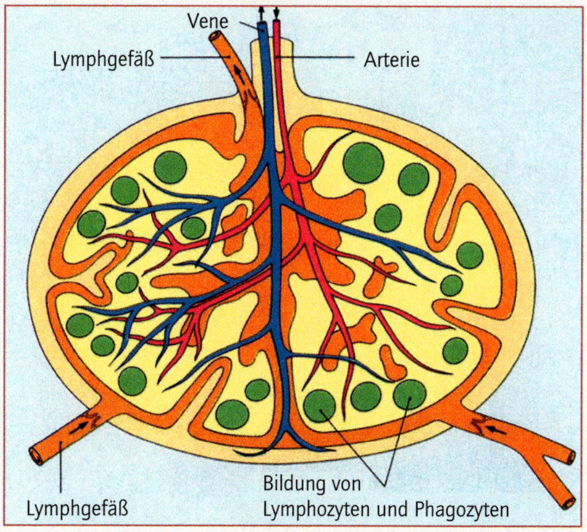

Abb.:
Aufbau eines Lymphknotens

Entlang der Lymphgefäße befinden sich die **Lymphknoten**, auch **Lymphdrüsen** genannt (➜ Abb. auf Seite 279). Diese bohnenförmigen Knoten bestehen aus Bindegewebe und großen Mengen Lymphozyten (weiße Blutkörperchen). Hier wird die Lymphe auf ihrer Passage aus dem **GEWEBE** zum Blut gereinigt, d. h. von Giftstoffen und Krankheitserregern befreit. In den Lymphknoten befinden sich auch **Phagozyten**, die **BAKTERIEN** und Giftstoffe in sich aufnehmen und vernichten **(IMMUNSYSTEM)**. Während einer **INFEKTION** vermehren sich die Phagozyten und Lymphozyten in den Lymphknoten. Dabei schwellen diese oft schmerzhaft an oder entzünden sich gar. Die häufigsten Orte geschwollener Lymphknoten sind in der Halsregion, unter den Achseln und in den Leisten.

MAGNESIUM

Symbol Mg, gehört zur Hauptgruppe II des **PERIODENSYSTEMS DER ELEMENTE**. Das ERDALKALIMETALL ist ein silberweißes metallisches Element mit der Ordnungszahl 12. Magnesium kann durch Abgabe von 2 Elektronen die **EDELGASKONFIGURATION** von Neon erreichen. Magnesium ist essentieller Bestandteil für die Pflanzen- und Tierwelt. So bildet Magnesium in den **MOLEKÜLEN** des Pflanzenfarbstoffes Chlorophyll, der entscheidend an der **FOTOSYNTHESE** beteiligt ist, das Zentralatom. Im menschlichen Organismus ist Magnesium beispielsweise in den **KNOCHEN** und Zähnen enthalten und an der Regulation der **MUSKEL**kontraktion beteiligt. Magnesiumhydroxid ($Mg(OH)_2$) wird in der Medizin als Laxans (Abführmittel) und bei der Zuckerraffination eingesetzt. Magnesiumsulfat ($MgSO_4$ $7H_2O$) ist auch unter dem Namen Bittersalz bekannt und wird ebenfalls als Abführmittel sowie in der Düngemittel- und Textilindustrie verwendet. In kosmetischen Präparaten kommt Magnesium z. B. als Magnesiumoxid in Lichtschutzmitteln vor.

METALLE UND NICHTMETALLE

Zu den grundsätzlichsten Unterscheidungsmerkmalen der **ELEMENTE** gehört die Gliederung aufgrund ihrer elektrischen Leitfähigkeit **(ELEKTRISCHER STROM)**. Generell werden sie in Metalle, Halbmetalle und Nichtmetalle unterteilt. Metalle zeigen eine sehr gute Leitfähigkeit, **HALBMETALLE (ÜBERGANGSMETALLE)** sind mehr oder weniger schlechte Leiter und zu den Nichtmetallen gehören die Element, die den Strom sehr schlecht oder gar nicht leiten. Die Grenzlinie zwischen Metallen und Nichtmetallen verläuft im **PERIODENSYSTEM DER ELEMENTE** diagonal von oben nach unten zwischen Hauptgruppe III und Hauptgruppe VII. Links von dieser Linie stehen die Metalle, rechts von ihr die Nichtmetalle. Entlang der Linie befinden sich die Halbmetalle mit typischen Eigenschaften beider Gruppen. **Metalle** besitzen eine hohe elektrische und thermische Leitfähigkeit, einen charakteristischen „metallischen" Glanz und können ohne zu brechen unter **DRUCK** verformt werden. Hervorstechend unter den chemischen Eigenschaften der Metalle sind zudem 1. ihre Tendenz, durch Elektronenabgabe an Nichtmetalle Kationen (positive **IONEN**) zu bilden, 2. metallische Bindungen mit Atomen desselben Elementes oder mit anderen Metallen einzugehen (z. B. Legierungen wie Bronze, Messing) und 3. ihre Neigung zu Verbindungen mit Sauerstoff (Metalloxide). Metalle sind in den meisten anorganischen **LÖSUNGSMITTELN** unlöslich und bilden mit den meisten **SÄUREN SALZE**.

Nichtmetalle zeichnen sich durch geringe elektrische und thermische Leitfähigkeit aus, ihnen fehlt der metallische Glanz und sie neigen mehr zur Bildung negativ geladener Ionen – Anionen. Ein weiteres Unterscheidungsmerkmal sind die verschiedenartigen Bindungstypen – **metallische** oder **ionische Bindungen** bei Metallen, eher **kovalente Bindungen** bei Nichtmetallen **(CHEMISCHE BINDUNG)**. Nichtmetalle tendieren zur Aufnahme von Elektronen, um die Elektronenkonfiguration des benachbarten **EDELGASES** zu erreichen.

MILZ

Die Milz ist ein ca. 175 g schweres Organ, das zu den lymphatischen Organen zählt (**IMMUNSYSTEM**). Die Milz liegt im linken Oberbauch unter dem Zwerchfell. In der Milz werden überalterte Blutzellen, v. a. Erythrozyten und Thrombozyten, abgebaut. Außerdem erfolgt in der Milz die **Vermehrung von Lymphozyten** nach Kontakt mit einem Antigen. Zudem **speichert die Milz Thrombozyten** und gibt sie bei erhöhtem Bedarf, z. B. bei Blutungen, wieder ab.

MOLEKULARGEWICHT UND MOL

Das Molekulargewicht ist eine Verhältniszahl. Per Definition gibt sie an, wieviel mal schwerer ein Molekül als 1/12 des Kohlenstoffatoms 12 ist (dies entspricht ungefähr dem Gewicht von **WASSERSTOFF**). Mit der Einheit Mol wird in der Chemie gleichzeitig das Gewicht und die Anzahl/Konzentration von Atomen und **MOLEKÜLEN** beschrieben. Die Angabe in Mol bedeutet, dass so viel Gramm von der entsprechenden Substanz vorliegen, wie das Molekulargewicht angibt. Ein Mol **KOHLENSTOFF** 12 entspricht demnach 12 Gramm. Die Anzahl der Atome in einem Mol kann mit der sogenannten Avogardo-Zahl berechnet werden (6,022 mal 10^{23} Atome/pro Mol).

L

MOLEKÜLE

Sind zwei oder mehr Atome über **CHEMISCHE BINDUNG** miteinander verknüpft, spricht man von einem Molekül. Moleküle können aus gleichen **ELEMENTEN** bestehen, wie z. B. die elementaren Gase **WASSERSTOFF** H_2, **SAUERSTOFF** O_2 oder **CHLOR** Cl_2, oder aus verschiedenartigen Elementen, wie z. B. Kochsalz aus **NATRIUM** und **Chlor** (NaCl) oder **WASSER** aus Sauerstoff und Wasserstoff (H_2O). Bei der Vereinigung von Atomen zu Molekülen wird **ENERGIE** frei, die so genannte Bindungsenergie. Deshalb muss Molekülen Energie zugeführt werden, um die entstandenen Molekülverbindungen wieder zu lösen.

MUSKEL, MUSKELGEWEBE

Das charakteristische Kennzeichen des Muskel**GEWEBES** ist die Fähigkeit, sich zusammenzuziehen, in der Regel auf einen Nervenreiz hin. Man unterscheidet drei Arten von Muskelgewebe: die glatte Muskulatur, die quer gestreifte **SKELETT**muskulatur und den Herzmuskel.

QUER GESTREIFTE SKELETTMUSKULATUR

Eine Skelettmuskelzelle **(Muskelfaser)** ist relativ groß, sie kann mehrere Zentimeter lang werden. Mehrere Muskelfasern sind in einem Muskel zu einem **Muskelfaserbündel** zusammengefasst, das von **Bindegewebe** ***(Perimysium)*** umgeben ist. Ein Muskel besteht aus zahlreichen Muskelfaserbündeln, die von Bindegewebe ***(Epimysium)*** umhüllt sind. Im Epimysium verlaufen die **Blutgefäße** und **Nerven**. Um den gesamten Muskel befindet sich die **Muskelhaut** ***(Faszie)***.

Die Muskelfasern bestehen zu einem großen Teil aus **Muskelfibrillen**, kleinen, fadenähnlichen Gebilden, die sich aus kompliziert gebauten kleinen Strukturen (Proteinen), den Myofilamenten zusammensetzen. Es gibt dicke und dünne Myofilamente. Ein dickes Myofilament enthält jeweils mehrere hundert **MOLEKÜLE** des **PROTEINS** Myosin (Myosinfasern). Zwischen den Myosinfasern befinden sich die dünneren Aktinfasern. Aktin- und Myosinfasern liegen räumlich geordnet in der Muskelfaser vor, wodurch sich ein charakteristisches Muster von Längs- und Querstreifen

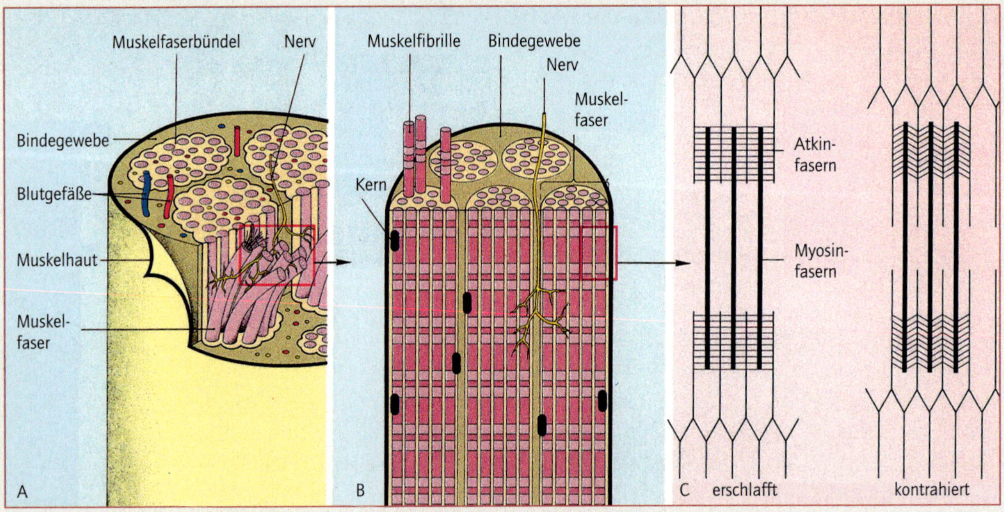

Abb.: Aufbau eine Skelettmuskels. A Muskel; B Muskelfasebündel; C Muskelfibrille

L

ergibt („quergestreifte Muskulatur"). Aktin und Myosin sind im entspannten Zustand nicht miteinander verbunden. Unter **ENERGIE**zufuhr verbinden sie sich über Querfortsätze und können sich dann gegeneinander verschieben und den Muskel verkürzen (Muskelkontraktion). Nach der Kontraktion werden die Querverbindungen wieder gelöst und die Filamente gleiten aufgrund elastischer Komponenten des Muskels wieder ein Stück Richtung Ruhelage (Muskelentspannung). Für eine vollständige Entspannung des Muskels bedarf es eines entgegengesetzt (antagonistisch) wirkenden Muskels (siehe unten: **Beuger und Strecker**).

Damit sich der Muskel zusammenzieht, muss ein Nervenimpuls die Muskelfaser „erregen". Dies geschieht durch Ausschüttung eines Neurotransmitters (Acetylcholin) von einem Motorneuron **(NERVENZELLE)** an der motorischen Endplatte. Acetylcholin bindet an spezielle Rezeptoren der Muskelfaser. Es sorgt für eine Änderung der Durchlässigkeit der Muskelzellmembran für verschiedene Stoffe und für eine intrazelluläre Kalziumfreisetzung (CHEMISCHE REIZLEITUNG). Diese veränderten Konzentrationen verschiedener Stoffe im **ZYTOPLASMA** sind der Auslöser für die Kontraktion, also das Ineinanderschieben von Aktin- und Myosinfilamenten.

MECHANIK DES SKELETTMUSKELS

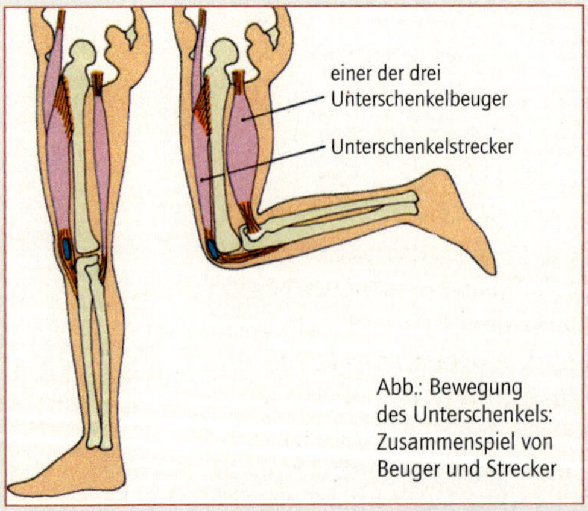

Abb.: Bewegung des Unterschenkels: Zusammenspiel von Beuger und Strecker

Eine Bewegung kommt dadurch zustande, dass die Muskulatur bei Kontraktion Zugkräfte auf die Sehnen ausübt, die ihrerseits wiederum Zugkräfte auf die **KNOCHEN** ausüben. Meist sind an einer Bewegung zwei (oder mehrere) Muskeln beteiligt, die entgegengesetzte Bewegungen vollführen. Sie werden als **Agonist und Anatagonist** bezeichnet. Bei einem **Scharniergelenk (GELENKE)** heißen die beiden Muskeln **Beuger und Strecker**. Wenn der Beuger kontrahiert, ist der Strecker entspannt und umgekehrt. Bei komplizierten Bewegungen arbeiten viele verschiedene Muskeln zusammen, um z. B. Drehbewegungen, Springen usw. zu ermöglichen.

5840282

Die Muskelfasern werden nach ihrer Funktion in schnelle und langsame Fasern eingeteilt. In den einzelnen Skelettmuskeln sind meist beide Typen vorhanden, wobei aber häufig eine Faserart überwiegt. Die schnellen Fasern sind dunkler gefärbt; sie können sich sehr plötzlich zusammenziehen und **KRAFT**stöße erzeugen. Die helleren, langsamen Fasern sind dafür ausdauernder.

DER HERZMUSKEL

Die **ZELLEN** des Herzmuskels zeigen Längsstreifen und ein unvollständiges Querstreifenmuster (Glanzstreifen). Von den Skelettmuskelzellen unterscheiden sie sich vor allem durch die in der Mitte liegenden Zellkerne und durch die verzweigten und verflochtenen Fasern. Der Herzmuskel kann nicht willentlich „bewegt" werden. Für die rhythmischen Kontraktionen des Herzens sind im Herzen liegende Erregungszentren verantwortlich **(HERZ).** Das vegetative **NERVENSYSTEM** kann die dort erzeugten Impulse jedoch beschleunigen oder verlangsamen. Der Herzmuskel braucht nach einer Kontraktion eine kurze Pause, bevor er wieder kontrahieren kann. Hierdurch ist gewährleistet, dass eine neue Kontraktion erst dann stattfindet, wenn zuvor genügend Zeit war, dass sich die Herzkammern wieder mit Blut füllen konnten.

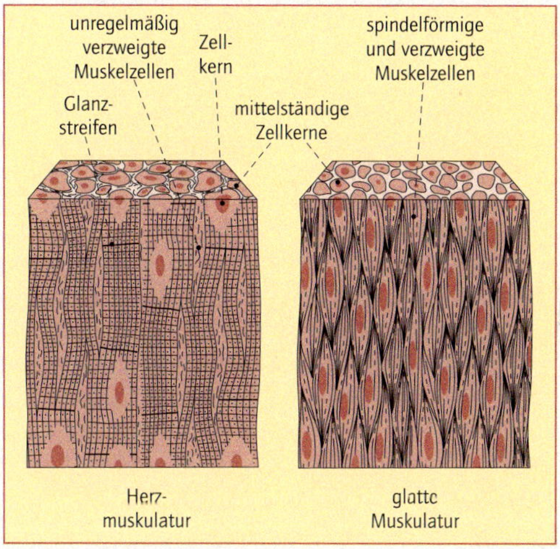

Abb.: Herzmuskel und glatte Muskulatur

GLATTE MUSKULATUR

Die glatte Muskulatur kommt hauptsächlich in Haut, inneren Organen, Fortpflanzungsapparat, großen Blutgefäßen und Ausscheidungsorganen vor. Sie besteht aus spindelförmigen Zellen, die jeweils einen Zellkern besitzen. Querstreifen haben diese **ZELLEN** nicht, aber man kann ein schwaches Längsstreifenmuster erkennen. Die Bewegung der glatten Muskulatur kann nicht willentlich beeinflusst werden. Die Reize für die glatte Muskulatur stammen aus dem **vegetativen NERVENSYSTEM.**

MUTATION

Eine vererbbare Veränderung der genetischen Information **(GENETIK; NUKLEINSÄUREN)** wird als Mutation bezeichnet. Mutationen sind selten, denn sonst wäre eine Weitergabe der genetischen Information von Generation zu Generation nicht möglich. Aber allein schon durch natürliche Einflüsse wie z. B. die ultraviolette Strahlung des Sonnen**LICHT**es wird die Zuverlässigkeit der Vererbung ständig bedroht. Zum einen versucht der menschliche Körper über die Bildung von z. B. Lichtschwielen und Bräunung (➜ LF 2, Kapitel 2.2 und 3.3), sich vor zu starker Strahlung zu schützen, zum anderen hat der Mensch wirkungsvolle **Reparaturmechanismen**, die Schäden an der DNA reparieren können, jedoch nur wenn sie eine erträgliche Häufigkeit nicht überschreiten. Diese Grenze kann durch zu viel Sonneneinstrahlung überschritten werden. Es gibt verschiedene Arten von Mutationen. Man unterscheidet zwischen Veränderungen der Chromosomenanzahl **(Genom-Mutation)** und Veränderungen der Struktur der Chromosomen **(Chromosomen-Mutation)**. Als **Mutationsrate** wird die Zahl der Mutationen pro Zeiteinheit bezeichnet. Die Mutationsrate kann durch **Mutagene** (Mutationsauslöser) erhöht werden.

Im kosmetischen Sinn kann ein Sonnenschutzmittel (➜ Band B, Anhang A zu LF 7) dazu beitragen, die Mutationsrate von Hautzellen gering zu halten. Zellentartungen, die z. B. zu Hautkrebs (➜ LF 2, Kapitel 4.9) führen können, werden vermindert.

NASE (RIECHSINN)

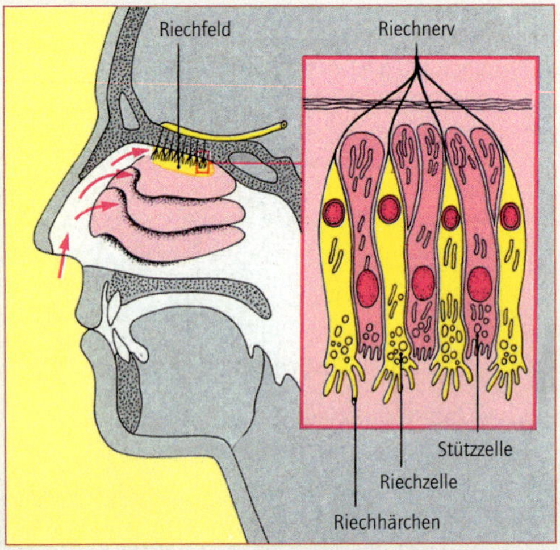

Abb.:
Bau der Geruchsorgane

Der Geruchssinn des Menschen ist wesentlich empfindlicher als der Geschmackssinn **(ZUNGE)** und in der Lage, einige hundert verschiedene Gerüche zu unterscheiden. Die **Riechschleimhaut** befindet sich am oberen Ende der Nasenhöhle. Sie besteht aus Stützzellen, Schleim- bzw. Spüldrüsen und Riechsinneszellen. Fangen die Rezeptoren der Riechzellen mit der Luft herangetragene Geruchsmoleküle auf, werden sie in ein Nervensignal umgewandelt und vom I. Hirnnerv an das Gehirn weitergeleitet **(NERVENSYSTEM)**. Dort werden die Signale verarbeitet und bewertet. Über den genauen Mechanismus der Nervenimpulsentstehung wie auch der Geruchserkennung ist bisher nur wenig bekannt. Die Spüldrüsen entfernen nach kurzer Zeit die Geruchsstoffe wieder von den Sinneszellen, sodass neue **MOLEKÜLE** „gerochen" werden können. Die Geruchsmoleküle, die mit der Luft zu den Riechsinneszellen in der Nase gelangen, geben dem Menschen verschiedenste Informationen über seine Umwelt, die oft überlebenswichtig sind, z. B. ob ein Feuer in der Nähe ist oder ob Nahrungsmittel verdorben sind. Zudem können Wohlgerüche auch angenehme Empfindungen auslösen, z. B. der Geruch eines potenziellen Sexualpartners oder der appetitanregende Geruch leckerer Speisen.

NATRIUM

Symbol Na, gehört zur Hauptgruppe I des **PERIODENSYSTEMS DER ELEMENTE**. Das ALKALIMETALL Natrium ist ein sehr reaktionsfreudiges, silberweißes, weiches zu den **METALLEN** gehörendes Element mit der Ordnungszahl 11. Es kann durch Abgabe eines Elektrons die **EDELGASKONFIGURATION** von Neon erreichen. Mit **WASSER** geht Natrium eine heftige chemische Reaktion ein, wobei Natriumhydroxid („Natronlauge", NaOH) und **WASSERSTOFF** (H) entstehen. In der Natur kommt Natrium nicht elementar, sondern nur in Form von Verbindungen vor. Im Meerwasser ist Natriumchlorid (NaCl, Kochsalz) enthalten. Das Element ist ein essenzieller Bestandteil in lebenden Organismen. Es spielt eine wichtige Rolle bei der Reizleitung in Nervenbahnen **(NERVENSYSTEM)** und der Regulation des Elektrolythaushalts **(SÄURE-BASEN-HAUSHALT)**. Im täglichen Leben anzutreffende Natriumverbindungen sind z. B. das Natriumchlorid (Kochsalz), Natriumcarbonat (Soda) sowie das Natriumhydrogencarbonat ($NaHCO_3$, Hauptbestandteil des Backpulvers). Natriumperoxid (Na_2O_2) ist ein wichtiges Bleich- und **OXIDATION**smittel und findet sich daher in Kosmetika, wie Sonnenschutzmittel, Bleichmittel, Haarfarben, usw. (➜ Band B, Anhang zu LF 7).

NERVENSYSTEM

Das Nervensystem ist zuständig für die Aufnahme und Weiterleitung von Informationen **(Reizen)**, für die Informationsverarbeitung, für die Speicherung von Information **(Gedächtnis)**, für die Aktivierung der Muskeln sowie für die Koordination und Aufrechterhaltung von Organfunktionen. Zum Nervensystem gehören zwei Zelltypen, **NERVENZELLEN** (Neuronen) und Stützzellen **(Gliazellen).** Während die Neuronen für die Erregungsbildung bzw. Informationsaufnahme und Weiterleitung zuständig sind, sind die Gliazellen für die Ernährung zuständig und bilden ein Stützgerüst. Sie selbst können keine Erregung bilden oder weiterleiten.

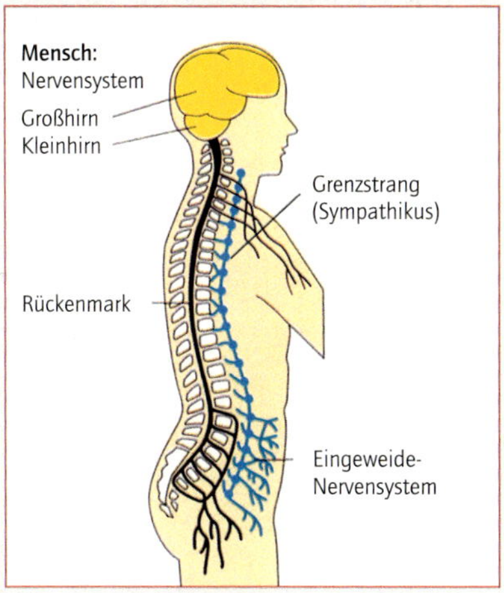

Abb.: Verlauf des Nervensystems (Schema stark vereinfacht)

Nach der Lage im Körper wird das Nervensystem des Menschen in das **Zentralnervensystem (ZNS)** und das **periphere Nervensystem** unterteilt. Zum Zentralnervensystem gehören das **Gehirn** und das entlang der Wirbelsäule gelegene **RÜCKENMARK**. Alle übrigen Teile des Nervensystems gehören zum peripheren Nervensystem.

Nach Funktion können zwei Teilbereiche unterschieden werden: Das **willkürliche Nervensystem** steuert alle dem Bewusstsein und dem Willen unterworfenen Vorgänge, z. B. die Bewegung von Skelettmuskeln. Das **VEGETATIVE NERVENSYSTEM** dagegen ist kaum willentlich beeinflussbar und steuert die Funktionen der inneren Organe, der glatten Muskulatur und der Drüsen.

Das ZNS ist hauptsächlich für die **Informationsverarbeitung** zuständig, das periphere Nervensystem vorwiegend für die **Informationsübermittlung.** Die Nerven des peripheren Nervensystems unterteilt man in solche, die dem Hirnstamm entspringen **(HIRNNERVEN),** und solche, die dem Rückenmark entspringen **(Rückenmarksnerven oder Spinalnerven)**. Alle Nerven entspringen entlang der Körperachse zu beiden Seiten des ZNS (vereinfacht rechts und links der Wirbelsäule), liegen also jeweils zweimal vor.

HIRNNERVEN

Es gibt zwölf Hirnnervenpaare, welche für die Steuerung der Kopf- und Halsmuskulatur, für die Reizleitung von und zu den **SINNESORGANEN** und die Steuerung der Aktivität der inneren Organe verantwortlich sind. Bis auf den Hirnnerv X, den **Vagusnerv**, ziehen alle Kopfnerven nur in die Gesichts- und Nackenregion. Der zweite, siebte und achte Kopfnerv bilden jeweils den Sehnerv, den Geschmacksnerv bzw. den Hörnerv. Die restlichen Hirnnerven sind für die Reizleitung von Bewegung (Motorik) und Empfindungen (Sensibilität) des Kopfes, der **AUGEN**, des Gesichts, der **ZUNGE** und des Rachens sowie der Kaumuskulatur verantwortlich. Der V. und der VII. Hirnnerv ***(Trigenimus*** und ***Facialis*)** bilden die Gesichtsnerven. Auf ihren Verlauf muss bei einer kosmetischen Gesichtsmassage im Besonderen geachtet werden (➜ Band B, LF 6). Eine anatomische Sonderstellung hat der Vagusnerv, der sich als Teil des vegetativen Nervensystems bis über die Brust- und Bauchregion ausbreitet.

VEGETATIVES NERVENSYSTEM

Abb. links: Vegetatives Nervensystem

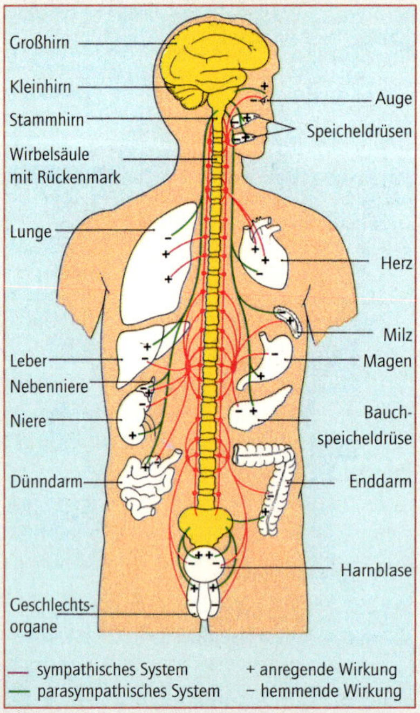

Das vegetative Nervensystem lässt sich kaum durch den Willen beeinflussen. Es besteht aus großen Faserkomplexen, welche die inneren Organe, Herz, Blutgefäßsystem und Drüsen über Nervensignale beeinflussen. Es wird hinsichtlich der Funktion in zwei mehr oder weniger entgegengesetzt (antagonistisch) arbeitende Untersysteme unterteilt: das sympathische **(Sympathikus)** und das para-

Abb. rechts: Zusammenhang zwischen Rückenmark und Sympathikus

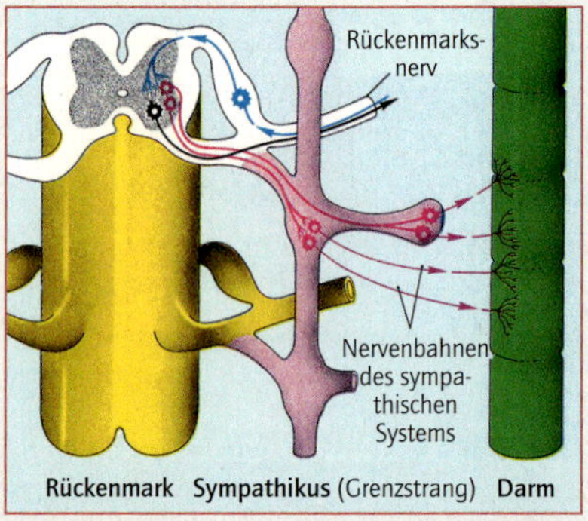

sympathische **(Parasympathikus)** Nervensystem. Der Sympathikus nimmt seinen Ursprung etwa in der Mitte des Rückenmarks und verzweigt sich über weite Teile des Körpers. Er verläuft als so genannter **Grenzstrang** parallel zum Rückenmark nach unten. Der Parasympathikus entspringt aus der Kopfregion (HIRNNERVEN III, VII, IX und vor allem X) und des Beckenbereichs. Auch er ist stark verzweigt und innerviert im Wesentlichen dieselben Organe wie der Sympathikus, jedoch meist mit der entgegengesetzten Wirkung. Eine Aktivierung des Sympathikus führt z. B. zu Blutdruckanstieg, zu beschleunigtem Herzschlag, beschleunigter Atmung, Erweiterung der Pupillen, Steigerung der Schweißproduktion, Hemmung des Speichelflusses sowie zur Hemmung der Darmbewegung. Allgemein wird der Körper in Alarmbereitschaft versetzt, z. B. bei Angst oder Stress. Die Aktivierung des Parasympathikus führt zur Herabsetzung des Herzschlags, zur Pupillenverengung, Blutgefäßerweiterung (Blutdrucksenkung), Hemmung der Schweißproduktion und Förderung der Magen und Darmbewegung.

RÜCKENMARK

Das Rückenmark leitet Nervensignale vom Gehirn zum peripheren Nervensystem und umgekehrt und ist zudem in der Lage, selbst Nervenimpulse zu erzeugen. Zum Beispiel werden Muskelreflexe **(REFLEXE)** direkt im Rückenmark ausgelöst. Der Vorteil hiervon ist, dass das Zusammenziehen (Kontraktion) der Muskulatur schneller bewirkt werden kann, als es bei einer Reizleitung über das Gehirn der Fall wäre.

Das Rückenmark ist ein fingerdicker, ca. 45 Zentimeter langer Nervenstrang und unterteilt sich in 31 Segmente. Die Nerven des Rückenmarks treten auf der Höhe der Wirbel jeweils links und rechts in zwei Bündeln, der Vorder- und der Hinterwurzel, aus der Wirbelsäule aus. Vorderwurzel **(Bewegungsnerv)** und Hinterwurzel **(Empfindungsnerv)** vereinigen sich zum **Spinalnerv,** der durch die Zwischenwirbellöcher das Rückenmark verlässt. Das Rückenmark zeigt eine Zweiteilung in die Bereiche der grauen und weißen Substanz. Die **graue Substanz**, die neben Nervenfasern auch vermehrt Nervenzellkörper beinhaltet, liegt im Inneren des Rückenmarks. Um sie herum ist die **weiße Substanz** angeordnet, die hauptsächlich Nervenfasern enthält. Die graue Substanz ähnelt in ihrer Form einem Schmetterling, dessen vorderer Bereich („Flügel") Vorderhorn, entsprechend der mittlere Bereich Mittelhorn und der hintere Bereich Hinterhorn genannt wird. Das **Vorderhorn** besteht zu einem großen Teil aus **NERVENZELLEN**, welche die **MUSKELN** innervieren (motorische Nervenzellen). Im **Hinterhorn** liegen vor allem sensible Nervenfasern, die Empfindungen von Haut, Schleimhäuten, **MUSKELN, GELENKEN** und dem Verdauungstrakt ans Rückenmark übermitteln. Im **Seitenhorn** liegen Zellen des VEGETATIVEN NERVENSYSTEMS.

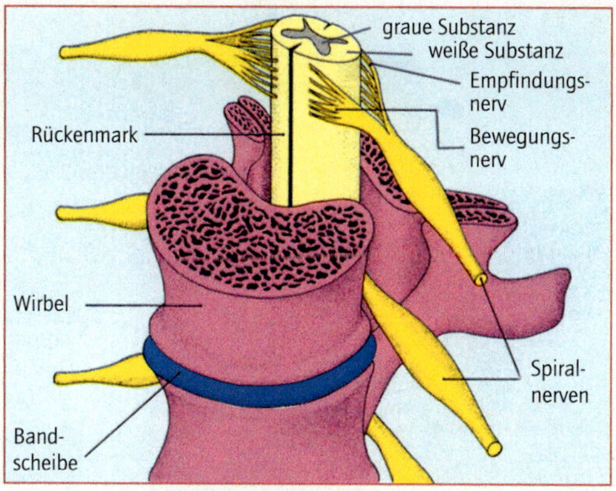

Abb.: Lage und Aufbau des Rückenmarks

ISCHIASNERV, ISCHIASSYNDROM

Die Spinalnerven des Lendenwirbelbereiches (L1 – L4) bilden zunächst ein Geflecht, das aufgrund seiner Lage vor dem Kreuzbein Kreuzgeflecht genannt wird. Der wichtigste Nerv, der aus diesem Geflecht abgeht, ist der **Ischiasnerv**. Er ist der längste und dickste Nerv des Menschen. Der Ischiasnerv zieht vom Gesäß aus über die Rückseite des Oberschenkels entlang und teilt sich in der Kniekehle in zwei Äste, den Schienbeinnerv und den Wadenbeinnerv. Der Ischiasnerv versorgt die großen **MUSKELN** des Gesäßes, die meisten Muskeln der Beine und die Haut der Beine. Als Ischiassyndrom wird eine Erkrankung des Ischiasnervs bezeichnet, die dadurch gekennzeichnet ist, dass die betroffene Person Schmerzen im Bereich der Lendenwirbelsäule und des Gesäßes hat, die in das Bein ausstrahlen. Taubheitsgefühle und/oder Lähmungen (lat. = *Paresen*) können begleitend auftreten. Eine automatisch eingenommene Schonhaltung führt zu schmerzhaften Verspannungen in den Muskelsträngen neben der Wirbelsäule. Häufigste Ursache des Ischiassyndroms sind Verschleißerscheinungen der Bandscheiben und Wirbelkörper am Übergang von Lendenwirbelsäule zu Kreuzbein. Hierdurch kann es zu **Bandscheibenvorfällen (SKELETT-SYSTEM:** WIRBELSÄULE) kommen, wodurch die Nervenwurzeln des Ischiasnervs schmerzhaft gereizt werden.

NERVENZELLE UND REIZLEITUNG

Eine Nervenzelle **(Neuron)** besteht aus einem mehr oder weniger runden Zellkörper mit einem langen Fortsatz (dem **Axon oder Nervenfaser**) und mehreren kurzen, verzweigten Auswüchsen (den **Dendriten**). Die Dendriten nehmen die Impulse von anderen Neuronen auf. Die Impulse werden entlang der Zellmembran des Zellkörpers bis zum Ende des Axons weitergeleitet. An der Spitze des Axons wird das Signal zum nächsten Neuron oder zu einer Muskelzelle übertragen.

In Kontakt mit anderen **ZELLEN** tritt das Axon über **Synapsen**, an deren Ende sich kugelförmige Erweiterungen, die Synapsenendknöpfchen, befinden. Sie enthalten chemische Botenstoffe (Neurotransmitter, siehe unten: CHEMISCHE REIZLEITUNG). Bei Neuronen, die für eine schnelle Reizübertragung zuständig sind, sind die Axone des peripheren **NERVENSYSTEMS** von Stützzellen, den Schwann-Zellen ummantelt.

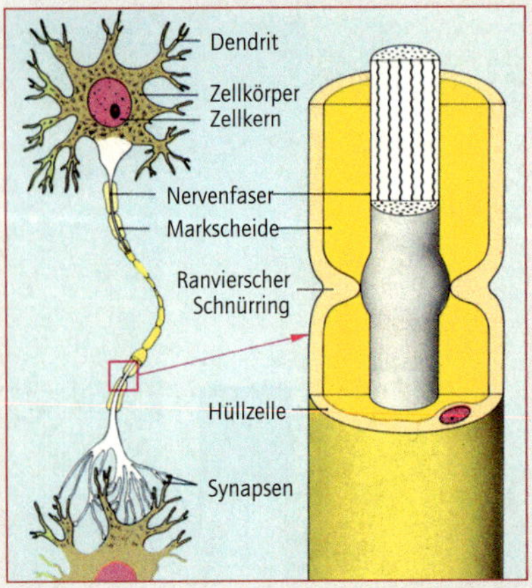

Abb.:
Bau der Nervenzelle

Die Schwann-Zellen mit Hüllzell-Funktion bilden eine dicke Isolierschicht aus Myelin, die **Mark- oder Myelinscheide** um das Axon. Etwa in Millimeterabständen ist die eiweißreiche Hülle durch so genannte Ranviersche Schnürringe unterbrochen. An den **Ranvierschen Schnürringen** besteht ein Kontakt zwischen der Zellmembran und der umgebenden Gewebsflüssigkeit. Deshalb können die Impulse nur dort ein elektrisches Signal erzeugen (siehe unten: Aktionspotenzial, ELEKTRISCHE REIZLEITUNG). Das elektrische Signal springt sozusagen von Schnürring zu Schnürring und muss nicht entlang der Zell- bzw. Axonmembran „wandern". An den markhaltigen Axonen werden die Impulse somit schneller weitergeleitet.

An der Verarbeitung und Weiterleitung von Nervensignalen sind elektrische und chemische Vorgänge beteiligt. Die Weiterleitung der Signale innerhalb eines Neurons erfolgt auf elektrischem Weg, chemische Prozesse sorgen für die Übertragung der Signale von einem Neuron zum nächsten oder zu den Muskelzellen.

ELEKTRISCHE REIZLEITUNG

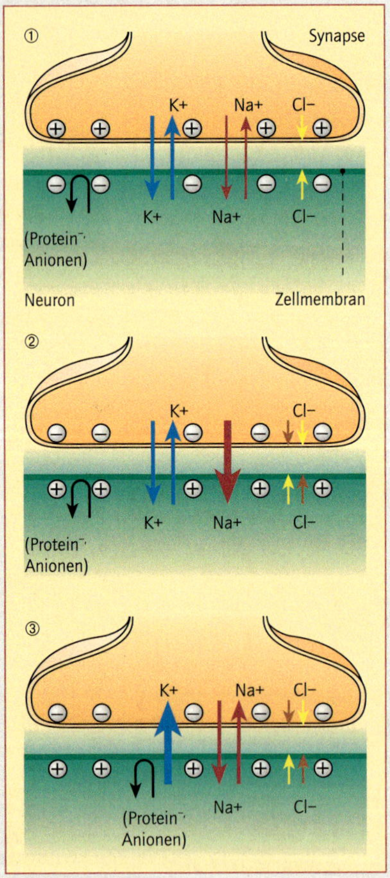

Abb.:
Ladungsverschiebungen an der Zellmembran einer Nervenzelle nach Aktivierung

Ein Neuron ist **polarisiert**, d. h., es ist auf der Außenseite positiv und auf der Innenseite der Zellmembran negativ elektrisch geladen①. Dies hat folgende Ursache: Die positiv geladenen **KALIUM-IONEN** können sich ungehindert durch die Membran hindurchbewegen, während die großen, negativ geladenen **MOLEKÜLE** in der Zelle festgehalten werden. Die ebenfalls positiv geladenen **NATRIUM-IONEN** werden durch einen aktiven Transportvorgang aus der Zelle entfernt. Diesen Ladungsunterschied gibt es bei allen Zellen. Wenn aber an einer Nervenzelle ein Reiz von einer Synapse übertragen, ankommt, geschieht etwas Besonderes: Zunächst strömen Kaliumionen in die Zelle ein, sodass die negative Ladung geringer wird **(Depolarisierung)**. Daraufhin ändern sich die Membraneigenschaften so, dass Natrium in großer Menge in die Zelle eindringen kann. Das geschieht nun sehr schnell, sodass sich im Zellinneren insgesamt eine positive Ladung aufbaut②. Diese Ladung bezeichnet man als **Aktionspotenzial**. Wenn sich das Aktionspotenzial an einer Stelle des Neurons eingestellt hat, „wandert" es durch Ionenaustausch an der Axonmembran entlang bzw. bei markhaltigen Axonen, springt das Aktionspotenzial von Schnürring zu Schnürring (s. o.). Das Aktionspotenzial begrenzt sich in seiner Höhe von selbst, denn wenn die Natriumkonzentration im Zellinneren zu stark ansteigt, werden zuerst die Kalium- und später die Natriumionen wieder nach außen gepumpt, sodass sich auf der Innenseite der Zellmembran wieder die negative Ladung einstellt③. Damit ist das Neuron wieder polarisiert **(Repolarisation)**. Der ganze Vorgang dauert noch nicht einmal eine Tausendstelsekunde. Schon nach sehr kurzer Zeit, in der die Nervenzelle nicht erregt werden kann **(refraktäre Phase)**, kann das Neuron den gleichen Ablauf erneut durchmachen.

CHEMISCHE REIZLEITUNG

Wenn das elektrische Signal am Ende des Axons die **Synapsenendknöpfchen** erreicht hat, regt es dort die Ausschüttung von kleinen **Vesikeln** an. Diese winzigen Bläschen enthalten die chemischen Botenstoffe **(Neurotransmitter)**. Die Neurotransmitter werden in den synaptischen Spalt ausgeschüttet. An der Oberfläche des benachbarten Neurons oder an der so genannten motorischen Endplatte einer **MUSKEL**zelle heften sich die **MOLEKÜLE** an besondere Stellen, die Rezeptoren. Das erzeugt einen Reiz, der zur **Depolarisierung** der Nachbarzelle führt. Dies wird durch die Öffnung von **NATRIUM**kanälen erreicht. Der Natriumeinstrom führt zur Entstehung eines neuen **Aktionspotenzials** oder, im Falle der Muskelzelle, zur Kontraktion der Muskelfaser. Der vom Neurotransmitter vermittelte Reiz ist nur von begrenzter Dauer (er beträgt einige Millisekunden), weil die Substanzen im synaptischen Spalt durch **ENZYME** abgebaut oder von dem Neuron, das sie abgegeben hat, wieder aufgenommen werden.

NEUTRALISATIONSREAKTIONEN

Eine **WÄSSRIGE LÖSUNG** von Salzsäure (HCl) enthält H_3O^+- und Cl^--Ionen; eine solche von Natriumhydroxid (NaOH) Na^+- und OH^--Ionen. Vereinigt man gleiche Mengen von NaOH und HCl, so ist die entstehende Lösung weder sauer noch basisch. In der Lösung hat sich folgende Reaktion abgespielt:

$$Na^+ + OH^- + H_3O^+ + Cl^- \rightarrow Na^+ + Cl^- + 2H_2O$$

Die sauren und basischen Eigenschaften der beiden Lösungen haben sich über die Bildung von **WASSER** neutralisiert. Die beiden **IONEN** Na^+ und Cl^- entsprechen denen von dissoziiertem (in Lösung gegangenen) Kochsalz NaCl, so dass man allgemein die Neutralisationsreaktion folgendermaßen beschreiben kann:

Säure + Base → Salz + Wasser

NIERE und HARNAUSSCHEIDUNG

Im **STOFFWECHSEL** des Menschen können sich giftige Endprodukte bilden. Über den von den Nieren produzierten Harn können die Endprodukte des Stoffwechsels ausgeschieden werden. Zudem sorgt die Niere über die Ausscheidung von Fremdsubstanzen wie Medikamenten und Umweltschadstoffen für eine weitere Entgiftung des Körpers. Die Ausscheidung des Harns erfolgt über die sogenannten **ableitenden Harnwege** Harnleiter, Harnröhre und die Harnblase.

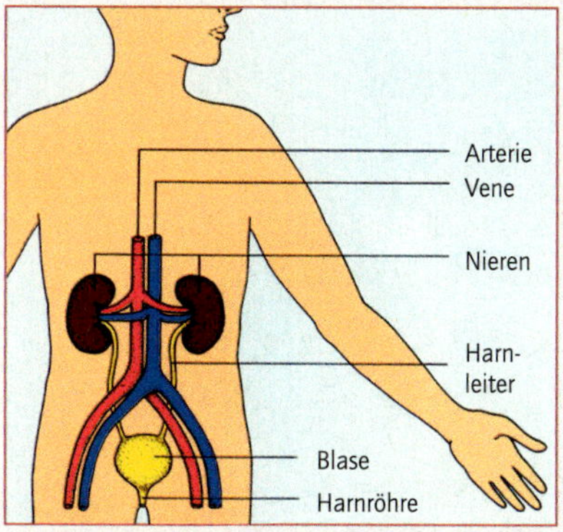

Abb.:
Lage von Niere und Blase

ANATOMIE DER NIEREN

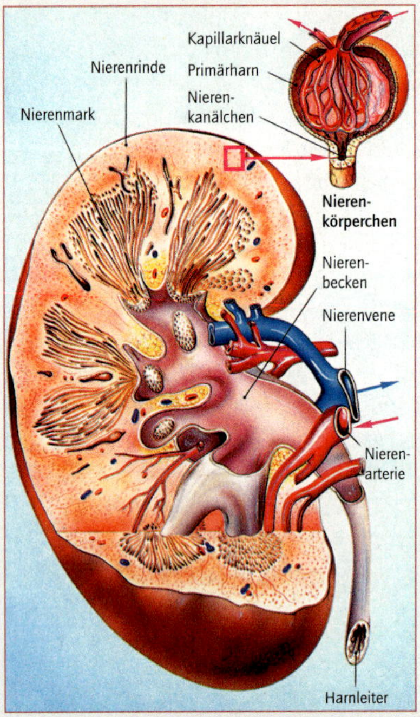

Abb.: Bau der Niere

Die beiden Nieren liegen unterhalb des Zwerchfells rechts und links der Wirbelsäule. Die Nieren sind bohnenförmig gekrümmt, etwa je 120 – 300 g schwer und 10 – 12 Zentimeter lang. An ihrem oberen Ende befinden sich die hormonproduzierenden Nebennieren **(HORMONE)**. Die Niere ist von einer schützenden Kapsel aus **Fett**- und **BINDEGEWEBE** umgeben. Schneidet man die Niere auf, kann man von außen nach innen **Nierenrinde, Nierenmark** und **Nierenbecken** unterscheiden. Zur Wirbelsäule hin befindet sich in der Mitte der Niere eine Vertiefung (Nierenhilus). Hier ist die Ein- bzw. Austrittstelle für die Nierengefäße **(Nierenarterie und Nierenvene)** und den **Harnleiter**. Der Harnleiter verbreitert sich nach Eintritt in die Niere zum Nierenbecken. Das Nierenbecken besitzt kelchförmige Ausstülpungen (Nierenkelche), in welche die Papillen des Nierenmarks münden. Über die Papillen wird der produzierte Harn in das Nierenbecken geleitet.

HARNBILDUNG und AUSSCHEIDUNG

Die Harnproduktion ist ein sehr komplexer Prozess. Das Grundprinzip besteht darin, Giftstoffe über verschiedene Membranen aus dem Blut zu filtern und mit dem Harn auszuscheiden, ohne wertvolle Blutinhaltsstoffe (z. B. Glukose, Aminosäuren) zu verlieren. Die Filtration des Blutes findet in den **Nierenkörperchen** (Glomeruli) statt, einem **Knäuel aus zahlreichen Arteriolen** (sehr kleine Arterien). Hier entsteht das erste Filtrat **(Primärharn)**, ca. 170 Liter (!) pro Tag. Jedes Nierenkörperchen ist umhüllt von einer so genannten Bowman-Kapsel, die das Auffangbehältnis für den Primärharn darstellt. Das erste Filtrat besteht aus **WASSER** und kleinen **MOLEKÜLEN** (z. B. Harnstoff, Glukose), größere Moleküle wie **EIWEISSE** und Blutzellen werden bereits hier schon zurückgehalten. Von der Bowman-Kapsel gelangt der Primärharn über Nierenkanälchen in den Tubulusapparat. Hier wird aus dem Primärharn hauptsächlich Wasser zurückgewonnen, sodass letztlich ca. 1,5 Liter Sekundärharn entstehen.

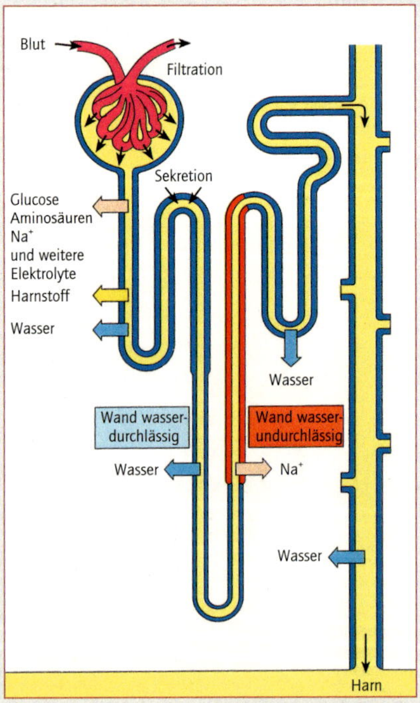

Abb.: Harnbildung

Neben der Wasserrückresorption werden im Tubulusapparat auch Salze, Zucker, Aminosäuren und weitere wertvolle organische Substanzen zurückgewonnen, sodass der **Sekundärharn** neben Wasser und Ionen vor allem **Harnstoff** enthält. Nach Bedarf kann die Niere die Ausscheidung verschiedener Stoffe erhöhen oder reduzieren und somit z. B. die Salz- und Wasserausscheidung kontrollieren. Auch die Ausscheidung der H^+ und HCO_3^--Ionen kann den Bedürfnissen des Organismus angepasst und der **PH-WERT** reguliert werden. Zudem können verschiedene körpereigene Stoffwechselprodukte (z. B. Harnstoff) und körperfremde Stoffe (z. B. Penicillin, **BAKTERIEN**) unter **ENERGIE**verbrauch direkt in den Tubulusapparat abgeben und mit dem Harn ausgeschieden werden (Sekretion).

NITROSAMINE

Dies sind organische Verbindungen aus Eiweißkörpern und Nitrogruppen (-NO_2), die teilweise stark Krebs erregend wirken **(MUTATION)**. Sie sind im Tabakrauch enthalten und entstehen z. B. beim Braten oder Grillen von eiweißreichen Lebensmitteln, die gleichzeitig Nitrit, z. B. in Form von Pökelsalz, enthalten. Auch im sauren Milieu des Magens kann in der Nahrung enthaltenes Nitrit zur Bildung von Nitrosaminen führen. Vitamin C und Vitamin E hemmen diese Reaktion (➔ LF 10, Kapitel 6).

NUKLEINSÄUREN, DNA und RNA

Man unterscheidet **Ribonukleinsäuren (RNA)** und **Desoxyribonukleinsäuren (DNA)**. Die **DNA** ist Träger der Erbanlagen. Die Hauptmenge an DNA befindet sich im ZELLKERN **(ZELLE)**, kleinere Mengen in den MITOCHONDRIEN und CHLOROPLASTEN. Die **RNA** spielt in Form von mRNA und tRNA eine große Rolle bei der **PROTEINSYNTHESE**. Baueinheiten von RNA und DNA sind die **Nukleotide**. Jedes Nukleotid besteht aus einem Zuckermolekül, einem Molekül Phosphorsäure und einem Molekül einer stickstoffhaltigen Base **(SÄUREN UND BASEN)**. RNA enthält als Zuckermolekül immer die Ribose, DNA dagegen die Desoxyribose. In Nukleinsäuren kommen fünf verschiedene Basen vor. In der DNA sind es **Adenin, Guanin, Cytosin und Thymin**. Die RNA besitzt anstelle des Thymins die Base **Uracil**. Die DNA liegt meist in Form eines Doppelstranges **(Doppelhelix)** vor. Hierbei werden zwei DNA-Einzelstränge durch **Wasserstoffbrückenbindung** zwischen jeweils zwei Basen zusammengehalten. Dabei liegen sich ausschließlich die Basen Adenin und Thymin und die Basen Guanin und Cytosin über **Wasserstoffbrückenbindung** gegenüber. Aufgrund der spezifischen Basenpaarung sind durch die Basen des einen Stranges die Basen des anderen Stranges in der Abfolge festgelegt. Es heißt auch sie sind zueinander *komplementär*.

Abb.: Aufbau der Erbinformation.
1 Bausteine der DNA; 2 Bau der DNA: A Einzelstrang und B Doppelstrang; 3 Schema der DNA-Doppelhelix

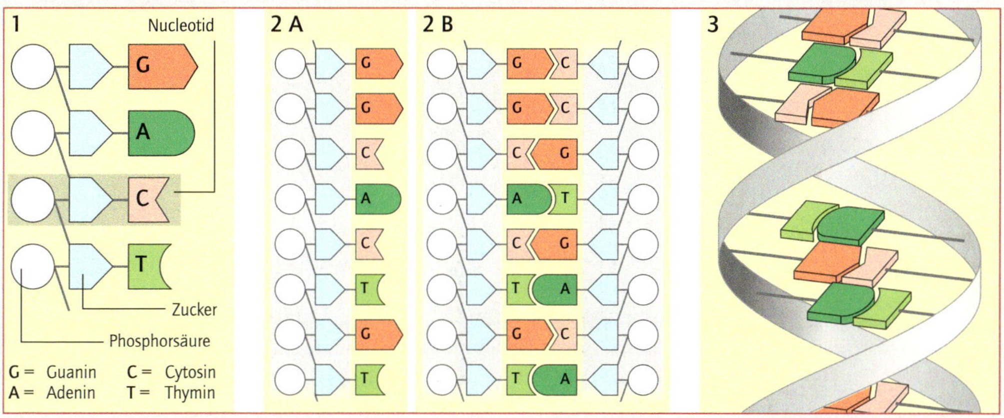

OBERFLÄCHENSPANNUNG

Die Oberflächenspannung ist ein Effekt, der an Grenzflächen zwischen zwei unterschiedlichen Soffen mit meist unterschiedlichen Aggregatszuständen, z. B. flüssig **(WASSER)** und gasförmig (Luft), auftritt. Die Wechselwirkungen zwischen den **MOLEKÜLEN** ein und desselben Stoffes nennt man Kohäsion. Die **Kohäsion** bewirkt einen Zusammenhalt des Stoffes, eine Art Zerreißfestigkeit und ist z. B. für die Ausbildung einer Grenzfläche verantwortlich. Diese Kohäsionskräfte gleichen sich im Inneren der Flüssigkeit für die einzelnen Moleküle aus, weil dort jedes Molekül allseitig von Nachbarmolekülen umgeben ist.

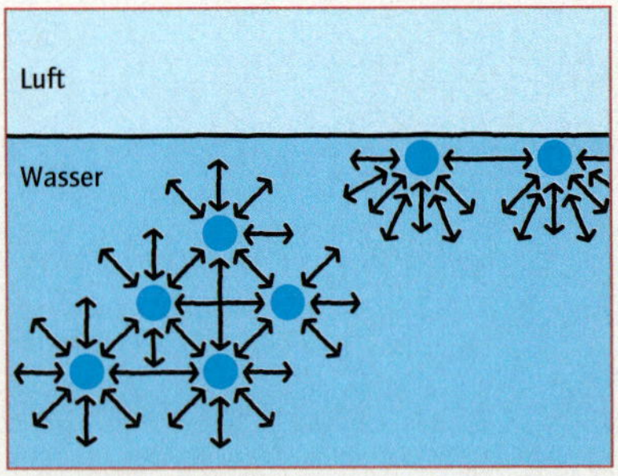

Abb.: Oberflächenspannung

An der Oberfläche gibt es jedoch nach oben hin keine Nachbarmoleküle; daraus resultiert hier eine **KRAFT**, die in das Innere der Flüssigkeit gerichtet ist und durch die Krümmung der Oberfläche deutlich wird. Gegen diese Kraft muss **ARBEIT** geleistet werden, um ein Molekül an die Oberfläche zu bringen, also um die Oberfläche zu vergrößern. Rein formal ist die Oberflächenspannung definiert als die Kraft, die einer Oberflächenvergrößerung pro Längeneinheit entgegenwirkt. Die Oberflächenspannung bewirkt, dass jede Flüssigkeit das Bestreben hat ihre Oberfläche zu verkleinern. Aufgrund der Oberflächenspannung des Wassers kann z. B. eine kleine Metallnadel darauf schwimmen, obwohl sie wegen ihrer höheren **DICHTE** eigentlich sinken müsste. Ein weiteres Beispiel ist die Tropfenbildung beim Austritt von Flüssigkeiten aus einem Rohr.

Ein Beispiel für die Wirkung der Oberflächenspannung zweier Stoffe gleichen **AGGREGATZUSTANDES** sind Öltröpfchen in **Wasser** bei einer **EMULSION**. Auch hier bewirkt die Oberflächenspannung, dass die Moleküle beider Flüssigkeiten das Bestreben haben sich mit gleichen Molekülen zu umgeben, und sich deshalb nicht mit den Molekülen des anderen Stoffes mischen (➜ auch Band B, LF 3).

OHR (HÖRSINN UND GLEICHGEWICHTSINN)

Das Ohr als Sinnesorgan ist sowohl für das Hören als auch für die Kontrolle der Körperhaltung zuständig. Eintreffender **SCHALL** führt in den Hörsinneszellen zur Auslösung eines Nervensignals, das vom VIII. Hirnnerv **(NERVENSYSTEM)** ans Gehirn weitergeleitet wird. Zudem werden Lageänderungen des Kopfes und Körpers im Ohr in Nervensignale umgewandelt und dem Gehirn weitergeleitet.

ANATOMIE OHR

Am Ohr unterscheiden Sie drei Teile: Außen-, Mittel- und Innenohr. Das **Außenohr** ist derjenige Teil des Ohres, der vor dem **Trommelfell** liegt. Zu ihm gehören die Ohrmuschel und der äußere **Gehörgang**, der etwa drei Zentimeter lang ist. Die Ohrmuscheln dienen dem Auffangen von Schall**WELLEN**. Der Gehörgang dient dem Weiterleiten der Schallwellen. Im Gehörgang befinden sich Drüsen, die **Ohrenschmalz** absondern. Dieses ist erforderlich, um die Elastizität des **Trommelfells** aufrechtzuerhalten. Das Trommelfell trennt den äußeren Gehörgang vom Mittelohr.

Hinter dem Trommelfell liegt das **Mittelohr**, das die Schallwellen zum Innenohr weiterleitet. Es besteht hauptsächlich aus der mit Luft gefüllten **Paukenhöhle**. Durch das Mittelohr zieht sich eine Kette von drei kleinen, beweglichen **KNOCHEN**, die **Gehörknöchelchen: Hammer** (Malleus), **Amboss** (Incus) und **Steigbügel** (Stapes). Sie verbinden das Trommelfell mit dem flüssigkeitsgefüllten **Innenohr**. Über einen Kanal, die Eustachische Röhre oder **Ohrtrompete**, steht das Mittelohr unmittelbar mit dem Hinterende von **NASE** und Rachen in Verbindung, sodass Luft hinein- und herausströmen

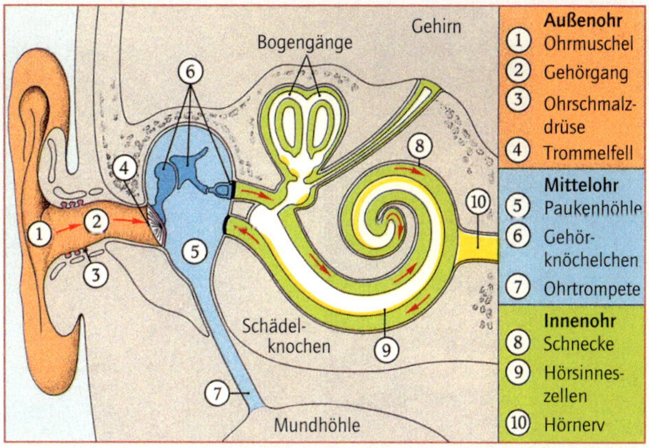

kann. Das **Innenohr**, auch Labyrinth genannt, ist jener Teil des Ohres, in welchem die **SINNESORGANE** (Rezeptoren) für das Gehör und den Gleichgewichtssinn liegen.

Die von Schleimhäuten ausgekleideten Kanäle des Innenohres gliedern sich in die **Gehörschnecke** (Cochlea), den Vorhof und die drei Bogengänge. Alle diese Hohlräume stehen untereinander in Verbindung und sind mit einer geleeartigen Flüssigkeit, der Endolymphe, gefüllt. In der Gehörschnecke liegen die **Hörsinneszellen**, deren Erregung über den **Hörnerv** zum Gehirn geleitet wird. Über die Ohrtrompete wird das Mittelohr belüftet. Ist die Ohrtrompete infolge von z. B. einer Erkältung verschlossen, kann das Mittelohr nicht mehr belüftet werden. Hierdurch kann das Trommelfell nicht mehr frei schwingen und das Hören wird erschwert. Weiterhin ist der Druckausgleich mit der Umgebung nicht möglich, was zu Schmerzen führen kann. Bei länger anhaltendem Verschluss kann es zu einem Paukenhöhlenerguss und zur Schädigung der Gehörknöchelchen bzw. des Trommelfells kommen.

HÖRVORGANG

Die **SCHALLWELLEN** gelangen durch den äußeren Gehörgang zum Trommelfell und versetzen es in Schwingungen, die über die Gehörknöchelchen des Mittelohres und das ovale Fenster zu der Flüssigkeit im Innenohr weitergeleitet werden. Die Vibrationen der Endolymphe bewegen winzige, haarähnliche Fortsätze, so genannte Haarzellen, in der Gehörschnecke, welche zusammen mit einigen anderen Zelltypen das Corti-Organ bilden. Im Corti-Organ werden die Bewegung der Haarzellen in Nervensignale umgewandelt. Die Signale werden unmittelbar an den Gehörnerv übertragen, der die Informationen zum Gehirn weiterleitet. Das Muster, nach dem die Haarzellen auf die Schwingungen reagieren, liefert Informationen über den Schall, den das Hörzentrum im Gehirn weiterverarbeiten kann.

Der Hörbereich des Menschen liegt bei 16 bis 20 000 Hz. Dabei werden die verschiedenen **FREQUENZEN** bei gleichem Schall**DRUCK** unterschiedlich laut wahrgenommen **(LAUTSTÄRKE)**. Am empfindlichsten ist das Ohr für Frequenzen im Bereich von 1 000 bis 3 000 Hz. Das Hörvermögen für Töne der oberen Grenze nimmt mit fortschreitendem Alter deutlich ab. Das menschliche Ohr ist im Frequenzbereich zwischen ungefähr 440 Hz und circa 7 040 Hz am empfindlichsten. In diesem Bereich können noch Töne wahrgenommen werden, die einige hundert Mal geringere Amplituden haben als in niedrigeren oder höheren Frequenzbereichen.

GLEICHGEWICHTSSINN

Die Bogengänge und der Vorhof des Innenohres dienen dem Gleichgewichtssinn. In diesen Kanälen liegen ähnliche **Sinneshaare** wie im Corti-Organ, die auf Lageveränderungen des Kopfes reagieren. Sie sind von einer **Gallertkuppel** umgeben, welche die Bewegung einzelner Sinneshaare bündelt. Die drei Bogengänge verlaufen vom Vorhof aus

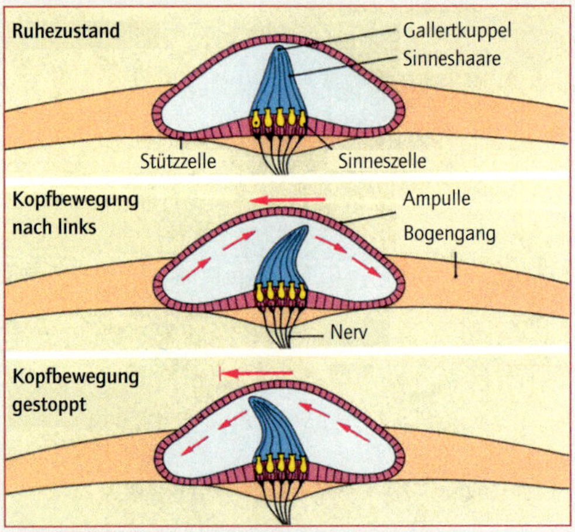

Abb.: Bau des Gleichgewichtsorganes

ungefähr rechtwinkelig zueinander, sodass die Sinneszellen Kopfbewegungen in allen drei Raumrichtungen wahrnehmen können: nach oben und unten, nach vorn und hinten sowie nach rechts und links. Wie auch beim Hören werden die Bewegungen von Haarsinneszellen in **Nervensignale** umgewandelt und über **Nerven** an das Gehirn weitergeleitet. Zur Aufrechterhaltung des Gleichgewichts tragen auch die **AUGEN** bei.

OMEGA-3-FETTSÄUREN

Dies sind Fettsäuren, die besonders reich in Fischöl vorkommen. Die mehrfach ungesättigten Fettsäuren beeinflussen vor allem den Eicosanoid-**STOFFWECHSEL** (Prostaglandine) und haben entsprechend **ENTZÜNDUNG**shemmende Eigenschaften (➜ LF 10, Kapitel 4.1).

ORGANISCHE CHEMIE

Der Begriff „organische Chemie" hat einen historischen Ursprung. Bis zum 19. Jahrhundert konnten im Labor organische Verbindungen nur zerlegt werden. Man ging davon aus, dass der Aufbau von organischen Substanzen den lebenden Organismen vorbehalten sei. Im Jahr 1928 gelang es dem deutschen Chemiker Friedrich Wöhler erstmalig eine organische Substanz (Harnstoff) aus einem anorganischen Salz (Ammoniumzyanat) herzustellen. Dies war im Prinzip der Beginn der wirklichen organischen Chemie. Eine Vielfalt von Substanzen – wie z.B. Vitamine, Kunststoffe, natürliche und synthetische Fasern sowie **KOHLENHYDRATE**, **Proteine** und **Fette** – setzt sich größtenteils bzw. ausschließlich aus organischen **MOLEKÜLE**n zusammen und kann heute im Labor hergestellt werden. Interessant anzumerken ist noch, dass gut 90 Prozent aller organischen Verbindungen nur aus **KOHLENSTOFF, WASSERSTOFF** und **Sauerstoff** bestehen. Insgesamt sind die Übergänge zwischen organischer und **ANORGANISCHER CHEMIE** fließend, da für beide Bereiche im Lauf der Forschungsgeschichte immer mehr Berührungspunkte entdeckt wurden.

OSMOSE

Unter Osmose wird die einseitige Wanderung von Flüssigkeiten durch eine halbdurchlässige Membran verstanden. Hierdurch wird ein Konzentrationsausgleich der gelösten Teilchen zweier Flüssigkeiten erreicht. Die Membran trennt die beiden Flüssigkeiten voneinander und ist nur für kleine **MOLEKÜLE**, wie z. B. **WASSER**, durchlässig. So können nur diese vom Ort der höheren Konzentration zum Ort der niedrigeren Konzentration wandern und damit die vorher höher konzentrierte Lösung verdünnen. Die Kraft, die hierbei wirkt wird **osmotischer Druck** genannt. Der osmotische Vorgang ist beendet, wenn das Konzentrationsgefälle ausgeglichen ist oder der **Hydrostatischer Druck** der zu verdünnenden Lösung eine weitere Wanderung der kleinen Moleküle verhindert.

Abb.: Vorgang der Osmose

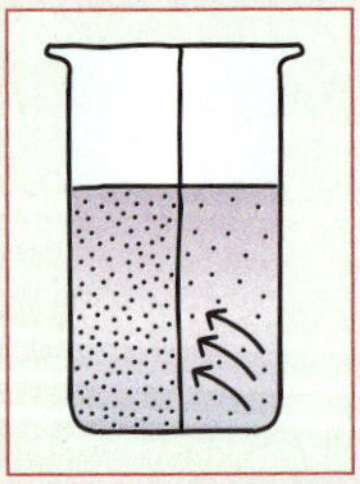

Konzentrationsausgleich

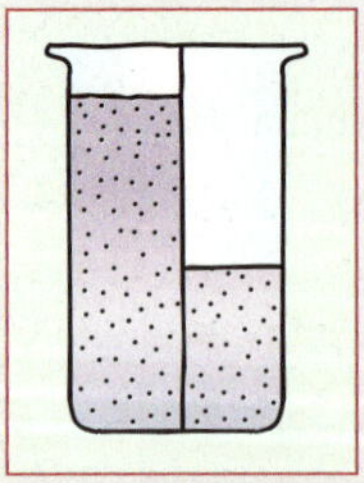

Gleichgewichtszustand

OXIDATIONSZAHL

In einem Molekül mit Elektronenpaarbindungen **(CHEMISCHE BINDUNGEN)** wird jedem Element eines der Elektronen zugeordnet. Da aber die Elektronen in vielen Verbindungen, z. B. im **WASSER** (H_2O), von einem Element (hier dem **SAUERSTOFF** O) mehr angezogen werden und das Element hierdurch „etwas" negativ geladen ist und das andere „etwas" positiv geladen verbleibt (Partialladungen), hat man den Begriff der Oxidationszahl eingeführt. Oxidationszahlen sind den Atomen einer Verbindung zugeordnete, fiktive Ladungen, die unter Berücksichtigung der Partialladungen erstellt werden. So hat im Beispiel des Wassers jedes Wasserstoffatom die Oxidationszahl +1 und das Sauerstoffatom die Oxidationszahl -2. Für die Zuordnung der Oxidationszahl wurden folgende Regeln aufgestellt:

- Jedes Atom im elementaren Zustand besitzt die Oxidationszahl 0. Dies gilt auch für Elemente, die als Moleküle vorliegen (z. B. **CHLOR**gas Cl_2).
- Die Summe der Oxidationszahlen in einem Molekül ist 0.
- Die Oxidationszahl eines einatomigen **IONS** entspricht seiner Ionenladung (elektrischen Ladung).

Mithilfe der Oxidationszahl lassen sich chemische Reaktionen besser erklären bzw. vorhersagen.

L

OXIDATION UND REDUKTION

Der Begriff **Oxidation** stammt aus den Anfängen der Chemie, als nur solche chemischen Reaktion als Oxidation (Reduktion) bezeichnet wurden, bei denen eine Umsetzung oder eine Verbindung mit Sauerstoff stattfand:

$2Mg + O_2 \rightarrow 2MgO$ (**MAGNESIUM** plus Sauerstoff = Magnesiumoxid)

$2H_2 + O_2 \rightarrow 2H_2O$ (**WASSERSTOFF** plus Sauerstoff = **WASSER**)

$S + O_2 \rightarrow SO_2$ (**SCHWEFEL** plus **SAUERSTOFF** = Schwefeldioxid)

Die **Reduktion** war unter diesen Gesichtspunkten die Umkehrung des Oxidationsvorganges (lat. *reducere*, zurückführen). Bei der Gewinnung von reinen **METALLEN**, die in der Natur oft in Form der Oxide vorkommen, muss z. B. eine Reduktion durchgeführt werden. Man setzt zu diesem Zweck das Oxid mit einem sauerstoffentziehenden Molekül um, z. B. mit einer **KOHLENSTOFF**verbindung wie Kohlenstoffmonoxid (Kohlenmonoxid) oder **WASSERSTOFF:**

$Fe_2O_3 + 3CO \rightarrow 2Fe + 3CO_2$ (Eisenoxid + Kohlenmonoxid = Eisen + **KOHLENDIOXID**)

$CuO + H_2 \rightarrow Cu + H_2O$ (Kupferoxid + Wasserstoff = Kupfer + Wasser)

Zusammengefasst bedeutet also Oxidation eine Umsetzung mit Sauerstoff, Reduktion ein Entzug von Sauerstoff. Es gibt jedoch auch chemische Reaktionen, die der Oxidation sehr ähnlich sind, aber ohne Sauerstoff stattfinden. Zum Beispiel ist die **CHLOR**wasserstoffreaktion $H_2 + Cl_2 \rightarrow 2HCl$ der Knallgasreaktion $2H_2 + O_2 \rightarrow 2H_2O$ sehr ähnlich. Deshalb werden Reaktionen wie die Chlorwasserstoffreaktion ebenfalls als Oxidationsreaktion bezeichnet. Der Hintergrund für die Ähnlichkeit der Reaktionen liegt im Atombau **(ATOMMODELLE)** bzw. dem Verhalten der Elektronen begründet.

Es zeigt sich nämlich, dass bei der Oxidation eines Stoffes diesem Elektronen entzogen werden. Entsprechend handelt es sich bei der Reduktion um das Zufügen von Elektronen zu einem Atom oder Ion. Allgemein formuliert gilt also:

Oxidation = Elektronenabgabe   Reduktion = Elektronenaufnahme

OXIDATIONS- UND REDUKTIONSSYSTEME

Eine Elektronabgabe oder Aufnahme bei Oxidations- oder Reduktionsprozessen wird isoliert nicht ablaufen. Frei werdende Elektronen müssen durch einen anderen Prozess wieder aufgebraucht werden. Daraus folgt: **Oxidations- bzw. Reduktionsreaktionen** können nicht isoliert vorkommen. Die beiden Vorgänge sind immer gekoppelt. Eine Oxidationsreaktion und eine parallel dazu ablaufende Reduktionsreaktion bilden zusammen ein **Redoxsystem**. In jedem Redoxsystem ist die Zahl der durch die Reduktion verbrauchten Elektronen mit der Zahl der bei der Oxidation frei werdenden Elektronen übereinstimmend.

OXIDATIONS- UND REDUKTIONSMITTEL

Ein Stoff, der eine große Tendenz zur Elektronenabgabe hat und deshalb die für eine Reduktionsreaktion notwendigen Elektronen zur Verfügung stellen kann, wird als **Reduktionsmittel** bezeichnet. Starke Reduktionsmittel sind alle **METALLE**, die leicht Elektronen abgeben, wie Alkalimetalle, Aluminium, Zink usw. Entsprechend sind **Oxidationsmittel** Stoffe, die einen starken „Elektronenhunger" aufweisen und deshalb Stoffe oxidieren können, indem sie ihnen Elektronen entziehen. **NICHTMETALLE** wie Halogene und Sauerstoff, die eine starke Tendenz haben durch Elektronenaufnahme eine **EDELGASKONFIGURATION** zu erreichen, sind Beispiele für Oxidationsmittel. Oft reagieren Oxidationsmittel und Reduktionsmittel miteinander, sie bilden dann (s. o.) ein **Redoxsystem**. Ein Beispiel:

$$Na \rightarrow Na^+ + 2e^-$$

$$Cl_2 + 2e^- \rightarrow 2Cl^-$$

$$\text{Summe: } 2Na + Cl_2 \rightarrow 2NaCl;$$

Hier ist **NATRIUM** das Oxidationsmittel, **CHLOR** das Reduktionsmittel.

OXIDATIVER STRESS ➜ FREIE RADIKALE

OZON

Ozon O_3 ist ein dreiatomiges **SAUERSTOFF**molekül. Es entsteht in der Luft durch Sonneneinstrahlung. Vor allem der **UV-Anteil der Strahlung** ist für die Bildung von O_3 verantwortlich und wird hierbei gefiltert.

FCKW **(KOHLENWASSERSTOFFE)** beschleunigen den Abbau von O_3. Ein verminderter Ozongehalt in der Stratosphäre führt zu verminderter „Filterwirkung" und zu erhöhter UV-Strahlung auf der Erde.

Die Bildung von Ozon in Bodennähe wird durch Industrie- und Autoabgase gefördert. Die O_3-Konzentrationen in der Luft können dann bei starker Sonneneinstrahlung so stark ansteigen, dass Augen und Atemwege gereizt werden.

In der Kosmetik wird Ozon durch **UV-Bestrahlung von Wasserdampf** hergestellt (Bedampfungsgerät ➜ Band B, LF 3) und zur **DESINFEKTION** der Haut eingesetzt.

PEKTINE

Pektine sind eine Gruppe komplexer Kohlenwasserstoffverbindungen **(KOHLENHYDRATE)**, die von Pflanzen produziert wird. Sie gehören in der Ernährung zur Gruppe der Ballaststoffe (→ LF 10, Kapitel 3). Werden Pektine mit Wasser gemischt, entsteht eine zähflüssige Lösung. Werden sie im richtigen Verhältnis mit Zucker und **SÄUREN** gemischt, bildet sich eine gelatineartige Substanz. Im Handel erhältliches Pektin wird aus Äpfeln oder Zitronen gewonnen. Es dient als Gelier- oder Verdickungsmittel für Gelees und Konfitüren von Früchten, die selbst nicht genug Pektin enthalten. Pektine dienen auch in vielen Kosmetika als Verdickungsmittel. Zudem haben Pektine eine reizlindernde Wirkung, da sie irritierende Substanzen aus den entzündeten Hautflächen „entfernen" können.

PERIODENSYSTEM DER ELEMENTE

Das Periodensystem der **ELEMENTE** ist so aufgebaut, dass die **chemischen Elemente** mit aufsteigendem Atomgewicht von links nach rechts angeordnet werden und Elemente mit ähnlichen chemischen Eigenschaften (Hauptgruppen) untereinander stehen. Man kann die Elemente des Periodensystems vereinfacht in **METALLE, HALBMETALLE** und **NICHTMETALLE** unterteilen. Diese Einteilung bezieht sich hauptsächlich auf die elektrische Leitfähigkeit der einzelnen Elemente und erlaubt nur eine grobe Vorhersage der chemischen Eigenschaften. Da die chemischen Eigenschaften der Elemente sehr stark von der Anzahl der Elektronen der äußeren Schale **(Valenzelektronen)** bestimmt werden und die äußere Schale maximal acht Valenzelektronen aufnehmen kann, finden sich bei Addition von je einem Elektron von Element zu Element jeweils nach acht Elementen ähnliche chemische Eigenschaften wieder („periodische" Wiederholung). Das bedeutet, dass die untereinander stehenden Elemente in

	I	II	III	IV	V	VI	VII	VIII
1	1,008 1 H							4,003 2 He
2	6,94 3 Li	9,01 4 Be	10,81 5 B	12,01 6 C	14,0 7 N	16,0 8 O	19,0 9 F	20,18 10 Ne
3	22,99 11 Na	24,31 12 Mg	26,98 13 Al	28,09 14 Si	30,97 15 P	32,07 16 S	35,45 17 Cl	39,94 18 Ar
4	39,1 19 K	40,08 20 Ca	69,72 31 Ga	77,61 32 Ge	74,92 33 As	78,96 34 Se	79,9 35 Br	83,8 36 Kr
5	85,47 37 Rb	87,62 38 Sr	114,8 49 In	118,71 50 Sn	121,75 51 Sb	127,6 52 Te	126,9 53 I	131,2 54 Xe
6	132,91 55 Cs	137,33 56 Ba	204,38 81 Tl	207,2 82 Pb	208,98 83 Bi	208,9 84 Po	209,9 85 At	222,0 86 Rn
7	223,0 87 Fr	226,0 88 Ra						

Metalle — Halbmetalle — Nichtmetalle

Abb.: Hauptgruppen des Periodensystems der Elemente;

Zahl oben: Atomgewicht;

Zahl unten links: Ordnungszahl; römische Zahlen kennzeichnen eine Hauptgruppe (I – VIII); arabische Zahlen die Periode (1 – 7); Hellorange: Halbmetalle

den acht Hauptgruppen des Periodensystems die gleiche Anzahl an Valenzelektronen besitzen.

Die Zuteilung der **Ordnungszahl** erfolgt im periodischen System nach Protonenzahl (positiv geladene Teilchen), die in der üblichen Darstellung von links nach rechts um jeweils eins zunimmt.

Atome gleicher Protonenzahl, die sich durch die Anzahl der Neutronen und dadurch auch in ihrem Atomgewicht unterscheiden, werden **Isotope** genannt. Innerhalb des Periodensystems nehmen die Isotope eines Elements den gleichen Platz ein, haben also alle dieselbe Ordnungszahl. In der Natur kommen sowohl stabile als auch instabile Isotope vor. Die instabilen Isotope zerfallen in einem spontan ablaufenden Prozess zu stabilen Isotopen. In der Abbildung sind die Isotope des für das Leben wichtigsten Elementes **KOHLENSTOFF** zu sehen.

L

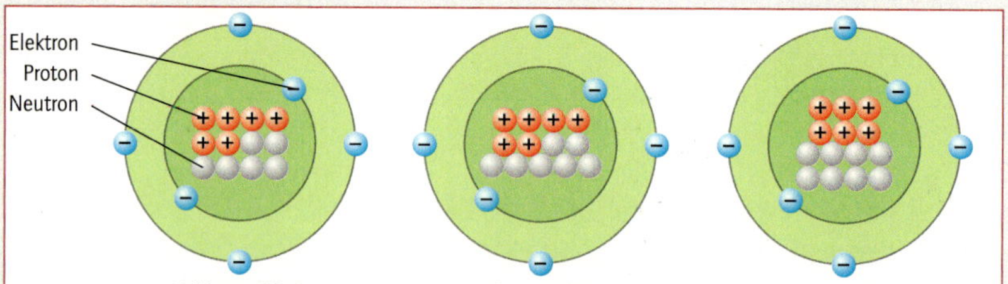

Abb.: Isotope des Kohlenstoffs

Das Atomgewicht nimmt unregelmäßig zu. Der Grund hierfür liegt darin, dass mit wachsender Ordnungszahl zwar der Protonenzuwachs gleichmäßig bleibt (nämlich je um eins), nicht aber der Neutronenzuwachs, der einen ebenso großen Einfluss auf das Atomgewicht hat.

Die Ziffer, mit welcher jede „Periode" gekennzeichnet ist, entspricht der Anzahl der Elektronenschalen in der Hülle des Atoms. Dabei enthält die innerste Schale immer zwei Elektronen (Ausnahme **WASSERSTOFF**, das nur ein Elektron auf der innersten Schale besitzt) und die äußerste Schale (ab Periode 2), die für die chemischen Eigenschaften ausschlaggebend ist, maximal acht Elektronen. Die Anzahl der äußeren Elektronen entspricht jeweils der Nummer der **Hauptgruppe** (z. B. Gruppe II, zwei Elektronen auf der äußersten Schale). Die Auffüllung der äußeren Schalen erfolgt nach bestimmten Gesetzmäßigkeiten und ermöglicht die Aufteilung in **Nebengruppen**, die hier nicht weiter besprochen werden.

Die Atome der VIII. Hauptgruppe, die acht Elektronen auf der äußersten Schale besitzen (Ausnahme Helium: 2 Elektronen auf der äußersten Schale), sind am stabilsten. Das bedeutet, dass Elemente der achten Hauptgruppe, die **EDELGASE**, nur schwer **CHEMISCHE BINDUNGEN** mit anderen Elementen eingehen. Im Gegensatz hierzu sind z. B. die Elemente der Gruppe I, die nur ein Elektron auf der äußersten Schale besitzen, energetisch instabil und sehr reaktionsfreudig. Dieser Zusammenhang zwischen Elektronenbesetzung und Reaktivität wird durch das **Oktettprinzip** beschrieben, welches besagt, dass jedes Element das Bestreben hat die **EDELGASKONFIGURATION** anzunehmen, also die äußerste Schale auf acht Elektronen aufzufüllen.

Die **Hauptgruppen** des Periodensystems besitzen Eigennamen, die dem wichtigsten Element der Gruppe entsprechen oder die Eigenschaften der Gruppe beschreiben: Hauptgruppe I: ALKALIMETALLE, II: ERDALKALIMETALLE, III: Erdmetalle, IV: Kohlenstoffgruppe, V: Stickstoffgruppe, VI: Sauerstoffgruppe, VII. HALOGENE und VIII: EDELGASE.

Im Folgenden werden nur die vier Hauptgruppen dargestellt, deren Elemente innerhalb der Gruppe sehr ähnliche Eigenschaften haben. Bei nicht weiter besprochenen Gruppen haben die Elemente schwerer zusammenfassbare Eigenschaften und müssten dann ausführlich dargestellt werden.

I		
1	H	1,008
3	Li	6,94
11	Na	22,99
19	K	39,1
37	Rb	85,47
55	Cs	132,91
87	Fr	223,0

ALKALIMETALLE

Chemische Sammelbezeichnung für die sechs chemischen Elemente der ersten Hauptgruppe des Periodensystems (ohne **WASSERSTOFF**). Alkalimetalle leiten gut **WÄRME** und **ELEKTRISCHEN STROM**, sie besitzen niedrige **DICHTEN**. Im Vergleich zu anderen **METALLEN** sind Alkalimetalle weich und haben einen niedrigen **SCHMELZPUNKT**. Die Alkalimetalle geben sehr leicht Elektronen ab, denn sie können durch Abgabe von nur einem Elektron die chemisch stabile **EDELGASKONFIGURATION** erreichen. Dementsprechend wirken sie als starke **REDUKTIONSMITTEL** und reagieren heftig mit **WASSER**. Bei dieser Reaktion entstehen **WASSERSTOFF** (H) und Metallhydroxide (Metall-OH) bzw. stark basische Lösungen **(SÄUREN und BASEN)**. Bekannte Beispiele für basische Lösungen sind u. a. Natronlauge (Natriumhydroxid, NaOH) und Kalilauge (Kaliumhydroxid, KOH). Nach aufsteigender Atomzahl geordnet lauten die Alkalimetalle: Lithium, **NATRIUM, KALIUM,** Rubidium, Cäsium und Francium. In der Kosmetik wird Natronlauge in Nagelhautentfernern und zur Herstellung von Seifen verwendet. Bei der Altersbestimmung von Gesteinen und Skeletten wird die bekannte radioaktive Zerfallgeschwindigkeit des Isotops Rubidium 87 genutzt. In der Strahlentherapie wird das Isotop Cäsium 137 zur Bekämpfung von Krebs angewandt.

II		
4	Be	9,01
12	Mg	24,31
20	Ca	40,08
38	Sr	87,62
56	Ba	137,33
88	Ra	226,0

ERDALKALIMETALLE

Chemische Sammelbezeichnung für chemische Elemente der zweiten Hauptgruppe des Periodensystems. Erdalkalimetalle sind silbrig-weiße glänzende Leichtmetalle, die nur schwach mit Wasser reagieren. Sie leiten gut **WÄRME** und elektrischen Strom und haben einen hohen Schmelzpunkt. Die Erdalkalimetalle geben leicht Elektronen ab, denn sie können durch Abgabe von zwei Elektronen die stabile **EDELGASKONFIGURATION** erreichen. Chemisch wirken sie daher als starke Reduktionsmittel **(OXIDATION)**. Nach steigender Ordnungszahl aufgereiht, stehen in der zweiten Hauptgruppe die Elemente Beryllium, **MAGNESIUM**, Calcium, Strontium, Barium und Radium. Obwohl Beryllium und Radium ebenfalls in der zweiten Hauptgruppe stehen, zählt man sie nicht zu den Erdalkalimetallen. Das chemische Verhalten von Beryllium ähnelt Aluminium (Hauptgruppe III). Radium entsteht beim radioaktiven Zerfall von Uran und ist selbst radioaktiv. Erdalkalimetalle leiten die Elektrizität gut und verbrennen beim Erhitzen schnell an der Luft. In der Kosmetik werden Magnesiumsulfat und Magnesiumstearat als Grundstoffe für Puder in der dekorativen Kosmetik und für Körperpuder verwendet. Zudem wird Magnesiumstearat zur Eintrübung von Shampoo verwendet. Kalziumkarbonat wird in Form von Pottasche in der Seifenherstellung **(TENSIDE)** verwendet.

VII		
9	F	19,0
17	Cl	35,45
35	Br	79,9
53	I	126,9
85	At	209,9

HALOGENE

Die Elemente der VII. Hauptgruppe des Periodensystems der Elemente, **CHLOR**, Brom, Iod und Astat, werden Halogene genannt. Die Bezeichnung „Halogen" stammt aus dem Griechischen und bedeutet „Salzbildner". Mit Ausnahme des Astats kommen Salze dieser Gruppe mit **METALLEN** häufig in der Natur vor. Das bekannteste Salz ist das Kochsalz (NaCl). Der äußeren Elektronenschale der Halogene fehlt mit sieben Elektronen nur ein Elektron zum Erreichen der **EDELGASKONFIGURATION**. Die Halogene zeigen deshalb eine ausgeprägte Tendenz, ein Elektron aufzunehmen und Ionenbindungen oder Elektronenpaarbindungen **(CHEMISCHE BINDUNGEN)** einzugehen. Elektronenpaarbindungen gehen Halogene oft mit dem gleichen Element ein und liegen dann in der Natur gasförmig (**FLUOR**, F_2 und **CHLOR**, Cl_2), flüssig (Brom, Br_2) oder fest (**IOD**, I_2) vor. **ION**enbindungen bilden Halogene häufig mit Metallen, von denen sie ein Elektron übernehmen.

VIII		
2	He	4,003
10	Ne	20,18
18	Ar	39,94
36	Kr	83,8
54	Xe	131,2
86	Rn	222,0

EDELGASE

Die wichtigste Eigenschaft der Edelgase, Helium, Neon, Argon, Krypton, Xenon und Radon, ist das nahezu völlige Fehlen chemischer Reaktivität. Bis auf wenige Ausnahmen liegen die Edelgase in der Natur rein vor, d. h., sie gehen keine chemischen Verbindungen mit anderen Elementen ein und liegen als farblose einatomige Gase vor. Dies wird auf ihre stabile Elektronenverteilung auf den Elektronenschalen zurückgeführt, die so genannte **EDELGASKONFIGURATION**. Dies bedeutet, dass sich in der äußersten Schale die maximale (optimale) Anzahl von Elektronen befindet, in der Regel acht. In der Medizin wird für die Beatmung von Patienten mit Atemwegsverengungen Stickstoff zum Teil gegen Helium ausgetauscht. Helium ist kleiner und leichter als Stickstoff und kann „Engstellen" besser passieren. Neon, Argon, Krypton und Xeon werden alleine oder in Mischungen für die Füllung von Glühbirnen und -röhren verwendet.

PHOSPHOR, PHOSPHAT

Symbol P, gehört zur Hauptgruppe V im **PERIODENSYSTEM DER ELEMENTE**. Phosphor ist ein reaktionsfreudiges nichtmetallisches Element **(METALLE)** mit der Ordnungszahl 15. Phosphor ist in der Natur weit verbreitet, tritt aber nicht in freiem Zustand auf. Meist findet man ihn als **Phosphat (PO_4^{3-})** vor. In Organismen ist Phosphor als Kalziumphosphat in **KNOCHEN** und Zähnen und in Form von Phosphorsäureestern (z. B. **NUKLEINSÄUREN**) in allen lebenden **ZELLEN** anzutreffen. Viele für den Stoffwechsel bedeutenden Molekülen sind Phosphate, z. B. ATP, Kreatinphosphat, Phospholipide und DNA; es existiert ein Phosphatpuffersystem (**SÄURE-BASEN-HAUSHALT**, PUFFERSYSTEME). In seinen Verbindungen wiederum kommt Phosphat in allen fruchtbaren Böden und in vielen natürlichen Gewässern vor. Zudem wird Pflanzendüngern und Tierfutter Phosphat zugesetzt und es ist in vielen Wasserenthärtern und Weichspülern enthalten. Dies kann in der Folge zur **Phosphatanreicherung** in Abwässern bzw. Gewässern führen. Algen vermehren sich in phosphatbelasteten Gewässern besonders stark. Ihr übermäßiges Wachstum verursacht Sauerstoffmangel und hierdurch das Absterben von Wasserlebewesen.

PH-WERT

Der pH-Wert ist eine Maßeinheit, mit der sich die Wasserstoffionenkonzentration einer Lösung bestimmen lässt. Der pH-Wert gibt an, ob eine Flüssigkeit oder ein Stoff **sauer, basisch oder neutral** reagiert. Rechnerisch ist der pH-Wert definiert als der negative dekadische Logarithmus der Wasserstoffionenkonzentration ($pH = -\log [H^+]$); oder vereinfacht als positiver Wert der Hochzahl. Beispiel: Wenn 10^{-7} H^+-Ionen vorliegen, beträgt der pH-Wert 7. Die Wasserstoffionenkonzentration „korreliert" mit der Konzentration an Hydroxidionen (OH-), d. h., H^+-Ionen und OH^--Ionen stehen in einem gesetzmäßigen Verhältnis zueinander: Nimmt die H^+-Ionen-Konzentration zu, so nimmt entsprechend die OH^--Konzentration ab und umgekehrt. Sind die beiden Konzentrationen gleich, nämlich jeweils 10^{-7} mol/l Ionen OH^- und H^+, liegt **pH 7 von reinem WASSER** vor. Bei pH 2 (etwa der pH-Wert des Magensaftes) liegen 10^{-2} mol/l H^+-Ionen und 10^{-12} mol/l OH^--Ionen vor.

Der pH-Wert kann mittels **Farbindikatoren** in Lösung oder auf Teststreifen ermittelt werden. Hierbei kann anhand der Farbe des Indikators durch Abgleich mit einer mitgelieferten Farb-pH-Umrechnungstabelle der pH-Wert bestimmt werden. Als **sauer** werden alle Flüssigkeiten definiert, deren pH-Wert kleiner als 7 ist, als **basisch** alle die, deren pH-Wert größer als 7 ist.

Nebenstehende Tabelle zeigt pH-Werte für einige Flüssigkeiten.

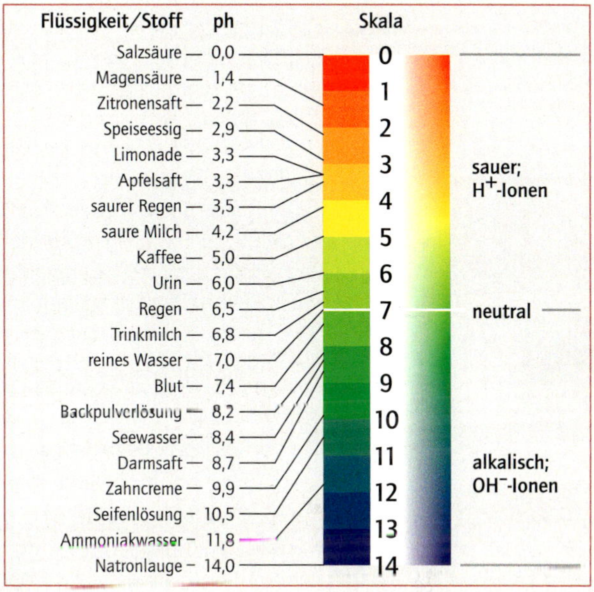

Abb.: pH-Skala und einige wichtige Flüssigkeiten

PIGMENTE (FARBSTOFFE)

Als Pigmente werden in der Biologie chemische **MOLEKÜLE** bezeichnet, die sichtbares **LICHT** reflektieren (zurückwerfen) oder absorbieren (verschlucken). Die Farbe eines Pigments (Farbstoffes) hängt davon ab, welche Wellenlängen des Lichtes absorbiert – und welche reflektiert werden (➜ Band B, LF 12, Kapitel 3). So absorbiert z. B. das Chlorophyll **(FOTOSYNTHESE)**, das wichtigste Pigment der grünen Pflanzen, Licht im violetten und orangefarbenen bis roten Bereich und reflektiert Licht im grünen Bereich des sichtbaren Lichtspektrums. Es erscheint deshalb für das **AUGE** grün. Ein wichtiges Pigment des Menschen ist das **Melanin** (➜ LF 2, Kapitel 1.1 und 2.2), das für die Farbe von Haut, Haaren und Iris verantwortlich ist. In Kosmetika werden Pigmente zur Produktfärbung angewandt und finden z. B. in der **dekorativen Kosmetik** eine häufige Verwendung (➜ Band B, LF 12). Stark absorbierende Pigmente werden in Sonnenschutzmitteln zum Schutz tiefer gelegener Hautstrukturen eingesetzt (➜ Band B, LF 7, Anhang A) oder stark reflektierende, metallische Pigmente als glitzernde Zusätze in Nagellacken verwendet (➜ Band C, LF 4).

PILZE

Pilze weisen einen echten Zellkern auf und zählen daher zu den Eukaryonten **(ZELLE)**. Sie vermehren sich über so genannte Sporen, eine Art von Samen. Pilze sind vom äußeren Aufbau den Pflanzen sehr ähnlich, jedoch führen sie keine **FOTOSYNTHESE** durch, sondern ernähren sich durch die Aufnahme und Verwertung von organischem Material. Die Ernährung geschieht meist durch Ausscheidung von **ENZYMEN**, die organische Substanzen in der Umgebung der Pilzfäden zersetzen, sodass die Nahrung in flüssiger Form durch die dünnen Zellwände aufgenommen werden kann. Innerhalb des Pilzkörpers wird die Nahrung durch einfache Zirkulation verteilt, ohne dass Leitungsbahnen, wie etwa bei den Pflanzen, existieren. Gemeinsam mit **BAKTERIEN** sind Pilze für den Zerfall und die Zersetzung abgestorbener organischer Materie verantwortlich, die sie in Erde (Humus) verwandeln. Da sie in der Ernährung auf organische Substanzen angewiesen sind, kommen Pilze überall dort vor, wo auch andere Lebewesen existieren. Verschiedene Pilze sind Erreger von Krankheiten, so genannten **Mykosen** (Pilzinfektionen ➜ LF 2, Kapitel 4.4) bei Pflanzen wie auch bei Mensch und Tier. In der Kosmetik sind sie neben dem Haut- und Nagelbefall auch wegen der **Kontamination** (Verunreinigung) von Produkten von Bedeutung. Durch das Wachstum auf z. B. Cremes entsteht nicht nur der optisch unschöne bzw. Ekel erregende Pilzbefall, sondern Pilze können durch chemische Reaktionen (vor allem **OXIDATIONEN**) die Inhaltsstoffe der Cremes chemisch verändern und hierbei gesundheitsschädliche (hautreizende) Spaltprodukte erzeugen. Die reizenden Stoffe können sich dabei auch an optisch nicht befallenen Stellen befinden. Deshalb sollten befallene Produkte komplett entsorgt werden. (➜ Band B, LF 7, Kapitel 1: Verderb und **KONSERVIERUNG** von kosmetischen Produkten)

L

PRESSUNG

Hierbei wird durch Anwendung hoher Drucke z. B. der Zellsaft, bzw. das flüssige Zytosol **(ZYTOPLASMA)** von den festen Bestandteilen der Pflanzen getrennt und aufgefangen. In der ausgepressten Flüssigkeit befinden sich z. B. **ätherische Öle**, die durch **DESTILLATION** für die Herstellung von Parfüms angereichert werden können.

Eine besondere Methode zur Gewinnung von natürlichen Blütenölen ist die so genannte *Enfleurage* (franz. *fleur* = Blume). Hier werden die Blüten zwischen zwei mehrschichtig eingefetteten Glasplatten gepresst, sodass sie ihren Duft an die Fettschicht abgeben. Durch mehrfaches Aufbringen von frischen Blüten wird das Fett mit Duftstoffen gesättigt. Aus der Fettmasse können dann die Duftstoffe per **EXTRAKTION** mit Alkohol und anschließender **DESTILLATION** gewonnen werden.

PROPIOZEPTION (TIEFENSENSIBILITÄT)

Zur Tiefensensibilität oder Propiozeption zählen der **Kraftsinn**, der **Stellungssinn** und der **Bewegungssinn**. Die Propiosensoren befinden sich in den **MUSKELN (Muskelspindeln)**, am Übergang des Muskels zur Sehne **(Sehnensensoren)** und in den **GELENKEN (Gelenksensoren)**. Alle Sensoren sorgen dafür, dass ständig Empfindungen der Muskelspannung, der Muskellänge sowie der Gelenkstellung wahrgenommen werden. Diese Empfindungen werden z. T. bewusst wahrgenommen und beantwortet. Andere Reize führen zu unbewussten Reaktionen, wie z. B. beim Patellasehnenreflex. Hier werden durch die Dehnung einer Sehne Sehnensensoren erregt. Dies führt über einen Reflexbogen zu einer unbewussten Muskelkontraktion **(REFLEXE)**.

PROTEINE und AMINOSÄUREN

Proteine gehören zu den Grundbausteinen des Körpers (➜ LF 10, Kapitel 5). Jedes Protein besteht aus aneinander gereihten Aminosäuren, die chemisch miteinander verknüpft sind. Die Proteine des Körpers werden von den **ZELLEN** des Körpers im Rahmen der **PROTEINSYNTHESE** hergestellt. Die hierfür benötigten Aminosäuren werden unterteilt in essenzielle und nicht essenzielle Aminosäuren. Die **essenziellen**

5840302

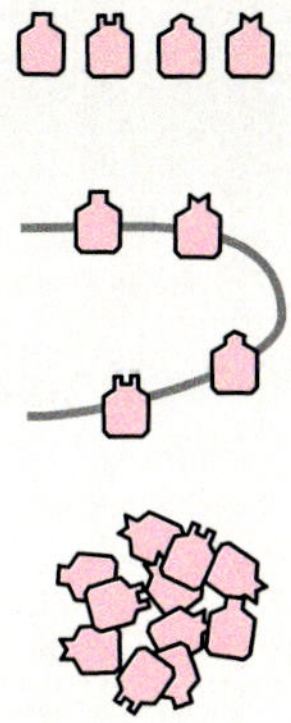

Aminosäuren können vom Körper nicht selbst aufgebaut werden und müssen mit der Nahrung aufgenommen werden. Hierzu gehören: Threonin, Valin, Leucin, Isoleucin, Lysin, Methionin, Phenylalanin, Trypthophan. Die **nicht essenziellen Aminosäuren** kann der Organismus durch Übertragung einer Amino-Gruppe auf **KOHLENHYDRATE** selbst synthetisieren. Hierzu gehören: Glycin, Alanin, Serin, Asparaginsäure, Asparagin, Glutaminsäure, Glutamin, Arginin, Cystein, Tyrosin, Prolin, Histidin. Neben den „reinen" Proteinen gibt es zudem noch zusammengesetzte Proteine, die auch Proteide genannt werden. Zu ihnen gehören Phosphoproteine, Nukleoproteine und Chromoproteine. **Phosphoproteine** enthalten Phosphat verestert **(ALKOHOLE)** mit Serin, Threonin oder Tyrosin. **Nukleoproteine** sind Komplexe aus Proteinen und **NUKLEINSÄUREN**. **Chromoproteine** sind eine Gruppe von Proteinen, die oft als biologische Farbstoffe vorkommen, z. B. Hämoglobin.

PROTEINSYNTHESE

Die Synthese von Proteinen (Eiweißen) findet in jeder einzelnen Zelle des menschlichen Körpers statt. Welches Protein in welcher Menge synthetisiert (aufgebaut) wird, steuern die Gene **(GENETIK)**.

Jedes Protein besteht aus einer unterschiedlichen Anzahl und Zusammensetzung von aneinander gereihten Aminosäuren. Ein Protein ist dementsprechend eine zunächst unverzweigte Aminosäurenkette, wobei die Auswahl und die Reihenfolge der Aminosäuren entscheidend für die spätere Funktion sind. Die Information, in welcher Reihenfolge die Aminosäuren eines bestimmten Proteins aneinander gereiht werden, ist in der **Desoxyribonukleinsäure (DNA)** im Zellkern jeder Zelle gespeichert („codiert", **NUKLEINSÄUREN**).

Wann und wie oft die einzelnen Gene abgelesen werden und das entsprechende Protein gebildet wird, ist von Zelltyp zu Zelltyp verschieden. Unabhängig davon, welche Proteine eine Zelle synthetisiert, ist der Ablauf jedoch immer der gleiche. Der als Gen bezeichnete Abschnitt der DNA, der die Information für die Bildung eines Proteins gespeichert hat, enthält die Information in codierter Form, dem so genannten genetischen Code. Die Grundlagen des genetischen Codes bilden die vier Basen **(SÄURE UND BASEN)** Adenin, Thymin, Guanin und Cytosin **(NUKLEINSÄUREN)**. Jeweils drei aufeinander folgende Basen in der DNA bilden ein Basentriplett, sodass sich bei vier verschiedenen Basen mathematisch 64 mögliche **Basentripletts** erge-

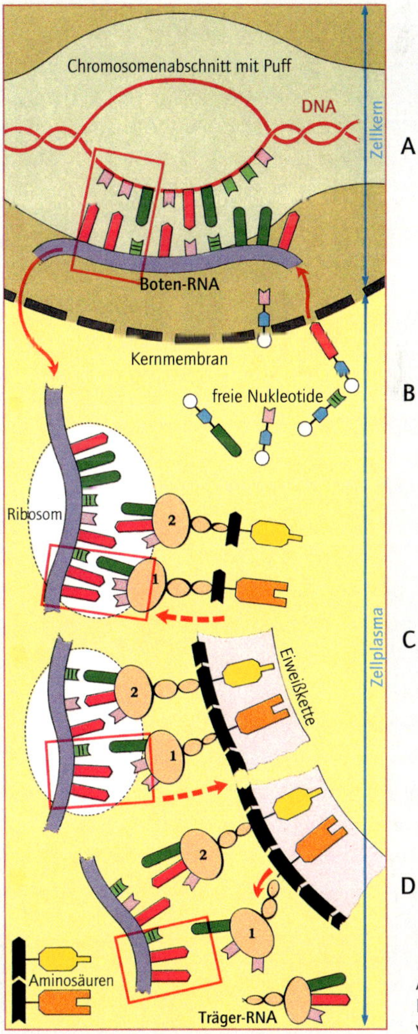

Abb.: Eiweißsynthese – vom Gen zum Protein

ben. Die meisten dieser Basentripletts stehen für eine Aminosäure. Die Abfolge der Basentripletts in der DNA zeigt, in welcher Reihenfolge die Aminosäuren aneinander gereiht werden, sodass letztlich das gewünschte Protein entsteht. Einige Basentripletts stehen nicht für eine Aminosäure, sondern zeigen an, dass die Herstellung eines Proteins beginnt bzw. dass die Herstellung eines Proteins beendet ist.

Der im Zellkern stattfindende Übersetzungsvorgang von DNA in Ribonukleinsäure (RNA) wird als **Transkription** bezeichnet. Sie ist erforderlich, da die genetische Information zum Aufbau von Proteinen (ein Gen auf der DNA) den Zellkern nicht verlassen kann, sondern nur „abgelesen" wird und die Proteinsynthese selbst außerhalb des Kerns, im Zellplasma stattfindet. Als molekularer Vermittler dient die so genannte Boten-RNA (engl. *messenger-RNA*), die als „Matrize" oder „Negativ" eines DNA-Stranges bezeichnet werden kann. Der zeitlich direkt an die Transkription anschließende Vorgang der **Translation** ist die Übersetzung des RNA-Stranges in ein Proteinstück (bestehend aus der in dem RNA-Strang vorgegebenen Aminosäurenreihenfolge). Der Vorgang findet an der als Ribosom bezeichneten Zellorganelle im Zellplasma statt.

L

PUFFER

Puffer ist im chemischen Sinne die Kurzbezeichnung für Substanzen, die den **PH-WERT** von **WÄSSRIGEN LÖSUNGEN** bei Zugabe von **SÄUREN ODER BASEN** weitgehend konstant halten. Solche Lösungen nennt man dann dementsprechend **PUFFERLÖSUNGEN**. Geeignete Puffersubstanzen sind entweder Mischungen aus einer schwachen Säure und einem ihrer **SALZE** oder eine entsprechende Kombination aus einer schwachen Base und einem ihr entsprechenden Salz. Als Beispiel sei hier die Wirkung der Kombinationen Essigsäure (CH_3COOH; schwache Säure) und Natriumacetat (CH_3COONa, Natriumsalz der Essigsäure) dargestellt:

Zugabe von Säure, z. B. Salzsäure (HCl):

$$CH_3COONa + HCl \rightleftarrows NaCl + CH_3COOH$$

Zugabe von Base, z. B. Natronlauge (NaOH):

$$CH_3COOH + NaOH \rightleftarrows CH_3COONa + H_2O$$

Das Puffersystem fängt praktisch die durch **DISSOZIATION** in wässriger Lösung entstehenden **WASSERSTOFF**ionen (H^+) bzw. Hydroxidionen (OH^-) ab und hält auf diese Weise den **PH-WERT** der Lösung konstant. Auch die Flüssigkeiten (hauptsächlich Blut) in lebenden Organismen sind stark gepuffert (**SÄURE-BASEN-HAUSHALT**, PUFFERSYSTEME). So wird beispielsweise der pH-Wert des Blutes auf einen Wert von pH = 7,4 gehalten (➜ LF 10, Kapitel 14). Auch die Haut hat Pufferfunktion bzw. Pufferkapazität, um den pH-Wert an der Hautoberfläche entgegen äußeren Einflüssen konstant zu halten (➜ LF 2, Kapitel 1.5.2 und ➜ Band B, LF 3).

RADIOAKTIVITÄT

Unter Radioaktivität wird der spontane Zerfall bzw. die spontane Umwandlung von instabilen Atomkernen verstanden. Dies geschieht unter gleichzeitiger Aussendung subatomarer Teilchen, die als **Alphateilchen** bzw. **Betateilchen** bezeichnet werden, oder von elektromagnetischen Strahlen, die man **Gammastrahlen bzw. Röntgenstrahlen** nennt. Die Alphateilchen sind zweifach positiv geladene Helium-Atomkerne, die Betateilchen sind schnelle Elektronen. Natürliche Radioaktivität wird z. B. durch Uranminerale oder kosmische Strahlung verursacht. Künstliche Radioaktivität entsteht durch Spaltung oder Umwandlung nach Beschuss mit energiereichen Teilchen – kontrolliert in Kernkraftwerken zur Stromerzeugung, unkontrolliert bei Atombomben.

Teilchen und Strahlung der radioaktiven Prozesse verursachen beim Menschen vielfältige Schäden, vor allem schädigen sie **ZELLEN** durch Veränderungen an **NUKLEINSÄUREN**. Die hieraus resultierenden **MUTATIONEN** können bei entsprechender Schwere zur Entstehung von bösartigen **Tumoren (Krebs)** oder zum sofortigen Tod führen.

REDUKTION ➜ OXIDATION

REFLEXE

Reflexe sind **unwillkürliche Reaktionen** auf einen Reiz. Reflexe ermöglichen Mensch oder Tier, ohne Zeitverlust auf eine Umweltsituation zu reagieren. Charakteristisch für einen Reflex ist, dass derselbe Reiz stets dieselbe Reaktion auslöst. In seiner einfachsten Form entsteht der Reflex durch einen **Reflexbogen**:

Beim so genannten **Eigenreflex** führt ein Reiz (z. B. Dehnung der **MUSKEL**sehne) zu einer Erregung eines **sensiblen Rezeptors (PROPIOZEPTION).** Die Erregung wird über sensible Fasern ans RÜCKENMARK **(NERVENSYSTEM)** weitergeleitet. Dort wird die Erregung auf eine **motorische Nervenfaser** übertragen, die eine **Muskelkontraktion** desselben Muskels auslöst, dessen Sehne gedehnt wurde.

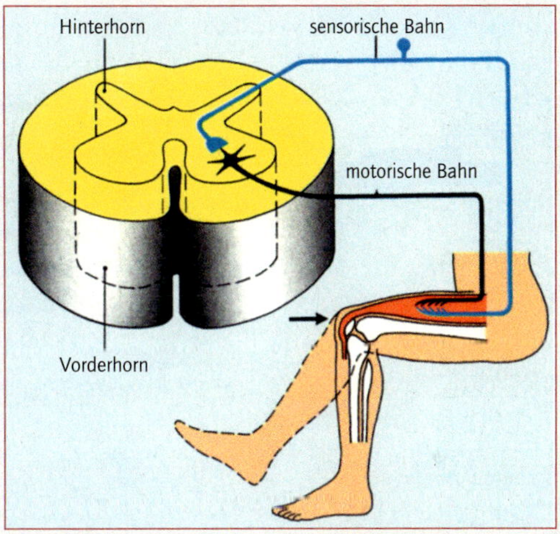

Abb.: Reflexbogen

Bei **Fremdreflexen** sind Rezeptor und **MUSKEL** in zwei verschiedenen Körperabschnitten zu finden. Zum Beispiel erzeugt der Schmerzrezeptor in der Haut des Fußes eine reflektorische Kontraktion der Beinmuskulatur. Die Impulse laufen hierbei über mehrere Neuronen im Rückenmark, die dann auch mehrere Muskeln gleichzeitig ansprechen können.

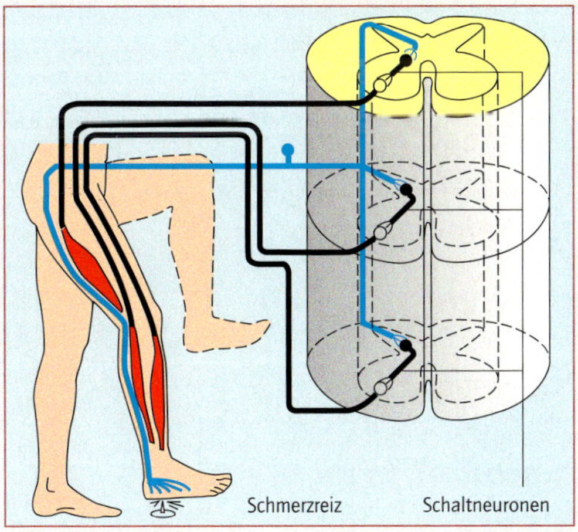

Abb.: Fremdreflex

REIZSTROM ➜ ELEKTRISCHER STROM

RESORPTION

Aufnahme von Stoffen aus der Umwelt in einen Organismus. Zum Beispiel Aufnahme von Nährstoffen aus dem Magen-Darm-Trakt oder Aufnahme von Stoffen über die Haut und Schleimhaut in die Blutgefäße (ZELLE ➜ STOFFAUFNAHME UND STOFF-

TRANSPORT). Die **Stoffaufnahme in die Haut** über den interzellulären Weg wird als *Penetration* (lat. eindringen) bezeichnet, bei Erreichung der Dermis spricht man von *Permeation* (➜ LF 2, Kapitel 1.5.1 und ➜ Band B, LF 7, Kapitel 3.5).

REZEPTOREN

Rezeptoren sind Strukturen im Organismus bzw. auf einer Zelle, die in der Lage sind spezielle Reize zu empfangen und im Organismus bzw. in der Zelle Folgereaktionen auslösen. Dass ein Rezeptor nur auf bestimmte Reize reagiert, beruht auf seinem Aufbau und dem Ort seines Vorkommens im Organismus. Die Rezeptoren werden unterteilt in Rezeptoren, die auf bzw. in der Zellmembran vorkommen und **PROTEINE** sind (Membranrezeptoren), und solche, die als **Sinneszellen** bezeichnet werden und spezialisierte **NERVENZELLEN** darstellen.

RIECHSINN ➜ NASE

SALZE

Der Begriff „Salz" ist in der Chemie die Sammelbezeichnung für die ionisch aufgebauten Verbindungen **(CHEMISCHE BINDUNGEN)**, die durch die Kombination von Anionen und Kationen entstehen. Anders als bei der Metallgitterbildung entsteht bei Salzen ein **Ionengitter**, innerhalb dessen die Elektronen fest einem Ion zugeordnet sind. Die Gitterform entsteht, weil die Ladungen (elektrostatische Kräfte) der Anionen und Kationen nach allen Seiten wirken. Zum Beispiel im Falle von Kochsalz (NaCl) ist die Ladung des Na^+-Ions nach Anziehung nur eines Cl^--Ions nicht neutralisiert. Das Na^+-Ion kann noch weitere Cl^--Ionen anziehen, und zwar so viele, wie räumlich um das **NATRIUM-ION** herum Platz finden. Im Falle des Kochsalzes sind es sechs. Dasselbe gilt auch für das **CHLOR**idion, das sechs Natrium-Ionen anziehen kann. Daraus ergibt sich ein räumliches Gebilde aus Natrium- und Chlorid-Ionen das als Ionengitter oder Salz bezeichnet wird.

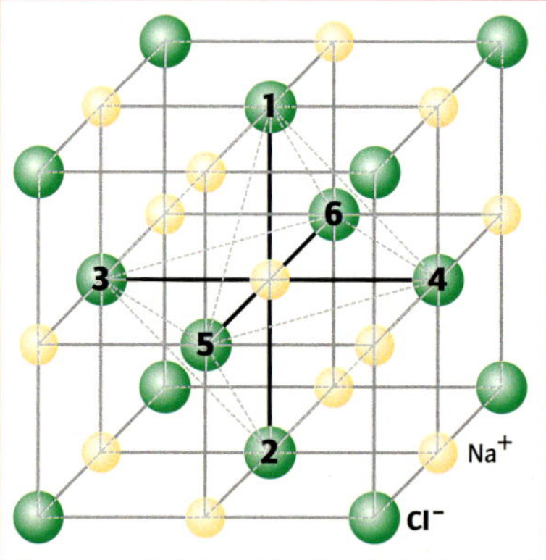

Abb.: Salzgitter Natriumchlorid

Oft entstehen Salze beim Zusammenführen von **Säuen und Basen:** z. B. Salzsäure (HCl) plus Natronlauge (NaOH) gibt Kochsalz (NaCl) und **WASSER** (H_2O). Die Salze bilden meist spröde, teilweise leicht spaltbare Kristalle aus mit relativ hohem Schmelzpunkt. Viele lösen sich in Wasser mehr oder weniger leicht und bilden dabei – aufgrund ihrer **ELEKTROLYTISCHEN DISSOZIATION** in Anionen und Kationen – elektrisch leitfähige Lösungen, die **ELEKTROLYTE** genannt werden.

SAUERSTOFF, HYDROXID

Symbol O (abgeleitet von *oxygen* = Säurebildner), gehört zur Hauptgruppe VI des **PERIODENSYSTEMS DER ELEMENTE**. Sauerstoff ist ein farbloses, geruchloses und geschmackloses Gas mit der Ordnungszahl 8, das durch Aufnahme von zwei Elektronen die **EDELGASKONFIGURATION** von Neon erreichen kann.

Auf der Erde kommt Sauerstoff häufiger vor als jedes andere Element – hauptsächlich in der Luft (21 Volumenprozent), im Wasser (89 Gewichtsprozente) und in der Erdkruste (46 Gewichtsprozente). Gewöhnlicher Sauerstoff besteht aus zweiatomigen

MOLEKÜLEN mit der chemischen Formel O_2. Im **OZON** liegen dreiatomige Moleküle vor: O_3. Sauerstoff ist Bestandteil vieler organischer und anorganischer Verbindungen. Er bildet mit fast allen Elementen (sogar mit einigen **EDELGASEN**) Oxide. **Oxide** sind Verbindungen, bei denen der Sauerstoff als Oxid-Ion O^{2-} vorliegt. **Oxide von METALLEN sind BASEN, solche von NICHTMETALLEN SÄUREN.**

Sauerstoff ist Bestandteil der meisten Verbindungen, aus denen pflanzliche und tierische **GEWEBE** aufgebaut sind. Sauerstoff spielt eine entscheidende Rolle für die Lebensvorgänge, vor allem bei der **ENERGIE**gewinnung. Sauerstoff vereinigt sich leicht mit **KOHLENSTOFF**verbindungen, bei diesem Vorgang werden große **WÄRME**mengen freigesetzt. Aus diesem Grund wurde während der Evolution Sauerstoff als wichtigste Energiequelle für die lebenden Organismen ausgewählt.

SÄUREN und BASEN

Die erste gültige Säure-Base-Definition entwickelten 1887 der schwedische Chemiker Svante Arrhenius und der deutsche Chemiker Wilhelm Ostwald. Arrhenius und Ostwald verstanden unter einer Säure einen sauer schmeckenden Stoff, der in wässriger Lösung unter Bildung von Wasserstoffionen (H^+) dissoziiert (zerfällt) wie beispielsweise im Fall der Salzsäure (HCl): $HCl \rightleftarrows H^+ + Cl^-$. Im Gegensatz dazu bezeichneten Arrhenius und Ostwald eine Substanz, die seifig oder laugenhaft schmeckt und in wässriger Lösung unter Bildung von Hydroxidionen (OH^-) dissoziiert, als Base. Im Fall der Natronlauge (NaOH) würde die Reaktionsgleichung lauten: $NaOH \rightleftarrows Na^+ + OH^-$

Gibt man die **WÄSSRIGEN LÖSUNGEN** einer Säure (HCl, Salzsäure) und einer Base (NaOH, Natronlauge) zusammen, so erfolgt eine **NEUTRALISATIONSREAKTION**. Sie ergibt in der Regel **WASSER** und ein Salz (NaCl, Kochsalz): $NaOH + HCl \rightleftarrows NaCl + H_2O$.

Da Säure-Basen-Reaktionen auch in nichtwässrigen Lösungen ablaufen, wurde die Definition später allgemeiner gefasst, um auch feste Stoffe mit einzuschließen: Demnach **ist eine Säure eine Verbindung, die Protonen (Wasserstoffionen H^+) abgeben kann, und entsprechend eine Base eine Verbindung, die Protonen aufnehmen kann.** Auch nach dieser Definition muss die Säure **WASSERSTOFF** enthalten, die Gegenwart von Wasser ist allerdings nicht erforderlich.

Es gibt starke und schwache Säuren und Basen. Starke Säuren haben eine größere Tendenz, Protonen abzugeben als schwache Säuren. Analog ist das Bestreben, Protonen aufzunehmen bei starken Basen größer als bei schwachen. Zudem ist das Ion einer starken Säure eine schwache Base und umgekehrt (**„korrespondierende" Säuren/Basen-Paare;** z. B. ist HCl eine starke Säure und Cl^- eine schwache Base).

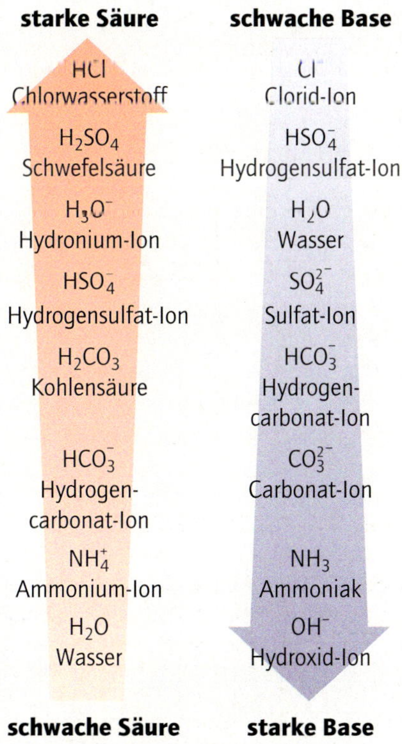

Abb.: Korrespondierende Säuren/Basen-Paare

SÄURE-BASEN-HAUSHALT

Der **PH-WERT** im Blut und **GEWEBE** beträgt 7,4. Dieser Wert wird muss in sehr engen Grenzen konstant gehalten werden (zwischen pH 7,35 und 7,45), da sonst zahlreiche **STOFFWECHSELREAKTIONEN** gestört werden würden. Blut-pH-Werte unter 7,0 und über 7,8 sind mit dem Leben nicht mehr vereinbar. Der pH-Wert wird im Wesentlichen durch vier **PUFFER**systeme des Blutes unter Mithilfe der Lunge und der Nieren konstant gehalten.

Hierbei spielen Gewebe- und Blut-pH-Wert zusammen: Je mehr saure „Schlacken" (z. B. Salze der Milchsäure) in den Geweben abgelagert sind, desto niedriger (saurer) fällt der Blut-pH-Wert aus und es kommt in Folge zu einer Übersäuerung des Körpers (➜ LF 10, Kapitel 14).

PUFFERSYSTEME DES BLUTES, DER ATMUNG UND DER NIERE

Der wichtigste Blutpuffer zum Auffangen von pH-Schwankungen ist das **Kohlensäure-Bicarbonat-System**, das aus der Kohlensäure (H_2CO_3) als schwache Säure und Natriumhydrogencarbonat ($NaHCO_3$) als Salz der Kohlensäure bzw. dessen Ion (HCO_3^-, als Bicarbonation bezeichnet) besteht. Dieses Puffersystem neutralisiert 75 % der anfallenden Protonen im Blut. Bei Säurenüberladung werden Protonen vom Bicarbonation übernommen und es entsteht dabei Kohlensäure:

$$H^+ + HCO_3^- \rightleftarrows H_2CO_3 \rightleftarrows CO_2 + H_2O$$

Die Kohlensäure zerfällt in **WASSER** und **KOHLENDIOXID** (CO_2), welches über die Lunge **(ATMUNG)** abgeatmet werden kann. Bei Säurenüberschuss kann durch beschleunigtes Atmen (Hyperventilation) verstärkt CO_2 abgeatmet werden. Bei Basenüberschuss kann durch herabgesetzte Atmung die Kohlendioxid-Abgabe vermindert werden.

Die **NIERE**n können die Ausscheidung von Wasserstoffionen (H^+) bzw. Bicarbonationen (HCO_3^-) beeinflussen und so in das Gleichgewicht zwischen sauren und basischen Stoffen eingreifen (HARNBILDUNG UND AUSSCHEIDUNG).

Als weiterer Puffer liegt im Blut das **Phosphatpuffersystem** vor. Dieses besteht aus Dihydrogen- und Hydrogenphosphat:

$$HPO_4^{2-} + H^+ \rightleftarrows H_2PO_4^-$$

Ein weiteres wichtiges Puffersystem ist das **Hämoglobinpuffersystem (BLUT)**. Wesentlich für die Pufferwirkung des Proteins Hämoglobin ist die hohe Anzahl von Aminosäuren, die Wasserstoffionen aufnehmen und neutralisieren können.

Ein weiteres Puffersystem stellt das **Proteinat-Puffersystem** dar, bestehend aus Plasmaproteinen. Die meisten Plasmaproteine liegen bei pH-Wert 7,4 des Blutes als negativ geladene Anionen vor und haben hierdurch eine Pufferkapazität gegenüber positiv geladenen Wasserstoffionen.

AZIDOSEN UND ALKALOSEN

Bei einer **Übersäuerung** (Azidose) sinkt der **PH-WERT** des Blutes unter 7,36. Als Ursache hierfür kommen Diabetes, **NIERE**nversagen oder starker Durchfall infrage. Als Gegenregulation versucht der Körper als Erstes über eine beschleunigte Atmung vermehrt **KOHLENDIOXID** auszustoßen. Zudem versucht der Körper, über die Nieren verstärkt Säuren auszuscheiden. Gelingt der Ausgleich, spricht man von einer **kompensierten (ausgeglichenen) Azidose**. Schafft der Körper es nicht, die Übersäuerung auszugleichen, müssen Pufferlösungen (z. B. Natriumbikarbonat) über Infusionen zugeführt werden. Das Gegenteil der Azidose ist die **Alkalose**, bei der ein pH-Wert über 7,44 ansteigt. Ursache hierfür ist oft Säureverlust nach starkem Erbrechen und Hyperventilation (vermehrtes Abatmen des saueren Kohlendioxids). Hierbei kommt es auch zu einem Verlust an Ionen (vor allem **KALIUM** und **KALZIUM**). Beides zusammen führt zu einem starken Durstgefühl. Erste Gegenmaßnahmen bestehen darin, das Erbrechen zu stoppen und die Hyperventilation durch Beruhigung des Betroffenen zu beenden. Bei der **Hyperventilation** sollte zudem vorübergehend in eine große Plastiktüte geatmet werden. Hierdurch wird das ausgeatmete saure Kohlendioxid wieder eingeatmet und der pH-Wert gesenkt. Als weitere Maßnahmen genügt in leichten Fällen das Trinken von Mineralwasser oder isotonischen Getränken, bei schwereren Fällen müssen die verlorenen Mineralstoffe durch Infusionen oder Tabletten wieder zugeführt werden.

SÄURESCHUTZMANTEL

Dies ist die alte Bezeichnung für den Oberflächenfilm der Haut, den **Hydrolipid-Mantel.** Der Film auf der obersten Hautschicht besteht aus Talg, Hornschuppen und feuchtigkeitsbindenden Substanzen. Diese Mischung, eine Art hauteigene Creme, nennt man engl. ***natural moisturizing factor*** **(NMF).** Der NMF dient der Bewahrung oder Wiederherstellung der Hautfeuchtigkeit und wirkt der Austrocknung entgegen. Wird er negativ beeinflusst, steigt der **transepidermale Wasserverlust (TEWL)** und die Haut kann eine ihrer Schutzfunktionen nicht mehr erfüllen (➜ LF 2, Kapitel 1.5.2 und ➜ Band B, LF 3 und LF 7).

SCHALL, SCHALLWELLEN

Schallwellen sind mechanische **WELLEN**, die sich in Flüssigkeiten oder Gasen ausbreiten und bei Mensch oder Tier über den Gehörsinn Geräuschempfindungen auslösen können. Charakteristisch für Wellenbewegungen ist, dass die **ENERGIE** der Wellenbewegung durch das Medium transportiert wird, ohne dass sich die Teilchen des Mediums merklich von seinem Ort entfernen. Damit stellt eine Schallwelle eine periodische Folge von Druckänderungen bzw. von **Verdichtungen und Verdünnungen der Luft** dar. Jedes Molekül gibt beim Stoß etwas Energie an das Nachbarmolekül weiter und befindet sich danach praktisch wieder am gleichen Ort wie zuvor.

Jedes einfache Schallereignis, z. B. ein auf einem Musikinstrument gespielter Ton, kann mithilfe von drei Eigenschaften vollständig beschrieben werden: Tonhöhe, **LAUTSTÄRKE** (bzw. Intensität) und Klangfarbe. Diesen Charakteristika entsprechen die physikalischen Größen **FREQUENZ** (Anzahl der Schwingungen pro Sekunde; Einheit **Hertz**), Amplitude (Höhe des Wellenberges) und Wellenform (**Longitudinal**- und **Transversalwelle**). Das menschliche **OHR** ist in der Lage, Schall mit Frequenzen zwischen ungefähr 15 und 20 000 Hertz wahrzunehmen. Die **Amplitude** entspricht der Stärke der periodischen Luftdruckschwankungen. Je größer die Amplitude („Wellenberg") ist, desto stärker sind die Druckunterschiede am Trommelfell im Ohr und desto lauter empfinden wir den Ton oder das Geräusch.

Die Frequenz einer Schallwelle gibt an, wie oft pro Sekunde ein Wellenberg einen gegebenen Punkt passiert. Den Abstand zwischen zwei aufeinander folgenden Wellenbergen bezeichnet man als Wellenlänge. Das Produkt aus Wellenlänge und Frequenz einer Welle ist stets gleich der Ausbreitungsgeschwindigkeit. Diese ist für alle Frequenzen gleich groß, solange sich der Schall im gleichen Medium mit derselben **DICHTE** ausbreitet. In trockener Luft und bei einer **TEMPERATUR** von 0 °C beträgt die **Schallgeschwindigkeit** 331,6 Meter pro Sekunde. Allgemein ist die Schallgeschwindigkeit in Flüssigkeiten und Festkörpern viel höher als in Gasen aufgrund der höheren **DICHTE**. Das heißt, der Impuls kann schneller von einem Molekül auf das nächste übertragen werden.

Die Kosmetik nutzt die Wirkungen von Schall vielfältig: **ULTRASCHALL** findet Anwendung in der Hygiene (➜ Band A und B, LF 2), bei der Massage (➜ Band B, LF 6), zur gezielten Stoffeinschleusung in die Haut (➜ Band B, LF 6 und LF 7, Kapitel 3.5) und zur kosmetischen Behandlung von Cellulite (➜ Band C, LF 11, Kapitel 4.3).

SCHMELZPUNKT ➜ AGGREGATZUSTAND

SCHWEFEL

Symbol S, gehört zur Hauptgruppe VI des **PERIODENSYSTEMS DER ELEMENTE** (*Chalkogen* = Erzbildner). Schwefel ist ein geruchloses und im reinen Zustand hellgelbes Nichtmetall mit der Ordnungszahl 16. Gewöhnlicher Schwefel geht beim Schmelzen in eine strohfarbene Flüssigkeit über, die sich bei weiterer **WÄRME**zufuhr dunkler färbt und schließlich siedet. Schwefel kann durch Aufnahme von zwei Elektronen die **EDELGASKONFIGURATION** von Argon erreichen, z. B. in der Verbindung Eisen(II)-sulfid: FeS. Zudem kann Schwefel auch in den **OXIDATIONSZAHL**en +4 und +6 auftreten, z. B. als Schwefeldioxid (SO_2) bzw. **Schwefelsäure** (H_2SO_4). In Gegenwart von Hitze verbindet sich Schwefel mit metallischen Elementen unter Bildung von **Sulfiden** (ZnS, PbS, Cu2S, FeS_2). Mit **WASSERSTOFF** entsteht Schwefelwasserstoff (H_2S), ein farbloses, giftiges Gas, das nach faulen Eiern riecht. Des Weiteren ist Schwefel in **MOLEKÜLEN** vieler organischer Substanzen enthalten, z. B. in Senf, Eiern, Haar, Proteinen und Zwiebeln. In der Medizin kommt Schwefel wegen seiner antiseptischen Wirkung in Hautsalben zur Anwendung, z. B. in **EMULSIONEN** für unreine, fette Haut. Weiterhin findet sich Schwefel in vielen Haarpflegeprodukten wie z. B. Haarwasser und Anti-Schuppen-Shampoos.

SCHWERKRAFT ➜ GRAVITATION

SIEDEPUNKT ➜ AGGREGATZUSTAND

SILIZIUM, SILIKATE

Symbol Si, gehört zur Hauptgruppe IV des **PERIODENSYSTEMS DER ELEMENTE**. Das halbmetallisches Element **(METALLE)**, das nach Sauerstoff das zweithäufigste auf der Erde ist, hat die Ordnungszahl 14. Durch Ausbildung von vier KOVALENTEN BINDUNGEN **(CHEMISCHE BINDUNGEN)** kann es die **EDELGASKONFIGURATION** von Argon erreichen.

Silizium ist an der Festigkeit und Elastizität des **BINDEGEWEBES** beteiligt und stärkt die Abwehrkraft. In der Kosmetik kommt Silizium hauptsächlich in Form von **ALUMINIUMSILIKATEN** und in Form von fein gemahlenem **Kieselgel** als Konsistenzgeber für Gele, Zahnpasta und Puder vor. Innerlich angewendet kommt Silizium in Form von **KOLLOID**aler **Kieselsäure** in Kapseln bei schlaffer Haut, Haarausfall und brüchigen Nägeln zum Einsatz. Kieselsäure-Gel wird weiterhin bei Sonnenbrand, Verletzungen und **ENTZÜNDUNGEN** von Haut und Schleimhaut äußerlich angewendet.

SINNESORGANE und SINNE

Sinnesorgane empfangen Informationen über den Zustand der Außenwelt oder des eigenen Körpers und leiten sie zur Verarbeitung an das zentrale **NERVENSYSTEM**.

Es werden die fünf eigentlichen Sinnesorgane **OHR** (Hören, Gleichgewicht), **AUGE** (Sehen), **NASE** (Riechen), **ZUNGE** (Schmecken) und **HAUT** (Tasten → **TASTSINN**) unterschieden. Zudem gibt es weitere Sinnesorgane im Körper, z. B. in den **MUSKELN**, Sehnen und **GELENKEN**. Sie geben Auskunft über den inneren Zustand des Körpers, Körperhaltung und Positionen der Gelenke. Diese Sinnesorgane werden als **Propiorezeptoren** (Rezeptoren der Tiefensensibilität, **PROPIOZEPTION**) bezeichnet.

SKELETT-SYSTEM UND SKELETTMUSKULATUR

Zum Skelett gehören über 200 einzelne **KNOCHEN**. Die einzigen Knochen, die beim Menschen zu sehen sind, sind die Zähne. Das Skelett und die Skelettmuskulatur werden funktionell in Gruppen unterteilt. Von oben nach unten gibt es folgende Gruppen: SCHÄDEL und HALS, SCHULTERGÜRTEL mit OBEREN EXTREMITÄTEN, WIRBELSÄULE mit BRUSTKORB UND BAUCHWAND, BECKENGÜRTEL mit UNTEREN EXTREMITÄTEN. Die Knochen von Frauen sind im Allgemeinen kürzer und leichter als die der Männer. Ebenso ist die Muskulatur weniger stark entwickelt. Zudem unterscheidet sich vor allem das Becken bei Mann und Frau. Beckeneingang und Beckenausgang sind bei der Frau größer und anders geformt, damit das Kind bei der Geburt das Becken passieren kann.

SCHÄDEL

Der Schädel sitzt den Halswirbeln der Wirbelsäule auf. Er wird in Hirnschädel und Gesichtsschädel unterteilt. Der **Hirnschädel** bildet die Schädelhöhle, in der sich das Gehirn befindet. Nach unten sitzt das Gehirn der **Schädelbasis** auf, nach oben hin wird es durch die Schädelkalotte **(Schädeldach)** geschützt. Zu den **KNOCHEN** des Hirnschädels gehören das Stirnbein, die zwei Scheitelbeine, die beiden Schläfenbeine, das Hinterhauptsbein, das Keilbein und

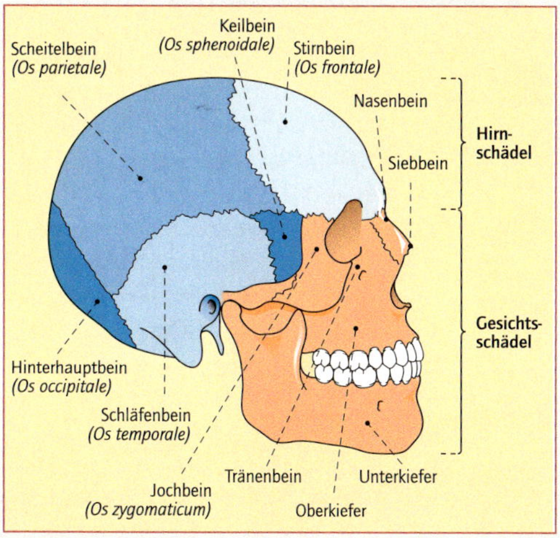

Abb.: Schädelskelett des Menschen

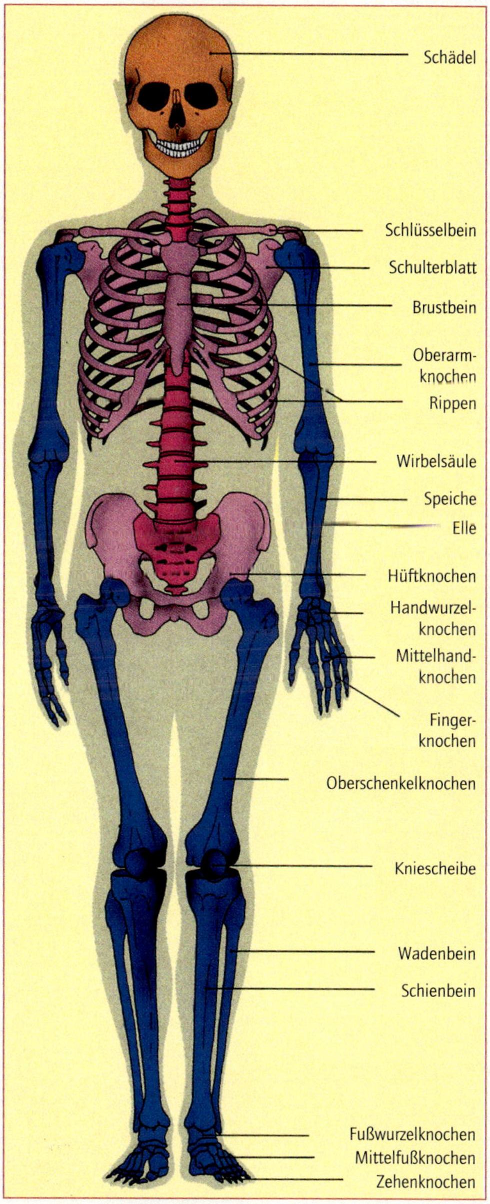

Abb.: Skelett des Menschen

das Siebbein. Zu den Knochen des **Gesichtsschädels** gehören die beiden Tränenbeine, der Oberkiefer, das Gaumenbein, das Jochbein, das Nasenbein und der Unterkiefer.

Die **Gesichtsmuskel** besitzen unterschiedliche Aufgaben. Sie sind zuständig für die Mimik, sie spielen eine Rolle beim Sprechen und sie sind für die Bewegung der Augenlider zuständig. Durch die **Kaumuskulatur** wird der Unterkiefer bewegt. Die Kaumuskeln sind für den Kauvorgang zuständig und tragen zur Lautbildung bei.

(Eine ausführliche Beschreibung des Schädels und der Gesichtsmuskulatur erfolgt in ➜ Band B, LF 6, Kapitel 2)

HALS

Zum Halsskelett gehören die sieben Halswirbel (WIRBELSÄULE) und das Zungenbein. Der Hals verbindet den Schädel mit dem Schultergürtel. Eine Besonderheit stellen die ersten beiden Halswirbel, **Atlas** und **Axis**, dar. Sie bilden das so genannte **Atlanto-Okzipital-Gelenk**, ein **Drehgelenk (GELENKE)**. Der besondere Aufbau ermöglicht es, dass der Kopf sowohl nach hinten und nach vorne bewegt als auch nach rechts und links gedreht werden kann. Die **MUSKELN** des Halses unterteilen sich in die vordere, hintere und tiefe Halsmuskulatur. Die Halsmuskeln sind an Bewegungen von Kopf, Schulter, Kehlkopf und Brustkorb beteiligt.

L

WIRBELSÄULE und RÜCKENMUSKULATUR

Die Wirbelsäule besteht aus insgesamt 24 Wirbeln sowie dem Kreuzbein und dem Steißbein. Die Wirbelsäule wird in fünf Abschnitte unterteilt. Die **Halswirbelsäule** besteht aus 7 Wirbeln, die **Brustwirbelsäule** aus 12 Wirbeln (an denen die 12 Rippen ansetzen), 5 **Lendenwirbeln**, dem **Kreuzbein**, das aus fünf miteinander verwachsenen Wirbeln besteht, und dem **Steißbein**, das aus 4 – 5 miteinander verwachsenen Wirbeln zusammengesetzt ist. Von der Seite betrachtet entspricht die Form der Wirbelsäule vereinfacht einem doppeltem S. Die Krümmungen der Wirbelsäule verleihen ihr bei allen Bewegungen eine hohe Stabilität.

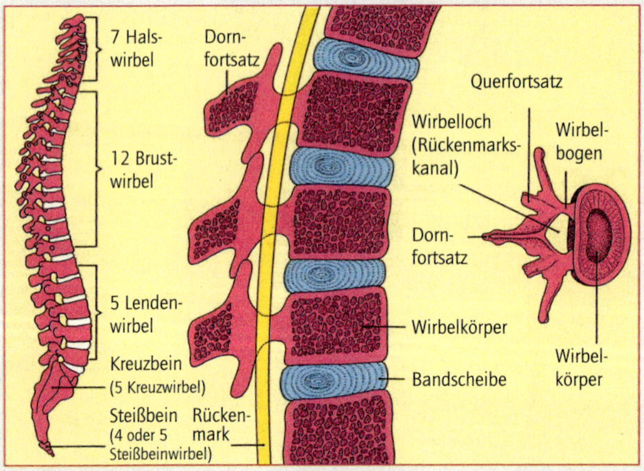

Abb.: Wirbelsäule des Menschen. (Aufbau, Längsschnitt der Wirbelsäule und Lendenwirbel von oben)

Die **Wirbel** der einzelnen Abschnitte der Wirbelsäule unterscheiden sich vor allem in ihrer Größe voneinander. Die unteren Wirbel (Lendenwirbel) sind größer und entsprechend stabiler als die Brust- oder Halswirbel, weil sie eine größere Last tragen müssen. Der grundsätzliche Aufbau der Wirbel ist gleich. Sie bestehen aus einem **Wirbelkörper**, von dem nach hinten der **Wirbelbogen** abgeht, welcher das **Wirbelloch** bildet. Der Wirbelbogen besitzt seitlich je zwei Quervorsätze und hinten einen Dornfortsatz, der die Ansatzstelle für die Muskulatur darstellt. Zwischen den 24 Wirbelkörpern befinden

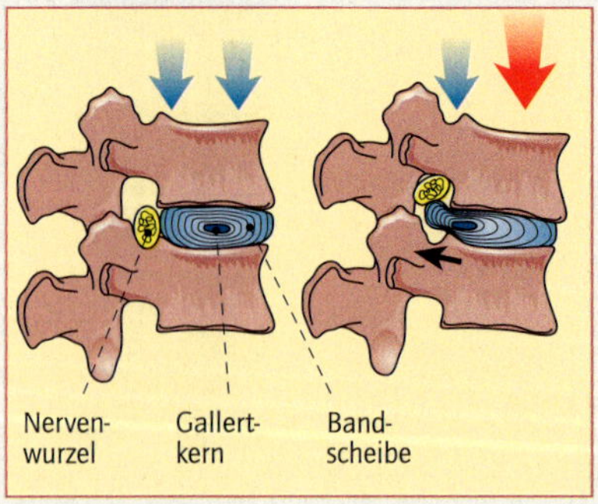

Abb.: Bandscheibenvorfall

sich die so genannten **Bandscheiben**. Sie bestehen außen aus ringförmigen Bindegewebsfasern und innen aus einem Gallertkern. Die Bandscheiben allgemein und insbesondere der Gallertkern wirken als eine Art Stoßdämpfer bei **DRUCK**- oder Stoßbelastungen auf die Wirbelsäule. Bei einem **Bandscheibenvorfall** reißt der Faserring ein und der Gallertkern rutscht heraus. Bei dann folgenden Bewegungen kann er eingeklemmt werden und auf die Rückenmarksnerven drücken.

Dies führt zu sehr starken Schmerzen und kann bei längerem Bestand den Nerv so stark schädigen, dass es zu Lähmungserscheinungen kommt.

Die Muskulatur, die dafür sorgt, dass die Wirbelsäule sehr stabil und zugleich beweglich ist, wird als Rumpfaufrichter oder **autochthone Rückenmuskulatur** bezeichnet. Die autochthone Rückenmuskulatur verbindet die Dorn- und Querfortsätze der Wirbelsäule, streckt diese, dreht und stabilisiert sie. Unterschieden werden zwei Muskelgruppen, der mediale Trakt und der laterale Trakt. Die **MUSKELN** des **medialen Traktes** sind an fast allen Bewegungen der Wirbelsäule (Drehung, Seitneigung und Rückbeugung) beteiligt, nur für die Vorbeugung ist die Bauchmuskulatur zuständig. Die **Muskel des lateralen Traktes** sind meist länger als die des medialen Traktes. Sie verbinden Kopf, Wirbelsäule und Becken miteinander. Sie sind ebenso an allen Bewegungen der Wirbelsäule (s. o.) beteiligt.

L

Als **Bauchwand** werden die vorderen, die seitlichen und die hinteren Bauchmuskeln bezeichnet. Die Bauchmuskulatur ist dafür zuständig, dass der Rumpf gebeugt und gedreht werden kann. Zudem kann über gleichzeitige Anspannung der gesamten Bauchmuskulatur **DRUCK** auf die Bauch- und Beckenorgane ausgeübt werden („Bauchpresse"). Hierüber ist die Bauchmuskulatur an der Darmentleerung und dem Geburtsvorgang beteiligt.

BRUSTKORB und ATEMMUSKULATUR

Zum Brustkorb gehören die Rippen, das Brustbein und die Brustwirbel (siehe Abbildung: **Skelett des Menschen**). Der Brustkorb schützt die in ihm liegenden Organe (**HERZ** und Lunge) und ist am Atemvorgang beteiligt. Seine Trichterform erhält er hauptsächlich durch die Rippen, die den Brustwirbeln entspringen und vorne teilweise mit dem Brustbein verbunden sind.

Zwölf Rippenpaare bilden den Brustkorb, die von oben nach unten durchnummeriert werden (1–12). Von diesen sind sieben (1–7) direkt mit dem Brustbein verbunden („echte Rippen"), drei (8–10) sind indirekt über den Rippenbogen mit dem Brustbein verbunden und zwei (11+12) enden frei („falsche Rippen"). An den Rippen sieben bis zwölf, am Brustbein und an der Lendenwirbelsäule ist das Zwerchfell befestigt. Es ist der wichtigste **MUSKEL** für die **ATMUNG**. Es ist entscheidend an der Ausdehnung (einatmen) und dem Zusammenziehen (ausatmen) der Lunge beteiligt. Zudem sind die Zwischenrippenmuskeln in der Lage, über Anheben oder Senken der Rippen das Atemvolumen zu vergrößern.

SCHULTERGÜRTEL und OBERE EXTREMITÄTEN (ARME und HÄNDE)

Der **Schultergürtel** stellt die Verbindung zwischen Wirbelsäule, Rippen und Schlüsselbein mit den oberen Extremitäten (Arme) dar (siehe Abbildung: **Skelett des Menschen**). Zum Schultergürtel gehören **Schulterblatt** und **Schlüsselbein**. Das Schulterblatt bildet mit dem Oberarmknochen das **Schultergelenk**. Dieses wird von einer Gelenkkapsel umgeben, die aber nicht ausreichend stabilisiert.

Die Festigkeit erhält das Schultergelenk über **MUSKELN**, die vom Oberarm zum Schulterblatt ziehen und das Gelenk einschließen. Durch diese besondere Konstruktion

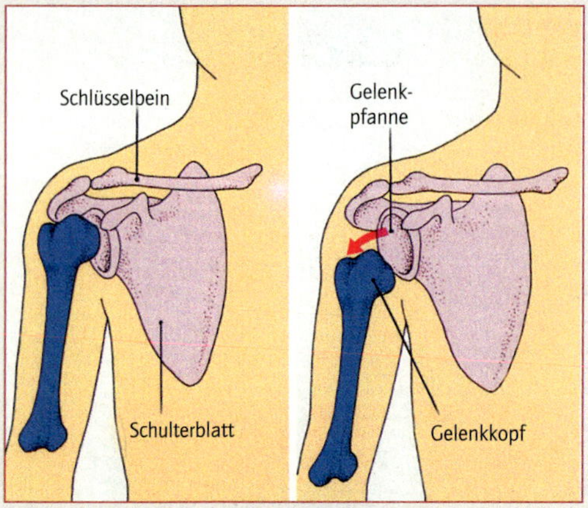

Abb.: Knochen des Schultergürtels

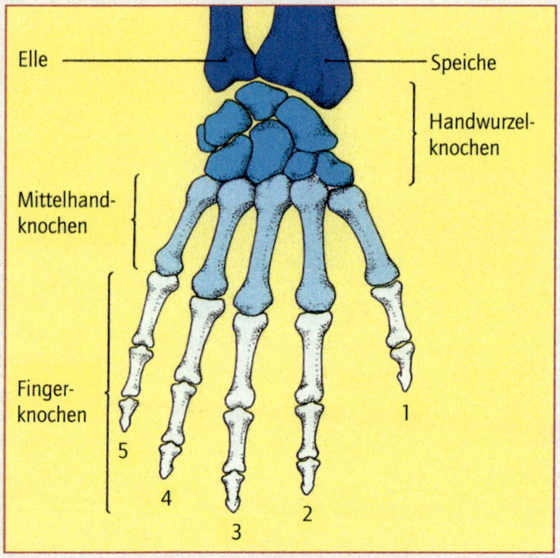

Abb.: Skelett der rechten Hand

ist das Schultergelenk das beweglichste Gelenk unseres Körpers. Das Schlüsselbein verbindet das Schulterblatt mit dem Brustbein und

stabilisiert so die Verbindung der Arme zur Wirbelsäule. An der Bewegung des Schultergelenks sind zahlreiche Muskeln (über 10) beteiligt, die über ihr Zusammenspiel die verschiedenen Bewegungsrichtungen ermöglichen.

Die **Arme** sind, wie schon erwähnt, über das Schultergelenk mit dem Schulterblatt verbunden. Jeder Arm gliedert sich in den **Oberarmknochen**, in die zwei **Unterarmknochen Elle und Speiche** sowie die **Hand** mit **Handwurzel-, Mittelhand- und Fingerknochen.**

Die einzelnen **KNOCHEN** des Armes werden durch zahlreiche **GELENKE** miteinander verbunden, welche die unterschiedlichsten Bewegungen ermöglichen. Von oben nach unten sind dies **Schultergelenk, Ellenbogengelenk, Handwurzelgelenk** und die **Fingergelenke**. Von den zahlreichen Armmuskeln seien hier nur zwei erwähnt: der Armbeuger ***(Biceps brachii)*** und der Armstrecker ***(Triceps brachii)***. An der Hand sorgen zahlreiche Muskeln für die Bewegung der Gelenke. An den Fingern setzen jedoch keine Muskeln, sondern nur Streck- und Beugesehnen der Muskeln an, die am Unterarm lokalisiert sind. Damit die langen Sehnen sich reibungslos bewegen können, sind sie von **Sehnenscheiden** umgeben und von Bändern zusammengehalten. Das Skelett der Hand wird noch einmal in ➜ Band C, LF 4, Kapitel 2 beschrieben.

BECKEN und UNTERE EXTREMITÄTEN (BEINE und FÜSSE)

Das Becken stellt die knöcherne Verbindung zwischen Wirbelsäule und Beinen dar. Es besteht aus dem **Kreuzbein** (WIRBELSÄULE) und den zwei **Hüftbeinen**. Das Hüftbein setzt sich aus den drei miteinander verwachsenen **KNOCHEN Darmbein, Sitzbein** und **Schambein** zusammen. Die beiden Hüftbeine bilden nach vorne einen Ring und sind über die Schambeinfuge, einer knorpeligen Struktur, fest miteinander verbunden. Nach hinten bildet das Hüftbein zwei große Schaufeln (**„Darmbeinschaufel"**), welche die Unterleibsorgane schützen. Das Becken unterteilt sich in großes und kleines Becken. Das **große Becken** ist der Bereich, der hinten von der Darmbeinschaufel und nach vorne vom Schambein umgrenzt wird (Beckeneingang). Das **kleine Becken** schließt sich nach unten an, es wird vom Kreuz- und Steißbein sowie Scham- und Sitzbein gebildet (Beckenausgang). Das kleine Becken ist die engste Stelle, die das Kind bei der Geburt passieren muss. Aus diesem Grund besitzt es bei der Frau eine eher rundliche Form und beim Mann die Form eines Herzens. Zudem hat der Beckenausgang der Frau einen größeren Durchmesser. Der **Beckenboden** stellt eine stabile Platte aus Muskeln und Bändern dar, die Durchtrittöffnungen für Harnröhre, Anus (Darmausgang) und bei der Frau für die Vagina hat. Der Beckenboden trägt die

Organe des Bauch- und Beckenraumes und steht deshalb, vor allem bei Bewegungen wie Hüpfen und Springen, unter großer Belastung. Zudem zählen zu den Beckenbodenmuskeln die Schließmuskeln von Harnröhre und After.

Der Übergang vom Becken zu den Beinen wird vom **Hüftgelenk** gebildet, das sich zusammensetzt aus der **Hüftgelenkspfanne** des Hüftbeins und dem Kopf des **Oberschenkelknochens**, dem größten Knochen des Körpers. Dieses Gelenk muss beim Stehen oder Laufen das ganze Gewicht des Körpers tragen und ist durch zahlreiche Bänder und z. T. sehr große Muskeln (z. B. großer Gesäßmuskel) optimal für diese Aufgabe angepasst. Bänder und Muskeln gewährleisten, dass auch bei sehr großen Belastungen der Oberschenkelkopf in der Hüftgelenkspfanne gehalten wird. Die Muskeln im Bereich des Oberschenkels sind sowohl für die Bewegung des Oberschenkels selbst als auch für die Bewegungen des Hüft- und Kniegelenkes zuständig. Das **Kniegelenk** wird aus der unteren Gelenkfläche des **Oberschenkelknochens** und dem **Schienbeinkopf** gebildet. Die Gelenkflächen von Oberschenkel und Schienbein (Tibia) haben keinen direkten Kontakt miteinander. Zwischen ihnen liegen zwei Knorpelscheiben, die **Menisken**, die am äußeren und inneren Rand des Schienbeinkopfs liegen und die Form eines Halbmondes haben. Sie haben eine Art Führungsfunktion bei Bewegungen des Kniegelenks und sorgen dafür, dass der Oberschenkelknochen nicht vom Schienbeinkopf rutscht. Zudem wird das Kniegelenk durch zahlreiche Bänder (Kreuzbänder und Seitenbänder) stabilisiert. Über das gesamte Knie hinweg zieht sich die breite Sehne (Patellasehne) des vierköpfigen Oberschenkelmuskels, in die ein Knochen, die **Patella** oder Kniescheibe, eingelagert ist. Patella und Patellasehne ermöglichen eine reibungslose **KRAFT**übertragung vom Oberschenkelstrecker (-muskel) auf den Unterschenkel und verleihen zudem dem Kniegelenk Stabilität. Neben dem **Schienbein** gehört zum Unterschenkel das **Wadenbein** (Fibula), das nicht an der Bildung des Kniegelenks beteiligt ist. Schienbein und Wadenbein bilden mit dem Sprungbein (Talus) des Fußes das **obere Sprunggelenk**, welches das Heben und Senken der Fußspitze ermöglicht.

Wichtige Beuge- und Streckmuskeln des Sprunggelenkes sind der dreiköpfige Wadenmuskel und der lange Zehenstrecker. Der **Fuß** ist unterteilt in Fußwurzel, Mittelfuß und Zehen. Der anatomische Aufbau entspricht etwa dem Aufbau der Hand. Auch am Fuß setzen sehr lange Sehnen von Muskeln, die sich am Unterschenkel befinden, an. Diese werden in Sehnenscheiden geführt und von Bändern zusammengehalten. Die sieben Fußwurzelknochen bilden das **untere Sprunggelenk** und stellen den Übergang zum Mittelfuß dar. Die Zehen bestehen bis auf den großen Zeh (zwei Knochen) aus drei Knochen, die sich den fünf Mittelfußknochen anschließen.

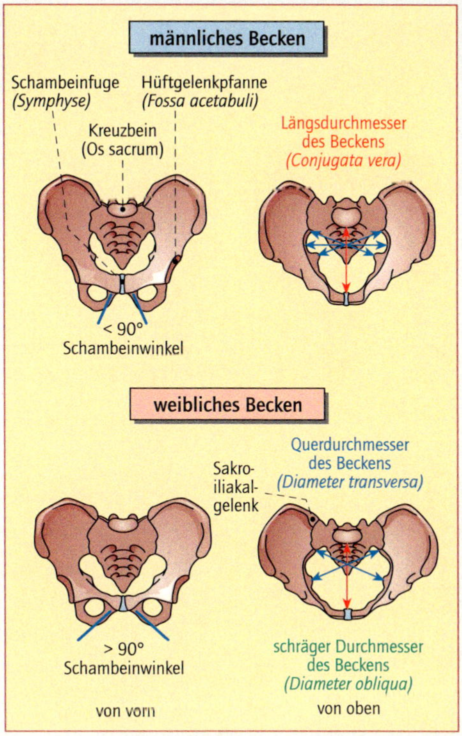

Abb.: Becken von Mann und Frau

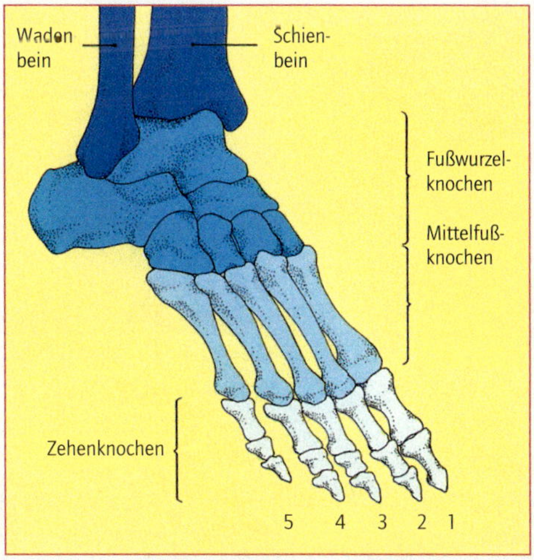

Abb.: Skelett des rechten Fußes mit oberem und unterem Sprunggelenk

Das Skelett des Fußes (inklusive Gewölbe) wird noch einmal in ➜ Band C, LF 8, Kapitel 1 beschrieben.

STERILISATION

Sterilisieren heißt, einen Gegenstand so zu behandeln, dass er frei von vermehrungsfähigen Mikroorganismen wird. Dieser Zustand ist für viele Instrumente, Geräte und Substanzen, die bei kosmetischen Behandlungen Verwendung finden, als unverzichtbare hygienische Eigenschaft anzusehen und stellt eine wesentliche Voraussetzung für den Behandlungserfolg dar. Die verschiedenen Arten der Mikroorganismen weisen gegenüber den unterschiedlichen Sterilisationsverfahren eine abgestufte Widerstandsfähigkeit auf. Etwas vereinfacht kann man sagen, dass Sporen von **BAKTERIEN** und **PILZEN** sowie **VIREN** einer Schädigung länger widerstehen, lebende Bakterien und Pilze eine geringere Resistenz aufweisen.

Die verschiedenen **Sterilisationsverfahren** werden nach ihrer Wirksamkeit folgendermaßen aufgelistet:

1. **Physikalische Verfahren:** Dampf- (121 oder 134 °C), Heißluft- (mind. 160 °C), Strahlensterilisation (ionisierende Strahlung).
2. **Chemisch-physikalische Verfahren:** Ethylenoxid- und Formaldehyd-Sterilisation bei 60 °C.
3. **Chemische Verfahren:** Gassterilisation bei Raumtemperatur, Tauch- oder Spülverfahren mit mikrobiziden Lösungen.

Ein für jedes Sterilisationsgut geeignetes Sterilisationsverfahren gibt es nicht. Deshalb gibt es z. B. für empfindliches Sterilisationsgut Verfahren, die nicht die optimale Wirksamkeit aufweisen, aber materialschonend sind, z. B. chemische Verfahren wie Formaldehyd-Sterilisation bei hitzeempfindlichen Materialien (Hygiene ➜ LF 2, Kapitel 5 und ➜ Band B, LF 2, Kapitel 1).

STICKSTOFF

Symbol N, gehört zur Hauptgruppe V des **PERIODENSYSTEMS DER ELEMENTE** und hat die Ordnungszahl 14. Stickstoff ist ein farb-, geruch- und geschmackloses, nicht giftiges gasförmiges Element und ein wesentlicher Bestandteil der Luft. Es macht etwa vier Fünftel (nämlich 78 %) der Atmosphäre aus und verdünnt sozusagen den Sauerstoff bei den Verbrennungsprozessen und bei der **ATMUNG**. Stickstoff ist für die Ernährung der Pflanzen sehr wichtig und ist in allen **PROTEINEN** (Aminosäuren) enthalten. Pflanzliche oder tierische **ZELLEN** können den Luftstickstoff nicht zur Synthese aufnehmen. Dieser wird vielmehr von **BAKTERIEN** in mehreren Schritten in Verbindungen überführt („Stickstoff-Fixierung"), die von Pflanzen verwertet werden können.

STOFFGEMISCHE, DISPERSIONEN

Stoffgemische sind homogene (gleichmäßig verteilte) Gemische aus zwei oder mehreren Substanzen. Die Substanz, die in der größten Menge vorliegt, wird als das **LÖSUNGSMITTEL** oder Dispersionsmittel-, die Substanz, die in der kleineren Menge vorliegt als **Gelöstes** oder dispergierte Phase bezeichnet. Je nach Art des Stoffgemisches werden echte Lösungen und Dispersionen unterschieden. Zu den **Dispersionen** gehören die Suspensionen und **kolloidalen Lösungen (KOLLOID)**. Echte Lösungen sind völlig klar, also durchsichtig. Sie entstehen durch kleinste Aufspaltung bzw. Auflösung von Molekülen oder Ionen im Lösungsmittel (z. B. Zucker bzw. Salze in Wasser). Bei **Suspensionen** sind die gelösten Teilchen der Stoffe mit dem Auge oder dem

Mikroskop noch zu erkennen, z. B. Blutzellen im Plasma. Bei kolloidalen Lösungen sind die gelösten Teilchen kleiner. Die Unterscheidung zwischen Suspension und kolloidaler Lösung ist im Grenzbereich nicht eindeutig.

Zu den Dispersionen gehören **EMULSIONEN** (zwei flüssige Stoffe), Sole (fester und flüssiger Stoff) und Aerosole (fester oder flüssiger Stoff und Gas). Beispiele für **Sole** sind Farben, bei denen kleinste Pigmentteilchen in Flüssigkeiten gelöst sind. **Gele** sind Spezialfälle der Sole, bei ihnen bilden die festen Teilchen ein definiertes räumliches Gebilde und geben der Dispersion Halt und Elastizität. **Aerosole** kommen in der Kosmetik z. B. bei Haarsprays oder Zerstäubern vor.

STOFFWECHSEL (METABOLISMUS)

Als Stoffwechsel bezeichnet man die Gesamtheit der im Organismus ablaufenden chemischen Reaktionen, die dem Auf- und Abbau von Stoffen dienen. Dazu gehört beim Menschen die Aufnahme des Sauerstoffs aus der Luft durch die **ATMUNG** sowie die Aufnahme von Nährstoffen, deren Umsetzung und die Ausscheidung der Abfallstoffe. Es gibt zwei Kategorien von Stoffwechselvorgängen: den Anabolismus (Assimilation; Aufbaustoffwechsel) und den Katabolismus (Dissimilation; Abbaustoffwechsel). Der **Anabolismus** umfasst alle Synthesevorgänge, die für das Wachstum der **ZELLEN** und die Gewebeerhaltung erforderlich sind. Der **Katabolismus** dagegen sorgt ständig für die Produktion der **ENERGIE**, die für die inneren und äußeren Tätigkeiten der Zelle gebraucht wird, z. B. für die Neusynthese von Molekülen, Zellorganellen, Zellen und **GEWEBE**. Zum Katabolismus gehören auch die Aufrechterhaltung der **KÖRPERTEMPERATUR** und der Abbau komplexer chemischer Verbindungen zu einfacheren Substanzen, die über Nieren, Darm, Lunge und Haut als Abfallstoffe aus dem Organismus entfernt werden. Anabole und katabole Reaktionen laufen in Form so genannter **Reaktionswege** ab. Mit der **ENERGIE** aus von **ENZYMEN** gesteuerten chemischen Reaktionen werden komplexere, genau festgelegte Endprodukte aufgebaut, insbesondere große **MOLEKULE** wie **KOHLENHYDRATE, PROTEINE, NUKLEINSÄUREN** sowie **LIPIDE**. Mit anderen Enzymen werden große Moleküle zu einfacheren Verbindungen abgebaut und dienen dann als relativ einfache molekulare Grundbausteine. Wenn der Anabolismus gegenüber dem Katabolismus dominiert, kommt es zu Wachstum oder Gewichtszunahme; im umgekehrten Fall, beispielsweise in Hunger- oder Krankheitsphasen, tritt Gewichtsverlust ein. Sind die beiden Vorgänge gleich stark, befindet sich der Organismus in einem Zustand, den man als **dynamisches Gleichgewicht** bezeichnet.

ENERGIEVERSORGUNG

Lebewesen können **ENERGIE** weder neu schaffen noch zerstören, sondern sie setzen nur eine Energieform in eine andere um. Das **Chlorophyll,** der Blattfarbstoff (CHLOROPLASTEN, **ZELLORGANELLEN**) der Pflanzen fängt die Energie des **Sonnenlichtes** ein und benutzt sie, um aus anorganischen Verbindungen wie **KOHLENDIOXID, WASSER** und Ammoniak neue Pflanzenzellen aufzubauen. Diese Energie wird dann in Form **energiereicher Substanzen (KOHLENHYDRATE, FETTE** und **PROTEINE)** von den **Pflanzenfressern** aufgenommen. **Fleischfresser** wiederum fressen Tiere und können sich so Rohmaterial für den Aufbau ihrer **ZELLEN** beschaffen. Der Mensch ist ein Allesfresser, der sowohl pflanzliche als auch tierische Nahrung zu sich nimmt. **Letztlich beziehen alle Lebewesen, direkt oder indirekt, ihre Energie aus der Sonne!** Wenn eine Stoffwechselreaktion eine andere antreibt, bezeichnet man die beiden Vorgänge als gekoppelt. Der Stoffwechsel umfasst viele derartige Energie liefernde gekoppelte Reaktionen, die untereinander ein komplexes, zusammenhängendes Geflecht bilden.

Die chemische Energie wird in allen lebenden Zellen in Form von **Adenosintriphosphat (ATP)** ausgetauscht bzw. gespeichert.

STOFFWECHSELREGULATION

Gesunde Zellen und **GEWEBE** behalten ihr dynamisches Gleichgewicht über lange Zeiträume. Dies ist nur durch eine sehr genaue Steuerung der Stoffwechselvorgänge möglich. Ganze Gewebeteile können z. B. bei Krankheit, Unfall oder Verletzungen absterben. Der Stoffwechsel ist dann in der Lage, bis zu einer bestimmten Grenze alle Bestandteile in der benötigten Menge nachzuliefern, die zum Aufbau des neuen Gewebes gebraucht werden. Der gesunde Körper befindet sich in einem fast perfekten Gleichgewicht von Auf- und Abbauvorgängen. Die Regulation der Stoffwechselabläufe erfolgt über **ENZYME**, welche die Geschwindigkeit einzelner Reaktionen steuern. Mehr noch, Enzyme steuern zudem, welche **Gene** in welcher Häufigkeit abgelesen werden. Weiterhin sind **HORMONE** an Regulationskreisläufen beteiligt. Durch Abgabe von Hormonen ins Blut können spezialisierte Zellen (z. B. Schilddrüse, Bauchspeicheldrüse) die Stoffwechselaktivität von weit entfernten Zellen oder Geweben beeinflussen **(endokrines System)**.

L

TASTSINN

Der Tastsinn ist eine Sammelbezeichnung für die Wahrnehmungsmöglichkeiten der menschlichen Haut bzw. Schleimhaut. Er umfasst drei Sinnesqualitäten: Druck-, Dehnungs- und Vibrationsempfinden. Die Wahrnehmung des Tastsinns erfolgt über Mechanorezeptoren welche in der Oberhaut und in der Lederhaut liegen. Ihre Dichte ist an der Zungenspitze und im Bereich der Fingerbeere am größten. Die so genannten Vater-Pacini-Körperchen übermitteln großflächige Berührungen und Vibration, die Meißner'sche Tastkörperchen und die Merkel-Scheiben reagieren auf genau lokalisierte Berührungen, Ruffini-Kolben nehmen die Hautdehnung war. Durch das Zusammenspiel der unterschiedlichen Rezeptoren können Intensität, Dauer und Bereich der jeweiligen Berührung genau bestimmt werden (auch ➜ LF 2, Kapitel 1.2).

TEMPERATUR

Der physikalische Begriff Temperatur entstand, als man Wärmeunterschiede von Körpern messen wollte. Ein Körper wird heißer, wenn Wärme zugeführt wird. Haben zwei Körper unterschiedliche Temperaturen und befinden sie sich in engem Kontakt miteinander, so fließt Wärme vom heißeren zum kühleren Körper, bis beide dieselbe Temperatur haben. In diesem Fall ist ein thermisches Gleichgewicht erreicht. Der Begriff **Temperatur** muss deutlich von dem Begriff Wärme unterschieden werden. Die Temperatur ist eine Eigenschaft des betreffenden Körpers (wie Größe oder Gewicht). Dagegen ist **WÄRME** eine Energiemenge, die sich in Körpern befindet und aufgrund von Temperaturdifferenz zwischen ihnen fließen kann.

Temperatur bzw. Temperaturänderungen lassen sich verschiedentlich messen. Z. B. durch die Eigenschaft von Substanzen, sich durch Erwärmung auszudehnen (Ausdehnungsthermometer). Beim gewöhnlichen Quecksilberthermometer wird die Wärmeausdehnung von Quecksilber zur Temperaturbestimmung ausgenutzt, indem die temperaturabhängig veränderte Höhe der Quecksilbersäule in einem dünnen Röhrchen gemessen wird. Der jeweiligen Höhe der Säule kann mittels einer auf dem Röhrchen aufgebrachten Skala eine Temperatur zugeordnet werden. Die häufigste verwendete Temperaturskala ist die Celsius-Skala (daneben gibt es hauptsächlich noch die Fahrenheit-Skala: **Ein Grad F = (1,8 · °C) + 32**. In der Celsius-Skala entspricht der Schmelzpunkt von Eis 0 °Celsius (32 °F) und der Siedepunkt von **WASSER** 100 °Celsius (212 °F). Dieser Temperaturbereich ist in 100 gleich große Teile (Grad Celsius) aufgeteilt und es können auch höhere und tiefere Temperaturen in dieser Einheit angegeben werden. Für wissenschaftliche Zwecke werden heute thermodynamische Temperaturskalen, die vom absoluten Nullpunkt der Temperatur ausgehen verwendet. Dieser absolute Temperaturnullpunkt (also 0 Kelvin) entspricht einer Temperatur von −273,15 °Celsius.

TENSIDE (SEIFEN)

Seifen sind die ältesten bekannten Tenside. Seifen entstehen durch eine Reaktion von Laugen mit Fetten. In der Herstellung werden Fette hauptsächlich durch die Zugabe von Laugen **(BASEN)** wie Natronlauge (NaOH) oder Kalilauge (KOH) „verseift". Chemisch gesehen sind demnach Seifen die Alkalisalze **(SALZE)** von Fettsäuren.

Glycerinfettsäureester + Lauge → Glycerin + Salz der Fettsäure (= Seife)

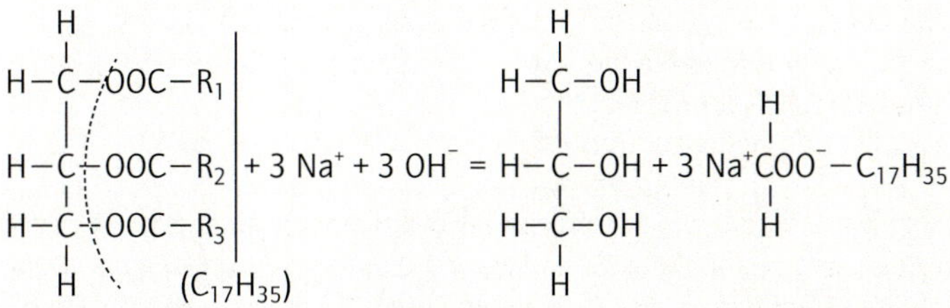

Tristearinsäureglyzerinester + Natronlauge = Glyzerin + Natriumstearat (Natriumsalz der Fettsäure, Seife)

Abb.: Verseifungsreaktion

Die Herstellung von Seifen finden Sie im → Band B, Anhang E zu LF 7 beschrieben. Tenside allgemein sind Substanzen, welche die Grenzflächenspannung zwischen zwei Phasen (z. B. die **OBERFLÄCHENSPANNUNG** des **WASSERS** an der Phasengrenze zum Öl) herabsetzen. Sie lagern sich an der Grenzfläche der zwei Phasen an, vermindern die Grenzflächenspannung und sorgen so dafür, dass sich viele kleine Tröpfchen bilden können. Durch diesen Vorgang können z. B. fettige Verunreinigungen der Haut durch tensidhaltige Hautreinigungsmittel mit Wasser abgespült werden. Je nach Tensid-Konzentration kommt eine unterschiedlich starke **Entfettung** der oberen Hautschicht zustande.

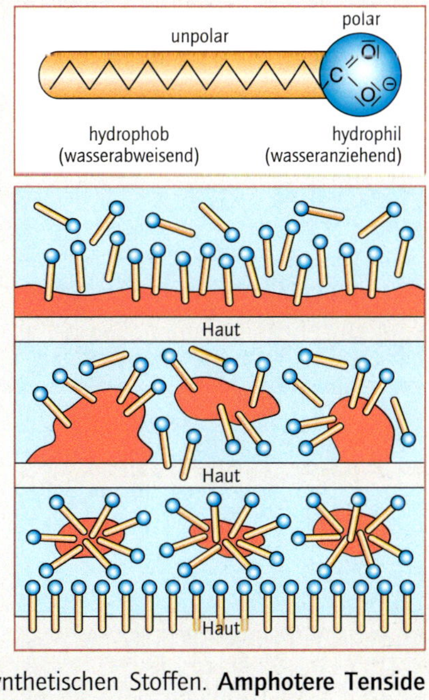

Abb.: Wirkung von Tensiden auf der Haut

Es gibt anionische, nichtionische, kationische und amphotere Tenside. In der Kosmetik werden ausschließlich **anionische Tenside** verwendet, also Seifen. Diese haben neben der ungeladenen, unpolaren Kohlenwasserstoffkette **(LIPIDE)** eine negativ geladene, polare Gruppe und sind hierdurch gut wasserlöslich. Kationische Tenside sind positiv geladen, man findet sie häufig in Weichspülern. **Nichtionische Tenside** sind ungeladen und eignen sich besonders zur Reinigung von synthetischen Stoffen. **Amphotere Tenside** haben sowohl anionische als auch kationische Gruppen. Sie sind vor allem in Spezialwaschmitteln von chemischen Reinigungen enthalten.

TIEFENSENSIBILITÄT ➔ PROPIOZEPTION

THROMBOSE

Als Thrombose wird die lokale Verstopfung von Blutgefäßen durch Blutgerinnsel bezeichnet. Meist entstehen Thrombosen in den Venen, vor allem der unteren Extremitäten. **Thromben** bestehen aus dem Blutfaserstoff **Fibrin** und **Blutplättchen** (Thrombozyten, **BLUT**), die sich an der inneren Gefäßwand absetzen. Als Ursache einer Thrombose spielen grundsätzlich drei Faktoren eine Rolle: **Gefäßwandveränderungen** (z. B. Arteriosklerose), **Veränderung der Blutströmung** (z. B. Bettlägerigkeit) und **Blutzusammensetzung** (z. B. vererbte Defekte). Bei einer Thrombose verspürt der Betroffene Schmerzen und ein Spannungsgefühl an der betroffenen Stelle, die Haut ist geschwollen und häufig besteht ein allgemeines Krankheitsgefühl mit Fieber. Wenn sich ein Thrombus von der Gefäßwand löst, durch die Blutbahn verschleppt wird und zum Verschluss eines Gefäßes führt, spricht man von einer **Embolie**.

ÜBERGANGSMETALLE (HALBMETALLE)

L

Übergangsmetalle besitzen zwei Elektronen auf der äußersten Schale (Valenzelektronen, **ATOMMODELLE**) und eine unterschiedlich Anzahl von so genannten **d-Elektronen**. Diese befinden sich auf einer Schale, die näher zum Atomkern liegt. Einige dieser d-Elektronen nehmen an chemischen Bindungen teil und ihre Anzahl bestimmt auch die chemischen Eigenschaften eines Elementes. Aber zu einem kleineren Anteil als z. B. die Anzahl der Valenzelektronen. Im **PERIODENSYSTEM DER ELEMENTE** sind die Übergangsmetalle zwischen die Hauptgruppen II und III eingeschoben und beginnen mit der vierten Periode. Die meisten Halbmetalle sind gute elektrische und Wärmeleiter.

ULTRASCHALL

Als Ultraschall werden alle **SCHALL**wellen bezeichnet, die über dem menschlichen Hörbereich liegen (>20 000 Herz). In biologischen Geweben sind niedrige Intensitäten ungefährlich, hohe Intensitäten dagegen wirken schädigend durch **absorptionsbedingte Wärmeentwicklung**, mechanische Überbeanspruchung und Kavitation. **Kavitation** ist die Bildung von Dampfblasen in Flüssigkeiten bei niedrigem Druck. Physikalische Grundlage hierfür ist die Tatsache, dass der Siedepunkt einer Flüssigkeit neben Wärme vom umgebenden Druck abhängt. Bei der Ultraschallanwendung kommt es zu einem periodischen Abfallen und Ansteigen des Druckes (Wellenberg und Wellental der **SCHALLWELLE**) im Gewebe. Bei sehr niedrigem Druck kann der Siedepunkt der Gewebsflüssigkeiten soweit absinken, dass bei Körpertemperatur Dampfblasen spontan entstehen. Steigt der Druck wieder an so implodieren die Blasen wieder. Das Entstehen und Implodieren der Gasblasen bewirkt in der Haut auch, dass die Zellverbände aufgelockert werden und Kosmetika besser in die Haut eindringen können (➔ Band B, LF 7, Kapitel 3.5). Zudem beruht das Prinzip der **Ultraschallreinigung** auf dem Prinzip der Kavitation, indem durch Entstehen und Zerfallen der Gasblasen Schmutzpartikel von Oberflächen abgelöst werden können (Hygiene ➔ LF 2, Kapitel 5 und ➔ Band B, LF 2, Kapitel 1).

UNTERDRUCK ➔ DRUCK

VEGETATIVES NERVENSYSTEN ➔ NERVENSYSTEM

VERDAUUNG ➔ Ernährungslehre (LF 10)

VIREN

Viren (lat. *virus* = Gift) sind infektiöse Partikel, die aus Erbsubstanz (RNA oder DNA; **NUKLEINSÄUREN**) bestehen, die von einer mit Stacheln umgebenen Eiweißschutzhülle (Capsid) umgeben ist. Der Begriff Virus wurde erstmals in den neunziger Jahren des 19. Jahrhunderts geprägt, um Krankheitserreger zu bezeichnen, die kleiner als **BAKTERIEN** sind (etwa eintausendmal kleiner: ca. 20 Nanometer Seitenlänge, nm, einmillionstel Millimeter). Viren sind eine Zwischenform zwischen belebter und unbelebter Materie. Innerhalb lebender **ZELLEN** können sie sich sehr zahlreich vermehren und dabei ihren **Wirt** schädigen. Sie programmieren hierbei den **STOFFWECHSEL** der Wirtszelle so stark um, dass diese fast ausschließlich Viruspartikel herstellt. Es sind hunderte von Viren bekannt, die bei Menschen, Tieren, Pflanzen und Bakterien eine Vielzahl unterschiedlichster Krankheiten hervorrufen. Meist führt die Virus**INFEKTION** zum Zelltod und somit auch zu **Gewebeschädigungen**. Bei **GEWEBEN,** die sich durch **ZELLTEILUNG**saktivität regenerieren können, ist die Schädigung ausheilbar (z. B. Schleimhautdefekte bei **Atemwegserkrankungen**). Gewebe ohne Regenerationsfähigkeit werden dagegen irreversibel geschädigt, z. B. Nervengewebe bei der **Kinderlähmung** (Polioviren). Andere virale Krankheiten enden häufig sogar **tödlich** für den ganzen Organismus. Dazu gehören in Deutschland beispielsweise **Hepatitis B und Hepatitis C** (Hepatitis B und C Viren) und das erworbene Immundefektsyndrom **AIDS** (HI-Virus). Diese drei Viruserkrankungen können durch Kontakt mit Körperflüssigkeiten infizierter Personen übertragen werden. Außerhalb lebender Zellen existieren Viren als inaktive Makro**MOLEKÜLE** und **gelten nicht als Lebewesen**, sondern stellen Vehikel zum Transport des Viruserbguts dar.

Abb.:
Aufbau eines Virus
(vereinfachtes Schema)

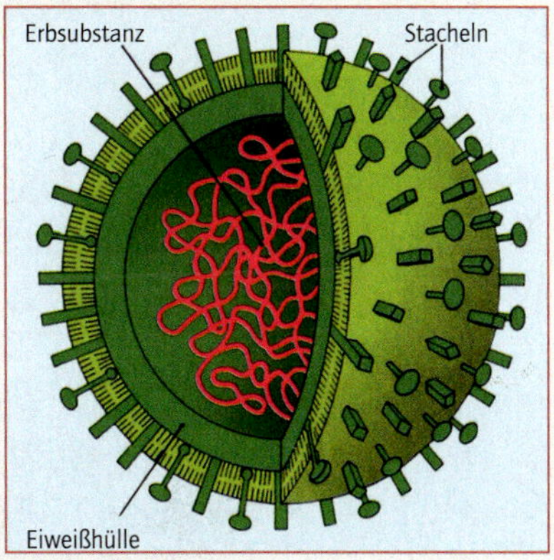

VITAMINE → Ernährungslehre (LF 10)

WÄRME

Als Wärme wird **ENERGIE** bezeichnet, die aufgrund eines **TEMPERATUR**unterschiedes übertragen werden kann. Sie fließt immer von einer Substanz mit höherer Temperatur zu einer Substanz mit niedrigerer Temperatur. Dabei erhöht sie die Temperatur der letzteren und senkt die der ersteren ab, vorausgesetzt, das Volumen der Körper bleibt gleich. Die physikalische Einheit der Wärme ist, wie auch der **ENERGIE** und **ARBEIT**, Joule (J, früher auch Kalorie: 1 Kalorie = 4,187 Joule). Wenn einer Substanz Wärme zugeführt wird, so ändert das jedoch nicht nur ihre Temperatur, sondern es verändern sich auch verschiedene chemische und physikalische Eigenschaften. So können sich Substanzen bei Temperaturveränderungen ausdehnen, zusammenziehen oder ihren elektrischen Widerstand verändern.

Die Wärmeübertragung findet durch drei Prozesse statt: durch Wärmeleitung, Wärmestrahlung und Wärmeströmung (Konvektion). **Wärmeleitung** erfordert physischen Kontakt zwischen den Körpern oder Teilen von Körpern, die Wärme austauschen. **Wärmestrahlung** (Rot**LICHT**lampe bzw. Wärmelampe) hingegen erfordert keinen Kontakt der Körper, auch nicht die Anwesenheit von Materie zwischen den Körpern. **Konvektion** ist die Wärmeübertragung in Verbindung mit Materietransport. Warme Gase sind z. B. leichter als kalte und steigen nach oben, kühlen sie ab, sinken sie wieder nach unten.

WASSER

Wasser ist das wichtigste gebräuchliche **LÖSUNGSMITTEL**. Das Wasser (H_2O) ist ein **Dipolmolekül**. Die beiden O-H-Bindungen schließen einen Winkel ein und sind **polarisiert**, das heißt, in den zwei kovalenten (Elektronenpaar-)Bindungen **(CHEMI-SCHE BINDUNGEN)** zwischen **WASSERSTOFF** und **SAUERSTOFF** sind die gemeinsamen Elektronenpaare mehr dem Sauerstoff zuzuordnen. Es entstehen so genannte **Partialladungen**. Das Wassermolekül hat beim Sauerstoff einen negativen und auf der Seite der Wasserstoffatome einen positiven Pol. Dieser Dipolcharakter ist bei Wasser besonders stark ausgebildet und bewirkt eine besondere Art der **CHEMISCHEN BINDUNG,** die so genannte WASSERSTOFFBRÜCKENBINDUNG. In der Kosmetik ist Wasser, neben **LIPIDEN** und **ALKOHOLEN,** einer der Grundinhaltsstoffe der meisten Produkte (➜ Band B, LF 7, Kapitel 1.5.3).

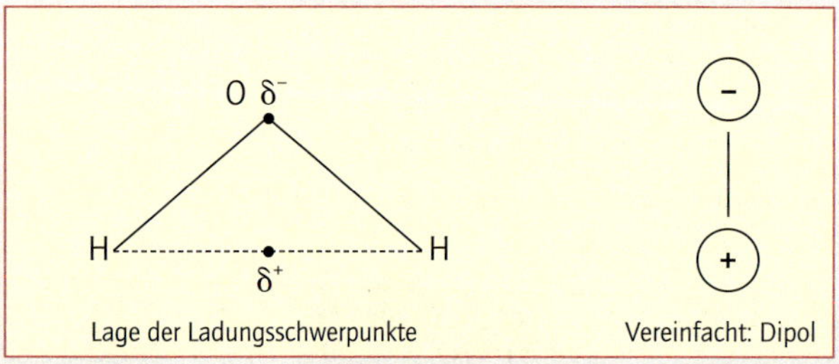

Abb.:
Das Wassermolekül
und seine Ladung

L

PHYSIOLOGISCHE BEDEUTUNG VON WASSER

Menschliche Zellen haben einen durchschnittlichen **Wassergehalt** von 60 %. Ein Wasserverlust von etwa 20 % führt zum Absterben von **ZELLEN.** Wasser ist unentbehrlich für die Aufrechterhaltung von Lebensvorgängen. Die große Bedeutung des Wassers für Lebewesen ist auf die Eigenschaften des Wassers zurückzuführen. Die Polarität des Wassermoleküls bedingt die Wasserlöslichkeit vieler Verbindungen und ermöglicht Vorgänge wie Quellung oder Wasseraufnahme. Zudem ist Wasser für die **Verdauung** als **LÖSUNGSMITTEL** wichtig. Die Rückresorption von Wasser im Darm ist unverzichtbar, dies sieht man daran, dass sehr starke Durchfälle, z. B. bei Cholera, zum Tod führen können. Im Prinzip kann der **STOFFWECHSEL** der Zellen und des ganzen Organismus nur in wässrigem Milieu stattfinden.

WASSER- UND ELEKTROLYTHAUSHALT

Leben ist mit **WASSER** untrennbar verbunden. Es ist **LÖSUNGSMITTEL**, Transportmittel, Wärmepuffer u.v.a. Es ist nicht nur in den **ZELLEN** enthalten, sondern umspült diese auch als **extrazelluläre Flüssigkeit (FLÜSSIGKEITSRÄUME IM KÖRPER)**. Für das Funktionieren und Überleben des menschlichen Organismus ist es sehr wichtig, dass der **Wassergehalt des Körpers** konstant bleibt. Das heißt, die durchschnittliche Wasserzufuhr und Wasserabgabe muss etwa gleich groß sein. Diese Gegenüberstellung der Flüssigkeitszufuhr (Getränke, Nahrung) und der Ausscheidung (Urin, Stuhl, **ATMUNG**, Schweiß) wird als **Wasserbilanz** bezeichnet. Durchschnittlich werden pro Tag etwa 2,5 Liter Wasser abgegeben (etwa 1,5 l als Urin, 0,9 l über Atmung und Haut, 0,1 l mit dem Stuhl), die sich bei körperlicher Tätigkeit durch das Schwitzen deutlich erhöhen kann. Wenn es zu erheblichen Steigerungen des **Wasserverlustes** kommt, muss dem Körper wieder die entsprechende Menge Flüssigkeit und Mineralien zugeführt werden. Geschieht dies während oder unmittelbar nach dem Flüssigkeitsverlust, dann hat dies keine Auswirkung auf die Leistungsfähigkeit des Organismus. Wird die Wasserabgabe nur unzureichend ersetzt, entsteht ein **Wasserdefizit** im Körper, das zum **Durst** führt. Ein Mechanismus der durch das so genannte **Durstzentrum** im **HYPOTHALAMUS** gesteuert wird. Durstauslösender Reiz ist die Eindickung der Körperflüssigkeiten mit ansteigender Konzentration der gelösten Stoffe. Dies hat die Ausschüttung des **HORMONS Adiuretin** (ADH = *Vasopressin*) zur Folge. ADH bewirkt eine erhöhte **Wasserresorption** in der **NIERE,** wodurch die **Harnausschei dung** reduziert wird. Umgekehrt hemmt ein Wasserüberschuss im Körper die Ausschüttung von ADH, was zu einer erhöhten Wasser- bzw. Harnausscheidung der Niere führt. Da **ELEKTROLYTE** im Wasser gelöst vorkommen, sind Störungen des **WASSERHAUSHALTES** praktisch immer mit Störungen des Elektrolythaushaltes (vor allem **NATRIUM**) verbunden. Bei einem Natriummangel, z. B. bei erhöhter Harnausscheidung durch Herzschwäche oder Erkrankungen der Niere, schüttet die Niere das Hormon **Renin** aus, das für die Aktivierung des Hormons **Angiotensin II** sorgt. Angiotensin II wiederum bewirkt in der **Nebennierenrinde** die Freisetzung des Hormons **Aldosteron**. Aldosteron fördert die **Natrium- und Wasserresorption** in der Niere.

WASSERSTOFF

Wasserstoff hat das Symbol H (vom griechischen Wort *hydor* = **WASSER**) und hat die Ordnungszahl 1. Es gehört zur Hauptgruppe I des **PERIODENSYSTEMS DER ELEMENTE**. Wasserstoff ist ein farbloses und geschmackloses Gas. Vom Wasserstoff sind drei **Isotope** bekannt. Der Atomkern des weitaus häufigsten Isotops Protium (1 H) enthält nur ein Proton. Der schwere Wasserstoff, das Deuterium (2H oder D), ist im auf der Erde vorkommenden Wasserstoff zu 0,02 Prozent enthalten. Sein **Atomkern** besteht aus einem Proton und einem Neutron; in der Hülle befindet sich ein Elektron **(ATOMMODELLE)**. Tritium (3H) ist ein instabiles, radioaktives Wasserstoffisotop. Sein Atomkern enthält ein **Proton** und zwei **Neutronen**.

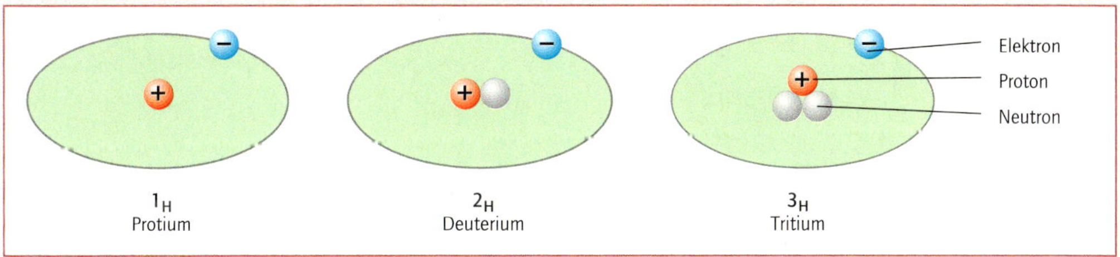

Abb.: Isotope des Wasserstoffs

Die wichtigste und bei weitem häufigste Verbindung auf der Erde ist das Oxid des **WASSERSTOFFS**, das **Wasser** (H_2O). **Wasser bildet die Grundlage des Lebens auf der Erde** und kommt in allen Lebewesen vor. Außerdem ist es in vielen Mineralien vorhanden. Wasserstoff ist auch Bestandteil aller Kohlenwasserstoffe und einer großen Anzahl anderer organischer Substanzen.

WÄSSRIGE LÖSUNGEN

Bei den meisten in der **ANORGANISCHEN CHEMIE** auftretenden **CHEMISCHEN BINDUNGEN** handelt es sich um Ionenbindungen oder polarisierte Elektronenpaarbindungen, wobei der Zusammenhalt der **MOLEKÜLE** bzw. der Ionengitter auf elektrostatischer Anziehung beruht. Auf diese Bindungen hat **WASSER** zweierlei Wirkung. Zum einen werden die zwischen elektrisch geladenen Partikeln (**IONEN** oder Pole von **Dipolmolekülen**) wirkenden **Elektrostatische Kräfte** durch den Dipolcharakter des Wassers stark reduziert. Zum anderen werden die aus einem Gitter oder Molekül abgespaltenen Ionen von Wassermolekülen sofort umhüllt **(Hydrathülle)**, wobei die Orientierung der Wasserdipole davon abhängt, ob das betreffende Ion positiv oder negativ geladen ist. Aufgrund der beschriebenen Wir-

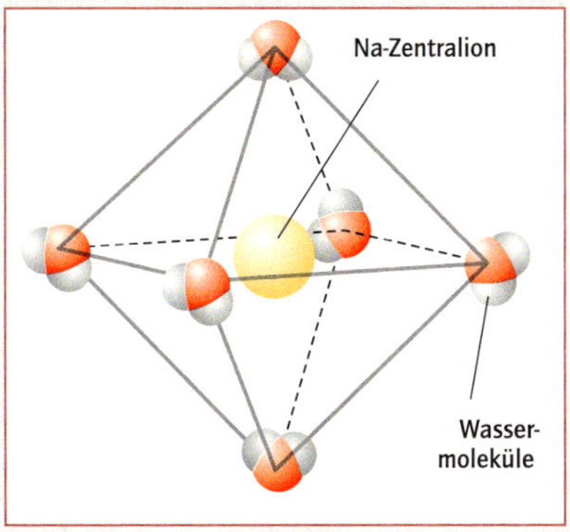

Abb.: Na-Zentralion mit Hydrathülle

kungen löst Wasser chemische Bindungen auf. So wird z. B. bei einer IONENBINDUNG das negativ geladene O^- des Wassers sich an das Na^+-Ion des Kochsalzgitters **(SALZE)** lagern und dessen Bindung zu den negativen **CHLOR**idionen abschwächen.

Dieser Vorgang führt zur Bildung eines **Ion-Dipol-Komplexes**. Je nach Größe des Ions können sich unterschiedlich viele Dipolmoleküle an das Ion lagern. Bei den meisten Elementen besteht eine Hydrathülle aus 4 – 6 Wassermolekülen.

Dieser Fall der Komplexbildung ist besonders häufig (er kommt in jeder wässrigen Lösung vor, die Ionen enthält) und wird **Hydratation** genannt.

Das Auflösen von ELEKTRONENPAARBINDUNGEN **(CHEMISCHE BINDUNGEN)** in Wasser kann verschiedene Konsequenzen haben. Reine Elektronenpaarbindungen wie z. B. C-C-Bindungen organischer Moleküle werden von Wasser nicht angegriffen. Bei polarisierten Elektronenpaarbindungen kommt es zur Hydratisierung an den Partialladungen des Moleküls. Zudem kann es auch Reaktionen mit Wasser geben, bei denen die polarisierten Elektronenpaarbindungen gebrochen werden. So zersetzt sich Bortrichlorid BCl_3 in Wasser zu Borsäure H_3BO_3 und Salzsäure HCl, wobei die Elektronenpaarbindungen zwischen Bor und **CHLOR** gebrochen werden.

L

$$BCl_3 + 6H_2O \rightarrow H_3BO_3 + 3H_3O^+ + 3Cl^-$$

Derartige Reaktionen spielen in der Chemie der Nichtmetalle **(METALLE)** und in der **ORGANISCHEN CHEMIE** eine wichtige Rolle.

WELLE

Welle ist ein Begriff für einen sich räumlich ausbreitenden Vorgang, bei dem Energie transportiert wird. In der Physik versteht man unter dem Begriff Welle die einmalige bzw. periodisch wiederkehrende Auslenkung von Teilchen aus der Ruhelage, die sich räumlich und zeitlich in periodischen Abständen wiederholt. Die einfachste Welle ist die so genannte Sinuswelle oder auch harmonische Welle. Es werden je nach Schwingungsrichtung zwei Wellenarten unterschieden: **Longitudinal- und Transversalwellen**.

Wenn sich eine Welle aus nacheinander folgenden verdichteten und verdünnten Bereichen zusammensetzt (Schwingungs- und Ausbreitungsrichtung sind parallel zueinander), so spricht man von einer Längs- oder Longitudinalwelle. Stehen Schwingungs- und Ausbreitungsrichtung senkrecht aufeinander, so bezeichnet man diese Welle als Quer- bzw. Transversalwelle.

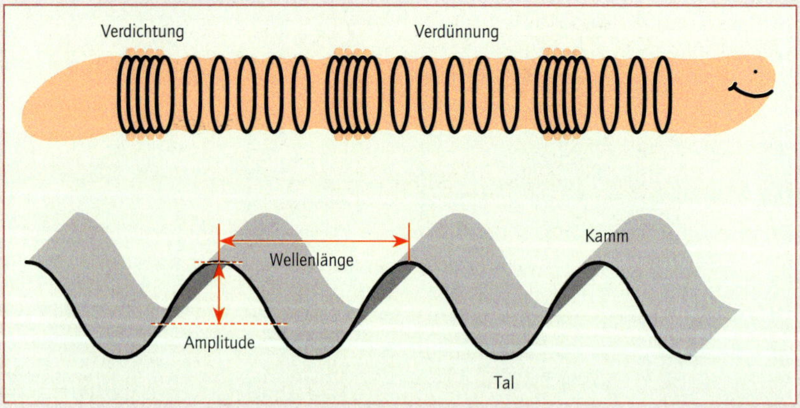

Abb.: Longitudinalwelle (oben) und Transversalwelle (unten)

ZELLE

Die Zelle ist die kleinste Einheit des Lebendigen, d. h., eine einzelne Zelle ist in der Lage, die Grundfunktionen eines lebenden Organismus, also **STOFFWECHSEL**, Wachstum, Bewegung, Vermehrung und Vererbung zu erfüllen. Es gibt Lebewesen, die nur aus einer Zelle **(Einzeller)** bestehen, und andere, wie der Mensch, die sich aus einer Vielzahl von Zellen zusammensetzen **(Vielzeller)**. Die Zellen des menschlichen Körpers unterscheiden sich in Abhängigkeit von ihrer Aufgabe voneinander. Sind viele gleichartige Zellen zu einem größeren Verband zusammengeschlossen, wird dieser als **GEWEBE** bezeichnet.

DIFFERENZIERUNG

Die Zellen in den verschiedenen **GEWEBEN** eines **vielzelligen Lebewesens** unterscheiden sich in Struktur und Funktion oftmals stark. Bei Säugetieren bestehen z. B. zwischen **NERVENZELLEN**, Leberzellen und weißen **BLUTZELLEN** gewaltige Unterschiede und man mag kaum glauben, dass sie alle dieselbe genetische Information enthalten. Und doch ist das in der Regel der Fall, denn alle Zellen eines Menschen, Tieres oder einer Pflanze gehen ja durch fortgesetzte **ZELLTEILUNG** aus derselben **befruchteten Eizelle** hervor. Die Unterschiede ergeben sich, weil die Zellen jedes Typs andere RNA- und Proteinmoleküle bilden, ohne dass sich dabei die DNA-Sequenz ändert **(NUKLEINSÄUREN, PROTEINSYNTHESE)**. Bei diesem Vorgang, den man **Differenzierung** nennt, werden **Gene (GENETIK)** gezielt nach einem vorgegebenen Programm an- und abgeschaltet. Oft sind solche koordinierten Veränderungen in den Eigenschaften einer Zelle später nicht mehr rückgängig zu machen: Eine menschliche Nervenzelle kann nicht mehr zu einer weißen Blutzelle werden und auch nicht in den Zustand der schnellen Teilung zurückkehren, in dem sich die unreifen Zellen des Embryos befanden, aus dem sie stammt. Dort, wo sich hoch spezialisiertes Gewebe nicht durch einfache Zellteilungen regenerieren kann, befinden sich **Stammzellen**. Stammzellen sind sehr ursprüngliche Zellen, welche die Möglichkeit haben sich zu verschiedenen Zelltypen zu entwickeln.

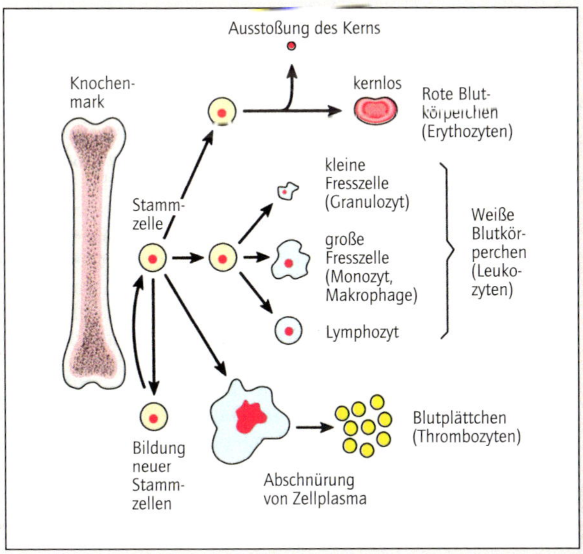

Abb.: Differenzierung von Blutzellen

STOFFAUFNAHME UND STOFFTRANSPORT

Damit die Zellen des Körpers ihre Funktion wahrnehmen können, sind sie darauf angewiesen, dass ihnen Stoffe von außen, hauptsächlich Nährstoffe und **SAUERSTOFF**, zugeführt werden oder dass sie diese aufnehmen. Gleichzeitig müssen Abfallprodukte der Zellen (z. B. **KOHLENDIOXID**) wieder abgegeben werden. Dazu bedarf es eines ständigen Stoffaustauschs zwischen den Zellen und den sie umgebenden Flüssigkeiten (**BLUTPLASMA, LYMPHE, interstitielle bzw. Zwischengewebsflüssigkeit, FLÜSSIGKEITSRÄUME IM KÖRPER**). Damit nur die benötigten, und keine schädigenden Stoffe in die Zelle gelangen, besitzen die Zellen eine halbdurchlässige **(semipermeable)** Membran (ZELLMEMBRAN, **ZELLORGANELLEN**), die nur **MOLEKÜLE** bestimmter Größe ins Zellinnere lässt.

Für den Stoffaustausch gibt es grundsätzlich die Möglichkeit des aktiven und des passiven Transportes. Bei **passiven Transportvorgängen** gelangen Stoffe ins Zellinnere oder hinaus, ohne dass die Zelle für den Stoffaustausch **ENERGIE** aufwenden muss. Die zwei wichtigsten passiven Transportvorgänge sind **DIFUSSION** und **OSMOSE**.

L

Sie spielen für die Stoffaufnahme in die Haut eine große Rolle, denn diese ist durch eine natürliche Barriere (die Hornschicht und das Sebum ➜ LF 2, Kapitel 1) geschützt. Kosmetika, die in die Haut *penetrieren*, d. h. die Hornschicht überwinden, müssen daher eine entsprechende Zubereitungsform mit einer höheren Konzentration an Inhaltsstoffen als die Gewebezellen und einen entsprechenden pH-Wert besitzen (➜ Band B, LF 7, Kapitel 1.5–1.7). Daher bemächtigt man sich auch verschiedenster apparativer Stoffeinschleusungsverfahren (➜ Band B, LF 7, Kapitel 3.5), die in der Lage sind, die passiven Stoffaufnahmevorgänge zu beschleunigen.

Für die Durchführung **aktiver Transportvorgänge** hingegen ist die Zufuhr von Energie notwendig. Aktive Transportvorgänge werden vor allem für Stoffe eingesetzt, die zu groß sind, um die Zellmembran zu passieren. Als sehr wichtiges Beispiel sei hier die **NATRIUM-KALIUM-Pumpe** erwähnt. Damit eine Zelle ihre Funktion ausüben kann, muss die Kaliumkonzentration in der Zelle höher und die Natriumkonzentration niedriger sein als in der Umgebung der Zelle. Um die unterschiedlichen Konzentrationen zu erhalten, muss die Zelle Energie aufwenden. Unter Verbrauch von **ATP** pumpen **PROTEINE** in der Zellmembran Kaliumionen in die Zelle hinein und Natriumionen aus der Zelle heraus. Auch größere Substanzen, z. B. Krankheitserreger oder Fremdstoffe, welche die Zellmembran nicht passieren können, werden von Zellen aufgenommen oder ausgestoßen. Ein Teil der Zellmembran umschließt die aufzunehmende Substanz und verschmilzt mit ihr, sodass ein Bläschen entsteht, mit dem die Substanz in die Zelle gelangt. Daraufhin werden von Membranstapeln **(Dictyosomen)** abgeschnürte **Lysosomen** aktiv. Lysosomen sind kleine membranumschlossenen Bläschen, gefüllt mit zahlreichen **ENZYMEN**. Nach Verschmelzung von Bläschen und Lysosom wird die eingedrungene Substanz von den Enzymen abgebaut. Dieses Einschleusen in die Zelle wird **Endozytose** genannt. Schleust eine Zelle durch Bläschenbildung Stoffe durch die Zellmembran hinaus, nennt man diesen Vorgang **Exozytose**.

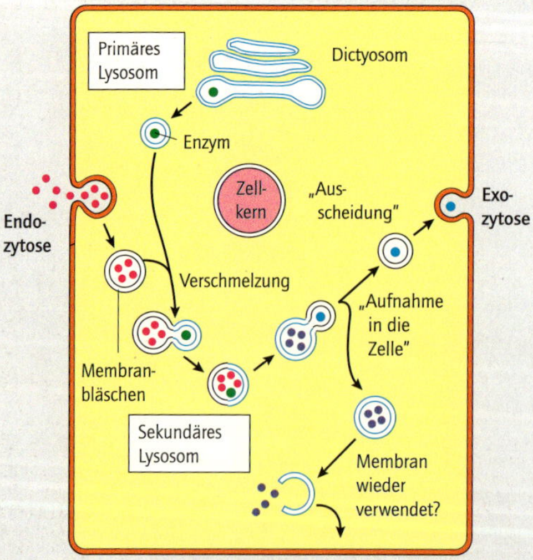

Abb.: Transport von Makromolekülen und Partikeln

ZELLTYPEN

Grundsätzlich werden bei der Einteilung von Zelltypen Prokaryoten und Eukaryoten unterschieden. Die **Prokaryoten** besitzen keinen ZELLKERN, keine membranumschlossene Organellen, sind von einer Zellwand begrenzt und haben eine Durchschnittsgröße von 0,5 – 3 Mikrometer (µm). Zu den Prokaryonten gehören die Mycoplasmen, **BAKTERIEN** und Cyanobakterien (Blaualgen). Im Gegensatz zu den Prokaryoten besitzen die **Einzeller** und **Vielzeller** der Eukaryoten Zellkerne mit einer Kernhülle. Die Zellgröße variiert von ca. 1 µm bis zu mehreren Zentimetern. **NERVENZELLEN** mit ihren Fortsätzen können sogar mehr als einen Meter lang werden. Nicht nur die Zellgrößen, sondern auch die Zellformen der Eukaryoten sind sehr viel vielfältiger. Es gibt runde, ovale, abgeflachte, vieleckige und stäbchenförmige Zelltypen, um nur einige zu nennen. Die meisten **BAKTERIEN**- und **Pflanzenzellen** sind von einer relativ dicken, widerstandsfähigen Zellwand aus Polysacchariden eingeschlossen, die den tierischen (und menschlichen) Zellen fehlt. Bei höheren Pflanzen besteht die Zellwand vorwiegend aus **ZELLULOSE**. Die außen an der ZELLMEMBRAN anliegende Zellwand verleiht der Zelle eine dauerhafte Form und schützt sie vor mechanischer Beschädigung, aber sie schränkt gleichzeitig auch die Beweglichkeit der Zelle und den Ein- und Austritt von Substanzen ein. Bei den **eukaryotischen Zellen** ist das **ZYTOPLASMA**

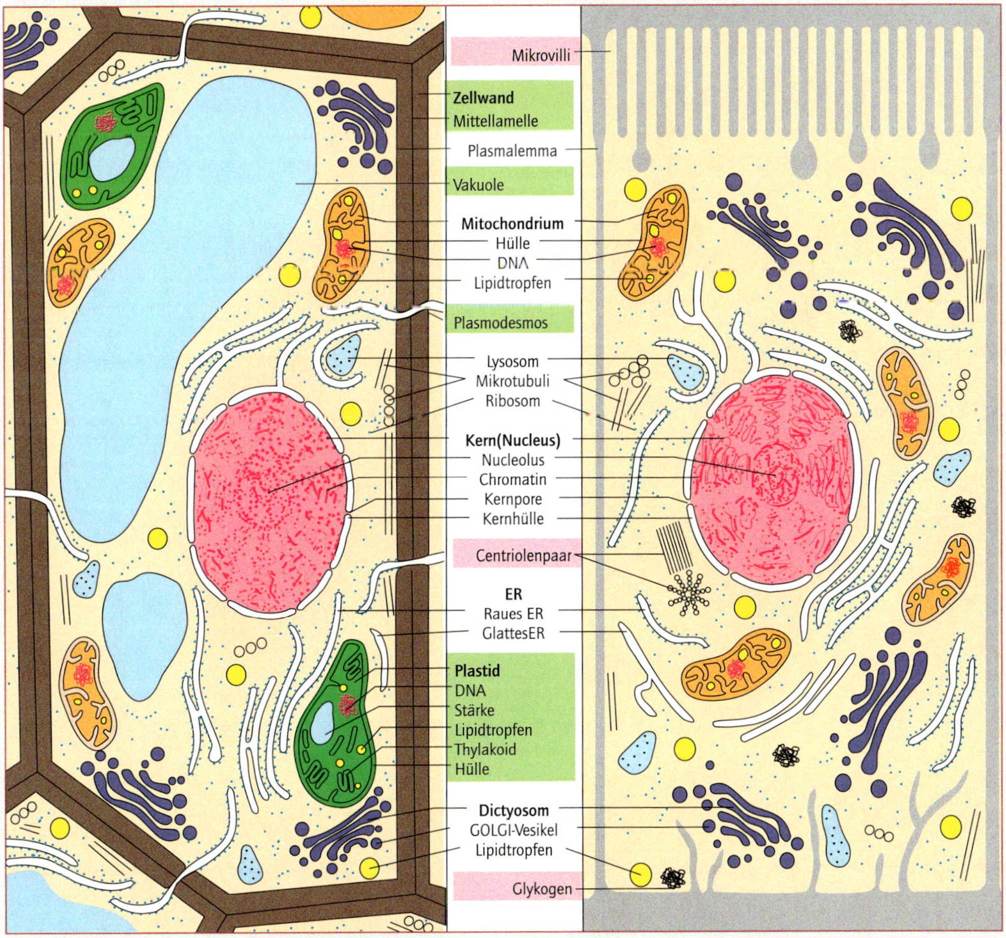

Abb.: Aufbau einer Pflanzenzelle (A) und einer Tierzelle (B)

mit den Organellen im Wesentlichen bei Pflanzenzellen und Tierzellen gleich aufgebaut. Jedoch besitzen die Pflanzenzellen zusätzlich Chloroplasten (Plastide, die den grünen **Blattfarbstoff Chlorophyll** enthalten und Ort der **FOTOSYNTHESE** sind) und Vakuolen (die für den Innendruck der Zelle sorgen). Die Tierzellen besitzen Mikrovilli und die für die **ZELLTEILUNG** wichtigen Centriolenpaare sowie Glykogen, die Speicherform des Zuckers (→ LF 10, Kapitel 3.6).

ZELLORGANELLEN

Zellen unter einem **Elektronenmikroskop** betrachtet, lassen Strukturen bis zu einer Größe von ca. 1–10 Nanometern erkennen (1 Nanometer = 10^{-9} Meter oder einmillionstel Millimeter). Erst mithilfe eines solchen Elektronenmikroskops erkannte man eine die Zelle umschließende Membran (ZELLMEMBRAN), den Zellkern und eine Vielzahl membranbegrenzter Räume. Solche membranbegrenzte Räume werden **Kompartimente** oder **Zellorganellen** genannt. Es sind Reaktionsräume, in denen, ähnlich wie in den Organen eines Menschen, verschiedene **STOFFWECHSEL**reaktionen stattfinden. Die wichtigsten Zellkompartimente sind im Folgenden kurz beschrieben:

L

Die zelluläre Energieerzeugung findet an der inneren Membran der **Mitochondrien** statt. Jede Zelle braucht **ENERGIE** für Wachstum und Fortpflanzung und diese Energie stammt zum größten Teil aus den Mitochondrien, in denen die letzten Stadien des Nährstoffabbaus stattfinden. Da bei diesem Vorgang **SAUERSTOFF** verbraucht und **KOHLENDIOXID** produziert wird, wird er auch als **Zellatmung bezeichnet**. Ohne Mitochondrien könnten Menschen, Tiere und Pilze der Nahrung nicht die in vollem Umfang für Wachstum und Vermehrung erforderliche Energie entziehen (unter Sauerstoffverbrauch). Die so genannten **anaeroben** (sauerstoffunabhängigen) Lebewesen besitzen keine Mitochondrien.

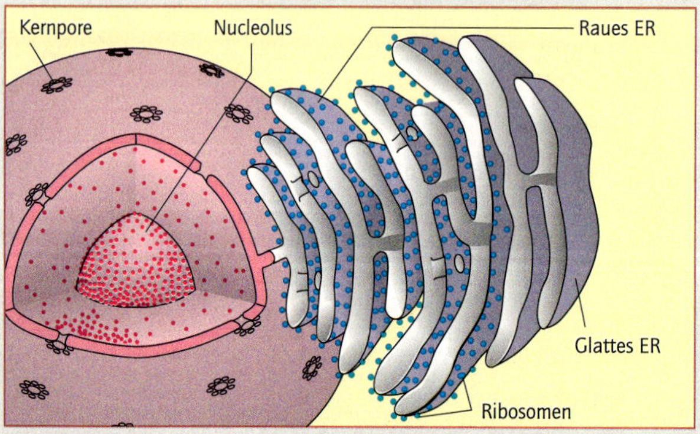

Abb.: Zellkern mit Endoplasmatischem Retikulum

Das auffälligste Organell der meisten Tier- und Pflanzenzellen ist der **Zellkern (Nucleus)**, ein membranumhülltes, in der Regel kugelförmiges Körperchen mit einem Durchmesser von etwa 5 µm. Der Zellkern enthält den Kernsaft (Karyolymphe), den Kernkörper (Nucleolus) und die DNA **(NUKLEINSÄUREN)**. Die DNA-Moleküle sind zusammen mit **PROTEINEN (Histonen)** in den **Chromosomen** organisiert, die als identische Paare im Zellkern vorliegen (Ausnahme Geschlechtschromosome XY beim Mann). Die DNA jedes Chromosoms enthält die Erbinformationen in Form von **Genen (GENETIK)**. Hier ist die Information für den Aufbau der Proteine und Kernsäure-Moleküle (RNA) codiert, die zur Entstehung eines neuen funktionsfähigen Abbilds der Zelle erforderlich sind (**PROTEINSYNTHESE** und **ZELLTEILUNG**). Zudem steuert die Zelle mithilfe der DNA die meisten Stoffwechselvorgänge.

Das **Endoplasmatische Retikulum (ER)** besteht aus einem Netz verzweigter Kanäle und flacher Bläschen, deren Innenräume, ähnlich einem Labyrinth, miteinander verbunden sind. Das ER ist durch eine Membran vom **ZYTOPLASMA** abgegrenzt. Es spielt eine zentrale Rolle bei der Synthese und dem Transport von größeren **MOLEKÜLEN** wie **PROTEINEN** und **LIPIDEN** und dient zudem als **KALZIUM**speicher.

Der **Golgi Apparat** besteht aus Stapeln abgeflachter Membransäckchen. Er nimmt die im/am Endoplasmatischen Retikulum gebildeten Moleküle auf, verarbeitet sie weiter und dirigiert sie dann an verschiedene Stellen in der Zelle.

Die **Lysosomen** sind kleine, unregelmäßig geformte Zellorganellen. Sie enthalten **ENZYME** für den Abbau vieler im Zellinneren unerwünschter Substanzen.

ZELLMEMBRAN

Der Inhalt aller lebenden Zellen ist vom Plasmalemma, einer **Biomembran**, umschlossen. Sie ist sowohl Barriere als auch Vermittler zur Außenwelt. Das Plasmalemma wirkt als selektive Schranke, welche die chemische Zusammensetzung der **ZELLE** reguliert. Die meisten wasserlöslichen **IONEN** und **MOLEKÜLE** können diese Barriere allein nicht überwinden, sondern brauchen dazu besondere Transportproteine oder Kanäle aus Protein, die ihnen den Membrandurchgang ermöglichen. Auf diese Weise kann die Zelle eine andere Konzentration von Ionen und kleinen Molekülen vorweisen oder aufrechterhalten, als die Umgebung (vergleichbar mit der Barrierefunktion der Epidermis der Haut). Das Plasmalemma ist eine Membranstruktur, die aus zwei Schichten von **LIPIDEN** besteht; in diese Schichten sind **PROTEINE** eingelagert. Die Lipide bestehen aus einem **hydrophilen** (wasserliebenden) **Kopf** und zwei **hydrophoben** (wasserabstoßenden) **Schwänzen**, wobei die wasserabstoßenden Schwänze sich gegenüberliegen und die wasserliebenden Köpfe jeweils nach außen zeigen. Die in die Membran eingebetteten **Proteine** haben eine Vielzahl von Funktionen, etwa den Transport großer wasserlöslicher Moleküle wie Zucker und mancher Aminosäuren. Die eingebetteten, aber nach außen erkennbaren **Glykoproteine** (an **KOHLENHYDRATE** gebundene Proteine) erlauben es dem **IMMUNSYSTEM**, zwischen körpereigenen und fremden Zellen zu unterscheiden. Eingedrungene **BAKTERIEN** tragen andere Glykoproteine als der Mensch und können als fremd erkannt werden.

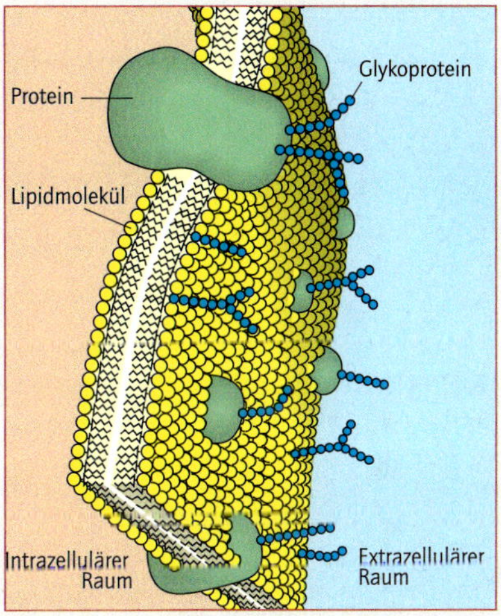

Abb.: Modellvorstellung der Zellmembran

ZELLTEILUNG

Pflanzen und Tiere bestehen aus vielen Milliarden **ZELLEN**, die zu **GEWEBEN** und Organen mit unterschiedlichen Aufgaben zusammengelagert sind. Alle Zellen eines solchen Lebewesens gehen durch Zellteilung aus einer einzigen **ZELLE** hervor, der **befruchteten Eizelle**. Diese teilt sich in zwei identische **Tochterzellen**, die jeweils genau die gleiche Erbinformation enthalten wie die Ausgangszelle. Die Tochterzellen, die nun in der Regel vor jeder weiteren Verdopplung zur ursprünglichen Größe heranwachsen, teilen sich erneut usw. Dabei verdoppeln sich vor jeder Zellteilung die aus DNA **(NUKLEINSÄUREN)** bestehenden **Chromosomen** und werden in einem Vorgang, den man als **Mitose** bezeichnet, auf die Tochterzellen verteilt.

Jedes Chromosom besteht aus zwei identischen DNA-Strängen **(Chromatiden),** die jeweils die volle Erbinformation enthalten und an einer Einschnürung, dem **Zentromer**, miteinander verbunden sind. In der frühen **Prophase** der Mitose ziehen sich die DNA-Stränge spiralförmig zusammen (Kondensierung). Nun können die normalerweise mit dem Lichtmikroskop nicht zu erkennenden Chromosomen untersucht werden.

Während der späten **Prophase** kommt es zur Auflösung der **Nukleoli**, der Kernkörperchen, und die **PROTEINSYNTHESE** wird fast vollständig gestoppt. Jeweils zwei Centriolen wandern zu den gegenüberliegenden Polen der Zelle, wobei zwischen ihnen der aus Mikrotubuli bestehende **Spindelapparat** wächst. In der so genannten **Metaphase** löst sich die den Zellkern umschließende Membran auf und setzt so die Chromosomen ins **ZYTOPLASMA** frei. Die Chromosomen verteilen sich nun an der **Äquatorialebene** in der Mitte der Zelle zwischen den zu den Zellpolen gewanderten Centriolen. In der späten Metaphase ist der Spindelapparat vollständig ausgebildet. In der folgenden **Anaphase** teilen sich die Zentromere der Chromosomen und es kommt zur Trennung der bislang zusammengehefteten Chromatiden. Die Mikrotubuli des Spindelapparates, die an das Zentromer angeheftet sind, ziehen nun die Chromatiden zu den entgegengesetzten Zellpolen. Die **ZELLORGANELLEN** wandern ebenfalls zu den Polen, in der Äquatorialebene befindet sich fast nur noch Zellflüssigkeit. Im letzten Stadium der Mitose, der **Telophase**, bilden sich um die Chromatiden neue Kernmembranen. Auch die Kernkörperchen, die Nukleoli, werden wieder gebildet. In der Äquatorialebene schnürt sich die Mutterzelle ein und es entstehen zwei Tochterzellen.

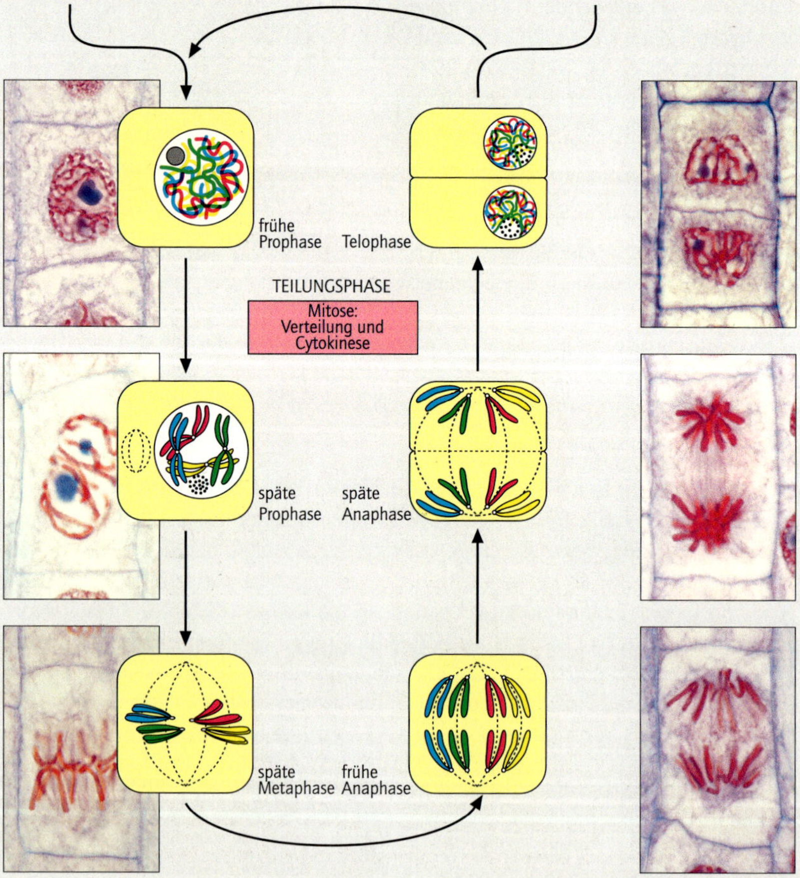

Abb.: Zellzyklus und Ablauf der Mitose

Damit ist die Zellteilung beendet. Die Zellen können wieder ihren physiologischen Aufgaben nachkommen, z. B. wird die **PROTEINSYNTHESE** wieder gestartet. So groß die Bedeutung der Mitose für den Organismus ist, sie stellt für die meisten Zellen nur eine kurze Phase im **ZELLZYKLUS** dar.

Die **Meiose** ist die zweite Form der Zellteilung, sie findet nur in den Geschlechtszellen (Eizelle und Samenzelle) statt. Bei dieser Form der Zellteilung wird der ursprünglich doppelte **(diploide)** Chromosomensatz der Zelle (beim Menschen 46 Chromosomen, 23 von der Mutter und 23 vom Vater vererbt) auf einen halben **(haploiden)** Chromosomensatz reduziert. Die Form der Zellteilung wird deshalb auch als **Reduktionsteilung** bezeichnet. Die Aufteilung des Erbgutes erfolgt bei der Meiose in zwei Schritten, der **1. und 2. Reifeteilung**.

ZELLULOSE

Die Zellulose ist der Hauptbestandteil von pflanzlichen Zellwänden. Zellulose ist ein Polysaccharid **(KOHLENHYDRATE)**, das aus Ketten von mehreren hundert bis zehntausend Glukosemolekülen besteht. Der Mensch besitzt keine Verdauungsenzyme zum Abbau von Zellulose. Zellulose stellt den Hauptanteil der unlöslichen Ballaststoffe in Lebensmittel pflanzlicher Herkunft und wirkt verdauungsfördernd.
(➜ LF 10, Kapitel 3.2)

ZELLZYKLUS

An die Zellteilung schließen sich weitere Phasen an, in denen die neu gebildete Zelle sich entwickelt, ihre Funktionen erfüllt, um sich nach einiger Zeit erneut auf die Mitose vorzubereiten. Alle Phasen zusammengefasst werden als **Zellzyklus** bezeichnet.

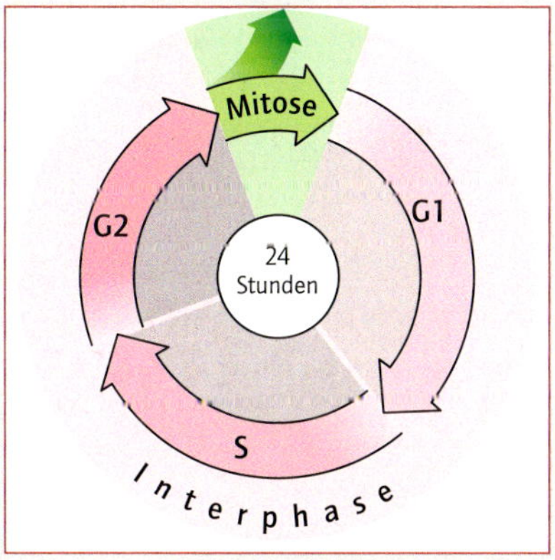

Abb.: Zellzyklus; Mitose, G1-Stadium und G2-Stadium (gap-Stadien), S (Synthesestadium)

Im Anschluss an die Mitose **(ZELLTEILUNG)** beginnt die so genannte **G1-Phase**. Während dieses Zeitabschnittes wächst die Zelle und bildet, vor allem durch die Synthese vieler Proteine, alle Merkmale ihres Zelltyps aus. In Anschluss daran geht sie ihrer „Arbeit" nach, bis sie sich erneut auf eine Teilung vorbereitet. Auf die G1-Phase folgt die **S-Phase**. Das ist der Zeitabschnitt, innerhalb dessen die DNA-Verdopplung (Replikation) der Chromosomen erfolgt. Danach beginnt die **G2-Phase**, während der sich die Zelle für kurze Zeit „ausruht" bzw. sich auf die **ZELLTEILUNG** vorbereitet, bevor diese gestartet wird. Diese drei Phasen werden zusammen auch als **Interphase** bezeichnet.

ZENTRALNERVENSYTEM ➜ NERVENSYSTEM

ZITRONENSÄUREZYKLUS

In der Reaktionsfolge der **GLYKOLYSE** wird Glukose in zwei **MOLEKÜLE Pyruvat** (Brenztraubensäure) zerlegt. Pyruvat wird durch Abspaltung von **KOHLENDIOXID** (CO_2) zu Acetaldehyd umgewandelt, das zur **Essigsäure** oxidiert wird **(OXIDATION)**. Essigsäure (CH_3-COOH) geht eine **CHEMISCHE BINDUNG** mit Coenzym A **(ENZYME)** ein und wird dann aktivierte Essigsäure oder **Acetyl-Coenzym A** genannt. Die aktivierte Essigsäure wird in einen Kreisprozess, den Zitronensäurezyklus eingeschleust. Hierzu wird sie an ein Molekül mit 4 Kohlenstoffatomen, die **Oxalessigsäure,** gebunden und es entsteht **Zitronensäure**. Von dieser werden im Verlauf des Kreisprozesses die zwei Kohlenstoffatome der Essigsäure als CO_2 abgespalten und es entsteht wieder **Oxalsäure.** Während des Kreisprozesses werden zahlreiche energiereiche Verbindungen hergestellt.

ZUNGE (GESCHMACKSSINN)

(auch ➜ LF 10 Exkurs in Kapitel 4.2)

Geschmacksempfindungen werden ausgelöst durch die Berührung wasserlöslicher Substanzen mit der Zunge. Der Mensch kann eine Vielzahl von Geschmackskomponenten unterscheiden. Diese sind allerdings keine reinen Sinnesleistungen des Geschmackssinnes, sondern Kombinationen aus verschiedenen Reizen wie Oberflächenbeschaffenheit, **TEMPERATUR**, Geruch und Geschmack. Isoliert von allen anderen Einflüssen unterscheidet der Geschmackssinn die **Grundkomponenten süß, sauer, salzig, bitter und umami**. Diese Unterscheidung gelingt mithilfe der **Geschmacksknospen** auf der Zunge. Geschmacksknospen sind in Schleimhautfalten eingebettete Rezeptoren. Gelangt ein Aromastoff an einen Rezeptor, so führt der Kontakt zur Auslösung eines Aktionspotenzials (**NERVENZELLE**, ELEKTRISCHE REIZLEITUNG), das an das Gehirn weitergeleitet und dort verarbeitet wird. Dabei gibt die Wiederholungs-**FREQUENZ** der Potenziale die Stärke des Geschmacks wieder. Die Grundkomponenten des Geschmacks werden offenbar dadurch empfunden, dass für jede Geschmackskomponente bestimmte Nervenzellen zuständig sind.

ZYTOPLASMA

Das gesamte Volumen der **ZELLE** außerhalb des ZELLKERNES wird Zytoplasma **(intrazelluläre Flüssigkeit, FLÜSSIGKEITSRÄUME IM KÖRPER)** genannt. Die konzentrierte **WÄSSRIGE LÖSUNG**, in der die **ZELLORGANELLEN** liegen, wird als **Zytosol** bezeichnet. Es ist ein Gel auf Wasserbasis, das eine Vielfalt großer und kleiner **MOLEKÜLE** enthält. Das Zytosol ist der Ort vieler wichtiger Lebensfunktionen der Zelle; u. a. finden hier die ersten Reaktionen des Nährstoffabbaus statt und auch viele der großen Moleküle, aus denen die Zelle besteht, werden im Zytosol zusammengesetzt.

ZYTOSKELETT

Das Zytoskelett ist ein System aus Proteinfasern im Inneren aller Tier- und Pflanzenzellen. Besonders wichtig ist seine Funktion in Tierzellen, die keine starre Zellwand besitzen. Dort bildet das Zytoskelett ein Gerüst für die Organisation der **ZELLE** und dient zur Verankerung von **ZELLORGANELLEN** und **ENZYMEN**. Außerdem ist es für viele Bewegungen der Zelle verantwortlich. Seine wichtigsten Bestandteile sind drei verschiedene Arten von Proteinfasern: Mikrotubuli, Actinfasern und Intermediärfilamente (**Tonofibrillen** ➜ LF 2, Kapitel 1.1). Diese Fasern sind durch eine Vielzahl von Hilfsproteinen (auch Zubehörproteine genannt) untereinander und mit anderen Zellstrukturen verbunden. Die Bewegungen im Zusammenhang mit der **ZELLTEILUNG** beruhen bei Tieren und Pflanzen auf der Tätigkeit von Actinfilamenten und Mikrotubuli, die **Chromosomen** und andere Zellbestandteile auf die beiden neu entstehenden Tochterzellen verteilen.

5840332

Betriebswirtschaft in der kosmetischen Praxis

(LF 1)

1912 wurden in Berlin erstmals sechsmonatige Lehrgänge zur Kosmetikerin angeboten. In den 1930er-Jahren wurden Kosmetiker/-innen, die ihre Ausbildung oft in Kosmetiksalons in Paris, Prag oder Wien sowie an Privatschulen absolvierten, zu der Fachgruppe Schönheitspfleger im Reichsstand des Deutschen Handwerks zusammengefasst.

Das Berufsbild etablierte sich im Laufe der Zeit. Bis in die 1950er-Jahre wurde Kosmetik jedoch als reine Schönheitspflege verstanden und beschränkte sich auf Gesichts-, Hand- und Fußpflege. Erst in den Sechzigerjahren des letzten Jahrtausends setzte sich die Ganzheitskosmetik durch, welche die Haut als Organ betrachtet und bei der Behandlung den individuellen körperlich-seelischen Gesamtzustand berücksichtigt. Für Kosmetiker/-innen ergaben sich daraus neue Zielvorstellungen, die eine Erweiterung des Arbeitsgebietes auf den ganzen Körper und somit die Notwendigkeit einer vertieften Ausbildung zur Folge hatten.

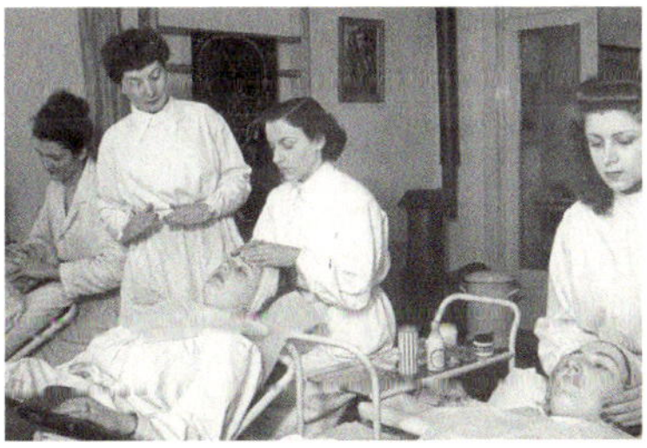

1946: Helen Pietrulla (2. v. li.) betreut den Praxisunterricht

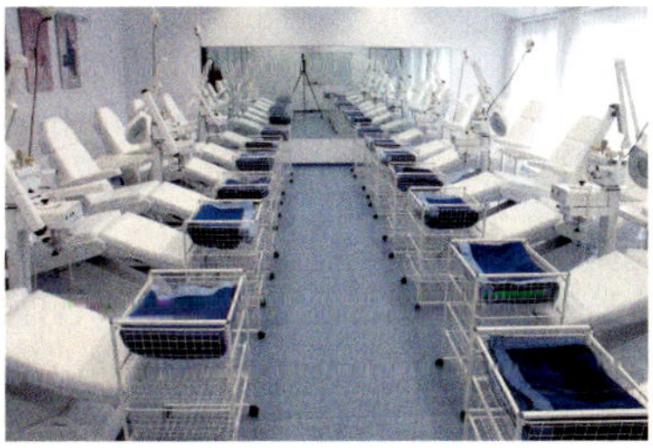

Kosmetik-Schulraum der Anna-Herrmann-Schule, Kerpen

Zu Beginn gab es betriebliche Einzelausbildungen, die später durch schulische Ausbildungen mit theoretischem und praktischem Unterricht ersetzt wurden.

Seit 1. August 2003 ist der Ausbildungsberuf Kosmetiker/-in im dualen Ausbildungssystem erlernbar.

Analysieren betrieblicher Arbeitsabläufe

1. *Das Berufsbild Kosmetiker/Kosmetikerin*
2. *Geschichte der Kosmetik*
   Exkurs: Baden und Schwitzen
3. *Wirtschaftliche Bedeutung*
   Exkurs: Beispiel eines Kosmetikkonzerns
4. *Arbeiten als Kosmetiker/Kosmetikerin*
   Exkurs: Bewerben, aber gut!
5. *Umgang mit Kunden*
6. *Organisation und Arbeitsabläufe im Kosmetikbetrieb*

1 Das Berufsbild Kosmetiker/ Kosmetikerin

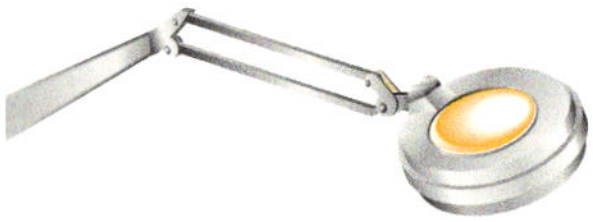

Lisa möchte unbedingt den Beruf der Kosmetikerin erlernen, daher hat sie sich über die Ausbildungsmöglichkeiten informiert, um sich für die geeignete Version entscheiden zu können. Sie hat einige Privatschulen in ihrer Umgebung angerufen und Informationsunterlagen angefordert. Außerdem hat sie bei der Agentur für Arbeit, bei der Industrie- und Handelskammer und der Handwerkskammer nachgefragt und dort Informationen über das duale Ausbildungssystem erhalten.

1.1 Berufsausbildung

Folgende Informationen hat Lisa erhalten:

privat finanzierte Ausbildung

Privatschulische oder staatlich anerkannte Schulen bieten zwischen ein und zwei Jahren Ausbildungskurse bzw. -unterricht an. Diese finden in Klassen von ca. 15 – 30 Schülern statt. Die Schulen sind mit Unterrichtsräumen für den theoretischen und separaten Räumen mit den benötigten Einrichtungsgegenständen (Kosmetikliegen, Lupenleuchten, Bedampfungsgeräte usw.) für den praktischen Unterricht ausgestattet.

Behandlungen führen die Schülerinnen und Schüler zu Übungszwecken aneinander durch und es werden auch Übungsmodelle bestellt.

Folgende Fächer sind Teil eines Lehrplans:

Allgemein bildender Unterricht	Fachtheorie	Fachpraxis
• Grundwissen über die Verflechtung von Wirtschaft, Politik und Gesellschaft, mit Rechten und Pflichten der arbeitenden Menschen, Markt, Werbung, Verträge, Versicherungen und Arten und Funktionen des Geldes	• Anatomie und Physiologie des Menschen • Dermatologie • Theorie der Kosmetik • Chemie und Rohstoffkunde • Physik und Apparatekunde • Berufskunde – Berufsbild, seine rechtlichen Begrenzungen • Warenkunde – Wirkstoffe und Wirkungsweisen der unterschiedlichen Produkte	• manuelle und apparative Behandlungsmöglichkeiten

Tab. 1.1: Beispiel-Lehrplanausschnitt BFS Kosmetik

Diese Form der Ausbildung muss privat finanziert werden. Im Durchschnitt liegen die Ausbildungskosten für die Grundausbildung bei ca. 6.000,00 Euro je nach Schule plus Schulungsmaterial und Prüfungsgebühren.
Das Erlangen von Zusatzqualifikationen, wie Visagist, Nageldesigner, Permanent Make-up-Artist, ist zusätzlich möglich.

Bisher erfolgte die berufliche Qualifizierung der Kosmetiker vor allem in staatlichen oder in privaten Schulen mit staatlicher Anerkennung (je Bundesland mit unterschiedlichem Lehrplaninhalt und Struktur und mit staatlich anerkanntem Abschluss). Hinzu kommen auch staatlich nicht anerkannte Privatschulen verschiedenster Qualität.

Es gibt Datenbanken der verschiedenen Berufsverbände für Kosmetik und Fachjournale, in welchen Listen mit Kosmetik-Schulen aufgeführt sind. In diesen können Sie sich über das Schulangebot informieren.

Seit dem 1. August 2003 ist Kosmetiker/Kosmetikerin ein staatlich anerkannter **Ausbildungsberuf im dualen System,** d. h., die Ausbildung findet parallel an den Lernorten Betrieb und Berufsschule statt (siehe Lehrplan).

staatlich und Ausbildungsbetrieb finanzierte Ausbildung

Die Berufsausbildung wird hier in zwei *(= duale)* Wege unterteilt, den Berufsschulunterricht, der in der Regel zweimal wöchentlich stattfindet, und die praktische Unterweisung im Lehrbetrieb.

Abb. 1.2: Ausbilder und Azubi im Gespräch

Aufgrund der fortschreitenden Ausbreitung und Differenzierung des Angebotes an gesundheitsbezogenen Dienstleistungen besteht ein wachsender Bedarf an möglichst umfassend qualifizierten Fachkräften im engeren kosmetischen Arbeitsfeld. Aber auch an breit gefächerten gesundheits- und körperpflegenden kosmetischen Angeboten, beispielsweise auf den Gebieten des Kur- und Gesundheitswesens, der Rehabilitation und der so genannten Wellness-Einrichtungen (*wellness* engl., Wohlfühlen, Wohlergehen).

Die neue Ausbildung an der Berufsschule tritt in Koexistenz zum bestehenden privatschulischen Ausbildungsangebot und zu den in einigen Bundesländern angebotenen Ausbildungsgängen an Berufsfachschulen.

Berufsbezeichnung – Kosmetiker/Kosmetikerin

Ausbildungsdauer – 3 Jahre

Arbeitsgebiete – Sie arbeiten vorwiegend in Kosmetikinstituten, aber auch in Parfümerien, bei Frisören sowie in Einrichtungen des Gesundheitswesens wie z. B. Kur- und Rehabilitationskliniken, spezialisierten Krankenhäusern oder in so genannten Wellness-Einrichtungen.

Diese Form der Ausbildung wird mit einem Ausbildungsgehalt honoriert. Die Beträge sind von den Ausbildungsbetrieben aufzubringen, der Ausbildungsbetrieb muss sich aber nicht an bestimmte Beträge halten. In manchen Bundesländern orientieren sich die Ausbildungsbetriebe am Ausbildungsentgelt der Frisöre.

Weitere Informationen dazu können Sie bei Ihrer zuständigen IHK-Geschäftsstelle erhalten.

Inhalte der Berufsausbildung – Gegenstand der Berufsausbildung sind mindestens die folgenden Fertigkeiten und Kenntnisse:

- Beratung, Betreuung und Behandlung von Kunden
- Verkauf von Waren und Dienstleistungen, Organisation der Geschäftsabläufe, Beschaffung und Lagerung von Waren, Marketing und Buchhaltungsgrundkenntnisse.

Sie erlernen einen sehr vielseitigen Beruf, der Teile einiger, verschiedener Bereiche abdeckt, wie z. B. den direkten Kundenverkehr, Einzelhandel, Dermatologie, Marketing, Büroorganisation, Personalführung und einige andere Aufgabenbereiche, die im Folgenden beschrieben werden.

	Ausbildungsort Betrieb	Ausbildungsort Berufsschule
Zeitliche Aufteilung	3 – 4 Tage/Woche	1 – 2 Tage/Woche
Während der gesamten Ausbildungszeit	Praktische Kenntnisse Aufbau und Organisation des Ausbildungsbetriebes Serviceangebot und Arbeitsabläufe Umgangsformen gegenüber Kunden Gesundheitsschutz, Arbeitssicherheit, Umweltschutz	Theoretische, lernfeldübergreifende Erarbeitung der praktischen Erfahrungen (→ Tab. 1.3) Berufsbild, Berufsbildung, Arbeits- und Tarifrecht Anatomische, physiologische und naturwissenschaftliche Grundlagen Gesetzesgrundlagen und Gesetzesräume (Arbeitsschutz, Umweltschutz, Gesundheitsschutz)

Tab. 1.3: Ausbildungsaufbau

	Ausbildung im Betrieb	Ausbildung in der Berufsschule
Im 1. und 2. Ausbildungsjahr	Bedienen von Apparaten und Instrumenten Kundengespräche und Kundenbetreuung Verkauf und Warenwirtschaft Beurteilen und Reinigen der Haut pflegende Kosmetik dekorative Kosmetik kosmetische Massagen	Analysieren betrieblicher Arbeitsabläufe Beurteilen der Haut Reinigen der Haut Pflegen und Gestalten der Hände und der Nägel Waren bewirtschaften Anwenden von kosmetischen Massagen Schützen und Pflegen der Haut Pflegen und Gestalten der Füße und der Nägel
Vor Ende des 2. Ausbildungsjahres	Zwischenprüfung	
Im 3. Ausbildungsjahr	Erlernen und Vertiefen der Behandlungstechniken der pflegenden und dekorativen Kosmetik Ernährungsberatung und Gesundheitsförderung Je nach Ausbildungsbetrieb Auswahl der Wahlqualifikationen im Umfang von 12 Wochen aus der → Auswahlliste unten.	Präsentieren und Verkaufen von Waren und Dienstleistungen Unterstützen kosmetischer Behandlungen durch gesundheitsfördernde Maßnahmen Unterscheiden kosmetischer Spezialbehandlungen Gestalten mit dekorativer Kosmetik
Nach dem 3. Ausbildungsjahr	Abschlussprüfung	

verändert nach: www.berufenet.arbeitsagentur.de > Kosmetiker > Ausbildung

Die Auswahlliste umfasst folgende Wahlqualifikationseinheiten:

1. Permanente Haarentfernung
2. kosmetische Wasserbehandlungen
3. Visagismus
4. Permanentes Make-up
5. Nagelmodellage
6. Spezielle Fußpflege
7. Manuelle Lymphdrainage im kosmetischen Bereich

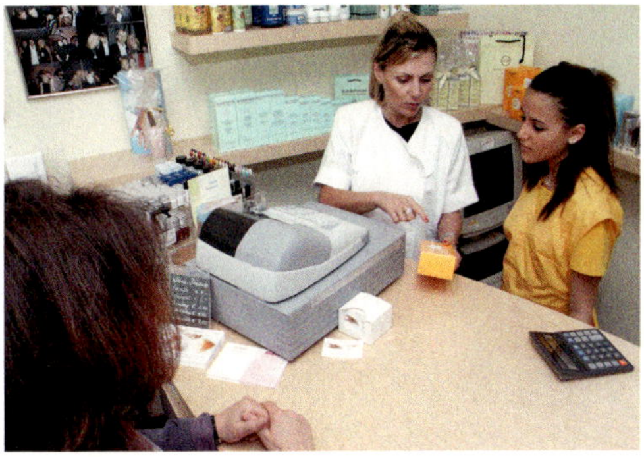

Abb. 1.4: an der Kasse

Generell wird Ihnen Folgendes vermittelt:

- welche gegenseitigen Rechte und Pflichten aus dem Berufsausbildungsvertrag entstehen (→ Kapitel 1.2).
- wie der Ausbildungsbetrieb organisiert ist und wie Angebot, Beschaffung, Dienstleistung und Verkauf funktionieren.
- wie die Arbeitsschutz- und Unfallverhütungsvorschriften angewendet werden.
- wie Gesundheitsschutzmaßnahmen für den Kunden und die eigene Person beachtet und angewendet werden (→ Kapitel Dermatologie und Band B, Kapitel 1 im LF 3).
- wie Möglichkeiten der wirtschaftlichen und umweltschonenden Energie- und Materialverwendung genutzt werden.

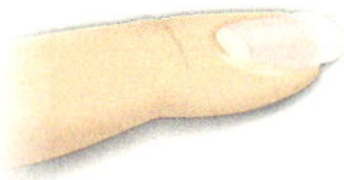

Bevor Sie sich für ein Ausbildungsmodell entscheiden, machen Sie eine Für-und-Wider-Liste und vergleichen Sie so die Ausbildungsmethoden.

1.1.1 Berufsausbildungsvertrag

Berufsausbildungsvertrag zu Beginn der Ausbildung unterschreiben

Die Ausbildung in einem staatlich anerkannten Ausbildungsberuf erfolgt nach dem Berufsbildungsgesetz (BBiG). Das BBiG ist ein Gesetz, das die Berufsausbildung, die berufliche Fortbildung und die berufliche Umschulung regelt.

Vor Beginn einer Berufsausbildung muss zwischen dem Ausbildenden und dem Auszubildenden ein Berufsausbildungsvertrag geschlossen werden.

Der Berufsausbildungsvertrag muss auf jeden Fall vor Ausbildungsbeginn in schriftlicher Form vorliegen und von beiden Vertragsparteien unterschrieben sein. Im Fall, dass der Auszubildende noch nicht volljährig ist, muss dies der gesetzliche Vertreter tun.

Ein Ausbildender bietet die Ausbildung, die er oder ein beauftragter Ausbilder durchführt.
Auszubildender ist die Person, die eine Ausbildung erhält.

Wichtige gesetzliche Vertragsbestandteile

Folgende Punkte müssen unbedingt Bestandteil des Vertrages sein:

	Art, sachliche und zeitliche Gliederung sowie Ziel der Berufsausbildung, insbesondere die Berufstätigkeit, für die ausgebildet werden soll.
A	Beginn und Dauer der Berufsausbildung
B	Dauer der Probezeit
C	Ausbildungsstätte und
D	Ausbildungsmaßnahmen außerhalb der Ausbildungsstätte
E	Zahlung und Höhe der Vergütung
F	Dauer der regelmäßigen täglichen Arbeitszeit
G	Dauer des Urlaubs
H	Allgemeiner Hinweis auf die Tarifverträge, Betriebs- oder Dienstvereinbarungen, die auf das Berufsausbildungsverhältnis anzuwenden sind.
J	Inhalte der Seite 2 des Vertrages, z. B. Kündigungsregelungen.

Berufsausbildungsvertrag
(§§ 3, 4 Berufsbildungsgesetz – BBIG)

Bitte die hinterlegten Felder ausfüllen.

Eingangsstempel der IHK

Vertrag geprüft und registriert am: 17.03.08
Reg.-Nr. 67890
I. A.
Vorgesehen für Abschlussprüfung:
Sommer/Winter 2011

Zwischen dem Ausbildenden (Ausbildungsbetrieb)

Firmenident-Nr.: Tel.-Nr.:

Anschrift des Ausbildungsbetriebes
Beauty Insel
Bergstraße 3
12345 Grünberg

Verantwortlicher Ausbilder:
Herrn/Frau/Frl. geb. am (TT.MM.JJ)

und der/dem Auszubildenden Herrn ☐ Frau ☒

Name, Vorname
Farbe, Susanne
Straße, Haus-Nr.
Blaustraße 5
PLZ Ort
12345 Grünberg
Geburtsdatum (TT.MM.JJ) Geburtsort
05.01.1988 Frankfurt
Staatsangehörigkeit
deutsch
Gesetzl. Vertreter[1]: Eltern ☒ Vater ☐ Mutter ☐ Vormund ☐
Namen, Vornamen der gesetzlichen Vertreter
Farbe, Paul und Gabriele
Straße, Hausnummer
Blaustraße 5
PLZ Ort
12345 Grünberg

wird nachstehender Vertrag zur Ausbildung im Ausbildungsberuf Kosmetikerin

mit der Fachrichtung/dem Schwerpunkt
nach Maßgabe der Ausbildungsordnung[2] geschlossen

Änderungen des wesentlichen Vertragsinhaltes sind vom Ausbildenden unverzüglich zur Eintragung in das Verzeichnis der Berufsausbildungsverhältnisse bei der Industrie- und Handelskammer anzuzeigen.

Die beigefügten Angaben zur sachlichen und zeitlichen Gliederung des Ausbildungsablaufs (Ausbildungsplan) sind Bestandteil dieses Vertrages.

A Die Ausbildungszeit beträgt nach der Ausbildungsordnung 36 Monate

Die vorausgegangene Berufsausbildung/Vorbildung:

wird mit ☐ Monaten angerechnet bzw. es wird eine entsprechende Verkürzung beantragt.

Das Berufsausbildungsverhältnis (TT.MM.JJ):
beginnt am 01.09.08 endet am 31.08.11

B Die Probezeit (§ 1 Nr. 2) beträgt 4 Monate.[3]

C Die Ausbildung findet vorbehaltlich der Regelungen nach D (§ 3 Nr. 12) in den Räumen der Fa Beauty Insel, Bergstr. 3, 12345 Grünberg
und den mit dem Betriebssitz für die Ausbildung üblicherweise zusammenhängenden Bau-, Montage- und sonstigen Arbeitsstellen statt.

D Ausbildungsmaßnahmen außerhalb der Ausbildungsstätte (§ 3 Nr. 12) mit Zeitraumangabe

E Der Ausbildende zahlt dem Auszubildenden eine angemessene Vergütung (§ 5); diese beträgt zurzeit monatlich brutto:

Euro	365,00	440,00	520,00	
im	ersten	zweiten	dritten	vierten

Ausbildungsjahr.

Soweit Vergütungen tariflich geregelt sind, gelten mindestens die tariflichen Sätze.

F Die regelm. tägliche Ausbildungszeit (§ 6 Nr. 1) beträgt 8 Std.[4]
Die regelm. wöchentl. Ausbildungszeit beträgt 40 Std.[4]

G Der Ausbildende gewährt dem Auszubildenden Urlaub nach den geltenden Bestimmungen. Es besteht ein Urlaubsanspruch

im Jahr	2008	2009	2010	2011	
Werktage					
Arbeitstage	8	24	24	16	

H Hinweis auf anzuwendende Tarifverträge und Betriebsvereinbarungen; sonstige Vereinbarungen:

J Die Vereinbarungen auf Seite 2 sind Gegenstand dieses Vertrages und werden anerkannt.

Ort, Datum

Der Ausbildende:

Stempel und Unterschrift

Der Auszubildende:

Vor- und Familienname

Die gesetzlichen Vertreter des Auszubildenden:

Vater und Mutter/Vormund *Bitte Seite 2 beachten!*

Abb. 1.5: Muster – Berufsausbildungsvertrag

Der Ausbildende muss unbedingt veranlassen, dass der Berufsausbildungsvertrag in das Verzeichnis der Berufsausbildungsverhältnisse eingetragen wird (gemäß § 33 BBiG und § 30 HWO[Handwerksordnung] beide → Kapitel 1.2). Diese Verzeichnisse werden von den zuständigen Stellen, den Handwerkskammern oder den Industrie- und Handelskammern, geführt.

Zu Beginn einer Ausbildung hat der Gesetzgeber eine ein- bis dreimonatige Frist eingebaut, die Probezeit, in der Auszubildender (Lehrling) und Ausbilder gleichermaßen die Möglichkeit haben das Ausbildungsverhältnis zu kündigen.

§

§ 20 BBiG – Probezeit

Das Berufsausbildungsverhältnis beginnt mit der Probezeit. Sie muss mindestens einen Monat und darf höchstens vier Monate betragen.

Nach der Probezeit muss eine Kündigung während der Ausbildungszeit rechtlich abgesichert und begründet sein. Formulierungen hierzu finden sich im Paragrafen 20 des BBiG. Eine Kündigung kann von beiden Vertragspartnern ausgesprochen werden, wenn ein Verstoß oder eine Unterlassung der Punkte stattfindet, die Sie im → Kapitel 1.2 dargestellt finden.

§

§ 22 – Kündigung

(1) Während der Probezeit kann das Berufsausbildungsverhältnis jederzeit ohne Einhalten einer Kündigungsfrist gekündigt werden.

(2) Nach der Probezeit kann das Berufsausbildungsverhältnis nur gekündigt werden
1. aus einem wichtigen Grund ohne Einhalten einer Kündigungsfrist,
2. von Auszubildenden mit einer Kündigungsfrist von vier Wochen, wenn sie die Berufsausbildung aufgeben oder sich für eine andere Berufstätigkeit ausbilden lassen wollen.

(3) Die Kündigung muss schriftlich und in den Fällen des Absatzes 2 unter Angabe der Kündigungsgründe erfolgen.

(4) Eine Kündigung aus einem wichtigen Grund ist unwirksam, wenn die ihr zugrunde liegenden Tatsachen dem zur Kündigung Berechtigten länger als 2 Wochen bekannt sind. Ist ein Schlichtungsverfahren gem. § 9 eingeleitet, so wird bis zu dessen Beendigung der Lauf dieser Frist gehemmt.

§

§ 23 – Schadensersatz bei vorzeitiger Beendigung

(1) Wird das Berufsausbildungsverhältnis nach der Probezeit vorzeitig gelöst, so können Ausbildende oder Auszubildende Ersatz des Schadens verlangen, wenn die andere Person den Grund für die Auflösung zu vertreten hat. Dies gilt nicht im Falle des § 22 Absatz 2 Nr. 2.

(2) Der Anspruch erlischt, wenn er nicht innerhalb von drei Monaten nach Beendigung des Berufsausbildungsverhältnisses geltend gemacht wird.

Im Originalwortlaut nachzulesen bei:
www.gesetze-im-internet.de/bundesrecht/bbig_2005

1

5840340

1.1.2 Nachweise, Prüfungen und Ausbildungsabschluss

Die Prüfung in einem staatlich anerkannten Ausbildungsberuf erfolgt nach dem BBiG. Die Prüfung wird auf Grundlage der Ausbildungsordnung über die Berufsausbildung zum/zur Kosmetiker/-in durchgeführt.

Erforderliche Nachweise

Voraussetzungen für die Zulassung zu einer Abschlussprüfung sind:

- das während der Ausbildung in Form eines Ausbildungsnachweises geführte Berichtsheft,
- die Teilnahme an der Zwischenprüfung.

Erforderliche Prüfungen

Zwischenprüfung

Zur Ermittlung des Ausbildungsstandes wird eine Zwischenprüfung durchgeführt. Sie soll vor dem Ende des zweiten Ausbildungsjahres stattfinden und besteht aus einem praktischen und einem schriftlichen Teil.

Abschlussprüfung

Die Abschlussprüfung besteht aus einem praktischen und einem schriftlichen Teil.

Im **praktischen Teil** soll in acht Stunden eine praktische Aufgabe unter Berücksichtigung des individuellen Hautzustandes durchgeführt werden, zum Beispiel eine Behandlung, die kosmetische Massagen, pflegende Kosmetik sowie dekorative Kosmetik umfasst.

Die Prüfungsbereiche der **schriftlichen Prüfung** sind:

- Kosmetische Behandlung
- Verkauf und Warenwirtschaft
- Wirtschafts- und Sozialkunde.

Für die schriftliche Prüfung stehen insgesamt vier Stunden zur Verfügung, sie darf maximal 300 Minuten an einem Tag dauern.

Die Prüfung ist bestanden, wenn jeweils im praktischen und im schriftlichen Teil sowie innerhalb des schriftlichen Teils im Prüfungsbereich kosmetische Behandlung mindestens ausreichende Leistungen erbracht worden sind.

Prüfungswiederholungen

Nicht bestandene Abschlussprüfungen können nach dem BBiG zweimal wiederholt werden.

Prüfende Stelle

Die Prüfung wird bei der Industrie- und Handelskammer (IHK) und/oder bei der Handwerkskammer (HWK) abgelegt.

Abschlussbezeichnung

Die Abschlussbezeichnung lautet Kosmetiker/Kosmetikerin. Bis dato gibt es keine namentliche Unterscheidung zur privatschulischen Ausbildung, lediglich das Abschlusszeugnis gibt einen Aufschluss über die Ausbildungsform.

Momentan werden einige verschiedene **Berufsbezeichnungen** verwendet:

z. B. Kosmetikerin, staatlich anerkannte/geprüfte Kosmetikerin, Fachkosmetikerin, Kosmetik-Meisterin, Diplom-Kosmetikerin usw.

Einige sind irreführend, z. B. gibt es aktuell keine Meisterprüfung vor der Handwerkskammer. Kosmetiker und Kosmetikerinnen, die ihre Ausbildung in der ehemaligen DDR absolviert haben und eine Meisterprüfung abgelegt haben, dürfen ihren Titel weiterführen. Es gibt aktuell auch kein Universitäts- oder Hochschulstudium, das man mit dem Titel Diplom-Kosmetikerin abschließen könnte. Es existieren Studiengänge für Kosmetologie (→ Kapitel 1.5).

Bei Drucklegung des Buches war die Berufsbezeichnung noch nicht einheitlich gesetzlich geregelt. Bevor Sie mit dem Gesetz in Konflikt geraten, sollten Sie sich z. B. bei der IHK informieren, ob Sie mit Ihrer jeweiligen Berufsbezeichnung werben dürfen.

Hier aufgeführt, finden Sie die Adressen der Ämter und Stellen, die Ihre Ansprechpartner für Fragen zur Berufsausbildung sind.

Info

Für Arbeitgeber
Kuratorium der Deutschen Wirtschaft
für Berufsbildung
Ollenhauerstraße 4, 53113 Bonn
www.kwb-berufsbildung.de

Für Arbeitnehmer
Deutscher Gewerkschaftsbund
Bundesvorstand Abt. Berufliche Bildung
Henriette-Herz-Platz 2, 10178 Berlin
www.dgb.de

ver.di – Vereinte Dienstleistungsgewerkschaft
Bundesverwaltung
Paula-Thiede-Ufer 10, 10179 Berlin
www.verdi.de

Im Bund
Bundesinstitut für Berufsbildung (BIBB)
Robert-Schuman-Platz 3, 53175 Bonn
www.bibb.de

Bundesministerium für Bildung und Forschung
Dienstsitz Bonn
Heinemannstr. 2, 53175 Bonn

Dienstsitz Berlin
Hannoversche Straße 28–30, 10115 Berlin
www.bmbf.de

In den Ländern
Sekretariat der Ständigen Konferenz der Kultusminister
der Länder in der Bundesrepublik Deutschland (KMK)
Kultusministerium des Landes Hessen
Luisenplatz 10 , 65185 Wiesbaden
www.kmk.org

1.1.3 Rechte und Pflichten in der Berufsausbildung

Die duale Berufsausbildung in Deutschland ist über das **Berufsbildungsgesetz** (BBiG) gesetzlich geregelt. Das BBiG regelt die Grundvoraussetzungen und die Schutzmaßnahmen einer Ausbildung und unterscheidet sich somit von der Ausbildungsordnung, die Bezeichnung, Dauer und Inhalte einer Ausbildung regelt. Das Bundesministerium für Bildung, Wissenschaft, Forschung und Technik (bmbf) gibt ein Buch mit allen Gesetzen wie BBiG, Ausbildungsordnung und HWO heraus, da der Beruf der Kosmetiker/-in aufgeteilt ist in die Bereiche Handel und Handwerk (→ Kapitel 1.3.3).

Die Ausbildungsberufe unterliegen der **Ausbildungsordnung,** die mindestens diese Punkte enthält (§ 25 BBiG):

- die Bezeichnung des Ausbildungsberufes,
- die Ausbildungsdauer,
- die Fertigkeiten und Kenntnisse, die Gegenstand der Berufsausbildung sind (Ausbildungsberufsbild),
- eine Anleitung zur sachlichen und zeitlichen Gliederung der Fertigkeiten und Kenntnisse (Ausbildungsrahmenplan),
- die Prüfungsanforderungen.

Den Zusammenhang zwischen den Ausbildungsgesetzen, der Ausbildungsordnung und dem Ausbildungsvertrag verdeutlicht die folgende Grafik:

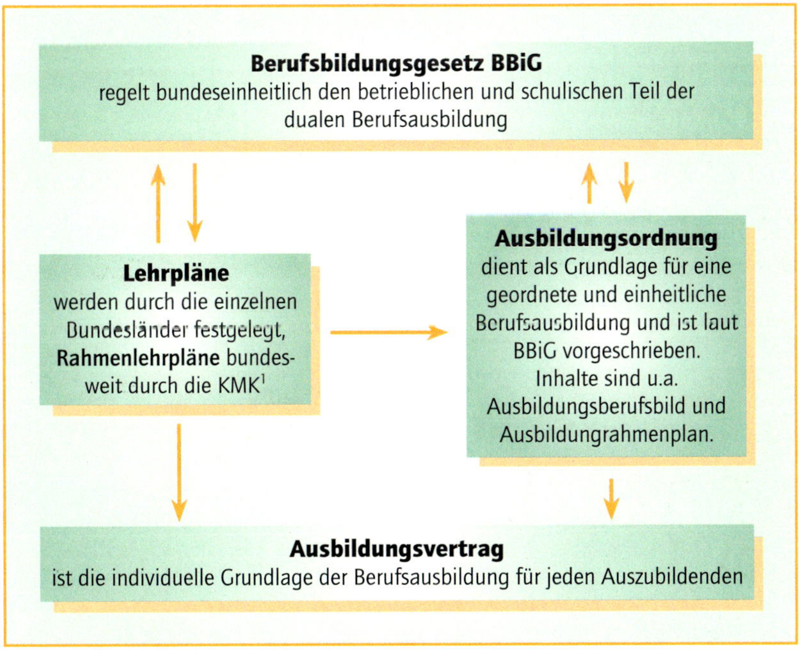

Abb. 1.6: Ausbildungsgesetze und -verordnungen

Ein weiteres wichtiges Gesetz für minderjährige Auszubildende stellt das **Jugendarbeitsschutzgesetz** (JArbSchG) dar.

1 Kultusministerkonferenz

Info

Jugendarbeitsschutz

Jugendliche, die in einer Berufsausbildung stehen oder als Arbeitnehmer beschäftigt sind, brauchen besonderen Schutz vor Überforderung, Überbeanspruchung und Gefährdung am Arbeitsplatz. Das **Jugendarbeitsschutzgesetz** legt deshalb in zahlreichen Einzelvorschriften die Arbeitsbedingungen fest, die bei der Beschäftigung von Jugendlichen eingehalten werden müssen.

Die **Arbeitszeit** ist auf höchstens 8 Stunden täglich und 40 Stunden wöchentlich festgelegt. Es ist aber auch möglich, an vier Wochentagen bis zu 8 1/2 Stunden zu arbeiten und dafür an einem Tag entsprechend früher Feierabend zu machen. Samstage, Sonntage und Feiertage sind generell arbeitsfrei, doch lässt das Gesetz für bestimmte Branchen und Einrichtungen Ausnahmen zu.

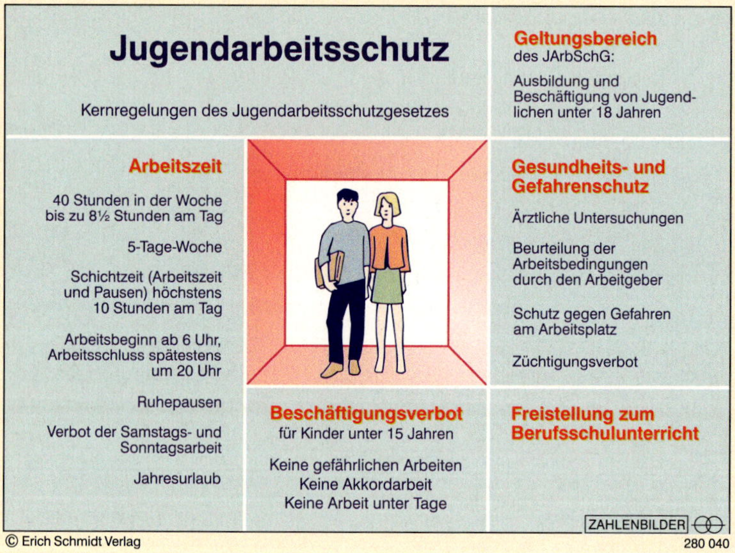

Der **Berufsschulunterricht** ist fester Bestandteil der beruflichen Ausbildung. Deshalb müssen die Jugendlichen vom Arbeitgeber für den Unterrichtsbesuch freigestellt werden – bei mindestens fünf Unterrichtsstunden auch für den Rest des Berufsschultages, bei mindestens 25 Stunden Blockunterricht für die ganze Berufsschulwoche.

Jugendlichen darf keine Arbeit übertragen werden, die ihre Leistungsfähigkeit übersteigt oder besondere **Unfallgefahren und gesundheitliche Risiken** in sich birgt. Auch Akkordarbeit und andere tempoabhängige Arbeitsformen sind verboten. Bevor ein jugendlicher Berufsanfänger beschäftigt werden darf, muss ein **ärztliches Gesundheitszeugnis** vorliegen; ein Jahr nach Arbeitsbeginn muss eine Nachuntersuchung stattfinden.

Abb. 1.7: Das Jugendarbeitsschutzgesetz

Die einzelnen Paragrafen des Jugendarbeitsschutzgesetzes geben Aufschluss darüber, welche Rechte und Pflichten der **Auszubildende** und der **Ausbildende** haben. Im Folgenden hierzu eine Übersicht.

Tab. 1.8: Rechte und Pflichten in der Berufsausbildung

Auszubildender | Ausbildender

1. Ausbildung gemäß dem Ausbildungsziel

Der Auszubildende hat sich zu bemühen, die berufliche Handlungsfähigkeit zu erwerben, die erforderlich ist, um das Ausbildungsziel zu erreichen (§ 13 BBiG).

Der Ausbildende muss dafür sorgen, dass dem Auszubildenden die berufliche Handlungsfähigkeit vermittelt wird, die zum Erreichen des Ausbildungsziels erforderlich ist.
Er hat die Berufsausbildung planmäßig, zeitlich und sachlich gegliedert so durchzuführen, dass das Ausbildungsziel in der vorgesehenen Ausbildungszeit erreicht werden kann (§ 14 BBiG).

2. Ausbildung durch geeignetes Personal

Der Ausbildende muss selbst ausbilden oder einen Ausbilder ausdrücklich damit beauftragen (§ 14 BBiG). Es darf nur der ausbilden, der persönlich und fachlich dazu geeignet ist (§ 28 BBiG, § 21 HWO).

3. Bereitstellung von Ausbildungsmitteln

Der Auszubildende ist verpflichtet Werkzeuge, Maschinen und sonstige Einrichtungen pfleglich zu behandeln (§ 9 BBiG). (Das setzt aber auch eine entsprechende Anleitung durch den Ausbilder zur Bedienung und Handhabung voraus.)

Der Ausbildende hat dem Auszubildenden kostenlos die Ausbildungsmittel, insbesondere Werkzeuge und Werkstoffe, zur Verfügung zu stellen, die zur Berufsausbildung und zum Ablegen von Zwischen- und Abschlussprüfungen erforderlich sind (§ 14 BBiG). (Zu den Ausbildungsmitteln gehören Ausbildungsnachweise, Zeichen- und Schreibmaterial sowie Fach- und Tabellenbücher, die für die Ausbildung in der Ausbildungsstätte gebraucht werden. Vom Ausbildenden vorgeschriebene besondere Berufskleidung sollte – zweckmäßigerweise auf der Grundlage einer vertraglichen Vereinbarung – von diesem zur Verfügung gestellt werden.)

4. Berufsschulunterricht, Freistellung

Der Auszubildende muss an den Ausbildungsmaßnahmen, für die er freigestellt wird, teilnehmen (§ 13 BBiG).

Der Ausbildende hat den Auszubildenden für die Teilnahme am Berufsschulunterricht, Prüfungen und Ausbildungsmaßnahmen außerhalb der Ausbildungsstätte freizustellen (§ 15 BBiG, §§ 9, 10 JArbSchG).

5. Ausbildungsgerechte und körperlich angemessene Beschäftigung

Dem Auszubildenden dürfen nur Verrichtungen übertragen werden, die dem Ausbildungszweck dienen und seinen körperlichen Kräften angemessen sind. Er/Sie soll charakterlich gefördert sowie sittlich und körperlich nicht gefährdet werden. (§ 14 BBiG).

6. Berichtshefte (Ausbildungsnachweise)

Der Auszubildende muss während des Ausbildungsverhältnisses Berichtshefte ordnungsgemäß führen und diese regelmäßig vorlegen. Diese bilden eine Zulassungsvoraussetzung für die Abschlussprüfung (§ 43 BBiG).

Der Ausbildende hat den Auszubildenden zum Führen von schriftlichen Ausbildungsnachweisen anzuhalten und diese regelmäßig durchzusehen (§ 14 BBiG).

7. Befolgung von Weisungen

Der Auszubildende muss den Weisungen folgen, die im Rahmen der Berufsausbildung durch den Ausbildenden, den Ausbilder oder andere weisungsberechtigte Personen erteilt werden. Er/Sie hat die im Rahmen der Berufsausbildung aufgetragenen Aufgaben sorgfältig auszuführen (§ 13 BBiG).

8. Beachtung der Ordnung in der Ausbildungsstätte

Der Auszubildende muss die für die Ausbildungsstätte geltende Ordnung, wie z. B. Sicherheits- und Unfallverhütungsvorschriften, Rauchverbote usw., beachten (§ 13 BBiG).

9. Pflicht zur Verschwiegenheit

Der Auszubildende ist verpflichtet über Betriebs- und Geschäftsgeheimnisse Stillschweigen zu wahren (§ 13 BBiG).

10. Ärztliche Untersuchungen des Auszubildenden

Der Ausbildende darf mit der Berufsausbildung eines Jugendlichen nur beginnen, wenn dieser innerhalb der letzten 14 Monate von einem Arzt untersucht worden ist und dem Ausbildenden eine von diesem Arzt ausgestellte Bescheinigung vorliegt (§ 32 JArbSchG).

1

1.2 Berufsgrundlagen

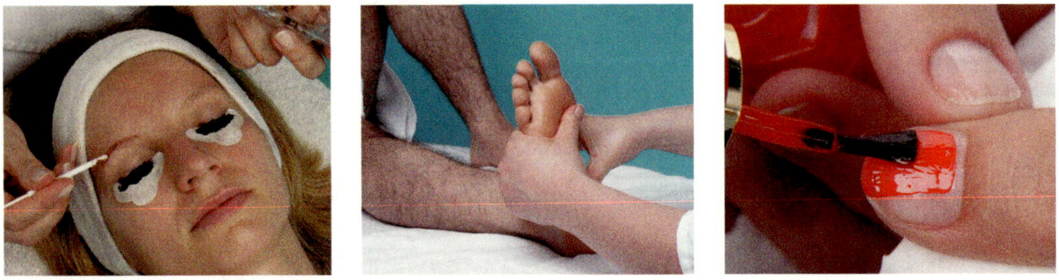

Abb. 1.9 a–c: Kosmetische Behandlungen und Tätigkeiten

Deklaration

Nach Information bei der Bundesagentur für Arbeit erhalten Sie für Ihren Beruf die folgende Berufs*deklaration* (lat., Auszeichnung/Bezeichnung):

Der Beruf der Kosmetikerin zählt zum Berufsstand der Gesundheitsdienst-Berufe/Allgemeine Dienstleistung – Körperpflege-Berufe.

Hierzu zählen z. B. auch Frisöre, Podologen oder Biokosmetiker.

Als Kosmetiker sind Sie demnach **Fachleute für Schönheits- und Gesundheitspflege.** Ihre Kunden sind Damen und Herren in allen Altersgruppen mit dementsprechend unterschiedlichen Bedürfnissen.

Sie führen pflegende Gesichts- und Dekolletee-, Akne- und Narbenbehandlungen an Damen und Herren durch und erstellen Make-ups.

Kosmetikbehandlungen können auch Hand- und Fußpflege inklusive „kleiner Chirurgie" (Nagelhautbehandlung, Schneiden und Bearbeiten kranker Nägel), Hornhaut- und Hühneraugenbehandlung umfassen, aber auch Nagelmodellagen, Massagen, Bäder mit ätherischen Ölen (z. B. zur Entspannung oder Reaktivierung), Ganzkörperbehandlungen (wie z. B. Thalasso-Anwendungen) und apparative Anwendungen, z. B. mit speziellen Massagegeräten.

manuell

Kosmetische Behandlungsmethoden (das Erlernen und praktische Üben dieser Tätigkeiten während der Berufsausbildung) und die körperliche Nähe zum Kunden, wie z. B. Berührungen bei der Massage, erfordern zum einen ein ausgeprägtes, feines manuelles Geschick (lat. *manus* = Hand). Zum Teil entstehen sehr nahe und über Jahre bestehende **Kosmetiker-Kunden-Beziehungen,** die zum anderen von Ihnen Kenntnisse über den Umgang mit Kunden allgemein und in der Kundenpsychologie erfordern.

Sie werden erkennen, wie komplex Ihr Tätigkeitsfeld ist und Ihre Aufgaben unter Umständen sein werden.

Kosmetiker/Kosmetikerinnen

- verfügen über Eigenschaften wie Disziplin, Zuverlässigkeit, Fleiß, Verantwortungsbewusstsein, Verschwiegenheit und gute Umgangsformen
- verfügen neben manuellem Geschick durch den unmittelbaren körperlichen Kontakt mit ihren Kunden über eine ausgeprägte Fähigkeit zum behutsamen und einfühlsamen Umgang mit Menschen,
- beraten und betreuen Kunden beim Verkauf von kosmetischen Waren und Artikeln sowie beim Angebot und bei der Nachsorge kosmetischer Dienstleistungen unter Berücksichtigung des betrieblichen Angebotes und der Kunden-Typologie (→ Kapitel 5.3.1),
- beurteilen und reinigen, pflegen und schützen Haut und Nägel unter Einsatz berufsüblicher Hilfsmittel, Apparate und Instrumente sowie unterstützender Anwendungen unter besonderer Berücksichtigung von Hygiene und Gesundheitsschutz,
- planen und gestalten dekorative kosmetische Maßnahmen am ganzen Körper unter Berücksichtigung des Kundentyps und aktueller Trends,
- führen im Zusammenhang mit kosmetischen Anwendungen Ernährungsberatung durch und unterbreiten individuelle Vorschläge zur Gesundheitsförderung;

zusätzlich, wenn durch Wahlqualifikation erworbene Fähigkeiten:

- beherrschen permanente kosmetische Maßnahmen, insbesondere die permanente Haarentfernung und die Applikation des permanenten Make-ups,
- planen und führen unterstützende hydrotherapeutische Anwendungen zur kosmetischen Behandlung durch,
- beherrschen Maßnahmen der speziellen Fußpflege im kosmetischen Anwendungsbereich,
- modellieren Finger- und Fußnägel und beherrschen visagistische Techniken,
- planen und wenden kosmetische Massagen an, einschließlich der manuellen Lymphdrainage im kosmetischen Bereich.

Eine Kosmetikerin hat Aussicht auf Erfolg, wenn sie das notwendige Fachwissen erworben hat, eine aufnahmefähige, manuell geschickte und positiv denkende Frau ist, wenn sie Gespür für Farben und Formen hat, wenn sie Fingerspitzengefühl besitzt und wenn die Kosmetikerin sich dem Wert und der Verantwortung ihrer Arbeit bewusst ist. Kommt eine Portion Geschäftssinn und Organisationstalent hinzu, lässt der Erfolg nicht auf sich warten, besonders dann, wenn die Kosmetikerin diesen Beruf aus innerer Berufung ausübt.

Beispiel 1

Das Erlernen einer guten Massagetechnik ist eine Sache. Hieraus resultiert aber nicht automatisch eine gute, für den Kunden entspannende/wirkungsvolle Massageanwendung. Für diese spielen auch andere „Aufgabenfelder" wie z. B. die (einfühlsame, zwischenmenschliche) Kommunikation eine große Rolle.

Beispiel 2

Pflege kann als Einmal- oder als systematische Pflege angesehen werden. Nur im letzteren Fall kann neben dem Aufgabenfeld „Ästhetik" auch die „Gesunderhaltung" profitieren.

Die verschiedenen „Aufgabenfelder der Kosmetik" können folgendermaßen dargestellt werden:

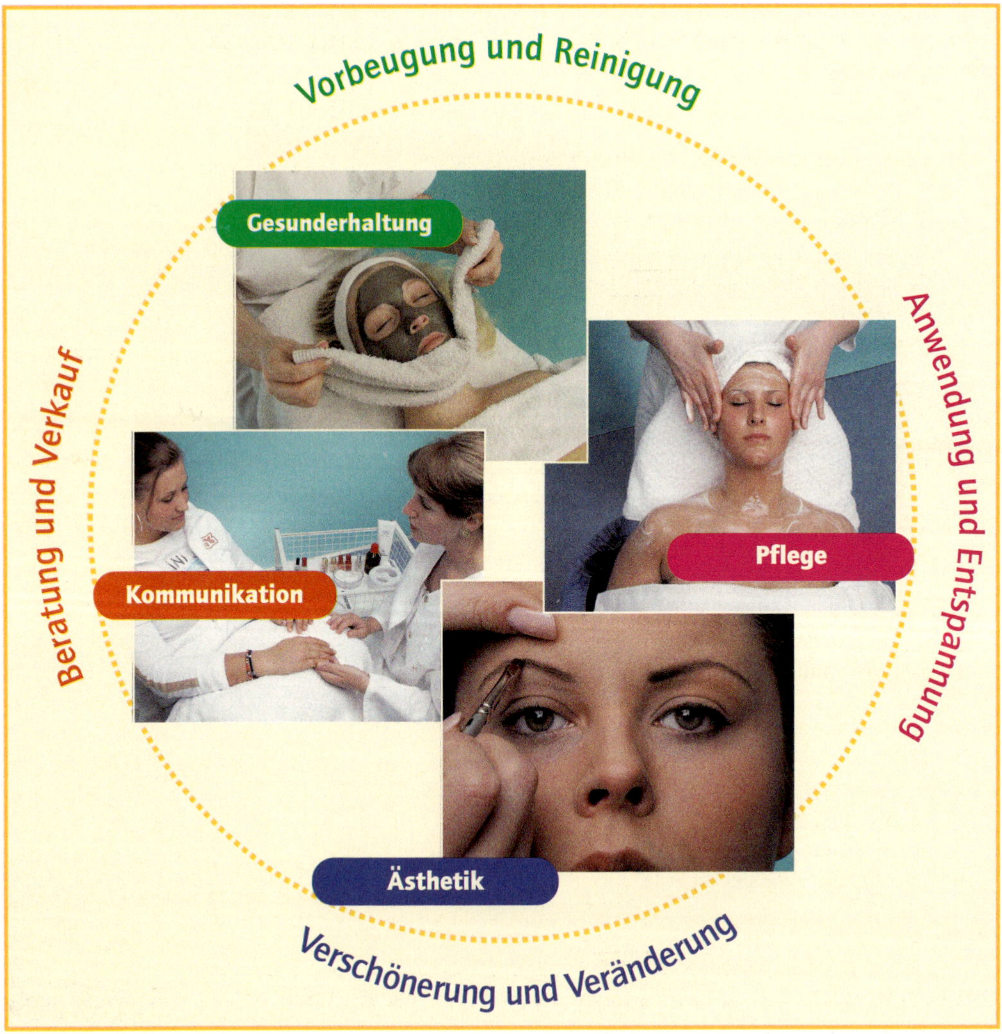

Abb. 1.10: Aufgabenfelder der Kosmetik

1.3 Kammerzugehörigkeit – Handel oder Handwerk?

Für Berufe, die in Gewerben, Handwerksbetrieben und handwerksähnlichen Betrieben stattfinden, sind die Handwerkskammern die zuständigen Stellen. Diese unterliegen der Handwerksordnung (HWO).

Die **Handwerkskammern (HWK)** sind die gesetzlichen Berufsvertretungen des Gesamthandwerks im jeweiligen Kammerbezirk, jeder zugehörige Handwerksbetrieb führt einen Mitgliedsbeitrag an die HWK ab, die als Vertreter für die Betriebe bei Bund und Ländern auftreten. Die Handwerkskammer erfüllt wichtige Aufgaben: Sie führt die Handwerksrolle und die Lehrlingsrolle, erlässt Gesellen-, Abschluss-, Meister- und sonstige berufliche Weiterbildungs- und Prüfungsverordnungen und führt die Prüfungen durch.

Handwerkskammern = Interessenvertreter der Handwerksbetriebe

Die **HWO** regelt den selbstständigen Betrieb eines Handwerks, führt das Verzeichnis der Handwerksrolle, regelt das handwerksähnliche Gewerbe, die Berufsausbildung im Handwerk, die Meisterprüfung und Meistertitel und die Organisation des Handwerks.

Info

Die Handwerkskammer ist eine Körperschaft des öffentlichen Rechts und die Interessenvertretung des Handwerks in einem Kammerbezirk.

Die Organe der Handwerkskammer sind
1. die Mitgliederversammlung (Vollversammlung),
2. der Vorstand,
3. die Ausschüsse.

Die Vollversammlung besteht aus gewählten Mitgliedern. Sie sind Vertreter des gesamten Handwerks und des handwerksähnlichen Gewerbes.

Die Vollversammlung wählt aus ihrer Mitte den Vorstand. Dem Vorstand obliegt die Verwaltung der Handwerkskammer; Präsident und Hauptgeschäftsführer vertreten die Handwerkskammer gerichtlich und außergerichtlich. Alles Nähere regelt die Satzung.

Das Hauptamt der Handwerkskammer arbeitet im Auftrag der Vollversammlung. Das Hauptamt mit der Geschäftsführung an der Spitze unterteilt sich in folgende Hauptabteilungen:
- Organisation/Finanzen
- Recht/Handwerksrolle
- Wirtschaftförderung und -beratung
- Berufsbildung
- Bildungszentren

Grundlagen der Arbeit der Handwerkskammer sind
- Handwerksordnung,
- Satzung der Handwerkskammer,
- Beschlüsse der Vollversammlung.

Die Betätigung der Kosmetiker in einem Kosmetikinstitut zählt zum handwerksähnlichen Gewerbe.

Die Kammerzugehörigkeit richtet sich nach dem jeweiligen Umsatzvolumen in den Bereichen Handwerk und Handel.

Hat ein Kosmetikinstitut einen betriebswirtschaftlich orientiert hohen Anteil an Einzelhandel (also an Warenverkäufen), ist die Möglichkeit der Kammerwahl gegeben.

Im Jahr 2008 waren zwei Drittel aller Kosmetikbetriebe in die handwerksähnliche Rolle eingetragen und ein Drittel bei der **Industrie- und Handelskammer (IHK)** gemeldet.

Aufgaben und Aufbau der IHK

Die Industrie- und Handelskammern (IHK) vertreten als eigenverantwortliche öffentlich-rechtliche Körperschaften der wirtschaftlichen Selbstverwaltung das Interesse ihrer zugehörigen Unternehmen gegenüber Kommunen, Landesregierungen sowie Politik und Öffentlichkeit.

- Als Dachorganisation der 80 deutschen IHK übernimmt der Deutsche Industrie- und Handelskammertag (DIHK), im Auftrag und in Abstimmung mit den IHKs die Interessenvertretung der deutschen Wirtschaft gegenüber den Entscheidern der Bundespolitik und den europäischen Institutionen. (...)
- Die außenwirtschaftlichen Beziehungen der deutschen Wirtschaft fördern an 120 Standorten in 80 Ländern weltweit die Auslandshandelskammern, Delegationen und Repräsentanzen der deutschen Wirtschaft (AHK)

Im Unterschied zu anderen Organisationen der Wirtschaft, besonders den Branchenverbänden, repräsentiert die IHK-Organisation das wirtschaftliche Gesamtinteresse auf der Grundlage einer breiten Unternehmerschaft: 3,6 Millionen gewerbliche Unternehmen sind gesetzliche Mitglieder der IHK. Das macht die IHK-Organisation unabhängig von Einzelinteressen und schafft ein besonderes Gewicht gegenüber politischen Instanzen. Es zwingt alle Entscheider der IHK-Organisation zum Ausgleich der Interessen.

Diese Seite ist Bestandteil der Internetpräsentation des DIHK (Deutscher Industrie- und Handelskammertag e.V.) www.dihk.de > Wir über uns, vom 14. Feb. 2008

Organigramm einer IHK

Präsidium	**Hauptgeschäftsführung**	**Service-Center**		**Kommunikation**	**Projekte**
Präsident, Vizepräsident	Hauptgeschäftsführer	Erstauskünfte, Formulare, Firmeninformationen, Broschüren, Messekarten, Veranstaltungen		Presse, Marketing, IHK-Magazin, Service-Center	Foren, Projekte
Standortpolitik	**Starthilfe und Unternehmensförderung**	**Aus- und Weiterbildung**	**Innovation, Umwelt**	**International**	**Recht**
Wirtschafts- und Verkehrspolitik, Stadtentwicklung, Statistik	Unternehmensführung, Steuerrecht, Betriebswirtschaft	Bildungspolitik, Bildungsrecht, Bildungsberatung	Energie- und Umweltberatung, Innovationsberatung	Import-/Exportberatung, Auslandsmärkte	Europäisches und internationales Wirtschaftsrecht, Rechtspolitik

Auszüge aus: Broschüre der IHK Wiesbaden, 2008

1.4 Abgrenzung zu anderen Berufen

Was ist kosmetische Dermatologie oder dermatologische Kosmetik?

Dermatologische Kosmetik dient der **Erhaltung und Beeinflussung** des gesunden Normalzustandes des Körpers. Zum Normalzustand zählen hierbei auch natürliche Erscheinungen und Veränderungen des Körpers sowie natürliche Schwankungen der Körperfunktionen, insbesondere die „normale" Ausprägung von Pickeln, Sonnenbrand, usw. auch das Altern des menschlichen Körpers wird als natürlicher Vorgang gesehen. Daher gelten Methoden zur **Vorbeugung** grundsätzlich als **kosmetisch.**

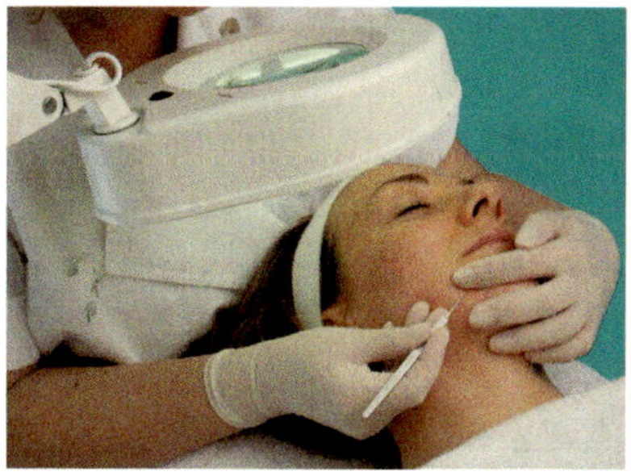

Abb. 1.11: Kosmetische Ausreinigung

kosmetische Dermatologie ≠ dermatologische Kosmetik

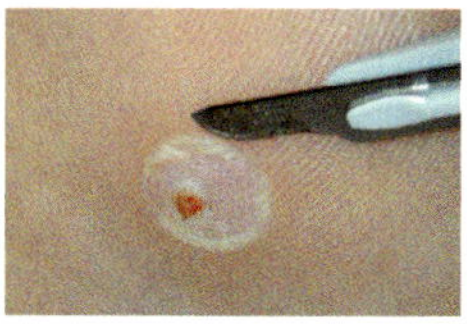

Abb. 1.12: Ärztliche Warzenentfernung

Kosmetische Dermatologie ist eine Dienstleistung, die der **Stabilisierung oder Therapierung** eines *pathologischen* (lat., krankhaft, abweichend von der Norm) Zustandes dient. Sie ist dem **ärztlichen** Bereich zuzuordnen und zählt somit zur Dermatologie. Beispiel: Die Entfernung eines aus Schönheitsaspekten störenden Leberflecks oder einer Warze.

pathologisch

Weitere Behandlungen, die weder in den kosmetischen, noch in den ärztlichen Bereich hineinpassen, werden durch das **Heilpraktikergesetz (HeilprG)** geregelt.

Beispiel

Sie möchten Fußreflexzonen-Massagen anbieten.
Dazu gibt es bereits einige Gerichtsurteile, die aussagen, dass die therapeutische Fußreflexzonen Massage eine „Heilbehandlung" ist und somit in den Bereich Heilbehandlung fällt. Sie wird durch das Heilpraktikergesetz (HeilprG vom 17.02.1939) geregelt. Sie finden dieses Gesetz und andere im Bundesgesetzblatt (BGBl)[1].

Bieten Sie keine Behandlung an:

- die vom Berufsbild her ein Heilpraktiker oder ein Arzt vornimmt,
- die zur Linderung bzw. zur Heilung von Beschwerden und Krankheiten dient,
- die notwendigerweise eine vorangehende ärztliche Diagnose voraussetzt,
- die heilkundliches Fachwissen erfordert (z. B. Faltenunterspritzung),
- die bei unsachgemäßer Ausführung zu nachhaltigen Körperschäden führen kann (z. B. Piercing).

Als Kosmetikerin sind Sie täglich mit den Grenzen Ihres Handlungsbereiches konfrontiert, da Sie **vorbeugend** und **pflegend,** aber **nicht heilend** tätig sind.

Leider gibt es noch kein spezielles Gesetz, das die Tätigkeit der Kosmetikerin im Einzelnen regelt. So müssen Sie sich aus einer Vielzahl von Gesetzen die im Rahmen Ihrer Tätigkeiten als Kosmetiker/-in relevanten Bereiche erarbeiten.

1 Im BGBl werden die Bundesgesetze verkündet und veröffentlicht:
Teil I alle Bundesgesetze, Verordnungen, aber auch Entscheidungsformeln des Bundesverfassungsgerichtes und weiteres.
Teil II befasst sich mit allen völkerrechtlichen Belangen.
Teil III enthält das rechtsbereinigte, fortgeltende Bundesrecht nach Sachgebieten geordnet.
(Online-Versionen gibt es bei www.bundesgesetzblatt.de.)

Es gibt die Möglichkeit, über Onlineanbieter herauszufinden, ob es eine aktuelle Rechtsprechung für Ihre Fragen gibt. (z. B. bei www.kosmetik-und-recht.de)

Sollten Sie sich als Kosmetiker nicht im Klaren sein, ob Sie eine Behandlung ausführen dürfen oder nicht, beraten Sie sich mit Ihrem Versicherungsvertreter bez. des Haftungsrahmens Ihrer Betriebshaftpflichtversicherung (→ Kapitel 4.4).

Nicht jede Versicherung versichert Ihnen alle Risiken. Zum Beispiel versichert Ihnen kaum ein Versicherungskonzern die Risiken und Schäden bei Permanent Make-up, Shiatsu-Anwendungen oder auch bei manueller Lymphdrainage.

Symptome

Eine Kooperation mit Medizinern wie z. B. Internisten und Dermatologen ist empfehlenswert, da sehr viele Hauterscheinungen (Pickel, Pustel, Haarwuchs) einen krankhaften Ursprung haben. Eine eingehende Untersuchung durch den Arzt kann Ihnen die kosmetische Behandlung erleichtern. Umgekehrt verweist ein Dermatologe gerne an eine Kosmetikerin zur Mitbehandlung von *Symptomen* (griech., Kennzeichen, Merkmal), wie z. B. bei Akne, Fuß- oder Nagelpilz. Eine solche Pflegemaßnahme des Patienten/Kunden fällt in den Bereich der Kosmetik.

Abgrenzung Kosmetika – Arzneimittel

Für beide Produktklassen gelten sehr unterschiedliche Anforderungen. Diese sind in → Band B, LF 7 dieses Lehrwerks ausführlich beschrieben.

1

Cosmetics

Kosmetika (engl. *Cosmetics*) sind grundsätzlich zum Verbrauch bestimmte Zubereitungen aus Stoffen, deren Zweck es ist, der äußerlichen Anwendung zur **Reinigung, Pflege, zur Beeinflussung des Aussehens bzw. des Körpergeruchs** oder zur Vermittlung von Geruchseindrücken zu dienen. Wesentlich ist also die Zweckbestimmung des Mittels.

Pharmaceutics

Kosmetika ≠ Arzneimittel

Abb. 1.13 Kosmetika Beispiel

Ein **Arzneimittel** (engl., Mehrzahl *Pharmaceutics*) dient im Gegensatz dazu überwiegend der **Beseitigung und Linderung** störender körperlicher Veränderungen, kann aber auch untergeordnet einem kosmetischen Zweck dienen.

Diese Unterscheidung gilt nicht, wenn das Mittel zur Beeinflussung der Körperformen bestimmt ist. Sobald ein so tiefer Eingriff in die Körperfunktion mit körperformender Wirkung gegeben ist, zählt es als Arzneimittel, wie z. B. Diätika (diätfördernde Mittel), die dem Gewichtsverlust dienen.

Cosmeceutics

Als Kosmetiker haben Sie es – bei der Anwendung oder auch bei Beratung und Verkauf – mit Kosmetika und ggf. mit Kosmezeutika (engl., Mehrzahl *Cosmeceutics*, ein künstliches Wortgebilde, Mischform in der Wirkweise zwischen Kosmetikum und Arzneimittel) zu tun. Grundlegende Kenntnisse über Kosmetikinhaltsstoffe und deren Funktionen und Wirksamkeit sind essenziell für die Ausübung Ihres Berufes und erhalten Ihnen das Vertrauen Ihrer Kunden.

Wenn es um die Herstellung oder die Inhaltsstoffe von Kosmetikprodukten geht, wird dies durch das **Lebensmittel-, Bedarfsgegenstände- und Futtermittelgesetzbuch (LFGB)** und die **Kosmetikverordnung (KVO)** geregelt. Letztere beinhaltet Positiv- und Negativlisten über Inhaltsstoffe, zum Schutz des Verbrauchers vor gesundheitlichen Schäden und Täuschungen.

1.5 Spezialisierung und Weiterbildung

Sie sind nicht nur in Kosmetikstudios beschäftigt, sondern auch auf benachbarten **Tätigkeitsfeldern,** wie beispielsweise in dermatologischen Praxen, Hautkliniken, in der Kosmetikindustrie, im Verkauf (Repräsentanten), im Bereich Schulung, Publizistik (Frauen- und Fachzeitschriften) sowie Schönheitsfarmen, *Day Spa's* (engl., Tagesschönheitsfarmen mit Wasseranwendungen/Körperbehandlungen), *Fitnesscentern, Wellness*-Hotels im Inland und Ausland, Arztpraxen oder Frisörsalons.

Day Spa

Ihr Tätigkeitsfeld richtet sich nach Ihrer **Qualifikation,** nach Ihren Fähigkeiten und Interessen und vor allem nach Ihrer **Spezialisierung.** Viele Seminare oder Schulungen, die angeboten werden, sind zwar keine staatlich anerkannten oder eigenständigen Berufszweige, aber sehr hilfreich für Ihre berufliche Ausrichtung, z. B. *Thalasso*-Anwendungen (Algen- und Meerwasser), *Hot Stone*-Anwendungen (spezielle Massageform unter Verwendung von heißen Steinen), Mikrodermabrasion (maschinelle Abschleifung der Oberhaut), Permanent Make-up, Visagistik und Nageldesign (→ Band B und C).

Thalasso
Hot Stone
Mikrodermabrasion

Entsprechend Ihrer beruflichen Grundbildung haben Sie auch die Möglichkeit, an Universitäten, z. B. die Studiengänge **Kosmetologie** oder an Fachhochschulen als **Ingenieur/Ingenieurin der Kosmetika- und Waschmitteltechnologie** zu belegen.

Kosmetologen und Kosmetologinnen unterrichten über Theorie und Praxis der Körper- und Schönheitspflege. Zudem können sie Aufgaben in unterschiedlichen Funktionsbereichen von Wirtschaftsunternehmen der Kosmetikbranche übernehmen, etwa in Marktforschung, Marketing, Vertrieb oder Einkauf. Sie arbeiten als Lehrer/innen an Fach- und Berufsschulen, in der Erwachsenenbildung und in Kosmetiksalons. Auch bei Handels- und Dienstleistungsunternehmen der Kosmetikbranche und in der Kosmetikindustrie können sie tätig sein. (...) Die Dauer des Studiums bis zum Bachelorabschluss beträgt mindestens 3 und höchstens 4 Jahre. (...)

Ingenieure und Ingenieurinnen der Kosmetika- und Waschmitteltechnologie entwickeln, produzieren und prüfen Kosmetika sowie Wasch- und Reinigungsmittel des täglichen Gebrauchs wie Shampoos, Aerosole, Stückseifen und ähnliche Produkte. Sie sind in erster Linie in entsprechenden Herstellungsbetrieben, z. B. in der chemischen und pharmazeutischen Industrie, aber auch in der Zuliefererindustrie, in Unternehmen des Maschinen- und Anlagenbaus sowie in Behörden und Verbänden tätig. Darüber hinaus können sie auch in wissenschaftlichen Instituten und an Hochschulen Beschäftigung finden. [Den Studiengang] Technologie der Kosmetika und Waschmittel kann man an Fachhochschulen studieren. Das Studium kann eigenständig oder als Schwerpunkt von Studiengängen der Lebensmitteltechnologie absolviert werden. Die Dauer des Studiums bis zum Bachelorabschluss beträgt mindestens 3 und höchstens 4 Jahre. (...)[1]

Quelle: berufenet.arbeitsagentur.de, Stichworte: Kosmetologen und Technologie der Kosmetika und Waschmittel vom 22. April 2008

Über das Angebot an **Diplomstudiengängen** (*Master* und *Bachelor*) an Hochschulen (Dauer: in der Regel 4–5 Jahre) informiert die Datenbank KURSNET.

1 Aufgrund der Einführung von *Bachelor*- und *Master*abschlüssen werden Diplomstudiengänge immer seltener angeboten. Ab dem Jahr 2010 wird bei Studienängen in fast allen Fächergruppen der *Bachelor*abschluss der Regelabschluss sein.

Beste **Informationsquellen für Spezialisierung und Weiterbildung** sind die Agentur für Arbeit, z. B. im Internet unter www.Arbeitsagentur.de und www.berufenet.arbeitsagentur.de oder Fachmessen für Kosmetik, auf denen die Hersteller von Kosmetika ihre Neuheiten präsentieren und die dazugehörigen Schulungen anbieten.

Ausschlaggebend für Ihre **Tätigkeit** sind Ihr **Ziel** und Ihre **Motivation** – möchten Sie lieber angestellt arbeiten oder selbstständig?

- Die Angestelltentätigkeit wird über einen Arbeitsvertrag mit einem Arbeitgeber geregelt (→ Kapitel 4.3). Sie haben einen festgelegten Tätigkeitsrahmen mit beschränkten Befugnissen und einem fixen Gehalt bei festen Arbeitszeiten.
- Wenn Sie selbstständig arbeiten tragen Sie selbst das volle Risiko, bestimmen eigenständig Arbeitszeit, Ort und Tätigkeit und haben keine Garantien für Ihr Einkommen (→ dazu auch Kapitel 4.6).

Bevor Sie sich entscheiden, sollten Sie Ihr „Arbeitsumfeld" prüfen in puncto Marktlage, Kundschaft, Konkurrenz, Verdienstmöglichkeiten, private finanzielle Gegebenheiten, familiäre Unterstützung usw.

Der Kosmetiksektor wird vom Kunden zum Bereich Luxus gezählt, daher ist er besonders betroffen von Schwankungen der Wirtschaftslage (→ Kapitel 3.2), denn beim Luxussegment beginnt der Kunde mit Einsparungen. Je mehr Anwendungsbereiche Sie anbieten können, umso sicherer ist Ihr Einkommen. Daher sollten Sie sich regelmäßig über Neuheiten und neue Anwendungstechniken auf dem Markt erkundigen.

Um sich Ihre „berufliche Aktraktivität" zu erhalten, aber auch um sich vor Routinefehlern zu schützen, sollten Sie sich spezialisieren und weiterbilden.

Abb. 1.14: Übersicht der Weiterbildungsmöglichkeiten

Info

Biokosmetiker/-in

Aufgaben und Tätigkeiten im Überblick

Biokosmetiker/-innen sind Fachleute für pflegende, dekorative sowie gesundheitsfördernde Behandlung im Bereich der Schönheitspflege. Durch die Behandlung des Körpers beabsichtigen Biokosmetiker/-innen, zusätzlich positiv auf Geist und Seele einzuwirken.
Biokosmetiker/innen arbeiten in Kosmetikstudios. Darüber hinaus sind sie in Kosmetikfachgeschäften, auf Schönheitsfarmen und in Fitnesszentren und Wellness-Einrichtungen tätig. Außerdem kann es z. B. in größeren Hautarztpraxen geeignete Tätigkeitsfelder geben.
Vor der Behandlung beurteilen Biokosmetiker/-innen den Hautzustand der Kunden und typisieren das Hautbild. Anschließend führen sie eine kosmetische Hautbehandlung des Gesichts und Dekolletees oder auch des ganzen Körpers durch. Sie wenden dabei Techniken und Verfahren der Kosmetik, Fußpflege, Massage (Ganzkörpermassagen), Visagistik und Maniküre an. Zur Ganzkörperkosmetik gehören etwa auch Arm- und Körperpackungen, kosmetische Bäder oder Heilkräuter-Essenz-Therapien.

Im Bereich der dekorativen Kosmetik tragen Biokosmetiker/-innen den Kunden zum Beispiel Tages- oder Abend-Make-up auf. Für die kosmetische Behandlung verwenden Biokosmetiker/-innen nur biologische Kosmetikprodukte. Sie beraten die Kunden ebenfalls über Anwendung und Wirkungsweise dieser Präparate.

Zugang: Um diese Tätigkeit ausüben zu können, ist üblicherweise eine Aus- oder Weiterbildung im Bereich Kosmetik erforderlich.

Quelle: www.berufenet.arbeitsagentur.de > Biokosmetiker

1

Info

Wellnessmanager/ Wellnesstrainer/ Wellnessberater

(engl. Wellnesscoach)

Sie haben vielseitige Betätigungsfelder. Sie leiten oder unterstützen z. B. den Wellnessbereich eines Fitnessstudios, einer Freizeitanlage, eines Krankenhauses oder eines Hotels. Da sie als Manager auch Marketing und PR-Strategien (engl. *Public Relations* = Öffentlichkeitsarbeit) erlernen und beherrschen, haben sie oft Aufgaben im Projekt- und Qualitätsmanagement inne. Tätigkeiten am Empfang mit Terminvergabe, Beratung und Verkauf machen aber den Hauptteil der Tätigkeit aus.

Die Bezeichnungen sind nicht gesetzlich geschützt und damit sind auch die Ausbildungsinhalte und die dafür zu zahlenden Gebühren nicht einheitlich geregelt.

Gerne wird ein bereits erfolgter Abschluss als Ernährungsberater, eine Trainerlizenz oder eine kaufmännische Ausbildung gesehen.

Informieren Sie sich z. B. im Internet unter: www.wellnessverband.de

Info

Podologe/Podologin

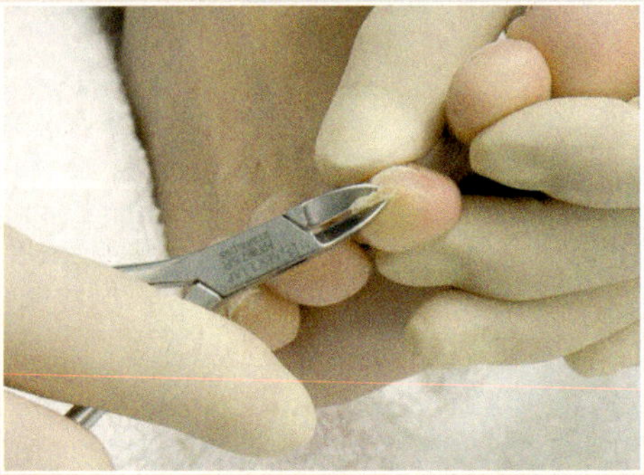

Podologen und Podologinnen sind in der nichtärztlichen Heilkunde am Fuß tätig. Sie pflegen und behandeln Füße – auch in Fällen, wo dies medizinisch geboten ist. Sie arbeiten selbstständig und auf ärztliche Verordnung.
Vorwiegend sind sie in podologischen Praxen sowie in Fußpflegeabteilungen von Rehabilitationskliniken und Krankenhäusern tätig. Sie arbeiten zudem in Physiotherapiepraxen. Darüber hinaus finden sie in Kosmetiksalons, Sanitäts- und Orthopädiehäusern mit podologischen Abteilungen, Seniorenheimen und Erholungseinrichtungen wie Wellnesshotels Beschäftigungsmöglichkeiten.
Podologe bzw. Podologin ist eine bundesweit einheitlich geregelte schulische Ausbildung an Berufsfachschulen und dauert 2 Jahre.
Bevor sie zu Zange, Pinzette oder Skalpell greifen oder Lösungen auftragen, klären Podologen und Podologinnen erst einmal die Ursache für die Beschwerden ab. (...) Während der Behandlung tragen sie sterile Handschuhe und Arbeitskittel. Danach desinfizieren und sterilisieren sie die verwendeten Instrumente, denn Hygiene ist oberstes Gebot. In die [podologische] Praxis kommen auch Personen mit gesunden Füßen oder rein kosmetischen Problemen. Dann geht es darum Füße zu pflegen, Krankheiten zu verhindern oder das Wohlbefinden zu steigern.

Quelle: www.berufenet.arbeitsagentur.de > Podologe/in

1

Info

Lymphdrainage- und Ödemtherapeut/-in

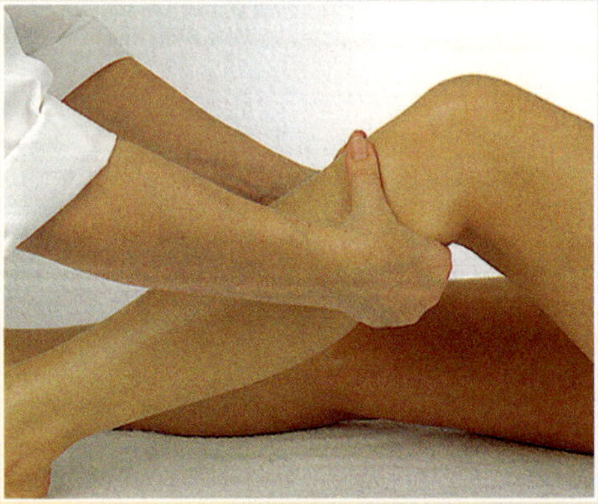

Sie führen spezielle Massagen durch, um Stauungen im Lymphsystem des Körpers und in den Venen zu verhüten oder zu beseitigen. Hierzu wenden sie verschiedene Techniken an, wie beispielsweise Kreisbewegungen, Pump- oder Drehgriffe. Sie arbeiten im Gesundheitswesen, z.B. in Massagepraxen und in Krankenhäusern, die auch medizinische Massagen anbieten. Auch in Kurhotels finden sie Beschäftigung.
Um diese Tätigkeit ausüben zu können, wird üblicherweise eine Ausbildung im Bereich Massage oder Physiotherapie gefordert, es muss eine Bescheinigung nach dem Infektionsschutzgesetz vorliegen, daneben ist eine entsprechende Berufserlaubnis gemäß Masseur- und Physiotherapeutengesetz erforderlich.
Lymphdrainage- und Ödemtherapeuten bzw. -therapeutinnen analysieren die Leistungsfähigkeit der Lymphbahnen ihrer Patienten und Patientinnen und bauen darauf die Behandlung auf. Zudem beurteilen sie, welche Behandlungsstrategien eingesetzt werden können, um die Zirkulation im Lymphsystem zu aktivieren und zu unterstützen. Den Verlauf der Therapie dokumentieren sie in Verlaufs- und Arztberichten.
Zu ihren Patienten zählen Menschen, deren Lymphsystem gestört ist. (...)

Quelle: www.berufenet.arbeitsagentur.de > Lymphdrainage- und Oedemtherapeut

A Fragen Übungen Aufgaben

1. *Welche verschiedenen Ausbildungsträger gibt es zur Erlernung des Berufes Kosmetiker/Kosmetikerin?*
2. *Nennen Sie die Hauptunterscheidungsmerkmale der beiden Ausbildungsformen privatschulische Ausbildung und Ausbildung im dualen System und nennen Sie mögliche Vor- und Nachteile für die*

Auszubildenden	Ausbilder	Kosmetikwirtschaft

3. *Führen Sie ein Rollenspiel Auszubildender – Ausbilder durch. Stellen Sie folgende Situationen nach und analysieren Sie diese anschließend:*
   a) *Der Ausbildende/die Kosmetikerin bietet aus Gründen der Nachfrage nur noch Nageldesign an. Was bedeutet das für den Azubi und welche Folgen kann es haben?*
   b) *Der Azubi lässt trotz ausführlicher Erklärung Instrumente über Nacht im Wasserbad liegen und diese haben Flugrost angelegt. Wie wird darüber gesprochen und was könnte passieren?*
   c) *Der Ausbildende teilt dem Azubi mit, dass er im Kosmetikstudio gebraucht wird und nicht am Berufsschulunterricht teilnehmen kann. Ist das möglich?*
   d) *Die Berichtshefte zu führen, findet der Azubi unsinnig und tut es nicht richtig, bei der Durchsicht mit der Kosmetikerin kommt es zum Gespräch. Welche Folgen könnte es haben?*
4. *Was passiert, wenn Sie die Abschlussprüfung nicht bestehen?*
5. *Sie sind noch nicht volljährig, Ihr Chef möchte, dass Sie ausnahmsweise auf einer Werbeveranstaltung Sonntags aushelfen. Darf er das verlangen?*
6. *Ihre wöchentliche Arbeitszeit beträgt 42 Stunden. Ist das erlaubt?*
7. *Sie erzählen einer Freundin, wie die berühmte Gesichtsmaske Ihres Betriebes hergestellt wird. Gegen welchen Paragrafen des BBiG haben Sie verstoßen?*
8. *Ihnen gefällt Nageldesign nicht, müssen Sie das erlernen?*
9. *Bitte ordnen Sie die auf den Seiten 336 und 337 gelisteten Ausbildungsinhalte der dargestellten Grafik „Aufgabenfelder der Kosmetik" (→ Abb. 1.10) zu. Gibt es viele oder wenige eindeutige Zuordnungen?*
10. *Was ist der Unterschied zwischen dermatologischer Kosmetik und kosmetischer Dermatologie?*
11. *Sie möchten gerne Falten unterspritzen, dürfen Sie das als Kosmetikerin?*
12. *Eine Kundin hat Beschwerden mit einer Warze am Fuß und verlangt, dass Sie diese entfernen. Wie reagieren Sie?*
13. *Der Betrieb, in dem Sie Ihre Ausbildung machen, erwirtschaftet seine Umsätze zu 60 % durch Behandlungen. Welcher Kammer sollte er angehören?*
14. *Warum sollte man sich durch Weiterbildung spezialisieren?*

2 Geschichte der Kosmetik

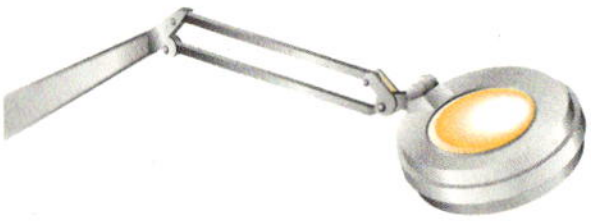

Lisa und Petra haben sich in ihrem Lieblingscafé getroffen und unterhalten sich über ihre Berufswahl. Petra hat sich für eine Lehre als Bankkauffrau entschieden. Lisa möchte ihren Traumberuf Kosmetikerin erlernen. Petra: „Bist du sicher, dass du Pickel ausdrücken so klasse findest?" Lisa: „Ach Pickel, das ist doch nur ein kleiner Teil meines Berufes. Ich habe im Internet gesurft und so viel Interessantes über Kosmetik erfahren, die Vielseitigkeit und die Ursprünge."

Abb. 2.1: Ägyptische Damen bei Festlichkeit[1]

Die Kosmetik hat eine über 6000 Jahre alte Tradition. Sie dient der vorbeugenden Gesunderhaltung, Pflege und Verschönerung der Haut und des Körpers. Kosmetik bedeutet, das Körperäußere zu pflegen, zu verbessern und zu verschönern, um auf sichtbare, fühlbare und riechbare Weise den Mitmenschen und sich selbst zu gefallen.

hygieionos

Die Kosmetik war in der antiken Welt und im frühen Mittelalter ein Teil der Medizin (s. o.) mit Hauptaufgaben in **Pflege**, **Gesundheit** und **Hygiene** (abgeleitet vom griech. *hygieionos* = „der Gesundheit zuträglich" → LF 2, Kapitel 5), um so Krankheiten vorzubeugen.

Ab dem 11. Jahrhundert wurden in Europa verstärkt Universitäten geöffnet und wissenschaftliche Arbeiten ins Lateinische übersetzt. Nikolas von Salerno veröffentlichte die erste Pharmacopeia mit der Kennzeichnung von 150 Drogen (als Medikamente verwendete Rauschmittel). **Medizin, Pharmazie und Kosmetik waren noch ein Wissensgebiet.** Im Verlauf der darauf folgenden Jahrhunderte wurden viele Wissensgebiete intensiver erforscht und die Erkenntnisse und Ergebnisse vertieft.

Der Ursprung der Worte Kosmetik, Kosmetiker ist griechisch. *Kosmeo* bedeutet ordne und schmücke.

Trennung von Medizin und Kosmetik

Zu Beginn des 14. Jahrhunderts dann wurde von Henri de Mondeville ein großes Lehrbuch der Chirurgie verfasst. Hier findet man den ersten Hinweis auf eine konkrete Trennung von Medizin und Kosmetik. Henri de Mondeville unterschied zwischen pathologischen Veränderungen der Haut, die medizinisch behandelt werden müssen, und kosmetischen, verschönernden Behandlungen der Haut. **Ab diesem Zeitpunkt entwickelten sich Kosmetik und Dermatologie zu eigenen Wissensgebieten.**

1 mit parfümierten harzigen Salbkegeln auf dem Kopf, die langsam anfingen zu schmelzen

Das Christentum gewann im Abendland (Europa) die Oberhand und dadurch wurde unter dem Einfluss der Kirchenväter die Körperbetonung, und damit die Kosmetik verpönt. Da zu dieser Zeit und im Verlauf der kommenden Jahrhunderte zusätzlich der Glaube herrschte, dass Waschen mit Wasser krankheitserregend war, stand die Kosmetik (und hier besonders das praktizierte aufwändige Schminken) mit ihren Anwendungen **im Gegensatz zu Gesundheit und Gesunderhaltung.**

Kosmetik ≠ Gesundheit und Gesunderhaltung

Mit dem ausgehenden Mittelalter wandelte sich auch, vor allem während der Zeit des Renaissance, das kulturelle Leben. Die Menschen lösten sich immer mehr von der strengen kirchlichen Bevormundung. Kunst und Wissenschaft blühen auf. Die Kosmetik war immer noch mit der Alchemie verbunden und von magischen und abergläubischen Praktiken begleitet. Guiseppe Balsamo z. B. war ein Scharlatan, der behauptete, eine Rezeptur zur Erlangung ewiger Jugend zu besitzen.

Das aufstrebende Bürgertum grenzte sich insbesondere im 18. Jahrhundert immer mehr und abwertend vom adeligen Stand ab und setzte neue Maßstäbe und Wertvorstellungen mit neuen Formen des Arbeitens und Lebens, mit damit verbundenen kulturellen und sozialen Erscheinungen. Die aufkommende Kritik richtete sich gegen die von aristokratischer Seite angewandte Maskerade, Künstlichkeit und Unnatürlichkeit, gegen die Verschwendungssucht und das affektierte Auftreten des Adels. Ein neues Körperverständnis begann sich durchzusetzen, mit den Zielen Gesundheit, Leistungsfähigkeit, Nützlichkeit und Disziplinierung ins Bewusstsein zu rücken. So kam es dazu, dass körperliche Reinheit und Gesundheit wieder in den Vordergrund traten. **Das Waschen und der Begriff der Hygiene wurden wiederentdeckt, allerdings als Disziplinen der Medizin.**

Im Laufe des 18. und 19. Jahrhunderts wurde der menschliche Körper immer stärker naturwissenschaftlich erforscht . Die Kosmetik, damals fast ausschließlich auf „das Schminken" reduziert, war aber immer noch zunehmend verpönt.

Erst im 20. Jahrhundert wurde das „geschminkte Frauengesicht" wieder und immer mehr akzeptiert. Die aufblühende chemische Industrie und die explosionsartige wissenschaftliche Entwicklung auf allen Wissensgebieten (vor allem der Chemie) waren auch für die Herstellung der Kosmetika von großer Bedeutung. Die Chemie lieferte Stoffe, die bis dahin gar nicht oder nur selten zugänglich waren. Mit zunehmender Industrialisierung wurden nun auch Kosmetikaproduktionen in immer größeren Mengen zu erschwinglichen Preisen möglich. Kosmetika und die Kosmetik fanden dann mithilfe intensiver Werbung den Weg in die Massenverbreitung.

Kosmetik war einmal früher und ist heute wieder **Ausdruck von Wohlbefinden und dem Wunsch nach körperlicher und seelischer Vollkommenheit.** Heute nennen wir das **Wellness.** Die Kosmetik hat sich einen wichtigen Stellenwert im Leben des modernen Menschen zurückerobert und sich einzelnen medizinischen Bereichen wieder angenähert.

Abb. 2.3:
Plakat der Kosmetikfirma Elida um 1926/30

Die Kosmetologie ist die Lehre über Hygiene, dekorative Kosmetik, Körper- und Gesichtspflege, Gesundheitserhaltung und Krankheitsvorbeugung.

Tab. 2.4: Zeittafel

Zeitspanne	Epoche	Zeitspanne
– 1700 v. Chr.	Steinzeit	Schmuck aus z. B. Muscheln, Körperbemalungen
1700 – 1200 v. Chr.	Bronzezeit	Körperbemalungen mit Erd- und Naturfarben, Tierfette als Schutz gegen Kälte und Sonne
1600 v. Chr. – 800 n. Chr.	Germanen	Die Germanen verwendeten Lanolin zur Körperpflege.
1200 – 800 v. Chr.	Eisenzeit	Schmuck aus Metallen
2850 – 30 v. Chr.	Hochkultur der Ägypter	Parfümierte Salben, Duftstoffe, Indigo, Henna, Schminke wie Kajal (Mix aus Antimon und Ruß), hochentwickelte Körperpflege
1500 v. Chr. – 150 n. Chr.	Die Griechen (Antike)	Körperkult, Kompressen, Kosmeten, Gesichtsmasken: aus Brotkrumen und Milch, Packungen, Sport und Gymnastik Diätformen mit Massagen und Schwitzbädern
ca. 500 v. Chr. – 476 n. Chr.	Römerzeit (Spätantike)	Bäderkultur (Thermen), Massagen, Kreide zur Aufhellung des Teints, Haarentfernungsmittel (z. B. Zuckerwasser), Bimsstein zur Zahnreinigung, Salben mit Wein- und Tierextrakten
900 v. Chr. – 1200 n. Chr.	Romanik	In der Romanik spielte die Haarpflege eine große Rolle.
ca. 500 – 1066 n. Chr. 1000 – 1250 n. Chr. 1250 – 1550 n. Chr.	Frühmittelalter Hochmittelalter Spätmittelalter Gotik	Geschichtlich sind wenige kosmetische Entwicklungen festgehalten: Gesichtsdampfbäder und Kräuteranwendungen; der Beruf des Baders entwickelte sich. Dieser war u. a. für das Zähne ziehen zuständig, und als Barbier tätig. Badehäuser wurden von Männern und Frauen besucht und galten als „unzüchtig und gottlos".
1400 – 1600 n. Chr.	Renaissance	Perücken, Quartierwechsel statt Hygiene
1600 – 1720 1715 – 1789	Barock Rokoko	Aus Angst vor Pest verwendete man kein Wasser zum Waschen, aber viel Parfüm und Puder (Weizen- oder Reismehl zur Weißung des Gesichts, manchmal aber auch das giftige Bleiweiß) und Schönheitsmale; Walrat (fettartige, weiße Masse aus derStirnhöhle der Pottwale, Salbengrundlage) als Hautcreme-Basis. Korsett und üppige Frisuren waren weitere „Markenzeichen" dieser Zeit.
spätes 18. Jahrhundert (bis 1815)	1. Empire	Die gesundheitsschädigenden Korsetts wurden verbannt und baden kam wieder in Mode. Kaiserin Josephine von Frankreich brachte die „Empirekleider" (lockerer, leichter Schnitt) in Mode.

Zeitspanne	Epoche	Zeitspanne
1815 – 1848	Biedermeier	„biedere" Frisuren mit Korkenzieherlöckchen und auch Flechtfrisuren; 1826 erste Schönheitsoperationen im New York Hospital
1848 – 1879	2. Empire	Im 2. Empire wurden Korsetts zur extremen Taillenschnürung wieder sehr modern.
	Jugendstil	Die Zeit des Jugendstils prägten starkes Make-up und überladene Frisuren; Haarfärbemittel und Parfüms, aber auch Gesichtscremes wurden verwendet
20. Jahrhundert	Emanzipation der Kosmetik	Erfindung des Lippenstifts, erste Dauerwellen, Bleichcremes und Haarentfernungsmittel wurden größeren Bevölkerungsteilen zugänglich; Helena Rubinstein eröffnet den ersten Schönheitssalon; große Entwicklungssprünge von Jahrzehnt zu Jahrzehnt im Bereich Schönheitscremes, Make- up, Frisuren und Mode
21. Jahrhundert	Gegenwart	Forschung und Wissenschaft bestimmen den Kosmetikmarkt, revolutionäre Anti-Falten-Produkte und -Therapien erobern den Markt, plastische Chirurgie ist Normalität.

Anhand von bildlichen Darstellungen (z. B. Malereien und Skulpturen) lässt sich das jeweilige **Schönheitsideal** einer Epoche oder Kultur ermitteln. Schaut man sich Bilder von Nofretete, der ägyptischen Pharaonenfrau, oder Bilder von Aphrodite, der griechischen Göttertochter, an, weisen diese Darstellungen in Bezug auf dekorative Kosmetik, Haartracht, Schmuck und auch in Bezug auf Kopfformen und Körperbau erhebliche Unterschiede auf. Dies ist ein Trend, der sich durch die Jahrhunderte hin weiterverfolgen lässt. Jede Epoche und jeder Kulturkreis hatte ein unterschiedliches Schönheitsideal (→ auch Exkurs in Band B, LF 12, Kapitel 1.2).

Die Ägypter

Wir wissen durch Überlieferungen alter Schriften und Zeichnungen von den unterschiedlichsten kosmetischen Anwendungen. Bei Ausgrabungsfunden, die bis auf 3000 v. Chr. datiert werden konnten, befanden sich neben Salbentöpfen auch Rezepte von Pasten, Salben, Ölen, Pudern und Duftmischungen, mit Zutaten wie Honig, Eiern, Rosenblättern, ätherischen Ölen, Weihrauch und Olivenöl.

Auch im Bereich der **dekorativen Kosmetik** (→ Band B, LF 12) waren die Ägypterinnen sehr kreativ. Sie schminkten Ihre Augen mit einem **Lidstrich** mit schwarzer Farbe auf dem Oberlid und mit dunkelgrüner oder bläulicher Farbe auf dem Unterlid. Sie nutzten schwarze Fettstifte zum Nachziehen der Augenbrauen und farbige Haut- und Lippenschminke. Mit Pflanzenfarben wie **Indigo** und **Henna** (→ Glossar Band B) färbten sie ihre Zehen- und Fingernägel oder Haare und Augenbrauen.

Abb. 2.5: Nofretete

Die Griechen

Auch aus dem Griechischen sind fortschrittlich anmutende Kosmetikmethoden bekannt. Wie schon in Ägypten, pflegten sich die Menschen aller Klassen mit Salben und Ölen zum Schutz der Haut vor der **Sonneneinstrahlung** (→ LF 2, Kapitel 1.5.2).

Kosmeo

Aber die Oberschicht gönnte sich den Luxus und ließ sich pflegen, von speziell für die Körper- und Schönheitspflege ausgebildeten Sklaven, die man die **Kosmeten** nannte (Das Wort Kosmeten stammt von dem griechischen Wort *Kosmeo* und bedeutet schmücken). Es gab spezielle Gebäude, in denen Frauen und Männer, getrennt voneinander, gepflegt wurden. In dieser Zeit gab es keine Trennung zwischen der Medizin, der Kosmetik und dem Frisörhandwerk.

Abb. 2.6: Griechische Büste

Die Menschen hatten erkannt, dass gute Pflege sie vor Krankheiten bewahren konnte. Aber auch das Aussehen und das Körperbewusstsein spielten eine immer wichtigere Rolle im gesellschaftlichen Leben.

Die Römer

Wie bereits in → Tab. 2.4 dargestellt, waren die Römer bekannt für ihre **Bäderkultur** (Thermen).

Römische Badeeinrichtungen sind geschichtlich durch Ausgrabungen und alte Schriften zu verfolgen. Bekannte Anlagen finden sich im heutigen Pakistan, Arabien, der Türkei, in Griechenland, in Italien und überall im ehemaligen römischen Reich. Die Römer waren es, die Badeeinrichtungen technisch und architektonisch perfektionierten. Geschickt konstruierte Tunnel oder Kammern unter den oder in den eigentlichen Baderäumen, durch die erhitzte Luft oder Dämpfe geleitet wurden, führten zu den erwünschten Schwitzeffekten. Hier in den Thermen gönnten sich der wohlhabende Römer und die Römerin auch Massagen (→ Band B und C, LF 6), mit denen unliebsame Fettpölsterchen verschwinden sollten.

Das Wort Therme stammt vom römischen *thermos* und heißt warm.

Die römische Bevölkerung der Antike war sehr körperbewusst, wollte sich von den unterentwickelten besiegten Völkern abgrenzen, die oft kaum oder keine Körperhygiene kannten.

Die römische Frau hatte kein Mitspracherecht in politischen Bereichen, deshalb hatte die reiche Römerin sehr viel Zeit sich der Schönheitspflege zu widmen, für die ihr meist eine spezielle Sklavin zur Seite stand, die Hand-, Fuß- und Körperpflegebehandlungen durchführte.

Der römische Poet Ovid hat in einem seiner Werke in Reimform über die Schönheitspflege der Männer geschrieben. Er machte genaue Angaben darüber, dass der Mann von Format nicht übel riechen darf, einen anständigen Haarschnitt haben muss und rasiert sein sollte, keinen Zahnbelag haben darf (der mit Bimsstein entfernt wurde), eine gute Figur und gebräunte Haut haben sollte.

Und auch der weiblichen Schönheitspflege hat er sich gewidmet. In seinem Werk *de medicamine faciei femineae* schreibt er über Maskenrezepte gegen Falten und trockene Haut, mit Erbsen-, Gersten- oder Maismehl, Eiern, Honig, Weinhefe und verschiedenen anderen Zutaten. Körperbehaarung wurde mit Cremes, Zuckerwasser und Pinzetten entfernt. Es gab Farben zum Färben der Augenlider, für Wangen und Lippenrot verwendeter Puder aus Ocker (ein rötliches Mineral). Um die Haut aufzuhellen, wurden Puder mit Kalk oder weißem Blei (das giftig ist) verwendet. Die Lieblingshaarfarbe der Römerin war blond und es gab einige Haarfärbemittel, die unter anderem Kamille enthielten, um die Haare zu bleichen oder zu färben. Für schwarzes Haar verwendeten sie in Wein und Essig eingelegte verweste Blutegel zum Färben. Die Römerin war sehr kreativ im Bereich des Frisierens, man hatte kunstvolle Steckfrisuren und trug Haarteile, besonders beliebt waren Haarteile von blonden germanischen Sklavinnen.

Nach der Eroberung Griechenlands wurden viele Kosmetikrezepte der Griechen aus Olivenöl und Ziegenmilch übernommen.

Auch andere Völker entwickelten Formen der Kosmetik, wie z. B. die **Ureinwohner Amerikas,** die **Inder** und die **Asiaten.** Allen war eines gemeinsam: ihr beeindruckendes Wissen über die Heilkraft von Kräutern und Pflanzen.

Die Ureinwohner Amerikas

Durch Aufzeichnungen der spanischen Eroberer (um 1540 n. Chr.) haben wir von den Pflegegewohnheiten der indianischen Urbevölkerung Amerikas erfahren.

Diese waren außergewöhnlich auf Reinlichkeit bedacht und besaßen das Wissen über die Krankheitsvorbeugung. Bäder in Flüssen oder Seen, die teils künstlich angelegt wurden, gehörten zum täglichen Hygieneprogramm. Zum Reinigungsritus der Indianer gehörten auch Schwitzbäder, denn sie dienten der Gesundheitsfürsorge, zur Entspannung für Körper, Geist und Seele und kamen so dem Aussehen zugute. Zur Intensivierung der Wirkung rieben sich die Indianer mit verschiedenen Kräuterpulvern ein.

Die Indianer hatten ein beeindruckendes Wissen über Heilpflanzen. Sie waren Spezialisten im Bereich der Pflanzenheilkunst. Ihre Medizin war eine Kombination aus Kräuterheilkunde, Psychoanalyse und Philosophie. Sie verwendeten bereits *Penicillin* (ein Antibiotikum), das sie aus Schimmelkulturen gewannen, außerdem *Echinacea,* das heute zur Immunstärkung verwendet wird, und ebenso wurde z. B. *Hamamelis* – ***Witch Hazel*** (Zaubernuss) zur inneren und äußerlichen Blutstillung eingesetzt. Auch heute noch wird diese Pflanze in vielen Kosmetikprodukten wegen ihrer astringierenden (zusammenziehenden) Wirkung verarbeitet. **Blütenpollen** waren bei den Indianern beliebt wegen ihrer immunstärkenden Wirkung, aber auch der Regeneration und Verjüngung wegen. (Alle hier genannten Pflanzen → Glossar Band B.)

Bei Blütenpollen findet sich eine Parallele durch viele Kulturen und zum Ursprung der Kosmetik, denn auch in den religiösen Schriften, u. a. wie Talmud (jüdisch), der Bibel (christlich) und Koran (islamisch), aber auch in den asiatischen Religionen und mythologischen Überlieferungen des ägyptischen, griechischen, phönizischen, slavischen und römischen Altertums, finden sich immer wieder Hinweise auf Blütenpollen als Wundernahrung, Wunderheilmittel und **Schönheitspflegemittel.**

Abb. 2.7: Blüten

Welche Kräuter oder Pflanzen, die in Kosmetika verarbeitet werden, sind Ihnen bekannt?

Die Inder

Ajurveda

Aus Indien kennen wir die Kunst des *Ajurveda*, eine ca. 7 000 Jahre alte Wissenschaft über Medizin, damit gilt sie als ältestes Gesundheitssystem der Welt, man vermutet, dass alle Medizinlehren ihren Ursprung darin finden. Grundprinzipien des Ayurveda sind Diagnose und Behandlungssystem. Diese Lehre ist für einige Zeit schon fast in Vergessenheit geraten und durch die westliche Medizin in Indien fast verdrängt worden.

Ayurveda ist ein Begriff, der sich aus zwei Worten zusammensetzt. *Ayus* = Leben und *Vit* = Wissen. Frei übersetzt bedeutet dies „Lebensweisheit" oder das „Wissen über das Leben". Diese Wörter stammen aus dem *Sanskrit*, der indischen Kunstsprache der vedischen Hochkultur.

Ajurveda = das Wissen über das Leben

Wir kennen Ayurveda in Europa hauptsächlich unter dem Wellnessaspekt, in der Massageform mit dem *Shirodara* (Ölguss).

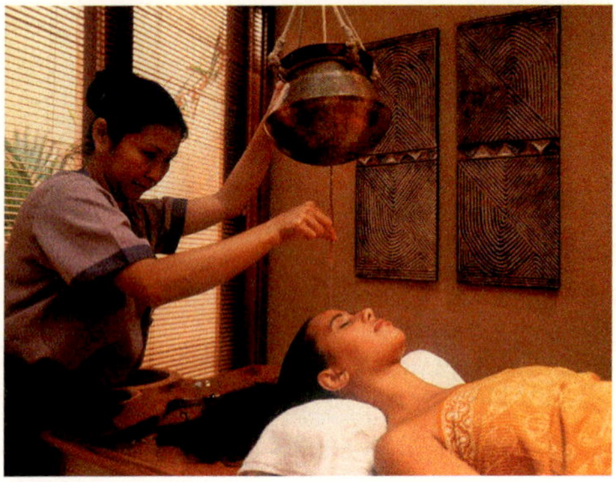

Abb. 2.8: Shirodara (Stirnölguss)

Ayurveda wird aber in der letzten Zeit vermehrt durch große Kosmetikkonzerne aufgegriffen und westlich orientiert in Kosmetiklinien eingebunden. Man unterscheidet drei *Dosha*-Typen: *Vata*, *Kapha*, *Pita*. *Dosha* ist die Grundkonstitution, aus der man die optimale Lebensform eines jeden Menschen ableitet und denen neben den traditionellen Verhaltens- und Ernährungsregeln bzw. -systematiken dann auch moderne Pflegelinien zugeordnet sind.

Die Asiaten

Aus China ist uns ein sehr interessantes Gesundheitssystem bekannt. Ziel der Mediziner ist die Gesunderhaltung, also die Vorbeugung von Krankheiten und Alterungserscheinungen. Man entwickelte Systeme zur Selbstbehandlung, wie gezielte Massagetechniken und Bewegungsübungen, die zur **Entgiftung** und **Verjüngung** des Körpers dienten. Diese waren die Urformen des uns heute bekannten **Tai-chi** und **Shiatsu**[1].

TCM, die Traditionelle Chinesische Medizin, ist heute der Überbegriff für ein Gesundheitssystem, das unter der Herrschaft von *Mao Zedong* entstand. TCM ist eine Kombination der ca. 2000 Jahre alten Chinesischen Medizinlehre und den modernen Errungenschaften der westlichen Medizin. Die überwiegend im Westen gelehrte und praktizierte Form der TCM versteht den Körper als ein zusammen-

1 Die offizielle Definition des japanischen Gesundheitsministeriums lautet:
Shiatsu ist eine Form der manuellen Behandlung, bei der Daumen, Finger und Handteller, jedoch keine mechanischen oder anderweitigen Instrumente benutzt werden, um Druck auf die menschliche Haut auszuüben. Ziel dieser Behandlung ist es, innere Fehlfunktionen zu korrigieren, um die Gesundheit zu fördern und zu erhalten und um bestimmte Krankheiten zu behandeln (→ Bände B und C, LF 6, Kapitel 5).

hängendes System, in dem alle Körperteile, Organe und Organsysteme durch Energiebahnen miteinander verbunden sind. Ein Mensch ist gesund, wenn alle seine Energien sich harmonisch im Gleichgewicht befinden. Erst in der vollkommenen Harmonie von ***Yin und Yang*** kann die Lebensenergie ***Qi*** entstehen und ungehindert fließen.

Es gibt einige Fachärztegesellschaften (z. B. die *Societas Medicinae Sinensis*, SMS, oder die Deutsche Ärztegesellschaft für Akupunktur, DÄGfA), die neben TCM auch Akupunktur und ergänzende Bereiche wie *Qigong* (→ Band C, LF 10, Kapitel 4.3) und Ernährungslehre praktizieren und lehren.

Abb. 2.9:
Chinesen beim Tai-chi

Akupunktur – ein etwa 4000 Jahre altes, aus China stammendes Heilverfahren, bei dem durch Einstechen von Gold-, Silber- oder Stahlnadeln in bestimmten Körperpunkten Erkrankungen von verschiedenen Organen und Funktionssystemen behandelt werden. In 14 so genannten Meridianen fließt die Lebensenergie *„Qi"*, die an mehr als 360 empirisch (d. h. auf Erfahrung beruhenden) festgelegten Punkten durch Einstechen beeinflusst werden kann.

In der traditionellen chinesischen Medizin wird in der **Diagnoseerstellung** auch besonders Wert auf die Hautfarbe und die Fingernägel gelegt.

Auch hier ist ein erstaunlich großes Fachwissen über Kräuter und Heilpflanzen bekannt, leider aber auch ein stark verbreiteter Irrglaube in Bezug auf die unterschiedlichsten Wundermittel, wie z. B. Tigerkrallen und Bärenpfoten, denen z. B. potenzsteigernde Fähigkeiten nachgesagt werden, was eine dramatische Bedrohung im Artenschutz von wilden Tieren mit sich bringt.

Im Gegensatz zu den westlichen Staaten, in denen heute eine Bräunung der Haut mit Schönheit, Gesundheit und Wohlstand verknüpft wird, geht man in Asien davon aus, dass eine sehr weiße und ungebräunte Haut erstrebenswert ist. Dies nicht nur aus gesundheitlichen Gründen, nein, hauptsächlich des Schönheitsaspektes wegen, denn die Arbeit auf dem Feld und in den Straßen Asiens bräunt die Haut. In Asien ist daher das **Schönheitsideal feine, weiße Haut,** die sich nur die Wohlstandsgesellschaft leisten kann. In Asien werden sehr erfolgreich bleichende Kosmetiklinien, so genannte *Whitener* (engl., „Weißmacher" → Band B, LF 7, Anhang C.2 entwickelt und produziert. Diese werden in Europa bevorzugt bei Pigmentstörungen und Altersflecken eingesetzt.

Abb. 2.10:
Asiatin

Whitener

EXKURS: Baden und Schwitzen

Badeeinrichtungen/**Schwitzbäder** wurden in den verschiedensten Kulturen als unverzichtbare Methode zur Körper- und Schönheitspflege genutzt. Ein Ursprungsland lässt sich nicht mehr ermitteln. Durch das Schwitzen und Abkühlen des Körpers und der Haut versuchte man das Immunsystem zu stärken, die Poren zu reinigen, den Stoffwechsel anzuregen, den Körper zu entgiften, aber auch verschiedene Krankheiten zu heilen.

Baderituale wurden von der jüdischen Bevölkerung Israels schon seit über 5000 Jahren praktiziert.

Die Mesopotamier an den Ufern des Euphrat und Tigris scheinen die erste Volksgruppe zu sein, die schon 1800 vor Christus **Badezimmer mit Badewannen** nutzten.

Abb.: Ruinen der Kaiserthermen in Trier

Auch die **Ägypter** praktizierten Bäder, viele ihrer Rituale und Praktiken wurden von den **Griechen und Römern** übernommen. Die griechischen Baderituale sind durch Schriften und Kunstwerke überliefert, aber erst im römischen Reich erlebte die Badekultur ihren Höhepunkt. Es gab öffentliche Badeanstalten, die von allen Bevölkerungsschichten besucht wurden. Die ersten öffentlichen römischen Bäder (*balnea*) entstanden z. B. ca. 150 v. Chr. in Pompeji. Die Römer entdeckten als Erste die therapeutischen Qualitäten des Badens für sich, die Badekultur, Hygiene, Entspannung, Gesundheitspflege und Luxus in einer harmonischen Umgebung vereinte.

In den Hochkulturen der **Antike** weit verbreitet und angewendet, war das Baden dann im **Mittelalter** bei Männern und Frauen beliebt. Es gab städtische Badehäuser, und es war die Blütezeit des Baders, den man auch den „Handwerkschirurg" nannte. Er hatte vom Aderlass, der Anrichtung von Dampfbädern, Gliedereinrenkungen, Haarschnitten, Massagen, über Reinigungsbäder bis zur Zahnbehandlung an der Gesunderhaltung der Bevölkerung, einen medizinisch-handwerklichen Arbeitsbeitrag. Seine Ausbildung dauerte 3–4 Jahre und hatte eine eigene Zunftsordnung. Hauptsächlich von der Kirche als „Gottlosigkeit" verworfen, da es nur von Andersgläubigen „Heiden" betrieben wurde. Es entstanden viele

Epidemie

Epidemien (griech., Seuche, Massenerkrankung) aufgrund der mangelnden Hygiene. – Es wurde dann in der Folge lieber beduftet und gepudert, statt zu waschen.

Auch in der **Renaissance** war Baden verpönt, da die damaligen Badehäuser eher Freudenhäuser waren. Aufgrund der mangelnden Reinigung von Schlössern, Landsitzen und Wohnstätten bevorzugte die Oberschicht den Quartierwechsel statt des Bades.

In der **Rokokozeit und dem Barock** begann wieder das Eintauchen der Hände in Wasser und das Gesicht wurde benetzt – aber nicht zum Waschen. Es wurde lieber umso mehr mit Weizen- oder Reismehl zur Weißung des Gesichtes gepudert.

In der Zeit des **Empires** brachte Josefine, die Frau Napoleons, Waschen und Baden wieder in Mode.

In **Deutschland** startete der Arzt Hufeland ca. 1790 einen Aufklärungsfeldzug für die Hygiene und das Waschen. Herr Kneipp und viele andere haben dann in der Folge dazu beigetragen, dass wir uns heute (fast) täglich duschen und uns baden auch kein Fremdwort ist.

Hamman

In **Arabien** und der **Türkei** kennt man seit ca. 300 n. Chr. das *Hamman* (arab., warmes Bad) und die Hammanliege. Auf der Hammanliege wird der Badegast geseift, gepeelt, gewaschen und massiert und genießt anschließend die Schwitzbäder. Außerdem aus dem Orient stammend ist das Rasul-Bad, ein Dampfbad, in welchem die Badegäste zusätzlich Rasul-Schlämme (Heilerde) auf die Haut aufgetragen bekommen. Im Orient spielt die Körperhygiene von jeher die Hauptrolle in der Kosmetik.

Sweat Lodges

In **Nordamerika** bei der Urbevölkerung, den Indianern, gab es so genannte *Sweat Lodges* – Schwitzhütten. In Südamerika kennt man von den Azteken das Temazcal – Badehaus.

Aber auch aus **Skandinavien,** besonders Finnland, sind uns Schwitzbäder und Saunen bekannt. Die erste geschichtliche Erwähnung einer finnischen Sauna war ca. 1113 n. Chr. Die **Sauna** gehört in Finnland zum Alltag, man trifft sich dort u.a. für geschäftliche Verhandlungen. Bis vor einigen Jahren wurden die meisten Babys noch in Saunen geboren. Saunabaden findet immer nackt statt und ohne Zusätze von ätherischen Ölen unter Dampfentwicklung bei ca. 70–100 Grad. Ein typisches Merkmal sind auch die Behandlungen mit nassen Birkenzweigbüscheln. Während dem Saunagang werden die Birkenzweige in kaltes Wasser getaucht, man schüttelt sie über dem Ofen und schlägt sie dann auf den Körper.

Man geht davon aus, dass die finnische Sauna von den **Badestuben aus Osteuropa** abstammt, die es schon vor tausend Jahren gab. Seit 1936 gibt es öffentliche finnische Saunen auch in Deutschland.

Baden und Schwitzen ist und war immer Entspannung und Erfrischung zugleich, eine gesundheitsfördernde Ruhepause mit einer positiven Wirkung auf Körper, Geist und Seele. Stressabbau, Stärkung des Immunsystems, Stoffwechselförderung und Straffung der Haut sind nur einige der gesundheitlichen Vorteile, welche heute auch wissenschaftlich bewiesen worden sind. Die vielfältigen und immer beliebter werdenden Anwendungen der kosmetischen Hydrotherapie (→ Band C, LF 11, Kapitel 2) sind ein Signal dafür, dass Entspannung liebende Menschen das auch erkannt haben. Die in den letzten Jahren immer mehr neu entstehenden „Badetempel" und „Wellness-Oasen" sprechen ebenfalls für sich ...

Durch regelmäßiges Baden und Schwitzen erhalten Lebensfreude und Lebensqualität eine neue Dimension.

Sie haben heute die Möglichkeit, die passende „Schwitzform" für sich zu wählen:

- Ein Saunagang (meist ein Holzraum mit unterschiedlichem Feuchtigkeitsgehalt/Dampfentwicklung und Temperaturen zwischen 70 und 100 Grad) dauert durchschnittlich 10 Minuten und kann 2–3 mal wiederholt werden. Dabei erhöht sich die Körpertemperatur auf ca. 40 Grad (für unseren Körper „Fiebertemperatur") und baut auf diese Weise Schadstoffe im Körper ab.
- Bei der **Dampfbad, Römerbad oder *Caldarium*** genannten Dampfkabine aus Keramik, Kunststoff, Holz oder Marmor, mit einer angenehmen Temperatur zwischen 35 und 55 Grad, werden nahezu 100 % Luftfeuchtigkeit erreicht.
- **Infrarotsaunen oder Infrarotwärmekabinen** nehmen einen immer größeren Stellenwert im „Bereich trockenes Schwitzen" ein. Die Infrarotstrahlung wirkt durch niedrigere Erwärmung auf den Körper weniger belastend und ist somit Kreislauf-schonend. Sie wird aus so genannten Magnesium-, Flächen- oder Keramikstrahlern freigesetzt. Die Wärme beträgt bei trockener Luft zwischen 25 und 80 Grad. Ein Gang dauert durchschnittlich 10 Minuten und kann 2–3 mal wiederholt werden. Dabei erhöht sich die Körpertemperatur ebenfalls auf ca. 40 Grad. Bei einem ca. 20–30 Minuten dauerndem Wärmebad erreichen die Strahlen eine Tiefenwirkung und finden Anwendung bei Verspannungen und Erkältungskrankheiten (→ Band C, LF 11, Kapitel 1.1).

1

Warum schwitzen wir eigentlich?
Warum, glauben Sie, hat das Schwitzbad in so vielen unterschiedlichen Kulturen einen wichtigen Platz?

Die Kosmetik mit all ihren Disziplinen hatte und hat in allen Kulturen, bei allen Völkern und in fast allen Epochen unserer Zeitrechnung einen wichtigen Stellenwert.

Sie war als Werkzeug zur Zielerreichung immer wichtig:

Gesundheit zu bewahren, Schönheit zu erhalten, Alterungsprozesse zu verlangsamen, Schönheitsmakel zu vertuschen.

Fragen
Übungen
Aufgaben
A

1. *Was bedeutet das Wort Kosmetik?*
2. *Wie heißt die Lehre von der Kosmetik und was beinhaltet sie?*
3. *Die Geschichte der Kosmetik zeigt, dass die Menschen früherer Zeiten bereits Kosmetik betrieben haben. Beschreiben Sie die Kosmetik*
   a) des Altertums,
   b) des Mittelalters und
   c) der Neuzeit.
4. *Warum gab es eine Zeit, in der man kein Wasser verwendete, und wie hieß diese Zeit?*
5. *Beschreiben Sie die Einstellung der Menschen zur Körperpflege im Barock und Rokoko.*
6. *Welche Aufgabe hat das Schwitzbad im Zusammenhang mit dem Hautbild?*
7. *Was ist in Bezug auf Kosmetik in all den Jahrhunderten gleich bleibend?*
8. *Welches sind die Schwerpunkte von Kosmetik?*
9. *Was hat die Kosmetik in Asien, Indien und Amerika gemeinsam?*
10. *Welche Unterschiede im Bereich Gesundheitsschutz gibt es zur Kosmetik der Vergangenheit und der Gegenwart?*
11. *Welchen Stellenwert hat Ihrer Meinung nach die Kosmetik heute?*
12. *Welche ist die größte Veränderung in der Kosmetik?*
13. *Welche Parallelen können Sie zwischen Ägyptern, Griechen und Römern in puncto Schönheitspflege feststellen?*
14. *Wann trennten sich die Aufgaben von Kosmetik und Medizin und was waren die Gründe dafür?*

3 Wirtschaftliche Bedeutung

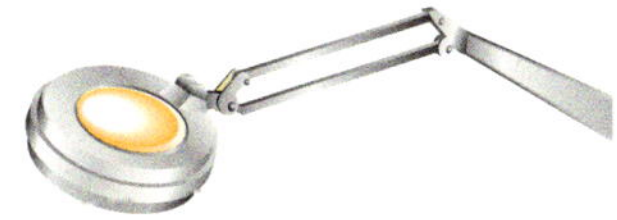

Über die Geschichte der Kosmetik etwas zu erfahren, war sehr interessant und auch hilfreich, um die Entwicklung nachzuvollziehen. Aber noch viel entscheidender für Lisas beruflichen Weg ist die Gegenwart und die Zukunft ihres Berufsstandes. Daher bemüht sich Lisa, einige Daten und Zahlen über die Entwicklung in der Kosmetikbranche der letzten 50 Jahre zu erhalten und einige Prognosen für die Zukunft zu bekommen.

Lisa sagt zu ihrer Freundin Petra: „Da der Berufsstand der Kosmetikerin in den letzten Jahrzehnten leider nicht die Stellung hatte, die er eigentlich verdient, sind leider auch nur wenige Analysen über die Entwicklung meines Berufes erstellt worden. Aber sicher ist: Dieser Beruf war und ist großem Wandel unterworfen und passt sich den Bedürfnissen der Menschen immer wieder an!"

Der Kosmetiksektor hat sich in den vergangenen Jahrhunderten stetig weiterentwickelt. Besonders im letzten Jahrhundert wurde die Kosmetik zu einem wichtigen Wirtschaftsfaktor, der die Bereiche der Entwicklung, Forschung für und Produktion von Kosmetikpräparaten und kosmetischen Behandlungsmethoden mit beeinflusst.

Aber auch im Freizeitbereich, mit der Entstehung von *Wellness*-Oasen und -Reisen, Schönheitsfarmen und Fitnesscentern mit Beauty-Angeboten hat die wirtschaftliche Bedeutung der Kosmetik dazugewonnen.

Das Angebot an kosmetischen Behandlungsgeräten ist enorm gewachsen und auch der Anspruch an Kosmetika. Kosmetikpräparate müssen heute nicht nur pflegen, sie sollen die Hautalterung verzögern, am besten aufhalten. Kosmetik wird heute sogar als „intelligent" bezeichnet, was heißt, dass Hersteller versprechen, dass Cremes Pflegedepots bilden und je nach Bedarf diese freisetzen, wie z. B. 24-Stunden-Cremes mit Kollagen, Vitaminen, Fruchtsäuren und vielen anderen modernen Inhaltsstoffen (wie z. B. dem Coenzym Q10).

Die Kosmetiker werden dabei zu „Eingeweihten" und „Mitwissern" um die Schönheitsmakel ihrer Kunden. Sie sind es aber auch, die als Experten die richtigen Behandlungen und Kosmetika anwenden können, um an diesen „Makeln" effektiv zu arbeiten.

Kennen Sie Pflegepräparate mit modernen Inhaltsstoffen und kennen Sie deren Wirkung?

Das Motto unserer Zeit ist: Kosmetik und Wellness wird gelebt. Denn schöne und gepflegte Menschen haben es leichter, einen Partner zu finden oder auch Karriere im Beruf zu machen.

3.1 Entwicklung der Kosmetikindustrie

Die technische Entwicklung der letzten zwei Jahrhunderte hat zwar die Möglichkeiten der Kosmetik, nicht aber den Grundgedanken ihrer Zielerreichung verändert: Gesundheit und Schönheit bewahren und erhalten, Alterungsprozesse verlangsamen, Wohlgefühl vermitteln. Überliefert – aus früheren Kulturen – liegen uns heute für kosmetische Behandlungen und Produkte verwendbare Daten und Informationen vor.

Know-how

Moderne **Kosmetikkonzerne** entdecken überlieferte Rezepturen für sich und kombinieren sie mit dem heutigen technischen *Know-how* (engl. = Wissen). Auch werden uralte asiatische Therapieformen westlich orientiert wieder belebt.

Die ständige Suche nach dem Geheimnis der ewigen Jugend beschäftigt heute in der Kosmetikbranche weltweit Millionen von Menschen.

EXKURS: Beispiel eines Kosmetikkonzerns

Ein **Konzern** ist ein Verbund mehrerer abhängiger oder unabhängiger Unternehmen mit einer einheitlichen strategischen Leitung. Mischkonzerne sind in verschiedenen Sparten tätig, siehe unser Beispiel.

Es gibt in Deutschland einige sehr bedeutende Kosmetikkonzerne, z. B. Beiersdorf, Sebamed, Wella, L'Oreal und unser Beispiel Procter & Gamble, welcher seinen Stammsitz in den USA hat.

Kosmetikkonzerne beschränken sich heute nicht mehr nur auf die Herstellung und den Vertrieb (Verkauf) von Kosmetika, sondern kaufen, wie Sie in dem Beispiel sehen können, auch Anteile von Firmen ganz anderer Produkt- und Marktbereiche. Sie bedienen diese Marktsegmente mit Produkten wie Hygieneartikeln (z. B. Babywindeln), Wasch- und Reinigungsmitteln, kosmetischen Mitteln (z. B. Düfte, Zahnpasta) und Nahrungsmitteln und Getränken.

Marktsegmentierung bedeutet Aufteilung des Marktes und verbraucherorientierte Produktentwicklung. Das heißt, die Kosmetikkonzerne orientieren sich mithilfe von Marktforschung am Verbraucherverhalten, um sich zukunftsorientiert zu verhalten und zu planen.

Procter & Gamble

P&G wurde von zwei Europäern gegründet, die in die Vereinigten Staaten ausgewandert waren: William Procter war ein Kerzenzieher aus England und James Gamble ein aus Irland stammender Seifensieder. Beide gründeten das Unternehmen 1837 in Cincinnati im Bundesstaat Ohio, wo sich der Hauptsitz auch heute noch befindet.

Der Umsatz von P&G betrug im Geschäftsjahr 2006/07 weltweit 76 Milliarden US$.

In Deutschland ist P&G seit 1960 an etwa 20 Standorten, darunter drei Innovationszentren mit etwa 1000 Mitarbeitern in Forschung und Entwicklung, ansässig. P&G beschäftigt etwa 138 000 Mitarbeiter in über 80 Ländern der Erde, mehr als 15 000 davon in Deutschland. Deutschland ist damit die größte Niederlassung von P&G außerhalb der Vereinigten Staaten.

Drei Milliarden Mal am Tag kommen die Marken von P&G mit Verbrauchern in aller Welt in Berührung. Das Unternehmen steht für eines der stärksten Portfolios von bewährten, hochwertigen und führenden Marken, zu denen unter anderem Pampers®, Ariel®, Always®, Pantene®, Pringles®, Lenor®, Iams®, Oral-B®, Actonel®, Duracell®, Olaz®, Head & Shoulders®, Wella®, Gillette® und Braun® gehören.

In Deutschland ist Procter & Gamble seit 1960 tätig. Der Sitz der Hauptverwaltung befindet sich seit 1970 in Schwalbach am Taunus. Procter & Gamble ist seit 1953 in der Schweiz und in Österreich seit dem Jahr 1967 tätig.

Quelle: www.procter-gamble.de > Unternehmen > Daten & Fakten, 22. April 2008

Unternehmensgeschichte Deutschland

1960	Gründung der Procter & Gamble GmbH in Frankfurt mit fünf Mitarbeitern.
1963	Das erste Procter & Gamble-Werk in Deutschland nimmt in Worms seinen Betrieb auf. Im Markt werden das Wäschepflegemittel Lenor und das Waschmittel Dash eingeführt.
1970	Umzug der Hauptverwaltung von Frankfurt nach Schwalbach am Taunus.
1976	Zwei Jahre nach Einführung der Pampers-Höschenwindeln in Deutschland nimmt das erste Procter & Gamble-Windelwerk in Deutschland seinen Betrieb in Euskirchen auf.
1982	Die Einweihung des zweiten Werkes für Babywindeln in Crailsheim erfolgt nach dreijähriger Bauzeit.
1984	Erwerb der Rolf H. Dittmeyer Firmengruppe. Neben dem Produktionsstandort für Säfte (Valensina, Punica) in Hamburg gehört auch die Helix Speditions- und Lagerei GmbH zur Firmengruppe.
1985	Procter & Gamble erwirbt die Richardson-Vicks Inc. und damit in Deutschland das „Wick"-Werk in Groß-Gerau. Der Firmenname geht auf den amerikanischen Apotheker Lunsford Richardson zurück, der 1890 für sein erkältetes Baby die Wick VapoRub-Salbe erfand. Die Hauptverwaltung in Schwalbach wird Europazentrale für die Unternehmensbereiche Papierhygieneprodukte und Fruchtsaftgetränke.
1987	Erwerb der Blendax-Firmengruppe, die 1932 in Mainz gegründet wurde und als erstes Produkt „Blendax"-Zahnpasta herstellte. Procter & Gamble begeht weltweit das 150-jährige Firmenjubiläum.
1990	Erwerb der Havelland Fruchtsaft GmbH in Werder, nur wenige Monate nach dem Fall der Mauer.
1991	Erwerb der Betrix-Firmengruppe. Das Stammhaus wurde 1934 in Wiesbaden gegründet. Die Produktpalette umfasst Körperpflegemittel, dekorative Kosmetik und Parfüms.
1993	Procter & Gamble erwirbt das gesamte Arzneimittel-, Impfstoff- und Diagnostika-Geschäft der Röhm Pharma GmbH. Das Unternehmen wurde 1960 unter dem Namen Röhm & Haas Pharma GmbH in Darmstadt gegründet. Seit dem 1. Januar 1993 firmiert das Unternehmen als Procter & Gamble Pharmaceuticals Germany GmbH.
1994	Erwerb der 1929 in Nürnberg gegründeten Vereinigten Papierwerke Schickedanz AG mit der Traditionsmarke Tempo.
1997	Markteinführung der Haushaltsrolle Bounty und des Kartoffelgebäcks Pringles.
1999	Markteinführung des Deodorants Secret, des Textilerfrischers Fébrèze, des Anti-Staub- und Fusselsystems Swiffer und des Textilpflegemittels Dryel.
2000	Procter & Gamble Deutschland feiert seinen 40. Geburtstag. Einweihung des neuen Forschungszentrums für Papierhygieneprodukte und Getränke in Schwalbach.
2001	Eröffnung des Logisticcenters in Euskirchen. Erwerb der Haarpflegemarke Clairol. Einführung der blend-a-med-Whitestrips.
2003	Erwerb der Aktienmehrheit der Wella AG in Darmstadt.
2005	P&G bringt die Akquisition von Gillette am 1. Oktober 2005 zum Abschluss.

Das Motto von Procter & Gamble lautet *Sustainable Development* – der englische Begriff für nachhaltige Entwicklung. Procter & Gamble versucht mit Weitblick, nicht nur unter dem Aspekt der Wirtschaftlichkeit, sondern auch unter der Beachtung von Umweltbelangen, Sicherung der Lebensqualität und sozialen Faktoren, Zukunftsmärkte zu sichern.

Konzernumsätze weltweit
(2006/2007):
76 Mrd. US$
Mitarbeiterzahl:
138 000

P&G mit dem „2008 European Business Award for Corporate Sustainability" ausgezeichnet

Am 11. März 2008 wurde Procter & Gamble (P&G) in Paris mit dem „2008 European Business Award for Corporate Sustainability" ausgezeichnet. Der European Business Award würdigt hervorragende unternehmerische Leistungen in den 27 EU Mitgliedsstaaten. Der Preis für Nachhaltigkeit wird an Organisationen vergeben, die in diesem Bereich firmenweit ein hohes Maß an Engagement zeigen.

Quelle: www.de.pg.com > Unternehmen > Andre über uns, vom 22. April 2008

Abb. 3.1: Kosmetikinstitut im Jahre 1955

Viele Dinge haben sich verändert:

Vor einigen Jahrzehnten waren alle **Kosmetikinstitute** überwiegend in Privathäusern mit ein oder zwei Kabinen untergebracht. Heute ist das der kleinere Anteil an Instituten und es gibt viele vom Wohnraum räumlich getrennte, z. T. sehr große Institute mit mehreren Kabinen für unterschiedlichste kosmetische Anwendungen. In den 1960er Jahren war die Einrichtung von „Kosmetikstudios" eher verspielt, der Mode angepasst, fast wie „Puppenstuben" wirkend.

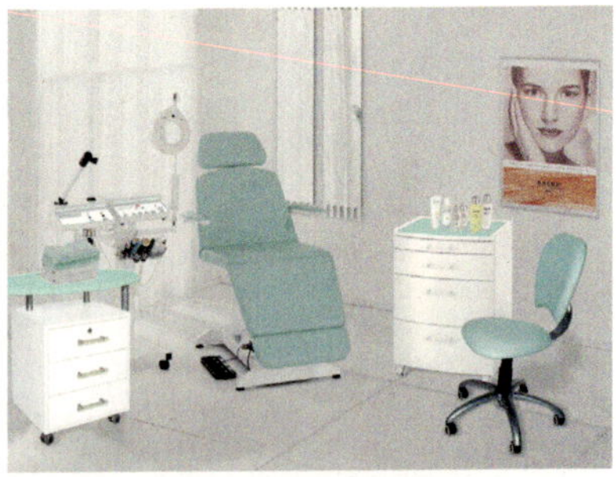

Abb. 3.2: moderne Kosmetikkabine

Später gab es Einrichtungen wie in einer Arztpraxis in der dominierenden Farbe Weiß, die Hygiene demonstrieren sollte, aber eher klar und kühl wirkte. Das Kosmetikinstitut der Gegenwart ist wieder farbiger. Zu viel gefühlte Hygiene lässt wenig Platz für Entspannung und Erholung.

Die Haut ist Spiegel der Seele, wer sich gut fühlt, sieht gut aus. Daher werden Kosmetikinstitute auch großzügiger geplant: eine gemütliche Sitzgruppe, die zum Warten „einlädt", harmonische Farben für Wände, Gardinen und Möbel, damit man/frau sich wie zu Hause fühlt.

Diesen Trend können Sie heute sogar in Krankenhäusern beobachten, auch dort werden immer mehr warme Farben verwendet.

Abb. 3.3: JAAL Cosmetics

Abb. 3.4: JAAL Cosmetics

Was heute wie früher zur Behandlung gehört, ist das allgemeine, gesellschaftliche Gespräch mit der Kundin, wenig liebevoll auch „Klatsch" genannt. – Aber früher waren Behandlungen überwiegend manuelle Tätigkeiten. Heute ist die Kabine von der Technik bestimmt, es gibt z. B. Geräte, die die Hautdiagnosen übernehmen, Peelings werden mit elektrischen Bürstchen aufgetragen, über Iontophorese (→ Band B, LF 7) werden Konzentrate in die Haut eingeschleust.

Es gibt aber auch noch das Gegenteil von Technik in der Kabine, das Institut, das auf den Spuren des asiatischen *Wellness*-Gedankens wandelt: leise Klänge im Hintergrund, gedämpftes Licht, Naturkosmetika und manuelle kosmetische Behandlungen.

Durch die fortschreitende Automatisierung in unserem Alltag suchen Menschen nach Möglichkeiten, auch außerhalb ihrer Ferien Erholung zu finden. Das hat ganz erheblich die Ausstattung der Kosmetikinstitute, die Entwicklung der Behandlungskosmetik, aber auch die Pflegeserien stark beeinflusst.

Beispiele

Die Firma Dr. Babor wurde 1955 durch Dr. Michael Babor gegründet, der das noch heute erhältliche *hydrophile* (wasserliebende) Gesichtsreinigungsprodukt entwickelte und patentieren ließ. Die Firma wurde an das Aachener Unternehmen Vossen verkauft, das eine ganz erhebliche Produktpalette entwickelte und sehr viele interessante Behandlungen (wie z. B. die „Muschel-Therapie" mit Tiefsee-Muschelextrakten) in das Firmensortiment einbrachte. 1997 eröffnete Dr. Babor den ersten *Day Spa* in Palm Beach, Florida, USA und startete so in einen neuen Markt. Heute gibt es auch in Europa bereits einige Dr. Babor *Day Spa's*.

Große Kosmetikhersteller wie z. B. Klapp Cosmetics bieten ihren Kosmetikfachkunden (Kosmetikern) heute einen Rundumservice. Früher beschränkten sich Firmen auf die Entwicklung, Produktion und den Vertrieb von Kosmetikprodukten. Heute bieten Firmen Produktschulungen an, entwickeln Werbekampagnen wie Rundschreiben oder Zeitungsanzeigen, orientieren sich am Weltmarkt und versuchen neue Behandlungsmethoden zu entwickeln, damit dem Endkunden Abwechslung geboten werden kann und die Kosmetiker sich neu orientieren und weiter qualifizieren können.

hydrophil

Welche Auffassung und Vorstellung von Kosmetikbehandlungen haben Sie, und z. B. als Vergleich Ihre Mutter?

Die **Kosmetikbranche** mit ihren unterschiedlichen Geschäftsformen, vom klassischen Ein-Kabinen-Kosmetikinstitut über moderne Großinstitute, Wellness-Oasen und Beautyfarmen mit Poollandschaften bis zu Kosmetiklaboren und Kosmetikfabriken, hat sich zu einem starken Wirtschaftszweig entwickelt. Er beschränkt sich nicht nur auf Produkte und Behandlungen, sondern setzt ***Trends*** und beschäftigt auch – oder steht in Verbindung mit vielen anderen Branchen, wie z. B. der Modebranche, Werbebranche, Medienindustrie, Verpackungsindustrie, chemischen Industrie, der Forschung und Medizin usw.

Abb. 3.5: Kosmetikbranche und ihre Verbindungen mit anderen Branchen/Industrien

Kosmetik = Gesunderhaltung der Haut und des Körpers

Mitte der 1970er-Jahre hatte man in den USA begonnen über Gesundheit nachzudenken, es wurden zunehmend die Möglichkeiten der **Gesunderhaltung** des Körpers betrachtet. Es stieg das Interesse am bewussten Leben und dem gesteigerten Körper- und Gesundheitsbewusstsein – „Wir arbeiten, um zu leben und leben nicht, um zu arbeiten" war der neue Grundsatz. Daraus entwickelten sich gesunde Ernährung, sportliche Freizeitbeschäftigungen – und gesunde Kosmetik ohne viel Chemie – als Trend.

In zahlreichen Untersuchungen und Veröffentlichungen wurde bestätigt, dass ein bewusster Lebensstil in Einklang mit der Umwelt ein Erfolg versprechender Ansatz für zukünftige Reformen des Gesundheitswesens ist. Für die Kosmetikbranche bedeutete dies sich noch mehr der Aufgabe der Hinwirkung auf die Gesunderhaltung der Haut und des Körpers mithilfe von kosmetischen Mitteln oder Behandlungen zu stellen und diese zu entwickeln.

Strategie

Der ***Wellness-Trend,*** als Beispiel für eine der vielen „Wandlungen und Anpassungen" der Branche, ist heute ein kosmetisch zu verwirklichender Lebensstil zur Gesunderhaltung. Er bezeichnet die *Strategie* (franz., Plan zur Verwirklichung), eine ausgezeichnete körperliche und geistige Verfassung durch eigenmotiviertes Handeln zu erzielen und zu erhalten, sich gesund zu ernähren, vital zu denken und somit gesünder, länger und besser zu leben. Die Umsetzung dieser Strategie kann nicht mehr allein durch den Einzelnen erfolgen.

Für keinen anderen Markt werden derart hohe Zuwachsraten prognostiziert. Aktuelle Studien und Prognosen zeigen auf, dass sich dieser Markt, aufgrund des steigenden Gesundheitsbewusstseins in den nächsten zehn Jahren verfünffachen wird.

1

Tab. 3.6: Wellness- und Beautyaktivitäten 2005/2006

Diese Einrichtungen werden „häufig/regelmäßig" besucht	Mill. Besucher		Anteil in %[1]	
	Männer	Frauen	Männer	Frauen
Solarium	1,92	3,48	6,1	10,3
Kosmetikinstitut	0,35	3,10	1,1	9,2
Wellness-Studio, Spa	0,33	0,72	1,0	2,1
Beauty-, Schönheitsfarm	0,08	0,27	0,3	0,8
„Wohlfühlprogramm"	1,51	5,02	4,8	14,9

1 Anteil an allen Männern/Frauen

Quelle: Burda Advertising Center GmbH, TdWI 2005/06.

Kosmetik- und Beautyinstitute, Fitnessstudios, Hotels und andere Dienstleistungsbereiche haben begonnen sich auf dieses Marktsegment auzurichten. In Deutschland setzt die *Wellness*-Branche mit Produkten und Dienstleistungen jährlich mehr als 20 Milliarden Euro um, so die Schätzung von Marktforschungsinstituten und Experten. Die Tendenz ist steigend.

Musik und Düfte = Entspannung und Wohlgefühl

Das **Kosmetikinstitut der Zukunft** sollte also auf jeden Fall in der Konzeption den *Wellness*-Gedanken mit einplanen. Das muss nicht immer gleich mit enormen Kosten verbunden sein: *Wellness* im Institut fängt bei einer behaglichen Atmosphäre an, angenehme Musik und Düfte sorgen schon am Anfang für Entspannung und Wohlgefühl. Außerdem ist die Auswahl der angebotenen Behandlungen wie *Thalasso* (eine Meerwasser-Anwendung mit Zusatz von Algen, basierend auf Bädern und Algenwickeln) und anderen kosmetischen Körperbehandlungen, die auch den Herrn ansprechen, von Vorteil. Denn auch Männer gehören zum Markt der Zukunft! *Thalasso*

Megatrend WELLNESS mit vielen Chancen

Der Wellness-Begriff ist schon in die Köpfe der Bevölkerung übergegangen. Dabei sind vor allem Frauen von Wellness angetan. Sie nutzen die meisten Dienstleistungen und Produkte häufiger und ihre Ausgabebereitschaft ist höher als die der Männer.

Die Düsseldorfer Agentur Mediaedge veröffentlicht so genannte Sensoren. Dabei handelt es sich um Umfrageergebnisse zu aktuell relevanten Themen. Der Sensor 11/2003 wurde in Zusammenarbeit mit dem Marktforschungsinstitut TNS Emnid in Form einer Repräsentativbefragung durchgeführt und befasst sich mit Einstellungen und Konsumverhalten der Deutschen im Zusammenhang mit dem Wellness-Begriff.

Genutzte Dienstleistungen

Sauna (18 %), Fußpflege (15 %) und Massage (11 %) sind die Dienstleistungen, die von den Befragten am häufigsten regelmäßig genutzt werden. Beim Ausprobieren stehen Massage (47 %), Sauna (35 %) und Moorbäder/Fango (32 %) auf den ersten drei Plätzen. Kaum genutzt wurden bisher Schönheitsfarm (95 %), Akupunktur (86 %) und Entspannungsübungen (79 %).

Assoziationen

Der Wellness-Begriff ist schon in die Köpfe der Bevölkerung übergegangen. 95 % assoziieren etwas mit dem Begriff. Entspannung (62 %), Wohlfühlen (59 %), Erholung (49 %) und Gesundheit (45 %) sind die Schlagwörter, die die Befragten am häufigsten mit dem Begriff Wellness in Verbindung bringen. Jugendlichkeit (5 %), Vorsorge (6 %) oder Luxus (14 %) haben für die Befragten am wenigsten damit zu tun. Männer, Ostdeutsche, Ältere und geringer Gebildete können seltener etwas mit dem Begriff verbinden.

Informationsquellen

Freunde und Bekannte sind mit 50 % die Hauptinformationsquelle, um sich über Wellnessdienstleistungen und -produkte zu informieren. Werbung folgt mit 44 % auf Platz zwei, aber auch Zeitschriften (41 %) und das Fernsehen (37 %) werden gerne genutzt.

Ausgabebereitschaft

Über 50 % der Deutschen sind bereit bis zu 25 Euro pro Monat für Wellness auszugeben. Nur 24 % sagen, dass sie gar nichts ausgeben würden. Vor allem Frauen, Westdeutsche und höher Gebildete haben eine höhere Ausgabebereitschaft als Männer, Ostdeutsche und geringer Gebildete.

Einstellungen

Die Einstellung gegenüber Wellness ist unterschiedlich. So sind 44 % der Meinung, dass Körperpflege/Körpergefühl Basis eines glücklichen Lebens ist und 36 % befinden es für gut, dass immer mehr Leute durch Wellness auf ihre Gesundheit achten. Demgegenüber sagen 37 %, dass Wellness nur ein neuer Begriff für schon lang Bekanntes ist und 26 % finden den Kult völlig übertrieben. Frauen haben allgemein eine positivere Einstellung gegenüber Wellness als Männer. Frauen, Westdeutsche und höher Gebildete legen auch öfter Wellness-Tage ein. Männer, Ostdeutsche und Familien mit Kindern haben dafür weniger Zeit.

Quelle: TOPFOUR-Magazin der Cosmetica, Frankfurt 2004

Um immer informiert zu sein, sollten Sie in regelmäßigen Abständen Fachmessen besuchen, die Fachpresse lesen und sich mit Kolleginnen in anderen Städten austauschen.

Im Zuge der *Wellness*bewegung ist auch künftig von einem Wachstum des „Gesamtmarktes Kosmetik" auszugehen.

Für die kleinen inhabergeführten Kosmetikinstitute wird der Markt enger, denn sie stehen im direkten Wettbewerb mit Parfümerien und Apotheken, die ihre eigenen Kosmetikkabinen haben und oft auf eine größere Produktpalette zurückgreifen können.

3.2 Kosmetik-Wirtschaft und Wirtschaftlichkeit

Durch die nachfolgende Tabelle wird sehr gut sichtbar, wie sich dieser Markt in den vergangenen Jahren entwickelt hat. Aber es wird auch gezeigt, wie sehr die Umsätze im Kosmetikverkauf von der allgemeinen Wirtschaftslage gesteuert werden: Die schlechte Konjunktur der letzten Jahre hat sich auch negativ auf die Umsätze im Kosmetikmarkt ausgewirkt.

Doch Schönheit und *Wellness* sind auch in nächster Zeit marktbestimmende Bereiche. Dieser Trend bewegt alle Menschen dazu, sich ihres Körpers bewusster zu werden, ob freiwillig oder nicht. Wer sich dieser Entwicklung nicht anschließt wird als Außenseiter auf der Strecke bleiben.

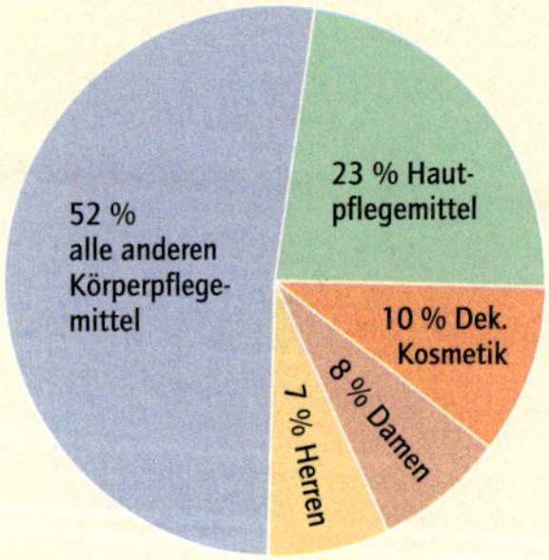

prozentuale Umsätze 2007

Tab 3.7: Umsatz Körperpflegemittel in Mio. €

	2003	2004	2005	2006	2007
Dekorative Kosmetik	1.176	1.146	1.080	1.134	1.247
Hautpflegemittel	2.673	2.635	2.712	2.832	2.889
Alle anderen Körperpflegemittel	6.044	5.990	6.042	6.216	6.344
Damen-Parfüms/-Düfte	884	873	857	910	965
Herren-Kosmetik	756	756	763	806	884

(verändert nach: www.ikw.org, Stand 02/2008)

(Anmerkung: Die Gesamtumsatzzahlen entsprachen im Jahre 2001 ca. 0,9 % der Konsumausgaben aller privaten Haushalte in Deutschland und ca. 0,54 % des Bruttoinlandsproduktes.)

Anhand der steigenden Beschäftigungszahlen im Körperpflegebereich wird deutlich, dass nicht nur der Wirtschaftszweig Einzelhandel vom neuen Gesundheitstrend profitiert.

Tab. 3.8:	1996	1999	2001	2003	2005
Sozialversicherungspflichtig Beschäftigte	10.131	10.817	12.108	13.070	13.481

Quelle: Berufe im Spiegel der Statistik, Beschäftigungszahlen in 902 (Kennziffer der Agentur für Arbeit) für die Berufsgruppe Körperpfleger/-innen (z. B. Kosmetiker/-in, Handpfleger/-in, Fußpfleger/-in) Bundesgebiet insgesamt

Der Wunsch nach Erholung und Wohltat für die Seele ist gewachsen. Eine Massage z. B. ist heute keine reine medizinische Maßnahme mehr. Man gönnt sich nach Feierabend eine kosmetische Massage, und zwar mit Ambiente, z. B. eine asiatische Kräuterstempel-Massage oder eine *„hot chocolate"*-Massage (engl. = heiße Schokolade, Fa. Klapp, Massage mit Sheabutter und Kakaobohnen). Ganzheitskosmetik gehört heute zum Institutsalltag dazu.

hot chocolate

Leider reagieren noch zu wenige Institute auf veränderte Gegebenheiten und verpassen den Anschluss, besonders bei der Nachfrage im Bereich **Öffnungszeiten.**

Der Kunde, der die finanziellen Möglichkeiten für Beauty- und *Wellness*-Befriedigung hat, ist berufstätig, in gehobener Stellung (also auch mit langen Arbeitszeiten) oder selbstständig. In einem Institut mit der klassischen Ladenöffnungszeit von 10:00 – 18:00 Uhr müssen beide genannten Kundengruppen Urlaub nehmen, um eine kosmetische Behandlung in Anspruch nehmen zu können. Das ist nur schwer möglich. Das sollte manche Kosmetiker zum Nachdenken bringen.

Wie flexibel muss die Kosmetikbranche sein?

Ein Institut bleibt und ist nur dann wirtschaftlich, wenn es sich den ständig veränderten Gegebenheiten anpasst.

Die größte Problematik im Kosmetikinstitut ist die Kosmetikerin, die sich nicht mit der **Wirtschaftlichkeit** ihres Institutes beschäftigt. Folgende Fehler werden z. B. häufig gemacht:

- keine Rücklagen bilden (Sparguthaben für umsatzschwache Zeiten),
- den Großteil des Umsatzes mit Behandlungen erreichen (Zeit-, Material- und Mietkosten minimieren die Wirtschaftlichkeit radikal),
- keine Vertretung für Urlaubs- und Krankzeiten organisieren/einplanen.

1

Die Erzielung einer **ausreichenden Rentabilität** (→ Kapitel 8.5) ist das größte Problem der Kosmetikinstitute. Hierfür ist oft insbesondere der Mangel an betriebswirtschaftlichen Kenntnissen maßgebend. Zu hohe Privatentnahmen, unverhoffte Steuernachzahlungen und falsche Kalkulationen sind die Hauptgründe für viele Betriebsschließungen.
Die Zahl der Kosmetikinstitute steigt zwar seit vielen Jahren, die Fluktuationsrate ist aber auch recht hoch. Im Jahr 2006 erschienen 6 866 Betriebe neu auf dem Markt, aber 4 627 schlossen auch.

ausreichende Rentabilität erzielen

Der **hohe Zeitaufwand für Beratung und Behandlung** der Kunden setzt den erzielbaren Einnahmen Grenzen. Es gilt bereits als nicht schlecht, wenn pro Arbeitstag in einem kleinen Institut Kasseneinnahmen von 130 Euro erreicht werden.

Ein voll ausgebuchter Tag bringt – je nach der Art der überwiegend durchgeführten Behandlungen – Einnahmen von 250 bis 400 Euro. Bei 200 Arbeitstagen bedeutet dies einen Jahresumsatz aus Behandlungen von 50.000 bis 80.000 Euro, welcher etwa 60 – 100 Stammkunden erfordert. Dies ist ein Wert, den ca. zwei Drittel aller Institute nicht erreichen.

Zusätzlich sollten Einnahmen in mindestens der gleichen Höhe aus dem Verkauf von Kosmetika und aus dem Nebensortiment (z. B. Pinsel, verschiedene Accessoires, wie Kosmetiketuis usw.) erzielt werden, um das Institut auf Dauer krisensicher führen zu können. Im Durchschnitt werden aber nur ca. 35 % des Umsatzes aus dem Verkauf erwirtschaftet.

gleiche Einnahmen aus Behandlung und Verkauf

Info

Kosmetikinstitute auf einen Blick

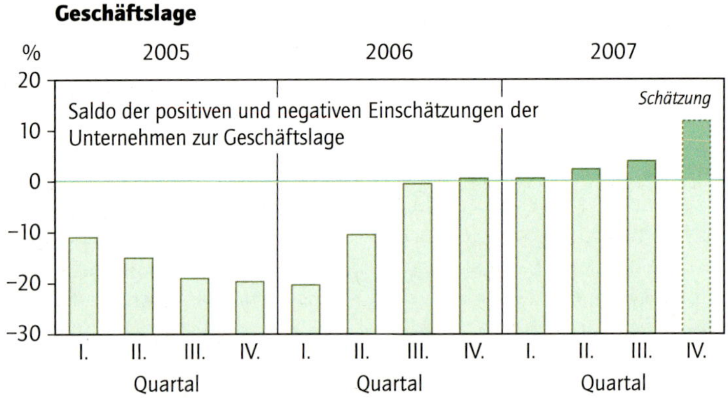

Quelle: Zentralverband des Deutschen Handwerks, Konjunkturberichte

- Die zunehmende gesellschaftliche Bedeutung von Schönheit und Wellness wird den Friseuren und Kosmetikinstituten mittelfristig Impulse geben. Für 2007 ist aber mit einem leichten Umsatzrückgang und für 2008 mit einer Umsatzstabilisierung zu rechnen. (...)
- Friseure und Kosmetiksalons müssen ihren qualitätsbewussten Kunden einen Rundum-Service bieten, der das fundierte handwerkliche Können und Fachwissen um eine kompetente Kundenbetreuung und professionelle Arbeitsorganisation ergänzt.

Branchen-Rating: Kosmetikinstitute

Markt-/Branchenentwicklung (nominal):
- Umsatzentwicklung 2007 .... leicht rückläufig
- Umsatzprognose 2008 .... stagnierend

Konjunkturabhängigkeit .... stark
Konkurrenzintensität .... Verdängungswettbewerb
Wirtschaftliche Verhältnisse:
- Ertragslage 2007................................... angespannt
- Ertragsprognose 2008 .... angespannt

Quelle: VR info Branchenspecial Friseure und Kosmetikinstitute, 2008

Das **Rating** ist ein Bewertungsschema der Banken. Es wird hauptsächlich eingesetzt, wenn es um die Vergabe von Krediten geht. Die Banken prüfen die Positionierung des Unternehmens mit seinen Produkten und Dienstleistungen, außerdem werden die folgenden Punkte einbezogen:

- die Branche
- die Marktsituation und der Wettbewerb
- Geschäftsführungsqualität
- Ertrags- und Finanzlage
- Zukunftsperspektiven
- Art der Kontoführung
- Kundenbindung
- Rechts- oder Geschäftsform

Trotz abgegebener Prognosen (Voraussagen) sollte keine übertriebene Miss- oder Hochstimmung entstehen, denn diese Zahlen sind auf den Gesamtmarkt Kosmetik abgestimmt und die kleine Kosmetikerin aus dem Wohngebiet erfüllt oft nicht die Voraussetzungen zum Eingang in die Prognosen.

Wichtig zusammenfassend gesehen ist, dass Sie die Marktentwicklung nicht verschlafen.

Aber: Nicht jeder Trend ist gut für Sie und Ihr Institut oder das Institut, in dem Sie beschäftigt sind. Beachten Sie immer die jeweilige Geschäftsstruktur und die Klientel (die Kundschaft). Sicher ist, dass die Kosmetikkundin von heute mehr erwartet als noch vor 20 Jahren. Orientieren Sie sich an Messen und der Fachpresse und versuchen Sie sich immer wieder weiterzuqualifizieren. Dieser Markt entwickelt sich ständig weiter, auch Ihre Konkurrenz!

A Fragen Übungen Aufgaben

1. *Was glauben Sie, in welcher Verbindung stehen die Mode-, Werbe- und Kosmetikbranche?*
2. *Stellen Sie fest, wie viele Personen in Ihrem Umfeld nicht zu einer Kosmetikbehandlung gehen und welche Gründe es dafür gibt.*
3. *Welche Behandlungen sind die am höchsten frequentierten vom Personenkreis Ihres Umfeldes?*
4. *Führen Sie eine Woche lang eine Liste, in der Sie nach Anzahl auflisten, wie viele Verkäufe und wie viele Behandlungen es in Ihrem Ausbildungsbetrieb gab.*
5. *Ist Ihr Ausbildungsbetrieb eher der klassische oder der modern geprägte?*
   a) *Wie würden Sie den Betrieb in puncto Mobiliar, Geräte und Ausstattung und angebotene Kosmetikbehandlungen beschreiben?*
   b) *Wie würden Sie die Kundschaft beschreiben, welcher Altersgruppe gehört sie an und können Sie das erklären?*
6. *Was würden Sie in Ihrem Ausbildungsbetrieb verändern, wenn Sie könnten?*
   a) *Andere Werbung, andere Produkte oder andere Behandlungen?*
   b) *Welche Behandlungen würden Sie als Erste einsparen, wenn es die finanzielle Lage erfordert?*
   c) *Welche Behandlungsarten werden eher vom Sparkurs verschont und was glauben Sie, warum?*
7. *Überlegen Sie, welche Möglichkeiten es gibt, um auch in Krisenzeiten Kunden an ein Institut zu binden.*
8. *Versuchen Sie herauszufinden, wie viele Kosmetikinstitute es in Ihrer Stadt gibt (ab 2005 bis aktuelles Jahr) und wie viele Kosmetiker/-innen dort arbeiten. (Mögliche Quellen: Agentur für Arbeit, Handwerkskammer, Industrie- und Handelskammer.) Wie sind diese Zahlen zu beurteilen?*

4 Arbeiten als Kosmetiker/Kosmetikerin

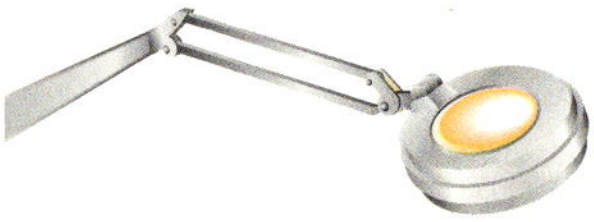

Lisa und ihre Freundin Petra, die bereits Frisörmeisterin ist, haben ihre Ausbildung zur Kosmetikerin erfolgreich abgeschlossen. Schon während der Ausbildung hatten sie die Idee, sich gemeinsam mit einem kombinierten Frisör- und Kosmetiksalon selbstständig zu machen. Um keinen Fehler zu machen, haben sie sich bei der IHK, der Handwerkskammer und der Agentur für Arbeit erkundigt, wie sie richtig vorgehen sollen. Hier wurde ihnen viel Information zur Existenzgründung gegeben.

Sie mussten sich dann noch, bevor sie ihr Gewerbe angemeldet und ihre Firma gegründet haben, entscheiden, welche für sie die beste Unternehmensform ist. Es gibt einige Kriterien, die diese Entscheidung beeinflusst haben.

Und sie mussten sich auch über die Aufgabenverteilung einig werden. Um zu wissen, wer was tut, haben sie die Funktionen aufgeschlüsselt und dann nach Fähigkeiten verteilt.

1

4.1 Betriebsarten und betriebliche Grundfunktionen

Innerhalb einer funktionierenden Wirtschaft gibt es viele verschiedene Arten von Betrieben:

Industrie- und **Handwerksbetriebe**

- sind Produktionsstätten (Produzenten) und Hersteller von Waren und Gütern.

Handels- und **Dienstleistungsbetriebe**

- überbrücken die räumliche Distanz zwischen dem Produzenten und dem Verbraucher **(Raumüberbrückungsfunktion),**
- übernehmen den zeitlichen Puffer, der aufgrund saisonaler Einflüsse und Nachfrageschwankungen zwischen der Herstellung und dem Verbrauch entsteht **(Zeitüberbrückungsfunktion),**
- führen eine Mengendosierung durch, indem aus Kostengründen große Mengen eingekauft werden **(Mengengruppierungsfunktion),**
- stellen Warensortimente zusammen, die sie bei unterschiedlichen Herstellern ordern, denn Hersteller konzentrieren sich zumeist auf nur wenige Güter **(Sortimentsbildungsfunktion),**
- informieren den Kunden über Warenvielfalt und Warenneuheiten **(Informations- und Orientierungsfunktion).**

Im Kosmetikbereich findet sich eine Kombination aus Handwerksbetrieb, Handelsbetrieb und Dienstleistungsbetrieb.

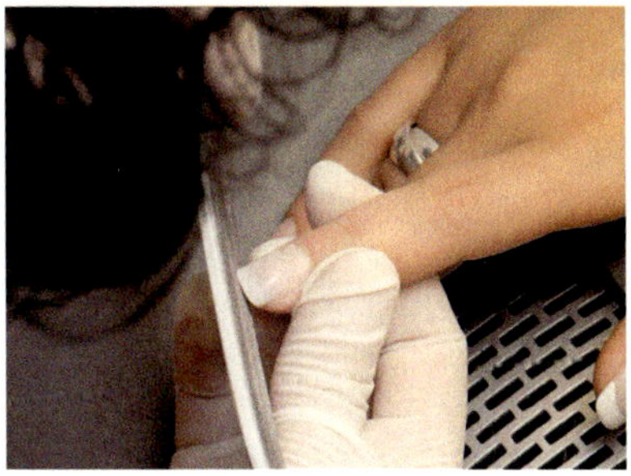

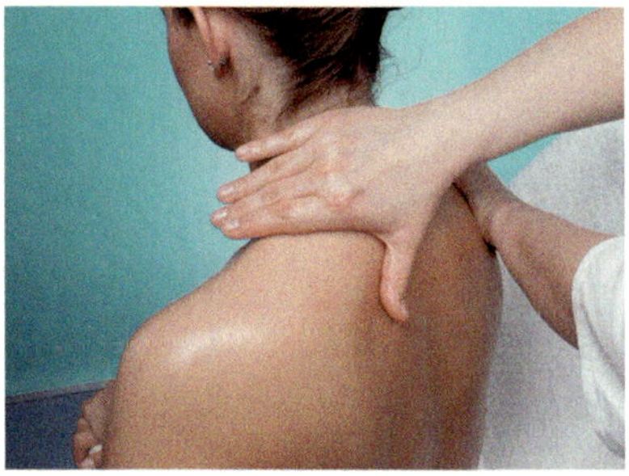

Abb. 4.1a–c: Verschiedene kosmetische Tätigkeiten

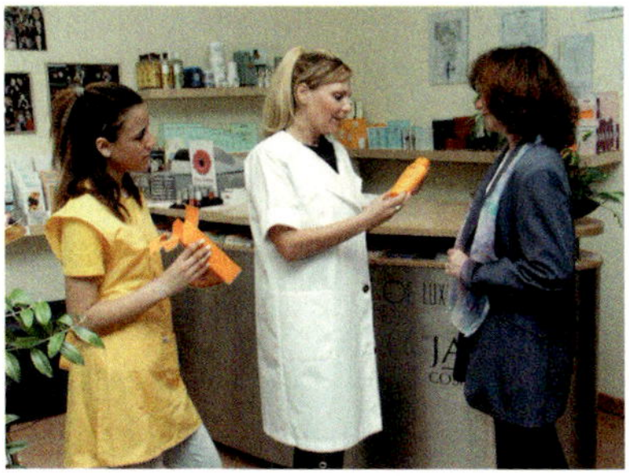

Das Durchführen einer Behandlung ist eine Dienstleistung am Kunden, aber auch eine handwerkliche Tätigkeit, da Sie durch Ihre Handarbeit eine Leistung erbringen. Wenn Sie zum Abschluss noch eine Beratung durchführen und ein Pflegepräparat verkaufen, ist dies die Funktion eines Handelsbetriebes.

Allen Betriebsarten sind diese betrieblichen Grundfunktionen gemeinsam:

Organisation oder Verwaltung

- dazu gehören Aufgaben wie Konzept- und Personalplanung, Institutsphilosophie, Arbeitsabläufe, Service, Buchhaltung, Warenorganisation und Personalwesen. Aber auch Marktbeobachtung und -analyse und die Werbung (Marketing).

Beschaffung und Lagerhaltung

- hierzu gehören Institutsausstattung, (Verbrauchs-)Material und Personal. In einem Kosmetikinstitut könnte diese Grundfunktion als „Motor" bezeichnet werden, denn sonst läuft nichts. Es müssen in gewünschter Menge, zum geplanten Zeitpunkt, für einen erforderlichen Zeitraum Artikel wie Kabinenware oder Verkaufsware bestellt werden und auf Lager sein.

Finanzierung

- Aufgabe der Finanzierung ist die Beschaffung von Geld sowie die Abstimmung zwischen dem Kapitalbedarf und dem verfügbaren Kapital (Kapitaldisposition). Dies bedeutet: Das benötigte Kapital (Geld) muss z. B. über ein Darlehen von einer Bank aufgenommen werden. Außerdem sollten Analysen erstellt werden über die zu erwartenden Umsätze. Diese Analysen sind Grundlage für Ihren Kapitalbedarf.

Absatz

- hierzu gehören **Dienstleistungen,** handwerkliche Leistungen, Präsentation und Verkauf und die daraus erzielten Umsätze.

Industrie- und Handwerksbetriebe haben zusätzlich die Grundfunktion **Produktion oder Herstellung.**

Als Selbstständige oder auch als Angestellte müssen Sie um die Planung und Organisation der Geschäftstätigkeit Ihres Institutes wissen, d. h. das Ineinandergreifen von Grundfunktionen verstehen, um reibungslose Arbeitsabläufe zu gewährleisten.

Beispiel

Ihr Arbeitgeber führt nicht selbst Behandlungen durch, ist also auf Ihren Hinweis angewiesen, dass z. B. die Massagecreme in der Kabine 1 bald leer ist und auf Lager nur noch eine Dose vorrätig. Sie sollten aufmerksam Ihre Arbeitsmaterialien beobachten und sich mit Ihrem Arbeitgeber absprechen. Eine rechtzeitige Nachbestellung verhindert einen Engpass oder gar einen Behandlungsausfall wegen Materialmangels.

4.2 Betriebs- und Unternehmensformen und das Handelsregister

Es gibt viele unterschiedlichen Unternehmensformen. Bevor man z. B. ein Unternehmen gründet, sollte man sich informieren, damit man die richtige Geschäftsform für sich und die individuellen Gegebenheiten auswählen kann.

Ist Ihr Ausbildungsbetrieb auch ein Unternehmen?
Wissen Sie die Geschäftsform Ihres Ausbildungsbetriebes?

Ein **Betrieb** ist eine einheitlich geleitete Zusammenfassung von Personen und Sachmitteln zur Hervorbringung von Gütern und Leistungen.

Ein **Unternehmen** ist eine Erscheinungsform des Betriebes in einer freien Wirtschaft (Marktwirtschaft). Es zeichnet sich durch wirtschaftliche Selbstständigkeit, Übernahme des Marktrisikos für die angebotenen Leistungen und das Gewinnstreben aus. (Quelle: www.wissen.de)

Betriebe und Unternehmen weisen aus rechtlichen, aber auch aus haftungs- und gewinnverteilungsrelevanten Gründen verschiedene Geschäfts- und Gesellschaftsformen auf.

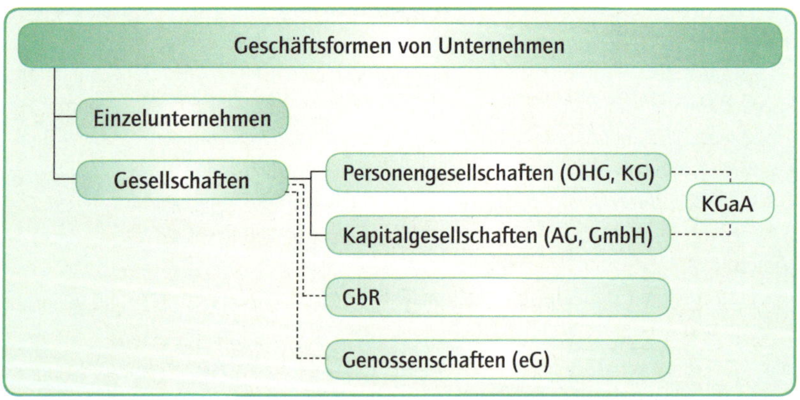

Abb. 4.2: Übersicht Geschäftsformen von Unternehmen

Im Folgendem werden die wichtigsten Unternehmensformen dargestellt.

4.2.1 Einzelunternehmen

Lisa Müller gründet ein Kosmetikinstitut als Einzelunternehmen. In der Gewerbeanmeldung wird ihr Vorname und Nachname als Firmenbezeichnung geführt. Möglich ist aber auch, dass sie die Firmenbezeichnung „Kosmetikoase Lisa Müller" führt.

Das **Einzelunternehmen** ist der Produktionsbetrieb oder die Erwerbstätigkeit eines einzelnen Gewerbetreibenden. Es ist dadurch gekennzeichnet, dass die Geschicke des Betriebs unlösbar mit dem persönlichen Schicksal des Unternehmers verbunden sind. Wegen seiner einfachen Struktur ist das Einzelunternehmen die geeignete Rechtsform vor allem für kleinere und kleinste Betriebe. Auf sie entfallen in Deutschland allein 70 % aller umsatzsteuerpflichtigen Unternehmen.

Gründung: Die Gründung erfolgt formlos. Sind für ein Gewerbe keine besonderen Erlaubnisse erforderlich, genügt die Gewerbeanmeldung zur Aufnahme des Betriebs. Wird das Unternehmen ins Handelsregister eingetragen, kann die **Firma** frei gewählt werden (vorausgesetzt, sie hat Unterscheidungskraft und enthält keine irreführenden Angaben); sie ist durch den Zusatz „eingetragener Kaufmann" oder „eingetragene Kauffrau" (e. K./e. Kfr.) zu ergänzen. Kleingewerbetreibende (ohne Handelsregistereintragung) treten unter ihrem Namen auf, dem die Branche oder Tätigkeit hinzugefügt werden kann.

Geschäftsführung: Der Einzelunternehmer als alleiniger Eigentümer trifft alle Entscheidungen. Eingetragene Kaufleute unterliegen den handelsrechtlichen Buchführungs-, Inventur- und Bilanzpflichten.

Haftung: Für die Verbindlichkeiten des Unternehmens haftet der Einzelunternehmer unbeschränkt mit seinem Betriebs- und Privatvermögen. Er braucht seinen Gewinn andererseits mit niemandem zu teilen. *Lisa trägt das Geschäftsrisiko allein und haftet mit ihrem gesamten Vermögen. Sie trifft alle Entscheidungen allein und kann allein alle Gewinne behalten.*

Finanzierung: Die *Eigenkapitalbasis* entspricht dem Vermögen des Unternehmens. Ihre Erweiterung ist möglich durch Ansparung von Gewinnen (Selbstfinanzierung) oder Aufnahme eines stillen Gesellschafters. *Fremdkapital* erhält der Einzelunternehmer als Personalkredit. Wegen der engen Bindung des Betriebs an das persönliche Schicksal des Unternehmens ist das Kreditausfallrisiko relativ groß, sodass die Möglichkeiten, hohe und langfristige Kredite zu erhalten, beschränkt sein können.

Besteuerung: Wie alle Personenunternehmen ist das Einzelunternehmen kein selbstständiges Steuersubjekt. Es besteht eine Einkommensteuerpflicht des Unternehmers zum Zeitpunkt der Gewinnentstehung, also unabhängig davon, ob der Gewinn im Betrieb belassen oder für private Zwecke entnommen wurde.

Auflösung: Die Auflösung eines Einzelunternehmens erfolgt durch freiwilligen Entschluss, durch Insolvenz oder durch den Tod des Inhabers.

Abb. 4.3: Einzelunternehmen

4.2.2 Gesellschaftsunternehmen – Personengesellschaften

Lisa Müller und Petra Meier gründen eine OHG, die ein Frisör- und Kosmetiksalon in einem ist. Sie haben einige Namen für ihr Geschäft in der engeren Auswahl: „Paradies für Haar und Haut OHG", „*Hair and Skin Academy* OHG" oder „Meier & Müller OHG". Möglich sind Personen-, Sach- oder Fantasiefirmen, notwendig ist die Zusatzbezeichnung OHG im Namen.

Die **offene Handelsgesellschaft (OHG)** stellt eine „erweiterte Einzelunternehmung" dar. Sie ist im Allgemeinen die Rechtsform kleiner und mittlerer Betriebe und zugleich die einfachste Form, in der sich Kaufleute zusammenschließen, um gemeinsam eine Firma zu führen, zu der sie das Kapital und ihr persönliches Können und Wissen beisteuern.

Gründung: Die Gründung einer OHG erfolgt in der Regel durch Gesellschaftsvertrag zwischen zwei oder mehr Personen. Ins Handelsregister werden Name, Geburtsdatum und Wohnort der Gesellschafter sowie die Firma, der Sitz und der Zeitpunkt des Beginns der Gesellschaft eingetragen.

Geschäftsführung: Alle Gesellschafter sind zur Geschäftsführung berechtigt und verpflichtet und vertreten das Unternehmen nach außen. Vertraglich kann anderes vereinbart werden. Für außergewöhnliche Geschäfte ist der Beschluss aller Gesellschafter erforderlich.

Haftung: Für die Verbindlichkeiten der Firma haftet jeder Gesellschafter unbeschränkt als Gesamtschuldner mit dem Privat- und dem Betriebsvermögen. *Lisa und Petra haften mit ihrem gesamten Vermögen, beide sind voll entscheidungsbefugt, die Gewinn- und Verlustverteilung haben beide an ihre Beteiligung angepasst, Lisa hat 50.000 Euro und Petra 20.000 Euro eingebracht, so wird alles prozentual aufgeteilt.*

Gewinn/Verlust: Sieht der Gesellschaftsvertrag keine andere Regelung vor, erhält jeder Gesellschafter einen Gewinnanteil von 4 % auf seine Kapitaleinlage; der darüber hinausgehende Gewinn wird zu gleichen Teilen auf die Gesellschafter verteilt. Verluste werden ebenfalls nach Köpfen aufgeteilt. Jeder Gesellschafter kann jährlich bis zu 4 % seines Kapitalanteils für private Zwecke entnehmen.

Finanzierung: Die Kapitalbasis wird durch Erhöhung der Kapitaleinlagen der Gesellschafter, nicht entnommene Gewinne oder Aufnahme neuer Gesellschafter erweitert. Die Kreditwürdigkeit einer OHG wird im Allgemeinen höher eingeschätzt als die einer Einzelunternehmung, da mindestens zwei Gesellschafter mit ihrem Gesamtvermögen haften.

Besteuerung: Die OHG ist kein selbstständiges Steuersubjekt. Es besteht eine Einkommenssteuerpflicht der Gesellschafter zum Zeitpunkt der Gewinnentstehung im Betrieb. Die Gehälter der geschäftsführenden Gesellschafter sind nicht als Betriebsausgaben abzugsfähig.

Auflösung: Die Auflösung einer OHG erfolgt durch Ablauf des Gesellschaftervertrags, Beschluss der Gesellschafter, Eröffnung des Insolvenzverfahrens über das Gesellschaftsvermögen oder gerichtliche Entscheidung. Mit dem Tod oder der Kündigung eines Gesellschafters scheidet dieser aus der Gesellschaft aus; die Gesellschaft als solche besteht jedoch weiter. Auch dazu sind andere vertragliche Regelungen möglich.

Abb. 4.4: Offene Handelsgesellschaft

Die **Kommanditgesellschaft (KG)** ist wie die OHG eine **Personengesellschaft,** deren Zweck darin besteht, ein Handelsgewerbe unter gemeinschaftlicher Firma zu betreiben. Der Grundsatz der OHG – gleiche Rechte und gleiche Pflichten für jeden Gesellschafter – gilt für die KG jedoch nicht mehr. Sie ist vielmehr dadurch gekennzeichnet, dass sie aus mindestens einem vollhaftenden (Komplementär) und mindestens einem teilhaftenden Gesellschafter (Kommanditist) besteht. Komplementär der KG kann auch eine juristische Person sein, z. B. eine GmbH (sie firmiert dann als GmbH & Co KG).

Gründung:
Gesellschaftsvertrag und Eintragung ins Handelsregister; dabei wird auch die Einlage (Haftsumme) der Kommanditisten eingetragen.

Geschäftsführung:
Die Geschäftsführung liegt allein bei den Komplementären. Die Kommanditisten besitzen lediglich ein Kontrollrecht.

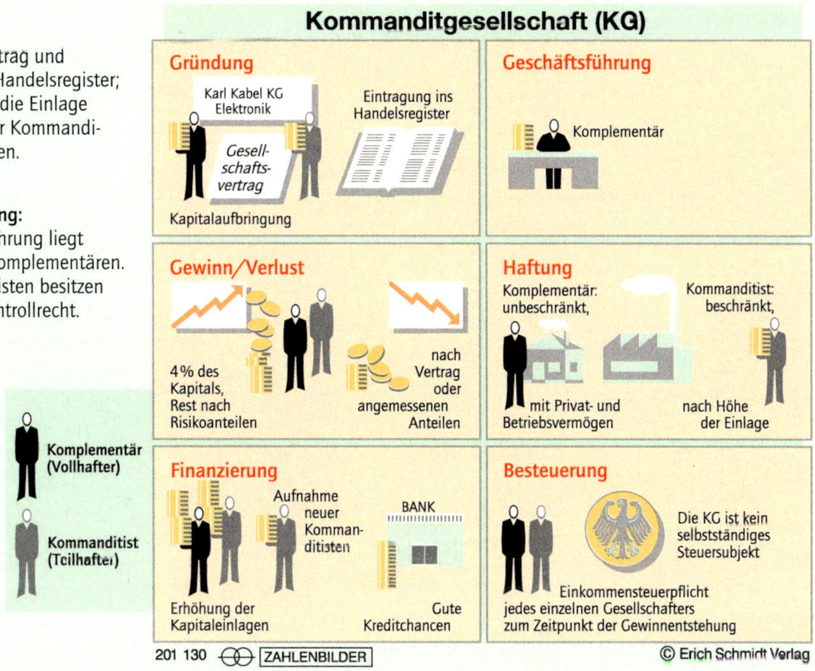

Haftung: Für die Verbindlichkeiten der Firma haftet der Komplementär unbeschränkt mit seinem Privat- und Betriebsvermögen, der Kommanditist nur mit seiner Einlage. *Lisa und Petra sind Komplementäre und haften daher mit ihrem gesamten Vermögen, sind aber auch beide entscheidungsbefugt. Helga möchte ihr Geld gern einbringen, aber nicht selbst arbeiten. Helga ist Kommanditist und haftet nur mit ihrer Kapitaleinlage.*

Gewinn/Verlust: Jeder Gesellschafter erhält vom Gewinn bis zu 4 % seiner Kapitaleinlage. Der darüber hinausgehende Gewinn wird nach Vertrag „angemessen" verteilt, wobei der Komplementär wegen seines höheren Haftungsrisikos einen höheren Gewinnanteil erhält. Auch ein Verlust wird nach Vertrag „angemessen" aufgeteilt.

Finanzierung: Die Möglichkeiten der Eigenfinanzierung sind größer als bei der OHG, da die KG neue Gesellschafter aufnehmen kann, die als Kommanditisten nur beschränkt haften und sich an der Geschäftsführung nicht zu beteiligen brauchen. Darin ähnelt die KG schon einer Kapitalgesellschaft. Auch die Voraussetzungen für die Aufnahme von Fremdkapital sind grundsätzlich günstig. Die Kreditgeber honorieren die relativ einfache Möglichkeit zur Erweiterung der Eigenkapitalbasis und die Transparenz der Haftungsverhältnisse.

Besteuerung: Als Personengesellschaft ist die KG kein selbstständiges Steuersubjekt. Der Gewinn wird einheitlich von der Gesellschaft ermittelt, dann nach einem bestimmten Schlüssel auf die Gesellschafter verteilt und von diesen individuell versteuert.

Auflösung: Die Auflösung der KG erfolgt durch Kündigung oder Ablauf des Gesellschaftsvertrags, Beschluss der Gesellschafter, Insolvenz über das Vermögen der Gesellschaft oder eines Komplementärs und durch den Tod eines Komplementärs, sofern der Gesellschaftsvertrag nichts anderes vorsieht.

Abb. 4.5: Kommanditgesellschaft

Beispiele für die Bezeichnung der Firma von Lisa und Petra sind „Meier & Müller Kosmetik KG" (Personenfirma) oder *„Haircosmos KG"* (Fantasiefirma).

4.2.3 Gesellschaftsunternehmen – Kapitalgesellschaften

Petra und Lisa produzieren ihre eigene Pflegelinie. Um mehr Geld für die Weiterentwicklung zu haben, wandeln sie ihre vorherige Firma in eine AG um und verkaufen Aktien. Sie haben ein Grundkapital von 50.000 Euro. Mit Gründung der AG übernimmt ein Vorstand, der vom Aufsichtsrat bestellt oder ausgewählt wird, die Geschäftsführung, die vom Aufsichtsrat kontrolliert wird und der die Beschlüsse der Hauptversammlung (Aktionäre) als Basis dienen. Petra und Lisa haben bei der Namensgebung die Wahl zwischen einer Personen- oder einer Sachfirma. „*Haircosmos AG*" ist eine Sachfirma. Eine Personenfirma hätte z. B. den Namen „Meier – Müller AG".

Die **Aktiengesellschaft (AG)** ist nach dem Aktiengesetz eine Handelsgesellschaft mit eigener Rechtspersönlichkeit. Ihre Gesellschafter sind mit Einlagen an dem in Aktien zerlegten Grundkapital beteiligt, haften darüber hinaus aber nicht persönlich für die Verbindlichkeiten der Gesellschaft. Die Funktion des Kapitalgebers ist von der des Unternehmers streng getrennt. Die AG ist somit eine typische **Kapitalgesellschaft,** deren Kapitalanteile (Aktien) an der Börse frei gehandelt werden können, ohne dass der Bestand der Gesellschaft davon berührt wird. Große Unternehmen bevorzugen die Rechtsform der AG, da sie die Möglichkeit eröffnet, viele Geldgeber in die Beschaffung des notwendigen Eigenkapitals einzubeziehen. Mit der Aktienrechtsreform von 1994 wurde die AG aber auch für mittelständische Unternehmen attraktiv gemacht.

Gründung: Nach Feststellung des Gesellschaftsvertrags (der Satzung) wird die AG durch eine oder mehrere Personen gegründet und ins Handelsregister eingetragen. Die Firma muss die Bezeichnung „Aktiengesellschaft" oder eine allgemein verständliche Abkürzung dieser Bezeichnung (z. B. AG) enthalten.

Geschäftsführung: Der vom Aufsichtsrat bestellte und kontrollierte Vorstand leitet die Gesellschaft unter eigener Verantwortung. Einmal jährlich treten die Aktionäre zur Hauptversammlung zusammen; diese bestellt den Aufsichtsrat, entlastet Vorstand und Aufsichtsrat und entscheidet über allgemeine Fragen der Satzung und der Kapitalgrundlage. Aktiengesellschaften mit mehr als 500 Arbeitnehmern unterliegen der Unternehmensmitbestimmung.

Haftung: *Die AG haftet den Gläubigern allein mit dem Gesellschaftsvermögen für ihre Verbindlichkeiten. Da sie auch als juristische Person bezeichnet wird, haftet sie nicht persönlich, wie natürliche Personen.*

Kapitalorganisation: Das Grundkapital der AG beträgt mindestens 50.000 Euro, zerlegt in Aktien zum Mindestnennbetrag von 1 Euro oder in nennwertlose Stückaktien, denen ein Anteil am Grundkapital von mindestens 1 Euro entsprechen muss. Die Aktionäre haben das Recht auf einen Anteil am Reingewinn (Dividende). Verluste werden aus den Rücklagen gedeckt. Für die Verbindlichkeiten der Gesellschaft haftet den Gläubigern nur das Gesellschaftsvermögen.

Finanzierung: Selbstfinanzierung ist aus den freien Rücklagen und durch Ausgabe neuer Aktien möglich. Fremdkapital erhält die AG durch Ausgabe von Schuldverschreibungen und durch Bankkredite.

Besteuerung: Als juristische Person ist die AG selbstständiges Steuersubjekt und unterliegt deshalb der Körperschaftsteuerpflicht. Unter Anrechnung der gezahlten Körperschaftssteuer sind die einzelnen Aktionäre ihrerseits einkommensteuerpflichtig.

Abb. 4.6: Aktiengesellschaft

Die **Gesellschaft mit beschränkter Haftung (GmbH)** ist juristische Person und zeigt zugleich das charakteristische Merkmal der Kapitalgesellschaften: die Verselbstständigung der den Betrieb tragenden Gesellschaft gegenüber den Gesellschaftern und die damit verbundene Beweglichkeit der Anteile. Da aber die Übertragbarkeit der Anteile erschwert ist, eignet sich die Rechtsform der GmbH im Wesentlichen nur für kleinere und mittlere Betriebe. Den Personengesellschaften ist die GmbH insofern verwandt, als die Gesellschafter weitgehende Mitverwaltungsrechte ausüben können.

Gründung: Sie erfolgt durch Gesellschaftsvertrag in notarieller Form. Er enthält den Betrag des Stammkapitals und der von jedem Gesellschafter zu leistenden Kapitaleinlage. Die GmbH wird ins Handelsregister eingetragen.
Am 23. Mai 2007 wurde der Entwurf des Gesetzes zur Modernisierung des GmbH-Rechts und zur Bekämpfung von Missbräuchen (MoMiG) beschlossen. Unternehmensgründungen sollen u. a. durch folgende Punkte beschleunigt und erleichtert werden: Dokumente (, wie Gesellschaftsvertrag, Geschäftsführerbestellung und Gesellschafterliste) werden durch einen Mustervertrag ersetzt, für den keine notarielle Beurkundung nötig ist und das Mindeststammkapital wurde auf 10.000 Euro gesenkt. Das bei Drucklegung vom Bundestag beschlossene „neue GmbH-Gesetz" soll im Oktober/November 2008 in Kraft treten. Mehr unter: www.bmj.bund.de > MoMiG.

Geschäftsführung: Die GmbH hat einen oder mehrere Geschäftsführer, die von der Gesellschafterversammlung bestellt werden und nach deren Weisung handeln. Die Gesellschafterversammlung kontrolliert die Geschäftsführung, stellt den Jahresabschluss fest und entscheidet über die Verwendung des Reingewinns. Hat die GmbH mehr als 500 Arbeitnehmer, muss ein Aufsichtsrat eingerichtet werden.

Haftung: *Die GmbH ist für kleine Unternehmen eher ungünstig, da sich einige Auflagen im Steuerrecht daraus ergeben, wie z. B. Offenlegung der Bilanz usw. Der größte Nachteil ergibt sich bei der Kapitalbeschaffung, denn oft wollen die Banken zusätzliche Bürgschaften über das Darlehensvolumen, sodass der Haftungsvorteil nur bedingt ist.*

Kapitalorganisation: Das Stammkapital muss mindestens 25.000 Euro, die Stammeinlage jedes Gesellschafters mindestens 100 Euro betragen und durch 50 Euro teilbar sein. Nach der jeweiligen Stammeinlage bestimmt sich der Geschäftsanteil, der veräußerlich, vererblich und teilbar ist. Die Haftung der GmbH ist beschränkt auf das Gesellschaftsvermögen. Der Gesellschaftsvertrag kann eine Nachschusspflicht der Gesellschafter vorsehen. Die Gewinnverteilung erfolgt entsprechend dem Verhältnis der Geschäftsanteile oder nach Gesellschafterbeschluss. Verluste vermindern das Kapital und damit die Einzelkapitalanteile. Bei Verlust der Hälfte des Stammkapitals erfolgt keine Gewinnverteilung bis zur Abdeckung des Verlustes.

Finanzierung: Erhöhung des Eigenkapitals durch Nachschusszahlungen der Gesellschafter oder Aufnahme neuer Gesellschafter. Die Möglichkeiten der Fremdfinanzierung sind begrenzt; sie können durch Vereinbarung einer Nachschusspflicht verbessert werden.

Besteuerung: Als juristische Person ist die GmbH selbstständiges Steuersubjekt und unterliegt deshalb der Körperschaftsteuerpflicht. Darüber hinaus werden die Anteilseigner zur Einkommensteuer veranlagt.

Auflösung: Die Auflösung der GmbH erfolgt durch Ablauf des Gesellschaftsvertrags, Beschluss der Gesellschafter, Eröffnung des Insolvenzverfahrens oder Gerichtsbeschluss.

Abb. 4.7: Gesellschaft mit beschränkter Haftung

Auch für eine GmbH haben Petra und Lisa bei der Namensgebung die Wahl zwischen einer Personen- oder einer Sachfirma. „*Haircosmos* GmbH" ist eine Sachfirma, „Meier – Müller GmbH" eine Personenfirma.

4.2.4 Gesellschaftsunternehmen – Weitere

Nach dem Aktiengesetz ist die **Kommanditgesellschaft auf Aktien (KGaA)** eine Gesellschaft mit eigener Rechtspersönlichkeit, bei der mindestens ein Gesellschafter unbeschränkt haftet, während die übrigen mit Einlagen an dem in Aktien zerlegten Grundkapital (von mindestens 50 000 Euro) beteiligt sind, ohne persönlich für die Verbindlichkeiten der Gesellschaft zu haften. In ihr verbinden sich Elemente einer *Kapitalgesellschaft* (Aktiengesellschaft) mit denen einer *Personengesellschaft* (Kommanditgesellschaft). Ein wesentlicher Vorteil der KGaA liegt in der Übertragbarkeit der Anteile (wie bei der AG), kombiniert mit der unmittelbaren Führung des Unternehmens durch den oder die haftenden Gesellschafter (wie bei der KG). Die Rechtsgrundlagen für die KGaA selbst und die nicht haftenden Gesellschafter (die so genannten Kommanditaktionäre) finden sich im Aktiengesetz (§§ 278–290); für die Stellung des haftenden Gesellschafters (Komplementärs) ist dagegen das Recht der KG (§§ 166–177a Handelsgesetzbuch) maßgeblich.

Gründung: Die Gründung erfolgt durch mindestens fünf Personen, darunter stets die persönlich haftenden Gesellschafter. Nach notarieller Beurkundung der Satzung erfolgt die Eintragung der Gesellschaft ins Handelsregister. Die Firma muss die Bezeichnung der Unternehmensform (z. B. „KGaA") enthalten.

Organe: Die KGaA verfügt über drei Organe. Die persönlich haftenden Gesellschafter üben die *Geschäftsführung* und Vertretung der Gesellschaft aus. Ihre Rechtsstellung entspricht etwa der des Vorstands einer AG; sie handeln aber weitgehend unabhängig von den übrigen Organen. In der *Hauptversammlung* sind die Kommanditaktionäre vertreten.

Die persönlich haftenden Gesellschafter haben in ihr nur ein Stimmrecht für ihre Aktien und dürfen bei einigen Beschlüssen (z. B. der Entlastung der Geschäftsführung) nicht mitstimmen. Andererseits ist ihre Zustimmung zur Feststellung des Jahresabschlusses und zu Beschlüssen, die die Grundlagen der Gesellschaft betreffen, erforderlich. Der *Aufsichtsrat* ist im Wesentlichen Überwachungs- und Kontrollorgan ohne weitergehende Entscheidungsmacht.

Gewinnverteilung/Haftung: Die Gewinnverteilung ist in der Satzung geregelt. Verluste werden von den Kapitalanteilen der persönlich haftenden Gesellschafter abgeschrieben. Für Verbindlichkeiten der Gesellschaft haftet die KGaA mit ihrem Gesellschaftsvermögen, die persönlich haftenden Gesellschafter darüber hinaus mit ihrem Privatvermögen.

Besteuerung: Die KGaA ist als Kapitalgesellschaft körperschaft- und gewerbesteuerpflichtig. Die Gesellschafter unterliegen als Aktionäre bzw. Mitunternehmer der Einkommensteuer.

Abb. 4.8: Kommanditgesellschaft auf Aktien

Bei der Kommanditgesellschaft auf Aktien muss der Firmenname die Bezeichnung KGaA unbedingt beinhalten. Da für die Gründung dieser Unternehmensform mindestens fünf Gründer nötig sind, wollten Lisa und Petra diese Form nicht wählen.

Der **grundsätzlichste Unterschied** zwischen Einzelunternehmen, Personengesellschaften und Kapitalgesellschaften besteht in der **Haftungsfrage**. Sie liegt entweder bei Personen, die teilweise mit ihrem Privatvermögen unbeschränkt haften oder in der Beschränkung der Haftung auf das Gesellschaftskapital.

Alle diese Unternehmensformen sind juristische Personen (d. h., sie gelten vor dem Gesetz als eine Person) und sind damit voll geschäftsfähig.

Welche Unternehmensform sich aber nun wirklich in dem ein oder anderen Gründungsfall eignet, hängt nicht zuletzt von der Größe des Unternehmens ab:

- In der Kosmetikbranche herrschen aufseiten der „Praktizierenden" und „Anwender" die Geschäftsform des Einzelunternehmens (Einzelpersonen oder kleine Kosmetikinstitute) und die Personengesellschaften (KG und OHG) vor.
- Aufseiten der „Produzenten" von z. B. Kosmetika oder Geräten und Instrumenten handelt es sich meist um Kapitalgesellschaften (z. B. AG, GmbH).

Hauptunterschied zwischen Personen- und Kapitalgesellschaften ist die Haftungsbeschränkung. Bei Personengesellschaften haften die Gründer mit dem Gesamtvermögen, bei Kapitalgesellschaften nur bis zur Höhe der jeweiligen Kapitaleinlage.

Bei der Frage nach der geeigneten Unternehmensform wird immer öfter die GbR gewählt.

Die **Gesellschaft bürgerlichen Rechts** (GbR) ist eine BGB Gesellschaft, die mindestens zwei Gesellschafter haben muss. Firmiert wird mit den Namen der Gesellschafter z. B. *Lisa Müller & Verena Klein Kosmetik Institut.* Die Gesellschafter haften persönlich und unbeschränkt mit ihrem Privatvermögen, außerdem versteuert jeder Gesellschafter persönlich die Gewinne und Verluste. Betriebssteuern wie Umsatzsteuer werden von der Gesellschaft getragen. Im Vergleich dazu: Kapitalgesellschaften zahlen Körperschaftsteuer und ihre Gesellschafter versteuern ihre Gewinnausschüttungen.

Die GbR hat besonders für kleine Unternehmen viele Vorteile, z. B.

- die Versteuerung ist vereinfacht, Sie müssen keine Bilanz erstellen lassen, dadurch sind auch die Steuerberatungskosten geringer,
- Sie benötigen keinen Handelsregister-Eintrag und müssen daher Ihre Geschäftsergebnisse auch nicht veröffentlichen,
- Ein GbR-Vertrag ist nicht formgebunden und muss auch nicht notariell beglaubigt werden.

Sind in einem Gesellschaftervertrag keine Regelungen über die Rechte und Pflichten der Gesellschafter getroffen, gelten die gesetzlichen Vorschriften (§ 705 ff. BGB).

Eine GbR kann unter folgenden Voraussetzungen beendet oder aufgelöst werden:

- die GbR war zeitlich begrenzt
- die Gesellschafter beschließen die Auflösung
- es gibt keine Forsetzungsklausel für den Fall, das ein Gesellschafter aussteigt oder stirbt.

Wenn Sie ein Geschäft mit einem Partner eröffnen möchten, sollten Sie sich von einem Steuerberater und einem Anwalt beraten lassen, welche die beste Unternehmensform für Sie ist.

Die **Genossenschaften** stellen eine Sonderform inmitten der Gesellschaften dar: Sie gehören weder zu den Personen- noch zu den Kapitalgesellschaften. Sie sind eher „Selbsthilfeorganisationen“ von kleinen Gewerbetreibenden und/oder Verbrauchern, die als Zusammenschluss andere Möglichkeiten und ggf. Vorteile geltend machen können (z. B. günstigere Konditionen beim Einkauf von Waren).

In der Kosmetikbranche sind Genossenschaften eher nicht gebräuchlich. Interessengemeinschaften sind im Kosmetikbereich die Berufsverbände der Kosmetiker.

Im August 2006 trat die EU-Verordnung zur **Europäischen Genossenschaft (SCE)** in Kraft. Parallel dazu wurde auch das deutsche Genossenschaftsrecht modernisiert und neu geregelt. Diese Neuordnung vereinfacht u. a. die Gründung und Führung von Genossenschaften nach nationalem Recht, senkt die Anforderungen für kleinere Genossenschaften und erleichtert die Kapitalbeschaffung und erhaltung.

Die **eingetragene Genossenschaft (eG)** gründet sich auf die Solidarität ihrer Mitglieder. Sie ist eine Gesellschaft ohne abgeschlossenen Mitgliederkreis, deren Zweck darauf gerichtet ist, den Erwerb, die Wirtschaft oder die kulturellen und sozialen Belange ihrer Mitglieder durch gemeinschaftlichen Geschäftsbetrieb zu fördern (z. B. als Wohnungs-, Einkaufs-, Konsum-, Winzer-, Schulgenossenschaft, Genossenschaftsbank). Ihre Aufgabe besteht nicht darin, hohe Gewinne zu erzielen, sondern den Mitgliedern besondere Vorteile und Leistungen zukommen zu lassen.

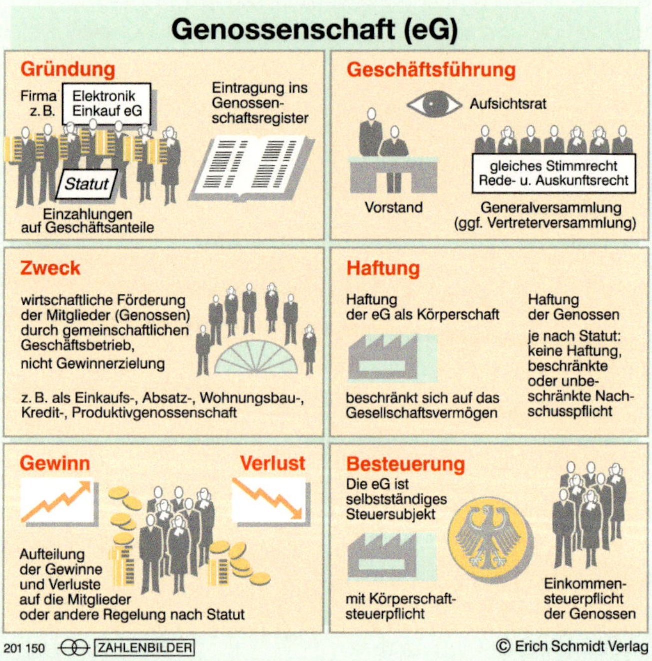

Gründung/Satzung: Eine Genossenschaft besteht aus mindestens drei Mitgliedern. Sie wird vom Vorstand unter Vorlage der Satzung und eines Prüfgutachtens, das ihre wirtschaftliche Leistungsfähigkeit feststellt, zur Eintragung ins Genossenschaftsregister angemeldet. Die Satzung enthält u. a. den Sitz und die Firma der Genossenschaft, den Unternehmensgegenstand, Bestimmungen über die Generalversammlung der Mitglieder, die Höhe der Geschäftsanteile und ggf. zu leistende Nachschüsse im Fall der Insolvenz. Die Mitgliedschaft wird durch schriftliche Beitrittserklärung und durch den Aufnahmebeschluss der Genossenschaft erworben. Je nach Satzung ist auch die Aufnahme nur investierender, den Förderzweck nicht nutzender Mitglieder möglich.

Organe: Oberstes Organ ist die Generalversammlung, in der jedes Mitglied eine Stimme hat (ab 1 500 Mitgliedern kann sie durch eine Vertreterversammlung ersetzt werden). Jede Genossenschaft muss einen Vorstand und (ab 20 Mitgliedern) einen Aufsichtsrat haben. Der Vorstand führt die Geschäfte und wird durch den Aufsichtsrat überwacht. Mindestens alle zwei Jahre findet eine externe Kontrolle der wirtschaftlichen Verhältnisse und der ordnungsgemäßen Geschäftsführung durch einen genossenschaftlichen Prüfungsverband statt.

Kapitalorganisation: Jedes Mitglied ist verpflichtet, einen satzungsgemäßen Geschäftsanteil zu übernehmen und Einzahlungen (ggf. auch in Form von Sacheinlagen) darauf zu leisten. Die tatsächlich geleisteten Einzahlungen bilden das Geschäftsguthaben. Gewinne werden ihm bis zur Höhe des Geschäftsanteils zugeschrieben, Verluste von ihm abgezogen. Ein gesetzliches Mindestkapital ist nicht vorgeschrieben; die Satzung kann jedoch ein Mindestkapital festlegen, um so die Kreditfähigkeit der Genossenschaft zu verbessern.

Abb. 4.9: Genossenschaft

4.2.5 Handelsregister

Außer den Genossenschaften (Eintrag in das Genossenschaftsregister) müssen alle Gesellschaften in das Handelsregister eingetragen werden.

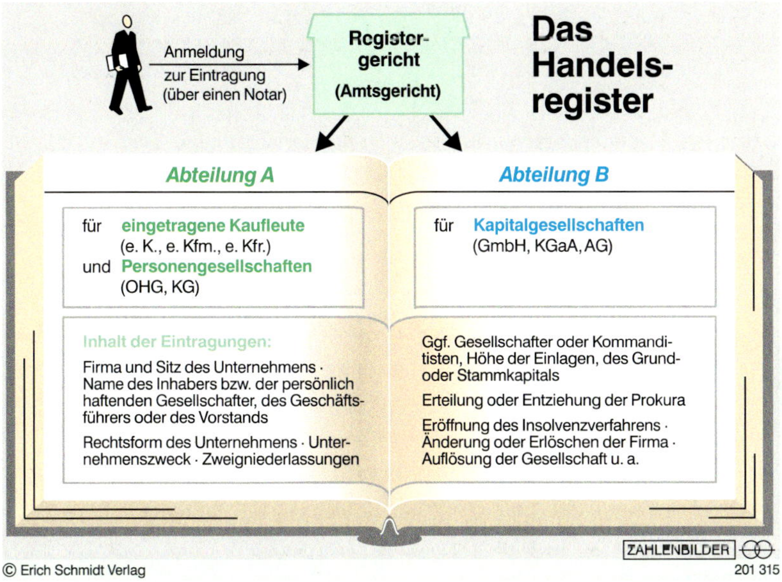

Das **Handelsregister** ist ein öffentliches Verzeichnis, das über die wesentlichen Rechtsverhältnisse der Unternehmen Auskunft gibt und damit der Rechtssicherheit des Wirtschaftslebens dient. Es wird vom Amtsgericht (Registergericht) geführt und kann von allen Interessierten eingesehen werden. Die ins Handelsregister eingetragenen Tatbestände werden vom Gericht darüber hinaus im Bundesanzeiger und in einem weiteren Blatt (meist einer örtlichen Tageszeitung) bekannt gegeben.

Das Handelsregister besteht aus zwei Abteilungen. In der **Abteilung A** werden eingetragene Kaufleute (e. K., e. Kfm. oder e. Kffr.) und Personengesellschaften (OHG, KG) geführt; **Abteilung B** verzeichnet die Kapitalgesellschaften (GmbH, KGaA, AG). Jeder Kaufmann ist zur Eintragung ins Handelsregister verpflichtet. **Kaufmann** ist nach dem Handelsgesetzbuch grundsätzlich jedes gewerbliche Unternehmen, es sei denn, es wird kein in kaufmännischer Weise eingerichteter Geschäftsbetrieb benötigt (Das ist bei Kleingewerbetreibenden der Fall; auch diese können aber die Kaufmanneigenschaft erwerben, indem sie sich freiwillig ins Handelsregister eintragen lassen). Ins **Handelsregister** werden alle Tatsachen aufgenommen, die für die Geschäftspartner eines Kaufmanns rechtlich bedeutsam sein können: die Firma und der Sitz des Unternehmens, der Name des Inhabers oder der persönlich haftenden Gesellschafter, die Haftung der Kommanditisten, das Stammkapital einer GmbH, die Erteilung oder Entziehung der Prokura, die Errichtung einer Zweigniederlassung, die Eröffnung eines Insolvenzverfahrens, die Auflösung der Gesellschaft oder die Löschung der Firma. Auch jede Änderung dieser Tatsachen ist zur Eintragung anzumelden. Auf Geschäftsbriefen müssen grundsätzlich Firma, Sitz und Rechtsform des Unternehmens sowie das Registergericht und die Handelsregisternummer angegeben werden.

Die Eintragungen des Handelsregisters haben vielfach nur rechtsbezeugenden (deklaratorischen) Charakter, das heißt, die ins Register aufgenommenen Tatbestände werden durch die Eintragung lediglich öffentlich bekannt gemacht, sind aber auch unabhängig davon schon rechtswirksam. Das gilt z. B. für die Eigenschaft als Kaufmann oder die Eintragung einer Prokura. Manche Tatbestände werden dagegen erst durch die Aufnahme ins Handelsregister rechtswirksam, sodass die Eintragung rechtserzeugenden (konstitutiven) Charakter hat. Eine Kommandit- oder Kapitalgesellschaft z. B. entsteht erst durch die Eintragung. Das Handelsregister genießt **öffentlichen Glauben**, es gilt also der Grundsatz, dass jeder auf die Richtigkeit der Eintragungen oder Bekanntmachungen vertrauen darf.

Abb. 4.10: Handelsregister

Einzelunternehmen werden nur eingetragen, wenn sie die Auflagen für Kaufleute erfüllen. Diese tragen den Namenszusatz „eingetragener Kaufmann (e. K.)" bzw. „eingetragene Kauffrau (e. Kffr.)" im Firmennamen und unterliegen dem Handelsgesetz und damit der Buchführungs-, Inventur- und Bilanzpflicht (→ Kapitel 7).

4.3 Arbeits- und Angestelltenverhältnis

Angestellt arbeiten fällt unter das Rechtsgebiet des **Arbeitsrechts**. Hierunter fallen alle Gesetzte, Verordnungen, Verträge und Vereinbarungen, die die **Rechtsbeziehung zwischen Arbeitgeber und Arbeitnehmer** regeln. Es kann in zwei Rechtsbereiche unterteilt werden:

Individuelles Arbeitsrecht	Kollektives Arbeitsrecht
Es regelt die Rechtsbeziehungen zwischen dem einzelnen Arbeitgeber und dem einzelnen Arbeitnehmer über • das Arbeitsvertragsrecht und • die Arbeitsschutzrechte (→ Kapitel 4.5).	Es regelt die Rechtsbeziehungen zwischen den **Sozialpartnern** (Gewerkschaften und Arbeitgeberverbänden → Kapitel 4.7), hauptsächlich über • das Tarifvertragsrecht und • das Betriebsverfassungsrecht.

Das Rechtsgebiet des **Sozialrechts** (→ Kapitel 4.4) ergänzt das Arbeitsrecht für die Arbeitnehmer.

Die Angestelltentätigkeit bedeutet für viele Kosmetiker arbeiten mit einem höheren Sicherheitsfaktor, aber auch einem nicht uneingeschränkten Arbeitsalltag. Sie erhalten als Angestellte/r ein **monatliches Arbeitsentgelt**, das im Jahr 2008 je nach Qualifikation zwischen ca. 1.300,00 und 2.000,00 Euro brutto liegen kann.

Ihre monatliche Vergütung ist in einem **Arbeitsvertrag** festgelegt. Ein Arbeitsvertrag regelt Ihr Vertragsverhältnis zu Ihrem Arbeitgeber.

Es werden grundsätzlich zwei Arbeitsvertragsarten unterschieden:

Unbefristeter Arbeitsvertrag	Befristeter Arveitsvertrag
Das ist eine vertragliche Vereinbarung zwischen Arbeitgeber und Arbeitnehmer, die keine Befristung enthält. Sie kann durch Kündigung (→ Kapitel 4.5) oder durch einen Aufhebungsvertrag beendet werden.	Das ist eine vertragliche Vereinbarung zwischen Arbeitgeber und Arbeitnehmer, die unmittelbar nach Zeitablauf, z. B. zu einem bestimmten Datum, oder mittelbar nach Abschluss eines Projektes endet. Dauer und Umfang müssen sachlich begründet sein.

Die §§ 611–630 BGB sind die gesetzliche Grundlage für den Arbeitsvertrag. Im Grundsatz gilt auch Artikel 12 des GG, d. h. Vertragsfreiheit und inhaltliche Gestaltungsfreiheit. Allerdings werden Arbeitsverträge zugunsten von Arbeitnehmern in Formfreiheit und Inhalt begrenzt, wenn gültige Schutzgesetze, Tarifverträge oder Betriebsvereinbarungen dies vorschreiben. Aus Gründen der Rechtssicherheit empfiehlt sich immer die **Schriftform**.

Ihre **Arbeitszeiten und der Urlaub** sind geregelt und Sie sind weisungsgebunden, Entscheidungen können oft nur nach Absprache mit dem Arbeitgeber getroffen werden. Und durch eine angespannte Wirtschaftslage ist auch eine Anstellung nicht uneingeschränkt sicher.

Prüfen Sie den Arbeitsvertrag bevor Sie unterzeichnen: Wie sind die Arbeitszeiten, die Kündigung und die Vergütung geregelt?

Unbefristeter Arbeitsvertrag/Anstellungsvertrag

zwischen .... (im Folgenden „Firma“)

und Frau/Herrn .... (im Folgenden „Arbeitnehmer“)

wird Folgendes vereinbart:

§ 1 Beginn des Anstellungsverhältnisses/Tätigkeit

Der Arbeitnehmer wird mit Wirkung vom ... als ... eingestellt. Die einzelnen zum Aufgabenbereich gehörenden Tätigkeiten ergeben sich aus der als Anlage 1 beigefügten und zum Vertrag gehörenden Stellenbeschreibung. Der Arbeitnehmer verpflichtet sich im Bedarfsfall auch andere ihm zumutbare Tätigkeiten im Betrieb zu übernehmen. Eine Gehaltsminderung darf hiermit jedoch nicht verbunden sein.

§ 2 Probezeit/Kündigungsfristen

Die ersten ... Monate des Anstellungsverhältnisses gelten als Probezeit. Während der Probezeit können beide Parteien den Anstellungsvertrag mit einer Frist von ... Wochen zum Monatsende kündigen. Nach Ablauf der Probezeit ist eine Kündigung nur unter Einhaltung einer Frist von ... Wochen/Monaten zum ... zulässig. Verlängert sich die Kündigungsfrist für die Firma aus tariflichen oder gesetzlichen Gründen, gilt diese Verlängerung auch für den Arbeitnehmer. Das Anstellungsverhältnis entdet mit Ablauf des Monats, in dem der Arbeitnehmer das ... Lebensjahr vollendet, ohne dass es einer Kündigung bedarf. Eine Kündigung des Anstellungsvertrages vor Dienstantritt ist ausgeschlossen.

§ 3 Vergütung

Die monatliche Bruttovergütung beträgt während der Probezeit ... Euro, nach Ablauf der Probezeit ... Euro. Die Vergütung wird jeweils am Letzten eines Monats fällig. Die Zahlung erfolgt bargeldlos auf das der Firma

Abb. 1.11: Auszüge aus einem Muster Arbeitsvertrag/Anstellungsvertrag

Ein Angestellten-/Arbeitsvertrag ist ein Dauerschuldverhältnis, d. h., Arbeitnehmer und Arbeitgeber haben für die Dauer eines Vertragsverhältnisses die Rechte und Pflichten, die das Arbeitsrecht regelt, einzuhalten.

Die Rechte und Pflichten von Arbeitgebern und Arbeitnehmern werden durch das **Arbeitsrecht,** geltende **Tarifverträge** und den **Arbeitsvertrag** geregelt.

Tab. 1.12: Rechte und Pflichten der Vertragspartner

Arbeitnehmer	Arbeitgeber
• muss seine Arbeit weisungsgerecht erledigen **(Arbeitspflicht),** • muss Geschäftsgeheimnisse wahren **(Treuepflicht),** • darf keine Geschäfte auf eigene Rechnung im selben Geschäftszweig tätigen **(Handels- und Wettbewerbsverbot).**	• muss den Arbeitnehmer beschäftigen **(Beschäftigungspflicht),** • muss das Arbeitsentgelt zahlen, geregelt durch Tarifvertrag oder Gehaltsvereinbarung **(Lohnzahlungspflicht),** • muss Leben und Gesundheit des Arbeitnehmers schützen, Sozialversicherungsbeiträge abführen und zustehenden Urlaub gewähren **(Fürsorgepflicht),** • muss ein Zeugnis erstellen **(Arbeitszeugnis).**

Weitere Informationsquellen zum Thema Arbeitsvertrag finden Sie unter www.frankfurt-main.ihk.de oder www.Tarifvertrag.de.

Geringfügige Beschäftigung und Teilzeitarbeit

Um Lohnnebenkosten zu sparen, stellen viele Kosmetikinstitute geringfügig beschäftigte Mitarbeiter oder Teilzeitkräfte ein.

Ihr Beschäftigungsverhältnis nennt sich **geringfügige Beschäftigung oder *Mini-Job***, wenn Sie ein Einkommen von bis zu 400,00 Euro pro Monat haben. Auf die Anzahl der wöchentlichen Arbeitsstunden kommt es dabei nicht an. Wenn Sie mehrere geringfügige Beschäftigungen ausüben, werden Ihre Einkommen zusammen gerechnet, so dass zwei *Mini-Jobs* zusammengenommen eine Beschäftigung im Niedriglohnbereich bis 800,00 Euro pro Monat oder eine „ganz normale Beschäftigung" ergeben können. Eine normale versicherungspflichtige Beschäftigung und eine daneben ausgeübte, geringfügige Beschäftigung werden nicht mehr zusammengerechnet.

Geringfügig Beschäftigte haben die gleichen Rechte wie vollzeitig beschäftigte Arbeitnehmer. Sie haben Anspruch auf bezahlten Erholungsurlaub für die Dauer von mindestens vier Wochen pro Jahr sowie auf Entgeltfortzahlung in Fällen krankheitsbedingter Arbeitsunfähigkeit. Auch für sie gelten das Kündigungsschutzgesetz (KSchG → Kapitel 4.5) und Tarifverträge, die Kündigungsbeschränkungen enthalten können. Eine ausgeübte geringfügige Beschäftigung ist für den Arbeitnehmer sozialversicherungsfrei, es müssen keine Beiträge in die gesetzlichen Renten-, Arbeitslosen-, Kranken- und Pflegeversicherung abgeführt werden (→ Kapitel 4.4). Der Arbeitgeber dagegen muss Pauschalbeiträge an die Renten- und Krankenversicherung zahlen und Steuern (Lohnsteuer einschließlich Solidaritätszuschlag und Kirchensteuer) abführen. Diese Beträge zahlt er zuzüglich dem Nettoentgelt von 400,00 Euro. Die Sozialabgaben einschließlich der Steuer werden für alle geringfügig Beschäftigten an die Bundesknappschaft (www.bundesknappschaft.de) als dafür zuständige Einzugsstelle abgeführt.

Teilzeitbeschäftigt ist ein Arbeitnehmer, dessen regelmäßige Wochenarbeitszeit kürzer ist, als die eines vergleichbaren, vollzeitbeschäftigten Arbeitnehmers. Die Wochenarbeitstage und die Tageszeiten der Arbeitszeit legt der Arbeitgeber fest. Ein zugrunde liegender Arbeitsvertrag endet mit Ablauf der vereinbarten Dauer. Ein Arbeitnehmer hat das Recht auf Teilzeitarbeit, wenn er in einem Betrieb mit mehr als fünfzehn Mitarbeitern beschäftigt ist. (Weitere Informationen zu diesen besonderen Arbeitsverhältnissen finden Sie in dem **Gesetz über Teilzeitarbeit und befristete Arbeitsverträge**, Teilzeit- und Befristungsgesetz TzBfG.)

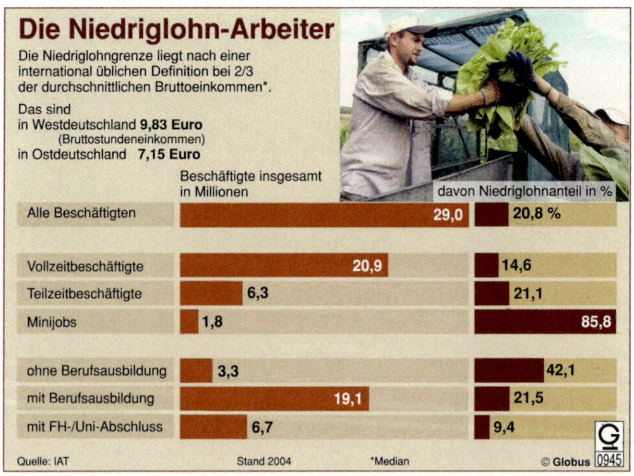

Abb. 4.13

EXKURS: Bewerben – aber gut!

Für eine Angestelltentätigkeit müssen Sie sich bewerben. Über den **Erfolg oder Misserfolg Ihrer Bewerbung** entscheiden die Individualität, die Kreativität und die Professionalität Ihrer Bewerbungsunterlagen. Natürlich wird ein Personalchef nicht den hübschesten Ordner aus dem Haufen fischen und sagen „Die ist es!". Alle Unterlagen werden gründlich gesichtet und nach Erscheinungsbild, Ordnung, Systematik, Kreativität, Individualität und Qualifikation beurteilt. Da man nicht jeden Bewerber persönlich kennen lernen kann, muss man den ersten schriftlichen Eindruck auswerten. Unterlagen, die nicht die richtige Erscheinung haben, werden gleich zur Seite gelegt.

Sie sind in einem Beruf tätig, der auf Hygiene, Ordnung, selbstständigem Arbeiten und Kreativität beruht. Dementsprechend sollten Sie sich bei Ihrer Bewerbung „präsentieren".

gute Bewerbungs-unterlagen sind wichtig

Auf jeden Fall gehört zu einer schriftlichen Bewerbung ein tabellarischer Lebenslauf, auch *Curriculum Vitae* oder kurz CV genannt, der das Kernstück bildet, ein gutes Foto, ein Bewerbungsschreiben und eventuell auch ein Deckblatt. Alles sollte übersichtlich in einem Ordner sortiert sein.

Das **Deckblatt** sollte folgende Daten liefern:
Bewerbung um ... (im Kopfbereich des Blattes), dann ein freundliches, aber neutrales Bewerbungsfoto, darunter Ihre Adresse mit Telefon und E-Mail-Adresse, falls vorhanden, (im Fußbereich des Blattes) und die Inhaltsangabe des Bewerbungsschreibens in der Reihenfolge der beigelegten Unterlagen (also Lebenslauf, Zeugnisse usw.). Der **Lebenslauf** sollte immer eine sachliche und tabellarische Form haben, in welcher Sie in Kurzform Ihre Personalien mit Wohnort und Familienstand angeben. Außerdem sollten Schulbildung und Ihr beruflicher Werdegang ersichtlich sein. Geben Sie Ihrer Bewerbung etwas **Persönliches.** Schreiben Sie keine Romane, aber auch keine Standardtexte. Wenn möglich führen Sie vorab ein telefonisches Gespräch, während welchem Sie Informationen erhalten können, auf die Sie sich dann im Bewerbungsschreiben beziehen können. Schreiben Sie ehrlich, **weshalb Sie sich genau auf diese Stelle bewerben.** Sie sollten bei Bewerbungserstellung wissen, was Sie an dieser Stelle interessiert.

Eine gute Anleitung zu der Erstellung von Bewerbungsunterlagen finden Sie z. B. auf den Seiten www.wissen.de unter dem Stichwort „Bewerbung".

Beispiel

Reihenfolge der Bewerbungsunterlagen

1. Bewerbungsschreiben (lose beigelegt!)
2. Deckblatt mit Lichtbild (oder wahlweise ohne)
3. Lebenslauf (mit Lichtbild, wenn kein Deckblatt vorhanden ist)
4. Referenzen (wenn vorhanden)
5. Arbeitszeugnisse (chronologisch rückwärts geordnet)
6. Zeugnis der Berufsqualifizierung
7. Weiterbildungen und Spezialisierungen (Zertifikate)

Elektronische Bewerbungen werden immer populärer. Sie werden über das Internet oder per E-Mail an den Adressaten verschickt. Manche Unternehmen wollen gar keine Mappen mit Papiersendungen mehr. Grundsätzlich sollten Sie sich in Form und Reihenfolge an der herkömmlichen Bewerbung orientieren. Elektronische Anhänge (engl. ***attachments***) sind möglichst zu vermeiden, da sie von einigen Firmen aus Sicherheitsgründen überhaupt nicht erst geöffnet werden. Am besten ist, wenn Sie Ihre gesamte elektronische Bewerbung mit Deckblatt, Lebenslauf und den eingescannten Zeugnissen zusammen in ein Adobe PDF-Dokument kombinieren und versenden.

4.4 Versicherungen, Sozialabgaben und Steuern

Eine Versicherung ist eine vertragliche Vereinbarung zwischen einer Versicherungsgesellschaft und einem Kunden, um ein bestimmtes Risiko gegen die Zahlung einer Prämie abzusichern.

Je nachdem, ob ein Versicherungsvertrag eine einzelne Person oder eine Gesellschaft (soziale Gruppe) betrifft, unterscheidet man grundsätzlich zwischen:

Tab. 4.13: Versicherungsarten

Sozialversicherung	Individualversicherung
Arbeitnehmer-Pflichtversicherung	freiwillige Mitgliedschaft
Kranken-, Renten-, Arbeitslosen-, Pflegeversicherung	private Renten-, Kranken-, Unfall- und Lebensversicherung
Beitragszahlungen sind einkommensabhängig	Beitrag ist abhängig vom zu versichernden Risiko.
–	Kfz-Haftpflicht-, Hausrat-, Rechtsschutz-, Privathaftpflichtversicherung
Unfall- und Berufsunfähigkeitsversicherung	betriebliche Versicherungen

1

Die deutsche Sozialversicherung heute.
Die deutsche Sozialversicherung ist ein gesetzliches Versicherungssystem, das als Teil der sozialen Sicherung Deutschlands eine herausragende Rolle spielt. Als Solidargemeinschaft bietet es wirksamen finanziellen Schutz vor den großen Lebensrisiken und deren Folgen wie Krankheit, Arbeitslosigkeit, Alter, Betriebsunfällen und Pflegebedürftigkeit. Die Sozialversicherung garantiert einen stabilen Lebensstandard jedes Einzelnen und umfasst folgende Zweige, die als Versicherungsträger oder Träger bezeichnet werden: Krankenversicherung, Pflegeversicherung, Unfallversicherung, Rentenversicherung und Arbeitslosenversicherung.
Quelle: www.deutsche-sozialversicherung.de

Die Beiträge zur Kranken-, Renten-, Arbeitslosen- und Pflegeversicherung werden als **Gesamtsozialversicherungsbeitrag** von den Arbeitgebern an die Krankenkassen (Einzugsstelle) gezahlt. Die Einzugsstellen leiten die Beiträge weiter. Als Arbeitnehmer sind Sie automatisch pflichtversichert, wenn Ihr regelmäßiger Brutto-Arbeitsverdienst mehr als 400 Euro monatlich beträgt.

- **Gesetzliche Krankenversicherung:** als Arbeitnehmer ist man automatisch gesetzlich krankenversichert. Die Beiträge hängen vom individuellen Einkommen der Versicherten ab.
- **Gesetzliche Rentenversicherung:** bietet finanziellen Schutz und sorgt für einen soliden Lebensstandard nach dem Berufsleben. Die Höhe der Beiträge orientiert sich dabei individuell an der Höhe des Einkommens - und bestimmt u. a. die Höhe der Leistung. (Seit dem 1. Januar 2007 liegt der Beitragssatz bei 19,9 Prozent des Bruttoarbeitslohns.)
- **Arbeitslosenversicherung:** versichert sind alle Personen, die einer bezahlten, mehr als geringfügigen Beschäftigung nachgehen. (Der Beitragssatz beträgt seit dem 01.01.2008 3,3 Prozent der Beitragsbemessungsgrundlage).

- **Ausbildung:** Auszubildende (→ Kapitel 1) sind immer, d.h., auch dann, wenn sie nicht mehr als 400,00 EUR im Monat verdienen, sozialversicherungspflichtig.
- **Gesetzliche Pflegeversicherung:** sie ist als „Einheitsversicherung" angelegt – mit einheitlichen Leistungen und keinen Unterschieden im Beitragssatz. Die Beiträge werden von Versicherten und Arbeitgebern gleichermaßen geleistet.
- **Unfallversicherung:** bei einem Arbeitsunfall oder einer Berufskrankheit sind die Versicherten durch ein umfassendes System der Rehabilitation und Entschädigung abgesichert. Die Höhe der Beiträge wird über ein Umlageverfahren ermittelt und vom Unfallrisiko für die Berufsgruppe beeinflusst.

Beitragsbemessungsgrundlage für Sozialversicherungsabgaben ist in der Regel das Arbeitsentgelt der Beschäftigten (beitragspflichtige Einnahme), das bis zur **Beitragsbemessungsgrenze** berücksichtigt wird. Sie ist die Grundlage für die maximale Höhe der zu leistenden Krankenversicherungsbeiträge in der gesetzlichen Krankenversicherung. Sie wird vom Bundeskabinett festgelegt. (Stand 2008: alte Bundesländer 63.600,00 Euro/Jahr, neue Bundesländer 54.000,00 Euro/Jahr). Geltende Grenzen der Beitragsbemessung und Abzugsprozente sind z.B. unter www.deutsche-rentenversicherung-bund.de > Deutsche Rentenversicherung > Werte der Rentenversicherung einzusehen.

Der Arbeitgeber behält von den an die Arbeitnehmer gezahlten Gehältern den Arbeitnehmeranteil der Sozialversicherungsbeiträge sowie die **Lohnsteuer**, ggf. die Kirchensteuer und den Solidaritätszuschlag ein und führt diese für den Arbeitnehmer an den Staat ab.

Dadurch ist der steuerliche Aspekt auf jeden Fall für Sie vereinfacht. Sie erhalten eine **Lohnsteuerkarte** mit Ihrer Lohnsteuerklasse. Die Lohnsteuerklasse richtet sich nach dem Familienstand und der Anzahl von Kindern. Ihr Gehalt ist einkommensstcuerpflichtig und beinhaltet Sozialabgaben wie Renten-, Kranken- und Arbeitslosenversicherungsbeiträge (→ Kapitel 4.4). Da sich die Steuergesetze immer wieder verändern ist es ratsam einen Steuerberater zu beauftragen. Er wird sich um Ihren Einkommensteuerjahresausgleich kümmern.

Abrechnung

Mitarbeiter Beispiel Mustermann

Abrechnungszeitraum: Monat 06/20..

Bruttolohn	**1.000,00**
– Lohnsteuer	13,66
– Solidaritätszuschlag	
– Kirchensteuer	1,22
– AN-Beitrag Krankenversicherung	74,00
– AN-Beitrag Pflegeversicherung	8,50
– AN-Beitrag Rentenversicherung	97,50
– AN-Beitrag Arbeitslosenversicherung	32,50
Zwischensumme gesetzliche Abzüge	*227,38*
= Nettoverdienst	**772,62**
= Auszahlungsbetrag	**772,62**

AN = Arbeitnehmer

Abb. 4.14: Muster Gehaltsabrechnung (Auszug)

Nach § 41 EStG (Einkommensteuergesetz) muss der Arbeitgeber für jeden Arbeitnehmer ein Lohnkonto führen, das Aufschluss gibt über die persönlichen Daten des Lohnsteuerpflichtigen, die Gemeinde, die Aussteller der Lohnsteuerkarte ist, und das zuständige Finanzamt. Außerdem müssen alle **steuerrelevanten Daten**, wie z.B. Gehälter, Sachbezüge, Vermögensbildung (z.B. vermögenswirksame Leistungen) oder auch steuerfreie Bezüge (z.B. Urlaubsgeld oder Weihnachtsgeld) vermerkt sein.

Für **geringfügige Beschäftigungsverhältnisse** (→ Kapitel 4.3) gelten seit dem 01. April 2003 eigene Regeln:

Gleitzone im Niedriglohnbereich

Bezieht ein Arbeitnehmer regelmäßig ein monatliches Entgelt von 400,01 Euro bis 800 Euro, liegt er mit seinem Verdienst seit dem 1. April 2003 in einer Gleitzone. Hier steigen die Arbeitnehmer-Beiträge zur Sozialversicherung *gleitend* von einem ermäßigten auf das reguläre Niveau an. Bei mehreren Beschäftigungen zählt das insgesamt erzielte Arbeitsentgelt. Die Ermäßigung bezieht sich nur auf die Sozialversicherungsbeiträge des Arbeitnehmers – und nicht auf die des Arbeitgebers.

Quelle: www.ikk.de, unter Eingabe des Suchbegriffs „Niedriglohnbereich"

Die „gleitenden Sozialversicherungsabgaben" im Niedriglohnbereich gelten auch, wenn mehrere geringfügige Beschäftigungen zusammen ein monatliches Entgelt im festgelegten Einkommensbereich ergeben.

Ab einem Verdienst von 401,00 Euro monatlich sind Sie als Arbeitnehmer verpflichtet, Sozialabgaben zu zahlen.

Für die zu entrichtende Lohnsteuer existiert keine „Gleitzone". Sie richtet sich nach dem Arbeitsentgelt, nach den geltenden Steuergesetzen und nach der auf der abgegebenen Lohnsteuerkarte vermerkten Lohnsteuerklasse. (Bis zu einem Verdienst von monatlich 600,00 fallen in den Lohnsteuerklassen I, II, III und IV keine Lohnsteuerabgaben für den Arbeitnehmer an.)

Steuern sind öffentliche Einnahmen und die wichtigste Einnahmequelle des Staates, um seine vielfältigen Aufgaben zu erfüllen. Es gibt viele verschiedene Steuerarten. Steuern unterteilt man in **direkte Steuern**, die direkt an den Staat abgeführt werden (z. B. Einkommen-/Lohnsteuer) und **indirekte Steuern**. Sie sind im Einkaufspreis von Gütern beinhaltet (z. B. die Mineralölsteuer beim Tanken oder die Mehrwertsteuer beim Einkauf im Supermarkt).

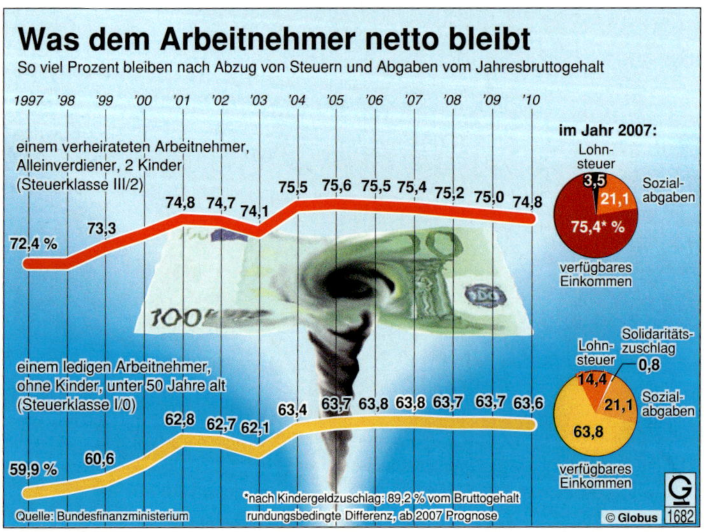

Abb. 4.15

Einige Steuern sollen helfen bestimmte Verhaltensmuster zu ändern (z. B. die „Ökosteuer" soll die Bürger zu umweltfreundlichem Verhalten anregen und die Tabaksteuer das Gesundheitsbewusstsein fördern).

Als Angestellte/r befinden Sie sich auf der Seite der Gesellschaft (soziale Gruppe) und haben **Sozialversicherungsbeiträge** zu entrichten. Hierfür besteht Versicherungszwang für Arbeitnehmer und die Beitragszahlungen sind bis zu der vom Staat festgelegten Beitragsbemessungsgrenze abhängig vom Einkommen.

Bei **Individualversicherungen** dagegen, richten sich die Beitragszahlungen nach dem Risiko, das versichert wird, und die Mitgliedschaft ist freiwillig.

Folgende Versicherungen können zur persönlichen und geschäftlichen Absicherung gehören:

- **Private Krankenversicherung (PKV):** Es gibt verschiedene Versicherungsunternehmen. Sie können auch als freiwilliges Mitglied in einer gesetzlichen Krankenkasse (GKV) versichert sein; wichtig ist aber ein Anspruch auf Krankengeld für langfristige Krankheiten.
- **Altersabsicherung,** da man als Selbstständige/r keinen Rentenanspruch hat, müssen Sie für eine private Absicherung sorgen. Sie können weiterhin in der gesetzlichen Rentenversicherung als freiwilliges Mitglied geführt werden oder über Lebensversicherungen oder Aktienfonds die Altersvorsorge betreiben.
- **Unfall- und Berufsunfähigkeitsversicherungen:** Einer der Träger ist die Berufsgenossenschaft (BFG); außerdem bieten viele Versicherungsgesellschaften Kombinationsverträge an. Für den Fall, dass Sie Ihren Beruf aufgrund eines Unfalles oder einer Krankheit nicht mehr ausüben können, sollten Sie abgesichert sein.
- **Privat- und Betriebshaftpflichtversicherung:** Diese versichern Sie gegen Schäden, die Sie Personen zufügen oder die Sie an Gegenständen verursachen und gegen Schadensersatzforderungen bis zu einer festgelegten Maximalhöhe. Es sind die im Versicherungsumfang aufgeführten Tätigkeiten versichert. Der Versicherungsumfang kann von Versicherer zu Versicherer variieren, informieren Sie sich deshalb genau über die einzelnen Bestimmungen. Schäden an gemieteten, gepachteten, geliehenen oder *geleasten* Gegenständen oder Geräten sind nicht versichert.
- **Feuer-, Einbruch-, Diebstahl- und Leitungswasserversicherungen** sind wichtig, um im Schadensfall nicht einen finanziellen Ruin zu riskieren; viele Banken setzten diese Absicherung auch für die Kreditvergabe voraus.
- Eine **gewerbliche Rechtsschutzversicherung** kann folgende Leistungen beinhalten: Steuer-, Sozialgerichts- und Daten-, Vertrags- (z.B. Arbeitsverträge), Schadensersatz- und Strafsachen-Rechtsschutz. Der individuelle Bedarf ist für die Auswahl entscheidend.

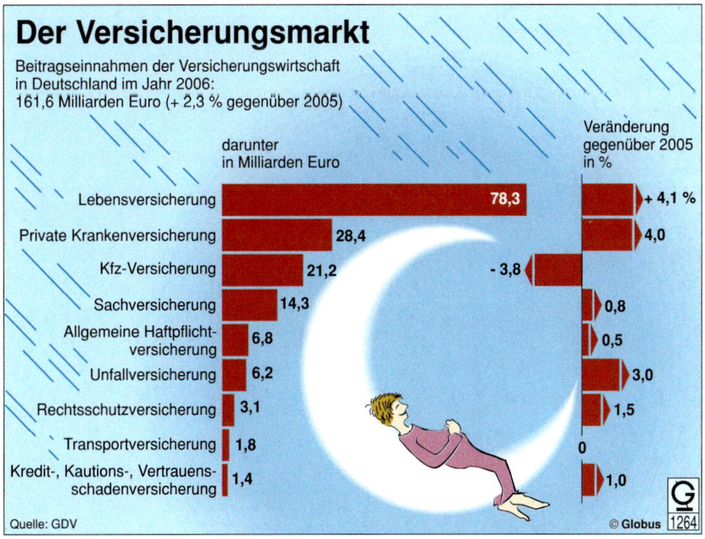

Abb. 4.16

4.5 Arbeitsschutz

Mit der Beschäftigung in einem Institut entstehen Ihnen zusätzliche Aufgaben und Pflichten, aber Sie genießen auch Rechte und Schutz:

- Arbeitsschutz, Gesundheits- und Unfallschutz (für jugendliche Arbeitnehmer: JArbSchG → Kapitel 1.2)
- vorbeugender Brandschutz
- Mutterschutz, Wahrung des Mutterschutzgesetzes (MuSchG)
- Kündigungsschutz
- Lohnfortzahlung im Fall eines Arbeitsunfalles der Arbeitnehmer
- besonderen Schutz behinderter Arbeitnehmer (SGB IX).

Abb. 4.17: Die Chefin erklärt

Wenn es um die Sicherheit am Arbeitsplatz geht, ist das **Arbeitsschutzgesetz** (ArbSchG, BGBl. I 1996, 1246 vom 21.08.1996), speziell das „Gesetz über die Durchführung von Maßnahmen des Arbeitsschutzes zur Verbesserung der Sicherheit und des Gesundheitsschutzes der Beschäftigten bei der Arbeit", relevant *(Quelle: www.bmwa.bund.de)*.

Es gibt drei Ebenen der Arbeitsschutzbestimmungen:

1. Gesetze/Verordnungen des Staates oder auch der Europäischen Gemeinschaft
2. Unfallverhütungsvorschriften der Berufsgenossenschaft
3. betriebliche Regelungen

Anspruch auf Arbeitsschutz haben alle Beschäftigten. Ihr Leben und ihre Gesundheit sowie ihre Umwelt sollen vor Gefahren geschützt sein, die bei der Arbeit oder durch die Arbeit entstehen. Die Gesetze beinhalten auch Verhaltensweisen bei Unfällen und Bränden sowie erste Maßnahmen.

Der **Unfallschutz** ist ein Teil des **Arbeitsschutzgesetzes** (ArbSchGVO). Es ist wichtig, sich selbst und andere vor Unfällen im Arbeitsablauf zu schützen, hier einige Beispiele:

- Achten Sie darauf, dass keine Flüssigkeiten wie z. B. Reinigungsmilch auf dem Boden sind, die eine Rutschgefahr sein könnten.
- Steigen Sie nie auf Stühle, um etwas höher Gelegenes zu erreichen.
- Versuchen Sie nicht, eigenhändig elektrische Geräte zu reparieren.
- Tragen Sie bequeme Kleidung und Schuhe.
- Tragen Sie eine Sehhilfe, falls Sie diese benötigen.

Praktische Anwendung und Hinweise zur Anwendung des Unfallschutzes erlernen Sie im Betrieb und in den verschiedenen Lernfeldern der Pflegenden Kosmetik (Bedienen von Apparaten und Instrumenten in den → Bänden B und C). Sie werden lernen im Alltag Gefahren zu vermeiden und diesen vorzubeugen.

Die **Berufsgenossenschaften** sind seit einer Neuregelung neben der Versorgung von Geschädigten nach Arbeitsunfällen oder Berufskrankheiten, auch für die Überwachung der Arbeitsschutzgesetze zuständig.

Das **Bundes-Immissionsschutzgesetz** ist das Gesetz zum Schutz vor Umwelteinwirkungen durch Luftverunreinigung, Geräusche, Erschütterungen und Ähnlichem.

Beispiel

Einige Beispiele zum aktiven Umweltschutz im Ausbildungsbetrieb:

- Die Inhaber des Betriebes kaufen nur Recyclingpapier,
- verwenden nur Reinigungsmittel, die biologisch abbaubar sind,
- ordern nur Kosmetikprodukte ohne unnötige Verpackungen,
- verwenden nur Naturkosmetik,
- gießen keine Kosmetikreste in den Abfluss,
- trennen den Abfall (Plastik, Papier und Biomüll)
- usw.

Wichtig ist die Verminderung von Umweltbelastungen durch den Betrieb, wie z. B. durch umweltschonende Energie- und Materialverwendung, Abfallvermeidung und/oder Stoffe und Materialien umweltfreundlich zu entsorgen.

Getränke für Kunden sollten Sie auch nach Umweltkriterien auswählen, oder: Müssen in jeder Kabine die Lichter brennen, auch wenn sie gerade nicht genutzt werden?

Außerdem gibt es die **Arbeitsstätten-Verordnung** (ArbStättVO), die bestimmt, wie Betriebe gestaltet und ausgestattet sein müssen. Das betrifft unter anderem die Abmessungen, die Belüftung und Beleuchtung und die Temperatur, um einige Beispiele zu nennen.

Die **Gewerbeordnung** (GewO v. 01.01.1978 im RGBl. 1869, 245) ist das Gesetz zur Regelung der Gründung, Führung, Überwachung und Beendigung einer Gewerbetätigkeit.

Unfallschutzgesetz USchG	**Arbeitsschutzgesetz** ArbSchG	**Bundesimmissionsschutzgesetz** ISchG, Umweltschutzgesetz	**Arbeitsstättenverordnung** ArbStättVO	**Gewerbeordnung** GewO

Abb. 4.18: Gesetze und Verordnungen

Der Abschnitt 9 des Sozialgesetzbuches (SGB IX), mit dem Titel **„Rehabilitation und Teilhabe behinderter Menschen"** (bis 31.06.2001 Schwerbehindertengesetz genannt), regelt die Sonderstellung dieser Arbeitnehmer in puncto Arbeitszeiten, Urlaubsanspruch, Steuerlast und Rente, aber auch beim Kündigungsschutz.

Das **Mutterschutzgesetz (MuSchG)** dient werdenden und stillenden Müttern, die in einem Arbeitsverhältnis stehen. Sie genießen einen besonderen Schutz vor Gefahren, Überforderung, Gesundheitsschädigungen und finanziellen Einbußen. Und: Frauen darf während der Schwangerschaft und bis zum Ablauf von vier Monaten nach der Entbindung grundsätzlich nicht gekündigt werden.

Für alle Arbeitnehmer existiert das **Kündigungsschutzgesetz (KSchG)**. Es schützt vor ungerechtfertigten Kündigungen.

Aber: Kündigen von Seiten des Arbeitgebers ist nicht verboten. Manchmal ist es für Unternehmen sogar überlebenswichtig, Mitarbeiter zu entlassen. Dennoch bleibt die Kündigung ein heikles Thema. Für Arbeitnehmer hat sie meist weitreichende Folgen.

Deswegen sollte ein Arbeitgeber alle Schritte sorgfältig abwägen, bevor er eine Kündigung ausspricht. *Political correctness* (engl., politische Korrektheit) und Rechtmäßigkeit der Kündigung sind die eine Seite. Die andere ist schlicht die Frage, welcher Ärger und Aufwand sich durch korrigierendes, korrektes und vernünftiges Verhalten vielleicht vermeiden lässt. Arbeitgeber und Arbeitnehmer sollten sich über die aktuelle rechtliche Lage informieren.

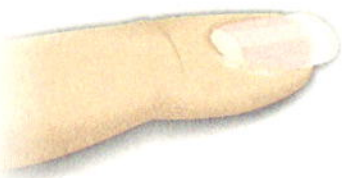

Setzen Sie sich genau mit dem Kündigungsrecht (Kündigungsrichtlinien und z. B. Gesetzesgrundlagen für den Stellenabbau) auseinander bzw. ziehen sie einen Rechtsanwalt hinzu, wenn Ihnen die Kündigung ausgesprochen wurde und Sie nicht damit einverstanden sind.

Kündigung

Das Arbeitsverhältnis kann durch den Arbeitgeber und auch durch den Arbeitnehmer gekündigt werden. Nur eine **schriftliche Kündigung ist rechtswirksam**. Es gibt zwei Arten der Kündigung:

Die ordentliche Kündigung beendet das Arbeitsverhältnis fristgerecht, d. h., mit Ablauf der Kündigungsfrist, die gesetzlich geregelt ist. Abweichend von der gesetzlichen Regelung sind im Tarifvertrag, unter bestimmten Voraussetzungen, längere oder kürzere Kündigungsfristen enthalten. (Die gesetzlichen Kündigungsfristen sind in § 622 BGB nachzulesen, die tariflichen Kündigungsfristen in § 30 bzw. in den Tarifverträgen (→ Kapitel 4.7) enthalten.

Die außerordentliche Kündigung (§ 626 BGB) führt zu einer sofortigen Beendigung des Arbeitsverhältnisses. Für eine „fristlose" Kündigung muss es wegen ihrer erheblichen Folgen einen „wichtigen Grund" geben. Sie kann nur wirksam ausgesprochen werden, wenn es klare Tatsachen gibt. Auch der Arbeitnehmer benötigt, im Gegensatz zur ordentlichen Kündigung, für die außerordentliche Kündigung einen nachweisbaren „wichtigen" Kündigungsgrund:

- Bei **betriebsbedingten Kündigungen** darf der Arbeitgeber nur die Mitarbeiter entlassen, die am wenigsten auf ihren Arbeitsplatz angewiesen sind. Dazu gibt es vier Grundkriterien: Alter, Betriebszugehörigkeit, Schwerbehinderung und Unterhaltspflichten. Der Arbeitnehmer hat ein Auskunftsrecht hinsichtlich der Gründe, die zu der getroffenen Sozialauswahl geführt haben.
- Eine **verhaltensbedingte Kündigung** stellt eine Pflichtverletzung auf Arbeitnehmerseite dar. Sie muss innerhalb von zwei Wochen nach dem Bekannt werden der Pflichtverletzung erfolgen. Das Arbeitsverhältnis wird von heute auf morgen beendet, die Lohnzahlung einstellt und das Arbeitsamt verhängt eine Sperrzeit. Aber: Der Arbeitgeber sollte vor einer fristlosen, verhaltensbedingten Kündigung den Mitarbeiter zunächst abmahnen.
- **Personbedingte Kündigung** erfolgt, wenn Mitarbeiter nicht mehr in der Lage sind, ihre Arbeitsaufgaben zu erfüllen, z. B. bei Arbeitsunfähigkeit wegen einer Krankheit.

Checkliste zur Wirksamkeit der Kündigung

- Die **Form** der Kündigung eines Arbeitsverhältnisses muss schriftlich erfolgen (§ 623 BGB), mit eigenhändiger Unterschrift, das Kündigungsschreibens muss im Original ausgehändigt werden, mündliche Kündigungen sind unwirksam und können das Arbeitsverhältnis nicht beenden.
- **Kündigungsfristen** findet man im § 622 BGB, sie richten sich nach der Dauer des Arbeitsverhältnisses.
- **Kündigungsgrund** laut § 1 KSchG benötigt der Arbeitgeber für seine Kündigung einen Grund in Form von betriebsbedingten, verhaltensbedingten oder personenbedingten Kündigungsgründen. Der Kündigungsgrund muss in der Kündigung **nicht** genannt werden.
- Besteht in dem Betrieb oder Unternehmen ein **Betriebsrat** (s. u.), so muss der Arbeitgeber diesen vor der Kündigung anhören. Ohne vorherige Anhörung des Betriebsrates ist die Kündigung unwirksam (§ 102 BetrVG).
- **Besonderen Kündigungsschutz** genießen Schwangere (§ 9 MuSchG), Arbeitnehmer in Erziehungsurlaub oder Elternzeit (§ 18 BErzGG), Wehrdienstleistende und Zivildienstleistende (§ 2 ArbPISchG), Schwerbehinderte (§§ 85 ff. SGBIX) und Auszubildende (§ 22 BBiG).

1

Ist der Arbeitnehmer mit der Kündigung nicht einverstanden, dann muss er innerhalb einer Frist von 3 Wochen nach Zugang der Kündigung beim Arbeitsgericht Kündigungsschutzklage erheben.

Können die Fristen für eine ordentliche Kündigung nicht eingehalten werden, so kann das Arbeitsverhältnis auch, z. B. durch einen Auflösungsvertrag beendet werden, den beide Parteien, Arbeitgeber und Arbeitnehmer, unterzeichnen (Vertrag § 623 BGB). Ein **Auflösungsvertrag oder Aufhebungsvertrag** ist die einvernehmliche Beendigung eines Arbeitsverhältnisses. Grundsätzlich gilt Vertragsfreiheit; es existieren also weder Fristen, noch Termine, die eingehalten werden müssten. Die folgenden Punkte sind u. a. zwischen dem Arbeitgeber und Arbeitnehmer zu vereinbaren: Anlass oder Grund für die Auflösung des Arbeitsverhältnisses, Beendigungszeitpunkt, Freistellung von der Arbeit und Resturlaub, Vereinbarung einer Abfindung, Konkurrenztätigkeit/nachvertragliches Wettbewerbsverbot, ggf. Ansprüche auf betriebliche Altersversorgung, Aufklärungspflichten des Arbeitgebers über Folgen des Aufhebungsvertrags, ggf. Beteiligung des Betriebsrats, Herausgabe der Arbeitspapiere und Aushändigung eines Arbeitszeugnisses usw.

Und zuletzt: Ein Arbeitsverhältnis wird nicht nur auf Grund einer Kündigung beendet, sondern auch, weil es z. B. befristet ist, der Mitarbeiter die gesetzliche Altersgrenze erreicht oder durch den Tod des Arbeitgebers oder Arbeitnehmers.

Abb. 4.19:
Beim „Sachen Packen"

4.6 Die Selbstständigkeit

Die Selbstständigkeit mit „fast“ freier Entscheidungsmöglichkeit ist die Alternative zum Arbeits- und Angestelltenverhältnis (→ Kapitel 4.3). Wenn Sie selbstständig sind, werden Ihre Entscheidungen überwiegend betriebswirtschaftlich orientiert getroffen, d. h.,

- Sie mögen eine neue Kosmetiklinie, können sie aber nicht einführen, da sie nicht zu Ihrem Kundenpotenzial passt und somit der Absatz gefährdet wäre.
- Die Öffnungszeiten richten Sie nach Ihren Kunden aus, Ihren Urlaub ebenso und einiges mehr.

Sie entscheiden zwar selbstständig, aber immer auf die Rentabilität ausgerichtet. Sie tragen je nach Geschäftsform ein hohes Risiko.

Bevor Sie sich entscheiden, sollten Sie sich ausgiebig über Vorteile und Nachteile beider Tätigkeiten informieren.

Am Anfang des Gedankens an eine Selbstständigkeit steht immer:

Abb. 4.20: Auf eigene Verantwortung

Was soll ich machen? Wie finanziere ich meine Selbstständigkeit? Neugründung – Geschäftsübernahme – Franchise?

Bevor Sie über das alles entscheiden können, sind es noch viele kleine Schritte und lange Wege, die Sie am besten **selbst** gehen müssen.

Die „Bausteine“ für eine erfolgreiche Existenzgründung

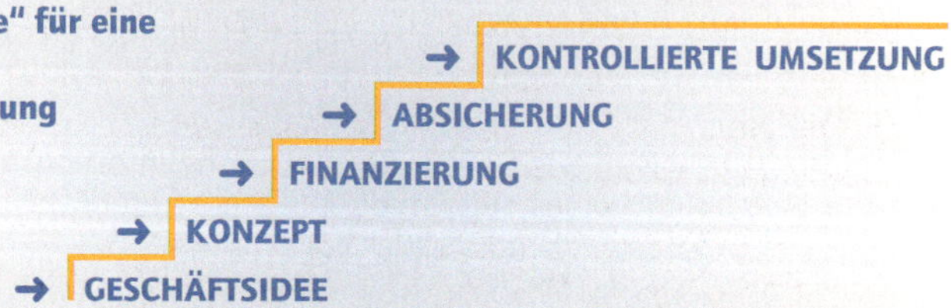

Was heißt das?
Sie brauchen zuerst eine Geschäftsidee. So wie z. B. Lisa und Petra, die einen kombinierten Frisör- und Kosmetiksalon gründen möchten.

Geschäftsgründung/Neugründung

Bei der IHK und HWK werden Sie über die Förderungsmöglichkeiten durch die Bundesagentur für Arbeit informiert und die Möglichkeiten, dass

- ein **Existenzgründungsdarlehen** zu beantragen ist,
- der Steuerberater, die Handwerkskammer oder ein Unternehmensberater bei der Erstellung eines **Konzeptes** hilft,
- ein ***Businessplan*** (engl., Geschäftsplan) entwickelt wird,
- auch ein **Kapitalbedarfsplan,** ein **Finanzierungsplan** und eine **Umsatz- und Rentabilitätsvorschau** erstellt wird. (Rentabilitätsberechnung → Kapitel 8.5)

Die Idee Ihrer möglichen Geschäftsgründung muss danach in ein Konzept fließen. Das Konzept stellt die Konkretisierung der Geschäftsidee dar und bezieht die Marktgegebenheiten (also Ihr Institutsumfeld) mit ein.

Das von Ihnen erdachte **Konzept** sollte außerdem folgende wichtige Punkte **(„Konzeptpfeiler")** enthalten:

- Auswahl eines aussagekräftigen Firmennamens
- Festlegung der angestrebten Zielgruppen
- Standortwahl
- Ausstattung des Instituts
- Auswahl des Behandlungsangebots und der Lieferanten
- Kalkulation der Behandlungspreise (→ Kapitel 8.6)
- Werbekonzept (Flyer, Mailings, Internet, Zeitungswerbung → Kapitel 8.2)
- Personalplanung

Gehen Sie zu einem Unternehmensberater, mit dem Sie gemeinsam Ihre **Idee** zu einem **Konzept** verfassen. Außerdem hilft er den Kapitalbedarf zu errechnen und erstellt daraus einen **Finanzierungsplan,** der mögliche staatliche Fördermittel enthält.

Unternehmens-
berater =
teuer;
Kammern helfen
kostenlos

Anschließend vereinbaren Sie einen Termin mit einem Versicherungsfachmann, der genau erklärt, welche **Absicherung** Sie für Ihr Unternehmen benötigen.

Der Unternehmensberater wiederum wird, über einen vorab festgesetzten Zeitraum, die **Umsetzung** des Ganzen **kontrollieren.**

Finanzierung

Finanzierung ist die Beschaffung und Verwendung von Finanzmitteln (früher nur Beschaffung) und orientiert sich am Ertragswert (→ Geschäftsübernahme). Dazu gehören auch alle Maßnahmen, die der kurz-, mittel- und langfristigen Sicherung der Zahlungsfähigkeit des Unternehmens dienen unter Wahrung der realwirtschaftlichen Ziele bzw. Aufgaben. Ihre Funktion ist die Überbrückungsfunktion, da ein Finanzierungsbedarf durch zeitliche *Inkongruenz* (Nicht-Übereinstimmung) von Einzahlungen und Auszahlungen entsteht.

- **Kontokorrentkredit:** Einräumung einer Kreditlinie durch die Hausbank, bis zu der das Girokonto überzogen werden darf. Zinsen nur für tatsächlich realisierte Minussalden. Große Flexibilität, die Hausbank hat mit den Ein- und Auszahlungen auf dem Girokonto guten Einblick in die wirtschaftliche Lage des Betriebes.
- **Darlehen:** Oft behält der Darlehensgeber einen Abschlag (Damnum, Disagio) ein. Mit den Tilgungsmodalitäten können auch noch weitere Pflichten vereinbart werden: Informationspflicht über alle relevanten Entwicklungen, Rückfragepflicht bei nachfolgenden Finanzentscheidungen, Stellung von Grundschulden, Sicherungsübereignungen der Anlagen, für deren Anschaffung das Darlehen gedacht ist, Bürgschaften.
- **Kredit:** Gewähren einer Leistung gegen eine zukünftige Gegenleistung.
- **Finanzbedarf:** ist jede Ausgabenverpflichtung, unabhängig von ihrer Deckung, d. h., Finanzbedarf entsteht mit jedem Güter- und Leistungszugang, außerdem durch rein finanzielle Zahlungsverpflichtungen.
- **Zinsen:** sind der Preis für das Leihen von Geld, die man üblicherweise an das Kreditinstitut/Bank zahlt.
- **Kapitalbedarf:** setzt sich aus Betriebsmitteln, Investitionen und Gründungskosten zusammen.

Beispiel

Lisa möchte sich selbstständig machen. Sie hat die Möglichkeit, ein staatlich gefördertes Darlehen zu beantragen, ein Existenzgründungsdarlehen.
Oder sie geht zu ihrer Hausbank mit einem Konzept und ihrer Geschäftsidee.
Um nur kurzfristig mehr „Spielraum" zu haben, verhandelt sie vorab mit allen Lieferanten und hat so möglichst gute Zahlungsbedingungen, lange Zahlungsziele, gute Rabatte oder Skonti. **Rabatt** (ital. *rabatto* = abschlagen) ist ein Preisnachlass, der in der Regel in Prozent ausgedrückt wird. **Skonto** ist ein Prozentsatz (z.B. abzüglich 3 % Skonto), der vom Rechnungsbetrag abgezogen wird und nicht gezahlt werden muss, wenn der Schuldner innerhalb einer festgelegten Frist zahlt.

Neugründung

Der **Finanzierungsbedarf für eine Neugründung** ist sehr unterschiedlich und ist abhängig von der Geschäftsidee, dem umzusetzenden Konzept, den benötigten Räumlichkeiten und der Ausstattung, der gewählten Unternehmensform und auch vom Personalbedarf dafür.

Geschäftsübernahme

Bei einer Geschäftsübernahme haben Sie die Möglichkeit, ein komplett eingerichtetes Geschäft, meistens inklusive Warenbestand (Depot) und eingeführter Kundschaft, zu übernehmen. Oft werden Geschäfte aus familiären oder gesundheitlichen Gründen abgeben, manchmal aber auch mangels Rentabilität. Dies sollten Sie vorab mithilfe eines Spezialisten (Unternehmensberater oder Steuerberater) prüfen.

Ist der Kaufpreis angemessen?

Dieser setzt sich aus Substanzwert und Ertragswert zusammen.

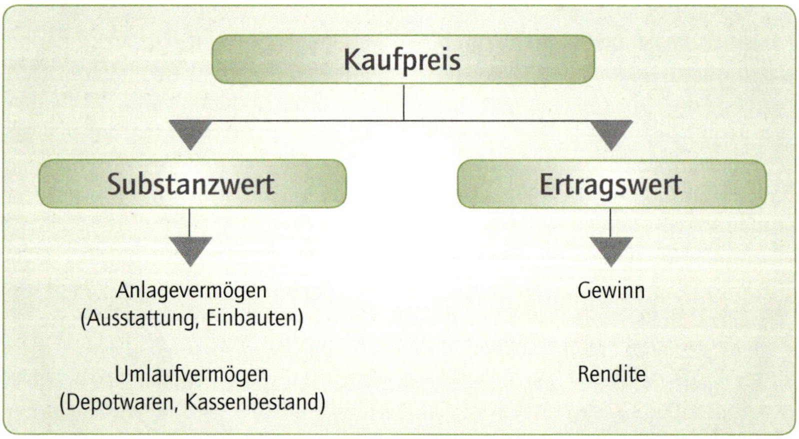

Abb. 4.21: Zusammensetzung des Kaufpreises

Der **Substanzwert** beinhaltet den Wert des Anlage- und des Umlaufvermögens.

- Zum **Anlagevermögen** gehören in einem Kosmetikinstitut die Geschäftsausstattung, wie Einrichtungsgegenstände, Behandlungsstühle, Geräte, Sonnenbänke, Einbauten wie Dusche usw.
- Zum **Umlaufvermögen** zählen in einem Kosmetikinstitut alle Güter, wie Vorräte, z. B. Depotwaren, aber auch Kassenbestand und Guthaben bei Kreditinstituten.

Zum Anlagevermögen zählen alle Gegenstände, die dauerhaft dem Geschäftsbetrieb dienen (§ 247 Abs. 2 HGB). Zum Umlaufvermögen zählen alle Güter, die nur vorübergehend dem Geschäftsbetrieb dienen.

Der **Ertragswert** ist die Höhe der zu erwartenden Gewinne (= Umsatz – Kosten, → Kapitel 8) bzw. der Betrag, der durch den Betrieb z. B. innerhalb der kommenden 3 Jahre erwirtschaftet wird. Dieser Betrag lässt sich nur schwer ermitteln, da es ein Wert ist, der in Zukunft erreicht werden soll.

Beispielrechnung für eine Kaufpreisermittlung:

+	Substanzwert z.B.	50.000,00 €
	Ertragswert z.B	
•	jährlicher Reinertrag	60.000,00 €
	– Unternehmerlohn	36.000,00 €
–	– Kapitalverzinsung (5 % vom Substanzwert, z. B. 50.000)	2.500,00 €
=	– Risikoprämie (5 % vom Substanzwert, z. B. 50.000)	2.500,00 €
	= restliche Rendite (pro Jahr)	19.000,00 €

Somit ergibt sich im Beispiel ein Kaufpreis von 107.000 €, zusammengesetzt aus dem Ertragswert von 57.000 € (z. B. 3-Jahres-Rendite, 19.000 € · 3) + 50.000 € Substanzwert.

Wenn Existenz-Neugründer nicht die Möglichkeit haben durch große Investitionen, die bei Kauf oder Neueinrichtung eines Kosmetikinstitutes meist entstehen, ein Geschäft aufzubauen, kann das *Franchising*-Konzept eine gute Alternative sein:

Franchising

Franchising ist von dem englischen Verb *franchise* abgeleitet und bedeutet Freiheit, Vorrecht. Es ist ein Vertriebssystem, das aus den USA stammt und durch das Waren, Dienstleistungen oder Technologien vermarktet werden.

Zwischen dem **Franchisegeber** und dem **Franchisenehmer** gibt es einen Vertrag, in dem geregelt ist, dass der Franchisenehmer ein Entgelt für das Konzept und das *Know-how* (*engl.,* gewusst wie; z. B. Führen des Firmennamens, des Warenzeichens, der Dienstleistungsmarke oder anderer Schutz- und Urheberrechte) an den Franchisegeber zahlt. Dafür wird der Franchisenehmer in der Existenzgründungsphase durch den Mutterkonzern unterstützt (Schulung), er profitiert vom **Marketingkonzept** und vom eingeführten Firmennamen (Werbung) und von bereits bestehenden Strukturen, auf die er zurückgreifen kann (Sortiment, BWL-Beratung, Buchhaltung).

www.yves-rocher.de

www.thebodyshop.de

Abb. 4.22: Beispiele für Franchiseunternehmen

Verpflichtungen, die der Franchisenehmer übernimmt/eingeht:

- möglicher hoher Kapitaleinsatz für Nutzung des Franchise-Paketes gegen Einstiegsgebühr
- laufende monatliche Pauschalbeträge oder umsatzabhängig zu zahlende Gebühren
- Einschränkung der unternehmerischen Freiheit bzgl. Konzeptabweichung, verändertem Werbeauftritt oder eigenständiger Werbung
- auf konzeptorientiertes Verhalten kontrolliert zu werden

Die Höhe des einzusetzenden Kapitals, also die Zahlung des Franchisenehmers an den Franchisegeber, kann höher oder geringer sein als die Finanzierung einer Geschäftsübernahme oder Neugründung.

4.7 Personalwesen und Mitbestimmung

Abb. 4.23: Gute Personalplanung ist wichtig

Gut **geschultes und motiviertes Personal,** gute Personalplanung bzw. der richtige Personaleinsatz, z. B. im Verlauf einer Woche, können entscheidend zum Erfolg eines Instituts beitragen und Ihrem Chef sogar noch Freizeiten bescheren.

Hierzu gehört aber auch, dass Ihr Chef/Ihre Chefin als **Vorbild für Sie als Mitarbeiter** fungiert (z. B. in puncto Verlässlichkeit, Fachwissen, Ansprechbarkeit usw.) und sich Ihrer Verantwortung als Unternehmer (in betriebswirtschaftlicher Hinsicht) und als Arbeitgeber (in menschlicher Hinsicht) bewusst sind.

Für ein „gesundes" Arbeitsklima zwischen Chef und Mitarbeiter sind feste Regeln und schriftliche Vereinbarungen wichtig. Ganz besonders trifft das bei Arbeitsverträgen zu, die z. B. Arbeitszeit, Gehalt und Urlaubsanspruch regeln (→ Kapitel 4.3). Das **Tarifsystem** hilft, eine gerechte Regelung zwischen den **Tarifpartnern**, also Arbeitgebern oder Verbänden der Arbeitgeber, und den Gewerkschaften, als Vertreter der gewerblichen Arbeitnehmer/innen und Angestellten, zu finden.

Das Tarifsystem

Im Artikel 9 Absatz 3 Grundgesetz der Bundesrepublik Deutschland ist das Recht auf Tarifautonomie festgeschrieben. Das darauf aufbauende Tarifvertragsgesetz (TVG) regelt

- Inhalt und Form von Tarifverträgen
- definiert die Tarifvertragsparteien und die Tarifgebundenheit
- erfasst die Wirkung der Rechtsnormen
- regelt das Verfahren zur Allgemeinverbindlicherklärung
- bestimmt schließlich die Einrichtung eines Tarifregisters.

Die Tarifautonomie sichert ab, dass **Arbeitgeber und/oder Arbeitgeberverbände sowie die Gewerkschaften als Vertreter der gewerblichen Arbeitnehmerinnen und Arbeitnehmer und Angestellten** die Bedingungen und wichtigsten Inhalte für den Abschluss von Arbeitsverträgen – z. B. Dauer der Arbeitszeit, Urlaubsdauer über den gesetzlichen Anspruch hinaus, Urlaubsgeld, Weihnachtsgeld, die Höhe von Löhnen und Gehältern – selbst bestimmt und unabhängig von staatlicher Einflussnahme miteinander aushandeln und rechtsverbindlich festlegen können.

Verhandlungs- und Vertragspartner im tarifrechtlichen Sinne sind die einzelnen Arbeitgeber oder Verbände der Arbeitgeber und die Gewerkschaften als Vertreter der gewerblichen Arbeitnehmer/innen und Angestellten. Die Verbandsmitgliedschaft beider Gruppen ist grundsätzlich Voraussetzung für die Tarifbindung. Durch arbeitsvertragliche Vereinbarung der Anwendung von Tarifverträgen kann ebenfalls eine Tarifbindung entstehen. (...)

Quelle: www.tarifregister.nrw.de, 23. April 2008

Welche Tarifverträge für Sie ggf. gültig sind, richtet sich nach dem Wirtschaftszweig, in dem Sie arbeiten. Bei Fragen zu Tarifinformationen, für die wichtigsten Wirtschaftszweige, kann Ihnen das Bundesministerium für Arbeit und Soziales weiterhelfen.

Gewerkschaften, z. B. die Gewerkschaft ver.di

> **Info**
> Ver.di – Vereinte Dienstleistungsgewerkschaft wurde 2001 gegründet und hat ihren Ursprung in der HBV – Handel, Banken und Versicherungen, in der Deutschen Angestellten Gewerkschaft DAG, der Deutschen Postgewerkschaft DPG, der IG Medien – Druck + Papier, Publizistik und Kunst und der ÖTV.

Diese **Interessenvertretungen von Arbeitnehmern** haben sich freiwillig auf Dauer zu einer gemeinsamen Gewerkschaft zusammengeschlossen. Sie sollen unabhängig von Kirche, Parteien, Staat und Arbeitgebern bereit sein die Interessen der Mitglieder auch im Arbeitskampf durch Streik zu vertreten, deren Aufgabe sind aber in erster Linie die Tarifverhandlungen.

Arbeitnehmervertretungen wie die für Sie zuständige Gewerkschaft ver.di fördern die wirtschaftlichen und ökologischen, die sozialen, beruflichen und kulturellen Interessen ihrer Mitglieder. Eine Gewerkschaft kümmert sich um die Tarifpolitik, das betrifft Sie am direktesten. Durch Verhandlungen mit den → Arbeitgeberverbänden werden Tarife ausgehandelt, nach denen sich Ihr Gehalt richtet. Außerdem wird über Wochenarbeitszeiten verhandelt.

Arbeitnehmervertretungen bieten ihren Mitgliedern auch noch Serviceleistungen wie z. B. Rechtsschutz, Bildung und Information, Finanzierungen, Reisen, Versicherungen, Mietrechtsberatung und Lohnsteuerservice.

1

Arbeitgeberverbände

Da der Beruf der Kosmetikerin/des Kosmetikers bis zum 01.08.2003 kein staatlich anerkannter Ausbildungsberuf war, haben sich in den vergangenen Jahren Verbände gebildet, die den Betrieben zur Ordnung und Hilfestellung dienen sollen.

Sie sind die Ansprechpartner für ihre Mitglieder, die Öffentlichkeit, die Bundesregierung und den Bundestag in allen Fragen der Sozial- und Tarifpolitik, des Arbeitsrechts, des Arbeitsmarktes, der Bildungs-, der Personal- und der Gesellschaftspolitik. Die Zielsetzung der mehr als zahlreichen und mit wachsendem Potenzial der Kosmetikbranche im Laufe der Zeit gegründeten **Kosmetikverbände** ist das Fördern des Ansehens des Berufsstandes.

Verbände fördern das Ansehen des Berufsstandes

Als Angehöriger eines Verbandes (→ Kapitel 1) genießen Sie die Vorteile, die dieser seinen Mitgliedern bietet. Er setzt sich für seine Mitglieder (selbstständige und angestellte Kosmetiker) ein. Mitglieder können praxisorientierte Informationen erhalten, sie erhalten Preisnachlässe bei Förderfirmen der Verbände usw.

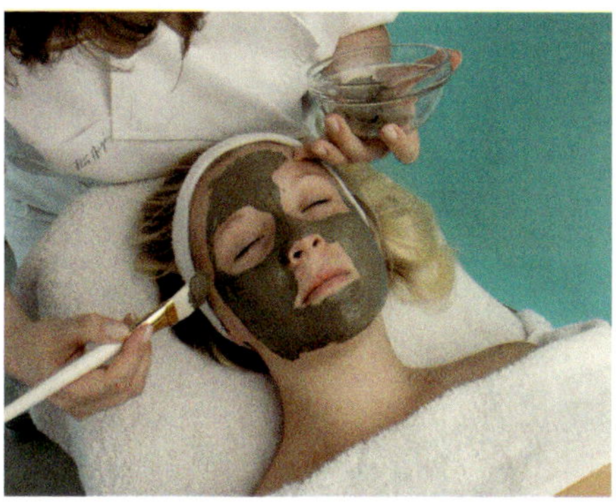

Abb. 4.24

Eine Liste mit Adressen der verschiedenen Verbände und Vertretungen der Kosmetikbranche finden Sie z. B. in der Fachzeitschrift des Kosmetik International Verlags, in der Beilage zum KI-Magazin, genannt „KI-Kontakt" oder im Internet.

Mitbestimmung

Laut dem **Betriebsverfassungsgesetz (BetrVG)** hat der Arbeitnehmer Anspruch auf Mitbestimmung am Arbeitsplatz. Es geht bei der Mitbestimmung um Fragen der Ordnung im Betrieb, der Gestaltung der Arbeitsplätze, der Arbeitsabläufe und Arbeitsumgebung, wie beispielsweise die Verteilung der Arbeitszeit, Personalplanung und Richtlinien zur Auswahl von Personal, Sozialeinrichtungen, Zeiterfassung und Leistungskontrolle. Die betriebliche Mitbestimmung wird für den Arbeitnehmer durch den Betriebsrat wahrgenommen.

In einem Kosmetikinstitut kann die Mitbestimmung etwas unbürokratischer ablaufen und zur Mitarbeiter-Motivation beitragen. Zum Beispiel kann die Personalplanung (Arbeitszeiten wer? wann?) gemeinsam erstellt werden. Mitarbeiter können effektiver arbeiten, wenn sie, z. B. zur Gestaltung ihres Arbeitsplatzes befragt werden oder auch, wenn alle gemeinsam entscheiden, wie Arbeitsabläufe (z. B. das Vorbereiten, die Reinigung und Belegung von Kabinen) zeitlich sinnvoll gestaltet werden können.

Betriebsrat

Der Betriebsrat ist ein betriebsverfassungsrechtliches Organ und somit die gesetzliche Interessenvertretung der Arbeitnehmer eines Betriebes. Er repräsentiert die Belegschaft und übt die Mitwirkungs- und Mitbestimmungsrechte gegenüber dem Arbeitgeber aus.

(In § 9 BetrVG finden Sie eine detaillierte Staffelung.)

Der Betriebsrat als Institution sowie seine Rechte und Pflichten sind im Betriebsverfassungsgesetz (BetrVG) geregelt. Der Arbeitgeber ist auf Verlangen der Arbeitnehmer verpflichtet ab einer ständigen Mitarbeiterzahl von fünf einen Betriebsrat wählen zu lassen. Die Zahl der Betriebsratsmitglieder richtet sich nach der Zahl der wahlberechtigten Arbeitnehmer des Betriebes.

Die Amtszeit des Betriebsrates beträgt vier Jahre, diese Tätigkeit ist unentgeltlich. Ist der Mitarbeiter für den Betriebsrat tätig, wird er in dieser Zeit vom Tagesgeschäft freigestellt, ohne Gehaltsminderung. Der Arbeitgeber trägt die Kosten des Betriebsrates. Der Betriebsrat muss bei Aufgabenerfüllung (z. B. Arbeitsplatzgestaltung, Mitbestimmung in personellen Angelegenheiten, Beteiligungsrechte in wirtschaftlichen Angelegenheiten) die Interessen der Arbeitnehmer vertreten, muss aber auch auf die Belange des Betriebes achten.

In diesem Kapitel hatten Sie die Möglichkeit, beide Seiten einer beruflichen kosmetischen Tätigkeit – die selbstständige und die angestellte – kurz kennen zu lernen.

Dies soll Ihnen dabei helfen,

- für sich zu entscheiden, welche Ihre Zukunftsperspektive ist,
- viele der Entscheidungen Ihres Vorgesetzen besser zu verstehen,
- durch „mit-arbeiten" Ihre Tätigkeit täglich angenehmer zu gestalten und Ihren Arbeitsplatz zu sichern.

A Fragen Übungen Aufgaben

1. *Erarbeiten und zeichnen Sie einen Grundriss Ihres Ausbildungsbetriebes. Zeichnen Sie die einzelnen Funktionsräume und ordnen Sie diese den betrieblichen Grundfunktionen zu.*
2. *Welche Funktionen erfüllt ein Dienstleistungsunternehmen?*
3. *Erarbeiten Sie die Hauptunterschiede der Unternehmensformen und bestimmen Sie die Ihrer Meinung nach beste für ein Kosmetikinstitut, das inhabergeführt ist und einen Azubi hat.*
4. *Besorgen Sie eine Zeitung mit Stellenangeboten.*
   a) Simulieren Sie das telefonische Bewerbungsgespräch (in Partnerarbeit).
   b) Verfassen Sie eine schriftliche Bewerbung.
5. *Erarbeiten Sie in Gruppen, warum in einem Arbeitsverhältnis die Regelungen bez. der Rechte und Pflichten für beide Vertragspartner so wichtig sind.*
6. *Arbeitsschutzgesetze*
   a) Zählen Sie die wichtigsten, geltenden Arbeitsschutzgesetze auf.
   b) Welchen Sinn und Zweck haben solche Gesetze?
   c) In welcher Form ist das Kündigungsschutzgesetz für Sie als jugendliche/r Auszubildende/r relevant?
7. *Dürfen Sie Reste von Nagellack in den Abfluss gießen?*
8. *Sie haben Wasser verschüttet, sind aber zu bequem, es aufzuwischen. Gegen welches Gesetz können Sie damit verstoßen?*
9. *Erstellen Sie eine Liste mit den Vor- und Nachteilen einer Angestelltentätigkeit und einer Selbstständigkeit anhand der folgenden Mustertabelle:*

angestellt	selbstständig
festes Gehalt	kein regelmäßiges Einkommen
Investition nicht notwendig	Startkapital (Kredit) notwendig
...	...

   Weitere gegenüberzustellende Merkmale: Arbeitszeit, Firmenphilosophie, Verdienstmöglichkeiten, Verantwortung und Haftung, ...
10. *Was ist Franchising?*
11. *Was ist der Unterschied zwischen Sozial- und Individualversicherung?*
12. *Was sind Sozialkosten?*
13. *Was gehört zu den Zielen und Aufgaben einer Arbeitnehmervertretung?*
14. *Was ist ein Betriebsrat?*
15. *Eine Kosmetikerin hat einen sehr guten Umsatz im Monat Mai getätigt. Nun kauft sie ganz spontan ein Behandlungsgerät, das 15.000,00 Euro kostet und auf „Besenreiser"-Behandlung spezialisiert ist. Sie hat keine Marktanalyse erstellt und die Sommerferien stehen bevor. War das eine gut überlegte Entscheidung? Was hätten Sie anders gemacht?*
16. *Welche rechnerischen Größen brauchen Sie zur Errechnung des Ertragswertes eines Unternehmens?*
17. *Erklären Sie den Zusammenhang zwischen Substanzwert und Ertragswert bei der Errechnung eines Kaufpreises zu einer Geschäftsübernahme.*

5 Umgang mit Kunden

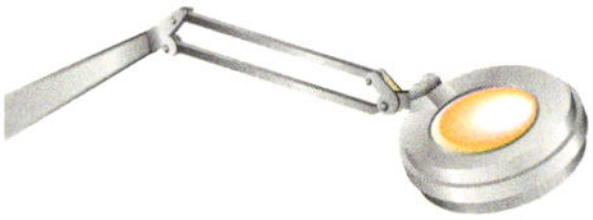

Eine Kundin kommt in das Institut von Lisa und Petra. Sie möchte einen Lidschatten der Marke xy kaufen, erhält die Ware, bezahlt und geht. Lisa hatte zwar heute Morgen zu Hause keine Zeit gefunden ihre Haare zu waschen und hatte auch ihren Institutskittel noch nicht angezogen, hat aber die Kundin zuvorkommend angesprochen, bedient und freundlich gelächelt.

Sie wundert sich daher schon, als ihr Chef direkt danach zu ihr kommt und offensichtlich nicht ganz zufrieden mit ihr ist! Ihr Äußeres ließe „zu wünschen übrig" und – Was hat sie getan? Hatte sie wirklich verkauft? Nein! Sie hat lediglich etwas ausgeliefert.

aufmerksame Behandlung und Bedienung des Kunden

Abb. 5.1: Ungeeignete Mimik

Sie sind als Kosmetiker nicht nur mit Hautanalysen und Behandlungen beschäftigt. Ihre Kunden kommen mit bestimmten Erwartungen und sogar auch mit persönlichen Problemen zu Ihnen. Sie wollen aufmerksame Behandlung und Bedienung erfahren und von ihren Krankheiten, ihren Jobproblemen, Partnerschaftsschwierigkeiten und vielem anderen, auch von sehr persönlichen und schönen Dingen erzählen. Die Kunden hoffen auf Ihr offenes Ohr und Ihr Verständnis.

Im Kundenumgang ist ganz besonderes Einfühlungsvermögen gefragt. Jeder Mensch ist anders und deshalb müssen Sie meist ganz schnell und individuell entscheiden, wie Sie mit jedem einzelnen Kunden umgehen.

Der Kosmetiker-Beruf verlangt von Ihnen somit eine sehr einfühlsame und flexible Haltung, Sie müssen sich in sehr kurzer Zeit auf die unterschiedlichsten Kundencharaktere einstellen.

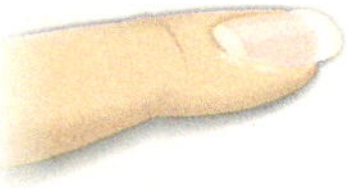

Versuchen Sie sich möglichst neutral zu verhalten. Ein falscher Ratschlag könnte Ihre Kunden dazu bewegen, nicht mehr zu kommen, genauso wie eine schlechte Behandlung.

Von der Begrüßung des Kunden bis zu dem Zeitpunkt, zu welchem Ihr Kunde – hoffentlich entspannt und zufrieden – das Kosmetikinstitut verlässt, ist ein langer Weg.

Der erste Eindruck zählt!

Wie auch in vielen anderen Kundenkontakt-Berufen ist der erste Eindruck von entscheidender Bedeutung für einen erfolgreichen Abschluss, Ihr Erscheinungsbild und Ihr Auftreten der erste Schritt. Freundlichkeit, Zuvorkommenheit, Körperhygiene (hierzu gehören auch die Zähne!) und ein generell gepflegtes Äußeres sind daher erstes Gebot.

Wie sind Sie heute gelaunt? Was haben Sie heute an?

5.1 Das Erscheinungsbild des Kosmetikers/ der Kosmetikerin

Da es heute sehr unterschiedliche Geschäftsformen im kosmetischen Bereich gibt, richten sich Ihre Kleidung und Ihr *Styling* (engl. Stil, Gestaltung, z. B. Frisur und Make-up) auch nach dem **Geschäftskonzept**.

Styling

Das Geschäftskonzept ist die Idee und sagt aus, was Sie machen. Die Firmenphilosophie beschreibt, wie Sie die Idee umsetzen.

Welche Firmenphilosophie vertritt Ihr Ausbildungsbetrieb?

- Wenn Sie in einem klassischen, konservativ geführten Institut arbeiten werden in der Regel weiße Kittel gewünscht und ein klares Make-up (z. B. leichter Hauch von Puder, etwas Rouge, ein naturfarbener Lipgloss) sowie ein unauffälliges *Haarstyling* (engl. Frisur mit künstlerischem Anspruch; *hair* = Haar/e), wie einen gepflegten Haarschnitt oder bei langem Haar am besten einen Zopf.
- In einem Trend-Salon werden wahrscheinlich trendige Kleidung, also z. B. ausgefallene Mode, eventuell auffällige Farben und Kombinationen und auffälliges Make-up (z. B. Augen-Make-up mit grellem Farbmix) gewünscht.

Haarstyling

Abb. 5.2: Erscheinungsbild

Ihre Kleidung und Ihr persönliches „Auftreten" in puncto Make-up und Frisur sollten die Firmenphilosophie verkörpern.

Die **Firmenphilosophie** beinhaltet zwei ineinander übergreifende Komponenten:

- das Geschäftskonzept (➔ Kapitel 4.3.2), was werden Sie tun, welche Behandlungen anbieten, welchen Kundenkreis ansprechen, welches Preisniveau werden Sie haben?
- Die Umsetzung bestimmt dann, wie genau Sie diese Ziele „begleiten", d. h. zum Beispiel schaffen Sie ein Ambiente mit Distanz oder eher eine familiäre Atmosphäre?

Firmenphilosophie = Geschäftskonzept und Umsetzung

Die Firmenphilosophie richtet sich auch nach dem gewünschten Kundenpotenzial. Jedes Geschäftskonzept zieht einen ganz speziellen Kundenkreis an. Das heißt, die praktizierende Kosmetikerin muss sich im Erscheinungsbild und in der Verhaltensweise darauf einstellen.

Ein natürliches, sauberes und gepflegtes Äußeres, eine offene Körperhaltung und dem Kunden signalisieren, dass Sie sich freuen ihn zu sehen, sind die Grundpfeiler für ein gutes Erscheinungsbild.

5.2 Das Auftreten des Kosmetikers/der Kosmetikerin

Wie würden Sie als Kunde gerne begrüßt werden?

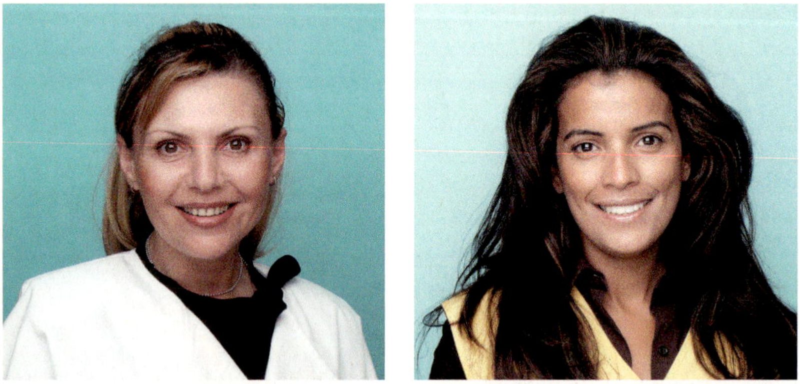

Abb. 5.3: geeignete Mimik

Ein Kittel alleine macht nicht unbedingt das ideale Auftreten aus, dazu gehören noch einige andere Dinge, wie z. B.

- ein natürliches, freundliches Lächeln (– aber Achtung! Wenn es nicht wirklich von innen kommt, kann man das spüren.).
- ein sicheres Auftreten, Sie sollten und brauchen nicht nervös sein (speziell als Berufsanfänger oder Unerfahrene/r).

Styling

Bei der Wahl Ihrer Kleidung, Ihrem *Styling* und in Ihrem Auftreten sollten Sie aber den Grundgedanken Ihres Berufes beachten:

Gesundheitsbewusstsein, Schönheit, Natürlichkeit und Mode-Interesse repräsentieren und vermitteln.

Machen Sie sich bewusst, dass Sie durch Ihre Ausbildung ein höheres Fachwissen haben als Ihr Durchschnittskunde. Und wenn Sie wirklich einmal keine Antwort auf eine Frage haben, erklären Sie Ihrem Kunden, dass Sie sich informieren werden und später darauf antworten.

Bevor Sie eine falsche Information geben, sagen Sie lieber nichts.

Was ist Ihnen selbst lieber, ein arroganter Verkäufer, der scheinbar Fragen einfach überhört, oder einer, der Ihnen mitteilt, dass er spontan keine Antwort hat?

Manchmal versuchen Menschen, Unsicherheit mit Arroganz zu vertuschen.

Aber: Nur der Starke kann Schwäche zeigen! Sie werden mehr respektiert, wenn Sie Ehrlichkeit vermitteln. Niemand muss alles wissen.

Beruf = Berufung?

Das Wichtigste in Ihrem Beruf ist, dass es Ihnen Spaß macht mit Menschen umzugehen. Wenn es Ihnen schwer fällt zu lächeln, auf Menschen offen zuzugehen, mit ihnen zu reden, sich auf verschiedene Persönlichkeitstypen einzustellen und anzupassen, dann sollten Sie Ihre Berufswahl vielleicht noch einmal überdenken.

Beruf sollten Sie wirklich wörtlich verstehen: Sie sollten sich berufen fühlen für das, was Sie tun.

5.2.1 Verbale und schriftliche Kommunikation

Kommunikation im Kosmetikinstitut ist ein sehr wichtiges und empfindliches Thema. Ihre Kunden kommen ja nicht nur zu einer Behandlung, weil sie ein Hautproblem haben usw., sondern auch, weil sie sich unterhalten möchten.

verbale = sprachliche Kommunikation

Generell gestaltet sich eine **Unterhaltung,** also verbale (sprachliche) Kommunikation, durch den Austausch von gesprochenen Wörtern und Sätzen zweier oder mehrerer Personen.

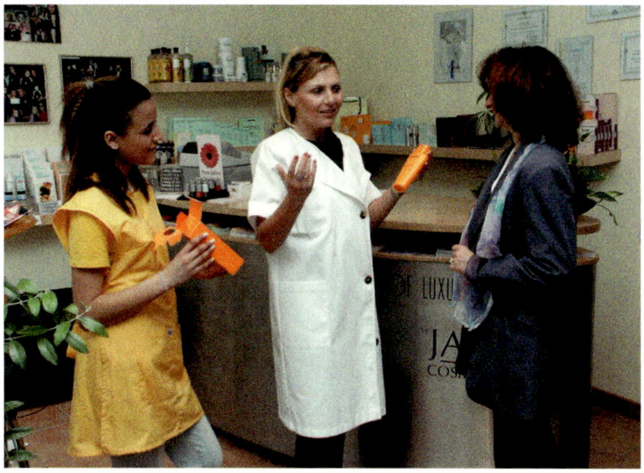

Abb. 5.4: Unterhaltung (Kosmetiker und Kunde)

Leider kommt manchmal das von der einen Person Gesagte **(Absender)** nicht immer genau so bei der anderen Person **(Empfänger)** an.

Welche Verfälschungen sich hieraus ergeben können, ist Ihnen vielleicht auch von dem alten Kinderspiel „Stille Post" bekannt: Nach der Weitergabe einer geflüsterten Information über mehrere Personen kommt am Ende etwas völlig anderes oder Unverständliches heraus. Dies kann ganz unterschiedliche Ursachen haben.

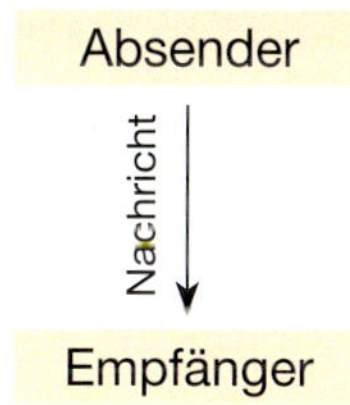

- Eine Ursache liegt womöglich in der gestörten akustischen Wahrnehmung, d. h., der Empfänger hat das Gesprochene nicht richtig gehört oder hören können. Hier empfiehlt sich nachfragen.
- Empfänger interpretieren die vom Absender gesprochenen Wörter (und beziehen vielleicht auch seine Körpersprache mit ein, → Kapitel 5.2.2). Die dann an den Absender zurückgegebene Botschaft kann das Gespräch „aneinander vorbeilaufen lassen" oder es in eine ganz andere Richtung lenken – den Gesprächsfluss stören.

Da Sie sich als Kosmetiker meist auf der Empfängerseite des Gesprächs befinden, hoffen Ihre Kunden auf jemanden, der ihnen richtig zuhört – und das sollten Sie im Gespräch auch hauptsächlich tun: **Zuhören.** (Sehen Sie hierzu auch im → Kapitel 8 „Die Kunst des Zuhörens".)

Lassen Sie Kunden ausreden und hören Sie zu!

Aber Vorsicht: Wenn Sie gar nichts erwidern, könnte eine Kundin den Eindruck bekommen Sie seien nicht interessiert. Reagieren Sie, zeigen Sie Verständnis und Interesse. Sie können auch ein Beispiel aus Ihrem Leben nennen, denn die Kundin sollte nicht das Gefühl haben, Sie wollen sie „aushorchen".

Durch aufmerksames Zuhören erfahren Sie mehr über Ihre Kunden als durch ständiges Fragen.

So werden Sie die Wünsche und Ansichten Ihrer Kunden besser verstehen lernen, das Miteinander-Umgehen, Beratung und Behandlung werden so viel einfacher.

Bei der Begrüßung

gehen Sie freundlich auf Ihren Kunden zu, nicht zu dicht heran, das wirkt bedrängend. Verstecken Sie sich nicht hinter einer Verkaufstheke! Am besten stehen Sie etwas seitlich versetzt dazu, sodass Sie gut Augenkontakt halten können. Kommen Sie Ihren Kunden entgegen, geben Sie ihnen das Gefühl, dass Sie sich freuen, aber spielen Sie kein „Theater", man/frau spürt das.

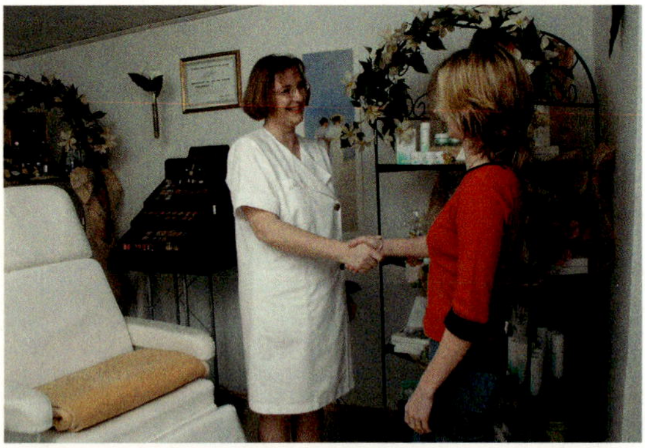

Abb. 5.5:
Korrekte Begrüßung

Stellen Sie sich vor, es ist ein guter Freund, der Sie besucht, wie zu Hause. Das ist ganz besonders wichtig an Tagen, an denen Sie nicht gut gelaunt sind. Das kann jedem von uns passieren, aber Ihr Kunde sollte es nicht zu spüren bekommen.
Es gibt eine lustige und effektive Übung gegen schlechte Laune! Nehmen Sie einen Stift zwischen Ihre Zähne, Sie haben automatisch ein Lächeln im Gesicht, bleiben Sie einige Minuten so, Sie werden sehen es funktioniert.

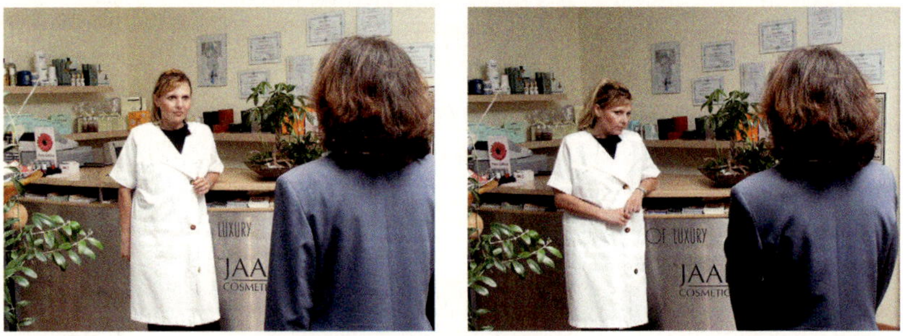

Abb. 5.6:
Ungeeignete Begrüßungen

Je nach Firmenphilosophie begrüßen Sie Ihren Kunden mit Küsschen rechts und links oder etwas distanzierter, aber sehr freundlich mit Händedruck. In manchen Instituten ist der Kontakt mit den Kunden so herzlich, dass der Kunde eine Umarmung von der Bezugsperson im Institut bei der Begrüßung und Verabschiedung erwartet.

Beispiel

Ein Institut mit mehreren Kosmetikerinnen, Frau Meier hat einen Termin bei Susi, der Nageldesignerin. Susi steht auf und begrüßt Silke Meier mit einer Umarmung. Frau Meier kommt schon seit vier Jahren zu Susi und hat diese schon in viele private Dinge eingeweiht, daher sind sich die beiden sehr vertraut. Silke Meier erwartet eine freundschaftliche Begrüßung und Verabschiedung von Susi, ihrer Kosmetikerin.

Halten Sie sich einfach immer vor Augen, wie Sie behandelt werden möchten.

5840416

Telefonate

Das Telefon ist Ihr wichtigstes Medium zur „Außenwelt". Fehler, die hier gemacht werden, sind kaum oder schwer korrigierbar.

Nicht jeder ist ein „Telefon-Talent". Aus diesem Grund bieten viele Schulungsunternehmen Telefon Seminare an. Dort können Sie lernen, Kunden zu gewinnen, zu beraten und Kunden zu behalten.

Beispiel

Sie rufen beim Frisör an. Da man sich nicht mit Namen meldet, sind Sie nicht sicher, ob Sie richtig sind. Die Dame ist wirklich sehr unfreundlich: „Nein, wir haben keinen freien Termin mehr." – „Weiß ich nicht", entgegnet sie, als Sie fragen, ob Petra, Ihre Frisörin, nächste Woche da ist. Sie legen auf ohne Termin.

Was ist da schief gelaufen?

Um ein Telefonat gut vorbereitet führen zu können, sollten Sie eine Preisliste mit Öffnungszeiten, den Terminkalender und Produktpreislisten in greifbarer Nähe haben.

Oberstes Gebot: Immer eine freundliche Stimme. Der Kunde sieht Sie zwar nicht, aber er „fühlt" Ihre Stimme.

Eine gute telefonische Beratung und Betreuung fördert auch immder die **Kundenbindung.**

Abb. 5.7: Am Telefon

Für Telefonate fertigen Sie sich am besten eine **Telefoncheckliste** an:

- ✔ Immer deutlich den **Firmennamen** und Ihren eigenen nennen.
- ✔ Bei der Begrüßung: **Lächeln** Sie, wenn Sie einen guten Tag wünschen.
- ✔ Fragen Sie den Kunden, wie Sie helfen können.
- ✔ Falls Sie etwas nicht wissen, bieten Sie einen Rückruf an.
- ✔ Bei **Terminvergaben** immer den Namen des Kunden und die Telefonnummer wiederholen, das vermeidet Fehler. Im Terminbuch beides mit der Uhrzeit und der Behandlungsart aufschreiben.
- ✔ Auch wenn es um eine **Reklamation** oder eine **Terminstornierung** geht: Bleiben Sie freundlich, beginnen Sie keine Diskussion am Telefon.
- ✔ Der Kunde wünscht eine **telefonische Beratung**. Versuchen Sie alle Fragen zu beantworten, aber empfehlen Sie besser eine Vorort-Beratung im Institut.
- ✔ Bei der **Verabschiedung**: Seien Sie freundlich, aber nicht überfreundlich, da Ihr Kunde nicht durch Aussehen oder Körpersprache abgelenkt ist, achtet er/sie noch intensiver auf Ihre Stimmlage. Also Vorsicht, schnell könnten Missverständnisse entstehen.

Anrufbeantworter

Leider ist es nicht immer möglich, alle Telefonate in einem Institut entgegen zu nehmen, z. B. wenn Sie alleine arbeiten, alle Mitarbeiter gerade beschäftigt sind oder außerhalb der Geschäftszeiten. In diesen Fällen ist ein **Anrufbeantworter, die mündliche Visitenkarte Ihres Institutes,** ratsam. Sie sollten mit einer freundlichen, ruhigen Stimme den Namen des Institutes, die Öffnungszeiten, die Telefonnummer und ggf. den Grund Ihrer Verhinderung nennen. Bitten Sie den Anrufer danach, seinen Namen und eine Rückrufnummer zu hinterlassen. Rufen Sie baldmöglichst zurück.

Briefe und E-Mails

mailing

Um Kontakt zu Ihren Kunden zu halten, ohne aufdringlich zu werden, bietet sich der Brief, z. B. auch als elektronische Post (engl. *mailing*, E-Mails), an.

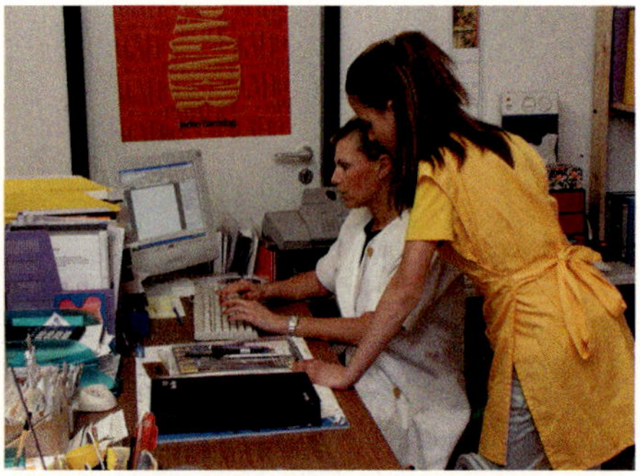

Es gibt immer gute Gründe, den Kontakt aufzufrischen und an sich zu erinnern.

Ideal wäre es, wenn Sie allen Ihren Kunden schriftlich zum Geburtstag gratulieren, vielleicht mit einem kleinen Gutschein. Oder Sie laden zur Einführung eines neuen Produktes, zu einer Sommerparty, die Sie im Institut geben, ein ...

Abb. 5.8 a und b: Am Schreibtisch

Für die schriftliche Kommunikation verwenden Sie immer Briefpapier, Karten, Zettel usw. mit Ihrem Institutslogo. Für den Kunden ist die Wiedererkennung so leichter. Es bietet sich auch die Verwendung eines Computers an: Es gibt speziell für Kosmetikinstitute entwickelte Programme, die alles beinhalten, wie Rechnungs-, Fax- und Briefvordrucke. Durch die Adressdatenbank lässt sich ein Rundschreiben sehr einfach organisieren.

Grundregeln professioneller Kundenkommunikation:

- Rückrufe sollten, wenn möglich, am selben Tag erfolgen.
- Briefe möglichst nicht länger als drei Tage unbearbeitet liegen lassen.
- Reklamationen sollten, wenn möglich, sofort bearbeitet werden (→ Kapitel 8.3.3)

Tipps für die „nettere" Kundenkommunikation:
Vermeiden Sie Themen, die zu „heißblütigen" Diskussionen führen können, wie z. B. Religion und Politik. Werden diese Themen doch angesprochen, versuchen Sie eine neutrale Position zu beziehen und wechseln Sie das Thema!

Und noch etwas: Die Fachausdrücke Ihres Berufes sind für alle, die nicht täglich damit umgehen, verwirrend. Gehen Sie auf die Ebene Ihres Gesprächspartners ein.

5.2.2 Nonverbale Kommunikation (Körpersprache)

Kommunikation ist nicht nur ein einfacher Austausch von Wörtern und Schriften, sondern neben dem Versenden ein Empfangen und Verstehen von Botschaften mit Empfängerantennen, die dabei aber nicht nur die Ohren sind!

nonverbale = körpersprachliche Kommunikation

Sie kommunizieren mit Ihrem Gegenüber nicht nur mit Ihren puren Worten, sondern auch mit dem Tonfall Ihrer Stimme, mit Ihren Augen, der Mimik Ihres Gesichtes und der Gestik Ihrer Hände. Sie kommunizieren mit Ihrer Körpersprache.

Beispiel

Sie haben am Morgen verschlafen, in der Eile haben Sie sich den Fuß verletzt und sind jetzt total schlecht gelaunt. Ihr erster Kunde kommt und möchte ein Produkt kaufen, das Sie erklären müssen.

Im Folgendem sehen Sie Bilder, die zeigen, wie **Ihr Körper auf gar keinen Fall für Sie sprechen darf.**

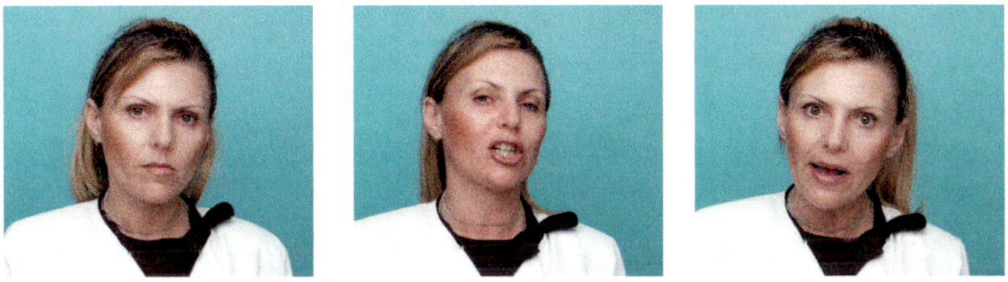

Abb. 5.9. Ungeeignete Mimik

Ihre so genannte *nonverbale* (nicht sprachliche) Kommunikation, also Ihre Körpersprache, Gestik und Mimik, machen 90 % der Bedeutung bei der Übermittlung von Botschaften im persönlichen Kontakt oder Gespräch aus.

Stehen Ihre Worte und Ihre Körpersprache im Widerspruch, glaubt der Zuhörer der Körpersprache und nicht den Worten.

Nonverbales Verhalten vermittelt Informationen mit der Sprache Ihres Körpers, z. B. signalisieren vor der Brust verschränkte Arme eine Schutzmauer.

Viele dieser Signale laufen auf der unbewussten Ebene ab und wir verstehen sie intuitiv. Das bedeutet aber auch, wir können mit Körpersprache schwerer lügen als mit Wörtern, denn die Körpersprache vermittelt Gefühle.

Wie können Sie also Botschaften vermitteln, ohne missverstanden zu werden?

- Je höher sich Ihre Hände während eines Gespräches befinden, desto positiver wirken sie. Unterhalb der Hüfte wirken sie eher negativ, achten Sie einmal darauf.
- Wenn Sie Ihre Hände mit den Handflächen zeigen, sind Sie offen und positiv, der Handrücken präsentiert Verschlossenheit und wirkt eher negativ.
- Schulterzucken – ich weiß nicht; hochgezogene Schultern und geöffnete Arme – tut mir Leid.

Das ist natürlich nur ein ganz kleiner Einblick in die Thematik der Körpersprache.

Auf jeden Fall ist sie eine gute Unterstützung für den erfolgreichen Umgang mit Kunden. Dennoch gilt es zu beachten: Verschiedene Kulturen und Mentalitäten können die Körpersprache stark beeinflussen.

5.3 Der Mensch, mein Kunde

Harmonie im Geben und Nehmen = Zufriedenheit von Kunde und Kosmetiker

Das Ziel der **Beziehung Kunde – Kosmetiker** sollte ein zufrieden stellendes Ergebnis auf beiden Seiten sein. Ein Kunde kommt zu Ihnen, um ein Bedürfnis zu stillen, und Sie geben eine Dienstleistung, mit der Sie Ihren Lebensunterhalt verdienen, um dann Ihre eigenen Bedürfnisse finanzieren zu können. Dies ist ein ganz normaler Kreislauf.

Damit beide Seiten, Kunde und Dienstleister/Kosmetiker, zufrieden sind, sollte eine Harmonie herrschen im Geben und Nehmen. Es ist Ihre Aufgabe, diese Harmonie herzustellen und den Kontakt mit dem Kunden zu steuern.

Betrachten Sie Ihre Kunden nicht als „reine Umsatzquelle", sondern als gute Bekannte oder Freunde. Ihre Kunden danken es Ihnen mit regelmäßigen Besuchen. Im hektischen und schnelllebigen Alltag sind Menschen an die Anonymität gewöhnt worden und schätzen umso mehr Vertrautheit, Geborgenheit und Aufmerksamkeit zu erfahren.

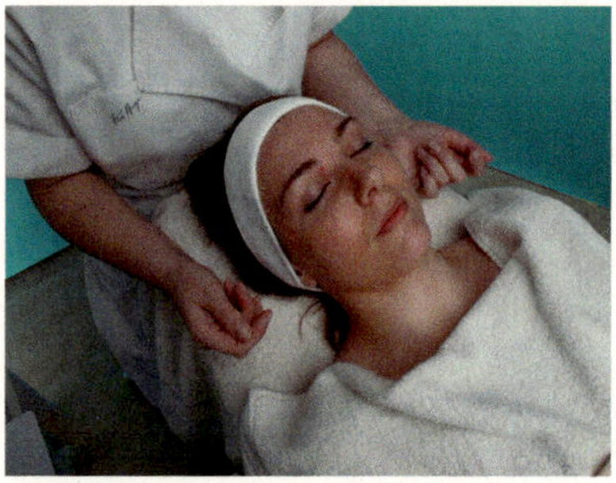

Abb. 5.10: Kunde Mensch

Geben Sie jedem Ihrer Kunden das Gefühl, etwas Besonderes zu sein. Denn das ist sie oder er ja auch, als Mensch.

1

Vita

Notizen machen!

Sprechen Sie Ihre Kunden immer mit dem Namen an, machen Sie Notizen auf der Kundenkarte über die persönliche *Vita* (lat., Lebensbeschreibung) wie Hobbys, Gewohnheiten wie Rauchen, verheiratet, Geburtstag des Kunden (denn Geburtstagswünsche kommen immer sehr gut an), ggf. Familiensituation, besondere Wünsche wie z. B. „mag keine klassische Musik". Alle diese Dinge vermerken Sie stichwortartig, denn ab einer bestimmten Anzahl von Kunden können Sie das nicht mehr alles auswendig wissen.

Diese Informationen helfen Ihnen Ihre Kunden sehr persönlich behandeln zu können. Sie werden sehen, es lohnt sich.

Beispiel

Sie besuchen Ihre Frisörin alle vier Wochen, seit drei Jahren. Sie duzen sich und gehen davon aus, man kennt sich ganz gut. Das letzte Mal haben Sie von Ihrem Problem mit Ihrem Freund gesprochen, die Frisörin kennt ihn vom Sehen und sagt: „Wie hieß er noch mal?" Was denken Sie in so einem Moment?

Solche Situationen sollten Sie als aufmerksame Kosmetikerin vermeiden, daher sind Notizen sehr hilfreich.

Jeder Kunde freut sich, wenn Sie die neue Frisur, ein hübsches Outfit und/oder erfolgreichen Gewichtsverlust bemerken; jeder Kunde ist ein empfindsames Wesen, das auch genau so behandelt werden möchte.

Sicherlich wird sich eine intensivere Beziehung zu Ihren Kunden aufbauen, wenn Sie selbstständig sind. Aber auch wenn Sie angestellt tätig sind sollten Sie beachten: Jeder zufriedene Kunde sichert Ihren Arbeitsplatz.

5.3.1 Kundentypen

Für einen besseren Zugang und Umgang mit den verschiedenen „Kunden-Menschen" hat sich die Unterscheidung in verschiedene Kundentypen als sehr hilfreich erwiesen. So kann durch den **typgerechten Umgang mit dem Kunden** ein besseres Ergebnis in der Behandlung, im Verkaufsgespräch und in der Beratung erzielt werden.

Viele Hersteller von Kosmetika haben eigene Verkaufsschulungen entwickelt, bei welchen die **Typisierung als Werkzeug** verwendet wird. Es existieren zwar die unterschiedlichsten Bezeichnungen und auch verschiedene Auslegungen für die unterschiedlichen Typen, wichtig dabei ist aber, den einzelnen **Menschen** vor Ihnen möglichst gut zu verstehen und seine Bedürfnisse möglichst gut erkennen zu lernen.

Hier eine Hilfestellung mit einer groben Unterteilung in einige **Grund-Kundentypen.** Natürlich gibt es noch sehr viele weitere Variationsmöglichkeiten oder andere Typisierungen, die an dieser Stelle aber zu ausführlich wären. Anbei finden Sie einige Beispiele aus dem Tierreich, die Ihnen helfen können Menschen besser einzuschätzen.

Tab. 5.11: Kundentyp „Löwe"

Verhalten	Ablehnung	Wunsch	Entscheidungs-findung	Behandlung
geht auf andere Menschen zu, spricht gern, ist neugierig, lebendig, interessiert an Neuem, wirkt manchmal arrogant, bestimmend, übernimmt gern die Führung	wird nicht gern belehrt, möchte nicht zu einer Entscheidung gedrängt werden, wartet nicht gern	wünscht volle Beachtung, Sie sollten flexibel sein. Sie sollten ihm das Gefühl vermitteln, dass er etwas ganz Besonderes ist.	Er entscheidet spontan, die Kaufentscheidung kommt ohne Ihr Einwirken.	Zeigen Sie sich selbstbewusst, argumentieren Sie fundiert, zeigen Sie, dass Sie ihn respektieren.

Beispiel „Löwe":

Frau König kommt mit Energie in Ihren Laden, geht direkt auf Sie zu und fragt gezielt nach einigen Behandlungen. Versuchen Sie nicht mit Druck zu überzeugen, geben Sie ihr das Gefühl, dass sie etwas ganz Besonderes ist.

Tab. 5.12: Kundentyp „Hund"

Verhalten	Ablehnung	Wunsch	Entscheidungs-findung	Behandlung
neugierig, skeptisch, kontrolliert, wirkt fordernd, auf der Suche nach Hilfe	Inkompetenz, möchte keine leeren Aussagen, mag nicht zu viel unnötiges Gerede	Fachwissen, Einbindung, lassen Sie ihn ausführlich erzählen, was er wünscht	abwartend und überlegend	Überzeugen Sie durch qualitative Arbeit und fachkundige Beratung, helfen Sie ihm seine Entscheidung zu finden.

Beispiel „Hund":

Frau Schön ist eine Stammkundin. Sie fragt regelmäßig nach Neuheiten, glaubt nicht an die Versprechen der Hersteller und möchte dann auch nicht vom Gegenteil überzeugt werden. Geben Sie ihr die Möglichkeit des Ausprobierens. Erklären Sie fachkundig die Vorteile der Behandlung oder des Probeproduktes. Sie wird nicht spontan entscheiden, aber durch hohes Fachwissen können Sie überzeugen.

Tab. 5.13: Kundentyp „Wolf"

Verhalten	Ablehnung	Wunsch	Entscheidungsfindung	Behandlung
geduldig, aufmerksam, eher zurückhaltend, wohl überlegt, spricht wenig	kritisieren Sie nicht sein Aussehen, seien Sie nicht hektisch, unorganisierte Beratung oder Behandlung hasst er	individuelle Behandlung, Sie sollten sich nicht ablenken lassen während der Beratung	unabhängig, intuitiv – aus einem Gefühl heraus	Durch gezielte Fragen den Kunden öffnen und so eine persönliche Beratung ermöglichen, geben Sie verschiedene Möglichkeiten zur Entscheidung.

Beispiel „Wolf":

Frau Bergmann betritt den Laden, sie ist eher still, aber selbstbewusst. Sie interessiert sich für einige Make-up-Farben, trägt zurzeit eine ganz unpassende Farbe. Aber Vorsicht! Sagen Sie ihr das auf keinen Fall direkt, seien Sie diplomatisch und beginnen Sie mit: „Ich würde Ihnen gern ein Probe-Make-up erstellen, um Ihnen ein paar neue Ideen zu geben", und geben Sie mindestens zwei Varianten, damit die Kundin das Gefühl hat, die Entscheidung allein getroffen zu haben.

Tab. 5.14: Kundentyp „Hase"

Verhalten	Ablehnung	Wunsch	Entscheidungsfindung	Behandlung
Ist sehr unsicher und zurückhaltend, spricht eher leise, zieht sich zurück, wenn Sie zu impulsiv auf ihn zugehen.	nicht verunsichern, keinen Druck ausüben, nicht ungeduldig werden	Stärkung und Bestätigung, geben Sie Lob, motivieren Sie ihn	vorsichtig und unschlüssig, helfen Sie durch unaufdringliche Beratung	Gehen Sie verständnisvoll und geduldig auf diesen Kunden zu, ermuntern Sie ihn zu einer Entscheidung, nicht zu viele Alternativen zur Wahl stellen, das verunsichert ihn.

Beispiel „Hase":

Frau Fischer ist zum ersten Mal zur Behandlung, sie ist sehr still, wirkt fast ängstlich, wenn man ihr nahe kommt, und bei der Frage nach speziellen Wünschen zur Behandlung winkt sie ab und überlässt Ihnen die Wahl. Erklären Sie unter Angabe der genauen Gründe, warum Sie eine spezielle Behandlung durchführen. Bitte auf keinen Fall die Kundin mit zu viel Gespräch überfordern, langsam und behutsam durch Fragen die Kundin öffnen. Geben Sie ihr Anerkennung und führen Sie sie vorsichtig zur Entscheidung.

Und passend auf alle Kundentypen: Da unsere Tätigkeit eine sehr intime ist, wird von uns Kosmetikern besondere Diskretion und Sensibilität im Umgang mit unseren „Kundengeheimnissen" verlangt. Wir haben zwar keine Schweigepflicht wie ein Arzt, aber es versteht sich von selbst, dass die privaten Geheimnisse von Frau Fischer nicht für die Ohren von Frau Schön bestimmt sind. Wenn Ihre Kunden Ihnen private Dinge erzählen, dann vertrauen sie Ihnen, herzlichen Glückwunsch!

Niemals mit einer Kundin über andere Kunden reden.
Diese wird denken „... wenn ich gegangen bin, redet man über mich!"
Sie zerstören die Basis Ihrer Tätigkeit, nämlich das Vertrauen.

5840422

5.3.2 Bedürfnis- und Motivermittlung

Ein **Bedürfnis** kommt zustande durch einen physiologischen Mangel, wie z. B. Hunger oder Durst oder durch einen psychologischen Mangel an bestimmten Verhaltenskontakten, wie z. B. Zuneigung, Liebe, Schutz und Geborgenheit.

Die ***Maslowsche*** **Bedürfnispyramide** oder Bedürfnishierarchie wurde von dem amerikanischen Psychologen Abraham Maslow 1943 entwickelt, um die Motivation von Menschen zu beschreiben. Die Bedürfnisse bilden dabei die „Stufen" der Pyramide, die der Mensch versucht, der Reihenfolge nach, von unten nach oben zu befriedigen.

Abb. 5.15: Maslowsche Bedürfnispyramide

Welche dieser Bedürfnisse erfüllen sich Ihre Kunden in einem Kosmetikinstitut?

Jeder Kunde, der eine Dienstleistung in Anspruch nimmt oder eine Ware kauft, möchte damit ein **Bedürfnis** befriedigen. Das heißt, die in Anspruch genommenen Leistungen oder die erstandenen Waren müssen einen Nutzen für den Kunden haben.

Um erfolgreich zu beraten und zu verkaufen, müssen Sie die Bedürfnisse und Motive des Kunden erkennen oder ermitteln.

In der Kosmetik können die Gründe für die Kundenmotive sehr vielfältig sein:

- ein Hautproblem
- Suche nach dem richtigen Pflegeprodukt
- er/sie möchte sich verwöhnen lassen
- sucht das Gespräch
- wünscht eine Typberatung
- will komplette Entspannung
- Vorbereitung für einen wichtigen Anlass
- sucht ein Geschenk.

Bedenken Sie im Umgang mit dem Kunden, warum er zu Ihnen kommt, welche Motive könnte er haben?

Was auch immer der persönliche Grund des Kunden ist, Sie und Ihr Institut aufzusuchen, im Hinblick auf den Verkauf wird generell in **rationale Kaufmotive** und **emotionale Kaufmotive** unterschieden.

Beispiel für ein rationales Kaufmotiv:
Eine Kundin benötigt eine Tagespflege. Sie hat sich vorab über die Preisunterschiede und die Wirkungsweise informiert und hat nun eine genaue Vorstellung darüber, wie die Creme sein sollte, welche Wirkung sie haben sollte und wie viel sie kosten darf. Die Kundin entscheidet nur aufgrund der Fakten. Alle Entscheidungsfaktoren sind klare Zahlen oder haben einen Zweck und sie lässt sich nicht von Gefühlen leiten.

Beispiel für ein emotionales Kaufmotiv:
Ein Kunde sucht ein Geburtstagsgeschenk für seine Frau, weiß aber noch gar nicht, was er kaufen will. Dieser Kunde wird wahrscheinlich eine vom Gefühl orientierte, also eine emotionale Entscheidung treffen: Ein Parfüm kaufen, dessen Duft ihn an etwas Schönes erinnert, oder unabhängig von der Wirkung einer Creme eine auswählen, die eine besonders attraktive Verpackung hat.

1

rationale Kaufmotive = bleiben Sie sachlich

emotionale Kaufmotive = werden Sie aktiv

In beiden Fällen müssen Sie ganz unterschiedlich argumentieren und auch jeweils anders auf den Kunden eingehen.

- Liegen **rationale Kaufmotive** vor, sollten Sie vorrangig sachliche Argumente vorbringen. Aber auch Emotionen müssen berücksichtigt werden. Im Fall der Creme sollten Sie auf die Reaktionen der Kundin achten, wenn es um Geruch, Farbe und Verpackung der Creme geht.
- Wenn der Kunde von **emotionalen Kaufmotiven** geleitet wird, können Sie sehr kreativ argumentieren. Sprechen Sie die Fantasie des Kunden an. Verwenden Sie eine bildhafte Sprache. Beachten Sie aber, dass auch immer rationale Motive mitmischen können, d. h., der Kunde hat ein Preislimit oder hat schon eine Vorstellung über die Produktgruppe oder die Leistung.

Grundsätzlich ist zu beachten, dass viel Einfühlungsvermögen benötigt wird, um den Kunden und seine Wünsche einschätzen zu können. Die richtige Bedarfsermittlung erleichtert Ihnen später die fachgerechte Beratung.

5840424

Die Kunst des Fragens

Wozu möchten Sie diesen Lidschatten tragen?
Warum testen Sie nicht eine 24-Stunden-Creme?

Nicht alle Kunden sind extrovertiert, d. h., sie gehen nicht aus sich heraus, sondern sie sind verschlossen, zurückhaltend, also introvertiert. Diese Kunden müssen Sie fragen. Der Kunde muss animiert werden seine Wünsche zu äußern bzw. Sie die Kundenmotive und Bedürfnisse erkennen zu lassen.

Dazu gibt es Hilfsmittel wie die **Fragetechnik,** die sich verschiedener Fragearten bedient.

Abb. 5.16: Motivvermittlung, Fragearten

- **Informationsfragen** haben das Ziel, möglichst viel über den Kunden und seine Ansprüche zu erfahren.
- Mit **taktischen Fragen (Lenkungsfragen)** haben Sie die Möglichkeit, das Verkaufsgespräch zu lenken, Sie können das Ergebnis beeinflussen.

Man unterscheidet außerdem zwischen **offener** und **geschlossener** Frage.

Offene Fragen beginnen in der Regel mit Was? Wie? Welche? oder Wo? und sind besonders zur **Motivermittlung** geeignet, da sie dem Kunden ermöglichen und dazu ermuntern, über seine Wünsche zu reden.

offene Fragen = W-Fragen

Zu Beginn sollten Sie möglichst offene Informationsfragen und am Ende eines Verkaufsgespräches (→ LF 9, Kapitel 8.4) möglichst Lenkungsfragen stellen.

Auf eine **geschlossene Informationsfrage** kann ein Kunde nur mit Ja oder Nein antworten, daher ist sie der wirklichen Bedarfsermittlung nicht dienlich.

Beispiele

„Gefällt Ihnen die Verpackung der Creme?"
„Darf ich Ihnen noch etwas anderes zeigen?"
„Möchten Sie heute einen neuen Termin vereinbaren?"

Engen Sie sich nicht selbst mit z. B. Fragen wie „Soll es eine bestimmte Marke sein?" ein. Falls Sie die Marke nicht führen, ist Ihr Gespräch beendet. Stellen Sie auch keine Fragen, die Ihr Sortiment oder Dienstleistungsangebot zu sehr eingrenzen.

Offene Informationsfragen erfordern individuelle Antworten und eignen sich daher gut zur Bedarfsermittlung am Beginn eines Verkaufsgespräches.

Beispiele

„Für welche Behandlung haben Sie sich entschieden?"
„Wie wurden Sie auf unser Institut aufmerksam?"
„Für welchen Anlass ist das Make-up gedacht?"

Haben Sie einmal den grundsätzlichen Bedarf des Kunden ermittelt, schließen sich Lenkungsfragen an, die noch gezielter die Bedürfnisse des Kunden ermitteln und einen später erfolgreichen Verkaufsabschluss vorbereiten können. Als Lenkungsfragen sind hierzu geeignet:

Reflektierende Fragen sind eine Wiederholung der Kundenaussage und dienen Ihrer Versicherung, dass Sie den Kundenwunsch zuvor richtig verstanden haben.

Beispiele

„Sie haben gesagt, dass Sie lieber die größere Packung möchten?"
„Die Anti-Falten-Behandlung ist Ihnen also die liebste?"

Mit der **Alternativfrage** geben Sie in der Frage schon die Antwortmöglichkeit vor.

Beispiele

„Suchen Sie eine Tages- oder Nachtcreme?"
„Möchten Sie eine Feuchtigkeits- oder eine Anti-Falten-Behandlung?"

Diese Lenkungsfrage ermöglicht Ihnen dem Kunden nur die Auswahlmöglichkeiten zu lassen, die Sie auch wirklich anbieten können (z. B. wenn Sie gerade keine Anti-Falten-Creme dieser Kosmetikserie dahaben).

Die **Suggestivfrage** ist in diesem Hinblick wesentlich aggressiver, denn Suggestivfragen sind beeinflussende Fragen und führen den Kunden zu einer bestimmten Antwort hin.

Beispiele

Kunde: „Ich brauche unbedingt eine Anti-Allergene-Creme."
Verkäufer: „Also möchten Sie eine Naturkosmetik?" oder:
„Dieser Lippenstift ist wundervoll für Sie, denken Sie nicht auch?"

Bestätigungsfragen bieten sich ebenfalls an, um sich noch einmal des Kundenwunsches zu vergewissern. Hier unterscheidet man die offene und die geschlossene Bestätigungsfrage.

Mit der **offenen Bestätigungsfrage** zeigen Sie dem Kunden, dass Sie seine Wünsche erkannt haben und geben ihm die Wahlmöglichkeit für einige Varianten.

Beispiele

„Sie hätten gern eine Feuchtigkeitsbehandlung und die Wahl der verwendeten Produkte überlassen Sie mir, richtig?"
„Sie möchten gern die Wimpern gefärbt bekommen, aber haben sich noch nicht für die Farbe entschieden, stimmt das so?"

Geschlossene Bestätigungsfragen signalisieren dem Kunden Verständnis und Interesse an seinen Wünschen, aber grenzen z. B. eine Produktauswahl auch ein.

Beispiel

„Sie möchten eine Creme, die schnell einzieht und nicht fettet, richtig?"

Auch **Klärungsfragen** helfen dem Verkäufer, letztendlich den Wunsch des Kunden zu konkretisieren.

Beispiele

„Wie gefällt Ihnen der Geruch der Creme?"
„Mögen Sie Produkte der Firma Wunderschön?"

Der Vollständigkeit halber sei hier auch noch die **Entscheidungsfrage** genannt, die das Ende eines Verkaufsgespräches einleitet. Sie sollte dem Kunden helfen sich letztlich zu entscheiden.

Beispiele

„Möchten Sie lieber die 100-ml-Creme, die im Verhältnis günstiger ist, oder die 50-ml-Größe?"
„Würden Sie lieber eine Gesichtsbehandlung mit Ampulle für Ihre empfindliche Haut oder die kleine Basispflege ohne Extras haben?"

Nachdem Sie um die Motive und Bedürfnisse Ihres Kunden wissen, können Sie geeignete Produkte und Behandlungen vorschlagen und verkaufen. Den weiteren Ablauf eines Verkaufsgespräches finden Sie in → Kapitel 8.4 dargestellt (da er inhaltlich im LF 9 behandelt wird). Generell sei hier zum Verkaufen gesagt:

Zwingen Sie den Kunden nicht eine Entscheidung zu treffen. Sie werden den momentanen Umsatz erzielen, aber möglicherweise den Kunden verlieren.

Der Mensch, mein Kunde sollte Ihr Leitmotiv sein und Menschen möchten eigenständig entscheiden.

5.4 Ein bisschen Verkaufspsychologie

Die **Verkaufspsychologie** untersucht die Abläufe und den Erfolg für einen Abschluss in Kundengesprächen, durch die Anwendung von psychologischen Kenntnissen. Sie gliedert sich in die fünf Stufen:

1. Kaufmotive,
2. Argumentation,
3. Einwandbehandlung,
4. Preisverhandlungen und
5. Abschlusstechniken

und kann je nach Anwendungsgrad auch gezielte Manipulation sein.

Fachwissen und Freundlichkeit sind zwar nach wie vor wichtig, reichen heute alleine aber zum erfolgreichen Verkaufen nicht mehr aus:

Wenn ein Kunde **früher** ein Geschäft oder ein Kosmetikinstitut betrat, hat er die Wartezeit, bis der Verkäufer oder die Kosmetikerin sich um Ihn kümmerte, damit verbracht, sich das Warenangebot anzusehen und dann erst das Umfeld und den Verkäufer oder die Kosmetikerin beobachtet. **Heute** ist das genau umgekehrt. Der Kunde beobachtet den Verkäufer (also die Kosmetikerin), wie er/sie mit ihm/ihr oder anderen Kunden umgeht. Und in diesen Momenten wird die Person des Verkäufers **angenommen oder abgelehnt.**

Das wirkt sich letztendlich auf das Kaufverhalten aus!

1

Der Verkaufserfolg hängt also sehr stark von der Wirkung der Verkäuferin/der Kosmetikerin auf den Kunden ab. Diese Wirkung kann positiv und auch negativ sein.

Psychologen haben entdeckt, dass Menschen den überwiegenden Teil ihrer Entscheidungen mit dem Gefühl treffen. Das heißt, sie lassen sich leiten von dem Gefühl, wie die Kosmetikerin eine Beratung führt, der Verkäufer ein Produkt präsentiert (emotionales Kaufmotiv, auch → Kapitel 8).

weißer Kittel = Hygiene und Kompetenz?

Abb. 5.17: Ungeeignetes Erscheinungsbild

Auch Ihre Kundin Frau Müller achtet – nicht nur bei der Begrüßung – auf Ihre Körpersprache und Ihre Kleidung.

Kompetenz wird vermittelt durch Handlungen, nicht durch Aussehen! Und Hygiene kann durch ein sauberes Institut, saubere Arbeitskleidung und Arbeitsinstrumente vermittelt werden.

Da der Mensch aber geprägt ist, verbindet er z. B. bereits einen weißen Kittel mit Hygiene und Kompetenz (wie wir das aus der Kinderzeit vom Arztbesuch her kennen).

Bauchfreie Tops sind klasse für die Freizeit und Minis super im Club, aber nicht bei der Beratung und Behandlung im Institut, bei denen Sie Gesundheitsbewusstsein, Schönheit, Natürlichkeit und Mode-Interesse vermitteln sollen.

5.4.1 Vom Produktmerkmal zum Kundennutzen

Als Verkäufer wollen Sie etwas verkaufen und Ihre Kunden von der Qualität der Ware oder Behandlung überzeugen. Aus diesem Grund benötigen Sie gute Argumente. Doch woher nehmen Sie diese?

Die Kunst der Argumentation

Sie haben Ihrem Kunden zugehört, Sie haben durch Fragen ermittelt, was er sich wünscht, und müssen nun Ihr Produkt oder Ihre Leistung anpreisen und mit guten Argumenten unterlegen, warum der Kunde kaufen soll.

> **Gute Verkäufer gehen auf die Sinne ihrer Kunden ein und überzeugen durch sehen, riechen, fühlen und dann hören.**

Stellen Sie fest, welchen Blick Ihre Kundin hat, wenn sie z. B. die Body Lotion in Händen hält – ganz wichtig: Geben Sie ihr das Produkt in die Hand. – Rümpft sie die Nase beim Geruch, dreht sie die Flasche in den Händen und mag sie?

Vergessen Sie bei Ihrer Argumentation nicht das Zuhören. Überhören Sie das „Ja", könnte sich die Kundin vor lauter Argumenten auch wieder umentscheiden.

Beispiel

Eine Kundin möchte eine Pflege gegen Falten, sie hat wenig Zeit und mag nicht viele Tiegel im Bad stehen haben und ist tagsüber oft draußen beschäftigt.

Argumentationskette

Folgende Punkte, die als **Argumentationskette** bezeichnet werden, sollten Sie beachten. Nennen Sie:

- das **Produktmerkmal,** z. B. eine Anti-Falten-Creme mit UVB-Lichtschutzfaktor.
- die **Produkteigenschaften** und Vorteile, z. B.: „Die Augenfältchen werden schon nach kurzem gemildert und Sie haben zusätzlich einen prima Sonnenschutz."
- den **Produktnutzen,** indem Sie den Kundenanspruch aufgreifen, z. B.: „Ohne großen Aufwand haben Sie hier eine 24-Stunden-Pflege mit nur einer Creme, die Ihre Haut schützt und pflegt."

Am Nächsten liegt also, von Ware und Behandlung selbst Argumente bezüglich deren Aussehen, Pflegeeigenschaften, praktischen Gebrauchseigenschaften, Vorzügen, Rohstoffen und Inhaltsstoffen und Wirkungen abzuleiten.

Informationen erhalten Sie außerdem aus dem Verwendungszweck, dem Preis-Leistungs-Verhältnis und den Servicevorteilen. (Zum Beispiel ein Produkt als Pflege für die Kundin zu Hause unterstützt Ihre Kabinenbehandlung und macht sie auch effektiver.)

Beispiele

„Diese Maske ist ideal für Ihre Haut; sie lässt sich leicht auftragen und gut entfernen und sie ist wirklich günstig. Außerdem ist sie super als ‚Pflegekick' im Urlaub und ideal nach dem Saunagang im Sportstudio."
„Diese Maske ist die ideale Ergänzung zu unserem Behandlungsprogramm im Institut und wir können die leere Verpackung wieder auffüllen."

5.4.2 Umgang mit Reklamationen

Bei Reklamationen ist äußerstes Feingefühl gefragt. Sie müssen herausfinden, ob der Kunde tatsächlich mit dem Produkt oder der Leistung unzufrieden ist oder ein ganz anderes Problem der Grund für den Unmut ist.

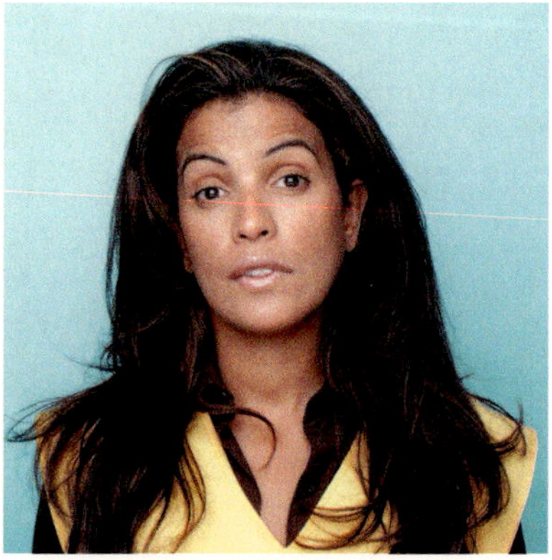

Abb. 5.18: „Wie bitte?!"

Da der Dienstleistungsbereich ein stark zwischenmenschlicher ist, wird bei einer Kundenreklamation immer Ihre Intuition, Ihr Bauchgefühl gefragt.

Nicht immer ist die Creme oder die kosmetische Leistung wirklich der Grund des unzufriedenen Kunden. Sie müssen die eigentlichen **Motive der Reklamation** des Kunden erforschen, diesen entgegenkommen und sie auffangen.

Es gibt, wie auch bei den Einwänden während des Verkaufsgesprächs (→ Kapitel 8.3.3), grundsätzlich zwei Arten von Reklamationen:

- Die **echten,** bei denen der Kunde bei einem gekauften Artikel oder nach einer erhaltenen Behandlung Resultate, Merkmale oder Eigenschaften des Artikels bemängelt.
- Die **unechten** Reklamationen, die sich nicht wirklich gegen den Artikel oder die erhaltene Behandlung richten, sondern die Ihnen signalisieren, dass der Kunde den Artikel/die Behandlung gar nicht wollte oder nicht mehr will.

Besonders bei der Reklamation wird die Beziehung zu Ihrem Kunden auf die Probe gestellt. Mit Einfühlungsvermögen und Diplomatie haben Sie die Möglichkeit eine dauerhafte **Kundenbindung** zu erreichen.

Beispiele für unechte Reklamation:

Viele Kunden wählen ein modisches Make-up oder eine teure Kosmetiklinie, weil alle ihre Freunde diese benutzen, um bewusst oder unbewusst mehr Selbstsicherheit auszustrahlen. Nach kurzer Zeit kommt dann aber oft die Enttäuschung, weil das eigentliche Problem der „mangelnden Selbstsicherheit" dadurch nicht behoben werden kann. Viele solcher Kunden suchen dann nach Auswegen oder Sündenböcken für den subjektiv (d. h. von den Kunden selbst) als schlecht empfundenen Zustand: Und die schlechte Gesichtsbehandlung oder die schlechte Creme ist dann der Grund!

Bedenken Sie dies bei allen Reklamationen und versuchen Sie den wirklichen Grund durch Fragen zu ermitteln und den Kunden zufrieden zu stellen. Helfen Sie Ihrem Kunden, dass sein Ärger verfliegt und sie/er wieder lachen kann!

Reklamationen (Beschwerden) sind in einer Kunde-Kosmetiker-Beziehung eine ideale Informationsquelle und – wenn Sie richtig damit umgehen lernen – ein entscheidender Wettbewerbsvorteil im Konkurrenzkampf.

Einer Beschwerde geht in der Regel der Wunsch für eine weitere geschäftliche Beziehung voraus. Aus diesem Grunde lohnt es sich, jeder Beschwerde, auch der eines Problemkunden, nachzugehen und nachzugeben.

Außer, wenn Problemkunden unverschämt werden oder sich am Rande des Betruges bewegen. Dies ist der Fall, wenn z. B. ein Kunde versucht, Ihnen Produkte zurückzugeben, die er vor acht Monaten gekauft hat, das Geld zurück möchte, mit der Begründung der Unverträglichkeit (und wahrscheinlich schon 70 % des Produktes verwendet hat). In diesem Fall ist der Abbruch des Kundenkontaktes die beste Methode. Denn ein Kunde, der versucht sich auf diese Weise einen Vorteil zu verschaffen, wird dies immer wieder versuchen.

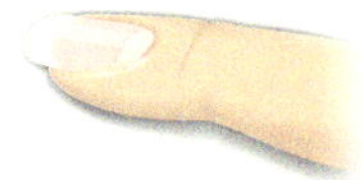

- Wenn sich Ihre Kunden beschweren, haben sie das Erwartete nicht erhalten.
- Wer so unzufrieden ist, dass er sich nicht beschwert, wird voraussichtlich einfach nicht wieder als Kunde zu Ihnen kommen. Kunden „stimmen mit den Füßen ab", gehen dann zur Konkurrenz und müssen ihren Frust anderen mitteilen. Das kann sehr schnell eine **Negativpropaganda** auslösen und dem guten Ruf Ihres Institutes schaden.
- Grundsätzlich gilt: Individuelle und flexible Behandlung einer jeden Beschwerde lohnt sich und grundsätzlich ist es gut, sich zu entschuldigen.

Eine Reklamation ist immer dann rechtens, wenn Vereinbarungen oder Absprachen im Rahmen von Kauf-, Dienst- oder Werkvertrag nicht eingehalten werden (→ Kapitel 6.3, Verträge und Geschäfte und → Kapitel 8.3.3 Reklamationen).

Wenn eine Reklamation richtig und gut abgewickelt wird, kann sogar ein negativer Anlass ein Grund für eine positive zukünftige Basis zu Ihrem Kunden sein. Nutzen Sie die Reklamation als Werkzeug zur **Kundenbindung.**

5.5 Die Verabschiedung

Den Schlusspunkt in dem Umgang mit Ihren Kunden setzt die Verabschiedung. Das ist auch der Moment, vor dem viele Kunden eines Kosmetikinstitutes, besonders nach einer erfolgten Behandlung, etwas „Angst" haben. Denn in vielen Instituten versucht die Kosmetikerin jetzt, den so wichtigen Umsatz zu erwirtschaften. – Vorsicht, das könnte schief gehen! Versuchen Sie nicht in den letzten Minuten Ihrer Kundin Pflegeprodukte „aufzuschwatzen".

Nutzen Sie die Phase der Verabschiedung lieber dazu,

a) um mit der Kundin einen neuen Termin zu finden und zu vereinbaren; oft denkt die Kundin/der Kunde nicht selbst daran;

b) Produkte, die Sie während der Behandlung als Tips und Empfehlungen für die Heimpflege erwähnt haben, nun gezielt zeigen zu können;

c) noch einige Pflegehinweise zu geben und Produktproben oder Infobroschüren über Neuigkeiten auszuhändigen.

Verabschieden Sie Ihre Kunden immer höflich und freundlich und geben Sie ihnen das Gefühl, dass Sie sich wirklich darüber freuen, das Sie (wieder) zu Ihnen gekommen ist.

Genau wie der erste Eindruck, zählt auch der letzte! Die Kundin hat eine nette Verabschiedung weiterhin „im Kopf" – auch wenn sie Ihr Geschäft längst verlassen hat.

A Fragen Übungen Aufgaben

1. Sehen Sie sich das Fotobeispiel zum Erscheinungsbild einer Kosmetikerin auf Seite 429 an. Was fällt Ihnen unangenehm auf? Was könnte wie „verbessert" werden?
2. Partnerarbeit: Rollenspiele zur Begrüßung.
   a) Stellen Sie als „der Kosmetiker" den gelangweilten, unfreundlichen, überfreundlichen und herzlichen „Begrüßungstyp" dar. – Notieren Sie als „der Kunde" Ihre Empfindungen bei den unterschiedlichen Varianten. Welche davon empfanden Sie beide als die angenehmste?

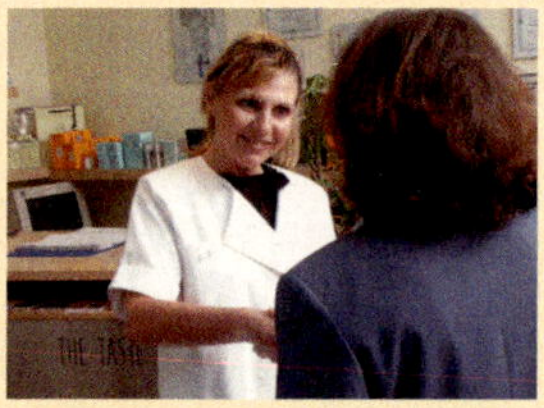

   b) Stellen Sie in Rollenspielen die in Kapitel 5.3 tabellarisch vorgestellten Kundentypen nach. Welcher Typ ist Ihre Stärke/Schwäche?
3. Stellen Sie ein Telefonat in Partnerarbeit nach und analysieren Sie anschließend dessen Verlauf.
   a) Welche Informationsunterlagen sollten Sie in der Nähe des Telefons griffbereit haben?
   b) Spielen Sie eine Terminänderung, ein Neukundengespräch und eine Reklamation nach.
4. Erklären Sie den Unterschied zwischen verbaler und nonverbaler Kommunikation.
5. Was ist das Wichtigste im Umgang mit Menschen?
6. Entwerfen Sie in Gruppenarbeit ein Institutslogo für das Institut von Lisa und Petra. Ordnen Sie je nach genannten Institutsarten einen Namen und eine Firmenphilosophie sowie Vorschläge zur Arbeitskleidung der Kosmetikerin zu.
   a) klassisches Kosmetikinstitut in einer Wohngegend
   b) klassisches Kosmetikinstitut in der Innenstadt
   c) Wellness-Institut im Kurgebiet
   d) Trend-Salon in der Innenstadt
7. Welche Art von Motiven für den Wunsch nach Dienstleistungen oder Einkäufen gibt es?
8. Zählen Sie die Fragearten zur Kaufmotivermittlung auf.
9. Welche Fragen werden Sie stellen, um einen Kunden zu einer Entscheidung zu bewegen?
10. Gehen Sie zu zweit in eine Boutique, zu einem Frisör und in eine Parfümerie. Eine von Ihnen möchte einen Artikel kaufen und lässt sich beraten. Seien Sie eine komplizierte Kundin (arrogant, unbelehrbar und kann sich nicht entscheiden).
    a) Beobachten und erfahren Sie, wie man mit Ihnen umgeht.
    b) Kaufen Sie den Artikel und tauschen Sie ihn nach einer Stunde um, achten Sie auf die Abwicklung.
11. Besuchen Sie drei verschiedene Institutstypen: das klassische Kosmetikinstitut mit ein bis zwei Kabinen, ein Geschäft mit mehreren Kabinen im Innenstadtbereich und ein Institut mit Wellness-Konzept.

    Beobachten Sie die Kundschaft/Kundenstruktur und die Erscheinungsbilder/das Auftreten von darin arbeitenden Kosmetiker(n)innen.

1

6 Organisation und Arbeitsabläufe im Kosmetikbetrieb

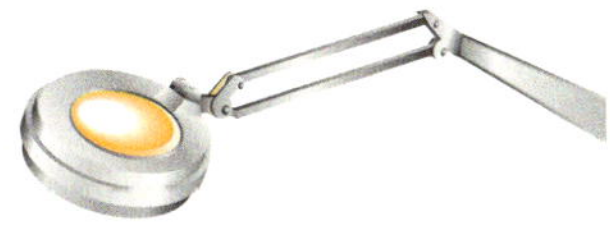

Lisa und Petra sind seit einem Jahr selbstständig: Sie beschäftigen eine Frisörin und eine Kosmetikerin und ihr Institut ist ganz gut ausgelastet. Aber trotzdem sind sie nicht ganz zufrieden. Immer wieder kommt es vor, dass sich Termine überschneiden, d. h. Kunden warten müssen und verärgert sind, oder in den Kabinen Arbeitsmaterialien fehlen, da Kollegen die Dinge nicht wieder an ihren Platz zurücklegen. Alle vier setzen sich zusammen, um die Problematik zu analysieren und eine Lösung zu finden.

Die richtige Organisation und ein perfekter Plan für alle Arbeitsabläufe bestimmt die Qualität eines Institutes.

Die richtige Einteilung von Zeit und Arbeitskraft ist eine wichtige Komponente im gut geführten Kosmetikinstitut.

Jeder Arbeitsvorgang muss geplant und organisiert durchgeführt werden, viele Ihrer Arbeitsschritte und die Ihrer Kollegen oder Ihres Personals müssen zeitlich genau aufeinander abgestimmt sein. Eine Gesichtsbehandlung z. B. erfordert ein gutes Zeitmanagement.

Sind Sie ein Zeitmanager?

6.1 Arbeitsvorbereitung und -planung

Zeitmanagement beschäftigt sich mit Problemen, die eine gewaltige Anzahl von Aufgaben und Terminen mit sich bringen, da die zur Verfügung stehende Zeit begrenzt ist.

Erfolgreiches Zeitmanagement erfordert eine Definition (= Benennung, Festlegung) klarer Ziele, eine Analyse des eigenen Verhaltens (um Zeitverschwendungen aufzudecken) und konsequentes Führen und Kontrolle eines Terminplans.

Organisieren Sie sich!

Um kein Chaos in Ihrem Institut oder während Ihres Arbeitsablaufes zu haben, ist gutes Zeitmanagement die Voraussetzung. Es gibt einige Dinge, die Ihnen dabei helfen können:

- Eine Liste mit allen Behandlungen und der jeweils dafür benötigten Zeit, inklusive einer Kalkulation der Vor- und Nachbereitungszeiten für die Behandlung und die Kabine.
- Ein Einsatzplan mit allen Mitarbeiten, wer arbeitet an welchem Tag zu welcher Zeit und wer kann welche Behandlungen durchführen?
- Ein gut entwickeltes Zeitgefühl und eine gute Organisation, denn Ihr nächster Kunde wartet schon, wenn die Kabine wieder frei wird.

Das alles erfordert eine gute Planung!

- Seien Sie mindestens **20 Minuten vor Geschäftsbeginn** im Institut, um alles für die ersten Kunden und einen reibungslosen Tagesablauf vorzubereiten.
- Kommen Sie **bereit für den Arbeitstag** im Institut an, d. h., seien Sie selbst z. B. bereits fertig geschminkt und/oder frisiert.
- **Bereiten Sie Ihren Kosmetik-Tag vor;** prüfen Sie Ihre Termine am Morgen anhand Ihres möglichst gut geführten Terminkalenders und treffen Sie eventuelle Absprachen mit Ihren Kollegen/Ihrem Personal.
- Planen Sie zwischen jedem Termin ca. **15 Minuten** ein, um genügend Zeit zur Reinigung der Kabine und der verwendeten Arbeitsmittel und zur Vorbereitung für den nächsten Termin zu haben.
- Legen Sie sich alles bereit, was Sie für Ihre Termine benötigen. **Die Kabine** muss vor der Behandlung für diese vorbereitet sein. Handtücher und Kompressen sollten bereitliegen, entsprechende Produkte bereitstehen.
- Wenn Sie die **letzte Packung,** das letzte Stück eines Produktes oder Hilfsmittels (z. B. Wattepads, Arbeitshandschuhe) anbrechen oder verwenden, notieren Sie sich dessen Fehlen für weitere Behandlungen (→ auch Kapitel 7.3, Depotverwaltung und Lagerwirtschaft).

Abb. 6.1: Terminbucheintrag

Wollten Sie auch schon einmal nach etwas greifen und es war nicht mehr da?

Noch sorgfältiger müssen Sie planen, wenn Sie mit mehreren Kollegen und einigen Kabinen arbeiten. Es dürfen **keine Terminüberschneidungen** entstehen. **Doppelbuchungen** für Kabinen oder einzusetzende Geräte sind negativ und führen zu Missstimmung und Leerlaufzeiten. Machen Sie sich selbst die Arbeit leichter und effektiver, indem Sie sich immer wieder selbst kontrollieren, um so Fehler zu vermeiden.

DONNERSTAG 24

Name SILVIA	Name KIM	Name LISA
9	9	9
10 Fr. Schneider	10	10 Fr. Döring
Pediküre		Permanent Make-up
11.30 Tanja S.	11 Fr. Fischer	11
Massage	Nageldesign	
12	12	12
13 Fr. Moos	13 Fr. Fischer	13.30 Anna K.
Nageldesign	Gesichtsbehandlung	Pediküre
14	14	14
15	15 Fr. Klemm	15
	Pediküre	
16 Frau Frank	16	16
Maniküre		

Abb. 6.2: Muster-Terminbuch eines Tages

- Führen Sie das **Terminbuch** des Kosmetikinstitutes konsequent. Hierbei sollte jederzeit aus diesem ersichtlich sein, welcher Kunde zu welcher Zeit welche Behandlung von welchem „Behandler" erhalten möchte.
- Notieren Sie neben dem Namen des Kunden auch immer eine aktuelle Rückrufnummer.
- Nutzen Sie z. B. eine Uhr und notieren Sie sich die von Ihnen benötigte **Zeit für eine Behandlung,** wenn Sie diese nicht zweifelsfrei abschätzen können. Versuchen Sie diese Zeiten einzuhalten oder Ihre Kollegen von einer Verschiebung möglichst zeitig zu informieren.
- Erstellen Sie sich **Checklisten** für die einzelnen Behandlungen, die Sie durchführen, und nutzen Sie diese auch. – Nur dann können Sie diese ständig verbessern und effektiv zur Arbeitsunterstützung verwenden.

Jedes vergessene Arbeitsutensil kostet Sie extra Zeit und stört ganz erheblich Ihren Arbeitsablauf und den Entspannungsfaktor der Kunden und außerdem wirkt jedes weitere „Rennen nach Fehlendem" extrem unprofessionell.

Auch bei der **Planung der Terminvergabe** gibt es Regeln, die Ihnen Ihre Arbeit erleichtern. Ob Sie eine schriftliche Variante oder den Computer bevorzugen, wichtig ist die Anpassung an Ihre Arbeitsvoraussetzungen, wie Öffnungszeiten, Kabinenanzahl, Anzahl von z. B. Maniküretischen und Mitarbeitern.

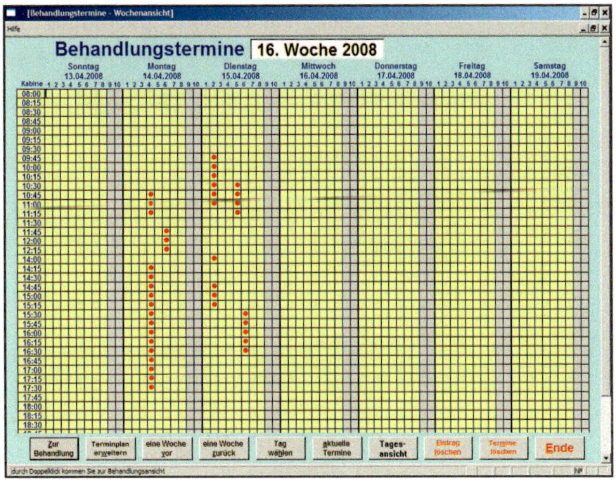

Abb. 6.3: Screenshot Behandlungstermine

Fertigen Sie einen Plan mit allen verfügbaren Behandlungen = Dienstleistungen in Ihrem Institut und der jeweiligen Dauer als z. B. eine Tabelle an. Diese erleichtert Ihnen die Organisation Ihres Institutes, die Ihrer Mitarbeiter und Ihre eigene Zeitplanung ganz erheblich.

Checkliste: Vorbereitung einer Gesichtsbehandlung

- ✓ Die Kundenkarte des Kunden liegt bereit oder Sie haben die entsprechenden Daten in Ihrem Computer abgerufen.
- ✓ Sie planen (oder besprechen ggf. mit dem Kunden noch) vorab, welche Behandlung Sie durchführen werden und bereiten auch eine Alternative vor, wie z. B. eine Vitamin-C- oder eine Kollagen-Behandlung.
- ✓ Sie kontrollieren das Vorhandensein, die Sauberkeit und Sterilität aller für die Behandlung benötigten Instrumente und Geräte und deren einwandfreie Funktion.
- ✓ Sie beachten Vorlaufzeiten für z. B. das Erhitzen des Wassers im Bedampfungsgerät, falls dieses verwendet werden soll.
- ✓ Sie legen alle benötigten Pflegeprodukte in der Kabine, in der Sie arbeiten werden, bereit.
- ✓ Sie sind vorbereitet, falls die Kundin eine Augenbrauenkorrektur wünscht; Sie haben dann eine Pinzette und eine Schere parat.
- ✓ Farbe, z. B. auch zum Färben der Wimpern und Augenbrauen, und alle dafür nötigen Utensilien sind ebenfalls für einen solchen Fall bereit.
- ✓ Alle zusätzlich benötigten Arbeitsmittel wie Handtücher, Kompressen, Wattepads, Pinsel für Masken, handwarmes Wasser in einer Schüssel, Decke und Haarband für den Kunden usw. sollten auch vorbereitet sein.

6.2 Dienstleistung

„... Dienstleistungen unterscheiden sich von Sachgütern dadurch, dass Produktion und Konsum gleichzeitig stattfinden, sie nicht als Eigentum erworben werden können und nicht lagerfähig sind. Die Bedürfnisbefriedigung erfolgt durch die unmittelbare Leistung von Menschen. ..."

Was heißt das alles?

Unter **Sachgütern** versteht man in der Wirtschaftslehre allgemein Handelswaren, die fertig bezogen und nicht wesentlich (d. h. nicht mehr als handelsüblich) be- oder verarbeitet oder weiterveräußert werden. Sachgüter und Dienstleistungen sind die Leistungen, die als ertragbringende Leistungserstellung eines Geschäftssystems gelten und zählen als Produktionsfaktoren.

Produktion ist (→ Kapitel 4.1), die Herstellung oder Erzeugung von Waren und Gütern, während **Konsum** den Kauf oder Verbrauch der angebotenen Ware darstellt.

Eigentum ist die rechtmäßige Herrschaft über eine Sache mit voller Nutzungs- und Verfügungsgewalt und kann z. B. käuflich erworben werden.

Besitz ist die tatsächliche, aktuelle Herrschaft, Gewalt über eine Sache, deren Gebrauchs- und Nutzungsrecht man hat. Beispiel: Lisa ist Eigentümerin einer Enthaarungsmaschine, die sie vermietet hat an Frau Müller, eine Kollegin. Diese hat die Maschine nun im Besitz.

Im Falle einer kosmetischen Behandlung und in Verbindung zum o.a. Zitat bedeutet dies, dass Sie als Kosmetiker eine Leistung produzieren, die sogleich von Ihrem Kunden konsumiert wird. Ihr Kunde kann hierdurch aber nicht das Eigentum an Ihrer Leistung erwerben oder die Leistung lagern.

Ein **Bedürfnis** entsteht durch Bedarf. Hierbei kann es durchaus unterschiedliche Motive für den Bedarf geben (→ auch Kapitel 5.3, Motivermittlung).

- Die Bedürfnisbefriedigung Ihres Kunden entsteht durch den Konsum der von Ihnen erbrachten Dienstleistung!

Mit welchen Bedürfnissen kommen Ihre Kunden in Ihr Institut, welche Dienstleistungen erbringen Sie?

Außerdem tragen Kosmetikinstitute als Dienstleistungsbetriebe der Kosmetikbranche allgemein durch Behandlungs- und Sortimentswahl und -gestaltung und den damit verbundenen Aufgaben, wie z. B. eine Auswahl an Produkten und Geräten treffen, deren Einkauf, Verwaltung, Lagerung, Wartung, Anwendung usw., zur **Trendumsetzung** und auch **Weiterentwicklung** im wirtschaftlichen Sinne bei (→ Kapitel 3.1).

Verstehen Sie das Wort „Dienstleistung" wörtlich, d. h. im Sinne von „einen Dienst leisten"! Nur dann werden Sie wirklich einen großen Kundenkreis für sich gewinnen können, denn – auch wenn Sie nur angestellt arbeiten – jeder Kunde sichert Ihren Arbeitsplatz und somit Ihre Existenz.

Tab. 6.4: Dienstleistungen in einem Kosmetikinstitut

Kosmetische Behandlungen

Hierunter fallen Gesichts- und Körperbehandlungen aller Art, wie z. B. Masken, Ampulleneinschleusungen und Gesichtsmassagen (→ Band B), Make-up- oder Permanent-Make-Up-Erstellung (→ Band B, LF 12), Fußpflegen, Maniküren, Kunstnageldesign, kosmetische Körperspezialbehandlungen und -massagen (→ Band C).

Kundenberatung

Das sind das Gespräch vor oder über eine gewünschte Behandlung, die Aufklärung über die Wirkweise von Behandlungen, Apparaten und Produkten sowie Gespräche über mögliche Weiterbehandlungen (u. a. Hautsystempflege, → Band B, LF 7) oder Beratungen zu unterstützenden kosmetischen Maßnahmen, wie Ernährung (→ Kapitel Ernährungslehre), Haltung und Entspannung (→ Band C) oder Körperhygiene.

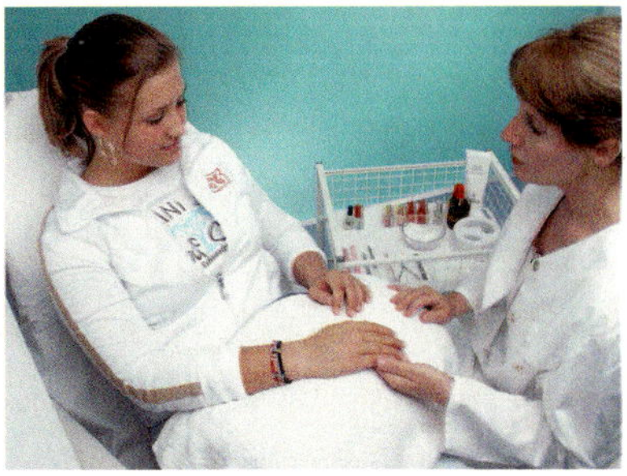

Produktverkauf

Er enthält die Warenpräsentation im Schaufenster und im Institut und den Verkauf von Produkten an den Kunden (→ Kapitel 7 und 8).

Darunter fällt aber auch die Information des Kunden über Warenvielfalt und Warenneuheiten (→ Kapitel 4, Funktionen von Handels- und Dienstleistungsbetrieben).

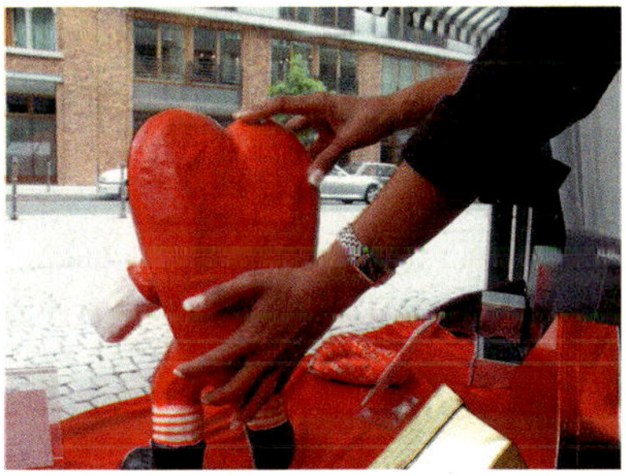

Dienstleistung ist Service, und der sollte von Herzen kommen. Verwöhnen Sie Ihre Kunden, zeigen Sie jeden Tag, dass Sie es gerne tun. Haben Sie Spaß an dem, was Sie tun; wenn das nicht so ist, fühlt es Ihr Kunde als Erster. Er wird Ihnen z. B. kein Trinkgeld geben und vielleicht kommt er auch nicht wieder.

kosmetische Dienstleistung ist Service am Kunden

Wie möchten Sie gerne behandelt werden, wie soll die Person aussehen und sich verhalten, die Sie bedient?

Dienstleistungen werden erbracht und konsumiert, d. h. verbraucht und bezahlt. Diesen wirtschaftlichen Vorgängen liegen vertragliche Vereinbarungen zugrunde, die beiden Vertragsparteien Rechte und Pflichten einräumen. Vertragliche Vereinbarungen sind gesetzlich geregelt.

Der Anbieter (also Sie als Kosmetiker) sollte eine gewünschte Leistung erbringen und der Käufer (Ihr Kunde) verpflichtet sich zum Bezahlen.

Abb. 6.5: Dienstleistungsangebote in einem Kostmetikinstitut (Beispiele)

6.3 Verträge und Vertragsstörungen

Sie gehen in Ihrem Kosmetikinstitut nicht nur mir Ihren Kunden ein Vertragsverhältnis ein, sondern auch mit Lieferanten, Mitarbeitern und Geschäftspartnern, z. B. mit Zeitungen, in denen Sie *annoncieren*.

Ein wirksamer Vertrag setzt zwei oder mehrere übereinstimmende Willenserklärungen der Vertragsparteien voraus. Eine Partei gibt dabei ein Angebot (§ 145 BGB) auf Abschluss des Vertrages ab, die andere Partei erklärt die Annahme (§§ 147ff. BGB) dieses Angebots.

Es gibt viele verschiedene Verträge. Im Folgenden werden die für das Kosmetikinstitut wichtigen im Einzelnen kurz erläutert.

Ein **Dienstvertrag**, manchmal auch **Dienstleistungsvertrag** genannt, ist ein Vertrag zwischen dem Kosmetiker und dem Kunden: Man nennt dies auch einen Behandlungsvertrag, nach welchem die Kosmetikerin eine ordnungsgemäße Dienstleistung schuldet und **nicht** einen bestimmten Erfolg.

Beispiel

Lisas Kundin möchte eine Fußpflege-Behandlung. Lisa „leistet" für ihre Kundin diese Behandlung. Nachdem sie die Behandlung abgeschlossen hat, ist ihr Teil des Vertrages erfüllt. Im Rahmen einer Dienstleistung gibt es keinen zu erreichenden Erfolg, da man nichts produziert, sondern nur einen Service liefert, und der ist nur durch die Zufriedenheit des Kunden messbar. Ein Erfolg wäre es, wenn man vorab sagen könnte, durch nur eine Gesichtsbehandlung könne, man sofort eine Akne beseitigen. Solche Garantien sind im Kosmetikbereich aber meist nicht möglich.

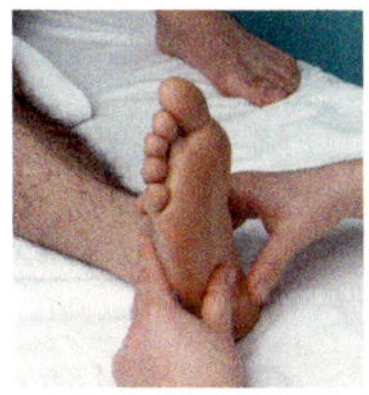

Der Dienstvertrag ist auch die Grundlage aller Arbeitsverträge. Nicht nur das Arbeitsverhältnis, sondern grundsätzlich jede Dienstleistung wird in Deutschland vertraglich über den Dienstvertrag nach § 611 BGB behandelt.

Ein **Mietvertrag** ist ein gegenseitiger, schuldrechtlicher Vertrag (§ 536 BGB). Der Vermieter verpflichtet sich, dem Mieter die vermietete Sache zu überlassen, dafür schuldet der Mieter dem Vermieter den Mietzins.

Beispiel

Lisa hat ein hübsches kleines Ladenlokal gefunden und möchte nun mit dem Eigentümer die Details vereinbaren. Es werden fertige Mietvertragsformulare verwendet. Der Vermieter und Lisa tragen gemeinsam die Daten ein: Adresse, Größe in m^2, Mietpreis zuzüglich Nebenkosten und MwSt., Mietdauer, Kautionshöhe und die Unterschrift von Beiden.

Leasing

Leasing (engl., mieten, pachten) ist eine Finanzierungsalternative, bei der der *Leasing*geber (Hersteller, Verkäufer) dem *Leasing*nehmer (Kunde) das *Leasing*gut (Ware, Gerät) gegen Zahlung eines vereinbarten *Leasing*entgeltes überlässt.

Beispiel

Lisa hat bei der Einrichtung ihres Institutes bereits ihr ganzes gespartes Geld ausgeben, aber Sie möchte unbedingt ein Ultraschallgerät haben. Eine Kollegin rät zum *Leasing*. Mit einer kleinen Anzahlung und einer monatlichen *Leasing*rate kann Sie sich das Gerät nun doch noch anschaffen und damit behandeln.

Der Werkvertrag (§ 631 ff. BGB)

Der Werkvertrag ist ein gegenseitiger Vertrag, in dem sich der Unternehmer zur Herstellung des versprochenen Werks und der Besteller zur Entrichtung der vereinbarten Vergütung verpflichtet. Der Hersteller (Kosmetiker) gibt eine Erfolgsgarantie.

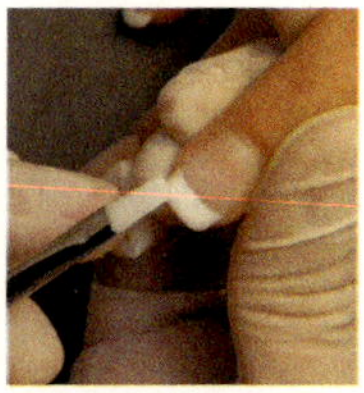

Beispiel

Lisa führt eine Nagelmodellage aus. Sie erstellt damit ein Werk und muss dieses erfolgreich „abliefern".

Eine Versicherung haftet nur für Schäden (Verletzungen von Personen oder Beschädigung von Kundeneigentum), übernimmt aber keine Haftung für nicht erfolgreich ausgeführte Leistungen.

Der Kaufvertrag

Ein Kaufvertrag (§ 433 f. BGB) wird zwischen einem Verkäufer und einem Kunden geschlossen; es geht um die Veräußerung und den Verkauf von Sachen und/oder Rechten gegen Entgelt. Der Vertrag kommt zustande, wenn die Willenserklärungen von Käufer und Verkäufer in allen Punkten übereinstimmen. **Willenserklärungen** können **mündlich, stillschweigend, schriftlich oder notariell** abgegeben werden.

Idealabfolge eines Kaufvertragsabschlusses sind: Information, Anfrage, Angebot, Bestellung und Bestellungsannahme.

Beispiel

Sie gehen auf eine Fachkosmetik-Messe und **informieren** sich über die neuesten Trends, Produkte und Geräte. Sie lassen sich von verschiedenen Herstellern Kataloge mitgeben, um in Ruhe nochmals alles anzuschauen. Ihnen gefällt ein Microdermabrasions-Gerät (Gerät, um die obere Hautschicht abzupeelen). Sie rufen die Firma an und **fragen** nach einem **Angebot.** Man **bietet** Ihnen das Gerät zu Sonderkonditionen an, diese sind so interessant, dass Sie annehmen und eine **Bestellung** aufgeben. Nach vier Tagen kommt eine Bestätigung (Bestellannahme) und nach einiger Zeit, je nach Liefervereinbarung, wird die Ware geliefert und muss bezahlt werden.

Das Verpflichtungsgeschäft

Bei einem Verpflichtungsgeschäft verpflichtet sich der **Verkäufer,** die Ware in der richtigen Qualität, Beschaffenheit und Menge an den im Vertrag vereinbarten Ort zu liefern und die Zahlung entgegenzunehmen.

Beispiel

Eine Kundin betritt das Kosmetikinstitut und fragt, ob das Angebot für die im Schaufenster angebotene Anti-Falten-Creme der Firma Musterschön zum Preis von 28,90 Euro noch gültig ist. Lisa antwortet mit „Ja". Die Kundin möchte die Creme zu diesem Preis kaufen und Lisa händigt ihr die Creme aus. Die Kundin bezahlt.

Vertragsstörungen vermeiden

Bei einem Verpflichtungsgeschäft verpflichtet sich der **Käufer,** die Ware anzunehmen und die verabredete Kaufsumme zum vereinbarten Zeitpunkt zu bezahlen.

Bei einem Verpflichtungsgeschäft kann eine **Vertragsstörung** durch folgende Punkte zustande kommen und man kann einen Vertrag anfechten, wenn man bei Abgabe der Willenserklärung im Irrtum war:

- **Irrtum in der Erklärung** (d. h., leider gab es einen Zahlendreher im Kaufpreis, der richtige Preis ist 29,80 Euro)
- **Irrtum über wesentliche Eigenschaften der Person oder Sache** (Die Kundin ist geistig verwirrt und daher nicht voll geschäftsfähig.)
- **Arglistige Täuschung** (Lisa erklärt, dass die Creme eine Naturkosmetik ohne Konservierungsstoffe ist, aber das stimmt nicht.)
- **Widerrechtliche Drohung** (Der seltene Fall, dass die Kundin Lisa droht etwas zu zerstören, wenn sie ihr die Creme nicht schenkt.)
- **Übermittlungsfehler, durch die beauftragte Person oder Institution wurde eine Information irrtümlich weitergegeben.** (Dies könnte der Fall sein, wenn Lisa am Telefon den Preis für die Creme mit 18,90 Euro falsch übermittelt hat.)

Das Gesetz gegen den unlauteren Wettbewerb (UWG) und die Preisangabenverordnung (PangV) sind Gesetze und Verordnungen, auf deren Grundlage ungenaue oder unkorrekte Aussagen und Angaben und daraus resultierende Vertragsstörungen, wie z. B. die arglistige Täuschung, begründet sind (→ Kapitel 8.2.4.)

Das Erfüllungsgeschäft

Bei einem Erfüllungsgeschäft verpflichtet sich der **Verkäufer,** die Ware tatsächlich ordnungsgemäß zu liefern und der **Käufer,** die gelieferte Ware tatsächlich anzunehmen und zu bezahlen.

Das Verpflichtungsgeschäft (der theoretische Teil) regelt die Vereinbarung und sorgt für die Basis des Erfüllungsgeschäftes (der praktische Teil), das die Ausführung des Vertrages sichert.

Beispiel

Frau Meier vereinbart mit Lisa einen Termin für ein Permanent Make-up. Sie **verpflichtet** sich durch die Unterzeichnung eines Vertrages (Werkvertrag), die Leistung anzunehmen und zum vereinbarten Zeitpunkt und Ort zu zahlen. Lisa **verpflichtet** sich die richtige Leistung (Lippenkontur) qualitativ am richtigen Ort und zur richtigen Zeit zu geben. Eine Woche später muss Lisa Ihre Verpflichtung **erfüllen,** indem sie das Permanent Make-up erstellt und Frau Meier **erfüllt** ihre Verpflichtung mit Annahme und Zahlung der Leistung.

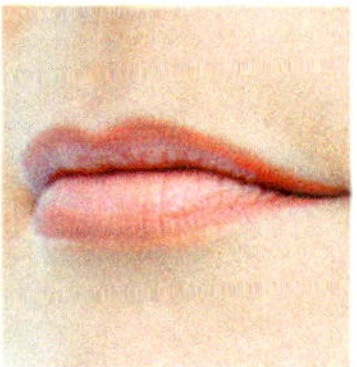

Eine **Vertragsstörung** kann bei einem Erfüllungsgeschäft durch folgende Punkte entstehen:

- **Sachmangel** (auch **Schlechtleistung**): Sachmängel werden nach Erkennbarkeit und nach Art der Mängel unterschieden: Es gibt offene, versteckte und arglistig verschwiegene Mängel und u. a. solche in Beschaffenheit und Qualität, in Art, Menge und dass begründete Erwartungen nicht erfüllt werden. Muss der Verkäufer für eine Schlechtleistung eintreten, stellt das seine **Gewährleistungspflicht** dar. Sie ist zeitlich auf 6 Monate befristet, kann aber vertraglich vereinbart ausgeweitet werden. Mit dem **Produkthaftungsgesetz** wird neben dieser **Mängelhaftung** auch ein **Schadensersatzanspruch** eingeräumt.
- **Lieferungsverzug** (auch **Nicht-Rechtzeitig-Lieferung,**) d. h., eine Ware oder Dienstleistung wird zu spät geliefert; Lisa hat Ware bei Ihrem Lieferanten bestellt und wartet statt der üblichen 3 Tage nun schon seit 11 Tagen auf die Lieferung. Der Lieferant teilt mit, dass ein Brand im Werk die Lieferung verzögert.

- **Annahmeverzug** kommt vor, wenn der Kunde die gelieferte Ware nicht annimmt. Auf dem Postamt lagert ein Paket mit bestellter Ware. Lisa hat die Frist versäumt, es dort abzuholen und die Ware wird nach 8 Tagen vom Postamt an den Lieferanten zurück geschickt.
- Bei **Annahmeverweigerung** verweigert z. B. der Kunde, die Annahme einer bestellten Ware. Lisa erhält ein Paket und stellt fest, dass die Verpackung von außen sichtbar beschädigt ist. Sie gibt das Paket ungeöffnet dem Paketfahrer wieder mit, sie verweigert so die Annahme.
- **Zahlungsverzug** (auch **Nicht-Rechtzeitig-Zahlung**) ist dann, wenn der Kunde gelieferte Ware nicht rechtzeitig oder gar nicht bezahlt. Frau Fischer hat ihr Geld vergessen, möchte aber gern eine Creme mitnehmen. Sie händigen diese aus und Frau Fischer verspricht die Zahlung für den nächsten Tag, diese bleibt aber aus. Infolge gelten gesetzlich festgelegte oder vertraglich vereinbarte Pflichten, die die Vertragsstörung regeln.

Grundsätzlich herrscht im deutschen Vertragsrecht Vertragsfreiheit, d. h., grundsätzlich können die vertragsschließenden Personen miteinander vereinbaren, was sie wollen, und das gilt.

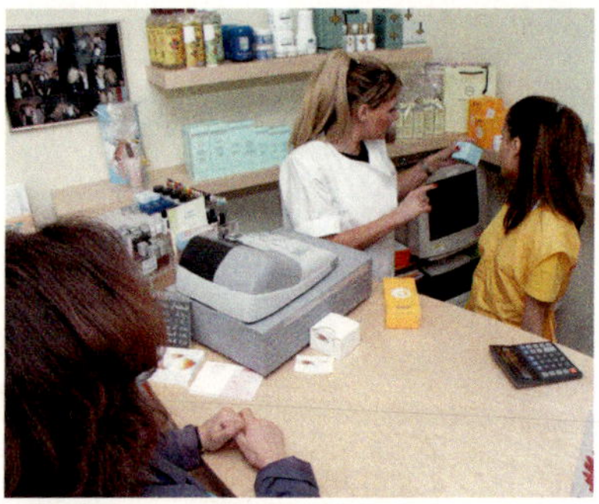

Abb. 6.6: Produktauswahl

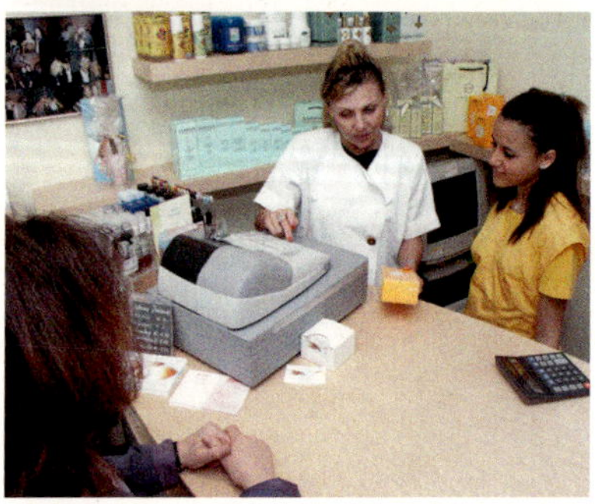

Abb. 6.7: Bezahlvorgang

Das BGB gilt also nur insoweit, als dass die Vertragsparteien nichts anderes vereinbart haben. Hierzu gehört auch, dass Verträge grundsätzlich sowohl mündlich als auch schriftlich geschlossen werden können. Das bedeutet im Kosmetikinstitut, dass Sie einer Ihnen bekannten Kundin auch einmal Ware unbezahlt mitgeben können, sollte diese ihrer Zahlungsverpflichtung nicht direkt nachkommen können. Es besteht trotzdem für Ihre Kundin die Verpflichtung, diese Ware letztendlich zu bezahlen. Nur wegen einer möglichen eventuell später gerichtlich geltend zu machenden Beweispflicht sollten Kaufverträge schriftlich fixiert werden.

Auch wenn Sie nicht zu einer schriftlichen Form verpflichtet sind, für Ihre eigene Sicherheit ist die schriftliche Form immer die bessere.

Das heißt, vielleicht bestreitet Ihre Kundin später, dass sie die Ware von Ihnen überhaupt erhalten hat, Ihnen den Geldbetrag also schuldet. Dann sollten Sie in der Lage sein nachzuweisen, dass dies der Fall war.

Führen Sie ein gebundenes Buch mit vorübergehend überlassener Ware. Machen Sie für jede Überlassung einen Eintrag und lassen Sie Ihre Kunden diesen datiert abzeichnen.

6.4 Zahlungsverkehr

Dienstleistungen und Warenleistungen werden bezahlt. Die Abwicklung des Zahlungsverkehrs im Institut kann verschieden gestaltet und durchgeführt werden. Grundsätzlich bleibt, dass Dienste oder Waren mit Geld erworben werden können.

Geld hat und hatte im Verlauf seines „Einsatzes", also seiner Funktionen verschiedene Formen:

Tab. 6.8: Formen von Geld

Naturaltausch	Von den Menschen bereits vor tausenden von Jahren erfundene Tauschwirtschaft; Ware/Leistung gegen Ware/Leistung, also z. B. Tierfelle gegen Salz; heute auch Schwarzmarkt genannt, wenn Geld nach Kriegen o. Ä. seinen Wert verliert.
Naturalgeld/ Warengeld	Zwischentauschmittel wie Muscheln oder Perlen; leicht zu transportieren; Wertanerkennung durch Personengruppen.
Metallgeld	Edelmetalle oder Schmuckstücke aus diesen sind als Geld anerkannt, werden abgewogen; Transport großer Mengen problematisch.
Münzgeld	Metalle mit Aufprägungen, die den Wert symbolisieren; leichter Transport, Prägerechte sind eingeschränkt vergeben.
Papiergeld	Seit dem Mittelalter Auszahlungsanweisungen für Münzgeld (konnten per Geldboten transportiert werden); Wert in Gold gemessen, aber nicht genug Gold verfügbar und transportabel; später Entwicklung zum Papiergeld.
Buchgeld/ Giralgeld	Bargeldlose Zahlungen, die Konten erfordern; nur noch in Zahlenbuchungen sichtbar; Geldersatzmittel kommen zum Einsatz: Karten, wie Kreditkarte, ec-Karte, GeldKarte, Kundenkarte und Scheck; neuerdings Buchungen auch von Privatpersonen elektronisch versendbar (Online-banking).

Geld ist in seiner Funktion ein Tauschmittel, ein Wertmesser, ein Wertaufbewahrungsmittel, ein Wertübertragungsmittel.

Tauschmittel: Waren werden gegen Geld getauscht.

Wertmesser: Geld ermöglicht eine Wertschätzung durch eine allgemeine Preisbildung (z. B. 1 Liter Milch kostet 0,70 €).

Wertaufbewahrungsmittel: Um Güter oder Dienstleistungen mit hohem Wert erwerben zu können, sparen Menschen Geld, da es leicht lagerfähig ist und nicht verdirbt, also gut zur Aufbewahrung geeignet ist.

Wertübertragungsmittel: Leistung und Waren können durch das Zahlungsmittel Geld bezahlt werden, so wird ein Waren- oder Dienstleistungswert übertragen.

Um im Kosmetikinstitut einen möglichst einfachen, flexiblen und für den Kunden und Sie komfortablen Bezahlungsvorgang zu organisieren, sollten Sie um die verschiedenen Zahlungsformen wissen:

Es gibt drei **Zahlungsarten** und mehrere **Formen der Zahlung,** man unterscheidet:

A Barzahlung

Der Verkäufer oder Dienstleister erhält Bargeld (Scheine oder Münzen) vom Käufer.

B Halbbare Zahlung

Per Zahlschein/Kassenbeleg bei Banken oder per **Bareinzahlung** zahlt der Käufer bar bei Bank oder Post den ausstehenden Betrag ein und der Empfänger (Verkäufer) hat ein Konto und erhält den Betrag auf dieses gutgeschrieben. Oder – per Barscheck, der Empfänger (Verkäufer) hat oder verwendet kein Konto, nur der Zahler (Käufer).

C Bargeldlose Zahlung

Beide Partner (Käufer und Verkäufer) haben ein Konto. Es gibt viele verschiedene Arten von bargeldloser Zahlung:

- Die Zahlung findet mithilfe einer **Überweisung** statt, die einmalig mit einem bestimmten Betrag ist. Dies kann auch mittels ***Onlinebanking*** erfolgen.
- Bei einem gleich bleibenden Betrag, der regelmäßig vom Käufer an den Verkäufer gezahlt werden muss, wird vom Käufer ein **Dauerauftrag** veranlasst (z. B. Zahlung der Miete).
- **Lastschriftverfahren** – überwiegend per **Einzugsermächtigung** erfolgende Zahlung. Der Käufer erteilt dem Verkäufer die Berechtigung, den Betrag von seinem Konto einzuziehen (z. B. bei der Zahlung von Telefongebühren, denn diese sind immer ungleich hoch), bei Fehlern kann eine Rückbuchung veranlasst werden.
- Dies ist beim **Abbuchungsauftrag,** bei welchem der Käufer sein Kreditinstitut beauftragt Lastschriften eines bestimmten Verkäufers vom Konto abzubuchen, nicht möglich. **Abbuchungen** werden von Lieferanten als Verkäufer bevorzugt, da der Käufer keine Rückbuchung veranlassen kann. (Das Formular wird von der Bank und von dem Käufer unterschrieben.)
- **Zahlung durch Scheck** – Gegen Vorlage eines vom Käufer ausgestellten Schecks (Wertpapier) erhält der Verkäufer eine Zahlung auf sein Konto, der Unterschied zum Barscheck, s. o. halbbare Zahlung, ist, dass beide, Schuldner und Gläubiger, ein Konto haben.
- **Kreditkartenzahlung** – Durch die Vorlage der Kreditkarte können Waren und Dienste gezahlt werden. Der Betrag wird vom Konto des Käufers abgebucht und dem Konto des Verkäufers gutgeschrieben. Der Verkäufer muss einen vom Kreditkarteninstitut festgelegten %-Betrag des Umsatzes an dieses für die Buchung abgeben.
- Bei **Kartenzahlung mit Eingabe einer PIN** (engl. *personal identity number*, auch POS-Verfahren, engl. *point of sale* oder *electronic cash* genannt) **oder mit einer GeldKarte** gilt die Zahlung als Barzahlung, obwohl kein „Geldfluss" erfolgt. Der geschuldete Betrag wird aber dem Konto des Verkäufers direkt und ohne Verzögerung gutgeschrieben. Dies geschieht beim POS-Verfahren mithilfe einer Onlineverbindung, deren Gebühren vom Verkäufer bezahlt werden müssen, und bei der GeldKarte mithilfe eines aufladbaren Chip auf der Karte. Bei deren Verlust ist der darauf befindliche Betrag allerdings – wie Bargeld – verloren.

  Diese Zahlungsformen kombinieren die Zahlungsarten Barzahlung und bargeldlose Zahlung.
- ***Mobile Payment*** – engl., mobile Zahlungen (auch *M-Payment*) werden Bezahlvorgänge genannt, bei denen der Zahlungspflichtige das Mobiltelefon einsetzt.
- **Elektronische Bezahlung** – engl. *E-Payment* ist eine immer häufiger genutzte Variante der Zahlung in und *via* Internet.

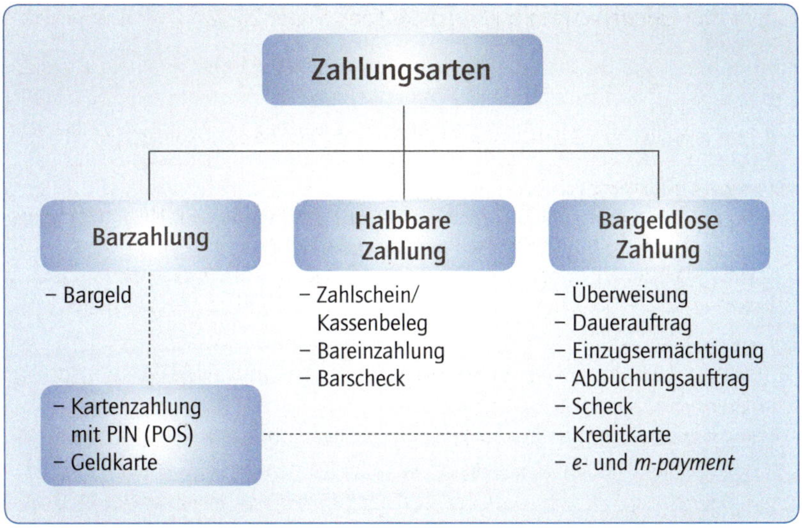

Abb. 6.9: Zahlungsarten-Übersicht

Welche Zahlungsarten und Formen der Zahlung werden in dem Kosmetikbetrieb, in welchem Sie arbeiten, verwendet?

Die beste Zahlungsart ist die Barzahlung, da das Geschäft direkt mit der Übergabe von Bargeld abgeschlossen ist.

Heute sehr üblich ist die Kartenzahlung mit Eingabe einer Geheimzahl, über die sofort online die Zahlungsfähigkeit des Kunden geprüft wird.

Die Zahlung per Kreditkarte ist auch häufig, aber etwas ungünstiger für den Verkäufer, weil eine Gebühr fällig ist.

Für welche Zahlungsformen Sie sich auch für Ihr Institut entscheiden, versuchen Sie möglichst immer die geschuldeten Gelder Ihrer Kunden direkt einnehmen zu können. Nur so können Sie sinnvoll kalkulieren (→ Kapitel 7).

Sie selbst haben ja auch viele verschiedene Zahlungsverpflichtungen, z. B. gegenüber Ihren Produktlieferanten, evtl. Mitarbeitern, gegenüber Ihrem Vermieter usw. einzuhalten. Ausstehende Beträge von Kundenzahlungen bedeuten für Sie als Kosmetikunternehmer/-in mitunter ein nicht gut zu kalkulierendes, aber vermeidbares Risiko einer möglichen Zahlungsunfähigkeit.

PayPal (engl., „Bezahlfreund" oder „freundliches Zahlen") ist ein *Online*-Zahlungsdienstleistungsverfahren zur Begleichung von Beträgen, z. B. beim Einkauf und Verkauf im *Online*-Handel im Internet.

Auch ***Giropay*** ist ein neues Bezahlverfahren, das überwiegend in *Online-Shops* genutzt werden kann. Dabei wird die Eingabe der Bankleitzahl Ihres Kreditinstituts gewünscht, die Sie auf die gesicherte *Login*-Seite Ihres Kreditinstitutes leitet. Dort melden Sie sich mit Ihrer Kontonummer und PIN an und es erscheint der vertraute Überweisungsträger, in den bereits automatisch alle notwendigen Überweisungsdaten übernommen wurden. Der Zahlungsvorgang wird durch die Eingabe einer Transaktionsnummer (TAN) abgeschlossen.

6.5 Computer im Institut

Ein weiterer organisatorischer Punkt in den Arbeitsabläufen in einem Kosmetikinstitut ist die Verwendung oder Nichtverwendung eines Computers. Der Einsatz von einem Computer hat viele **Vorteile.** Es gibt speziell für die Kosmetikbranche entwickelte *Software* (engl., bedeutet Computerprogramme), die Ihnen vor allem die arbeits- und zeitaufwändigen Verwaltungsarbeiten erleichtern kann. Hierzu zählen z. B.: Inventurlisten, Lieferantenadressen, Warenbestandslisten, Kassenbuch, Kundenkartei und Adresslisten der Kunden usw.

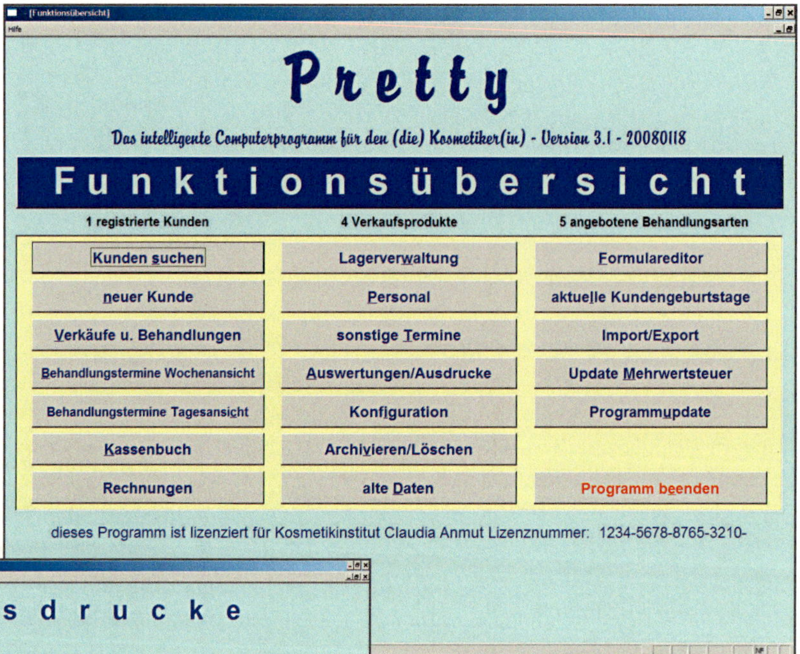

Abb. 6.10: *Screenshot* Übersicht Programm „Pretty"

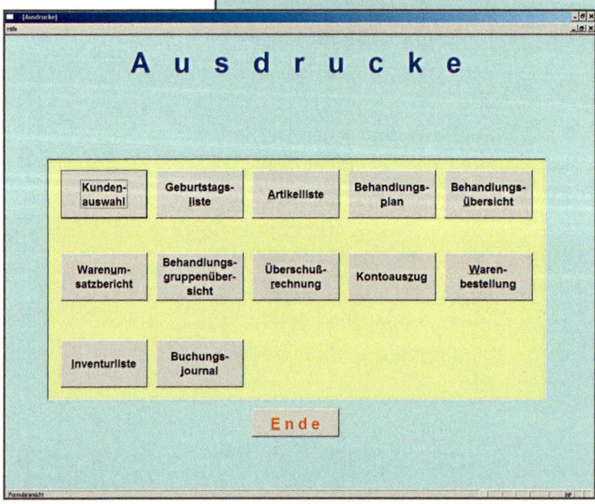

Abb. 6.11: *Screenshot* Übersicht Ausdrucke „Pretty"

Die Größe eines Instituts ist für die Überlegung, einen Computer für die **Verwaltung der Daten** einzusetzen, unwichtig, denn das Führen der Inventurlisten, des Kassenbuchs und der Kundenkaufverhaltens-Listen (→ Kapitel 7) sowie der Umsatzanalysen (→ Kapitel 8.5.2) muss in jedem Institut erfolgen.

Die Frage ist nur, ob Sie diese Listen handschriftlich und mit vielen Kontrollen erstellen, also regelmäßig manuell prüfen:

Wer hat welches Produkt gekauft und wie oft? Wie waren die Wocheneinnahmen im Vergleich zum letzen Jahr?, Wurden mehr Massagen durchgeführt?, Ist der Umsatz des Verkaufs gestiegen?

Diese Zahlen müssten sie handschriftlich gegenüberstellen oder mithilfe eines Computers, mit dem Sie per Knopfdruck die aktuellsten Daten gelistet erhalten können. Wichtig ist bei beiden Systemen die **Datenpflege,** d. h. die ständige Aktualisierung.

Hauptsächlicher **Nachteil** des Computers ist die **Datensicherung.** Das Risiko, durch einen Computerabsturz oder durch Computerviren Daten zu verlieren, ist immer vorhanden. Daher müssen Sie immer alle Daten zusätzlich auf externe, also systemausgelagerte Datenträger, wie Disketten, CDs (engl. *compact disc*) oder DVDs (engl. *digital versatile disc*) zusätzlich speichern und damit sichern.

Besonders **vorteilhaft** ist ein Computer im Bereich Marketing, also für den Verkaufsbereich. Ohne großen Aufwand erstellen Sie entweder elektronische Nachrichten (engl. *E-Mails*) und versenden damit z. B. Angebote oder Geburtstagsgrüße. Hierzu ist allerdings ein Internetzugang notwendig.

Wenn Sie eine **elektronische Kundenkartei** (→ Kapitel 6.6) führen, können Sie Listen der Kunden erstellen, in denen pro Monat die Geburtstage eingetragen sind oder z. B. durchgeführte Behandlungszahlen des letzten Monats, oder Sie suchen nur nach einer bestimmten Kundengruppe, wie z. B. nach Kunden, die immer Cremes im Wert von ca. 200,00 Euro kaufen. Diese können Sie dann ansprechen oder anschreiben und zu einer Warenpräsentation einladen.

Mit einem **Institutscomputer mit Internetanschluss** können Sie weitere Nachteile und Vorteile erleben:

homepage

Nachteilig ist, dass Sie einen möglichst gut gepflegten und ansprechenden Internetauftritt (engl. *homepage*) erstellen (lassen) müssen, was zeitintensiv und/oder teuer sein kann. Sie sind über diese Adresse erreichbar, allerdings auch für die, die es nicht gut mit Ihnen meinen, z. B. so genannte Spam-Mails, die Ihren Computer lahm legen können. Erreichbar sind Sie auch für o. a. Viren, die eine gute Datensicherung bzw. ein Abtrennen Ihrer Kundendaten erfordern, da diese vielleicht sonst ins System eingespielt werden könnten.

Viele **Vorteile** stehen aber dagegen. Sie können Ihre Bestellungen online tätigen, direkt aus Ihrem Warenbestand heraus, Sie können sehr kostengünstig Kunden per E-Mail über Neuigkeiten, besondere Angebote oder Firmenfeiern informieren und natürlich auch Geburtstagsgrüße senden. Außerdem können Sie das Internet als Informationsquelle über Produkt- oder Geräteneuheiten nutzen, und das sehr Zeit sparend und kostengünstiger, da Sie nicht auf eine Messe reisen müssen.

Aufgabe einer guten Computersoftware zur Verwaltung Ihrer Institutsdaten ist die einfache Handhabung bei Eingaben, Weiterverarbeitungen und Auswertungen der täglich anfallenden Informationen, wie z. B. Behandlungsarten, verkaufte Produkte, Neukunden-Daten. Auf der Suche nach der richtigen Software können das Internet oder Fachzeitschriften eine Hilfe sein.

Voraussetzung für die Arbeitserleichterung ist aber erst einmal die „Fütterung" des Computers mit Daten und die anschließende gute „Pflege":

Sie müssen die verwendete Software personalisieren, auf Ihr Institut abstimmen.

- Wie viele Kabinen haben Sie?
- Wann ist Ihr Institut geöffnet?
- Wie viele Mitarbeiter haben Sie?
- Welche Instrumente und Geräte verwenden Sie?
- Mit welchen Lieferanten arbeiten Sie und welche Produkte des jeweiligen führen Sie?

Besonders Ihre **Lagerhaltung** kann mit der Verwendung eines Computers erheblich vereinfacht werden: Alle Lieferanten werden mit Adressdaten, Istbestand der Ware, Sollbestand und Meldebestand (→ Kapitel 7.3.1) verwaltet. Durch die computergesteuerte Führung des Kassenbuches haben Sie immer die aktuellste Information über Ihren Warenbestand im Laden und im Lager.

Beispiel

Im Computer geführt sind fünf Tagescremes der Firma Wunderschön, Sie verkaufen eine Creme an Frau Müller, geben dies in Ihr Computer-Kassenbuch ein und diese wird automatisch vom Istbestand abgezogen. Der Sollbestand ist vier Tagescremes, somit wird der Computer nun melden, dass eine Nachbestellung getätigt werden muss.

Ihre **Inventur** ist so eine reine Kontrollarbeit: Sie drucken eine Inventurliste aus und kontrollieren, ob die tatsächlich vorhandenen Artikel mit der ausgedruckten Anzahl übereinstimmen (zum Thema Inventurlisten → Kapitel 7.3.3). Fehlbestände können aus Fehleinträgen, Diebstahl, Verderb oder Bruch resultieren.

Die Führung des **elektronischen Kassenbuches** ist eine ideale Voraussetzung zur Steuerermittlung! Automatisch werden Kasseneinnahmen und -ausgaben gespeichert. Tagesabschlüsse sind dann mit einigen Knopfdrücken in Sekunden zu erstellen und so wissen Sie am Ende eines Tages sofort, wie hoch die Gesamteinnahmen sind. Sie haben weiterhin die Möglichkeit, jederzeit eine Analyse über durchgeführte (verkaufte) Behandlungen oder Produktverkaufsanalysen zu erstellen (→ Umsatzkontrolle, Kapitel 7.1.4).

1

Datum	Einnahme-/Ausgabeart	Einnahmen	Ausgaben
Konto: Barkasse			
12.12.2008	Gesichtsbehandlung	60,00 €	
12.12.2008	Maniküre	25,00 €	
12.12.2008	Massage	30,00 €	
12.12.2008	Nageldesign	60,00 €	
12.12.2008	Kaffee für Kunden		10,98 €
12.12.2008	Nagellacklieferung per Nachname		75,90 €
	Zwischensummen:	**175,00 €**	**86,88 €**
	Endsummen:	**175,00 €**	**86,88 €**

Abb. 6.10: Auszug Kassenbuch

Natürlich sind alle diese Funktionen auch über das Führen von handschriftlichen Listen möglich. Dies bedeutet aber ein hohes Maß an Disziplin und Verwaltungsaufwand: Sie müssen Listen der einzelnen Lieferanten mit allen Produkten erstellen, diese täglich aktualisieren und mit Listen über die verkauften Artikel und die in der Kabine verbrauchten Artikel vergleichen.

manus

Denken Sie außerdem an die manuelle (lat. = *manus*, die Hand; also handschriftlich, von Hand) Führung der Kundenkartei; hier sind nach jeder Behandlung teilweise recht umfangreiche Eintragungen zu tätigen (→ Kapitel 6.6).

6.6 Dokumentation von Kundendaten

Das Führen einer Kundenkartei ist superwichtig, auch wenn Sie alle Ihre Kunden persönlich kennen oder sie mit Vornamen ansprechen.

Sie können nicht alle persönlichen Daten eines jeden auswendig wissen! Sie müssen Hauttypen, Geburtsdaten, Krankheiten, Hobbys, Verhaltensweisen (Flüssigkeitsaufnahme, Raucher?, Produktverwendung usw.), Produktkauf, Behandlungen und Sonderwünsche (z. B. „nur bei Claudia", „nie Alkohol anbieten", „nicht viel reden", „Kinder heißen ..." usw.) vermerken.

Eine gut geführte Kundenkartei ist die Basis für Ihren Geschäftsbetrieb, sie hilft den Umsatz zu halten und zu steigern.

In Ihrer Kundenkarte sollten daher die folgenden Daten zu vermerken sein:

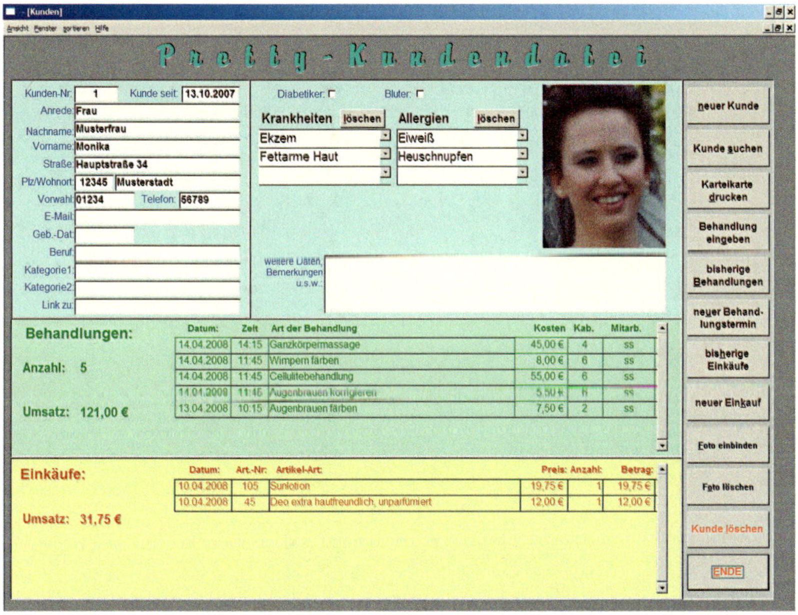

Abb. 6.12:
Screenshot Kundendatei

Kundenkartei = Grundlage für Behandlung

Die persönlichen Daten wie Adresse, Geburtsdatum, Alter, Hautzustand und Hauttyp, eventuelle Allergien oder Krankheiten, um Fehler auszuschließen und ganz persönlich auf Ihren Kunden eingehen zu können. Die Kartei sollte möglichst Daten beinhalten, die Ihnen eine Ferndiagnose und Beratung ermöglicht oder eine gute Vorbereitung auf einen Kundentermin erleichtert. Durch das Aktualisieren der Datei (Vermerken der getätigten Behandlungen) können Sie Schäden oder Missverständnissen vorbeugen.

Beispiel

Eine Kundin ruft Sie an, nachdem sie vor drei Wochen einen Gesichtsbehandlungstermin hatte, und erklärt, dass sie allergisch auf die neue Pflegeserie mit Algen reagiert hat. Aber Sie haben vermerkt, dass Sie mit Vitamin-C-Präparaten gearbeitet haben und auch die Spezial-Vitamin-C-Kur, die etwas teurer ist, abgerechnet haben und keine Algenprodukte verwendeten.

Vorderseite

A	B	C	D	E	F	G	H	I	J	K	L	M	N	O	P	Q	R	S	Sch	T	U	V	W	XY	Z

Name **Vorname**
Straße Telefon
PLZ/Wohnort Geburtsdatum
Empfehlung von: Beruf
Allergien/chronische Erkrankungen:
Besonderheiten:

Dermografentest:
☐ sehr empfindlich ☐ empfindlich ☐ unempfindlich

Durchblutung:
☐ stark gerötet ☐ normal ge

Raucher:
☐ Ja ☐ Nein

Sor
☐ J

Hauttyp:
☐ Normal ☐ Mischhaut
☐ Sebostase ☐ Seborrhoe sicca
☐ Seborrhoe oleosa ☐ Akne
☐ Couperose ☐ Teleangiektasien
☐ reife Haut trocken ☐ reife Haut normal
☐ reife Haut ölig

Typus:
☐ Leptosom (schlank)
☐ Athletisch (sportlich)
☐ Pyknisch (vollschlank)

Abb. 6.13: Muster-Kundenkarte

Innenseiten

Behandlungen

Datum:	Reinigung	Peeling	Spezial	Maske	Massage	Sonstiges

Anamnese-Datum: ______-______-______
Tag Monat Jahr

Hautbild:
☐ normal ☐ matt ☐ glänzend

Verhornung:
☐ normal ☐ stark ☐ schuppig

Poren: (ST = Stirn, N = Nase, K = Kinn, W = Wangen)
☐ normal ☐ fein ☐ groß ☐ trichter
STNKW STNKW STNKW STNKW

Tonus:
☐ normal ☐ schwach

Turgor:
☐ normal ☐ schwach

Faltenbildung:
☐ schwach
☐ mittel
☐ stark ausgeprägt

Hautanomalien:

Pigmentierung:

Rückseite

Präparate-Einkauf

Datum:

Ihr Kunde erwartet, dass Sie sich alles behalten, was er Ihnen an Informationen mitgeteilt oder anvertraut hat. Er wünscht die ganz individuelle Betreuung – und dazu müssen Sie viele Details wissen und in der Kartei vermerken können.

Der Aufbau einer (wie in der Grafik gezeigten) **handschriftlich geführten Kundenkarte** ist im → Band B, LF 3 als Exkurs detailliert beschrieben.

Eine gut geführte Kartei ist auch die **Grundlage** für eine **gut geplante Werbung**, die Sortimentswahl, die Behandlungsangebote und die Preisstruktur. In und mit Ihrer Kartei können Sie verfolgen, welche Produkte am meisten von Ihren Kunden gekauft werden und so können Sie immer sehen, welche Artikel besonders beliebt sind und sich bei der Sortimentswahl daran orientieren.

Kundenkartei = Grundlage für Werbung

Durch Vermerke über Produktvorlieben grenzen Sie den Kundenkreis für Anschreiben ein und Sie können so kostenorientiert werben (→ Kapitel 8).

- Ihre Kunden freuen sich über eine Geburtstagskarte? – Computerunterstützt mit der Kundenkartei kein Problem!
- Neue Behandlungsmethoden, die nur bestimmte Altersgruppen und Kundengruppen ansprechen (z. B. bezüglich Anti-Aging)? – Mit ausreichend Vermerken über die Interessen Ihrer Kunden und deren Budget (verfügbarer Kostenrahmen) können Sie gezielt zu einer Vorführung einladen.

Kundenkartei = spart und vermehrt Geld

Eine Kundenkartei spart und vermehrt Geld, wenn sie gut geführt, immer aktualisiert und in den Tagesablauf mit eingebunden wird (z. B. durch direktes und genaues Vermerken der getätigten Verkaufsartikel mit Umsatzangabe).

Datenschutz

Durch wegschließen oder durch Passwörter können Sie den unerlaubten Zugriff auf Ihre Daten sichern und so verhindern, dass Unbefugte Informationen über Ihre Kunden, Konten oder sonstige Betriebsgeheimnisse erhalten.

Passwort verhindert unbefugten Zugriff

So können Sie auch ganz genau kontrollieren, das im Fall der Datenschutzverletzung nur der Personenkreis infrage kommt, der die Passwörter kennt oder einen Schlüssel hat.

Denn so einfach der Umgang mit den verschiedenen Daten eines einzelnen Kunden auch ist, diese Daten sind vertraulich und dürfen nicht ohne das Einverständnis Ihres Kunden weitergereicht werden.

Datenschutz ist ein aus dem 20. Jahrhundert stammender Begriff, der den Schutz personenbezogener Daten vor Missbrauch beschreibt. Jede Firma, die mehr als fünf ständige Arbeitnehmer beschäftigt, benötigt einen Datenschutzbeauftragten. Dies und vieles mehr ist in den so genannten **Datenschutzrichtlinien** zusammengefasst, die sich im Bundesdatenschutzgesetz (BDSG) befinden.

Datenschutz beachten!

Jede Person, deren Daten gespeichert sind, hat das Recht, folgende Dinge zu erfahren oder zu erwirken:

- Welche personenbezogene Daten sind gespeichert?
- Aus welcher Quelle stammen die Daten, mit welchem Verwendungszweck?
- Berichtigung von falschen Daten
- Übermittlung der Daten an Dritte untersagen
- Löschung der Daten auf Wunsch
- Sperrung der Datensätze

Fragen
Übungen
Aufgaben

1. *Warum ist Zeitmanagement so wichtig?*
2. *Was unterscheidet eine Dienstleistung von Sachgütern? Nennen Sie drei Beispiele für eine kosmetische Dienstleistung.*
3. *Fertigen Sie eine Liste mit allen verfügbaren Behandlungen (Dienstleistungen) in Ihrem Ausbildungsbetrieb an.*
   a) *Machen Sie daraus eine Tabelle, indem Sie zwei bis drei Extraspalten für verschiedene Behandler und je eine Extraspalte für verwendete Hilfsmittel, Geräte und Reinigungszeiten rechts daranhängen.*
   b) *Fragen Sie die verschiedenen Behandler nach der jeweiligen Dauer einer Behandlung, also z. B. einer Gesichtsmassage, und der dazu verwendeten Hilfsmittel und Geräte. Notieren Sie die Daten in Ihre Tabelle.*
   c) *Bitten Sie darum, die Kabine anschließend zu reinigen bzw. wieder für eine nächste Behandlung vorbereiten zu dürfen. Notieren Sie die Zeit, die Sie dafür gebraucht haben, für jede Behandlung in Ihre Tabelle.*
   d) *Welche Behandlungen (Behandlungskombinationen) können von zwei Kosmetikern in zwei Kabinen in einem Intervall von vier Stunden sinnvoll durchgeführt werden? Welchen Betrag erwirtschaftet das Institut in diesen vier Stunden?*
4. *Welche Faktoren für eine Vertragsstörung gibt es?*
5. *Welche Gründe gibt es für eine Vertragsanfechtung?*
6. *Müssen alle Verträge eine festgelegte Form haben?*
7. *Welche ist die beste Zahlungsart für ein Kosmetikinstitut?*
8. *Zählen Sie auf, welche Rechte eine Person im Rahmen des Datenschutzgesetzes hat, deren Daten bei Ihnen gespeichert wurden.*
9. *Vergleichen Sie die handschriftliche und die computergeführte Kundendatei, welches sind die Vorteile des jeweiligen Systems?*
10. *Welches sind Ihrer Meinung nach die Vorteile eines Computersystems?*

Waren bewirtschaften

(LF 5)

Waren bewirtschaften bedeutet nicht nur bestellen, lagern und verkaufen. Besonders wichtig ist: Was bestellen Sie wann, was lagern Sie warum, und was verkaufen Sie an wen? Viele Fragen, die ein System benötigen, denn Fehler in der Warenwirtschaft bedeuten Geld- und Rentabilitätsverluste. Um möglichst rentabel im Bestell- und Lagerwesen zu arbeiten, müssen Sie gut planen.

Welche Produkte zu welchem Preis bestellt und verkauft werden und vor allem wann bestellt wird, stellt man analytisch fest.

Die Kundenschichten müssen ermittelt werden, danach richtet sich die Preisstruktur der Verkaufsware. Produktverkäufe werden beobachtet und in Listen notiert. Die ermittelten Daten bieten dann die Basis für die Sortimentsplanung, die Preiskalkulation und die Lagerverwaltung.

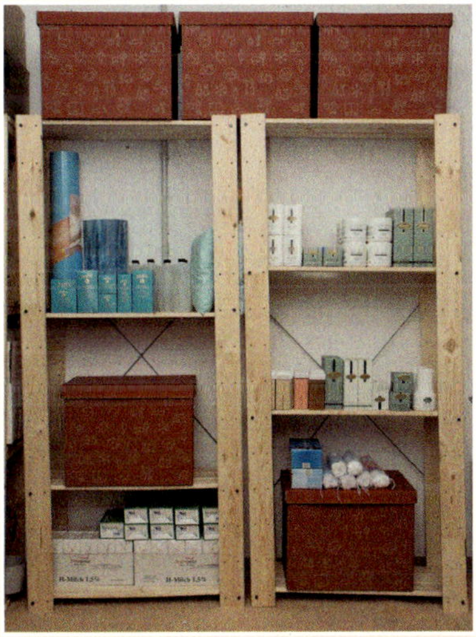

Waren bewirtschaften

7 Waren bewirtschaften

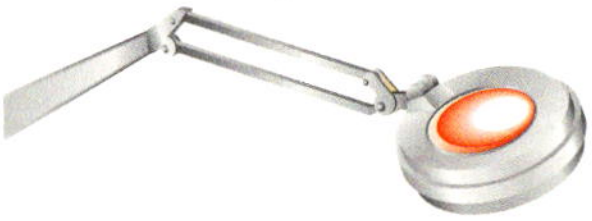

Lisa und Petra hatten sich, bevor sie ihr Geschäft eröffneten, auf Messen und in der Fachpresse informiert und für die zu ihrem Konzept passenden Produkte für die Kosmetik und den Frisörbereich entschieden. Lisa hatte die Firma „Naturschön" ausgewählt, die verschiedene Produktlinien, welche auf unterschiedliche Hauttypen abgestimmt sind, anbietet. Es war und ist eine altbekannte Firma mit qualitativ sehr hochwertigen Produkten – dafür aber etwas konservativ und wenig innovativ (lat., erneuern, erstreben). Es gibt kaum Marktneuheiten, die Verpackungen sind hübsch, aber nicht sehr modern und bei Nachbestellungen muss sie immer zwölf Stück pro Artikel ordern und hat eine Lieferzeit von mindestens sechs Tagen.

Das sind einige der Gründe, warum Lisa sich gerade neu orientiert und überlegt ein neues Depot einzukaufen. Dabei muss sie verschiedene Kriterien beachten, z. B.: Wie will sie ihr neues Sortiment gestalten, was muss sie bei der Lagerhaltung beachten und wie wird davon ihr Bestellmodus beeinflusst?

7.1 Sortimentsgestaltung

Ein Sortiment setzt sich zusammen aus allen von einem Unternehmen (z. B. einem Kosmetikbetrieb) angebotenen Gütern.

5

Verkaufsware
Kabinenware

Bezogen auf ein Kosmetikinstitut gehören zum Sortiment Dienstleistungsangebot und angebotene oder bei kosmetischen Behandlungen verwendete Produkte (**Verkaufsware** und **Kabinenware**). – In diesem Lernfeld „Waren bewirtschaften" geht es in der Regel ausschließlich um die Produktseite Ihres Sortiments.

Abb. 7.1 a – c: Produktsortimente im Verkauf

Depot = alle Produkte einer Firma

Als Kosmetiker arbeiten Sie wahrscheinlich mit mehreren Depots, aber auch mit einzelnen Kosmetikartikeln verschiedener Firmen gleichzeitig. In seiner Gesamtheit stellt dies Ihr **unternehmenseigenes Produktsortiment** dar.

Erst durch Erfahrungswerte über die Kaufgewohnheiten Ihrer Kunden und der Ihnen bekannten Konkurrenz, mit Augenmerk auf die allgemeine Konjunkturlage und den Markt, beobachten Sie und entscheiden Sie, welche Produktlinien und wie viele verschiedene Artikel der einzelnen Linien Sie in Ihr Sortiment aufnehmen wollen (Sortimentsplanung).

Das Sortiment wird unterschieden in **Kern- und Randsortiment** und gliedert sich dann in **Breite** und **Tiefe.**

Das **Kernsortiment** umfasst die Artikel des Sortiments, die den „Kern" oder den höchsten Anteil des Umsatzes einbringen. Es beinhaltet das eigentliche Sortiment des Kosmetikinstitutes, z. B. die Pflegelinien (Cremes, Seren, Masken). Das **Randsortiment** ist das genaue Gegenteil, es beinhaltet die Artikel, mit dem niedrigeren Umsatz, die geführt werden, um dem Kunden einen zusätzlichen oder auch vollständigen Service zu bieten (Ergänzung des Kernsortiments und Abgrenzung gegenüber den Wettbewerbern).

Die **Sortimentsbreite** beschreibt die Vielfältigkeit des angebotenen Sortiments, d. h. zum Beispiel eine Gesichts- und Körperpflegelinie, Produkte für die dekorative Kosmetik, Produkte für Maniküre- und Pediküre-Behandlungen usw. Wenn es nur wenige verschiedene Produktgruppen gibt, spricht man von einem **schmalen** Sortiment, gibt es viele (so wie oben aufgelistet), ist es ein **breites** Sortiment.

Kaufhäuser = breites Sortiment

Die **Sortimentstiefe** zeigt an, wie viele verschiedene Artikel es von einer Produktgruppe gibt, z. B. Augencremes von der Firma Augenstern und der Firma Faltenfrei, *Body Peeling* (engl. *body* = Körper, *peeling* = schälen) von der Firma Faltenfrei, Firma Wunderschön und von der Firma Tutgut usw. Je mehr Artikel von einer Produktgruppe erhältlich sind, umso **tiefer** ist das Sortiment.

Fachgeschäfte = tiefes Sortiment

Um eventuell neue Kunden zu gewinnen oder auch Stammkunden zu halten, müssen Sie regelmäßig Ihr **Sortiment überprüfen.**

Überprüfen Sie Ihr Sortiment

- Führen Sie Listen, mit welchen Sie einen Überblick über die Verkaufsschlager haben und auch sehen können, welche Produkte sich überhaupt nicht verkaufen („Renner-und-Penner-Liste").
- Außerdem ist es sehr wichtig, Ihre Kunden zu befragen, d. h. danach, welche Artikel diese bevorzugen und warum.
- Natürlich haben Sie durch Ihre Beratung großen Einfluss darauf, welche Produkte Ihre Kunden kaufen. Möglicherweise gibt es aber Artikel, die Ihre Kunden bei Ihnen gerne kaufen würden, diese aber nicht in Ihrem Sortiment finden.
- Gut ist es auch, sich an der Konkurrenz zu orientieren: Welche Produktlinien werden dort geführt?
- Und beobachten Sie auch den Kosmetikmarkt, d. h. die Werbung. Es gibt immer wieder Produkte, die besonders angepriesen werden und dann auch bei Ihren Kunden das Kaufinteresse wecken. Hier sollen als ein Beispiel Cremes, die Botox enthalten, genannt sein.

Deshalb müssen Sie manchmal Ihr Sortiment auch um einige Artikel oder Produktgruppen erweitern, um die Attraktivität der Angebote für Ihre Kunden noch zu steigern. Das nennt man dann eine **Sortimentserweiterung**, die, in regelmäßigen Abständen oder zu bestimmten Anlässen (z. B. Produkte für bestimmte Jahreszeiten) durchgeführt, zu einer optimalen Sortimentsgestaltung beiträgt.

Beispiel

Eine neue Kundin betritt das Institut, in dem Sie arbeiten. Sie fragt ganz gezielt nach dem Produkt „Superglatt". Leider führen Sie es nicht. Die Kundin fragt, ob Sie es bestellen könnten, sie möchte es in den nächsten Tagen abholen.

Wenn aber Artikel oder ganze Produktgruppen aus dem Sortiment genommen werden wegen z. B. sinkender Nachfrage, dann spricht man von **Sortimentsbereinigung.**

Beispiel

Lisa hatte sich entschieden, keine Pediküre mehr anzubieten. Da anschließend die Nachfrage für Fußpuder fast auf null gesunken war, hat sie das Produkt aus dem Sortiment genommen, also das Sortiment bereinigt.

7.1.1 Angebot und Nachfrage

Angebot und Nachfrage stehen in einem wechselseitigen Verhältnis zueinander:

Im Beispiel oben zog das Streichen einer bestimmten kosmetischen Dienstleistung (Pediküre, Angebot) ein Ersterben der Nachfrage der zur Behandlung verwendeten Produkte (Fußpuder) nach sich. Zum einen durch Lisa selbst (sie hat diese nicht mehr verwendet), zum anderen durch Lisas Kunden, denn es gibt keine Pediküre-Kunden mehr und demnach wird auch nicht mehr nach Pediküre-Produkten nachgefragt. Die Nachfrage für das Produkt und dessen Anwendung wird nicht mehr aufrechterhalten.

Und wenn immer mehr Kunden eine andere kosmetische Behandlung wünschen?

Das Angebot definiert sich über Güter oder Leistungen, die auf einem Markt zum Verkauf angeboten werden. Im Regelfall steigt (sinkt) das Mengenangebot mit steigenden (sinkenden) Preisen. Dies beschreibt auch eine so genannte Angebotskurve. Je stärker sich nun die Angebotsmenge im Verhältnis zur verursachenden Preissteigerung erhöht, als umso elastischer wird das Angebot bezeichnet (Angebotselastizität).

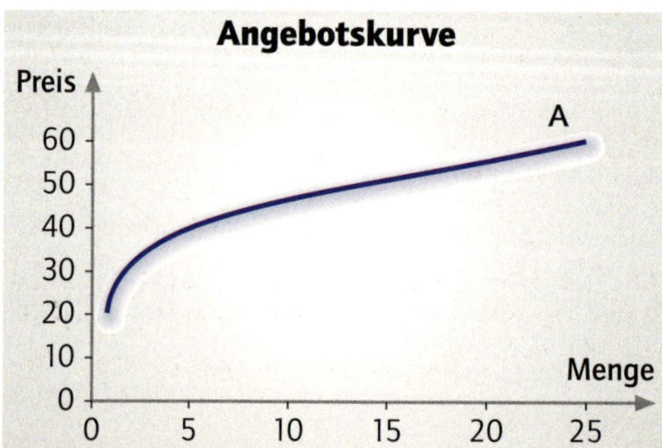

Abb. 7.2 a: Angebotskurve

Die Nachfrage regelt das Angebot.

Beispiel

Immer mehr Hersteller bieten teure Anti-Falten-Cremes an, da sie hohe Umsätze vermuten. Wird die Zahl der Anbieter aber höher, als die Produktpreise dazu im Verhältnis steigen, umso elastischer, also flexibler, wird das Angebot. Oft ist die Folge davon, dass besondere Angebote gemacht werden, d. h. zum Beispiel Schulungen gratis zum Depotkauf gehalten werden.

5840456

Als **Nachfrage** wird das Verlangen nach Gütern bezeichnet, veranlasst durch die menschlichen Bedürfnisse. Wirtschaftlich bedeutsam ist nur die mit Kaufkraft ausgestattete, auf einem Markt auftretende, wirksame Nachfrage. Normalerweise steigt (sinkt) die mengenmäßige Nachfrage mit sinkenden (steigenden) Preisen (Nachfragekurve). Die Veränderung der Kaufwilligkeit der Nachfrager im Verhältnis zu der sie verursachenden Preis- oder Einkommensänderung wird durch die Nachfrageelastizität angegeben.

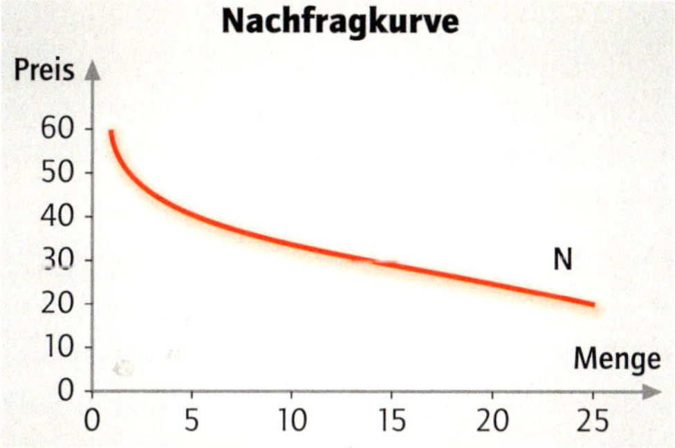

Abb. 7.2 b: Nachfragekurve

Beispiel

Durch Marktentwicklungen und Trends wie Wellness wollen immer mehr Menschen länger jung bleiben. Das heißt, die Nachfrage steigt mit dem Bedürfnis nach Jugend. Wenn die Preise für Anti-Falten-Cremes sinken, können sich immer häufiger Menschen diese Produkte leisten und es werden immer mehr Menschen danach fragen.

Die Nachfrage regelt den Preis.

Bei manchen Produkten sinkt jedoch mit der Zeit die Nachfrage, auch bei sinkenden Preisen. Angebot und Nachfrage beeinflussen auch die Lebensdauer eines Produktes auf dem Markt.

7.1.2 Produktlebenszyklus

Wie lange ist ein Produkt auf dem Markt (Angebot) und wie lange werden die Kunden es kaufen (Nachfrage)?

Der Begriff des Lebenszyklus kann sich auf Betriebsformen, Branchen oder Ideen beziehen. Er ist ein Beschreibungsmodell für die Entwicklung von Absatz und damit auch Umsatz eines Produktes während seiner „Absetzbarkeit" auf dem Markt. In Bezug auf die Sortimentsplanung ist der Produktlebenszyklus die Lebensdauer eines Produktes in Ihrem Sortiment.

Der Begriff des Produktlebenszyklus wird unterschiedlich interpretiert, je nachdem, ob mit einem Produkt ein genau identifizierbarer Gegenstand (z. B. eine Nachtcreme) gemeint ist oder nicht. Bei einer Produktserie als Produkt kann die Bezeichnung „Zyklus" mitunter ungerechtfertigt erscheinen, da hier die verschiedenen Produkte gleichzeitig unterschiedliche Produktphasen durchlaufen können.

Für einen **Produktzyklus** werden normalerweise folgende Phasen angegeben:

Phase I	Entwicklung und Planung
Phase II	Produktion oder Herstellung
Phase III	Betrieb oder Vertrieb
Phase IV	Einstellung des Vertriebes
Phase V	Einstellung der Serviceleistungen
Phase VI	Entsorgung

Betriebswirtschaftlich unterteilt sich der **Produktlebenszyklus** auf dem Markt in:

- **die Einführungsphase,** sie ist die wichtigste Phase, da sie über den zukünftigen Erfolg entscheidet, das Produkt wird auf dem Markt präsentiert, eingeführt.
- **die Wachstumsphase,** in der das Produkt bekannter wird und die ersten Konkurrenzprodukte auftreten.
- **die Reifephase,** der Wettbewerb wird zunehmend stärker.
- **die Marktsättigungsphase,** die Umsätze werden immer schlechter, die Nachfrage nach dem Produkt sinkt.
- **die Degenerationsphase** (*Degeneration* lat. = Rückbildung), das Produkt veraltet, da sich der Markt weiterentwickelt, neue Techniken und modische Veränderungen bestimmen die Nachfrage.
- **die Ausscheidungsphase,** die Produktion wird eingestellt und das Lager geräumt, das Produkt wird vom Markt genommen und verschwindet somit aus dem Sortiment.

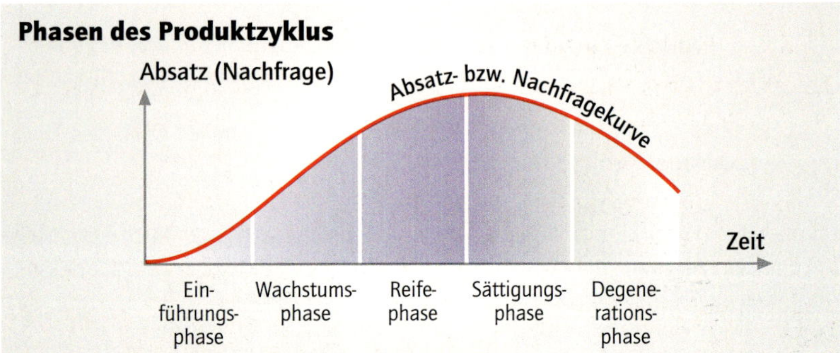

Abb. 7.3: Produktlebenszyklus

Ein Produkt war absoluter Modetrend, aber nach einem Jahr wurde es nicht mehr verkauft und die Herstellerfirma stellt die Produktion ein. Würden Sie abschließend noch einmal einen großen Vorrat einkaufen?

Generell können schnelllebige Trendprodukte und dauerhafte „Klassiker" unterschieden werden. Verschiedene Faktoren spielen eine Rolle, die die Dauer des Lebenszyklus eines Produktes insgesamt und auch die der einzelnen Phasen beeinflussen können. Zum Beispiel:

- Wir Menschen werden immer älter und immer weniger junge Menschen kommen nach (Geburtenrückgänge). Ältere Menschen kaufen andere Produkte als junge.
- Es gibt immer mehr Singlehaushalte. Singles haben andere Einkaufsgewohnheiten, andere Mengen- und Größenbedürfnisse an Produkten.
- Immer mehr Frauen sind hauptberuflich tätig. Dadurch gibt es zusätzliches Einkommen und es entstehen andere Bedürfnisse.
- Die Menschen sind mobil, d. h. haben ein Auto zur Verfügung oder nutzen Busse und Bahnen. Dadurch verändern sich die Möglichkeiten, Einkäufe zu tätigen.
- Die Menschen sind besser informiert. Durch die bestehende Medienvielfalt werden wir neugierig gemacht auf die unterschiedlichsten Produkte. Die Medien *suggerieren* (lat., beeinflussen) uns neue Bedürfnisse.

Diese Faktoren beeinflussen letztlich natürlich auch Ihre Sortimentsgestaltung.

> **Beauftragen Sie eine Unternehmensberatung, sollten Sie selbst nicht in der Lage sein im Voraus zu prüfen, welche und wie die oben genannten Faktoren Ihre Verkäufe beeinflussen können oder welche Kunden und die damit verbundenen Kaufgewohnheiten Sie haben werden.**

Unternehmensberatungen erstellen Analysen über die **Infrastruktur des Marktes** Ihrer Branche. Hierunter werden alle für die Funktionsfähigkeit der Wirtschaft eines Landes notwendigen Verhältnisse, Einrichtungen und Anlagen (wie z. B. Bevölkerungsstruktur, Arbeitskräfte, Straßen, Verkehrsmittel usw.) verstanden. Diese Analysen untersuchen die möglichen Käuferschichten der Umgebung Ihres Geschäftes, deren Altersstruktur und die zu erwartenden Kaufgewohnheiten.

Prognosen

Dies ist und kann aber immer nur als Orientierungshilfe gesehen werden, da Ihnen nur *Prognosen* (griech., Vorhersagen) gegeben werden. Die letztendlichen Entscheidungen über die Sortimentsgestaltung müssen Sie alleine treffen.

7.1.3 Produkt- und Depotwahl

Die Zahl der Anbieter ist groß, die Auswahl an speziellen kosmetischen Produkten und an kompletten Kosmetikdepots noch größer.

Abb: 7.4: Beispiel für Kosmetiklinie

Bei Produkten spielt die Wahl des richtigen **Depots** eine entscheidendende Rolle. Unter diesem Begriff werden alle Produkte ein und derselben Kosmetikfirma zusammengefasst.

Ein Depot setzt sich immer aus der Verkaufsware und der Behandlungsware (Kabinenware/Kabinettware) zusammen. Manchmal fordern Hersteller die Abnahme von **Mindestmengen** und die **Sortierung des Grundsortiments**, dafür bieten Sie dann häufig Gebietsschutz. Das heißt in einem beschränkten Umkreis darf dann keine weitere Kosmetikerin die Produkte führen. Depositär ist die Kosmetikerin, die das Depot durch Verkauf, Beratung und Behandlung „pflegt".

Grundsätzlich sollten die in einem Institut verwendeten Kosmetika und Kosmetiklinien eine ganzheitliche Kosmetik ermöglichen, also z. B. Gesichts- und Körperpflegelinien beinhalten. So haben Sie die Möglichkeit, ein breiteres Behandlungsangebot- und innerhalb dieses Behandlungen für alle Partien des Körpers mit Pflegeprodukten einer Linie anzubieten. Damit können Sie gezielt auf eine Erhaltung oder Verbesserung des Hautzustandes Ihrer Kunden im Institut selbst und auch bei der Heimpflege hinwirken (Systempflege → Band B, LF 7, Kapitel 2.4).

Bei der Wahl der Kosmetiklinien, die Sie im Institut verwenden möchten, sollten Sie infrastrukturelle und fachlich-kosmetische Aspekte bedenken:

Checkliste Kosmetiklinien

- ✔ Preis und Qualität sollten auf Ihre **Zielgruppe** zugeschnitten sein.
- ✔ Welche **Handelsspanne** (→ Kapitel 7.2.2) hat die Kosmetiklinie?
- ✔ Wie sind die **Zahlungsbedingungen** (lange Zahlungsfristen und Preisnachlässe möglich)?
- ✔ Wie hoch sind Verpackungs- und Portokosten **(Lieferbedingungen)?**
- ✔ Welche **Serviceleistung** bietet der Lieferant (z.B. kostenlose Tüten oder Karteikarten)?
- ✔ Gibt es Abnahmeverpflichtungen, wie Mindestbestellmenge/-wert? Gibt es hohe Liquiditätsbindung durch diese **Depotbestellung?**
- ✔ Besteht eine **Depotverpflichtung,** d. h., müssen Sie das gesamte Depot mit allen seinen Artikeln abnehmen oder können Sie auch nur Teile daraus bestellen?
- ✔ Gibt es **Gebietsschutz** (Kosmetikinstitute in der näheren Umgebung, die diese Kosmetik nicht führen dürfen)?
- ✔ Gefällt Ihnen die **Firmen- und Produktphilosophie** und wie werden Sie diese präsentieren können?
- ✔ Gibt es eine **Marketingunterstützung** (wie z.B. vorgefertigte Zeitungsannoncen, Rundschreiben-Entwürfe, an Anzeigenkampagnen geknüpfte fertig entworfene Broschüren bzw. Faltblätter = engl. *Flyer*)?
- ✔ Gibt es **Werbekostenzuschüsse** für Tageszeitungswerbung usw.?
- ✔ Welche **verkaufsfördernden Maßnahmen** (→ Kapitel 8.1) werden geboten (Plakate, Aufsteller für Verkaufsware, Proben)?
- ✔ Wie sehen die **Schulungsmöglichkeiten** auf das Produkt und seine Anwendung aus?
- ✔ **Rückgaberecht** von angebrochener Verkaufsware bei Nichtvertragen möglich? Und zu welchen Konditionen (→ Reklamationen Kapitel 8.5)?

5

Bewerten Sie alle infrage kommenden möglichen Lieferanten anhand dieser Kriterien. Wägen Sie Vor- und Nachteile ab.

switching cost

Egal für welchen Anbieter Sie sich letztlich entscheiden, unterschreiben Sie keine Verträge „aus dem Bauch heraus", denn bei einem eventuellen Wechsel des Depots/der Marke kommen ***switching cost*** (engl., Wechsel-Kosten) auf Sie zu, die meist sehr hoch sind.

***Swichting cost* entstehen auf Grund von Marketingmaßnahmen, die bei der Neueinführung einer neuen Marke/eines neuen Depots gemacht werden müssen.**

Dazu kommen Kosten für neue Dekorationsmaterialien und Werbemittel und die eventuelle Rücknahme von alten Produkten. Außerdem können Kosten durch das Auflösen alter Depotverträge entstehen.

Denken Sie auch an den zusätzlichen Arbeitsaufwand, der beim Wechseln einer Kosmetiklinie entstehen kann.

Wenn Sie die Möglichkeit dazu haben, versuchen Sie Folgendes:

- Besuchen Sie Messen und vergleichen Sie dort Anbieter und Produkte.
- Lassen Sie anhand von Behandlungen, die Sie bei verschiedenen Mitbewerbern buchen, verschiedene Produktlinien an sich selbst austesten.
- Ordern Sie wenn möglich Testprodukte und benutzen Sie oder Ihre Mitarbeiter diese für ein paar Wochen und entscheiden Sie erst dann.
- Beziehen Sie Ihre Kunden oder Freunde mit ein; verteilen Sie Proben der neuen Produkte und fragen Sie nach dem *feeling* (engl., Gefühl) bei der Verwendung.

feeling

Welche Depots werden in Ihrem Ausbildungsbetrieb verwendet und warum?

Eine betriebswirtschaftlich orientierte Sortimentswahl (Produkt- und Depotwahl) muss viel mehr Kriterien erfüllen, als auf den ersten Blick ersichtlich. Hier die wichtigsten: Es muss

- zu Ihrem Institutskonzept und zu Ihrer Kundschaft (Klientel) passen.
- eine gute Wirkung und eine gute Hautverträglichkeit haben.
- ein gutes Preis-Leistungs-Verhältnis aufweisen.
- einen einfachen Bestellmodus und dadurch eine unterstützende Lagerhaltung ermöglichen (z. B. kleine Bestellmengen, kurze Lieferzeiten).
- ein gutes Marketingkonzept aufweisen (→ Kapitel 8.1).
- eine gute Handelsspanne haben (→ Kapitel 7.2.2).

Beispiel

Sie gehen zu Ihrem Frisör, bei dem Sie nun schon seit fünf Jahren Kundin sind. Jedes Jahr nach der Messe im Februar stellt er Ihnen eine neue Haarpflege vor, die er gerade eingekauft hat. Er erzählt Ihnen jedes Mal: „Das ist das Beste, was du für dein Haar tun kannst, die absolute Neuheit; prima Forschung und gute Preise!" – Sie haben zu Hause mittlerweile schon viel verschiedene Serien.

7.1.4 Sortimentskontrolle

Ein Kosmetiker muss sein Sortiment regelmäßig überprüfen.

Instrumente dazu sind:

- **die Umsatzkontrolle** – Institutsumsätze (→ Kassenbuch) werden monatlich analysiert; zusätzlich wird geprüft, welche Waren-, Artikel- und Preisgruppen am häufigsten verkauft werden (Produktverkaufsanalysen).
- **die Bestandskontrolle** – Ständige Aktualisierung des Wareneingangs (Wareneingangslisten → Kapitel 7.3.3), der Altersstruktur der Ware (Wie lange ist die Ware auf Lager?), des Lagerumschlages (Wie oft wird ein Artikel geordert, verkauft und nachbestellt?), des Warenausgangs und der Präsentation der Ware im Geschäft.
- **die Kalkulationskontrolle** – Einfluss von Preisen und Preisänderungen auf das Kaufverhalten Ihrer Kunden werden dokumentiert, **Handelsspanne** (Welcher Gewinn bleibt nach Abzug aller Kosten übrig?) und **Deckungsbeitrag**[1] errechnet.
- **die Kostenkontrolle** – Personalkosten und Personalproduktivität (Wie gut arbeitet Ihr Personal?), also Leistungsfähigkeit und Organisation, aber auch das **Kosten-Nutzen-Verhältnis** (Stehen alle Aktionen, also Leistungen Ihres Institutes, im ausgewogenen Verhältnis? = **Aktionskontrolle**) werden kontrolliert.

1 (Überschuss des Umsatzes über die durch das einzelne Erzeugnis – Produkt oder Dienstleistung – verursachten variablen Kosten → Kapitel 8.6.1)

Alle diese Kontrollen können Sie anhand von manuell erstellbaren Listen durchführen. Nehmen Sie z. B. ein DIN-A 4-Blatt, fertigen Sie eine Tabelle an, in der alle Dienstleistungen und Produkte, die Sie führen, gelistet sind und ergänzen Sie dann die mengenmäßige Nachfrage – entweder täglich oder wöchentlich.

Beispiele für Umsatzkontrolle mit manuell geführten Listen:

Behandlungen im Monat Juli

Datum	Gesichtsbehandlung	Pediküre	Nageldesign	Massage
14.07.	2	1	1	-
15.07.	1	-	4	1
16.07.	3	3	-	1
17.07.	1	1		

Abverkäufe Fa. Renata di Mardi im Monat August

Datum	Cleanser	Day-cream	Maske	Night-cream
22.08.	2	1	1	-
23.08.	-	1	-	2
24.08.	1	2	-	1

Abverkäufe Fa. Kaviar im Jahr ...

	Nachtcreme	Serum	Tagescreme
Mai	5	2	8
Juni	5	3	2
Juli	5	2	9

„Renner-und-Penner-Liste" im Jahr

Monat	Bewertung	Artikel Name	Anzahl	Preis/Stck.	Kommentar
Mai	Renner	Fa. Kaviar Tagescreme	8	29,80	noch einmal bestellen
Mai	Nachfrage	Fa. RdM Ampullen	2	19,90	Aufnehmen?
Juni	Trend	Fa. Thal Körperpeeling	10	17,80	Urlaubshit
Juli	Renner	Fa. Kaviar Tagescreme	9	29,80	
August	Penner	Fa. RdM Maske	1	36,50	Verfalldatum prüfen

(eingetragen werden hier z. B. umsatzstarke Artikel, schwer verkäufliche Artikel, Nachfragen von Kunden, Trendartikel usw.)

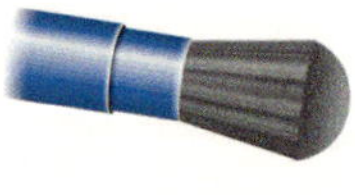

Kontrollen sind sehr wichtig, um mit Ihrem Institut im Markt reaktionsfähig zu bleiben, und zwar rechtzeitig und ohne große Verluste (Umsatzeinbußen) zu erwirtschaften.

Das Kassenbuch

Es ist – manuell oder per Computer geführt – Datenquelle der Umsatzkontrolle, eine unerlässliche Hilfe der Sortimentskontrolle und auch eine steuerliche Pflicht. Es gibt einige wichtige Punkte zu beachten:

- Es sind alle getätigten Umsätze mit Beschreibung zu vermerken z. B.

Datum	Menge	Behandlung	Kunde	Haben Euro	Soll Euro	Mitarbeiter
18.12.04	1x	Nachtcreme Vitamin A Klapp		55,00		Susi
18.12.04		Maniküre	Fr. Schubert	25,00		Fr. Mühl
18.12.04	1x	Nagelfeile		2,99		Claudia
18.12.04		Waschmittel			-15,99	Susi
		...	...	...	...	

- Es sind die Ausgaben gegen die Einnahmen zu buchen. Achtung: Der Saldo muss immer im Haben sein!!

Je sorgfältiger und ausführlicher Sie das Kassenbuch führen, desto besser können Sie **Ihr Geschäft kontrollieren** und so rechtzeitig reagieren, bevor Sie durch nicht aufgedecktes Missmanagement viel Geld oder sogar Ihr Unternehmen verlieren.

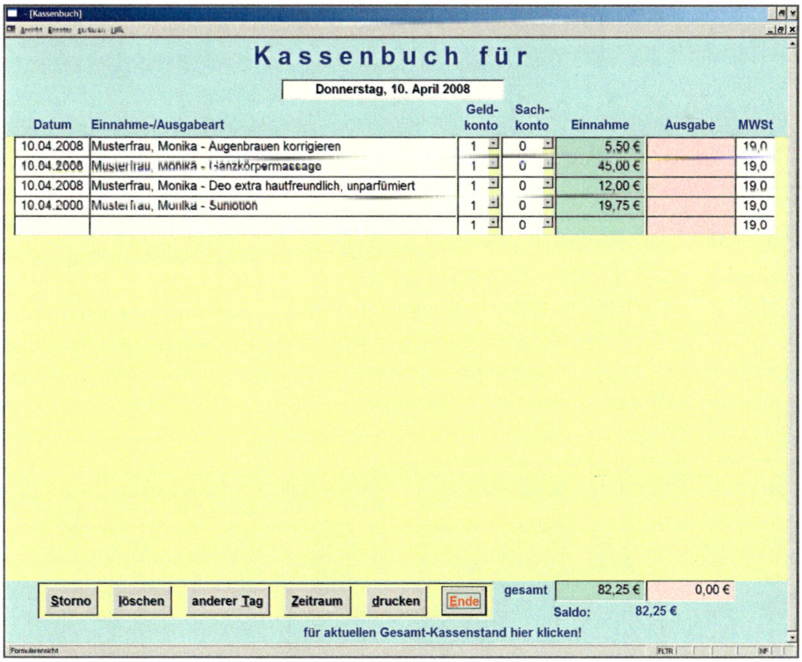

Abb. 7.5: Screenshot Kassenbuch

Das Kassenbuch ist die Grundlage für

- die Erstellung der Umsatzsteuervoranmeldung (→ Kapitel 7.2.1),
- Ihre Steuererklärung am Jahresende,
- Umsatzanalysen (→ Kapitel 8.7.2),
- die Sortimentskontrolle, Ihr Bestellwesen und Ihre Lagerhaltung (→ Kapitel 7.3).

Die Prozeduren für die Umsatz-, Bestands-, Kalkulations- und Kostenkontrollen führen Sie für Ihr gesamtes Sortiment, Ihr gesamtes Warenlager, für alle durchgeführten Behandlungen und für die jeweiligen Kostenfaktoren durch!

Mittlerweile haben aber auch einige Firmen diese Analysen in ihre Computerprogramme als Hilfsmittel automatisch integriert. Dies kann Ihnen erheblichen Zeitaufwand ersparen (Vorteile eines Computers im Institut → Kapitel 6.5).

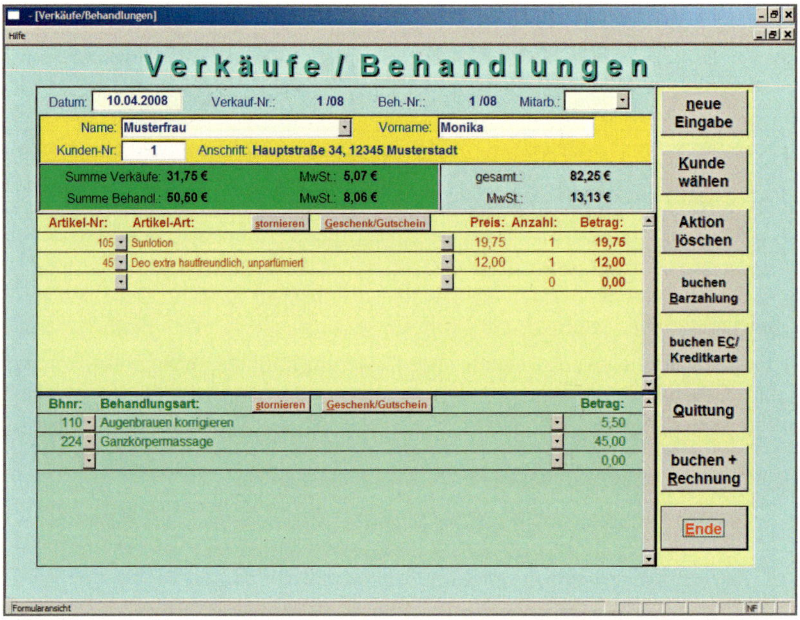

Abb. 7.6: Screenshot Verkäufe und Behandlungen

5

Aber auch mit einem Computer im Institut haben Sie nur dann eine Kontrolle, wenn Sie die Daten regelmäßig eingeben, die Listen regelmäßig aktualisieren. – Und das heißt Fleißarbeit, die Ihnen aber viel Geld und Ärger ersparen kann.

Beobachten Sie auch, in welcher Preisklasse sich die meistverkauften Artikel befinden, das gibt Auskunft über Ihre Käuferschicht und deren Kaufverhalten.

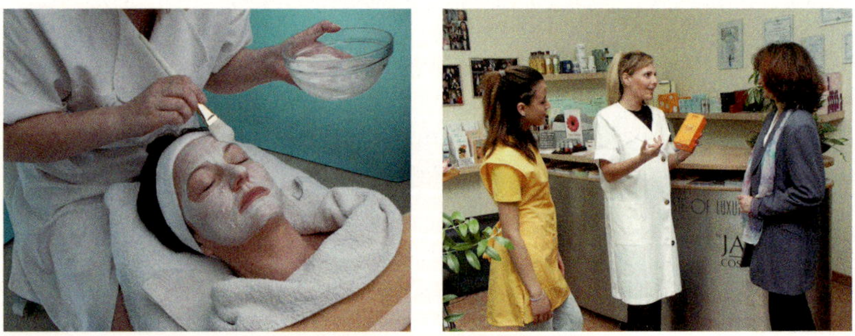

Abb. 7.8 a und b: Dienstleistung und Verkauf im Kosmetikinstitut

Ein Kosmetikinstitut ist aufgrund der hohen Behandlungskosten (Personal, Hilfsmittel und Geräte, Wäsche usw.) nur rentabel, wenn es seinen Umsatz zu 50% aus der Dienstleistung und zu 50% aus dem Verkauf erwirtschaftet. Daher muss ein Sortiment die Voraussetzung für einen schnellen und hohen Absatz erfüllen.

Ein **schlechtes Sortiment** hat nicht nur einen geringen Umsatz zur Folge, sondern verursacht auch zusätzlich Kosten:

Liquidität

- Die bereis eingekaufte Ware **bindet Ihr Kapital** (Liquiditätsbindung), d. h., Bargeld oder auch Guthaben auf dem Konto wurden durch Wareneinkäufe fest gebunden und sind daher nicht mehr flüssig *(liquide)* und im Geschäftsumlauf.
- Schlecht verkaufbare Ware kostet Sie unnötigen Lagerplatz, den Sie vielleicht anmieten müssen.
- Es kann Produkte geben, die wegen anstehendem Verderb entsorgt werden müssen und so einen Verlust bedeuten. Oder Sie können diese Waren nur im Preis reduziert verkaufen, also mit wesentlich geringerer Handelsspanne anbieten.

Beispiel

Sie stellen innerhalb eines Monats fest, dass die Reinigungsmilch der Fa. Naturschön, von der Sie zehn Stück auf Lager halten, nur einmal im ganzen Monat verkauft wurde.

Das bedeutet Sie werden:

- keine neue Ware bestellen.
- den Abverkauf weiter kontrollieren.
- das Produkt eventuell aus dem Programm nehmen.
- eventuell den Preis verändern (→ Kapitel 7.2.2).
- den Mindestbestand herabsetzen (→ Kapitel 7.3.1).
- Ihre Kunden befragen, warum sie das Produkt nicht so sehr mögen.

Erst durch Erfahrungswerte über die Kaufgewohnheiten Ihrer Kunden und der Ihnen bekannten Konkurrenz, mit Augenmerk auf die allgemeine Konjunkturlage und den Markt beobachten Sie und entscheiden Sie, welche Produkte Sie in Ihrem Sortiment belassen wollen (Sortimentskontrolle).

Abschließend ist zu sagen, dass die Sortimentskontrolle deshalb so wichtig ist, weil sie hilft großen Umsatzeinbußen oder Verlusten vorzubeugen. Durch die Kontrollen und deren Ergebnisse sind Sie in der Lage rechtzeitig Maßnahmen zu entwickeln und durchzuführen, um Ihre Umsatzziele zu erreichen.

Die Ergebnisse der Sortimentskontrollen werden die Sortimentsplanung, den Bestellmodus und die Lagerhaltung beeinflussen.

Auch für die Preisbildung und Ihre Preiskalkulation wird die Sortimentskontrolle ein Instrument sein, da sich Ihre Preise am Kaufverhalten der Kunden orientieren können.

7.2 Preisbildung und Preiskalkulation

Der **Preis** bezeichnet den Wert einer Ware oder Dienstleistung und er ist ein wesentlicher Bestimmungsfaktor für Umsatz (→ Kapitel 8.6.1) und Gewinn (→ Kapitel 7.2.2 und 8.6.3).

Konjunktur

Preise orientieren sich nach Angebot und Nachfrage. Bei starker Nachfrage neigen die Preise zur Steigerung und bei schwacher Nachfrage oder auch *Konjunktur* (lat., Wirtschaftslage mit bestimmter Entwicklungstendenz) zur Senkung.

Drei weitere wichtige Faktoren bestimmen die Preisbildung:

A die Kosten (betriebswirtschaftlicher Preisbildungsfaktor)

B der Wareneinkauf (beschaffungspolitischer Preisbildungsfaktor)

C der Absatz (absatzpolitischer Preisbildungsfaktor)

A Die Kosten

sind die Basis der Preisfindung, d. h., welche Kosten für Sie durch das Anbieten der Produkte oder Dienstleistungen entstehen **(Einkaufspreis + Handlungskosten)**; darunter sind Handlungskosten, Personal-, Miet-, Werbe-, Zins-, Fuhrpark-, Verwaltungs- und Abschreibungskosten.

B Beim Wareneinkauf

ist es für die Kosmetikerin wichtig, einen möglichst günstigen Einkaufspreis zu erzielen. Dieser wird von den Liefer- und Zahlungsbedingungen (wie Zahlungsziel, Skonto, Rabatte und Bonussystemen) beeinflusst.

Skonto

Über ein langes Zahlungsziel (z. B. zahlbar in 45 Tagen) können die Zinskosten minimiert werden. **Skonti** (*sconto* ital. = Abzug) ist ein prozentualer Preisnachlass (z. B. eine Rechnung zahlbar in 30 Tagen, bei Zahlung innerhalb 10 Tagen abzüglich 2 % Skonto) und damit ein Anreiz, die Rechnung schneller zu bezahlen.

Rabatt

Rabatt (ital. *rabattiere*) ist ein prozentualer Nachlass des Preises. Es gibt **Mengenrabatt,** bei dem sich aber einer bestimmten Abnahmemenge der Stückpreis reduziert, z. B. ab 10 Stück 5 % Rabatt. Oder es gibt den **Naturalrabatt,** bei dem der Käufer anstatt des reduzierten Preises Gratisware erhält, z. B. 6+1 Creme.

Bonus

Bonussysteme sind oft an langjährige Geschäftsbeziehungen gebunden oder an regelmäßige Einkäufe (z. B. „Als Bonus für Ihre Bestellungen im Monat Mai erhalten Sie eine Geschenkpackung gratis.").

C Der absatzpolitische Preisbildungsfaktor

richtet sich nach den Marktgegebenheiten. Beachten Sie bei Ihrer Preisgestaltung die Preise der Konkurrenz, die zu erwartende Kundschaft und die Reaktion Ihrer Kunden auf die Preise Ihrer Produkte.

Der Preis einer Ware bestimmt Kaufverhalten und Frequentierung (Häufigkeit des Besuchens, Benutzens). Er kann aber auch für Ihre Kunden eine Art Privilegierung und Qualitätsbeurteilung für das Produkt und Ihr Institut bedeuten.

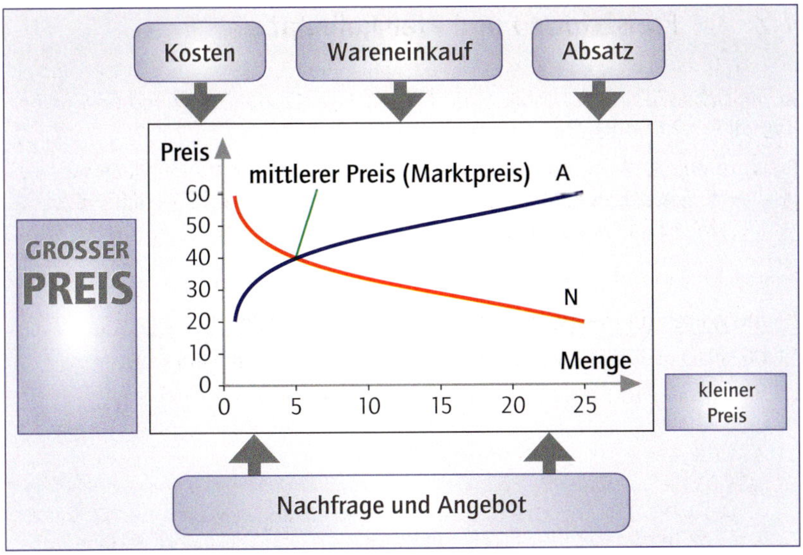

Abb. 7.8: Preisbildung

Die meisten Lieferanten werden Ihnen Preislisten mit **unverbindlichen Preisempfehlungen** für ihre Produkte liefern. An diesen können Sie sich orientieren, Sie müssen es aber nicht.

Suchen Sie den Mittelweg: Ein zu teurer Preis schreckt viele Kunden ab, vermittelt aber oft Qualität. Ein zu niedriger Preis lockt viele Kunden an, kann aber vielleicht auf Dauer für Ihr Institut wirtschaftlich nicht tragbar sein und sich auch negativ auf Ihren Ruf auswirken. Viele Kunden haben zudem noch die *Assoziation* (frz. = Verbindung, Vereinigung) „zu billig kann nicht gut sein".

Assoziation

7.2.1 Bedeutung der Umsatzsteuer

Wie Sie ja bereits wissen, werden alle Einkünfte besteuert (→ Kapitel 4.4) und es gibt viele verschiedene Arten von Steuern zur Erzielung öffentlicher Einnahmen.

In Ihrem Beruf und für Ihre Preiskalkulationen am wichtigsten ist die Steuerart, mit der Sie am häufigsten zu tun haben, die Umsatzsteuer. Diese kann **Vorsteuer oder Mehrwertsteuer** sein.

Mehrwertsteuer

Beispielrechnung

Lisa kauft bei ihrem Lieferanten, der Fa. Wunderschön, einige Cremes und Masken ein. Der Rechnungsbetrag ist zuzüglich **Mehrwertsteuer,** da Lisa für ihren Lieferanten Fa. Wunderschön **Endverbraucherin** ist.

Nettowarenpreis	**25,90 €**
Mehrwertsteuer 19 %	**4,92 €**
Bruttoverkaufspreis	**30,82 €**

Wie errechnet sich der Eurowert der Mehrwertsteuer?

Eine Creme kostet 65,00 € inkl. 19 % MWSt.

a) mit Prozentrechnung:

119 % = 65,00
100 % = x

$$\frac{100 \cdot 65}{119} = 54{,}62\ €$$

Kontrolle:

65,00 € = Bruttoverkaufspreis
−54,62 € = Nettoverkaufspreis
= 10,38 € = Mehrwertsteuer

Der Bruttoverkaufspreis entspricht 119 %, also dem Nettowert der Ware + der Mehrwertsteuer von 19 %. – Denken Sie daran, dass der Artikel durch die Steuer „mehr Wert" hat.

b) mit Dividieren: 65,00 € : 1,19 = 54,62 €

und 65,00 (Bruttobetrag) – 54,62 (errechneter Nettobetrag) = 10,38 Mehrwertsteuerbetrag

Kontrolle: Der Nettoverkaufspreis ist 54,62 €
der Bruttoverkaufspreis ist?

100 % = 54,62
119 % = x

$$\frac{54{,}62 \cdot 119}{100} = 65{,}00\ €$$

c) mit Multiplizieren: 54,62 € (netto) · 1,19 = 65,00 € (brutto)

Für jede erzielte Wertschöpfung wird die Mehrwertsteuer in Rechnung gestellt.

Die Mehrwertsteuer ist eine Steuer, die auf alle Produkte oder Serviceleistungen erhoben wird, die durch Verarbeitung, Bearbeitung oder durch Dienstleistung einen Mehrwert erhalten.

Beispielrechnung

Fa. Wunderschön kauft bei Fa. Superplastik Kunststofftöpfe ein, die sie zum Befüllen bei der Herstellung von Cremes benötigt.
1 000 Töpfe haben einen Nettopreis von je 0,30 €:
1 000 · 0,30 = 300,00 €. Brutto werden 19 % Mehrwertsteuer fällig.

	300,00 €
	+ 57,00 € (19 %)
Rechnung der Fa. Superplastik	= 357,00 €

Diese 19 % (57,00 €) der Rechnung der Fa. Superplastik müssen von dieser als Mehrwertsteuer an das Finanzamt abgeführt werden.

Fa. Wunderschön verkauft 10 Tiegel Creme zu je 45,00 € netto an das Kosmetikinstitut von Lisa und Petra. Ergibt 10 · 45,00 = 450,00 € plus 19 % Mehrwertsteuer.

	450,00 €
	+ 85,50 € (19 %)
Rechnung der Fa. Wunderschön	= 535,50 €

Das Finanzamt erhält von Fa. Wunderschön eine Mehrwertsteuer von 85,50 €. Davon abgezogen werden 57,00 € Vorsteuer, die bereits Fa. Superplastik an das Finanzamt gezahlt hat. Fa. Wunderschön bekommt 57,00 € vom Finanzamt zurückerstattet.

Wenn Lisa nun fünf der Cremes zum Preis von 70,47 € (also inklusive 19 % Mehrwertsteuer und inkl. s. u. einer Handelsspanne von 35 %) an ihre Kunden verkauft, ergibt sich:

	45,00 €
	+ 15,75 € (35 %)
	= 60,75 €
	+ 11,54 € (19 %)
Bruttoverkaufspreis	= 72,29 €

Da Lisa aber nun einmal die von ihrem Lieferanten eingekaufte Ware an ihre Kunden weiterverkauft, ist dieser Kunde letztlich der Endverbraucher und nicht Lisa.

Vorsteuer

Um hier für Lisa einen Ausgleich zu schaffen, gibt es für **Unternehmer den Vorsteuerabzug**, dadurch wird die Mehrwertsteuer-Zahllast (Mehrwertsteuer, die der Kunde an Lisa gezahlt hat, plus Mehrwertsteuer, die Lisa an den Lieferanten für denselben Artikel bezahlt hat, nämlich 8,55 € pro Cremetiegel) an das Finanzamt reduziert.

Das Kosmetikinstitut von Lisa und Petra führt nach obiger Beispielrechnung **11,54 € Mehrwertsteuer** an das Finanzamt ab, erhält aber anteilig für diesen Artikel einen **Vorsteuerbetrag** von **8,55 €** zurück. Das heißt, eigentlich werden dann im Rahmen der Umsatzsteuervoranmeldung nur **2,99 € Mehrwertsteuer** abgeführt.

(Natürlich wird dieser Steuerausgleich nicht genau so erstattet, das ist nur ein Beispiel, um Ihnen die Mehrwertsteuer und Vorsteuer im Einzelfall rechnerisch darzustellen.)

Die von Unternehmen zu zahlende Umsatzsteuer wird regelmäßig (monatlich oder vierteljährlich) an das Finanzamt mit der **Umsatzsteuervoranmeldung** abgeführt. Die an Lieferanten gezahlte **Vorsteuer** wird dabei von der von Kunden einbehaltenen Mehrwertsteuer abgezogen. Die Differenz ist dann die **Umsatzsteuervorauszahlung.**

Allgemein ist die Umsatzsteuerberechnung ein System, das zur Regulierung des Handels beitragen soll, da nur Endverbraucher die Mehrwertsteuer zahlen brauchen. Kleine Einzelhändler sollen dadurch konkurrenzfähig bleiben.

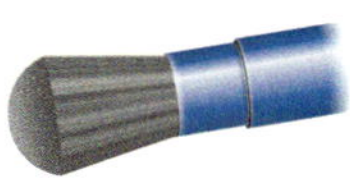

Für die Kalkulation von Warenpreisen bedeutet die Anwendung der Umsatzsteuer konkret die Unterscheidung in **Netto-** und in **Bruttoverkaufspreis.**

7.2.2 Preiskalkulation von Waren

Warum gibt es eine unverbindliche Preisempfehlung für einen Artikel?

Die meisten Anbieter von Kosmetikprodukten haben schon einen fest kalkulierten Verkaufspreis für die Waren, die Sie dann Ihren Kunden anbieten. Falls das nicht der Fall ist, sollten Sie folgendermaßen vorgehen:

Zuerst errechnen Sie den Preis, den Sie tatsächlich bezahlen, also abzüglich der Rabatte und Skonti (Preisnachlässe) und zuzüglich der Bezugskosten, dann erhalten Sie den **Bezugspreis.**

Beispiel

Tara

Die Anti-Falten-Creme xy kostet laut Preisliste des Anbieters (Listenpreis) 35,90 €, man gewährt Ihnen 5 % Rabatt, die Summe daraus ist der **Zieleinkaufspreis,** davon ziehen Sie 2 % Skonto ab, die Sie erhalten, und haben dann den **Bareinkaufspreis** ermittelt. Nun rechnen Sie Bareinkaufspreis zuzüglich der **Bezugskosten** 5,90 € (Verpackung oder *Tara* ital. = Gewicht der Verpackung) und das Ergebnis ist der **Einstandspreis oder Bezugspreis.**

Da Sie 19 % (Stand 2008) Mehrwertsteuer beim Einkauf als Vorsteuer behandeln, das heißt bei der Umsatzsteuervoranmeldung angeben und zurückerhalten, falls Ihre Ausgaben höher sind als Ihre Einnahmen, wird die Umsatzsteuer zunächst nicht in die Kalkulation mit einbezogen:

Beispielrechnung

Listenpreis netto	35,90 €
– Liefererrabatt 5 %	1,80 €
= Zieleinkaufspreis	34,10 €
– Liefererskonto 2 %	0,68 €
= Bareinkaufspreis	33,42 €
+ Bezugskosten	5,90 €
= **Einstandspreis/Bezugspreis**	**39,32 €**

Haben Sie erst einmal den für Sie geltenden Bezugspreis für die Ware ermittelt, geht es nun darum, die Ihnen entstehenden Kosten beim Verkauf der Ware „auffangen", d. h., die Gestaltung des **Verkaufspreises** so vorzunehmen, dass Sie als Unternehmer/-in mit dem Verkauf der Ware an Ihre Kunden auch noch etwas verdienen.

Hierzu ist die folgende Überlegung anzustellen: Welche Kosten habe ich beim Ein- und Verkauf von Waren?

Der **Selbstkostenpreis** ist der entstandene Preis, in welchem alle Kosten enthalten sind, die mit dem Ein- und Verkauf der Waren zusammenhängen. Diese Kosten sind neben dem Bezugspreis z. B. Kosten für Personal, Material, Werbung, Lagerung usw.

Alle diese im Handel entstehenden Kosten nennt man **Handlungskosten.** Sie werden dem Einstandspreis zuaddiert.

Beispielrechnung

Einstandspreis	39,32 €
+ Handlungskosten 60 %	23,59 €
= **Selbstkostenpreis**	62,91 €

Würde Lisa einen Artikel zum Selbstkostenpreis verkaufen, würde sie keinen Gewinn (s. u.) erzielen. Daher wird ein **Gewinnzuschlag** einkalkuliert und man erhält den **Nettoverkaufspreis (Nettowarenpreis).**

Einstandspreis + Handlungskostenzuschlag + Gewinnzuschlag = Nettoverkaufspreis.

Beispielrechnung (Fortsetzung):

Einstandspreis	39,32 €
+ Handlungskosten 60 %	23,59 €
= **Selbstkostenpreis**	62,91 €
+ Gewinnzuschlag 20 %	12,58 €
= **Nettoverkaufspreis**	75,49 €
+ 19 % MWSt	14,34 €
= **Bruttoverkaufspreis**	89,83 €

Dem Nettoverkaufspreis fehlt dann nur noch die Mehrwertsteuer und man erhält den **Bruttoverkaufspreis.**

Ein Produkt, welches Lisa als Unternehmerin zu 35,90 € bezogen hat, kann sie für 89,83 € weiterverkaufen, um ihre Kosten zu decken und ihren Verantwortlichkeiten gegenüber dem Finanzamt gerecht zu werden. Lisa bleibt dann beim Verkauf des Produktes ein Gewinn von 12,58 € oder 20 %.

Die Handlungskosten + den Gewinnzuschlag nennt man auch Handelsaufschlag.

Als Sie Ihr Depot ausgewählt haben, war einer der Entscheidungsfaktoren der Verkaufspreis und die daran gebundene **Handelsspanne.**

Die Handelsspanne wird oft als Prozentsatz ausgedrückt und ist die Differenz zwischen Einkaufs- und Verkaufspreis. Ist sie in Euro ausgedrückt, spricht man auch von Bruttogewinn, Rohgewinn oder Rohertrag.

Beispielrechnung

Nettoverkaufspreis	75,49 €
– Einstandspreis	39,32 €
= **Unterschiedsbetrag**	36,17 €

(= Bruttogewinn, Rohgewinn oder Rohertrag)

Die Handelsspanne in Prozent wird ermittelt, indem man den Unterschiedsbetrag (also Nettoverkaufspreis minus Einstandspreis) mit 100 multipliziert und durch den Nettoverkaufspreis dividiert. Dies ist auch der so genannte Dreisatz:

Beispielrechnung

Nettoverkaufspreis = 100 %
Unterschiedsbetrag = x %

Unterschiedsbetrag · 100	36,17 €
=	3.617,00 €
: Nettoverkaufspreis	75,49 €
= **Handelsspanne**	47,91 %

Die Handelsspanne ist im Kosmetikinstitut (aber auch im Groß- und Einzelhandel) der Unterschiedsbetrag zwischen Einkaufs- und Verkaufspreis, der zur Deckung aller Kosten und zur Abgeltung eines angemessenen Unternehmerlohns dienen soll.

Die Höhe der Handelsspanne eines Betriebes hängt von dessen gesamten Sortiment ab, eine allgemein verbindliche Regelung ist nicht möglich.
Für dieses Beispiel gilt, dass Sie mit der Handelsspanne von 47,91 % beim Verkauf des Artikels 36,17 € Gewinn erwirtschaften.

Der Preis Ihrer Waren muss so kalkuliert sein, dass Sie nicht mit Verlust arbeiten. Alle Ihnen entstehenden Kosten, Preisminderungen (Preisreduzierung aus verschiedenen Gründen, wie Sortimentsbereinigung, Kundenpreisnachlass usw.), Ihr Gewinn und die Umsatzsteuer müssen dabei berücksichtigt werden.

Die Faktoren Gewinn, Preisverlust und Kosten fasst man zu dem Begriff Handelsaufschlag zusammen.

Nur mithilfe des **Handelsaufschlages** decken Sie alle Ihre Kosten und machen noch einen unternehmerischen Gewinn.

Alle diese Faktoren sind wichtig, um zu sehen, ob die ausgewählten Produkte im Verkauf für Sie **rentabel** und wirtschaftlich sind (→ dazu Kapitel 8.7). Auch wenn Sie fast immer eine unverbindliche Verkaufspreisempfehlung erhalten, sollten Sie in der Lage sein eigenständig einen rentablen Preis zu kalkulieren.

5840472

Für eine **Preisrentabilitätsberechnung** brauchen Sie Folgendes:

	Einstandspreis (Bareinkaufspreis + Bezugskosten) + Handelsaufschlag
=	Nettoverkaufspreis
+	Mehrwertsteuer 19 %
=	**Bruttoverkaufspreis**

Beispielrechnung

10 Handcremes werden zum Einstandspreis von 1,50 € eingekauft, der Handelsaufschlag soll 80 % betragen, der Bruttoverkaufspreis soll errechnet werden.

Einstandspreis = 100 % = 1,50 €, Nettoverkaufspreis = 180 % = x €

$$\frac{1{,}50 \cdot 180}{100} = 2{,}70\ \text{€ netto} + 19\ \%\ \text{MWSt} = 3{,}21\ \text{€ Bruttoverkaufspreis}$$

Eine Tagescreme wird eingekauft zum Preis von 25,00 €, der Handelsaufschlag soll 70 % betragen, der Bruttoverkaufspreis ist zu errechnen.

Einstandspreis = 100 % = 25,00 €, Nettoverkaufspreis = 170 % = x €

$$\frac{25{,}00 \cdot 170}{100} = 42{,}50\ \text{€ netto} \cdot 1{,}19 = 50{,}58\ \text{€ Bruttoverkaufspreis}$$

Die Formel zur Errechnung des **rentablen Bruttoverkaufspreises** ist:

Einstandspreis · (100 + Handelsaufschlag) : 100 = Bruttoverkaufspreis.

Die Preiskalkulationen von Waren sind nicht nur für die Ermittlung eines rentablen Verkaufspreises wichtig, sondern auch für die Ermittlung eines rentablen Einstiegspreises und für die Gewinnspanne des Unternehmens (→ Kapitel 7.3.3). Das Wissen darum eröffnet Ihnen die Möglichkeiten von Preisänderungen, ohne dabei Verluste zu erleiden.

	Verkaufspreis
–	Handelsspanne inkl. MWSt **(Abschlag)**
=	**Einstandspreis** (Wareneinsatz)

Der Abschlag ist die Handelsspanne inklusive der Mehrwertsteuer.

Über die Ermittlung der Handelspanne erhalte ich den Wert des rentablen Einstandspreises oder Wareneinsatzes und erhalte so das Verhältnis von Umsatz zu Kosten.

Beispielrechnung **Einstandspreis**

Der Bruttoverkaufspreis ist 3,21 €, die Handelsspanne 40 %.

100 % = 3,21 €
40 % = x

$$\frac{3{,}21 \cdot 40}{100} = 1{,}28 \text{ € Handelsspanne}$$

3,21 – 1,28 = 1,93 € Einstandspreis (Wareneinsatz)

Das heißt, Lisa darf beim Einsetzen/Einkaufen des Artikels einen Einstandspreis von 1,93 € nicht überschreiten, will sie den Bruttoverkaufspreis für diesen Artikel halten und rentabel, d. h. mit Gewinn arbeiten bzw. verkaufen.

Beispielrechnung **Wareneinsatz**

Lisas Institut hat einen Jahresumsatz von 100.000,00 € bei einer Handelsspanne von 40 %.

100 % = 100.000,00 €
40 % = x

$$\frac{100.000 \cdot 40}{100} = 40.000{,}00 \text{ €}$$

100.000,00 € Umsatz
– 40.000,00 € Abschlag

= 60.000,00 € Wareneinsatz

Das heißt, Lisa darf bei einem Jahresumsatz von 100.000,00 € einen Wareneinsatz von 60.000,00 €, also eingesetzte/eingekaufte Waren im Wert von 60.000,00 € nicht überschreiten, will sie ihre Verkaufspreise halten und rentabel wirtschaften.

Beispielrechnung **Kalkulation**

Lisa kauft Nachtcremes zum Einstandspreis von € 15,00 ein und möchte diese mit einem Handelsaufschlag von 70 % verkaufen.
Daraus ergibt sich ein Bruttoverkaufspreis von € 29,58.

$$\frac{15{,}00 \cdot 170}{100} = 25{,}50 + 19\ \% = € \ 30{,}35$$

Durch diese Kalkulation hat Lisa die Möglichkeit zu prüfen, ob der gewünschte Artikel mit dem benötigten Aufschlag einen realistischen Verkaufspreis hat.

Beispielrechnung **Abschlagskalkulation**

Mascara für € 12,00 bei einer Handelsspanne (Abschlag) von 40 % ergibt einen Einstandspreis von € 7,20.

$$\frac{12{,}00 \cdot 40}{100} = 4{,}80 \text{ (Handelsspanne)}$$

12,00 – 4,80 = 7,20 Einstandspreis

Die Abschlagskalkulation ermöglicht eine Kontrolle der Einstandspreise und der Kostensituation im Unternehmen. So hat Lisa die Möglichkeit zu prüfen, ob Sie noch rentabel arbeitet und verkauft.

Aufschlag und Abschlag stehen miteinander in Bezug. Die **Prozentzahlen des Aufschlags und des Abschlags** errechnen sich nach folgenden Formeln:

Aufschlag = Abschlag in % · 100 : 100 – Abschlag in %
Abschlag = Aufschlag in % · 100 : 100 + Aufschlag in %

7.3 Warenverwaltung und Lagerhaltung

In kleineren Betrieben wie Kosmetikinstituten wird sehr selten mit einem Lager gearbeitet, da zu viele Gründe (im Folgenden werden einige aufgeführt) dagegen sprechen und durch die Möglichkeiten der 24-Stunden-Lieferung ein Lager heute nicht mehr unbedingt nötig ist.

Der Warenvorrat/Lagerbestand ist immer ein Balanceakt zwischen Umsatz und Kapitalbindung.

Vom **Warenbestand als dem eigentlichen Vermögen des Kosmetikinstitutes** gehen vielfältige Wirkungen aus: auf den Umsatz, auf den Kapitalbedarf, auf die Liquidität und letztlich auf die Rentabilität.

Depot = Warenbestand

Damit das Kapital optimal in ein Lager investiert wird, muss die Kosmetikerin einen guten Überblick über die am Lager vorhandenen Waren (den Warenbestand/ das **Depot**) haben, nur dann kann sie beurteilen was läuft und was liegen bleibt.

Der Einsatz von Computern erleichtert dies ungemein, so lässt sich mit wenigen Knopfdrücken feststellen

- welche Artikel
- in welcher Größe, Form oder Farbe
- von welchem Hersteller
- in welcher Zeit
- mit welchem Erfolg

verkauft wurden oder sich noch am Lager befinden.

5

Diese Punkte sprechen für ein Lager:

Vorteile eines Lagers

- Damit Sie die **Verkaufsbereitschaft sichern** können und Umsatz tätigen, wenn der Kunde nach einem Artikel fragt und diesen kauft.
- Um eventuelle Lieferschwierigkeiten **zeitlich überbrücken** zu können.
- Um **Preisvorteile auszunutzen,** z. B. Kauf bei Sonderaktionen, Ausnutzen von Mengenrabatten.
- Um die **Qualität zu erhalten,** das heißt, z. B. keine verdorbenen Produkte durch Temperaturschwankungen oder Rohstoffe zu haben, die Sie weiterverarbeiten möchten (z. B. für Naturkosmetikpackungen oder -masken).

Die Anforderungen an ein Lager sind:

- Ihr Lager für kosmetische Produkte sollte unbedingt kühl und trocken sein und kein direktes Sonnenlicht haben.
- Es sollte feuer-, wasser und einbruchsicher, also abschließbar sein.
- Es soll übersichtlich und geordnet sein; Ordnungseinheiten wie z. B. Kisten, die man beschriften kann, können Kleinteile wie z. B. Pinzetten aufnehmen.
- Es soll genügend Stellplatz aufweisen.

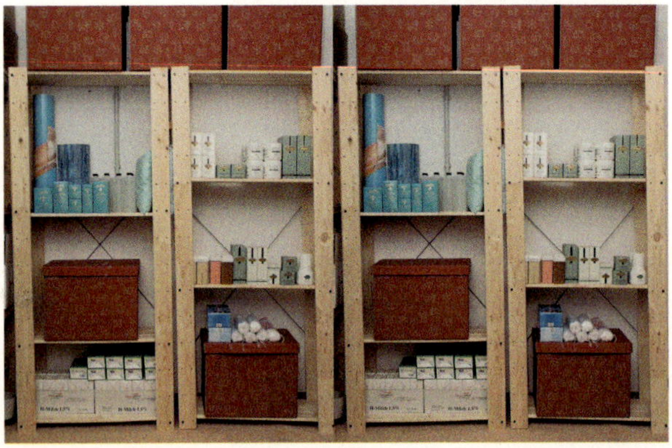

Abb. 7.9: Lager

- Die Regale müssen standsicher, z. B. mit der Wand verankert sein. Hohe Regale müssen mit trittsicherem Zubehör (sicherheitsgeprüfte Leiter) erreichbar sein.

Aber alle lagernden Produkte sollen nicht unnötig Kapital binden. Eine zu hohe Lagerhaltung stellt ein betriebswirtschaftliches Risiko dar und könnte die Rendite Ihres Institutes negativ beeinflussen, da hier **zusätzliche Kosten (Lagerkosten)** entstehen.

Diese Punkte sprechen gegen ein Lager:

Nachteile eines Lagers

- Raumkosten für Extraräume mit einer Durchschnittstemperatur von ca. 20 °C.
- Verwaltungskosten, z. B. für Personal, das Listen führt und das Lager aufräumt und so in dieser Zeit keinen Umsatz durch Behandlungen erwirtschaften kann.
- Eventuelle Zinskosten für über Banken finanziertes Kapital (zum Wareneinkauf oder zur Betriebskostenfinanzierung).
- Außerdem sprechen Risiken wie Verderb, Verlust und Diebstahl gegen ein Lager.

5

Um diese Risiken zu minimieren, sollten Sie die Lagerbestände regelmäßig überprüfen und auch auf die den Produkten angepassten Bedingungen (wie kein Sonnenlicht, nicht zu warm, nicht zu kalt, nicht zu feucht) achten.

Wichtig sind auch **Kontrollen zur Haltbarkeit** der Produkte.

Weitere Richtlinien zur Lagerung und dem Umgang mit Kosmetika finden sich in den EG-Kosmetik-Richtlinien des IKW (www.ikw.org) oder in dem Lebensmittel-, Bedarfsgegenstände- und Futtermittelgesetzbuch (LFGB; es ersetzt seit dem 07. September 2005 das bis zu diesem Zeitpunkt gültige Lebensmittel- und Bedarfsgegenstände-Gesetz LMBG).

Ebenso wichtig ist ein System zur Kontrolle von Lagerung (Warenpräsentation) im Geschäftsraum.

Beispiel **Korrekte Warenverwaltung**

Führen Sie Wareneingangslisten (welche Waren sind geliefert worden?). Gleichen Sie diese ab mit den noch vorhandenen Beständen in Lager und Geschäftsraum. Eventuell verdorbene Artikel, die Sie entsorgen, müssen Sie vermerken, um keine Fehlbestände zu haben, wenn Sie eine Inventur durchführen.

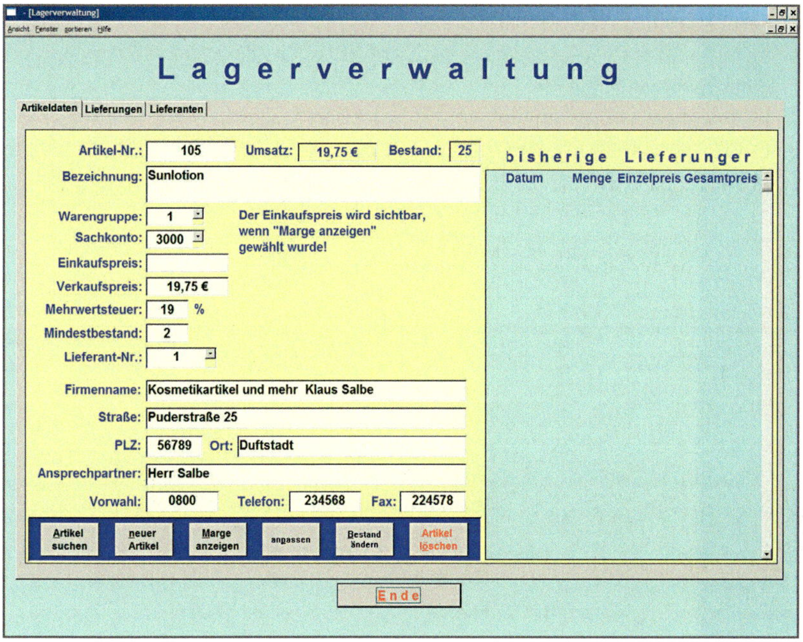

Abb. 7.10: *Screenshot* Lagerverwaltung

Damit ein Lager seinen Zweck erfüllen kann (ständig möglicher Produktverkauf bei möglichst günstigen Kosten), ist ein betriebswirtschaftliches System zur Organisation von Lagerhaltung und -verwaltung nötig.

7.3.1 Bedarfsermittlung und Bestellmenge

Wichtige Parameter der Lagerverwaltung stellen die Bedarfsermittlung, die Bestellmenge und der optimale Bestellzeitpunkt dar. Die absatzorientierten Beschaffungsplanung im Kosmetikinstitut ist dann:

A Die Analyse des Bedarfs

Unter Bedarf wird der Teil der menschlichen Bedürfnisse verstanden, der infolge vorhandener Kaufkraft am Markt als Nachfrage auftritt (Angebot und Nachfrage, → Kapitel 7.1.1).
Bei der Bedarfsanalyse spielen das Alter, die Einkommenshöhe, Geschlecht und Kaufverhalten Ihrer Kunden eine wichtige Rolle. Dazu kommt die geschäftliche Konkurrenzsituation, die aktuelle Mode und die Jahreszeit.
Planen Sie bei der Bedarfsanalyse auch Ihren Eigenbedarf (→ Kapitel 7.3.3) mit ein.

B Die Feststellung von Ist- und Sollbedarf

Im zweiten Schritt folgt die Feststellung des Istzustandes (Istbedarf) und des Vergangenheitszustandes (Sollbedarf), um den künftigen Bedarf festzustellen. Nur hierdurch wird es möglich, Ware absatzorientiert „in die Zukunft" zu bestellen.

Der Zeitraum, den Sie als Basis für die Bedarfsermittlung zugrunde legen, sollte sich an den Lieferzeiten orientieren.

Beispiel

Lisa muss ihre Bestellung für die Augenmaske „Superglatt" für den Monat Oktober machen. Sie richtet sich nach den Verkaufszahlen der letzten sechs Monate und errechnet so einen Mittelwert

Monat	Augenmaske „Superglatt“
Februar	13
März	12
April	**20**
Mai	**5**
Juni	**10**
Juli	**19**
August	**7**
September	**13**
Oktober	...

Insgesamt 74 Stück geteilt durch 6 Monate (April – September) ergibt durchschnittlich 12,33 Stück. Lisa bestellt 12 Stück.

Bestellentscheidungen, die auf den künftigen Bedarf ausgerichtet sind, unterliegen Unsicherheitsfaktoren. Deshalb muss der Kosmetiker Produktverkaufsanalysen erstellen und zusätzlich eigene Erfahrungswerte in die Entscheidung mit einbeziehen.

Bei allen Prognoseverfahren ist zu berücksichtigen, dass sich das Kaufverhalten der Verbraucher selten exakt voraussagen lässt. Daher müssen Sie regelmäßig einen Abgleich mit den tatsächlichen Verkaufszahlen machen.

Das Ergebnis Ihrer Bedarfsanalyse kann ebenfalls Auswirkungen auf Ihre (bereits in Kapitel 7.1 beschriebene) **Sortimentsgestaltung,** im Speziellen bez. Ihrer **Sortimentskontrolle** haben.

Die Ergebnisse Ihrer Bedarfsermittlung gehen in den zu bestellenden Bedarf zahlenmäßig mit ein. Hierbei unterscheidet man zwischen **Brutto- und Nettobedarf.**

  Absatzmenge der Vergangenheit
± vermutete Mengenänderung
= **Bruttobedarf**
– bestellt, aber noch nicht geliefert
– Lagerbestand
= **Nettobedarf (Bestellmenge)**

Durch **Umsatzlisten** verfolgen Sie die Verkaufszahlen der einzelnen Produkte (→ Umsatzkontrolle, Kapitel 7.1.4). Um ein aussagekräftiges Ergebnis zu erhalten, am besten immer im Sechsmonatsrhythmus (→ Umsatzanalyse, Kapitel 8.7.2).

Errechnen Sie daraus die **Durchschnittsmenge** (Absatzmenge der Vergangenheit). Durch die Verkaufsdatenanalysen verfolgen Sie per Listen, wie sich die einzelnen Artikel umsetzen und können so eine Bestellmengenänderung abschätzen lernen.

Aus der **Summe** ergibt sich der Bruttobedarf, von dem Sie dann die Menge eines Artikels abziehen, der bestellt, aber noch nicht geliefert wurde, und den noch auf Lager befindlichen Bestand. Sie erhalten als Summe den Nettobedarf, also die Bestellmenge.

Der Bruttobedarf stellt somit lediglich die erforderliche Mengenänderung ohne die Berücksichtigung Ihrer Lagerhaltung und Ihres Bestellsystems dar. Bestellen Sie diese Menge, wird Ihr Lagerbestand zu hoch und Ihre Kosten für die Lagerhaltung ebenfalls.
Erst der erhaltene Nettobedarf stellt die unmittelbar zu bestellende Menge für diesen Artikel dar.

Um Lücken beim Lagerbestand zu vermeiden (die ja auch Lücken beim Verkauf des Artikels und damit Umsatzeinbußen sind) und dann evtl. unzufriedene Kunden (weitere evtl. Umsatzeinbußen) nach sich ziehen können, muss ein Mindestbestand an Artikeln im Lager festgelegt werden.

Der Mindestbestand ist also die Anzahl von z. B. Cremes, die immer auf Lager sein muss („eiserne Reserve"). Sie verhindert Umsatzeinbußen und ermöglicht die Überbrückung von unvorhergesehenen Wartezeiten, bis der bestellte Artikel wirklich eintrifft (z. B. bei Liederschwierigkeiten).

Als Formel könnte man festlegen:

Mindestbestand = ca. $^1/_3$ der Verkaufszahlen während der Beschaffungszeit oder Lieferzeit · Tagesabsatz : 3

Höchstbestand
↓
Meldebestand
↑
Mindestbestand

Beispiel

Lisa führt regelmäßig Buch über die Produkte, die sie verkauft. Die Anti-Falten-Creme verkauft sie pro Woche ca. fünfmal (also fast einmal täglich).

Die durchschnittliche Lieferzeit des Herstellers beträgt 5 Tage.

Dies ergibt: Mindestbestand = $^1/_3$ von 5 während 5
= 5 : 3
= 1,67 (aufgerundet 2)

oder = (5 · 1) : 3
= 1,67 (aufgerundet 2)

Der Mindestbestand in Lisa's Lager sollte also zwei Cremes sein.

Um zu verhindern, dass die Creme bereits ausverkauft ist, bevor die nächste Lieferung eintrifft, muss Lisa rechtzeitig bestellen und dafür den **Meldebestand** festlegen.

Meldebestand = Mindestbestand + (täglicher Absatz · Beschaffungszeit)

Für Lisa sind es 7 Cremes Meldebestand, die sich ergeben aus: 2 Cremes Mindestbestand + 1 · 5 (täglicher Absatz · Tage Lieferzeit) = 7 Stück.

Für die Einhaltung der rechtzeitigen Bestellung legt man den **Meldebestand** an Artikeln im Lager fest. Der Meldebestand ist also der Bestand, der die Lieferzeit berücksichtigt und an dem die neue Bestellung getätigt werden muss. So wird bis die neue Lieferung eintrifft maximal der Mindestbestand erreicht werden.

Beispiel

Bodylotion, Verkauf einmal pro Woche, 4 Tage Lieferzeit ergibt:

1 : 5 (Arbeitstage pro Woche) = 0,2 pro Tag
Mindestbestand = (4 · 0,2) : 3
= 0,27
Mindestbestand = 0,27 + (0,2 · 4)
= 1,07

Der wöchentliche Meldebestand bei Bodylotion ist 1 Stück (1,07 abgerundet).

Jede Bestellung wird aber auch von Kosten beeinflusst: **Lagerkosten + Beschaffungskosten = Gesamtkosten.**

Um die Kostenfaktoren ungefähr kalkulieren zu können, müssen Sie zum einen den monatlichen Wert Ihrer Lagerkosten ermitteln, zum anderen benötigen Sie den Wert der **Beschaffungskosten.**

Beispiele

Die Fa. Wunderschön bietet 10-mal Nachtcreme + 1 Stück Naturalrabatt, Lieferzeit 2 Tage, Zahlungsziel 30 Tage, 2 % Skonto bei Zahlung innerhalb von 10 Tagen, 5 % Skonto bei Bankeinzug.

Fa. Tutgut bietet an: 20-mal Nachtcreme, 5 % Rabatt, Lieferzeit innerhalb 24 Stunden, Zahlungsziel 45 Tage.

Lassen Sie sich Angebote zusenden, um die Beschaffungskosten zu ermitteln, oder prüfen Sie alte Lieferrechnungen.

Diese Faktoren plus der Nachfrage (täglicher Absatz) nach einem Artikel ergeben die **optimale Bestellmenge.**

Um eine Rechenformel zu haben, damit Sie die optimale Bestellmenge erhalten, empfehle ich Folgendes (eine Hilfestellung zur möglichen Ermittlung):

Durchschnittliche Tagesverkaufszahl + Mindestbestand + Meldebestand + Menge der Tage, an denen Sie nicht bestellen (z. B. nur alle 14 Tage) · Tagesverkaufszahl.

Beispielrechnung

Die optimale Bestellmenge für die Reinigungsmilch bei Lisa ergibt sich aus 1 (täglicher Absatz) + 2 (Mindestbestand) + 7 (Meldebestand) + 14 · 1 (Bestellrhythmus · Tagesverkaufszahl) = 24

Eine Augencreme verkaufen Sie täglich zweimal.
Mindestbestand ist 1 + 4 Stück (2 Tage Lieferzeit à 2 Stück) und dann + 28 (die Tage des Bestellrhythmus [alle 14 Tage, 14 · 2 Stück] = ergibt eine Summe von 33 Stück optimale Bestellmenge.

Im Falle von Lisa ist die **optimale Bestellmenge** am Beispiel von Reinigungsmilch auch abhängig vom Bestellmodus: Wenn Lisa wöchentlich bestellt, sollte sie 17 Stück als optimale Bestellmenge haben (1 + 2 + 7 + 7 · 1 = 17). Somit sollte der **Höchstbestand** an Artikeln im Lager bei wöchentlicher Bestellung 19 Stück sein (2 Stück Mindestbestand + 17 Stück optimale Bestellmenge).

Um einen zu hohen Lagerbestand infolge einer zu frühen Bestellung zu vermeiden (Kosten!), wird der Höchstbestand an Artikeln im Lager festgelegt. Der Höchstbestand wird immer dann erreicht, wenn eine Bestellung eintrifft.

Höchstbestand = Mindestbestand + optimale Bestellmenge

Der Höchstbestand für Lisa's Reinigungsmilch ist bei einer 14-tägigen Bestellung = 2 + 24 = 26.

7.3.2 Bestellzeitpunkt und Bestellliste

Der richtige Zeitpunkt und die optimale Menge einer Bestellung ist für ein Kosmetikinstitut enorm wichtig. Dafür gibt es verschiedene Verfahren. Im Folgenden werden drei Arten, das Bestellpunktverfahren, das Bestellrhythmusverfahren und das *Just-in-time*-Verfahren, kurz erklärt.

- Bei dem **Bestellpunktverfahren** wird bei Erreichen des Meldebestandes eine Bestellung getätigt, um immer alle Waren zur Verfügung zu haben. Dieser Bestellmodus ist an keine festen Tage gebunden, sondern orientiert sich nur am Meldebestand.
- Das **Bestellrhythmusverfahren** geht, wie der Name schon sagt, nach einem Rhythmus vor: Zu bestimmten festgelegten Zeitpunkten werden Bestellungen für immer wieder benötigte Produkte (wie z. B. Kabinenware für Gesichtsbehandlungen oder Materialien für Nageldesign) getätigt. Dieser Bestellmodus orientiert sich **nicht am Lagerbestand,** sondern nur an den vorab festgelegten Terminen zur Bestellung, z. B. wöchentlich.
- Das ***Just-in-time*-Verfahren** (engl., gerade zur rechten Zeit) ist das aktuell wohl am häufigsten verwendete Bestellverfahren im Kosmetikinstitut. Hier kann die Lagerhaltung entfallen und die Ware wird so bestellt und geliefert, dass ein minimaler Sicherheitsbestand im Geschäftsraum die Zeit überbrückt.

Just in time

Die Ermittlung des richtigen Bestellzeitpunktes erfolgt durch das Verwenden eines elektronischen Warenwirtschaftssystems (z. B. einer Computersoftware) oder durch handschriftlich dokumentierte Listen über den Verkaufsverlauf mit wöchentlicher Kontrolle der Bestände. Die Faktoren sind: bisheriger Absatz, Lagermöglichkeiten, saisonale Bedingungen, Lieferzeit, Preisentwicklung, Zahlungsfähigkeit usw.

Fazit: Im Alltagsgeschäft des Kosmetikinstituts wird sich die einfachste und kostengünstigste Methode durchsetzen. Das heißt wahrscheinlich eine Mischung aus allen bisher kennen gelernten Bestellverfahren.

Ihre Bestelllisten sollten Sie konsequent führen. Für den Bestellzeitpunkt orientieren Sie sich am Meldebestand und haben wahrscheinlich einen Rhythmus von zwei Wochen, in welchem Sie bestellen (Bestellrhythmusverfahren). Natürlich könnten Sie warten, bis der Meldebestand erreicht ist. Aber wenn Sie sich nur daran ausrichten, müssten Sie eventuell unverhältnismäßig hohe Beschaffungskosten in Kauf nehmen. Das Just-in-time-Bestellverfahren werden Sie dann einsetzen, wenn Sie wissen, dass dies Artikel sind, die nicht regelmäßig verkauft werden und die Sie nicht bevorraten wollen oder können.

Beispielrechnungen Bestelllisten

Um immer ausreichend Ware auf Lager und im Verkaufsraum zu haben ist die richtige Bestellung sehr wichtig. Sie erstellen Bestellungen aufgrund ihrer Analysen. Ein zu hoher Warenbestand könnte Verlust durch Verderb bedeuten, ein zu niedriger Bestand Verlust durch nicht getätigte Umsätze. Die richtige Bestellung ist also ein entscheidender Faktor.

Wenn Sie Ihre Bestelllisten selbst erstellen, egal ob manuell oder mithilfe eines Computers, muss auf jeden Fall eine Aufstellung aller Artikel, getrennt nach Lieferanten erfolgen.

Um die richtige Menge zu bestellen müssen Sie für jeden im Sortiment befindlichen Artikel einen Istbestand, einen Mindestbestand und einen Meldebestand in einer Liste führen.

Lisa hat noch 6 Augencremes, 8 Nachtcremes, 6 Feuchtigkeitsmasken, 6 Cleanser und 5 Toner von der Fa. Renata di Mardi im Regal. Diese Firma hat 2 Tage Lieferzeit. Hieraus soll sich eine Bestellliste ergeben.

Errechnen Sie zuerst die Durchschnittszahl für die Verkäufe pro Woche: Augencreme 14 Stück in 7 Tagen, Lisa verkauft dann in 2 Tagen (während der Beschaffungszeit) = 4 Stück.

7 Tage = 14 Stück
2 Tage = x

$$\frac{14 \cdot 2}{7} = 4 \text{ Stück}$$

2 Tage Lieferzeit mit durchschnittlich 4 Stück, davon $^1/_3$, d. h. 4 : 3 = 1,3 (Mindestbestand, abgerundet 1).

Meldebestandsberechnung Augencreme (täglicher Absatz · Tage Lieferzeit + Mindestbestand) = 14 Stück pro Woche; 14 : 7 Tage = 2 Stück; 2 Stück · 2 Tage Lieferzeit = 4 Stück + 1 Mindestbestand = 5 Stück Meldebestand.

Artikel	Istbestand	Durchschn. Verkaufszahl pro Woche	Durchschn. Verkaufszahl in der Beschaffungszeit	Mindestbestand	Meldebestand
Augencreme	6	14	4	1	5
Nachtcreme	8	17	4,86 (5)		
Feuchtigkeitsmaske	6	14	4		
Cleanser	6	13	3,71 (4)		
Toner	5	12	3,43 (3)		

Um sicherzugehen, wie viel Stück Sie bestellen müssen, rechnen Sie aus, für wie viele Tage Sie noch Ware auf Lager haben werden. Augencreme: täglich verkaufen Sie 2 Stück, auf Lager sind noch 6 Stück, d. h., Sie haben Ware für 3 Tage.

Je nachdem, in welchem Rhythmus Sie bestellen wollen, müssen Sie die optimale Bestellmenge festlegen.

Augencreme werden Sie in 14 Tagen 28-mal verkaufen; wenn Sie alle 14 Tage bestellen und eine Lieferzeit von ca. 2 Tagen haben, wäre die optimale Bestellmenge 32 Stück, um den Mindestbestand von 1 Stück zu halten und die Lieferzeit von 2 Tagen zu überbrücken.

Beispielliste, ausgehend von einem 14-Tage-Bestellmodus

Artikel	Istbestand	Mindestbestand	Meldebestand	optimale Bestell-menge
Augencreme	6	1,3 (1)	5	33
Nachtcreme	8	1,66 (2)	6,85 (7)	41
Feuchtigkeits-maske	6	1,3 (1)	5	33
Cleanser	6	1,3 (1)	4,71 (5)	31
Toner	5	1	4,42 (4)	28

Nun können Sie sehen welche Stückzahl Sie aktuell bestellen sollten und dabei die Liefereinheit beachten (d. h. die Bestellmenge auf- oder abrunden).

An ...

Datum 14.07.20..

Bestellung

Menge	Liefereinheit	Artikel	Nr.	Preis
32	2	*Augencreme*	1203	28,90
42	6	*Nachtcreme*	0842	24,80
33	1	*Feuchtigkeits-maske*	0781	26,80
...				

Am 14.07.20.. hat Lisa 6 Stück und bestellt 32-mal Augencreme, die Ware wird am 16.07.20.. geliefert, ihre nächste Bestellung wird sie am 28.07... machen und am 30.07.20.. die nächste Ware erhalten.

Die vorher genannten Analysen sollten ein Werkzeug und eine Hilfe sein, aber achten Sie bei Ihren Bestellungen darauf, das manchmal mehr von einem Artikel verkauft wurde als den Analysen entsprechend oder Ihr Lieferant ein attraktives Angebot hat bei dem es sich lohnt mehr als die errechnete optimale Bestellmenge zu ordern, oder bei einer höheren Bestellung die Versandkosten entfallen.

In unserem Beispiel mit Lisa und der Creme waren zum Zeitpunkt der Bestellung noch 2 Cremes auf Lager. Der Lieferant hat ein aktuelles Angebot mit 10 + 2 Cremes Naturalrabatt. Die optimale Bestellmenge wäre 7. Lisa möchte aber gerne dieses Angebot nutzen und bestellt daher 10 x die Creme.

7.3.3 Inventur

Unter **Inventur** wird die (jährliche) mengen- und wertmäßige Erfassung der in einem Unternehmen vorhandenen Wirtschaftsgüter verstanden. Bei der **Inventur** werden alle im Unternehmen vorhandenen Wirtschaftsgüter aufgelistet. Dazu zählen alle **Handelsgüter** wie Kosmetikprodukte (Waren) und alle **Gegenstände des beweglichen Anlagevermögens** (wie z. B. Registrierkassen, Behandlungsstühle usw.), aber keine Grundstücke, Bankguthaben und Schulden.

Die Überprüfung und Bewertung des Anlage- und Umlaufvermögens ist nur für Kaufleute notwendig, also für Unternehmen, die unter die Bestimmungen des **Handelsgesetzbuches** fallen (HGB § 240). Das heißt, wer die **Einnahmenüberschussrechnung** macht, kommt um das mühsame „Zählen, Wiegen, Messen" und das anschließende Bewerten zum Glück herum.

EXKURS: Buchführung

In einem Geschäftsbetrieb muss man Vermögens- und Kapitalteile erfassen, Kosten ermitteln und auf die angebotenen Dienstleistungen und Produkte anrechnen. Das nennt man Buchführung.

Natürlich ist Buchführung ein sehr umfangreiches Kapitel und füllt schon alleine ein Buch, hier wird nur eine Einführung mit den wichtigsten Punkten, die eine Kosmetikerin betreffen können, gegeben:

In der Buchführung spricht man von Vermögen und Kapital. Vermögen ist alles, was man besitzt, der Begriff Kapital wird unterschieden in Eigenkapital, Fremdkapital und Gesamtkapital (→ Kapitel 4.6 bzw. → 8.7.1).

Buchführung ist die Grundlage des Rechnungswesens. Ohne die Aufzeichnungen aller Geschäftsvorfälle würde die Kosmetikerin, aber auch das Finanzamt und der evtl. Kreditgeber die Übersicht über das Institut verlieren.

Die **Inventur** stellt die Grundlage für das **Inventar** (also das Verzeichnis zur Aufzeichnung der Art, Menge und Werte von Vermögen, Schulden und Reinvermögen) und der Bilanz (verkürzte Wiedergabe des Inventars) dar.

Zu Beginn eines Gewerbes und zum Schluss des Geschäftsjahres muss es eine genaue Aufzeichnung des Geschäftsvermögens und der Geschäftsschulden geben (§ 240 HGB).

Für kleinere Betriebe, deren Umsatz 300.000,00 € und Gewinn 30.000,00 € jährlich nicht überschreiten, ist eine doppelte Buchführung keine Verpflichtung.

Die doppelte Buchführung bedeutet die Aufstellung von Vermögen und Vermögensgegenständen auf der einen Seite als Aktiva und die Aufstellung von Schulden und Reinvermögen (Fremdkapital und Eigenkapital) als Passiva auf der anderen Seite in Form einer

bilancia

Bilanz (ital. *bilancia* = Waage). Bilanz deshalb, weil die Bilanzsumme der Vermögensseite (Aktiva) immer mit der Bilanzsumme der Kapitalseite (Passiva) übereinstimmen muss.

Bilanz der Kosmetikstudios Wunderschön zum 31. Dezember ...

Aktiva = Vermögen	Passiva = Kapital
I. Anlagevermögen	I. Eigenkapital
1. Immaterielle Vermögensgegenstände (z. B. Konzessionen, gewerbliche Schutzrechte, Lizenzen, Geschäftswert)	1. gezeichnetes Kapital
2. Sachanlagen (z. B. Grundstücke, Geräte, Geschäftsausstattung)	2. Kapitalrücklagen
3. Finanzanlagen (z. B. Anteile und Ausleihungen an verbundene Unternehmen, Beteiligungen)	3. Gewinnrücklagen
II. Umlaufvermögen	4. Gewinn-/Verlustvortrag
1. Vorräte (z. B. Roh-, Hilfs- und Betriebsstoffen, Warenvorräte)	5. Jahresüberschuss/Fehlbetrag
2. Forderungen (z. B. aus Lieferungen und Leistungen)	II. Rückstellungen (z. B. für Altersvorsorge, Steuern)
3. Wertpapiere	III. Verbindlichkeiten
4. Kassenbestand, Bankguthaben, Schecks	1. Anleihen, Darlehen, Kredite
	2. erhaltene Anzahlungen
	3. Verbindlichkeiten (z. B. aus Lieferungen und Leistungen)

Eine Bilanz ermöglicht eine Bewertung und Beurteilung des Unternehmens und seines wirtschaftlichen Erfolges. Die Bilanz beinhaltet aber auch die Grundlagen für unternehmerische Entscheidungen.

Man unterscheidet grundsätzlich zwei **Buchführungssysteme**, die einfache und die doppelte Buchführung. In der einfachen Buchführung werden nur diejenigen Geschäfte buchmäßig festgehalten, die aus Kontroll- und Inventurgründen unbedingt benötigt werden (Kassenvorgänge und Abrechnungen mit Kunden und Lieferanten). Diese Geschäfte werden im sog. Grundbuch festgehalten.

Die Erfassung der Geschäftsvorfälle erfolgt auf Konten. Einer Buchung im Soll muss immer eine Buchung im Haben eines anderen Kontos entsprechen.

Bei der **doppelten Buchführung** wird doppelt gebucht. Jeder Buchung entspricht eine Gegenbuchung. So wird der Tagesumsatz als Zugang im Kassenkonto im Soll und auf dem Erlöskonto als Zugang im Haben gebucht.

- Vermögens- und Schuldenaufstellung
- Zahlenermittlung als Kalkulationsbasis für zukünftige Entscheidung
- Grundlagenberechnung für Steuerabgaben und Steuerschulden
- Informationsbasis für Investitionen, aber auch für Gläubiger (Banken und Lieferanten)
- Inventurerstellung
- Inventarermittlung
- Einnahmen/Ausgaben-Überschussrechnung
- Bilanzerstellung
- Basis für die Erstellung der Steuererklärung

Nach § 240 HGB und den §§ 140, 141 Abgabenordnung (AO) ist ein Kaufmann verpflichtet bei der Gründung bzw. Übernahme oder Auflösung alle Vermögensteile und Schulden einzeln mengenmäßig zu erfassen, d.h. zu zählen, zu messen, zu wiegen und zu bewerten. Diesen Vorgang nennt man „Inventur". So kann mithilfe der Inventur die jährliche Feststellung von Vermögen und Schulden eines Unternehmens erfolgen.

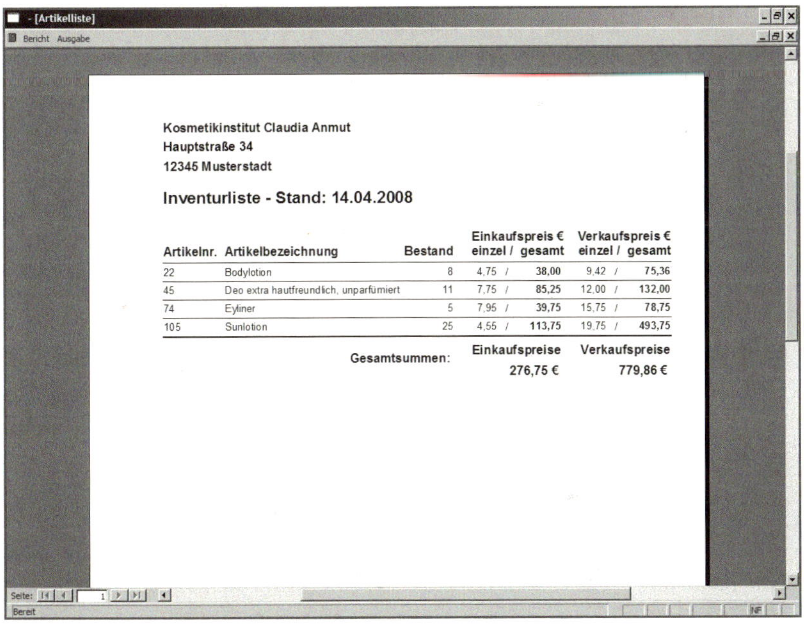

Kosmetikinstitut Claudia Anmut
Hauptstraße 34
12345 Musterstadt

Inventurliste - Stand: 14.04.2008

Artikelnr.	Artikelbezeichnung	Bestand	Einkaufspreis € einzel / gesamt		Verkaufspreis € einzel / gesamt	
22	Bodylotion	8	4,75 /	38,00	9,42 /	75,36
45	Deo extra hautfreundlich, unparfümiert	11	7,75 /	85,25	12,00 /	132,00
74	Eyliner	5	7,95 /	39,75	15,75 /	78,75
105	Sunlotion	25	4,55 /	113,75	19,75 /	493,75
	Gesamtsummen:		Einkaufspreise	276,75 €	Verkaufspreise	779,86 €

Abb. 7.11:
Screenshot Inventurliste

Sie müssen Aufzeichnungen anfertigen (lassen) über die Durchführung und das Ergebnis der Inventur. Diese sind zu unterschreiben und zehn Jahre lang aufzubewahren (Inventar).

Inventuren lassen sich auf verschiedene Weise durchführen.

permanente Inventur = fortlaufende Aufzeichnung

Die **permanente Inventur** wird durch das fortlaufende Aufzeichnen aller Zu- und Abgänge ermittelt. In Lager- oder Warenbüchern müssen nach Tag, Art und Menge anhand von Belegen alle Zu- und Abgänge von Waren notiert werden. Die hierzu geführten Listen unterscheiden sich in Lagerbestandslisten, Wareneingangslisten und Warenausgangslisten.

Tab: Lagerbestandsliste

	Anzahl	Artikel Name	Datum
Anfangsbestand	4	Creme X	03.03...
Warenabgang	1	Creme X	24.03...
Warenzugang	2	Creme X	02.04...
Lagerbestand	3	Creme X	31.03...

Tab.: Wareneingangsliste

	Anzahl	Artikel Name	Datum
	4	Creme X	26.02...
	2	Creme X	02.04...

Tab.: Warenausgangsliste

	Anzahl	Artikel Name	Datum
	1	Creme X	24.03....

Mithilfe der geführten Listen können Sie den Lagerbestand mit den Beständen in den Büchern vergleichen und Differenzen notieren.

Damit Ihre Inventur stimmt, d. h. Waren die Sie eingekauft haben, aber nicht verkauft wurden, weil sie verdorben sind, gestohlen wurden oder zum **Eigenbedarf** genutzt wurden, müssen auch solche Artikel in einer Liste erfasst werden. Ihr Steuerberater wird dann aufgrund der Buchhaltung mit Ihnen entscheiden, wir mit den Verlusten verfahren wird. Für den Eigenbedarf wird er einen Pauschalbetrag mit Ihnen festlegen, z. B. 400,00 Euro pro Jahr. Dieser wird dann Gewinn erhöhend verbucht, da Sie diese Artikel zum eigenen Gebrauch nutzen und die Kosten von Unternehmen getragen werden.

Stichtagsinventur = an einem festen Tag

Die **Stichtagsinventur** wird an einem Tag zwischen dem 21. Dezember und dem 10. Januar durch das von Hand zählen ermittelt. Sie muss nicht am Bilanzstichtag, aber zeitnah (d. h. innerhalb von zehn Tagen) vor oder nach dem Bilanzstichtag erfolgen. Die Bestandsveränderungen zwischen dem Bilanzstichtag und der Inventuraufnahme müssen anhand von Belegen und Aufzeichnungen ordnungsgemäß berücksichtigt werden.

Bei der **zeitverschobenen Inventur** wird die jährliche körperliche Bestandsaufnahme innerhalb der letzten drei Monate vor oder der ersten zwei Monate nach dem Bilanzstichtag durchgeführt. Voraussetzung ist aber, dass die ordnungsgemäße Bewertung zum Inventurstichtag durch ein Fortschreibungs- oder Rückrechnungsverfahren sichergestellt ist (vgl. § 240, § 241 HGB; R 30 Abs. 2 EStR). Bei dieser Inventur wird ein besonderes Verzeichnis auf den Bilanzstichtag aufgestellt. In dieses Verzeichnis werden nicht mehr die mengenmäßigen Bestände, sondern nur deren Werte aufgenommen. Die Veränderungen zwischen dem Zeitpunkt der körperlichen Bestandsaufnahme und dem Bilanzstichtag werden nur wertmäßig berücksichtigt.

Zeitverschobene Inventur
=
Zeitraum vor oder nach dem Bilanzstichtag

Die Veränderungen/die Differenzen, die sich zum gezählten Bestand ergeben, die durch die Zeitverschiebung entstehen, muss man errechnen. Dies geschieht durch die Wertfortschreibung oder die Wertrückrechnung.

Bei der **zeitlich vorverlegten Inventur** (z. B. körperliche Bestandsaufnahme am 30.11.) erfolgt die Wertfortschreibung auf den Bilanzstichtag (z. B. 31.12.) nach der folgenden Aufstellung:

Wert des Bestandes zum Aufnahmezeitpunkt
\+ Wert des Zugangs vom Aufnahmezeitpunkt bis zum Abschlusszeitpunkt
\- Wert des Abgangs vom Aufnahmezeitpunkt bis zum Abschlusszeitpunkt (zu Einstandspreisen)
\--
= Wert des Bestandes zum Abschlusszeitpunkt (Bilanzstichtag)

Beispielrechnung Wertfortschreibung

Wert am Inventurtag	6 Tuben Faltenfrei
+ Zugänge bis Bilanzstichtag	+ 12 Tuben Faltenfrei (z. B. werden noch bestellt)
− Abgänge bis Bilanzstichtag	− 14 Tuben Faltenfrei (Verkäufe bis Bilanzstichtag)
= Wert am Bilanzstichtag	= 4 Tuben Faltenfrei (Umlaufvermögen in der Bilanz)

Bei der **zeitlich nachverlegten Inventur** (z. B. körperliche Bestandsaufnahme am 02.02.) erfolgt die Wertrückrechnung nach der folgenden Aufstellung:

Wert des Bestandes zum Aufnahmezeitpunkt
\- Wert des Zugangs vom Abschlusszeitpunkt bis zum Aufnahmezeitpunkt
\+ Wert des Abgangs vom Abschlusszeitpunkt bis zum Aufnahmezeitpunkt (zu Einstandspreisen)
\--
= Wert des Bestandes zum Abschlusszeitpunkt (Bilanzstichtag)

Beispielrechnung **Wertrückrechnung**

	Wert am Inventurtag	6 Tuben Creme
–	Zugänge ab Bilanzstichtag	– 12 Tuben Creme
+	Abgänge ab Bilanzstichtag	– 14 Tuben Creme
=	Wert am Bilanzstichtag	= 8 Tuben Creme

Über Paragraf 240 Absatz 2 HGB sowie §§ 140, 141 AO ist das bilanzierende Unternehmen verpflichtet zum Schluss des Kalender- bzw. Wirtschaftsjahres Inventur zu machen. Das heißt, dass die Kosmetikerin alle zum Betriebsvermögen gehörenden Wirtschaftsgüter zum Bilanzstichtag der Art und Menge, dem Gewicht und der Zahl nach feststellen und in Listen eintragen muss.

Dies ist nicht nur eine gesetzlich vorgeschriebene Handlung, sondern eine gute und wichtige Kontrollfunktion des Warenlagers (in Lagerraum und Verkaufsraum).

Fazit: Eine Inventur setzt sich aus dem Erfassen der unkörperlichen Vermögensgegenstände (wie Forderungen und Schulden, die aufgrund der Buchführung und der Belege festgestellt werden, Bankguthaben durch die Kontoauszüge) und der körperlichen Vermögensgegenstände (z. B. Cremes, Pinzetten, Nagellacke, Make-ups usw.) zusammen. Letztere werden durch zählen, messen, wiegen oder schätzen festgestellt.

Durch die Inventur wird nur das Betriebsvermögen, nicht das Privatvermögen erfasst.

Bei der Inventur muss mit Sorgfalt vorgegangen werden, um steuerliche Nachteile zu vermeiden. Nach Erstellung der Inventur wird der Istbestand (am Inventurtag tatsächlich festgestellter Warenbestand) mit dem Sollbestand (Wert des buchmäßig errechneten Warenbestandes) verglichen. Wenn die beiden Beträge nicht übereinstimmen, nennt man dies die **Inventurdifferenz.** Die Ursachen dafür können Diebstahl, Fehler in der Bestandserfassung, Preisauszeichnung, beim Kassieren oder auch der Verderb und Bruch von Waren sein.

Wenn eine Kosmetikerin nur die Wareneingänge, nicht aber die Warenausgänge verbucht, kann sie den Endbestand nur über eine Inventur ermitteln. Wenn der in der Inventur festgestellte Endbestand vom Anfangsbestand zuzüglich der Wareneingänge abgezogen wurde, hat sie so den **Wareneinsatz** ermittelt.

Nur über den Wareneinsatz kann die erzielte Gewinnspanne errechnet werden.

Berechnung des Wareneinsatzes und der erzielten Gewinnspanne:

	Anfangsbestand		oder auch
+	Wareneinkauf		Umsatz
–	Endbestand	–	Abschlag
=	Wareneinsatz	=	Wareneinsatz

	Umsatz netto
–	Wareneinsatz
=	erzielte Gewinnspanne

5840488

Beispielrechnung Wareneinsatz

Lisas Institut hat einen Jahresumsatz von 100.000,00 € mit einer Handelspanne von 40 %.

100 % = 100.000,00 €

40 % = x

$$\frac{100.000 \cdot 40}{100} = 40.000,00\ €$$

	100.000,00 € Umsatz
–	40.000,00 € Abschlag
=	60.000,00 € Wareneinsatz

Das heißt, Lisa hat bei einem Jahresumsatz von 100.000,00 € mit einen Wareneinsatz von 60.000,00 € 40.000,00 € erwirtschaftet.

Durch die Inventur hat der Kosmetiker eine gute Möglichkeit zu prüfen, ob er/sie rentabel arbeitet (bestellt und verkauft) und ob die Art der Lagerhaltung so beibehalten werden kann oder verändert werden sollte.

7.4 Warenwirtschaft

Wenn Ihre Warenbestände zu hoch sind, ist das Risiko von Verderb oder Veralterung gegeben. Daher sollten Sie keine Fleißarbeit scheuen und Kontrolllisten führen, um kein Geld zu verlieren.

Zur Arbeitserleichterung kann ein speziell für die Kosmetikerin entwickeltes Computersystem empfohlen werden (→ Kapitel 6.5). Damit sind Sie immer auf dem aktuellsten Stand.

Die **Warenwirtschaft** eines Kosmetikinstitutes sollte daher systematisch erfolgen und Folgendes beinhalten:

Waren sollten artikelgenau nach Menge und Wert erfasst und bewirtschaftet werden, beim Wareneingang und Warenausgang, im Kassenbuch und im Lager.

Beispiel

Lisa bestellt vollkommen unorganisiert Artikel, die ihr gerade gefallen. Das ist absolut nicht wirtschaftlich.

Natürlich muss sie die Artikel mögen, mit denen sie arbeitet, aber in erster Linie muss die Wahl der Artikel am Wunsch ihrer Kunden orientiert sein. Wenn sie kein System zur Bestellung und Lagerung (auch im Verkaufsraum wird Ware vorübergehend gelagert) verwendet, wird sie voraussichtlich viel Geld verlieren.

Der Zweck einer Warenwirtschaft ist die **Bestands- und Erfolgssteuerung**. Sie ermöglicht eine ständige Übersicht über die Warenbestände, sortiert nach Artikeln, Warengruppen und Herstellern, um so den Bestellmodus zu steuern oder Maßnahmen zur Verkaufsförderung einzuleiten.

Mit dem richtigen Warenwirtschaftssystem müssen Sie nicht die Inventur abwarten, um einen Überblick der aktuellen wirtschaftlichen Situation Ihres Kosmetikinstitutes zu erhalten.

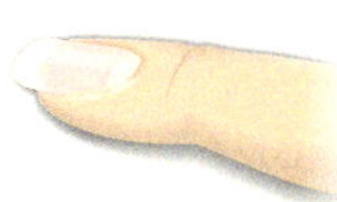

Für die systematische Warenwirtschaft ist auch ein gutes **Warenkontrollsystem** wichtig. Es muss geprüft werden:

- Welche Artikel verkaufen sich gut und wie oft (Lagerumschlagsgeschwindigkeit)?
- Welche Zeiträume zwischen Bestellung und Lieferung müssen mit ausreichend Ware im Institut überbrückt werden?
- Gibt es genügend Stauraum, um günstige Aktionsware einzukaufen?
- Ist das Lager so organisiert, dass es übersichtlich ist und Sie mit wenigen Blicken erfassen können, wie die Bestandslage ist?
- Sind alle Regale leicht erreichbar und gibt es keine Unfallrisiken?

Lagerumschlags-geschwindigkeit ≠ Warenumschlags-geschwindigkeit

Die **Lagerumschlagsgeschwindigkeit** ist hierbei nicht gleich der Warenumschlagsgeschwindigkeit. Der Lagerumschlag umfasst alle Produkte des Lagers, während die **Waren- oder Produktumschlagsgeschwindigkeit** aussagt, wie schnell ein Produkt vom Wareneingang über die Präsentation im Geschäft und den Verkauf benötigt. Im positivsten Fall ist das ein Tag.

Je kürzer die Zeit für die drei Vorgänge Auspacken, Einräumen, Verkaufen pro Produkt ist, desto höher ist die Produktumschlagsgeschwindigkeit, desto niedriger ist die Kapitalbindung und desto höher ist die vorübergehende Liquidität.

Abschließend für dieses Lernfeld ist zu sagen: Die Konsequenzen einer schlechten Warenwirtschaft werden auf jeden Fall teuer, denn wenn Sie zu wenig Ware haben, werden Sie **Umsatzeinbußen** in Kauf nehmen müssen. Ihre Kunden werden nicht warten, bis der Artikel geliefert wird. Sie werden deshalb gar nicht kaufen oder sogar zur Konkurrenz wechseln.

Raus ist aus! Ist der Kunde aus dem Geschäft ohne einen Artikel, wird er wahrscheinlich diesen woanders kaufen.

Für den Fall, dass Sie unverschuldet die bestellte Verkaufsware nicht rechtzeitig erhalten, können Sie folgendes versuchen:

- Sind Sie ehrlich, oder verschweigen Sie, dass der Artikel fehlt? – Diese Entscheidung ist abhängig von Ihrer persönlichen Überzeugung und von Ihrer Beziehung zum Kunden.
- Bieten Sie ein in Zusammensetzung und Wirkung vergleichbares, für den Kunden geeignetes Produkt an.
- Schenken Sie dem Kunden einige Proben des gewünschten Artikels.
- Geben Sie eventuell einen Musterartikel (Tester) mit; allerdings sollte dies eine Einzelfallentscheidung sein, denn es könnte auch negativ wirken.

Fragen
Übungen
Aufgaben
A

1. *In Gruppen:*
   Lassen Sie sich Angebote von Kosmetiklieferanten zusenden und vergleichen Sie die Leistungen (Rabatte, Werbung, Schulungen usw.).
2. *Entwickeln Sie Beispiellisten, mit denen Sie folgende Daten erfassen können: Verkaufte Artikel (als „Renner-und-Penner-Liste"), Artikel zum Bestellen (Warenbestellungsliste), Artikel im Lager (Lagerbestandsliste), Umsätze pro Tag (Umsatzliste).*

A Fragen Übungen Aufgaben

3. *Der Einstandspreis ist 18,50 €. Berechnen Sie bei einem Handlungskostenzuschlag von 60 % und einem Gewinnzuschlag von 20 % den Nettoverkaufspreis.*
4. *Bitte sehen Sie sich das Foto einer Kosmetikerin im Lager genau an. Welche Dinge fallen Ihnen ins Auge, die verbesserungsfähig wären?*

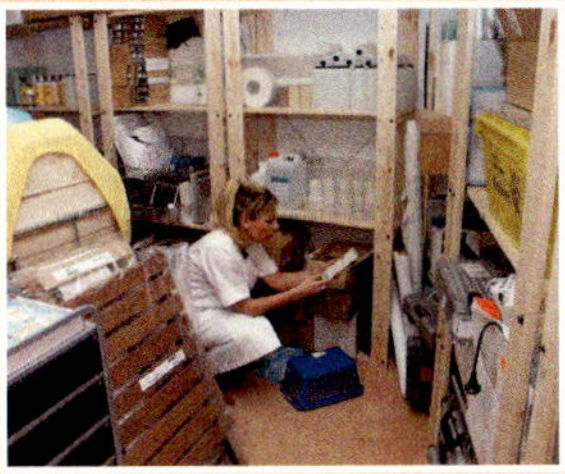

5. *Was alles gehört zu dem Bereich Lagerhaltung?*
6. *Simulieren Sie eine Warenbestellung unter der Berücksichtigung, dass Sie*
   a) kein Lager haben b) ein Lager haben.
7. *Welche Listen sind über den Geschäftsbetrieb zu führen und warum?*
8. *Prüfen Sie, ob das Sortiment Ihres Betriebes tief oder breit ist. Ist es tief? Gibt es verschiedene Augencremes? Ist es breit? Listen Sie hierzu alle Produktgruppen auf, z. B. Lippenstifte, Nagellacke, Bodylotions, etc.*
9. *Erstellen Sie eine Liste von Fragen, die Sie Ihren Kunden stellen möchten. (Zum Beispiel: Welche Artikel kaufen Sie am liebsten bei uns?) Ziel ist eine eventuelle Sortimentserweiterung.*
10. *Was spricht gegen und was für die Lagerhaltung?*
11. *Wie definieren Sie Angebot und Nachfrage?*
12. *Wie könnte die Einstellung des Vertriebes einer Nachtcreme Ihre Sortimentsgestaltung beeinflussen?*
13. *Warum ist die Sortimentskontrolle so wichtig?*
14. *Welche Faktoren bestimmen die Preisbildung?*
15. *Was ist der Unterschied zwischen Mehrwertsteuer und Vorsteuer?*
16. *Errechnen Sie den Nettoverkaufspreis, der Bruttoverkaufspreis ist 79,00 €.*
17. *Wie definieren Sie den Einstandspreis?*
18. *Was ist ein Selbstkostenpreis?*
19. *Beinhaltet der Nettoverkaufspreis bereits einen Gewinnzuschlag?*
20. *Lisa kauft bei ihrem Lieferanten im Monat Mai zehnmal Nachtcreme zu 32,00 € das Stück, zuzüglich 19 % MWSt. Sie verkauft im selben Monat acht Nachtcremes zum Preis von je 72,50 €. Sie hat einen Handlungskostenanteil von 60 %. Wie hoch ist der Mehrwertsteuerbetrag in Euro? Wie hoch ist der Gewinnzuschlag in %? Und welchen Betrag muss sie an das Finanzamt abführen (Vorsteuer – Mehrwertsteuer)?*
21. *Vervollständigen Sie die abgebildete Tabelle.*
   a) Errechnen Sie den Mindestbestand und Meldebestand.
   b) Gehen Sie von einem Zweiwochenbestellrhythmus aus und legen Sie so die optimale Bestellmenge fest.
   c) Erstellen Sie eine Bestellliste mit den unten genannten Artikeln und den zu bestellenden Mengen.

Artikel	Istbestand	Verkäufe/ Woche	Lieferzeit Tage	Mindest-bestand	Meldebestand	Bestellmenge
Tagescreme	6	2	2			
Nachtcreme	8	1	4			
Ampulle	6	4	4			
Peeling	6	5	2			
Cleanser	5	3	2			

5

Anhang:

Definitionen

Abschreibungen Sind bezogen auf ein Wirtschaftsjahr die Wertminderung der Vermögensgegenstände. Beim abnutzbaren Anlagevermögen (wie Geräte oder PKW) dienen Abschreibungen der Verteilung der Anschaffungs- bzw. Herstellungskosten auf die Nutzungsdauer der Gegenstände. Abschreibungen sind Aufwendungen, die den Gewinn mindern.

Absetzung durch Abnutzung (AfA) Zusammenfassender Ausdruck für die in einer Bilanz aufgeführten Vermögensteile des Unternehmens (Anlagevermögen, Umlaufvermögen, Rechnungsabgrenzungsposten). Bei einer in Kontenform aufgestellten Bilanz bezeichnet dieser Ausdruck die „linke Seite" der Bilanz.

Anlagevermögen Das Anlagevermögen gliedert sich nach § 266 Abs. 2 HGB in *immaterielle Vermögensgegenstände* (Konzessionen, Lizenzen, Firmenwert usw.), *Sachanlagen* (Grundstücke, Bauten, Maschinen usw.) und *Finanzanlagen* (Beteiligungen, Wertpapiere usw.). Es wird für Produktions- und Leistungsprozesse benötigt und ist nicht zur Veräußerung bestimmt.

Annuität Von lat. annus = Jahr. Die bei der Tilgung einer Kapitalschuld regelmäßige Jahreszahlung, die Zins und Tilgung beinhaltet und in der Regel in gleich bleibender Höhe gezahlt wird. Bei jeder nachfolgenden Zahlung verringert sich der Zinsanteil und erhöht sich der Tilgungsanteil in der Annuität im Vergleich zur vorherigen Zahlung.

Anschaffungskosten Aufwendungen, die geleistet werden, um einen Vermögensgegenstand zu erwerben und in einen betriebsbereiten Zustand zu versetzen, soweit sie dem Vermögensgegenstand einzeln zugeordnet werden können (vgl. § 255 Abs. 1 HGB).
Anschaffungskosten sind wie folgt zu ermitteln:
Kaufpreis, netto
+ Anschaffungsnebenkosten (Beschaffungskosten etc.), netto
− Anschaffungspreisminderungen (Skonto, Rabatt etc.), netto
= Anschaffungskosten

Aufbewahrungsfristen Buchführungs- und Aufzeichnungsunterlagen müssen sowohl nach Handelsrecht als auch nach Steuerrecht aufbewahrt werden. Die Dauer der Aufbewahrungspflicht hängt davon ab, um welche Unterlagen es sich handelt (z. B. Buchungsbelege und Jahresabschlüsse 10 Jahre; empfangene Handelsbriefe und Duplikate von versendeten Geschäftsbriefen 6 Jahre). Die Aufbewahrungsfristen sind in den §§ 257 HGB und 147 AO geregelt.

Aufwand, Aufwendungen Die von einer Unternehmung in einer Abrechnungsperiode (z. B. Kalenderjahr) verbrauchten Güter und Dienstleistungen in Geld ausgedrückt.
Aufwendungen werden auf den Aufwandskonten (z. B. Gehälter, Miete, Abschreibungen) im *Soll* gebucht. In der Gewinn- und Verlustrechnung werden die Aufwendungen der Abrechnungsperiode den Erträgen der selben Abrechnungsperiode gegenübergestellt. Die Differenz hieraus ist der Gewinn-/Verlust dieser Abrechnungsperiode. Aufwendungen wirken sich somit eigenkapital mindernd aus.

Betriebsvermögensvergleich Gewinnermittlung durch die Gegenüberstellung des Eigenkapitals zum Schluss des Abrechnungszeitraums und des Eigenkapitals zum

5

Schluss des vorangegangenen Abrechnungszeitraums, vermehrt um Privatentnahmen und vermindert um Privateinlagen: EK am Ende des Abrechnungszeitraums (z. B. 31.12.)
– EK am Ende des vorangegangenen Abrechnungszeitraums (z. B. 31.12. Vorjahr)
+ Privatentnahmen des Abrechnungszeitraums
– Privateinlagen des Abrechnungszeitraums
= Gewinn/Verlust

Bilanz Gegenüberstellung der Aktiva (Vermögensgegenstände und aktive Rechnungsabgrenzungsposten) und der Passiva (Eigenkapital, Schulden und passive Rechnungsabgrenzungsposten) eines Unternehmens zu einem bestimmten Stichtag (z. B. 31.12). Vom ital. *bilancia* (= Waage) abgeleitet.

Bilanzstichtag Zeitpunkt für den die Bilanz (der Jahresabschluss) aufgestellt wird; in der Regel ist dies der 31.12.; es kann aber auch ein anderer regelmäßiger Stichtag gewählt werden (abweichendes Wirtschaftsjahr).

Bruttobetrag Ist der Rechnungspreis der sich aus Nettowert und Umsatzsteuer zusammensetzt.

Buchführung Planmäßige und lückenlose Dokumentation der Geschäftsvorfälle eines Unternehmens in zeitlicher Abfolge. Die Inhalte und Werte der Geschäftsvorfälle müssen hierbei zu erkennen sein.

Buchführungspflicht Verpflichtung, die Geschäftsvorfälle eines Unternehmens nach bestimmten Regeln zu dokumentieren (aufzuzeichnen). Die handelsrechtliche Buchführungspflicht ist in § 238 HGB, die steuerrechtliche Buchführungspflicht in den §§ 140, 141 AO geregelt.

Buchung Erfassung eines Geschäftsvorfalls auf den Konten der Buchführung (bei manueller Buchführung: Eintragung auf den Konten; bei elektronischer Buchführung: Eingabe des Buchungssatzes in das EDV-Programm).

Darlehen Sind Verbindlichkeiten gegenüber Kreditinstituten durch Kreditaufnahme.

Disagio Ist der Unterschiedsbetrag um den der Rückzahlungsbetrag (Nennwert) eines Darlehens höher ist als dessen Ausgabebetrag.

Ertrag Ist die bewertete Entstehung von Gütern und Dienstleistungen eines Unternehmens innerhalb einer Periode.

Forderungen Sind alle Rechte auf Leistung bestimmter Zahlungen oder Gütertransaktionen.

Fremdkapital Sind in der Bilanz ausgewiesene Schulden gegenüber Dritten.

Gewinn und Verlustrechnung Stellt Aufwendungen und Erträge gegenüber und die Differenz stellt den Unternehmenserfolg dar.

Inventar Ist die Zusammenfassung der Ergebnisse einer Inventur.

Jahresabschluss (z. B. eines Kaufmanns) setzt sich aus Bilanz und der Gewinn- und Verlustrechnung zusammen.

Konto Ist in der Buchführung meist in T-Form die Aufteilung der Sollseite und der Habenseite.

Liquidität Bezeichnet die Verfügbarkeit über genügend Zahlungsmittel.

Lohnsteuer Ist die Erhebungsform der Einkommensteuer bei Arbeitnehmern.

Mehrwertsteuer Ist die umgangssprachliche Bezeichnung für Umsatzsteuer.

Nettobetrag Ist der reine Stoff- oder Erzeugniswert von bezogenen oder veräußerten Gütern.

Privateinlage Ist wenn ein Unternehmer Privatvermögen in Unternehmensvermögen überführt.

Rentabilität Drückt das Verhältnis des finanziellen Erfolges (Gewinn) eines Kosmetikinstitutes, gemessen am eingesetzten Kapital, aus.

Saldo Ist die Differenz zwischen Soll und Habenbeträgen auf einem Konto.

Tilgung Ist die Rückzahlung von Fremdkapital wird häufig in Teilbeträgen getätigt.

Unternehmenserfolg Ist der positive Jahresüberschuß (Gewinn) der sich aus der Gegenüberstellung der Aufwendungen zu den Erträgen ergibt.

Umlaufvermögen Sind nur kurze Zeit im Unternehmen, wie Waren, Forderungen, Rohstoffe, Bank und Kassenbestände.

Vermögen Sind alle materiellen und immateriellen Gegenstände eines Unternehmens und werden in Anlagevermögen und Umlaufvermögen aufgeteilt.

Wirtschaftlichkeit Ein Unternehmen arbeitet wirtschaftlich, wenn es gemäß der Gewinn- und Verlustrechnung höhere Erträge als Aufwendungen hat.

Zinsen Sind der Preis für die Überlassung von Kapital für eine bestimmte Zeit.

Präsentieren und Verkaufen von Waren und Dienstleistungen

(LF 9)

Ein hübscher Cremetopf verkauft sich nicht von allein und auch die best qualifizierte Kosmetikerin hat nur Kunden wenn diese ihr Angebot kennen.

Marketing mit einem guten Konzept ist die Lösung.

Ihre Kunden sollen erfahren wer sind Sie und was Sie zu welchen Preis bieten. Das beschränkt sich aber nicht nur auf die klassischen Werbemedien wie Zeitung, Radio und Fernsehen. Auch in Ihrem Institut müssen Sie aktives Marketing betreiben. Ihre Schaufenster sollten Ihre Visitenkarte sein und Einheitlichkeit sollte sich auf allen Drucksachen und auch bei der Internetpräsentationen Ihres Institutes darstellen. Ein Marketing-Konzept zieht sich wie ein roter Faden durch Ihr Unternehmen. Selbst im Verkaufsgespräch wird es vertreten in der Art wie Sie sich und Ihre Produkte präsentieren.

Abb. 0.1: Werbeanzeige

Dazu muss natürlich auch die Preiskalkulation Ihrer Behandlungen und Produkte passen, die von einigen Kostenfaktoren abhängig ist, aber über die Rentabilität Ihres Instituts entscheidet.

Präsentieren und Verkaufen von Waren und Dienstleistungen

8.1 Marketing
8.2 Werbung
8.3 Warenpräsentation
8.4 Verkaufsgespräch
8.5 Reklamationen (Beschwerden)
8.6 Kalkulation von Dienstleistungen
8.7 Rentabilität und Wirtschaftlichkeit

9

8 Präsentieren und Verkaufen von Waren und Dienstleistungen

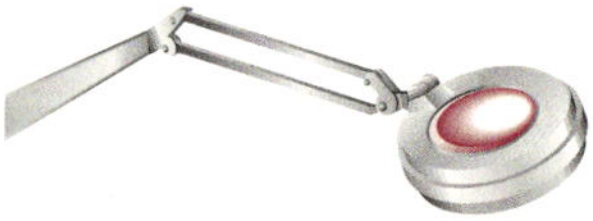

Lisa und Petra haben ihr Geschäft nun acht Monate. In regelmäßigen Abständen prüfen sie die Umsatzzahlen. Sie sind nicht zufrieden mit den Umsätzen der letzten Wochen und machen daher gemeinsam einen Rundumcheck (Kontrolle), bei welchem sie Fehler entdecken oder ihnen Verbesserungen einfallen. Sie wissen auch, dass sie im Bereich Werbung etwas mehr tun müssen, um neue Kunden zu gewinnen. Aber zurzeit haben sie leider keine großen Geldreserven. Deshalb möchten sie nicht viele Extrakosten machen und überlegen gemeinsam, welche Möglichkeiten der Werbung sie haben, die kostengünstig und trotzdem effizient sind.

Sie starten bei ihren beiden Schaufenstern, machen jeweils ein Foto und beschließen in der Stadt bei großen Mitbewerbern, Parfümerie-Ketten und Kaufhäusern, einige Vergleichsbilder zu machen. Anschließend vergleichen sie die Bilder mit den Bildern ihrer Schaufenster und sind entsetzt! Leider wirken ihre nicht sehr professionell. Es gibt handgeschriebene Plakate mit Angeboten und einige Produkte aus ihrem Sortiment mit Frühlingsblumen dekoriert. Sie informieren sich, nach welchen Kriterien Schaufensterdekorationen gestaltet werden. Um festzustellen, ob die Warenpräsentation im Institut stimmig ist, prüfen sie auch dort überall die Dekoration. In den Regalen im Geschäft herrscht absolute Ordnung, die Produkte sind nach Lieferanten und Hauttypen geordnet, außerdem nach Preiskategorie, perfekt – vielleicht zu perfekt? Außerdem sprechen sie über die Reklamationen in den letzten Monaten und wie sie damit umgegangen sind. Vielleicht hätten sie die Pflegeserie von Frau Müller doch mit Geldrückgabe abwickeln sollen? Petra erwähnt, dass sich vor einigen Tagen eine Kundin über die Behandlungspreise beschwert hat und dass alles viel zu teuer wäre. Sie beschließen, nochmals einige Preise durchzukalkulieren.

Damit sie nichts verkehrt machen, werden sie versuchen sich an die Grundregeln, die in der Werbung herrschen, zu halten.

9

8.1 Marketing

Ihre Einrichtung, Ihr Sortiment, das können Sie leicht bestellen, die dazu passenden Kunden leider nicht.

Beobachten Sie den Markt und Ihre Mitbewerber, lernen Sie aus den Fehlern der anderen und beachten Sie auch die Schwächen des Marktes. Stellen Sie Ihre Stärken in Ihrer Webeplanung heraus.

Treatments

Sammeln Sie Werbemittel und Prospekte der Konkurrenz. Wie sind diese gestaltet, welche *Treatments* (Behandlungen) werden angeboten, wie sind die Behandlungspreise? Ist die Konzeption harmonisch?

Der Begriff ***Marketing*** wird oft mit Werbung gleichgesetzt. Aber Werbung (→ Kapitel 8.2) ist nur eines von mehreren Marketing-Instrumenten, wenn auch ein sehr wichtiges. *Marketing* beschäftigt sich im Grunde mit der Frage: wie kann ich die Wünsche meiner Kunden am besten erfüllen? Es ist ein wichtiges Mittel, um Produkte und Dienstleistungen erfolgreich zu verkaufen. Dazu gehören Tätigkeiten wie Analyse, Planung, Umsetzung und Kontrolle.

Wie machen Sie Ihre potenziellen Kunden am besten auf Ihr Geschäft aufmerksam? Was brauchen Sie dazu und wie gehen Sie dabei am besten vor?

Marktforschung ist die Voraussetzung für eine marktnahe Umsetzung Ihrer *Marketing*aktivitäten. Ohne ausreichendes Wissen über Kunden, Wettbewerber und Unternehmensumfeld laufen Ihre Geschäftsideen Gefahr, zu einem *Flop* zu werden. Man unterscheidet:

- quantitative Marktforschung – das Ziel besteht darin, numerische Werte über den Markt zu ermitteln,
- qualitative Marktforschung – das Ziel ist, z. B. bestimmte Motive für bestimmte Verhaltensweisen im Markt herauszufinden sowie Erwartungen und Einstellungen zu erkennen,
- Primärforschung – sie ist die Erhebung neuer Daten, z. B. durch Befragungen,
- Sekundärforschung – sie stellt die Nutzung vorhandener Daten dar, z. B. aus Statistiken und Marktanalysen.

Abb. 8.2: Marktforschung

Die Meinungs- und Motivforschung sind bedeutende Marktforschungsverfahren. Bei der **Marktanalyse** werden Daten ermittelt, die sich auf die **aktuelle** Marktsituation beziehen (z. B. die Marktentwicklung – Wachsen, Stagnieren, Schrumpfen, die Struktur von Regionen, Produktgruppen, Kundentypen und Vertriebskanälen). Die **Marktbeobachtung** wiederum, dient der **langfristigen** Erfassung von Daten.

Kleines Marketing-Lexikon

Das folgende Marketing-Lexikon soll Ihnen helfen sich in der Begriffswelt des Marketings besser zurechtzufinden. Auch die → **Marketing-Instrumente** werden dargestellt. Diese *Instrumente* (lat., Gerät, Werkzeug für technische, wissenschaftliche und künstlerische Zwecke) sind Ihre „Werkzeuge", um Ihr → **Marketing-Konzept** erfolgreich umzusetzen.

Instrument

Marketing-Konzept
Es hat 5 Säulen: **Situationsanalyse** (die aktuelle Situation des Kosmetikinstitutes, dessen Umfeld und die zukünftige Entwicklung), **Marketingziele** (Absatz, Umsatz, Preisniveau, Marktanteil, Kundenzufriedenheit, Kundenbindung und Marken*image*), **Marketingstrategie** (legt fest, wie die Ziele erreicht werden sollen, welche Märkte und Zielgruppen mit welchen Mitteln bearbeitet werden), **Marketingmaßnahmen** (definieren die operativen Maßnahmen und Mittel/Instrumente → *Marketing-Mix*, mit denen die Strategie und die Ziele umgesetzt werden sollen) und ***Marketing-Controlling*** (engl., Kontrolle des Erfolgs/Misserfolgs von Marketingmaßnahmen, z. B. anhand von Vergleichen der Abverkaufszahlen oder Umsatzentwicklungen).

Marketing-Mix
Stellt die Kombination der **Marketing-Instrumente Produktpolitik, Kontrahierungspolitik (Preispolitik), Distributionspolitik und Kommunikationspolitik** dar; es wird daher auch die 4 P's *(Product, Price, Place, Promotion)* genannt.

9

Produktpolitik
Die Produktpolitik umfasst alle Aktivitäten rund um die Gestaltung des Produktes (Kosmetikbehandlung), so z. B. die Aufgabe oder Funktion der Behandlung und deren Ablauf. Die Gestaltung rund um die Behandlung (z. B. Getränke reichen, die einen Bezug zur Behandlung haben) ist Service. Serviceleistungen, Freundlichkeit, Hilfsbereitschaft und Fachkenntnis des Institutspersonals werden vom Kunden sofort wahrgenommen und als **Servicequalität** immer wieder bewertet. Das ist die Basis für eine gute **Kundenbindung**. Zusätzlich werden zur Kundenbindung Prämien, Geschenke, Rabatte und Kundenkarten eingesetzt.

Markenpolitik
Sie soll weitgehend austauschbare Produkte zu einer allein stehenden Marke stilisieren; mit möglichst großem Unterschied zu Konkurrenzprodukten.

Produktportfolio
Hierunter fallen alle, von einem Kosmetikhersteller angebotenen Produkte. Sie werden als Produktprogramm oder Sortiment (→ LF 5, Kapitel 7.1) bezeichnet.

Kontrahierungspolitik
Hierunter fallen die Preispolitik, die Rabattpolitik und die festzulegenden Liefer- und Zahlungsbedingungen eines Unternehmens.

Preispolitik
Unter Preispolitik versteht man sämtliche Planungen und Entscheidungen in Bezug auf den Preis des Produktes. Dieser wird durch die eigenen Kosten, die Preise der Wettbewerber und die Nachfrage durch die Konsumenten bestimmt.
Hochpreispolitik – bedeutet, einen hohen Preis auf Dauer zu haben und zu halten; nachfrageorientierte Preisbildung; Exklusivität und Luxus werden durch die Premium-Preis-Strategie vermittelt
Tiefpreispolitik – kostenorientierte Preisbildung; ein tiefer Preis auf Dauer
Marktpreispolitik – der Preis wird dem Markt angepasst; konkurrenzorientierte Preisbildung
Preisdifferenzierung – bedeutet, das Anpassen der Preise an den individuellen Kundennutzen mit der Möglichkeit, den höchstmöglichen Preis zu erzielen

Absatz- oder Distributionspolitik
Distribution ist das Bindeglied zwischen Produktion und Konsument. Aufgabe der Distributionspolitik ist die Verteilung der Produkte und Dienstleistungen an die passenden Konsumenten.
Es wird unterschieden zwischen **direktem Absatz** (der Produzent tritt als Verkäufer des Angebotes auf, z. B. in Internetshops oder als Handelsvertreter) und **indirektem Absatz** (der Produzent verkauft über ein oder mehrere Absatzmittler oder Vertriebsstufen, wie Großhandel, Einzelhandel, Versandhandel oder *Franchising* → LF 1, Kapitel 4.6).

Competitive-Intelligence (CI, Wettbewerbs-Intelligenz)
Dies ist eine systematische, andauernde und legale Sammlung und Auswertung von Informationen über Konkurrenzunternehmen, Wettbewerbsprodukte, Marktentwicklung, neue Technologien und Kundenerwartungen (Konkurrenz-/Wettbewerbsforschung).

Visual Merchandising (Sichtverkaufen)
Hierunter wird das Gestalten von Verkaufsflächen (Layoutkonzept, Orientierungssystem, Warenträgerkonzept) und die Warenpräsentation verstanden.

9

Kommunikationspolitik
Sie informiert die Konsumenten über die Qualität, den Preis und die Bezugsquellen eines Produktes und soll sie zum Kauf bewegen. Instrumente der Kommunikationspolitik sind: persönlicher Verkauf, Verkaufsförderung, Werbung (➔ Kapitel 8.2), Öffentlichkeitsarbeit, Messen und *Events* und ➔ *Event-Marketing*.

Unternehmensidentität *(Corporate Identity)*
Sie strebt ein einheitliches Unternehmensbild an. Durch ein klares und eigenständiges Unternehmensbild kann sich das Unternehmen deutlich von der Konkurrenz abgrenzen und sich im Wettbewerb profilieren.

Öffentlichkeitsarbeit *(Public Relations)*
Sie umfasst alle Maßnahmen, die das *Image* (Erscheinungsbild) eines Unternehmens verbessern sollen. Gegenstand der Öffentlichkeitsarbeit ist nicht ein Produkt, sondern die Ziele, Politik und Aktivitäten eines Unternehmens. Dazu gehören das Gestalten von Informationsbroschüren oder Veröffentlichungen in der Presse.

Verkaufsförderung *(Sales Promotion)*
Die Verkaufsförderung umfasst alle Maßnahmen, die den Kunden am Ort des Verkaufs (engl. *Point of Sale*) zum Kauf anregen. Sie soll ihn über den Nutzen der Produkte informieren und dahingehend beeinflussen, dass er dieses Produkt gegenüber Konkurrenzprodukten vorzieht (➔ Kapitel 8.3). Häufig verwendete Maßnahmen sind: Probiertische (Probebehandlungen mit neuen Produkten), Produktvorführungen, Zugaben (Pinsel zum Lidschatten), Gewinnspiele, Sonderpreisaktionen, Displays usw. oder auch Fußpartys (➔ Band C, LF 8).

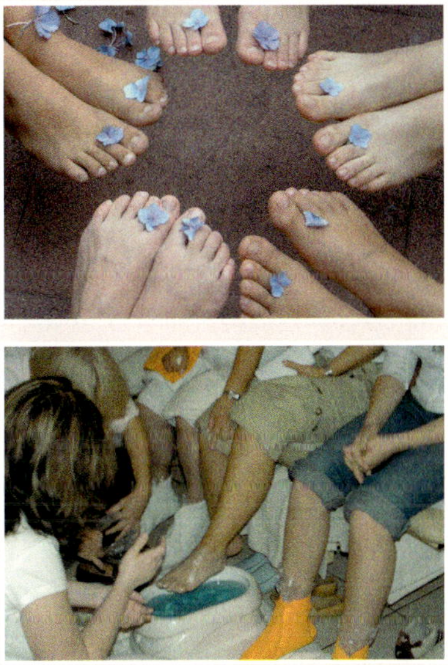

Abb. 8.3 a und b: Promotionaktion „Fußparty"

Event-Marketing
Unter *Event-Marketing* versteht man die Planung, Organisation und Durchführung von Veranstaltungen, die sich an Kunden und Geschäftspartner richten. Diese Veranstaltungen sollen für die Gäste ein besonderes Erlebnis (engl. *event*) sein. Damit bindet man bestehende Kunden enger an sich und kann neue Kunden hinzugewinnen.

Firmenphilosophie
Werbung überzeugt die Kunden. Doch wovon sind wir selbst überzeugt? Die Antwort liegt in der Firmenphilosophie. Sie ist eine Art „Glaubensbekenntnis" des Unternehmens und seiner Mitarbeiter. Was bedeutet uns unsere Arbeit? Was ist das Besondere an unseren Leistungen? Worauf können wir in unserer Firma stolz sein? Welches Gefühl möchten wir unseren Kunden vermitteln? Welche Ziele hat unser Unternehmen und wie können wir sie gemeinsam erreichen? Eine erfolgreiche Firmenphilosophie schafft ein Wir-Gefühl und motiviert die Mitarbeiter. Sie hebt die Firma im Wettbewerb hervor. Das merken auch die Kunden. Jedes Kosmetikinstitut sollte deshalb eine eigene, unverwechselbare Philosophie haben.

8.2 Werbung

Werbung verfolgt vier Hauptaufgaben: **Information**, **Überzeugung**, **Veranlassung** und **Unterhaltung**.

Abb. 8.4: Internetwerbung

Werbung versucht ein Kaufverlangen zu wecken, das auf Produkte, aber auch auf Leistungen bezogen sein kann.

Werbung wird heute ganz anders präsentiert, als noch vor zehn Jahren. Nutzen Sie die Möglichkeiten der Werbung, z. B. bei der Neukundenakquise (franz. *Aquisition* = Anschaffung, Erwerbung), zur Erhaltung der Stammkundschaft, zur Umsatzsteigerung und zur Umsatzerhaltung.

Wichtig ist, dass Ihr Vorgehen zu Ihrem Geschäftskonzept passt und die Werbung die erwünschte Zielgruppe trifft und zu erkennen ist, dass es sich um Ihre Werbung handelt. Einen **Wiedererkennungswert** erreichen sie durch eine immer gleichbleibende Gestaltung, z. B. Ihres **Institutserkennungszeichens *(Logo)*** auf Briefpapier, Preislisten, Rechnungen und Visitenkarten. Hier sollten auch gut leserlich alle Kontaktdaten sowie die Internetadresse Ihrer *Web*seite (engl. *web* = Netz) vermerkt sein. Falls Sie das wichtige Werbemedium Internet nutzen, präsentiert sich Ihre *homepage* (engl. *home* = zu Hause, *page* = Seite) als **elektronische Visitenkarte**. Achten sie deshalb auf einen professionellen Auftritt.

Bei allen Werbeaktivitäten, die Sie betreiben, sollten Sie den folgenden Merksatz befolgen:

Ihre Werbung muss Aufmerksamkeit erregen, Sie müssen das Interesse an Ihren Produkten und Dienstleistungen wecken, Ihre Kunden müssen den Wunsch bekommen diese haben zu wollen und sollen diese auch erwerben.

Die so genannte **AIDA-Formel** wurde 1898 für die Umsetzung einer erfolgreichen Werbe- und Verkaufsstrategie entwickelt. Die Abkürzung beruht auf den englischsprachigen Begriffen *attention, interest, desire* und *action.*

Attention	**A**	=	**Aufmerksamkeit erregen**
Interest	**I**	=	**Interesse an der Ware wecken**
Desire	**D**	=	**Besitzwünsche wecken**
Action	**A**	=	**Kaufhandlung auslösen**

Eine Werbung, die nicht klar ist, deren Inhalt nicht der Wahrheit entspricht, die unwirksam ist und deren Kosten nicht im Verhältnis zum Nutzen stehen, ist eine sehr schlechte Werbung und kann sich negativ auswirken: Sie verlieren Geld, einen guten Ruf und viel Zeit.

5840500

8.2.1 Werbegrundsätze

Für Kosmetiker, die Werbung betreiben wollen, gibt es einige wichtige Grundsätze, die allgemein – also auch branchenübergreifend – gelten und die Sie beachten müssen, wenn Ihre Kommunikation mit Ihren aktuellen und potenziellen Kunden erfolgreich sein soll.

Um Werbung effektiv zu machen, also wirklich einen **positiven Nutzen daraus** zu ziehen, sollten Sie diese Werbegrundsätze beachten und sie befolgen.

Ansonsten könnte Werbung auch sehr negative Folgen haben, wie zu hohe Kosten, Probleme mit unzufriedenen Kunden wegen nicht einhaltbarer Aussagen, Gesetzesverstöße und daraus resultierende Folgen (ein Verstoß gegen die Gesetze der Werbung kann teuer werden und auch rechtliche Schritte nach sich ziehen!), komplizierte Aufklärungsarbeit nach verwirrenden Aussagen – und Enttäuschung, wenn der erhoffte Erfolg ausbleibt.

Wirksamkeit — **Werbung soll „verkaufen" helfen.**

Sie machen eine Flugblattaktion in Ihrer Instituts-Nachbarschaft, um Kunden über ein neues Produkt und dessen Sonderpreis zu informieren. Einige Tage später kommt eine neue Kundin, um das Produkt zu kaufen.

Wirtschaftlichkeit — **Werbung sollte mittelfristig mehr einbringen als kosten.**

Eine Werbeagentur bietet Ihnen an überregional einige Fernsehspots mit Ihrer Firmenpräsentation auszustrahlen. Die ganze Aktion kostet 10.000,00 Euro. Hier sollten Sie prüfen, ob Sie auch Kunden aus anderen Regionen dazu bewegen können, extra zu Ihnen zu kommen. Und außerdem: Wie viele Produkte Sie verkaufen oder Behandlungen Sie durchführen müssen, um diesen Betrag wieder zu erwirtschaften. Überlegen Sie, ob dieser Kostenfaktor zu dem zusätzlich zu erwartenden Umsatz tatsächlich im günstigen Verhältnis steht.

Wahrheit — **Werbung darf nicht täuschen und irreführen.**

Sie behaupten in einer Zeitungsanzeige, dass Sie bereits mit einer einzigen Gesichtsbehandlung alle Falten glätten können. Vorsicht! Sicher kann das nicht stimmen und Sie machen eine Aussage, die Sie so nicht halten können. Sie würden Ihre Kunden täuschen und das verstößt gegen das **Gesetz gegen den unlauteren Wettbewerb (UWG)**. Das UWG finden Sie im Bundesgesetzblatt (BGBl.) oder die Umsetzung der Neuerungen dazu z. B. im Internet bei www.dihk.de.

Klarheit — **Werbung muss schnell auf den Punkt kommen und verständlich sein.**

Sie senden an alle Ihre Kunden ein Rundschreiben und bieten eine neue Anti-Zellulite-Behandlung an. „Beschreiben" Sie Ihren Kunden, wie die Behandlung gegen Cellulite wirkt (z. B. durch Bandagen und eine spezielle Massage mit Creme). Erstellen Sie keine medizinischen Aufsätze, geben Sie genau den Preis an. Vermeiden Sie: „Wenn Sie zehnmal zu einer Behandlung kommen, erhalten Sie bei jeder weiteren Behandlung einen 15-minütigen Gratisanteil auf jede volle Stunde Behandlung." – Das ist zu kompliziert!

8.2.2 Werbeplan, Werbekonzept, Werbestrategie

Um Werbegrundsätze nicht als reine Theorie zu belassen, müssen Sie einen **Werbeplan** erstellen. (Werbeagenturen sind dabei professionell behilflich.) Er ist eine systematische und schrittweise Erarbeitung eines Werbekonzeptes.

Der Werbeplan ermöglicht die Umsetzung eines Werbekonzeptes, da er auch die finanziellen Mittel regelt.

- Werbepläne erstellt man grundsätzlich zu Beginn eines Geschäftsvorhabens, aber auch wenn ein Geschäft schon einige Jahre besteht.
- Es ist sinnvoll, einen bestehenden Werbeplan regelmäßig zu überprüfen und gegebenenfalls zu aktualisieren.
- Oder erstellen Sie einen komplett neuen Werbeplan, falls Sie Ihr Institut, Ihr Sortiment oder Ihre Institutsphilosophie verändern (möchten) oder falls es noch gar keinen gibt.

Ein Werbeplan kann von Ihnen selbst mit den Instrumenten, die Sie hier kennen gelernt haben, erstellt werden – und natürlich auch mithilfe einer Werbeerfolgskontrolle kontrolliert werden. Oder Sie wählen eine Werbeagentur, die ein auf Ihr Institut und Ihre Produkte abgestimmtes Werbekonzept entwirft und die Durchführung des Werbeplans betreut.

Das **Werbekonzept** ist die Leitlinie der Werbung und die Arbeitsgrundlage nach denen die Werbemassnahmen durchgeführt werden.

Beginnen Sie mit der **Werbeanalyse.** Dabei sammeln Sie Daten über Ihr Institut, Ihre unternehmerischen Ziele, Ihr jetziges Marketing und Ihre Positionierung im Markt. Außerdem sammeln Sie Informationen über die Abnehmer (Kunden), die Konkurrenz und Ihre Möglichkeiten der Kommunikation (Internet, Radio, Zeitung).

Überlegen Sie sich das **Werbebudget** oder den **Werbeetat.** Es/er umfasst sämtliche Geldmittel, die zur Durchführung von Werbemaßnahmen vorgesehen sind.

- Wie viel Geld steht für die Werbung zur Verfügung?
- Wie viel Prozent vom Umsatz sollen in Werbung investiert werden?
- Verteilung des Werbebudgets: Wenn verschiedene Werbemaßnahmen geplant sind, wie viel Geld dürfen sie jeweils kosten?

Das Werbebudget

- richtet sich zu ca. 27 % nach dem voraussichtlichen Umsatz,
- orientiert sich zu ca. 16 % am verfügbaren, dafür einzusetzenden Kapital,
- zu ca. 22 % nach den zu erreichenden Zielen,
- zu ca. 24 % an der willkürlichen Budgetierung (Geldaufteilung),
- zu ca. 11 % am Vorjahresumsatz.

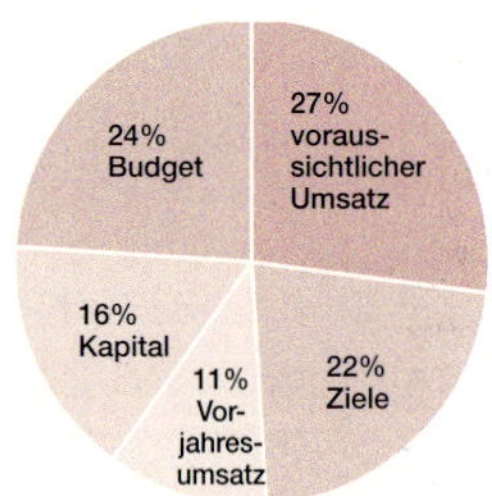

Anschließend erarbeiten Sie **das Werbekonzept** und **die Werbestrategie.**
Sie befasst sich mit der Frage, durch welche Möglichkeiten und Maßnahmen, die Werbeziele am Besten erreicht werden. Sie fixiert in komprimierter Form die wesentlichen „Bauteile" des Werbeplans.

Die Werbestrategie legt Richtung, Art und Umfang der geplanten Werbemaßnahmen fest: Wer sagt was, mit welcher Wirkungsabsicht, auf welchem Wege, zu wem, wann und wie lange?

Abb. 8.4: Grundlegende Elemente zur Erarbeitung eines Werbekonzeptes und einer Werbestrategie

WERBEZIELE:
Warum wollen Sie werben?
Was soll die Werbung erreichen?
- neues Produkt oder neue Dienstleistung bekannt machen
- positive Gefühle und Kaufimpulse auslösen
- Firmenimage vermitteln
- neue Kunden gewinnen
- Stammkundschaft erhalten
- Bekanntheit steigern
- mehr Produkte verkaufen

WERBESUBJEKTE:
Welche Personen und Zielgruppen wollen Sie umwerben? Wen soll die Werbung gezielt ansprechen?
- Händler und Gewerbetreibende oder Konsumenten?
- Soll sie sich an eine spezielle Konsumentengruppe richten (Jugendliche, Frauen, Senioren, Familien, Hausbesitzer, Hobbysportler usw.)?

WERBEOBJEKTE:
Welche Produkte oder Dienstleistungen wollen Sie bewerben?
Wofür soll geworben werden?
- einzelnes Produkt
- Produktgruppe oder Gesamtsortiment
- Firmenname/Firmenimage

WERBEGEBIETE:
Wo, in welchen Regionen wollen Sie werben?
- lokal, regional, national, international?

WERBEINHALTE:
Welche Werbebotschaft wollen Sie übermitteln?
- Was möchten Sie den Kunden vermitteln?
- Welche Inhalte soll Ihre Werbung haben (besondere Behandlungsmethoden, exklusive Behandlungsprodukte, besondere Öffnungszeiten)?
- Welche Aussagen sollen bei der Zielgruppe „ankommen"?

WERBETRÄGER/ WERBEMEDIEN:
In/mit welchen Medien wollen Sie werben?
- Mit welchen Werbemitteln wird die Werbung dargestellt (Plakat, Flyer, Broschüre, Anzeige, Radio-/TV-Spot, Internet, Aufkleber, Werbebrief, Postkarte, Ladendekoration, Werbegeschenk usw.) und damit transportiert?
- visuelle/akustische Gestaltung

WERBEZEITEN:
Wann und wie lange wollen Sie werben?
- Wann soll geworben werden (ganzjährig, zu einer bestimmten Jahreszeit, an bestimmten Tagen, zu einer bestimmten Tageszeit)?

Werbung kostet in der Regel sehr viel Geld. Deshalb ist es ganz natürlich, dass die Kosmetikerin wissen muss, ob sie mit ihren Werbemaßnahmen Erfolg hatte, oder ob das Geld „zum Fenster hinausgeworfen" wurde. Mit der **Werbeerfolgskontrolle** wird geprüft, in welchem Umfang die Werbeziele erreicht wurden.

Es ist aber oft schwierig genau festzustellen, inwieweit Werbemaßnahmen, wie z. B. die Anzahl neu gewonnener Kunden oder zusätzlich verkaufter Behandlungen, Einfluss hatten. Die Rahmenbedingungen, wie eine eventuell schlechter werdende Marktlage, konkurrierende Institute und die Nachfrage nach einzelnen Behandlungen, verändern sich. Und das Produktsortiment des Instituts hat ebenfalls Einfluss auf Umsatzveränderungen.

Ein Messwert für den Werbeerfolg ist die **Werberendite**, die die Wirtschaftlichkeit der Werbung zum Ausdruck bringt. Die Formel teilt die Gesamtkosten für eine Werbeaktion (100 %) durch den mit der Werbung erzielten Umsatzzuwachs (x %).

$$\text{Werberendite} = \frac{\text{Gesamtkosten Werbeaktion} \cdot 100}{\text{Umsatzzuwachs}}$$

Besondere **Werbeanlässe** (z. B. Geschäftseröffnung, Geschäftsjubiläum, Valentinstag und Muttertag) bieten gute Möglichkeiten, über direkt auf die Aktion folgende E-Mails oder die Zahl der zurückgeschickten Kupons den Erfolg der Werbung zu messen. Mit dem Ergebnis werden Erfahrungen für künftige Werbeaktionen gesammelt.

8.2.3 Wirkungsstufen der Werbung

Je nachdem, wie stark die Werbung auf den Konsumenten bzw. Kunden wirkt (das heißt seine Vorstellungen und seine Meinung beeinflusst) werden verschiedene Wirkungsstufen von Werbung unterschieden. Man spricht in diesem Zusammenhang auch von **psychologischer Werbetiefe**.

Abb. 8.5: Wirkungsstufen der Werbung

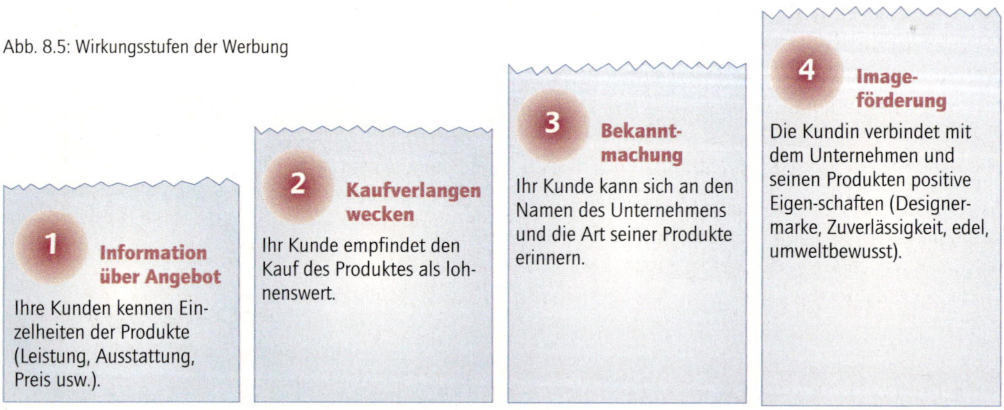

Sie sollten mit Ihrer Werbung erreichen, dass Ihr Kunde

- Einzelheiten über Ihre Produkte kennt, wie z. B. den Namen einer Behandlung („Asian Dream" – Körpermassage).
- das Gefühl hat, dass der Preis für die gewünschte Behandlung gerechtfertigt ist und er die Behandlung regelmäßig wiederholen möchte.

- wenn er sich mit Freunden unterhält den Namen Ihres Institutes als eine Empfehlung weitergibt.
- keinen Zweifel an der Qualität Ihrer Arbeit hat und sich in der Öffentlichkeit immer positiv über Ihr Geschäft äußert. Zum Beipiel: Ihr Kunde muss sparen. Er verzichtet auf den Vierwochenrhythmus und kommt nur noch alle sechs Wochen, aber er wechselt nicht zu der billigeren Konkurrenz, da er Qualität, Luxus und Zuverlässigkeit weiter genießen möchte und sich bei Ihnen dessen sicher ist.

In Bezug auf Produkte kann das bedeuten, Ihr Kunde

- kennt den Namen der Creme, z. B. BX (eine Creme von der Fa. Klapp gegen Falten) und weiß über den Preis und die Wirkung Bescheid.
- möchte die Produkte kaufen und kommt mit diesem Wunsch zu Ihnen.
- erzählt Freunden von der Kosmetikfirma xy und deren Produkten.
- will unbedingt die Maske der Fa. Luxus erwerben, da diese Produkte edel und qualitativ hochwertig sind.

Durch Werbung werden Kunden beeinflusst. Hierbei spielen Markennamen auf der einen und Werbehäufigkeit auf der anderen Seite eine wichtige Rolle. Je nachdem, wie „tief" die Beeinflussung beim Kunden geht, umso mehr wird der Kunde sein Kaufverhalten ausrichten.

Manche Werbung verändert sogar die Einstellung zum Qualitätsempfinden. Das heißt, viele Kunden fragen bei einem Markenartikel gar nicht mehr nach der Leistung oder der Qualität; es ist teuer und in der häufig dafür vorkommenden Werbung wird vermittelt es ist sehr gut, das reicht. So beeinflusst wird der Kunde meist bei der Wahl zwischen verschiedenen Produkten, die er nicht kennt, das Bekannte kaufen, auch wenn es teurer ist.

Viele Branchen nutzen dieses Verhalten (aus) und investieren entsprechend hoch in Werbung, um ihren Absatz an Produkten zu steigern. Die Kosmetikbranche ist hierbei in Form der von großen Kosmetikkonzernen (→ Kapitel 3.1) betriebenen Werbung für Haarpflegemittel und Gesichtspflegemittel nicht unerheblich beteiligt.

Aktuelle Zahlen über die Ausgaben am Werbemarkt gibt es außerdem unter http://www.zaw.de/doc/Werbeumsaetze_Investitionen.gif.

Abb. 8.6: Werbe-Etats

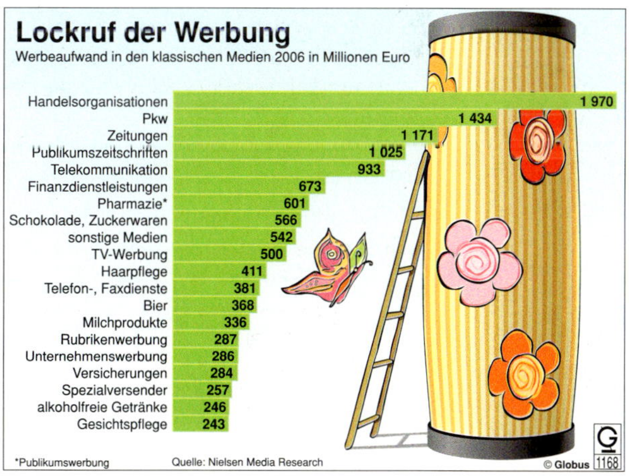

Im kosmetischen Bereich gilt auch: Leser werden beeinflusst, wenn sie in einem Zeitungsbericht über die Behandlung eines prominenten Kunden lesen. Sie verbinden den Besuch eines Prominenten in Ihrem Studio mit ausgesprochen guter Leistung oder wollen einfach „nur dazugehören" usw. – Oder Firmen lassen nur mit prominenten Frauen, wie z. B. die Firma L'oreal mit Andy McDowell, Claudia Schiffer oder Laetizia Casta, für ihre Produkte werben. So verbindet der Kunde häufig: Wenn Claudia so schön ist mit dieser Creme, dann muss sie gut sein.

8.2.4 Grenzen der Werbung

Damit Werbung *fair* bleibt, den Mitbewerbern nicht schadet oder dem Endverbraucher keine unhaltbaren Versprechen gibt, werden die Werbeaussagen und Werbemöglichkeiten durch Gesetze geregelt:

Das **Gesetz gegen den unlauteren Wettbewerb (UWG)** vom 3. Juli 2004 dient der Vermeidung von irreführender Werbung und regelt u.a. die vergleichende Werbung. Es dient damit dem Schutz von Mitbewerbern, Verbrauchern und sonstigen Marktteilnehmern und dem Interesse an einem unverfälschten Wettbewerb.

§

UWG § 3 Verbot unlauteren Wettbewerbs
Unlautere Wettbewerbshandlungen, die geeignet sind, den Wettbewerb zum Nachteil der Mitbewerber, der Verbraucher oder der sonstigen Marktteilnehmer nicht nur unerheblich zu beeinträchtigen, sind unzulässig.

UWG § 5 Irreführende Werbung
(1) Unlauter im Sinne von § 3 handelt, wer irreführend wirbt.
(2) Bei der Beurteilung der Frage, ob eine Werbung irreführend ist, sind alle ihre Bestandteile zu berücksichtigen, insbesondere in ihr enthaltene Angaben über
1. die Merkmale der Waren oder Dienstleistungen wie Verfügbarkeit, Art, Ausführung, Zusammensetzung, Verfahren und Zeitpunkt der Herstellung oder Erbringung, die Zwecktauglichkeit, Verwendungsmöglichkeit, Menge, Beschaffenheit, die geographische oder betriebliche Herkunft oder die von der Verwendung zu erwartenden Ergebnisse oder die Ergebnisse und wesentlichen Bestandteile von Tests der Waren oder Dienstleistungen;
(...)

Quelle: www.gesetze-im-internet.de/bundesrecht/uwg_2004/gesamt.pdf

Beispiel

Lisa erstellt einen *Flyer* für eine Sommeraktion: „Unsere neue Körperbehandlung hilft Ihnen 5 Kilo zu verlieren. Schon nach der ersten Behandlung spüren Sie den Erfolg." – Da Lisa das nicht garantieren kann, darf sie es so nicht schreiben.

Die **Preisangabenverordnung (PAngV)** fordert u.a., dass Warenpreise gegenüber Endverbrauchern immer einschließlich der Umsatzsteuer und sonstiger Preisbestandteile anzugeben sind (als Endpreise, § 1, § 4). Dasselbe gilt auch für Dienstleistungen (§ 5). Hinzu kommt, dass eine Ordnungswidrigkeit hier auch ein Verstoß gegen das UWG darstellen kann.

9

§

PAngV § 4 Handel
(1) Waren, die in Schaufenstern, Schaukästen, innerhalb oder außerhalb des Verkaufsraumes auf Verkaufsständen oder in sonstiger Weise sichtbar ausgestellt werden, und Waren, die vom Verbraucher unmittelbar entnommen werden können, sind durch Preisschilder oder Beschriftung der Ware auszuzeichnen.

Quelle: www.gesetze-im-internet.de/bundesrecht/pangv/gesamt.pdf

Beispiel

Lisa plant eine Werbeaktion: ein Angebot über eine Behandlung, inklusive aller Pflegeprodukte für die Heimpflege. Damit der Preis günstiger wirkt, schreibt Sie: „Das Komplettpaket kostet nur 149,00 EUR plus MwSt."

Das **Gesetz über die Werbung auf dem Gebiete des Heilwesens (HWG)** regelt in § 1 und 3 u. a. die irreführende Werbung bez. kosmetischer Mittel („andere Mittel") und Gegenständen zur Körperpflege.

HWG § 3
Unzulässig ist eine irreführende Werbung. Eine Irreführung liegt insbesondere dann vor,

1. wenn Arzneimitteln, Medizinprodukten, Verfahren, Behandlungen, Gegenständen oder anderen Mitteln eine therapeutische Wirksamkeit oder Wirkungen beigelegt werden, die sie nicht haben,
2. wenn fälschlicherweise der Eindruck erweckt wird, dass
   a) ein Erfolg mit Sicherheit erwartet werden kann, (...)
3. wenn unwahre oder zur Täuschung geeignete Angaben (...)
   b) über die Person, Vorbildung, Befähigung oder Erfolge des Herstellers, Erfinders oder der für sie tätigen oder tätig gewesenen Personen gemacht werden.

Quelle: www.gesetze-im-internet.de/heilmwerbg/__3.html

Beispiel

Lisa hat ein hochspezialisiertes Ultraschallgerät zur Körperbehandlung erworben, eine Schulung besucht und möchte nun schnell viele Kunden gewinnen. Daher formuliert Sie folgende Zeitungsanzeige: „Verlieren Sie alle Ihre überflüssigen Pfunde schon nach einer Behandlung. Bis zu 5 kg und 6 cm Umfang Reduktion."

Manche Kosmetiklieferanten wählen den elektronischen Weg der Werbung, um Ihnen aktuelle Angebote per E-mail, Fax oder auch am Telefon zu unterbreiten. Die beiden Gesetze **Telekommunikationsgesetz (TKG)** und ***E-Commerce*-Gesetz (ECG)** bieten Schutz vor ungewolltem Kontakt und regeln den *Online*-Handel.

Das **TKG** verbietet nicht nur die E-Mail-Werbung, sondern untersagt auch „Anrufe – einschließlich das Senden von Fernkopien/Telefax zu Werbezwecken ohne vorherige Einwilligung des Teilnehmers" (Verbot so genannter *„cold-calls"*).

Die Zusendung einer elektronischen Post an Verbraucher ist ohne vorherige Einwilligung des Empfängers unzulässig, wenn die Zusendung zu Zwecken der Direktwerbung erfolgt oder an mehr als 50 Empfänger gerichtet ist (im letzten Fall auch dann, wenn die Mails nicht der Werbung dienen!). Das Gesetz kann im Internet unter http://www.gesetze-im-internet.de/bundesrecht/tkg_2004/gesamt.pdf abgerufen werden.

Besondere Bedeutung für die Internet-Werbung hat das am 1.1.2002 in Kraft getretene **ECG**. Dieses Gesetz legt einen rechtlichen Rahmen für „Dienste der Informationsgesellschaft" fest. Dazu zählen unter anderem der *Online*-Vertrieb von Waren und Dienstleistungen, Online-Informationsangebote und die *Online*-Werbung. Das Gesetz kann im Internet unter http://www.internet4jurists.at/gesetze/bg_e-commerce01.htm abgerufen werden.

Weitere Beschränkungen betreffen auch den Ort bzw. Transport der Werbebotschaft. So finden sich etwa in der **Straßenverkehrsordnung (StVO)** Regelungen zur Werbung im Straßenverkehr usw. Das Gesetz kann im Internet unter http://www.gesetze-im-internet.de/bundesrecht/stvo/gesamt.pdf recherchiert werden.

8.3 Warenpräsentation

Eine gute Warenpräsentation ist oft das Geheimnis eines Verkaufserfolges und eine der wichtigsten Maßnahmen der **Verkaufsförderung.** Sie lösen damit den Kaufimpuls, also den Wunsch, diesen Artikel zu kaufen, aus. Da die Kundschaft heute sehr preisbewusst ist, müssen Sie dies bei der Präsentation beachten, d. h. **hochpreisige und günstige** Artikel (Masken, Cremes) preisorientiert platzieren. Sonderaktionen, oft auch themenorientiert („Sommerzeit = Bikinifigur"), können mit einer kreativen Präsentation im Schaufenster oder auf einer Sonderfläche im Institut den Umsatz steigern.

Es hat sich im Handel ein Trend entwickelt, der den Einkauf in die Sparten Versorgungs- und Erlebnishandel aufteilt.

- Beim **Versorgungshandel** wird der direkte Bedarf gedeckt, wie z. B. mit Pflegeprodukten, die zur täglichen Körperpflege und -hygiene für die meisten Menschen dazugehören (Body Lotion, Duschgel, Deo, Parfüm).
- Beim **Erlebnishandel** geht es mehr um die Befriedigung von Vergnügen, um das Genießen von z. B. Luxusgütern wie teure Gesichtspflege, Schmuckutensilien, Accessoires, Kosmetiktaschen usw.

Bilder, Farben, Bewegungen – alles was das Auge fesselt behält Ihr Kunde länger im Gedächtnis als kühle Fakten.

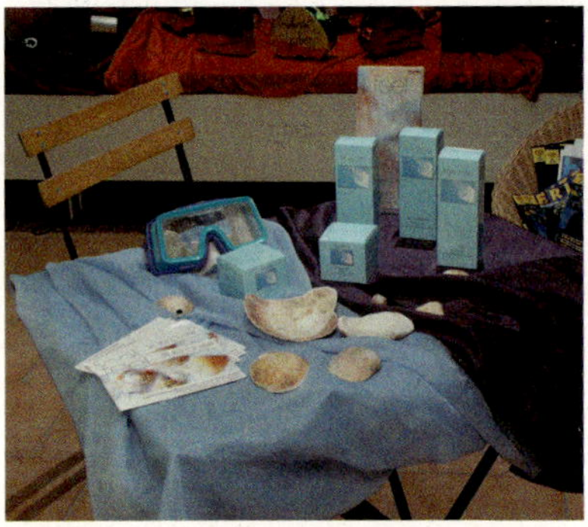

Abb. 8.7: Sonderpräsentation im Institut

Mehr den je ist heute eine **kreative Warenpräsentation** im Schaufenster, Regal oder auf Sonderflächen wie z. B. in Vitrinen oder auf Säulen wichtig. Sie müssen Ihre Kunden motivieren! Das Sonderangebot allein reicht nicht. Gestalten Sie für den Kunden ein Bild, d. h., regen Sie die Sinne, die Fantasie des Kunden an.

Zum Beispiel stellen Sie mit einer Hängematte, Sand und Muscheln im Schaufenster einen Strand dar und platzieren darin Sonnenpflegeprodukte. Ihr Kunde träumt von seinem Urlaub und realisiert dabei, dass er noch Sonnenpflege benötigt.

9

8.3.1 Schaufenster

Imagebildung, Kundengewinnung und -bindung fängt bereits vor dem Kosmetikinstitut an.

Das Schaufenster ist wohl das wichtigste Instrument zur „Anlockung" von Kunden. Hier gibt es eine Regel, die besagt, dass es aus einer Entfernung von ca. 7,5 m wahrnehmbar ist. Aus größerer Entfernung überwiegt noch Desinteresse, aus kürzerer Entfernung ist man schon wieder mit dem nächsten Schaufenster beschäftigt.

Eine professionelle und ansprechende **Präsentation von Waren im Schaufenster** ist wie eine Visitenkarte. Ein unattraktives Schaufenster kann sogar die Chance auf Neukunden verbauen.

Unsere Umwelt ist reizüberflutet. Das bedeutet, wenn Sie die Aufmerksamkeit Ihrer Kunden wecken möchten, sollte Ihre Dekoration etwas Besonderes sein. Sie muss aber auch zu Ihrem Geschäftskonzept passen und Sie sollten vorher wissen, was Sie erreichen möchten. Das heißt: Sie müssen ein **Konzept** erstellen, gedanklich oder auch schriftlich.

Abb. 8.8: Schaufensterfront

? Wen möchte ich ansprechen, alle Kunden, eine exklusive Kundenschicht? Wer sind Ihre Kunden oder sollen es werden?

? Was haben Sie vor? Ihr Schaufenster ist eine wortlose Kommunikationsebene; nutzen Sie diese richtig. Was möchten Sie visuell mitteilen, anbieten oder erreichen?

? Beziehen Sie die Dekoration auf die Produkte oder die Produkte auf die Dekoration?

? Möchten Sie den **Erlebnishandel** (also kosmetische Luxusartikel) anbieten? Dann sollte die Dekoration so sein, dass der Kunde den starken Wunsch verspürt einen **Lustkauf** zu machen (= etwas zu kaufen, das er nicht benötigt). Regen Sie die Fantasie des Kunden an!

? Geht es um Artikel, die dem Versorgungshandel dienen? Geht es um Reinigungsprodukte, Duschgele, Hand- oder Fußcremes, dann sollten die Fakten wie Füllmengen und Preise und besondere Leistungen hervorgehoben werden. Aber trotzdem muss es kreativ sein!

Je nach Lage des Geschäfts sollte das Schaufenster ca. alle vier bis zwölf Wochen neu dekoriert werden. So können Sie auf saisonale Produkte eingehen, wie z. B. im Frühjahr nach dem Motto „... Frühjahrsputz für die Haut ..." *Peeling* + Pflege, „Weihnachten kommt – haben Sie schon alle Geschenke für Ihre Lieben?" usw.

Abb. 8.9: Themenorientiertes Schaufenster

Daher ist es so wichtig, die Dekoration z. B. **themenorientiert** zu gestalten, um den Kunden zu „fesseln". Eine überzeugende Präsentation kann die Basis für spätere Verkaufsargumente sein. So können Sie an der Kasse das Schaufenster als Einstieg nehmen, z. B. „Fahren Sie noch in den Urlaub? Wir haben gerade besondere Sonnenprodukte im Sortiment ..." „Kennen Sie schon die hervorragende Anti-Cellulite- Creme von xy? Wir haben gerade ein ganz besonderes Angebot in unserem Schaufenster ..."

9

Baulich unterscheidet man:

- das **offene Schaufenster** – es ist keine Rückwand vorhanden und dem Kunden wird ein Einblick in das Geschäftinnere gewährt; die Dekorationsmöglichkeiten sind durch diesen Umstand begrenzt,
- das **geschlossene Schaufenster** – es ist mit einer Rückwand versehen, die es nicht ermöglicht, in das Ladeninnere zu schauen; damit wird das Schaufenster zu einer Bühne, bei der die Rückwand zu Dekorationszwecken genutzt werden kann.

Prüfen Sie folgende Punkte, wenn Sie Ihr Schaufenster selbst dekorieren:

Checkliste Schaufenster

- ✔ Die Scheiben sind sauber.
- ✔ Der Kunde kann direkt vor dem Schaufenster stehen.
- ✔ Das Schaufenster zeigt dem Kunden ganz klar, dass es sich um ein Kosmetikinstitut handelt.
- ✔ Sie verwenden fantasiereiche Preisschilder, die gut leserlich sind.
- ✔ Sie präsentieren die Waren in unterschiedlichen Höhen, z. B. mithilfe von Säulen.
- ✔ Die Schaufenster sind nicht mit Waren überladen.
- ✔ Der Kunde kann sich durch die Schaufenster einen Einblick in Preise, Leistungen und Sortiment Ihres Institutes verschaffen.
- ✔ Durch gute Beleuchtung im Fenster werden Lichtimpulse gesetzt.
- ✔ Sie arbeiten mit ausdrucksstarken Farben.
- ✔ Sie halten eine Linie, vermischen nicht zu viele Farben und keine Themen (Herrenpflege und Körperbehandlung zusammen, das wirkt chaotisch!).
- ✔ Sie bilden optische Mittelpunkte (symmetrisch, asymmetrisch) durch Produktanordnungen (gruppiert, einzeln).
- ✔ Sie gestalten einen Hintergrund (geschlossenes Schaufenster)

Weitere Tipps zu einer professionellen Schaufenstergestaltung erhalten Sie in Fachzeitschriften und Fachliteratur.

8.3.2 Institut

Ähnliches wie für das Schaufenster gilt für die Warenpräsentation im Institut. Wenn es kein Schaufenster gibt, sollten Sie Ihrem Kunden schon beim Betreten des Instituts ein Erlebnis bieten.

Design = künstlerische Gestaltung, Plan, Entwurf

Man kann natürlich nicht grundsätzlich sagen, alle Kosmetikinstitute müssen in der Farbe Weiß ausgestattet sein. Und auch eine feste Vorgabe, wie ein Institut eingerichtet sein sollte, kann wohl kaum gegeben werden, da dies immer vom Geschmack des Eigentümers selbst und dessen Konzept abhängig ist.

In dem „Erlebnishandel" Kosmetik herrschen zurzeit hauptsächlich zwei *Design*-Richtungen: der Purismus und das Wohlfühl-*Design*.

- Der **Purismus** ist geradlinig geprägt. Es gibt keine überflüssigen Accessoires; klare Farben und Formen sind ein Muss, weniger (Dekoration) ist mehr usw.
- Das **Wohlfühl-Design** spiegelt die Wohnzimmer- oder *Wellness*-Atmosphäre wider. Es dominieren warme Farben, viele Naturmaterialien und runde, weiche Formen.

Abb. 8.10: Wohlfühldesign, Eingangsbereich

Für welches Design Sie sich entscheiden, ist natürlich ganz klar abhängig von Ihrem Angebot an Produkten und Dienstleistungen, Ihrer Firmenphilosophie, von Ihrem eigenen Geschmack und von Ihrem auf ein bestimmtes Publikum abzielendes Institutskonzept.

Grundsätzlich kann gesagt werden, dass die Stimmungslage des Kunden stärker von **Farben** als von Formen beeinflusst wird. Es ist also wichtig zu wissen, wie Farben auf Kunden wirken und dies bei der Gestaltung zu beachten.

Ein ansprechendes, themenorientiertes Raumdesign mit den passenden Farben sind Komponenten, die das Wohlgefühl des Kunden steigern und ein **positives Einkaufserlebnis** fördern können. Mit der Entwicklung eines professionelles Raum- oder *Store*-Konzeptes, das durch gezielte Raumaufteilung Kaufimpulse auslöst, können Sie Spezialisten beauftragen, die Individuelle Lösungen erarbeiten.

Tab. 8.11: Farbwirkungen

Farbe	Empfindung
Weiß	Reinheit, Ordnung, Hygiene
Rot	Temperament, Wärme
Schwarz	Abgeschlossenheit, aber auch Funktionalität
Violett	Extravaganz
Gelb	Heiterkeit, Freundlichkeit
Orange	Spaß, Lebhaftigkeit
Blau	Harmonie, Ruhe, Zufriedenheit
Grün	Naturverbundenheit, Entspannung
Braun	Schwere, Bequemlichkeit

Licht hat ebenfalls einen großen Einfluss: Grelles Neonlicht ist praktisch für präzises Arbeiten, aber vermittelt keine Gemütlichkeit. Warme Lichtquellen (wie das oft bei Halogenspots der Fall ist) vermitteln Behaglichkeit.

Abb. 8.12 a und b: Lichtwirkungen

In jeder Branche werden heute **Raumbeduftung** und **Hintergrundmusik** eingesetzt, besonders wichtig ist dies aber in Bereichen der Entspannung (→ Band C, LF 10). Ein gestresster Kunde wird besonders durch leicht beruhigende Musik und Düfte (wie z. B. Lavendel) in kurzer Zeit entspannter, ist so viel aufnahme- und kaufbereiter. Auch hier gilt die Regel: Weniger ist mehr. Zu viel Duft, zu laute Musik schlägt genau ins Gegenteil um.

Durch das gezielte Ansteuern der Sinnesorgane können Sie Ihre Kunden positiv beeinflussen.

Wer Musik in der Öffentlichkeit abspielt, muss eine Gebühr an die GEMA – Gesellschaft für musikalische Aufführungs- und mechanische Vervielfältigungsrechte – entrichten! Gebührenfreie Musik kann für den Kosmetik- und *Wellness*-Fachbereich über Fachmessen und Fachkataloge bezogen werden.
Achten Sie auch auf die Anmeldung von im Institut genutztem Radio- oder TV-Geräten bei den öffentlich rechtlichen Sendeanstalten (GEZ). Hierfür müssen ebenfalls Gebühren gezahlt werden!

Fachzeitschriften und Fachliteratur geben professionelle Hinweise zur Institutsgestaltung. Der folgende Artikel kann Ihnen vielleicht auch ein paar Anregungen geben:

Für Einzelhändler ist die richtige Shopgestaltung häufig ein undurchschaubares Feld, das die Hilfe von Profis erfordert.

„Wellness im Shopdesign"

TOP FOUR hat Klaus Kluge, Vertriebsleiter der Riedl GmbH, befragt, seit 1953 die Fachmänner in Laden-, Objekt- und Messebau. Was kann man tun, wenn man Ladenumbauten im günstigen Bereich unternehmen möchte? Kluge empfiehlt in jedem Fall Fachunternehmen zu beauftragen. Mit den Profis wird das Budget für die einzelnen Schritte festgesetzt, z. B. die Neupositionierung oder Wegeführung.

Wellness allover! Nichts geht mehr ohne Wellness, auch im Shopdesign darf der Trend nicht fehlen. Shopdesign-Profi Kluge empfiehlt diese Entwicklung mit den Lehren des Fengshuis umzusetzen. „Fengshui schafft Möglichkeiten, damit sich Ihre Kunden im Laden noch wohler fühlen", so Kluge.

Atmosphäre

Hier einige praktische Tipps, wie Sie Fengshui einfach umsetzen können:

- Halten Sie den Einfang frei, weil dort so viel Energie wie möglich hineingelassen werden soll.
- Beleben Sie leblose Ladenbereiche mit Pflanzen, sprudelnden Brunnen, einer gemütlichen Sitzgelegenheit und angenehmem Licht.
- Achten Sie darauf, den Kunden nicht durch „angreifende Ecken" zu stören. Dies gilt besonders für Dekorationen, aber auch Kassentische und tragende Pfeiler.
- Stärken Sie Personal und Leistung. Je harmonischer die Atmosphäre und der Verlauf des Qi-Stroms (Energie), umso besser ist auch das Arbeitsklima.

Elemente aus Fengshui sind eine Bereicherung für Ihr Geschäft.

Doch in erster Linie sollte man laut Kluge v. a. auf die Faktoren achten:

„Ein wichtiges Prinzip des Ladenbaus ist die Zentrumsbestimmung. Ich empfehle eindeutige Zentren zu schaffen, das kann z. B. ein Café oder ein Servicepoint oder ein Treppenaufgang sein, kleine separate Plätze, die schön in Szene gesetzt werden sollten. Wichtig ist auch im Geschäft mit dem Wiedererkennungswert zu spielen. Dies bildet die Basis für eine harmonische Abfolge und erhöht die Wiedererkennbarkeit. Damit lösen Sie beim Kunden garantiert einen ‚Aha-Effekt' aus. Für diesen Effekt können Ihnen Bestandteile wie Dekorationspunkte, aber auch Schriften, Bilder oder Piktogramme dienen. Mit diesen Hilfsmitteln fühlt sich der Kunde eingeweiht und kann sich leichter orientieren. Grundlage dafür bildet die individuelle Umsetzung bestehender CI-Vorgaben. Vom ersten Entwurf bis zur endgültigen Umsetzung in Form, Funktion und Material."

Regeln

Weitere Grundsätze, auf die man bei der Shopgestaltung achten sollte:

Ordnung und Struktur:

Eine strukturierte Raumgestaltung beschreibt die Reihenfolge im Raum und im Sortiment. Verschiedene Warengruppen erhalten dabei eine räumliche Zuordnung. Trennungen zwischen den Warengruppen dienen als Orientierungshilfe.

Open Space:

Dahinter steckt eine großzügig gestaltete Wegführung, Ruhezone oder geräumige Freiflächen sowie ein offener Zugang zur Ware.

Transparenz und Orientierung:

Mit frei schwebenden Trennungen, Lamellenwänden oder durchschimmernden Stoffen können Sie einzelne Warengruppen abtrennen, bewahren dabei aber dennoch die Orientierung über den Raum. Transparenz erreichen Sie aber auch durch Tiefenperspektive, z. B. durch niedere Warenträger, oder viel Helligkeit im Raum.

Individualität:

Einige Warengruppen bedürfen spezieller Präsentation. Themenflächen könne Sie durch farbige Lichtbänder von der Decke oder farbige Rückwandabwicklungen schaffen. Stärkste Form der Individualität ist natürlich das Shop-in-Shop-System. Außerdem haben Sie auch die Möglichkeit, artfremde Sortimente zu verkaufen.

Flexibilität:

Rasche Veränderungen können Sie durch Modul- und Baukastensysteme zaubern. Die Möglichkeiten sind vielfältig: Von der flexiblen Wandabwicklung auf Schienensystemen bis zur virtuellen Shoppingwand.

Win-Lose:

Dahinter steckt das Arbeiten mit günstigen Ladenbaulösungen bei gleichzeitig hochwertiger Ware.

Identifikationsbilder:

Neben Worten sollten auch Bilder, also Key Visuals, dem Betrachter Informationen vermitteln.

Less is more:

Manchmal ist weniger mehr. Um eine Informationsüberlastung beim Kunden zu vermeiden, helfen kleine Möbel- und Rückwandeinheiten.

Bühnenoptik:

Wichtig ist, dass sich der Kunde selbst schnell einen Überblick über das Sortiment verschaffen kann.

Bewegung:

Entscheidendes Element beim Ladenbau ist die Bewegung. Es sollte erreicht werden, dass der Kunde Teil der Inszenierung wird und sich durch den Raum führen lässt. Um dies zu erreichen, sollte man die sensualen Kanäle ansprechen, mithilfe von Licht, Farbe, Geruch, Musik oder Geschmack. Bewegung schaffen auch individuelle Warenträger wie Antiquariat oder Porzellan.

www.ladenbau-riedl.de

Quelle: Magazin „Gruner Markt", 11/2003

Grundsätzlich gibt es einige **Platzierungsregeln**, was die Höhe der präsentierten Ware angeht. So sind Sicht-, Greif- und Bückzonen die Warenpräsentationszonen im Regal.

- In Augenhöhe bzw. in der **Sichtzone** sollten die Artikel stehen, die Sie unbedingt verkaufen möchten, da sie eine besonders gute Gewinnspanne haben,
- Spontankäufe tätigt der Kunde bei Artikeln, die in Greifhöhe (in der **Greifzone**) stehen, z. B. auf einer Aktionsfläche (auf einem Tischchen mitten im Institut),
- Artikel, die besonders attraktiv im Preis für den Kunden sind, können auch tiefer platziert werden (in der **Bückzone**), hierfür wird er sich bücken.

Diese Zonen werden im klassischen Kosmetikinstitut mit der Ein- oder Zwei-Personen-Struktur häufig nicht umgesetzt. Da der Kunde, nicht wie in einem normalen Ladengeschäft, die Auswahl vor dem Regal trifft, sondern alle Verkäufe durch intensive Beratung erfolgen und die Ware dann meist nur ausgehändigt wird.

Wenn Kunden ein Geschäft betreten, geht ihr Blick fast automatisch nach **rechts** (das kommt vom erlernten Fahrverhalten für ein Fahrzeug).

Das heißt, in einem Kosmetikinstitut, ob in der Kabine oder im Kassenbereich, sollten alle Verkaufswaren auf der rechten Seite des Raumes angeordnet sein.

Abb. 8.13: Waren im Regal *do*

Sollte die Anordnung nicht auf der rechten Seite möglich sein, sondern nur auf der linken Seite, müssen Sie, um die Aufmerksamkeit zu erhalten, mit vielen Lichteffekten, starken Farben und auffälligen Veränderungen im Einrichtungsstil arbeiten.

Convenience

Innerhalb der **Kontaktzone** (Eingangsbereich und Schaufenster) müssen Aktionswaren, das heißt z. B. Sondergrößen zu Sonderpreisen oder *Convenience* (engl. = Bequemlichkeit)-Packungen, wie z. B. Make-up in einer Kosmetiktasche, besonders platziert und hervorgehoben werden.

Für die Warenpräsentation im Institut gilt außerdem: **Immer sortiert, übersichtlich,** mit Preisauszeichnung für den Kunden präsentieren. Nichts ist kaufunmotivierender als ein unaufgeräumtes, schmutziges, unübersichtliches Regal.

Abb. 8.14: Waren im Regal *don't*

Sonderverkaufsartikel, **Sonderpräsentationen im Institut** (→ Seite 508) platzieren Sie am besten schräg rechts hinter dem Eingang. Wenn Sie erreichen möchten, dass Ihre Kunden Impulskäufe machen, sollte die Ware in Gürtelhöhe platziert sein.

Um die Kunden zu animieren, sollten Sie einige Tester der angebotenen Produkte z. B. Handcremes geöffnet anbieten, damit die Kunden die Ware direkt anfassen können. Das unkomplizierte Ausprobieren lockert den Kunden auf.

Was der Kunde bereits in der Hand hatte, möchte er ungern wieder zurückgeben.

9

Generell gilt: Lassen Sie die Warenpräsentation „kommunizieren", das heißt, eine absolut geradlinige Präsentation wirkt zwar ordentlich, animiert aber nicht zum Kauf.

Bei Kosmetikinstituten, die über moderne *Scanner*kassen verfügen, erübrigt sich das Auspreisen oder Auszeichnen der Artikel. Hier sollte der Preis gut sichtbar und lesbar an oder auf der Präsentationsunterlage (z. B. einem Regal mit einem handgeschriebenen Aufsteller mit Preisen) angebracht werden.

Versuchen Sie das Produkt (z. B. eine Körperlotion) mithilfe von Metaphern (griech. *Metaphora* = Übertragung) anzubieten, z. B. in einer Kokosnussschale bei einer Kokosnuss Body Lotion.

Für alle anderen gilt: Jeden Artikel sauber auszeichnen auf einer Seite oder hinten, ohne wichtige Informationen damit zu verdecken.

- Ihre Präsentation sollte einem Konzept folgen, z. B. einer Sortierung nach Hautzustand-/Hauttypzugehörigkeit.
- Gezielte Licht- oder Spiegeleffekte erhöhen den Aufmerksamkeitsgrad des Konsumenten.
- Zwei- und Mehrfachplatzierungen, z. B. im Regal, in der Kabine und an der Kasse direkt, erhöhen die Verkaufschancen des Artikels.
- Die meisten Kunden orientieren sich rechts, da auch statistisch gesehen die meisten Menschen Rechtshänder sind. Beachten Sie dies bei der Platzierung.
- Um die **Umschlagsgeschwindigkeit** (eine Zahl für die Häufigkeit des Verkaufs eines Produktes) zu erhöhen, platzieren Sie die Artikel in Sicht- und Griffhöhe der Kunden.
- Platzieren Sie Neuheiten neben die Kasse.

Die Warenplatzierung darf nicht wie eine Dekoration wirken, sondern sie muss Signalwirkung haben – Sie wollen Wünsche erfüllen!

In der Kabine gibt es häufig nicht so viel Platz für eine große Präsentation von Artikeln, deshalb sollten Sie den wenigen Platz effektiv nutzen und auf einige Besonderheiten achten. Hier gilt vieles des bereits Erwähnten, aber auch, dass die Ware in Blickrichtung des Kunden aufgebaut sein sollte, sodass sie/er diese liegend auf dem Behandlungsstuhl anschauen kann. Hintergrund dafür ist, dass der Kunde während einer Behandlung Ruhe hat sich umzuschauen.

Nutzen Sie diese Ruhe und fördern Sie die Neugier!

Abb. 8.15 a und b: Warenpräsentation Kabine *do* und *don't*

Alle bisher genannten Warenpräsentationen sind **passive Warenpräsentationen.**

Es gibt aber auch die **aktive Warenpräsentation** durch einen Verkäufer. Sie soll der Beratung des Kunden dienen und zu einem Kaufabschluss führen.

Die beste Möglichkeit dazu bietet bereits die kosmetische Behandlung in der Kabine. Hier kann der Kunde die Vorzüge eines Produktes „erleben". Und Sie können darauf aufmerksam machen, wie vorteilhaft die Weiterführung der Behandlung damit auch zu Hause ist (Systempflege → Band B, LF 7, Kapitel 2.4).

Diese Warenpräsentation erleichtert Ihnen das reine „Verkaufsgespräch" (und dient als Basis dafür) – aber nur wenn sie gut ist!

8.4 Verkaufsgespräch

Beratung des Kunden und Verkaufsabschluss

Erfolgreiches Beraten und Verkaufen gehören zusammen.

Im Folgenden soll Ihnen nun der Grundstein zum Verkaufen näher gebracht werden. Hierzu sollte Ihnen bekannt sein, dass das Verkaufen nach grundsätzlichen „Regeln" abläuft: den **Phasen des Verkaufsgesprächs.**

8.4.1 Phasen des Verkaufsgesprächs

Bitte erinnern Sie sich: Im Einstiegsbeispiel des → LF 1, Kapitel 5 hatte Lisa nicht wirklich **verkauft,** sie hatte nur etwas **ausgeliefert** (oder den Warenfluss gesichert). Zum Verkaufen gehört mehr. Zum Verkaufen gehört **aktiv** werden.

aktives Verkaufen

Nachdem der Kaufwunsch der Kundin erfüllt war, hätte Lisa deren Aufmerksamkeit und Neugierde noch auf weitere Teile des Sortiments lenken können. Das geht natürlich nicht mit plumper Aufdringlichkeit, aber mit verbindlich-positiver Beeinflussung.

Nur geschultes Fachpersonal, das gelernt hat so zu agieren, kann wirklich verkaufen.

Das Verkaufsgespräch beginnt mit der **Kontaktphase**. Hierzu gehören erster Kontakt und Begrüßung (→ Kapitel 5.1 und 5.2) und die eigentliche Eröffnung des Verkaufsgespräches mit Bedarfsermittlung und aktivem Zuhören.

Danach folgt die **Angebotsphase** mit der Präsentation des Produktes und der Einwandbehandlung.

Die letzte Phase eines Verkaufsgesprächs ist der **Verkaufsabschluss.**

Zu einem gelungenen Verkaufsgespräch gehört eine gewisse Technik, damit Verkäufer/Kosmetiker und Käufer/Kunde das Ziel in einem angemessenen Rahmen erreichen.

Abb. 8.16: Phasen des Verkaufsgesprächs

Es gibt drei Phasen des Verkaufsgesprächs:
1. Kontaktphase, 2. Angebotsphase und 3. Abschlussphase.

8.4.2 Kontaktphase

Bei der **Gesprächseröffnung** ist auch zu unterscheiden, um welche Art von Bedienung es sich im jeweiligen Geschäft handelt:

Vollbedienung

Bei der Vollbedienung ist der Kunde nicht in der Lage, ohne Kosmetiker an die Ware zu gelangen. Nicht kosmetische Beispiele dafür sind Apotheken oder Juweliere. Hier findet die Kontaktaufnahme in den meisten Fällen durch den Kunden statt. Die Vollbedienung ist auch die von Kosmetikinstituten meistpraktizierte Verkaufsform.

Selbstbedienung

Dies ist eine Verkaufsform, bei der Kunden ohne Probleme alle Waren selbst erreichen können. Beratung ist nicht mehr nötig. Das Personal ist fast ausschließlich für den Warenfluss zuständig. Selten findet eine Beratung statt, Verkäufer geben oft nur Orientierungshilfen, wie z. B. in Supermärkten oder bei Drogerie- und Bekleidungs-Ketten.

Vorwahl

Diese Geschäftsform erlaubt dem Kunden, sich in Ruhe umzuschauen und bei Bedarf das Personal um Hilfe zu bitten. Aber auch der Verkäufer kann seine Hilfe anbieten.

Aber bitte nicht mit: „Kann Ich Ihnen helfen?" Da diese „Verkaufsfloskel" viel zu oft verwendet wird, glaubt kein Kunde mehr daran, dass sie ehrlich gemeint ist. Manchmal ist ein kleiner Zusatz wie z. B. „... haben Sie einen besonderen Wunsch, ... und wie kann ich Ihnen dabei helfen?" Erfolg versprechender.

Nach der Gesprächseröffnung ist die **Bedarfsermittlung** extrem wichtig (Fragetechniken → Kapitel 5.3.2). Sie dient der Kosmetikerin zu erkennen, was der Kunde wünscht.

Es gibt die **direkte** und die **indirekte Bedarfsermittlung**:

direkte und indirekte Bedarfsermittlung = Fragen und Zuhören

- Eine Kundin erkundigt sich nach der angebotenen Nachtcreme aus dem Schaufenster, d. h., die Kundin hat Interesse und durch das Interesse signalisiert sie bereits einen Kaufwunsch. Sie **hören gut zu** und ermitteln den Bedarf somit **indirekt.**
- Ein Kunde hatte eine Gesichtsbehandlung und Sie fragen ihn: „Welche Pflege verwenden Sie zurzeit für Ihr Gesicht?" Durch **Fragen** ermitteln Sie den Bedarf des Kunden **direkt.**
  Fragen Sie Ihre Kunden: „Welche Vorstellungen haben Sie von einer Behandlung, wie sollte das Produkt sein?" – und stoppen Sie nicht nach der ersten Antwort. Stellen Sie Fragen, die ins Detail gehen, um den Kundenanspruch herauszufinden.

Die meisten Informationen erhalten Sie durch gutes Zuhören.

Die Kunst des Zuhörens

Es gibt drei Arten des Zuhörens:

- **Formales Zuhören** bedeutet, Sie halten Ihren Mund und warten darauf, dass Sie an der Reihe sind, d.h., Sie hören nur *pro forma* (lat., nur der Form wegen) zu.

pro forma

- **Aufnehmendes Zuhören** bedeutet, Sie setzen sich mit dem, was der Kunde sagt, auseinander, Sie nehmen auf, was er sagt.
- **Aktives Zuhören** bedeutet, Sie hören zu und nutzen die Zeit, um die Person zu verstehen und auf ihre Gefühle einzugehen, d.h., Sie sind aktiv mit der Analyse der Wünsche Ihres Gegenübers beschäftigt, während Sie zuhören.

Gespräch = Reden + Zuhören

Eine erfolgreiche Kosmetikerin signalisiert ihren Kunden währen des aktiven Zuhörens ständig Interesse, damit die Kunden weitere Informationen zur Verfügung stellen.

Wenn Ihr Kunde spürt, dass er von Ihnen ernst genommen wird, baut er ein Vertrauensverhältnis zu Ihnen auf.

So kommt ein für beide Seiten effektives Gespräch zustande – ein wechselseitiges Sprechen und Zuhören.

Das aktive Zuhören ist als Gesprächstechnik sehr hilfreich und eine gute Methode, die Kunden dafür öffnet, über Dinge zu reden, die für sie von Bedeutung sind.

Es funktioniert nicht nur bei Sachinformationen, sondern auch bei emotionalem Verhalten.

Entdecken Sie die schlechte Stimmung der Kunden durch aufmerksames Beobachten und Zuhören. Geben Sie dem Kunden Gelegenheit, über seine Gefühle zu berichten, denn z.B. Stress, stört das Verkaufsgespräch.

Sie können im Gespräch beliebig zwischen einer **emotionalen** und einer **sachlichen Ebene** hin- und herwechseln.

Erst wenn Sie genügend über den Bedarf Ihres Kunden wissen, können Sie gezielt anbieten.

8.4.3 Angebotsphase

Sie ist die Phase, in der die Präsentation der Leistung oder des Produktes stattfindet.

Dabei kann nach folgender Art und Weise von Präsentation unterteilt werden:

- **erlebnisorientiert** – der Kauf soll als Spaß empfunden werden, dazu wird die Präsentation des Produktes als Erlebnis (engl. *event*) gestaltet.
- ***convenience*-orientiert** – ist ein junger Konsumtrend, bei dem die Bequemlichkeit (engl. *convenience*) das wichtigste Argument für den Verbraucher darstellt.
- **bedarfsorientiert** – die Präsentation muss dem Kunden aufzeigen, was er braucht.
- **preisorientiert** – die Präsentation beschäftigt sich meist mit Sonderangeboten und wird unterstützt durch Schlagwörter, wie „Stark reduziert" oder „Superangebot"; sie wird kurzfristig zur Verkaufsförderung eingesetzt.
- **themenorientiert** – die Präsentation berücksichtigt Anlässe, wie z.B. Weihnachten, Ostern, Schlussverkauf, Jahreszeiten oder Gedenktage; Gespräche, die sich daraus ergeben, sind eine gute Gelegenheit, ins Geschäft zu kommen.

Präsentieren Sie den Artikel!

Das Präsentieren sollten Sie wörtlich nehmen! Nicht einfach eine Creme aus dem Regal ziehen und sagen: „Die ist gut für Sie."

Zeigen Sie erst die Packung von außen, in Schulterhöhe und so, dass Sie Ihren Kunden dabei anschauen können. Achten Sie auf die Augen, den Gesichtsausdruck. Dann packen Sie den Artikel aus. Machen Sie es ein bisschen spannend.

Indem Sie auch die hochwertige Verpackung präsentieren steigern Sie den Wert. Reichen Sie dem Kunden den Artikel. Er sollte das Produkt in der Hand halten, das fördert den Wunsch nach dem Besitz. Stehen Sie leicht schräg gegenüber von Ihrem Kunden. Verschränken Sie nicht die Arme, lächeln Sie und beschreiben Sie den Artikel. Versuchen Sie den Kunden durch gezielte Fragen mit einzubeziehen, um so zu erkennen, wie der Kunde über die Ware denkt. Wenn möglich (durch einen Musterartikel) lassen Sie den Kunden riechen und fühlen.

Je mehr Sie bei der Warenpräsentation die Sinne Ihres Kunden ansprechen, umso intensiver beschäftigt er sich mit dem Artikel.

Versuchen Sie bei Ihrem Kunden den starken Wunsch zu fördern den Artikel haben zu wollen.

Um eine gute Präsentation durchführen zu können, müssen Sie ganz genau wissen: **Wer** sind Ihre Kunden und **was** wünschen sie? Versuchen Sie sich in die Position Ihrer Kunden zu versetzen und präsentieren Sie Kundentyp-gerecht (→ Kapitel 5.3.1).

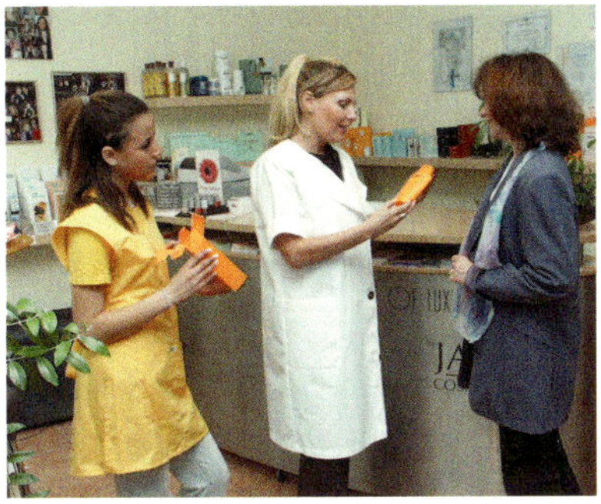

Abb. 8.17: Warenpräsentation *do*

Einwandbehandlung

Sie sollten, nachdem Sie Ihrem Kunden ein Angebot unterbreitet haben, keine Angst vor Kundeneinwänden haben oder gleich Ihren Verkaufserfolg anzweifeln. Einwände sind eine echte Chance und bieten Argumentationshilfen (→ Kapitel 5.4.1), den Kunden dennoch zu überzeugen. Sie können so erkennen, wo Ihr Kunde noch Probleme mit der jeweiligen Leistung oder einem Artikel hat.

Beispiel

Kunde: „Diese Creme ist ja bestimmt ganz gut, aber ich mag eigentlich keine Cremekonsistenz." Kosmetikerin: „Das ist in Ordnung, denn dieselbe Rezeptur gibt es auch als Gel."

Der Kunde zeigt mit dem echten Einwand sein Kaufinteresse. Hätte er keines, würde er keinen Einwand bringen. Sie können so außerdem auch Ihr Fachwissen trainieren oder unter Beweis stellen.

Es gibt zwei Arten von Einwänden:

- Die **echten**, bei denen der Kunde bestimmte Merkmale des angebotenen Artikels bemängelt und wissen möchte, ob es eine Alternative gibt.
- Die **unechten** Einwände die sich nicht gegen den Artikel oder dessen Eigenschaften richten, sondern signalisieren, dass der Kunde den Artikel eigentlich gar nicht kaufen will.

Beispiel

Um nicht zugeben zu müssen, dass die angebotene Creme zu teuer ist, könnte es sein, dass der Kunde sagt: „Ach, da ist Kamille drin, nein, den Geruch kann ich gar nicht ertragen!" oder „Wie lange hält sich die Creme, denn ich habe noch eine fast volle Tube zu Hause."

Methoden zur Einwandbehandlung

A Zeigen Sie **Verständnis** und bringen Sie dann Gegenargumente.
Kunde: „Kann die Creme bei diesem Preis überhaupt gut sein?" Kosmetikerin: „Gut, dass Sie bei Qualitätsfragen auch den Preis beachten ..."

B Stellen Sie Fragen, mit denen Sie die Einwände auflösen – man nennt das auch die **Boomerang-Methode** –, der Einwand kommt in Form eines Argumentes zurück zum Kunden.
Kundin: „Diese Sonnencreme hat einen Sonnenschutz von 20, da werde ich ja gar nicht braun." Kosmetiker: „Ganz im Gegenteil, Frau Meier, mit dieser Creme können Sie 20-mal länger in der Sonne bleiben ohne einen Sonnenbrand zu riskieren und werden wesentlich gesünder braun."

C **Wandeln** Sie Einwände in Vorteile **um.**
Kunde: „Ich sehe, das ist gar keine reine Nachtcreme." Verkäuferin: „Genau, Sie haben durch die 24-Stunden-Creme eine effektive Rund-um-die-Uhr-Pflege zu nur einem Preis."

D Versuchen Sie eventuelle Einwände des Kunden im Voraus zu **entkräften.**
Kosmetikerin: „Man könnte glauben, eine 24-Stunden-Creme pflegt nicht ausreichend, aber im Gegenteil, sie hat ein Mehr an pflegenden Inhaltsstoffen."

E Nehmen Sie den Einwand mit einem **Lächeln** hin und stärken Sie die **Vorteile des Produktes.**
Kunde: „Die Verpackung ist ziemlich zerbeult; ist das Produkt schon älter?" Kosmetiker: „Nein, nur beim Versand zerknickt; aber glauben Sie nicht auch, dass die Inhaltsstoffe der Creme viel wichtiger als die Verpackung sind?"

F **Vergleichen** Sie Artikel, um Einwände auszuräumen.
Kundin: „Warum ist dieser Lippenstift so teuer?" Kosmetikerin: „Probieren Sie mal diesen sehr günstigen. Fühlen Sie, wie samtig und pflegend und wie viel haltbarer die Farbe des teureren ist im Vergleich zum günstigen?"

9

Bleiben Sie freundlich und vermeiden Sie es, den Kunden mit Ihrer Körpersprache (→ Kapitel 5.2) zu beeinflussen. Wenn, sollte diese freundlich, aufnahmebereit und offen ausfallen und nicht so wie hier dargestellt.

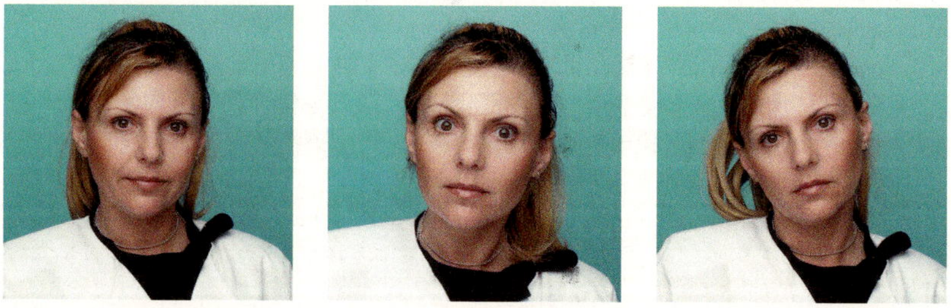

Abb. 8.18 a–c: Beispiele für ungeeignete Körpersprache (Mimik)

8.4.4 Verkaufsabschluss

Der Verkaufsabschluss ist eine besonders sensible Phase, die man auch als **Abschlussphase** bezeichnet. Hier entscheidet sich, mit welchem Gefühl der Kunde das Geschäft verlässt.

a) Der **Kunde ist zufrieden,** denn er hat selbst entschieden, welchen Artikel er kauft oder nicht.

b) Der **Kunde ist verärgert,** denn die Kosmetikerin hat ihm Produkte aufgeschwatzt, die er eigentlich nicht wollte, aber trotzdem genommen hat.

Zwingen Sie den Kunden nicht eine Entscheidung zu treffen. Sie werden den momentanen Umsatz erzielen, aber möglicherweise den Kunden verlieren.

Beobachten Sie erfahrene Kolleginnen und Kollegen bei der „Verkaufsarbeit". Trauen Sie sich zu verkaufen; nur so können Sie Erfahrungen sammeln. Nehmen Sie, wenn möglich, an einer Fortbildung oder Verkaufsschulung teil. Nehmen Sie möglichst nur solche Produkte in Ihr Sortiment auf, von denen Sie selbst ehrlich überzeugt sind.

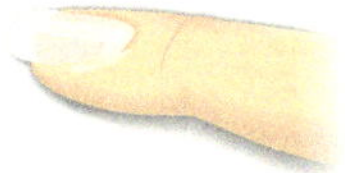

Um Kunden so zu beraten, dass sie fröhlich und zufrieden das Geschäft verlassen und vor allem wiederkommen, ist Freundlichkeit das oberste und Fachwissen um die Wirkung von kosmetischen Behandlungen und Produkten das zweitoberste Gebot. Der Kunde sollte spüren, dass Ihnen Ihr Beruf Spaß macht.

8.5 Reklamationen (Beschwerden)

Verabschieden Sie sich von der gefühlten Meinung, dass Reklamationen etwas Negatives sind. Sie sind *a priori* (lat., in erster Linie) Chancen, um Kundenbeziehungen zu optimieren und erfolgreich zu arbeiten. Die ausgesprochene Reklamation bildet oft nur die Spitze eines Eisberges. Viele Kunde-Kosmetiker-Beziehungen werden häufig ohne das Aussprechen einer Reklamation abgebrochen. Daher sollte eine Reklamation als ein klares, positives Signal verstanden werden: Dieser Kunde will die Beziehung erhalten.

Bei einer **Reklamation** (auch → 5.4.2) beschwert sich der Kunde über eine mangelhafte Ware oder Dienstleistung und hat dann das Recht auf eine Nachbesserung, den Umtausch, den Rücktritt vom Verkauf/Vertrag oder die Herabsetzung des Verkaufspreises.

Rechtliche Grundlagen

Sie haben zum Beispiel von Ihrem Lieferanten mangelhafte, beschädigte Ware erhalten. Je nach Unternehmensform Ihres Kosmetikinstituts gilt:

§ Bei einem Kaufvertrag unter Kaufleuten (zweiseitiger Handelskauf) muss unverzüglich eine Mängelrüge vorgenommen werden. Unverzüglich heißt nach wirkendem Recht „ohne schuldhaftes Zögern".

Abb. 8.19:
Beschädigte Verpackung

Der Gesetzgeber schreibt hierbei keine besondere Form für die **Mängelrüge** vor. Sie kann mündlich gegenüber einem Außendienstler oder Vertreter erklärt werden.

Im Geschäftsleben ist es jedoch üblich und ratsam, die Mängelrüge schriftlich vorzunehmen. Dabei müssen Art und Umfang des festgestellten Mangels genau beschrieben werden. Formulierungen wie „Die Maske ist schlecht", „Der Pinsel ist nicht gut gearbeitet", „Die gelieferte Kosmetiktasche weist Fehler auf" reichen nicht aus.

Dem Käufer der mangelhaften Ware stehen lt. § 437 BGB in einem gestaffelten Verhältnis folgende Rechte zu (Mängelansprüche):

- **Nacherfüllung;** das bedeutet, dass er nach seiner Wahl entweder Beseitigung des Mangels (Nachbesserung) oder die Lieferung einer mangelfreien Ware (Umtausch) verlangen kann.

  Der Verkäufer kann aber die vom Käufer gewählte Art der Nacherfüllung verweigern, wenn sie unverhältnismäßig hohe Kosten verursacht.
- **Rücktritt vom Vertrag** (Wandlung), wenn die Nacherfüllung fehlgeschlagen ist. Das ist normalerweise der Fall, wenn zwei Nachbesserungsversuche erfolglos waren oder mangelfreier Ersatz nicht geliefert werden konnte.
- **Herabsetzung des Kaufpreises** (Minderung) kann der Käufer in der zweiten Stufe statt des Rücktritts vom Vertrag geltend machen.
- **Schadensersatz** kann der Käufer zusätzlich verlangen, wenn der Verkäufer schuldhaft gehandelt hat. Die Lieferung einer mangelhaften Sache als solche macht noch nicht schadensersatzpflichtig. Es muss das Verschulden des Verkäufers hinzukommen.

§

Wer als Unternehmer ein Produkt auf den Markt bringt, ist dafür verantwortlich, dass Dritte bei korrekter Anwendung nicht geschädigt werden. Im **Produkthaftungsgesetz (ProdHaftG)** ist geregelt, wann und wer für Folgeschäden an Personen oder Sachen einstehen muss, die ein fehlerhaftes Produkt verursacht hat. Generell können auch Händler Kosmetikinstitute haftbar gemacht werden. Allerdings sieht das ProdHaftG vor, dass ein Händler haftungsfrei wird, wenn er den Vorlieferanten innerhalb einer einmonatigen Frist nennen kann.

Beim Verkauf im Kosmetikinstitut werden Sie eher mit den Begriffen Garantie und Gewährleistungspflicht konfrontiert. Sie werden häufig verwechselt. Ein wichtiger Unterschied zwischen Garantie und Gewährleistung besteht darin, dass die **Garantie** keine unbedingte Schadensersatzleistung zusichert. Sie ist eine zusätzliche, freiwillige Leistung des Händlers und/oder des Herstellers und einzelvertraglich geregelt, während die **Gewährleistung** im BGB gesetzlich geregelt ist. Sie sichert eine zeitlich befristete Nachbesserungsverpflichtung (engl. *warranty*), ausschließlich für Mängel zu, die zum Zeitpunkt des Verkaufs bereits bestanden haben. Sie heißt daher auch **Mängelhaftung**, die Ansprüche des Käufers **Mängelansprüche**.

Wenn die festgestellten Mängel völlig unerheblich sind oder der Käufer die Mängel beim Kaufabschluss kennt und trotz dieser Mängel die Ware annimmt, kann er **keine Mängelrüge** vorbringen.

Bei beweglichen Sachen (wie z. B. einem Kosmetikartikel) verjährt der Anspruch auf Wandlung oder Minderung sowie der Anspruch auf Schadensersatz wegen Fehlens einer zugesicherten Eigenschaft nach dem neuen Kaufrecht für ab dem 1. Jan. 2002 gelieferte Waren **erst nach zwei Jahren.**
Das gilt gleichermaßen für Handelsgeschäfte unter Kaufleuten. Im Verkehr mit Verbrauchern kann die **Verjährungsfrist** nicht verkürzt werden, wohl aber im kaufmännischen Geschäftsverkehr bis auf ein Jahr einzelvertraglich oder durch die AGB (Allgemeine Geschäftsbedingungen).

Im Alltag ist es meist so: Ihr Kunde kommt in Ihr Institut und beschwert sich über eine Allergie, die eine bei Ihnen gekaufte Creme ausgelöst hat. Da dies in diesem Moment schwierig zu beweisen ist, ist hier **Kulanz** gefragt. Kulanz ist das entgegenkommen der Kosmetikerin, wenn in einem Reklamationsfall die Gewährleistungsfrist bereits abgelaufen ist. Ist der Kunde ein Stammkunde, sollten Sie nicht lange zögern den Artikel zurückzunehmen – vorausgesetzt es ist keine Masche Ihres Kunden.

Grundsätzlich sollten Sie bei einer Reklamation wie beim Verkaufsgespräch vorgehen: Versuchen Sie zu erfahren, was das Problem ist, bedenken Sie, dass Sie ein anderes Produkt oder eine andere Behandlung stattdessen verkaufen können. Vorsicht! Nicht jeder Kunde ist fair, d. h., manchmal hat er das Produkt schon eine Weile genutzt und möchte lieber etwas Günstigeres.

Bei der **Reklamation eines Kunden zu einer erfolgten kosmetischen Behandlung** sind weitere Punkte zu beachten:

Das Durchführen einer Behandlung ist eine Dienstleistung am Kunden, aber auch eine handwerkliche Tätigkeit. Die Erstellung eines Permanent Make-up ist z. B. ein Werksvertrag. Die Verjährungsfristen sind hier folgendermaßen geregelt:

Bei Werksverträgen besteht eine Verjährungsfrist von 2 Jahren, für viele handwerkliche Arbeiten 3 Jahre und im Baugewerbe 5 Jahre.
Quelle: Verbraucherschutzzentrale www.vz-nrw.de

Eine Reklamation ist immer dann rechtens, wenn Vereinbarungen oder Absprachen im Rahmen von Kaufvertrag oder Werkvertrag nicht eingehalten werden.

(Beachten Sie hierzu auch → Kapitel 6.3 Verträge und Vertragsstörungen.)

Wenn sich Ihre Kunden beschweren, haben sie das Erwartete nicht erhalten.

Wer sich bei Unzufriedenheit nicht beschwert, wird voraussichtlich einfach nicht wieder als Kunde zu Ihnen kommen. Das bedeutet aber auch, dass unzufriedene Kunden eventuell „mit den Füßen abstimmen" und dann einfach zur Konkurrenz gehen und dort ihren/seinen Frust anderen mitteilen. Das kann sehr schnell eine **Negativpropaganda** auslösen und dem guten Ruf Ihres Institutes schaden!

Um einer Geschäftsschädigung, die durch solche Prozesse bedingt ist, entgegenzuwirken oder diese zu verhindern, ist es notwendig, ein **professionelles Reklamationsmanagement** zu betreiben.

Beachten Sie bitte hierzu:

Die Verjährungsfrist nach dem Kauf beginnt mit der Übergabe der Ware. Der Verkäufer haftet und muss innerhalb der ersten 6 Monate nachweisen, dass der Mangel bei Warenübergabe nicht bestand.

Daher folgende Empfehlungen zur Reklamationsabwicklung:

- Lassen Sie den Kunden die Reklamation vortragen, er/sie möchte seine Wut herauslassen.
- Lenken Sie ihn/sie dann in die sachliche Ebene.
- **Zuhören** und Notizen machen vermitteln, dass Sie **Verständnis** haben.
- Bieten Sie **verschiedene Problemlösungen** an, immer mit Hinblick auf die rechtliche Situation.
- **Danken** Sie dem Kunden für die Reklamation, den er gibt Ihnen die Möglichkeit es wieder gut zu machen.

Geldrückgabe sollte nur in Einzelfällen erfolgen, denn Sie haben die damaligen Einnahmen vielleicht bereits verbucht oder versteuert. Es ist auch viel aufwändiger, den Betrag wieder „auszubuchen", als einen **Umtausch** abzuwickeln. Möglicherweise nimmt Ihr Lieferant den Artikel zurück und tauscht ihn kostenfrei um.

Bieten Sie, wenn ein Umtausch nicht möglich ist, einen **Gutschein** an (z. B. bei reklamierten Behandlungen).

Ein Gutschein ist die beste Möglichkeit des Entgegenkommens bei einer Reklamation, denn Sie könnten womöglich mehr Umsatz erzielen: Bei der Einlösung könnte es z. B. zu dem Verkauf eines teureren Artikels oder zu der Anwendung einer teureren Behandlung kommen. Versuchen Sie es daher immer zuerst mit einem Umtausch oder einem Gutschein. Sollte es aber wirklich an der falschen Beratung oder einer Unverträglichkeit gelegen haben, dann sollten Sie das Produkt auf jeden Fall zurücknehmen und, falls der Kunde es wünscht, das Geld zurückerstatten.

9

Grundsätzlich gilt zügige und vollständige Abwicklung von allen Reklamationen innerhalb von 3 Wochen. Hierzu gehört auch eine lückenlose Dokumentation.

Individuelle und flexible Behandlung einer jeden Beschwerde und zügige Abwicklung ist gefragt

Achtung: Nicht alle Hersteller haben ein einheitliches System zur Reklamationsabwicklung bei beanstandeten Produkten. Informieren Sie sich im Einzelfall über die genaue Vorgehensweise.

Ihre Fähigkeit im Umgang mit vielen verschiedenen Menschen und das Eingehen auf deren Wünsche sind die Ausgangspunkte für eine **erfolgreiche Dienstleistung.** Und dabei ist es egal, ob Sie verkaufen, beraten, ein Problem beheben oder eine Behandlung durchführen.

8.6 Kalkulation von Dienstleistungen

Damit Sie möglichst viele Kunden zu Ihren Stammkunden zählen und diese beraten und behandeln können, sollten Sie ein **gutes Preis-Leistungs-Verhältnis** für Ihre Dienstleistungen haben. Wie Sie den richtigen Preis dafür ermitteln, erlernen Sie in diesem Kapitel.

Die Kalkulation entscheidet als Eingangskalkulation über den später erzielbaren Bruttoertrag und damit nach Abzug der Kosten über die Rentabilität Ihres Institutes.

In → Kapitel 7.2 wurde bereits ausführlich die Kalkulation von Waren dargestellt. In diesem Lernfeld schließt nun die Kalkulation von Dienstleistungen an.

Das ist gleich:

Grundsätzlich greifen beide Kalkulationen auf die folgenden Gesetzmäßigkeiten zurück: Angebot und Nachfrage, Produktlebenszyklus, Preisbildung.

Das ist anders:

Die Waren- und die Dienstleistungskalkulationen unterscheiden sich im Bereich der Kostenfaktoren. Bei der Warenkalkulation sind die Kostenfaktoren weitestgehend festgelegt. Bei der Kalkulation von Dienstleistung ist dies anders. Man kalkuliert verschiede Faktoren, die sich nach dem Verbrauch richten. Und der ist nicht immer gleich bleibend, z. B. gibt es **variable Kosten** in den Bereichen Stromverbrauch und Telefongebühren oder in der Menge der verwendeten Kabinenware (einmal 5 g Creme verwendet, einmal 10 g). – Und schon haben Sie einen anderen Kostenfaktor. Das heißt, für die Kalkulation müssen Sie einen ungefähren Wert, Schätz- und Erfahrungswert ansetzen, um diesen Veränderungen Rechnung zu tragen.

Warenkalkulation
≠
Dienstleistungskalkulation

8.6.1 Die Kostenseite der Kalkulation

Um einen Preis für eine Dienstleistung kalkulieren zu können, müssen Sie vorab alle anfallenden Kosten, die Sie in fixe und variable sowie kalkulatorische und zusätzliche Kosten unterteilen können, auflisten.

Abb. 8.20: Kostenarten

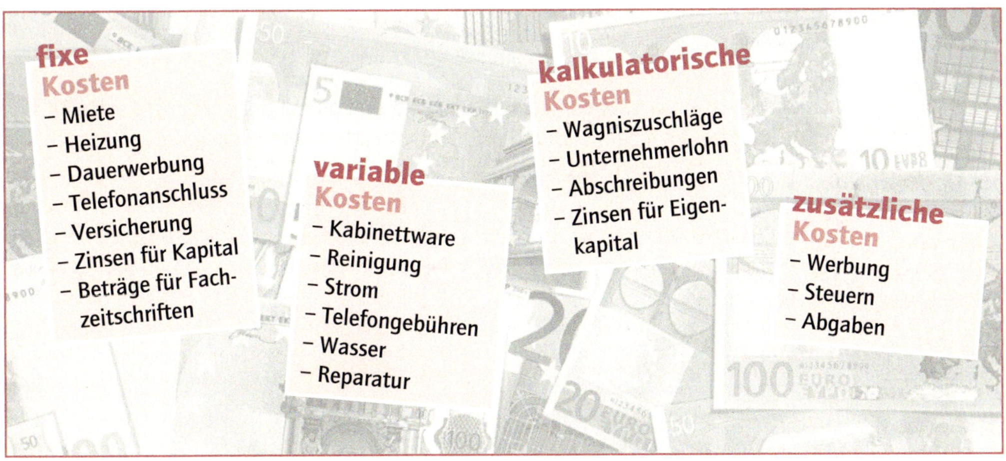

Fixe Kosten

Fixe Kosten fallen permanent an

Das sind Kosten, die permanent anfallen und unabhängig von einer Behandlung sind, d. h., auch wenn Lisa einmal keine Kunden hat oder im Urlaub ist, fallen diese Kosten wie z. B. ein Telefonanschluss, für den sie eine Grundgebühr zahlt, Versicherungsbeiträge, die monatlich fällig sind, oder Mietzahlungen an. Den Faktor **Miete** müssen Sie bei der Preiskalkulation auch dann mit einberechnen, wenn Sie keine Miete zahlen (dann ist es ein **kalkulatorischer Mietbetrag**).

Variable Kosten

Variable Kosten entstehen bei Verwendung/ Benutzung

Sie entstehen durch die erbrachte Dienstleistung, z. B. verwenden Sie Cremes und Masken bei einer kosmetischen Behandlung, Sie waschen Handtücher, die Sie für die Behandlungen benutzt haben, oder Sie rufen eine Kundin an, um sie an ihren Termin zu erinnern. Ein Kostenfaktor der variablen Kosten ist also der **Materialverbrauch,** er wird pro Behandlungsart ermittelt.

Kalkulatorische Kosten

Beispiel

Lisa hat ein Sparbuch, mit 10.000,00 Euro Guthaben. Um keinen Kredit aufnehmen zu müssen, nutzt sie diesen Betrag für Anschaffungen, wie neue Behandlungsgeräte oder Umbauten. Da Lisa aber nun keine Zinsen auf den Betrag erhält, ist dies ein Verlust, den sie durch die Einbeziehung in die Preiskalkulation für ihre Dienstleistung ausgleichen kann **(kalkulatorische Zinsen).**

Real nicht entstehende Kosten, die aber in die Preiskalkulation miteinfließen, nennt man kalkulatorische Kosten.

Geräte und Einrichtung erleiden einen Wertverlust durch Abnutzung (Gebrauch), Witterungseinflüsse und technischen Fortschritt. Diese „Kosten" kann man abschreiben, im Steuerrecht nennt man das „AfA" (Absetzung durch Abnutzung innerhalb der **kalkulatorischen Abschreibung**). Die Wertminderung ist von der Nutzungsdauer abhängig, d. h., bei einer voraussichtlichen Nutzung von acht Jahren wird pro Jahr ein gleich hoher Betrag abgeschrieben. Dies nennt sich dann ein lineares Abschreibungsverfahren. Diese Abschreibungen müssen für alle Einrichtungsgegenstände und Geräte berechnet werden. Geringwertige Wirtschaftsgüter, z. B. Kleingeräte wie Wachserhitzer usw. bis ca. 400,00 Euro netto (ohne MWSt), können im Jahr der Anschaffung komplett als Kosten abgeschrieben werden. Kosten für unvorhersehbare Ereignisse, wie beispielsweise Konjunkturrückgang, Diebstahl oder Inflation werden als **kalkulatorische Wagniszuschläge** einkalkuliert.

Zusätzliche Kosten

Steuern und Abgaben müssen dringend in die Kostenseite der Dienstleistung einbezogen werden, denn es könnten sonst Engpässe entstehen, wenn Steuerzahlungen anstehen. Unter Steuern sind dann alle Beträge wie Umsatzsteuern, Gewerbesteuern und manchmal auch Grundsteuern, wenn das Geschäftsgebäude Eigentum ist, einkalkuliert. Abgaben sind z. B. Zahlungen an die Berufsgenossenschaft, Handwerks- oder Handelskammer und an Berufsverbände. Auch **Werbungskosten** für z. B. Handzettel, E-Mails oder *Mailings* (engl., Rundschreiben), Zeitungswerbung usw. müssen mit einem Betrag eingerechnet werden.

Mailings

8.6.2 Die Kosten pro Behandlung

Um eine kosmetische Behandlung anzubieten oder infolge dieser eine Rechnung zu stellen, müssen Sie den Einzelpreis für jede angebotene kosmetische Behandlung kalkulieren.

Um dies unter Berücksichtigung aller oben genannten Kosten zu können, brauchen Sie die **Zahl der möglichen Behandlungen:**

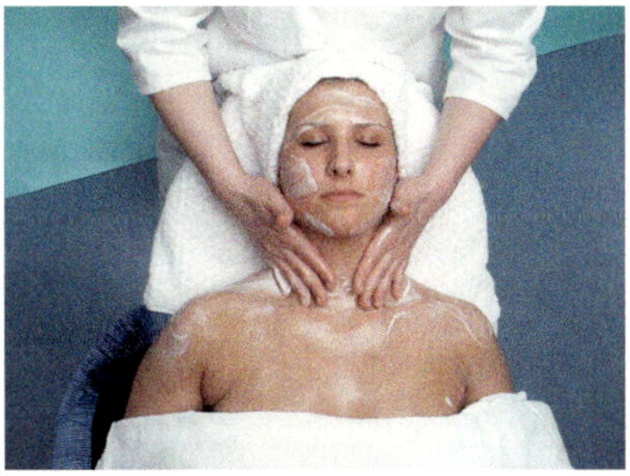

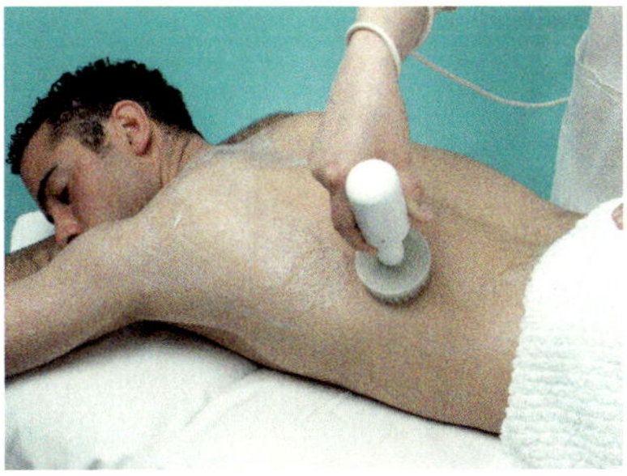

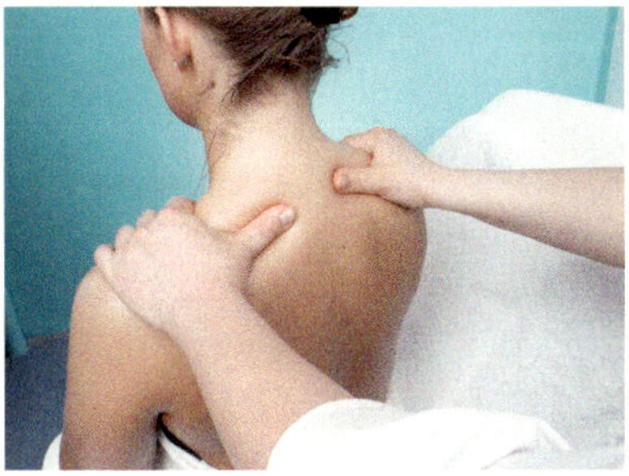

Abb. 8.21 a – c: Beispiele für kosmetische Behandlungen

Beispielrechnung

Zirka 6 Behandlungen pro Tag sind möglich, mal 20 Arbeitstage pro Monat = 120 Behandlungen pro Monat. Diese Zahl werden wir in den folgenden Beispielen als Ausgangspunkt verwenden.
Sie können Sie dann nutzen, um zum Beispiel Ihre **kalkulatorischen Zinsen** pro Behandlung zu ermitteln:

z. B. 10 % auf		**10.000,00 €**	wäre eine Zinsbelastung von
		1.000,00 €	pro Jahr (1.000 : 12)
		83,33 €	pro Monat (aufgerundet auf 84,00) €
		120	Behandlungen pro Monat,
	=	**0,69 €**	pro Behandlung

Sie brauchen diese Zahl, um Ihre **kalkulatorischen Abschreibungen** auf eine Behandlung herunterrechnen zu können:

Beispielrechnungen

Bei einem Abschreibungswert für alle Geräte von 96,00 € pro Monat und bei 120 Behandlungen pro Monat sind das 0,80 € pro Behandlung, die auf diese Kostenart pro Behandlung entfallen. (Bei diesem Beispiel würde das bedeuten, dass ein Institut Geräte im Gesamtwert von 9.216,00 € auf die Dauer von den oben genannten acht Jahren abschreibt.)
Oder Sie berechnen die **Mietkosten** pro Behandlung, in unserem Beispiel monatlich 1.000,00 €. Hierbei nehmen Sie die Mietkosten und teilen diese durch die Anzahl der monatlichen Behandlungen. Genauso gehen Sie mit den Beträgen für Strom, Wasser und Heizung, im Beispiel monatlich 150,00 €, Telefon- und Bürokosten mit z.B. 54,00 € monatlich und Versicherungen z. B. von 135,00 € monatlich um.

Kosten wie **kalkulatorische Wagniszuschläge** von z.B. 250,00 €, **Werbung** für diese Behandlungsart mit einem Anteil von z. B. 800,00 € pro Jahr und einen **Steueranteil** von 500,00 € pro Monat müssen Sie natürlich auch in der Kalkulation berücksichtigen.
Der bereits oben erwähnte **Materialverbrauch/Materialkosten** ermittelt sich wie alle anderen Posten, wird aber auf jede Behandlungsart einzeln berechnet, denn Sie verwenden ja nicht dasselbe Material bei allen Behandlungen! Angenommen ein Cremetopf für die Gesichtsbehandlung in der Kabine (Kabinettware) kostet Sie 30,00 € und enthält 500 ml und Sie benötigen pro Behandlung 5 ml, dann entstehen für den Cremeverbrauch 0,30 € Kosten pro Behandlung.

Allerdings kommen dann aber auch noch die Kosten für andere kosmetische Mittel, die Sie für diese Behandlung benötigen, wie z. B. Reinigungsmilch, Masken, Ampullen usw. hinzu. Besonders kostenintensiv wirken sich hier auch Spezialbehandlungen aus. Der Einsatz von teurer, hochwertiger Kabinenware schlägt hier mehr zu Buche als variierende Kosten durch z. B. unterschiedliche Dosierungen bei verschiedenen Hautzuständen (➔ Band B, LF 7, Kapitel 2.2 und 2.5). – Sie errechnen nach und nach alle Kostenfaktoren, die pro Behandlung eingerechnet werden müssen.

Beispiele

30,00 € : 500 ml = 0,06 € pro 1 ml, 0,06 € · 5 ml = 0,30 €

Ausgangswerte hierzu sind die **Gesamtkosten pro Kostenfaktor pro Monat.** Dieser Betrag wird durch die Anzahl der monatlichen Behandlungen (bei welcher diese Kostenfaktoren entstehen) geteilt.

Gesamtkosten/Monat : Anzahl der Behandlungen/Monat = Kosten pro Behandlung.

9

Fixe und kalkulatorische Kostenfaktoren werden auf die Anzahl aller kosmetischen Behandlungen umgelegt, während variable und zusätzliche Kostenfaktoren für eine bestimmte Behandlung unterschiedlich sein können.

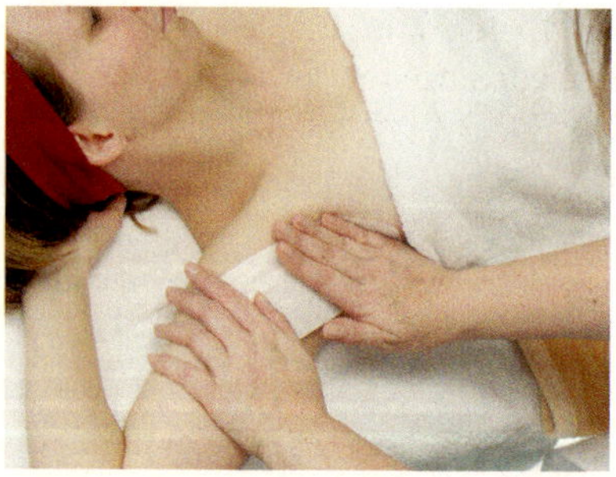

Abb. 8.22: Kosmetische Spezialbehandlung Achselenthaarung

So ist zum Beispiel der Einsatz der **Arbeitskraft der Kosmetikerin** unterschiedlich, da manche Behandlung mehr Aufmerksamkeit in der Erklärung benötigt (z. B. zwei Behandler bei z. B. Synchronmassagen). Die Kosten für die Behandler/Kosmetiker richten sich nach der Qualifikation und sind deshalb veränderlich, der Materialverbrauch oder auch die betriebene Werbung für verschiedene Behandlungen sind unterschiedlich im Kostenaufwand.

Beispielrechnung zum Erhalt der Kosten einer Gesichtsbehandlung
(Beträge sind die Gesamtkosten pro Monat)

+	1. kalkulatorischer Unternehmerlohn inkl. Krankenversicherung (für diese Behandlungsart monatlich)	1.500,00 €
	2. kalkulatorische Abschreibung (monatlich) (Geräteeinsatz insgesamt 9.216,00 € jährlich)	96,00 €
•	3. kalkulatorische Zinsen (ausgehend von einem Betrag von 10.000,00 € jährlich)	84,00 €
	4. Miete (insgesamt monatlich)	1.000,00 €
–	5. Strom und Heizung (insgesamt monatlich)	150,00 €
	6. Telefon und Bürokosten (insgesamt monatlich)	54,00 €
	7. Versicherungen (insgesamt monatlich)	135,00 €
	8. kalkulatorische Wagniszuschläge (insgesamt monatlich)	250,00 €
=	9. Werbung (für diese Behandlungsart monatlich)	70,00 €
	10. Steuer (monatlich)	500,00 €
	11. Materialkosten (für diese Behandlungsart monatlich)	300,00 €
Gesamtkosten		**4.139,00 €**

An Kosten ergibt sich dann für eine einzelne Gesichtsbehandlung:
(120 davon pro Monat, alle Beträge in Euro)

+	1. kalkulatorischer Unternehmerlohn[1]	12,50 €
	2. kalkulatorische Abschreibung	0,80 €
	3. kalkulatorische Zinsen	0,70 €
•	4. Miete	8,33 €
	5. Licht, Strom und Heizung	1,25 €
–	6. Telefon und Bürokosten[2]	0,45 €
	7. Versicherungen	1,125 €
	8. kalkulatorische Wagniszuschlage	2,08 €
=	9. Werbung	0,58 €
	10. Steuer	4,17 €
	11. Materialkosten	2,50 €
Kosten pro Behandlung (= Nettobehandlungspreis)		**34,47 €**

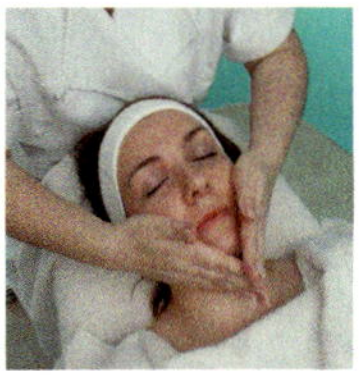

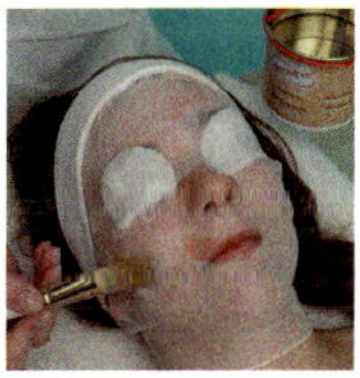

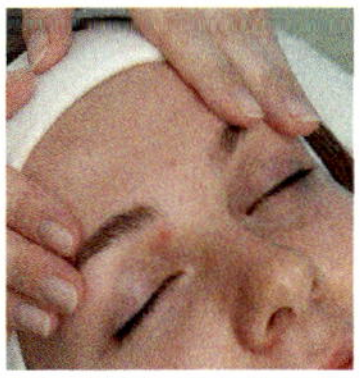

Abb. 8.23 a – c: Kosmetische Gesichtsbehandlung (Beispiel)

Eine Gesichtsbehandlung würde Ihnen also **Kosten** von 34,47 € verursachen. – Aber Sie haben ja außer Ihrem Unternehmerlohn noch nichts daran verdient. Sie müssen, um kostendeckend zu arbeiten, zwar 34,47 € pro Behandlung verlangen, um aber auch einen Gewinn für Ihr Unternehmen zu erwirtschaften, müssen Sie **einen Gewinnzuschlag aufrechnen.**

1 Bei einem Unternehmerlohn von 1.500,00 € pro Monat entfallen auf 120 durchgeführte Behandlungen dieser Art 1.500,00 : 120 = 12,50 € pro Behandlung.
2 Bei einem monatlichen Aufwand von 54,00 € für Telefonkosten entsteht ein Kostenanteil von 0,45 € pro Behandlung: 54,00 : 120 = 0,45 usw.

8.6.3 Der Preis einer Dienstleistung

Der Preis einer Dienstleistung sollte alle durch den Betrieb verursachten **Kosten** enthalten, zusätzlich einen **kalkulatorischen Wagniszuschlag,** die **kalkulatorischen Faktoren Abschreibung ~~und~~ Zinsen** sowie den **Gewinnzuschlag,** der die Basis für den später erwirtschafteten **Gewinn** ist.

Gewinnzuschlag ist der Betrag, der in die Preiskalkulation mit einbezogen werden muss für den angestrebten Gewinn.

Der Gewinnzuschlag wird von einem Unternehmen selbst bestimmt

Der **Gewinnzuschlag** wird vom Unternehmer selbst bestimmt und liegt im Durchschnitt zwischen ca. 5 % und 30 %. Er wird in die Preiskalkulation von Dienstleistungen mit einbezogen.

Beispiel

In dem Beispiel ergibt sich bei 20% Gewinnzuschlag ein Betrag von 827,28 € für diese Behandlungsart pro Monat.
Kosten pro Behandlung 34,47 · 120 Behandlungen pro Monat = 100 % = 4.136,40 € + 20 % Gewinnzuschlag = 4.963,68 € (20 % entsprechen 827,28 €).
Gewinnzuschlag 20 % von 827,28 € : 120 Gesichtsbehandlungen = 6,89 € pro Behandlung.

In diesem Beispiel wurden alle Kosten auf Monatsebene berechnet, da von einer monatlichen Behandlungsanzahl 120 im Durchschnitt ausgegangen wurde. Deshalb wurde auch der Gewinnzuschlag pro Behandlungsart monatlich kalkuliert. In der Praxis ist es aber vorteilhafter, wenn Sie den Gewinnzuschlag immer pro Behandlungsart kalkulieren.

Damit ergibt sich für die **Preiskalkulation** dieser Dienstleistung, angehängt an die obige Kostenkalkulation, der folgende Preis:

Beispiel

Kosten pro Behandlung mit Gewinnzuschlag	34,47
(alle Beträge in Euro, Mehrwertsteuerberechnung → Kapitel 7.2)	
+ **Gewinnzuschlag 20 %**	6,89
= **Nettobehandlungspreis**	41,36
+ Mehrwertsteuer (2008 19 %)	7,86
= **Bruttobehandlungspreis**	49,22

Preiskalkulationen für kosmetische Dienstleistungen können Sie als Kosmetiker unter Berücksichtigung aller **Kostenfaktoren** (→ Beispiel zum Erhalt einer Gesichtsbehandlung) und **Risikofaktoren** selbst erstellen.

Natürlich ist Ihnen auch gerne ein Unternehmens- oder auch ein Steuerberater dabei behilflich. Aber auch dann können **Risikofaktoren** wie Wirtschaftsflauten, Wetterverschiebungen (im Sommer nur Regen), Mitarbeiterwechsel, Krankheit, Gerätedefekte (und dadurch Behandlungsausfall), Konkurrenz, Diebstahl und Preisverfall große **Störfaktoren** darstellen und Ihre Kalkulation infrage stellen. Hier hilft nur das Erstellen einer Neukalkulation und eventuell die Durchführung einer Preiserhöhung oder -senkung für die Dienstleistung (Preisrentabilitätsberechnung von Waren → Kapitel 7.2.2). Kosten für **Verderb** müssen Sie durch richtige Bestellung/Lagerhaltung eingrenzen, **Diebstahl** durch Vorsichtsmaßnahmen wie Personalkontrollen und Vorbeugung beim Kunden (Gelegenheit macht Diebe). Denn diese Kosten können nicht im voraus kalkuliert werden.

8.7 Rentabilität und Wirtschaftlichkeit

Da hier im Beispiel von einer monatlichen Behandlungszahl von ca. 120 ausgegangen wird und alle **Kostenfaktoren** an diesem Betrag orientiert sind (einschließlich des Gewinnzuschlages von 20 %), würde sich die **Gewinnseite bei Halbierung der Behandlungszahl** drastisch verändern. Voraussichtlich arbeitet das Institut dann mit einem Verlust.

8.7.1 Rentabilitätsberechnungen

Solche Differenzen werden im Rahmen von Rentabilitätsberechnungen oder einer **GuV, einer Gewinn- und Verlustrechnung,** die ein Steuerberater erstellt, festgestellt. Man kann dann ganz genau sehen, wie sich die Gewinnsituation des Unternehmens verhält.

Es ist ratsam, eine solche Berechnung mindestens einmal pro Jahr durchzuführen, um einen Überblick über die Rentabilität Ihres Unternehmens zu erhalten. Gegebenenfalls können Sie dann rechtzeitig Veränderungen (z. B. bei der Preiskalkulation) durchzuführen oder Kosten zu reduzieren.

Eine Rentabilitätsberechnung dient der Feststellung, ob ein Kosmetikinstitut (ein Unternehmen) wirtschaftlich arbeitet, d. h., der Ertrag in einem gesunden Verhältnis zum Aufwand steht.

Ein Kosmetikinstitut, das rentabel ist, erzielt **Gewinne.** Diese werden gemessen, indem das Kapital oder der Umsatz in Beziehung zum Gewinn gesetzt wird.

Es gibt verschiedene Formeln zur Berechnung der Rentabilität:

$$\text{Eigenkapitalrentabilität} = \frac{\text{bereinigter Jahresgewinn} \cdot 100\,\%}{\text{Eigenkapital}}$$

$$\text{Gesamtkapitalrentabilität} = \frac{\text{bereinigter Jahresgewinn + Zinsen} \cdot 100\,\%}{\text{Gesamtkapital}}$$

$$\text{Wirtschaftlichkeit} = \frac{\text{Leistungen (Einnahmen)}}{\text{Kosten}}$$

- Der Wert des **bereinigten Jahresgewinns** eines Unternehmens errechnet sich aus dem Jahresüberschuss plus dem außerordentlichem Aufwand und dem außerordentlichem Ertrag.
  - **Jahresüberschuss** ist der Überschuss des Ertrages (auch Umsatzerlöses) über den Aufwand. Der Jahresüberschuss wird in der Gewinn- und Verlustrechnung ausgewiesen.
  - **Ertrag** ist das gesamte Ergebnis eines Unternehmens abzüglich des Aufwandes. So erhält man den Gewinn (Nettoertrag).
  - Der **Aufwand** wird auch als Kosten bezeichnet. Er bewertet den Verbrauch von Sachgütern und Diensten.

Bereinigter Jahresgewinn = Jahresüberschuss + außerordentlicher Aufwand − außerordentlicher Ertrag

- **Eigenkapital** und **Gesamtkapital** unterscheiden sich darin, dass das Gesamtkapital (auch Bilanzsumme genannt) auch die Fremdkapitalanteile beinhaltet.
- Die **Leistungen (Einnahmen)** sind die aus den Behandlungen und Verkäufen erzielten Beträge.

Reingewinn
- **Reingewinn** ist der Betrag, der vom Umsatz einer Periode übrig bleibt, wenn der Wareneinsatz und die Kosten abgezogen sind, das heißt, er ist die positive Differenz zwischen Ertrag – Aufwendung.

Umsatz
- Und der **Umsatz** ist der Betrag, den das Unternehmen vor Abzug aller Kosten und Steuern mit seinen Dienstleistungen und im Produktverkauf umsetzt. Umsatz oder auch Erlös genannt ist die Summe dessen, was z. B. ein Einzelhandelsgeschäft in einem bestimmten Zeitraum verkauft.

Beispielrechnung Bereinigter Jahresgewinn und Eigenkapitalrentabilität

+	Jahresüberschuss	15.000,00
	a. o. Aufwendungen	5.000,00
•	a. o. Ertrag	2.000,00
–	Eigenkapital des Unternehmers	30.000,00
	Fremdkapital Zinsen	6.000,00
=	Gesamtkapital	30.000,00

15.000,00 + 5.000,00 – 2.000,00 = 18.000,00 € bereinigter Jahresgewinn

$$\frac{18.000,00 \cdot 100\,\%}{30.000,00} = 60\,\%$$

Die Eigenkapitalrentabilität beträgt 60 %, d. h. bei einem Eigenkapitaleinsatz von 18.000,00 Euro hat das Unternehmen einen Gewinn von 30.000,00 Euro erwirtschaftet. Das Verhältnis von Gewinn zu Kapital ist 60 zu 40, eine Kapitalverzinsung von 60 % erfolgte.

Beispielrechnung Gesamtkapitalrentabilität

$$\frac{18.000,00 + 6.000,00 \cdot 100\,\%}{30.000,00} = 80\,\%$$

Die Gesamtkapitalrentabilität beträgt sogar 80 %, somit hat sich das Gesamtkapital mit 80 % verzinst. (Leider selten der Fall.)

Dadurch erfährt man, wie sich das eingesetzte Kapital verzinst hat, das heißt, welche Wertsteigerung das Kapital bekommt. Wenn Sie bei gleich bleibend eingesetztem Kapital höhere Gewinne erzielen, ist Ihr Institut rentabel.

Durch die Größe der Rentabilität wird die Verzinsung des Kapitals ausgedrückt.

Als *Rentabilität* wird das prozentuale Verhältnis von Gewinn zu eingesetztem Kapital bezeichnet.

Unter Kapital versteht sich hier der Begriff für alle Sachgüter, die produktiv eingesetzt werden (z. B. Geräte, Gebäude, Materialien usw.).

Beispielrechnung für Kapitalverzinsung

Eine Kosmetikerin hat einen Gewinn von 15.000,00 €, welcher Zinssatz für ihr Kapital von 95.000,00 € ergibt sich daraus?

$$\frac{15.000,00 \cdot 100}{95.000,00} = 15,789\,\%$$

Ihr Kapital hat sich damit in einem Jahr mit 15,79 % verzinst.

In der Kalkulation werden die Einnahmen mit den Leistungen gleichgesetzt. Je mehr Einnahmen Sie erzielen und je weniger Kosten Sie im Verhältnis dazu haben, umso wirtschaftlicher arbeitet das Kosmetikinstitut.

Wirtschaftlichkeit ist das Verhältnis zwischen Leistung und den dafür aufgewendeten Kosten.

Beispielrechnung Wirtschaftlichkeit

Eine Kosmetikerin hat pro Jahr 1 440 Behandlungen.

1 440 · 47,00 E Bruttobehandlungspreis (Leistung)
= 67.680,00 €

1 440 · 34,47 E Nettobehandlungspreis (Kosten)
= 49.636,80 €

67.680,00 : 49.636,80 = 1,3635 €

Ergebnis:
Die Erlöse, die jeweils auf einen Euro Kosten entfallen, entsprechen 1,36 €.

Für die Größe der Wirtschaftlichkeit eines Unternehmens sind die Begriffe Umsatz und Gewinn wichtig.

8.7.2 Umsatzanalysen

Umsatzanalysen sind in manueller Form als **Umsatzkontrollen** auf Grundlage des **Kassenbuches** (→ Kapitel 7.1.4) und durch elektronische Kassensysteme (Computersoftware) möglich.

Bei beiden Varianten wird genau festgehalten, welche Produkte und welche Leistungen zu welchem Preis und wie oft verkauft wurden. So können Sie feststellen:

- welche **Preisklassen im Produktbereich** besonders gut oder eher schlecht verkauft werden,
- welche **Behandlungsarten** am meisten gebucht und durchgeführt werden oder gar nicht gefragt sind.

Hierauf können Sie sich einstellen und dadurch die Rentabilität und die Wirtschaftlichkeit Ihres Institutes verbessern helfen.

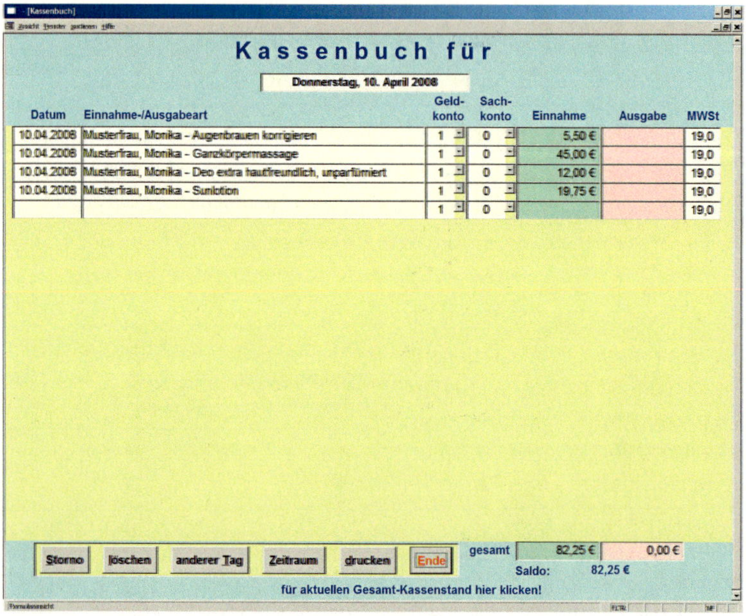

Abb. 8.24: Auszug aus Kassenbuch Programm Pretty

Ein Produkt oder eine Dienstleistung, die höhere Kosten als Einnahmen erzielt, ist nicht wirtschaftlich. Je weniger Gewinn bei gleich bleibend eingesetztem Kapital durch diese erzielt wird, desto unrentabler sind sie.

Sie können nicht einfach einen Preis für eine Gesichtsbehandlung mit z. B. 50,00 € ansetzen, weil ein Kosmetikinstitut zwei Straßen weiter denselben Preis hat, sondern Sie müssen Ihre Behandlungspreise an Ihre Kosten und an den gewünschten Gewinn anpassen.

Anaylse und Konsequenz

Identifizieren Sie Ihre Umsatzstärken und Umsatzschwächen („Renner und Penner" Liste). Bauen Sie diese weiter aus bzw. stellen Sie Ihr Sortiment, Ihre Behandlungsplätze, Öffnungszeiten, Mitarbeiterspezialisierung usw. darauf ein. Stellen Sie fest, welche Kosten Ihnen einzelne Produkte und Behandlungen verursachen.

Dann müssen Sie reagieren. Sie können versuchen „schwache" Artikel oder Behandlungen stärker zu bewerben oder komplett aus dem Angebot streichen. Aber bitte nicht voreilig streichen, denn bedenken Sie, ein kleines Angebot wirkt oft unattraktiv auf Kunden.

Wenn Sie Ihr eigenes Geschäft nicht nach kürzester Zeit wieder aufgeben wollen, dann müssen Sie zumindest „das Grundgerüst der Betriebswirtschaftslehre" in Ihr Geschäft und Ihren Geschäftsablauf „einmauern".
Bestellungen oder Preisbestimmungen aus dem Bauch heraus sind nicht wirtschaftlich und auch nicht rentabel. Sicher lieben Sie Ihren Beruf, aber bestimmt möchten Sie auch davon leben können?
Ohne System, Organisation und einige Regeln ist das nicht möglich.

A Fragen Übungen Aufgaben

1. *Was sollten Sie bei einer eigenen Internetseite beachten?*
2. *Erklären Sie die Begriffe Werbeplan und Werbeerfolgskontrolle.*
3. *Bringen Sie die hier aufgeführten vier Wirkungsstufen der Werbung in die Rangfolge nach Grad ihrer Werbetiefe (Platz 1 = große Werbetiefe, Platz 4 = geringe Werbetiefe).*

Wirkungsstufe	*Grad der psychologischen Werbetiefe*
Kaufverlangen wecken	______
Bekanntmachung	______
Imageförderung	______
Information über Angebot	______

4. *Bitte erarbeiten Sie in Gruppenarbeit eine Werbestrategie, wie folgendes Institut zur Eröffnung vorgehen sollte, welche Aktivitäten sinnvoll sind:*

   Das Institut besteht aus zwei Kosmetikerinnen und hat drei Kabinen und einen Nagelpflegetisch, es liegt in der Einkaufsstraße, am Rande zum Wohngebiet.
5. *Was sollte man bei einer Schaufensterdekoration alles beachten?*
6. *Fotografieren Sie Schaufenster in Ihrer Stadt und finden Sie in Gruppenarbeit heraus, ob sich alle Gestalter an die Regeln gehalten haben.*
7. *Was heißt AIDA?*
8. *Welche Möglichkeiten der Warenpräsentation haben Sie im Institut?*
9. *Nennen Sie die drei Phasen eines Verkaufsgespräches und erklären Sie mit wenigen Sätzen die Inhalte.*
10. *Versuchen Sie im Rollenspiel Kunde/Verkäufer herauszufinden, was Ihr Kunde will. Finden Sie heraus, ob Sie richtig zugehört haben.*
11. *Was ist eine Bedarfsermittlung?*
12. *Nennen Sie je ein Beispiel für eine offene und eine geschlossene Frage.*
13. *Sehen Sie sich die Fotos auf Buchseite 520 zur Mimik der Kosmetikerin bei der Einwandbehandlung an. Was fällt Ihnen auf? Würden Sie bei dieser Kosmetikerin etwas kaufen?*
14. *Was ist eine Reklamation, wann ist sie rechtens und wie wird sie abgewickelt?*
15. *Welche Kostenarten gibt es?*
16. *Bei durchschnittlich 1 500 Behandlungen pro Jahr und Kosten von insgesamt 54.000,00 € entsteht welcher Behandlungsgrundpreis? Und wie hoch ist der Behandlungspreis, wenn Sie einen Gewinnzuschlag von 25 % kalkulieren?*
17. *Sie benötigen für eine Gesichtsbehandlung 2 ml Reinigungsmilch, 2 ml Peeling, 2 ml Gesichtswasser, 5 ml Feuchtigkeitscreme und 1 ml Anti-Falten-Serum. Wie hoch ist der Materialkostenanteil bei den folgenden Preisen? Reinigungsmilch kostet bei 200 ml 15,00 €, Gesichtswasser kostet bei 200 ml 16,00 €, Feuchtigkeitscreme bei 50 ml 40,00 €, Peeling bei 100 ml 20,00 € und Serum bei 50 ml 35,00 €.*
18. *Erklären Sie den Unterschied zwischen Rentabilität und Wirtschaftlichkeit.*
19. *Ermitteln Sie bei einem bereinigten Jahresgewinn von 20.000,00 € und einem Eigenkapital von 100.000,00 € die Eigenkapitalrentabilität eines Instituts. Was sagt sie aus?*
20. *Eine Kosmetikerin hat einen Gewinn von 25.000,00 € erzielt und dafür ein Kapital von 80.000,00 € eingesetzt. Wie hat sich das Kapital verzinst? Welchen Prozentwert erhalten Sie?*
21. *Welchen Sinn haben Umsatzanalysen?*

LF 10

Dipl.-Oecotrophologin **Angelika Kaluza** lehrt seit 1996 als verantwortliche Lehrkraft in der Krankenpflegeschule der Universitätsklinik Mainz Ernährungslehre und Diätetik. Seit 1999 unterrichtet sie zusätzlich in einer staatlich anerkannten Kosmetikschule Ernährungslehre und Beratung, seit 2003 auch Haltung und Entspannung als unterstützende kosmetische Maßnahmen.

LF 1, 5 und 9

Die Einzelhandelskauffrau, selbstständige Kosmetikerin, *Visagistin* und *Nail-Designerin* **Alexandra Lea Weinberg** ist seit mehr als zehn Jahren Leiterin und Inhaberin eines bekannten Kosmetikinstitutes in Frankfurt. Sie ist auf mehreren Kosmetikevents jährlich aktiv, als Ausbilderin im Ausbildungsbetrieb für die praktische Unterweisung von Kosmetikschülern im dualen System verantwortlich und gehört der Prüfungskommission für Kosmetik der Handwerkskammer Hessen an. Sie absolvierte ihren *Master in Science of Medicine*, der sich zur Zeit im Anerkennungsverfahren befindet.

Grundlagen-Lexikon

Steffen Bassus ist Doktor der Biologie und der Medizin, war lange Jahre an einer Wiesbadener Klinik im Forschungsbereich Herz-Kreislauf und bei der Bundesoberbehörde für Blutprodukte, Sera und Impfstoffe in Langen tätig. Als Dozent betreute er Praktika im Bereich Klinische Chemie an der Universität Frankfurt am Main. Für das Lehrwerk hat er die für die Kosmetik relevanten naturwissenschaftlichen Grundlagenbegriffe verständlich aufbereitet.

LF 2

Privatdozent Dr. med. **Hans-Michael Ockenfels,** leitender Arzt einer Haut- und Allergieklinik, hat für dieses Lehrwerk einen Teilbereich der Dermatologie formuliert. Als Leiter eines Laserzentrums für Dermatologie und Medizinkosmetik beschäftigt er sich mit allen Fragen der Hautoberfläche, ist häufiger Experte bei Funk und Fernsehen für entzündliche und tumoröse Hauterkrankungen und führt als Zusatzbezeichnung „dermatologisch medizinische Kosmetologie". In seiner Funktion als Dermatologe und Allergologe doziert er an der Universität Essen und an einer privaten Kosmetikschule in Hanau.

Herzlichen Dank nochmals an Gustav Baehr GmbH, HSM Marita Müller, Isotrop, JAK Kosmetikvertrieb, KLAPP Cosmetics, Praxis für Physikalische Therapie Brigitte Stelle, Speyer & Grund und Herrn Dr. Senger für die kostenlose Bereitstellung der im Lehrwerk abgedruckten Abbildungen.

adpic Bildagentur, Bonn: 84.1 (B. Leitner), 395.2 (R. Thiele), 408 (B. Leitner), 423.1 (P. Ramakers), 423.3 (S. Redel), 423.4 (M. Baumann), 497 (A. Trautmann);
akg-images, Berlin: 358, 359, 361;
Aid – Auswertungs- und Informationsdienst für Ernährung, Landwirtschaft und Forsten e.V., Bonn: 119, 120, 124, 128.1, 135.1, 144, 150, 162, 172, 185, 195.1;
argus Fotoarchiv, Hamburg: 365.1 (Helmut Schwarzbach);
Birgit Bassus, Rödermark: 41, 194, 423.2, 453.3, 509 (2), 522;
Bildagentur-online, Burgkunstadt: 33.5 (Hemera);
Braun-Falco/Plewig/Wolff, Dermatologie und Venerologie – 4. Auflage, Springer Verlag Heidelberg: 56.2;
Cosmetic point CP-Permanent Make-up Vertrieb, Hannover: 441;
Das Fotoarchiv/Christoph+Friends, Essen: 49.1 (John Powell), 364 (Jochen Tack);
Deutsche Gesetzliche Unfallversicherung e.V., Berlin: 247.1;
Th. Dirschka, Bochum: 75, 215;
Elsevier GmbH, Urban & Fischer Verlag, München – Reihe Klinik- & Praxisleitfaden: 204;
Erich Schmidt Verlag GmbH & Co. KG, Berlin: 344, 383, 384, 385, 386, 387, 388, 390, 391;
Dieter Gebhardt, Grafik & Fotodesign, Asperg: 37 (3), 38 (6), 39.2, 39.3, 39.4, 39.5, 108, 109, 110.1, 115, 118, 122, 123, 125, 130 (2), 131, 140, 141, 144 (unten), 148, 149, 188 (2), 197, 198, 199, 244, 250, 270, 292, 294.2, 303 (oben), 321;
Globus Infografik GmbH, Hamburg: 112, 178, 394, 398, 399, 505;
Gustav Baehr GmbH, Waiblingen: 372.2;
Dr. Hafner, Berlin: 18.1;
Hautklinikum Hanau, Praxis PD Dr. med. H.-M. Ockenfels: 45.1, 47.3, 55, 66.2, 67, 72, 73, 74 (2), 80, 81, 85, 86, 87, 88.1, 89 (2), 90 (2), 91, 205.5, 219.1, 220, 351.2;
Hermal Kurt Hermann GmbH, Reinbek: 51.1, 51.2, 68, 216;
Hewlett-Packard GmbH, Böblingen: 447;
Claudia Hild, Grafikdesign, Angelburg: 26 (2), 27 (3), 29, 43, 65, 69, 71, 93, 95, 116, 121, 128.2, 135.2, 137, 138, 139, 161, 190, 191, 210.2, 213.1, 232, 240, 241, 242 (2), 255.1, 263, 265.2, 266, 275, 276, 288.2, 298, 301, 306, 307, 323 (2), 354, 373, 378, 425, 450 (alle), 516;
Fotostudio Günter Hogen GmbH, Lautertal: 9, 20 (links), 33 (4), 34, 35 (3), 36, 44, 45.2, 45.3, 47,1, 47.2, 48, 79, 95, 98, 100.2, 102, 103, 105, 107 (alle), 111, 134, 136 (2), 143, 146, 152 (2), 153 (3), 164, 170 (3), 171 (6), 174, 175, 176, 177, 179 (2), 180, 181.1., 181.2, 184, 186, 196 (Paprika), 203 (3), 205 (3), 209.1, 212, 214.2, 214.3, 333.2, 335 (2), 337, 346 (3), 348 (4), 351.1, 356.1, 372.3, 372.4, 373.1, 373.3, 373.4, 381 (3), 400, 409, 412 (2), 413, 414 (2), 415, 416 (3), 417, 418 (2), 419 (3), 420, 428, 430, 432, 434, 437 (3), 438 (4), 439, 440, 442 (2), 453.1, 453.2, 454 (3), 456, 457, 458, 464.2, 464.3, 476, 491, 508, 511 (3), 514 (2), 515 (2), 519, 520 (3), 526, 527 (3), 528, 529 (3);
HSM Marita Müller, Hagen: 435, 446 (2), 449, 463, 464.1, 477, 485, 534;
Isotrop Peter Latsch, Bad Camberg: 355.1;
JAAL Cosmetics, Frankfurt: 373.2, 495, 500;
JAK Cosmetic Vertrieb, Mohnheim Exklusivvertrieb Deutschland für Janssen Cosmeceutical Produkte: 352, 459;
jump Fotoagentur: 49.2 (kristiane vey);
KLAPP Cosmetics GmbH, Hessisch Lichtenau: 355.2, 356.2, 375,
Kulturgeschichtliches Bildarchiv Hausmann, München: 362;
Doris Maaß, Bad Kreuznach: 96, 100.1, 101 (4);
mediacolor's, CH-Zürich: 365.2 (Index Press), 403 (dia);
Medicalpicture GmbH, Köln: 51.3, 52.2;
Melag Medizintechnik, Berlin: 99;
MEV: 64, 110.2, 181.3, 181.4, 182, 193, 209.2, 210.1, 214.1, 341, 363, 367, 369, 379, 395, 396, 404, 405, 423.5, 443, 484, 487, 525;
Norbert Schäfer Pictures, Düsseldorf: 187;
OKAPIA KG, Frankfurt: 42.1 (Neufried), 52.1 (Neufried), 59 (Neufried), 61.1 (Dr. med. J.P. Müller), 61.2 (Neufried), 62 (Neufried), 63.1 (Neufried), 63.2 (Neufried), 66.1 (Janfot), 78.1 (Dr. med. J.P. Müller), 78.2 (Dr. med. J.P. Müller), 82 (Neufried),, 202 (Dr. med. J.P. Müller), 205.1 (Dr. J.P. Müller), 218 (Janfot), 219.2 (Dr. med. J.P. Müller);
Pietrulla-König Kosmetika GmbH, Mauer: 333.1, 372.1;
Praxis für Physikalische Therapie Brigitte Stelle, Mainz: 499 (2);
Rassner, Dermatologie und Atlas – 7. Auflage 2002 © Urban & Fischer Verlag, München: 60; 84.2, 88.2;
Henriette Rintelen, Diplom-Grafikerin, Velbert: 11, 14, 18.2, 19, 20 (rechts), 23, 24 (2), 39.1, 39.5, 42.2, 56.1, 160 (2), 163, 173, 183, 213.2, 225, 256, 257.2, 260 (2), 265.1, 267, 283, 311.1, 312.2, 315.1;
Dr. med. E. Senger, Rödermark: 17.1, 195.2;
Speyer und Grund GmbH, Mainz: 196 (Fische);
StockFood, München: 127;
The Body Shop Germany GmbH, Neuss: 407.2;
Verband der Elektrotechnik Elektronik Informationstechnik e.V.: Frankfurt: 247.2;
VISUM, Hamburg: 366 (A. Vossberg);
Warschburger/Petermann, Adidpositastraining mit Kindern und Jugendlichen, Verlagsgruppe Beltz, Weinheim: 191 (ohne Zeichnung);
Yves Rocher GmbH, Stuttgart: 407.1;

A

B

T

U